Aus der Steinzeit in den Weltraum

Aus der Steinzeit in den Weltraum

Die faszinierende Geschichte der Menschheit

Verlag Das Beste · Stuttgart · Zürich · Wien

Aus der Steinzeit
in der Weltraum

ist die deutsche Fassung des Buches *The Last Two Million Years* unserer Schwestergesellschaft The Reader's Digest Association Limited, London. An dem Werk haben mitgearbeitet: Anthony Atmore, Peter W. Avery, Harold Blakemore, Ernle Bradford, Warwick M. Bray, Raymond Carr, David Chandler, Leonard Cottrell, Terence Dalley, Raymond S. Dawson, Margaret S. Drower, C. J. Dunn, Michael Edwardes, Robert Erskine, Andrew M. Fleming, Nigel Hawkes, Douglas Hill, Ronald Hingley, Douglas W. J. Johnson, Geoffrey L. Lewis, Walter Mogg, Roger Morgan, F. N. L. Poynter, E. E. Rich, Hugh Seton-Watson, Plantagenet Somerset Fry, Richard Storry, D. E. Strong, R. Trueman, Geoffrey Trease, James Waldersee, Keith Ward, David M. Wilson, Maurice Wilson, Esmond Wright. Die der deutschen Bearbeitung zugrunde liegenden Übersetzungen fertigten Maximiliane von Meng (Teile 1–3) und Christiane Kashin (Teil 4) an. Die Redaktion der Länderartikel (Teil 4) wurde im November 1980 abgeschlossen.

Printed in Germany
ISBN 3 88379 007 9

Inhalt

TEIL 1

Vor aller Geschichte

TEIL 2

Die Hochkulturen

TEIL 3

Der Mensch und seine Welt

TEIL 4

TEIL 1

Vor aller Geschichte

Wie der Mensch sich entwickelt hat und den Erdball besiedelte

Seit etwas mehr als zwei Millionen Jahren leben Menschen auf der Erde, und doch ist das nur ein kurzer Augenblick, verglichen mit ihrem Alter von 4,7 Milliarden Jahren. Setzt man diese unerhört lange Zeit einem einzigen Tag gleich, dann wäre der Mensch erst anderthalb Minuten vor Mitternacht dieses Tages auf der Bildfläche erschienen. Dennoch ist der Zeitraum vor dem Auftreten des Menschen nicht ohne Auswirkungen auf seine Entwicklung geblieben.

Schriftliche Zeugnisse hat der Mensch erst seit etwa 5000 Jahren hinterlassen. Abgesehen von dieser winzigen Zeitspanne überlieferter Geschichte beruht unser ganzes Wissen vom Aussehen und Leben des Menschen früherer Zeiten auf gelegentlich erhalten gebliebenen Spuren – versteinerten Knochen und Zähnen, Werkzeugen aus Stein, Tonscherben, Ritzzeichnungen an Felsen und Höhlenmalereien.

Viel Zeit und gewissenhafte Forscherarbeit ist von Archäologen und anderen Wissenschaftlern an die Entdeckung und Deutung solcher Spuren gewandt worden. Das daraus rekonstruierte Bild enthält trotz aller Unvollständigkeit genügend Beweise für den komplizierten Entwicklungsprozeß, der zur Entstehung unserer eigenen Art, des den Erdball bevölkernden Homo sapiens, *geführt hat.*

Unsere frühesten Vorfahren lebten von dem, was sie an Pflanzen sammeln und an Tieren erjagen konnten. Zum Töten und Zubereiten der Beute standen ihnen nur Steinwerkzeuge zur Verfügung. Als sie es schließlich lernten, Tiere zu halten und den Boden zu bebauen, waren sie von den Kräften der Natur unabhängiger geworden. Mit Nutzung und Verarbeitung der Metalle wurde ein weiterer großer Schritt vorwärts getan. Nun war der Weg frei, der zu unserer heutigen Zivilisation führen sollte.

Der bewohnte Planet

Lange ehe die Vorfahren des Menschen auf der Erde erschienen, hatte sie unzählige Stadien der Entwicklung durchlaufen. Sie entstand vor rund 4,7 Milliarden Jahren, als eine Gaswolke sich zu einem Planeten mit fester Kruste verdichtete.

Wolkenbrüche, die 60 000 Jahre anhielten, bildeten die Weltmeere, und Zeiträume unvorstellbarer vulkanischer Aktivität ließen Gebirgszüge entstehen, vergehen und wieder entstehen. Millionen von Jahren verstrichen, ehe primitivste Formen des Lebens sich zum erstenmal aus dem Meer an Land wagten. Millionen weiterer Jahre verflossen, bis das Zeitalter der Säugetiere anbrach, von denen der Mensch letzten Endes abstammt.

Neues Land entsteht: Bei einem Vulkanausbruch vor der Küste Islands stieg seit 1963 die Insel Surtsey aus dem Meer.

Um die Mitte des 17. Jahrhunderts erklärte James Ussher, Erzbischof von Armagh in Irland, daß Gott die Welt im Jahre 4004 v. Chr. erschaffen habe, die Bibel enthalte Beweise für die Richtigkeit dieses Datums. Glaubensvorstellungen von der Schöpfung machen einen wichtigen Teil des kulturellen Erbes der Menschheit aus. Der biblische Schöpfungsbericht hat sich mit am längsten von allen Erklärungen gehalten, die der Mensch im Laufe der Zeit und in vielen Ländern bei dem Versuch fand, hinter das Geheimnis der Entstehung der Welt zu kommen.

Auch die sich ständig erweiternde wissenschaftliche Erkenntnis unserer Zeit hat über die Frage der Entstehung der Erde und des Sonnensystems keine völlige Übereinstimmung bringen können. Es wird jedoch heute allgemein angenommen, daß das Sonnensystem seinen Anfang als feinverteilte Masse aus Gas und Staub genommen hat, die rotierte und sich infolge der Schwerkraft langsam zusammenzog. So entstand in der Mitte eine Ursonne. In ihrem Innern kamen atomare Prozesse in Gang, und sie begann dunkel zu glühen. Um sie herum breitete sich eine flache Scheibe aus Gas und Staub aus. Diese Materie verdichtete sich allmählich an bestimmten Stellen und bildete so die Keime der Planeten. Während die Sonne immer weiter schrumpfte und dabei heißer und heißer wurde, entstanden in ihrer Nähe aus den schwereren Elementen die schwereren inneren Planeten wie die Erde. In größerem Abstand bildeten sich die äußeren Planeten aus leichteren Atomen.

60 000 Jahre Regen

Es scheint also, daß die Erde ihre Laufbahn als eine Gas- und Staubmasse begann. Das Gas verflüchtigte sich nach und nach. Die festen, schwereren Teilchen aber legten sich aneinander, klumpten zu größeren Brocken zusammen, bis schließlich aus ihnen ein einziger großer Ball geworden war.

Unter dem Einfluß der Schwerkraft zog sich diese Kugel immer mehr zusammen. Der Druck nahm zu – und Druck erzeugt Hitze. Auch der Zerfall radioaktiver Elemente trug zu dieser Erwärmung bei. Schließlich begann die Materie im Innern zu schmelzen. Die schwersten der nun glühendflüssig gewordenen Elemente wurden zur Mitte gezogen. So kommt es, daß die Erde heute einen Kern aus Schwermetall hat. Die äußere Kruste blieb kühler. Aber durch sie hindurch, aus den Kratern von Vulkanen, drang glühendes Gesteinsmaterial, überdies auch Wasserdampf, der zunächst an schwerere Elemente chemisch gebunden war, nun aber frei wurde.

Dieser Wasserdampf bildete rings um die Erde einen dichten Wolkenschleier. Als die Temperatur zurückging, kondensierte der Dampf; feiner Regen begann zu fallen. Sobald er die Erdoberfläche erreichte, verdampfte er wieder. Weiter oben kühlte er sich erneut ab und fiel abermals als Regen zur Erde. Schließlich wurde daraus ein heftiger Dauerregen, der an die 60 000 Jahre anhielt, überall niederging und schließlich in großen Senken ein Meer bildete. Durch das Wasser gekühlt, ging die Temperatur der Erde langsam bis auf unsere heutigen 20 bis 30° C zurück. Endlich, vor etwa 3 Milliarden Jahren, hörten auch die Dauerregen auf. Die Erde war jedoch noch nicht bewohnbar, denn ihre Atmosphäre bestand aus Kohlendioxyd, Wasserstoff, Methan und Ammoniak und bot keinen Schutz vor der Ultraviolettstrahlung der Sonne. Die Erdkruste befand sich noch immer in Bewegung, faltete sich und beulte sich vor, während vulkanische Lava sich vom Kern her Bahn brach. Keine Pflanzen zierten die nackten Felsen, und die Ozeane bestanden aus reinem Salzwasser.

Und doch war in diesen wenig Gutes verheißenden Umständen schon der Beginn des Lebens angelegt. Wenn Strahlung und elektrische Entladungen auf eine Mischung treffen, wie sie die ursprüngliche Atmosphäre der Erde darstellte, dann kann sich eine unerwartete Vielzahl kompliziertester chemischer Verbindungen bilden. Aminosäuren, Ameisensäure und Harnstoff wurden wahrscheinlich bei Blitzschlägen gebildet und ins Meer hineingewaschen, wo sie sich über Millionen von Jahren ansammelten und durch Reaktion miteinander eine komplizierte Mixtur von Chemikalien bildeten, die fast alle für das Leben notwendigen Stoffe enthielt.

Die Entstehung des Lebens

Schließlich bildeten sich in dieser Kombination von Chemikalien – darunter primitive Nukleinsäuren und Proteine – komplizierte Moleküle, die sich vermehren konnten. Das eigentliche Leben begann, als große Mengen dieser und noch einfacherer Moleküle zusammentraten und verschiedene Strukturen innerhalb einer einzigen, reproduzierbaren Einheit – der lebenden Zelle – bildeten. Diese erste lebende Zelle war wie alle folgenden von der Zellmembran, einer häutchenähnlichen Schicht, geschützt. Nach weiteren 500 Millionen Jahren hatten sich diese Einzeller in zwei Typen ausgeprägt, in Algen und Bakterien, von denen alles Leben auf der Erde ausging.

Von einem gewissen Grad der Kompliziertheit an wurde das ultraviolette Licht den Zellen gefährlich. Damit die Entwicklung weitergehen konnte, mußte sich erst die Atmosphäre der Erde durch die Freisetzung von Sauerstoff und die Bildung dreiatomigen Sauerstoffs, des Ozons, das den größten Teil der schädlichen Sonnenstrahlung herausfiltert, verändern.

Die ersten Sauerstoff-Fabriken waren bestimmte Algen, die Chlorophyll enthielten, also Moleküle, die für den als Photosynthese bekannten Prozeß Sonnenlicht als Energiequelle nutzten. Diese Energie verwandelt Wasser und Kohlendioxyd in Zuckerarten, die die Pflanze zum Wachstum braucht. Dabei entsteht Sauerstoff, der an die Atmosphäre abgegeben wird. Die meisten Pflanzen beziehen noch heute die Energie für ihr Wachstum aus der Photosynthese zum Unterschied von den Tieren, die sich durch das Verzehren anderer Lebensformen erhalten.

Langsam begann der Sauerstoff die Erdatmosphäre zu durchsetzen. Hoch oben verwandelte sich der zweiatomige Sauerstoff in Ozon, das einen Schild bildete, unter dem sich die Lebensformen vermehrten und unter dem alles Leben seitdem Schutz gefunden hat.

Pflanzen greifen auf das trockene Land über

Vor ungefähr 1,5 Milliarden Jahren hatten solche Vorgänge die Erde in einen bewohnbaren Planeten zu verwandeln begonnen, auf dem nun auch kompliziertere Lebensformen existieren konnten. Vor etwa 1,2 Milliarden Jahren gab es schon mehrzellige Organismen, und vor 450 Millionen Jahren gelang es den ersten Meerespflanzen, sich an Land anzusiedeln. Einige hundert Millionen Jahre später ergriffen auch Tiere vom Lande Besitz, allen voran die Amphibien, die als schuppige Fische begonnen hatten, mit ihren Flossen von Tümpel zu Tümpel zu krabbeln. Bei ihnen entwickelten sich Lungen zum Atmen und Beine zur Fortbewegung an Land. Aber noch immer mußten sie zur Fortpflanzung ins Wasser zurückkehren.

Den Amphibien folgten vor ungefähr 325 Millionen Jahren die Reptilien, die aufgrund ihres Körperbaus und ihrer Fortpflanzungsweise wesentlich besser die Nahrungsfülle des Festlandes ausnutzen konnten. Denn die Eier der Reptilien enthalten den notwendigen Wasservorrat, können also an Land abgelegt werden. In explosionsartiger Weiterentwicklung bildeten sich verschiedene Formen von Reptilien. Zur gleichen Zeit erschienen Insekten, unter anderem Käfer und Wanzen. Das Klima war heiß und trocken, und das Festland bestand zumeist aus Halbwüste mit verstreuten Oasen und Sümpfen – Bedingungen, die Reptilien zusagten. Vor 150 Millionen Jahren war der Himmel vom lederhäutigen Pterodactylus bevölkert, des-

WIE DAS LEBEN IM URMEER ENTSTAND UND SICH DAS TROCKENE LAND EROBERTE

sen Flügelspannweite von einigen Zentimetern bis zu 7,5 m reichte. Über das Festland zogen die großen Dinosaurier: Brontosaurus, Stegosaurus und Tyrannosaurus Rex, die größten und wohl auch die sonderbarsten Landbewohner, die die Erde je gesehen hat. Die Versuchung ist groß, diese Giganten als Fehlentwicklungen anzusehen, obgleich sie sich über 100 Millionen Jahre gehalten haben – fünfzigmal länger, als die Menschheit bisher bestanden hat.

Kontinente in Bewegung

Während sich dies alles abspielte, hatte die Erde selbst nicht geruht. Obgleich das Gesamtvolumen des Wassers in den Weltmeeren sich nicht wesentlich änderte, schwankte die Ausdehnung der Ozeane mit dem Kommen und Gehen der verschiedenen Eiszeiten. Die Kontinente bewegten sich langsam um die Erde, wie große Schollen, die auf Sirup treiben. Auch heute treiben sie noch, allerdings so langsam, daß auch die empfindlichsten Instrumente kaum eine Bewegung entdecken können. Aber die Geologie ist geduldig: Ein bis zwei Zentimeter im Jahr ergeben in 10 Millionen Jahren eine Verschiebung von 100–200 km. Man nimmt heute an, daß alle Landmassen der Erde einst einen einzigen Kontinent bildeten. Dieser zerriß zunächst in zwei Teile und brach dann in die heutigen Kontinentalmassen auseinander. Jeder Blick auf eine Karte zeigt, wie schön die Küstenlinie Süd- und Mittelamerikas in den Umriß der atlantischen Küste Afrikas hineinpaßt. Die derzeitige Form der Erdteile läßt sich mit Hilfe der Vorstellung erklären, daß jeder Kontinent auf einer riesigen Platte auf dem Erdmantel dahintreibt. Wo die Kanten der Platten aneinanderstoßen, wölben sich Gebirge hoch. Oder die Platten gleiten in stoßweisen Bewegungen aneinander vorbei, was zu Erdbeben führt.

Das Ende der Dinosaurier

Vor 100 Millionen Jahren waren die großen Reptilien die Beherrscher der Erde. Neben ihnen führte eine Gruppe von Wesen, die Theriodontia genannt werden, eine bescheidene Existenz. Das waren Reptilien mit säugetierähnlichem Schädel- und Kieferbau, die sich lange vor den Dinosauriern herausgebildet hatten und deren Gelegenheit, sich erfolgreich weiterzuentwickeln, noch nicht gekommen war. Vor etwa 70 Millionen Jahren verschwanden die Dinosaurier ganz plötzlich, und die primitiven Säuger, die sich inzwischen aus den Theriodontia entwickelt hatten, traten an ihre Stelle. Die Reptilien überlebten in geringerer Zahl. Nur die aus ihnen hervorgegangenen Vögel entwickelten sich sehr erfolgreich. Nach der langen Wartepause waren die Säugetiere gut für ihre Entwicklung zur beherrschenden Stellung innerhalb der Tierwelt ausgerüstet. Sie waren anpassungsfähiger als die Reptilien und den verschiedensten Umweltbedingungen gewachsen. Um sich anpassen zu können, entwickelten sie ein größeres Hirn, und die Fürsorge der Eltern für die Jungen dauerte lange: Säugetiere bringen lebende Junge zur Welt, die vom Muttertier gesäugt werden, bis sie selbst für sich sorgen können.

Sehr schnell entstanden ganz verschiedene Säugetierarten; einige hielten sich nicht lange, anderen war eine viel längere Zeit des Überlebens vergönnt. Die Vorfahren des Pferdes entwickelten sich in Nordamerika, die Vorfahren des Elefanten in Afrika, und frühe Formen von Nagern, Primaten und Raubtieren traten zur gleichen Zeit auf.

Viele dieser Säuger haben so gut erhaltene Fossilien hinterlassen, daß sich ihre Entwicklungsgeschichte mit großer Genauigkeit verfolgen läßt. Bei den in den Wäldern lebenden Primaten war das nicht so; ihre Überreste wurden nur selten von Sedimenten überdeckt und erhielten sich deshalb fast nie. Abgesehen von fragmentarischen Beweisstücken für ein menschenähnliches Säugetier, Ramapithecus genannt, die etwa 14 Millionen Jahre alt sind, besteht eine Lücke bis zum Auftreten des Australopithecus vor etwa 5 Millionen Jahren.

In Darwins Fußstapfen

Seit Darwin die Welt durch seine Theorie entsetzte, daß Menschen und Affen einen gemeinsamen Urahn hätten, haben Wissenschaftler versucht, den Gang der Entwicklung, die in den letzten 70 Millionen Jahren zum Menschen führte, zu entschleiern. Zuerst entwickelte jene Säugetiergruppe, die im Wald lebte, wendigere Glieder, um auf Baumstämme klettern und sich von Ast zu Ast schwingen zu können. Vor allem wurden ihre Vordergliedmaßen beweglicher als die Pfoten und Klauen anderer Tiere, was sie dazu befähigte, die Früchte und Insekten zu greifen, von denen sie lebten. Diese Waldprimaten ähnelten mehr Eichhörnchen als Menschen, ihre modernen Nachfahren sind die Tupajas, Koboldmakis und Lemuren. Durch eine weitere Entwicklung unterschieden sich die waldbewohnenden Tiere zusätzlich von anderen Säugern. Auf dem Boden konnten Säugetiere mit Hilfe ihres Gesichts- und Geruchssinns existieren. Das Leben in den Baumwipfeln verlangte größere Wendigkeit und rege Wachsamkeit. Infolgedessen kam es bei diesen Waldprimaten zu einer verstärkten Ausbildung des Gehirns.

Vor ungefähr 40 Millionen Jahren hatte sich eine Art von Primaten entwickelt, die man als Darwins »gemeinsame Vorfahren« der Affen und des Menschen ansehen könnte. Eine Gruppe dieser Primaten blieben Waldbewohner, und von ihnen stammen die Affen unserer Zeit ab. Eine andere begann jedoch, vor etwa 20 Millionen Jahren die Bäume zu verlassen, vielleicht weil die Wälder nicht mehr so dicht waren und mehr Nahrung am Boden zu finden war, und in das offene Land abzuwandern. Nach Millionen von Jahren begannen diese Wesen aufrecht zu gehen, ihre hinteren Gliedmaßen bildeten sich zu Füßen um, während die vorderen sich zu empfindlicheren Tast- und Greiforganen weiterentwickelten, mit denen sie etwa Stöcke und Steine zu handhaben lernten.

Afrika als die Wiege der Menschheit

Die frühesten Spuren dieser menschenähnlichen Wesen sind 5 Millionen Jahre alt und wurden in Afrika gefunden, das man deshalb oft für die Urheimat des Menschen hält. Zweifellos bot Afrika günstige Bedingungen für die Entwicklung des Menschen, da es von den großen Erdbewegungen und Gletschern, die die nördlichen Landmassen formten, weit entfernt war.

Der Mensch trat zum erstenmal vor einem großen Eiszeitalter auf, dem ersten seit 100 Millionen Jahren. Während seiner ganzen Entwicklungszeit kam es immer wieder zu Eiszeiten, in denen sich das Eis südwärts über das Land bewegte, und zu Zwischeneiszeiten, in denen es sich wieder zurückzog. Die heftigen klimatischen Schwankungen hatten enorme Auswirkungen auf die Verteilung von Tier- und Pflanzenarten, ganz besonders auf der nördlichen Erdhalbkugel. Wenn es kalt war, gediehen Alpenpflanzen, Rentiere und arktische Füchse in Europa. Doch nach Rückzug des Eises schwammen Flußpferde in unseren Flüssen, und Löwen jagten in Mitteleuropa.

Um den Widrigkeiten des Klimas zu begegnen, entwickelten einige Säugetiere einen besonderen Schutz, wie das wollige Nashorn oder das Mammut, eine Art Elefant im Haarkleid. Die frühen Menschen paßten sich dem Klima nicht durch biologische Veränderungen am eigenen Körper an, sondern durch Nutzung des Feuers als Wärme- und Lichtspender und durch Bekleidung mit Tierfellen. Trotzdem muß es, besonders in den nördlichen Gebieten, oft schwer gewesen sein zu überleben, und Abwanderungen in wärmere Gebiete werden stattgefunden haben. Schließlich zogen sich die Eismassen vor 10 000 Jahren nach Norden zurück. Inzwischen hatte sich ein sehr hoch entwickelter Menschentyp, der *Homo sapiens*, gebildet, der sich die günstigeren Lebensbedingungen zunutze machen konnte.

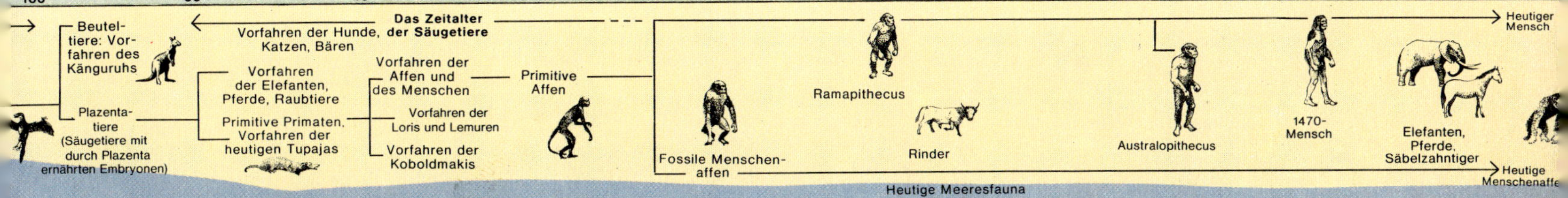

Der lange Weg der Entwicklung des Menschen

Bis zur Mitte des 19. Jahrhunderts glaubte man im Abendland ganz allgemein, alle lebenden Wesen seien bei der Schöpfung jedes für sich erschaffen worden und seitdem unverändert geblieben. Diese Annahme wurde angezweifelt, als 1859 der englische Naturforscher Charles Darwin sein Werk *Die Entstehung der Arten durch natürliche Zuchtwahl* veröffentlichte. Darin wies Darwin nach, daß alle Arten miteinander verwandt sind, wenn auch mitunter sehr weitläufig, und sich über lange Zeiträume hinweg entwickelt hatten. Zwölf Jahre später zeigte Darwin in seiner *Abstammung des Menschen*, daß Menschen und höhere Affen einen gemeinsamen Vorfahren gehabt haben müssen. Zu Darwins Zeit gab es wenig Beweise zur Unterstützung seiner Theorie. Aber seitdem ist eine ganze Kette bisher fehlender Glieder durch das Studium fossiler Knochen hergestellt worden.

Die Darstellung unten zeigt, wie sich die Abkömmlinge der frühen Primaten über einen Zeitraum von 40 Millionen Jahren langsam zum heutigen Menschen entwickelt haben. Die Zeichnungen beruhen auf

GEMEINSAMER VORFAHR *Vor etwa 40 Millionen Jahren spalteten sich die Primaten (Herrentiere) – eine der vielen Gruppen von Säugern, die erstmalig im Zeitalter der Dinosaurier aufgetreten waren – in mehrere Formen auf. Eine davon muß ein waldbewohnender Primat gewesen sein, der auf allen vieren ging und als gemeinsamer Urahn der heutigen Affen und Menschen angesehen werden kann. Spuren eines solchen Wesens sind jedoch bis zum heutigen Tage nicht gefunden worden.*

Das Leben in den Bäumen führte bei den Waldprimaten zur Ausbildung beweglicher Vordergliedmaßen. So war es ihnen möglich, sich von Ast zu Ast zu schwingen und die Früchte und Insekten zu greifen, von denen sie lebten.

RAMAPITHECUS *Vor fast 14 Millionen Jahren hatte sich eine höher entwikkelte Primatenform herausgebildet. Ihre Überreste aus den Siwalik-Bergen in Nordindien gehören wohl dem frühesten Wesen innerhalb der direkten Abstammungslinie des Menschen an. Überreste eines ähnlichen Wesens sind in Afrika gefunden worden. Allem Anschein nach konnte der* Ramapithecus *aufrecht stehen; auch hatte er keine weit vorspringenden Kieferknochen.*

Da das Gefühlsvermögen der Vordergliedmaßen und das Gehirn beim Ramapithecus *schon weiterentwickelt waren, konnte er Stöcke und Steine aufheben und sie für einfache Zwecke benutzen, etwa um seine Feinde zu bedrohen.*

AUSTRALOPITHECUS *Dieser menschenähnliche Affe taucht erstmalig vor etwa 5 Millionen Jahren in Ost- und Südafrika auf. Aufrechter Gang ist bei ihm sicher und Werkzeuggebrauch wahrscheinlich. Die frühesten Werkzeuge (unten) waren noch primitiv – vom Mahl übriggebliebene Knochen oder Knochensplitter sowie von Natur scharfkantige Kiesel oder Steinbrocken, die nach momentanem Gebrauch wieder fallen gelassen wurden.*

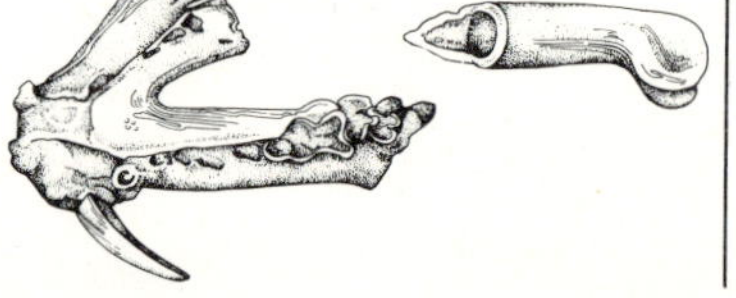

DER 1470-MENSCH *Vor etwa 2½ Millionen Jahren war, als es den Australopithecus noch gab, in Ostafrika der 1470-Mensch aufgetreten. Er ging aufrecht, und sein Gehirn war entwickelter als das irgendeines Affen. Er hat wohl auch die ersten* echten *Werkzeuge (unten) hergestellt, indem er mit einem Stein kleine, flache Stückchen von einem anderen abschlug, der dadurch eine besser schneidende Kante erhielt – der Beginn einer Kultur, die eine Million Jahre dauerte.*

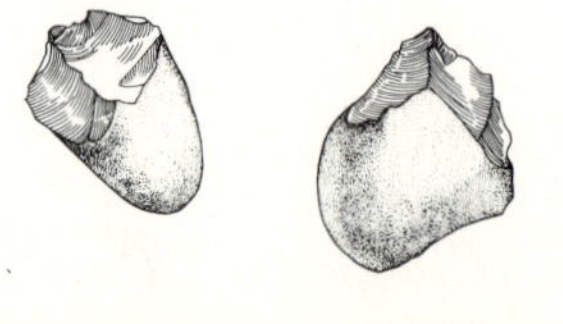

40 Millionen Jahre | **14 Millionen Jahre** | **5 Millionen Jahre** | **2,5 Millionen Jahre**

fossilen Knochenfunden, soweit diese existieren. Die Farbe von Haut, Haar und Augen sowie die Verteilung und Dichte der Haare sind jedoch rein spekulativ.

Der erste Durchbruch in der menschlichen Entwicklung trat mit der Gewöhnung an die aufrechte Haltung beim Gehen und Stehen ein, was den betreffenden Wesen ein weiteres Blickfeld verschaffte und ihre Hände von der Stützfunktion befreite. Nun konnten sie auch Geräte herstellen und benutzen, die Hände und Zähne entlasteten und ergänzten. Durch diese Fähigkeit unterscheidet sich – nach Ansicht der Wissenschaftler – der Mensch grundlegend von seinen menschenähnlichen Vorgängern.

Als das Gehirn des Menschen größer wurde und sich den Anforderungen einer komplizierteren Jagdweise anpaßte, nahm der Mensch auch an Längenwachstum zu, und Zähne wie Kieferknochen nahmen an Größe ab. Mit der wachsenden Fähigkeit der menschlichen Hand zu immer präziseren Bewegungen verfeinerten sich auch die Geräte, die er herstellte. Vor ungefähr 2 Millionen Jahren wurden Werkzeuge schon nach einem bestimmten Muster hergestellt. Mit dem Auftreten des *Homo sapiens* vor 250 000 Jahren wurde die Werkzeugherstellung noch wesentlich verfeinert. Nun kam es oft vor, daß Geräte eine sorgfältigere Ausführung aufwiesen, als von der Funktion her geboten gewesen wäre.

HOMO ERECTUS *Der früheste, allgemein als solcher anerkannte Vertreter der Gattung Mensch war in Asien, Afrika und Europa weit verbreitet. Er gebrauchte das Feuer und jagte Großwild. In Afrika stellte der* Homo erectus *einfache Faustkeile (unten links) her. In Südostasien waren hingegen viel plumpere Hackwerkzeuge (unten rechts) im Gebrauch.*

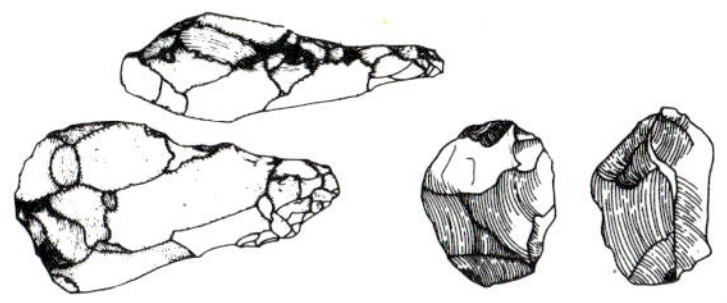

500 000 Jahre

HOMO SAPIENS *Bei Steinheim an der Murr und bei Swanscombe in England sind Fossilien gefunden worden, die annehmen lassen, daß unsere eigene Art bis zu 250 000 Jahre alt sein mag. Die aufgefundenen Schädel sehen unseren sehr ähnlich. Die in dieser Periode in Europa, Afrika und Westasien hergestellten Faustkeile (unten) sind im Vergleich zu früheren Werkzeugen verfeinert und mit ihren flacheren Oberflächen und geraderen Schneiden viel wirksamer.*

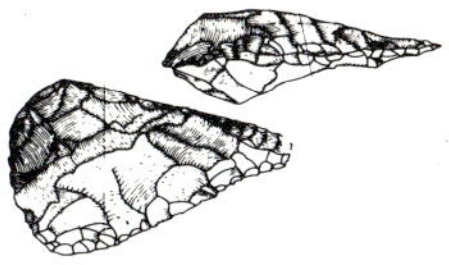

250 000 Jahre

DER NEANDERTALER *Als die Gletscher der Eiszeit sich zum letztenmal südwärts in Bewegung setzten, war Europa vom Neandertaler bewohnt, einer ausgestorbenen Unterart des* Homo sapiens. *Der* Neandertaler *stellte Feuersteinschaber (unten links und Mitte) und Speerspitzen (unten rechts) her, indem er die abgespalteten Steinsplitter und nicht das Kernstück benutzte und kleine, flache Steinsplitter von den Kanten her noch bearbeitete.*

70 000 Jahre

DER JETZTZEITMENSCH Homo sapiens sapiens, *unsere eigene Unterart, hat sich wahrscheinlich außerhalb Europas entwickelt; frühe Überreste aus Frankreich sind etwa 35 000 Jahre alt. Zu dieser Zeit gebrauchte der Mensch schon verschiedene Rohmaterialien, etwa Knochen, Geweihspitzen, Holz und Stein, um Spezialwerkzeuge herzustellen, wie die aus Geweihspitzen gefertigte Harpune (unten), den Schaber aus Feuerstein, die Wurfgeschoßspitze und Ahle mit zwei gleichen Enden.*

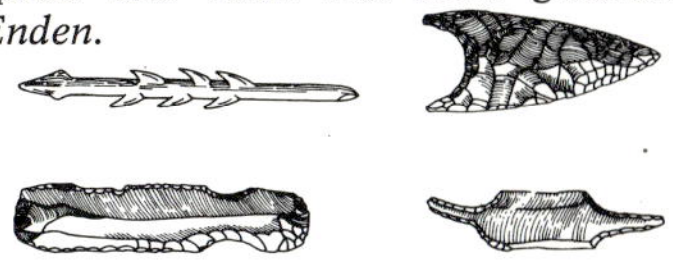

35 000 Jahre

Die Steinzeit begann in Afrika

Vor 2 Millionen Jahren und danach

Auf der Suche nach dem Ursprung der Menschheit stieß man in Kenia auf ein Geschöpf, das in Wassernähe am Waldrand lebte, aufrecht ging und einfache Werkzeuge aus umherliegenden Steinen anfertigen konnte

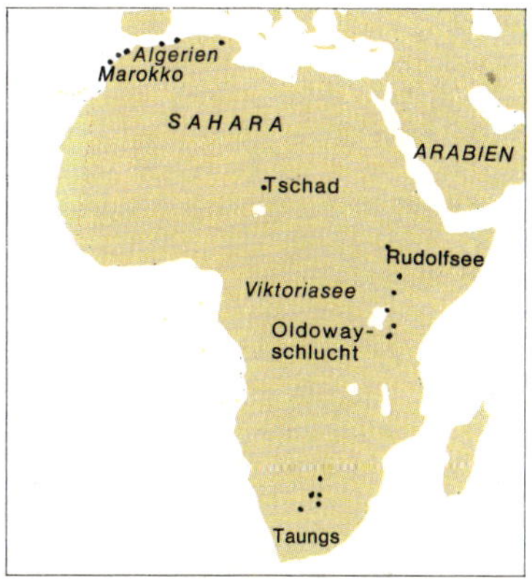

DIE WIEGE DER MENSCHHEIT

Die frühe Datierung vor- und frühmenschlicher Skelettreste aus Afrika scheint denen recht zu geben, die in diesem Erdteil die Wiege der Menschheit suchen.

Vor zwei Millionen Jahren hatten die Ozeane und Kontinente schon mehr oder weniger ihre heutige Gestalt. Stellenweise durch Blitzschlag und Brände gelichtete Wälder, die auf kargen Böden in Grasland übergingen, bedeckten große Teile des Landes. Nur das Rollen des Donners oder das Getöse der Wasserfälle zerriß die Stille. Sonst gab es kaum lautere Geräusche als die Rufe der Vögel und die Todesschreie kleinerer Tiere, die größeren zum Opfer gefallen waren.

Das Zeitalter der Dinosaurier war längst vorüber; die Säugetiere hatten ihren Siegeszug angetreten. Sie alle bringen lebendige Junge zur Welt, die lange Zeit gesäugt und beschützt werden müssen. Verschiedene Arten von Säugern hatten sich entwickelt und ihren Lebensraum gefunden. Die Vorfahren des Löwen, Elefanten und Nashorns waren ebenso schon vorhanden wie die kleinen Ahnen von Pferd, Wolf, Rind, Schwein und Hirsch.

Unter all diesen Tieren entwickelte sich eine Art, deren Nachkommen sich die Erde untertan machen sollten. Nur wenige Knochen dieses Wesens sind in einigen Teilen Afrikas gefunden worden, und es ist eine Frage, ob diese Überreste wirklich kennzeichnend für das Aussehen dieser Frühmenschen sind. Doch ist es wahrscheinlich, daß vor 2 Millionen Jahren oder gar noch früher Vorfahren des Menschen aufrecht gingen, offene Flächen am Rande von Wäldern bewohnten und von Pflanzen, Früchten und kleinen Tieren lebten. Abgesehen von der aufrechten Haltung, zeichnete sich das schutzlos wirkende Wesen noch durch etwas anderes aus: Im Gegensatz zu den übrigen Tieren, die Fleisch mit Zähnen und Klauen zerreißen, zerlegten und zerkleinerten sie es mit den Kanten bearbeiteter Steine. Das war in der Entwicklungsgeschichte ein wichtiger Schritt. Anstatt seinen Platz in dem komplizierten Hin und Her des Kampfes zwischen Fressen und Gefressenwerden einzunehmen, hatte ein Geschöpf begonnen, aus natürlichen Gegenständen Werkzeuge herzustellen

DER ERSTE WERKZEUGMACHER UND SEINE AFRIKANISCHE HEIMAT

Die Sandküsten des Rudolfsees (links) in Nordkenia haben sich als einer der reichsten vorgeschichtlichen Fundplätze erwiesen. Hier stand anscheinend die Wiege des ersten Werkzeugmachers – die Wiege des Menschen also. Von dort stammen mit Überlegung bearbeitete Gerölle oder Kiesel, deren Alter mit 2½ Millionen Jahren angegeben wird. Im Jahre 1972 machte man am Ostufer des Sees eine aufsehenerregende Entdeckung – man fand den Schädel und die Beinknochen eines der Geschöpfe, welche die Werkzeuge hergestellt hatten, vielleicht den ältesten bekannten Ahnen des Menschen. Der 1470-Mensch, wie er vorläufig genannt wird, war Jäger. Das Bild rechts ist eine Rekonstruktion. Es zeigt, wie er ein Stück Niederwild häutet. Er benutzt dazu einen Kieselstein, der so zugeschlagen wurde, daß eine scharfe Kante blieb. Aus Skelettresten kann man schließen, daß der 1470-Mensch aufrecht stehen und gehen konnte und daß sein Gehirn etwa halb so groß war wie das des modernen Menschen – also wesentlich größer als das der Affenmenschen, die man bislang für die Vorfahren des Menschen ansah.

und so die Grenzen seiner körperlichen Fähigkeiten weiter hinauszuschieben.

Die ältesten bisher gefundenen Werkzeuge kommen aus dem Gebiet am Rudolfsee in Nordkenia. Sie sind mehr als 2½ Millionen Jahre alt. Im Jahre 1972 fand Richard Leakey, Direktor des Nationalmuseums von Kenia, in demselben Gebiet den Schädel, die Zähne und Beinknochen eines menschenartigen Wesens, von dem diese Werkzeuge wahrscheinlich stammen. Sein Gehirn war verhältnismäßig groß – etwa 800 ccm –, also ungefähr doppelt so groß wie das eines Schimpansen, und seine Beinknochen lassen darauf schließen, daß es etwa 150 cm groß war und aufrecht ging. Dieses Lebewesen wird vorläufig nach seiner Katalognummer *1470-Mensch* genannt. Neue Entdeckungen (1974) in Ostäthiopien lassen vermuten, daß dort Vorfahren des Menschen vor 4 Millionen Jahren gelebt haben könnten.

Ein weiteres Lebewesen, das altsteinzeitliche Werkzeuge herstellte und von dessen Existenz man schon länger weiß, ist der *Homo habilis* (d. h. geschickter Mensch). Er erhielt seinen Namen von Dr. Louis Leakey (1903–72), dem Vater von Richard Leakey, der Fragmente seiner Knochen an einem anderen vorgeschichtlich wichtigen ostafrikanischen Fundort, der Oldowayschlucht in Tansania, entdeckt und identifiziert hatte. Der *Homo habilis* lebte vor etwa 1¾ Millionen Jahren. Aufgrund der fragmentarischen Funde schätzt man sein Gehirnvolumen auf 680 ccm, seine Körpergröße auf 120 cm. Aus der Form seiner Fußknochen kann man schließen, daß er aufrecht gehen konnte.

Die aufrechte Haltung des vorgeschichtlichen Menschen machte seine Hände frei zur Herstellung und zum Gebrauch von Werkzeugen. Auch konnte er seine Feinde eher erblicken und kleinere Tiere wie Spitzmäuse und Eidechsen leichter fangen. Manchmal ernährte er sich auch von größeren Tieren, wenn es ihm gelang, Jungtiere von ihren Eltern zu trennen und zu töten oder größere Raubtiere von ihrer Beute zu vertreiben.

Die ersten Steinwerkzeuge

Die Hände des *Homo habilis* und wahrscheinlich auch die des *1470-Menschen* ähnelten unseren Händen. Beim Zufassen mögen sie aber recht unbeholfen gewesen sein. Man unterscheidet zwei Griffe: den Kraftgriff zum festen Ergreifen und den Präzisionsgriff, wenn es gilt, etwas zwischen Finger und Daumen zu halten und zu handhaben. Der Frühmensch hatte einen guten Kraftgriff, aber sein Präzisionsgriff war noch unentwickelt, weil sein Daumen in bezug auf die übrigen Finger weniger flexibel war als der Daumen des modernen Menschen.

Dennoch reichte die Geschicklichkeit seiner Hände aus, den ersten technologischen Durchbruch zu erzielen: die Herstellung einfacher Steinwerkzeuge zum Fleischschneiden und Zerkleinern von pflanzlicher Nahrung. Zum erstenmal gab es ein Lebewesen, das durch seine körperlichen Merkmale wie Klauen oder Zähne nicht festgelegt war. Diese konnten sich im Laufe der Jahrtausende zwar einer Umgebung anpassen, wurden aber bei Veränderung der Umgebung möglicherweise untauglich. Jetzt war der Mensch imstande, sich seine »Klauen« und »Zähne« selber zu schaffen, sich ihre Form und das Material dazu auszusuchen und sie zweckmäßig zu formen. Die neu erworbene Fähigkeit führte letzten Endes zur Überlegenheit des Menschen über alle anderen Lebewesen.

Die ersten Geräte aus behauenen Kieselsteinen sind so einfach, daß es manchmal schwerfällt, sie von auf natürliche Weise angeschlagenen Steinen zu unterscheiden. Der altsteinzeitliche Mensch verwandte gewöhnlich einen Stein, um damit kleine flache Stückchen von einem anderen Stein abzuschlagen, bis eine scharfe schneidende Kante entstand, die sich zum Abhäuten und Fleischzerteilen eignete. Manchmal wurde solch ein Stein auch schon zweiseitig bearbeitet, um ein spitzeres Werkzeug herzustellen.

Im Verlauf der Jahrtausende führte man die Werkzeuge zunehmend sorgfältiger aus, aber sie blieben aus Stein; außerdem wurden Holz, Knochen und ähnlich vergängliches Material verwendet. Diesen langen Zeitraum nennt man Steinzeit. Einige primitive Völker, wie die Eingeborenen Neuguineas, sind bis heute in hohem Maße auf Steinwerkzeuge angewiesen.

Australopithecus – ein Seitenzweig

Sowohl der *1470-Mensch* als auch der *Homo habilis* hatten anscheinend einen noch primitiveren Nachbarn – einen menschenartigen Affen, dessen Ursprung vielleicht schon 5 Millionen Jahre zurückliegt. Am Rudolfsee hat man in den gleichen Schichten, in denen die Knochenreste des *1470-Menschen* gefunden wurden, Überreste dieses Lebewesens entdeckt, das sich auch in jenen Schichten der Oldowayschlucht findet, die die Reste des *Homo habilis* enthielten. Spuren dieses Ge-

WIE EIN STEINWERKZEUG ENTSTEHT

Da Knochen frühzeitlicher Menschen meist nur durch Zufall gefunden werden, sind ihre Werkzeuge eine große Hilfe bei der Erforschung ihrer Entwicklung. Der technische Fortschritt war sehr langsam, wie die Ähnlichkeit der Werkzeuge über sehr lange Zeiten hinweg zeigt. Die Entwicklung vom bearbeiteten Geröll- oder Kieselstein bis zum Faustkeil dauerte – trotz gleicher Technik – mehrere hunderttausend Jahre.

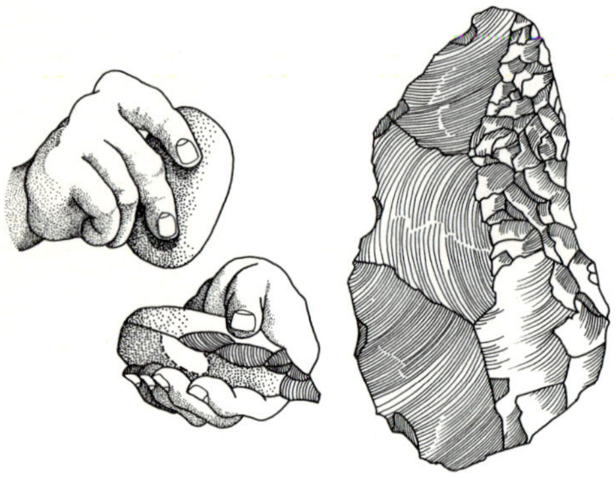

STEIN AUF STEIN *Um die einfachen und groben Werkzeuge aus Geröll herzustellen, kam es darauf an, mit wenigen, genau gezielten Schlägen aus zwei Richtungen eine zickzackförmige Schneide herzustellen. Mit diesem einfachen Werkzeug häutete und zerschnitt man das Wildbret.*

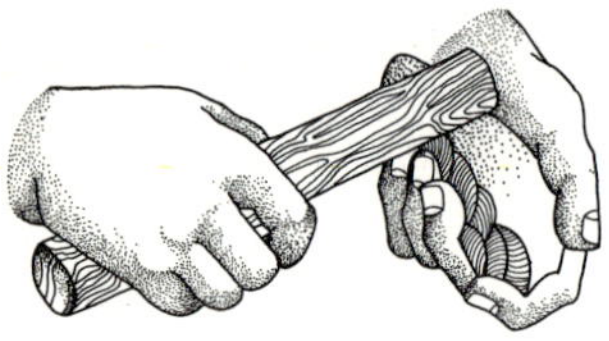

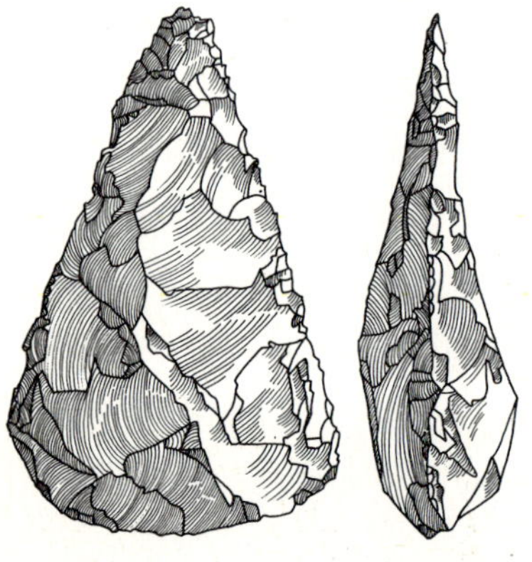

MIT SPITZE UND SCHNEIDE *Der Faustkeil hat größere Verwendungsmöglichkeit als die einfachen Geröllgeräte. Sein Hersteller, der* Homo erectus, *schlug mit einem Knochen- oder Hartholzstück geduldig kleine Stücke ab, bis die Schneiden und die Spitze des Faustkeils fertig waren.*

FRÜHMENSCHEN IM EISZEITALTER

Die Fundorte des Homo erectus *sind über die ganze Alte Welt verstreut. Wie die Lage mancher von ihnen nahe am Eisrand zeigt, muß es sich um ein Geschöpf gehandelt haben, das extreme Temperaturen vertragen konnte. Die Entwicklung hin zum* Homo sapiens *beginnt wohl vor 250 000 Jahren, wie die Schädelfragmente von Steinheim und Swanscombe zeigen.*

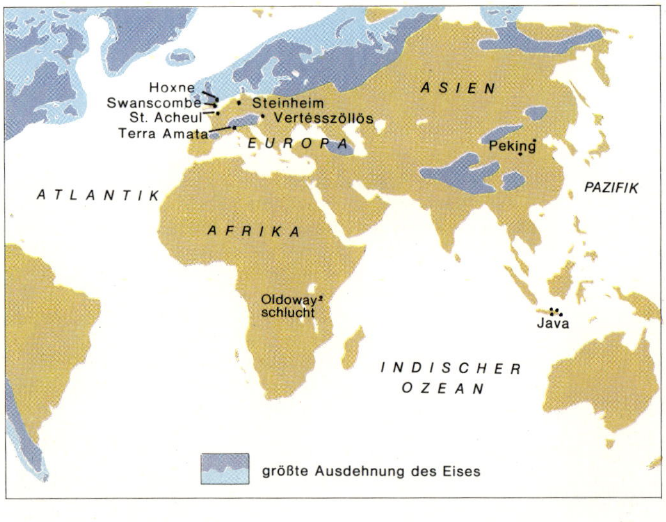

schöpfes fanden sich auch an anderen Orten Afrikas. Professor Raymond Dart, der 1924 den ersten Schädel dieser Art bei Taungs in Südafrika entdeckte, hat ihm den Namen *Australopithecus* (d. h. Südaffe) gegeben.

Der *Australopithecus* hatte ebenso wie der *Homo habilis* ein kleines Gehirn und konnte aufrecht stehen und gehen. Lange wurde angenommen, daß er zum Stamm der menschlichen Familie gehörte und ein direkter Vorfahr des Menschen gewesen sei. Heute betrachtet man ihn als einen Seitenzweig dieses Stammbaums. *Australopithecus* hat zwar mitunter gespaltene Knochen verwendet, um damit das Gehirn erbeuteter Paviane oder anderer Tiere aus dem Schädel zu holen. Von Werkzeugherstellung kann man jedoch noch nicht sprechen, wenn nur gelegentlich ein Knochen für eine unmittelbare Aufgabe benutzt und dann fallen gelassen wurde. Dagegen fertigte *Homo habilis* seine Werkzeuge nach einem vorbedachten Plan an. Und die neuen Funde am Rudolfsee zeigen, daß der ebenfalls Werkzeuge herstellende *1470-Mensch*, der dem *Homo habilis* zumindest an Größe des Gehirns überlegen war, noch älter war als dieser.

Da der *Australopithecus* gleichzeitig mit dem *1470-Menschen* und dem *Homo habilis* existierte, sich innerhalb dieses langen Zeitraumes jedoch kaum veränderte, kann er nicht der Vorfahr des Menschen gewesen sein, sondern muß in viel früherer Zeit vom Stamm des gemeinsamen Vorfahren abgezweigt sein.

Vielleicht war *Homo habilis* nur eine weiterentwickelte Form des *Australopithecus* und ebenso zum Aussterben verurteilt wie jener, während der *1470-Mensch* mit seinem größeren Hirnvolumen tatsächlich zu der Entwicklungslinie gehört, die zum modernen Menschen führt.

Ein Jäger, der sprechen lernte

Für eine weitere Stufe in der Entwicklung des Menschen wurden Beweise aus einer Zeit gefunden, die 2 Millionen Jahre nach dem Auftreten des *1470-Menschen* liegt. Es handelt sich um *Homo erectus* (d. h. aufrecht gehender Mensch), der vor ungefähr einer halben Million Jahren gelebt hat. *Homo erectus* war in Asien, Europa und Afrika weit verbreitet. Von ihm stammt der älteste Menschenfund Deutschlands – der Unterkiefer von Mauer bei Heidelberg. Im Verlauf von 200 000 Jahren verdrängte die neue Art frühere Formen der Menschenartigen in vielen Teilen der Welt. Wir würden *Homo erectus* wegen seiner schweren Kieferknochen ohne Kinn, der großen Zähne und der niedrigen fliehenden Stirn über dicken Überaugenwülsten sehr häßlich finden. Aber sein Gehirnvolumen von ungefähr 1000 ccm steht dem menschlichen Gehirn näher als dem irgendeines Menschenaffen.

Überreste, die in den Höhlen von Chou-Kou-Tien bei Peking, einem der bekanntesten Fundplätze, entdeckt wurden, beweisen, daß *Homo erectus* Elefanten, Nashörner, Pferde, Wisente, Wasserbüffel, Kamele, Wildschweine, Schafe, Antilopen und Hirsche erlegt hat. Die Jagd auf so große Tiere verlangte Geschicklichkeit und Intelligenz und förderte daher die Größenzunahme des Gehirns. Während ein allein jagender Mann kleineres Wild beschleichen und überwältigen konnte, mußte der Mensch zum Fang größerer Tiere lernen, in Gruppen zu jagen. Dazu gehörten eine gewisse Disziplin und wirksame Methoden der Verständigung. Zu dieser Zeit mag *Homo erectus* schon begonnen haben zu sprechen. Affen können mit ihrem Kehlkopf zwar Laute hervorbringen, die an Sprache erinnern, aber ihrem Hirn fehlt das Sprachzentrum.

Der Mann der Art *Homo erectus* hat wahrscheinlich eine Vorliebe für die Jagd entwickelt, während die Frauen vermutlich in der Nähe der Wohnstätte blieben und dort pflanzliche Nahrung sammelten, zum Teil weil sie durch das Austragen und Aufziehen der Kinder gebundener waren. Im Unterschied zu den Affenweibchen blieben die Frauen die meiste Zeit auch sexuell empfänglicher, wohl infolge der größeren Geborgenheit und des größeren Schutzes, den sie nun genossen, sowie der stetigeren Versorgung ihrer Kinder mit frischem Fleisch.

Der Mensch entdeckt das Feuer

Vor etwa einer halben Million Jahren hat *Homo erectus* schon das Feuer zur Wärmeerzeugung und wohl auch zum Kochen benutzt, und das an Orten, die so weit auseinander liegen wie Peking in China und Vertésszöllös in Ungarn. Jahrtausendelang mögen die Menschen Buschfeuer beobachtet haben, die, vom Blitz entzündet, über das Land rasten, ehe sie auf die Idee kamen, einen brennenden Ast zu gebrauchen, um sich Wärme und Licht zu verschaffen, wann und wo sie wollten. Eine andere Möglichkeit wäre, daß sie zufällig entdeckten, wie man Feuer macht, wenn bei der Bearbeitung von Feuerstein Funken sprühten.

Auch das Kochen mag eine zufällige Entdeckung gewesen sein, etwa wenn ins Feuer gefallene Nahrung durch die Hitzeeinwirkung besser schmeckte als vorher. Der Frühmensch hat vermutlich mehrere Zubereitungsmethoden gekannt. Man konnte die Nahrung direkt über dem Feuer rösten oder langsam in der Asche gar werden lassen. Oder man warf erhitzte Steine in eine Tierhaut voll Flüssigkeit, um diese zu erwärmen.

Da die zähen Fleisch- und Pflanzenfasern durch diese Zubereitung weicher werden, wurden die großen, flachen Backenzähne früherer Formen des Menschen langsam überflüssig; Zähne und Kiefer verringerten ihre Größe. Dadurch wurde der gesamte Bau des menschlichen Gesichtes leichter. Der Eckzahn des *Homo erectus* war kleiner als der seines Vorfahren. Affen haben große Eckzähne, mit denen sie ihre Nahrung zerreißen, kämpfen und sich gegenseitig bedrohen. Die Werkzeuge und Waffen hatten den Gebrauch von Zähnen für diese Zwecke überflüssig gemacht.

Ein neues Werkzeug – der Faustkeil

Homo erectus fuhr fort, aus Geröll oder flachen Steinabschlägen hergestellte Werkzeuge zu benutzen, entwickelte aber auch ein vielseitigeres Werkzeug – den Faustkeil. Mit einem Stein als Hammer, später mit einer Holzkeule schlug er von einem Feuerstein oder einem anderen Stein von allen Seiten flache Stückchen ab, bis ein flacher, gleichmäßig geformter Faustkeil entstand, der sich zum Abhäuten und Zerlegen erbeuteter Tiere eignete. Hunderte dieser Werkzeuge wurden in Europa, Afrika und im westlichen Asien gefunden. Die frühesten sind ungefähr eine halbe Million Jahre alt, aber noch vor etwa 50 000 Jahren wurden solche Faustkeile in Teilen Südafrikas hergestellt. Die anfallenden Steinabschläge wurden als Messer verwandt und sicherlich hoch geschätzt.

DER MENSCH
MEISTERT DAS FEUER

Homo erectus, *eine intelligentere Art als seine Vorgänger, verstand schon, Großwild zu jagen, indem er es durch gemeinsames Handeln überlistete. In seiner Entwicklung spielt das Feuer, das er zu benutzen gelernt hatte, eine große Rolle. Gekochtes und gebratenes Fleisch war leichter zu kauen als rohes. Wuchtige Kieferknochen und große Zähne wurden nun überflüssig. Außerdem konnte* Homo erectus *mit dem Feuer sich auch in kälteren Zonen behaupten.*

Die aufregendsten Entdeckungen aus der Zeit des *Homo erectus* stammen vom Fundort Terra Amata bei Nizza. Hier lebten Menschen in ovalen, von einem Ring aufgeschichteter Steine umgebenen Hütten, die bis zu 15 m lang und 6 m breit waren. Der Boden war mit Fellen oder Steinplatten bedeckt, und die Dächer bestanden aus Zweigen. Die Bewohner zündeten Feuer an, um sich warm zu halten.

Obgleich Terra Amata mindestens einundzwanzigmal aufgesucht wurde, scheinen sich die Menschen jedesmal nur ein paar Tage dort aufgehalten zu haben, denn die zurückgelassenen Feuersteinabschläge waren kaum zertreten oder hatten ihre Lage verändert. Jedesmal, wenn sie zu diesem Ort zurückkehrten, was anscheinend immer im Spätfrühling oder Frühsommer stattfand, bauten sie ihre Hütten an genau der gleichen Stelle wieder auf und erneuerten die kleinen Steinwälle um die Herdstellen. Diese Menschen ernährten sich von Hirschen, Elefanten, Wildschweinen, Steinböcken, Nashörnern, Wildrindern, Schildkröten, Kaninchen und verschiedenen Vögeln und Nagetieren. Sie sammelten Austern und Muscheln und fingen Fische. Die Hütten von Terra Amata sind, soweit man weiß, die ältesten Behausungen der Welt, und in einer von ihnen wurde der Abdruck eines menschlichen Fußes entdeckt.

Der erste Homo sapiens

Ungefähr vor einer viertel Million Jahren trat in Europa eine Menschenform auf, die dem heutigen Menschen viel ähnlicher war als der *Homo erectus*. Wir wissen von diesem Neuankömmling in erster Linie durch Schädelteile, die in den dreißiger Jahren bei Steinheim an der Murr und bei Swanscombe in England gefunden wurden. Hinterkopf und Seitenteile dieses Schädels sind dick, aber gerundet wie beim Jetztzeitmenschen. Da die Unterkiefer nicht erhalten sind, läßt sich jedoch nicht sagen, wie weit entwickelt das Gesicht dieser Menschen war.

Viele Wissenschaftler vermuten, daß der Mensch von Steinheim eine frühe Form des *Homo sapiens* gewesen ist, die entwickelter war als der *Homo erectus* und von der unsere eigene Unterart *Homo sapiens sapiens* abstammt. Vor dem ersten Auftreten des modernen Menschen hat sich jedoch noch eine andere Unterart des *Homo sapiens* herausgebildet. Es war dies der Neandertaler, so genannt nach dem Neandertal bei Düsseldorf, wo seine Überreste 1856 zum erstenmal entdeckt wurden.

Nach unseren Begriffen sah der Neandertaler, der vor etwa 70 000 Jahren auftrat, recht grob und primitiv aus. Er hatte stark vorspringende Überaugenwülste, einen vorspringenden Oberkiefer und einen massigen, kinnlosen Unterkiefer mit großen Zähnen. Aus den Knochen seiner Gliedmaßen läßt sich schließen, daß er recht plump gebaut war.

Da seine Gesichtsknochen so massig waren, hielten einige Wissenschaftler den ersten Neandertalschädel anfänglich für den Schädel eines pathologischen Idioten. Damit taten sie diesem hochintelligenten und tiefer Empfindungen fähigen Wesen Unrecht, dessen Gehirn im Durchschnitt sogar ein wenig größer war als das moderner Menschen und der die ersten religiösen Vorstellungen hervorbrachte, von denen wir wissen. Entwicklungsgeschichtlich war die von ihm angewandte Werkzeugtechnik ein großer Schritt vorwärts.

Die Verbreitung des Neandertalers

Es ist unbekannt, wo der Neandertaler entstand. Seine Knochen sind an mehreren Stellen im westlichen Asien und fast in allen europäischen Ländern gefunden worden. Die Fundstellen bilden einen Bogen südlich der Gletschergrenze während der letzten Eiszeit. Die Neandertaler erreichten die Krim und Usbekistan, China und Java. Eine verwandte Form, der Rhodesienmensch, verbreitete sich über den gesamten afrikanischen Kontinent. Soweit wir wissen, blieben Australien, Amerika und die Inseln des Stillen Ozeans unbevölkert.

Die Beute des Neandertalers wechselte je nach dem Klima. Während kälterer Phasen folgte er den Rentierherden und hielt sich an die jungen und schwachen Tiere. Als in den wärmeren Phasen der Wald wieder vordrang, ernährte er sich hauptsächlich von Wildrind, Wisent und Rotwild.

Werkzeuge des Neandertalers sind auch in so kalten Gegenden wie dem Ordosgebiet in Nordchina und bei Irkutsk gefunden worden. Vermutlich trugen die Menschen damals schon irgendeine einfache Fellkleidung, denn Funde von Neandertalern sind fast

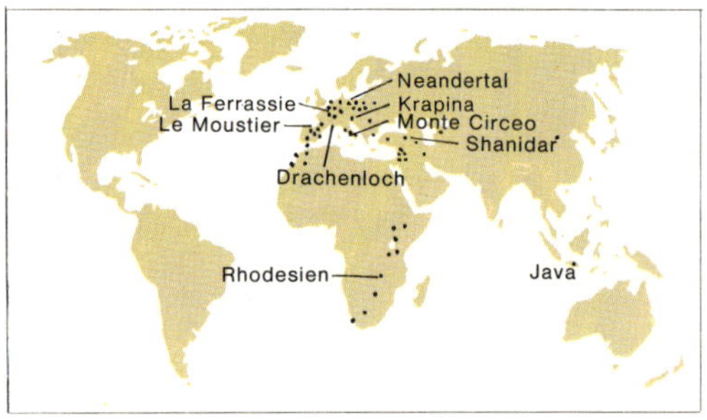

DIE VERBREITUNG DES NEANDERTALERS

Der Neandertaler wird nach dem Neandertal bei Düsseldorf genannt, in dem Fuhlrott 1856 das erste bruchstückhafte Skelett dieser Menschenart barg. Inzwischen ist er an vielen Stellen in Europa und Teilen Asiens gefunden worden. Eine verwandte Art, der Rhodesienmensch, lebte in Afrika. Der Neandertaler erscheint vor rund 70 000 Jahren und verschwindet etwa 40 000 Jahre später.

BESTATTUNG DER TOTEN

Zu Unrecht hielt man die Neandertaler lange Zeit für gewalttätige Wesen ohne Gefühl. Sie waren die ersten Menschen, die ihre Toten bestatteten. Oft wurden ihnen Werkzeuge und Speisen mit ins Grab gegeben, was auf den Glauben an ein Jenseits hinweist. Viele Leichen waren in Schlafstellung bestattet und die Gräber mit einem flachen Stein geschlossen worden. In einer Höhle bei Shanidar im Irak, in der man viele Gräber fand, verrieten Bodenuntersuchungen, daß die Toten inmitten von Kiefernzweigen und Blumen begraben worden waren.

immer von Schabern aus Feuerstein begleitet, mit denen man Fett von Häuten kratzen kann. Auch die Hersteller der Faustkeile hatten schon gelegentlich Schaber angefertigt, aber der Neandertaler machte als erster umfassenden Gebrauch von ihnen.

Die Kulturstufe des Neandertalers wird als Moustérien bezeichnet, nach dem Fundort Le Moustier in der Dordogne in Frankreich, wo viele kennzeichnende Abschlaggeräte entdeckt wurden. Schon *Homo erectus* hatte die bei der Bearbeitung der Faustkeile abfallenden Steinsplitter als Messer benutzt, aber erst der Neandertaler machte die Abschläge zur Grundlage seiner Werkzeugindustrie. Das abgespaltene Stück wurde weiter bearbeitet, bis ein scharfes Werkzeug entstand.

Der Neandertaler hatte großes Geschick bei der Auswahl geeigneter Feuersteine. Er fertigte sogenannte Handspitzen an und entwickelte den Schaber – ein messerartiges Gerät mit einer scharfen und einer stumpfen Kante. Manchmal wurden auch in die Schneide sägezahnähnliche Kerben eingeschnitten, um ein wirksameres Werkzeug zum Zerkleinern der Nahrung zu erhalten.

Die Entstehung der Religion

Aus der Zeit des Neandertalers stammen die ersten Beweise ritueller Praktiken, aus denen man auf religiöse Vorstellungen schließen kann.

Bei La Ferrassie in Südwestfrankreich wurden die flachen Gräber von zwei Erwachsenen und vier Kindern entdeckt. Die Erwachsenen waren Kopf an Kopf bestattet worden, zwei der Kinder zu Füßen ihrer Mutter, zwei weitere etwas entfernt davon. In drei Kindergräbern lagen Schaber. Vielleicht glaubten die Eltern, daß das Kind sie in einem Leben nach dem Tode brauchen würde.

Tiere spielten eine so überragende Rolle im Leben des Neandertalers, daß sie auch einen hohen Rang in seinen Glaubensvorstellungen und rituellen Bräuchen einnahmen. In einer Schweizer Höhle, dem Drachenloch, wurde eine Steinkiste gefunden, die sieben Schädel des Höhlenbären enthielt, während hinter einem Mäuerchen massenhaft Höhlenbärenknochen, getrennt nach Art, lagen.

Auch anderswo in Europa fanden sich Spuren eines Höhlenbärenkults. Vielleicht nahm man an, daß ein besonderes Verhältnis zwischen Bär und Mensch bestehe. Der Mensch, der im Winter in Höhlen Schutz und Wärme suchte, muß das Schnarchen und Grunzen gefürchtet haben, das ihm anzeigte, wessen Winterschlaf er störte.

Der Neandertaler mag auch zuzeiten dem rituellen Kannibalismus gefrönt haben, vielleicht um sich die Kraft seines Opfers anzueignen. Ein in einer Höhle am Monte Circeo in Italien gefundener Schädel wies ein Loch in der Basis auf, durch das anscheinend das Gehirn herausgenommen worden war, und in der Nähe von Krapina in Jugoslawien fand man aufgebrochene und verkohlte menschliche Knochen. Gewalt gehörte jedenfalls zum Leben des Neandertalers, denn ein großer Teil der aufgefundenen Schädel war vor dem Tode durch spitze und stumpfe Instrumente verletzt worden.

Der Neandertaler verschwindet

Vor etwa 35 000 Jahren machten in Europa und dem Nahen Osten die Werkzeuge des Neandertalers Geräten einer völlig anderen Technik Platz. Mit einem Schlagstock wurden von einem Kern nunmehr lange schmale Klingen abgespalten, die die Grundlage für einen neuen Typ von Steinwerkzeugen lieferten. Die neuen Werkzeuge fanden sich neben Skeletten eines neuen Menschentyps – des *Homo sapiens sapiens*, unserer eigenen Unterart. Lange Zeit hat man angenommen, daß diese Menschen mit ihren verfeinerten Werkzeugen den Neandertaler verdrängten, vermutlich aber starb er aus, indem er durch Vermischung aufgesogen wurde.

Es gab eigentlich zwei Sorten von Neandertalern – eine frühe Art, deren Gesichtszüge sich nicht allzusehr von denen des modernen Menschen unterschieden, und eine spätere Gruppe, in der die typischen Züge besonders ausgeprägt sind. Wahrscheinlich haben die hereinströmenden Neuankömmlinge sich mit den anziehenderen Neandertalern vermischt, so daß die gröbere Form in der Mischbevölkerung langsam immer seltener wurde.

Aus der Beobachtung der Gebräuche von noch vorhandenen primitiven Völkerschaften läßt sich ableiten, daß der Steinzeitmensch zu dieser Zeit seiner Entwicklung schon feste gesellschaftliche Verhaltensregeln gehabt haben wird. Bestimmte Heiraten innerhalb einer Familie mögen verboten gewesen sein, aber das beruhte gewiß nicht auf instinktiver Ablehnung oder Furcht vor Vererbungsschäden. Indem sie drauf bestanden, daß ihre Schwestern sich mit Männern verbanden, die nicht zur Familie gehörten, konnte eine Gruppe von Brüdern ein Bündnis mit vielen anderen Männern eingehen. In einer Gesellschaft, die vom Zusammenwirken bei der Jagd auf Großwild abhing, mögen solche Bande zwischen Brüdern verschiedener Familien oft den Ausschlag gegeben haben, wenn es ums Überleben ging.

Die Erde wird bevölkert

Homo sapiens sapiens ist während der letzten 30 000 Jahre die einzige Menschenform auf der Erde gewesen. Einer der bekanntesten frühen Typen, der sogenannte Cromagnonmensch, verbreitete sich von Südwestasien aus ungefähr um die Mitte der letzten Kaltzeit bis nach Westeuropa. Ähnliche Menschenformen hat es auch in Rußland und Westasien, China, Borneo und überall in Afrika gegeben.

Die große Dreiteilung in Rassengruppen, die sich noch heute erkennen lassen, vollzog sich wahrscheinlich während der letzten 20 000 oder 30 000 Jahre. Es sind dies die Europiden (grob gesprochen, die Europäer, Nordafrikaner, Vorderasiaten und die Inder), die Mongoliden (Ostasiaten und Indianer) und die Negriden. Die Abstammung einiger Menschengruppen scheint auf die Zeit vor der Dreiteilung zurückzugehen. Das ist bei den Australiden (der Urbevölkerung Australiens) der Fall, die vermutlich vor etwa 30 000 Jahren von Asien kamen. Einige der amerikanischen Indianerstämme mögen

DAS WACHSENDE GEHIRN DES MENSCHEN

Im Laufe seiner Entwicklung änderte sich mit dem Aussehen des Menschen vor allem sein Schädelbau. Während der Gehirnschädel mit zunehmendem Gehirnvolumen größer wird, tritt die Kieferpartie zurück. Feuer- und Werkzeuggebrauch nahm den Zähnen viel Arbeit ab, so daß sie und die Kieferpartie ohne Nachteile für den Menschen kleiner werden konnten.

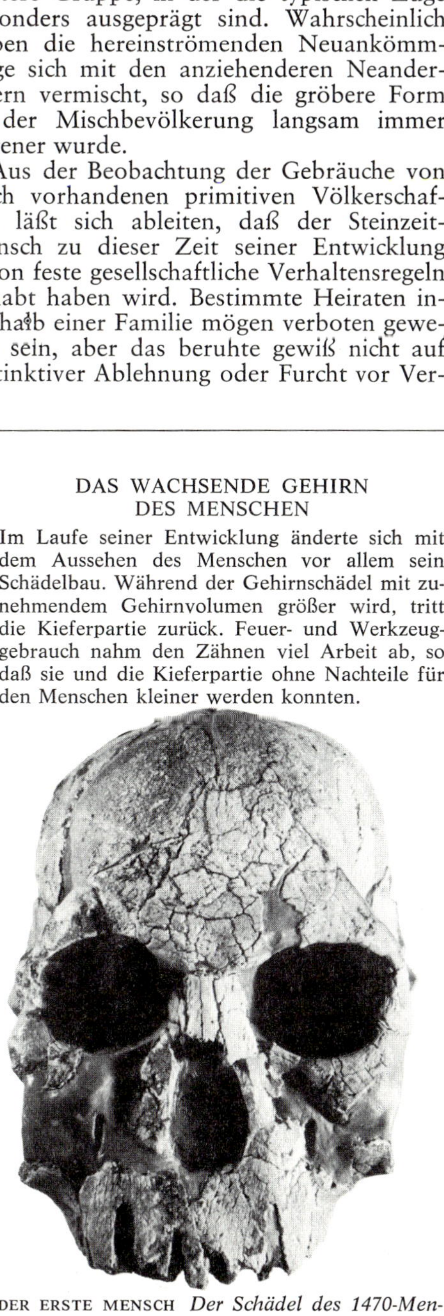

DER ERSTE MENSCH *Der Schädel des 1470-Menschen gehörte vielleicht dem ältesten bekannten Vorfahren des Menschen. Ihm fehlen die Überaugenwülste anderer frühmenschlicher Schädel.*

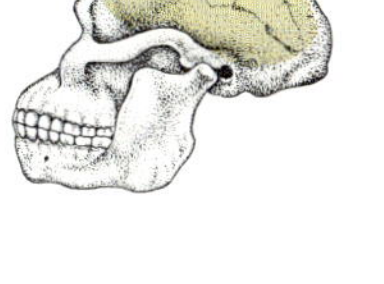

AFFENMENSCH *Das Schädelvolumen des* Australopithecus, *der in Afrika vor 5 Millionen Jahren lebte, war mit 480 ccm größer als das vergleichbarer Menschenaffen. Die Kieferpartie ist kräftig ausgebildet.*

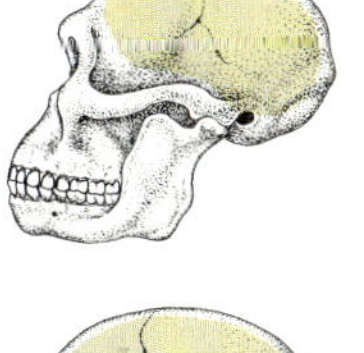

1470-MENSCH *Das Bemerkenswerteste an diesem 2½ Millionen Jahre alten Schädel, den R. Leakey 1972 in Kenia fand, ist sein Volumen. Mit 800 ccm ist es doppelt so groß wie das eines Schimpansen.*

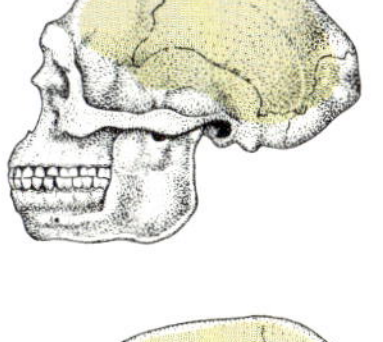

HOMO ERECTUS *Das Schädelvolumen dieses Frühmenschen, der vor etwa ½ Million Jahren in Europa, Asien und Afrika lebte, beträgt 1000 ccm. Sein massiger Unterkiefer ist noch kinnlos, die Zähne zeigen schon menschliche Form.*

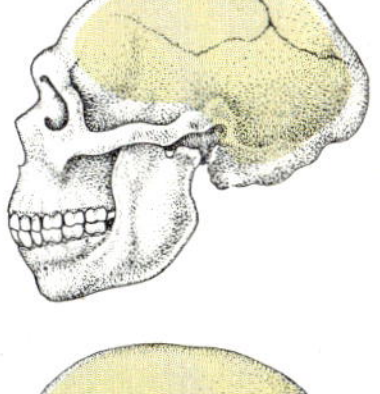

NEANDERTALER *Trotz primitiver Merkmale wie starker Überaugenwülste, fliehender Stirn, schnauzenförmigen Gesichts ist das Schädelvolumen des Neandertalers mit 1300 bis 1700 ccm oft größer als das des modernen Menschen.*

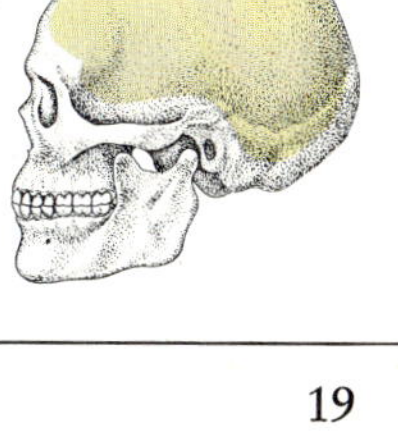

HOMO SAPIENS SAPIENS *Fossile Schädel dieser Menschenart, die vor 35 000 Jahren in Europa auftrat, aber wohl älter ist, unterscheiden sich mit ihrer gewölbten Stirn, dem gut ausgebildeten Kinn und einem Volumen von rund 1450 ccm nicht von modernen Schädeln.*

auch von dieser »archaischen« Gruppe abstammen. Sie sind wahrscheinlich von Asien nach Amerika über die Landbrücke gekommen, die vor etwa 30 000 Jahren anstelle der Beringstraße bestand und über die später mongolide Völker nach Amerika eingewandert sind.

Einige Rassen entwickelten ausgeprägte Merkmale infolge ihrer Isolation in Gegenden mit extremem Klima. Die mongoliden Rassen etwa sind gut kaltem Klima angepaßt mit ihrem stämmigen, dem Wärmeverlust Trotz bietenden Körperbau, ziemlich flachen Nasen und hohen Backenknochen. In den Tropen sind dunkle Haut und wolliges Haar der beste Schutz vor intensiver Sonnenbestrahlung.

Nicht alle Rassenmerkmale werden deshalb vererbt, weil sie ihren Trägern helfen zu überleben. Blaue Augen oder dicke Lippen wirkten vielleicht erotisch anregend, und ihre Träger wurden deshalb bevorzugt. In kleinen Menschengruppen können bestimmte Merkmale entweder aussterben oder zu wichtigen Kennzeichen werden, je nachdem, wer überlebt und wie groß seine oder ihre Nachkommenschaft ist.

VIELFÄLTIGE NEUE WERKZEUGE

Die ersten Menschen, die unserer eigenen Unterart angehören, tauchten vor 35 000 Jahren auf und überlebten die letzte Eiszeit. Sie erfanden viele neue Werkzeuge. So schälten sie mit wohlgezielten Schlägen von einem Kernstein lange schmale Klingen ab, deren Ränder scharf waren und die zum Teil zu Spezialwerkzeugen weiterverarbeitet wurden.

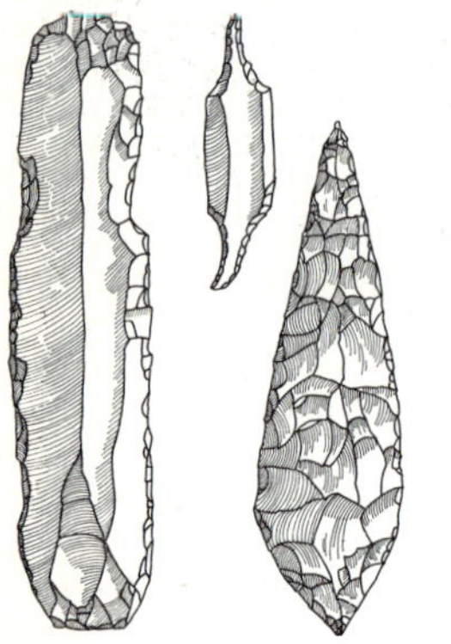

HERSTELLUNG VON KLEIDUNG *Die Tierhaut kratzte man mit einem Schaber ab, der aus einer Klinge bestand, von der man an einem Ende kleine Splitter abgeschlagen hatte (links). Zum Nähen wurden in die Häute mit einer Steinahle (Mitte) Löcher gestochen. Solche Spitzen (rechts) stellte man vor 20 000 Jahren in Südfrankreich und Spanien her.*

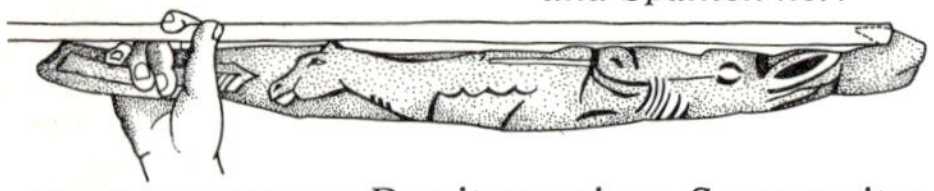

SPEERSCHLEUDER *Damit er seinen Speer weiter werfen konnte, erfand der Steinzeitjäger die erste* Maschine *der Geschichte: Die Speerschleuder, eine Stange mit einem Widerhaken oder einem Loch am Ende, in das der Speer gelegt wurde, verlängert den Arm und verstärkt die Wucht des Wurfes. Diese Fernwaffe wird heute noch von den Australiern benutzt.*

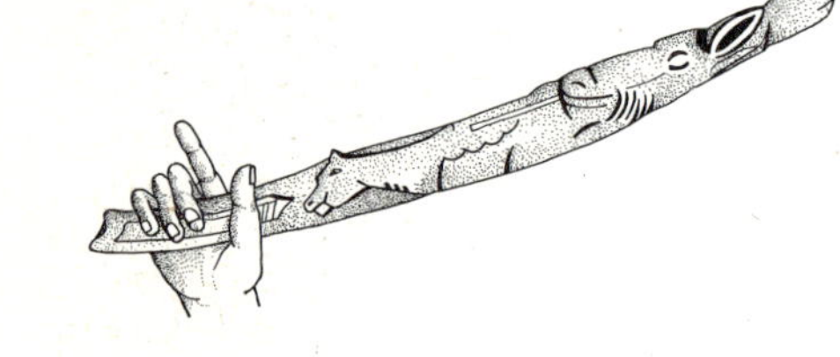

Wirksame neue Werkzeuge

Der neue Menschentypus schuf ganze Reihen verfeinerter Werkzeuge. Die langen Steinklingen wurden mit Hilfe hölzerner oder knöcherner Druckstäbe, auf die man mit einem Hammerstein schlug, bearbeitet. So hergestellte Steinklingen fanden für vielerlei Werkzeuge Verwendung.

Die Kulturgruppe des Gravettien, so benannt nach der Fundstelle von La Gravette in der Dordogne, brachte Klingen mit abgestumpften Rücken hervor. Die Menschen des Solutréen, einer Kulturstufe, deren Spuren an der Fundstelle von Solutré im Rhonetal auftauchten, fertigten schöne lorbeerblattähnliche Speerspitzen an, von deren gesamter Oberfläche feine Steinschuppen abgetragen wurden. Aus manchen entstanden Pfeilspitzen mit Widerhaken und einem Ansatz für den Schaft, so daß man annehmen muß, daß auch der Bogen zu dieser Zeit schon erfunden war. An häuslichen Werkzeugen fertigte man neben den traditionellen Schabern auch Ahlen zum Durchbohren der Häute an und Stichel, mit denen Knochen graviert wurden – eine der ältesten Kunstformen.

Außer Stein wurden Knochen und Elfenbein zu Speerspitzen, Angelhaken, Nadeln und Harpunen verarbeitet. Das Prinzip der Hebelwirkung war erkannt und hatte in der Speerschleuder Anwendung gefunden, einem kurzen Knochenstab, der an einem Ende mit einer Vertiefung für das Speerende versehen war. Damit konnte man den Speer viel weiter schleudern als mit dem bloßen Arm. Diese Erfindung wurde während des Magdalénien gemacht, einer west- und mitteleuropäischen Kulturstufe, die zwischen 15 000 und 10 000 v. Chr. datiert wird. Die namengebende Fundstätte liegt bei La Madeleine in Südwestfrankreich.

Der älteste Schmuck

Auch in dieser Zeit gehört zu Begräbnissen ein gewisser Ritus. Bei Předmost in Mähren wurde ein Grab mit Skelettresten von 20 Menschen entdeckt, das von einem Ring aus Steinen eingefaßt war. Gewöhnlich wurden die Toten jedoch einzeln oder zu zweit in Höhlen oder auf anderen Lagerplätzen in Gräbern beerdigt, die mit schweren Steinen oder Mammutknochen und -stoßzähnen bedeckt wurden. Oft bestreute man die Leichen mit rotem Ockerpulver, das wohl eine magische oder symbolische Bedeutung hatte.

Da die Toten meist in voller Bekleidung beerdigt wurden, wissen wir, daß die Kleider dieser frühzeitlichen Menschen recht kunstvoll gearbeitet waren. Sie bestanden aus Häuten, die man mit Knochennadeln und Tiersehnen zusammennähte, und waren am Rocksaum und an den Handgelenken mit Muscheln oder Tierzähnen besetzt, manchmal auch die ganze Kleidung.

Männer und Frauen trugen Ketten aus Tierzähnen, Schnecken, Muscheln und Fischwirbeln. Perlen wurden aus Mammutelfenbein geschnitzt, Anhänger aus gebranntem Ton und anderen Stoffen hergestellt, und im südlichen Rußland fand man Armbänder aus Stücken von Mammutstoßzähnen mit eingeschnittenen schönen Mustern.

ZELTBEWOHNER OSTEUROPAS

Osteuropäische Jägergruppen lebten vor 20 000 Jahren in Zelten, die in Erdgruben standen. Tierhäute wurden über ein Gerüst aus Holz oder Stoßzähnen des Mammuts gezogen. Mammutknochen dienten als Beschwerer, um das Zelt am Boden zu verankern, oder wurden als Brennmaterial zerrieben.

Tod am Fuße der Steilwand

Um diese Zeit, also vor etwa 15 000 Jahren, bewegten sich gewaltige Herden grasfressender Tiere über die offenen Flächen Mittel- und Westeuropas. Ren und Mammut legten große Strecken auf jahreszeitlichen Wanderungen zurück.

Die Jäger kannten die Zeiten, verfolgten die Tiere und griffen sie aus dem Hinterhalt an. Oft wurden die Herden in panische Angst versetzt und steile Abhänge hinuntergetrieben. Bei Solutré in Frankreich sind Überreste von 100 000 Wildpferden am Fuße einer Steilwand gefunden worden. Die Knochenschicht ist 3800 qm groß und bis 2 m dick!

Abgesehen von seinem Fleisch, das wahrscheinlich auch geräuchert oder getrocknet aufbewahrt wurde, lieferte das Mammut noch viele andere wertvolle Stoffe. Kleidungsstücke und Zeltmaterial wurden aus dem Haar hergestellt; in Osteuropa brauchte man die Stoßzähne als Zeltstangen, während die schweren Knochen die Zelte am Boden verankerten und zerrieben als Brennstoff benutzt wurden. Das Fett diente als Brennmaterial für die Öllampen.

Größere Gruppen begannen vorzugsweise bestimmte Tierarten zu jagen. In Osteuropa und Teilen Mitteleuropas war es das Mammut, während in Westeuropa und Norddeutschland Rentierherden die Lieblingsbeute bildeten. So setzte sich eine Gruppe von Jägern an den Ufern der Seine fest, wahrscheinlich an einer von Rentieren benutzten Furt. An manchen Stellen wurden große Mengen Lachse gefangen, die zum Laichen flußaufwärts zogen. Auch in Nordamerika hatte der Mensch gelernt, Bisons mit dem Speer zu erlegen, nachdem sie auf der Flucht über hohe Steilwände abgestürzt waren.

Der Nahrungsüberfluß zu bestimmten Zeiten des Jahres machte es möglich, daß sich die Menschen zu Gruppen von 50 bis

WIE DER MENSCH SICH ÜBER DIE ERDE VERBREITETE

Die ältesten bekannten Vorfahren des Menschen erschienen zwar vor mehr als zwei Millionen Jahren auf der Erde, aber erst vor 10 000–15 000 Jahren hatten ihre Nachkommen die Erde fast ganz besiedelt. Der Mensch entwickelte sich anscheinend in den Tropen, und erst nachdem er das Feuer gebrauchen und sich vor den Einwirkungen der Witterung schützen konnte, war es ihm möglich, in kältere Zonen vorzustoßen. Der erste Mensch, der sich über Afrika hinaus verbreitete, der *Homo erectus*, erschien vor 500 000 Jahren. Während der 200 000 Jahre seines Weilens auf der Erde drang er über die Ostküsten des Mittelmeeres nach Europa und Asien vor bis hin nach Java und Peking. Überreste des Neandertalers, der vor 70 000 Jahren erschien, finden sich von Südfrankreich bis Nordchina. Die verschiedenen Klimazonen, in denen sich der Mensch heimisch machte, sind einer der Gründe für die Herausbildung der drei wichtigsten Rassegruppen, die mit vielen Unterarten heute bestehen.

DIE EROBERUNG DER ERDE *Der Mensch hat sich über die ganze Erde erst zur Zeit des* Homo sapiens sapiens *verbreitet. Dieser ist seit rund 30 000 Jahren die einzige Unterart des Menschen. Der älteste Vertreter des* Homo sapiens sapiens *in Europa – Teile mehrerer Skelette wurden zuerst in einer Halbhöhle bei Cro-Magnon in der Dordogne gefunden – stammt wahrscheinlich aus Südwestasien. Verwandte Typen fand man in Rußland, Westasien, China, Borneo und überall in Afrika. Vor etwa 30 000 Jahren begann der Mensch über die damalige Landbrücke an der Stelle, wo heute die Beringstraße Asien von Amerika trennt, die Neue Welt zu besiedeln. Entlang der Westküste Nordamerikas erreichte der Mensch allmählich Mittel- und Südamerika. Vor 30 000 Jahren wurde auch Australien besiedelt, als es von Asien aus leicht zu erreichen war.*

EUROPIDE *(links) Zu dieser Gruppe gehören außer den Europäern die Hamiten Nordafrikas, die Semiten und die vorderasiatischen Völker bis Indien. Inzwischen ist sie auch in Amerika, Australien und an vielen anderen Plätzen der Welt heimisch.*

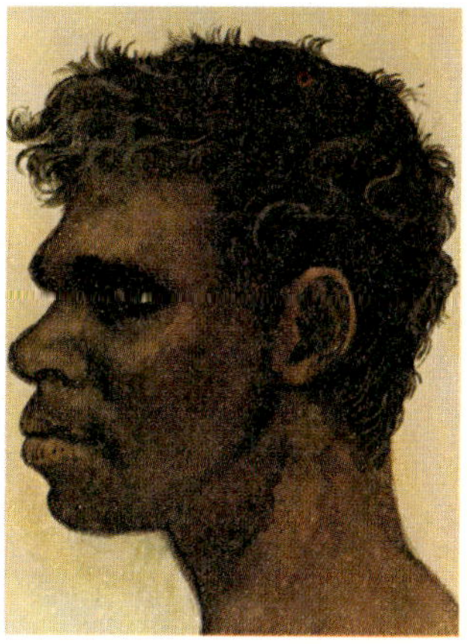

AUSTRALIDE *(rechts) Die Ureinwohner Australiens stammen wahrscheinlich von einer frühen Form der Europiden ab, die sich in Asien isoliert entwickelt hat, wie wohl auch die Ainu Nordjapans und die Wedda Südindiens.*

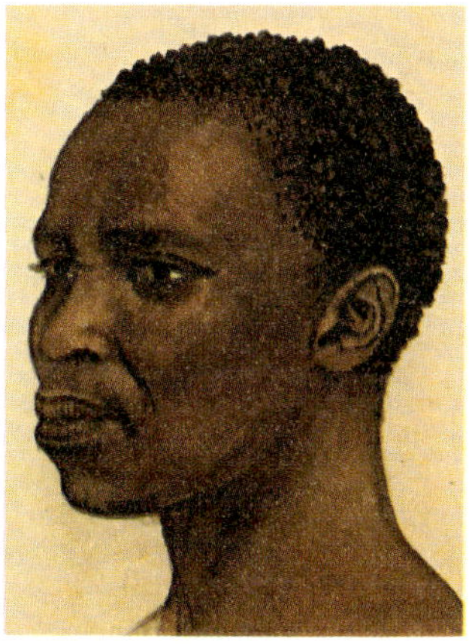

NEGRIDE *(links) Negride finden sich vor allem in Afrika südlich der Sahara. Ihre Nasen sind breit, ihre Lippen wulstig und das Haar kraus. In heißem Klima hält die dunkle Hautfarbe den Körper kühl.*

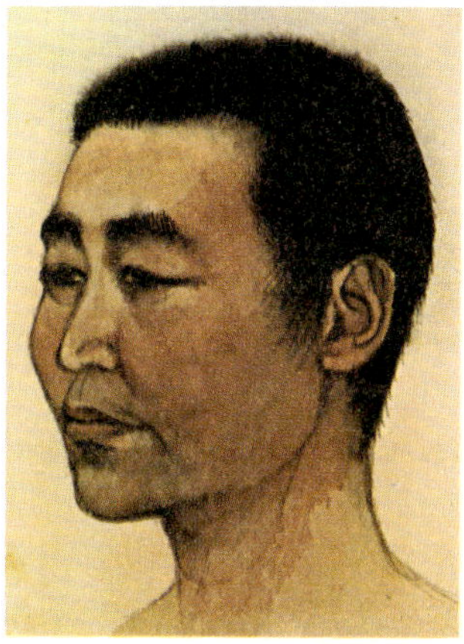

MONGOLIDE *(rechts) Zentralasien und Nordchina scheinen ihre Heimat zu sein. Aber auch die Indianer Amerikas stammen von Mongoliden ab. Breite, flache Gesichter sind allen eigen. Ihre Schlitzaugen verdanken sie der Mongolenfalte.*

60 Personen zusammenschlossen. In Südrußland lebten Menschen in holzverschalten Erdgruben, die eine Art Zelt als Dach hatten. Die Größe solcher Behausungen und die Anzahl der Herdstellen darin lassen vermuten, daß mehrere verwandte Familien unter einem Dache lebten. Es gab auch noch offene Gruben, in denen Feuerstein bearbeitet, Häute gegerbt oder Nahrung zubereitet wurde. In den Zelten und rundherum lagen die Knochen der Beutetiere und anderer Abfall, denn der Mensch machte sich damals noch keine Gedanken über die Abfallbeseitigung.

SCHÖNHEITSIDEAL DER VORZEIT

Eines der ältesten vorgeschichtlichen Kunstwerke ist die »Venus von Willendorf« (oben), eine 10 cm große Kalksteinstatuette, die vor etwa 30 000 Jahren in Österreich entstand. Ihre üppigen Formen legen den Gedanken an ein Fruchtbarkeitsidol nahe.

Bei dieser stilisierten Figur aus Unterwisternitz in Mähren (links) hat sich die Sexualsymbolik auf die Brüste beschränkt. Bei der »Venus von Laussel« aus der Dordogne (rechts) sind besonders Hüften und Brüste herausgearbeitet. Beide Kunstwerke entstanden vor etwa 20 000 Jahren.

Kunst – eine neue Ausdrucksweise des Menschen

Vor etwa 30 000 Jahren geschah etwas in der Menschheitsgeschichte ganz Revolutionäres. Die Malereien und Ritzzeichnungen an Höhlenwänden dieser Zeit sind die ersten uns erhaltenen Beweise dafür, daß der Mensch seinen Gemütsbewegungen bildhaften Ausdruck verlieh.

Vielleicht ist dieser Durchbruch zufällig erfolgt, als der Steinzeitmensch die dunkelsten Gänge seiner Winterhöhle durchforschte. Mit gespannten Nerven und erregt durch Furcht vor dem Unbekannten, mag er im flackernden Licht der Lampe so manches erblickt haben. Da wimmelte die Höhle plötzlich von den Schatten bekannter Lebewesen – die Unebenheiten an der Decke schienen eine Bisonherde zu sein, der sanfte Fluß der Stalaktiten an den Wänden erinnerte an Frauenkörper, eine Höhlung im Fels blickte ihn an wie ein Auge.

Bald mag die Versuchung, ein wenig nachzuhelfen, unwiderstehlich geworden sein – hier ein Auge oder dort ein Paar Beine einzukratzen oder aufzumalen. Als nächstes erkannte man vielleicht, daß sich große dreidimensionale Dinge auch verkleinert oder zweidimensional gut darstellen lassen. Man konnte sie aus dem Elfenbein von Mammutzähnen schnitzen oder in Ton nachbilden, sie ließen sich im Flachrelief darstellen, in Knochen oder Stein ritzen oder an Höhlenwände malen.

Hatte man sich erst einmal daran gewöhnt, dann konnte der Künstler ein für allemal und für seinen ganzen Stamm seine Vorstellung von einem Tier oder von einem Ereignis in der Vergangenheit einfangen oder seine Phantasie spielen lassen. Und das von ihm Geschaffene konnte zum Spiel, zur Belehrung der Kinder, für religiöse Zwecke benutzt oder einfach mit Vergnügen betrachtet werden. Der Mensch war nun in der Lage, seine Umgebung sozusagen *einzufrieren,* um über sie nachzudenken oder sie zu manipulieren oder verstehen zu lernen. Bald entwickelte er auch Symbole, also eine stenographische Darstellung der Wirklichkeit. So entstand nicht nur die Kunst, sondern auch das Schaubild, das Lehrmittel, Spielzeug, Modell und Idol.

Die Statuetten des Gravettien

Die Menschen des Gravettien schufen in dem Gebiet zwischen Westeuropa und Südrußland eine Vielfalt an erstaunlichen Kunstwerken. Mit unheimlichem Einfühlungsvermögen in die Natur der Tiere und die Eigenschaften der verfügbaren Werkstoffe haben sie etwa das gewaltige Mammut und den plumpen Höhlenbären dargestellt. Sie schnitzten auch kleine Statuetten von Frauen aus Elfenbein, Knochen, Kalkstein, Sandstein und sogar Kohle. Manchmal wurden die Figuren auch aus Ton geformt und gebrannt.

Diese Figürchen waren nicht als schmeichelhafte Porträts der derzeitigen Eva gedacht. Die meisten haben weder Füße noch Gesichter, die Betonung liegt allein auf den Geschlechtsmerkmalen. Große Hängebrüste senken sich auf einen umfangreichen Bauch, der von massigen Schenkeln getragen wird. Auch der Steiß ist häufig sehr betont, was zu der Annahme führt, daß die Frauen einiger Gruppen Fettsteiße hatten wie heute die Frauen der Buschmänner in der Kalahari. Die Figuren sind meist nackt, aber es finden sich mitunter äußerst interessante Details, die als kleine Schürzen, als Kapuzen, Haarnetze oder komplizierte Frisuren gedeutet werden können.

Wie wir, so verstand auch der steinzeitliche Mensch sehr einfache, schematische Darstellungen. Manchmal wurde eine Frau nur als ein Stock mit Brüsten dargestellt. Am anderen Ende der Skala findet sich jedoch zum Beispiel eine entzückende Elfenbeinschnitzerei eines Mädchenkopfes, die bei Brassempouy in der Dordogne gefunden wurde und vielleicht das erste tatsächliche Porträt eines Menschen ist. Da sehr viel davon abhing, daß die Gemeinschaft lebensfähig blieb mit einem ausgewogenen Verhältnis zwischen abhängigen Kindern, Alten und aktiven, produktiven Erwachsenen, hat sich der Mensch vielleicht Gedanken um seine Fortpflanzung gemacht. Diese Figürchen mit ihrer Betonung des Geschlechts, der Schwangerschaft und des Stillens mögen damit in Zusammenhang stehen.

Blüte der Höhlenkunst

Während des Solutréen und des Magdalénien, also vor 18 000 bis 10 000 Jahren, entstanden in Südwestfrankreich und Nordspanien die schönsten aller Höhlenbilder. In mehr als hundert Höhlen wurden die Wände mit großartigen Malereien geschmückt, von denen die meisten grasfressende Tiere der Steinzeit wie Pferd, Ren, Wisent und Auerochs darstellen, von deren Fleisch die Menschen damals vor allem lebten. Auch gefährliche Raubtiere, wie Löwe und Bär, kommen vor, hin und wieder selbst Fische und Vögel. Manchmal ließen die Künstler auch ihrer Einbildungskraft freien Lauf und malten phantastische Tiere mit geflecktem Fell und ungewöhnlichen Hörnern.

Im übrigen verraten die Bilder außerordentlich genaue Beobachtungen und lange Übung. Gravierungen von Tieren hat man auf Knochen und Steinen gefunden; dabei mag es sich um Übungsskizzen oder um Arbeiten handeln, die von den Künstlern bei der Beobachtung der Tiere im Freien ausgeführt wurden. Die Haltung, in der manche Tiere auf den Höhlenwänden dargestellt sind, läßt vermuten, daß die Künstler gelegentlich auch tote Tiere als Modelle verwendeten. Der Mensch erscheint nur in wenigen Felsbildern, und wenn, dann in karikierter Form. Wahrscheinlich fürchtete man, durch eine zu realistische Ähnlichkeit Unheil für den Menschen heraufzubeschwören. Darstellungen weiblicher Geschlechtsmerkmale, der früheste Gegenstand aller Kunst, finden sich auch weiterhin, nur werden die Zeichnungen mit der Zeit mehr und mehr stilisiert.

Die Malereien sind ein- oder mehrfarbig; manchmal ist die ganze Figur und manchmal nur der Umriß in Farbe ausgeführt. Als Farben wurden verschiedene Eisenocker – für Rot, Braun und Gelb – sowie Manganerde

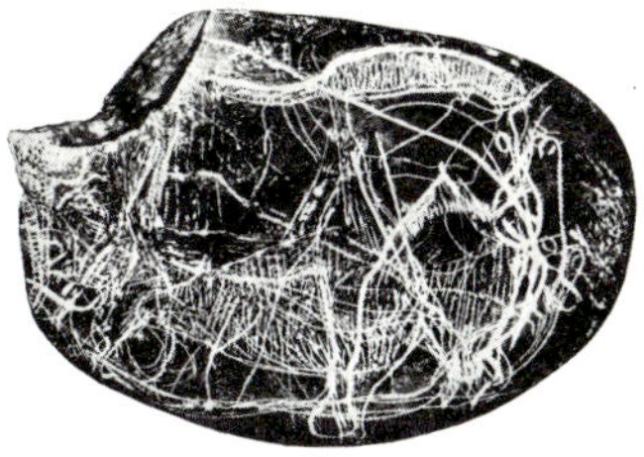

EINE GALERIE VON HÖHLENBILDERN

Hunderte von Metern der Wände und ein Teil der Decke in der erst 1940 entdeckten Höhle von Lascaux sind mit außerordentlich lebendigen Bildern bedeckt, die vor etwa 15 000 Jahren gemalt wurden. In dem Bild oben ist die ganze Wildheit eines Wisents eingefangen, sogar nachdem ihm ein Speer in den Eingeweiden den Todesstoß versetzt hat. Dagegen wirkt der Tote vor ihm fast wie eine Karikatur. Der Vogel auf dem Stab stellt wahrscheinlich ein Stammestotem dar. Um Weihegaben handelt es sich wohl bei den gravierten Kieselsteinen wie dem von La Colombière, dessen beide Seiten je 6–7 Tierumrisse bedecken.

und Holzkohle – für Schwarz – verwendet. Wahrscheinlich löste man die Farben in Fett, um sie wasserfest zu machen. Man trug sie vermutlich mit Pinseln aus Tierhaar, Zweigen, Blättern oder einem angekauten Zweigende oder einem Tupfer aus Moos oder Fell auf. Oft wurde ein Bild nur zum Teil gemalt, zum anderen graviert; Risse und Unebenheiten im Gestein bezog man in das Bild mit ein. Mitunter wurde auch eine Art primitiver Schablonentechnik angewendet, indem der Künstler seine Hand gegen die Wand drückte und mit einer Art Blasrohr, zum Beispiel einem hohlen Knochen, Farbe drum herum blies. Solche ausgesparten Hände erscheinen oft reihenweise auf Höhlenwänden, und die kurzen Finger an einigen lassen auf rituelle Verstümmelungen schließen. Manchmal wurden auch Figuren als Relief in den Fels gemeißelt.

Die Bedeutung dieser Kunst

Manche Malereien mögen als Selbstausdruck des Künstlers oder sogar als bewußte Verschönerung der kahlen Felswände entstanden sein. Aber viele sind so weit von jedem Tageslicht entfernt und so schwer zugänglich, daß es sich dabei nicht um »Kunst um der Kunst willen« gehandelt haben kann. An solche Plätze gelangte der Künstler nur über eine Art von Leitern – vielleicht Bäumchen mit gestutzten Seitenästen –, und er mußte bei Licht arbeiten. Als Lampe diente ihm ein ausgehöhlter Kalkstein, in dem Moosdochte in tierischem Fett schwammen. Die Abgelegenheit dieser Malereien läßt vermuten, daß die »Kunstgalerien« des Steinzeitmenschen Heiligtümer waren und seine Kunst rituellen Zwecken diente. Darauf deutet auch hin, daß einige der dargestellten Tiere von Pfeilen getroffen sind. Sie dienten also vielleicht einer Art Zauber, durch den Erfolg auf der Jagd sichergestellt werden sollte, einer Form der Magie, wie sie ähnlich die Hexen betrieben, die Nadeln in das Wachskonterfei erkorener Opfer stachen. Ziemlich häufig haben die Künstler ein Bild über ein schon vorhandenes gemalt, vielleicht um eine Wiederholung des beim ersten Tier erzielten Jagderfolges zu erzwingen.

Gelegentlich mag auch der Glaube geherrscht haben, daß durch die Darstellung einer Tierart zu seiner Vermehrung beigetragen werden könne, obgleich die abgebildeten

DAS FRÜHESTE PORTRÄT

Das kleine Elfenbeinköpfchen eines Mädchens aus der Höhle von Brassempouy trägt schon so ausgeprägte Züge, daß man es für das erste uns erhaltene Porträt eines Menschen halten kann. Es entstand vor 20 000 Jahren.

DER WELT ERSTER ZAUBERER

Das Geschick des vorzeitlichen Menschen hing so sehr vom Jagdglück ab, daß seine Gedanken vor allem um das Wild und die Art und Weise, es zur Strecke zu bringen, kreisten. Bei der Gestalt (oben) aus der Trois-Frères-Höhle in den Pyrenäen, die vor 15 000 Jahren graviert und bemalt wurde, könnte es sich durchaus um die Darstellung eines Schamanen handeln, der, in Tierfell gehüllt und mit einem Geweih auf dem Kopf, ein Ritual vollzieht, um Jagdglück magisch herbeizuzwingen.

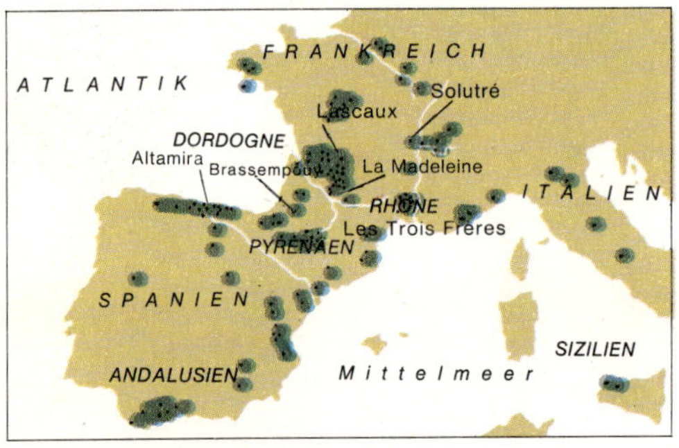

HÖHLENBEWOHNER DER STEINZEIT

Die meisten der bekannten steinzeitlichen Wohnhöhlen des Homo sapiens sapiens *sind in Europa entdeckt worden, vor allem in Frankreich und Spanien. In wärmeren Gegenden brauchte der Mensch keine Höhlen, und entsprechend weniger Hinterlassenschaften finden sich. Die Dordogne in Südwestfrankreich, wo sich Hunderte von Wohnplätzen fanden, war vor 20 000 Jahren wahrscheinlich die am dichtesten besiedelte Gegend der Welt.*

Tiere oft nicht zu den am häufigsten verzehrten gehörten oder – wie das im Südwesten Frankreichs dargestellte Mammut – selten in dem betreffenden Gebiet vorkamen.

Manche Wissenschaftler meinen, daß der Mensch jede Höhle als Tempel oder Heiligtum ansah und daß bestimmte Tiere regelmäßig in bestimmter Haltung dargestellt wurden, um die Beziehung zwischen männlichem und weiblichem Geschlecht zu symbolisieren. Schließlich ist es auch möglich, daß einige Bilder der Belehrung bei Initiationsriten dienten. In manchen Höhlen, wie der bei Le Tuc d'Audoubert in den französischen Pyrenäen, haben sich die Fußabdrücke von Kindern bis zum heutigen Tage erhalten.

Diese Kunst ist nicht nur die älteste der Welt, sie hat auch mindestens 15 000 Jahre bestanden und weist somit die längste künstlerische Tradition auf. Manches davon mag eine tiefe religiöse Überzeugung ausgedrückt, anderes nur die Persönlichkeit des Künstlers zum Ausdruck gebracht haben. Die Kunst kann auch gleichzeitig sakralen und profanen Zwecken gedient haben und verschiedene, sich wandelnde Vorstellungen von der Welt widerspiegeln. Die Vielfalt an Motiven läßt sich erahnen, wenn man sich vorstellt, daß ein Archäologe der Zukunft ohne Hilfe geschriebener Berichte so unterschiedliche Dinge wie ein Bismarckdenkmal, einen Gartenzwerg und eine abstrakte Plastik deuten sollte.

Die ewige Suche

Die Nahrungssuche hat das Leben des Menschen in der Altsteinzeit wohl in außerordentlichem Maße bestimmt. Als Ernährungsgrundlage wird das Sammeln von Honig, Früchten, Nüssen, Wurzeln und Beeren meist wichtiger gewesen sein als die Jagd. Aber je weiter nördlich der Mensch lebte, desto vordringlicher wurde die Versorgung mit Fleisch. Eiweiß war für die Ernährung in nördlichen Breiten lebensnotwendig, ganz abgesehen davon, daß für das Sammeln pflanzlicher Nahrung eine kürzere Zeit zur Verfügung stand. Viele Jagdarten haben keine Spuren hinterlassen, doch wird man wohl mit klug erdachten Vorrichtungen wie Netzen und Schlingen rechnen dürfen.

Die Jagd- und Fangtechniken änderten sich langsam. Seine Intelligenz und die Fähigkeit zu gemeinsamer Aktion begründeten die Überlegenheit des Menschen über das Tier. Größere und stärkere Tiere trieb er über Steilwände oder in Sümpfe und Fallgruben. Seine Sprache wird sich entwickelt und ihm geholfen haben, nicht nur bei der gemeinsamen Jagd, sondern auch bei ihrer Planung und beim Austausch von Erfahrungen. So konnten Wissen und Erfahrung gesammelt und der nächsten Generation weitergegeben werden.

Im weiteren Verlauf der Altsteinzeit lernte der Mensch, seine Körperkräfte zu schonen, indem er nützliche Hilfsmittel wie den Angelhaken, Pfeil und Bogen und die Speerschleuder entwickelte. Er lernte auch, seinen Bedarf an Fleisch aus einer Quelle zu dekken – sei es Mammut, Wisent oder Ren. Diese Spezialisierung mag seine Jagdmethoden noch wirksamer gemacht haben.

Der Steinzeitmensch zog nicht ziellos umher in der Hoffnung, zufällig irgendwo etwas Eß- oder Jagdbares zu finden. Er nutzte vielmehr seine Erfahrung, daß bestimmte Gegenden zu gewissen Jahreszeiten pflanzliche Nahrung im Überfluß boten, daß manche Tierarten jahreszeitlich bedingte Wanderungen unternahmen und daß es an bestimmten Orten nötige Rohstoffe in Fülle gab, etwa Feuerstein zur Herstellung von Werkzeugen. Daher waren die Wanderungen einer Gruppe an den Jahreslauf gebunden. Die Menschen lernten dabei ihr Gebiet genau kennen. Es ist allerdings ungewiß, inwieweit eine Gruppe ein genau umschriebenes Territorium ihr eigen nannte, das sie gegen andere Gruppen verteidigte. Es kann gut sein, daß ein Gebiet einfach von einer Gruppe durchstreift wurde, die auch anderen die gelegentliche Nutzung zugestand.

Muße zum Reden und Denken

Der Mensch auf der Kulturstufe des Jägers hatte mehr Zeit zur Verfügung als die meisten seiner Nachkommen, sogar mehr als die ersten Ackerbauer. Jagende Völker sind nicht den ganzen Tag oder alle Tage auf der Suche nach Beute; die frühzeitlichen Jäger haben vielleicht nicht mehr als 15 Stunden in der Woche *gearbeitet* und die übrige Zeit geschlafen, Spiele gespielt und Geschichten erzählt. Da ihm soviel Zeit zum Reden und Denken blieb, ist es gut möglich, daß die Vorstellungen des Steinzeitmenschen von der Welt und dem Sinn des Daseins recht kompliziert waren. Die steinzeitliche Kunst verrät allerdings, daß die Gedanken des Menschen sich vor allem um die Nahrungssuche drehten. Die Künstler mögen mit den *Zauberern* identisch gewesen sein, jenen geheimnisvollen menschlichen Wesen, die, in die Häute verschiedener Tiere gehüllt, gehörnt und geschwänzt, manchmal in den Höhlen dargestellt sind. Von den frühesten Zeiten an haben menschliche Gemeinschaften immer auch Individuen umfaßt, die ein Interesse an Riten und religiösen Vorstellungen hatten.

Obgleich es gelegentlich Gruppen von fünfzig oder mehr Menschen gegeben haben mag, lebten die meisten Steinzeitmenschen in kleinen Gruppen von nur zwei oder drei verwandten Familien. Mehr konnten sich gewöhnlich in einem Gebiet nicht von der Jagd ernähren. Die Gruppen wurden nur dann größer, wenn es Nahrung im Überfluß gab. Der Durchschnittsmensch jener Zeit traf während seines ganzen Lebens wahrscheinlich nur einige hundert Leute, und als Ehepartner kamen kaum mehr als ein Dutzend Personen in Frage.

Verschiedene Notwendigkeiten hielten die Gruppen zusammen; so waren stets genügend aktive Männer und Frauen nötig, um Nahrung herbeizuschaffen und die nächste Generation aufzuziehen. Es bestanden höchstwahrscheinlich feste, wenn auch nicht unbedingt monogame Beziehungen zwischen Mann und Frau. Im Vergleich zu anderen Lebewesen haben Menschen nämlich eine ungewöhnlich lange Kindheit und Jugendzeit, während der sie ernährt, beschützt und ausgebildet werden müssen. Gemeinschaften mit Formen der Ehe oder langdauernder Partnerschaft hatten daher bessere Überlebenschancen.

Sicherlich hatte jede Gruppe ihre Führer,

die über Bewegungen der Gruppe und ihre Beziehungen zu anderen Gruppen entschieden und die Jagdunternehmungen leiteten. Es wird sich dabei wohl um eine formlose Führerschaft gehandelt haben, die auf dem Alter, der Kraft und Intelligenz und den Jagderfolgen der Betreffenden beruhte.

Das Leben in der Altsteinzeit war kurz

Die in der Bibel angeführte Lebensdauer von siebzig Jahren hätte für die meisten Menschen damals jenseits jeder realistischen Erwartung gelegen. Unter den Neandertalern und den frühesten der modernen Menschen wurde höchstens einer von zehn über vierzig Jahre alt. Nur selten wäre man auf einen Fünfzigjährigen gestoßen, der aus vierzigjähriger Jagd- und Sammlererfahrung hätte berichten können – oder von dreißig Jahren an Erfahrung als Schwangere, Mutter und Hebamme oder von lebenslanger Beschäftigung mit Heilkräutern und anderen Mitteln, Leiden zu lindern. Solches Wissen wäre hoch geschätzt worden, und der betreffende Mensch hätte höchste Achtung genossen. Alle fruchtbaren Frauen der Gruppe werden Kinder gehabt haben, und die Mehrheit von ihnen wird wohl immer entweder gerade schwanger gewesen sein oder ein Kind genährt haben. Einen großen Anteil jeder Gruppe machten wohl die Kinder aus, von denen jedoch viele starben. Parallelen mit Zuständen bei primitiven Völkern lassen darauf schließen, daß Kindermord normal war, denn schwache, schwer zu ernährende oder zu tragende Kinder hätten eine überflüssige Belastung dargestellt. Häufige Todesursachen werden Jagdunfälle, Krankheit und Hunger gewesen sein.

Der Mensch stand jedoch Verletzungen, Krankheiten und Schmerzen nicht völlig hilflos gegenüber. Die meisten primitiven Völker kennen die Heilkraft verschiedener Pflanzen recht gut und wissen auch dank ihrer Beobachtungen beim Zerlegen von Tieren über die Anatomie Bescheid. Viele Seuchen in geschichtlicher Zeit haben sich wegen großer Bevölkerungsdichte, verunreinigtem Wasser oder ungeeigneter Nahrungszusammensetzung ausbreiten können. Von solchen Krankheiten war der vorgeschichtliche Mensch sicher weitgehend verschont. Dennoch werden Krankheiten, Verletzungen und Zahnschmerzen die Hauptursachen für Angst und Schmerz in seinem Leben gewesen sein.

Verschiebung der Baumgrenze nach Norden

Vor etwa 15 000 Jahren begann es wärmer zu werden. Die Gletscher fingen langsam an zu schmelzen, und der Rand des Eises wich nach Norden zurück. Um das Jahr 8000 v. Chr. waren große Teile Mittel- und Nordeuropas eisfrei. Auch die fast baumlose Tundrazone schob sich weiter nach Norden. Ihr folgten bald die Nadelholzwälder, dann die Laubwälder. Um 7500 v. Chr. hatten sich auf der mitteleuropäischen Tundra, die hauptsächlich aus Moosen und Gräsern bestand, im Osten Kiefern, im Westen Birken angesiedelt. Nach weiterer Erwärmung war dann lange der Haselstrauch die beherrschende Pflanze. Nach 5500 v. Chr. wurde es noch wärmer und feuchter, so daß Baumarten sich ansiedeln konnten, die bis heute existieren. In den Wäldern herrschten hohe

DAS WILD, VON DEM DER MENSCH LEBTE

Ohne Wild hätte der eiszeitliche Mensch nicht überleben können. Das Fleisch aß er, und in die Häute kleidete er sich. Tierdarstellungen als Malereien, Gravierungen oder Skulpturen haben sich in den meisten der eiszeitlichen Wohnhöhlen gefunden. Vielleicht hat man geglaubt, daß diese Bilder für Überfluß an Wild sorgen und dem Jäger Erfolg bei der Jagd sichern würden.

VORGESCHICHTLICHES RIND *Die meisten Tiere der Steinzeit sind auch uns bekannt. Diese genaue Darstellung einer Kuh wurde vor 20 000 Jahren in der Höhle von Lascaux gemalt.*

MAMMUT *Diese Figur eines Mammuts, des damals größten Tieres auf der Erde, paßt sich der Form des Geweihstücks eines Rentiers an, aus dem sie geschnitzt ist.*

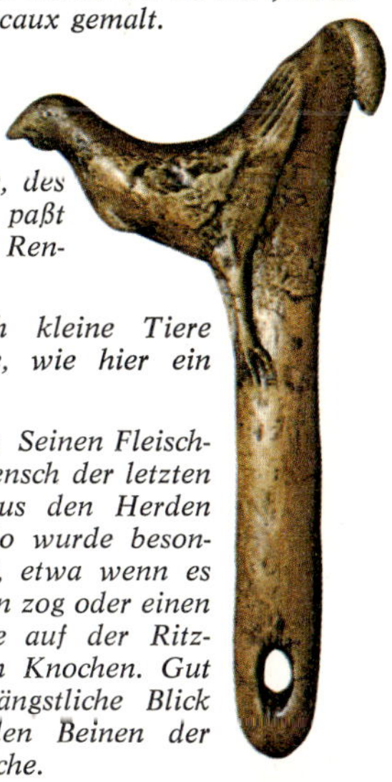

VOGELFIGUR *Nicht nur große, auch kleine Tiere schmückten die steinzeitlichen Geräte, wie hier ein Vogel den Lochstab.*

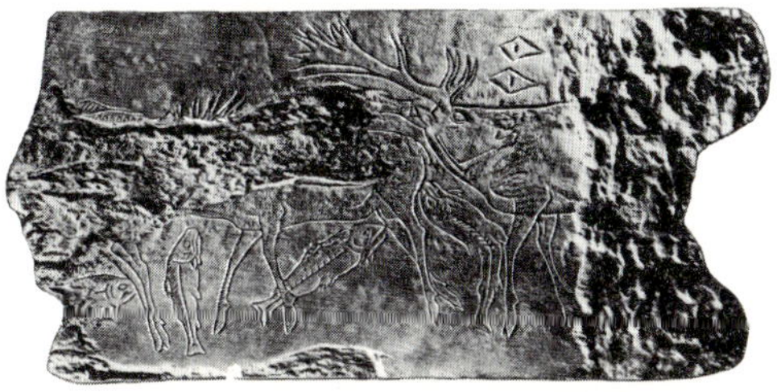

WANDERNDE RENTIERE *Seinen Fleischbedarf deckte der Mensch der letzten Eiszeit vor allem aus den Herden wandernder Tiere. So wurde besonders das Ren gejagt, etwa wenn es durch enge Schluchten zog oder einen Fluß überquerte wie auf der Ritzzeichnung auf einem Knochen. Gut beobachtet ist der ängstliche Blick zurück. Zwischen den Beinen der Tiere schwimmen Fische.*

WILDPFERD AUS LASCAUX *Noch lange nachdem andere Herdentiere verschwunden waren, bildete das Fleisch des Wildpferdes einen wesentlichen Bestandteil der Fleischversorgung früher Jäger.*

Eichen vor, die sich im Wettlauf um das Licht emporreckten. In ihrem Schatten wuchsen je nach Bodenart Eschen, Ulmen, Linden und Erlen sowie niedrige Sträucher und Pflanzen.

Als das Eis schmolz, hob sich langsam der Meeresspiegel. Schließlich begannen die von der Last des Eises befreiten Landmassen sich auch zu heben. Oft wurde dieselbe Gegend von beiden Bewegungen betroffen, so daß sich der Verlauf von Küsten und Flüssen drastisch änderte. So floß die Themse nicht mehr in den Rhein. Manche Küsten wurden vom Meer überflutet, andere meterhoch über den heutigen Meeresspiegel emporgehoben. Der südliche Teil der Nordsee war zunächst Land, wurde aber mehr und mehr vom Wasser bedeckt. Um ungefähr 8000 v. Chr. trennte sich Britannien vom Kontinent, und an die Stelle der Landbrücke zwischen Asien und Amerika trat die heutige Beringstraße.

Fleisch wird knapp

Laubwälder waren kein Lebensraum für große Herdentiere wie Mammut oder Ren. Sie wanderten daher nach Norden ab, und einige Jäger mögen ihnen gefolgt sein. Die meisten Menschen mußten sich nun auf die Tiere des Waldes einstellen – Hirsch und Reh, Elch, Auerochs und Wildschwein. Das war eine neue Lage; Fleisch wurde knapp, denn die meisten Waldtiere waren kleiner als Ren oder Mammut und lebten nur in kleinen Rudeln. Zwar zog sich das Rotwild im Sommer gerne in höhere Lagen zurück, aber es wanderte nicht über weite Entfernungen wie die Herdentiere der Eiszeit.

Bei der Rotwildjagd war vieles zu berücksichtigen; so wechselte zum Beispiel die Zusammensetzung der Rudel von Jahreszeit zu Jahreszeit. Einmal zogen die männlichen Hirsche allein durch den Wald, dann schlossen sie sich den weiblichen Tieren wieder an. Man konnte nun den Herden wandernder Tiere nicht einfach mehr folgen und sich an den altbekannten Wanderwegen in den Hinterhalt legen. Die Beute war seltener geworden und ließ sich in den Wäldern nicht so leicht aufstöbern.

In Nordamerika, besonders im Osten des Landes, sahen sich die Jäger ähnlichen Schwierigkeiten gegenüber; weiter westlich konnten sie mit der Jagd auf große Herdentiere fortfahren. Während einer verhältnismäßig kalten Zeit, ungefähr von 9000 bis 8000 v. Chr., wurde das Mammut gejagt. Nach dieser Zeit spezialisierten sich viele der Jäger auf die Bisonjagd. Und von den großen Bisonherden lebten die Menschen in den Prärien Nordamerikas, bis die Europäer die Herden vernichteten.

Manche Gemeinschaften paßten sich den neuen Gegebenheiten mit mehr Erfolg an als andere. Viele Gruppen lernten die Gewässer besser zu nutzen als früher. Wenn sie an See- und Flußufern, an der Küste oder auf Inseln lebten, entdeckten sie, daß nicht nur das Land, sondern auch das Wasser zu ihrer Nahrungsversorgung beitragen konnte. So gab es Menschengruppen an den Küsten Nord- und Westeuropas, die inmitten von Haufen von Muscheln und Fischgräten lebten, den Überresten früherer Mahlzeiten.

Im Inland ernährten sich andere Gruppen von Süßwasserfischen, Wassergeflügel und den Tieren des Waldes. Zu welcher Jahreszeit die einzelnen Lager benutzt wurden, läßt sich anhand der Knochen erbeuteter Zugvögel erkennen, unter denen es sowohl Sommer- wie Wintergäste gab. Zu dieser Zeit waren auch Biber in Europa weit verbreitet, und die durch ihre Dämme aufgestauten Gewässer waren ausgezeichnete Fischgründe.

Zum Fischen und zur Jagd auf Wasservögel entwickelte der nacheiszeitliche Mensch das erste Boot der Welt. Bei Pesse in Holland ist ein einfacher Einbaum der Zeit um 6200 v. Chr. gefunden worden, und ein in Yorkshire in England entdecktes Paddel wurde um 7500 v. Chr. benutzt. Zum Fischen braucht man besondere Geräte. Manche Gruppen benutzten einen Fischspeer mit mehreren mit Widerhaken versehenen Spitzen, die am Schaft zusammengebunden waren. Die ersten Angelhaken wurden aus Feuerstein, Muscheln oder Knochen gefertigt. Noch früher angelte man mit Steinen, die an einer Schnur befestigt und mit dem Köder umwickelt waren. Hatte ein Fisch einen solchen Köder verschluckt, wurde er rasch herausgezogen, ehe es ihm gelang, den Stein herauszuwürgen. Speere und Pfeilspitzen bestanden aus Holz und kleinen Feuersteinklingen, sogenannten Mikrolithen, die als Spitzen und gereiht als Widerhaken dienten.

FISCHER UND VOGELJÄGER MITTELEUROPAS

Nach Ende der letzten Eiszeit breitete der Wald sich wieder aus, eine Umgebung, an die der steinzeitliche Jäger sich erst gewöhnen mußte. Wild zu erlegen wurde zunehmend schwerer. Man entdeckte die Nahrungsvorräte im Meer, in Seen und Flüssen. Diese Jäger der mittel- und nordeuropäischen Ebenen stellten Einbäume her und fingen Fische mit mehrzinkigen Fischspeeren, deren Spitzen aus Rengeweihen gefertigt wurden. Außerdem wurden Muscheln gesammelt und Wassergeflügel mit dem Speer erlegt. Bei der Jagd half das erste Haustier – der Hund. Die Wälder bestanden zunächst aus Birke und Kiefer, denn für Eiche, Ulme, Esche und Linde war es noch nicht warm genug. Menschen dieser Zeit legten ihre Lager häufig an der Küste oder den Ufern von Seen und Flüssen an.

In manchen Gegenden war der Mensch fast ganz auf das Rotwild als Fleischlieferant angewiesen, weshalb das Verhalten dieser Tiere ihn sehr beschäftigte. Oft schlug er sein Lager an Aussichtspunkten auf, von wo sich das Wild gut beobachten ließ. Auch Bäume wurden nun gefällt – die mit einem Griff versehene Axt war zu diesem Zweck geschaffen worden –, und wo der Wald gelichtet war, konnten lichtbedürftige Pflanzen wie die Hasel Fuß fassen, deren Nüsse einen hohen Nährwert besitzen.

Das erste Haustier

Die Jäger der Nacheiszeit hatten einen neuen, unschätzbaren Jagdgefährten, den Hund, eine domestizierte Form des Wolfes. Für den Steinzeitmenschen war der Wolf ein schlauer, stets hungriger Rivale, der das Feuer des Menschen umkreiste und sogar in frechem Zugriff ihm seine Beute stahl. Wölfe mußten gnadenlos getötet werden, aber manchmal mögen die Jungen geschont und den Kindern zum Hätscheln gegeben oder zum Anlocken anderer Wölfe verwandt worden sein. Durch die Berührung mit dem Menschen verloren sie etwas von ihrer Wildheit und wurden auch in ihrer Ernährung vom Menschen abhängig, wenn das Wolfsrudel sie nicht mehr annahm. Der Wolf, ebenso wie der Mensch, jagt im Rudel und unterwirft sich einer Gruppendisziplin unter einem Führer. So mag es nicht lange gedauert haben, bis aus dem Räuber der getreue Jagdgefährte des Menschen wurde.

Erfolg der größeren Gruppen

Inzwischen hatte im Nahen Osten und in Südosteuropa eine Entwicklung von ungeheurer Tragweite eingesetzt: Zum erstenmal wurden größere Gruppen von Menschen in Dörfern seßhaft. Bei Lepenski Vir, einer Siedlung am Ufer der Donau in Jugoslawien, die um 5000 v. Chr. entstanden sein mag, hat man die Reste von 59 aus Holz und Stein erbauten Häusern gefunden. Sie waren trapezförmig gebaut – vielleicht auch deshalb, weil sie sich den beengten Raumverhältnissen anpassen mußten. Der Fußboden bestand aus einem Estrich, und jedes Haus hatte eine von Steinen eingefaßte versenkte Herdstelle. In jedem Haus, meist an der Schmalseite des Herdes, stand eine merkwürdige Steinskulptur. Das primitive Gesicht mit starren Augen, dicken Lippen und herabgezogenen Mundwinkeln läßt an einen Fisch- oder Froschgott denken.

Jägerhorden hielten sich auch noch nach Einführung des Ackerbaus in Gegenden auf, die dafür ungeeignet waren, so in kalten Regionen, Hochländern und Sumpfgebieten, unter anderem auch in Südspanien. Diese Gruppen entwickelten eine eigene Kunst und stellten sich selbst und ihre Tätigkeiten in ganz anderer Weise auf Felsbildern dar, als das ihre Vorfahren getan hatten. Der Mensch hatte gelernt, Szenen aus dem wirklichen Leben festzuhalten, so eine Gruppe von Jägern, die mit gespannten Bogen und kampfbereiten Hunden einen wilden Eber umringen, oder eine honigsammelnde Frau, die auf einen Baum geklettert ist und von riesigen Bienen umschwärmt wird.

Jäger und Fischer in Israel lebten während der Kulturstufe des Natufien in Dörfern mit bis zu 150 Einwohnern. Im Dorf Eynan wurde ein Häuptling in einem runden Grab aus Steinen bestattet, das mit einer Steinplatte bedeckt wurde. Er ist in Hockerlage mit dem Gesicht nach dem Berge Hermon beerdigt. Etwa gleichzeitig begann man Wildgetreide zu sammeln – der erste Schritt auf dem Wege zum Ackerbau.

Lehren für den ersten Ackerbauer

Jahrhunderttausende hatte der Mensch ausschließlich davon gelebt, was ihm die Natur darbot. Aber das Jagen und Sammeln haben ihre Grenzen. Die Bevölkerungsdichte blieb gering, denn für mehr Menschen reichte die Nahrung nicht, teils weil zu bestimmten Zeiten Mangel herrschte, teils wegen der primitiven Mittel, mit denen der Mensch seine Umgebung zu erschließen versuchte.

Der Mensch, der sich mittlerweile über den größten Teil der Welt verbreitet hatte, konnte seine Gemeinschaften nicht vergrößern, ohne die Gewohnheiten und Lebensbedingungen der Tiere und Pflanzen zu ändern, von denen er sich ernährte. Der Erfolg der Bevölkerung von Lepenski Vir und Eynan ist ein Hinweis auf die Fähigkeiten, die die Menschen der Jägerkultur entwickelt hatten. Der nächste logische Schritt war die Domestikation von Pflanzen und Tieren, und der stand unmittelbar bevor.

NEUE JAGDWAFFEN

Die Jäger an den zahlreichen Gewässern in den Wäldern Mittel- und Nordeuropas entwickelten zahlreiche neue Waffen und Werkzeuge, die oft aus Knochen oder Hirschgeweih angefertigt wurden.

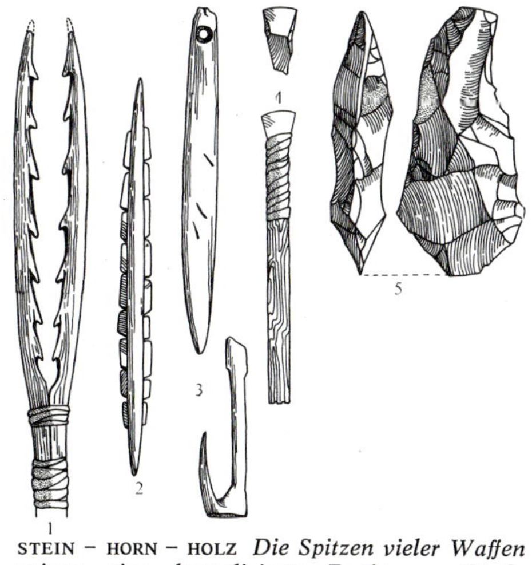

STEIN – HORN – HOLZ *Die Spitzen vieler Waffen zeigen eine komplizierte Fertigung. Häufig brauchte man für eine Waffe zwei verschiedene Werkstoffe. Folgende Geräte sind abgebildet: (1) Speerspitze mit Widerhaken aus Hirschgeweih. (2) Hölzerne Speerspitze mit eingesetzten Feuersteinstücken, Mikrolithen genannt. Damit das Holz nicht splittert, waren sie an einer Seite stumpf. (3) Nadel und Angelhaken aus Knochen. (4) Querschneidende Pfeilspitze, die am Schaft befestigt wird. (5) Feuersteinbeile (hier von vorn und von der Seite) wurden wie vor Jahrtausenden noch immer benutzt, um Bäume zu fällen und Holz zuzuschlagen.*

FISCHGÖTTER VOM DONAUUFER

Diese monumentalen Sandsteinköpfe aus der Zeit um 5000 v. Chr. sind das Werk steinzeitlicher Bildhauer des Dorfes Lepenski Vir am jugoslawischen Donauufer und stellen möglicherweise Fischgötter dar, denn der Fischreichtum des Flusses war sicher für die Dorfbewohner die Hauptquelle ihrer Nahrung. Die Skulpturen standen inmitten der Häuser und wurden möglicherweise von den Bewohnern verehrt.

Siedlungen der ersten Bauern

8000–2500 v. Chr.

Die ungesicherte Existenz der Frühzeit endete, als mit Einführung der Landwirtschaft genug Nahrungsmittel produziert wurden, um auch Herrscher und Handwerker einer organisierten und gegliederten Gesellschaft zu versorgen

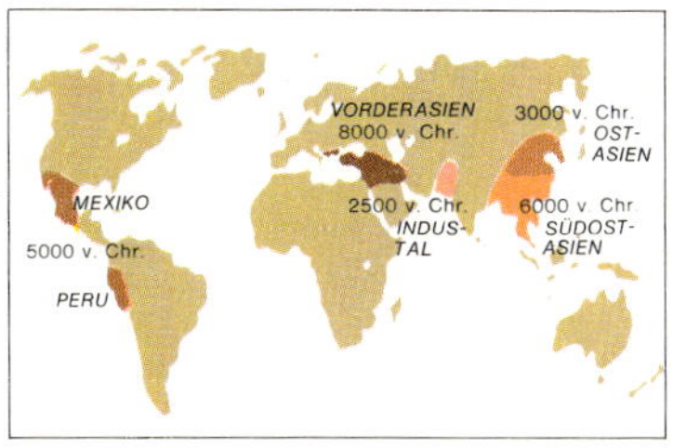

WO DIE ERSTEN BAUERN LEBTEN

In Südwestasien nahm der Mensch schon um 8000 v. Chr. Tiere und Pflanzen in seinen Dienst. In anderen Teilen der Welt breitete sich die Kenntnis landwirtschaftlicher Erzeugung erst später aus.

Vor ungefähr 10 000 Jahren hatten sich Menschengruppen, die sich vom Ertrag der Jagd und des Sammelns ernährten, fast über die gesamte Erde verbreitet, sieht man von den öden, unwirtlichen Polarregionen und weitab gelegenen Inseln wie Neuseeland ab. Diese Menschen lebten, wie sie von Anbeginn gelebt hatten, nachdem es ihren Vorfahren gelungen war, Werkzeuge aus Stein herzustellen. Aber dann veränderte innerhalb von nur wenigen tausend Jahren eine neue Entdeckung – die landwirtschaftliche Produktion von Nahrungsmitteln – das Gesicht der Welt.

Dieser Schritt in die Jungsteinzeit oder Neolithikum genannte Epoche war von so allumfassender Bedeutung, daß er als *neolithische Revolution* bezeichnet worden ist. Jedenfalls hat keine andere Revolution weiterreichende Folgen gehabt. Durch Ackerbau und Viehzucht wurde mehr Nahrung erzeugt, was zu einer raschen Bevölkerungszunahme führte. Die ersten Stadtstaaten entstanden, als sich die Menschen zusammenzudrängen begannen. An die Stelle gelegentlicher Geplänkel zwischen rivalisierenden Jägerhorden traten wirkliche Kriege. Die unmittelbare Folge der neolithischen Revolution war jedoch, daß große Teile Süd-, West- und Ostasiens, Europas und Mittelamerikas sowie ausgedehnte Gebiete Afrikas durch den Ackerbau erschlossen wurden.

Weizen und Gerste, einst seltene Gräser, bildeten goldene Felder. Die domestizierten Abkömmlinge von Tieren, die in kleinen Rudeln durch die Wälder gestreift waren, grasten nun in größeren Herden auf den Weiden. Natürliche Wasserläufe wurden umgestaltet und Bewässerungskanäle gegraben. Hütten schlossen sich zunächst zu Dörfern zusammen, später auch zu Städten. Ochsen zogen Pflüge und Wagen, Nahrungsmittel wurden transportiert und als Vorräte gespeichert. All dieses wurde möglich, weil es dem Menschen gelang, Bedingungen zu schaffen, unter denen sich bestimmte Tiere

MAUERN ZUM SCHUTZ DER ERSTEN SCHNITTER

Weizen und Gerste, mit der Feuersteinsichel geschnitten und in Körben gesammelt, waren in der Alten Welt die Hauptfeldfrüchte der ersten Bauern. Sie hielten auch Schafe, Ziegen, Rinder, Schweine und Hunde. Die Früchte ihrer Arbeit mußten sie schützen. Um 7000 v. Chr., lange vor der biblischen Überlieferung, war Jericho im Jordantal von einer 6 m hohen Steinmauer umgeben, zu der auch ein Turm von 13,5 m Höhe (links) gehörte, wie moderne Ausgrabungen zeigen. Der Eingang am Fuß führte zu einer Innentreppe.

und Pflanzen weit über ihr Ursprungsgebiet hinaus verbreiten, vermehren und sogar, im Dienste des Menschen, physisch verändern ließen.

In der Alten Welt wurden die meisten der entscheidenden Schritte dieser Revolution zwischen 8000 und 5000 v. Chr. getan, und zwar in dem Gebiet, das sich von Nordgriechenland zum Iran und vom Jordan bis zur Krim erstreckt. Wildformen von Weizen und Gerste fanden sich in diesem Gebiet ebenso wie die wilden Vorfahren von Ziege und Schaf.

Die auf kargen Hochebenen in Büscheln wachsenden Gräser hatten Samen mit hohem Nährstoffgehalt, die gesammelt wurden. Bald lernte man, das Korn zu Mehl zu mahlen. Was dabei an Körnern zufällig in die Erde des Lagerplatzes gelangte, fand ideale Wachstumsbedingungen vor, besonders in der Nähe von Abfallhaufen, wo der Stickstoffgehalt als Düngemittel wirkte. Irgendein unbekanntes Genie – vielleicht auch mehrere – fand heraus, warum sie hier so gut gediehen, und hatte genug Phantasie, diese Erkenntnis zu nutzen. Schließlich fing man an, mit voller Überlegung Weizen und Gerste zu säen, den Boden zu bearbeiten, um Unkräuter zu jäten, und die Felder vor wilden Tieren zu schützen.

Durch das Eingreifen des Menschen entstanden neue Getreidesorten. Die einzelnen Körner des wilden Weizens fallen leicht aus der Ähre, wenn sie nacheinander reif werden. Das dient der besseren Vermehrung. Die Menschen ernteten jedoch lieber Ähren, die möglichst noch alle Körner enthielten, und betrieben so eine unbewußte Auslese, denn ihr Saatgetreide bestand nun hauptsächlich aus Körnern, die gleichzeitig in einer Ähre gereift waren. Schließlich hatte jeder Kulturweizen solche gleichzeitig reifenden Körner.

Erntewerkzeuge

Nachdem der Mensch hinter das Geheimnis des Anbaus gekommen war, brauchte er neue Werkzeuge, um seine Produktion zu steigern: Äxte zur Rodung, Hacken zur Bodenbearbeitung, Sicheln zum Ernten, Körbe und später Tongefäße zur Speicherung und Mühlsteine zum Mahlen. Die frühesten Getreidearten waren zum Brotbacken nicht recht geeignet und werden wohl als Brei oder ungesäuerte Fladen verzehrt worden sein.

Geerntet wurden sicher auch manche Unkräuter. Aber einige von ihnen hatten eßbare Samen und verdrängten später in gewissen Gegenden das übrige Getreide. Hafer und Roggen, Unkräuter auf den Getreidefeldern Südosteuropas, wurden zum Hauptgetreide auf den ärmeren Böden und im kälteren Klima Nordeuropas, wo Weizen und Gerste nicht recht gediehen.

Auch die Domestikation der Tiere fand schrittweise statt. Zwei wichtige Schritte waren wohl schon von Jägern getan worden, die sich auf eine Wildart spezialisiert hatten. Manche werden in erster Linie auf männliche Tiere Jagd gemacht und die weiblichen geschont haben, um den Jungtierbestand nicht zu gefährden, der später Beute versprach. Ferner rodeten Jäger als erste den Wald, um Lichtungen zu schaffen, die das Wild anzogen, da es dort mehr Futter fand. Beide Prozesse gingen dem absichtlichen Fangen und Zähmen von Tieren jedenfalls voraus. Die Vorfahren der späteren Haustiere haben sich ja auch kaum je weit von ihren Standorten entfernt, so daß es sich erübrigte, sie einzufangen; sie wurden wahrscheinlich erst gezähmt, nachdem sie jahrelang gezüchtet worden waren.

Der Mensch muß ziemlich früh bemerkt haben, daß die Tiere kennzeichnende Eigenschaften an ihre Jungen weitergaben. Das brachte ihn vermutlich auf den Gedanken, den Charakter der nächsten Tiergeneration zu beeinflussen, indem er das Leben jener Tiere schonte, die ihm willkommene Eigenschaften besaßen. Lange und überlegte Auslese führte schließlich dazu, daß die Kühe mehr Milch gaben, als für ihre Kälber notwendig war, daß die Schweine besonders viel Fett ansetzten und die Schafe ein dichteres Vlies entwickelten. Andererseits wurde bei der Züchtung aber auch auf Aussehen und Fügsamkeit geachtet. So kam es etwa zur Änderung von Hornformen, und die in der Natur sehr seltenen gescheckten Tiere wurden gerade wegen ihres Aussehens bevorzugt. So erklärt sich die Entstehung der Zuchtrassen.

Wahrscheinlich waren die ersten Bauern ursprünglich Jäger gewesen, die in einer zur Viehzucht und zum Getreidebau besonders geeigneten Gegend lebten. Nachdem sie mit der Landwirtschaft begonnen hatten, hörten sie natürlich nicht sofort mit der Jagd und dem Sammeln auf, vielmehr bestanden beide Wirtschaftsformen Seite an Seite fort. Dadurch wurde ihre Nahrung immer vielfältiger, und das Überleben der Gruppe war nicht mehr in Frage gestellt, wenn auf einem Teilgebiet infolge eines Mißgeschicks oder falscher Entscheidungen Erträge ausblieben.

Baumwolle, Gurken und Geflügel

In vielen Gebieten der Alten Welt waren um 5000 v. Chr. Schaf, Ziege, Rind, Schwein und Hund schon domestiziert, und Weizen, Gerste, Hafer, Linsen sowie Erbsen wurden angebaut. In anderen Teilen der Welt züchtete man weitere Pflanzen und Tiere, so in Peru und Mexiko um 5000 v. Chr. verschiedene Kürbisarten, Avocadobirnen und einige Bohnensorten. Der Mais, den man in Mittelamerika schon um 3000 v. Chr. anbaute, erreichte hingegen Peru erst um 1400 v. Chr. Später wurden auch Baumwolle, Paprikasorten, Sonnenblumen und viele andere Pflanzen angepflanzt. In Peru züchtete man auch das Lama als Lasttier und das Alpaka wegen seiner Wolle.

Mandeln, Saubohnen, Betelnüsse, Gurken, Erbsen, Wassernüsse und einige Flaschenkürbisarten gehörten zu der vielfältigen pflanzlichen Nahrung in Thailand um 6000 v. Chr. Bei einigen von ihnen handelt es sich sicherlich um angebaute Pflanzen. Wahrscheinlich wurde der Reis in Südostasien in Kultur genommen. Er erreichte Ostindien erst um 2000 v. Chr. Sogar in China blieben Hirse und Weizen bis etwa 1600 v. Chr. wichtiger als Reis.

Noch später wurden weitere Pflanzen kultiviert und Geflügel gezüchtet. Fast so interessant wie die lange Liste der Tiere und Pflanzen, die der Mensch in seine Dienste genommen hat, sind jene Arten, die er verschmähte, obgleich sie sich zur Zucht geeignet hätten.

VEREHRUNG DER ERNTEGÖTTER

Zwischen Aussaat und Ernte konnte so viel schiefgehen, daß die ersten Bauern, wie wohl nie zuvor, das Bedürfnis hatten, sich die Götter gnädig zu stimmen. Vor 6000 Jahren wurden in Vorderasien schon Kulträume ihnen zu Ehren ausgestattet. Die eindrucksvollsten sind in Çatal Hüyük gefunden worden, einer steinzeitlichen Stadt in der südlichen Türkei mit damals 5000 Einwohnern. Um das Gedeihen der Feldfrüchte zu sichern, kümmerten sich die Bauern ebensosehr um das notwendige Ritual wie um die eigentliche Feldarbeit. Die große Anzahl weiblicher Statuetten mögen Darstellungen der Erdgöttin gewesen sein, die als fruchtbare Mutter verehrt wurde.

TOTENMASKE *Diese Wandmalerei stellt einen Einwohner von Çatal Hüyük dar, der vor rund 8000 Jahren starb. Die ersten Bauern bahrten die Körper ihrer Toten unter freiem Himmel auf und überließen sie den Geiern. Später wurden die Knochen unter den Häusern oder in Wandbänken beigesetzt.*

Landwirtschaftlicher Überschuß

Die Landwirtschaft machte es dem Menschen zum erstenmal möglich, über den Bedarf des Augenblicks hinaus zu produzieren. Was er mit diesem Überschuß begann, hing von ihm ab. Er konnte ihn für magere Zeiten speichern oder dafür andere Nahrungsmittel oder Rohstoffe eintauschen. Er konnte damit auch von Handwerkern hergestellte Waren kaufen, etwa neue Arten von Behältern und Werkzeugen oder Schmuck für seine Frau.

Als sich die Gesellschaft mehr und mehr organisierte, wurde der Überschuß als Steuer eingezogen, um damit Vorhaben auszuführen, die kein einzelner Haushalt aus eigenen Mitteln durchführen konnte, wie den Bau von Verteidigungswällen, Tempeln und Bewässerungskanälen oder die Aufstellung und Versorgung eines Heeres. Auch der Unterhalt der Regierungsorgane, also der Könige, Priester und Beamten, wurde davon bezahlt.

Die Welt des Menschen war mittlerweile immer komplizierter geworden. Er lebte nun in größeren Gemeinschaften, richtigen Dörfern und Städten mit spezialisierten Berufen und sozialer Schichtung in arm und reich. Es entwickelten sich Formen in der Leitung der

PERLENKETTE *In Çatal Hüyük wurden Perlen aus blauem und bernsteinfarbenem Stein gefunden; einige waren fein durchbohrt, um sie aufreihen zu können.*

STIERKULT *In den mehr als 50 Kulträumen von Çatal Hüyük gab es eine Menge Tierschädel und Hörner. In dieser Rekonstruktion (rechts) eines Kultraumes des Stiergottes finden sich zu seiten eines gewaltigen Stierkopfes zwei Schafsbockköpfe, ein dritter prangt hoch oben an der benachbarten Wand. Die Leiter führt zu einer Öffnung im Dach – dem einzigen Zugang zu dem Raum. Die Köpfe sind in Ton über den Schädelknochen modelliert und mit den echten Hörnern besetzt. Auf drei kleinen Pfeilern und einem Lehmsockel befinden sich ebenfalls zahlreiche Stierhörner.*

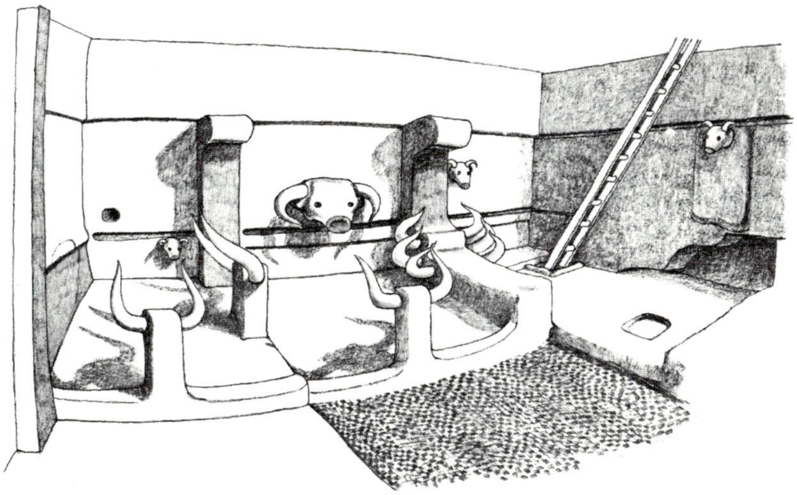

SYMBOL DER GÖTTIN *Die von den Bauern Çatal Hüyüks verehrte Erdgöttin wurde oft als Leopard in Wandmalereien und Reliefs dargestellt. Die beiden in Gips modellierten, fast lebensgroßen Leoparden (oben) wurden mehr als 40mal übermalt. Viele Bilder in Çatal Hüyük weisen auf sonderbare und schreckliche Glaubensvorstellungen hin. Da werden kopflose Männer von Geiern mit Menschenfüßen angegriffen, und riesige Stiere, die von Menschen in Leopardenfellen verfolgt werden, galoppieren über die Wände. Manche Jäger berühren Zunge oder Schwanz der Tiere als Zeichen ihrer Herrschaft über sie.*

Gemeinschaften, die es dem einzelnen schwerer machten, Kontakte mit jenen herzustellen, die über das Geschick des Gemeinwesens zu entscheiden hatten.

Handel, handwerkliches Können und ein seßhafteres Leben machten es den Familien möglich, vielfältigere Besitztümer anzusammeln. Die ersten Bauern des Vorderen Orients lebten in Häusern aus Stein, Holz oder luftgetrockneten Lehmziegeln. Die Räume waren quadratisch oder oval, Fußböden und Wände sorgfältig mit Gips oder Stampflehm verputzt und zuweilen bemalt. Die Bewohner benutzten gewebte Matten, schliefen auf erhöhten Lehmbänken und hatten besondere Kochstellen. Die Dächer waren oft flach, da nicht mit schweren Regenfällen zu rechnen war. Wenn die Lehmziegelwände verfielen oder Gebäude abbrannten, wurden die Ruinen eingeebnet und neue Häuser darauf gebaut.

So entstanden allmählich an den Stellen alter Siedlungen von Bulgarien bis zum Irak hohe Erdhügel, die sogenannten Tells. Auf einigen von ihnen liegen heute noch Dörfer. Gräbt man einen Teil aus, dann stößt man auf einander überlagernde Schichten, die die faszinierende Geschichte vielhundertjährigen Dorflebens erzählen.

Die Kunst des Töpfers

Eine landwirtschaftliche Gemeinschaft braucht vor allen Dingen Gefäße, in denen Getreide und andere Nahrungsmittel gelagert werden können, bis man sie benötigt. Zu diesem Zweck fertigte man aus Holz Bottiche und große Schalen an und schuf aus Stein Gefäße in den verschiedensten Formen. Mörser und Stößel bestanden gleichfalls aus Stein. Auch Behälter aus Leder und Binsenkörbe dienten als Vorratsgefäße. Abdrücke von Binsenmatten sind bei Jericho gefunden worden. Seit der Erfindung der Töpferei konnte man Flüssigkeiten nicht nur aufbewahren, sondern auch kühlen. Die ersten Töpfer arbeiteten ohne Töpferscheiben, sie fertigten ihre Gefäße, indem sie einen fortlaufenden Tonwulst spiralförmig in Ringen übereinanderlegten. Da Ton sich in alle möglichen Formen kneten läßt, konnte eine Vielfalt von Gefäßen für Küche und landwirtschaftliche Zwecke geschaffen werden. Eine weitere wichtige Errungenschaft der Jungsteinzeit war das Weben. Schon vor 8000 Jahren haben die Frauen des Vorderen Orients Wolle oder Flachs mit einer Handspindel gesponnen. Danach wurde das Garn auf einfachen horizontalen Webstühlen zu Stoffen verarbeitet.

Andere Handwerkszweige stellten Werkzeuge und Schmuck her. In Beidha in Jordanien hatte jeder Handwerker seinen eigenen Laden – da gab es einen Metzger, einen Perlenmacher und einen Mann, der Werkzeuge aus Knochen herstellte. In Çatal Hüyük in Kleinasien zeigt das Fehlen von Webstühlen in den meisten Häusern, daß auch das Weben Fachleuten überlassen wurde. Es gab Handwerker, die Obsidian, ein schwarzes vulkanisches Gesteinsglas, spiegelglatt polierten, so daß kein Kratzer die Oberfläche trübte.

Die Rührigkeit der Handwerker führte zu intensiverer Suche nach neuen Rohstoffen und förderte den Handel. So wurde etwa Obsidian von den Bergen der Türkei und Nordirans aus über ganz Vorderasien verbreitet, während man in Griechenland den Obsidian der Insel Melos verarbeitete. Nach Çatal Hüyük, einer Stadt, die wichtige Handelswege beherrschte, wurden Tropfstein, Marmor, Kalkspat, Alabaster, Lignit, Muscheln und Halbedelsteine wie Jaspis, Karneol, Bergkristall und Chalzedon gebracht. Die Menschen in Jericho erhielten Nephrit und Obsidian aus Anatolien, Kaurischnecken vom Roten Meer und Türkise vom Sinai. Die meisten dieser Rohstoffe wurden zu Schmuck verarbeitet.

Auf der Suche nach Neuland

Gesichertere Versorgung und bessere Ernährung führten zur ersten Bevölkerungsexplosion der Welt, und die neuen Gemeinschaften mußten sich nach Land umsehen, das sich bebauen ließ. Um 6000 v. Chr. waren die meisten Menschen zwischen Nordpersien und dem Bosporus Bauern, und schon wurden Kreta und die Nordküste des Ägäischen Meeres kolonisiert.

Um 5000 v. Chr. hatten sich bäuerliche Gemeinschaften bis hin nach Ungarn und in die Berge und Inseln Westgriechenlands über die ganze Balkanhalbinsel verbreitet. Einige Gruppen setzten über die Adria und besiedelten Südostitalien. Im Südosten Europas, insbesondere in den breiten Tälern Bulgariens, fuhren die Kolonisten fort, so wie ihre Vorfahren zu leben. Sie stellten weiterhin sehr anziehende Töpferwaren mit farbigen Spiralmustern und eindrucksvollen roten und weißen Flächen her. Wahrscheinlich war das ihr Tischgeschirr, während in der Küche oder auf dem Felde wohl gröbere Gefäße gebraucht wurden – unbemalte graue Töpfe, deren Schmuck aus dem Abdruck von Fingernägeln und Fingerspitzen bestand, die vor dem Brennen in den weichen Ton gedrückt worden waren.

Wie ihre Vorfahren lebten auch die Balkanvölker um das Jahr 5000 v. Chr. in recht dicht bevölkerten Dörfern mit Häusern, die aus Lehm bestanden, gelegentlich aber Holzpfosten zur Verstärkung hatten und wohl flach gedeckt waren. Mit der Zeit bildeten die verfallenen Häuser auch hier Ruinenhügel nach Art der Tells. Allmählich mögen sich die einzelnen Familien selbständiger gefühlt haben, jedenfalls fingen sie an, ihre Hütten in größeren Abständen voneinander zu bauen.

Scherze in Ton

Hatte der Bauer schwer zu arbeiten, so seine Frau nicht minder. In Griechenland und auf dem Balkan waren die deutlich kenntlichen Küchenbezirke – erhöhte Plattformen aus Lehm – mitunter vom übrigen Hause abgegrenzt. In ihnen fand man Backöfen, Herde, Tonbehälter für Korn oder Mehl und die Scherben des Haushaltsgeschirrs.

Abgesehen vom Kochen, Mahlen und Backen, stellten die Frauen wahrscheinlich kunstvoll gearbeitete Woll- und Flachsgewebe her. Die Kleidung daraus war sicher angenehmer zu tragen als die aus Fell und Leder. Tonfigürchen jener Zeit zeigen Kostüme mit V-förmig ausgeschnittener Tunika und langem, wohl buntgefärbtem Rock.

Die frühen Balkanvölker machten offenbar sehr gern Gebrauch von der Verformbarkeit des Töpfertons. So formten sie Trinkgefäße als fette Tiere und verzierten Krugdeckel mit ernstblickenden, spitzohrigen Eulenköpfen. Doch hatte ihre Kunstfertigkeit auch eine ernste Seite. In vielen Häusern fand man kleine Schreine mit Tonfigürchen, die vielleicht Ahnen oder Feld- und Hausgötter darstellen.

Wenn auch einige der Figürchen offensichtlich rituellen Zwecken dienten, sind andere vermutlich als Spielzeug gedacht gewesen. Die Balkanvölker hatten Freude an Modellen und fertigten die ersten Puppenhäuser der Welt – kleine quadratische Häuschen ohne Dächer mit vollständiger Inneneinrichtung, darunter tönerne Öfen und Mahlsteine und kleine Figürchen, die auf Stühlen sitzen oder Körner zu Mehl mahlen.

Die ersten Bauern Mitteleuropas gehören der Donaukultur an und werden nach der Verzierung ihrer Gefäße Bandkeramiker genannt. Von Ungarn aus trugen sie ihre Kultur durch ganz Europa bis nach Holland, das sie vor 4000 v. Chr. erreichten. Ihre bäuerlichen Gemeinschaften lebten in Dörfern mit bis zu 300 Einwohnern, die in großen, hölzernen Langhäusern von 30–45 m Länge und 6–7 m Breite wohnten. Diese Häuser hatten steile Binsendächer, die den Regen ableiteten, und Wände aus Eichenbalken mit lehmbeworfenem Flechtwerk aus Zweigen als Füllung dazwischen. Die Anlage des Hausinnern war recht kompliziert. An einem Ende war der Boden erhöht, dieser Teil diente vermutlich als Kornspeicher, während das andere Ende verstärkte Wände hatte und wohl die Haustiere aufnahm. Im Mittelteil lebte eine Gruppe engverwandter Familien, Männer mit ihren Frauen und Kindern, aber auch unverheiratete Verwandte und gegebenenfalls die Eltern.

In der Mitte jeden Dorfes befand sich ein besonders großes Langhaus, in dem vielleicht die Dorfversammlungen stattfanden. An einem Ende befand sich ein Pferch für 40 bis 50 Rinder, was gemeinschaftliche Viehhaltung nahelegt. Klassenunterschiede waren anscheinend unbekannt, zumindest finden sich keine besonders gebauten Häuser für hochgestellte Personen und keine außergewöhnlich reichen Gräber. Privateigentum an Land war zu dieser Zeit sowieso nicht sinnvoll, denn davon gab es genug.

BERGLEUTE DER STEINZEIT BAUEN DEN KOSTBAREN FEUERSTEIN AB

Feuerstein war für die ersten Bauern Europas lebenswichtig, da sie Flintäxte zum Roden des Waldes brauchten, um da Äcker anlegen zu können. Diese Rekonstruktion zeigt Bergleute bei der Arbeit in Grimes Graves. Zehn Meter tiefe Schächte stießen dort bis zum besten Feuerstein vor. Die Bergleute brachen den Stein mit Picken aus Geweihen und benutzten unter Tage mit Tierfett gefüllte Lampen.

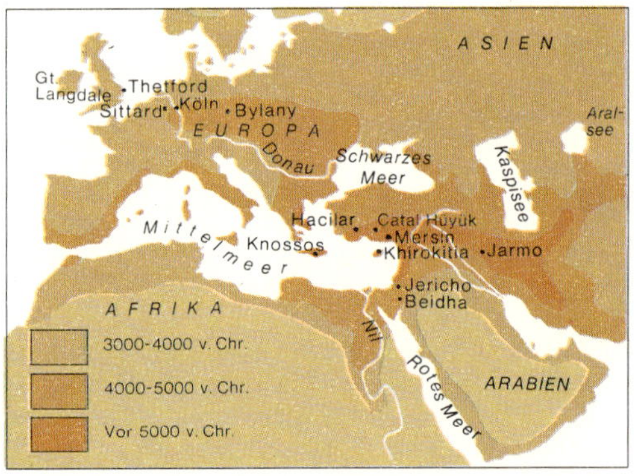

VERBREITUNG DER LANDWIRTSCHAFT

Die Landwirtschaft entwickelte sich vor 10 000 Jahren in Südwestasien, wo die Vorformen von Weizen und Gerste sowie Wildschafe und Wildziegen zu Hause sind. Um 5000 v. Chr. gab es schon bäuerliche Siedlungen in Westgriechenland, auf dem Balkan, in Ungarn sowie auf Kreta und in Südostitalien. Schafe, Ziegen, Rinder, Schweine und Hunde waren domestiziert, und in vielen Gegenden wurden Weizen, Gerste, Hafer, Linsen und Erbsen angebaut. Innerhalb der nächsten 1500 Jahre schoben sich die Siedlungen von der Donau bis nach Nordeuropa vor. Holland wurde vor 4000 v. Chr. erreicht, Skandinavien und Britannien 500 Jahre später. Um 3000 v. Chr. hatte sich die Landwirtschaft über große Teile Westeuropas verbreitet, und wo Boden und Klima es gestatteten, wurde das Land gerodet und bebaut. Es gab bäuerliche Siedlungen nun auch in Italien, Sizilien, Malta, Nordafrika, Südfrankreich, Spanien und Portugal.

Ackerbau im Urwald

Die Bandkeramiker konnten die in Jahrhunderten angehäufte Fruchtbarkeit des Humus der großen Eichenwälder Mitteleuropas nutzen. Sie fällten zunächst die kleineren Bäume mit ihren Steinäxten und entrindeten die großen, die dadurch abstarben. Nach einiger Zeit, wenn das Holz ganz ausgetrocknet war, wurde ein Waldbrand entfacht. In die Asche säten die Urwaldbauern ihr Getreide. Sie suchten sich den fruchtbarsten, bestentwässerten Boden aus – den sogenannten Löß. Am Vorkommen bestimmter Pflanzen müssen sie solche Böden erkannt haben.

Mit der Zeit fanden sie heraus, daß sich der Boden nach ungefähr zehn bis fünfzehn Jahren erschöpft hatte und sie weiterziehen mußten. Sie wanderten nicht planlos, sondern benutzten nacheinander etwa ein halbes Dutzend geeigneter Plätze, die sie durch die beschriebene Methode erschlossen. Nach 50 bis 60 Jahren kehrten sie zum Ausgangspunkt zurück, wo der Boden mittlerweile wieder mit Eichen und Unterholz bewachsen war und sich erholt hatte. Wenn er auch nicht wieder so fruchtbar war wie einst, ließ sich der Jungwald doch leichter fällen als die Eichen des ursprünglichen Urwaldes.

Die Bauern pflanzten Weizen, Gerste, Hirse, Erbsen, Linsen und Ackerbohnen an und zogen Flachs zum Spinnen und Weben. Sie hielten außer Schafen und Ziegen auch Rinder, die sich ihr Futter wahrscheinlich selbst im Walde suchten, und den Schweinen fehlte es sicher nicht an Eicheln. Die Menschen jagten noch immer die Tiere des Waldes und sammelten wilde Pflanzen und Früchte. Die Viehhaltung der Bandkeramiker wurde zunehmend größer, je weiter sie nach Westen vordrangen. Ihre späteren Dörfer weisen große eingezäunte Koppeln auf.

Unterdessen hatten andere Menschengruppen in primitiven Segelschiffen das Mittelmeer überquert. Um 4000 v. Chr. gab es Gruppen von Bauern in Italien, Sizilien, Malta und Nordafrika, während wieder andere Südfrankreich, Ostspanien und Portugal erreicht hatten. Um 3500 v. Chr. drangen die ersten jungsteinzeitlichen Kolonisten in die Norddeutsche Tiefebene vor und besiedelten Dänemark und Schweden. Vielleicht wurde ihre Anzahl durch Jägergruppen vergrößert, die schon in diesen Gegenden lebten und die bäuerliche Lebensform gerne übernahmen. Die Neuankömmlinge drangen nur bis nach Mittelschweden und Südnorwegen vor und überließen die nördlicheren Regionen den noch vorhandenen Jägern und Sammlern, da dort weder der Boden noch das Klima für den Ackerbau geeignet waren. Von Nordfrankreich setzten zur gleichen Zeit Bauern zu den Britischen Inseln über. Die Eindringlinge kamen in einfachen Booten, auf denen sie auch ihr Saatgetreide und ihre Haustiere hinüberschafften. Die ersten Briten suchten nach gut entwässertem Land, das sich leicht roden ließ. Deshalb siedelten sie sich auf den Schotterterrassen der Flußläufe und den Kreide- und Kalkböden der Hochflächen an.

Feuerstein aus Bergwerken

Um Bäume zu fällen, Häuser zu bauen und Werkzeuge zu fertigen, brauchten die Bauern ständig gute Steinbeile. Geeignete Steine fanden sich in den meisten Gegenden. Sie wurden zunächst zugeschlagen, bis sie die

DER DENKER

Einige der schönsten Skulpturen des vorgeschichtlichen Europas stammen vom Balkan. Diese Figur eines auf einem vierbeinigen Hocker sitzenden Mannes mit aufgestütztem Kopf wurde vor mehr als 5000 Jahren in Rumänien geschaffen.

TONWAREN FRÜHER BÄUERLICHER GEMEINSCHAFTEN

Die ersten Bauern mußten ihre Erzeugnisse irgendwo speichern. Die Erfindung der Töpferei versorgte sie mit idealen Gefäßen für diesen Zweck, besonders für die Aufbewahrung von Flüssigkeiten. Die ersten Töpfer um 5000 v. Chr. waren vermutlich Frauen. Die Töpferscheibe war noch nicht erfunden, und ein Topf wurde hergestellt, indem man lange Tonwülste in Ringen übereinanderlegte, das Ganze dann mit der Hand formte und glattstrich. Anfänglich brannte man die Töpfe am offenen Feuer, doch fand man heraus, daß sie durch Brennen in einem Töpferofen noch härter wurden. Die Töpfer benutzten bald einen glatten, harten Überzug aus flüssigem Ton und Farben auf Ockerbasis zur Verzierung.

DÄNISCHE TÖPFE *Diese makellos geformten Töpfe aus Dänemark wurden um 2500 v. Chr. ohne Töpferscheibe hergestellt. Die Formen erinnern an Körbe und Lederbecher. Die Töpfe wurden durch Eindrücke in den noch weichen Ton verziert.*

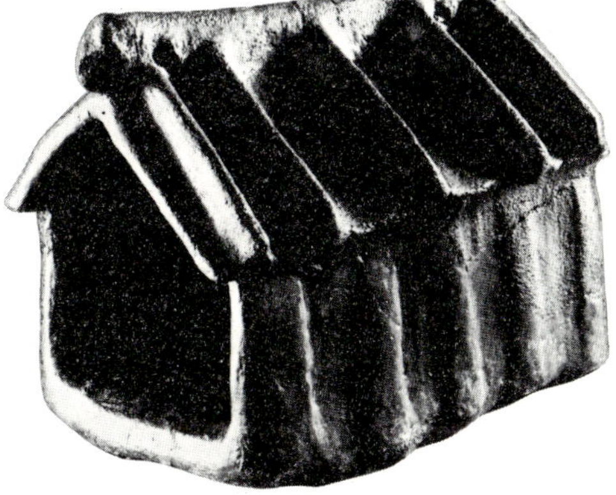

HAUSMODELL *Töpfer in Mitteleuropa stellten Hausmodelle her, die zeigen, daß die Bauern in Mitteleuropa anstatt flachgedeckter Lehmziegelhäuser Holzhäuser mit Giebeldächern bauten, die dem europäischen Klima besser angepaßt waren.*

KRUG IN MENSCHENFORM *Die menschliche Körperform diente nicht nur als Verzierung, sondern bestimmte auch die Form mancher Gefäße. Ein südosteuropäischer Töpfer formte diesen Krug nach der Gestalt einer Frau, deren Arme die Henkel abgeben.*

richtige Form hatten, und danach sorgfältig geschliffen. Der Schwerpunkt mußte möglichst nahe der scharfen Schneide liegen. Solche Beile erfüllten ihren Zweck recht gut, besonders wenn es sich um kleine Bäume handelte; doch mußten sie häufig geschärft werden. Sie waren recht spröde und wurden vom Ellbogen aus geschwungen, wie man einen Hammer schwingt. An manchen Orten haben sich die Menschen große Mühe gegeben, sich das geeignete Material zu verschaffen. Bei Grimes Graves in Ostengland trieben neolithische Bergleute um 2500 v. Chr. mehr als 2000 Schächte in die Kreide, verschmähten zwei Lagen geringwertigen Feuersteins und gruben weiter, bis sie in 10 m Tiefe auf guten Feuerstein stießen. Von den Schächten führten Stollen in das Flöz hinein.

Die von den Bergleuten benutzten Picken bestanden aus Hirschgeweih, die Schaufeln aus den Schulterblättern von Rindern, und gearbeitet wurde beim Licht kleiner Lampen aus ausgehöhltem Kalkstein, in denen Moosdochte in tierischem Fett brannten. Der wertlose Kalk und dann der Feuerstein mußten mit Körben ans Tageslicht befördert werden. Man hat in Grimes Graves unter dem Gestein eines zusammengestürzten Stollens das Skelett eines Mannes gefunden – das Opfer eines Grubenunglücks. Auch in Belgien, Südfrankreich, Dänemark und Polen wurde Feuerstein abgebaut, und man kann noch heute manchenorts Schutthaufen und roh behauene Geräte finden. Möglicherweise wurden die halbfertigen Feuersteinäxte von Spezialisten an die Bauern in weitem Umkreis vertrieben, die sie dann zurechtschliffen.

Diese Bauern lebten in gut organisierten Gemeinwesen. Um ungefähr 2500 v. Chr. legten sie in Südwestengland sogar hölzerne Knüppeldämme durch die Sümpfe. Die sorgfältig ausgesuchte Route nahm Rücksicht auf vorhandene trockene sandige oder steinige Stellen. Dazwischen wurden Bohlenwege gebaut, die sich an Bäumen und Tümpeln vorbei durch das Ried schlängelten. Zum Bau wurde verschiedenes Material verwendet – teils Querhölzer aus Erlenholz, teils Lagen von verflochtenem Birkenreisig oder gebündelte Haselruten. Damit die Bündel nicht verrutschten, befestigte man sie oft mit Birkenpflöcken, die mit dem Holzhammer in den Torf hineingetrieben wurden. Diese Knüppeldämme zogen sich meilenweit hin und verschlangen große Mengen Holz; so hat man an einem von ihnen allein 50 000 Birkenpflöcke gezählt. Die meisten dieser Pfade sind etwa 1 m breit, bieten also einem oder auch zwei Fußgängern genügend Raum.

Ackerbau mit Hilfe des Pfluges

Der Ackerbau und seine technischen Grundlagen entwickelten sich in den verschiedenen Gegenden verschieden rasch. Die ersten Bauern in Europa benutzten den in bewaldeter Umgebung geeigneten Grabstock. Später, als das bebaute Land immer weniger von Baumstümpfen durchsetzt war, entwickelte man den Hakenpflug, einen sehr einfachen hölzernen Pflug, der zuerst von Menschen, dann von Ochsen gezogen wurde und der den Boden viel tiefer aufriß.

Als Nordeuropa von den ersten Bauern kolonisiert wurde, gab es schon blühende große Städte in Mesopotamien. Bewässerungssysteme sorgten für die Ernährung der Stadtbevölkerung. Handwerker verarbeiteten schon Metall, und mit ihren Steuereinnehmern, Priestern und Schreibern war die Verwaltung bereits recht kompliziert. Viele Völker standen allerdings in vielen Teilen der Welt noch immer auf der Stufe der Jäger und Sammler. Manche setzten eine Zeitlang ihre alte Lebensweise fort, auch wenn die ersten Bauern sich schon in ihrer Mitte niedergelassen hatten. In Dänemark fingen die Einheimischen unter dem Einfluß der Neuankömmlinge mit der Töpferei an. Auch haben sie wahrscheinlich Fleisch und Getreide gegen Fische und andere Meeresprodukte eingetauscht. In Frankreich mögen die Jäger und Sammler begonnen haben, Haustiere zu halten, wobei sie vielleicht zuerst Tiere einfingen, die den Bauern entlaufen waren.

Wo diese zwei Kulturen aufeinandertrafen, wurden die primitiveren Völkerschaften langsam aufgesogen, indem sie sich entweder durch Heirat mit den Eindringlingen vermischten oder sich ihnen anschlossen. Aber es gab noch genügend Land, so daß die Hinzukommenden die schweifende Urbevölkerung nicht zu vertreiben brauchten. Jäger und Bauern konnten friedlich die gleiche Gegend bewohnen, denn sie nutzten ganz verschiedene Landstriche für ihre Zwecke.

Die Erbauer der Steingräber

Die ersten westeuropäischen Bauern haben nicht viele Spuren ihrer Behausungen hinterlassen. Ihr Andenken wird dafür durch die großen, aus Stein errichteten Megalithgräber (griech. *megas lithos* = großer Stein) wach erhalten. Die ältesten der bisher gefundenen Großsteingräber stammen aus der Zeit um 3500 v. Chr. Zweitausend Jahre lang wurden solche Gräber in großen Teilen West- und Nordeuropas errichtet.

Als Wände dienten gewöhnlich aufrecht stehende Steinplatten, die von großen flachen Steinen überdeckt wurden, in der Art wie Kinder noch heute Kartenhäuser bauen. Die Lücken zwischen den Platten wurden mit Steinen ohne Mörtel (Trockenmauern) ausgefüllt und diese Grabkammer zum Schluß mit einem großen Erdhügel oder Steinhaufen bedeckt. Einige Gräber bestanden auch ganz aus Trockenmauerwerk in Form falscher Gewölbe, was ihnen das Aussehen von Bienenkörben verleiht.

Inzwischen hatten sich wohl schon Stämme gebildet, von denen jeder aus mehreren, untereinander verwandten Sippen bestand, die ihre gemeinsame Abstammung von irgendeinem halbmythischen Ahnen herleiteten. Der Bau der Megalithgräber muß sehr viel Zeit und Kraft gekostet haben, konnte also nur von einer Gemeinschaft durchgeführt werden, die zu längerer Zusammenarbeit bereit war. Wahrscheinlich wurden solche Gräber nur für Häuptlinge, deren Verwandte oder Gefolgsleute gebaut.

Da die Arbeitskräfte erst mobilisiert werden mußten, bahrte man wahrscheinlich die Leiche zunächst in einer hölzernen Halle auf, bis das Grab gebaut war. Die nötigen Steine wurden von den Feldern geholt oder durch abwechselndes Erhitzen und Begießen mit kaltem Wasser aus dem Fels herausgesprengt. Als Werkzeuge standen nur Steinhämmer zur Verfügung. Ehe der Grundriß feststand, mußten die Priester befragt werden, wieviel Raum für die Totenriten benötigt wurde. In manchen Gegenden legte man einen umbauten Hof oder Vorhof an, in anderen stellte man eine eindrucksvolle Fassade aus aufrecht stehenden hohen Steinen mit verbindendem Trockenmauerwerk davor. Außer den Gräbern mit einer Kammer, Dolmen genannt, gab es Ganggräber und Galeriegräber mit Seitenkammern. Bei diesen Gemeinschaftsgräbern handelt es sich wohl um Bestattungsplätze ganzer Sippen.

Das Aufführen der Wände

Die Erbauer der Steingräber müssen einfache Meßgeräte gehabt haben, denn im Grundriß werden genau ausgeführte dreieckige oder rechteckige Formen sichtbar. Bei dem Galeriegrab von West Kennet in Südengland, in dem man die Überreste von 45 Menschen fand, paßt die Anlage genau in einen dreieckigen Grundriß hinein, während anderen Gräbern rechteckige Formen zugrunde liegen. Nachdem der Umriß des Grabhügels festgelegt war, wozu man oft einen Streifen der Grasnarbe aushob, wurden Löcher für die Steine gegraben und mit Pfosten gesi-

GRABMONUMENTE DER STEINZEIT

Die ersten europäischen Bauern hatten sich um 3500 v. Chr. zu Stämmen und Sippen zusammengeschlossen, die in West- und Nordeuropa ihre toten Häuptlinge in gewaltigen Gräbern bestatteten. Die Grabkammern bestanden aus mächtigen Steinplatten. Darüber erhob sich ein Erd- oder Steinhügel. Obwohl manche der Decksteine über 50 t wogen, wurden sie doch ohne komplizierte technische Hilfsmittel an ihren Platz gebracht. Sie waren lediglich mit Steinwerkzeugen sorgfältig behauen und sogar mit Abflußrinnen für das Regenwasser versehen worden. Viele Gräber sind von einfacher Form. Manche werden von so hohen Hügeln überwölbt, daß sie wahrscheinlich auch als Kultstätten gedient haben.

GEMEINSCHAFTSGRAB *Um ungefähr 2500 v. Chr. bauten Bauern in Südengland das gewaltige Galeriegrab von West Kennet, das von einem über 100 m langen Hügel bedeckt ist. Das Grab wurde aus Sandsteinblöcken und unvermörteltem Mauerwerk gebaut.*

DIE TEMPEL VON MALTA *Zu den eindrucksvollsten vorgeschichtlichen Denkmälern Europas zählen die Steintempel auf Malta. Der Tempel von Minajdra (oben) wurde um 2500 v. Chr. erbaut. Die gewaltigen Sandsteinblöcke rollte man auf Rundhölzern heran. Ihre Oberfläche war zur Zierde über und über mit kleinen Löchern versehen. Lange Holzbalken bildeten die Decke der hufeisenförmigen Räume. Die Steinbänke und -altäre schmückten teils eingravierte, teils gemalte Spiralmuster. Ein Sprachrohr ließ die körperlose Stimme des Priesters aus einer in den Wänden verborgenen Kammer zu den Gläubigen dringen.*

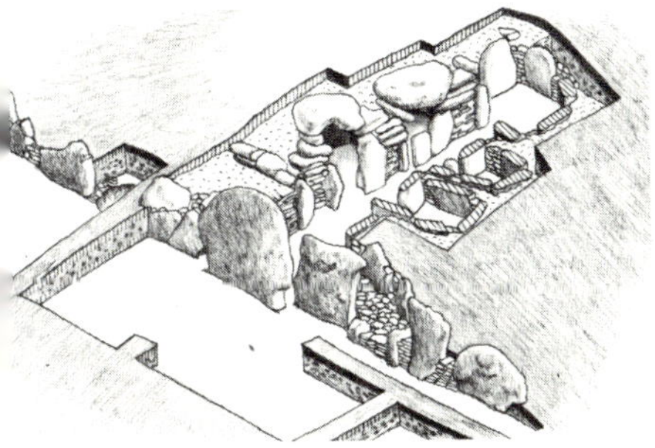

SEITENKAMMERN *So sieht das Galeriegrab bei West Kennet aus, läßt man die Decksteine fort. Vom Mittelgang gehen vier Seitenkammern und eine rückwärtige Kammer ab. Der Vorhof ist durch Steinblöcke und Trockenmauerwerk abgetrennt.*

EIN IRISCHES HÜNENGRAB *Auch in Irland gibt es viele einfache Grabkammern (Dolmen), wie diese bei Kilclooney. Sie besteht aus nur einem Raum mit Wänden aus aufrecht stehenden Steinblöcken und einem flachen Deckstein. Der Erdhügel, der es einst bedeckte, ist verschwunden, wie bei unseren »Hünengräbern«.*

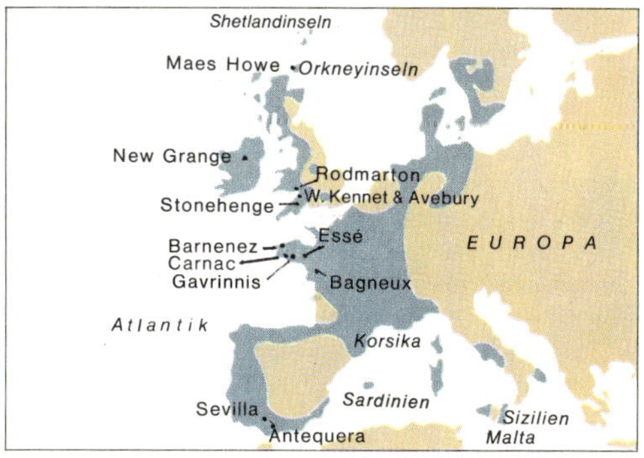

VERBREITUNG DER STEINKAMMERGRÄBER *Die frühesten Megalithgräber liegen in der Bretagne und wurden um 3500 v. Chr. errichtet. 2000 Jahre lang wurde diese Art in einem Gebiet gebaut, das sich von Portugal bis Südschweden und von Süditalien bis zu den Shetlandinseln erstreckt. Der Arbeitsaufwand bei ihrem Bau war oft gewaltig. Für ein Grab bei Rodmarton in England müssen 200 Mann ein Jahr tätig gewesen sein, um 5000 t an Gestein zu brechen und zu verbauen. Nicht alle Gräber sind Oberflächengräber. In Gegenden mit weichem Felsgestein wurden die Gräber mit Steinwerkzeugen aus dem Fels gehauen.*

chert. So ließen sich auch die Steine leichter aufrecht einsetzen. Mit Hilfe von Seilen, Schleifen und Rundhölzern wurden die Steine dann an den Rand der Löcher geschleppt, hineingekippt und senkrecht aufgerichtet, wobei vielleicht eine einfache hölzerne Zugvorrichtung half. Danach verkeilte man die Löcher mit kleineren Steinen und zog die Decksteine über eine aufgeschüttete Erdrampe oder mit Hilfe hölzerner Hebegerüste und Hebel hinauf.

Nachdem sich alle Steine in der richtigen Lage befanden, wurde der Hügel aufgeschichtet und oft von Steinen oder einer Trockenmauer eingefaßt. Die riesigen Erdhügel der irischen Gräber sind sorgfältig aus Lagen von Torf und Geröll aufgebaut worden, damit sie sich nicht senkten. Der fertige Hügel sah recht kunstvoll aus – mit senkrecht abfallenden oder gestuften Seiten und ebener oder kuppelförmiger Oberfläche.

Schließlich war alles zum Begräbnis bereit. Der oder die Tote wurde ins Grab gelegt und mit ihm Tonwaren, Perlen, Beile oder Waffen als Totengaben – vielleicht für ein Leben nach dem Tode. Oft waren nur noch die Knochen zu bestatten, wenn die Leiche allzu lange hatte warten müssen. Danach verschloß man den Eingang mit Steinen und Erde bis zur nächsten Benutzung. Wohldurchdachte Anordnung der Steine machte es manchmal schwer, den Eingang zum Grab aufzufinden. Vielleicht fürchteten die Erbauer, daß jemand die Knochen der Verstorbenen entwenden könnte, um damit schwarze Magie zu treiben. Das Fehlen bestimmter wichtiger Skeletteile in manchen Gräbern legt diesen Verdacht nahe.

Religiöse Symbole

In den einzelnen Gegenden herrschten verschiedene religiöse Vorstellungen: In Irland erschienen Sonnensymbole auf den Gräbern, während bei den Erbauern der Megalithgräber in der Bretagne die Axt als religiöses Symbol auftaucht. In Frankreich und Spanien gravierte man zuweilen Götter und Göttinnen mit besonderem Kopfputz, Halsketten und religiösen Emblemen in Grabwände ein oder malte sie darauf. Die architektonischen und technischen Ideen, die der Konstruktion der Megalithgräber zugrunde liegen, wurden nicht durch besonders begabte Kolonisten und Missionare weiterverbreitet, wie man anfänglich annahm, sondern durch Händler, Hochseefischer und durch Menschen, die sich auf der Suche nach Land oder Rohmaterialien befanden.

In einigen Gegenden ging man über den Bau bloßer Gräber hinaus. So haben die vorgeschichtlichen Bewohner Maltas um 2500 v. Chr. einen Komplex gewaltiger Steintempel erbaut, die noch heute stehen. Sie enthalten halbrunde Räume mit Wänden aus schön behauenen und geschickt zusammengefügten Steinplatten. In diesen Tempeln finden sich verzierte Steinbänke auf Mörtelböden. Die Wände waren verputzt und mit schwungvollen Mustern bemalt.

Die kunstvollen Tempel auf Malta, das nur gelegentlich Kontakt zu anderen Gegenden hatte, zeigen, zu welchen Errungenschaften die Menschen der Jungsteinzeit fähig waren, obgleich ihnen nur Werkzeuge aus Stein zur Verfügung standen. Die architektonischen Techniken der megalithischen Bauweise begründeten eine tausendjährige Tradition, die ihren Höhepunkt in den ringförmigen Anlagen und Alleen aus Steinpfeilern erreichte, die in Britannien und in Nordwestfrankreich in der Bronzezeit errichtet wurden.

Metalle verändern die Welt

Seit 6000 v. Chr.

Kupfer wurde in Vorderasien gefunden; Bronze und Eisen lieferten neue, bessere Werkzeuge; die Arbeit der Schmiede löste die erste industrielle Revolution aus

Vor ungefähr 8000 Jahren begann in Vorderasien eine Entwicklung, die weitreichende Folgen für die ganze Menschheit haben sollte. Es handelt sich um die Erfindung der Metallverarbeitung. Sie führte den Menschen aus der Steinzeit heraus, in der er bislang und seit Anbeginn gelebt hatte.

Die frühen Töpfer wurden bei ihrer Arbeit immer geschickter und fingen bald an, ihre Tonwaren und Tonfiguren in Öfen zu brennen. Der Töpferofen lieferte die unter Luftabschluß erzeugte große Hitze, unter der harte Töpfe mit klarer, undurchlässiger Oberfläche entstehen, von der sich gemalte Verzierungen gut abheben. Auch auf ihrer Suche nach besonderen Erden, die sich zur Herstellung von Keramik – manche auch für kosmetische Zwecke – eigneten, wagten sich die Töpfer immer weiter vor.

Bei dieser Suche fanden sie die ersten Metalle – Klumpen von nahezu reinem Gold oder Kupfer, das sich durch Hämmern wie Ton formen ließ, aber nicht so leicht zerbrach. Es war nur eine Frage der Zeit, bis irgend jemand auf die Idee kam, vielleicht auf der Suche nach einem neuen Farbstoff, auch Metallstücke in einen Töpferofen zu tun. Das Ergebnis war verblüffend. Anstatt ihre Form zu bewahren wie Feuerstein oder Obsidian, verflüssigten sich diese sonderbaren farbigen Steine, wenn man sie stark erhitzte. Wurde der Ofen kalt, dann wurde die Flüssigkeit wieder hart, zeigte nun aber einen Abdruck der Unterlage. Die neue Substanz war so weich, daß sie sich, besonders bei leichter Erwärmung, mit einem Stein zu dünnem Blech hämmern ließ, dessen Kanten man abschleifen konnte. Bald fanden die ersten Schmiede heraus, daß sich Kupfer aus metallhaltigem Gestein gewinnen ließ, wenn man es kräftig erhitzte. Damit war der Prozeß des Schmelzens entdeckt.

Der Gebrauch von Metall kam im Iran und Kleinasien um etwa 6000 v. Chr. auf. Sechs Jahrhunderte später schmolzen die Bewohner von Çatal Hüyük sowohl Kupfer als auch Blei. Um Metallperlen herzustellen, wurde das Kupfer erst zu Blech gehämmert und dann gerollt. Die ersten Schmiede waren

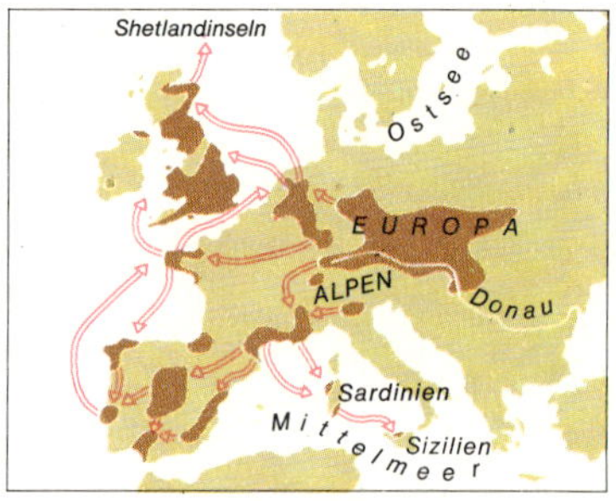

WANDERNDE SCHMIEDE

Die Kenntnis der Metallverarbeitung wurde durch die Träger der Glockenbecherkultur über Westeuropa verbreitet, deren Siedlungsgebiete auf der Karte hervorgehoben sind.

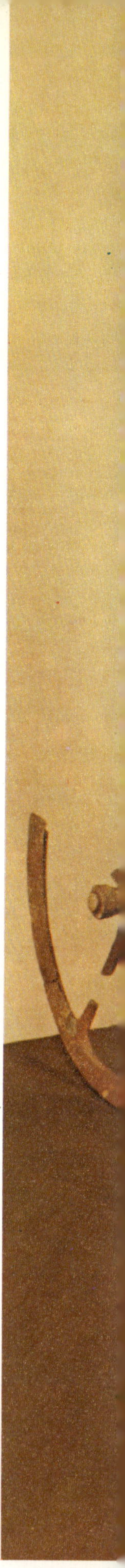

URTÜMLICHE GIESSEREI

Einer der ersten Metallarbeiter gießt geschmolzene Bronze aus einem Tiegel in eine Form, wobei er Zangen aus geschältem Holz benutzt. Sein Gehilfe tritt einen Blasebalg, um die hohe Temperatur des Ofens zu erhalten. Die Formen der ersten Äxte und Dolche wurden sorgfältig aus der Oberfläche eines flachen Steins herausgeschlagen und das heiße Metall hineingegossen. Die Gußform deckte man mit einer Tonhaube ab, um ein zu rasches Abkühlen zu verhindern. Die Klinge wurde nach dem Abkühlen durch mehrfaches Ausglühen und Hämmern gehärtet. Gold und Kupfer, die ersten genutzten Metalle, wurden in Asien um ungefähr 6000 v. Chr. entdeckt. Um 3000 v. Chr. lernte man, die härtere Bronze herzustellen, indem man Zinn zum Kupfer hinzufügte. Etwa um 1500 v. Chr. hatte sich die Kenntnis der Technik des Bergbaus und des Schmelzens schon bis Südirland verbreitet.

EIN SONNENWAGEN

Um etwa 1500 v. Chr. stand die Kunst der europäischen Bronzeschmiede schon auf solcher Höhe, daß Arbeiten wie dieser 1902 im Moor bei Trundholm in Dänemark gefundene Sonnenwagen hergestellt werden konnten. Das Wagengestell, die Sonnenscheibe und das Pferd sind in Bronze gegossen und mit Blattgold bedeckt. Die Schmiede der nordischen Bronzezeit gehörten zu den schöpferischsten der frühen Metallbearbeiter. Als dieser Sonnenwagen entstand, war die Kenntnis des Rades von Asien bereits nach Europa gedrungen, und Gefährte mit Bronzerädern begannen eine wichtige Rolle bei religiösen Zeremonien zu spielen. Man sah die Wagen als Träger der Sonne auf ihrem Lauf über das Himmelsgewölbe und hinab in die Unterwelt der Nacht.

sich noch keineswegs des Wertes ihrer Entdeckung bewußt, sondern betrachteten das neue Material nur als Merkwürdigkeit, ohne seine praktische Verwendbarkeit zu erkennen. Sie fertigten aus Kupfer und Gold lediglich Schmuck, und es dauerte 2000 Jahre, bis aus Metall auch Werkzeuge und Waffen hergestellt wurden. Der Durchbruch erfolgte um etwa 4000 v. Chr., als man im Iran und in Südosteuropa Kupferäxte anfertigte. Einige hatten in der Mitte ein Loch für den hölzernen Stiel. Diese neuen Werkzeuge müssen für den Bergbau und für die Holzfäller von unerhörtem Wert gewesen sein.

Die Metallverarbeitung blühte in den frühen Stadtstaaten Mesopotamiens um das Jahr 3000 v. Chr. Die besseren Ackerbaumethoden auf den fruchtbaren Böden zwischen Euphrat und Tigris erbrachten den Überschuß, mit dem man Handwerker unterhalten konnte, und mit wachsender Bevölkerung vergrößerte sich der Markt für ihre Erzeugnisse. Bald versuchten die Schmiede verschiedene Metalle zu mischen, also Legierungen herzustellen. Die erste Bronze entstand durch die Zugabe von etwas Zinn zum Kupfer. Diese Verbindung ist härter als jedes dieser Metalle, dabei leichter zu gießen als Kupfer und ergibt schärfere Schneiden. Die Schmiede Mesopotamiens stellten sowohl Schmuck als auch Kultgefäße, Werkzeug und Waffen für Jagd und Krieg her und belieferten damit verschiedene Märkte.

GESCHMIEDETE WAFFEN

Aus Metall konnten widerstandsfähigere Waffen mit schärferen Schneiden hergestellt werden. Holzkeulen, Pfeile mit Feuersteinspitzen und Feuersteinmesser wichen allmählich besseren Schwertern, Speerspitzen und Äxten aus Bronze, die um 1000 v. Chr. in vielen Gebieten Europas und Vorderasiens allgemein benutzt wurden.

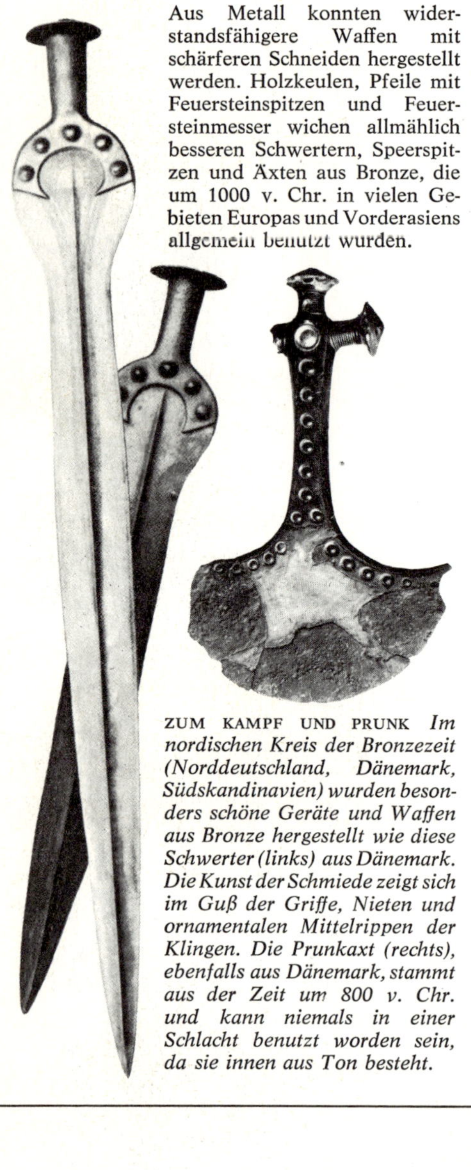

ZUM KAMPF UND PRUNK *Im nordischen Kreis der Bronzezeit (Norddeutschland, Dänemark, Südskandinavien) wurden besonders schöne Geräte und Waffen aus Bronze hergestellt wie diese Schwerter (links) aus Dänemark. Die Kunst der Schmiede zeigt sich im Guß der Griffe, Nieten und ornamentalen Mittelrippen der Klingen. Die Prunkaxt (rechts), ebenfalls aus Dänemark, stammt aus der Zeit um 800 v. Chr. und kann niemals in einer Schlacht benutzt worden sein, da sie innen aus Ton besteht.*

Suche nach seltenen Metallen

Die Kenntnis der Metalle breitete sich langsam über Vorderasien und Europa aus, aber es dauerte 2000 Jahre, ehe Kupfer und Bronze wirklich weit verbreitet waren. Kupfer ist recht selten, Zinn noch seltener; beide fand man nur bei ausgedehnter Suche. Wahrscheinlich stieß man auf die ersten Metalle dort, wo sie am zugänglichsten waren, nämlich in Bachbetten und Flußläufen. Waren diese Fundstätten erschöpft, mag man den Schluß gezogen haben, daß das Metall vom Wasser flußabwärts getragen worden sein mußte. Die Lagerstätten entdeckte man dann in oft abgelegenen und dünnbevölkerten Regionen.

Der Bergbau war schwierig und gefährlich. Einbrüche von Gestein und Wasser bedrohten die Bergleute ebenso wie die schlechte Luft unter Tage, die durch die Abbaumethode entstand. Es wurden nämlich Feuer entzündet, um das metallführende Gestein zu erhitzen. Durch Begießen mit kaltem Wasser zersprengte man dann das Gestein. Das Erz wurde mit Steinhämmern zerkleinert und auf Holzschlitten zum Waschen und Schmelzen nach draußen geschleppt. Der übliche Schmelzofen bestand aus einer mit Ton ausgekleideten Höhlung, die abwechselnd mit Lagen von Erz und Holzkohle gefüllt und mit Hilfe von Blasebälgen aus Tierhaut oder einer Art Lötrohr auf über 1000° C erhitzt wurde. Das reine Metall sammelte sich in einem Tiegel am Boden des Ofens. Von da gelangte es in eine Form aus Stein, Ton oder gelegentlich auch aus Metall.

Bald wurden komplizierte Gegenstände in Formen gegossen, wobei man sich manchmal des Gusses mit verlorener Form bediente. Dabei bettete man ein Wachsmodell allseitig in feuerfestes Material, etwa in Ton. Tonmantel und Modell wurden erhitzt, so daß das Wachs durch dafür vorgesehene kleine Öffnungen ablief. Dann goß man flüssiges Metall in die so entstandene Hohlform. Sobald das Metall erstarrt war, schlug man den Tonmantel ab, und der Gegenstand – ein getreues Abbild des Wachsmodells – war im Rohguß fertig. Durch weiteres Ausglühen wurde er noch gehärtet. Die durch die Form verursachten Unebenheiten schliff man ab. Zum Schärfen der Schneiden von Werkzeugen und Waffen gab es entsprechende Schleifsteine.

Neue Formen werden möglich

Die ersten Metallbearbeiter entwickelten bessere Befestigungsvorrichtungen für Speer- und Pfeilspitzen sowie Dolchklingen. Dazu gehörten Nieten und Ösen für Bindungen, Steckhülsen für hölzerne Schäfte und gestanzte Löcher zum Einsetzen kleiner Stifte.

Das Schönste an der neuen Entdeckung war die Eigenschaft der Metalle, jede Form anzunehmen, die der Mensch ihnen zu geben beliebte. Im Steinzeitalter war der Flug der menschlichen Phantasie durch das Material behindert worden. Es konnten eben nur größere oder kleinere Splitter von einem Stein abgeschlagen oder abgespalten werden. Den Metallbearbeitern stand es dagegen von vornherein frei zu schaffen, was ihnen vorschwebte. Nicht das Material, nur das technische Können entschied. Und dieses Können entwickelte sich unaufhaltsam.

Metall war dem Stein auch noch in anderer Hinsicht überlegen. Eine steinerne Axt oder Pfeilspitze konnte zwar neu geschärft werden, wahrscheinlicher war jedoch, daß sie weggeworfen wurde, wenn sie zerbrochen oder beschädigt war. Ein zerbrochenes Metallwerkzeug dagegen konnte eingeschmolzen und aus dem Metall ein neues, vielleicht besseres hergestellt werden. Der Bergbau war zwar mühselig, aber das gewonnene Metall blieb sehr lange im Gebrauch und ging der Gemeinschaft eigentlich nur dann verloren, wenn Metallgegenstände als kostbare Beigabe den Häuptlingen ins Grab folgten.

Langsam bildeten sich neue Formen heraus. Der Bauer besaß nun eine schlanke Axt anstelle der unförmigen, zerbrechlichen Steinaxt mit der schmalen Schneide und dem oft schlechtsitzenden Griff. Sein Getreide und Gras konnte er jetzt mit einer aus einem Stück bestehenden Sichel schneiden, statt mit einer Serie leicht abstumpfender Feuersteinzähne, die in einem Heft staken. Auch die Jäger besaßen nun mehrere speziell angefertigte Jagdspeere und die Handwerker Bohrer, Meißel, Stanzen und Ahlen mit Kupferspitzen.

Um 2500 v. Chr. wurde Kupfer in einem Gebiet benutzt, das sich vom heutigen Portugal und Dänemark bis nach Pakistan erstreckte. Im asiatischen Teil dieses Gebietes wurde auch Bronze verwendet. Und als sich tausend Jahre später die Metallbearbeiter Europas fast gänzlich auf Bronze umgestellt hatten, kam in Kleinasien ein Metall auf, das eine neue Revolution einleitete: das Eisen. Bronze blieb jedoch auch weiterhin in vielen Gegenden das Hauptmetall. In Nordwesteuropa war Eisen erst geraume Zeit nach 500 v. Chr. allgemein in Gebrauch.

In Vorderasien, einschließlich der östlichen Küsten des Mittelmeeres, arbeiteten die ersten Schmiede in Städten mit starker Zentralgewalt, gut ausgerüsteten Armeen und ausgedehnter Verwaltung. Ihre Herrscher hielten Gottesdienste in großen Tempeln und Palästen ab und wurden in monumentalen Gräbern beigesetzt.

In Europa war die Gesellschaftsordnung einfacher. Die Menschen lebten in Dorfgemeinschaften, deren Führer man nicht, gottähnlich und dem Volk entrückt, nur gelegentlich auf den Stufen eines Tempels erblickte, sondern – jedem wohlbekannt – auf ihren Höfen und Feldern. Aber auch sie verlangten nach Rangsymbolen, wenn auch in bescheidenerem Maßstab als ihre östlichen Vorbilder. Sie prunkten gern mit kostbaren Dolchen in sauber gearbeiteten Scheiden und mit goldblechverzierter Tunika. Und was lag näher, als die kostbaren Abzeichen der Würde, die einen Menschen im Leben ausgezeichnet hatten, ihm mit ins Grab zu geben, damit sie ihm auch nach dem Tode nützten? Starb ein Häuptling, dann wurde sein Grab mit schönen Gegenständen ausgestattet und mit einem großen, runden Erd- oder Steinhügel überwölbt. In einigen Gegenden, etwa in Südrußland und China, tötete man seine Diener und gab sie ihm mit ins Grab, damit sie ihm auch in der anderen Welt zu Gebote standen. Die neuen Metallbearbeiter schufen viele der neuen Rangsymbole, die das Ansehen der Häuptlinge erhöhten.

Europas erste Burgen

Einige der frühesten metallverwendenden Gemeinschaften lebten in befestigten Städten oder Burgen. So wurden um ungefähr 2500 v. Chr. in Südspanien und Portugal einige Siedlungen auf steil abfallenden Felsvorsprüngen angelegt, die von einer oder sogar zwei hohen Abschnittsmauern geschützt und mit Vorwerken versehen waren, um Überraschungsangriffen vorzubeugen. Die eigentliche Burg des Anführers mit Türmen und anderen Verteidigungsanlagen lag in der Mitte der Siedlung und war nur durch einen einzigen Zugang zu betreten.

Die Werkstätten der Töpfer und Kupferschmiede lagen oft eng gedrängt im Hofe dieser Feste, während sich die einfachen Stadtbewohner mit leichtgebauten Hütten vor den Mauern begnügen mußten. Man kämpfte hauptsächlich mit Pfeil und Bogen – mehr als 6000 Pfeilspitzen sind in einer Burg bei Vila Nova da São Pedro bei Lissabon gefunden worden –, und von Türmen und Bastionen konnten Feinde beim Versuch, die Mauern zu erstürmen, wirksam angegriffen werden. Als Waffen für ihre Beschützer stellten die Schmiede der spanischen und portugiesischen Siedlungen Dolche und flache Äxte her.

Diese vorgeschichtlichen Schmiede fertigten auch Meißel und Sägen an. Mit deren Hilfe stellten andere Handwerker sonderbare eulenäugige Figürchen aus Stein und Knochen her, die in Steingräbern aus jener Zeit gefunden worden sind. Die bislang konkurrenzlosen Hersteller von Feuersteinmessern und Pfeilspitzen mußten sich nun mit den Schmieden messen. Sie taten es, indem sie wundervoll gearbeitete Feuersteindolche schufen, und zwar nicht nur auf der Pyrenäenhalbinsel, sondern auch in Frankreich, England, Deutschland, Dänemark oder Italien.

Wanderungen der Glockenbecherleute

Menschengruppen, die sich auf die Bearbeitung des Kupfers verstanden, breiteten sich um 2000 v. Chr. von der Pyrenäenhalbinsel über West- und Mitteleuropa aus und führten dabei das Geheimnis dieser neuen Fertigkeit mit sich.

Diese Wanderer ließen sich mit glockenförmigen Tonbechern bestatten, nach denen ihre Kultur genannt wurde. Diese roten oder braungelben Becher mit Bändermustern aus weißem Ton sind wahrscheinlich die ersten Tongefäße, die ausschließlich zum Trinken bestimmt waren.

Um 1800 v. Chr. hatten sich die Glockenbecherleute über ganz Europa, von Portugal bis nach Ungarn und von Sardinien bis zu den Shetlandinseln, verbreitet. Wo immer sie

SCHATZFUNDE AUS GRÄBERN

Viele Handwerker der frühen Bronzezeit stellten für ihren reichen Schirmherrn auffallenden Schmuck und Waffen her. Die komplizierten Luxusgegenstände aus Gold, Bernstein und Gagat mögen oft den Besitzer gewechselt haben, da sie auch an Gefolgsleute für treue Dienste verliehen wurden. Doch viele dieser Kostbarkeiten folgten ihren Eigentümern in die Hügelgräber. In Skandinavien wurden den Fürsten ihre Waffen mitgegeben, damit die Götter daran ihren Rang erkennen könnten. Auch ihre Frauen ließen sich mit dem Schmuck begraben, den sie zu Lebzeiten trugen.

SARDISCHER WÜRDENTRÄGER *In Sardinien bildete man lokale Würdenträger wie Häuptlinge oder Sippenälteste als Bronzefiguren ab, wie diese 20 cm hohe Statuette aus der Zeit zwischen 1000 und 500 v. Chr. zeigt. Die runde Kappe, der Mantel und die erhobene rechte Hand sind sämtlich Zeichen der Würde.*

HALSSCHMUCK *Dieser goldene Halsschmuck mit Gravierungen aus der Zeit um 600 v. Chr. wurde in Nordwestirland gefunden.*

GOLDENE OHRRINGE *Diese Ohrringe aus Goldblech fand man in Südengland; sie stammen aus dem 17. Jahrhundert v. Chr.*

TRINKBECHER *Der in Sussex gefundene Bernsteinbecher wurde um 1500 v. Chr. angefertigt. Die Form ist von der Form des ursprünglichen Bernsteinstücks mitbestimmt.*

GETRIEBENE GOLDSCHEIBE *Die ersten Goldschmiede hämmerten ein Stück Goldblech so lange, bis es die gewünschte Form hatte. Die Scheibe wurde dann mit getriebenen oder eingravierten Mustern verziert. Oft nähte man Goldzierat, wie diese Sonnenscheibe aus Niedersachsen, mit Hilfe von Ösen auf Kleidungsstücke. Mit Gold überzog man ferner Knöpfe und Perlen. Es wurde auch zu Einlegearbeiten benutzt. Später drehte man aus Golddraht Halsringe.*

MEISTERSTÜCK EINES GOLDSCHMIEDS *Der goldene Becher aus einem Hügelgrab in Cornwall wurde um 1500 v. Chr. aus einem Stück Goldblech gehämmert und sein Henkel mit goldenen Nieten daran befestigt. Er erinnert an im Mittelmeerraum übliche Formen.*

erschienen, suchten ihre Schmiede nach Kupfer zur Herstellung von Dolchen, Äxten und Ahlen, während ihre Frauen gutgearbeitete Woll- und Leinenstoffe webten.

Wo sie sich niederließen, kam es zu Zusammenstößen mit den einheimischen Völkerschaften. Als geübte Bogenschützen konnten sie sich ein Territorium erkämpfen. So stürmten sie in Portugal die Burgen und übernahmen sie. Mit der Zeit vermischten sie sich wahrscheinlich mit der unterworfenen Bevölkerung. Vom Festland aus setzten sie in mehreren Wellen nach Britannien über und bereiteten die Entstehung jener gutorganisierten bäuerlichen Kulturen vor, die späterhin Monumente wie die von Stonehenge errichteten.

Streitäxte und Knöpfe

Um 1500 v. Chr. verfügten örtliche Herrscher in dem Gebiet zwischen Irland und Schlesien über kunstfertige Handwerker, die Bronze verarbeiteten. Das Geheimnis der Bronzeherstellung und -verarbeitung war von Kleinasien über Mitteleuropa in den Westen gelangt. Es wurden unter anderem feine Bronzedolche mit Holzgriffen hergestellt, die mit bronzenen Nieten oder kleinen goldenen Nägeln beschlagen waren und Knäufe aus Knochen oder Bernstein hatten. Die Dolche steckten in Scheiden aus Leder oder Flechtwerk, die manchmal mit Metallstreifen befestigt und mit Stoff gefüttert waren. Zogen die Führer in die Schlacht, so schwangen sie bronzene Streitäxte.

Die Mitteleuropäer schlossen ihre Mäntel mit großen Bronzenadeln mit schön gestalteten Köpfen. Die Briten zogen Knöpfe vor, und reiche Leute konnten sich goldüberzogene Knöpfe leisten. In Südengland wurde die Kleidung mitunter durch aufgenähte Goldbleche verziert, die ein Muster aus feinen geometrischen Linien aufwiesen. Es gab Halsbänder aus Bernstein-, Schieferton- oder Fayenceperlen. Mit Fayence wird hier eine blaugrüne, glasartige Masse bezeichnet, die ursprünglich in Vorderasien, später auch in vielen Orten Europas hergestellt wurde.

Die Bronzehandwerker stellten die Metallteile von Äxten her, die sich sowohl als Werkzeuge wie auch als Waffen eigneten, und fertigten Bronzeahlen für die Lederverarbeitung an. Die meisten Produkte in dieser neuen Technik scheinen jedoch als Würdezeichen gedient zu haben, um den unterworfenen Völkern mit der Macht und dem Reichtum ihrer Herren zu imponieren. Die Goldschmiede in Irland und anderswo stellten mondsichelförmige Halsbänder aus Goldblech her. In Südengland tranken manche Häuptlinge aus Bernstein- oder gar Goldbechern. Und der Respekt, der einem Herrscher zu zollen war, endete nicht mit seinem Tode, denn seine Untertanen mußten ihm in schwerer Arbeit einen Grabhügel errichten. Die Reihen solcher Hügel in Sichtweite von Stonehenge verraten, welch hohen Rang die darunter Begrabenen einst besaßen. Wahrscheinlich war die Gesellschaft damals streng nach Klassen geschieden, wobei der Rang eines Mannes sich vermutlich nach seiner Geburt und weniger nach seinen Leistungen oder Taten richtete. Nicht nur die Herrscher, sondern auch hochgeborene Frauen und Kinder erhielten prächtige Begräbnisse.

Wandernde Handwerker

Einer konnte in diesem Gesellschaftssystem aufsteigen, das war der unabhängige Handwerker, dessen Kunst so einzigartig und wertvoll war, daß er seine Gönner nach Gutdünken wechseln konnte. Manche begnügten sich damit, im Haushalt eines einzigen Herrn zu arbeiten und dabei so verschiedene Materialien wie Gold, Knochen, Holz, Leder, Bronze, Bernstein und Stein zu verarbeiten. Andere sahen sich jedoch nach neuen Märkten um. Die irischen Metallverarbeiter dieser Zeit brachten ihre Erzeugnisse nach England und setzten über den Kanal, um die Höfe und Märkte Frankreichs und Mitteldeutschlands aufzusuchen.

Die Handwerker wanderten auf altbekannten Routen und mögen ihre Waren mitunter versteckt und vergraben haben. Manche kehrten nicht zurück; und so erklärt es sich, daß in neuerer Zeit solche Horte vom Pfluge bloßgelegt wurden. Nahe der Mündung der Saale in die Elbe hat man an verschiedenen Stellen nicht weniger als 750 vergrabene Äxte ohne Stiele entdeckt. Einige Schmiede gingen über die Alpen nach Italien, und Leute aus Ungarn arbeiteten gelegentlich in Dänemark.

Durch diese lebhafte Reisetätigkeit verbreitete sich die Kenntnis neuer Techniken sehr schnell. Nach einer neueren Analyse kupferner Streitäxte Mitteldeutschlands und Irlands war es den Schmieden beider Gegenden bekannt, daß für das Axtblatt hartes, arsenhaltiges Kupfer gut geeignet war, während die Nieten aus einem weicheren Kupfer hergestellt werden mußten. Vermutlich wurde diese Entdeckung von einer Gruppe an die andere weitergegeben.

Die Einführung der Metallwerkzeuge machte die Verbesserung einer alten Erfindung möglich, nämlich der des Rades. Das Rad war ursprünglich in Vorderasien erfunden worden, man weiß nur nicht, wie. Vielleicht wurde der Keim zu dieser Idee gelegt, als ein Genie bei der Beobachtung eines mühsamen Transports mit Hilfe eines Holzschlittens auf den Gedanken verfiel, Teile eines Baumstammes unter den Schlitten zu legen, um ihn darüberrollen zu lassen. In Mesopotamien und im Kaukasus gab es um 3250 v. Chr. jedenfalls schon Karren mit Rädern aus massivem Holz, die aus drei mit Riemen zusammengefügten Teilen bestanden.

Das Rad wird leichter

Das Rad war eine klug durchdachte, arbeitsparende Erfindung, und das nicht nur für Fahrzeuge. Die auf dem gleichen Prinzip beruhende Töpferscheibe stellte einen enormen Fortschritt gegenüber der alten Methode der Töpferei dar, bei der lange Tonwülste von Hand spiralig übereinandergelegt wurden. Die Kenntnis der Vorteile des Rades pflanzte sich sehr ungleichmäßig fort. Die Ägypter benutzten die Töpferscheibe schon um 2500 v. Chr., sahen aber erst 1000 Jahre später ein, welch einen Fortschritt ein Karren auf Rädern bedeutete. In Europa war die Reihenfolge zumeist umgekehrt. Karren auf Rädern gab es nach 3000 v. Chr., mit der Töpferscheibe hergestellte Tonwaren aber erst nach 1000 v. Chr.

Der große Nachteil massiver Holzräder lag in ihrem Gewicht. Nun machten es Metallwerkzeuge möglich, das Gewicht der Räder zu verringern, indem man sie mit Speichen versah. Um 1500 v. Chr. besaßen einige europäische Häuptlinge Streitwagen mit Speichenrädern, und viele Bauern müssen Karren mit solchen Rädern gehabt haben. In Mitteleuropa hat man kleine Tonmodelle von vierrädrigen Wagen mit hohen Seitenwänden und hinterer Klappe gefunden, die von Ochsen gezogen wurden. Ihre Vorbilder dienten wahrscheinlich zum Transport von Ernte, Viehfutter und Dünger.

Fortschritte in der Baukunst

Außer den Handwerkern gab es in der Bronzezeit noch einen mächtigen Stand, den der Priester. Wahrscheinlich gaben sie im nordwestlichen Europa den Anstoß zur Errichtung gewaltiger Großsteinbauten. Bei Carnac in der Bretagne sind an die 3000 aufrecht stehende Steine in Gruppen von fast parallelen Reihen geordnet, die sich von Ost nach West hinziehen und zu im Halbkreis aufgestellten Menhiren hinführen. Diese um

STEINERNE HEILIGTÜMER

Jahrhundertelang hatten die vorgeschichtlichen Völker Europas kunstvolle Gräber aus Stein für ihre Toten gebaut. Um 2000 v. Chr. begannen sie, gewaltige Steinmonumente zum Nutzen der Lebenden aufzuführen. Einige der bekanntesten befinden sich in England, wie die von Avebury und Stonehenge. Die berühmtesten auf dem europäischen Festland liegen bei Carnac in der Bretagne, wo Tausende aufrecht stehender Steine in langen Reihen parallel angeordnet sind. Früher hielt man sie für Prozessionsstraßen, doch heute glaubt man, daß sie Teile eines astronomischen Observatoriums waren. Einem ähnlichen Zweck mag die Anlage von Stonehenge in der Ebene von Salisbury gedient haben, dem besterhaltenen von allen Monumenten dieser Art. Die ersten Steine wurden dort um 1900 v. Chr. von bäuerlichen Gemeinschaften gesetzt, die einen Teil des Geländes für ihre Gräber benutzten. Während der nächsten 600 Jahre wurde Stonehenge viermal von bronzeverarbeitenden Völkern nach wechselnden Plänen umgestaltet. Die technische Leistung, die dazu gehörte, die riesigen Steine heranzuschaffen, sie in die erwünschte Form zu bringen und auf- und auszurichten, machen Stonehenge zu einem Meisterwerk. Allein die Hauptbauphase muß 1000 Mann etwa 10 Jahre lang beschäftigt haben.

DIE STEINE VON AVEBURY *Ein großer Teil der Steinringe von Avebury, nördlich von Stonehenge, wurde nach 1300 als Sitz böser Geister zerstört. Aber viele der Steine sind in neuerer Zeit wieder aufgerichtet worden.*

SONNENOBSERVATORIUM *Die Steine von Stonehenge sind so ausgerichtet, daß ein im Mittelpunkt stehender Mensch, der durch die Öffnung zwischen zwei Steinen des äußeren Ringes (links) hindurchblickt, zur Sommersonnenwende die Sonne direkt über dem sogenannten* Heelstone *außerhalb des Monuments aufgehen sieht. Die Sommersonnenwende war ein bedeutsamer Tag im Leben der Erbauer von Stonehenge, denn die Mittsommersonne symbolisierte für sie die Wiedergeburt nach der Finsternis des Winters. Noch im 1. Jahrhundert n. Chr., als die Römer nach Britannien kamen, benutzten die Kelten Stonehenge als Tempel für ihren Sonnenkult. Und es wurde früher angenommen, daß die Erbauer des Monuments 2000 Jahre früher das gleiche getan hatten.*

Doch aus der mathematischen Genauigkeit, mit der der Heelstone *gesetzt ist, sowie anderen Details hat man geschlossen, daß Stonehenge und andere Steinmonumente Observatorien waren. Die Priester der Bronzezeit konnten so einen genauen Kalender und Sonnen- wie Mondfinsternisse vorhersagen. Moderne Astronomen halten die Lage von Stonehenge für die einzige in Europa, von der aus so genaue Beobachtungen möglich sind.*

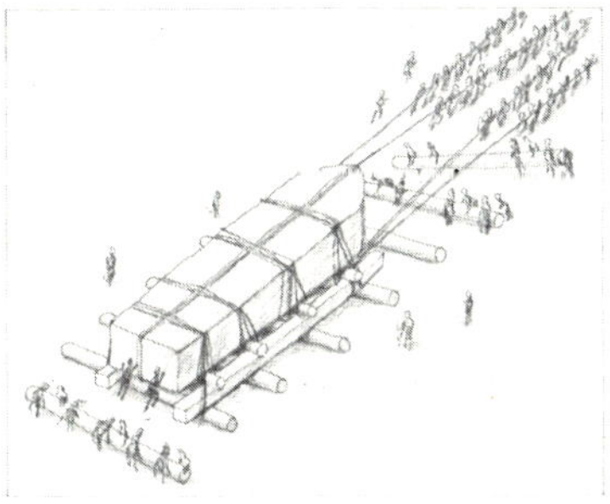

UNGESCHLACHTE KRAFT *Einige der in Stonehenge verwendeten Steine wurden anscheinend mühsam von mehreren hundert Personen mit Schlitten und Rollen über die Ebene herangeschleppt.*

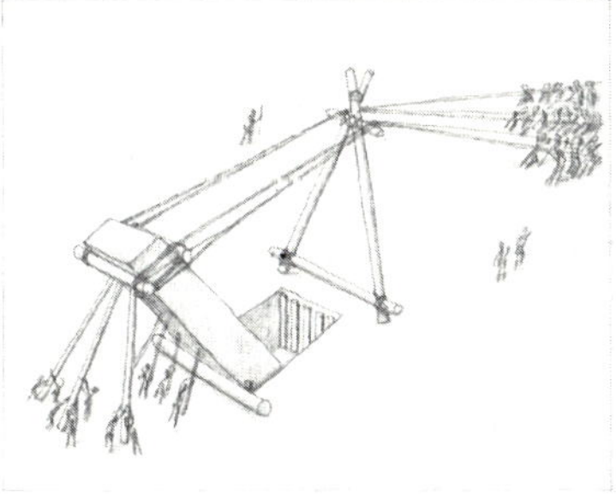

STEINSETZUNG *Die riesigen Steinblöcke senkte man in tiefe Gruben über eine abgeböschte Wand und richtete sie mit Hilfe primitiver Zugvorrichtungen auf.*

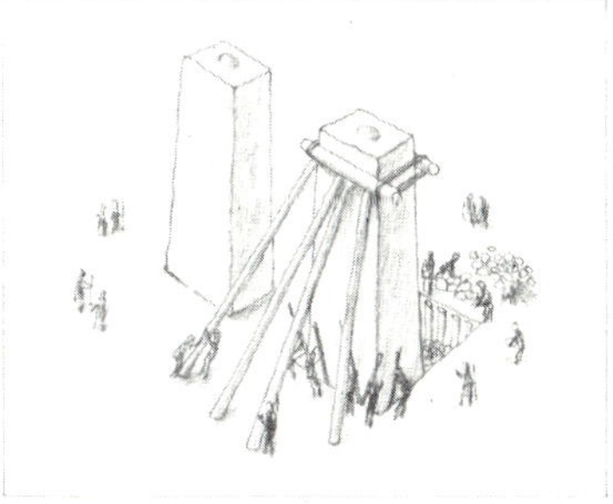

LETZTE ÜBERPRÜFUNG *Nach einer letzten genauen Ausrichtung wurden Steine und Geröll rund um die Großsteine verkeilt, um jede Bewegung zu verhindern.*

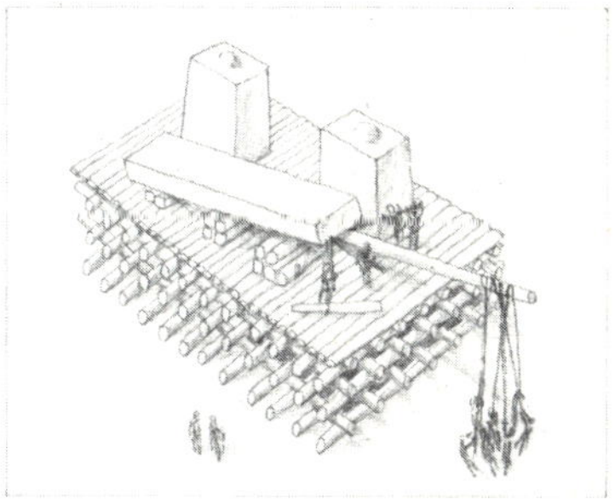

HEBEN DER DECKSTEINE *Mit einem Hebegerüst aus Balken wurde jeder Deckstein hinaufgehoben. In die eingebohrten Löcher paßten genau die Zapfen auf den aufrechten Steinen hinein.*

2000 v. Chr. errichteten Anlagen können einem Ritual gedient haben. Einige Archäologen vermuten jedoch, daß es sich um ein Observatorium handelt, von dem aus bestimmte Sonnen- und Mondpositionen beobachtet und dann auch vorhergesagt werden konnten.

Als die Metallverarbeitung in Britannien langsam Fuß faßte, also zwischen 2000 und 1600 v. Chr., wurden dort auch gewaltige Erdbauwerke aufgeführt. Silbury Hill in Südengland, ein von Menschenhand um 2000 v. Chr. aufgeschütteter Hügel, ist etwa 39 m hoch und hat eine Grundfläche von über 2 ha. Dieser größte künstliche Hügel Europas, dessen Zweck noch unbekannt ist, wurde mit viel Verständnis für die Probleme des Erdbaus aufgeführt. Im Inneren stützten radial angeordnete Kalksteinwände den ganzen Bau, der aus sorgfältig aufgeschütteten Schichten bestand. Bald danach wurden vier große, von Ringwällen umgebene Bezirke in der gleichen Gegend angelegt, die größten der für Britannien charakteristischen Henge-Monumente. In einem dieser Ringwälle – mit einem Durchmesser von 400 m so geräumig, daß heute das Dorf Avebury bequem darin Platz findet – liegt ein großer Ring aus riesigen Steinen und in diesem zwei kleinere Steinkreise sowie andere Steinsetzungen. Von einem seiner vier Zugänge führte eine Steinallee zu einem kreisrunden Holztempel. In anderen Teilen Britanniens gab es ähnliche Ringwälle, manchmal drei oder vier an einem Ort. In einigen befanden sich Steinkreise. In ihrer unmittelbaren Nähe lagen Gruppen von Grabhügeln. Vielleicht handelt es sich um Stätten für Stammeszusammenkünfte.

Das Monument in der Ebene

Das erstaunlichste Denkmal dieser Art – Stonehenge – erhebt sich in der Ebene von Salisbury. Die erste Anlage, ein umwalltes Henge-Monument mit einem Ring von Gruben, von denen manche zur Feuerbestattung benutzt worden sind, entstand vor fast 4000 Jahren. Eine zweite, heute nicht mehr sichtbare Anlage wurde aus einem Doppelrund von 80 oder mehr aufragenden sogenannten Blausteinen gebildet, die von den 320 km entfernten Prescelly-Hügeln in Südwales stammen. Aus neueren Forschungen geht hervor, daß diese Steine von Gletschern während der Eiszeit und nicht von Menschenhand herbeigeschafft worden sind, wie man ursprünglich angenommen hatte.

Aber noch ehe diese Anlage vollendet war, begann man mit dem Bau einer großartigen Neuschöpfung. Große Sandsteinblöcke wurden vom nahen Hügelland mit Hilfe von Schlitten und Rollen herangeschleppt und mit schweren Steinhämmern in die rechte Form gebracht.

Die Seiten der Steine wurden leicht konvex geformt, so daß, wenn sie aufrecht standen, es nicht schien, als verjüngten sie sich nach oben hin. Die Steine waren als großer Kreis und darin in Hufeisenform angeordnet. Oben hatten sie Zapfen, die genau in die Zapfenlöcher der Decksteine hineinpaßten. Diese waren wiederum seitlich durch Nut und Spund miteinander verbunden. Schließlich wurden die Blausteine in einem Kreis und in Hufeisenform aufgestellt und bildeten so das innere Heiligtum der noch heute erhaltenen Anlage.

Die in verschiedenen Phasen verlaufende Arbeit an Stonehenge zog sich über mehrere Jahrhunderte hin, und die Anzahl von Grabhügeln, die es umgeben, zeigt, daß die Ebene von Salisbury der wichtigste heilige Bezirk des bronzezeitlichen Britanniens gewesen sein muß. Man glaubt heute, daß Stonehenge mehr war als nur ein Tempel. Die Ausrichtung der Steine nach bestimmten Positionen von Sonne und Mond hat zu der Annahme geführt, daß, wie auch in Carnac, die Anlage im Laufe der Jahre als bronzezeitlicher Kalender ausgebaut wurde. Im Klima Nordwesteuropas war ein solcher Kalender für die Bauern von großem Nutzen, um danach den Beginn verschiedener landwirtschaftlicher Arbeiten festzusetzen. Auch für andere Zwecke war er zu brauchen, etwa um den Zeitpunkt von Jahrmärkten zu bestimmen.

KUNSTVOLLE BRONZEARBEITEN

Die feinsten Bronzearbeiten wurden nach 1000 v. Chr. gefertigt, als das Eisen schon im Kommen war. Die Handwerker stellten außer Waffen und Werkzeugen auch kunstvollen Zierat und sogar Musikinstrumente her.

VERZIERTES RASIERMESSER *Das bronzene Rasiermesser aus Dänemark wurde zwischen 900 und 500 v. Chr. mit einem Schiff, Sonnensymbolen und einem Vogel verziert. Man weiß nicht genau, wann das Rasieren aufkam und ob es sich um ein Zeichen der Würde oder der Trauer gehandelt hat.*

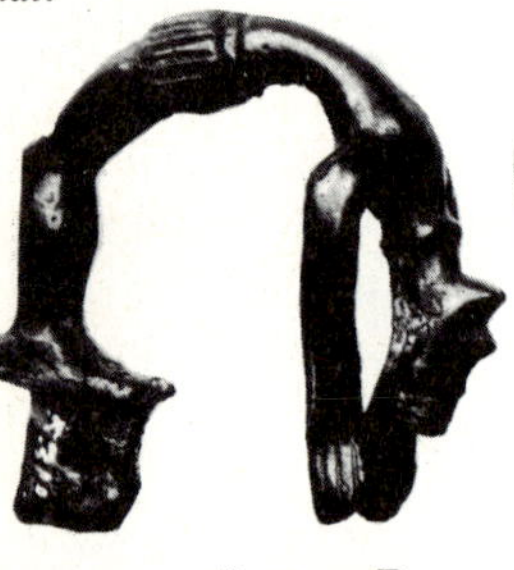

RITUELLE TÄNZER *Das bis auf einen kurzen Rock nackte Mädchen ist eine von sieben Bronzefigürchen aus Dänemark, die auf einem hölzernen Ritualboot befestigt waren. Gleichzeitige Felsgravuren zeigen Akrobaten, die auf solchen Booten Salto schlagen.*

ZEREMONIELLE MUSIK *Gegen Ende der Bronzezeit in Nordeuropa schufen Schmiede um 900 v. Chr. Bronzehörner. Die feierlichen dumpfen Töne dieser Luren genannten Instrumente paßten gut zu religiösen Zeremonien. Die Luren bestanden aus drei miteinander verriegelten Teilen.*

Erfinderische Köpfe und geschickte Hände waren in der Bronzezeit am Werk. Der Herrscher konnte sich die Fähigkeiten von Leuten zunutze machen, die die schwierigen Probleme des Kalenders ebenso meisterten wie den Transport von Steinblöcken über weite Entfernungen und ihre Aufrichtung am Ziel. Diese Fähigkeiten beschränkten sich keineswegs nur auf die Bewohner der Ebene von Salisbury. Anderswo entwarf man Ellipsen, eiförmige Ringe und Umwallungen mit abgeflachten Seiten, die mit größter Genauigkeit ausgeführt wurden. Manche Grabhügel hatten eine ovale Form, damit sie von einer bestimmten Seite her größer erschienen, als sie waren.

Armeen zur Verteidigung des Staates

Um 1500 v. Chr. hatte sich die Kenntnis der Bronze von Vorderasien über große Teile Europas, Indien und China verbreitet. Während der folgenden 1000 Jahre zeigten sich die Folgen der neuen Errungenschaften. Durch die Entwicklung der Landwirtschaft hatte die Bevölkerungszahl sehr stark zugenommen. Rivalitäten zwischen den Staaten Vorderasiens führten zur Aufstellung von Armeen, und die Einführung des Metalls beschleunigte die Entwicklung wirksamerer Waffen.

Von Zeit zu Zeit mußten die Stadtstaaten mächtige Nachbarn abwehren und Angriffe der Barbaren zurückschlagen. Um ihr Hab und Gut zu schützen, legten viele Gemeinschaften des westlichen Mittelmeeres starke Festungen an, oft auf Bergkuppen. Um 1500 v. Chr. baute man in Sardinien mehrstöckige Türme mit dicken Mauern aus dichtschließenden Steinblöcken. Diese *Nuraghen*, wie sie genannt werden, waren vermutlich Festen von Häuptlingen, die an beherrschenden Punkten auf schwer zugänglichen Hügeln angelegt wurden. Von diesen späterhin ausgebauten Burgen verteidigten sich die Einwohner auch gegen Römer und Karthager. Die *Talayots* auf den Balearen, die *Torri* auf Korsika, die *Sesi* auf Pantelleria – alle diese massiven Befestigungen waren eine Antwort auf die zunehmende Gewalttätigkeit zwischen den Völkerschaften des westlichen Mittelmeerraumes. Aber auch die alten Kulturen des östlichen Mittelmeerraumes machten keine Ausnahme. Die Ägypter wurden öfters von Piratengruppen überfallen, die sie Seevölker nannten. Dazu gehörten unter anderen die Philister, die sich um das Jahr 1180 v. Chr. an der Südküste Palästinas niedergelassen hatten. Sie griffen die Ägypter mehrmals an, wurden aber von Ramses III. (1184 bis 1153 v. Chr.) schließlich geschlagen. Die griechischen Mykener, selbst ein kriegerisches Volk, die sich auch in Kreta zu Herren aufgeschwungen hatten, mußten verzweifelte Verteidigungsanstrengungen machen und unterlagen am Ende doch um 1200 v. Chr. Eindringlingen aus dem Norden.

Hoch oben auf dem Berge

Unsichere Zeiten herrschten nicht nur im Mittelmeerraum, sondern in der gesamten Bronze verwendenden Welt, auch in Europa. Die Waffen wurden immer besser. Aus dem Dolch war der Dolchstab geworden, daraus entwickelte sich das Kurzschwert als Stoßwaffe und schließlich das blattförmige Schwert als Hiebwaffe. Um das Jahr 1000 v. Chr. waren bronzene Schwerter und Speere in ganz Europa gebräuchlich, und die Alpenvölker besaßen Pfeile mit Bronzespitzen. Zur Verteidigung wurden Schilde aus Holz und Leder benutzt. Der Krieg war zu einem wichtigen Instrument der Politik geworden. Darin stand Europa Vorderasien nicht mehr nach.

Viele Gemeinschaften in West- und Mitteleuropa lebten nun ebenfalls, wie so manche anderen im Mittelmeerraum, auf mit Wällen und Gräben sorgfältig befestigten Anhöhen. Die gewöhnlich kompakten Stein- oder Erdwälle waren oft durch senk- und waagerechte Balken verstärkt und zu senkrechten Mauern geworden. Brustwehren schützten die Wege auf den Wällen. Manche Menschen in Irland und Süddeutschland, etwa bei Buchau im Federsee, lebten auf Inseln, die durch hölzerne Palisaden befestigt waren.

Im norditalienischen Val Camonica finden sich in den Fels geritzte Kampfszenen aus der Zeit um 1000 v. Chr., die von den damaligen Gewaltsamkeiten Zeugnis ablegen. Zur gleichen Zeit scheinen sich auch die religiösen Vorstellungen langsam geändert zu haben. Bisher hatte der Mensch die unsichtbaren Naturkräfte unter den Symbolen von Hirsch, Stier oder Sonnenscheibe angebetet und sich selbst in betender Haltung vor diesen Symbolen dargestellt. Um 1000 v. Chr. vollzog sich ein tiefgreifender Umschwung; in den Göttern sah man nunmehr den Menschen ähnliche Wesen mit ihren Tugenden und Schwächen.

Die Felsen bevölkerten sich nun mit sonderbaren Wesen, halb Mensch, halb Tier. Der Hirsch wurde zu einem Hirschgott, einem Menschen mit Hirschgeweih. Die Götter fuhren auf vierrädrigen Wagen daher, denen die Gläubigen folgten, und die Sonne bewegte sich wie ein Krieger in einem von Pferden gezogenen Streitwagen über den Himmel.

Diese neue Vorstellung von den Göttern als menschenähnlichen Wesen entstand wahrscheinlich, als sich der Mensch bewußt wurde, daß sein Schicksal ebensosehr von anderen Menschen wie von den Naturkräften beeinflußt werden konnte. Es hatte sich eine ausgeprägte Schichtung der Gesellschaft herausgebildet, und jeder Mensch hatte sich so zu verhalten, wie es seinem Stande entsprach. Er hatte zu dienen oder sich bedienen zu lassen. Er mußte auch um seinen Landbesitz bangen, der ihm mehr als je zuvor durch Gewalt oder Gesetz genommen werden konnte. Einige Herrscher leiteten ihre Abstammung von den Göttern her, um so noch mehr Autorität ihren Untertanen gegenüber zu gewinnen. Die Pharaonen Ägyptens hatten sich schon jahrhundertelang als Götter verehren lassen.

Bessere Geräte für den Ackerbau

Obgleich die Bronzeschmiede vor allem für bessere Waffen sorgten, kam die neue Metallverarbeitungstechnik auch den Künsten des Friedens zugute. Von etwa 1000 v. Chr. an hatten die Bauern bessere Äxte, Messer und Sicheln. Auch Schreinerwerkzeuge gab es nun allgemein, von denen der Hausbau profitierte. In der Wasserburg bei Buchau in Süddeutschland und in Crestaulta in der

EIN WAGEN MIT OPFERGABEN FÜR DIE GÖTTER

Den hohen Stand des Kunsthandwerks bronzezeitlicher Schmiede zeigt dieser Bronzewagen aus Strettweg in der Steiermark, der wohl im 7. Jahrhundert v. Chr. entstand. Bei der schlanken Figur mit dem Opfergefäß auf dem Kopf (Höhe: 22,6 cm) handelt es sich wohl um eine Fruchtbarkeitsgöttin oder deren Priesterin. Sie wird von berittenen Kriegern mit Schilden und Helmen beschützt. An jedem Ende des Wagens halten zwei Gehilfen Hirsche fest, sicherlich Opfertiere.

Schweiz lebten die Bauern in gutgebauten Blockhütten.

Um diese Zeit baute man schon Obst, wie etwa den Apfel, an. Auch die Schafzucht war soweit gediehen, daß es sich lohnte, Schafe sowohl ihrer Wolle als auch ihres Fleisches wegen zu halten. Der Dung von den Höfen steigerte die Fruchtbarkeit der Felder, und eine einfache Form der Fruchtfolge mag schon bestanden haben.

Das Hügelland Südenglands hat bis zum heutigen Tage die Spuren zahlreicher Siedlungen bewahrt. Kleine Felder, von denen die meisten mit einem einfachen Hakenpflug in einem Tag umgepflügt werden konnten, waren von Zäunen oder Rasenbänken umgrenzt und durch schmale, vertiefte Pfade mit den kleinen Bauernhöfen verbunden. Im Westen und Norden waren manche Menschen gezwungen gewesen, auf hochgelegenen, kargen Böden zu siedeln. Diese Hochlandsiedler bauten Hütten mit Steinfundamenten, legten Viehpferche an und umgaben kleine Felder von unregelmäßiger Form mit Steinwällen. Vielleicht stießen die Schafhirten häufig mit der seßhaften Bevölkerung auf ihrer Suche nach Weideland zusammen und setzten damit das alte Thema von Kain, dem Ackerbauer, und Abel, dem Schafhirten, auf ihre Weise fort. In Südengland war das Land kreuz und quer von Grenzgräben durchzogen. Letzten Endes verwandelten sich die ursprünglichen Waldgebiete in offenes, mit Heide, Adlerfarn und Gras bestandenes Land. Die Heiden und Moore im heutigen Dänemark, Holland, Nordwestdeutschland und im britischen Hochland entwickelten sich nach der Abholzung und allzu starken landwirtschaftlichen Nutzung ihrer kargen Böden.

Es gab nunmehr nicht nur Dolche zum Fleischzerlegen, es gab auch Tafelmesser, und reiche Männer tranken bei Festen aus getriebenen Bronzebechern. Man benutzte auch große Kessel und Eimer aus genieteten Bronzeplatten. Manche Männer verwandten viel Mühe auf ihr Äußeres, und um 1000 v. Chr. gab es bereits bronzene Pinzetten und verzierte Rasiermesser. Fibeln ersetzten allmählich die Nadeln und Knöpfe an Kleidungsstücken. Auch in der Musik fand man neue Möglichkeiten; so entwickelten die Iren Hörner und Rasseln und die Dänen ein Riesenhorn aus Bronze, das Lure genannt wird.

Die Schmiede wurden zu Künstlern, die nicht nur Vögel und andere Tiere, sondern auch lebendige Darstellungen von Menschen gießen konnten. Die Würde der in Sardinien gegossenen Figuren von Priestern und Hirten und die spielerische Leichtigkeit kleiner dänischer Bronzeakrobaten zeigen, zu welcher Höhe sich die Kunst dieser bronzezeitlichen Handwerker entwickelt hatte.

Eisen in Europa

Um das Jahr 800 v. Chr. war die Kultur Vorderasiens schon 2000 Jahre alt. Reiche waren gegründet worden und wieder zerfallen, und die ägyptischen Pyramiden galten schon als Altertümer. Der größte Teil Europas jedoch kannte weder ein organisiertes städtisches Leben noch die Kunst des Schreibens. Erst die Griechen begannen Städte zu bauen und das erste europäische Alphabet zu entwikkeln. Während die griechischen Stadtstaaten im 7. und 6. Jahrhundert v. Chr. dem Höhepunkt ihrer Entwicklung zuschritten, veränderten zwei bedeutende Ereignisse das Leben der Völker Mitteleuropas.

Das erste bestand in der Verwendung von Eisen, das wegen seiner größeren Härte und Zähigkeit der Bronze, besonders für Waffen, weit überlegen ist. Von der Technik des Eisenschmelzens machten zuerst die Hethiter in Kleinasien umfassenden Gebrauch, und zwar seit etwa 1700 v. Chr. Eine Zeitlang waren sie dadurch unbesiegbar; aber nach dem Zerfall ihres Reiches breitete sich die Kenntnis des Wundermetalls rasch aus. Um 1200 v. Chr. hatte Vorderasien das Bronzezeitalter hinter sich gelassen und war in die Eisenzeit eingetreten. Die Kenntnis der Eisenverarbeitung drang nach Griechenland, von wo sie nach Mitteleuropa gelangte. Doch verwendete man noch mehrere Jahrhunderte lang Bronze und Eisen für Werkzeuge und Waffen nebeneinander.

Das zweite wichtige Ereignis war das wachsende Interesse der Kaufleute des Mittelmeerraumes an den Gegenden nördlich der Alpen, mit denen schon Beziehungen für den Handel mit Gold, Bronze, Äxten und Bernstein bestanden. Um ungefähr 1500 v. Chr. gründeten die Mykener eine Kolonie in Tarent in Südostitalien. Ihre Keramik hat man in Sizilien, auf den Liparischen Inseln und in Rom gefunden. Ihnen folgten als Kolonisten rund um das Mittelmeer die Phöniker und deren Abkömmlinge, die Karthager Nordafrikas. Dann kamen die Griechen, die fast alle Küsten des Mittelmeeres besiedelten und bis nach Südfrankreich und Ostspanien vordrangen, wo sie Kolonien gründeten, aus denen sich so berühmte Städte entwickelten wie Nizza, Neapel und Syrakus. Marseille oder Massalia, wie es damals hieß, wurde um 600 v. Chr. an einer Stelle gegründet, die sich vorzüglich für den Handel mit dem europäischen Hinterland eignete. Von hier aus gelangten griechische Waren und griechische Kulturelemente nach Spanien, Gallien und bis ins Rheinland.

Das Erbe der Kelten

Schon bald erreichten verfeinerte Bronze- und Tonwaren aus dem Mittelmeerraum die Tafeln der Barbaren in Deutschland und Frankreich. Ein riesiges Weingefäß, mehr als 1,5 m hoch, wurde, in Teile zerlegt, über die Rhone herangeschafft. Die Einzelteile waren mit griechischen Buchstaben gekennzeichnet, so daß sie zusammengefügt und das Gefäß schließlich in der Grabkammer einer keltischen Prinzessin in Vix aufgestellt werden konnte. Es war auch den unternehmenden griechischen Händlern zu verdanken, daß die zivilisierte, des Schreibens kundige Welt des Mittelmeerraumes im 6. Jahrhundert v. Chr. von einem bis dahin unbekannten, eisenverwendenden Volk im Norden vernahm, das sich mitunter selbst als Kelten bezeichnete.

Keltische Sprachen erhielten sich bis heute nur im äußersten Norden und Westen der Britischen Inseln und in der Bretagne, einst wurden sie jedoch in Britannien, Frankreich, Spanien, den Alpen, Mittel- und Süddeutschland, Norditalien, Teilen Jugoslawiens und sogar im Zentrum Kleinasiens (von den Galatern der Bibel) gesprochen. Trotz ihrer Zersplitterung in viele Stämme weisen Kunst, Gebräuche und religiöse Vorstellungen auf eine gemeinsame kulturelle Grundlage hin. Die in der Eisenbearbeitung sehr geschickten Kelten beherrschten einen großen Teil Euro-

MAIDEN CASTLE – BEFESTIGTER WOHNSITZ EINES KELTISCHEN STAMMES

Maiden Castle, eines der größten Erdbefestigungswerke Europas, wurde zum größten Teil nach 300 v. Chr. auf dem Hügelland südlich von Dorchester in Südengland erbaut. Der Hügel war terrassiert, um die bis 24 m hohen Wälle zu schaffen. Die etwa 4000 Bewohner des befestigten Ortes auf der Hügelkuppe lebten in runden Hütten, die gewöhnlich aus Holz bestanden und Strohdächer trugen. Das Fort fiel 43 n. Chr. beim Angriff der 2. Legion unter dem späteren römischen Kaiser Vespasian. Während der Ausgrabungen fand man die Skelette von Gefallenen, die offenbar hastig begraben worden waren.

pas von 650 v. Chr. an bis zu ihrer Unterwerfung durch die römischen Legionen.

Die keltische Gesellschaft war in Klassen gegliedert. An der Spitze eines Stammes stand der König, unter ihm der Adel. Die meisten Entscheidungen wurden vom König getroffen, aber er ließ sich in politischen und militärischen Fragen vom Adel beraten. Die Priester befragte er wegen des richtigen Zeitpunktes für die Ausführung seiner Pläne und der daraus etwa erwachsenden religiösen Folgen. Unter dem Adel stand die Klasse der freien Bauern, die in ihrer Arbeit von Landlosen und Sklaven unterstützt wurden. Jedermann in dieser Hierarchie hatte bestimmte Rechte und Pflichten gegenüber den unter oder über ihm Stehenden. In gewisser Weise war die keltische Gesellschaftsordnung eine Vorläuferin des mittelalterlichen Feudalsystems. Vom König wurde erwartet, daß er im Frieden freigebig und gerecht, im Kriege ein entschlossener und erfolgreicher Führer sei. Wurde der Landmangel zu spürbar, dann schlossen sich große Gruppen von Kelten zur Auswanderung zusammen, wie etwa die Helvetier, die zu Cäsars Zeiten aus der Schweiz auswanderten.

Solche Vorkommnisse beunruhigten die Römer; mit gutem Grund, denn ihr Reich ging letzten Endes im Laufe solcher Völkerwanderungen zugrunde.

Leben in einem befestigten Ort

Viele Kelten lebten in meist auf Bergen gelegenen Dörfern und Städten, die von Mauern und Gräben umgeben waren. Der Grundriß solcher Siedlungen änderte sich oft, wenn die Orte sich ausdehnten und neue Verteidigungsringe nötig wurden. Einige dieser Anlagen waren so großzügig geplant, daß sie nie zu Ende gebaut wurden, wahrscheinlich weil es an Arbeitskräften fehlte, denn es herrschte fast immer Kriegszustand. Der Zugang zu einer typischen, befestigten Siedlung, etwa der keltischen Stadt bei Manching in Bayern oder Maiden Castle in Südengland, führte durch einen von Mauern geschützten Gang auf den großen hölzernen Torbau zu. Die in ihren Angeln hängenden Tore konnten notfalls verriegelt werden. Wagen- und Karrenspuren haben sich in die Durchfahrten eingegraben.

Innerhalb der Mauern befanden sich Gruppen von meist runden Lehm- oder Holzhäusern mit Strohdächern. Dazwischen standen viereckige hölzerne Kornspeicher auf Stelzen. Auch Werkstätten und kleine Läden waren vorhanden. Tondeckel im Boden bedeckten unterirdische Vorratsgruben. Es gab auch Öfen zum Trocknen und Rösten des Korns und Karren zum Transport von Dung und Feldfrüchten.

Das Innere der Hütten muß man sich recht

KOPF EINES GOTTES

Die Kelten brachen mit einer alten Tradition, als sie ihre Götter nach dem Bilde des Menschen schufen. Dieser Kopf (um 200 v. Chr.) stammt aus Böhmen. Der typisch keltische Schnurrbart läuft in ein Spiralornament aus.

SCHÄTZE AUS KELTISCHEN GRÄBERN

Keltische Handwerker hatten es um 500 v. Chr. zu bisher in Europa unerreichter Meisterschaft gebracht. Sie verarbeiteten Gold, Bronze, Email und Korallen sowie Eisen. Bezeichnend für ihre Werke sind verschlungene, aber dennoch wohlgeordnete Ornamente. Wahrscheinlich verdanken die Kelten viele ihrer Fertigkeiten der Vermittlung von Händlern aus dem Mittelmeerraum und den östlichen Nomaden. Die Vorherrschaft der Kelten in Westeuropa dauerte bis zu ihrer Unterwerfung durch das Römische Reich.

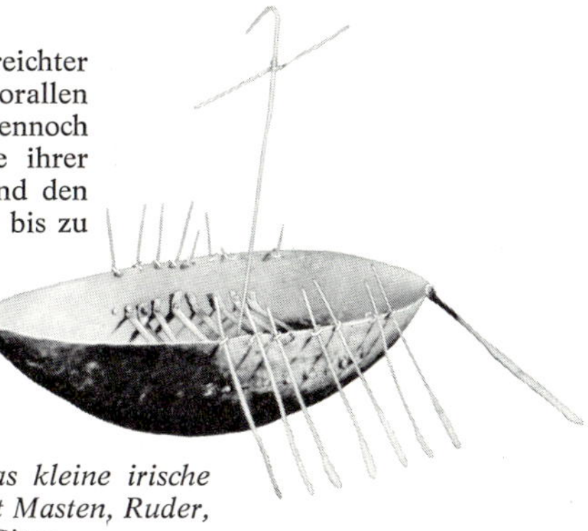

BOOTSMODELL *Das kleine irische Boot aus Gold hat Masten, Ruder, Steuer und sogar Sitze.*

SPIEGEL VON DESBOROUGH *Frauen nahmen in der keltischen Gesellschaft eine hohe Stellung ein und regierten sogar Königreiche. Boudicca, die Königin des Stammes der Iceni in Norfolk, führte im Jahre 61 n. Chr. einen beinahe erfolgreichen Aufstand gegen die Römer an. Solche Herrscherinnen besaßen Schätze, die speziell für sie geschaffen und ihnen ins Grab mitgegeben wurden, wie dieser Spiegel zeigt, den ein Pflug bei Desborough in England ans Tageslicht beförderte. Keltische Frauen trugen Hals- und Armbänder und schlossen ihre Gewänder mit bronzenen Fibeln.*

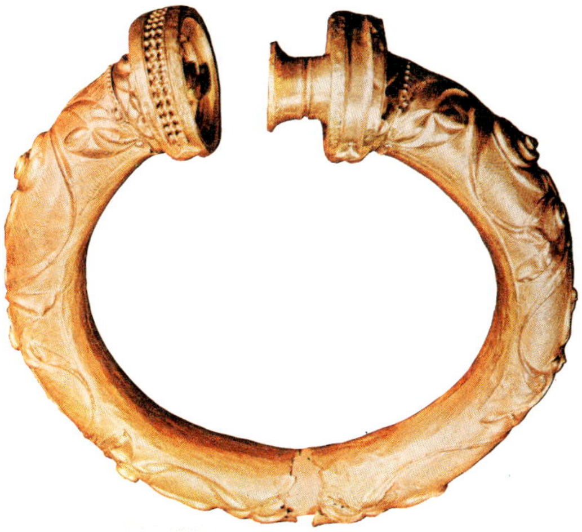

HALSSCHMUCK AUS GOLD *Oft warfen Kelten wie auch Germanen ihre teuersten Besitztümer in Seen, Moore und Flüsse als Opfer für die Wassergötter. Dieser Halsring aus Goldblech wurde um 200 v. Chr. angefertigt und war Teil eines Goldschatzes, zu dem auch das obige Boot gehörte. Der Schatz wurde bei Broighter in Nordwestirland gefunden. Der Ring ist hohl und hat einen Steckverschluß. Die fließenden Formen der getriebenen Verzierungen sind typisch für die beste keltische Kunst.*

WEINKRUG *Dieser bronzene Weinkrug aus dem 4. Jahrhundert v. Chr. ist einer von zwei Krügen, die in Lothringen gefunden wurden. Der Humor keltischer Kunsthandwerker spricht aus der Gestaltung der Ente an der Kannentülle. Sie scheint die Gefahr gar nicht zu bemerken, die ihr von den anderen Tieren droht.*

DAS GESICHT EINES MANNES DER EISENZEIT

Im Jahre 1950 wurde die vollständig erhaltene Leiche eines Mannes der Eisenzeit in einem Torfmoor bei Tollund in Jütland gefunden. Er wurde vor 2000 Jahren entweder als Fruchtbarkeitsopfer für die Erdgöttin getötet oder als Verbrecher hingerichtet. Die Tanninsäure des Moores hat sogar die Lederschlinge konserviert, mit der er erwürgt wurde. Am Inhalt seines Magens stellte man fest, daß er vor seinem Tode einen Brei aus Gerste, Leinsaat und Sauerampfer gegessen hatte, weshalb man annimmt, daß sein Tod im Winter erfolgte. Oft haben sich auch die Kleidungsstücke der Moorleichen erhalten, an Hand deren wir uns ein Bild von der Tracht in ihrer Zeit machen können. Andere der mehr als 700 Männer und Frauen, deren Leichen in norddeutschen und dänischen Mooren gefunden wurden, waren durch Hängen, Durchschneiden der Kehle oder Ertränken getötet oder lebendig begraben worden.

dunkel vorstellen. Aber der Boden war sauber gefegt, und Rauch stieg vom Herd durch eine Öffnung in der Mitte des Daches auf. An einer Wand stand ein großer vertikaler Webstuhl mit einer begonnenen Webarbeit, von der die schweren Gewichte baumelten. In einer Bodenvertiefung neben der Tür lag ein Sack Schleudersteine oder lehnten griffbereit ein paar Speere.

Auf der Werkbank des Bauern lag eine Vielzahl nützlicher eiserner Werkzeuge – Äxte, Hippen, Pflugscharen, Breitbeile, Sägen, Sensen, Feilen und Eggen. Außer dem Schmied fand sich im Dorf vielleicht noch ein Stellmacher und ein Böttcher. Im größten, mitunter von einer Palisade umgebenen Hause lebte der Häuptling mit seiner Familie. Gewöhnlich besaß er einen prächtigen Streitwagen. Nur er konnte es sich leisten, Pferde für diesen Wagen zu halten und das Staatsgeschirr für sie sowie für sich selbst Waffen und eine Rüstung zu bezahlen, die in der Schlacht Eindruck machten. Das Ansehen des Ortes wurde mit dem Ansehen seines Führers gleichgesetzt.

Solch eine Bergfeste hatte selten einer Belagerung standzuhalten. Meist stießen die Gruppen feindlicher Krieger auf offenem Felde zusammen. Der Auftakt zur Schlacht war außerordentlich zeremoniös. Manchmal trafen sich Kämpfer von beiden Seiten im Einzelkampf. Stets aber spielte die psychologische Kriegführung eine große Rolle. Vor der Schlacht brüllten nackte, von Waffen starrende, Trompeten blasende Krieger herausfordernde Beleidigungen, um den Feind einzuschüchtern, und ihre Führer jagten in imponierender Pose in Streitwagen umher, die leichte Fahrgestelle und Wagenkästen aus Weidengeflecht hatten.

Die Folgen des Krieges waren für die Verlierer entsetzlich. Viele der Kelten waren Kopfjäger, und nach der Schlacht baumelten die Köpfe der erschlagenen Feinde an den Mähnen ihrer Pferde und wurden an den Toren oder im Tempel ausgestellt. Gefangene, einschließlich der Frauen und Kinder, wurden oft versklavt und häufig den Römern verkauft.

Keltische Kunst

Außer dem Kampf liebten die Kelten das Essen und Trinken sehr. Schmiedeeiserne Bratspieße zierten ihre Herde, und die Mahlzeiten wurden in großen Kesseln oder in Kübeln aus Dauben mit eisernen Reifen und bronzenen Beschlägen zubereitet. Reichere Leute besaßen bronzene Trinkkrüge und Metallgefäße, in denen der Wein gereicht wurde, falls der römische Händler gerade welchen gebracht hatte. Die Kelten tranken den Wein zum Entsetzen der Römer unvermischt. Bier und Apfelwein waren wahrscheinlich schon damals die üblichen Getränke.

Auf Festen mit umständlichen Zeremonien belohnte ein Fürst seine Gefolgsleute für ihre Treue. Die Feste dauerten mehrere Tage. Die Krieger schmausten, tranken, würfelten, prahlten, prügelten sich mitunter und schliefen, wo sie gerade hinfielen. Manchmal mußten sie einem Barden zuhören, der in unterwürfiger Schönfärberei die kriegerischen Taten oder die Großmut des Gastgebers pries.

Münzen wurden gelegentlich von den Kelten gebraucht, aber der Tauschhandel überwog bei weitem. Die Münzpräger benutzten halbabstrakte Muster, oft in Anlehnung an griechische Münzen, die als Vorlage dienten. Eisen wurde ganz allgemein verwandt – mit Eisennieten flickte man sogar zerbrochenes Tongeschirr –, und Handwerker und Bauern profitierten von seinem niedrigen Preis. Pflüge mit eisernem Vorschneider zum Ziehen der Furchen machten es den Kelten möglich, Land zu bebauen, das bisher wegen schlechter Entwässerung nicht genutzt werden konnte. Die Glasmacherei, bisher in Mitteleuropa unbekannt, versorgte die Kelten mit Glasperlen, Armreifen und Trinkgefäßen für besondere Gelegenheiten, obgleich besonders kunstvolle Stücke oft aus Rom bezogen wurden. Auf der Töpferscheibe entstand eine mannigfaltige Keramik mit kraftvollen Mustern.

Die sehr geschickten keltischen Handwerker fertigten gehämmerte Bronze- und Eisenwaren mit Korallen- und Emaileinlagen. Davon zeugen die großen Bronzeschilde und eindrucksvollen Helme mit Hörnern sowie die langen Schwerter mit ihren kunstvollen Griffen und fein gravierten bronzenen Scheiden. Ihre Streitwagen und das Geschirr für die Pferde verzierten sie mit Beschlägen, und ihre Kriegstrompeten waren aus Bronze. Die Kunsthandwerker stellten auch goldene und bronzene Armbänder und Armreifen sowie Torques genannte Halsringe und schöne Bronzespiegel mit auf der Rückseite eingravierten Rankenornamenten her.

Künstler mit Humor

Die Gestaltungskunst der Kelten ist von zauberhafter Lebendigkeit. Ihre bronzenen Stiere, Eber und Pferde zeugen von genauer Beobachtungsgabe, und es herrscht eine große Vorliebe für Blattwerk und geschwungene Linienführung. Muster aus Blättern und Ranken bedecken in scheinbarer Unordnung die Flächen, aber alles ist wohldurchdacht und ausgeführt. Humor spricht aus den sonderbaren kleinen Gesichtern, die aus der massiven Bronze hervorlugen; Schwertgriffe sind als kleine Männer mit ausgestreckten Armen gestaltet; da endet ein Stierschwanz in einer Blume, und dort ist das Mundstück einer Trompete als Drachenkopf ausgeführt. Manchmal fällt es schwer, das Abstrakte vom Gegenständlichen zu unterscheiden, so wenn eine Volute dem Gesicht eines Mannes und eine Ranke dem Kopf eines Vogels entsprießt.

Die Kunst der Kelten spiegelt ihre Religion wider. Sie glaubten, daß die Götter und Göttinnen sich verwandeln und jede Form in der natürlichen Welt annehmen könnten. Auf einem silberplattierten Kessel aus dem 1. Jahrhundert v. Chr., der bei Gundestrup in Dänemark gefunden wurde, wohin er durch Handel oder Raub gelangt war, sieht man Götter von halb tierischer, halb menschlicher Gestalt, wie Cernunnos, den gehörnten Gott mit einem Torques um den Hals als Zeichen seiner Macht. Die Bilder solcher Götter und Göttinnen wurden in Heiligtümern verehrt, die in ihrer Form von einer Lichtung im Walde bis zu großen Holztempeln reichten. In einigen von Kelten bewohnten Gegenden sind Versuche gemacht worden, die Unterwelt durch Graben tiefer Schächte zu erreichen.

Bemerkenswerte Steinskulpturen zeigen die Götter als würdige Figuren mit großen Augen und herabhängendem Schnurrbart. Oft haben sie zwei oder drei Köpfe, ähnlich wie der römische Gott Janus. Die Kelten brachten ihren Göttern Menschenopfer und versenkten schöne Schilde, Kessel und Schwerter in Seen, Flüssen und Sümpfen, eine Sitte, die auch bei den Germanen verbreitet war. Die Sage von König Arthurs Schwert, das nach seinem Tode in einen See geworfen werden mußte, mag eine dunkle Erinnerung an diese Bräuche sein. Die Priester, einschließlich der bekannten Druiden, waren mächtige Männer, die die Menschenopfer überwachten und Vorzeichen deuteten. Sie kannten sich in der Stammesgeschichte, in den religiösen Gebräuchen und Gerichtsverfahren aus.

Am Ende mußten sich die Kelten der römischen Militärmacht unterwerfen. Einer nach dem anderen wurden ihre Stämme in einem Prozeß besiegt, der im späten 2. Jahrhundert v. Chr. mit der Eroberung Südfrankreichs begann und mit Cäsars Siegen in Gallien seinen Höhepunkt fand. An vielen Orten trafen die Römer auf erbitterten Widerstand, doch erst bei der vorgesehenen Eroberung Germaniens stießen sie auf Gegner, die sie niemals völlig besiegen konnten und die ihnen schwere Verluste zufügten.

Die lebendige, wilde Welt der Kelten wurde durch die nüchterneren Tugenden der Römer gezähmt. Aber der keltische Genius lebte in Wales, Schottland und Irland, die niemals von den Römern unterworfen wurden, weiter. Er äußert sich in der Kunst der Steinmetzen, Metallhandwerker und Künstler, die sich in den Dienst der frühen christlichen Kirche in Irland stellten, und ihm wurde ein unsterbliches Denkmal in den von christlichen Mönchen aufgezeichneten Mythen und Legenden gesetzt.

Der bleibende kulturelle Beitrag der Römer bestand darin, daß sie den Barbaren Nordeuropas das reiche Erbe der alten Kulturen vermittelten, die an den Küsten des Mittelmeeres geblüht hatten. Damit ging die vorgeschichtliche Zeit in Europa zu Ende. Mit der Eroberung durch die Römer wendet sich die geschriebene Geschichte auch diesem Teil der Welt zu.

EIN KESSEL FÜR DIE GÖTTIN

Eines der vorzüglichsten Werke keltischer Kunst ist ein silberplattierter Kupferkessel, 69 cm im Durchmesser, der 1891 in einem Torfmoor bei Gundestrup in Jütland gefunden wurde. Er stammt wahrscheinlich aus Nordgallien, war aber in germanisches Siedlungsgebiet gelangt und hier wohl als Gabe für die Götter versenkt worden. Solche Opfer waren bei Kelten wie Germanen üblich. Der reichverzierte Kessel stammt vermutlich aus dem 1. Jahrhundert v. Chr. Man nimmt an, daß zumindest drei Künstler daran gearbeitet haben. Die Platten der Außenseite zeigen Götterbilder, die der Innenseite Szenen aus der keltischen Mythologie. Die Darstellungen spiegeln den Glauben der Kelten wider, daß Götter und Göttinnen jede Gestalt annehmen können. Dieser Glaube wird von vielen Religionen geteilt, so auch von der griechischen.

HIRSCHTRÄGER *Der Gott mit gutgepflegtem Bart, der in jeder Hand einen Hirsch hält, ist wohl der Hirschgott Cernunnos.*

DER GEHÖRNTE GOTT *Der Hirschgott Cernunnos noch einmal – diesmal mit einem Geweih auf dem Haupt. Verschiedene Tiere, darunter auch ein Hirsch, umringen ihn. In seiner Rechten hält er einen Halsring, mit der Linken greift er eine Schlange. Um den Hals trägt er einen weiteren Torques.*

TEIL 2

Die Hochkulturen

Die Errungenschaften des Menschen seit Beginn der überlieferten Geschichte

Die meisten bleibenden Errungenschaften der Menschheit sind im Rahmen von etwa neunzehn Hochkulturen oder Kulturgruppen hervorgebracht worden, die sich in den letzten 5000 Jahren entfaltet haben. Der Anfang der Kultur – das Wort bezeichnete ursprünglich die Bebauung und Pflege des Ackers – ist unter den Völkern Vorderasiens zu suchen, die auf einem fruchtbaren Boden lebten, der sich zum Ackerbau besonders gut eignete. Da zwischen Saat und Ernte Zeit vergeht, war Seßhaftigkeit für den Ackerbau Voraussetzung. Die Bauern siedelten in Dörfern, aus denen sich Städte entwickelten. Einige ihrer Bewohner bebauten den Acker, andere spezialisierten sich in verschiedenen Handwerken, besonders in der neuerworbenen Fertigkeit der Metallbearbeitung. Eine weitere Gruppe wandte sich der Verwaltung des Gemeinwesens zu, während die Pflege schriftlicher Überlieferung Aufgabe der Priester war.

Dauernde Seßhaftigkeit in einem organisierten Gemeinwesen, Arbeitsteilung, durch die zum Nutzen der Gemeinschaft spezialisierte Fertigkeiten entwickelt werden konnten, und irgendeine Form schriftlicher Überlieferung – diese Züge finden sich bei allen Hochkulturen. Doch hat jede dieser Hochkulturen – trotz aller Gemeinsamkeiten – im Laufe ihres Bestehens ihren eigenen unverwechselbaren Charakter ausgebildet.

Nur die Hochkulturen haben das, was wir unter Geschichte im eigentlichen Sinne des Wortes verstehen. Denn jede Geschichte setzt die genaue Überlieferung des historischen Geschehens voraus. Diese Art Überlieferung war aber nur möglich mit Hilfe des geschriebenen Wortes. Schriften wurden in den frühen Hochkulturen entwickelt und von allen weiteren gebraucht. Geschichte setzt ferner größere organisierte Gemeinschaften voraus – Staaten also, die bald – über sich hinausgreifend – in Krieg und Frieden nicht nur aufeinander wirkten, sondern auch Völker am Rande ihres Bereiches in den Strudel der Ereignisse hineinzogen und sie befruchteten, so daß sie oft selbst zu großen kulturellen Leistungen fähig wurden und nun ihrerseits die älteren Kulturen verwandelten. Dabei vergrößerte sich das ursprünglich kleine Feld überlieferter Geschichte immer mehr, bis es nun den ganzen Erdball umfaßt. Es ist dieses faszinierende Zusammenspiel von Völkern und Kulturen, was wir Geschichte nennen.

Die Wiege der Kultur im Land der zwei Ströme

3200–539 v. Chr.

Vor 5000 Jahren schufen Menschen in Mesopotamien die ersten als Staaten organisierten Gemeinwesen, bauten Tempel und Städte und erfanden die erste Schrift

Zwischen Euphrat und Tigris erstreckt sich ein breites, fruchtbares Tal, das mit größerem Recht als alle übrigen Länder der Erde als Wiege der Kultur angesehen werden kann. Auf dem Schwemmland im Süden dieses Gebietes begann das energische und erfinderische Volk der Sumerer vor mehr als 5000 Jahren die ersten wirklichen Städte zu bauen, das trockene, aber fruchtbare Land künstlich zu bewässern und die erste Schrift zu entwickeln. Außerdem waren sie das nachweislich erste Volk, das Fahrzeuge mit Rädern benutzt hat. Mit der neuerworbenen Kraft, die ihnen ihre Fähigkeit zu großzügiger Organisation gab, und den kostbaren Wassern der beiden Ströme als Streitobjekt haben die Sumerer auch die ersten Kriege der Weltgeschichte geführt, die über bloße Stammesfehden hinausgingen.

Ihr Land hieß bei den alten Griechen Mesopotamien, also Land zwischen den Strömen. Dieser Name bezog sich später auf die ganze Länge des Tales, in das bald auch semitische Stämme strömten – Akkader, Babylonier und Assyrer. Sie kamen oft als Eroberer, übernahmen jedoch die Kultur der Sumerer und bereicherten sie durch eigene Fertigkeiten in Architektur und Skulptur, Astronomie, Mathematik und Medizin. Die Völker Mesopotamiens hatten eine fast 3000jährige bewegte Geschichte hinter sich, als ihr Land mit der Eroberung Babylons durch Kyros 539 v. Chr. zu einem Teil des Perserreiches wurde. Heute noch sind die Schilfhäuser der Araber in den Marschen des Euphratdeltas in einem Stil gebaut, der sich seit damals kaum verändert hat.

Euphrat und Tigris schlängeln sich von Nordwesten nach Südosten durch den heutigen Irak bis zum Persischen Golf. Beiderseits ihres breiten Tales ist das Land eine riesige Wüste. Doch vor dem Rückzug der Gletscher am Ende der letzten Eiszeit vor 10 000 Jahren war das Tal von Grasland umgeben, in dem wilde Herdentiere und jagende Nomaden lebten.

Als sich das Eis zurückzog, wurde das Klima zunehmend trockener und das Grasland zur Wüste. Doch die Ströme lagerten bei den alljährlichen Überschwemmungen Schlamm an ihren Ufern ab, an denen ein fruchtbarer Grünstreifen entstand. Mensch und Tier zogen sich auf die Flüsse und einige

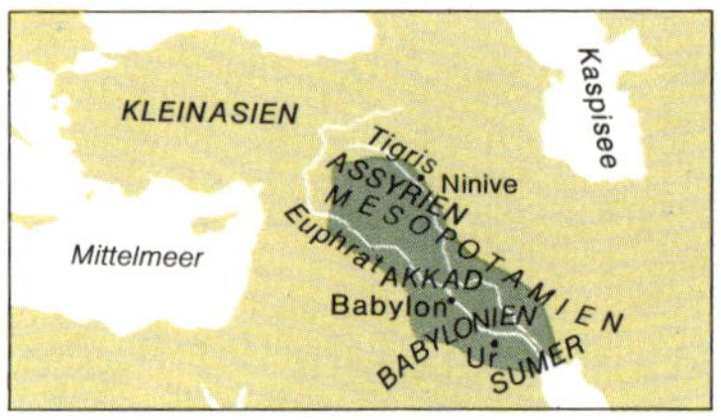

MESOPOTAMIEN
IN DER BRONZEZEIT

Von Sumer breitete sich die Kultur nordwestwärts entlang den breiten, fruchtbaren Flußtälern des Euphrat und Tigris aus.

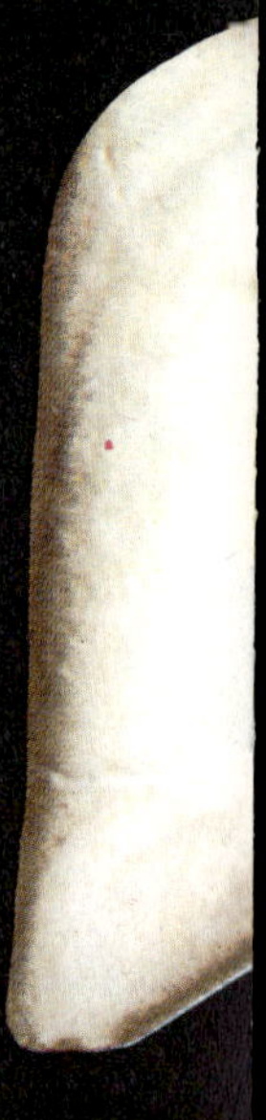

VEREHRUNG DER GÖTTER

Die Sumerer hielten es für die wichtigste Aufgabe im Leben, den Göttern zu dienen. Wenn sie nicht persönlich im Gebet vor dem Gotte standen, ließen sie sich durch ihr Abbild, eine Beterstatuette, vertreten (rechts). Die aufgerissenen, übergroßen Augen symbolisieren Anbetung, und die Hände sind zu einem nie endenden Gebet aufeinandergelegt. In jeder sumerischen Stadt stand ein Tempel des Schutzgottes, und neben ihm manchmal eine Zikkurat. Diese Stufenpyramide krönte ein kleiner Tempel – die irdische Wohnstätte des Gottes, wenn er unter seinem Volke weilte.

Die Zikkurat von Ur (links) wurde um 2050 v. Chr. für den Mondgott Nanna erbaut. Ihr Umfang an der Basis betrug etwa 210 m, und eine dreifache Treppe führte zur 20 m hohen Plattform hinauf. Der Kern der Zikkurat, von der noch viel erhalten ist, besteht aus einem kompakten Hügel aus Lehmziegeln.

wenige Wüstenoasen zurück, denn nur dort gab es Wasser.

Bald lernten die Nomaden, Getreide in dem Schlammstreifen längs der Flüsse anzubauen – Weizen und Gerste, die aus wilden Gräsern gezüchtet worden waren. Dämme und Bewässerungsgräben mußten gebaut werden, um das Wasser zu erhalten und zu verteilen. Dazu waren gemeinsame Anstrengungen notwendig. Um 5500 v. Chr. hatten die Nomaden mit der Gründung von Siedlungen am Unterlauf von Euphrat und Tigris begonnen. Wilde Tiere wurden gezähmt. Man bekleidete sich mit ihren Häuten, trank ihre Milch und aß ihr Fleisch. Obgleich der Mensch weiterhin jagte, war er doch nicht mehr völlig vom Wild abhängig und konnte sich daher auf längere Zeit an einem Ort niederlassen.

Ein Volk ungewisser Herkunft wurde um 3200 v. Chr. zum beherrschenden Siedlervolk Mesopotamiens. Diese frühen Sumerer waren gute Landwirte, gebrauchten Werkzeuge aus Stein, gründeten Städte, bauten große Tempel und stellten schwarz bemalte Keramik her. Um ungefähr 3000 v. Chr. waren die Grundlagen der sumerischen Hochkultur gelegt.

Die ersten Kriege

Die einzelnen Siedlungen der Frühzeit blieben die Grundlage der sumerischen Kultur während ihrer 1000jährigen Geschichte. Sumer wurde niemals, wie etwa Ägypten, zu einem starken geeinten Staat zusammengefaßt, der von einem König und seinen Beamten regiert wurde. Es bestand vielmehr aus einer Anzahl von Stadtstaaten, die sich gelegentlich verbündeten oder wegen eines Abschnittes der so ungeheuer lebensnotwendigen Flüsse oder Kanäle bekämpften. Nach solch einem Kriege wurde dann ein König Oberherr über untergeordnete Herrscher. In der Schlacht gemachte Gefangene bildeten erstmals eine Klasse von Sklaven.

Das Volk der Sumerer gedieh und vermehrte sich lange Zeit. Ackerbau und Viehzucht blieben die Hauptquellen seines Wohlstandes. Mit der Zeit erwirtschafteten die sumerischen Landwirte einen Überschuß, der einer neuen Klasse von Baumeistern, Handwerkern, Priestern und Schreibern zugute kam, die die Städte Sumers in die ersten Kulturzentren der Menschheit verwandelten.

Da es im Lande Sumer keine leicht zugänglichen Steinbrüche gab, verwendete man an der Sonne getrocknete Lehmziegel zum Bau der großen Städte. Spätere Bauten wurden einfach auf dem eingeebneten Schutt früherer Gebäude errichtet, so daß sich das Gelände der Städte stetig erhöhte und sich künstliche Hügel bildeten – die Tells. Von Archäologen des 19. und 20. Jahrhunderts wurden in den Tells die Reste dieser Städte entdeckt, darunter Ur, das einst in der Nähe des Meeres lag, heute aber 320 km vom Persischen Golf entfernt ist, Uruk, in der Bibel Erech genannt, 65 km weiter nördlich auf dem Gelände des heutigen Warka, und schließlich Nippur, 160 km südlich von Bagdad.

Die Sumerer glaubten, die Erde werde von Göttern regiert und die Menschen seien zu deren Bedienung erschaffen worden. Jede Stadt galt als Eigentum eines Gottes oder einer Göttin, etwa des Himmelsgottes Anu, des Luftgottes Enlil oder des Wassergottes Enki. Da die Ernte stets von Dürre, Überschwemmungen und Heuschrecken gefährdet war, fürchteten die Menschen den Zorn der Götter. Um diesen Zorn zu beschwichtigen, führte eine Hierarchie von Priestern komplizierte Rituale in den Tempeln, den irdischen Wohnorten der Götter, durch. Neben Tempeln zu ebener Erde gab es Hochtempel, die auf einer Zikkurat, einem stufenförmigen Tempelberg, lagen.

Räder aus massivem Holz

Innerhalb der Tempelbezirke lagen auch Werkstätten der Handwerker, deren Erzeugnisse zu Sumers Wohlstand beitrugen. Darunter waren hervorragende Metallarbeiter, die aus Zinn und Kupfer Bronze herzustellen wußten und Speere, Äxte, Werkzeuge, Schmuck und andere Kunstwerke aus Kupfer, Bronze, Gold und Silber fertigten. Obgleich die Töpferscheibe schon in vorgeschichtlichen Zeiten erfunden worden war, entwickelten als erste die Sumerer Räderfahrzeuge – Karren für die Landwirtschaft sowie zwei- und vierrädrige schwere Streitwagen. Die ersten Räder, die auf sumerischen Tontafeln dargestellt sind, bestanden aus drei massiven Holzteilen, die durch Holzleisten und einen umlaufenden Lederriemen zusammengehalten wurden.

Die Idee des Schreibens

Wer in der sumerischen Gesellschaft vorwärtskommen wollte, mußte gebildet sein, denn die Sumerer waren die ersten, die auf die Idee kamen, Sprache in Zeichen umzusetzen, also zu schreiben. Die Kunst des Schreibens, wie wir sie kennen, wurde in Sumer

um etwa 3000 v. Chr. erfunden. Dazu trug auch die Entwicklung des Handels bei, denn Handelsgeschäfte mußten bald aufgezeichnet werden. Anfangs drückte man mit einem Rohrgriffel einfache Bilder von Gegenständen in feuchte Tontafeln ein, die man trocknen ließ. Wichtige Aufzeichnungen wurden durch Härten im Feuer haltbarer gemacht.

Innerhalb von 500 Jahren entwickelte sich aus dieser Bildschrift eine sehr viel bequemere Schrift aus abstrakten Zeichen für ganze Worte oder einzelne Silben. Die Eindrücke im Ton, die durch den quadratischen Griffel entstanden, waren keilförmig, weshalb man diese Zeichen zusammenfassend Keilschrift nennt. Sie verbreitete sich in ganz Vorderasien und wurde über zwei Jahrtausende lang für viele Sprachen benutzt, darunter für das Babylonische und Persische.

Die Sumerer waren auch hervorragende Mathematiker. Sie rechneten nach Zehnern, wie man es heute tut, aber auch nach Sechzigern – daher die Einteilung des Kreises in 360 Grad, der Stunde in 60 Minuten und der Minute in 60 Sekunden.

Die Schachtgräber von Ur

Der Königsfriedhof von Ur (um 2500 v. Chr.) ist vielleicht das bemerkenswerteste Zeugnis sumerischer Kultur. Er wurde erst in den zwanziger Jahren unseres Jahrhunderts von Sir Leonard Woolley, einem englischen Archäologen, entdeckt. An der Stadtmauer von Ur fand Woolley über 1800 Gräber, von denen viele ausgeplündert worden waren; aber bei sehr tiefem Graben stieß man auf unberührte Grüfte aus Kalkstein. In diesen Mausoleen, die am Fuß tiefer Schächte lagen, führten Rampen hinab. Darinnen entdeckte man die intakten Skelette von Männern und Frauen, die wohl Könige, Königinnen, Prinzen, Prinzessinnen oder Angehörige der hohen Priesterschaft gewesen sein müssen. Sie waren mit reichen Beigaben aus Gold und kunstvoll bearbeiteten Halbedelsteinen geschmückt. Daneben lagen goldene Trinkgefäße und verzierte Vasen.

Die Toten waren so bedeutend, daß man ihnen einen großen Teil ihrer Dienerschaft mitgegeben hatte. In der Grabstätte der Königin Schubad fand man die Skelette von 68 Hofdamen mit goldenem und silbernem Kopfschmuck, außerdem mit Speeren bewaffnete Soldaten und zweispännige Ochsenkarren mit den erschlagenen Ochsen. Dieses Massenopfer, in dem die Lebenden neben den Gräbern ihrer Herrscher den Tod fanden, ist erstaunlicherweise wahrscheinlich freiwillig vollzogen worden. Anzeichen von Gewalt sind nicht zu finden. Die Körper lagen ordentlich ausgerichtet in Reihen, so als hätten sie sich zum Schlafen niedergelegt. Sie hatten wohl Gift oder ein Narkotikum zu sich genommen, als die Gruben zugeschüttet wurden.

Sargon, der Gründer des ersten Großreiches

Um 2300 v. Chr. wurde fast ganz Mesopotamien einschließlich Sumers von einem Manne namens Sargon erobert. Er setzte sich an die Spitze der Semiten, die seit langem nördlich von Sumer siedelten und viel von der sumerischen Kultur übernommen hatten. Während die Sumerer gewöhnlich in mehr oder weniger unabhängigen Stadtstaaten lebten, gründete Sargon ein großes Reich mit der Hauptstadt Akkad, nach der Sargons Semiten Akkader genannt werden. Er besiegte Lugalzaggesi, seinen sumerischen Vorläufer, und hielt ihn in einem Käfig in Nippur, dem kultischen Mittelpunkt Sumers, gefangen. Dann eroberte er den Rest des Landes und wurde König von Sumer und Akkad.

GILGAMESCH UND DIE SINTFLUT

Der Held des bekanntesten sumerischen Epos, Gilgamesch – hier auf einem Alabasterrelief aus dem Palast Sargons II. in Chorsabad –, trifft im Gedicht den einzigen Überlebenden einer großen Überschwemmung. Diese Stelle des Epos ähnelt der Beschreibung der Sintflut im Alten Testament so sehr, daß zweifellos der Bericht im 1. Buch Mose auf sehr alte Quellen zurückgeht:

> »Der Berg Nisir hielt das Schiff fest, ließ keine Bewegung zu ... Als der siebente Tag begann, entsandte ich eine Taube und setzte sie frei. Die Taube flog fort, kam aber zurück, da kein Ruhepunkt sichtbar war, kehrte sie um. Dann entsandte ich eine Schwalbe und setzte sie frei. Die Schwalbe flog fort, kam aber zurück.«

Als die Flut zurückging, wurde ein Rabe entsandt, der sah, daß die Wasser abgenommen hatten, aß, flog seine Runden, krächzte und kehrte nicht zurück.

HERRSCHER UND BEHERRSCHTE

Die sumerische Gesellschaft war in verschiedene Klassen geteilt, von denen einige auf der sogenannten Mosaikstandarte von Ur abgebildet sind. Ein König (oben links) trinkt mit seinen Höflingen Wein, während ein Musikant auf einer stierkopfgeschmückten Leier spielt. Darunter sieht man Hirten und Fischer, deren Arbeit die Ernährung der begüterten Klassen zu sichern half. Die eingelegten Figuren bestehen aus Muschelstücken, Lapislazuli und rotem Kalkstein.

Damit nicht genug, fügte Sargon auch Nordmesopotamien seinen Eroberungen hinzu, führte Kriegszüge bis nach Kleinasien und erreichte wahrscheinlich sogar die Küste des Mittelmeers. Sargon regierte 56 Jahre (2350–2295 v. Chr.) und schuf das erste Imperium in geschichtlicher Zeit. Nach dem Tod von Sargons Enkel Naramsin (2270 bis 2232 v. Chr.) zerfiel das Reich und wurde bald eine Beute der Gutäer, eines Bergvolks aus dem Nordosten.

Nach mehr als einem Jahrhundert Gutäerherrschaft gewannen die Sumerer um 2070 v. Chr. die Macht unter einer Anzahl begabter Führer wieder zurück, unter denen Urnammu der größte war. Unter den gewaltigen Bauwerken, die Urnammu errichten ließ, war die Zikkurat des Mondgottes Nanna in Ur, die sogar im verfallenen Zustand noch höchst eindrucksvoll ist; ursprünglich war sie etwa 20 bis 30 m hoch, mit steilen Treppenfluchten, die zur höchsten Plattform hinaufführten.

Epen und Epigramme

Das auf gebrannten Tontafeln erhaltene sumerische Schrifttum reicht von kaufmännischen Akten und Rechtsurkunden bis zur sogenannten Weisheitsliteratur, die aus Betrachtungen in der Art der Sprüche Salomos oder der Psalmen besteht. Diese Weisheitsliteratur gehört zum wichtigsten Vermächtnis Altmesopotamiens, nicht nur wegen der Beschreibungen des Lebens in sumerischen Städten wie Ur, Nippur und Uruk, sondern auch als eigenständige Literatur. Viele der schlichten, gewitzten Beobachtungen gelten auch heute noch:

> »Eine ruhelose Frau im Haus fügt der Pein den Schmerz hinzu.«
>
> »Wir sind dem Tode geweiht; laß uns verschwenden. Wir werden lange leben; laß uns sparsam sein.«
>
> »Wer viel Silber hat, mag glücklich sein; wer viel Gerste hat, mag zufrieden sein; doch wer gar nichts hat, kann schlafen.«
>
> »Du kannst einen Herrn über Dir haben, Du kannst einen König über Dir haben; der Mann, den man fürchten muß, ist der Steuereinnehmer.«

Die sumerische Literatur enthält auch viele Epen, die sich um frühe Herrscher ranken. Dazu gehört auch eines der größten der Weltliteratur – das Epos von Gilgamesch. Gilgamesch soll König von Uruk gewesen sein; ob er jedoch tatsächlich ein Herrscher oder nur eine Sagengestalt war, weiß man nicht. Das Epos beschreibt ihn als einen Mann der Tat, der sich mit seinem Gefährten Enkidu, der den zivilisierten Nomaden repräsentiert, in die Zedernwälder aufmacht, um Huwawa, den Hüter des Waldes, zu besiegen. Dem folgen viele andere Abenteuer und Gilgameschs Tod. Die akkadische Fassung beschreibt unter anderem Gilgameschs Reise auf der Suche nach der Unsterblichkeit. Er sucht den unsterblichen Utnapischtim, der eine Sintflut überlebt hat, auf. Sumer war verheerenden Überschwemmungen ausgesetzt, wenn die großen Ströme über ihre Ufer traten, und diese Geschichte mag sich auf eine besonders katastrophale Überflutung beziehen. Utnapischtim hilft Gilgamesch die ›Pflanze der Jugend‹ zu finden, aber Gilgamesch verliert sie auf dem Heimwege.

Schultage in Sumer

Ein Stück Alltagsleben spiegelt sich in Berichten vom Unterricht und den Bestrafungen an sumerischen Schulen. Eine Tontafel beschreibt einen Schultag von vor 4000 Jahren:

> »Als ich am Morgen in der Schule angekommen war, sagte ich meine Tafel auf, aß mein Frühstück, bereitete meine neue Tafel vor, beschrieb sie, machte sie fertig und erhielt dann meine mündliche Aufgabe... Nachdem wir aus der Schule entlassen waren, ging ich heim, betrat das Haus und sah meinen Vater dasitzen. Ich erzählte meinem Vater von meiner schriftlichen Arbeit, sagte ihm meine Tafel auf, und mein Vater war sehr zufrieden mit mir...«

Für Schreiber, die es nur mit einfachen Rechnungen zu tun hatten, reichte die einfache Arithmetik aus. Aber die begabten Sumerer verstanden sich ebensogut auf Algebra und Geometrie. Sie beschäftigten sich auch mit Medizin, kannten die Grundlagen der Anatomie und Chirurgie sowie die Heilkräfte bestimmter Pflanzen wie Myrte und Thymian.

Die Erben der sumerischen Literatur waren Babylonier und Assyrer. Kopien sumerischer und babylonischer Tontafeln wurden in Bibliotheken aufbewahrt. Zu dieser Überlieferung steuerten die späteren Völker das Ihre bei. Mit der Zeit gelangte manches vom Wissensschatz Vorderasiens nach Griechenland und Rom und von da in die westliche Welt.

250 Räume im Palast von Mari

Die Macht der Sumerer wurde schließlich nach 2000 v. Chr. durch Kämpfe mit den Elamitern aus Persien und Invasionen der Amoriter aus Nordsyrien gebrochen. Die semitischen Amoriter setzten sich in Mesopotamien fest und gründeten blühende Stadtstaaten, die sich in zweihundertjährigen Bürgerkriegen um die Vormachtstellung stritten. Zu diesen gehörte die große Stadt Mari am mittleren Euphrat. Wie die Ausgrabungen zeigten, lagen die Paläste, Häuser und Werkstätten wie bei modernen Städten an sich rechtwinklig kreuzenden Straßen. Auch schöne Skulpturen, bunte Fresken und Friedhöfe wurden gefunden. Die dargestellten Frauen trugen lange, mit Volants besetzte Röcke, wie die minoischen Kreterinnen etwa zur gleichen Zeit.

Der Hauptpalast von Mari hat 250 Räume, angefangen von den Gemächern der königlichen Familie bis zur Schule, in der noch immer Reihen von Schulbänken aus Lehmziegeln stehen. Auch Schreibutensilien wurden gefunden. In diesen Räumen unterrichtete man Knaben, die dereinst als Beamte das Land des Gottes und Königs verwalten sollten. Hier wurden auch Gedichte, Sprichwörter und politische Korrespondenz von geduldigen Schreibern und Gelehrten auf Tontafeln kopiert, von denen 20 000 erhalten sind.

Die Auseinandersetzungen zwischen den Stadtstaaten beendete schließlich der Amoriter Hammurapi, der den Thron von Babylon 1728 v. Chr. bestieg. Durch ihn wurde Babylon am mittleren Euphrat zur beherrschenden Stadt in Mesopotamien und den umliegenden Ländern, denn in den 42 Jahren seiner Regierung schuf er ein großes Reich. Er trug seine Angriffe nach Assyrien im Norden vor, nach Westen bis zum Mittelmeer und südwärts bis zum Persischen Golf.

Gerechte und humane Gesetze

Hammurapi (1728–1686 v. Chr.) war einer der großen Gesetzgeber der Geschichte. Seine Gesetzessammlung auf einer Steinsäule oder Stele, die bei Susa gefunden wurde und heute im Louvre steht, zeigt den hohen Stand der Rechtsprechung in Babylonien fünfzehn Jahrhunderte vor der Entwicklung des römischen Rechtes. Viele Gesetze beruhten auf Überlieferungen aus sumerischer Zeit, aber ihre Anwendung war viel umfassender. Am Standard der Zeit gemessen, waren die Gesetze gerecht und ziemlich human, wenn auch oft härter als die älteren sumerischen:

GRABSCHÄTZE

Ein großer glänzender Schatz, der mehr als 4500 Jahre in der Erde gelegen hatte, kam ans Licht, als in Ur eine Königsgruft ausgegraben wurde. Die Sumerer, die die ersten Bronzewaffen und -werkzeuge der Welt herstellten, fertigten auch kostbaren Zierat an, den sie oft mit den Toten zusammen begruben.

VERGOLDETER WIDDER *Kopf und Füße dieser Widderstatuette sind mit Blattgold bedeckt. Das Fell besteht aus Lapislazuli und weißen Muscheln, der Baum aus Gold.*

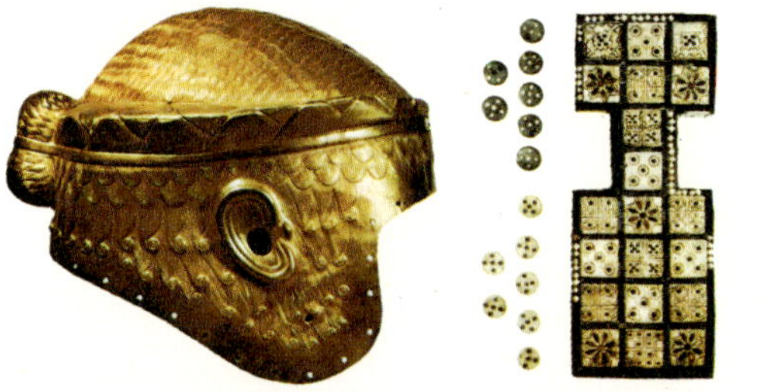

HELM EINES FÜRSTEN *Dieser wie eine Perücke geformte Helm wurde aus einem einzigen dicken Goldblech hergestellt. Durch die Löcher wurden Bänder gezogen, die die weiche Fütterung hielten. Das Brett (rechts) mit den Spielmarken ist mit farbigen Steinen eingelegt.*

VERZIERUNG EINER LEIER *Ein herrlicher Stierkopf mit gekräuseltem Bart verzierte das hölzerne Rahmenwerk einer Leier. Sie lag im Königsfriedhof von Ur neben den Skeletten von Frauen, die wohl Hofmusikantinnen waren. Haar und Bart des Stieres sind aus Lapislazuli, der Kopf ist mit Goldblatt bedeckt. Diese von vergoldeten Tierköpfen geschmückten Instrumente sind im übrigen vergangen. Einige der Leiern und Harfen konnten durch Ausgießen der von ihren Holzteilen im Boden hinterlassenen Abdrücke rekonstruiert werden.*

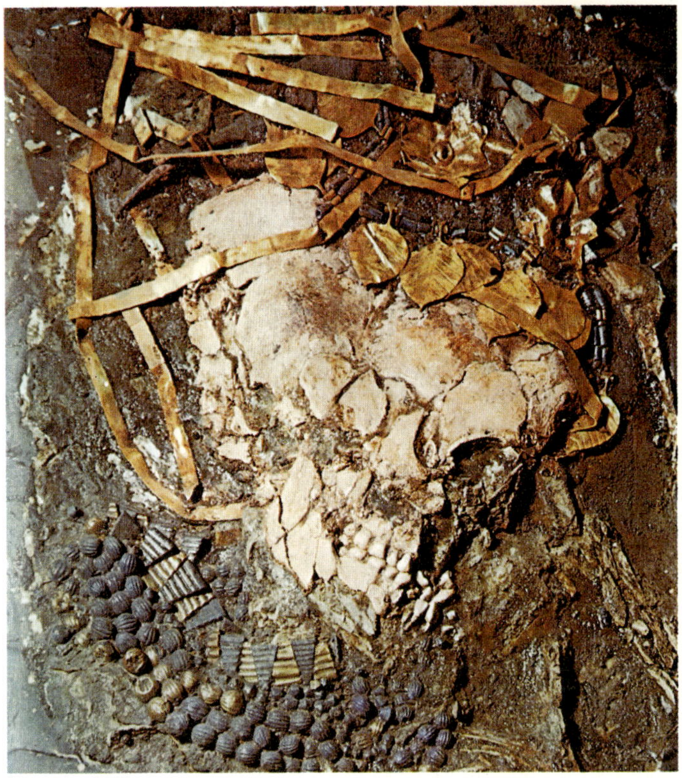

GEOPFERTE MENSCHEN *Die Dienerschaft sumerischer Könige und Königinnen fand den Tod, wenn der Herrscher starb, und wurde mit ihm begraben. Unter dem von Erdmassen zerschmetterten Schädel einer Dienerin (oben) aus den Königsgräbern von Ur sieht man ihr juwelenbesetztes Halsband. Ihr Kopfschmuck liegt zerbrochen da. Die Anhänger eines restaurierten Halsbandes (unten), die wie Buchen- und Weidenblätter aussehen, sind aus fein gehämmertem Gold.*

»Wenn ein Mann während eines Überfalls oder einer Invasion gefangengenommen wurde oder wenn er entführt wurde und lange in einem fremden Lande blieb und wenn unterdessen ein anderer Mann seine Frau genommen hat und sie ihm einen Sohn geboren hat, soll er (dennoch), wenn er zurückkehrt, sein Weib zurückerhalten.«

Auch die Rechte der Frauen wurden geschützt:

»Wenn ein Mann sein Gesicht hinweggewendet hat von seiner ersten Frau ... und sie hat das Haus nicht verlassen, dann ist die Frau, die er als seine Lieblingsfrau geheiratet hat, seine zweite Frau. Er muß fortfahren, seine erste Frau zu unterhalten ...«

Auf viele Verbrechen stand die Todesstrafe, darunter auf Diebstahl, Ehebruch und falschen Beschuldigungen. Es gab strenge Vorschriften bezüglich der Verantwortung von Angehörigen freier Berufe gegenüber ihren Klienten. In einem Fall wurde ein Arzt, durch dessen Unachtsamkeit oder Unvermögen ein Patient ein Auge verloren hatte, durch Verlust einer Hand bestraft. Stürzte ein Haus über seinem Bewohner zusammen, so wurde der Baumeister zum Tode oder zu hohen Geldstrafen verurteilt. Hier tritt zum erstenmal das wohl von den Nomaden übernommene Prinzip »Auge um Auge« auf, das wir später bei Moses im hebräischen Recht finden werden.

Hammurapi führte auch bedeutsame religiöse Reformen durch. Die sumerischen Götter verehrte man weiterhin, der babylonische Gott Marduk jedoch wurde oberster Reichsgott. Zentrum des religiösen Lebens in Babylon war Esangila, der Tempelbezirk Marduks, in dessen Nähe die gewaltige Zikkurat Etemenanki, der Turm zu Babel der Bibel, gebaut wurde. Bald nach dem Tode Hammurapis zerfiel das von ihm gegründete Reich. Babylon selbst wurde um 1530 v. Chr. Opfer eines Raubzugs der Hethiter, danach bemächtigten sich die Kassiten, die aus dem Iran kamen, der Herrschaft, bis es um 1235 v. Chr. zum ersten Male von den Assyrern erobert wurde, einem ebenfalls semitischen Volk, das am oberen Tigris zu Hause war.

Der Aufstieg der Assyrer

Die geographische Lage ihrer Heimat war Anlaß vieler Kriege, die die Assyrer führten, um ihre Handelswege offenzuhalten. Eine Zeitlang wurde ihre Expansion durch das mächtige Hethiterreich im Norden verzögert, doch nach dessen Zusammenbruch um 1200 v. Chr. gingen die Assyrer zum Angriff über.

Ihre überlegenen Eisenwaffen, ihre Kriegskunst und starke Führung begründeten ihre Überlegenheit gegenüber ihren relativ schwachen Nachbarn. Einer ihrer Könige, Tiglatpileser I. (1116–1078 v. Chr.), eroberte Babylon, und um 1100 herrschten die Assyrer über ein Gebiet, das sich vom Mittelmeer bis zum Vansee in der heutigen Osttürkei erstreckte. Danach folgte eine Zeit des Niedergangs. Doch im 9. Jahrhundert v. Chr. wurde Assurnasirpal II. König der Assyrer (883 bis 859 v. Chr.). Dieses streitbare militärische Genie reorganisierte die Armee des Landes und führte eine Eroberungspolitik großen Stils, wobei es sich auf seine neugegründete Hauptstadt Kalach (heute Nimrud) am Tigris stützte. Sein Sohn Salmanassar III. (858 bis 824 v. Chr.) setzte diese Politik fort und eroberte Stadt um Stadt. Die kleinen Königreiche Palästinas und Syriens verbündeten sich gegen ihn, doch mußten sie ihm am Ende dennoch Tribut zahlen.

Die geflügelten Stiere von Ninive

Die Eroberungen der bei den Chronisten des Alten Testaments so verhaßten Assyrer waren ebenso zahlreich wie blutig und brutal. Die Assyrer benutzten mächtige Belagerungsmaschinen und Sturmböcke gegen Städte, welche die aufgezwungenen Verträge gebrochen hatten. Einer der Assyrerkönige, der sich den Namen Sargon II. (722–705 v. Chr.) zulegte, baute sich eine mächtige Hauptstadt mit Namen Dur-Scharrukin (Sargonsburg, heute Chorsabad), wo er die Palastwände mit kraftvollen Reliefs schmücken ließ, auf denen die Niederlagen seiner Feinde und die Plünderung ihrer Städte verewigt sind. Sargons Sohn Sanherib (705–681 v. Chr.) verlegte die Hauptstadt nach Ninive, wo man einige der schönsten assyrischen Skulpturen gefunden hat, darunter geflügelte Stiere und Schlachtenreliefs, die darstellen, wie die Assyrer den Ältesten der aufständischen Städte die Haut abzogen und sie an den Wänden aufhängten.

Sanherib plünderte, brandschatzte und zerstörte Babylon im Jahre 689 v. Chr. In seinen eigenen Worten:

> »Die Stadt und ihre Häuser von den Fundamenten bis oben habe ich zerstört, verheert, mit Feuer verbrannt... Durch die Mitte der Stadt legte ich Kanäle. Ich überflutete das Gelände der Stadt und zerstörte ihr ganzes Fundament.«

Sein Sohn Asarhaddon (680–669 v. Chr.), der 671 v. Chr. Ägypten eroberte, baute jedoch das altberühmte Babylon wieder auf.

Auch Jerusalem wurde 701 v. Chr. belagert. Hiskia, der König von Juda, mußte Tribut zahlen. Nach dem Alten Testament zerbrach Hiskia »... die Türen am Tempel des Herrn und die Bleche, die er selbst hatte darüberziehen lassen, und gab sie dem König von Assyrien.« Inschriften in Sanheribs Palast rühmen den König, er habe Hiskia eingeschlossen, wie »einen Vogel im Käfig«. Aber es gelang den Assyrern nicht, Jerusalem einzunehmen, denn die Pest zwang sie zum Abzug.

Bei aller Vorliebe für den Krieg hatten die Assyrer teil an der alten Kultur Mesopotamiens. Erstaunlich lebendig sind die Reliefs in assyrischen Palästen mit ihren Jagd- und Kriegsszenen. Die Assyrer leisteten auch als Ingenieure Hervorragendes – beim Bau von Wasserleitungen und Palästen, besonders aber in der Kriegs- und Belagerungstechnik. Ihre Städte waren hervorragend geplant. Sie wurden durch eine von der Aristokratie ge-

HAMMURAPI, DER GESETZGEBER

Die Könige des Altertums waren gleichzeitig die Richter ihres Volkes. Hammurapi, König von Babylon (1728–1686 v. Chr.), dessen Steinbildnis (oben) in Susa gefunden wurde, schuf mit seiner großen Gesetzessammlung ein Rechtswerk, das noch lange nachwirkte. Seine 282 Paragraphen beschäftigen sich mit bürgerlichem, Handels- und Strafrecht. Straftaten werden oft nach dem Vergeltungsprinzip »Auge um Auge« gesühnt.

IN STEIN GESCHNITTENE GESETZE *Eine der Stelen, auf denen Hammurapis Gesetze eingraviert waren, steht heute im Louvre. Das Relief im Oberteil zeigt, wie der Sonnengott Schamasch dem König die Symbole der Gerechtigkeit übergibt.*

KÖNIGLICHE LÖWENJAGD

Assyrische Könige liebten die Jagd, und es gehörte zu ihren königlichen Pflichten, die räuberischen Berglöwen zu vernichten, die sich ihre Beute unter Menschen und Vieh holten. Dieses Alabasterrelief aus Nimrud zeigt König Assurnasirpal II., wie er seinen Bogen spannt, um einen verwundeten Löwen zu treffen, den bewaffnete Treiber ihm zutreiben. Hier steht er auf seinem Streitwagen. Mitunter pflegte der König, nur mit einem Schwert bewaffnet, dem König der Tiere zu Fuß entgegenzutreten.

stellte Beamtenschaft nach den Weisungen des Königs verwaltet.

Der Reichtum der Assyrer bestand in den Landesprodukten, dem Ertrag des Außenhandels und der Kriegsbeute. Um den Palast Assurbanipals (669–627 v. Chr.), des letzten großen Assyrerkönigs, zu schmücken, wurden Gold und Elfenbein aus Ägypten herbeigeschafft, Silber aus Syrien, Lapislazuli aus Persien und Zedernholz aus dem Libanon. Die Kaufleute handelten mit Fertigwaren, besonders Textilien, aber auch mit Pferden und Kamelen. Gold, Silber und Kupfer dienten als Zahlungsmittel.

Zusammenbruch eines Imperiums

Nur fünfzehn Jahre nach dem Tode Assurbanipals ging sein großes Reich unter. Die Kraft seiner Persönlichkeit hatte von den Kräften abgelenkt, die diesen Zusammenbruch vorbereiteten: die übermäßige Ausweitung der Grenzen und die Beanspruchung des Staatsschatzes durch die ständigen Kriege, die Aufstände unterworfener Völker, vielleicht sogar ein Nachlassen der Kampfmoral wegen der schweren Verluste bei der fast ununterbrochenen Kriegführung. Was auch immer die Gründe gewesen sein mögen, Assyrien nahm ein blutiges Ende, und im Alten Testament triumphiert der Prophet Nahum über den Fall Ninives:

»Weh der mörderischen Stadt, die voll Lügen und Räuberei ist und von ihrem Rauben nicht lassen will! Denn da wird man hören die Geißeln klappen und die Räder rasseln und die Rosse jagen und

VERTRETER DES KÖNIGS UNTER DEM VOLK

Eine zahlreiche und tüchtige Beamtenschaft verwaltete das ausgedehnte assyrische Reich. Die beiden hohen Beamten auf diesem Wandbild aus dem Gouverneurspalast von Til Barsip in Syrien tragen Haar und Bart nach assyrischer Mode sowie die Höflingskleidung aus bestickten Gewändern, Stirnband und Ohrringen. In jeder Provinz wurde der König durch einen Statthalter vertreten. Seine Beamten trieben die Steuern in Form von Naturalien oder Edelmetallen ein.

die Wagen rollen. Reiter rücken herauf mit glänzenden Schwertern und mit blitzenden Spießen. Da liegen viele Erschlagene, und große Haufen Leichname ...«

Ninive fiel 612 v. Chr. nach einem gemeinsamen Angriff der Babylonier und Meder. Das assyrische Reich wurde zwischen den Siegern aufgeteilt.

MEISTER DER KRIEGSKUNST

Reliefs in Assurnasirpals Palast in Nimrud zeigen, was die Assyrer fast unbesiegbar machte. Die Bogenschützen waren das Rückgrat der Fußtruppen. Hier (oben) schießen sie hinter hohen Weidenschilden hervor. Ihre Dolche und Schwerter waren aus Eisen.

EINE BELAGERUNGSMASCHINE *Nachdem die Feinde aus dem Felde geschlagen waren, berannten die Assyrer ihre Stadtmauern mit Sturmböcken. Wie diese Zeichnung zeigt, konnte der Rammbalken vom Innern des sechsrädrigen Panzers nach rechts und links bewegt werden.*

ERBARMUNGSLOSE SIEGER *Auf dieser Zeichnung nach einem Relief schießen Bogenschützen auf Flüchtlinge, die auf aufgeblasenen Ziegenbälgen über einen Fluß zu entkommen versuchen.*

Unter der Herrschaft Nebukadnezars II. (604–562 v. Chr.) begann ein neuer Aufstieg Babylons, das tausend Jahre nach Hammurapi größer wurde als je zuvor. Im 5. Jahrhundert v. Chr. beschrieb der griechische Historiker Herodot Nebukadnezars Babylon als eine Stadt, »die jede andere Stadt der bekannten Welt an Pracht übertrifft«. Noch heute wirken die Hügel aus zusammengestürzten Lehmziegelmassen ehrfurchtgebietend.

Bei der Ausgrabung Babylons durch den deutschen Archäologen Robert Koldewey trat eine doppelte Stadtmauer von 4–7 m Dicke zutage, die einen Umfang von fast 18 km hatte. Die Stadt war in drei Bezirke aufgeteilt, und Nebukadnezars II. Hauptpalast stand fast in der Mitte nahe der Prozessionsstraße.

Die Babylonier hatten kein Baugestein, sie verkleideten die Lehmziegelmauern mit glasierten Ziegeln. In diesem Material schufen ihre Künstler farbige Ziegelreliefs von großer Kraft und Schönheit. Es gelang Koldewey und seinen Nachfolgern, viele davon zu rekonstruieren, darunter goldgetönte Reliefs schreitender Löwen entlang der Prozessionsstraße, wie die von Stieren und Schlangengreifen am Ischtartor, einem der acht Stadttore. Nebukadnezar II. schrieb:

»Ich habe dem neuen Palast ein festes Fundament gegeben und ihn berghoch mit Erdpech und Backsteinen gebaut. Ich ließ gewaltige Zedern als Dach legen, Türflügel aus Zedernholz mit Kupfer anbringen, bronzene Schwellen und Angeln für die Tore verwenden. Darinnen habe ich Silber und Gold, Edelsteine und alles Kostbare und Herrliche, Reichtümer und Waren zum Schmucke meiner Erhabenheit aufbewahrt und einen gewaltigen Überfluß an königlichen Schätzen angehäuft.«

Die hängenden Gärten

Während Nebukadnezars II. Regierungszeit wurden auch die hängenden Gärten Babylons gebaut, die von den Griechen als eines der Sieben Weltwunder angesehen wurden. Spuren dieser Gärten sind in der Nähe des Palastes in Form einer Gewölbekonstruktion gefunden worden, die eine dicke Erdschicht trug. In Kammern und Schächten waren vielleicht die Pumpanlagen zur Bewässerung der Gärten untergebracht. Diese mögen eine riesige Stufenpyramide gebildet haben, auf deren Terrassen Blumen und Bäume wuchsen.

Die Babylonier waren Reisende und Händler. Ihre Schiffe segelten den Euphrat hinunter zum Persischen Golf und kehrten mit Waren aus Arabien und Indien zurück. Ihre Karawanenstraßen führten nach Kleinasien, Syrien und Persien. Wolle, Textilien und Getreide wurden ausgeführt.

Tausende von Rechnungen, Frachtbriefen und Handelsvereinbarungen sind auf Keilschrifttafeln gefunden worden. Hartsteine und andere Mineralien wurden von Armenien auf Flößen aus aufgeblasenen Häuten eingeführt.

Die Babylonier trieben auch Astronomie, zeichneten Sternkarten, beobachteten die Bewegungen der Planeten, denen sie Namen gaben, und sagten Sonnen- und Mondfinsternisse vorher.

Der Fall Babylons im Jahre 539 v. Chr. durch den Angriff der Perser wird durch die Worte des Propheten Daniel in der Beschreibung des großen Festes beschworen, das Belsazar (Belscharussur) von Babylon, der Letzte seines Geschlechts, veranstaltete:

»König Belsazar machte ein herrlich Mahl seinen tausend Gewaltigen und soff sich voll mit ihnen. Und da er trunken war, hieß er die goldenen und silbernen Gefäße herbringen, die sein Vater Nebukadnezar aus dem Tempel zu Jerusalem weggenommen hatte, daß der König mit seinen Gewaltigen, mit seinen Weibern und mit seinen Kebsweibern daraus tränke ... Und da sie so soffen, lobten sie die goldenen, silbernen, ehernen, eisernen, hölzernen und steinernen Götter.«

Nach Belsazars Fest

Belsazars Befehl war eine Geste der Verachtung gegenüber den Juden gewesen, die Nebukadnezar nach Babylon in die Gefangenschaft gebracht hatte.

Aber während Festlichkeit und Glanz im Königspalast herrschten, hatten draußen in der Dunkelheit die Streitkräfte des Perserkönigs einen Weg gefunden, die anscheinend unbezwingbaren Befestigungen der Stadt zu überwinden.

Der Euphrat floß durch Babylon, war aber zu tief zum Durchfurten. Herodot berichtet, daß Kyros Kanäle graben ließ, durch die das Euphratwasser abgeleitet wurde, so daß seine Truppen im Flußbett in die Stadt waten konnten.

»Wegen der Größe der Stadt wurden die Vorstädte eingenommen, ohne daß die Menschen im Zentrum etwas davon wußten. Ein Fest war gerade im Gange, und während die Stadt in die Hand des Feindes fiel, wurde weiter getanzt und gejubelt ...«

Dann aber erschienen nach Daniels Bericht Finger »wie einer Menschenhand, die schrieben ... auf die getünchte Wand in dem königlichen Saal; und der König ward gewahr der Hand, die da schrieb ... Mene, Mene, Tekel, U-Pharsin ... Man hat dich in einer Waage gewogen und zu leicht gefunden. Dein Königreich ist zerteilt und den Medern und Persern gegeben«.

Ohne die Deutung der Worte durch Daniel würden die Babylonier sie als Rechenaufgabe gelesen haben, die sich auf Gewichte bezog – Mine, Schekel und Pharsin oder halber Schekel.

Jahrhunderte des Plünderns

Die Perser zerstörten Babylon nicht, sondern machten es zu einer der Hauptstädte ihres Reiches, zu dem ganz Babylonien geschlagen wurde. Sie waren nun die beherrschende Macht in Mesopotamien. Zwei Jahrhunderte später wollte Alexander der Große die Stadt gerade zu neuem Leben erwecken, als er dort starb. Nach der Aufteilung seines Reiches setzte ihr Niedergang ein.

Ihre Einwohner verließen sie. Verfall und Plünderung ließen nach 2000 Jahren nur Trümmerberge übrig. Trotzdem sind die Ruinen der ehrwürdige Überrest einer der größten Städte Altmesopotamiens, ein Symbol für eine mehr als 3000jährige Kultur im Land zwischen den zwei Strömen.

DAS ISCHTARTOR VON BABYLON – EIN BAUWERK NEBUKADNEZARS

König Nebukadnezar II. (604–562 v. Chr.) war ein unermüdlicher Bauherr, der Babylon zur prächtigsten Stadt seiner Zeit machte. Von den acht Toren in den dicken Stadtmauern war jedes einem anderen Gott heilig, das großartigste der Göttin der Liebe und des Krieges – Ischtar. Es erhob sich 15 m hoch über der Prozessionsstraße. In 30jähriger Arbeit wurde diese Wiederherstellung geschaffen. Sie steht im Pergamon-Museum zu Berlin. Die Wände der flankierenden Türme aus blauglasierten Ziegeln schmücken weiße und gelbe Reliefs von Schlangengreifen – Symbole des babylonischen Hauptgottes Marduk – und Stieren – Symbole des Blitzgottes Adad, die Wände der Prozessionsstraße zieren Löwen – Symbole der Ischtar. Mit Erdpech zementierte Backsteine bildeten den festen Kern der Mauer, deren Fundamente genauso tief waren wie die Mauer hoch. Das monumentale Tor wurde von Zinnen gekrönt.

Das Reich der göttlichen Pharaonen

2900 v. Chr.–300 n. Chr.

Im fruchtbaren Niltal bauten die Ägypter gewaltige Steingräber für ihre Könige, die als Götter länger als 3000 Jahre über sie herrschten

ÄGYPTEN IM JAHRE 1450 V. CHR.
Das etwa 1000 km lange Tal des lebenspendenden Nils war stets das eigentliche Ägypten. Während des Neuen Reiches reichte die Macht der Pharaonen weit darüber hinaus – bis hin zum Euphrat.

Die bedeutendsten Monumente der Alten Welt hat eine Kultur hervorgebracht, die sich auf dem schmalen Streifen fruchtbaren Bodens im Niltal entfaltete und dort etwa 3200 Jahre blühte. Zu ihrer Hinterlassenschaft gehören auch die Pyramiden von Gise, die Große Sphinx und die fabelhaften Schätze des jungen Königs Tutanchamun. Die bemerkenswertesten Überreste befinden sich jedoch in einem Museumsraum in Kairo, wo der Besucher die Gesichter einiger der größten Herrscher Ägyptens betrachten kann, die Gesichter von Königen, die 3000 bis 2500 Jahre vor der Zeit starben, da Kolumbus Amerika entdeckte.

Für den alten Ägypter war die Erhaltung seines mumifizierten Körpers gleichbedeutend mit seinem Fortleben nach dem Tode. Der tiefe Glaube der Ägypter war die Haupttriebfeder ihrer Kultur. Er inspirierte sie zum Bau großer Tempel am Nil, so des Tempels von Abu Simbel, der 1968 verlegt wurde, um ihn vor den Fluten des neuen Stausees bei Assuan zu retten. Die Religion bestimmte die Regeln der ägyptischen Kunst. Die Pyramiden wurden nicht von fremden Sklaven erbaut, sondern von den Ägyptern selbst, die ihre Arbeit vielleicht als religiösen Dienst an ihren Pharaonen ansahen.

Von ganz entscheidendem Einfluß für die Geschichte Ägyptens ist der Nil gewesen. Ohne ihn gäbe es dort nur leblose Wüste. Der Nil fließt durch das ganze Land rund 1000 km von Süden nach Norden. Er ist die Hauptverkehrsader Ägyptens und der einzige wirkliche Wasserspender, denn der durchschnittliche Niederschlag ist gering, in Kairo etwa beträgt er 34 mm pro Jahr! Der Nil, der im Herzen Afrikas entspringt, durch den Viktoriasee fließt und – nun Weißer Nil genannt – sich bei Khartum mit dem wasserreichen Blauen Nil vereinigt, tritt an der Südgrenze Ägyptens in ein langes, schmales Tal ein, das der Fluß bis zum Bau von Staudämmen, besonders des neuen 1971 fertiggestellten Hochdammes von Assuan, jährlich im August überschwemmte. Angeschwollen von Regen und den Schmelzwassern aus den Bergen Äthiopiens, trug der Nil fruchtbaren

SINNBILD DER MAJESTÄT
Rund 4500 Jahre lang hat die Große Sphinx die Pyramiden von Gise bewacht. Sie ist 73,5 m lang und 20 m hoch und wurde auf Befehl des Königs Chephren aus einem Felsen herausgemeißelt. Das kolossale Bildwerk stellt den König mit dem Leib eines Löwen dar als Symbol ehrfurchtgebietender Herrschermacht. Die Chephrenpyramide hinter der Sphinx ist die zweite der drei großen bei Gise erbauten Pyramiden, die als Gräber der Könige deren Körper auf ewig bewahren sollten. Die Erbauer besaßen weder eiserne Werkzeuge noch Räderfahrzeuge, dennoch versetzten sie die gewaltigen Kalksteinblöcke (Durchschnittsgewicht 50 Zentner) bis auf ½ mm genau. Mindestens 2 Millionen Blöcke wurden für die größte, die Cheopspyramide, gebraucht, die vermutlich über Lehmziegelrampen hochgeschleppt wurden. Wenn die Erbauer die Spitze der Pyramide erreicht hatten, entfernten sie nach und nach den Lehm und polierten dabei die Oberfläche.

Schlamm mit sich, der sich bis zur Grenze der Wüste im Tal ablagerte. 7000 Jahre lang oder noch länger hat der ägyptische Bauer in diesen fruchtbaren Boden sein Korn gesät. Jedes Jahr ging die Saat unter der heißen Sonne auf. Dieser schmale grüne Streifen an den Ufern des Nils gab den Boden ab, auf dem die ägyptische Kultur heranwuchs und zur Blüte kam.

BEGINN DER SCHRIFTLICHEN ÜBERLIEFERUNG

Diese 64 cm hohe Schminkplatte aus Nechen (um 2900 v. Chr.) ist die erste historische Aufzeichnung und das früheste Beispiel ägyptischer Hieroglyphen. Bildlich und symbolisch sind Episoden aus dem Kampf gezeigt, den der aus Oberägypten stammende König Narmer führte, um Unterägypten zu unterwerfen und beide Landesteile unter seiner Herrschaft zu vereinigen. Die Symbole oben rechts bedeuten vermutlich »Horus (der König als Horusfalke) führt 6000 Leute aus dem Norden in die Gefangenschaft«. Die Symbole über dem König nennen seinen Namen: Nar (Tintenfisch) und Mer (Meißel).

DREI KRONEN *Die Pharaonen hatten die Wahl zwischen mehreren Kronen. Die Weiße Krone (links) bedeutet Herrschaft über Oberägypten, die Rote Krone (Mitte) symbolisiert Unterägypten. Beide kombiniert die Doppelkrone (rechts).*

Jenseits der Hochwassergrenze ist das Niltal unfruchtbare Wüste. Der Übergang vom kultivierten Land zur sterilen Einöde ist von erschreckender Plötzlichkeit. Die alten Ägypter nannten den kultivierten Streifen das schwarze Land und die Wüste das rote Land. Im schwarzen Land strotzte alles von Leben; die Wüste jenseits davon war das Reich der Toten, wo die großen Pyramiden und die Totentempel der Pharaonen gebaut wurden und der Adel seine Gräber besaß. Hier lagen auch die einfacheren Gräberfelder, auf denen unzählige Generationen der ärmeren Bevölkerung bestattet waren.

Der tiefgelegene Teil der Wüste zieht sich bis zu den Randhöhen hin, die das Niltal begrenzen und die stellenweise nur ein paar hundert Meter vom fruchtbaren schwarzen Land entfernt sind, an anderen Stellen jedoch bis zu 8 km. Diese Randhöhen bildeten die Grenzen des alten Ägypten. Hinter ihnen erstreckt sich die hochgelegene Wüste 160 km weit bis zum Roten Meer im Osten und 4800 km über die weglose Sahara hinweg bis zu den Küsten Afrikas im Westen.

Zähmung der Wassermassen

Die ersten Ägypter waren wandernde Jäger und Herdenbesitzer, die um 5000 v. Chr. aus der Wüste ins Niltal hinabstiegen. Sie lernten es, Korn in den Schlamm zu säen, der nach der sommerlichen Überflutung zurückblieb. Sie hielten Schafe, Ziegen und Rinder, Hunde zum Jagen und Esel als Lasttiere. Diese vorgeschichtlichen Ägypter pflanzten auch Flachs an, webten Stoffe, töpferten und bauten sich Hütten aus Lehm und Schilf. Schließlich begannen sie, in geordneten Gemeinschaften in Siedlungen zu leben. Der im allgemeinen verläßliche und wohltätige Nil konnte mitunter allzuviel Hochwasser führen, was verheerende Überschwemmungen zur Folge hatte, oder zuwenig, was zu Hungersnöten führte. Die Bauern schlossen sich deshalb schon früh zusammen, um gemeinsam Deiche und Speicher zu bauen, damit sie das Wasser unter Kontrolle halten und Getreide für die mageren Jahre lagern konnten.

Im Laufe der Zeit wurde das Leben komplizierter, Handwerk und Technik spezialisierten sich, man lernte es, Kupfer und Stein zu bearbeiten, Vasen zu bemalen, Körbe zu flechten, Bier zu brauen und Wein anzubauen. Die Töpferscheibe wurde eingeführt, wahrscheinlich aus Vorderasien.

Schon bald folgte die Erfindung einer Schrift. Obgleich die Idee des Schreibens aus Mesopotamien gekommen sein mag, ist die Hieroglyphenschrift, die Bildzeichen für Ideen und Laute verwendet, von der Keilschrift der Sumerer ganz verschieden und muß auf ägyptischem Boden entstanden sein. Die ältesten Belege befassen sich auch nicht mit wirtschaftlichen Dingen, wie bei den Sumerern, sondern sind geschichtliche Aufzeichnungen. Obgleich wir sie nicht völlig verstehen können, ist ihnen etwas über die Taten und Errungenschaften der ersten Pharaonen zu entnehmen. Um 3200 v. Chr. gab es zwei wichtige Königreiche in Ägypten, Unterägypten im Nildelta und Oberägypten, das in Nechen, etwa 70 km südlich von Luxor, seine Hauptstadt hatte.

Um 2900 v. Chr. eroberte ein König von Nechen, der gewöhnlich Menes genannt wird, den Norden und wurde somit König von Ober- und Unterägypten – ein Titel, der während der gesamten Geschichte Altägyptens beibehalten wurde. Er war der erste einer langen Reihe von Pharaonen, deren Namen in Tempelaufzeichnungen bewahrt worden sind. Das Wort Pharao ist eine biblische Bezeichnung, die ägyptisch »großes Haus« oder »Palast« bedeutet, mit ihm wurde in späterer Zeit auf den ägyptischen König verwiesen; es war aber niemals dessen Titel.

Entstehung einer Nation

Menes und seine Nachfolger schweißten den Norden und den Süden zusammen. Dadurch wurden die alten Ägypter in einer Welt der kleinen Gaue und Stadtstaaten als erste zu einem Volk zusammengefaßt. Während der *Frühzeit* der ägyptischen Geschichte (2900 bis 2660 v. Chr.) kämpften ägyptische Armeen auf ihrer Suche nach Rohmaterialien wie Hartgestein, Kupfer und Gold mit nubischen Stämmen und Wüstenbeduinen. Ihre Schiffe segelten längs der Küste des Mittelmeeres zum Libanon, wo sie das Bauholz holten, das es in Ägypten nicht gab.

Die Hieroglyphen entwickelten sich aus kurzen Folgen von Bildzeichen zu einer Schrift mit einer großen Anzahl von Zeichen. Sehr viel besser zum Schreiben geeignet als die Tontäfelchen Mesopotamiens waren die von den Ägyptern erfundenen Papyrusrollen. Das Mark der Papyruspflanze wurde in Streifen von gleicher Länge geschnitten, die nebeneinandergelegt und flachgehämmert wurden, so daß glatte Rollen entstanden, die von Schreibern mit Tinte beschrieben werden konnten. Unser Wort *Papier* kommt von Papyrus.

Steinmetzen, die nur mit Kupfermeißel und Bogenbohrer arbeiteten, schufen zarte Gefäße aus so hartem Material wie Diorit und Porphyr. Wegen seiner Äderung verwendeten sie auch Alabaster und fertigten Schalen aus Bergkristall, die dünn wie Eierschalen waren. Mit großem Geschick stellten die Schreiner Möbel und Kästen mit Einlegearbeiten her. Goldschmiede und Juweliere schufen allerfeinstes Geschmeide, und eine Vielzahl von Werkzeugen und Waffen wurden aus Kupfer gegossen oder mit dem Hammer geschmiedet.

Ein Körper für das Leben nach dem Tode

In vorgeschichtlichen Zeiten begruben die Ägypter ihre Toten im Sande. Das trockene Klima verhinderte den völligen Zerfall, so daß die Haut und das Haar dieser Leichen oft erhalten blieben. Vielleicht hat diese Tatsache die Ägypter auf den Gedanken gebracht, die Körper ihrer Könige und sonstiger hochgestellter Personen durch den langwierigen und kostspieligen Prozeß der Einbalsamierung zu konservieren.

Die Könige und Adligen der Frühzeit wurden in großen kastenförmigen Bauten aus Lehmziegeln bestattet, die kunstvoll ausgeschmückt und ausgemalt wurden und manchmal hölzerne Decken und steinerne Böden besaßen. Diese Gräber – heute *Mastaba* (arab. Bank) genannt – enthielten Nahrungsmittel, Möbel, Waffen und Schmuck für das Leben nach dem Tode. Durch eine Scheintür sollte sich der Kontakt zwischen den Toten und den Lebenden vollziehen. Speise und Trank wurden den Toten von Priestern oder Verwandten gebracht.

Schon zu dieser sehr frühen Zeit wurden Versuche gemacht, die Leichen zu konservieren, doch waren sie nicht sehr erfolgreich. Möglichst ähnliche Statuen vertraten die Toten in ihren Gräbern. Sie waren zur Sicherheit in einer Kapelle eingemauert, und es wurde angenommen, daß sie durch ein Loch in der Wand den Weihrauch riechen und das Essen schmecken konnten, das ihnen gebracht wurde. Auch den Armen in ihren flachen Gräbern wurde mitgegeben, was ihnen im Leben am teuersten gewesen war, ein Dolch etwa oder eine Perlenschnur und einige Krüge mit Speise und Trank.

Die erste große Periode der ägyptischen Kultur, das sogenannte *Alte Reich* (2660 bis 2160 v. Chr.), begann, als zum erstenmal Stein für ein ganzes Bauwerk verwendet wurde. König Djoser, dessen Regierung etwa 2660 v. Chr. begann, baute die Stufenpyramide, das älteste Steinmonument der Welt, nahe der Hauptstadt Memphis. Diese Pyramide in Sakkara wurde von Djosers berühmtem Architekten Imhotep entworfen. Sie ist das erste jener enormen Pyramidengräber, die noch heute von der übermenschlichen Stellung ihrer Erbauer erzählen. Die Stufenpyramide war ursprünglich eine Mastaba, die zu einem riesigen sechsstufigen Bauwerk von 60 m Höhe mit einer Grundfläche von 107 x 123 m ausgebaut wurde.

Kaum hundert Jahre später hatte sich die eigentliche Pyramidenform entwickelt, bei der die Grabkammer nicht mehr tief unter, sondern im Herzen der Pyramide zu finden ist. Der Eingang wurde unter einer glatten Verkleidung versteckt, und die massiven Kalksteinblöcke, von denen jeder durchschnittlich 50 Zentner wog, machten das Eindringen von Grabräubern zu einem mehr als schwierigen Unternehmen. Trotzdem sind viele Pyramiden, ebenso wie die früheren Mastabas, erbrochen und ausgeraubt worden.

Eine Treppe zur Sonne

Was die Form der Pyramide eigentlich bedeutet, ist unbekannt. Vielleicht stellt die Stufenpyramide eine gewaltige Treppe dar, über die der König zur Sonne aufstieg, während die schrägen Seiten der späteren Pyramiden die Sonnenstrahlen symbolisieren, die den König zur Sonne hinaufführten. Denn im alten Ägypten schrieb man dem König eine Göttlichkeit zu, die ihn von allen gewöhnlichen Sterblichen schied. Im Leben verkörperte er den Himmelskönig Horus; im Tode schloß er sich dem Sonnengott Re an und segelte in dessen Himmelsboot über das Firmament.

Von allen Monumenten der Antike haben die drei Pyramiden von Gise die Phantasie der Menschen am meisten beschäftigt. In diesen gewaltigen Steinhügeln sind im 26. Jahrhundert v. Chr. ein Vater, sein Sohn und Enkel beigesetzt worden. Die größte und erste von ihnen ließ König Cheops bauen, der in einer Granitkammer im Mittelpunkt derselben beigesetzt wurde. Die Pyramide bedeckte eine Fläche von 52 900 qm, und es sind in ihr beinahe 2,5 Millionen cbm Gestein verbaut. Sie war fast 147 m hoch, und ihr ein-

EIN PHARAO ZWISCHEN ZWEI GÖTTINNEN

Eine in einem Totentempel von Gise gefundene Steingruppe zeigt König Mykerinus, der um 2500 v. Chr. regierte, in Gesellschaft von Göttinnen. Von rechts umarmt die Himmelsgöttin Hathor den König, von links die Schutzgöttin des Gaues von Assiut, über deren Kopf sich das Emblem des 17. oberägyptischen Gaues, ein auf einer Stange getragener liegender Schakal, befindet.

ziger Eingang befindet sich 15 m über dem Boden auf der Nordseite. Die Seiten der Pyramide verlaufen fast exakt in nordsüdlicher und ostwestlicher Richtung. Die Cheopspyramide war mit poliertem Kalkstein verkleidet, doch ist davon kaum noch etwas übrig. Die zweite Pyramide von Gise wurde von Cheops' Sohn Chephren erbaut. Obgleich sie etwas kleiner ist, hinterläßt sie einen vielleicht noch stärkeren Eindruck, da hier der Gesamtkomplex erhalten ist. Er besteht aus dem Pyramidengrab, dem Totentempel auf der Ostseite, wo dem toten König Opfer für sein Leben im Jenseits gebracht wurden, dem langen Dammweg, der vom Tal heraufführte, und dem Tempel im Tal, in dem der Leib des Königs vor der Beisetzung einbalsamiert wurde. Dieser Tempel ist aus gewaltigen Granitpfeilern erbaut. Neben dem Dammweg befand sich ein Kalksteinfelsen, aus dem die Große Sphinx herausgemeißelt wurde – eine Darstellung des Königs Chephren als Löwe mit Menschenhaupt. Die dritte Pyramide von Gise, die von Chephrens Sohn Mykerinus erbaut wurde, ist weniger als halb so groß wie die Pyramide seines Großvaters Cheops.

Seile, Rampen und Menschenkraft

Die Erbauer der Pyramiden besaßen keine komplizierten mechanischen Vorrichtungen. Weder Flaschenzug noch Winde, noch Kran waren entdeckt. Ihnen standen nur Seile und Hebel zur Verfügung, dazu eine Menge Steine und Erde sowie unzählige menschliche Arbeitskräfte.

Bei all ihrer unzulänglichen Ausrüstung waren die Ägypter ungewöhnlich einfallsreich und ausdauernd. Große Steinblöcke wurden von Hunderten von Menschen mit reiner Muskelkraft schräg ansteigende Rampen aus Lehmziegeln hinaufgezerrt, wobei die lehmige Oberfläche zuvor mit Wasser gleitend gemacht worden war. Auf hartem Untergrund wurden Rollen unter die Blöcke geschoben, um den Transport zu erleichtern. Die verwendeten Seile bestanden aus gedrehtem Papyrus. Steinblöcke wurden in den Brüchen mit Kupfermeißeln oder durch Reihen von eingetriebenen Holzkeilen abgesprengt, die durch Anfeuchten zum Quellen gebracht wurden. Die Oberfläche der Steine bearbeitete man an Ort und Stelle durch Klopfen mit härterem Stein. Sollte die Oberfläche völlig eben werden, so verwendete man als Wasserwaage ein primitives kleines Lehmgefäß mit Wasser. Die auf den Randhöhen gebrochenen Blöcke wurden zum Fluß geschleppt und in Barken zum Verwendungsort gebracht. Die Blöcke aus feinem weißem Kalkstein, mit denen die Cheopspyramide verkleidet war, sind wahrscheinlich während der jährlichen Überschwemmungszeit bis nahe an die Baustelle am Rande der Wüste herangeflößt worden.

Beim Bau eines Steintempels wurde Lehm als innere Abstützung verwendet. Während die Wände und Säulen wuchsen, wurde immer mehr Lehm nachgefüllt, so daß, wenn das Dach aufgesetzt wurde, der ganze Tempel manchmal bis oben hin mit Lehm angefüllt war. Dann wurde der Lehm allmählich wieder abgetragen, wobei die Steinmetz- und Malarbeiten zur Verzierung des Tempelinneren von oben nach unten fortschritten.

Macht des Pharaos

Am Bau der Pyramiden und Tempel beteiligt zu sein, war für die Ägypter eine Arbeit von großer Bedeutung. Denn das Land und Volk der Ägypter gehörten den Göttern, insbesondere dem Gott Horus, den der Pharao während seines Lebens auf Erden repräsentierte. Der Pharao hatte die Aufgabe, die Ordnung des Universums aufrechtzuerhalten, die im Moment der Erschaffung der Welt entstanden war und nicht nur die soziale und politische Struktur Ägyptens umfaßte, sondern auch die Naturgesetze, die Bewegung der Himmelskörper, den Wechsel der Jahreszeiten und die jährlichen Hoch- und Niedrigwasserzeiten des Nils. Die Tausende von bäuerlichen Arbeitern, die an der ungeheuren Bemühung beteiligt waren, einen Tempel oder ein Pharaonengrab zu bauen, wirkten an einem Vorhaben mit, das, wie man glaubte, die denkbar besten Auswirkungen für das Land und das Volk haben mußte.

Durch die ganze ägyptische Geschichte hindurch kam letztlich dem König die absolute Autorität auf allen Gebieten der Verwaltung zu, obgleich er die täglichen Geschäfte notwendigerweise seinem Wesir und einer ständig wachsenden Anzahl von Beamten überlassen mußte. Da nur der König die Götter erreichen konnte, mußte jeder Kontakt mit dem Göttlichen über ihn gehen. Er hatte bei den Göttern für die Menschen einzutreten, die richtigen Riten zu beobachten und die notwendigen Opfer zu bringen, damit es Ägypten wohl ergehe. In der Theorie war der König deshalb der Oberpriester jedes Tempels im ganzen Lande; er ernannte die übrigen hohen Priester und stattete die Tempel mit Landbesitz und Einkommensquellen aus.

Vielgötterei

Die Ägypter hatten Hunderte von Göttern; einige wurden nur in bestimmten Städten oder Gauen verehrt, andere überall im Lande. Einige nahmen die Gestalt von Kühen, Stieren, Löwinnen, Affen oder Krokodilen an, während andere kosmische Kräfte verkörperten, wie Sonne und Mond, Sterne und den Himmel. Der Grund für die Vielzahl der Götter und die oft nicht zu vereinbarenden Vorstellungen über sie liegt in der ägyptischen Vergangenheit. Als das Reich geeint wurde, mußte die Staatsreligion eine große Anzahl örtlicher Kulte aufnehmen, von denen viele wohl aus der Verehrung primitiver Totems oder heiliger Gegenstände hervorgegangen waren. Einige konnten zusammengefaßt werden, andere blieben unverändert; aber auch spätere Versuche, Götterfamilien zu bilden, führten nicht zu einer Vereinfachung der Götterwelt.

Es bestand jedoch das Bestreben, in einem einzigen Gott die Funktionen mehrerer Ortsgötter zu vereinen, und einige Götter, deren Kult der Pharao förderte und die in den größeren Städten und Tempeln angebetet wurden, entwickelten sich schließlich zu Nationalgöttern. So etwa Horus, der persönliche Gott des Königs, Ptah, der Gott von Memphis, Re, der Sonnengott von Heliopolis, Hathor, die kuhköpfige Göttin, die Beschützerin der Frauen, und Amun (oder Amun-Re), der im Neuen Reich zum mächtigsten aller Götter Ägyptens wurde.

Weil die religiösen Riten den Ägyptern so wichtig erschienen, war ihre Kunst keine reine Suche nach Schönheit, sondern auf das Religiöse gerichtet. Skulpturen und Malereien schmückten nicht die Häuser der Lebenden, sondern Tempel und Gräber. Sogar die Schlachtenszenen an den Tempelwänden des Neuen Reiches und die Szenen aus dem

ALLTAG AUF DEM LANDE

Bei weitem der größte Teil der Bevölkerung Altägyptens arbeitete auf dem Lande. Damals wie heute gab das fruchtbare Niltal reiche Ernten. Reliefs, Malereien und Modellfiguren aus den Gräbern ägyptischer Adliger geben ein lebendiges Bild vom Alltag der Bauern und ihrer Arbeit.

BEIM PFLÜGEN *Rinder dienten den Bauern zu mancherlei Zwecken. Ein Holzmodell aus der Zeit um 2000 v. Chr. zeigt Rinder vor einem primitiven Pflug. Ochsen wurden zum Dreschen gebraucht. Sie zogen auch die Särge der Pharaonen und der Adligen zu deren Grabstätten und mit Steinen beladene Schlitten zu Baustellen.*

ERNTEZEIT *Die Malereien aus dem Grabe des Menna, eines »Schreibers der Äcker« (15. Jh. v. Chr.), zeigen Feldarbeiten unter seiner Leitung. Oben wird das Getreide geworfelt, damit der Wind die Spreu vom Korn trennt. Unten ist ein Teil des Getreides gemäht worden, und Ähren werden in Netzen zur Tenne befördert. Obwohl es sich um ein Grabbild handelt, fehlt ihm nicht eine humoristische Note – ein schlafender Knabe und zwei streitende Ährenleser.*

DIENER FÜR DAS LEBEN NACH DEM TODE

Gelegentlich wurden bemalte Holzfiguren in die Gräber gestellt. Magie, so glaubte man, würde sie beleben, damit sie den Toten dienten. Im Grab des Meketre, eines thebanischen Adligen um 2000 v. Chr., fand man Figuren von Dienern und Gefolgsleuten, die ihrem Herrn auch im Tod dienen sollten. Hier wird eine Viehzählung dargestellt, die Meketre von seinem Podium aus beobachtet.

alltäglichen Leben in den Gräbern der Adligen hatten einen religiösen Zweck. Daher waren die Künstler in der Formgebung an starre Überlieferungen gebunden, an die man sich mit geringen Änderungen 3000 Jahre lang hielt. Rundplastiken mußten symmetrisch sein. Bei einer stehenden Figur mußten das linke Bein vorgeschoben sein und die Hände, zur Faust geballt, seitlich herabhängen, falls kein Stab oder Zepter gehalten wurde. Die Haltung von Händen und Armen, die Frisuren, Kleider und schmückendes Beiwerk unterlagen sämtlich festen Regeln, und das Größenverhältnis zwischen den einzelnen Körperteilen war ein für allemal festgelegt.

Die Reihen ruhiger, majestätischer, schreitender oder sitzender Figuren der ägyptischen Bildnerei erscheinen auf den ersten Blick monoton, aber eine genauere Betrachtung enthüllt feine Unterschiede. Die unveränderliche Förmlichkeit der königlichen Figuren kontrastiert mit der freien, auf scharfer Beobachtung beruhenden Gestaltung der Diener und Arbeiter, die in einer unendlichen Vielzahl von Haltungen erscheinen: laufend, springend, tanzend, ziehend, beim Mähen und Worfeln und beim Instrumentenspiel zur Unterhaltung ihrer Herren. Auch die meisterhaften Darstellungen von Tieren verraten genaue Beobachtungsgabe. In Malerei und Flachrelief fällt die Vernachlässigung der Perspektive auf. Der Künstler sollte nicht das darstellen, was er sah, sondern das, wovon er wußte, daß es vorhanden war. Deshalb zeichnete er alle wichtigen Teile des menschlichen Körpers – Kopf, Schultern, Arme, Beine und Füße – so deutlich wie nur möglich und in der dem Auge vertrautesten Erscheinungsweise, unabhängig von der Blickrichtung. Einige moderne Künstler ließen sich von den Ägyptern zur kubistischen Behandlung natürlicher Formen inspirieren.

Mathematik und Medizin

Zur Vereinfachung der Verwaltung wurden im alten Ägypten schon sehr früh eine praktische Mathematik und ein Zahlensystem entwickelt, um Probleme zu lösen, die beim Bauen, Landvermessen und bei der Besteuerung auftraten. Die Schreiber verstanden mit Brüchen und Quadratwurzeln zu arbeiten und den Flächeninhalt eines Kreises oder das Volumen eines Zylinders zu berechnen. Obgleich die Ägypter nur geringe Fortschritte in der Voraussage der Bewegung von Himmelskörpern machten, benannten sie doch die Sterne, trugen sie auf Karten ein und entwickelten einen Kalender. Das Jahr zu 365 Tagen, das auf der Zeitspanne zwischen den jährlichen Hochwassern des Nils beruhte, geht wahrscheinlich auf die Ägypter zurück.

EIN SCHREIBER UND SEINE SYMBOLE

Der Beruf des Schreibers war im alten Ägypten hoch geachtet, und die Kenntnis des Lesens und Schreibens war der erste Schritt zur Beamtenlaufbahn. Die Ausbildung bestand im Auswendiglernen und Abschreiben. Musterbriefe wurden zur Übung benutzt.

DER SCHREIBER *Diese Statue (um 2400 v. Chr.) zeigt einen schreibenden Beamten, den Richter Kai. Früher hielt er eine Rohrfeder in der Hand. Ein Schreiber mußte 700 Zeichen auswendig kennen.*

Leben | *Auge, tun* | *alt* | *mit* | *herrschen* | *Nacht* | *ein Gott*

Anatomische Kenntnisse erwarben sie sich beim Einbalsamieren der Leichen, und ägyptische Ärzte und Chirurgen waren in der gesamten antiken Welt berühmt. Imhotep, der Architekt der Stufenpyramide, galt später auch als berühmter Arzt und wurde schließlich ihr Schutzherr. Durch Experimente mit den Heilkräften verschiedener Substanzen und Pflanzen, darunter des opiumhaltigen Mohns, hatten sich ägyptische Ärzte im Laufe der Jahrhunderte gründliche Kenntnisse über die Wirksamkeit von Arzneien verschafft. Ihre medizinischen Abhandlungen befassen sich mit der Diagnose und Behandlung verschiedener Krankheiten. Oft war Magie im Spiel, und manche Krankheiten, deren Ursache unverständlich war, mußten mit Zauber und Beschwörungen ausgetrieben werden. Manche Behandlungsweisen bestimmter Krankheiten sind jedoch von der modernen Medizin bestätigt worden, und eine Schrift über Knochenbrüche, zeigt recht fortgeschrittene klinische Kenntnisse.

Hundert Jahre Bürgerkrieg

Die Erbauer der Pyramiden von Gise haben der Nachwelt wenig mehr hinterlassen als ihre Porträts in Stein und ihre gewaltigen Grabbauten. Aber schon diese sind Zeugnis genug von ihrer absoluten Macht und den unbeschränkten Mitteln, die ihnen zur Verfügung standen. Nach 2470 v. Chr. begann jedoch ein Verfall dieser Macht infolge dynastischer Streitigkeiten. Den Gefolgsleuten gewährte Landschenkungen und Steuerbefreiungen minderten den Reichtum der Krone, und die Autorität der Zentralregierung verfiel mehr und mehr.

Nach der längsten überlieferten Regierungszeit der Geschichte – König Pepi II. kam als sechsjähriger Knabe auf den Thron und wurde 100 Jahre alt – zerfiel die Zentralgewalt, und Ägypten wurde ein Jahrhundert lang von Bürgerkriegen zerrissen. Örtliche Große nahmen für sich das Recht in Anspruch, die Krone zu tragen; aber diejenigen, die den Thron in Memphis und später in Herakleopolis in Mittelägypten bestiegen, wurden in den südlichen Gauen nicht anerkannt. Unsicherheit und innere Kämpfe verhinderten den Schutz der Grenzen, so daß Nubier und asiatische Beduinen plündernd einfallen konnten.

2040 v. Chr. war das Land wieder geeint und die Ordnung wiederhergestellt durch eine Familie aus der Gegend von Theben in Oberägypten unter Mentuhotep I., dem »Einiger der beiden Länder«, der während seiner langen Regierungszeit die Grundlagen zu einem neuen Aufschwung legte. Die Steinbrüche wurden wieder eröffnet, Tempel und Paläste gebaut und der Seehandel erneut aufgenommen. Das *Mittlere Reich* (2040 bis 1785 v. Chr.) war zunächst eine Art ägyptische Feudalzeit. Obgleich die Macht des Pharaos weiterhin absolut war, durften Gaufürsten, die der königlichen Familie zur Macht verholfen hatten, als Vizekönige in ihren Gebieten leben, und einigen gelang es, ihren Einflußbereich noch auszudehnen.

Die noch immer mächtigen Pyramiden der Könige des Mittleren Reiches wurden nicht mehr aus Steinen, sondern aus Lehmziegeln erbaut, auch die Gräber der Gaufürsten waren groß und kunstvoll gestaltet. Diese hielten sich Bewaffnete und stellten ihre Porträtstatuen in den örtlichen Tempeln auf. Der König besaß jedoch seine eigene große ständige Armee, und die Grenzen des Landes wurden gehalten. Eine Reihe von Forts mit starken Garnisonen deckten den Süden gegen Invasionen afrikanischer Stämme, während eine zweite befestigte Linie das Nildelta im Norden vor asiatischen Angriffen schützte. Handelsschiffe segelten südwärts durch das Rote Meer zum Lande Punt, also vermutlich nach Somaliland, um Ebenholz und Weihrauch zu holen, und nordwärts zu den Stadtstaaten Syriens, um Bauholz, Lapislazuli und andere Luxusartikel der Mittelmeerländer zu beschaffen. Die halbfeudale Macht der örtlichen Regenten wurde durch einen energischen und kraftvollen König gebrochen. Sesostris III. reorganisierte das Land und unterstellte es direkt seinem Wesir und anderen Ministern der Krone.

Krieger des Neuen Reiches

Die Monarchie wurde einige Generationen später wieder durch Auseinandersetzungen zwischen mächtigen rivalisierenden Familien geschwächt. Unter den Mächtegruppen waren die Hyksos, Einwanderer aus Palästina oder Syrien, am erfolgreichsten. Sie hatten sich im östlichen Nildelta niedergelassen und brachten Memphis und einen Teil des Niltals südlich davon unter ihren Einfluß.

Um 1560 v. Chr. vertrieb der thebanische Fürst Ahmose die Hyksos nach Palästina. Mit ihm beginnt das *Neue Reich* (1557 bis 1085 v. Chr.). Der Waffenerfolg in Palästina führte zur Einführung neuer Waffen in die ägyptische Armee, darunter des zusammengesetzten Bogens, der aus Horn und Sehne bestand und mit dem man weiter schießen konnte als mit dem gewöhnlichen Bogen; ferner des Krummsäbels sowie des Pferdes und des leichten Streitwagens, welche einer fliegenden Kolonne Schnelligkeit beim Manövrieren verliehen. Die ägyptischen Krieger des Neuen Reiches waren nicht mehr leicht bekleidet und nur mit Lanze und Keule ausgestattet. Sie trugen Helm und Harnisch und wurden von großen Söldnerscharen begleitet.

Der König auf vergoldetem Streitwagen führte seine Truppen selbst in die Schlacht. Von Jugend an wurden die Prinzen militärisch und sportlich ausgebildet, um sie auf ihre kriegerischen Aufgaben vorzubereiten. Diese neue Vorstellung von der Rolle der Monarchie wendete das Schicksal Ägyptens.

Die Pharaonen mit ihren Armeen, denen der Handel mit den Nachbarländern nicht mehr genügte, wandten sich Eroberungen zu, die sie nacheinander mit allen Großmächten Vorderasiens in Konflikt bringen mußten. Der Erfolg führte sie an das Ufer des Euphrat und weit in den Sudan hinein. Von dort brachten sie Beute und zahlreiche Gefangene mit, von denen die meisten als Sklaven den Nationalgöttern geweiht wurden, besonders Amun, dem thebanischen Gott, in dessen Tempel sich fabelhafte Reichtümer anhäuften und dessen Priester eine beispiellose Machtstellung im Lande einnahmen.

URALTE GÖTTER

Die Ortsgötter der verschiedenen Teile Ägyptens wurden nach der Einigung des Landes in die Staatsreligion übernommen und weiterhin verehrt. Viele der ältesten, noch aus vorgeschichtlicher Zeit stammenden Götter hatten die Gestalt von Tieren, in der man sie bis zum Ende der ägyptischen Kultur verehrte. Oft wurden sie mit menschlichen Körpern und Tierköpfen dargestellt. Eine Holztafel von 1400 v. Chr. (links) zeigt Re-Harachte, der die Kennzeichen zweier Götter in sich vereint. Er hat den Falkenkopf des Horus und trägt als Krone die Sonnenscheibe des Re, des in Heliopolis, der Sonnenstadt, verehrten Sonnengottes. Im Bild hat eine Frau dem Gott Speise- und Trankopfer dargebracht und betet ihn an. Die von ihm ausgehenden Strahlen treffen segnend das Gesicht der Frau. Der Künstler hat die Sonnenstrahlen phantasievoll in einen Strom kleiner Blumen verwandelt.

DER HIMMEL WIRD HOCHGEHALTEN *Eine Schöpfungslegende berichtet von der Himmelskönigin Nut, die auf allen vieren über der Erde steht. Ihr Körper ist mit Sternen besetzt. Auf diesem Papyrus streckt Schu, der Luftgott, seine Arme empor, um Nut hochzuhalten. Unter Schu liegt Geb, der Erdgott, der Gemahl der Himmelskönigin. Widderköpfige Geister helfen Schu.*

DER GEWALTIGE TEMPEL DES REICHSGOTTES AMUN

Die große Säulenhalle des Tempels von Karnak auf dem Ostufer des Nils bei Theben ist Teil eines gewaltigen Bauwerks, das um 2000 v. Chr. begonnen wurde. Die meisten Pharaonen des Neuen Reiches bauten daran weiter. Der Tempel war Amun geweiht, einem nach Theben übertragenen Windgott, der mit dem Aufstieg der Stadt zum Reichsgott wurde. Mit dem Sonnengott Re bildete er die Göttereinheit Amun-Re. Die 134 großen Säulen dieser Halle sind mit Hieroglyphen und mit Bildfolgen geschmückt, die Ramses II. beim Darbringen von Opfern für Amun und andere Götter zeigen. Jenseits der Halle erstrecken sich weithin die Ruinen von Toren, Höfen, Obelisken und Heiligtümern. Der Tempel war lange der religiöse Mittelpunkt Ägyptens.

Gewaltige Bauten wurden in Angriff genommen. Auf dem Ostufer des Nils bei Theben entstand in Karnak der riesige Tempel Amuns, der von jedem nachfolgenden Pharao durch neue Hallen, Tore und Obelisken bereichert wurde. Gegenüber auf dem westlichen Ufer wurden große Totentempel errichtet, in denen Gottesdienste für des Königs *Ka* oder Seele von den Priestern bis in alle Ewigkeit abgehalten werden konnten.

Das Tal der Könige

Die Könige des Neuen Reiches wurden nicht mehr in imposanten, jedermann sichtbaren Pyramiden begraben. Ihre Gräber liegen in einem verlassenen Tal, das heute das Tal der Könige heißt, tief in den Felsen versteckt, um sie so den Grabräubern zu entziehen. Auch das hat sie nicht schützen können. Am Ende des Neuen Reiches war jedes Königsgrab, abgesehen von Tutanchamuns Grab, erbrochen und ausgeraubt.

Im Neuen Reich war der Beamtenapparat umfangreich, kompliziert und wohl auch recht starr. Jedermann wollte Lesen und Schreiben lernen, um in den Staatsdienst eintreten zu können. Alles wurde aufgeschrieben, registriert, verzeichnet. Jedes Geschäft wurde vermerkt, jeder Laib Brot gezählt. Zu einer Zeit, als das Geld noch nicht erfunden war, wo Steuern in Gerste und Rindern und Gehälter in Bier und Brot bezahlt wurden, war eine ausgeklügelte Buchhaltung eine Notwendigkeit.

Theoretisch ernannte der König die hohen Beamten; praktisch folgte gewöhnlich der Sohn seinem Vater ins Amt, obgleich eine Beförderung wegen besonderer Verdienste durchaus möglich war. Der König war die Quelle der Gerechtigkeit, seine Erlasse Gesetz. Doch scheint es auch eine Gesetzessammlung gegeben zu haben, an die sich der Wesir halten konnte. Die meisten Streitigkeiten wurden in Ortsgerichten entschieden.

Papyrusrollen aus der Zeit des ausgehenden Neuen Reiches berichten vom Verhör einer Gruppe von Verschwörern, die des Hochverrats bezichtigt wurden, und dem Prozeß gegen Grabräuber, denen die Plünderung der thebanischen Königsgräber zur Last gelegt wurde. In beiden Fällen scheinen die Richter ihre Untersuchungen unter sorgfältiger Beachtung des Prinzips der Gerechtigkeit geführt zu haben. Es war den Angeklagten erlaubt, sich selbst zu verteidigen, und während die Rädelsführer zum Tode verurteilt wurden, gingen einige Angeklagte frei aus.

Reiche Ägypter erfreuten sich eines sehr reizvollen, verfeinerten Lebensstils schon 1000 Jahre vor der Zeit, da die griechische Kultur ihre Blüte erreichte. Sie lebten in behaglichen Villen, aßen feingewürzte Speisen, rühmten sich des Jahrgangs ihrer Weine und unterhielten sich über das Können von Handwerkern und Musikern.

Komfort im Hause

Das Haus eines wohlhabenden Ägypters bestand aus Lehmziegeln, war weiß gekalkt und hatte ein oder zwei Stockwerke. Läden oder Vorhänge schlossen das Sonnenlicht aus, während der große Innenraum durch einige Oberlichter erhellt wurde. Die Wände waren oft mit bunten Mustern bemalt. Die Möbel waren einfach, von guter Form und sogar nach unseren Begriffen bequem. Hokker und Liegen hatten daunengestopfte Kissen und Stühle gefederte Rückenlehnen. Die Betten bestanden aus einem Holzrahmen mit Flechtwerk, und zur besseren Kühlung schlief man nicht auf Kissen, sondern benutzte nach Maß angefertigte hölzerne Kopfstützen. Tische, Kästchen und Truhen waren oft mit Einlegearbeit verziert. Jeder Haushalt buk und braute selbst.

Obgleich die Kultur der Ägypter von gleichzeitigen vorderasiatischen Kulturen abwich, war Ägypten doch niemals isoliert. Es gab einen ständigen Handelsverkehr mit den Babyloniern, Assyrern und Phönikern sowie mit den Hethitern und Israeliten. Ägypten wurde von den Nachbarn beeinflußt und hatte seinerseits großen Einfluß auf sie. Besonders eng war der Kontakt mit der ägäischen Welt. Von 1450 v. Chr. an brachten Abgesandte von Kreta und Mykene dem ägyptischen Hofe Freundschaftsgeschenke; und als die mykenischen Griechen in Zypern und an der syrischen Küste Fuß faßten, beeinflußten sie die umgebende orientalische Welt tief. Als die Griechen zum erstenmal nach Ägypten kamen, staunten sie über die alte Kultur, über die Städte mit ihrem pulsierenden Verkehr und den leuchtend bemalten Tempeln sowie über die Feste und den Pomp der Ägypter.

Kunsthandwerk

Die unter königlichem Patronat arbeitenden ägyptischen Handwerker erreichten eine große Kunstfertigkeit bei der Herstellung von Möbeln, Schmuck und Gegenständen des täglichen Gebrauchs. Einige Techniken, so die der Metallverarbeitung, hatten ihren Ursprung in Mesopotamien, wurden jedoch noch vervollkommnet. Kupfer kam vom Sinai und aus Nubien, aber da es den Ägyptern an Eisen und Zinn fehlte, wurde die Verarbeitung von Bronze und Eisen erst später entwickelt.

Als Tauschmittel diente den Pharaonen das Gold, das sich in reichen Adern in Nubien fand. Karawanen verkehrten ständig zwischen dem Hof in Theben und den Hauptstädten der vorderasiatischen Mächte. Jeder asiatische König strebte nach dem Besitz von Gold zur Verschönerung seiner Paläste und zur Hebung seines Prestiges und bezahlte dafür mit Möbeln in Einlegearbeit, Metallen und Edelsteinen. Das dekorative Material, das als ägyptische Fayence bekannt ist, war vermutlich auch eine aus Vorderasien importierte Erfindung, aber es wurde schon früh in Ägypten hergestellt und war besonders wegen seiner schönen blauen Farbe sehr gefragt. Es besteht aus einem Kern von Kieselsand mit einer leuchtenden Glasur. Auch die Herstellung von undurchsichtigem Glas wurde von den Ägyptern vervollkommnet und oft zu Einlegearbeiten anstelle von Lapislazuli, Türkisen oder Jaspis bei Schmuck und Möbeln verwendet. Die Leinenstoffe entsprachen zum Teil in der Qualität dem feinsten Batist unserer Tage. Die Gewänder der Ägypter waren fast immer

DER KETZERKÖNIG ECHNATON

Eine der merkwürdigsten Episoden der Geschichte des Altertums begann, als 1364 v. Chr. mit Amenophis IV. ein Pharao an die Macht kam, der die traditionelle Vielgötterei abschaffen und die Verehrung einer einzigen Gottheit, des Sonnengottes Aton, durchsetzen wollte. Der König änderte seinen Namen in Echnaton, was »Aton wohlgefällig« bedeutet, und erbaute eine neue Hauptstadt bei El Amarna.

KÖNIG UND KÖNIGIN *Mit der religiösen Revolution des Echnaton kam ein neuer Stil in der ägyptischen Kunst auf. Das traditionelle Porträt wich einem übertriebenen Realismus. Fast 4 m hohe Kolossalstatuen des Königs (rechts) standen vor den Säulen des Aton-Tempels in Karnak. Sie betonen seine dicken Lippen, den Langschädel und den vorstehenden Bauch. Im Gegensatz dazu ist der bemalte Kalksteinkopf Nofretetes (oben) aus der Werkstatt des Bildhauers Thutmosis Inbegriff der Frauenschönheit über alle Zeiten hinweg.*

weiß, doch wurden mitunter auch farbige gewebt oder weiße bestickt.

Eine Königin wird König

Die große Ausdehnung des ägyptischen Imperiums während des Neuen Reiches war einer einzigen Dynastie von Pharaonen zuzuschreiben, die fast 250 Jahre regierte. Nur zweimal gab es während dieser Zeit Spannungen und Krisen. Das erste Mal war das dem Ehrgeiz einer Frau, der Königinwitwe Hatschepsut, zuzuschreiben. Als sie nach dem Tode ihres Gemahls um 1490 v. Chr. Regentin für ihren kleinen Stiefsohn und Neffen Thutmosis III. wurde, übernahm sie nämlich die Funktionen, Insignien und sogar die Kleidung eines männlichen Pharaos und regierte so fast 20 Jahre lang. Eines der beachtenswertesten Ereignisse ihrer friedlichen Regierungszeit ist eine Expedition zu Wasser in das Land von Punt, von wo Myrrhen, Weihrauch, Elfenbein, Ebenholz, Pantherfelle und Gold, kurz, die exotischen Waren Innerafrikas, herbeigeschafft wurden. Diese Expedition ist in Hatschepsuts Totentempel bei Theben in Reliefs verewigt. Nach ihrem Tode ließ Thutmosis III. aus Rache alle Spuren ihres Wirkens aus den Aufzeichnungen tilgen.

Eine neue Doktrin und eine neue Hauptstadt

Die zweite Krise des Neuen Reiches fand im 14. Jahrhundert v. Chr. statt, als der Pharao Amenophis IV. eine kühne Reformation der ägyptischen Staatsreligion durchführen wollte. Er lehnte die traditionelle Anbetung vieler Götter ab und ersetzte sie durch eine einzige Gottheit, Aton, die Sonnenscheibe. Amenophis IV. brach mit vielen Riten der bisherigen Religion und verbot die Anbetung anderer Götter, insbesondere die Verehrung des mächtigen Amun. Ferner verlegte Amenophis den Hof von Theben in die bei El Amarna, 400 km nilabwärts, hastig erbaute neue Stadt Echetaton (d.h. Horizont von Aton). Hier verlebte der König, der sich nun Echnaton nannte, mit seinen Freunden, die ihm als Höflinge schmeichelten und ihm Mut zusprachen, und mit seiner schönen Gemahlin Nofretete sowie ihren sechs Töchtern eine anscheinend idyllische Zeit.

Aber Echnatons Werk war keine Dauer beschieden. Nach seinem Tode, der vielleicht gewaltsam erfolgte, kehrte der Hof nach Theben zurück, die Anbetung Amuns und anderer Götter wurde wiederaufgenommen, und die Priester versuchten, jede Inschrift, die sich auf den Sonnengott Aton bezog, zu löschen. Der junge König Tutanchamun, der mit der Tochter Echnatons verheiratet war, starb mit 19 Jahren. Als seine Frau Anchesenamun sich in einer feindlichen Umwelt fürchtete, sandte sie eine verzweifelte Botschaft an den Hethiterkönig Suppiluliumas und bat ihn um die Hand eines Prinzen. Ihre Pläne scheiterten, der Prinz wurde auf dem Wege nach Ägypten ermordet. Von nun an waren Hethiter und Ägypter erbitterte Gegner. Nach 50jährigen Feindseligkeiten trafen sich ihre Armeen zum letztenmal bei Kadesch am Orontes in Syrien. Ramses II. von Ägypten, der eher mutig als vorsichtig war, fiel in einen Hinterhalt und behauptete das Feld nur dank einer Kombination von Glück und persönlicher Tapferkeit.

ERHALTUNG DES KÖRPERS FÜR EIN LEBEN NACH DEM TODE

Die alten Ägypter glaubten, das Leben im Jenseits sei dem irdischen Leben so ähnlich, daß die Toten dort ihre irdischen Körper brauchten. Deshalb entwickelten und vervollkommneten sie die Kunst des Einbalsamierens. Sie glaubten, durch Schutz des Körpers vor dem Zerfall könnten die Teile der Persönlichkeit – Seele, Intelligenz, Herz und Geist – für alle Ewigkeit wiedervereint werden. Die Mumifizierung war ein langwieriger und kostspieliger Prozeß. Die inneren Organe, die den Zerfall beschleunigt hätten, nahm man heraus, entzog dem Körper in einer Salzlauge und dann in Natron das Wasser, behandelte ihn darauf mit Harzen und wickelte ihn in ölgetränkte Binden. Schließlich wurde die Mumie in einen geschnitzten und bemalten Sarg gelegt. Die Bestattungszeremonien waren magische Riten, die dem Toten ein ewiges Leben in der Unterwelt verschaffen sollten. Dadurch würde er auch die zum Grabe gebrachten Mahlzeiten verzehren können. Reiche Ägypter ließen aus ihrem Erbe einen Priester zur Betreuung ihres Grabes unterhalten.

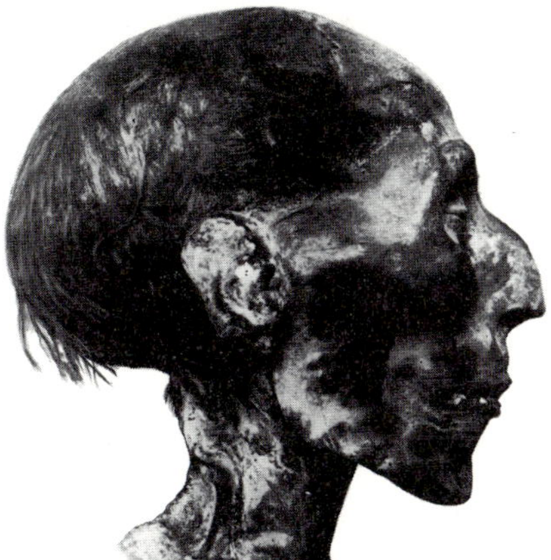

MUMIFIZIERTER KOPF EINES PHARAOS *Die Mumie Ramses' II., der 1224 v. Chr. starb, als er mehr als 90 Jahre alt war, hat sich über 3000 Jahre lang erhalten. Die Mumie wurde 1881 gefunden. Ramses regierte 67 Jahre lang und hatte mehr als 150 Kinder.*

TRAUERNDE BEIM BEGRÄBNIS *Die Überzeugung, daß der Geist eines Toten zum ewigen Leben bestimmt sei, verhinderte nicht, daß seine Familie und seine Freunde ihn beweinten. Ein Wandbild aus dem Grabe des Wesirs Ramose in Theben (um 1360 v. Chr.) zeigt, wie Klageweiber ihn bejammern.*

DAS TOTENGERICHT *Nach dem Tode hatte jeder Sterbliche sich vor Gericht zu verantworten. Im Totenbuch aus dem Grabe des Schreibers Ani (18. Jh. v. Chr.) wägt der schakalköpfige Gott Anubis Anis Herz gegen die Feder der Wahrheit. Falls seine Sünden die Waagschale mit dem Herzen hinabgedrückt hätten, wäre Ani von dem wartenden Ungeheuer verschlungen worden.*

DAS TOTENSCHIFF *Die Ägypter glaubten, jeder Sterbliche werde nach dem Tode eins mit Osiris, dem Gott der Unterwelt. Die meisten Gräber enthielten die Nachbildung eines Schiffes, damit die Seele darin nach Abydos, der heiligen Stadt des Osiris, reisen könne. Die Mumie im Boot ist von wehklagenden Frauen begleitet, die die Rolle von Isis und Nephthys spielen, jenen Göttinnen, die Osiris zum Leben erweckten.*

Die Schlacht von Kadesch ist in Bildern und Versen auf den Wänden mehrerer Baudenkmäler verewigt, die von Ramses II. in Auftrag gegeben wurden, vor allem im Tempel von Abu Simbel, der in die Felswand hineingehauen wurde. Dieser Tempel, vor dem vier kolossale Sitzbilder des Königs standen, wurde 1968 aus dem Felsen herausgeschnitten und nicht weit davon auf einer hoch gelegenen Stelle wieder zusammengebaut, um ihn vor der Überflutung durch den neuen Stausee bei Assuan zu bewahren.

Niedergang einer Kultur

Um 1085 v. Chr. war das goldene Zeitalter Ägyptens vorbei. Kaum war Ramses II. gestorben, da begannen die Libyer von den westlichen Oasen und die sogenannten Seevölker von Norden die Grenzen Ägyptens zu berennen. Ramses' Nachfolger bekämpften die Eindringlinge zwar, aber Korruption und Unfähigkeit führten schließlich zum Ruin Ägyptens. Die nächsten 200 Jahre oder noch länger hatten die Pharaonen zu tun, ihren Thron trotz innerer Unruhen und schwindender Mittel zu erhalten.

Im 8. Jahrhundert v. Chr. bemächtigten sich die Äthioper Ägyptens. So nannte man die in Napata residierenden Könige Nubiens. Danach forderten sie die mächtige assyrische Armee in Palästina zum Kampf heraus. Das führte zur Katastrophe. Die Äthioper wurden nach Süden zurückgeworfen, und assyrische Truppen besetzten Memphis. Aber auch das assyrische Reich näherte sich seinem Untergang, und Ägypten mußte nicht allzu lange Tribut an Ninive zahlen.

Unter einer neuen Königsdynastie, deren Hauptstadt Sais im Nildelta lag, erhielt Ägypten seine Unabhängigkeit und Einheit zurück. Die Regierung dieser Könige führte zu einer kurzen, aber glänzenden Renaissance der Künste und alten Kulte, zu einem Wiedererwachen des Nationalstolzes und zu einer kraftvollen, wenn auch nicht immer erfolgreichen Außenpolitik. Wohlstand kehrte zurück, der Handel belebte sich, und neue Freundschaften wurden mit Lydien und den griechischen Stadtstaaten gepflogen. Es war die letzte Blüte der ägyptischen Kultur.

Lektionen im Bauen und Bilden

Im 6. und 7. Jahrhundert v. Chr. waren die Beziehungen zwischen Ägypten und Griechenland besonders eng. Griechische Kaufleute lebten in Ägypten, und viele griechische Söldner dienten dem Pharao. Amasis II., ein König Ägyptens, sandte Weihgeschenke an das Orakel von Delphi und andere griechische Heiligtümer und heiratete eine griechische Prinzessin. Griechische Staatsmänner und Philosophen kamen zum Studium nach Memphis, das auch eine berühmte medizinische Schule besaß. Griechische Architekten profitierten von ägyptischen Erfahrungen bei der Bearbeitung von Steinen und der Verwendung von Säulen im Bauwesen. Viele typisch ägyptische Motive und Symbole wie die Sphinx, die geflügelte Scheibe und die Lotosblume wurden von den Phönikern übernommen und durch sie der ganzen Welt des Mittelmeerraumes vermittelt. Einige haben sich bis heute erhalten. Der ägyptische Stil der Darstellung menschlicher und tierischer Figuren wurde weit und breit nachgeahmt und beeinflußte auch die frühgriechische Bildhauerei und Vasenmalerei. Die frühen griechischen Statuen haben den gleichen starren Blick und das vorgesetzte linke Bein, die so bezeichnend für die Tradition der Ägypter sind.

Das schwerfällige Schriftsystem der Ägypter war zum Anachronismus geworden in einer Welt, in der das Alphabet die Kunst des Schreibens und Lesens so ungemein vereinfacht hatte. Dennoch ist es durchaus möglich, daß die Erfindung des Alphabets sich anbahnte, als die Ägypter *solche* hieroglyphische Schriftzeichen, die jeweils nur einen Laut darstellten, dazu benutzten, die Sprache der semitischen Beduinen aufzuschreiben, auf die sie in der Sinaihalbinsel trafen. Die ägyptische Erfindung der Papyrusrolle wurde von der ganzen Mittelmeerwelt übernommen. Das griechische Wort Byblos bezeichnet nicht nur diesen alten Schreibstoff, sondern auch den Hauptausfuhrhafen, von dem aus Papyrus überallhin exportiert wurde. Es ist im Wort Bibel erhalten geblieben.

Geschichten und Schulbücher

Das alte Ägypten hatte eine reiche und vielgestaltige Literatur, obgleich es keine großen Epen gab wie im Zweistromland. Unter den erhaltenen Werken finden sich Erzählungen mit geschichtlichem Hintergrund, Märchen und mythologische Geschichten. Manche klingen auch uns noch irgendwie vertraut, denn sie enthalten Elemente, die sich in späteren orientalischen Märchen wiederfinden und von denen einige in unseren eigenen Märchen auftauchen. Da ist die Geschichte des schiffbrüchigen Seemanns, der wie Sindbad auf eine verzauberte Insel verschlagen wird, wo eine gewaltige Schlange sich mit ihm anfreundet: »Sie war 30 Ellen lang und hatte einen zwei Ellen langen Bart. Ihr Körper trug einen goldenen Panzer und ihre Augenbrauen waren aus Lapislazuli.« Da ist ferner die Geschichte des verwunschenen Prinzen, dem bei seiner Geburt sein Schicksal vorausgesagt wird, so wie bei uns Dornröschen. Auch wie er vor anderen Bewerbern die Hand der schönen Prinzessin erringt, erinnert an uns bekannte Märchen. Ein Bericht über die Einnahme einer Stadt durch die Ägypter erwähnt, daß sich die Angreifer in Körben versteckt hatten, die von Eseln in die Stadt getragen wurden – eine Vorwegnahme der Sage vom Trojanischen Pferd und von Ali Baba und den vierzig Räubern.

Sammlungen weiser Aussprüche waren im Nahen Osten im Altertum sehr beliebt und als Weisheitsliteratur bekannt. Solche Vorschriften für gutes Benehmen und ein in Weisheit verbrachtes Leben, die oft einem Weisen der Vergangenheit zugeschrieben wurden, mußten in den Schulen auswendig gelernt werden.

> »Sei nicht aufgeblasen wegen deines Wissens und nicht stolz auf deine Weisheit. Berate dich mit den Unwissenden genauso wie mit den Weisen ...«
>
> »Bist du ein Mann von Stande, dann gründe eine Familie und liebe deine Frau daheim, wie es sich geziemt. Gib ihr reichlich zu essen und Kleider auf den Leib und Salböle für ihren Körper. Mache ihr Herz froh, solange du lebst. Sie ist ein reicher Acker für ihren Herrn ...«

Mäßigkeit und Nüchternheit werden gepriesen, ebenso Bescheidenheit gegenüber dem Alter, Respekt vor den Eltern und Freigebigkeit gegenüber Menschen von geringerem Stande.

Ferner haben sich zärtliche Liebeslieder erhalten, die vermutlich zur Harfe oder Flöte gesungen wurden. Der blinde Harfenspieler beim Totenmahl mag vom vergänglichen Leben gesungen oder geklagt haben: »Wie der Duft des Balsams grüßt mich heute der Tod, der Erlöser von Krankheit ...« Solche ernsten Töne sind jedoch selten, und die Ägypter erscheinen auf den Grabgemälden und in ihrer Literatur als ein kraftvolles Volk mit Sinn für Humor und Liebe zu Kindern sowie

SCHÄTZE AUS EINEM KÖNIGSGRAB

Wohl das dramatischste Ereignis in der Geschichte der Archäologie war die Entdeckung des Grabes von Tutanchamun im Jahre 1922. Die Schätze in diesem einzigen Pharaonengrab, das in fast intaktem Zustand gefunden wurde, zeigen den hohen Stand des Kunsthandwerks im Neuen Reich. Der Archäologe Howard Carter und sein Gönner Lord Carnarvon hatten schon jahrelang das Tal der Königsgräber bei Theben abgesucht, und Carter wollte schon die Suche abbrechen, als er im November 1922 auf Stufen stieß, die zu einer versiegelten Tür hinabführten. Carnarvon kam rasch von England herüber. Als Carter einen Teil des Siegels entfernt hatte, fragte Carnarvon: »Können Sie irgend etwas sehen?« – »Ich sehe wundervolle Dinge«, antwortete Carter.

EINE MASKE AUS GOLD *Sie war der Mumie Tutanchamuns auf das Antlitz gelegt und zeigt den König als Osiris. Der Bart, der Geier und die Schlange auf seiner Stirn sind Symbole seines Königtums.*

EIN GÖTTLICHER JÄGER *Mit bereitgehaltener Harpune balanciert Tutanchamun auf einem kleinen Boot aus Papyrusstauden bei der Jagd auf Nilpferde am unteren Nil. Die 63,5 cm hohe Statuette ist aus Holz geschnitzt und vergoldet. Sie symbolisiert den Sieg des Gottes Horus über die Mächte des Bösen. Meist stellte man Herrscher in formellen Posen dar, aber dieser jugendliche König ist realistisch während einer Tätigkeit abgebildet.*

DER PHARAO ALS KRIEGER *Diese Malerei auf einer Truhe zeigt den in die Schlacht stürmenden Tutanchamun. Vor den Hufen seines Pferdes türmen sich tote und sterbende Feinde. Obgleich Tutanchamun kaum jemals in die Schlacht zog, war es üblich, Herrscher als Krieger von übermenschlicher Kraft darzustellen. Die Schlacht ist als Jagdszene aufgefaßt; des Königs Hunde helfen, die Feinde niederzureißen. Die Geiergöttin oben schützt den jungen König. Das Pferd und das Speichenrad gelangten um etwa 1600 v. Chr. aus Asien nach Ägypten, und die ägyptischen Armeen errangen Sieg auf Sieg mit ihren leichten, zweirädrigen Streitwagen, die gewöhnlich mit einem Lenker und einem Bogenschützen besetzt waren.*

EIN LOTOSBECHER *Der Pokal aus Alabaster ist wie eine weiße Lotosblüte geformt. Eine Inschrift rund um den Rand spricht den Wunsch aus, Tutanchamun »möge viele Millionen Jahre dasitzen, das Gesicht der kühlenden Brise zugewandt, Seligkeit vor Augen«.*

DER JUNGE PHARAO *Auf der Rückseite eines der Throne ist Tutanchamun abgebildet, wie er sich von seiner Frau umsorgen läßt. Die Strahlen der heiligen Sonnenscheibe, die in kleinen Händen endigen, segnen das königliche Paar.*

SCHUTZGESCHMEIDE *Kunstvoll gearbeiteter Schmuck wurde in die Umhüllungen der königlichen Mumie als schützende Amulette gelegt. Dieser Brustschmuck zeigt in der Mitte den geflügelten Skarabäus, das Symbol des Sonnengottes.*

einer Vorliebe für leuchtende Farben, Blumen, Düfte und einfache Vergnügen.

Die Griechen entdecken Ägypten

Im Jahre 525 v. Chr. marschierte der Perserkönig Kambyses von Palästina aus südwärts, um Ägypten zu erobern. Aller Widerstand brach zusammen. Kambyses wurde Pharao und Ägypten eine persische Provinz. Zwei Jahrhunderte später betrat Alexander der Große nach seinen Siegen in Kleinasien und Syrien ägyptischen Boden, und der letzte persische Gouverneur unterwarf sich ihm. Bei Alexanders Tode wurde Ägypten dem Ptolemaios, einem seiner Heerführer, unterstellt. 300 Jahre lang herrschten die Ptolemäer, der Herkunft nach Makedonier und ihrer Erziehung nach Griechen, über Ägypten. Obgleich sich die alte ägyptische Sprache und Religion bei der einheimischen Bevölkerung erhielt, wurde die Geschichte Ägyptens die Geschichte seiner Eroberer und der griechischen Kolonisten, die nach Alexandrien und in andere neue Städte des Niltals strömten. Diese blieben von der alten Kultur ihrer Nachbarn nicht unberührt. Vieles, was die klassische Welt die *geheime Wissenschaft* der Ägypter nannte, beruhte auf einem ungenügenden Verständnis der Gedanken eines Volkes, dessen religiöser Glaube sich so völlig von dem Glauben der Griechen unterschied. Trotzdem verbreitete sich die Verehrung der Göttin Isis und ihres Kindes Horus innerhalb des Römischen Reiches weit.

Das aufkommende Christentum läutete schließlich das Ende der alten ägyptischen Religion ein. Die alten Tempel verfielen, die alten Götter wurden vernachlässigt; und es wurde ihnen schließlich abgeschworen, ihre Abbilder an den Tempelwänden zerstörte und vernichtete man. Die Gräber mit ihren Toten wurden vergessen.

Nach weit über 3000 Jahren war das Ende der alten Kultur am Nil gekommen. Nur ihre Sprache hat sich noch erhalten, und zwar – eine Ironie der Geschichte – als gottesdienstliche Sprache der koptischen Kirche, also der christlichen Kirche Ägyptens.

Persien, das uralte Reich des Königs der Könige

Seit 559 v. Chr.

Die Eroberer Assyriens, Babyloniens und Ägyptens gründeten ein Reich, das sich auf dem Boden Irans immer wieder erneuerte

Die Perser begründeten im 6. Jahrhundert v. Chr. ein Großreich, in dem alle alten Kulturen Vorderasiens aufgingen. Ein so großes Reich hatte die Welt bis dahin noch nie gesehen. Persische Armeen faßten auch in Europa Fuß und versuchten, Griechenland zu erobern. Das mißlang, und durch Alexanders Feldzüge drang griechische Kultur ihrerseits nach Persien. Die Sassaniden erneuerten später das Perserreich, dessen Kultur über Rom und Byzanz auch das Abendland befruchtete, aber vor allem die islamische Welt prägte.

Die alten Handelswege zwischen Europa und Asien führten durch Persien. Auf ihnen flossen jahrhundertelang die Waren des Orients in den Westen – Seidenstoffe, Stickereien, Gewürze, Weihrauch und Myrrhen. Die drei Weisen aus dem Morgenland, die dem Christuskind ihre Gaben brachten, waren in Wirklichkeit Magier, Priester der persischen Religion des Zoroastrismus. Diese drei weisen Männer verkörperten gleichzeitig den Stand des persischen Kaufmanns im Altertum, der sich nach Osten bis zur Küste des Pazifiks vorwagte und westwärts auf der Suche nach Waren und Märkten bis zu den Küsten Europas gelangte. Diese Kaufleute kamen aus einem harten, weiträumigen und zum großen Teil unwirtlichen Lande, das zu einem Drittel aus Wüsten oder Gebirgen besteht. Weite Landstriche lassen sich nur mit künstlicher Bewässerung kultivieren. Lediglich die Randgebirge empfangen genügend Regen. In manchen Gegenden ist der Boden allerdings sehr fruchtbar.

Die bevorzugten Gebiete Persiens zogen Stämme aus den weniger begünstigten Regionen der asiatischen Steppe oder arabischen Wüste an, so die Araber im 7. Jahrhundert und die Mongolen im 13. Jahrhundert. Doch dem überlegenen Geist der Perser gelang es stets, die Eindringlinge zu absorbieren. Aufeinanderfolgende Invasionswellen brachten zwar zuerst Zerstörungen, frischten aber das Blut auf und führten zu wiederholten Erneuerungen der persischen Kultur.

Die ersten Bauern Persiens, die wohl aus Zentralasien kamen, begannen sich um etwa 4000 v. Chr. im Lande anzusiedeln. Eine ihrer frühesten Siedlungen war Susa, das später zu einer der Hauptstädte des Landes

PERSIEN 480 V. CHR.
Die persischen Großkönige vereinigten in ihrem Reich fast den gesamten Vorderen Orient und schufen das größte bis dahin bekannte Imperium.

UNSTERBLICHE AUF WACHE
Die persischen Könige bauten in ihrem Reich große Paläste als Symbol ihrer Macht. Ein glasierter Ziegelfries in Susa (rechts) zeigt Mitglieder der königlichen Garde, die zu den sogenannten 10 000 Unsterblichen gehörten, dem Kern des persischen Heeres, mit dem Dareios I. sein Großreich noch weiter ausdehnte.

Der Palast von Ktesiphon (links) wurde wahrscheinlich unter dem Sassanidenkönig Chosrau I. (531–579) erbaut. Das Gewölbe – es erreicht eine Höhe von 34 m bei einer Spannweite von 24 m – umschließt den riesigen Thronsaal, der nach vorn offen ist, wie das Zelt eines Nomadenführers. Die Palastfassade ist mit Reihen von Bogen dekoriert, die mit jedem Stockwerk an Höhe abnehmen. Die Ruinen des Palastes erheben sich wie ein Fels auf der Ebene südlich von Bagdad.

DER GROSSKÖNIG WACHT ÜBER SEINEM VOLK

In seiner ganzen Geschichte ist Persien immer wieder von mächtigen Königen regiert worden. Die größten waren die Achaimeniden, die fast ganz Vorderasien zu einem Reiche zusammenfügten. Dieser Marmorkopf eines bärtigen Monarchen stellt einen achaimenidischen König dar, vielleicht Kyros II. den Großen, der Babylon 539 v. Chr. eroberte, oder Dareios I. den Großen (521–485 v. Chr.), der über ein Gebiet herrschte, das sich von der Donau bis zum Indus erstreckt. Die Achaimeniden waren für die Toleranz, mit der sie unterworfene Völker behandelten, bekannt und auch wegen ihrer gerechten Gesetze. Unter solchen Herrschern war Persien in der Lage, die verschiedenen Völker in einem Reich zu vereinen und seine ausgedehnten Grenzen gegen Eindringlinge zu verteidigen. Der über zweihundertjährigen Herrschaft der Achaimeniden machte erst der Siegeszug Alexanders des Großen ein Ende.

wurde. Susa liegt in der Landschaft Elam, deren Einwohner – die Elamiter – häufig Raubzüge nach Babylonien unternahmen. Auf diese Weise kam auch Hammurapis Gesetzesstele nach Susa. Die frühesten Einwohner Persiens waren geschickte Töpfer. Mit schwarzer Farbe auf dunkelrotem Grunde malten sie Vögel und andere Tiere in einfachem Umriß auf ihre Keramik. In späterer Zeit entwickelten sich daraus abstrakte Muster.

Kyros gründet ein Weltreich

Stämme iranischer Sprache überschwemmten Persien um etwa 1000 v. Chr. *Iran,* wie die Perser ihr Land heute wieder nennen, heißt *Land der Arier.* Zu diesen Stämmen gehörten die Meder, die südlich des Kaspischen Meeres in der Gegend von Ekbatana (heute Hamadan) siedelten, und die Perser in der Landschaft Persis östlich des Persischen Golfes. Die Meder hatten 612 v. Chr. zusammen mit den Babyloniern das Assyrerreich vernichtet. Doch ihr Reich wurde von Kyros II. (559–529 v. Chr.), dem großen Perserkönig, ebenso unterworfen wie Kleinasien, Babylonien, die zentralasiatischen Steppen und Gebiete, die östlich bis nach Indien reichten.

Kyros stammte aus der Familie der Achaimeniden, so nach Achaimenes genannt, der einst die Perser in ihre neue Heimat geführt hatte. Mit dem Sieg über die stammverwandten Meder unter deren König Astyages, der sein Schwiegervater war, gründete Kyros II. der Große das persische Weltreich. Nach der Unterwerfung Babyloniens (539 v. Chr.) erlaubte der Herrscher den 40 000 Juden, die Nebukadnezar II. in die Gefangenschaft ge-

DER PARTHERSCHUSS

Kriegerische Parther aus dem Aralseegebiet regierten Persien rund 400 Jahre lang, bis 226 n. Chr. Dieser König zu Pferde, dargestellt auf einem vergoldeten Silberteller aus sassanidischer Zeit aus dem 4. Jahrhundert, der bei Sari gefunden wurde, ist dabei, einen Löwen mit einem parthischen Schuß zu erlegen, d. h., er dreht sich beim Wegreiten im Sattel um und schießt rasch einen letzten Pfeil. Die Darstellung eines Königs, der den König der Tiere überwindet, war in der orientalischen Kunst seit den assyrischen Herrschern ein verbreitetes Motiv. Der »parthische Schuß« wurde übrigens auch im Kriege mit Erfolg angewendet.

führt hatte, nach Jerusalem zurückzukehren, wo er ihnen half, den Tempel Salomos wieder aufzubauen. Der Bericht darüber zu Anfang des biblischen Buches Esra, in dem Kyros Kores genannt wird, beginnt mit den Worten:

»Im ersten Jahr des Kores, des Königs in Persien ... erweckte der Herr den Geist des Kores ... daß er ließ ausrufen durch sein ganzes Königreich, auch durch Schrift, und sagen:
So spricht Kores, der König in Persien: Der Herr, der Gott des Himmels, hat mir alle Königreiche der Erde gegeben, und er hat mir befohlen, ihm ein Haus zu bauen zu Jerusalem in Juda.«

Kyros II. war ein außerordentlich toleranter Herrscher, der die Religionen der unterworfenen Völker respektierte und förderte. Kyros II. und bald nach ihm Dareios I. sind in die Geschichte als große Gesetzgeber eingegangen. Die Gesetze der Meder und Perser wurden in allen ihren Landen respektiert.

In Südpersien, nahe bei dem späteren Persepolis, errichtete Kyros II. seine Hauptstadt Pasargadä, das Lager der Perser. Nicht weit davon erhebt sich sein Grabmal aus weißem Kalkstein, der in der klaren Atmosphäre weithin leuchtete. Das kubische, einfache Bauwerk ist etwa 10 m hoch und ruht auf einem sechsstufigen Sockel. Es hat nicht die Prätentionen ägyptischer Pyramiden oder sumerisch-babylonischer Zikkurats, erinnert aber dennoch an beide.

Steuer in Goldmünzen

525 v. Chr. fügte Kyros' Sohn Kambyses (529–522 v. Chr.) Ägypten seinem Reich hinzu. Dareios I. (521–485 v. Chr.) teilte das Perserreich in zwanzig Provinzen, die von Satrapen genannten Statthaltern verwaltet wurden. Jede dieser Satrapien mußte ihrem Wohlstand entsprechend Steuern entrichten. Die reichste Provinz, Babylonien, zahlte 1000 Talente im Jahr (ein Talent entspricht etwa 4715 Goldmark). Das Gesamteinkommen des Königs erreichte 14 500 Talente. Dieses System der Besteuerung war nur dank der Einführung des Münzwesens möglich. Die Prägung von Metallmünzen ist im westlichen Kleinasien – in Lydien oder Ionien – um 700 v. Chr. erfunden worden. Die persische Reichsmünze, der goldene Dareikos, nach Dareios benannt, war die erste zuverlässige internationale Währungseinheit. Im Jahre 520 v. Chr. ließ Dareios I. in eine hohe Felswand bei Behistun in der Nähe von Kermanschah einen Rechenschaftsbericht einmeißeln. Mit Hilfe dieser dreisprachigen Inschrift gelang dem deutschen Forscher Grotefend die Entzifferung der Keilschrift. Der König sagt von sich:

»Ich bin der König Dareios, König der Könige, König von Persien, großer König der Länder ... seit alters sind die Männer unseres Geschlechts Könige gewesen.«

Das Königtum hatte manche Vorteile für das Land. Ein starker König konnte die langen Landesgrenzen erfolgreich gegen mögliche Eindringlinge verteidigen. Ferner vermochte er den Frieden zwischen den Nomaden einerseits und Bauern und Städtern andererseits aufrechtzuerhalten. Die Landesnatur brachte es mit sich, daß ein Teil der Bevölkerung den Boden bebaute, ein anderer ein Nomadenleben führte und, auf der Suche nach Weideland für das Vieh, bei jedem Wechsel der Jahreszeit von Ort zu Ort zog. Wenn Dürre oder Krankheiten die Herden vernichteten, brandschatzten die Nomaden blühende Gegenden. In einer Situation, die so alt war wie der Konflikt zwischen Kain, dem seßhaften Bauern, und Abel, dem nomadischen Schafhirten, schützte der Großkönig die Bauern vor den kriegerischen Nomaden, die ihrerseits ihm tüchtige Soldaten stellten. Außerdem hielt der König das Gleichgewicht zwischen den verschiedenen Völkern seines Reiches aufrecht.

Städte für alle Jahreszeiten

Als Hüter aller ihrer Völker begaben sich die Großkönige je nach Jahreszeit in die verschiedenen Hauptstädte ihres Reiches – nach Persepolis, Ekbatana, Susa und Babylon. Wie Pasargadä war vor allem Persepolis weniger eine Stadt als ein steinernes königliches Lager. Wandreliefs und Säulenhallen mit reichgemusterten Wandbehängen schmückten es. Zum Neujahrsfest der Perser im März pflegte der König nach Persepolis zu kommen. Kyros II. hatte das Neujahrsfest von den Babyloniern übernommen und es zu einer Gelegenheit gemacht, Tribute und Huldigungen seiner Völker entgegenzunehmen.

Im Sommer begab sich der König auf die kühlen Höhen von Ekbatana – der Name bedeutet Versammlungsort –, fast 1700 m über dem Meer. Dort war sein Palast von sieben verschiedenfarbigen Mauern umgeben – weiß schwarz, scharlach, blau und orange die fünf äußeren, silbern und golden die zwei inneren Wände. Im Winter zogen sich die Könige in

TIERE ALS MOTIVE IN TÖPFEREI UND GOLDSCHMIEDEKUNST

Die Kunst der Tierdarstellung ist ein Grundzug der persischen Kunst seit den ersten Keramiken aus der Zeit um 4000 v. Chr. Zunächst stellte man die Tiere realistisch in einfachen Umrissen dar; später wandelte man die Formen dekorativ ab, so wie das Hirschgeweih auf dem Gefäß (links). Manchmal kam es dabei zu ganz abstrakten Mustern. Dieses künstlerische Vorgehen wurde Jahrhunderte später wichtig, als der Islam figürliche Darstellungen verbot. Als das frühe persische Großreich wuchs und reicher wurde, trat zur Keramik die subtile Kunst der Goldschmiede, aber Tiere blieben weiterhin die beliebtesten Motive.

HIRSCH *Ein bei Susa gefundener Becher ist typisch für die Keramik aus der Zeit um 3500 v. Chr.*

LÖWE *Goldenes Trinkhorn (5. Jh. v. Chr.) aus Ekbatana.*

ZWEIRÄDRIGER WAGEN *Das kleine Goldmodell (4. Jh.) stellt das übliche Reisefahrzeug dar.*

ähnlich pompöse Paläste in Susa oder Babylon zurück.

Unter Dareios I. war das Perserreich auch wegen seiner Gärten berühmt. Diese hießen *pairidaeza,* was ummauerter Platz bedeutet. In einem windigen Lande mußte man Gärten mit Mauern vor dem Flugsand schützen. Das ist der Ursprung der Bezeichnung Paradies. Die schön angelegten, blumigen, von Bäumen beschatteten persischen Gärten mit ihren Teichen und Kanälen müssen den staubbedeckten Reisenden nach Durchquerung heißer Steppen und Wüsten in der Tat wie ein Paradies erschienen sein.

Das Reich des Dareios durchquerte die Königsstraße, die Sardes im Westen Kleinasiens mit Susa verband. Diese Vorläuferin der berühmten römischen Straßen war etwa 2600 km lang und wurde ständig von der Armee abpatrouilliert. Kuriere des Königs, die ihre Pferde an den 111 Poststationen wechselten, konnten die Entfernung in einer Woche bewältigen, Karawanen brauchten drei Monate. Die Straße lief später bis Ephesos am Mittelmeer weiter.

Krieg mit Griechenland

Dareios I. war der erste persische Monarch, der sich selbst den Titel König der Könige beilegte und von seinen Untertanen als Beherrscher der Welt angesehen wurde. Gegen Ende seiner Regierungszeit war das erste warnende Grollen eines bevorstehenden Gewitters aus den Außenbezirken seines Reiches zu vernehmen, als die griechischen Städte in Kleinasien sich 500 v. Chr. gegen die persische Herrschaft auflehnten. Die Perser warfen 494 v. Chr. den Aufstand nieder und griffen 490 v. Chr. das griechische Mutterland an, wurden aber bei Marathon von den Athenern geschlagen.

Im Jahre 480 v. Chr. führte Dareios' Sohn Xerxes (485–465 v. Chr.) eine gewaltige Armee gegen Athen und Sparta. Nach einem anfänglichen, verlustreichen Sieg über die Spartaner bei den Thermopylen wurden die Perser vor den Augen des Perserkönigs in der Seeschlacht von Salamis bei Athen und 479 v. Chr. zu Lande bei Platää geschlagen. Nach diesen Niederlagen kam es auch anderswo im persischen Imperium zu Rebellionen, die aber niedergeworfen wurden. Fast 150 Jahre später konnten die Perser dem militärischen Genie und dem gut ausgebildeten Heer Alexanders des Großen nicht widerstehen, der 334 v. Chr. ein Heer von 35 000 Mann über die Dardanellen führte und 333 v. Chr. die persische Armee bei Issos an der Südküste Kleinasiens besiegte. Im Jahre 331 v. Chr. stieß Alexander in das Herzstück des Perserreiches vor, schlug die Perser endgültig bei Gaugamela, nahm Susa, Babylon und schließlich auch Persepolis, das er aus Rache für die Zerstörung Athens niederbrennen ließ.

KORANTEXT AUF FARBIGEN KACHELN

Die Wände der Königsmoschee in Isfahan sind mit vielfarbigen Kacheln in Blau, Creme und Gold bedeckt. Das Tor wird von einem Korantext umrahmt, und an den Seiten erheben sich hohe Minarette, von denen die Muezzins fünfmal täglich zum Gebet rufen. Die Moschee ließ Schah Abbas ab 1612 als Herzstück seiner Hauptstadt erbauen, die noch andere prachtvolle Bauten schmücken.

Wie so viele Eroberer Persiens fand Alexander rasch Gefallen an der persischen Lebensform und erschreckte seine makedonischen Generäle durch den Plan, ein makedonisch-persisches Reich zu bilden, in dem die Perser und die siegreichen Makedonen gleichberechtigt sein sollten. Im Jahre 328 v. Chr. heiratete er die persische Adlige Roxane, starb aber schon vier Jahre später an einem Fieber, ehe er noch seine Pläne in die Tat umsetzen konnte.

Anbetung des Sonnengottes

Nach Alexanders Tod gehörte Persien zum hellenistischen Reich der Seleukiden, bis es im 2. Jahrhundert v. Chr. von den Parthern erobert wurde, einem kriegerischen Volk aus den Steppen am Aralsee. Eine Zeit unaufhörlicher Konflikte mit Rom folgte. Im Verlauf dieser Auseinandersetzungen übernahmen römische Soldaten den persischen Mithraskult, die Anbetung des Sonnengottes, und verbreiteten ihn bis nach Britannien und an den Rhein.

226 n. Chr. wurden die Parther von der südpersischen Dynastie der Sassaniden abgelöst, die ein Reich schuf, das sich mit dem der Achaimeniden vergleichen läßt, sich auch dessen Organisation zum Vorbild nahm. Der Sassanidenkönig Chosrau II. (590–628 n. Chr.) ist in den Felsreliefs von Taq-i-Bostan bei Kermanschah als Jäger in einer Szene mit Wildschweinen, Hirschen und Vögeln und anderen Tieren dargestellt. Die Einzelheiten dieser hervorragend ausgeführten Reliefs zeigen die Kontinuität der Wiedergabe von Vögeln und anderen Tieren, die sich bis zu den unbekannten Töpfern um 4000 v. Chr. zurückverfolgen läßt.

Das Auftreten des Islams

Das Sassanidenreich erlag im 7. Jahrhundert n. Chr. nach langen Kämpfen dem Ansturm schlecht ausgerüsteter arabischer Beduinen, die aus den Wüsten jenseits von Euphrat und Tigris hervorgebrochen waren. Was den Arabern an Ausrüstung fehlte, machten sie durch ihren Glaubenseifer mehr als wett. Außerdem hungerte es sie nach den Schätzen, Luxusgütern und dem verhältnismäßigen Überfluß im Reich der Sassaniden, an dessen Grenzen sie ihr karges Dasein gefristet hatten.

Der katastrophale Zusammenbruch brachte den Persern eine neue Religion, andererseits beeinflußte die alte, überlegene persische Kultur die Araber tief. Besonders Bagdad, seit 762 nach Damaskus die neue Hauptstadt des Reiches der Kalifen, stand persischen Einflüssen offen.

In sassanidischer Zeit waren die meisten Perser Anhänger Zarathustras gewesen, und der Zoroastrismus hatte den Mithraskult zum größten Teil verdrängt. Im Zoroastrismus wurde das Feuer als Symbol der Kraft

EIN BLUMENGARTEN IN SEIDE

Den Mustern persischer Teppiche liegen Darstellungen von Blumen, Vögeln, anderen Tieren und Bäumen zugrunde. Die Rosette auf dem Seidenteppich für die Moschee in Ardabil in Nordpersien aus dem Jahre 1539 stellt einen stillen Teich in einem idealen persischen Garten dar. Das Ornament aus Blättern und Blumenblättern erinnert an die Muster in den Kuppeln vieler Moscheen.

und Reinheit verehrt. Einziger Gott dieses Glaubens war Ahura-Mazda, die Kraft des Lichts und des Guten, gegen den das Böse und Dunkle in Gestalt des Ahriman steht. Diese Religion wurde nach dem Einfall der Araber von persischen Flüchtlingen an die Westküste Indiens verpflanzt. Ihre Nachkommen sind die heutigen Parsen.

Die mohammedanischen Araber erkannten den Zoroastrismus als eine der drei Buchreligionen an, die der Islam tolerierte; die beiden anderen waren Christentum und Judentum. Doch im Laufe der Zeit nahmen die Perser den Islam an und trugen auf allen Gebieten zur islamischen Kultur bei, die sie in vieler Hinsicht prägten. Obwohl sie sich ihre Sprache bewahrten, war Arabisch nicht nur Verwaltungssprache, sondern auch die Sprache, in der persische Philosophen, Dichter und Historiker des Islams lange Zeit ihre Werke schrieben. Die islamische Kultur hätte niemals die von ihr errungene Stellung erreichen können ohne die Eroberung Persiens durch die Araber und die zivilisatorische Erziehung der Araber durch die Perser.

Kaufleute und Muezzins

Seit dem 7. Jahrhundert n. Chr. hat Persien der Welt innerhalb des Rahmens der islamischen Kultur einen einzigartigen Stil in der Literatur und den Künsten beschert. In Orten wie Isfahan, Schiras, Meschhed und Täbris ist das Herz der mittelalterlichen Städte noch an den langen, überdachten Bazaren mit ihren Ladenreihen zu erkennen, in denen Goldschmiede, Messinghämmerer und Händler mit Früchten, Stoffen und Konfekt ihre Waren feilhalten. Neben dem Bazar lag die Karawanserei, ein von Mauern und Gebäuden umgebener Hofraum, wo die Karawanen nach jeder Tagesreise auf den alten Handelsstraßen Asiens Rast machten.

Das Bild einer islamischen Stadt beherrschten jedoch die Moscheen mit ihren Minaretts, von denen aus der Muezzin die Gläubigen fünfmal am Tage zum Gebet rief, die Medressen oder islamischen Hochschulen für religiöse Unterweisung und der Palast des Schahs oder Sultans, Gebäude, die sich überall am längsten erhalten haben. Isfahan ist besonders reich an schönen Moscheen und Koranschulen, deren gemustertes Mauerwerk dem Verlangen persischer Künstler, freie Flächen dekorativ auszufüllen, seine Entstehung verdankt. Im 11. Jahrhundert wurde das traditionelle Blumenmuster altpersischer Zeichnungen in die Stuckarbeiten an Gebäuden übernommen, später schmückte es auf glasierten Kacheln Wände und Gewölbe der Moscheen und Paläste, eine Kunst, die ihren Höhepunkt im 16. und 17. Jahrhundert erreichte.

Dichtkunst und der Töpfer

In der ersten Hälfte des 11. Jahrhunderts eroberten die Seldschuken, eines der türkischen Nomadenvölker, die in mehreren Wellen durch Zentralasien gen Westen strömten, unter anderem Persien, und zu Ende des Jahrhunderts erstreckte sich der Herrschaftsbereich des Seldschukensultans vom Mittelmeer bis zur heutigen Provinz Sinkiang in China. Wie die Araber vor ihnen waren die Türken bessere Kämpfer als Administratoren und ernannten persische Gouverneure. Sie übernahmen die persische Kultur und häufig auch deren Sprache.

Unter den Seldschuken nahm die persische Literatur einen sehr raschen Aufschwung. Philosophische und mathematische Abhandlungen und geschichtliche Chroniken wurden geschrieben. Die persische Dichtkunst zeichneten ein besonderer Ideenreichtum und eine starke Bildhaftigkeit aus. Eine rein persische Versform war der Ruba'i, ein Vierzeiler, von dem drei Zeilen sich reimten, während die vierte, ohne Reim, eine abschließende Aussage enthielt. Einige bildliche Vergleiche wurden von den Dichtern in immer neuen Abwandlungen wiederaufgenommen. Dafür ist ein typisches Beispiel der Vergleich des Menschen mit Ton in der Hand des Töpfers, ein Hinweis auf die Vergänglichkeit des Menschen und aller seiner Werke.

Der Dichter Omar-i Chajjam, der 1131 gestorben ist, war auch als Mathematiker und Astronom berühmt. Seine 1079 vorgeschlagene Kalenderreform setzte sich trotz ihrer Genauigkeit nicht durch. Am besten bekannt ist er jedoch wegen seines Ruba'ijat, einer Sammlung von Vierzeilern, die Edward Fitzgeralds englische Übersetzung (1859) in Europa sehr bekannt machte. Auch er griff in manchen seiner Vierzeiler das alte Thema der Vergänglichkeit des Menschen und seiner irdischen Schätze sowie seiner Macht auf, die alle wieder zu Erde werden müssen:

»Sollte ganz vergeblich mein Gebein
gemeinem Ton entnommen sein,
daß Er, der geschickt Gestalt mir gab,
zu Erde stampft mich wieder ein?«

Mehr als zwei Jahrhunderte später nahm Hafis, dessen Meisterschaft, sinnlich Ansprechendes mit hoher geistiger Bedeutsamkeit zu verbinden, ihn zu einem der bemerkenswertesten Dichter aller Zeiten machte, dasselbe Thema wieder auf. Seine in einer *Diwan* genannten Sammlung vereinten Gedichte beeindruckten Goethe tief und regten ihn neben anderen persischen und sonstigen orientalischen Werken zu seinem *West-östlichen Divan* an.

Ansturm der Mongolen

Die Macht der Seldschuken in Persien war schon gebrochen, als um 1220 die Horden Dschingis Chans aus ihrer mongolischen Heimat über Zentralasien hinweg nach Nordiran vorstießen. Die Mongolen schlachteten die Bevölkerung ganzer Städte ab, und zwei Drittel der Einwohner Persiens starben während des Mongolensturms.

Eine mongolische Dynastie, die Dschingis Chans Enkel Hülägu 1257 begründete, beherrschte Persien hundert Jahre lang. Sie wurde von Timur Leng, auch Tamerlan genannt, gestürzt, der seine Truppen 1395 von den Ufern des Flusses Oxus nach Persien führte und fünf Jahre lang Persien, Syrien und Kleinasien verwüstete. Bei seinem Tode im Jahre 1405 hinterließ Tamerlan zwar die Legende seiner Eroberungen, aber kein Großreich, und auch seinen Nachkommen gelang es nicht, Persien wieder zu vereinigen.

Wiedervereinigung und Wiedergeburt des persischen Staates waren das Werk der Safawiden, einer großen persischen Dynastie, die 1502 von Schah Ismail I. begründet wurde, der behauptete, vom Propheten Mohammed abzustammen. Die Safawiden richteten die ersten Werkstätten für Teppichweberei ein, ein altes persisches Handwerk, das schon von den Frauen der frühen Nomaden betrieben wurde. Aus den einfachen Anfängen entwickelte sich schließlich die Kunst, kostbare Wandbehänge und Bodenteppiche für die Paläste der Herrscher zu knüpfen.

Die persischen Teppichknüpfer setzen in Wolle die von den vorgeschichtlichen Töpfern begonnene künstlerische Tradition fort. Ihren komplizierten Mustern liegen die Formen von Blumen, Vasen, Vögeln, wilden Tieren und Bäumen zugrunde. Die lebhaften Farben wie Rot, Blau, Grün und sogar Schwarz stehen im Kontrast zu weißen Flekken, die Teiche und Kanäle darstellen. Einen besonders hohen Stand erreichte die Teppichknüpferei im 17. Jahrhundert, als schon

DIE KUNST DER MINIATURMALEREI

Einen Höhepunkt persischer Kunst bilden die Miniaturen der Zeit vom 13. bis 16. Jahrhundert, mit denen die Handschriften persischer Epen und Gedichte illustriert sind. Was den Dichtern leuchtend vor Augen stand, war hier ins Sichtbare übersetzt. Auch die Ränder der Manuskripte sind mit Miniaturszenen bedeckt, um den vom Lesen Ermüdeten mit Bildern zu erfreuen. Manchmal füllen die Miniaturen auch ganze Seiten. Jagdszenen waren besonders beliebt: Viele Malereien zeigen laufende Hirsche oder Jagdleoparden im Sprung.

Besonders gern wurde das *Schah-Name* (Buch der Könige) illustriert, das der Dichter Firdausi (939–1020) um 1010 vollendete. In diesem größten Epos persischer Sprache – es besteht aus rund 60 000 Doppelversen – wird die halblegendäre Geschichte Persiens von der Zeit des ersten Menschen bis zum Ende der Sassaniden-Dynastie in der Mitte des 7. Jahrhunderts erzählt. Die Miniaturen, mit denen das *Schah-Name* und andere Geschichten geschmückt sind, verbinden reinen Realismus, besonders bei der Darstellung von Tieren, Bäumen und Blumen, mit einer stärker stilisierenden Malweise. Die persische Miniaturmalerei verarbeitete starke chinesische Einflüsse und stand ihrerseits später Pate bei der Entstehung der Miniaturmalerei in Indien.

SITZENDE LÖWEN *Die Geschicklichkeit persischer Künstler in der Darstellung von Tieren zeigt sich in dieser Miniatur des 13. Jh.*

ILLUSTRIERTES EPOS *Manchmal nahmen die Illustrationen ganze Seiten des Schah-Name-Manuskripts ein. Chinesische Einflüsse verbanden sich mit persischem Naturalismus.*

KOSTBARE EINBÄNDE *Bücher waren nicht nur kunstvoll geschrieben und illustriert, sondern auch kostbar gebunden. Dieser Einband aus dem Jahre 1522 zeigt Punzarbeit und Goldprägung.*

BERITTENE KRIEGER *Auf dieser Illustration aus dem Schah-Name treten in einer legendären Schlacht persische Berittene einer Abteilung Türken mit ihren Speeren entgegen.*

EIN LIEBHABER VOR DEN TOREN SEINES PARADIESES *Auf diesem Bild aus dem Jahre 1396 sucht Prinz Humay Zutritt zum Schloß seiner Geliebten, das von einem ummauerten Garten voller Blumen und Bäume eingeschlossen ist, dem typischen persischen Paradies.*

persische Teppiche über Bagdad und die Türkei nach Europa exportiert wurden. Unter den Safawiden wurden auch die großen Legenden und Gedichte Persiens abgeschrieben und die Manuskripte mit reizenden Miniaturen geschmückt.

Der Höhepunkt der Safawiden wurde mit Schah Abbas dem Großen (1587–1629) erreicht, der neue Handelsbeziehungen mit Europa aufnahm und Isfahan aus einem Provinznest in eine prächtige Stadt verwandelte. Danach setzte der Niedergang der Dynastie ein, und Afghanen, Russen und Türken überrannten Persien, bis ein turkmenischer Heerführer die Eindringlinge vertrieb und sich als Nadir Schah (1736–47) zum Herrscher machte. 1794 gründeten die turkmenischen Kadscharen eine Dynastie, die 1925 Resa Schah Pahlewi durch seine eigene ersetzte.

Recht und Wissenschaft als Vermächtnis

Persiens Beitrag zur Entwicklung der menschlichen Gesellschaft umfaßt auch die Idee eines Weltreiches, in dem die Völker friedlich unter der Herrschaft des Rechts zusammenleben, eine Ordnung, die vom Großkönig verkörpert wurde. Aber das ist nicht alles, was Persien für die menschliche Kultur geleistet hat. Die von den Griechen übernommenen wissenschaftlichen Gedanken wurden von den Persern weiterentwickelt, etwa in der Medizin und der Mathematik. Im 9. Jahrhundert wendeten sie die Mathematik für genaue Bewegungsmessungen der Himmelskörper an, um die Navigation zu verbessern und den Kalender zu vervollkommnen. Mittelalterliche europäische Gelehrte studierten die Werke des persischen Philosophen und Mediziners Avicenna (Ibn Sina), um hinter die Geheimnisse der experimentellen Wissenschaft zu kommen und das von bewiesenen Tatsachen ausgehende Schlußfolgern zu lernen. Die Perser entwickelten die ärztliche Kunst weiter und gründeten schon früh Hospitäler, von denen Jundaschapur in Südwestpersien, das 272 n. Chr. erbaut wurde, das berühmteste war.

In ihrer ganzen Geschichte hat die Perser das Problem der Stellung des Menschen im Universum und der Rolle, die er darin zu spielen hat, beschäftigt. In der Kunst machten sie die Welt der belebten Natur zu einer Quelle ästhetischen Vergnügens.

Seefahrer und Propheten in den Ländern der Bibel

3000 v. Chr.–135 n. Chr.

Entlang der Ostküste des Mittelmeeres, wo die wandernden Söhne Noahs sich niederließen, blühte der Handel und wurde ein neuer Gott verehrt

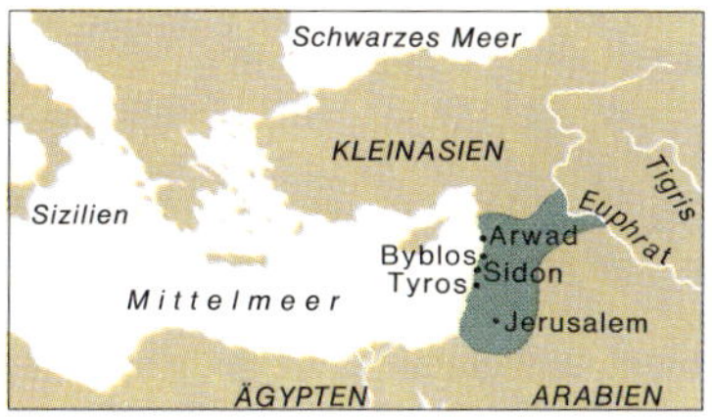

SYRIEN UND PALÄSTINA UM 1500 V. CHR.

Vom engen Küstenstrich ihrer Heimat aus verbreiteten die phönikischen Händler ihren Einfluß über den gesamten Bereich des östlichen Mittelmeeres, während von Palästina zwei Weltreligionen ausgingen.

DIE WILDNIS DES SINAI

Von der Morgensonne gefärbt, liegen die Berge des Sinai, ein Bild öder Verlassenheit, das sich tief in die jüdische Geschichte eingezeichnet hat. Die dreieckige Halbinsel Sinai verbindet Afrika mit Asien. Nur während der kurzen Regenzeit führen ihre Flüsse Wasser und sorgen für flüchtige Fruchtbarkeit. Durch diese Wildnis wanderten die Israeliten 40 Jahre lang, nachdem Moses sie aus der ägyptischen Knechtschaft geführt hatte. Das 2. Buch Mose berichtet, wie Moses auf den Berg Sinai stieg und von Gott die Zehn Gebote erhielt, die zur Grundlage des jüdischen Glaubens wurden. Diese Gebote hielten nicht nur die Stämme Israels während ihrer Wanderung durch die Wüste zusammen, sie wurden darüber hinaus zum dauernden Sittengesetz für einen großen Teil der Menschheit.

Zwei der größten Weltreligionen sind inmitten von Menschen mit rascher und lebhafter Auffassungsgabe entstanden, nämlich inmitten von semitischen Stämmen, die seit etwa 3000 v. Chr. begonnen hatten, sich an der Ostküste des Mittelmeeres niederzulassen. Denn darunter waren die Hebräer – das erste Volk der Geschichte, das sich von der Vielgötterei abkehrte. Sie verehrten nur einen einzigen Gott, einen gerechten und gnädigen Gott, der aber von seinen Anhängern verlangte, daß sie die Gesetze hielten, die er ihnen gegeben hatte. Dieser leidenschaftliche Glaube an einen einzigen Gott bildete den Eckpfeiler des jüdischen wie auch des später christlichen Glaubens, der unter dem gleichen Volke seinen Anfang nahm.

Diese Semiten zeichneten sich jedoch nicht nur auf religiösem Gebiet aus. Die Phöniker, eine andere Siedlergruppe, ragten als Kaufleute und Seefahrer hervor. In ihren Händen lag zum großen Teil der Handel innerhalb der östlichen Mittelmeerländer, und ihre Fähigkeiten in Schiffbau und Seefahrt verhalfen ihnen dazu, ihren Einfluß bis nach Spanien, Sizilien und Nordafrika auszudehnen, wo sie die Kolonie Karthago gründeten, die später mit Rom um die Vorherrschaft im westlichen Mittelmeer ringen sollte.

Die Semiten nennt man so nach Sem, dem ältesten Sohn Noahs, der als ihr Ahnherr gilt; doch diese Bezeichnung wird erst seit 200 Jahren gebraucht. Im Altertum trugen die einzelnen Stämme, die wohl aus Arabien kamen, ganz verschiedene Namen. Um 3000 v. Chr. zogen viele von ihnen in die fruchtbaren Gegenden Mesopotamiens. Sie wurden von Königen oder Fürsten regiert, die gleichzeitig ihre Richter waren. Bei den Semiten herrschte Polygamie, und reiche Familien besaßen Sklaven. Viele Stammesfehden brachen auf der Suche nach mehr Sklaven aus – nach Frauen für Haus und Harem und Männern zur Arbeit auf dem Felde.

Im Laufe der Zeit hatten Krieg und Bevölkerungsdruck viele Stämme in immer entferntere Gegenden getrieben. Eine Gruppe der westlichen Semiten erreichte schließlich das Mittelmeer und ließ sich an seiner Ostküste nieder. Das von ihnen besetzte Gebiet erstreckte sich vom Golf von Iskenderun bis zur ägyptischen Grenze. Es war nicht überall fruchtbar, wenn auch fruchtbarer als heute.

Die von den westlichen Semiten besiedelten Küstenstriche heißen in der Bibel das Land Kanaan, und große Teile des Alten Testaments berichten von den Kämpfen zwischen den Kanaanäern und den späteren Einwanderern, die sich mit ihnen um das beste Land stritten. Zu den Einwanderern gehörte auch der Hebräer Abraham, der irgendwann zwischen 1900 und 1700 v. Chr. mit den Seinen aus Mesopotamien nach Kanaan gekommen war. Im Kampf mit den verschiedenen Neuankömmlingen blieb den Kanaanäern schließlich nur der schmale Küstenstreifen des heutigen Libanon, wo sie von den Griechen Phöniker genannt wurden.

Eine große Hungersnot hatte um 1600 v. Chr. die Israeliten oder Hebräer nach Ägypten getrieben, von wo sie um 1220 v. Chr. nach Kanaan zurückzogen. Kanaan war das Gelobte Land der Israeliten, und ihre zwölf

GESCHENKE AUS KANAAN FÜR DIE ÄGYPTER

Die frühen Völker des Küstenstreifens am östlichen Mittelmeer standen in enger Verbindung zu ihren südlichen Nachbarn, den Ägyptern. Dieses Wandbild aus einem Grab bei Beni Hasan in Ägypten aus der Zeit um 1890 v. Chr. zeigt semitische Nomaden in ihrer üblichen Kleidung, die den Ägyptern Geschenke bringen. Zwei Kinder reiten auf dem Esel in der Mitte. Der Mann links spielt eine Leier.

Stämme siedelten sich in dem später Palästina genannten Gebiet an. Im Laufe der Jahrhunderte verwischten sich die Unterschiede zwischen den verschiedenen semitischen Stämmen. Nur die Israeliten hielten sich wegen ihrer andersartigen Religion für sich.

Ursprung des Alphabets

Aus Hirten und Jägern entwickelten sich die frühesten semitischen Siedler an der Mittelmeerküste bald zu Ackerbauern. Und es dauerte nicht lange, da waren sie Handwerker, Händler und Seefahrer geworden. Die Stadt Byblos, etwas nördlich vom heutigen Beirut, wurde zur Drehscheibe des Handels zwischen den Semiten und Ägypten. Das spätestens 2600 v. Chr. gegründete Byblos gehört zu den ältesten, ununterbrochen bewohnten Städten der Welt. Es blieb jahrhundertelang die wichtigste Stadt des östlichen Mittelmeeres, bis schließlich ihre Schwesterstädte Tyros und Sidon sie in den Schatten stellten.

In Byblos entstand eine gegenüber den Hieroglyphen und der Keilschrift stark vereinfachte Schrift, und in ihrer Umgebung entwickelte sich um 1700 v. Chr. die erste alphabetische Schrift, auf die alle späteren Buchstabenschriften zurückgehen, auch – über das Griechische – unsere eigene.

Der phönikische Buchstabe *Daleth* etwa ähnelte unserem D und wurde auch so ausgesprochen, ebenso entsprach das *Tau* unserem T. Sogar dort, wo sich die Buchstaben verändert haben, ist die Ableitung unseres Alphabets vom phönikischen meist noch deutlich. Selbst das Wort Alphabet stammt von den phönikischen Bezeichnungen ihrer beiden ersten Buchstaben – *Aleph* heißt Rind, und *Beth* bedeutet Haus; die Griechen machten *Alpha* und *Beta* daraus.

Die Erfindung der Buchstabenschrift war eine große geistige Leistung. Hieroglyphen und Keilschrift sind Wort- und Silbenschriften mit entsprechend zahlreichen Zeichen, die jeder Schreiber lernen mußte. Da mit einer Buchstabenschrift nur Laute geschrieben werden – in den semitischen Schriften sogar nur Konsonanten –, kommt man mit sehr wenig Symbolen aus, die sich schnell lernen lassen. Solche Schriften sind einer größeren Zahl von Menschen zugänglich und verbreiten sich deshalb rascher.

Als Schreibmaterial wurden nicht Tontafeln gebraucht, sondern neben Leder vor allem Papyrusrollen, die aus Ägypten eingeführt und über Byblos in alle Welt wieder ausgeführt wurden. Diese Stadt hieß eigentlich Gebal; ihren Namen *Byblos* verdankt sie der griechischen Bezeichnung des neuen Schreibmaterials, ein Wort, das bald auch Buch bedeutete. Unser Wort Bibel geht letzten Endes darauf zurück, während *Papyrus,* ein späteres griechisches Wort für die gleiche Sache, und *Papier* die gleiche Wurzel haben. Die Schreiber schrieben auf den Papyrusrollen mit Rohrfedern und einer Tinte aus Ruß und einer Gummilösung.

Herstellung von Textilien und Schmuck

In den von den Phönikern bewohnten Küstenstrichen des Mittelmeeres reichten die spärlichen fruchtbaren Gebiete nicht aus, um eine wachsende Bevölkerung zu ernähren. Bald mußten Korn und Vieh eingeführt und mit Erzeugnissen des Kunsthandwerks bezahlt werden. Zunächst waren Ägypten und Mesopotamien die Hauptmärkte. Später, als an den Handelswegen des Mittelmeeres Kolonien entstanden, lieferte etwa Sizilien Korn im Austausch für phönikische Produkte, Sardinien dagegen Zinn und Eisen.

Aus eigener und mesopotamischer Wolle stellten die Phöniker Tuche her sowie Leinen aus ägyptischem Flachs. Eingeführtes Elfenbein, Metalle und Edelsteine wurden in großen Mengen von einheimischen Kunsthandwerkern zu Schmuck und anderen Luxusgegenständen verarbeitet. Weitere Erwerbszweige waren die Herstellung reichbestickter Gewänder, von Glas und verzierter Keramik. Aus der Murexschnecke wurde der berühmte Purpur gewonnen. Die feinste und teuerste Schattierung dieses Farbstoffes war Zeichen königlicher Macht. Aus *Phoinix,* der griechischen Bezeichnung für Purpur, leitet sich der Name der Phöniker her, die ihr Land selbst Kanaan, das heißt auch Land des Purpurs, nannten.

Die Bäume der dichtbewaldeten Berge des Libanon lieferten den Phönikern Harze zur Herstellung von Räucherwerk und anderen Duftstoffen, und ihr Holz wurde auch nach Ägypten, Assyrien und anderswohin exportiert. So führte Salomo Zedern vom Libanon zum Bau des Tempels ein. Vor allem aber diente das Holz zum Bau ihrer Schiffe, mit denen die bemerkenswertesten Reisen des Altertums unternommen worden sind.

Große Häfen wie Tyros, Sidon, Tripolis und Arwad waren von unaufhörlich pulsierendem Leben erfüllt. Gegen die Überfälle der Nachbarn waren die Häfen durch Kriegsgaleeren geschützt, die mit 50 Ruderern in zwei Reihen übereinander bemannt und mit einem Rammsporn im Bug des Schiffes unterhalb des Wasserspiegels bewaffnet waren. Die Verteidigung wurde durch die Lage der Städte Tyros, Tripolis und Arwad erleichtert, die auf Vorgebirgen oder vorgelagerten Inseln erbaut waren. Nur Sidon lag ganz auf dem Festland.

Erste Umschiffung Afrikas

Der wachsende Druck der griechischen Handelsrivalen trug dazu bei, daß die Phöniker sich immer weiter westlich nach Handelspartnern umsahen und Kolonien in Spanien (Cádiz), auf Malta (Melite), in Nordafrika (Utica) sowie auf Sizilien (Palermo) und Sardinien gründeten. Der griechische Geschichtsschreiber Herodot berichtete im 5. Jahrhundert v. Chr. über phönikische Handelsreisen nach Westafrika, und phönikische Schiffe überquerten den stürmischen Golf von Biskaya, um in Britannien ihre Waren gegen Zinn aus Cornwall einzutauschen.

Eine der größten Leistungen der Phöniker zur See war die erste Umschiffung Afrikas. Der ägyptische Pharao Necho (610–595 v. Chr.) interessierte sich dafür, was jenseits des Roten Meeres liegen könne, und ließ ein phönikisches Geschwader das Rote Meer hinab und dann so weit wie möglich entlang der afrikanischen Küste segeln.

Die Seereise war lang. Jeden Herbst gingen die phönikischen Seeleute an Land, pflanzten ihr Getreide und warteten bis zur Ernte des nächsten Frühjahrs, ehe sie ihre Reise fortsetzten.

Drei Jahre nach ihrer Abreise kehrten sie durch die Straße von Gibraltar zurück und berichteten, Afrika sei von allen Seiten vom Meer umgeben bis auf die Stelle, wo es an Asien grenze. Kein Europäer hat ihnen dieses Glanzstück nachgemacht bis zum Jahre 1497 n. Chr., als Vasco da Gama das Kap der Guten Hoffnung umschiffte. Die Phöniker galten auch als hervorragende Ingenieure.

Als die Perser 480 v. Chr. nach Griechen-

KUNSTHANDWERK IN ELFENBEIN

Phönikische Elfenbeinarbeiten waren in der gesamten Alten Welt begehrt. Dieser in durchbrochener Arbeit gestaltete Löwe zwischen Lilien wurde in Nimrud am Tigris gefunden, wo ihn wahrscheinlich im 9. Jahrhundert v. Chr. ein phönikischer Künstler für einen assyrischen König herstellte. Kopfschmuck und Brustschild sind ägyptisch.

EIN MENSCH ALS BEUTE *Auf diesem phönikischen Elfenbeinrelief aus Nimrud hat eine Löwin einen Negerjungen an der Kehle gepackt. Die Darstellung ist naturalistischer als im oberen Bild.*

WOHLHABENDES KANAAN

Das auf diesem glasierten Ziegel aus dem 12. Jahrhundert v. Chr. von einem Kanaanäer getragene Gewand ist typisch für die in Kanaan hergestellten gemusterten Stoffe.

LIBANONZEDERN FÜR TEMPEL UND PALAST

Die Phöniker waren die hervorragendsten Seefahrer, Entdecker und Händler des Altertums. Das Holz zum Bau ihrer Schiffe stammte von den damals bewaldeten Höhen nahe der Mittelmeerküste. Darunter waren Stämme der berühmten Libanonzedern, die von Salomo für den Bau seines großartigen Tempels in Jerusalem um etwa 950 v. Chr. benutzt wurden. Auch die assyrischen Könige des 8. und 7. Jahrhunderts v. Chr. gebrauchten sie für ihre Paläste in Chorsabad und Ninive. Dieses Steinrelief aus Sargons II. Palast in Chorsabad zeigt Phöniker, die riesige Balken auf ihre geschwungenen Galeeren laden. Solche Balken bezogen auch die Ägypter, um daraus die Boote zu bauen, in denen die toten Pharaonen zu ihren Gräbern gebracht wurden. Von ihren Hafenstädten an der syrischen Küste stachen die Phöniker in See, um Handelskolonien auf Malta, Sizilien, Sardinien sowie in Nordafrika und Spanien zu gründen. Als Meister in der Navigation steuerten sie nachts nach dem Stand der Sterne.

Phöniker bildeten die Mannschaft auf den Schiffen Salomos ebenso wie auf den Schiffen der Eroberer Jerusalems, der Babylonier, und deren Überwinder, der Perser.

land einfielen, riefen sie phönikische Sachverständige herbei, die am Berge Athos den Isthmus durchstachen, so daß die Perser durch diesen Kanal ihre Flotte treideln konnten, statt eine stürmische Seereise zu riskieren.

Eine Quelle am Meeresgrund

Ein weiteres Beispiel für die technische Begabung der Phöniker war die Wasserversorgung der Inselstadt Arwad. Die Einwohner entdeckten eine Süßwasserquelle, die zwischen der Insel und dem Festland am Meeresgrund sprudelte. Sie senkten eine bleierne Halbkugel über die Quelle hinab und verbanden sie durch einen Lederschlauch mit einem über der Quelle ankernden Schiff. Der Überdruck ließ das Wasser in eine Zisterne an Bord des Schiffes fließen, von wo es in die Stadt geschafft wurde.

Um Wasser nach Tyros zu bringen, zapften Ingenieure eine Quelle auf dem Festland an und führten es in Schläuchen unterseeisch zu der kleinen Insel, auf der die Stadt gelegen war. Heute ist dieser Ort im Libanon, der jetzt Sur heißt, mit dem Festland durch einen 800 m langen Damm verbunden.

Ihre guten astronomischen Kenntnisse hatten die Phöniker vielleicht von den Babyloniern übernommen. Sie nutzten sie nachts für die Navigation, wobei sie sich hauptsächlich nach dem Polarstern richteten. Sogar die Griechen gaben zu, daß die Phöniker die besten Seefahrer ihrer Zeit waren. »Die Männer von Sidon steuern den geradesten Kurs«, sagte der griechische Geograph Strabo.

In der Entwicklung des Alphabets, im Schiffbau, in der Navigation, im Handel und Kunsthandwerk leisteten die Phöniker ganz Hervorragendes. An Kunst haben sie wenig Eigenes hervorgebracht, ihren Stil vielmehr jeweils von den Ägyptern und später von den Persern und den Griechen entlehnt.

Ihre Unabhängigkeit verloren sie in ihrer Heimat endgültig 332 v. Chr., als Alexander der Große Tyros und die übrigen phönikischen Städte einnahm. Lange davor, nämlich 814 v. Chr., hatten die Phöniker jedoch die Stadt Karthago in Nordafrika gegründet. Die Karthager ihrerseits errichteten ein großes Kolonialreich in den westlichen Ländern des Mittelmeeres und darüber hinaus, was schließlich zum Konflikt mit Rom führte.

Ein Glaube schafft ein Volk

Obgleich die Phöniker als Fernkaufleute und Kolonisatoren Großes leisteten, scheint das Nationalgefühl bei ihnen wenig entwickelt gewesen zu sein. Die Hebräer jedoch sahen sich trotz ihrer verhältnismäßig kleinen Zahl von Anfang an als ein besonderes, von anderen unterschiedenes Volk an, und zwar wegen ihres Glaubens an Jahwe, den einzigen Gott. Sie verachteten das Heidentum und den Aberglauben ihrer Nachbarn.

Besonders ablehnend verhielten sich die Juden gegenüber der syrischen Religion, in deren Mittelpunkt die Fruchtbarkeitsgöttin Astarte stand, zu deren Kult Tempelprostitution und orgiastische Riten gehörten. Ihre Anhänger wurden zu wilden Orgien durch Musik, Wein und Räucherwerk angestachelt. Ausschweifungen waren jedoch auch den Juden nicht fremd, und die Propheten warfen dem Volk Nachahmung der heidnischen Sitten ihrer Nachbarn vor und ermahnten es, an seinem Gott festzuhalten.

Abraham, der Begründer des jüdischen Volkes, verließ Mesopotamien als Führer einer der Gruppen, die zwischen 1900 und 1700 v. Chr. sich westwärts zur Küste des Mittelmeeres aufmachten. Abraham war jedoch auch ein religiöser Führer, der verkündete, daß es nur einen Gott gäbe; einen Gott, den man verehren müsse, ohne ihn abzubilden; einen gerechten Gott, der diejenigen strafte, welche seine durch Vermittler gegebenen Gesetze brachen, der aber diejenigen beschützte, die seine Gesetze hielten.

Der jüdischen Religion eigentümlich ist die Vorstellung eines Bundes zwischen Gott und seinem auserwählten Volk. Andere Völker hatten auch ihre Götter, die sie um Hilfe und Schutz anflehten; doch nur der Gott der Hebräer gab seinem Volk verbindliche Versprechen. Eines davon betraf das Gelobte Land; im 1. Buch Mose heißt es:

JUDEN UND HEIDEN

Das Alte Testament berichtet von den Kämpfen, die dadurch entstanden, daß die Juden mit Leidenschaft nur einen einzigen Gott, Jahwe, gelten ließen. Die benachbarten semitischen Stämme verehrten viele Götter; aber das erste der Zehn Gebote, die durch Moses verkündet wurden, lautet: „Du sollst keine anderen Götter neben mir haben.“ Das zweite verbietet die Herstellung oder Anbetung irgendeines Bildnisses. Die Propheten wandten sich gegen den Götzendienst der Heiden und die damit verbundenen Ausschweifungen.

GÖTTERBILDNIS *Diese Bronzestatuette (um 1900 v. Chr.) stellt Baal (d. h. Herr), den höchsten Gott der Phöniker, dar. Er war Himmelskönig und Gegenstand des heidnischen Fruchtbarkeitskultes. Die Bewohner von Kanaan wollten als Ackerbauern durch religiöse Riten sicherstellen, daß das Land fruchtbar blieb und genügend Kinder überlebten, um das Land zu verteidigen und anzubauen. Die Juden lehnten den Baalkult ab, ebenso wie den Kult der Astarte, der Göttin der Liebe und Fortpflanzung. Der Astartekult war von sexuellen Riten begleitet, und die ihr in ihren Tempeln dienenden Prostituierten waren hoch geachtet.*

DIENERIN EINER GÖTTIN *Die Dame, die auf dieser Elfenbeinarbeit aus Nimrud aus dem Fenster blickt, könnte eine Tempelprostituierte der Göttin Astarte sein.*

HEILIGE GESETZE *Dieses Fußbodenmosaik aus Tiberias (4. Jh. n. Chr.) zeigt ein Tabernakel, in dem die Thora aufbewahrt wird.*

VERTREIBUNG AUS JUDA

Dieser Ausschnitt aus einem Steinrelief vom Palast des assyrischen Königs Sanherib in Ninive zeigt die Deportation von jüdischen Frauen und Kindern aus Juda nach der Einnahme der judäischen Stadt Lakisch südwestlich von Jerusalem im Jahre 701 v. Chr. Sanherib, dessen Vater Sargon II. zwanzig Jahre zuvor Israel unterworfen hatte, wollte Juda, das zweite Königreich der Juden, erobern. Er nahm mehr als 40 Städte ein, vertrieb viele Judäer und belagerte ihre Hauptstadt Jerusalem. Die Stadt wurde dadurch gerettet, daß unter den Belagerern die Pest ausbrach, aber Sanherib erpreßte von König Hiskia noch einen sehr großen Tribut, ehe er abzog.

»An dem Tage machte der Herr einen Bund mit Abraham und sprach ›Deinem Samen will ich dies Land geben, von dem Wasser Ägyptens an, bis an das große Wasser Euphrat‹.«

Das Land, in dem Milch und Honig fließt

Das Land, in das Abraham sein Volk führte, war Kanaan oder Palästina, wie es später hieß; es schien diesen Wüstenbewohnern ein Land, in dem Milch und Honig floß. Lange Zeit danach gab es dort jedoch eine Hungersnot, und Jakob, der Enkel Abrahams, führte den größten Teil seines Volkes nach Ägypten auf Einladung seines Sohnes Joseph, der Wesir des Pharaos war. Die Israeliten siedelten sich in Ägypten an und lebten dort einige Jahrhunderte glücklich und in Frieden, bis eine neue ägyptische Dynastie, die eine fremdenfeindliche Politik betrieb, sie versklavte. Die nationale Einheit der Kinder Israel stammt aus der Zeit ihrer Leiden in Ägypten, des Zuges durch die Wüste und später der Babylonischen Gefangenschaft. Der Glaube an den einen Gott, dessen Volk sie waren, war ihr einziger Zusammenhalt.

Aus der Knechtschaft in Ägypten wurde das Volk Israel durch Moses herausgeführt, eine der ungewöhnlichsten Gestalten der Weltgeschichte. Wie Abraham war er ein religiöser Führer, aber auch ein politischer und militärischer Anführer. Und er führte eine einzigartige Reihe von Gesetzen ein, die Zehn Gebote, die dem jüdischen Volk auf dem Berge Sinai in einem Bund von Jahwe auferlegt worden waren.

Der Auszug aus Ägypten, die Wanderung durch die Wüste und die Rückkehr nach Kanaan, in das Gelobte Land, unter Josua, Moses' Nachfolger, sind alle im Alten Testament aufgezeichnet. In diesen Schriften ist der ganze erstaunliche Reichtum des jüdischen Beitrags zu Geschichte, Literatur und Dichtung festgehalten.

Das Alte Testament ist die Geschichte des jüdischen Volkes, aber das ist längst nicht alles. Es enthält auch ihre Vorstellungen über die Entstehung der Welt und darüber, wie Schmerz, Tod und Sünde in die Welt kamen, obgleich Gott gut ist.

Es ist ein einzigartiger historischer Bericht über ein Volk des Altertums, und keine späteren Geschichtsschreiber haben die Kraft der Erzählung erreichen können, die sich zum Beispiel in den Büchern von den Königen findet. Es gibt rührende Liebesgeschichten wie das Buch Ruth und die glänzende Liebeslyrik des Hohenliedes Salomos.

Das Buch Hiob, das von der Entschlossenheit eines Mannes kündet, an seinem Gott festzuhalten, unabhängig davon, wie fürchterlich es ihm im Leben ergeht, leitet über zu der Herrlichkeit der Psalmen und der tiefen Weisheit der Sprüche.

Belehrung durch die Hethiter

In ihrer ganzen Geschichte läßt sich eine Beeinflussung der Juden durch ihre Nachbarn nachweisen, mit denen sie oft im Kriege lagen. So haben sie wahrscheinlich von den Hethitern die Eisenverarbeitung gelernt.

Jahrhundertelang sah man in den Hethitern nur einen sonst unbekannten Stamm, der im Alten Testament als eines von vielen kriegerischen Völkern erwähnt wird, die dem Volke Israel auf ihrem Zug in das Gelobte Land unter Josua entgegentraten. Inzwischen weiß man, daß die Hethiter von 1500 bis 1200 v. Chr. eine führende Macht in Vorderasien gewesen sind. Sie waren ein indogermanisches Volk, das ursprünglich von Norden kam und die Bewohner des Ostens und der Mitte Kleinasiens unterwarf. Der rasche Aufstieg der Hethiter war zum Teil auch dadurch bedingt, daß sie als erstes Volk der Welt Eisen in größerem Maße verwendeten. Bis dahin waren die Gewinnung und Verarbeitung von Eisen fast unbekannt gewesen. Den Hethitern gelang es, Eisen zu schmelzen, wahrscheinlich indem sie das Erz mit einer Mischung von Holzkohle und Kalkstein erhitzten und damit eine Temperatur bis zu 1300° C zustande brachten, die höchste damals bekannte Temperatur. Ihre Überlegenheit in der Eisenverarbeitung verhalf den Hethitern zu schärferen Schwertklingen und widerstandsfähigeren Pflugscharen.

Von ihrer Hauptstadt Hattusas aus, die 150 km östlich des heutigen Ankara lag, stießen die Hethiter südwärts längs der Ostküste des Mittelmeeres vor, überrannten die dort lebenden Völker und machten ihr Reich zur dritten Großmacht dieser Zeit neben Ägypten und Babylon.

Schließlich ging das Hethiterreich um 1200 v. Chr. im Ansturm einer Völkerwanderung unter, die die sogenannten Seevölker bis nach Ägypten führte. Zu diesen gehörte auch ein Volk, von dem im Alten Testament oft die Rede ist – die Philister. Sie wurden zu ständigen Feinden der Israeliten, nachdem sie das südliche Küstenland Palästinas besetzt hatten, das übrigens nach ihnen genannt ist.

König Davids neue Hauptstadt

Das goldene Zeitalter brach für das Volk Israel um etwa 1000 v. Chr. unter König David (1004–965 v. Chr.) an, der seinem Schwiegervater Saul nachfolgte. David verschob die Grenzen seines Königreichs bis an das Rote Meer und über Damaskus hinaus tief hinein nach Syrien. Er machte Jerusalem zur Hauptstadt und zum religiösen Zentrum des jüdischen Volkes.

König Salomo, Davids Sohn, war in vieler Hinsicht ein orientalischer Despot, der ebenso bekannt wegen seiner Verschwendung und seines aufwendigen Lebensstils war wie wegen seiner Weisheit. Er ließ in Jerusalem um etwa 950 v. Chr. für Jahwe einen großen Tempel bauen. Viele der Kunsthandwerker, die an der Ausschmückung dieses großartigen Gotteshauses der Juden arbeiteten, waren Syrer und Phöniker. Der Bau des Tempels und des etwa gleichzeitig entstandenen Palastes kennzeichnet den Höhepunkt jüdischer Macht und jüdischen Ansehens.

Salomos Tempel wird zerstört

Der Niedergang der Nation setzte bald darauf ein, und das Reich Davids und Salomos zerfiel in zwei Königreiche. Das größere war das Nordreich Israel mit der Hauptstadt Samaria, während im Süden das Reich Juda das Vermächtnis Davids und Salomos weiterführte und Jerusalem als Hauptstadt und Heilige Stadt bewahrte.

Das jüdische Volk befand sich nun zwischen zwei Machtblöcken, dem wieder erstarkten, aggressiven Assyrien und Ägypten. Im Jahre 722 v. Chr. fiel Samaria in die Hände des Assyrerkönigs Sargon II. Er führte 28 000 Israeliten in die Gefangenschaft – die zehn verlorenen Stämme Israels. Die Assyrer brachten andere Deportierte heran, besonders aus der babylonischen Stadt Kutha, um Samaria wieder zu bevölkern; diese Neuankömmlinge heirateten Israeliten, die der Deportation entgangen waren, und ihre Nachkommen waren die in der Bibel erwähnten Samariter.

Zwanzig Jahre später wandten die Assyrer ihre Aufmerksamkeit Juda zu, dem zweiten jüdischen Königreich. Aber obgleich die Eindringlinge viele Städte plünderten, gelang es ihnen nicht, die Hauptstadt einzunehmen. Jerusalem hielt sich noch mehr als ein Jahrhundert, ehe es 586 v. Chr. Nebukadnezar II., dem babylonischen Herrscher, zum Opfer fiel. Die Stadt und der große Tempel wurden bis auf die Grundmauern zerstört und die Juden in Massen nach Babylon in die Gefangenschaft geführt.

Die Psalmen, diese großartige Sammlung hebräischer religiöser Lieder, enthalten einen, der mit den Worten beginnt: »An den Wassern zu Babel saßen wir und weinten, wenn wir an Zion gedachten.« Fünfzig Jahre lang lebte ein großer Teil der Juden in babylonischen Landen, und obgleich viele recht zufrieden in dem so viel fruchtbareren Lande zwischen Euphrat und Tigris gelebt haben mögen, konnte die Mehrheit die Heimat doch nie vergessen. Das wurde ihnen auch nicht gestattet, denn wie schon früher ihre Propheten, angefangen von Amos über Jesaja bis zu Jeremia, niemals aufhörten, sie zu mahnen und zur Umkehr aufzurufen, ließen Hesekiel und andere Propheten nicht zu, daß die jüdische Gemeinde im Exil sich mit ihrer Lage abfand und in die Sitten ihrer heidnischen Nachbarn verfiel.

Damals hatte das Wort Prophet noch nicht die Bedeutung eines Menschen, der die Zukunft vorhersagen kann, sondern man verstand darunter einen Mann, der als Dichter, Redner und Politiker sich der sozialen und politischen Nöte seines Volkes annahm. Die ganze jüdische Lebensform ist von den Propheten mit entwickelt worden, die sich dabei an Moses' Gesetze und die Worte ihrer Vorgänger hielten. Anders als die übrigen Semiten, die von ihren Herrschern sofortige Richtersprüche erwarteten, haben die Juden im Laufe der Zeit ein Gesetzbuch entwickelt, an das man sich bei fast jedem denkbaren menschlichen Problem oder beinahe jeder eintretenden Lage halten konnte.

Im Schatten Roms

Als die nächste Großmacht, die Perser, im Jahre 539 v. Chr. Babylon zu Fall brachte, wurde es den Juden erlaubt, sich in ihre Heimat rund um Jerusalem zurückzubegeben. Langsam bauten sie die Stadt wieder auf, und um die Zeit, als der Tempelbau 515 v. Chr. beendet war, bildeten die Juden wieder eine geeinte Nation. Während der nächsten Jahrhunderte war ihnen das Glück günstig, besonders unter den zwei hervorragenden Führern Nehemia und Esra.

Der verhängnisvolle Konflikt, an dessen Ende die lange und oft schreckliche Zeit der Zerstreuung der Juden unter die Völker stand, begann im 1. Jahrhundert v. Chr. Nach der Niederwerfung Karthagos waren die Römer zu Herrschern über die Länder des Mittelmeeres geworden. Große Gebiete Kleinasiens wurden unterworfen, und 63 v. Chr. nahm der römische Feldherr Pompejus Jerusalem ein und machte Juda zu einem Teil des Römischen Reiches unter der lateinischen Bezeichnung Judäa.

Nach einer Zeit verhältnismäßigen Wohlstands unter Herodes, dem römischen Marionettenkönig von Judäa, und seinen schwachen Nachfolgern wurde das Land von römischen Statthaltern regiert. Überhöhte Steuern, mangelnde Achtung der religiösen Gefühle der Juden durch die Römer und Streitigkeiten der jüdischen Gruppen untereinander erschwerten die Verwaltung des Landes. Schon lange war die Hoffnung auf einen Messias, einen Abkömmling Davids, der kommen werde, um sein Land von der Fremdherrschaft zu befreien und ihm seine alte Größe zurückzugeben, ein Teil des jüdischen Glaubens. Während der Jahre unter römischer Herrschaft waren mehrere Juden als Messias aufgetreten und hatten ein irdisches Königreich ausgerufen und Aufstände gegen die fremden Herren angeführt.

EIN MESSIAS – UND EIN NEUER GLAUBE

Jahrhunderte der Bedrückung durchstanden die Juden, weil sie glaubten, ein Messias werde sie von der Fremdherrschaft erlösen. Der Glaube seiner Anhänger, daß Jesus der Messias sei, dem dieser nicht widersprach, wurde von den Priestern verurteilt, und die Römer kreuzigten Jesus.

LOHN DES VERRATS *Diese in Jerusalem gefundenen Münzen – neun Schekel von Tyros und drei von Judäa – mögen uns die 30 Silberlinge veranschaulichen, die Judas für seinen Verrat an Christus gezahlt wurden.*

FRÜHCHRISTLICHES MOSAIK *Mit zwei Fischen und fünf Broten soll Christus 5000 Menschen gespeist haben. Der Fisch wurde zum christlichen Symbol, denn die Anfangsbuchstaben der griechischen Worte »Jesus Christus, Gottes Sohn, Heiland« ergeben das Wort* Ichthys, *was auf griechisch Fisch heißt.*

Die ersten Christen

Viele seiner Anhänger sahen in Jesus von Nazareth wahrscheinlich in erster Linie den jüdischen Nationalisten. Für sie mag es eine Enttäuschung gewesen sein, als Jesus mit den Worten »Mein Reich ist nicht von dieser Welt« ablehnte, ein irdischer König zu sein, was Judas wahrscheinlich dazu brachte, ihn zu verraten. Die Römer schlugen Jesus ans Kreuz, aber sie taten das auf Veranlassung der jüdischen Obrigkeit, die in seinen Lehren eine Untergrabung ihrer Autorität sah und eine Herausforderung gesetzestreuen Judentums. Vor allem nahmen sie ihm die Behauptung übel, die er in der Bergpredigt

CHRISTUS AM KREUZ *Die Kreuzigung Christi war Gegenstand einiger der schönsten christlichen Kunstwerke, doch dauerte es 400 Jahre, ehe sein Tod am Kreuz überhaupt zum erstenmal dargestellt wurde. Dreihundert Jahre lang waren die Christen eine verfolgte Sekte, deren Glaube nur in Symbolen Ausdruck fand. Doch sogar nachdem das Christentum die Staatsreligion des Römischen Reiches geworden war, stellten Künstler kaum je die Kreuzigung dar – eine schmerzhafte und unehrenvolle Todesart, die von den Römern für die niedrigsten Verbrechen gewählt wurde. Dieses Elfenbeinrelief von einer Schatulle aus der Zeit um 420 ist eine der frühesten Darstellungen Christi am Kreuz. Über seinem Kopf ist die verhöhnende lateinische Inschrift »König der Juden« angebracht. Links hat sich der Verräter Judas Ischariot an einem Baum erhängt. Kreuzigungen fanden gewöhnlich außerhalb der Stadtmauern statt, und die Hingerichteten wurden zur Abschreckung hängen gelassen. Die Grabeskirche in Jerusalem ist über dem Grab gebaut, in das man Christi Leichnam legte.*

äußerte, daß die innere Tugend wichtiger sei als die Befolgung bloßer Gesetzesvorschriften. Von seinen Anhängern befragt, gab Jesus klar zu verstehen, daß sie recht hätten, in ihm den Messias und den Sohn Gottes zu sehen, und die jüdischen Priester sahen dies als Gotteslästerung an.

Nachdem der unbekannte Lehrer und Reformprediger Jesus von Nazareth verraten, verurteilt und gekreuzigt worden war, konnten die Römer wohl annehmen, man werde nie mehr etwas von ihm hören und seine enttäuschten Anhänger würden sich bald verlaufen. Einen größeren Irrtum als diese Annahme hat es jedoch nie gegeben, denn auf dem außerordentlichen Ereignis der Wiederauferstehung beruht der ganze christliche Glaube.

Eine Anzahl seiner Jünger war davon überzeugt, Christus nach seiner Kreuzigung – um das Jahr 30 – gesehen und mit ihm gesprochen zu haben. Dieser Glaube war stark genug, sie und ihre Nachfolger in der frühchristlichen Kirche in den Stand zu setzen, Verfolgungen und Tod in der Gewißheit zu erdulden, daß Jesus der Messias oder – was dasselbe ist – der Christus war und daß er ihnen und allen Gläubigen versprochen hatte, der Tod sei nicht das Ende ihres Lebens. Doch dauerte es noch drei Jahrhunderte, ehe das Christentum zur Staatsreligion des Römischen Reiches wurde und eine gewaltige Anhängerschaft besaß.

Der Glaube überlebt

Im Jahre 70, als das Land sich wieder im Aufruhr befand, wurde die Heilige Stadt Jerusalem zum Widerstandszentrum gegen die Römer. Titus, der Sohn Kaiser Vespasians, begann, Jerusalem zu belagern. Die Stadt fiel, und Tausende von Juden wurden versklavt und in der gesamten Mittelmeerwelt verstreut. Schlimmeres sollte folgen. Der letzte große Aufstand gegen die Herrschaft der Römer endete im Jahre 135 mit der vollständigen Zerstörung Jerusalems. Die als Aelia Capitolina neugegründete römische Stadt durften Juden nicht betreten. Nun setzte die bis in unsere Tage andauernde Zerstreuung der Juden ein, und Judäa hieß nun Palästina.

Die weitere Geschichte der Juden ist zum Teil die Geschichte all jener Länder der Welt, in denen sich jüdische Gemeinschaften ausbreiteten. Doch trotz der Zerstreuung und trotz aller Verfolgungen gelang es den Juden, überall, wo sie sich befanden, ihre nationale Identität zu bewahren, dank der Kraft ihrer religiösen Überzeugung und der Hoffnung, Jerusalem werde eines Tages wieder das Zentrum der jüdischen Religion sein.

DAS GESICHT EINES MYKENISCHEN KÖNIGS – NACH MEHR ALS DREI JAHRTAUSENDEN WIEDERENTDECKT

Die Goldschmiedekunst zählte zu den hauptsächlichsten Fertigkeiten der reichen Mykener, der frühesten griechischen Siedler auf dem Festland. Ihren toten Königen legten sie oft Masken aus gehämmertem Gold auf das Gesicht, so wie diese, die 1876 in einem Grab in Mykene entdeckt wurde. Diese Sitte stammt wahrscheinlich aus Ägypten. Obgleich die Mykener tausend Jahre vor der klassischen Zeit der Griechen lebten, blieben ihre Heldentaten dank der Lieder wandernder Sänger im Volke lebendig und wurden schließlich von Homer in seinen Epen verewigt. Als der deutsche Archäologe Heinrich Schliemann reichausgestattete Fürstengräber in Mykene entdeckte, war er überzeugt, die Gräber der homerischen Helden gefunden zu haben. »Ich habe das Antlitz Agamemnons geschaut«, rief er aus. In Wirklichkeit hat dieser bärtige König, dessen Totenmaske zu Schliemanns Entdeckungen zählt, um etwa 1500 v. Chr. gelebt, also etwa 300 Jahre vor jenem Kriege, in dem, nach Homer, Agamemnon die Griechen gegen Troja führte.

Künstler und Krieger der Ägäis

2600–1100 v. Chr.

Die Minoer Kretas und die Mykener Griechenlands brachten die Kultur der Bronzezeit nach Europa

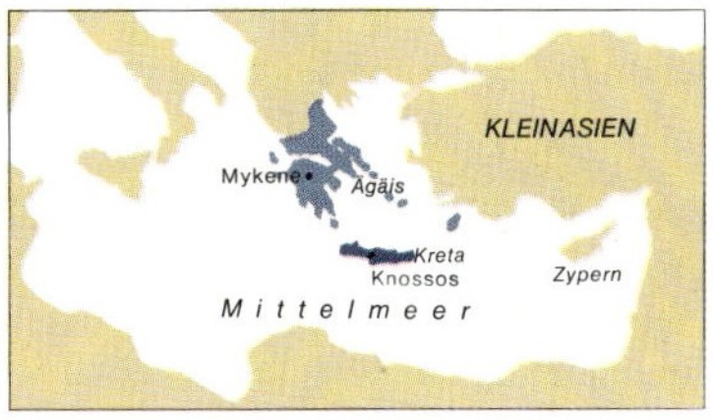

DIE ÄGÄIS UM 1500 V. CHR.
See- und kaufmännische Fähigkeiten beim Handel über das Mittelmeer verhalfen den unternehmenden Vorfahren der Griechen zu großem Reichtum.

Die langgestreckte, gebirgige Insel Kreta, die im Süden die Ägäis begrenzt, war schon vor viereinhalb Jahrtausenden die Heimat eines friedfertigen, Frohsinn und Schönheit liebenden Volkes, das im östlichen Mittelmeerraum als Handelsvolk berühmt war. Diese Minoer – so nach ihrem legendären König Minos genannt – hatte man fast vergessen, als der englische Archäologe Sir Arthur Evans im Jahre 1900 die Ruinen des großen Palastes von Knossos in der Nähe des heutigen Heraklion auf Kreta auszugraben begann. Seine Untersuchungen zeigten, daß vor etwa 4500 Jahren, also gleichzeitig mit dem Alten Reich der Ägypter und der Kultur der Sumerer in Mesopotamien, eine hochentwikkelte europäische Kultur auf Kreta blühte.

Um ungefähr 1900 v. Chr. drangen weiter nördlich die ersten griechisch sprechenden Völker auf dem Festland vor. Diese kriegerischen Stämme waren auf der Suche nach neuem Weideland. Mit ihren überlegenen Bronzewaffen und -werkzeugen eigneten sie sich Land an, das bis dahin von einer jungsteinzeitlichen Bauernbevölkerung besiedelt war. Schon um 1600 v. Chr. konnten die neuen Siedler auf ihren Burgen – darunter war Mykene, wovon sich ihr moderner Name herleitet – an Pracht des Goldschmucks und kostbarer Ausstattung es mit Knossos aufnehmen. Um 1400 v. Chr., als die minoische Kultur unterging, hatten mykenische Händler und Kolonisatoren schon viel von ihr in die eigene übernommen. Aus der Vermischung dieser beiden Kulturen bildete sich eine der Wurzeln der griechischen Klassik, die sich erst 900 Jahre später entfalten sollte.

Die ersten Siedler Kretas kamen aus dem Osten, wohl aus Anatolien oder von der Ostküste des Mittelmeeres. Sie überquerten das Mittelmeer und die Ägäis in einfachen Segelbooten, und die Beherrschung des Meeres wurde zur Grundlage ihrer Kultur. Die Minoer waren geschickte Metallhandwerker und bezogen Zinn auf eigenen Schiffen von der Küste Spaniens. Sie handelten Gold und Perlen aus Ägypten und Elfenbein aus Nordafrika gegen Wein, Öl und hervorragend gearbeitete Luxuswaren von erlesener Schönheit ein. Minoische Kunsthandwerker stellten nämlich ungewöhnlichen Schmuck aus Gold her, auch Perlen aus einer Art glasierter Keramik, die später Fayence genannt

AUF DEM WEG NACH KNOSSOS
Ein steinerner Viadukt, von dem noch einige Reste geblieben sind, führte über eine breite Schlucht zum Palast von Knossos, dem Mittelpunkt der minoischen Kultur im antiken Kreta. Jenseits des Palastes lag eine Stadt von etwa 100 000 Einwohnern – die größte im damaligen Europa.

wurde, und großartige Vasen aus farbigem Gestein.

Außergewöhnlich schöne Stücke minoischer Handwerkskunst, wie man sie in Ägypten, Griechenland und Italien fand, waren das Ergebnis einer verfeinerten, in jener Zeit einmaligen Lebensweise. Minoische Bauten, Wandgemälde, Schmuckstücke und Goldgegenstände machen den Eindruck, als hätte dieses Volk eine von Menschen nur selten erlangte Fröhlichkeit, Heiterkeit und Schönheitsliebe besessen.

KUNSTHANDWERK IN GOLD UND KERAMIK

Der Anhänger aus Mallia (um 1600 v. Chr.) stellt Hornissen an einer Wabe dar. Er ist mit Goldperlen verziert, von denen sich die größte oben in einem Gehäuse befindet.

VASE MIT KRAKE *Die Minoer waren besonders stark von der See und ihren Lebewesen in Bann geschlagen. Auf dieser Vase aus Heraklion schwimmt ein Riesentintenfisch zwischen Muscheln und Seetang umher.*

Hauptstadt mit 100 000 Einwohnern

500 Jahre, von 1950 bis 1450 v. Chr., dauerte das goldene Zeitalter auf Kreta. Homer schilderte später die Insel als ein »Land inmitten des weinroten Meeres, von Wellen umflutet, schön und ertragreich; es leben dort viele Menschen«. In den Hauptzentren Knossos, Phaistos und Mallia künden die ausgegrabenen Ruinen großer Paläste von der Baukunst der Minoer. Die Gebäude besaßen selbst Baderäume und Klosettanlagen mit Wasserleitungen – eine Wohnkultur, wie sie erst in jüngster Zeit übertroffen worden ist.

Die Hauptstadt Knossos lag unweit der Nordküste Kretas unmittelbar über einer Verwerfung. Zweimal wurde die Stadt von Erdbeben zerstört und wiederaufgebaut. Im Höhepunkt ihrer Entwicklung mag Knossos zusammen mit der dazugehörigen Hafenstadt 100 000 Einwohner gezählt haben.

Der große Palast von Knossos, der Mittelpunkt minoischer Macht, bedeckte eine Fläche von 20 000 qm. In seiner Mitte befand sich ein rechteckiger, 55 m langer Hof. Darum lagen in zwei bis fünf Stockwerken untereinander verbundene Räume. Im Palast wohnten der König, die Königin und der Hofstaat. Gleichzeitig war er auch ein religiöses Zentrum mit Wohnungen für Priester und Priesterinnen und Verwaltungszentrum für die Insel. Es gab darin Büros und Werkstätten, aber auch Lagerräume für Öl, Getreide und Wein.

Die Wände kretischer Paläste sind mit zahllosen herrlichen bunten Wandmalereien bedeckt, die ein Kulturleben spiegeln, in das Kriege kaum je eingriffen. Die Bilder zeigen Vögel und andere Tiere, Blumen, junge Frauen und Männer. Die Minoer hatten ein einzigartiges Gefühl für die Natur, und ihre Darstellungen eines Stieres oder Pferdes oder Tintenfisches wirken heute noch so lebendig wie vor fast 4000 Jahren, als sie gemalt wurden.

Ein Thema, das sich in vielen minoischen Wandgemälden, Siegeln und Vasen findet, ist das rituelle Stierspiel, bei dem junge Männer und Frauen mit einem Salto über die Hörner des Stieres springen. Der Stier wurde lange als Symbol der Manneskraft verehrt. In Kreta mag er auch die Entsetzen einflößende Macht der Erdbeben versinnbildlicht haben, denen die Insel immer ausgesetzt war. Im kretischen Ritual wurde der Stier nicht getötet. Er diente nur als Symbol der Naturkraft. Die Jünglinge und Mädchen, die graziös über seinen Rücken hinweg Salto schlugen, zeigten nicht nur ihre Geschicklichkeit, sondern auch das Vermögen des Menschen, mit dem gefährlichsten Tier der Insel seinen Scherz zu treiben. Sicherlich sind spätere griechische Erzählungen auf diese Stierspiele zurückzuführen, so die Legende vom Minotaurus, einem Ungeheuer, halb Mensch, halb Stier, das Pasiphae, die Gemahlin des Minos, von einem Stier empfangen haben soll. Das Ungeheuer wurde von Theseus in dem Labyrinth erlegt, in dem es gefangen war.

Das Wort Labyrinth bezog sich vielleicht

TÄNZER, DIE DEN STIER NICHT FÜRCHTEN

Dieses Wandgemälde aus Knossos zeigt das minoische Stierspiel, ein Ritual, das vielleicht aus einem Opfer zur Beschwichtigung des Erdstiers, der das Inselland immer wieder durch Erdbeben verwüstete, entstand. Das Mädchen links ergreift den Stier bei den Hörnern, um über seinen Rücken hinweg einen Salto zu schlagen, sobald es von ihm in die Luft geworfen wird. Ein Jüngling ist mitten im Salto dargestellt, während das Mädchen rechts die Akrobaten auffängt, damit sie nach dem Sprung nicht stürzen.

auf den irrgartenähnlichen Palast von Knossos, dessen Wände mit der *Labrys* oder Doppelaxt, dem Wahrzeichen der kretischen Muttergöttin, geschmückt waren.

Die minoische Religion hatte diese Muttergöttin, die Quelle allen Lebens, zum Mittelpunkt. Sie wurde mit bloßer Brust und schlanker Taille dargestellt, mit einem hohen Kopfschmuck und einem langen, kunstvollen Rock – Sinnbild der idealen kretischen Frau.

Anbetung ohne Opfer

Die Minoer haben ihren Gottesdienst wahrscheinlich in heiligen Höhlen abgehalten; und da die Göttin in manchen Darstellungen Mohnkapseln im Haar trägt, mag Opium eine Rolle bei diesen Riten gespielt haben. Auf Kreta finden sich keine Anhaltspunkte für die Opferbesessenheit, welche die Religionen Ägyptens und Mesopotamiens auszeichnet. Die Minoer scheinen, wie in ihrer Kunst und Palastarchitektur, so auch in ihrem Gottesdienst, heiterer und aufgeklärter gewesen zu sein als ihre Zeitgenossen anderswo.

Die Kreter konnten auch lesen und schreiben. In ausgegrabenen Häusern und Palästen gefundene Tontäfelchen sind mit einer Bilderschrift ähnlich der ägyptischen bedeckt und in späterer Zeit mit einer Schrift, die Linear A genannt wird. Es ist die früheste bekannte Schrift, deren Zeichen nebeneinander in waagerechten Zeilen stehen. Gleichzeitig ist Linear A eine der wenigen Schriften des Altertums, die noch immer nicht entziffert werden konnten.

Der Aufstieg der Mykener

Der Herrlichkeit Kretas unter den Minoern erwuchs bald ein mächtiger und reicher Rivale auf dem griechischen Festland. Die frühesten Bewohner Griechenlands waren steinzeitliche Bauern. In ihr Land brachen um 1900 v. Chr. kriegerische Stämme aus dem Norden ein, die Mykener. Bei der Eroberung halfen ihnen ihre besseren Waffen und Werkzeuge aus Bronze.

Die Mykener waren von einem anderen Schlag als die Minoer. Sie waren größer und trugen Bärte, während sich die Minoer rasierten. Vor allem waren sie ein Kriegervolk, das Zeus, den gewaltigen, blitzeschleudernden Himmelsgott, verehrte. Homer nannte dieses Volk Achäer, als er von ihren unsterblichen Heldentaten sang. Er sah sie nicht zu Unrecht als Vorfahren der Griechen seiner eigenen Zeit an.

Während die minoische Kultur im wesentlichen friedlich und feminin war, wobei man in Knossos so etwas wie das Paris seiner Zeit erblicken konnte, handelt es sich bei der mykenischen Kultur um eine aggressiv männliche. Die Stadt Knossos umgab keine Stadtmauer, denn die Minoer fühlten sich durch die Beherrschung des Meeres sicher. Die mykenischen Städte, wie Mykene, Tiryns und Pylos, waren dagegen Festungen, von denen aus das Umland beherrscht wurde.

Viele Werke der mykenischen Kunst entdeckte Heinrich Schliemann im ausgehenden 19. Jahrhundert. In den von ihm ausgegrabenen Schachtgräbern von Mykene fand er goldene Totenmasken von Königen, herrliche goldene Diademe der Königinnen und eine Menge wunderbarer Schalen, Dolche und Weinbecher. Einige goldene Schmuckstücke, besonders die feiner und komplizierter gearbeiteten, ähneln Werken der kretischen Handwerkskunst. Wahrscheinlich ha-

EINE GÖTTIN IN HOFKLEIDUNG

Die Muttergöttin stand im Mittelpunkt des Gottesdienstes der minoischen Kreter. Sie stellten Abbilder von ihr in Schreinen in den Häusern und Palästen auf. Die Göttin schwingt zwei Schlangen durch die Luft, heilige Sinnbilder der Lebenserneuerung, da sie alljährlich ihre alte Haut abwerfen. Der auf ihrem Kopf sitzende Leopard symbolisiert ihre Macht über die wilden Naturkräfte. Die Göttin ist wie eine elegante Dame des minoischen Hofes gekleidet, mit kunstvollem Volantrock, Zierschürze, Wespentaille und Mieder, das die Brust frei läßt. Die Frauen nahmen eine hohe Stellung in der minoischen Gesellschaft ein. Sie trugen ihr Haar lang und kunstvoll frisiert und schminkten sich die Lippen und die Umgebung der Augen. Die Freiheit, deren sich die minoischen Frauen erfreuten, war in der übrigen antiken Welt so gut wie unbekannt, da Frauen im allgemeinen nur als bewegliches Eigentum angesehen wurden.

ben Minoer für diese mykenischen Herrscher gearbeitet, und einheimische Handwerker versuchten, kretische Arbeiten nachzuahmen.

Das wirkliche Atlantis?

Das Schicksal der minoischen Kultur wurde wahrscheinlich durch einen furchtbaren Vulkanausbruch besiegelt, der um 1525 v. Chr. die ägäische Insel Thera (Santorin) zerstörte. Kreta, das nur 120 km südlicher liegt, muß durch den Stoß, die Flutwelle und den Lavaregen der Explosion verwüstet worden sein. Reiche Fresken im minoischen Stil sind auf Thera gefunden worden; sie zeigen an, daß die Insel ein blühender Teil des Minoerreiches war. Es kann durchaus der Vulkanausbruch von Thera gewesen sein, der zu der Legende vom verlorenen Königreich Atlantis Anlaß gab, die den Ägyptern bekannt war und von der Platon berichtet und derzufolge Atlantis vom Meer überflutet wurde als Strafe für die »gesetzlose Begierde und Macht« seiner Bewohner.

Den Mykenern kam der Zusammenbruch ihrer minoischen Rivalen sehr zustatten, und bald vergrößerte sich der mykenische Handel in der ganzen Ägäis und Levante. Kolonien und Außenposten, die früher den Minoern gehörten, wurden von den Mykenern übernommen. Auch Zypern mit seinen wichtigen Kupferlagern war nun Teil des mykenischen Herrschaftsbereichs.

Eine erst 1952 gemachte Entdeckung legt die Möglichkeit nahe, daß auch Kreta nach dem Vulkanausbruch von Thera eine kurze Zeit unter mykenischer Herrschaft stand, ehe die minoische Welt bald nach 1400 v. Chr. endgültig unterging. Tontäfelchen, die in Mykene und Pylos in Griechenland, aber auch in Knossos unter Ruinen gefunden wurden, die nachweislich zu einer späteren Stufe der minoischen Kultur gehören, zeigen eine ähnliche lineare Schrift. Diese Schrift ist Linear B genannt worden, um sie von der Linearschrift A der frühen Minoer zu unterscheiden. 1952 gelang es dem jungen englischen Gelehrten Michael Ventris, diese Schrift zu entziffern. Bei den Texten handelt es sich um Listen von Waren und Ausrüstungsgegenständen. Sie waren in einem Griechisch abgefaßt, das 500 Jahre vor Homer benutzt wurde.

Die Hallen der Kriegsherren

Auf ihren Burgen und Herrensitzen lebten die mykenischen Könige und Adligen in großer Pracht, wenn auch nicht in einem so raffinierten Luxus wie die Minoer. Das Herzstück der Paläste war eine große Halle mit einem Herd und Rauchabzugsloch in der Mitte. Neben der Haupteingangstür befand sich ein Bad, so daß der Hausherr und seine Gäste sich nach staubigem, heißem Ritt erfrischen konnten. Rund um die Halle lagen Nebengebäude, die als Vorratskammern, Unterkünfte für Dienerschaft und Gefolge sowie Pferdeställe dienten. Auch Schuppen für die zweirädrigen Wagen waren vorhanden, welche die Mykener ebenso wie die Assyrer und Ägypter zur Jagd und in der Schlacht benutzten.

Ähnlich wie später Fürsten und Ritter in aller Welt vergnügten sich die Mykener mit Kampf, Reiten, Jagen und Beaufsichtigung der Arbeiten auf ihren Gütern. In ihren großen Hallen taten sie manchen tiefen Zug aus goldenen Bechern und lauschten den fahrenden Sängern, die die Heldentaten vergangener Geschlechter priesen und von Kämpfen und Reisen in wirklichen oder imaginären fremden Ländern berichteten.

Die Macht der Mykener schwand um 1200 v. Chr. dahin, als Seeräuber ihnen die Handelswege abschnitten. Nach Homer wurde der Trojanische Krieg (nach der Überlieferung 1194–1184 v. Chr.) von den mykenischen Griechen geführt, um die Entführung der schönen Helena, Gattin des griechischen Königs Menelaos, zu rächen. Sie war von Paris, einem trojanischen Prinzen, geraubt worden. Der historische Hintergrund mag wohl in dem Würgegriff gelegen haben, mit dem das am westlichen Ende des Hellesponts gelegene Troja den mykenischen Getreidehandel vom Schwarzen Meer nach Griechenland bedrohte.

In den dunklen Zeiten, die folgten, als dorische Eindringlinge von Norden her einfielen, Mykene zerstörten und durch Griechenland südwärts vorstießen, wurden Erzählungen über mykenische Helden, wie Odysseus, Achill, Nestor und Agamemnon, durch mündliche Überlieferung am Leben erhalten, so daß Homer vierhundert Jahre später darauf zurückgreifen konnte. Seine Epen, die Ilias und die Odyssee, die im 8. Jahrhundert v. Chr. niedergeschrieben wurden, waren eine Art Bibel für die Griechen und werden immer eine der größten Dichtungen der Menschheit bleiben. In ihnen gipfelt all das, was an Sagen und Liedern von unbekannten Barden in Jahrhunderten zusammengetragen wurde; aber es trägt den Stempel eines einzigartigen, unverwechselbaren Dichters.

Die Belagerung von Troja

Die Ilias beschränkt sich auf einige wenige Tage aus der zehnjährigen Belagerung Trojas durch die Achäer. Sie endet mit dem Tode Hektors von Troja, der im Einzelkampf von Achill besiegt wird, bevor Troja fällt. Doch die wenigen ausgewählten Episoden machen es Homer möglich, das ganze Kriegsgeschehen und was es an menschlichem Mut, Ehrgeiz, Grausamkeit und Machtausübung mit sich bringt, in wenig mehr als 16 000 Versen einzufangen. Andere Dichter, wie Vergil in seiner Äneis, haben Homer nachzueifern versucht. Aber die nachhaltige Kraft der homerischen Dichtung ist in der gesamten europäischen Literatur kaum übertroffen worden. Die Odyssee, 13 000 Verse lang und damit die größte Reisegeschichte aller Zeiten, beschreibt die Wanderungen des listenreichen Odysseus, der nach dem Trojanischen Krieg versucht, auf seine Heimatinsel Ithaka zu Weib und Sohn zurückzugelangen.

Die Ereignisse, von denen Homer berichtete, hatten Jahrhunderte vor seiner Geburt stattgefunden. Er selbst lebte in der Eisenzeit und verlegt manche Eigentümlichkeit seines Zeitalters in die andersartige bronzezeitliche Welt der Mykener. So tragen manche der homerischen Helden den langen Lederschild des mykenischen Zeitalters, während er andere den kleineren, runden Schild tragen läßt, den es erst zu seinen Lebzeiten gab. Einige Krieger gebrauchen die langen Schwerter der Bronzezeit, während andere mit dem Kurzschwert kämpfen, das erst in der Eisenzeit ausgebildet wurde. Auch verbrennen die Helden Homers ihre Toten, wie das die späteren Griechen taten, während die Mykener ihre Toten zu begraben pflegten.

Die Griechen, die ihren Homer auswendig lernten, haben nur selten an der Wahrheit seiner Darstellung gezweifelt. Sie sahen seine Berichte als die Grundlage ihrer ganzen Geschichte an und leiteten ihre Abstammung stolz von den Helden Homers her. Viele Jahrhunderte später behaupteten europäische Gelehrte, alle diese Berichte seien reine Phantasie. Diese Gelehrten wurden 1870 widerlegt, als Heinrich Schliemann am Südende der Dardanellen bei Hissarlik die Überreste der Stadt Troja ausgrub – an genau der Stelle, wo sie nach Homers Ilias unter dem Namen Ilion bestanden hatte.

STEINLÖWEN ALS WÄCHTER EINER ZITADELLE AUF DEM BURGBERG

»Das golderfüllte Mykene, die Stadt mit den prangenden Straßen«, nennt Homer Mykene, das auf einer Anhöhe über der Ebene von Argos lag. Die noch heute eindrucksvollen massiven kyklopischen Mauern standen im größten Gegensatz zur Eleganz minoischer Paläste. Das Löwentor im Vordergrund rechts (um 1350 v. Chr.) krönt die älteste monumentale Skulptur Griechenlands. Die dreieckige Kalksteinplatte mit dem Löwenrelief dient auch einem statischen Zweck, da sie den Torsturz vom Gewicht der riesigen Steinblöcke auf beiden Seiten entlastet. Die Köpfe der Löwen sind verlorengegangen. Sie bestanden wahrscheinlich aus einem anderen Material. Im Ring innerhalb der Mauern fand Schliemann 1876 sechs Schachtgräber, die reiche Grabbeigaben aus Gold und Bronze enthielten.

LÖWENJAGD AUF EINEM DOLCH

Mykenische Edelleute liebten die Jagd. Dieser in einem der Schachtgräber von Mykene gefundene Bronzedolch zeigt Jäger beim Angriff auf drei Löwen. Die Figuren sind in Gold und Silber eingelegt.

Unvergängliches Wunder Griechenland

800–30 v. Chr.

In einer Gruppe kleiner Stadtstaaten entwickelte sich eine schöpferische Kraft, der wir die Grundlage auch unserer Kultur verdanken

DIE GRIECHISCHE WELT UM 600 V. CHR.

Die griechischen Stadtstaaten um die Ägäis gründeten an den Küsten des Mittelmeeres und des Schwarzen Meeres zahlreiche Kolonien.

Die Grundlagen der europäischen Kultur sind von den Griechen gelegt worden. Ihre Leistungen in Kunst und Architektur, in den Naturwissenschaften und der Philosophie prägten die Kultur des Abendlandes und dienen noch nach 2000 Jahren den Menschen in weiten Bereichen, angefangen vom Sport bis hin zur Philosophie, als Vorbild.

Den Menschengruppen, die, durch die Balkanhalbinsel nach Süden vorstoßend, sich eines der schönsten Länder der Welt aneigneten, gelang es, ein inneres Gleichgewicht zwischen dem praktischen Verhalten des Nordländers und der leidenschaftlichen Vitalität des Südländers zu entwikkeln. Diese Menschen waren einerseits gewalttätig und dem Kriege nicht abgeneigt, andererseits strebten sie das Ideal der Mäßigung in allen Dingen an, wie das die Worte am Apollotempel zu Delphi »Nichts zu sehr« ausdrücken. Gleichgewicht und Harmonie, die klassischen von Sokrates und seinem Schüler Platon weiterentwickelten philosophischen Ideale, bildeten auch das leitende Prinzip der griechischen Architektur, Malerei und Bildhauerkunst mit ihren gebändigten und doch so lebendigen Formen. So gilt etwa die Venus von Milo noch immer als der Inbegriff des Weiblichen. Die griechische Religion mit ihren vielen, in das Leben der Sterblichen eingreifenden Göttern und Göttinnen hat den Stoff zu einer der poetischsten Mythologien der Welt geliefert. Die Kraft des Herakles, der Liebreiz der schönen Helena, der Zorn des Zeus, die Listen des Odysseus, Achills Mut und Hermes' Geschwindigkeit sowie die Verführungen der Liebesgöttin Aphrodite sind Themen, die auch zu unserem Kulturerbe gehören. Die griechischen Mythen stecken voller Lebenskraft, Weisheit, Witz und Schönheit und haben zu jeder nur denkbaren menschlichen Situation etwas auszusagen. Vieles in der europäischen Literatur und Kunst ist dem bunten Reichtum dieser Mythen zu verdanken, die ein tiefes Verständnis für den Menschen erkennen lassen und jahrhundertelang vielen der größten Maler, Bildhauer und Musiker Stoff zu ihren Werken geliefert haben.

Die griechische Vorstellung von der Wichtigkeit des Individuums war einzigartig in einer Zeit, in der die Herrschenden die mei-

EINE STADT UND IHRE GÖTTIN

Kopf einer Bronzestatue (4. Jh. v. Chr.) der Göttin der Weisheit Pallas Athene, nach der Athen benannt wurde. Die griechischen Götter hatten sehr menschliche Züge: sie scherzten, lachten, verliebten sich, wurden eifersüchtig und mischten sich ständig in die Angelegenheiten der Menschen. Es empfahl sich daher, ihnen zu huldigen.

Die Bürger Athens bauten zwischen 447 und 432 v. Chr. den Parthenon, einen Tempel der Athene, auf der Akropolis (rechts), die ursprünglich ein Zufluchtsort in Kriegszeiten war. Nun wurde sie zum geistigen Zentrum Athens.

sten Menschen nur als bewegliches Gut ansahen. Die Griechen bestanden auf der Würde und den Rechten des einzelnen Menschen, was sie allerdings nicht daran hinderte, selbst Sklaven zu halten. Das Schicksal der Seele nach dem Tode betrachteten sie mit Pessimismus und legten daher die Betonung auf das Leben im Diesseits, auf Mut, Ehre, Liebe und Genuß der Schönheiten der realen Welt. Die Freude an der Sonne, der Erde, dem Meer oder einem wohlproportionierten menschlichen Körper spricht aus allen ihren Kunstwerken.

Während ihrer gesamten Geschichte lebten die Griechen in einzelnen Stadtstaaten, die sich nie zu einer einzigen Nation verbanden, dagegen oft miteinander Krieg führten. Einer dieser Stadtstaaten, nämlich Athen, befreite sich von seinen Herrschern und gab jedem seiner frei geborenen Bürger Stimmrecht in der Regierung. Damit hatte Athen der Welt den Begriff der Demokratie geschenkt. Das Wort selbst ist griechisch (*demos* = Volk, *krateo* = ich regiere), wie denn auch heute noch jedes achte Wort in den europäischen Sprachen griechischen Ursprungs ist.

DER HANDEL TRÄGT DIE GRIECHISCHE KUNST ÜBER DIE MEERE

Als die Bevölkerung ihrer Stadtstaaten wuchs, segelten die Griechen über das Meer, um Waren zu kaufen, die ihnen fehlten, wie Metall und Getreide. Das Innenbild einer Schale (oben) zeigt König Arkesilaos von Kyrene, einer griechischen Kolonie im heutigen Libyen, wie er das Abwiegen von Silphion beaufsichtigt, einer kostbaren Heil- und Gewürzpflanze. Ein Schreiber neben dem König vermerkt das Gewicht. Die Ballen werden in einem Gewölbe verstaut. Auf der Schale des athenischen Töpfers Nikosthenes (unten) aus dem Jahre 520 v. Chr. sind Handelsschiffe unter vollen Segeln mit am Heck befestigten Ladeleitern zu sehen. Die Griechen verkauften Öl, Wein, Keramik, Schmuck und Skulpturen. Durch den Handel und die Kolonien verbreitete sich die griechische Kultur in ferne Länder.

Eintritt in die Eisenzeit

Gruppen griechisch sprechender Eindringlinge, die Dorer, begannen um etwa 1100 v. Chr. vom Balkan her nach Griechenland einzuströmen. Wahrscheinlich waren sie in der Kunst der Eisenverarbeitung bewandert, und ihre Eisenschwerter waren den Bronzewaffen der früher eingewanderten Mykener überlegen.

Die vier Jahrhunderte nach dem Zusammenbruch der mykenischen Kultur waren das dunkle Zeitalter Griechenlands. Einige Städte jedoch hielten in dieser Zeit den Dorern stand und boten den Flüchtlingen aus den überwältigten mykenischen Burgen Unterschlupf. Als die Bevölkerungszahl dieser Städte wuchs, machten sich Gruppen von Bürgern in Schiffen auf, um Kolonien auf den Inseln der Ägäis und an der Westküste Kleinasiens zu gründen. Die Ionier, wie sich diese Siedler nannten, ließen die Epen von den mykenischen Helden nicht in Vergessenheit geraten, aus denen Homer später schöpfte.

Als das Stadtleben nach 800 v. Chr. langsam wieder erblühte, zeigten sich die ersten Ansätze einer typisch griechischen Kultur. Zu dieser Zeit wurde die Bezeichnung Hellas – ursprünglich der Name eines Bezirks in Thessalien – schon für das ganze Land benutzt, und Dorer wie Ionier sahen sich in erster Linie als Hellenen. Sie waren sich ihrer Gemeinsamkeit besonders im Vergleich zu den Barbaren oder Nicht-Hellenen bewußt. Allerdings spiegelten ihre Städte von Anfang an auch die Verschiedenheit der griechischen Stämme wider. Der Unterschied zwischen den beiden Hauptstämmen des griechischen Volkes sollte zu unzähligen Konflikten und schließlich zu dem verheerenden Kriege zwischen dem dorischen Sparta und Athen führen, das auf vordorische Zeiten zurückblickte.

Kulturelle Vielfalt

Die griechische *Polis* (= Stadt) – daher kommt das Wort Politik – umfaßte sowohl die Stadt als auch ihr Umland. Die Bevölkerung während der klassischen Epoche war verhältnismäßig klein; nur einige wenige Stadtstaaten, so etwa Athen und Syrakus, hatten mehr als 100 000 Einwohner. Wegen ihrer Kleinheit schlossen diese Stadtstaaten, die meist von ihren Nachbarn durch Gebirge getrennt waren, immer wieder, allerdings oft wechselnde Bündnisse miteinander. In der großen Anzahl von Einzelstaaten lag aber auch einer der Gründe für die hohe Kultur der Griechen, denn in diesen kleinen, auf sich selbst beschränkten Gemeinschaften konnte jeder Bürger das Gefühl haben, einen eigenen Beitrag zum Ganzen leisten zu müssen.

Das alltägliche Leben war einfach; Bauern bestellten die fruchtbaren Täler und Küstenstreifen. Ähnlich wie der heutige griechische Bauer lebten sie von Brot, Oliven, Olivenöl, Wein und Gemüse. Fleisch war selten; wegen der Kargheit der Weiden wurden Ziegen als Hauptmilchlieferanten gehalten. Die lange Küstenlinie begünstigte jedoch den Fischfang, und Homer spricht von einer von Fischen wimmelnden See. Außerordentlich wichtig für die Griechen war die Olive, der heilige Baum der Göttin Athene, nicht nur wegen ihrer Früchte, sondern auch wegen des Öls, der einzigen Beleuchtungsquelle griechischer Häuser.

Befestigte Oberstadt

In den drei Jahrhunderten von 800 bis 500 v. Chr., der sogenannten archaischen Zeit, wurden die griechischen Städte nach dem gleichen Muster gebaut – auf den ägäischen Inseln ebenso wie an der kleinasiatischen Küste oder in Griechenland selbst. Die meisten Gebäude bestanden aus Balkenwerk und sonnengetrockneten Lehmziegeln. Sie scharten sich um einen hochgelegenen, leicht zu verteidigenden Punkt, die befestigte Akropolis oder Oberstadt, in die man sich im Kriege zurückziehen konnte.

Die gewöhnlichen Häuser waren würfelförmig und wie die Tempel und Statuen bunt bemalt. Der Eindruck war farbig und fröhlich, aber weit entfernt von der Großartigkeit mykenischer oder der verfeinerten Eleganz minoischer Bauten. Die größten Leistungen vollbrachten die Griechen der archaischen Zeit in der Keramik und Bildhauerkunst und in der Dichtung. Seit etwa 600 v. Chr. stellten Töpfer in Athen wunderbare bemalte Vasen her, auf denen Schiffe und Krieger, Löwen, Jagdhunde und Schlachten dargestellt waren, aber auch friedliche Szenen aus dem täglichen Leben. Die Bildhauerkunst, die zuerst von den Ägyptern beeinflußt war, fand bald zu einer eigenen Anmut und zeichnete sich durch jene Schönheit der Ausführung aus, die die Skulptur zur kennzeichnendsten griechischen Kunstform machte.

Die griechischen Bildhauer taten sich vor allen Dingen in der realistischen und lebendigen Gestaltung der menschlichen Figur hervor. Ein gesunder, wohlproportionierter Körper war für die Griechen das Schönste auf der Welt. Ein Grund, weswegen die Perser und andere Barbaren von ihnen verachtet wurden, war deren Sitte, viele Kleider zu tragen. In ganz Griechenland kämpften die Athleten bei ihren Wettspielen nackt, und

GÖTTER UND HELDEN: UNSTERBLICHE MYTHEN IN KUNST UND LITERATUR

Die Griechen schrieben jedem ihrer Götter einen bestimmten, fast menschlichen Charakter zu. Auch Unzulänglichkeiten der Götter wie Lüsternheit oder Arglist minderten den Respekt vor ihnen keineswegs. Ein bunter Kranz unvergänglicher Mythen rankte sich um Götter und Heroen wie Achill oder Theseus, die von Göttern abstammten. Die Taten der Helden und Götter bildeten den Stoff fast aller Werke der griechischen Dichter und Dramatiker, und Tempel zu Ehren der Götter wurden in der ganzen griechischen Welt erbaut.

HULDIGUNG IN BRONZE *Erhaltene Bildwerke zeigen die Ehrfurcht der Griechen vor ihren Göttern. Die großartige Bronze aus dem 5. Jh. v. Chr. (links), die aus dem Meer bei Kap Artemision geborgen wurde, stellt entweder Zeus oder Poseidon dar. Zeus herrschte auf dem Olymp, der Wohnung der Götter, und wurde von den Griechen als König der Götter und Menschen und Mächtigster der Unsterblichen angesehen. Die Anwesenheit dieses Himmelsgottes äußerte sich durch Blitz, Donner und Sturm. Poseidon, der Bruder des Zeus, war der Gott der Erdbeben und des Meeres und lebte in der Tiefe. Die griechischen Bildhauer waren im Bronzeguß sehr erfahren und brauchten Bronze für viele Statuen.*

EIN UNGEHEUER WIRD ERSCHLAGEN *In dieser Vasenmalerei wird der Minotauros – halb Mensch, halb Stier – von Theseus getötet. Minos' Tochter Ariadne hatte Theseus einen Faden gegeben, an dem er aus dem Labyrinth, in dem das Ungeheuer lebte, wieder herausfand.*

RÄCHER ACHILL *Auf dieser Vasenmalerei (etwa 500 v. Chr.) verbindet Achill den jungen Patroklos, der im Trojanischen Kriege fällt. Achill rächt ihn, indem er Hektor tötet.*

DIE WAHL *Hermes fragt Paris nach der schönsten Göttin. Er nennt Aphrodite, die ihm zur schönen Helena verhilft.*

in Sparta trugen zuweilen auch die Mädchen beim Laufen und Ringen keine Kleider. Die meisten Statuen von Göttern, Göttinnen, Jünglingen und Mädchen lächeln mit leicht nach oben gezogenen Mundwinkeln, man spricht deshalb vom archaischen Lächeln. Sie sind aus Marmor gemeißelt; gewöhnlich wurden Augen und Haare, manchmal auch die Gewänder der Frauen bemalt.

Zur Leier gesungene Dichtung

In die archaische Zeit fiel auch die Entwicklung der Lyrik. An die Götter gerichtete Hymnen und Epen, in denen nach homerischer Art berühmte Männer besungen wurden, hatten zur Entstehung eines nationalen Gemeinschaftsgefühls geführt. Dichter wie Archilochos von der Insel Paros, Alkman von Sparta und die große Lyrikerin Sappho von der Insel Lesbos brachten etwas Neues hinein. Ihre Dichtung war das Produkt kleiner, kultivierter Gemeinschaften, wo ein Dichter zu einem Becher Wein beim Essen unter Freunden von seinen eigenen Angelegenheiten, seiner Liebe oder seinem Haß in Versen zur Leier sang.

Während dieser Zeit bildeten sich auch die ersten Ansätze der Philosophie – der Weisheitsliebe – heraus, die schließlich zu einem bleibenden Beitrag der Griechen zur geistigen Kultur Europas wurde. Ihre Zeitgenossen, die Perser, Syrer und Phöniker, sahen die Welt als einen von Göttern und Göttinnen beherrschten Ort an, in deren Gewalt sich die Menschen als dienende Geschöpfe befanden. Die Griechen versuchten die Weltgeheimnisse rational zu erklären. Indem sie das taten, verliehen sie dem Menschen eine neue Würde und Selbstachtung, denn zum erstenmal in der Weltgeschichte konnte sich der Mensch bis zu einem gewissen Maße als Herr seines Geschicks fühlen. Der großen Masse des Volkes gab die alte Religion jedoch noch genug Antworten auf die Fragen, die Not und Angst des Alltags brachten. Prozessionen und Opfer spielten wie eh und je eine große Rolle. Die Griechen weihten ihre herrlichen Tempel den von Homer besungenen Göttern und wandten sich in Zeiten der Not noch immer an Orakel wie das des Gottes Apollo zu Delphi.

Reichtümer aus den Kolonien

Von 750 bis 550 v. Chr. breiteten sich die Griechen von ihrer Heimat in der Ägäis an den Küsten rund um das Mittelmeer aus. Die Kolonisation begann mit dem Handel, denn die in Griechenland nicht vorkommenden Metalle und das Getreide, das im gebirgigen Gelände nicht wuchs, mußten von anderswoher beschafft werden. Im Austausch dafür verkauften die Griechen Öl, Wein, Keramik, Schmuck und Statuen. Nach einiger Zeit wurde die Auswanderung nach überseeischen Gebieten durch den wachsenden Bevölkerungsdruck in den Stadtstaaten beschleunigt. Bald waren ein großer Teil Süditaliens und der größte Teil Süd- und Ostsiziliens von Griechen besiedelt. Aus diesen Kolonien sollte das Mutterland viel Gewinn ziehen. Städte wie Kroton und Sybaris in Italien und Syrakus und Agrigent auf Sizilien wurden außerordentlich mächtig, so daß sie Besucher vom griechischen Festland durch ihren Reichtum in Erstaunen setzten.

Im 6. Jahrhundert v. Chr. hatten sich Sparta und Athen zu den beiden größten Mächten im eigentlichen Griechenland entwickelt. Sparta war von den kriegerischen Dorern in der Ebene des Flusses Eurotas in Südgriechenland gegründet worden. Die Stadt hatte keine Stadtmauer, da die Einwohner behaupteten, ihre Schwerter und ihr Mut seien Mauer genug.

Die Spartaner hatten als fremde Aristokratie die einheimischen Bauern unterjocht. Wegen der andauernden Feindseligkeit ihrer Untertanen und der Feindschaft ihrer Nachbarn mußten sie jedoch ständig zum Kriege gerüstet sein. Ihr Staat war von allen griechischen Staaten der disziplinierteste. Neugeborene Kinder wurden von den Ältesten untersucht und ausgesetzt, falls diese sie für zu schwach hielten. Im Alter von sieben Jahren nahm man den Eltern die Knaben und unterwarf sie einer strengen militärischen Zucht, damit sie sich an Mühsal und Unbequemlichkeit gewöhnten.

Unterdessen wuchs Athen zu der Größe seiner klassischen Epoche heran. Die intellektuellen und künstlerischen Fähigkeiten seiner Bürger entfalteten sich besonders im Klima der politischen Freiheiten, die ihnen die Reformen Solons (594 v. Chr.) und Kleisthenes' (508/507 v. Chr.) gegeben hatten. Mit diesen Reformen waren die Grundlagen der Demokratie in Athen geschaffen.

Bedrohung durch Persien

Ungeachtet des militärischen Rufes, den Sparta genoß, war es der seemännischen Tüchtigkeit der Athener zu verdanken, daß Griechenland nicht dem Weltreich Persien zum Opfer fiel. Die Bedrohung durch Persien begann 546 v. Chr., als Kyros II., der schon große Teile Kleinasiens beherrschte, westwärts marschierte und die ionischen Küstenstädte eroberte. Das eigentliche Griechenland blieb noch unbehelligt, aber die Bedrohung seiner Unabhängigkeit war offensichtlich.

Die erste persische Invasion erfolgte 490 v. Chr. zur Zeit König Dareios' I. Die Athener schlugen diesen Angriff in dem großen Sieg von Marathon zurück. Zehn Jahre später versuchten es die Perser noch einmal unter Dareios' Sohn Xerxes. Er überbrückte den Hellespont, die heutigen Dardanellen, indem er mehr als 300 Boote Seite an Seite vertäuen ließ. Dann besiegte er die heldenhaften, aber an Zahl unterlegenen Spartaner bei den Thermopylen und marschierte weiter nach Athen. Nichts, so schien es, konnte den siegreichen Xerxes davon abhalten, Griechenland zu besiegen und es dem riesigen persischen Reich einzuverleiben.

Xerxes besetzte Athen; aber Themistokles, der Befehlshaber der Athener, verwickelte die persische Flotte in eine große Seeschlacht bei Salamis vor der Küste Athens und zwang sie zur Flucht. Ein weiterer Sieg, diesmal zu Lande bei Plataä im Jahre 479 v. Chr. unter dem Kommando des spartanischen Feldherrn Pausanias, vollendete die Niederlage der Perser.

Die unmittelbare Folge ihres Sieges war ein Gefühl des Stolzes und der Befreiung bei den Griechen, besonders in den zwei größten Staaten, Sparta und Athen. Sie hatten der gewaltigsten Macht auf Erden die Stirn geboten. Die überlegene Flotte der Athener beherrschte weiterhin die Ägäis. Es hatte sich zwar gezeigt, daß Sparta die beste Armee in Griechenland besaß, aber die Spartaner verachteten Kaufleute und Handwerker und betrachteten den Handel als unter ihrer Würde. So schnitten sie sich selbst von der Berührung mit anderen Ländern und den daraus erwachsenden Anregungen ab. Athen dagegen verbündete sich mit den Küsten- und Inselstädten der Ägäis im Delischen Bund und bezog daraus fünfzig kurze Jahre lang den Reichtum und die Anregung, die die Stadt zu einer kulturellen Leistung befähigte, wie sie in der Geschichte einzigartig dasteht.

Eine genial wiederaufgebaute Stadt

Das nach der Niederlage der Perser wiederaufgebaute Athen war die reichste und schönste Stadt Griechenlands. Fast die ge-

SCHAUPLÄTZE DER ERSTEN DRAMEN

Die griechische Tragödie gehört zu den größten Beiträgen der Athener zur Weltkultur. Jedes Jahr wurde zu Ehren des Dionysos, Gott des Weines und des Rausches, in Athen ein Fest gefeiert. Auf Tänze und Festzüge folgte ein Wettstreit der Dramatiker, von denen jeder drei Tragödien aufführen ließ. Die Zuschauer wählten den Sieger. Später hatte jede größere griechische Stadt ihr Theater, wo fahrende Truppen auftraten. Dramatiker wie Aischylos, Sophokles und Euripides haben Werke geschaffen, die künftigen Dramatikern als Vorbilder dienten.

DAS ERSTE DRAMA *Die Tragödie entwickelte sich wahrscheinlich aus primitiven Ritualen zu Ehren des Dionysos, auch Bakchos genannt. Dazu gehörten wilde Tänze. Die Schale aus dem 5. Jahrhundert v. Chr. (oben) zeigt eine Tänzerin oder Mänade mit einer Schlange als Kopfschmuck und einem Stab sowie einem kleinen Leoparden in den Händen. Aus solch rohen Anfängen hat sich das Drama entwickelt. Zunächst wurden feierliche Chorgesänge für die Zeremonien komponiert, dann traten zuerst ein, zwei, schließlich drei Schauspieler hinzu. In den großen Tragödien leidet der Mensch oft unter dem unerforschlichen Willen der Götter. In seinem letzten großen Drama, den* Bakchen, *kehrte Euripides wieder zum Ursprung zurück, indem er sich die wilden Anhänger des Dionysos zum Vorwurf nahm.*

INDIVIDUELLE DICHTUNG *Lyrik wurde anfänglich zur Leier (Lyra) in kleinen, kultivierten Kreisen vorgetragen. Im Gegensatz zu Epen und Tragödien ging es dabei um die privaten Erfahrungen des einzelnen. Die beiden großen Lyriker Alkaios und Sappho, die um 610 v. Chr. auf der Insel Lesbos lebten, sind auf diesem Weinkühler (links) zusammen dargestellt.*

MASKEN FÜR DAS DRAMA *Das riesige Ausmaß griechischer Theater machte es den Schauspielern schwer, allein durch ihren Gesichtsausdruck dem Zuschauer seelische Regungen zu übermitteln. Sie trugen daher Masken, die den Charakter ihrer Rolle ausdrückten. Diese Bronzemaske (rechts) stammt aus dem Piräus. Von dem lateinischen Wort für Maske,* persona, *kommt unser Wort Person.*

FREILICHTTHEATER *Griechische Theater konnten unter freiem Himmel viele Tausende von Zuschauern fassen. Im größten, noch erhaltenen Theater zu Epidauros steigen 55 Reihen von Steinsitzplätzen für 14 000 Menschen fächerförmig die Seiten einer Mulde hinan. In der Mitte liegt die runde* Orchestra, *in der der Chor auftrat. Die Pfeiler sind Teile der Bühne. Während der dramatischen Festspiele ruhte Handel und Wandel, denn die Bürger folgten tagelang der Aufführung von Tragödien oder Komödien. In Epidauros werden heute wieder Tragödien aufgeführt. Die Akustik ist so gut, daß man einen Sprecher von der Bühnenmitte aus im ganzen Theater hören kann.*

samte Altstadt mit ihren Mauern war während der kurzen persischen Besatzungszeit zerstört worden, so daß die Athener die Stadt völlig neu erbauten. Der Piräus, die Hafenstadt Athens, wurde nach einem geometrischen Plan angelegt, das erste Beispiel von Städteplanung in Europa. Die Akropolis, früher kaum mehr als ein Zufluchtsort in Notzeiten, schmückte bald der herrliche Parthenon, ein der Athene geweihter Marmortempel. Iktinos und Kallikrates waren die Architekten, die dem Parthenon seine harmonischen Proportionen verliehen, während ein anderes Genie, der Bildhauer Pheidias, eine etwa 10 m hohe Statue der Athene aus Gold und Elfenbein schuf. Ihm sind auch die Skulpturen außen am Tempel zu verdanken, die zum größten Teil Lord Elgin nach England brachte. Außerdem wurden von anderen Bildhauern, Malern, Töpfern und Goldschmieden unvergleichliche Kunstwerke hervorgebracht.

Die Geburt der Demokratie

Im 5. Jahrhundert v. Chr. befand sich Athen unter Perikles auf dem Höhepunkt seiner Entwicklung. Perikles war Aristokrat und Imperialist, dem daran lag, Athen so auszubauen, daß es seiner Macht würdig war. Perikles war aber auch ein Demokrat zu einer Zeit, als die Idee noch neu war, daß jeder freigeborene erwachsene Mann im Staate etwas zu sagen habe. Die meisten griechischen Stadtstaaten waren bis dahin vom Adel regiert worden oder von einem absolut herrschenden Tyrannen.

Die Entwicklung einer neuen Regierungsform in Athen wurde auch dadurch gefördert, daß die Stadt in erster Linie eine Seemacht war. Die Ruderer der Kriegsschiffe waren einfache Leute, die meinten, wenn sie schon so viel für den Staat täten, müßten sie auch ein Mitspracherecht haben. Im aristokratischen Sparta, wo alle Schwerarbeit von Leibeigenen verrichtet wurde, wäre eine solche Idee undenkbar gewesen. Außerdem war Athen noch klein genug, daß jeder Bürger seine Stimme in die Waagschale werfen konnte. Fischer, Kaufleute, Goldschmiede, Töpfer und Landbesitzer trafen sich als Gleichberechtigte in der Volksversammlung, wo über alles Wichtige beraten wurde. Dieser Gedankenaustausch zwischen Männern aller Volksschichten machte das Leben in Athen menschlich angenehm und grundverschieden von dem im konservativen Sparta. Kein Interesse an öffentlichen Angelegenheiten zu zeigen galt als töricht. Das Wort Idiot für Dummkopf stammt aus dem Griechischen, wo es ursprünglich Privatmann bedeutete, also einen, der sich nur um die eigenen Belange kümmert und nicht um die der Stadt.

Die Demokratie der Athener unterschied sich von einer modernen auch darin, daß Sklaven gehalten wurden. Das waren in Griechenland entweder Kriegsgefangene oder, wie die Heloten in Sparta, leibeigene Bauern eines eroberten Gebietes. In Athen arbeiteten die meisten Sklaven im Haushalt und wurden gut behandelt, hatten aber kein Stimmrecht. Auch Frauen hatten keines. In der ausgesprochen männlich ausgerichteten Gesellschaftsordnung Athens wurden Frauen in ähnlich großer Abgeschlossenheit gehalten wie später in der islamischen Welt. Sogar das Einkaufen besorgten die Männer.

Dramen handeln von Göttern und Menschen

Eines der unvergänglichen Vermächtnisse Athens auf kulturellem Gebiet ist das Drama. Die Dramatiker untersuchten anhand von Themen aus der griechischen Mythologie und Geschichte das Schicksal des Menschen und seine Pflichten in der Welt. Aischylos, einer der drei großen Dramatiker Athens, kämpfte bei Marathon mit, und sein den Krieg behandelndes Drama *Die Perser* ist die älteste erhalten gebliebene griechische Tragödie. Man weiß, daß er und seine Nachfolger Sophokles und Euripides mehr als 300 Stücke geschrieben haben. Nur 33 davon wurden vollständig überliefert, und die Werke vieler anderer griechischer Dramatiker gingen sogar ganz verloren.

Die moralische Verpflichtung des Menschen gibt in Aischylos' Werken den Ausschlag; der Mensch ist an seine Pflichten gegenüber den Göttern gebunden. Bricht er ihre Gesetze oder wird er stolz oder überheblich (die Sünde der Hybris), dann zieht er damit Nemesis, die Rache der Unsterblichen, auf sich. Die von Aischylos geschaffene machtvolle und strenge Welt hat die Menschheit durch die Jahrhunderte in ihren Bann geschlagen. Im *Prometheus* porträtiert er den großen Rebellen, der den Göttern das Feuer stiehlt, um es den Menschen zu bringen. Zeus fesselt ihn zur Strafe an einen Felsen, wo ein Adler ihm täglich ein Stück aus seiner Leber hackt, aber seinen Widerstand bis zum Ende nicht brechen kann. In der *Orestie,* einer Trilogie über das Thema Rache und Sühne, geht es um den Mord an dem homerischen Helden Agamemnon durch seine Frau und deren Geliebten und die Rache des Sohnes und der Tochter.

Auch Sophokles behandelt den Kampf zwischen Recht und Unrecht; die Handlung des Stückes ist bei ihm jedoch interessanter und die psychologische Einsicht tiefer. Dennoch spiegeln seine Werke den althergebrachten Respekt vor den Göttern, durch deren unergründlichen Ratschluß die Helden und Heldinnen leiden müssen. Der Held der berühmten Tragödie *König Ödipus* heiratet unwissentlich seine eigene Mutter und blendet sich selbst, als er die Wahrheit erfährt. Hingegen ist Euripides schon eher ein Rebell. Seine Tragödien nehmen den modernen Realismus vorweg, und er schreibt mit einer dichterischen Leidenschaft wie nur wenige, sieht man von Shakespeare ab.

Die ganze griechische Welt des 5. Jahrhunderts v. Chr. von Sizilien bis nach Kleinasien war voller großer Talente. So wurde

STOLZER SPARTANISCHER KRIEGER

Die Spartaner fügten sich einer eisernen Disziplin; ihre Tapferkeit und Fähigkeit im Kriege waren unvergleichlich. Diese Bronzefigur stellt einen Krieger mit sorgfältig frisierten Locken dar, die vom Helm herabwallen. Herodot berichtet, die Spartaner kämmten ihre Haare vor der Schlacht, um mit gepflegtem Haupte zu sterben.

DIE ERSTEN OLYMPISCHEN SPIELE

Sogar Kriege wurden unterbrochen, wenn – ab 776 v. Chr. – alle vier Jahre die Olympischen Spiele, das große gymnastische und religiöse Fest zu Ehren des Zeus, abgehalten wurden. Sportler aus ganz Griechenland maßen sich im Laufen, Boxen, Ringen, Springen, Speerwerfen und Diskusschleudern. Die Sieger erhielten nur grüne Lorbeerkränze, aber gewannen lebenslänglichen Ruhm.

LÄUFERIN *Auch Mädchen wurden spartanisch erzogen. Hier rafft ein Mädchen beim Laufen den Rock.*

Herodot, der Vater der Geschichte, in Halikarnassos, einer griechischen Stadt in Kleinasien, um 480 v. Chr. geboren. In seinem Geschichtswerk, dessen Hauptthema der Kampf zwischen den Griechen und den Persern ist, hat sich Herodot nicht nur als meisterhafter Erzähler erwiesen, sondern die Menschheit auch mit ganz neuen Augen gesehen. Er analysiert Völker und Länder, erzählt viele faszinierende Anekdoten und versucht objektiv zu berichten.

Ein Sieg Spartas

Die ständige Rivalität der beiden mächtigen Staaten Athen und Sparta mußte einfach zu einem Kriege führen. 27 Jahre lang, von 431 bis 404 v. Chr., tobte dieser Krieg, nur von kurzen Perioden des Friedens unterbrochen. Da beide Staaten Bündnispartner und koloniale Bindungen in der gesamten griechischen Welt hatten, gab es kaum eine Stadt, eine Insel oder ein Gebiet von Sizilien und Italien bis nach Kleinasien, die nicht in diesen Kampf hineingezogen wurden.

Perikles, der Führer der Athener, trug ein gut Teil Verantwortung an dem Kampf, der als der Peloponnesische Krieg in die Geschichte eingegangen ist. Er träumte von einem vereinigten Griechenland unter Führung von Athen. Damit eilte er seiner Zeit voraus, denn Griechenland war für eine Vereinigung noch nicht reif. Die kleinen Stadtstaaten wollten ihre Unabhängigkeit sogar dann wahren, wenn ihnen das wirtschaftliche Nachteile brachte. Der Krieg endete

EIN ZEHNJÄHRIGER KRIEG WEGEN EINER ENTFÜHRTEN KÖNIGIN *Der Einzelkampf Held gegen Held befeuerte die Griechen. Dieser berühmte Terrakottateller aus dem späten 7. Jahrhundert v. Chr., der in Kameiros auf Rhodos gefunden wurde, zeigt König Menelaos von Sparta im Kampf mit dem trojanischen Helden Hektor. Am Boden liegt der tote Euphorbos, ein von Menelaos erschlagener trojanischer Krieger. Nach der Sage kämpften die Griechen zehn Jahre gegen Troja, um die schöne Helena, die Frau des Menelaos, zurückzugewinnen, die von Paris entführt und nach Troja gebracht worden war. Der wirkliche Grund mag in der Bedrohung der mykenischen Handelswege durch Troja gelegen haben. Die letzten Tage der Belagerung von Troja sind durch Homers Epos Ilias verewigt worden. Die Hauptfigur darin ist Achill, der schließlich Hektor erschlug.*

DISKUSWERFER *Das Diskuswerfen war eine von fünf Sportarten des Fünfkampfes. Die übrigen waren: Wettlauf, Weitsprung, Speerwerfen und Ringen. Das Diskuswerfen hat sich wohl aus dem Schleudern flacher Steine im Kampfe entwickelt. Die Griechen hatten die größte Freude an körperlicher Tüchtigkeit. Bei den Wettspielen kämpften die Sportler nackt.*

SIEGESWILLE *Griechische Athleten kämpften einzeln und nicht in Gruppen um den Sieg. In dieser Vasenmalerei aus Athen ist der Geist des individuellen Siegeswillens eingefangen. Die Olympischen Spiele waren die berühmtesten der vier athletischen Festspiele, die regelmäßig in Griechenland stattfanden.*

DER PREIS *Kleinere Spiele hatten geringere Ehren zu vergeben als große, aber die Preise waren kostbarer. In Athen erhielt der Sieger im Wagenrennen 100 Vasen voll Öl. Die Gefäße schmückte das Bild der Athene.*

mit der Niederlage Athens, die hauptsächlich durch eine fehlgeschlagene Expedition nach Sizilien bedingt war, bei der ein Großteil der jungen Männer der Stadt und die Masse der Schiffe verlorengingen. Dennoch war dieser Krieg nicht mit einem kulturellen Niedergang verbunden, denn einige der größten Errungenschaften Athens fielen in diese Jahre. Sophokles und Euripides befanden sich auf dem Höhepunkt ihrer Schaffenskraft. Die *Bakchen* des Euripides erlebten ihre Erstaufführung im Jahr des athenischen Zusammenbruchs. Und in allen diesen Jahren lachten die Bürger von Athen über die derben Komödien des Aristophanes.

Im Jahre 404 v. Chr. mußte Athen bedingungslos vor den Spartanern und ihren Verbündeten kapitulieren. Einige der Sieger verlangten die völlige Zerstörung der Stadt und den Verkauf aller Einwohner in die Sklaverei. Während der Diskussion darüber erhob sich ein Spartaner und sang den Eröffnungschor aus Euripides' Tragödie *Elektra*. Alle Anwesenden wurden davon so bewegt, daß sie erkannten, welch ein Verbrechen die Zerstörung einer Stadt wäre, die solch geniale Männer hervorgebracht hatte. Athens Macht war dahin, doch aus Achtung vor seinen Leistungen wurden sonstige machtpolitische Erwägungen von den Siegern zurückgestellt.

Das Streben nach Wissen

Die spartanische Herrschaft über Athen und sein früheres Herrschaftsgebiet erwies sich als recht wirkungslos. Viele der gewonnenen Länder wurden schnell wieder verloren, und es gelang Athen, etwas von der früheren Größe zurückzugewinnen. Die Wiedergeburt Athens im 4. Jahrhundert war durch ein Suchen und Forschen gekennzeichnet, das von den Philosophen ausging, die einen weiteren, rein athenischen Beitrag zur Kultur der Menschheit leisteten.

Viele Jahre lang hatten griechische Philosophen das traditionelle Weltbild in Frage gestellt. Der berühmteste von ihnen, Sokrates, wurde 470 v. Chr. in Athen geboren. Er hat keine Schriften hinterlassen; was wir von ihm wissen, ist in den Berichten seines großen Schülers Platon und des Historikers Xenophon enthalten. Sohn eines Steinmetzen, klein und bemerkenswert häßlich, verkörperte Sokrates den griechischen Genius in seiner höchsten Form. Er glaubte, daß der Mensch sich vom Tier durch die Seele unterscheide und daß es die Pflicht des Menschen sei, in Übereinstimmung mit der Vernunft zu handeln und nicht zuzulassen, daß die tierische Seite seiner Natur die Oberhand über seinen Geist gewinne. Er betonte auch, daß der Mensch in einer Gesellschaft lebt und daher seinen Mitmenschen gegenüber eine wichtige Verantwortung trägt. Sokrates' hervorragender Schüler Platon schrieb die *Dialoge*, die Sokrates im Gespräch mit anderen Athener Bürgern darstellen, wie er durch analytische Diskussion zu erkennen trachtet, was Freundschaft, Gerechtigkeit, Liebe und Verpflichtung gegenüber den Göttern eigentlich bedeuten. Er versuchte, völlig aufrichtig zu sein und seine Mitbürger zu der gleichen Haltung gegenüber ihrem eigenen Ich zu erziehen.

Wenige Athener waren zu einer solch rigorosen Haltung in der Lage, und viele schätzten ihn gar nicht, weil er die geltenden Ansichten und Glaubensvorstellungen in Frage stellte. Im Alter von 70 Jahren klagte man Sokrates als Gottlosen und Verderber der Jugend an. Er wurde verurteilt, den tödlichen Schierlingsbecher zu leeren. Obgleich seine Ankläger ihn gern freigelassen hätten, wenn er widerrufen hätte, blieb er bei seiner Meinung und wurde so einer der ersten Märtyrer der Geschichte aus Gewissens- und Vernunftgründen. Bevor er starb, befahl er seinen Freunden: »Wir schulden dem Asklepios noch einen Hahn. Besorgt das und vergeßt es nicht!« Es war dies das übliche Opfer an den Gott der Heilkunst, wenn ein Patient von langer Krankheit genas.

Das erste Utopia

Platon stützte sein eigenes philosophisches System hauptsächlich auf die Tatsache, daß die Menschen ungleich geboren werden, und zwar in körperlicher, seelischer und geistiger Hinsicht, und daß jeder dem Staat seinen ganz persönlichen, besonderen Beitrag zu leisten hat. Sein Hauptwerk *Der Staat* und sein längeres Werk *Die Gesetze* beschreiben den Idealstaat, wie Platon ihn sah, als einen von Philosophen-Königen gelenkten Staat – erstes Utopia der Weltliteratur. Platon gründete die Akademie in Athen, wo seine Schüler studierten und nach Wissen strebten. Die Akademie bestand 900 Jahre und wurde schließlich von Kaiser Justinian aufgehoben.

Platons ebenso berühmter Schüler Aristoteles wurde in Makedonien im nördlichen Griechenland geboren, lebte aber großenteils in Athen. Auch er war von einer Schar von Schülern umgeben und schrieb über fast alle Gebiete menschlichen Wissens. Er besaß einen enzyklopädischen Geist, und seine Werke haben die gesamte europäische Denkweise beeinflußt, denn er betonte, daß der Ausgangspunkt allen Wissens die kritische wissenschaftliche Untersuchung sei.

Im alten Griechenland gab es noch keine Unterscheidung zwischen Philosoph und Wissenschaftler. Die Aufgabe, die sich beide selbst auferlegten, war das Studium des Menschen und der Welt, in der er lebt. Bei Anbruch des 6. Jahrhunderts v. Chr. waren Schulen für Philosophie und Wissenschaft überall in der griechischen Welt entstanden, viele davon in Italien, einschließlich der Schule des großen Mathematikers Pythagoras in Kroton. Zusätzlichen Glanz erlangte die griechische Philosophie in späteren Jahren durch Männer von so unterschiedlichen Überzeugungen wie Epikur, der das Hauptziel des Lebens in der vergeistigten Lust erblickt, und Zenon, den Begründer des Stoizismus, der das Streben nach Tugend an die erste Stelle setzt.

Wegbereiter der Medizin

Die griechischen wissenschaftlichen Leistungen hatten 1500 Jahre lang in Europa nicht ihresgleichen, obgleich sie mehr spekulativ und theoretisch als praktisch waren. Erst im 19. Jahrhundert besaß man das Instrumentarium, viele der Ideen in die Praxis umzusetzen, die die Griechen Jahrhunderte früher formuliert hatten. So beschrieb Heron von Alexandria schon um 100 n. Chr. neun Apparate, die durch Hitze oder Dampf angetrieben werden, darunter eine Fontäne und eine Dampfmaschine. Die hippokratische Ärzteschule, die von Hippokrates auf der Insel Kos begründet wurde, entdeckte die diagnostische Wichtigkeit des Abhorchens von Herz und Lunge. Noch heute gilt für die Ärzte der Eid des Hippokrates, des-

ZEITVERTREIB DER GRIECHEN

Ständige Kriege hielten die Griechen nicht davon ab, die Künste der Muße zu pflegen. Hier erholt sich ein Bürger im Hause einer Hetäre, die ihn gerade mit Flötenspiel und Tanz unterhält. Die athenische Gesellschaft war eine Männergesellschaft. Die Ehefrau hatte den Haushalt zu versehen und die Kinder aufzuziehen. Sie nahm am öffentlichen Leben nicht teil. Wenn ein Mann seine Freunde bewirtete, mußte die Frau das Mahl zubereiten, ließ sich aber sonst nicht blicken.

The Museum of Fine Arts, Boston, H. L. Pierce Fund

BEIM FISCHEN *Die Knaben gingen mit sechs Jahren in Privatschulen und wurden sehr streng erzogen, bis sie 18 waren. Doch gab es auch Erholungspausen, wie dieses Vasenbild zeigt.*

sen sittliche Normen auf hippokratischen Lehren beruhen.

Archimedes berechnete das Gewicht eines Körpers aus der Wassermenge, die er verdrängt (Archimedisches Prinzip). Man sagt, er habe das Prinzip entdeckt, als das von ihm verdrängte Badewasser überlief, und sei mit dem Ruf »heureka!« (ich hab's gefunden!) herausgesprungen. Thales von Milet hatte so große astronomische Kenntnisse, daß er eine Sonnenfinsternis vorhersagen konnte. Leukipp und Demokrit stellten im 5. Jahrhundert v. Chr. die Theorie auf, daß die Materie aus Atomen bestehe. Anaximander verfertigte die erste Erdkarte. Er war auch Geologe und schloß aus dem Studium von Fossilien, daß es andere Lebewesen lange vor dem Auftreten des Menschen gegeben habe.

Der Aufstieg Makedoniens

Ungefähr 350 v. Chr. wurden die Probleme der uneinigen Griechen auf eine unerwartete Weise gelöst. Makedonien, ein wildes Bergland in Nordgriechenland, war die Heimat eines griechisch sprechenden Volkes, das wenig Anteil an der Kultur seiner südlichen Nachbarn hatte. Diese kriegerischen Hochlandbewohner wurden von Philipp von Makedonien (382–336 v. Chr.) zur größten Militärmacht Griechenlands zusammengeschweißt. Philipp war ein ausgezeichneter Heerführer und Staatsmann, der die griechische Kultur hochschätzte. Seinen Sohn Alexander ließ er von Aristoteles erziehen.

Wie Perikles vor ihm, schwebte auch Philipp ein geeintes Griechenland vor. Sobald dieses Ziel erreicht war, wollte er eine vereinte griechische Armee nach Kleinasien und in den Nahen Osten führen, um das Perserreich mit all seinen Reichtümern zu erobern.

Der Staatsmann Demosthenes von Athen setzte jedoch seine ganze Redegabe daran, die Athener und ihre Verbündeten gegen Philipp und seine imperialistischen Träume aufzustacheln. Seine als *Philippika* bekannten Reden hatten Erfolg, und im Jahre 338 v. Chr. marschierten Athen und seine Verbündeten gegen Philipp. Sie wurden in der Schlacht von Chäronea vernichtend geschlagen, hauptsächlich durch eine glänzend geführte Reiterattacke des erst 17 Jahre alten Alexander.

Als der siegreiche Philipp im Begriff war, seine Armee nach Asien zu führen, wurde er ermordet. Doch sein Sohn proklamierte: »Nichts hat sich geändert, außer dem Namen des Königs« und behauptete sich als Herrscher in seinem Lande. Alexander sollte den Traum seines Vaters wahr machen. Indem er das tat, verbreitete er griechische Kultur und griechisches Gedankengut im ganzen Vorderen Orient. Durch ihn wurden drei Jahrhunderte griechisch inspirierter Kultur eingeleitet – das hellenistische Zeitalter.

Alexanders Vermächtnis

Nachdem Alexander Ionien von der persischen Herrschaft befreit hatte, stieß er mit seiner Armee weiter vor, um Syrien und Phönikien zu besetzen. 332 v. Chr. nahm er die Inselstadt Tyros nach dem Bau eines Dammes ein. Dieser Damm ist durch jahr-

DIE PERSISCHE FRAU DES GROSSEN ALEXANDER

Alexander der Große einte die Griechen, um die Macht Persiens zu brechen, und schuf sich in elfjährigen Feldzügen ein Weltreich. Er heiratete die persische Prinzessin Roxane, die auf dieser Gemme aus Onyx mit ihm zusammen abgebildet ist. Ihm war klar, daß die Teile seines Reiches nicht einfach als Kolonien regiert werden konnten, daher wollte er die Griechen und Perser einander näherbringen. Roxane gebar ihm sein einziges Kind, den Sohn Alexander, aber Mutter und Kind wurden in den Machtkämpfen ermordet, die auf Alexanders Tod folgten. Als er mit 32 Jahren starb, hatte er keine Bestimmungen über seine Nachfolge hinterlassen, und so teilten sich seine Generäle in sein Erbe.

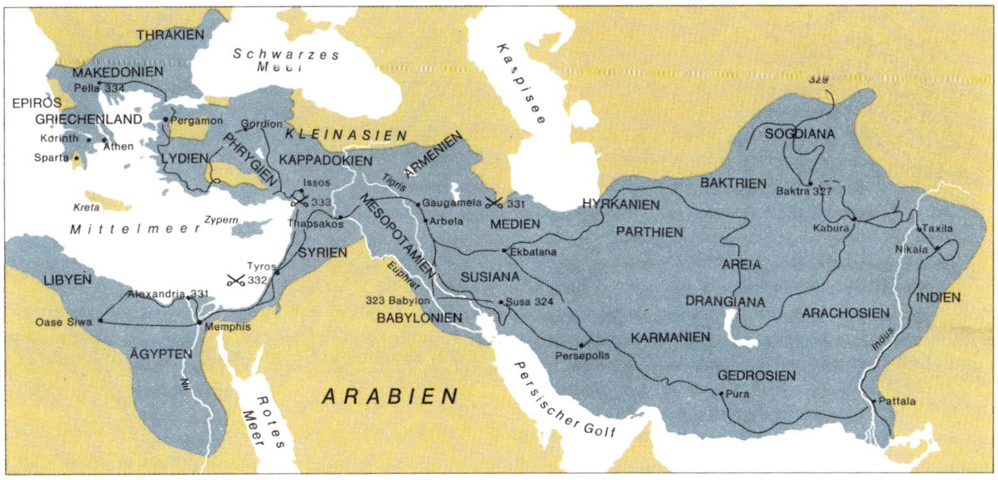

DER ELFJÄHRIGE MARSCH, DER EIN IMPERIUM BEGRÜNDETE

Nach der Einigung Griechenlands setzte Alexander mit 35 000 Mann nach Asien über und marschierte 334 v. Chr. gegen das persische Weltreich. Im Jahre 333 schlug er König Dareios III. bei Issos, dann stieß er südwärts vor, nahm Tyros ein und unterwarf Ägypten. 331 kehrte er zurück, um den Hauptwiderstand der Perser bei Gaugamela zu brechen. Babylon und Susa wurden genommen, die alte Hauptstadt Persepolis verbrannt, ehe sich Alexander den östlichen persischen Provinzen zuwandte, die in einem mühseligen dreijährigen Feldzug unterworfen wurden. Danach drang er tief nach Indien ein, von dem er annahm, es sei das Ende der Welt, umspült von dem alles umgebenden Ozean. Deshalb weigerten sich die Truppen weiterzugehen. Alexander kehrte um. Er überquerte das schwierige Terrain Belutschistans und erreichte 323 v. Chr. Babylon, wo er starb.

hundertelange Anlagerungen so mächtig geworden, daß er nun die Insel mit dem Festland auf Dauer verbindet. Dann eroberte Alexander Ägypten, wo er zum Pharao ausgerufen wurde. Staunenerregend war der Erfolg seines elfjährigen Feldzuges, in dessen Verlauf das ganze persische Weltreich mit so weit entfernten Provinzen wie Nordwestindien in seine Hände fiel. Als Alexander 323 v. Chr. mit 32 Jahren in Babylon starb, teilten seine Generäle die gewaltigen, von ihm eroberten Gebiete unter sich nach wechselvollen Kämpfen auf. Ptolemaios sicherte sich und seinen Nachfolgern Ägypten, während Seleukos Persien und später Syrien an sich brachte und dort eine Dynastie gründete.

Während der nächsten 300 Jahre verbreitete sich die griechische Kultur im Orient und nahm dabei orientalisches Kulturgut in sich auf. Die altgriechische Welt kleiner, leidenschaftlich unabhängiger Stadtstaaten wurde von der weiten Welt der hellenistischen Reiche in den Schatten gestellt. Im Hellenismus wurde die griechische Kultur universell und Griechisch die übernationale Sprache des Mittelmeerraumes von Marseille bis Persien und darüber hinaus.

Kulturelle Hauptstadt am Nil

Während seines kurzen Lebens hatte Alexander eine ganze Anzahl von Städten als Verwaltungssitze für die eroberten Gebiete gegründet. Alexandria in Ägypten, nach dem Eroberer benannt, wurde zum größten Hafen des Mittelmeeres und das Zentrum, von dem aus die griechische Kultur sich im Osten verbreitete. Die Stadt war auf einer Landzunge zwischen dem Mareotis-See und dem Meer erbaut. Sie lag der Insel Pharos gegenüber, mit der sie durch einen Steindamm verbunden war. Auf Pharos befand sich ein riesiger Leuchtturm von über 120 m Höhe, der alles zum Schutze der Schiffahrt Notwendige enthielt und von dem sogar Wettervorhersagen geliefert wurden. Sein Licht speisten Holzfeuer; ein hydraulisches Hebewerk beförderte das Holz hinauf. Der Turm besaß Geräte, die den Gang der Sonne, die Windrichtung und die Tageszeit aufzeichneten. Es gab sogar ein riesiges Periskop, mit dessen Hilfe ein Wächter die Schiffahrt noch jenseits des sichtbaren Horizonts beobachten konnte. Dieser Leuchtturm, eines der Sieben Weltwunder des Altertums, wurde durch ein Erdbeben im 14. Jahrhundert zerstört. Alexandria war nach einem streng geometrischen Plan gebaut, hatte öffentliche Gebäude aus Marmor, ein riesiges Gymnasium und einen künstlichen Hügel, der dem Gott Pan geweiht war. Die Hauptstraße, die Plateia, war 30 m breit und zog sich etwa 5 km durch die Stadt.

Die Papyrusstauden des Nildeltas versorgten die hellenistische Welt und später das Römische Reich mit Schreibmaterial. Eine

DIE DREI KLASSISCHEN ORDNUNGEN

Einige der schönsten Bauwerke der Welt sind von den Griechen errichtet worden – Tempel und öffentliche Gebäude, fast stets aus Marmor. Es gab drei Stile oder Ordnungen – den strengen dorischen, den eleganten ionischen und den komplizierten korinthischen Stil. Die Griechen benutzten kaum den Bogen noch das Gewölbe.

DORISCHE ORDNUNG *Der herrliche Parthenon in Athen zeigt die Kraft und Schönheit des dorischen Stils besonders gut. Die gedrungenen, kannelierten Säulen ruhen direkt auf dem Boden.*

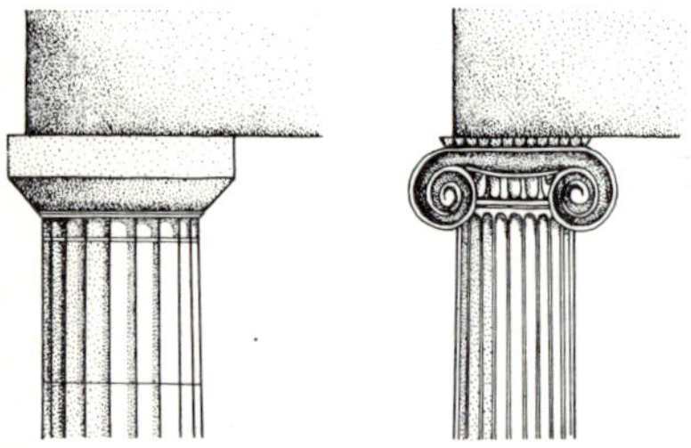

ZWEI KAPITELLE *Die dorische Säule (links) endet in einer viereckigen Steinplatte, während das ionische Kapitell (rechts) mit Voluten verziert ist.*

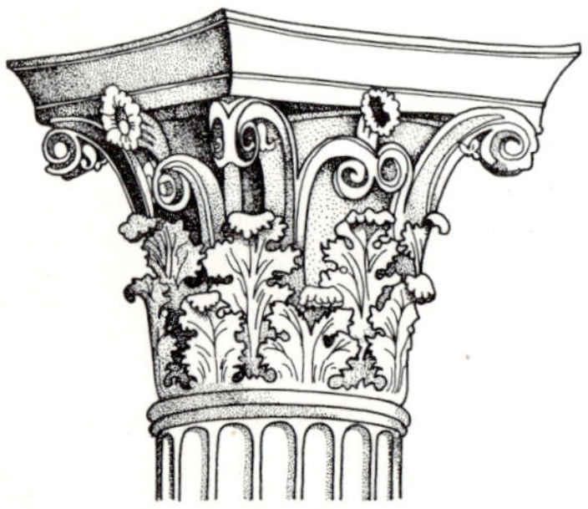

KORINTHISCHER STIL *Dieser dekorative Stil setzte sich im 4. Jahrhundert v. Chr. durch. Korinthische Säulen waren schlanker, ihre korbähnlichen Kapitelle schmückten Akanthusblätter.*

TEMPEL ZU EHREN DER GRÜNDER

Das schöne Erechtheion, das mitten im Peloponnesischen Krieg erbaut wurde, ist einmalig unter den Bauwerken Griechenlands. Während die meisten Tempel rechteckig und symmetrisch angelegt sind und umlaufende Säulenhallen haben, besitzt das Erechtheion an drei Seiten Vorhallen, von denen jede verschieden groß und auf verschiedenem Niveau gebaut ist. Das Dach einer dieser Vorhallen ruht auf Mädchenstatuen. Das Erechtheion heißt so nach Erechtheus, dem aus der Heimaterde geborenen athenischen Heros. Es umschloß den Ort, wo die Stadt Athen ihren Anfang genommen hatte. Unter einer Ecke befindet sich das Grab des Kekrops, des mythischen ersten Königs von Athen. Der Tempel enthielt auch die Gaben der zwei Schutzgötter der Stadt, den Salzwasserquell des Meeresgottes Poseidon und den ersten Ölbaum, mit dem Athene die Herzen der Athener gewann.

große Bibliothek wurde in Alexandria gegründet, in der die Weltliteratur des Altertums gesammelt war. Neben dem Palast der Ptolemäer befand sich das Museion oder Museum, eine Forschungs- und Arbeitsstätte für Dichter, Wissenschaftler, Bibliothekare und Künstler.

Während der Regierungszeit Ptolemaios' I. (323–285 v. Chr.) schrieb Euklid in Alexandria sein systematisches Lehrbuch der Mathematik. Am gleichen Ort kam der Astronom Aristarch von Samos zu dem Schluß, daß die Sonne und nicht die Erde Mittelpunkt unseres Planetensystems ist. Im 3. Jahrhundert v. Chr. berechnete ein weiterer Alexandriner, Eratosthenes, mit seinen einfachen Instrumenten den Erdumfang. Sein Ergebnis weicht nur um 10 % von heutigen Berechnungen ab.

Der Schatten Roms

Der große Kampf zwischen Rom und Karthago, der das westliche Mittelmeer in der ersten Hälfte des hellenistischen Zeitalters in Atem hielt, endete 146 v. Chr. mit der Zerstörung Karthagos. Danach konnte Rom sein Interesse dem östlichen Mittelmeer zuwenden. Schon bald wurde das festländische Griechenland zu einem römischen Protektorat, und während des 1. Jahrhunderts v. Chr. verleibte sich das Römische Reich allmählich Kleinasien, Syrien, Judäa und andere Teile des ehemaligen Alexanderreiches ein. Dagegen unterlag Rom der griechischen Kultur. Wie Horaz es ausdrückte: »Das überwundene Griechenland überwand den rauhen Sieger.«

Griechische Kunst, Wissenschaft, Literatur und Philosophie hatten Italien schon beeinflußt, seit es im Süden der Halbinsel griechische Kolonien gab, aber die Eroberung der hellenistischen Welt durch Rom wirkte sich noch stärker aus. Griechenland war auch Schauplatz von Kämpfen in den römischen Bürgerkriegen. Das Land wurde verwüstet und viele seiner Städte in Schutt und Asche gelegt. Trotz allem ging fast jeder gebildete junge Römer nach Athen, um Philosophie und Rhetorik zu studieren, während griechische Sekretäre, Sklaven und Lehrer in Italien arbeiteten und unzählige Kunstschätze als Beute aus griechischen Städten nach Rom gelangten. Griechenland selbst hat nach der Eroberung durch die Römer kaum noch Neues hervorgebracht, aber der ganze Schatz des griechischen Gedankengutes wurde in die römische Welt übernommen und verbreitete sich innerhalb des gesamten Weltreichs. Die Griechen übten zwar keine politische Macht aus, aber ihr Geist triumphierte auf fast allen Gebieten, und das neuentstandene Weltreich war ein griechisch-römisches. Die östliche Hälfte des Römischen Reiches verlor ihren hellenistischen Charakter zu keiner Zeit. Sie überstand 400 Jahre später den Niedergang Roms im Westen und lebte im Oströmischen Reich von Byzanz verwandelt noch lange fort. Der Einfluß griechischer Künstler, Architekten und Philosophen auf spätere Jahrhunderte war beispiellos. Die Architekten überlieferten der Welt einen ausgewogenen, harmonischen Baustil, dessen Formen noch bis in unsere Zeit benutzt und als klassisch empfunden wurden. Die Bildhauer porträtierten den menschlichen Körper mit einer Lebendigkeit, die gleichzeitig universell und charakteristisch griechisch ist. Das griechische Alphabet, zuerst von den Etruskern und dann von den Römern übernommen, wurde zur Grundlage unseres eigenen. Auch das von den Russen und Südslawen benutzte kyrillische Alphabet geht auf das griechische zurück. In ihrer mühevollen Suche nach der Wahrheit legten die griechischen Denker das Fundament für fast alle späteren Untersuchungen auf wissenschaftlichen und anderen Gebieten. Ihre Prinzipien bilden noch immer das Herzstück der Kultur des gesamten Abendlandes.

Die festliche Welt der Etrusker

800–200 v. Chr.

Ehe Rom mächtig wurde, herrschte ein Volk rätselhafter Herkunft und Sprache und eigenartiger Kultur über Mittelitalien

Als Rom noch wenig mehr als eine befestigte Stadtgemeinde war, befand sich das Gebiet, das zum Herzen des Römischen Reiches werden sollte, in den Händen eines wohlhabenden Volkes, von dem die Römer im Kriegshandwerk und den Künsten des Friedens viel lernten. Auf der Höhe ihrer Macht um etwa 600 v. Chr. erstreckte sich die Herrschaft der Etrusker von ihrer Heimat in der heutigen Toskana über den größten Teil Italiens, nämlich von der Poebene im Norden bis zum heutigen Salerno im Süden.

Da ihr Land reich an Bodenschätzen, wie Eisen und Kupfer sowie fruchtbaren Böden und großen Wäldern, war, wurden die Etrusker durch Handwerk und Handel wohlhabend und mächtig. Sie errichteten Städte, wo es bis dahin nur Dörfer aus einfachen Hütten gegeben hatte. Auch zur See waren sie mächtig, und die verbündeten Flotten der Etrusker und Karthager beherrschten das westliche Mittelmeer.

Etruskische Könige aus der Familie der Tarquinier regierten ein Jahrhundert lang in Rom und trugen viel zur politischen Organisation der Stadt bei. Ein etruskischer König, Servius Tullius, legte die Grundlagen zur römischen Armee. Schließlich befreiten sich die Römer jedoch von der etruskischen Herrschaft, und ihr eigener Aufstieg begann. Die Einnahme Vejis, einer der wichtigsten Städte Etruriens, durch die Römer um 396 v. Chr. leitete den Niedergang der Etrusker ein.

Von den Etruskern fehlen geschichtliche Aufzeichnungen. Alles, was man von ihnen weiß, stammt aus Berichten griechischer und römischer Schriftsteller und aus ihren Gräbern. Ihr Ursprung ist ungewiß. Im Altertum glaubte man, sie seien aus Lydien in Kleinasien gekommen, heute nimmt man jedoch an, daß sich die typische etruskische Kultur in Mittelitalien entwickelt hat.

Südetrurien ist ein von Flußläufen tief durchfurchtes Land aus weichem, vulkanischem Gestein. Vor dem Bau der römischen Straßen war dieses Gelände schwer zu überwinden. Das führte zur Entwicklung isolierter, unabhängiger Gemeinden. Die Städte der Etrusker waren gewöhnlich natürliche, durch Steilwände und Schluchten geschützte Festungen, was den Gedanken nahelegt, daß sie in kriegerischen Zeiten gegründet wur-

ETRURIEN UM 480 V. CHR. *Von ihrer Heimat, der Toskana, aus verbreiteten sich die Etrusker nach Norden und Süden und beherrschten große Teile der Apenninhalbinsel.*

DAS UNGEHEUER MIT DEN DREI KÖPFEN

Etruskische Handwerker waren wegen ihrer zum großen Teil von griechischen Vorbildern beeinflußten Bronzefiguren berühmt, wie diese 79 cm hohe Darstellung der mythischen Chimäre zeigt, eines Wesens mit Löwen- und Ziegenkopf und einer Schlange als Schwanz, das nach der Legende von Bellerophon erschlagen wurde. Diese Bronze aus Arezzo ist wahrscheinlich um 350 v. Chr. entstanden und gehört zu den schönsten Tierskulpturen des Altertums.

DIE LEBENDEN EHREN DIE TOTEN DURCH ATHLETISCHE WETTKÄMPFE

Die Etrusker schmückten ihre Gräber mit farbigen Wandmalereien, die viele Rückschlüsse auf ihre Sitten und ihr Alltagsleben gestatten. Im Grab der Auguren in Tarquinia sind die Wände fast vom Boden bis zur Decke mit einem Fries von Figuren bedeckt. Darunter befinden sich diese Ringer, die sich anschicken, um einen aus goldenen und silbernen Schalen bestehenden Preis zu kämpfen. Sie nehmen an den Spielen teil, die anläßlich der Totenfeiern vornehmer Etrusker veranstaltet wurden. Dazu gehörten auch Boxkämpfe und das Auftreten von Gladiatoren. Die Kämpfer sind nackt und folgen damit der griechischen Sitte, denn die Etrusker übernahmen in ihren Spielen viel von den Griechen. Während jedoch in Griechenland alle Freien – Aristokraten und Bürgerliche – gleichermaßen an den Wettkämpfen teilnahmen, überließen die Adligen Etruriens dies den Berufsathleten. Von den Etruskern übernahmen die Römer die Form der Wettkämpfe. Nach der Überlieferung haben die etruskischen Könige von Rom das Pferderennen und das Boxen eingeführt, während die bis zum Tode eines der Teilnehmer fortgesetzten Gladiatorenkämpfe in Rom aus den etruskischen Städten Kampaniens stammen.

EIN KRIEGER IN BRONZE

Die Etrusker waren tüchtige Kämpfer, und viele ihrer Bronzen stellen Krieger dar. Dieser schlanke, überlange Lanzenträger ist für die etruskischen Bronzeskulpturen der Frühzeit typisch.

EIN UNGELÖSTES RÄTSEL

ETRUSKISCH *Goldtafel aus dem 5. Jh. v. Chr.*

Die etruskische Sprache kann gelesen, aber noch kaum verstanden werden. Aufgefundene Inschriften zeigen, daß die Schrift auf der griechischen basiert; doch die Grammatik und die Bedeutung der meisten Wörter sind noch heute unbekannt. Diese Goldplatte wurde mit zwei weiteren 1964 in Pyrgi bei Rom gefunden. Zwei von ihnen haben etruskische Inschriften, deren Inhalt durch die dritte klar wurde, auf der ein religiöser Text in punischer Sprache erscheint.

den. Die meisten von ihnen lagen nicht unmittelbar am Meer, sondern etwas landeinwärts. Die einzige große Küstenstadt war Populonia, die Eisen von der Insel Elba bezog. Viele der übrigen Städte waren durch Wege mit den Häfen verbunden, auf deren Schiffsverkehr der Wohlstand Etruriens in so großem Maße beruhte.

Auf die Städte der Etrusker wirkte das Vorbild griechischer Stadtstaaten, die ihnen durch ihren Handel mit den griechischen Kolonien in Süditalien vertraut waren. Jede Stadt herrschte über ihr Umland und schloß gelegentlich Bündnisse mit Nachbarstädten ab. Wie alle antiken Stadtstaaten krankten auch die etruskischen an der Abneigung, sich gegen Feinde fest zusammenzuschließen. Zwölf große Städte, darunter Veji, Tarquinia und Caere (das heutige Cerveteri), vereinigten sich zu einem religiösen Bund, aber dieser Bund entwickelte sich nicht zu einem politischen Zusammenschluß, der in Krisenzeiten Schutz geboten hätte. Religiöse Zwölfstädtebünde gab es auch in der Poebene und in Kampanien.

Geschickte Städteplaner

Die etruskischen Städte hatten Straßen mit gut gebauten rechteckigen Häusern aus sonnengetrockneten Lehmziegeln auf steinernen Fundamenten. Es gab einige eindrucksvolle öffentliche Gebäude, darunter schöne Tempel, die großenteils aus Holz bestanden und vor Witterungseinflüssen durch bunt bemalte Reliefs und Skulpturen aus Ton geschützt wurden.

Wie die Römer nach ihnen waren die Etrusker tüchtige Ingenieure, besonders was die Kanalisation anbetraf. Die Entwässerungsanlagen des Forums in Rom sollen auf einen etruskischen König zurückgehen, und noch heute gibt es Straßeneinschnitte und Dränagetunnel aus jener Zeit in Südetrurien.

Die Stadt Marzabotto bei Bologna hatte eine Reihe breiter, gut gebauter und kanalisierter Straßen, die von Gassen geschnitten wurden, so daß sich eine Reihe von Bauplätzen ergaben, auf denen gut gebaute, geräumige Häuser aus Lehmziegeln standen.

Die Stadtplanung lernten die Römer von den Etruskern. Auch eine Anzahl Regeln für die Gründung und Anlage von Städten übernahmen sie von ihnen. Zunächst mußten Priester durch Beobachtung des Vogelfluges die geeignetste Zeit bestimmen. Waren diese Auspizien günstig, dann markierte der Gründer mit einem von einem Stier und einer jungen Kuh gezogenen Pflug den Verlauf der künftigen Stadtmauer. Kam er an die Stellen, wo Tore vorgesehen waren, so hob er den Pflug an. Auch architektonische Formen übernahmen die Römer von den Etruskern, so die Form des charakteristischen römischen Tempels auf einem hohen Podium, zu dem vorn Stufen hinaufführten.

Die Etrusker bauten ihre Häuser aus Holz und Lehmziegeln, die sich nicht erhalten haben. Doch ihre Gräber waren aus Stein und für die Dauer gebaut. Sehr viel von dem, was man heute über dieses rätselhafte Volk weiß, stammt aus den ausgegrabenen kunstvoll geschmückten Gräbern der großen Totenstädte Etruriens. Es gibt Kuppelgräber unter Erdhügeln in Populonia, große Grabhügel mit vielen einzelnen Grabkammern in Caere und reich bemalte Gräber in Tarquinia. Ein Friedhof bei Orvieto hat sogar ein Straßennetz mit daran liegenden Gräbern, die wie Häuser angeordnet sind. Einige der Grabkammern von Caere scheinen das Innere etruskischer Häuser nachzuahmen, und in einem Grab sind die architektonischen Details kunstvoll ausgebildet. Die Wände vieler Gräber sind mit Fresken bunt bemalt, die festlich-fröhliche Szenen darstellen, wohl zur Erinnerung an irdische Freuden und in der Hoffnung auf kommende. Diese lebhaften Wandmalereien gehören zu den schönsten Beispielen etruskischer Kunst.

Schmuck und Gegenstände aus Elfenbein und Edelmetallen, die sich in den frühen Gräbern fanden, stammen aus der gesamten Mittelmeerwelt. Die Etrusker umgaben sich im Leben wie im Tode gern mit schön gearbeiteten Gegenständen. Ihre eigenen Werkstätten waren besonders berühmt für die Qualität ihrer bronzenen Leuchter, Spiegel und ähnlicher Dinge des täglichen Bedarfs.

In jedem Kunstzweig, besonders jedoch bei den lebhaften, farbenprächtigen Wandmalereien, läßt sich griechischer Einfluß erkennen. Die früheste etruskische Kunst beruhte auf griechischen geometrischen Mustern zu Dekorationszwecken. Auf diese Phase folgte, wie in Griechenland, eine Zeit der Beeinflussung durch orientalische Motive.

Nicht nur die Malerei, auch Keramik, Schmuck und Bronzearbeiten zeigen starke griechische Züge. Trotzdem war die etruskische Kunst durchaus eigenständig. Unter den typisch etruskischen großen Terrakottaskulpturen gibt es Meisterwerke wie den Apollo von Veji.

Zukunftsdeutung

Die Etrusker verehrten viele Götter aus verschiedenen Ländern; interessant an ihrer Religion ist jedoch vor allem die Art der Ausübung. Erfahrene Priester behaupteten nämlich, dank ihrer rituellen Praktiken in der Lage zu sein, den Schleier zu heben, der die Zukunft verhüllt, und den Willen der Götter zu erkennen.

Die Priester beobachteten dazu Zeichen wie Blitz und Vogelflug und betrieben Eingeweideschau, insbesondere meinten sie aus der Leber von Opfertieren wahrsagen zu können. Nach der Überlieferung war die Deutungskunst in alter Zeit den etruskischen Königen von göttlichen Wesen beigebracht worden. Die Deutungen waren in einer Reihe ritueller Bücher niedergelegt.

Jedes wichtige Lebensereignis unterlag religiösen Riten, von denen die Etrusker geradezu sklavisch abhängig waren. Viele dieser Riten übernahmen die Römer, bei denen sie Teil des öffentlichen Lebens wurden. Eine weitere Sitte, die die Etrusker an die Römer weitergaben, waren die bei Totenfeiern üblichen Spiele. Sie hatten ihren Ursprung in Griechenland, doch statt der athletischen Wettkämpfe freier Griechen ließen die Etrusker trainierte Gladiatoren auftreten und bis zum tödlichen Ausgang kämpfen. Daraus entwickelten sich die blutigen Spiele, für die in späterer Zeit die Römer ihre gewaltigen Amphitheater bauten.

Daß sich die Etrusker religiösen Dingen mit Eifer hingaben, wird auch durch erhaltene Texte in ihrer Sprache bestätigt. Der längste vorhandene Text – auf einer Leinwandrolle – ist ein Opferkalender. Ein weiterer Opferkalender steht auf einer Tontafel aus Capua. Die sonderbare, spiralig angeordnete Inschrift auf einer bleiernen Schmuckplatte aus Magliano enthält anscheinend ebenfalls einen religiösen Text. Diese Inschriften gehören zu den sehr seltenen längeren etruskischen Texten, die noch erhalten blieben. Alles übrige sind kurze Inschriften in Gräbern oder einige wenige Worte auf der für die Etrusker charakteristischen feinen grauen oder schwarzen Keramik, die als Bucchero bekannt ist.

Das etruskische Alphabet geht auf ein griechisches zurück, ist aber so abgewandelt, daß dem Etruskischen eigentümliche Laute damit ausgedrückt werden konnten. Die Ursprünge der etruskischen Sprache sind jedoch unbekannt. Bis heute sind unsere Kenntnisse der etruskischen Grammatik und des Vokabulars sehr spärlich. Noch immer wartet man auf den Fund einer längeren, zweisprachigen Inschrift, nach der diese Sprache entschlüsselt werden könnte.

In welchem Umfang die Schriftsprache in Etrurien benutzt wurde, ist unbekannt, doch gab es römischen Quellen zufolge viele religiöse und einige geschichtliche Bücher in etruskischer Sprache. Soviel man weiß, gab es keine Dichtung.

Der Niedergang der Etrusker

Die Macht der Etrusker beruhte auf der erfolgreichen Nutzung von Landwirtschaft und Bodenschätzen und einem blühenden Handel und stützte sich auf eine Seemacht, die Rivalen die Stirn bieten konnte. Durch ihre Ausbreitung nach Norden war es den Etruskern möglich, den griechischen Handel in der Adria zu überflügeln, während sie in Süditalien die fruchtbaren Gefilde Kampaniens beherrschten.

Zu Anfang des 5. Jahrhunderts v. Chr. begannen die Feinde Etruriens die Oberhand zu gewinnen. Um 500 v. Chr. ging Rom verloren, und 474 v. Chr. erlitten die Etrusker eine vernichtende Niederlage in der Seeschlacht von Cumae gegen die Syrakuser. Von da an waren die Etrusker den Einfällen gallischer Plünderer ausgeliefert, und ihre Macht zu Lande verfiel.

Die festlichen Szenen in den frühen Gräbern der Etrusker wichen im 4. Jahrhundert v. Chr. düsteren Darstellungen von Dämonen der Unterwelt und gewaltsamen Todesarten und Zerstörungen. Diese Veränderung wird wohl die zunehmende Hoffnungslosigkeit der Bevölkerung angesichts einer Reihe militärischer und politischer Katastrophen widerspiegeln.

Nach dem Fall von Veji begannen die Römer, weitere etruskische Gebiete zu unterwerfen, und um 200 v. Chr. hatte die etruskische Unabhängigkeit ein Ende. Doch der Einfluß der Etrusker lebte fort in den Sitten der erobernden Römer. Und indem sie griechisches Gedankengut und griechische Kultur auf ihre Weise umprägten und so den Römern weitergaben, haben sie auch der europäischen Kultur ihren Stempel aufgedrückt.

FREUDE AUCH IM JENSEITS

Die Etrusker sahen den Tod als Tor zu einem neuen Dasein an, in dem sie den gleichen Vergnügungen nachgehen würden wie im Diesseits. Die Gräber in ihren Totenstädten wurden mit großer Kunstfertigkeit gebaut und ausgestattet. Tonskulpturen auf den Aschenkisten oder Sarkophagen zeigen die Toten bei alltäglichen Verrichtungen, und um sie herum wurden irdische Besitztümer aufgehäuft, damit die Verstorbenen im Jenseits sich ihrer bedienen könnten.

IM TODE VEREINT *Die Tonskulptur auf dem Deckel eines in Caere (heute Cerveteri) gefundenen Sarges zeigt ein offenbar glückliches Ehepaar auf einem Ruhebett. Solche Szenen gemeinsamen Schmausens von Männern und Frauen – eine die alten Griechen schockierende Sitte – sind in der etruskischen Kunst häufig. Die ausgestreckten Hände mögen eine Opferschale mit einem Trankopfer für die Götter gehalten haben.*

ASCHENURNEN *Die Begräbnissitten wechselten von Stadt zu Stadt im alten Etrurien. So hielt sich in Chiusi die ältere Sitte der Totenverbrennung länger als anderswo. Gewöhnlich wurde dabei die Asche in Kanopen, einem aus Ägypten stammenden Urnentyp, beigesetzt. Bei den frühesten Urnen stand einfach eine Bronzemaske auf dem Deckel. Später wurde der Urnendeckel jedoch in Form eines Menschenkopfes gestaltet und die Urne als Körper. In Volterra setzte man die Asche in kleinen Alabasterkästen bei, die mit Reliefs festlicher Szenen geschmückt waren.*

EIN HAUS FÜR DIE ASCHE *Einige Aschenurnen waren tönerne Nachbildungen von Hütten aus lehmbeworfenem Flechtwerk, von denen sich in Rom Fundamente erhielten.*

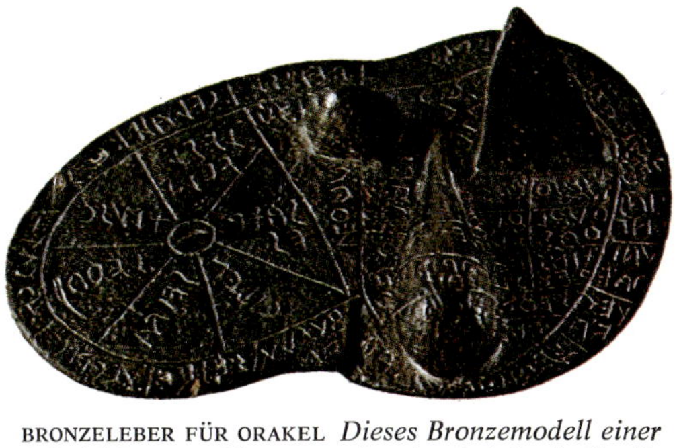

BRONZELEBER FÜR ORAKEL *Dieses Bronzemodell einer Schafsleber aus Piacenza, eine Art Lehrbuch für die Haruspices, die etruskischen Zeichendeuter, ist in Abschnitte eingeteilt, von denen jeder den Namen einer Hauptgottheit und einiger niederer Götter enthält. Mit diesem Lebermodell als Schlüssel konnte der Haruspex den Willen eines bestimmten Gottes daraus ersehen, in welchem Zustand sich der entsprechende Teil eines Opfertieres befand. Auch nach dem Vogelflug sagten die Priester die Zukunft voraus.*

Rom drückt der Welt seinen Stempel auf

753 v. Chr.–476 n. Chr.

Das von römischen Legionen vor 2000 Jahren eroberte Imperium hat unauslöschliche Spuren in den Sprachen, Gesetzen und Sitten der Welt hinterlassen

Fast 500 Jahre lang hat Rom die antike Welt beherrscht. Auf dem Höhepunkt seiner Machtentfaltung erstreckte sich das Römische Reich von der Küste des Atlantiks bis zum Kaspisee und von den nebligen Wäldern Britanniens bis zu den sonnendurchglühten Wüsten Nordafrikas und Arabiens. Noch heute, 1500 Jahre nach dem Zusammenbruch dieses Imperiums, finden sich seine Spuren – großartige Reste von Aquädukten, pfeilgeraden Straßen und von säulenumgebenen, ehemals mächtigen Bauten – überall in diesem weiten Gebiet.

Als die Römer das antike Griechenland eroberten, machten sie sich das Beste der griechischen Kultur zu eigen und gaben später dieses Erbe, bereichert um römisches Recht und römische Zweckbaukunst, an das Abendland weiter.

Dieses gewaltige Reich – das ist das Erstaunlichste daran – war der Kraft und Entschlossenheit einer einzigen Stadt zu verdanken. Nach der Überlieferung wurde Rom 753 v. Chr. auf sieben Hügeln am Tiberufer begründet. Es sollten jedoch 700 Jahre vergehen, ehe die Stadt zum Zentrum des bis dahin größten Imperiums wurde, das zur Zeit seiner größten Ausdehnung etwa 100 Millionen Einwohner hatte. Der Ruhm des späteren Weltreichs verdunkelt Roms Errungenschaften als aufstrebende Republik. Und doch entwickelten die Römer bei der Bewältigung der Notlagen und Aufgaben jener frühen Zeit die Fähigkeiten, mit denen sie sich später zu Beherrschern eines großen Teiles der zivilisierten Welt aufschwangen.

Die Vorfahren der Römer waren Bauern gewesen, die um etwa 1000 v. Chr. von Mitteleuropa aus nach Italien vorstießen. Eine Gruppe von Einwanderern, die Latiner, setzten sich in der nach ihnen benannten Ebene von Latium am Südufer des Tibers fest. An einem guten Übergang über den Fluß, wo sich eine Insel im Flußlauf befand, erbauten sie eine Brücke, und ein Handelsplatz entstand – die Keimzelle Roms.

Die Römer einer späteren Zeit sahen sich als Abkömmlinge eines heldischen Volkes.

DAS RÖMISCHE REICH
117 N. CHR.

Ein kleiner Stadtstaat am Tiber stieg zum Mittelpunkt eines Weltreichs auf, das sich zeitweise über 5 Millionen Quadratkilometer erstreckte.

ZENTRUM EINES WELTREICHS

Vom Kapitol blickt der 509 v. Chr. gegründete Jupitertempel auf das Forum herab, das hier 700 Jahre später, zur Zeit der größten Machtentfaltung der Stadt, dargestellt ist. Rund um diesen Platz mit seinen Statuen und Triumphbögen wurden die Regierungsgeschäfte erledigt.

Nur einer einzigen Gruppe von Soldaten, den Prätorianern (rechts), war der Zutritt zur Stadt erlaubt. Diese kaiserliche Leibgarde hatte bald die Macht, Kaiser zu stürzen und zu erheben.

Nach ihrer Überlieferung war Rom von Romulus gegründet worden, der damit einem Auftrag nachkam, den die Götter seinem Vorfahren Aeneas nach dem Fall von Troja erteilt hatten. Die wirklichen Ursprünge der Stadt waren eher bescheiden. Anfänglich hatten sich einige Häuser am Ufer neben der Tiberbrücke zusammengedrängt, andere lagen verstreut an den Hängen der nahen Hügel. Auf der felsigen Kuppe des Kapitols, des höchsten und steilsten der sieben Hügel, wurden Tempel gebaut, deren Befestigungen auch als Fluchtburg dienen konnten.

Der erste Pontifex

Die frühen Römer waren weder besonders kriegerische noch besonders wohlhabende Leute. Zunächst konnten sie sich keineswegs mit den Bewohnern der reichen etruskischen Städte im Norden messen. Mit der Tiberbrücke hielt Rom jedoch einen Trumpf in der Hand, denn diese bildete ein notwendiges Glied auf einer wichtigen Handelsstraße, die von den Etruskern zu den griechischen Kolonien in Süditalien und Sizilien verlief. Die Römer befanden sich damit in einer beneidenswerten Lage und lernten auch bald, auf gefährliche Bündnisse und Gruppierungen konkurrierender Städte zu achten. Heute künden von diesen Ursprüngen Roms nur noch einige Spuren primitiver Hütten. Die Wichtigkeit der Tiberbrücke in jenen Tagen hat dazu geführt, daß der höchste Priester Roms *Pontifex maximus* (= oberster Brückenbauer) genannt wurde, ein Titel, den nach dem Zusammenbruch des römischen Imperiums der Papst übernahm und noch heute trägt.

Fast ein Jahrhundert lang herrschten in Rom eine Reihe etruskischer Fürsten als Könige. Doch im Jahre 509 v. Chr. verjagten die Römer ihre Herrscher und gaben sich eine republikanische Regierungsform, die vorsah, daß niemand zu mächtig und damit zu einer Gefahr für die Gemeinschaft werden konnte. Zwei Konsuln von gleichem Rang wurden von den Bürgern gewählt, und zwar jeweils auf nur ein Jahr. Der eine mußte mit dem Bürgerheer in den Krieg ziehen, falls Rom Gefahr drohte, der andere verwaltete die Stadt. Auch andere Verwaltungsposten wurden mit zwei oder mehr gewählten Beamten besetzt, die nach einem Jahr abgelöst wurden. Dieses System beschnitt allzu großen persönlichen Ehrgeiz, ermutigte aber andererseits mehr Menschen dazu, sich aktiv um die Angelegenheiten ihrer Stadt zu kümmern.

Die freien Bürger Roms zerfielen in zwei Gruppen. Die sogenannten Patrizier bildeten die Aristokratie, und sie allein durften die so ungeheuer wichtigen religiösen Riten vollziehen. Knaben aus Patrizierfamilien wußten, daß sie später öffentliche Ämter und damit Verantwortung übernehmen würden. Alle ehemaligen Amtsinhaber hatten als Mitglieder des Senats weiterhin großen politischen Einfluß.

Die Plebejer, also die Masse der Bürger, waren von öffentlichen Ämtern bis zum 5. Jahrhundert v. Chr. ausgeschlossen, als sie sich das Recht erkämpften, ihre eigenen Vertreter zu wählen. Ihre Beamten, die *Tribunen,* konnten jede öffentliche Maßnahme verhindern, indem sie »veto!« (ich verbiete!) riefen. Die Sklaven, sozusagen eine dritte Klasse, waren der Herkunft nach meist Kriegsgefangene. Ihre Zahl nahm im Laufe der römischen Geschichte immer mehr zu.

Der Zusammenstoß mit Karthago

Die übrigen Latiner und andere Stämme in Mittelitalien erkannten Roms Vormachtstellung nach manchen Auseinandersetzungen an. Im Laufe des 4. Jahrhunderts v. Chr. hatten die Römer die Etrusker, dann die Samniten besiegt, eine Reihe von Vasallenstaaten begründet und mit möglichen Rivalen Bündnisse geschlossen. Der wachsende Handel mit landwirtschaftlichen Erzeugnissen, Lederwaren und anderen Produkten führte zu Kontakten mit entfernteren Regionen, was wiederum zu neuen Rivalitäten um noch höhere Gewinne führte. Auf diese Weise wuchs Rom allmählich über seine Vormachtstellung in Italien hinaus. Hatte es sich früher Rivalen in Italien, wie den Etruskern, Kelten, Sabinern und Samniten, gegenüber durchgesetzt, stieß Rom nun in Sizilien auf eine andere Großmacht, nämlich auf Karthago, eine reiche Handelsstadt im heutigen Tunesien, die eigene Kolonien besaß und eine große Flotte ihr eigen nannte.

Der erste der drei Punischen Kriege – die Römer nannten die Karthager Punier (Poeni = Phöniker) – begann 264 v. Chr. und endete 241 v. Chr. für Karthago damit, daß es seine Besitzungen in Sizilien an Rom verlor. Im 2. Punischen Kriege (218–201 v. Chr.) schien es zuzeiten, als hätten die Römer ihren Meister gefunden. Vierzehn Jahre lang durchzog der karthagische Feldherr Hannibal Italien kreuz und quer, nachdem er die Pyrenäen und die Alpen mit seinen Elefanten überschritten hatte. Doch am Ende trugen die Römer den Krieg nach Afrika hinein und griffen nun ihrerseits die Stadt Karthago an. Hannibal wurde zur Verteidigung zurückgerufen und bei Zama im Jahre 202 v. Chr. von dem römischen Feldherrn Scipio geschlagen. Nun waren auch die Karthager Vasallen Roms. Sie erschienen den Römern jedoch noch als Handelskonkurrenten gefährlich. So kehrten römische Legionen 146 v. Chr. nach Afrika zurück, nahmen Karthago ein und zerstörten es völlig.

Alexanders Nachfolger besiegt

Die Punischen Kriege lehrten die Römer, seetüchtige Schiffe zu bauen und sie im Seekrieg einzusetzen. Damit waren sie in der Lage, Streitkräfte nach Afrika, Spanien, Griechenland und in den Nahen Osten zu entsenden. Sie besiegten die Makedonier im Norden Griechenlands – ein Volk, dessen Ansehen als Militärmacht in der antiken Welt seit Alexanders Eroberungszügen sehr groß war. Ein Staat nach dem anderen mußte die römische Oberhoheit anerkennen und sich zu für Rom günstigen Verträgen bequemen. Im Jahre 133 v. Chr. vermachte Attalos III., der letzte König von Pergamon in Kleinasien, sein Reich dem römischen Volk. Um 50 v. Chr. war das Mittelmeer zu einem römischen Binnenmeer geworden. Julius Cäsar hatte inzwischen den größten Teil Galliens erobert.

IN DREI JAHRHUNDERTEN UNTERWIRFT SICH ROM DIE ANTIKE WELT

Um 201 v. Chr., nach dem 2. Punischen Krieg, gehörten Sizilien, Sardinien, Korsika und Südspanien zum römischen Imperium. Danach wandten sich die Römer nach Osten, eroberten jenseits der Adria Teile von Illyrien und faßten Fuß in Asien. Makedonien und Stücke von Griechenland wurden als nächstes unterworfen; nach der Zerstörung Karthagos 146 v. Chr. annektierte Rom dessen afrikanische Besitzungen. Bei Cäsars Tod im Jahre 44 v. Chr. umfaßte das Reich schon Gallien und fast die gesamte Pyrenäenhalbinsel, Griechenland, große Teile Kleinasiens und die Küstenstriche des Schwarzen Meeres. Während der Regierungszeit von Augustus, der 14 n. Chr. starb, wurden die Reichsgrenzen im Norden bis zur Donau vorgeschoben. Ägypten war Besitz des Kaisers geworden. Seine größte Ausdehnung hatte das Reich beim Tode Trajans im Jahre 117. Britannien war besetzt, Dakien unterworfen, und die östlichen Grenzen des Römischen Reiches verliefen vom Kaspisee zum Persischen Golf.

Aber der Erfolg außerhalb Italiens führte zu inneren Unruhen. Die römische Armee, die in alten Zeiten die Nachbarn in Italien bekämpft hatte, war eine Armee aus Bürgern und Bauern, die zur Erntezeit nach Hause zurückkehrten. In den Kriegen gegen Karthago und Makedonien mußten die Soldaten jedoch jahrelang im Felde stehen. Schließlich wurde die Bürgerarmee durch Berufssoldaten ersetzt, die demjenigen Feldherrn folgten, der Sieg und Beute versprach. So kam es, daß die Macht in Rom nicht mehr von den Entscheidungen des Senats abhing, sondern davon, wer die Truppen hinter sich hatte. Ehrgeiz konnte sich nun des Schwertes bedienen, und wenn die Interessen zweier militärischer Führer aufeinanderprallten, gab es Bürgerkrieg.

Julius Cäsar, hinter dem nach der Eroberung Galliens eine schlagkräftige Armee stand, war bereit, die Macht im Staate zu übernehmen, während sein Gegner Pompejus auf seiten der Senatsregierung stand. Im Jahre 49 v. Chr. überschritt Cäsar den Rubikon, den Grenzfluß zwischen seinen Provinzen und Italien, und marschierte gegen Pompejus, der sich in Rom befand. Sowohl Cäsar als auch Pompejus konnten sich auf die Loyalität und Entschlossenheit ihrer Truppen verlassen, und der nun folgende Bürgerkrieg wurde mit Erbitterung auf einem Schlachtfeld ausgefochten, das Spanien, Nordafrika, Griechenland und Kleinasien umfaßte. Die erste Kriegsphase endete 48 v. Chr., als Pompejus bei Pharsalos in Griechenland geschlagen wurde. Er floh nach Ägypten und starb dort von Mörderhand.

Der Sturz der Republik

Roms überliefertes Regierungssystem – ursprünglich auf die Bedürfnisse einer kleinen Stadt zugeschnitten – hatte sich trotz mancher Änderungen als zu schwerfällig für die Verwaltung des großen und komplizierten Imperiums erwiesen, dessen Mittelpunkt es nun bildete. Der selbstbewußte und weitblickende Cäsar setzte sich über die traditionellen republikanischen Methoden hinweg, um die Länder und Städte nach seiner Weise als Diktator zu regieren.

Cäsars Herrschaft mußte unausweichlich Gegner auf den Plan bringen. Die Opposition verschwor sich gegen ihn, und 44 v. Chr. ermordeten Brutus und seine Helfershelfer den Diktator. Die Meuchelmörder wurden ihrerseits von Marcus Antonius geschlagen, der die Macht nach Cäsars Tode an sich riß. Durch Cäsar war ein Prozeß in Gang gekommen, den niemand mehr aufhalten konnte. Um erfolgreich regieren zu können, mußten die Römer auf einige ihrer politischen Freiheiten endgültig verzichten.

Weitere Rivalitäten entwickelten sich zwischen Antonius und dem jungen Octavian, Cäsars Großneffen, den der Diktator zu seinem Erben eingesetzt hatte. Die Bürgerkriege endeten schließlich mit der Niederlage des Marcus Antonius in der Seeschlacht von Actium an der Westküste Griechenlands im Jahre 31 v. Chr.

Octavians Herrschaft war nunmehr unbestritten. Trotz formeller Wiederherstellung der Republik regierte er als Alleinherrscher. Mit Augustus – diesen Ehrennamen hatte Octavian angenommen – begann die römische Kaiserzeit.

LEGIONÄRE ALS KÄMPFER UND BRÜCKENBAUER

Im Höhepunkt der Machtentfaltung des Reiches verteidigten 30 Legionen seine Grenzen. Jede Legion war eine sich selbst versorgende Einheit aus 3000 bis 6000 Mann, von denen jeder genauso gut Wege bauen und Gräben ausheben wie kämpfen konnte. Besonders geschickt waren die Legionäre im Bau von Pontonbrücken (oben). Solche Pionierarbeiten und ihre Fähigkeit, rund 30 km am Tag zu marschieren, machten die Legionen zu sehr schnellen Verbänden. Cäsar gewann viele Schlachten, indem er seine Feinde mehrere Tage früher erreichte als erwartet. In Gallien wurde ein Aufstand von 250 000 Galliern unter Vercingetorix von nur 25 000 Römern niedergeworfen.

SEEKRIEG *Die Römer waren kein Seefahrervolk, doch im Kampfe mit Karthago lernten sie, Krieg zur See führen. Ihre Haupttaktik bestand darin, ihr Schiff längsseits an das feindliche heranrudern zu lassen, eine Laufplanke hinüberzuwerfen, über die römische Soldaten zum Handgemenge ausschwärmten, in dem sie selten unterlagen. Auf diesem Relief sind die Figuren der Soldaten im Vergleich zur Deckbefestigung übertrieben groß gestaltet. Pompejus setzte die römische Flotte gegen Piraten an den Küsten des Mittelmeeres ein, und mit einer überlegenen Flotte besiegte Octavian in der Seeschlacht von Actium 31 v. Chr. Marcus Antonius.*

RÖMISCHE STANDARTE *Nach jedem Tagesmarsch durch feindliches Gebiet stieß der Aquilifer (Adlerträger) seine Standarte dort in den Boden, wo das befestigte Lager entstehen sollte. Dann vertauschten die Legionäre Schwert und Schild mit Hacke und Schaufel und hoben um ein Quadrat einen breiten Graben aus. Aus dem Aushub wurde ein Wall aufgeschichtet. Eine verlorene Schlacht war noch keine Katastrophe, weil die Truppe vom Lager aus weiteren Widerstand leisten konnte. Jede Legion hatte ihre Standarte, eine vergoldete, bekränzte, hölzerne Stange mit dem Symbol der Legion. In der Schlacht wurden durch Heben und Senken des Feldzeichens den Soldaten Befehle gegeben. Oft standen in der ersten Linie Hilfstruppen, Verbände nichtrömischer Soldaten unter dem Kommando römischer Offiziere. Nur wenn diese versagten, griffen die Legionäre ein, schleuderten ihre Wurfspeere und begannen den Nahkampf mit ihren breiten Kurzschwertern.*

SPORT AM FEIERTAG

Zyniker in Rom behaupteten, die Bevölkerung der Stadt lechze nur nach Brot und Spielen. Die Bedürftigen erhielten Getreide auf Staatskosten, und jede größere römische Stadt besaß ein Amphitheater, wo gewaltige und oft äußerst brutale Spiele veranstaltet wurden, um die Menschen von ihrer Unzufriedenheit abzulenken. Berufsgladiatoren möglichst gleicher Stärke und Geschicklichkeit kämpften miteinander. Der Besiegte entging gelegentlich dem Tode, wenn die Menge seinem Mut Beifall zollte und ihm mit aufgerichtetem Daumen das Leben schenkte. Bei anderen Spielen mußten Gladiatoren, Kriminelle oder auch Christen mit ausgehungerten, wütenden Bestien kämpfen.

ZUM KAMPF GERÜSTET *Gladiatoren wie der* mirmillo *waren mit Helm, Schwert und Schild ausgerüstet.*

KÄMPFENDER FISCHER *Manche Gladiatoren trugen bizarre Waffen. Der* retiarius *benutzte den Dreizack der Thunfischer.*

Der Unterschied zwischen den letzten Tagen der Republik und der neuen Zeit, die mit dem Triumph des Augustus begann, spiegelt sich in den Werken zweier großer römischer Schriftsteller, Ciceros und Vergils, wider.

Cicero gehörte dem republikanischen Rom an, er war Anwalt und Senator, wurde 63 v. Chr. Konsul und später Statthalter von Kilikien. Seine Reden und philosophischen Schriften haben zu allen Zeiten als Musterbeispiele einer klaren und eleganten lateinischen Prosa gegolten. Cicero durchlebte die Bürgerkriege und versuchte in seinen Schriften und Reden, seinen Mitbürgern nicht nur die traditionellen republikanischen Tugenden wie Redlichkeit, Treue und Pflichterfüllung nahezubringen, sondern auch eine tolerante Menschlichkeit. Für das neue Rom war er jedoch zu freimütig in seinen Ansichten. Durch sein öffentliches Auftreten gegen Marcus Antonius zog er sich dessen Haß zu, wurde geächtet und ermordet.

Vergil, ein patriotischer Dichter

Vergil hingegen ist der Dichter des imperialen Zeitalters des Augustus. In den Zeiten, als Reichtum aus dem weiten Imperium in sein Zentrum zu strömen begann, änderte sich der Charakter Roms. Die traditionellen Lebensanschauungen wurden durch den Kontakt mit der übrigen Welt mehr und mehr aufgegeben. Augustus versuchte dem entgegenzuwirken, indem er die Römer an ihre Tradition erinnerte und ihren Stolz darauf zu stärken trachtete. Die Schriftsteller Vergil, Livius und Horaz halfen dem Kaiser dabei, römischen Patriotismus zu entfachen.

Vergils *Aeneis,* die bekannteste aller lateinischen Dichtungen, führt die Familie des Augustus auf Aeneas zurück, der mit seinen Anhängern durch göttliche Fügung von Troja nach Italien gelangte. Dieses Nationalepos läßt die ganze römische Geschichte als von den Göttern vorherbestimmt erscheinen.

Die ersten Kaiser erhielten den Anschein einer republikanischen Regierungsform aufrecht – noch immer wurden jährlich zwei Konsuln gewählt, und der Senat war weiterhin formell Quelle der Macht. Während des ersten Jahrhunderts n. Chr. übernahmen die Kaiser mit ihren Vertrauten mehr und mehr die Regierungsgeschäfte und kümmerten sich immer weniger um die Interessen der Regierten.

Ständige Furcht vor Verrat machte die Kaiser krankhaft argwöhnisch und zunehmend autokratischer, und ihre überragende Machtstellung führte oft genug zu Exzessen. So ließ Caligula sein Pferd zum Konsul wählen, und Nero soll nicht nur die Christenverfolgungen in Gang gesetzt, sondern auch den Brand von Rom im Jahre 64 n. Chr. zu seiner Unterhaltung selbst angelegt haben.

Solche Erzählungen können wohl Übertreibungen der Schriftsteller gewesen sein. Bestehen bleibt, daß das Amt des Kaisers oft als Preis für einen Palastmord oder, schlimmer noch, einen Bürgerkrieg winkte. Im Jahre 69 n. Chr. gelangten nacheinander drei Kaiser – Galba, Otho und Vitellius – blutig zur Macht und wurden ebenso blutig gestürzt.

Vier große Kaiser

Es dauerte bis zum 2. Jahrhundert, ehe sich Vorteile der kaiserlichen Herrschaft zeigten und das Römische Reich in eine Phase der Stabilität und des Wohlstandes unter vier großen Kaisern eintrat. Trajan (98–117), ein tüchtiger Feldherr und Administrator, kam aus Spanien, wie auch sein Nachfolger Hadrian (117–138). Unter Hadrians Herrschaft entwickelte sich die römische Architektur zur höchsten Blüte. Antoninus Pius regierte Rom 138–161 mit freundlicher Festigkeit. Mark Aurel (161–180) schließlich war als Kaiser ebenso berühmt wie als Schriftsteller und Philosoph. Die Politik dieser vier Kaiser war darauf gerichtet, dem Reich sichere Grenzen zu verschaffen. Kraftvolle Feldzüge wurden gegen Grenzstämme geführt und Grenzbefestigungen geschaffen wie der Hadrianswall in Britannien oder ausgebaut wie der Limes in Germanien.

Innerhalb dieses Schutzwalles herrschte bei den meisten eine solche Zufriedenheit, daß niemand an Auflehnung dachte. Jenseits der Grenze lauerte jedoch stets Gefahr. Daher wurden 30 Legionen des römischen Heeres an strategischen Punkten längs der Grenzlinie stationiert. Außer den Legionen gehörten zum römischen Heer auch noch in den Provinzen rekrutierte Hilfstruppen, die mit den ihnen vertrauten Waffen kämpften. Hin und wieder kam es zu Niederlagen, im ganzen waren jedoch die Feinde der Römer allzu unkoordinierte Haufen, als daß sie es mit der Disziplin und Kampfkraft der Legionen hätten aufnehmen können.

Friede den Höfen und dem Handel

Die meisten Menschen innerhalb der Reichsgrenzen lebten auf dem Lande und bestellten den Boden, ernteten oder züchteten Vieh nach Methoden, die schon ihre Vorväter angewendet hatten. Ihnen verschaffte die römische Herrschaft eine Periode relativen Friedens, die *Pax Romana,* während der sie unbelästigt ihrer Arbeit nachgehen konnten. Für die Menschen in der Stadt bedeutete der Frieden, daß die von ihnen gekauften Waren in größerer Auswahl zu haben waren. Ein britischer Landbesitzer von mäßigem Wohlstand konnte durchaus griechischen Inselwein aus einem syrischen Glase trinken und dazu Austern von Colchester auf silbernem Tafelgeschirr servieren lassen, das er aus Südfrankreich bezogen hatte.

Dieses Handelsnetz hielt dank den von den Römern gegründeten Städten zusammen. Manche Stadt war als Kolonie für Kriegsveteranen gegründet, manche als Zentrum der örtlichen Zivilverwaltung geplant worden. Sie bestand vielleicht nur aus einigen bescheidenen Ziegelhäusern, die mit Kopfsteinen gepflasterte Straßen säumten, wie in Verulamium (St. Albans) im rückständigen Britannien. Es konnte sich aber auch um eine Stadt mit Marmorkolonnaden und sorgfältig gepflasterten Boulevards handeln, wie Timgad in Algerien. In beiden Fällen war das Straßennetz so angelegt, daß sich die Straßen rechtwinklig schnitten.

Die meisten Städte umgaben hohe, von vier Haupttoren durchbrochene Mauern. Im Herzen jeder Stadt befand sich das Forum – ein weiter offener Platz, auf dem sich die Bürger allmorgendlich trafen, um ihre Geschäfte abzuwickeln. Dort lagen die Gerichtssäle und die Amtsstuben der Behörden. Gewöhnlich überragte der Haupttempel der Stadt das Forum. Es diente auch als Marktplatz, und die angrenzenden Straßen waren von Geschäften gesäumt. Die Besitzer lebten über ihren Läden oder, wenn sie wohlhabend waren, dahinter, etwas abseits vom Lärm der Straße. Einige Städte, wie die Hafenstadt Ostia an der Tibermündung, hatten bis zu sechs Stockwerke hohe Mietshäuser aus Ziegelsteinen.

In Bad und Arena

Der Allgemeinheit standen in allen Städten öffentliche Einrichtungen zur Verfügung,

SCHAUPLATZ DES GEMETZELS *Das riesige Amphitheater von Nîmes wurde etwa 50 n. Chr. erbaut. Es ist rund 80 m lang und bot 25 000 Zuschauern Platz. Im Römischen Reich baute man Amphitheater, um die Bewohner der Provinzen durch Prachtentfaltung und gewalttätige Spiele zu beeindrucken. Das Vorbild aller Arenen war das Kolosseum in Rom, das 50 000 Menschen faßte. Die Spiele dauerten den ganzen Tag über. Da die Kaiser immer mehr Anlässe zum Feiern erfanden, waren bald mehr als die Hälfte der Tage des römischen Jahres Festtage.*

TREIBJAGD FÜR DIE ARENA *Wilde Tiere mußten in großem Maße in römischen Arenen zur Unterhaltung herhalten. Löwen, Tiger und Leoparden wurden gegen Gladiatoren losgelassen. Aneinandergefesselte Stiere und Bären zerfleischten sich gegenseitig. Mitunter wurden 5000 Tiere an einem einzigen Tage getötet. Um mit dem Bedarf Schritt zu halten, mußten die Provinzstatthalter oft Jagden abhalten. Dieses Mosaik aus Nordafrika zeigt Treiber zu Fuß und zu Pferde, die, mit Wurfspeeren bewaffnet, Tiere in ein Netz treiben. Diese Tiere wurden dann in Kisten nach Rom und anderen Städten des Weltreichs versandt.*

unter denen besonders die Thermen hervorragten. Wie das Forum den morgendlichen Geschäften diente, so waren die öffentlichen Bäder Treffpunkte am Nachmittag. In dem prachtvoll ausgestatteten Frigidarium oder Kaltbad hielten sich die Bürger stundenlang auf, um Geschäfte zu besprechen oder nur zu plaudern.

Baden nach römischer Art war eine langwierige Angelegenheit. Man hielt sich nacheinander in mehreren, jeweils stärker erhitzten Räumen auf, bis man zum Schwitzen kam. Danach pflegte der Badende seinen Körper zu ölen und ihn dann mit dem Striegel, einem gekrümmten Bronzeinstrument, abzuschaben. Die Thermen waren komplizierte Bauten mit geschickt verlegten Wasserleitungs- und Heizungsanlagen.

So anziehend uns die Badekultur erscheint, so scheußlich wirken die Spiele in den Amphitheatern auf uns, wo zur Belustigung des Publikums wilde Tiere erlegt wurden oder Gladiatoren auf Leben und Tod miteinander zu kämpfen hatten. Auch Verbrecher mußten fast unbewaffnet wilden Tieren oder Bewaffneten gegenübertreten, und Kriegsgefangene wurden gezwungen, einander in sorgfältig geplanten Schlachten umzubringen. Diese Belustigungen in der Arena hatten sich aus den Leichenspielen der Etrusker entwickelt, und das Amphitheater gehörte zum Bilde fast jeder Stadt Italiens oder im romanisierten Westen des Reiches. Im griechisch sprechenden Osten fanden sich dagegen die großen Freilichttheater und die Gymnasien, auf denen sich die Jugend körperlich und geistig ausbildete.

Fast allen Städten gemeinsam war der Zirkus, eine etwa 400 m lange, rechteckige Rennbahn, die von Sitzplatzreihen umgeben war. Zwei- oder vierspännig jagten die Wagenlenker um die Bahn, wobei sie an jedem Ende eine Haarnadelkurve nehmen mußten. Unterdessen schlossen die Zuschauer Wetten über den Ausgang ab.

Intimer in seinem Charakter war das Theater. Die populärsten Aufführungen bestanden aus stilisiertem Gebärdenspiel und ballettartigen Darbietungen. Das lateinische Wort für einen Schauspieler dieser Art war *pantomimus,* daher unsere Pantomime. Zwar wurden auch richtige Dramen aufgeführt, aber selten die klassischen Tragödien der Griechen. Das römische Theater wollte populär sein und vermied ernste Themen. Man bevorzugte heitere, oft derb komische Stücke wie die Komödien des Plautus und des Terenz, die griechische Stoffe geschickt auf römische Weise umzuformen verstanden.

DIE AENEIS, EIN NATIONALEPOS

Auf dem Mosaik (oben) sitzt Vergil zwischen der tragischen und der epischen Muse und liest aus seinem großen Epos – der Aeneis. Vergil war Bauernsohn, am Stadtleben lag ihm nichts. Indem er die ganze römische Geschichte seit Romulus als Verwirklichung eines göttlichen Planes darstellte, schlug er den Ton an, der die Herzen der Römer zum Klingen brachte.

DER GOTTGLEICHE KAISER *Augustus, Vergils Freund und Gönner, erscheint auf dieser Kamee – wie in der Aeneis – als Nachkomme einer langen Reihe von Helden, eine Darstellung, die Augustus mit zu der Autorität verhalf, die er beim Wiederaufbau des römischen Staates brauchte.*

Vom Sklaven zum Freigelassenen

Die Sklaverei wurde wie in der gesamten antiken Welt auch von den Römern als etwas durchaus Natürliches betrachtet. Um 100 v. Chr. waren mehr als ein Drittel der Bevölkerung Roms Sklaven. Sie besaßen zwar keine Rechte, aber ihre Besitzer sahen meist ein, daß ein wohlgenährter, einigermaßen zufriedener Sklave bessere Arbeit leistete als ein verbitterter. Und so behandelte man die im Haushalt beschäftigten Sklaven im allgemeinen gut. Gebildete Sklaven, etwa griechische Sekretäre, Hauslehrer oder Kindermädchen, wurden oft zu Freunden der Familie. Cicero schrieb sehr freundschaftliche Briefe an Marcus Tullius Tiro, seinen Sekretär und einstigen Sklaven, der später eine Lebensbeschreibung Ciceros verfaßte.

Weniger gut, ja oft erbärmlich, ging es den Sklaven auf den großen Landgütern und in den gewerblichen Großbetrieben, denn da fehlte der Kontakt zwischen Sklaven und Sklavenbesitzer.

Während solche Sklaven kaum die Möglichkeit hatten, die Freiheit zu erlangen, konnten Haussklaven beim Tode ihres Herrn oder ihrer Herrin mit der Freilassung rechnen. Sie wurden dann zu Freigelassenen und durften Berufe ergreifen, die ihnen bis dahin verwehrt waren. Gleichzeitig hatte der Freigelassene der Familie seines früheren Herrn gegenüber bestimmte Pflichten, während von dieser erwartet wurde, daß sie sich um sein weiteres Wohlergehen kümmerte.

Respekt vor dem Patron

Dieses Verhältnis zwischen Patron und Klient, seinem Schutzbefohlenen, kennzeichnete ganz allgemein den Aufbau der römischen Gesellschaft. Jeder hatte seinen Patron in der nächsthöheren Gesellschaftsklasse bis hinauf zum Kaiser. Vom Klienten wurde erwartet, daß er dem Hause des Patrons fast allmorgendlich eine Höflichkeitsvisite abstattete, wobei er im Falle der Not mit einem Geldgeschenk oder Nahrungsmitteln rechnen durfte. Der Patron seinerseits sah sich dem gleichen Zwange ausgesetzt, und so waren morgens in Rom die Straßen voller Leute, die ihren Höflichkeitsverpflichtungen nachkamen. Ein Klient in gehobener Stellung erwartete natürlich kein Geld von seinem Patron, sondern beispielsweise Hilfe in geschäftlichen Dingen, Protektion für einen Verwandten, der Offizier werden wollte, oder ähnliches.

Ein Freigelassener, der es zu etwas gebracht hatte, war im allgemeinen verpflichtet, für den Grabstein seines früheren Herrn aufzukommen, um so in bleibender Form seine Hochachtung zu bezeigen. Ein solcher Gedenkstein war den Römern außerordentlich wichtig, denn sie fürchteten, nach ihrem Tode vergessen zu werden. Sie glaubten, die Seele des Toten wandere in der Unterwelt umher und nähre sich einzig von der guten Erinnerung, die der Tote im Gedächtnis der Lebenden hinterlassen hatte.

Götter für alle Gelegenheiten

Die Religionsausübung der Römer war nicht so sehr eine Sache des persönlichen Gewissens als vielmehr ein Staatsakt – ein Ritual, das von den Priestern für das Volk vorgenommen wurde, ohne daß das Volk Anteil daran hatte. Die meisten römischen Städte besaßen mehrere Tempel. Sie waren Göttern und Göttinnen geweiht, die verschiedene abstrakte Vorstellungen verkörperten: so war Vesta für den Herd da, Mars für militärische Dinge. Diesen Göttern konnte man, wenn nötig, neue hinzugesellen.

Der blutige Opferkult war von den Etruskern übernommen worden, die als Lehrmeister in Fragen des Kultus und der Zukunftsschau galten. Bei der öffentlichen Darbietung eines großen Opfers stieg der amtierende Priester, das Haupt mit einem Zipfel seiner Toga bedeckt, zum Altar vor den Tempelstufen hinauf, während das Volk ihm schweigend zusah. Dann mußte er die der Gelegenheit entsprechenden Worte des Rituals ohne die kleinste Abweichung rezitieren; versprach er sich, mußte er von neuem beginnen.

Ein Stier, eine Sau oder eine Henne wurde dann geschlachtet, das Blut aufgefangen und dem Gott dargebracht. Danach fand die Eingeweideschau statt, um festzustellen, ob das Tier sich auch im besten Zustand befunden hatte, sonst wäre das Opfer nämlich wirkungslos gewesen und hätte wiederholt werden müssen. War alles vorschriftsmäßig durchgeführt, so konnte man damit rechnen, die Aufmerksamkeit des Gottes erweckt zu haben, der dann aller Wahrscheinlichkeit nach seinen Einfluß zugunsten des Opfernden geltend machen würde.

Bis zum 2. Jahrhundert waren auch schon viele fremde Religionen aus verschiedenen Teilen des Reiches durch Händler und Soldaten in Rom eingeführt worden. Die meisten von ihnen zogen die Menschen an, weil sie Geheimnisse vermittelten, die nur den Eingeweihten bekannt waren, und weil sie zur intensiven Gruppenbildung führten – Elemente, die der römischen Staatsreligion fehlten. So fühlten sich die Soldaten zum persischen Mithraskult hingezogen, weil der Kampf darin zu einer männlichen Tugend erhoben war. Das Christentum wiederum verhieß den Unterprivilegierten ein demokratisches jenseitiges Leben und zog deshalb in seinen Anfängen ganz besonders Sklaven und Frauen an.

Verehrung des Kaisers

Wem die orientalische Mystik besonders lag, der konnte sich an den hellenistisch-ägyptischen Kult der Muttergöttin Isis und ihres Gemahls Serapis halten, während diejenigen, die Erleuchtung im Rausch suchten, sich den rasenden Tänzen der bacchantischen Riten hingeben konnten.

In den entlegeneren Provinzen hielten sich örtliche Kulte. Alle Kulte wurden von den Behörden geduldet, solange an den festgesetzten Festtagen die offiziellen Opfer für den Kaiser dargebracht wurden, denn damit bekundete man seine Loyalität Rom gegenüber. Die Verweigerung dieses Opfers durch die Christen machte das Christentum zur einzigen Religion, die von Rom drei Jahrhunderte lang nicht toleriert wurde. Die

HAUSGOTT

Jeder römische Haushalt hatte seine Hausgötter – die Laren oder Schutzgötter des Hauses und die Penaten oder Gottheiten der Vorratskammer. Kleine Bronzefiguren, wie diese Larenfigur, die einst ein Trinkgefäß in der Hand hielt, standen in einem Schrein gleich hinter der Haustür. Jeder, der hinein- oder hinausging, machte eine respektvoll grüßende Bewegung.

STAATSGÖTTER

Die Römer verehrten häufig abstrakte Vorstellungen als Götter und Göttinnen und stellten sie unter griechischem Einfluß als Menschen dar. Die meisten römischen Städte hatten mehrere, verschiedenen Göttern geweihte Tempel, vor denen jeweils die nötigen Opfer dargebracht wurden. Victoria (oben), eine Skulptur von der Ecke eines Triumphbogens in Leptis Magna in Libyen, verkörperte den Sieg. Diana (rechts), auf einem Wandgemälde aus Stabiae, war die Göttin der Wälder, der Jungfräulichkeit und der Sklaven. Die Römer paßten viele griechische Gottheiten ihren Bedürfnissen an: Diana übernahm von der griechischen Jagdgöttin Artemis die entsprechenden Attribute wie hier Pfeil und Bogen.

DER PONT DU GARD – EIN MEISTERHAFTER ZWECKBAU

Unter den erhaltenen römischen Ingenieurbauten ist dieser Aquädukt bei Nîmes in Südfrankreich der schönste. Er wurde um 19 n. Chr. aus Quadersteinen gebaut, um Nîmes mit Wasser aus einem höher gelegenen Gebiet nördlich der Stadt zu versorgen. Auf der 275 m langen obersten Bogenreihe verläuft, 50 m über dem Flusse Gard, die Wasserleitung – eine Betonrinne. Der aus Vorderasien stammende Bogen erhielt durch die Römer neue Aufgaben. Solche Aquädukte haben sich in vielen Orten des ehemaligen Römischen Reiches erhalten, so bei Istanbul, Smyrna, Segovia und Merida. Nach Rom führten zehn Wasserleitungen von 450 km Länge, davon 50 km auf Bogen. Sie speisten die zahllosen Brunnen und versorgten die Thermen – die riesigen Badeanlagen der Römer – mit Wasser. Ihre Reste sind noch heute eindrucksvolle Zeugen römischer Ingenieurbaukunst.

religiöse Zersplitterung war einer der Gründe, die den politischen Zusammenhalt des Reiches schwächten. Im 4. Jahrhundert wurde das Christentum schließlich als Staatsreligion anerkannt, aber während dieser Schritt im griechischen Osten begrüßt wurde, konnte er den Verfall im übrigen Reich nicht mehr aufhalten. Andere Gründe zum Niedergang Roms lagen im Prestigeverlust des kaiserlichen Amtes, da sich so wenige der späteren Kaiser als würdig erwiesen, und in der Tatsache, daß die Legionen sich allzuoft bei der Unterstützung rivalisierender Thronprätendenten gegenseitig bekämpften.

Das Imperium geriet unter immer stärkeren Druck von außen. Verschiedene germanische Stämme rannten gegen die Reichsgrenzen an. Dieser Druck wurde noch durch das Eindringen der Hunnen verstärkt, die, aus Innerasien kommend, in Ost- und Mitteleuropa eine gewaltige Völkerbewegung auslösten. Die Armee konnte nicht gleichzeitig mit allen Eindringlingen an ganz verschiedenen Orten fertigwerden, und die bedrohten Ortschaften waren unfähig, einen eigenen wirkungsvollen Schutz zu organisieren.

Auf diese Weise zerstörten die Barbaren langsam das ganze Weltreich, und gegen Ende des 4. Jahrhunderts hatten plündernde Barbaren einen großen Teil des Reiches überschwemmt.

Rom wurde 410 von den Westgoten eingenommen, der letzte weströmische Kaiser im Jahre 476 entthront. Im Osten gelang es schließlich Konstantinopel, der zerstörenden Flut zu widerstehen und die Tradition des römischen Imperiums in byzantinischer Abwandlung in das Mittelalter hinüberzuretten.

Straßen zwischen den Ruinen

Die Herrschaft Roms hat überall in ehemaligem Reichsgebiet in der Landschaft unvergängliche Spuren hinterlassen. Viele Tempel stehen noch in Ruinen, aber Tempel sind weder so häufig noch so repräsentativ für das römische Wesen wie die großen praktischen Ingenieurbauten, in denen die Römer Meister waren. Wenn in einer Landschaft ein Weg seinen gewundenen Verlauf aufgibt und einige Kilometer lang als völlig gerade Straße verläuft, kann man sicher sein, daß er nun seinem römischen Vorgänger folgt. Der Pont du Gard bei Nîmes in Frankreich und ein ebenso gut erhaltener Aquädukt bei Segovia in Spanien überspannen noch heute gewaltige Schluchten mit ihren rhythmischen Bögen: Solche Wasserleitungen versorgten überall im Reich die Städte mit Wasser.

Unförmige Ruinen zeugen noch immer von der Wetterbeständigkeit des Betons, des neuen Baumaterials, das die Römer erfanden. Was erhalten blieb, ist der Kern des Bauwerks, die Steinverkleidung wurde längst abgerissen.

An Orten wie Timgad in Algerien oder Volubilis in Marokko haben sich ganze Städte der Römerzeit in Ruinen, aber sonst unverändert, erhalten. Noch erkennt man

Details des ehemaligen Lebens – hier eine Olivenpresse, dort ein Bordell oder ein Ausschank heißer Getränke. Wellenförmige Bodenerhebungen zeigen den Verlauf von ausgedehnten Bewässerungssystemen für die Landwirtschaft an, während die Kanalisation unter den Straßen Zeugnis ablegt für einen Stand der Hygiene, wie er erst vor nicht allzu langer Zeit wieder erreicht wurde.

Die verschiedenen Feldzüge haben ihre Spuren in Form von quadratischen Lagerruinen hinterlassen, während sich im Norden Britanniens und zwischen Rhein, Main und Donau die Überreste des Hadrianswalls und des Limes befinden, die jahrhundertelang den Barbaren trotzten.

Roms langer Schatten

Aber nicht nur Ruinen künden von der Größe Roms, sondern auch sein Einfluß auf viele Gebiete unseres Alltagslebens. So ist die Rechtsentwicklung im Abendland entscheidend von Begriffen geprägt worden, die römische Juristen erarbeitet haben. Mit der Ausdehnung des römischen Herrschaftsbereiches trat nämlich neben das einfache Recht eines Bauernvolkes das durch Rechtsweisung hoher römischer Beamter – der Prätoren – geschaffene Völkerrecht *(ius gentium)*, das besonders während der Kaiserzeit weiterentwickelt und schließlich unter Kaiser Justinian (528–542) im *Corpus iuris civilis* gesammelt wurde. Dieses gewaltige Gesetzeswerk war jahrhundertelang Grundlage der Rechtswissenschaft in Europa. Viele seiner Rechtsnormen gelten noch heute. Ebenso bedeutend für die Entwicklung der abendländischen Kultur war die Sprache der Römer – das Latein. Es blieb bis in die Neuzeit hinein als Sprache der Kirche und der Wissenschaften lebendig. In lateinischer Sprache lernte das Mittelalter auch das philosophische und wissenschaftliche Erbe der Griechen kennen, noch ehe man in der Renaissance begann, die griechischen Urtexte zu studieren.

Mit den römischen Legionen war die lateinische Sprache in die entferntesten Teile des Reiches gedrungen und hatte in vielen Gegenden die einheimischen Sprachen verdrängt. Aus den Umgangssprachen dieser latinisierten Länder entwickelten sich alle romanischen Sprachen vom Atlantik bis zur Donaumündung. Mit den Spaniern, Portugiesen und später den Franzosen gelangte das sprachliche Erbe Roms sogar in die Neue Welt. Auch die germanischen Sprachen sind tief vom Latein beeinflußt worden. Aus ihm stammt ein Drittel aller englischen Wörter, und im Deutschen zeigen zahllose Lehnwörter für Alltagsdinge – darunter so einfache Wörter wie etwa Wein, Birne und Apfel, Fenster, Mauer und Keller, Kreuz, Rose, Zins und Tinte –, wie groß der Einfluß römischer Zivilisation auch nördlich der Alpen war.

Das lateinische Alphabet wird überall in der westlichen Welt und weit darüber hinaus benutzt. Römische Anschauungen und römischer Geschmack wirken auf uns gar nicht fremdartig, denn die Verschmelzung der römischen mit der griechischen Kultur hat den Fall von Rom überdauert und bildet eine der Grundlagen unserer Kultur.

LEBEN UND TOD IN POMPEJI

Im Jahre 79 wurde die römische Stadt Pompeji bei einem Vesuvausbruch verschüttet. Unter der Aschen- und Bimssteinschicht, die etwa 2000 Menschen begrub, erhielt sich fast unversehrt die Stadt. Pompeji war ein lebhaftes Handels- und Geschäftszentrum. Seine geraden Straßen schnitten einander im rechten Winkel, und an der Hauptstraße erkennt man noch heute die Ladenreihen, die aussehen, als hätten die Besitzer sie erst eben verlassen. Inschriften zeigen noch an, was die einzelnen Läden verkauften – Öl, Lebensmittel, Mehl und anderes. Auf einigen Wänden finden sich Inschriften, durch die ein bestimmter Kandidat bei einer Beamtenwahl unterstützt wird. Hier und dort findet man ein Thermopolium, einen Stand, der heiße oder kalte Getränke verkaufte. An mehreren Kreuzungen befinden sich Trinkbrunnen für Mensch und Tier.

OPFER DES VESUVS *Wer von den Bewohnern Pompejis nicht rechtzeitig dem Aschenregen entfliehen konnte, erstickte. Die Asche bildete um die Opfer eine feste Schale, die man heute mit Gips ausgießt.*

LEBEN IN EINER VILLA *Dieses Fresko aus einem pompejanischen Schlafzimmer (1. Jh. v. Chr.) zeigt das Marmortor eines palastartigen Stadthauses. Oberhalb des Tores hängt ein vorspringender, gedeckter Balkon an einer Mauer.*

MÜSSIGE DAMEN *Hochgeborene römische Frauen, deren Haus von Sklaven betreut wurde, hatten viel Zeit, sich den Künsten der Muße hinzugeben. Einige dichteten oder spielten Instrumente wie diese Dame auf einem pompejanischen Wandgemälde. Der hochlehnige Stuhl, auf dem sie sitzt, war Zeichen ihres hohen Ranges. Römer aus dem Volk saßen auf gewöhnlichen Hockern.*

MAJESTÄTISCH BLICKT AUS DEN KUPPELN BYZANTINISCHER KIRCHEN CHRISTUS ALS WELTENHERRSCHER

Für die Byzantiner war die Kunst in erster Linie Ausdruck und Steigerung der religiösen Gefühle. Sie schmückten die Wände und Kuppeln ihrer Kirchen mit religiösen Mosaiken und Fresken nach einem Schema, das sich von Kirche zu Kirche nur wenig unterschied. Märtyrer und andere Heilige hatten ihren Platz an den unteren Wänden, Apostel waren im Allerheiligsten dargestellt, während sich Szenen aus dem Leben Christi unterhalb der Kuppel, die das Himmelsgewölbe symbolisierte, fanden. Aus der Hauptkuppel blickte gewöhnlich das strenge und erhabene Antlitz Christi als Weltenherrscher, der Christos Pantokrator, *auf die Gläubigen herab wie hier in der Klosterkirche von Daphni bei Athen. Dieses Mosaik wurde etwa um 1100 geschaffen. Frühere Mosaiken sind außerhalb Italiens meist während des Bilderstreites im 8. Jahrhundert vernichtet worden. Die schönsten frühchristlichen Mosaiken finden sich in Ravenna.*

Byzanz – das östliche Rom

326–1453

Seit der Gründung Konstantinopels, des neuen Rom, wuchs im Osten auf antiker Grundlage ein tausendjähriges christliches Reich

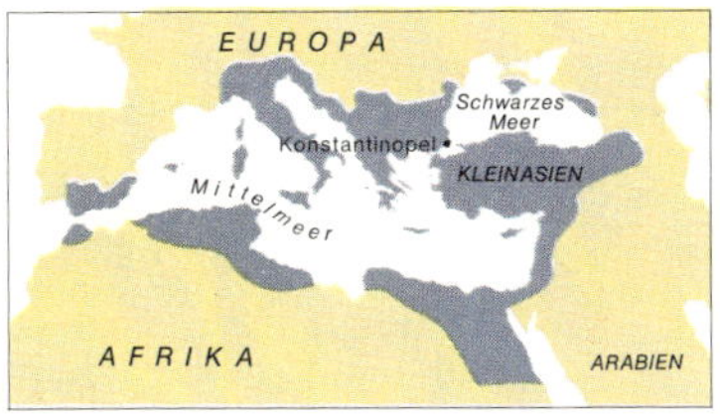

OSTROM UM 550

Die Macht und der Reichtum von Byzanz ermöglichten ihm die Rückeroberung großer Teile des Römischen Reiches rund um das Mittelmeer.

Drei Jahrhunderte nachdem Jesus Christus in einer entfernten Provinz des Römischen Reiches am Kreuze starb, wurde in seinem Namen dieses Reich erneuert und verwandelt. Das Christentum, der einst von Rom verfolgte Glaube, war die bindende Kraft, die es Byzanz, wie man heute das reorganisierte Römische Reich im Osten nennt, ermöglichte, noch länger als 1100 Jahre weiterzubestehen, also noch lange nachdem das Reich im Westen untergegangen war. Das Christentum und der Drang, Gott zu verherrlichen, prägten auch die byzantinische Kunst und Architektur mit ihren funkelnden Wandmosaiken und Kuppelkirchen.

Byzanz verdankte seinen Reichtum seiner Lage am Schnittpunkt nord-südlicher und ost-westlicher Handelswege. Recht und Verwaltung waren römisch, Sprache und Gelehrsamkeit griechisch. Das Herz des Oströmischen oder Byzantinischen Reiches bildete das fabelhaft reiche Konstantinopel, das Kaiser Konstantin 326 gegründet hatte, um dem zerfallenden Römischen Reich eine neue Hauptstadt zu geben.

Die Idee, die Hauptstadt des Reiches nach Osten zu verlegen, war nicht neu. Schon 45 v. Chr. hatte Cäsar daran gedacht, Alexandrien oder Troja zur Hauptstadt zu machen. Die östlichen Provinzen des Römischen Reichs waren am dichtesten bevölkert und die Heimat alter Hochkulturen wie der griechischen und ägyptischen. Als Diokletian im Jahre 284 Kaiser wurde, versuchte er durch Teilung des Reiches in eine westliche und eine östliche Hälfte die Verwaltung des Imperiums zu straffen. Er selbst regierte die östliche Hälfte von Nikomedia aus, nahe dem künftigen Konstantinopel.

Diokletian fuhr jedoch fort, die Christen zu verfolgen. Erst sein Nachfolger Konstantin hörte damit auf, denn er glaubte im Christentum die einzige Kraft zu erkennen, die das Imperium retten konnte. Seit 312 förderte er das Christentum, das er schon länger in seinen Landen geduldet hatte; doch ließ er sich selbst erst 25 Jahre später taufen.

Rom, in dem heidnische Vorstellungen überwogen, schien Konstantin als Hauptstadt eines christlichen Imperiums ungeeignet. Nachdem er 324 die Ost- und Westhälfte des Imperiums wieder geeint hatte, legte er 326 den Grundstein zu einer neuen Stadt, die nach dem Vorbild Roms erbaut

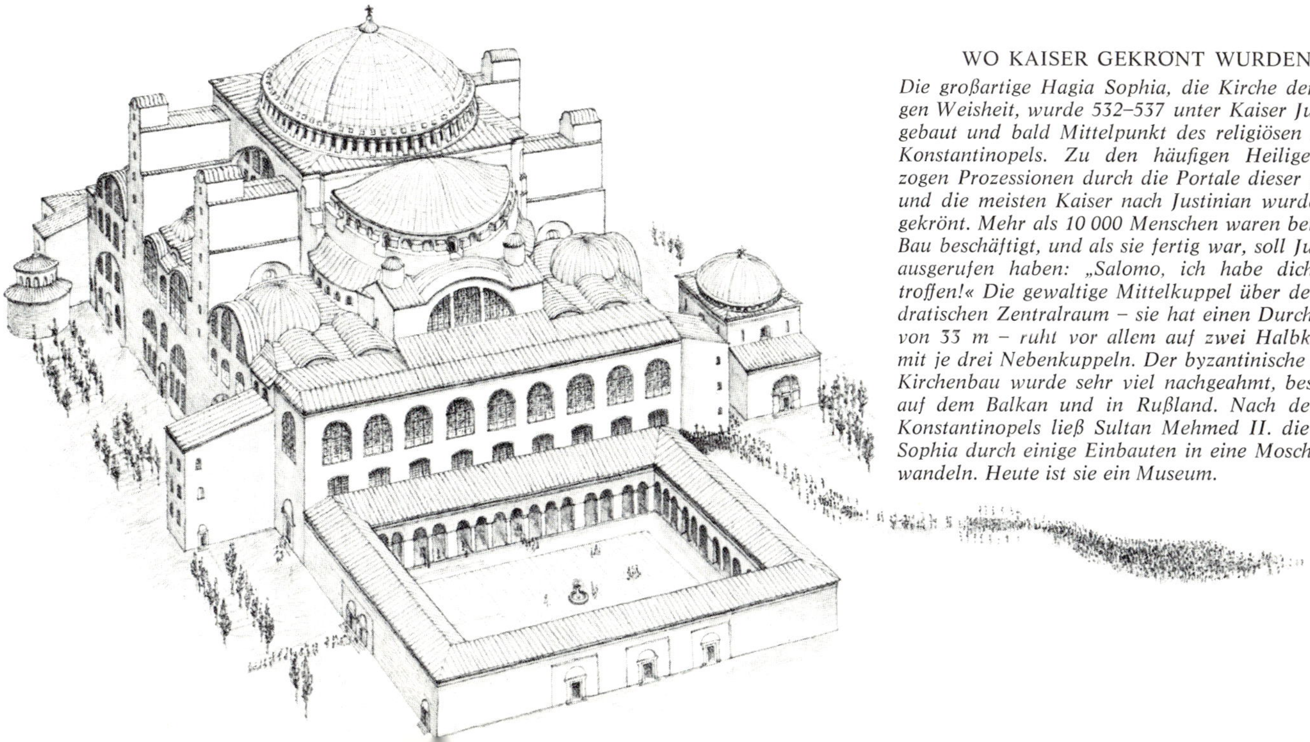

WO KAISER GEKRÖNT WURDEN

Die großartige Hagia Sophia, die Kirche der Heiligen Weisheit, wurde 532–537 unter Kaiser Justinian gebaut und bald Mittelpunkt des religiösen Lebens Konstantinopels. Zu den häufigen Heiligenfesten zogen Prozessionen durch die Portale dieser Kirche, und die meisten Kaiser nach Justinian wurden hier gekrönt. Mehr als 10 000 Menschen waren bei ihrem Bau beschäftigt, und als sie fertig war, soll Justinian ausgerufen haben: „Salomo, ich habe dich übertroffen!« Die gewaltige Mittelkuppel über dem quadratischen Zentralraum – sie hat einen Durchmesser von 33 m – ruht vor allem auf zwei Halbkuppeln mit je drei Nebenkuppeln. Der byzantinische Stil im Kirchenbau wurde sehr viel nachgeahmt, besonders auf dem Balkan und in Rußland. Nach dem Fall Konstantinopels ließ Sultan Mehmed II. die Hagia Sophia durch einige Einbauten in eine Moschee verwandeln. Heute ist sie ein Museum.

DIE VON MAUERN UMGEBENE KAISERSTADT AM GOLDENEN HORN

Die von gewaltigen Mauern umgebene Stadt Konstantinopel wurde 326 von Kaiser Konstantin an der Stelle gegründet, wo der Bosporus ins Marmarameer mündet und das Goldene Horn einen hervorragenden Naturhafen bildet. In dieser Stadtansicht eines Künstlers aus dem 16. Jahrhundert beherrscht die Kuppel der Hagia Sophia, der Kirche der Heiligen Weisheit (links), die Mitte der Stadt. Sie wird nun von zwei Minaretten flankiert. Das Hippodrom (rechts), die dem Circus Maximus in Rom nachgebildete Rennbahn, faßte 60 000 Zuschauer. Die Schlangensäule in der Mitte ist teilweise noch heute zu sehen. Die Wohlhabenden wohnten in zweistöckigen Holzgebäuden mit Balkonen, von wo man die Prozessionen in den Straßen beobachten konnte. Große Teile der mehr als 20 km langen Land- und Seemauern, die seit 413 die Stadt umgeben, sind noch heute erhalten.

werden sollte, aber reicher und größer als alles, was es je gegeben hatte. Der Ort, den er sich dafür aussuchte, war das alte griechische Byzantion, das rund 1000 Jahre zuvor ein Mann namens Byzas aus Megara gegründet hatte.

Innerhalb von wenigen Jahren bauten Konstantins Architekten und Ingenieure die neue Stadt auf und schmückten sie mit Kunstschätzen aus allen Ecken des Römischen Reiches. 330 weihte der Kaiser sie feierlich ein. Um Bewohner in die Stadt zu locken, ließ Konstantin für die oberen Klassen Häuser nach dem Vorbild von Rom und anderen bedeutenden Städten erbauen, während er den niederen Klassen Brot und Zirkusrennen in reichem Maße bot.

Das neue Rom lag sehr günstig, nämlich am Schnittpunkt der Handelswege zwischen Osteuropa und Asien, zwischen dem Mittelmeer und dem Schwarzen Meer. Die Byzantiner handelten mit vielen verschiedenen Waren – mit Korn aus Ägypten und von der Nordküste des Schwarzen Meeres, mit Seide aus China, Gewürzen aus Indien, Gold und Elfenbein aus Afrika und mit Pelzen und Holz aus Rußland.

Aus einem zehnprozentigen Ein- und Ausfuhrzoll floß das Geld für die öffentlichen Bauten, Einrichtungen und Vergnügungen. Der Reichtum, der nach Konstantinopel strömte, verhalf dem schönen Naturhafen dieser Stadt zum Namen *Goldenes Horn*. Der Wert des byzantinischen Goldsolidus war lange Zeit so beständig, daß er zur internationalen Handelsmünze wurde.

Der dreizehnte Apostel

Als Konstantin Kaiser wurde, setzte er eine Reihe absoluter und gottgleicher Herrscher fort. Während es bei der absoluten Macht blieb, konnte der Anspruch auf Göttlichkeit nicht beibehalten werden, da das Christentum nur einen Gott kennt. Ein Kompromiß wurde gefunden, indem man den Kaiser als Auserwählten Gottes akzeptierte, als einen dreizehnten Apostel mit dem Titel *den Aposteln gleich*. Es spielte dabei keine Rolle, wie ein Kaiser auf den Thron gekommen war. Er blieb der von Gott gewollte Stellvertreter Christi, auch wenn es sich um ein Ausbund von Lastern handelte.

Als die Christen noch verfolgt wurden, fiel es ihnen leicht, miteinander gemeinsame Sache zu machen, ohne sich allzusehr um dogmatische Feinheiten zu kümmern. Kaum war das Christentum Staatsreligion, wurde die exakte Definition seiner Glaubensinhalte zur Staatsangelegenheit.

Kirchenfürsten und gewöhnliche Bürger begannen nun, sich um die feinsten Unterschiede zu streiten, denn die Byzantiner hatten von den Griechen die Leidenschaft übernommen, Definitionen zu finden. Für orthodox galt einer, der dem offiziellen Glauben anhing, und als Häretiker, also Ketzer, einer, der davon abwich. Zahlreiche Konzile der gesamten Kirche wurden einberufen, auf denen der Kaiser und seine Bischöfe so schwierige Fragen zu entscheiden versuchten wie die, ob Christus von Natur Gott, Mensch oder beides sei.

Bei diesem besessenen Interesse an dem, was jedermann glaubte oder zu glauben hatte, war die erste Zeit des Byzantinischen Reichs mit Dogmenstreit erfüllt. Den Bischöfen wurde die Aufgabe gestellt, eine kurze und prägnante Zusammenfassung der grundlegenden Glaubenssätze für alle Bürger auszuarbeiten. Das erste von Kaiser Konstantin nach Nikaia einberufene Konzil im Jahre 325 legte sich auf das Nicänische Glaubensbekenntnis fest, das von den meisten christlichen Kirchen – zum Teil erweitert und verändert – noch heute anerkannt wird. Von Konstantin an betrachtete man den Kaiser als Oberhaupt der gesamten Kirche.

Der Einfall der Langobarden in Italien schwächte dort die Autorität von Byzanz. Im Jahre 800 krönte Papst Leo III. den Frankenkönig Karl zum Kaiser, und 1054 kam es auch zum endgültigen Bruch zwischen der westlichen (römischen) und der östlichen (orthodoxen) Kirche, der bis zum heutigen Tage besteht.

Gott im täglichen Leben

Die Religion wirkte als treibende Kraft im Leben von Byzanz. Die Feste und Lustbarkeiten, das fröhliche Treiben in den Straßen, die Pracht der Bauten, der Reichtum auf den Märkten, die Wagenrennen und Spiele – alles dieses geschah zur höheren Ehre Gottes. Es gab kaum ein Bild, ein Mosaik oder ein Gedicht, das nicht in irgendeiner Weise von der Glorie Gottes sprach.

Die einfachen Menschen suchten den Segen der Kirche bei ihren alltäglichen Verrichtungen. War eine Fischerflotte dabei auszulaufen, so wurde sie gesegnet, damit der Fang reich ausfiele. Jedes neuerbaute Haus wurde Gott geweiht. Kein Ereignis feierte man aber so inbrünstig wie das Eintreffen und die Zurschaustellung einer neuen Reliquie, die Christus oder einem der Heiligen zugeschrieben wurde.

Die Byzantiner verehrten auch Ikonen – Kultbilder von Christus, der Jungfrau Maria oder von Heiligen in Form von Gemälden, Mosaiken oder Elfenbeinreliefs. Ein erbitterter Streit erhob sich im Jahre 730, als Kaiser Leo III. die Verehrung der Ikonen als götzendienerisch verbot. Mehr als hundert Jahre lang haben nach diesem Bann die Bilderstürmer Tausende von Bildwerken zerstört oder übermalt.

Das goldene Zeitalter Justinians

Im Jahre 527 bestieg Justinian I., einer der größten oströmischen Kaiser, den Thron. Während seiner 38jährigen Regierungszeit gewann er einen großen Teil des Römischen Reiches im Westen zurück, faßte das römische Recht in einem Gesetzbuch zusammen und erbaute Hunderte von Kirchen, darunter die großartige Hagia Sophia, die Kirche der Heiligen Weisheit, in Konstantinopel.

In Justinian kann man den letzten Römer auf dem byzantinischen Thron sehen. Er widmete seine lange Regierungszeit dem Versuch, das alte römische Imperium so wiederherzustellen, wie es vor der Völkerwanderung bestanden hatte. Es gelang ihm, die Wandalen aus Afrika zu vertreiben und die Ostgoten aus Italien. Justinian war selbst kein Heerführer, aber er verstand es, die rechten Leute dafür auszuwählen. Unter ihnen war auch Belisar, der größte militärische Führer, den Byzanz je hervorgebracht hat. Im Jahre 534–535 eroberte er das ehemals römische Afrika in einem Feldzug zurück, der mit der Besetzung Karthagos seinen Höhepunkt erreichte. Von Afrika aus setzte Belisar nach Italien über. Nach fünfjährigem Kampf nahm er Rom. Um 555 befand sich ganz Italien und der Südteil Spaniens in byzantinischer Hand. Justinians

REICHVERZIERTE RELIQUIENSCHREINE

Die Verehrung von Reliquien spielte in Byzanz eine große Rolle. Asche und Gebeine von Heiligen oder von ihnen gebrauchte Dinge wurden aus allen Teilen des Reiches nach Konstantinopel gebracht. Die Reliquiare, in denen man sie aufbewahrte, waren häufig reich verziert, besonders die Staurotheken (Reliquiare für Teile des heiligen Kreuzes).

STAUROTHEKEN *In dem Reliquienschrein (links) trug man bei Prozessionen ein Stück vom Kreuze Christi durch die Straßen; daneben der Mittelteil der sog. Limburger Staurothek.*

EMAILMALEREI *Bei diesem Reliquienkreuz wurde farbiger Glasfluß in Goldzellen gegossen (Zellenschmelz).*

FRÖMMIGKEIT AUF SÄULEN UND IN HÖHLEN

Ein syrischer Eremit des 5. Jahrhunderts, der heilige Simeon, lebte 35 Jahre lang auf einer Säule. Seine Nahrung zog er in einem Korb hinauf. Strenges Asketentum wurde in Byzanz hoch geachtet, und Simeon hatte viele Nachahmer. Ebenso berühmt wegen seiner Heiligkeit war sein Landsmann, der heilige Ephraim, dessen Begräbnis in diesem zeitgenössischen Bild dargestellt wird. Ephraim spielte eine große Rolle bei der Bekehrung Syriens zum Christentum. Viele Eremiten lebten in Höhlen – wie oben links – oder selbstgebauten Zellen. Aus dem Zusammenschluß mehrerer Einsiedler bildeten sich die ersten Klöster.

Eroberungen hatten jedoch keinen Bestand. Bis Ende des folgenden Jahrhunderts gingen Spanien, Afrika und der größte Teil Italiens endgültig verloren.

Die wichtigste und dauerhafteste Leistung Justinians war die von ihm veranlaßte systematische Erfassung des römischen Rechtes, ein Werk, das von größtem Einfluß auf die Rechtsentwicklung Europas gewesen ist.

EINE MACHT HINTER DEM THRON

Frauen übten häufig einen beträchtlichen Einfluß auf die byzantinische Politik aus. Justinian ließ die Gesetze ändern, um Theodora, eine Schauspielerin und Kurtisane, heiraten zu können. Sie war dann 20 Jahre lang seine wichtigste Ratgeberin. Auf diesem Mosaikporträt in Ravenna (6. Jh.) erscheint sie im vollen Staat einer Kaiserin. Einige Kaiser wählten ihre Lebensgefährtin aus einer Schar geeigneter Kandidatinnen, wobei der Kaiser der Auserwählten einen Apfel reichte – wie weiland Paris im griechischen Mythos der schönsten der Göttinnen.

Die Gesetzessammlung des Justinian bestand aus den gültigen Gesetzen der Kaiser und einer Auswahl aus der riesigen Sammlung von Auslegungen durch Generationen von römischen Juristen. Justinian hatte nämlich eine Kommission aus zehn Sachverständigen eingesetzt, die die wichtigsten Grundsätze von der Masse widersprüchlichen und nebensächlichen Materials befreiten. Danach brachten sie die Gesetze auf den neuesten Stand und gaben 534 das später *Corpus iuris civilis* genannte Werk heraus. Justinian behauptete, daß in einem Teil dieses Rechtswerkes, den *Digesten,* die Unmasse der überlieferten Gesetze von 3 Millionen Zeilen auf 150 000 Zeilen verringert worden seien.

Das Recht blieb in mancher Hinsicht sehr streng. Die auf die Sklaverei bezüglichen Gesetze wurden übernommen, obgleich Sklaverei im Prinzip mit dem Christentum unvereinbar war. Aber das Gesetz beruhte, laut Justinian, auf Humanität und gesundem Menschenverstand. Die Rechte der Frauen wurden betont, was vielleicht dem Einfluß der Kaiserin Theodora, der Gemahlin Justinians, zuzuschreiben ist. Bei der Erziehung der Kinder hatte die Mutter das gleiche Recht wie der Vater, eine kennzeichnende Abweichung vom römischen Brauch, wo dem *pater familias* die absolute Macht eingeräumt wurde.

Bei der Zumessung von Strafen war die Todesstrafe nicht die Regel, sondern die Ausnahme; Gefängnisstrafen sah man als Verschleiß der Zeit eines nutzbringenden Bürgers an und fand auch keinen Nutzen darin, Geldstrafen so hoch anzusetzen, daß der Verurteilte verarmte. Man steckte vielleicht einen Mann ins Kloster, um sein Seelenheil zu retten, aber auch dort trug er zum Wohl des Staates bei.

Die übliche Strafe für schwere Verbrechen wie Mord, gewaltsamen Raub oder Hochverrat war die Verstümmelung, meist schlug man dem Delinquenten eine Hand ab. Sogar bei Hochverrat zeigte der Staat oft Gnade, doch kam es auch vor, daß korrupte Beamte oder rebellische Bürger im Hippodrom öffentlich hingerichtet wurden.

Die Grünen und die Blauen

Justinian besaß die absolute Macht und regierte mit Hilfe seines Hofes und einer Zivilverwaltung, deren höchste Posten oft von Eunuchen besetzt waren. Da diese kinderlosen Verschnittenen nicht nach dem höchsten Amte streben konnten, um eine erbliche Monarchie zu gründen, waren sie als ausgezeichnete Diener des Staates sehr geschätzt. Manche Eltern ließen sogar ihre Söhne kastrieren, um ihnen die Möglichkeit zu eröffnen, hohe Regierungsstellen zu bekleiden.

Der Senat in Konstantinopel war von Konstantin geschaffen worden. Er hatte, wie der Senat von Rom, wenig mehr zu tun, als die Entscheidungen des Kaisers zu bestätigen.

Im Laufe der Jahrhunderte wurde das den Kaiser umgebende Zeremoniell immer komplizierter. Das vom Orient her beeinflußte Ritual war ein wichtiger Teil der kaiserlichen Regierungsweise. Jeder, der sich dem Kaiser näherte, mußte sich vor ihm niederwerfen, so wie der Kaiser das vor Christus tat. Erst dann wurde das Wort an den Besucher gerichtet.

Eine wichtige Rolle bei öffentlichen Anlässen spielte das in zwei Demen organisierte Stadtvolk Konstantinopels. Diese Demen waren aus Zirkusparteien hervorgegangen, die nach den von ihren Anhängern getragenen Farben die Grünen und die Blauen genannt wurden. Sie bestätigten den Kaiser durch Zuruf im Hippodrom, brachten die Beschwerden der Bürger dem Kaiser zu Gehör und betätigten sich auch in der Verwaltung der Hauptstadt und bei der Veranstaltung der Wagenrennen im Hippodrom, dem liebsten Sport der Byzantiner.

Trotz seiner erhabenen Stellung und des ihn schützenden Zeremoniells war die höfische Atmosphäre ständigen Intrigen und Verschwörungen besonders günstig: Von 88 byzantinischen Kaisern starben 29 eines gewaltsamen Todes.

Der Triumph des Griechischen

Weil Konstantin einer griechischen Stadt eine römische Gesellschaft aufgepfropft hatte, sprach man in Byzanz zwei Sprachen. Latein war die Sprache des Hofes, der Verwaltung und der Rechtsprechung. Mit der Zeit kamen immer mehr griechisch sprechende Menschen in die Regierung und Verwaltung, während Gelehrte, Schriftsteller, Poeten und Philosophen sich stärker den alten griechischen Texten zuwandten.

Justinian versuchte zwar Latein, die Sprache des Römischen Reiches, bei Hofe beizubehalten, aber sein letztes großes Gesetzeswerk, die Novellen, veröffentlichte er in griechischer Sprache, »damit sie besser von allen verstanden« würden. Denn die Sprache des Volkes war Griechisch, das bald nach Justinians Tode auch in Rechtsprechung und Verwaltung Latein ersetzte. Justinian ließ die tausendjährige Platonische Akademie in Athen schließen, da er in ihr ein Überbleibsel aus heidnischer Zeit sah. Aber die Gelehrten fuhren fort, die alten Schriftsteller zu lesen und abzuschreiben. Und sie brachten auch eigene historische und theologische Werke von Rang hervor. Ihre Geschichtsschreibung war mehr als nur eine Chronik der Ereignisse. Prokop, der Sekretär Belisars, beschrieb Justinians Kriege. Seine *Geheimgeschichte,* die erst nach seinem Tode erschien, enthält sehr viel Klatsch- und Skandalgeschichten über Justinian, den Prokop als »fleischgewordenen Dämonen« beschreibt, »wilder als alle Barbaren zusammen«.

Die Feinde des Byzantinischen Reiches

In den mehr als elf Jahrhunderten seiner Existenz hat Byzanz selten ein volles Jahr des Friedens erlebt. Der Bürgerkrieg brach fast sofort nach Konstantins Tode im Jahre 337 aus, und das Reich hatte sich nacheinander der Goten, Hunnen, Perser, Awaren, Bulgaren, Slawen, Waräger, Araber, Seldschuken, Kreuzfahrer, Normannen und der Osmanen zu erwehren. Fortwährend änderten sich die Grenzen, das Byzantinische Reich dehnte sich aus und schrumpfte wieder zusammen. Wenn Gegenwehr unmöglich war, erkaufte Byzanz sich auch den Frieden. Im Jahre 447 erschreckte ein Erd-

KAISER JUSTINIAN BRINGT DER KIRCHE SEINEN TRIBUT DAR

Ein Heiligenschein um den Kopf Justinians auf diesem Mosaik des 6. Jahrhunderts in San Vitale zu Ravenna deutet den erhabenen Status des Kaisers als Stellvertreter Gottes auf Erden an. Der Künstler, der Justinian darstellt, wie er eine Schale voll Gold zur Kirche trägt, benutzte zu dem Mosaik kleine Würfel aus Stein und buntem Glas, die er in den nassen Putz drückte. Neben Justinian stehen Erzbischof Maximian mit einem juwelenbesetzten Kreuz und das Gefolge von Höflingen und Klerikern. Justinian verdoppelte die Größe des Reiches und hinterließ der Welt ein bis heute nachwirkendes Gesetzeswerk. Der purpurne, mit gestickten Goldborten besetzte Mantel des Kaisers hat die strenge und einfache römische Toga ersetzt.

beben den mit seinen Horden die Balkanhalbinsel verheerenden Hunnenkönig Attila so sehr, daß er sich für einen Tribut von fast drei Tonnen Gold dazu bewegen ließ abzuziehen.

Die letzten Jahre des Kaisers Herakleios (610–641) fielen mit dem Beginn der arabischen Eroberungszüge zusammen. 636 besetzten die Araber Syrien, 637 Palästina, 637–642 Persien und 639 Ägypten. Die Moslems waren jedoch nicht in der Lage, Konstantinopel über Land oder von See her zu erobern; besonders erschwert wurde ihnen das nach 650, nachdem die Byzantiner ihre Geheimwaffe, das griechische Feuer, entwickelt hatten. Beim Tode des Kaisers war das Byzantinische Reich auf Kleinasien, Griechenland, Teile von Nordafrika, Sizilien und Süditalien zusammengeschrumpft. Daran änderte sich in den folgenden 200 Jahren nicht viel; Byzanz blieb kleiner als je zuvor und wurde unablässig von Arabern, Slawen, Bulgaren und anderen Völkerschaften bedroht.

Eroberungen um Beute und Ruhm

Ein Wandel trat im 9. Jahrhundert unter Michael III. (842–867) ein. Unter der Regentschaft seiner Mutter Theodora war die Verehrung der Ikonen 843 wiedereingeführt worden. Im späteren Verlauf seiner Regierungszeit wählte Michael fähige Generäle, die große Feldzüge zur Wiedereroberung byzantinischen Bodens im Osten Kleinasiens unternahmen.

Michael wurde von einem seiner Vertrauten ermordet, der als Basileios I. (867–886) Kaiser wurde. Dieser niedriggeborene Mann erwies sich als hervorragender Heerführer und geschickter Verwalter. Mit ihm begann die Dynastie, unter der Byzanz seine wohl glanzvollste Epoche erleben sollte. Basileios' Nachfolger schoben die Grenzen des Imperiums bis zum Euphrat vor und drangen tief nach Bulgarien ein. Zwei der führenden Befehlshaber dieser Zeit bestiegen als Nikephoros II. Phokas (963–969) und Johannes I. Tzimiskes (969–976) den Thron. Sie zählen zu den größten Heerführern, die Byzanz hervorbrachte.

Byzanz verfügte nicht nur über gute Feldherren, sondern auch über Tausende von zähen, enthusiastischen Männern, die im Grenzland unter der Bedingung angesiedelt worden waren, als Soldaten zur Verfügung zu stehen. Viele Jahre lang dienten etwa 100 000 Mann gleichzeitig in der Armee. Zweierlei diente ihnen als Anreiz: die Beute, die sich bei den reichen Moslemherrschern holen ließ, und die Ehre, christliches Land zurückzuerobern.

Auf Johannes I. Tzimiskes folgte 976 Basileios II., ein Mann von großem Mut und Willenskraft, der Byzanz zu einem Aufschwung und einer Ausdehnung ähnlich der unter Justinian verhalf. Sein Feldzug gegen die Bulgaren auf dem Balkan war so erfolgreich, daß er den Beinamen »der Bulgarentöter« erhielt. Der militärische Erfolg führte zu einem großen Aufschwung im Handel, und Konstantinopel entwickelte sich zum ersten Handelsplatz des Mittelmeerraumes. Als Basileios II. 1025 starb, hatte das Imperium einen Höhepunkt seiner Macht erreicht, allerdings auf Kosten einer gesunden Wirtschaft.

Niedergang eines Imperiums

Ein unaufhaltsamer Niedergang kennzeichnet die nächsten 200 Jahre. Im Osten griffen die türkischen Seldschuken an, schlugen die Byzantiner 1071 in der entscheidenden Schlacht bei Manzikert in Ostanatolien und nahmen den größten Teil Kleinasiens in Besitz. Zur gleichen Zeit verlor Byzanz seine letzten Stützpunkte in Süditalien und Sizilien an die Normannen, die auch in den Epirus eindrangen. Die Byzantiner wandten sich an Venedig mit der Bitte um Hilfe gegen Normannen und Türken. Als Gegengabe erhielt Venedig Handelsrechte im gesamten Byzantinischen Reich, was zu einer Schwächung der Finanzen und wirtschaftlichen Vormachtstellung des Landes führte.

Zu Anfang des 13. Jahrhunderts war Byzanz auf kaum mehr als das heutige Griechenland und Westkleinasien zusammengeschmolzen. Der schwerste Schlag stand ihm nun noch bevor – die Eroberung und Plünderung Konstantinopels im Jahre 1204 durch die Kreuzfahrer, die ursprünglich zum Vierten Kreuzzug ins Heilige Land aufgebrochen waren. Das Hauptmotiv bei diesem Angriff von Christen auf Christen war die Gier. Kreuzfahrer und Venezianer machten gemeinsame Sache. Venedig stellte die Schiffe, die Kreuzfahrer die Truppen. Trotz seines Niedergangs war Byzanz noch immer viel reicher als Palästina oder Syrien, die ursprünglichen Ziele der Kreuzfahrer. Die venezianischen Schiffe nahmen, nachdem sie den Süden Griechenlands umrundet hatten, Kurs auf Nordost und segelten die Dardanellen hinauf, um Konstantinopel anzugreifen. Mit Geschicklichkeit, viel Glück und begünstigt durch Verrat brachten sie die Stadt völlig in ihre Gewalt.

Eine der systematischsten Plünderungen der Weltgeschichte spielte sich nun ab. Unzählige Schätze wurden gestohlen und an die Truppen ihrem Rang entsprechend verteilt. Nichts entging der Plünderung oder Zerstörung – weder die kostbaren Reliquien Christi noch die Mosaiken in der Kirche der Heiligen Weisheit, noch die Kaisergräber. Die vier Bronzepferde einer Quadriga, die heute über dem Hauptportal der Markuskirche stehen, wurden damals von Konstantinopel nach Venedig gebracht.

Spaltung im Christentum

Von diesem vernichtenden Schlag erholte sich Byzanz nie mehr völlig. Das lateinische Kaisertum der Kreuzfahrer hatte zwar keinen Bestand, und von Nikaia aus gelang es den Byzantinern schließlich, Konstantinopel 1261 zurückzuerobern. Aber der Angriff der Kreuzfahrer hatte gezeigt, wie tief das christliche Europa gespalten war, und warf ein Schlaglicht auf die wachsende Gleichgültigkeit des Westens gegenüber der Kultur, die den christlichen Glauben und das antike klassische Erbe bewahrt hatte. Diese Gleichgültigkeit war auch der Grund für den Untergang Konstantinopels im Jahre 1453.

»Ein monströses Haupt ohne Körper«, so beschrieb der zähe, erbarmungslose, aber gebildete Osmanensultan Mehmed II. das, was 1452 noch vom Byzantinischen Reich übrig war. Der Ausspruch war gerechtfertigt. Eine gewaltige Stadt, die einst über eine Million Einwohner gehabt hatte, zählte deren noch etwa 60 000. Sie wurde von einem kopflastigen kaiserlichen Hof und einer komplizierten Kirchenorganisation regiert, besaß aber selbst nur ein kleines Gebiet in Griechenland. Byzanz hatte alle alte Bedeutung und Macht verloren. Mehmed II. war entschlossen, dem Überrest des Oströmischen Reiches ein Ende zu bereiten.

Die Türken siegen

Der junge, hervorragende Herrscher ging mit großer Überlegung zu Werke. Zuerst baute er am Bosporus, nicht weit von Konstantinopel, die Festung Rumeli Hisar. Dann ließ er die Stadtmauern, die stellenweise 7,5 m dick waren, untertunneln und die Tunnel verminen. Mehmed gab auch die größte Kanone in Auftrag, die die Welt je gesehen hatte. Ihr Lauf war beinahe 8 m lang, und sie konnte eine Granitkugel von fast 600 Pfund Gewicht über 1,5 km weit schießen. Ihr Lauf wurde so heiß, daß der nächste Schuß erst nach einer Stunde abgefeuert werden konnte. Dennoch spielte die schwere Artillerie bei der Belagerung eine große Rolle.

Im April 1453 wurde der Befehl zum Angriff gegeben und die Feindseligkeiten mit 100 000 Mann eröffnet. Nach sechs Wochen der intensivsten Belagerung, die die mittelalterliche Geschichte je erlebt hatte, war kaum ein Fortschritt zu verzeichnen. Da beschloß Mehmed, einen letzten Angriff über den Hafen vorzutragen. Manche Bresche war schon in die große Mauer geschlagen worden. Nachdem der Sultan die Janitscharen in den Kampf geworfen hatte, wurde

DER ERSTE FLAMMENWERFER MACHT BYZANZ ZUR HERRSCHERIN DER MEERE

Die seit etwa 635 rasch wachsende Bedrohung durch den Islam gab unter anderem Anlaß zu militärischen Neuerungen. Seit etwa 675 waren die byzantinischen Flotten dank der Entdeckung des griechischen Feuers fast unbesiegbar. Wie diese Miniatur aus dem 14. Jahrhundert zeigt, wurden diese Brandsätze aus Rohren im Bug der Schiffe geschossen. Das griechische Feuer bestand aus einer Mischung von Schwefel, Werg, Kienspan, gebranntem Kalk und Erdöl. Das Erdöl sorgte dafür, daß das Feuer um so stärker brannte, je mehr Wasser man auf die Flammen schüttete. Da das griechische Feuer sogar auf dem Wasser weiterbrannte, wurde es auch Seefeuer genannt. Um 800 hatten die 200 schnellen Galeeren von Byzanz die Herrschaft auf dem Meer errungen. Während des 9. Jahrhunderts kamen die Araber hinter das Geheimnis des griechischen Feuers und wandten es nun gegen die Byzantiner, später auch gegen die Kreuzfahrer an.

Konstantinopel nach heldenhafter Verteidigung am 29. Mai 1453 eingenommen.

Der letzte Kaiser von Byzanz, Konstantin XI., fiel kämpfend mit seinen Truppen am Romanustor. In der dreitägigen Plünderung gingen wiederum unschätzbare Kunstdenkmäler verloren. Mehmed zog auf einem weißen Pferd in die Stadt ein und ritt geradewegs zur Hagia Sophia, die nach seinem Willen in eine Moschee verwandelt wurde.

Ein fortwirkendes Erbe

Die islamische Herrschaft über Konstantinopel, der jahrhundertealte Traum mohammedanischer Herrscher, war Wirklichkeit geworden. Nach 1100 Jahren seines Bestehens war das Oströmische Reich vernichtet. Aber sein Einfluß sollte weiterleben. Selbst der siegreiche Islam zog Nutzen aus der Berührung mit der byzantinischen Welt und den Fähigkeiten und Fertigkeiten der in den nun türkischen Städten lebenden Christen.

Byzanz hatte in den dunklen Zeiten, die auf den Fall des Römischen Reiches im Westen folgten, das Erbe der antiken Kultur bewahrt. Zwar waren die heidnischen Völker in West- und Mitteleuropa von Missionaren bekehrt worden, die der Papst in Rom ausgesandt hatte, aber diese nun christlichen Völker schuldeten byzantinischer Kunst und Kultur viel. Am Ende waren die im Byzantinischen Reich bewahrten klassischen Schriften von ausschlaggebender Bedeutung für die Renaissance im 15. Jahrhundert.

Die osteuropäischen Reiche Bulgarien, Serbien und vor allem Rußland verdankten dem byzantinischen Vorbild sogar noch mehr. Schon im 9. Jahrhundert hatten bulgarische Herrscher, denen der fabelhafte Reichtum Konstantinopels in die Augen stach, byzantinische Architekten mit dem Bau großer Paläste beauftragt. Die Bulgaren wurden Christen und übernahmen die orthodoxe Form des Christentums.

Das Serbische Reich, das im 12. Jahrhundert gegründet wurde, hatte ebenfalls enge Beziehungen zu Byzanz. Mehrere serbische Fürsten heirateten byzantinische Prinzessinnen. Auf Justinians Reformen beruht eine serbische Gesetzessammlung aus dem 14. Jahrhundert, und serbische Künstler ließen sich beim Bau von Kirchen und Klöstern und deren Ausschmückung von byzantinischen Vorbildern inspirieren.

Orthodoxie in Rußland

Die byzantinische Kultur begann sich in Rußland auszubreiten, als Wladimir, Großfürst von Kiew, 988 Christ wurde und die Schwester des byzantinischen Kaisers Basileios II. heiratete. Seit Wladimirs Bekehrung übernahmen die Russen zunächst in Kiew byzantinische Formen in Malerei und Architektur und bildeten sie dann weiter. Zar Iwan III. der Große heiratete 1472 eine Nichte Konstantins XI., des letzten Kaisers von Byzanz, und übernahm den byzantinischen Doppeladler in das Moskauer Wappen; gleichzeitig erklärte er Rußland zur Beschützerin der orthodoxen Kirche. Was noch von Byzanz übrig war, fand eine neue Heimat in Moskau, das sich nun das Dritte Rom nannte.

DER FALL KONSTANTINOPELS

Der Niedergang des Oströmischen Reiches begann 1071 mit der Niederlage der Byzantiner gegen die Seldschuken bei Manzikert, fand seinen ersten Höhepunkt in der Eroberung Konstantinopels durch die Kreuzfahrer und Venezianer und wurde durch die siegreichen Osmanensultane zum Abschluß gebracht. Schon um 1300 ist ganz Kleinasien verloren, fünfzig Jahre später überqueren die Türken die Dardanellen, und vierzig Jahre danach gehört ihnen die Balkanhalbinsel. Das Byzantinische Reich besteht nur noch aus der Stadt Konstantinopel und seiner nächsten Umgebung sowie Teilen des Peloponnes. Kurz nach seiner Thronbesteigung plant Sultan Mehmed II., Konstantinopel zu erobern, »das monströse Haupt ohne Körper«, wie er es nannte. Die Belagerung dauerte sechs Wochen und endete mit dem Fall der Stadt.

DER SIEGER *Mehmed II., ein erbarmungsloser, aber kultivierter Herrscher, ließ in Konstantinopel viele Kirchen in Moscheen verwandeln.*

DIE BELAGERUNG *Auf diesem zeitgenössischen Bild sieht man das Lager der Türken vor der Stadt, die von ihnen beschossen wird. Der Eingang zum Goldenen Horn war durch Ketten gesperrt. Die Türken zogen 70 ihrer Schiffe vom Bosporus her mit Ochsen über Land und ließen sie innerhalb der Hafensperre ins Wasser.*

Kirche und Zarentum formen das russische Volk

Seit 988

Aus christlichem Glauben byzantinischer Prägung entwickelte sich eine blühende Kultur, deren Erbe auch in der Sowjetunion noch lebendig ist

Kultur und Zivilisation Rußlands stellen eine erstaunliche Mischung aus alt und neu dar. Das alte Rußland tritt etwa um 850 in den Gesichtskreis der Geschichtsschreibung. Seine vor allem religiöse Kunst und Kultur fand ihren ersten Mittelpunkt in Kiew, später blühte sie in Moskau. Rußland war das Land der Zwiebelkirchtürme und der Klöster, der illuminierten Handschriften und der Ikonen.

Das neue Rußland hat hingegen westlichen Einflüssen das meiste zu verdanken, insbesondere seit Peter dem Großen. Diese mehr weltliche Kulturströmung verkörperte sich in St. Petersburg und prägt das moderne Moskau. Das neue Rußland ist das Land der steinernen Paläste, Akademien und Universitäten, der Drehbank und des Mähdreschers. Das alte Rußland ist jedoch nicht einfach seit 1700 dem neuen gewichen. Im Gegenteil, die alte Kultur blieb sehr lebendig und bestand – wenn auch überlagert – Seite an Seite mit der neuen weiter. Der Schauplatz russischer Geschichte – heute wie ehedem – bildet die große Ebene, die sich, von dem Netzwerk großer Ströme durchzogen, bis ins Unendliche zu erstrecken scheint. Im Norden wird sie von den Nadelwäldern der Taiga begrenzt, im Süden von der Steppe. Das Land hat ein hartes Klima mit langen und strengen Wintern. Im Laufe der Geschichte haben sich die Russen trotz aller Kriege, Invasionen, Hungersnöte, Seuchen und Revolutionen von einem anfangs kleinen Gebiet aus über die eurasische Ebene hinaus über ganz Sibirien ausgebreitet. Mehr als vier Jahrhunderte lang bilden die Russen den Kern eines zunehmend autoritärer werdenden Staates, der sich inzwischen etwa 200 Völkerschaften einverleibt hat und nun eine Bevölkerung von ungefähr 250 Millionen Menschen aufweist.

Die Vorfahren der Russen – eine Gruppe ostslawischer Stämme – waren, wie man heute annimmt, um 400 n. Chr. aus ihrem Ursprungsgebiet nördlich der Karpaten nach Osten gewandert. Sie blieben bis zum 9. Jahrhundert in einzelne Stämme aufgespalten. Dann unterwarfen handeltreibende Wikingerfürsten aus Schweden – die Waräger – diese Gebiete. Unter ihrer Führung bildete sich um 880 der erste russische Staat. Sein Mittelpunkt war Kiew. Vom Beginn der russischen Kultur kann man jedoch erst ab 988 sprechen, als Großfürst Wladimir von Kiew sich taufen ließ und der Einfluß

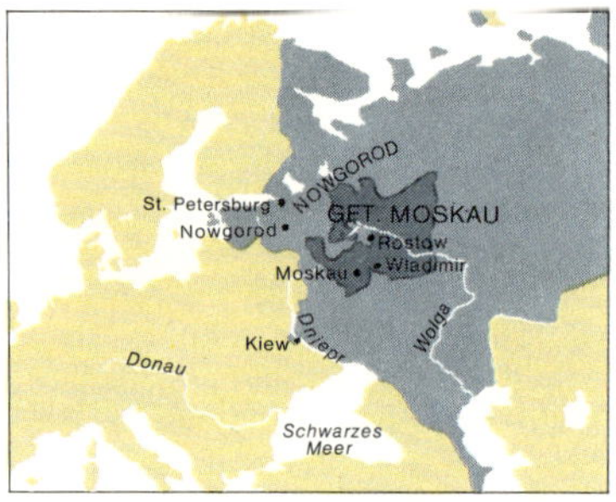

RUSSLAND 1462 UND 1725

Iwan der Große machte Moskau zum Mittelpunkt eines Reiches, das unter Peter dem Großen fast schon die Ausdehnung des modernen Rußlands erlangt hatte.

DER HERRSCHER, UNTER DEM RUSSLAND CHRISTLICH WURDE

Wladimir, Großfürst von Kiew von 980 bis 1015, ließ sich 988 taufen, als er die byzantinische Prinzessin Anna heiratete. Auch ein Teil seines Volkes nahm das Christentum an. Missionare aus Konstantinopel verbreiten den neuen Glauben weiter. Mit Hilfe byzantinischer Baumeister und Künstler wurden Kirchen errichtet und ausgeschmückt. Wladimir, dessen Bild einer Buchillustration aus dem 17. Jahrhundert entnommen ist, vergrößerte in mehreren Kriegen das Großfürstentum Kiew bis zur Düna und zum Ladogasee. Trotz seiner Bekehrung soll Wladimir 800 Konkubinen gehabt haben. Mit der Aufteilung seines Reiches unter seine acht Söhne begann die Zeit der Teilfürstentümer.

EINE HÖLZERNE KIRCHE

Als Baumaterial für die Verklärungskirche von Kischi samt ihren 22 mit silbrigen Schuppen bedeckten Kuppeln diente ausschließlich Holz. Die Kirche wurde 1714 auf einer Insel im Onegasee erbaut, der zwischen St. Petersburg (dem späteren Leningrad) und dem Weißen Meer liegt. Der Glockenturm (links) wurde erst 1894 hinzugefügt. Die Russen der Frühzeit mußten dichten Wald roden, um ihre Siedlungen anlegen zu können, und sie wurden zu Meistern in der Holzbearbeitung. Die Tradition der Holzschnitzerei hat sich in Rußland bis heute erhalten.

von Byzanz wirksam wurde. Nach einer Legende sandte Wladimir Boten aus, die die Religionen der Nachbarstaaten studieren sollten. Diese beobachteten den Gottesdienst der Juden, Moslems und römisch-katholischen Christen, waren jedoch davon nicht beeindruckt. Dann besuchten sie die Hagia Sophia in Konstantinopel. Dort, so erzählten die Boten, fanden sie so viel Schönheit, »daß sie nicht wußten, ob sie noch auf Erden oder bereits im Himmel weilten«.

Eine Stadt mit 200 Kirchen

Die prächtige Art und Weise, in der die orthodoxe Kirche ihre Gottesdienste feiert, machte tiefen Eindruck auf die Russen. Das Christentum wurde bald zum Mittelpunkt ihres Lebens und Denkens und verlieh der Kunst in Kiew jene Eigenart, die noch bis zum 17. Jahrhundert die gesamte russische Kunst prägen sollte. Indem Wladimir das Christentum der byzantinischen Welt und nicht das des römischen Westens annahm, brachte er Rußland auf einen anderen Weg, als ihn die Entwicklung des Abendlandes nahm. Es kam dadurch auch zur Bildung einer Gesellschaft, die nie völlig dem Osten oder dem Westen angehört hat, sondern sich in einem oft prekären Schwebezustand zwischen beiden befand. Auch ihr Alphabet verdanken die Russen der von Byzanz ausgehenden Slawenmission. Nach mehreren Reformen besteht es heute aus 32 Buchstaben, die noch immer nach dem Slawenapostel Kyrill kyrillisch genannt werden.

Was die russische Kultur zunächst hervorbrachte, waren Kirchenbauten. Fünfzig Jahre nach Wladimirs Bekehrung soll Kiew schon 200 Kirchen gehabt haben, von denen viele aus Holz bestanden und daher längst verfallen sind. Wladimirs Sohn Jaroslaw wollte Kiew zu einer der schönsten Städte der Christenheit machen. Er beauftragte griechische Architekten mit dem Bau einer Kirche der Heiligen Weisheit, die der großartigen Hagia Sophia an Schönheit nicht nachstehen sollte. Diese Kirche besteht – wenn auch, besonders durch die barocke Restauration, stark verändert – noch heute.

Ursprünglich hatte die von Jaroslaw gebaute Kirche in Kiew dreizehn flache Kuppeln byzantinischer Art, die wie umgekehrte Schalen aussahen. Die Mosaiken und Malereien im Inneren sind noch immer ein ausgezeichnetes Beispiel dieser frühen Mischung des byzantinischen Stils mit dem intimeren urwüchsig russischen Stil. Weniger byzantinisch beeinflußt und für den russischen Stil charakteristischer ist eine andere Kirche aus dem 11. Jahrhundert, die auch nach der Heiligen Weisheit benannt wurde – die im Jahre 1052 fertiggestellte Sophienkirche in Nowgorod. Sie hat die typischen russischen Zwiebelhauben, die sich bald durchsetzten.

Diese turbanartigen, oft vergoldeten Turmhauben wachsen – von einem Kreuz gekrönt – aus dem weißen Mauerwerk empor, bestechen das Auge mit ihrer reizenden Silhouette und beleben die flache russische Landschaft.

Mönche als Geschichtsschreiber

Am Stadtrand von Kiew befand sich das Höhlenkloster – Rußlands erstes Kloster und ein Bollwerk des russischen Christentums. Seine älteste Kirche, die um die Mitte des 11. Jahrhunderts erbaut wurde, bestand noch bis zum Zweiten Weltkrieg. Das Kloster förderte die Gelehrsamkeit und die Künste, und die Mönche dieses Klosters verfaßten die ersten russischen Chroniken und Heiligenleben. Es wurden auch griechische, lateinische und hebräische Werke übersetzt, darunter Erzählungen über Troja und Alexander den Großen. Ein weltliches Literaturdenkmal der frühen Zeit ist das *Igorlied* – eine Klage um im Kampf mit den türkischen Kumanen gefallene Krieger.

Der Handel spielte für die Wirtschaft des alten Kiews eine bedeutende Rolle. Erzeugnisse des Waldes wie Pelze, Wachs und Honig wurden über die Flüsse und das Schwarze Meer nach Konstantinopel verschifft; desgleichen sehr viele Sklaven. Kiews Gesellschaftsform hatte die Landwirtschaft als Grundlage. Nicht alle Arbeiter auf dem

OSTERTAG IN MOSKAU VOR 300 JAHREN

Dieser Kupferstich aus Adam Olearius' Reisewerk Vermehrte Newe Beschreibung der Muscowitischen und Persischen Reyse *(1656) fängt die Stimmung religiöser Inbrunst ein, die im Rußland des 17. Jahrhunderts herrschte. Eine riesige Prozession feiert Ostern vor dem Moskauer Kreml auf dem Roten Platz, wie er schon damals hieß. Der Kreml mit seinen turbanartigen vergoldeten Kuppeln war das politische und religiöse Zentrum des Moskauer Staates als Sitz des Zaren und des Metropoliten, der 1589 als Haupt der russischen orthodoxen Kirche den Titel Patriarch annahm.*

DIE HEILIGE KUNST DER IKONEN

Als Rußland das Christentum von Byzanz übernahm, wurde dort auch die byzantinische Kunst der Ikonenmalerei, also die Darstellung von Christus, der Madonna und der Heiligen und Engel auf Holztafeln, heimisch. Das tiefe religiöse Empfinden der Russen drückte sich in Ikonen von oft hervorragendem Kunstwert aus. Ikonen waren der Hauptschmuck in den Kirchen, aber auch in jeder Bauernhütte befand sich eine Ikone mit einem Ewigen Licht davor in einer Ecke der Stube.

DER DRACHENTÖTER *Diese besonders lebendige Ikone aus Nowgorod (16. Jahrhundert) stellt den heiligen Georg dar, wie er den Drachen, das Symbol des Bösen, erschlägt, um die Prinzessin hoch oben auf dem Turm zu erretten. Ein Engel setzt ihm eine Krone auf, und Gott segnet ihn von einer Wolke aus (oben links).*

Lande waren Sklaven oder Leibeigene, aber auch der freie Bauer wurde wenig geachtet, wie das alte russische Wort für ihn – *smerd* (= Stinker) – zeigt.

Während der Kiewer Periode war Rußland noch kein zentralisierter Staat, sondern ein loser Bund von Fürstentümern mit dem Großfürsten von Kiew an der Spitze. Wegen der häufigen Überfälle plündernder und raubender Nomaden aus der Steppe im Süden zogen viele Russen aus dem Kiewer Gebiet in den dichtbewaldeten Nordosten des Landes, die Heimat primitiver finnischer Stämme. Die Städte dort, wie Rostow, Susdal und Wladimir und schließlich Moskau selbst, entwickelten sich bald zu Konkurrenten Kiews. Im Jahre 1169 eroberte Andrei Bogolubski Kiew und machte sich zum Großfürsten, residierte aber weiterhin in Wladimir, das er mit schönen Kirchen schmückte.

Unter dem Tatarenjoch

In den Jahren 1237–40 eroberten die Mongolen unter Batu, dem Enkel Dschingis Chans, den größten Teil Rußlands, brannten viele Städte bis auf die Grundmauern nieder und töteten die Bewohner. An der unteren Wolga gründeten sie das Reich der Goldenen Horde, in dem sich aus Mongolen und Türken das Volk der Tataren bildete. Die russischen Fürstentümer blieben nicht dauernd besetzt, aber sie mußten hohe Tribute zahlen, wollten sie von Gewaltmaßnahmen der Tataren verschont bleiben. Die Tataren zwangen auch Russen unter ihre Fahne und verschleppten Handwerker in ihre Hauptstadt Sarai an der Wolga.

Die russische Kultur überstand zweieinhalb Jahrhunderte lang das Tatarenjoch nur deshalb, weil die Tataren zwar plünderten und erpreßten, aber an den geistigen Überzeugungen ihrer Opfer kein Interesse hatten. Die orthodoxe Kirche, von der die Tataren durch Gewaltanwendung nichts gewinnen konnten, wurde von ihnen geduldet und entwickelte sich zu einer Freistatt für die gequälten Russen. Die russischen Mönche bezeichneten in ihren Chroniken und Heiligenleben die Tatarenherrschaft als Gottes Heimsuchung für begangene Sünden. Aber es war ihnen dennoch möglich, viele neue Klöster in dieser Zeit zu gründen und unbewohntes Land weiterhin zu kolonisieren.

Die Tataren hinterließen den Russen als Vermächtnis die Volkszählung, das Postwesen, die strenge, autokratische Regierungsform und die Übung, vor Hochgestellten Kotau zu machen und Frauen nicht am öffentlichen Leben zu beteiligen. Obgleich das Russentum durch die Tataren nicht zerstört worden war, hatte ihr Joch Rußland doch von dem kulturellen Einfluß des Westens abgeschnitten und die Entwicklung des Landes gehemmt.

Ein einziges russisches Fürstentum, nämlich das von Nowgorod, wurde von den Tataren nicht erobert, mußte jedoch auch Tribut zahlen. Die Einwohner von Nowgorod, tatkräftige und unabhängige Kaufleute und Handwerker, regierten ihre Stadt nach republikanischen Grundsätzen. Der Fürst wurde gewählt und hatte nur noch militärische Funktionen. Alle freien Männer der Stadt versammelten sich zur Entscheidung öffentlicher Fragen auf dem Hauptplatz. Diese Volksversammlung hieß Wetsche und wurde durch Glockenläuten einberufen. Im 13. Jahrhundert konnten schon viele Einwohner von Nowgorod lesen und schreiben. Als billiges Schreibmaterial gebrauchten sie Birkenrinde; Pergament benutzte man nur für Bücher, von denen die schönsten mit herrlichen Miniaturen im byzantinischen Stil geschmückt wurden.

Wegen der vielen verheerenden Brände, die Rußlands hölzerne Städte so oft heimsuchten, blieb wenig vom weltlichen Besitz der Bevölkerung von Nowgorod erhalten. Heute läßt sich die Höhe ihrer Kultur hauptsächlich an der religiösen Kunst jener Zeit ablesen. In der Baukunst wird eine quadratische Form der Kreuzkuppelkirche mit mächtigem Mittelturm entwickelt. Großartig sind auch die Fresken und Ikonen.

WUNDERBARER SIEG *Auch historische Ereignisse fanden auf Ikonen Platz, wenn sie sich mit einem Wunder verbinden ließen. So wird auf dieser Ikone aus Kuretsa am Ilmensee bei Nowgorod, die 1460 gemalt wurde, der Sieg der Nowgoroder über die Susdaler im Jahre 1169 verherrlicht. Die Nowgoroder schrieben nämlich ihren Sieg der im oberen Feld gezeigten Ikone des Zeichens der Gottesmutter zu. Ikonen wurden übrigens auch über die Felder getragen, um die Ernte zu segnen.*

SCHUTZENGEL *Russische Ikonenmaler verliehen ihren Engeln und Heiligen oft zarte Gesichtszüge mit großen ausdrucksvollen Augen, wie dieser Kopf eines Erzengels aus dem späten 12. Jahrhundert zeigt.*

DIE ERSTEN HEILIGEN *Die ersten russischen Heiligen, Boris und Gleb, waren zwei Söhne des Großfürsten Wladimir von Kiew, die sich im Bruderzwist nach Wladimirs Tod widerstandslos von ihrem älteren Bruder Swjatopolk ermorden ließen, weil sie sich als Märtyrer christlicher Demut betrachteten. Die Ikone stammt aus dem frühen 14. Jahrhundert.*

DAS WUNDERTÄTIGE BILD

Die berühmteste aller russischen Ikonen ist die der Gottesmutter von Wladimir, die um 1130 in Konstantinopel gemalt wurde. Diese Ikone, so glaubte man, besaß die Kraft, Wunder zu wirken. Ihr wurde in drei Fällen die Bewahrung Rußlands vor ausländischer Eroberung zugeschrieben, so auch 1812 beim Einfall Napoleons. Die Ikone war durch einen Fürsten von Kiew in Auftrag gegeben worden, kam 1155 nach Wladimir und überstand dort den großen Brand von 1185. Wegen ihrer wundertätigen Eigenschaften erhielt sie einen mit Edelsteinen besetzten Rahmen, den die Mongolen bei der Eroberung von Wladimir 1237 raubten. Das Bild blieb erhalten und wurde 1315 in die Uspenski-Kathedrale im Moskauer Kreml überführt. Heute ist die Ikone in der Tretjakow-Galerie in Moskau zu sehen.

Während Nowgorod sich als größtes Zentrum frühmittelalterlicher russischer Malerei entwickelte, begann eine andere Stadt ihren Aufstieg zur Vormachtstellung – Moskau. Aus dem 1147 zum erstenmal in einer russischen Chronik erwähnten kleinen Handelsaußenposten war zu Ende des 14. Jahrhunderts die rasch wachsende Hauptstadt des führenden Fürstentums geworden.

Iwan III. der Große, Großfürst von Moskau (1462–1505), schafft zur Zeit, als das Tatarenreich durch innere Kämpfe geschwächt war, endgültig die Grundlagen für Moskaus Aufstieg. Er kündigte den Tataren die Tributzahlungen auf und vervierfachte das Moskauer Gebiet durch Eroberungen, Erpressungen und Intrigen. Iwans größter Gewinn war die Einverleibung Nowgorods mit seinen sich weit nach Norden und Nordosten erstreckenden Kolonisationsgebieten. Unter seiner Regierung nahm der Moskauer Kreml, das Verwaltungszentrum von Kirche und Staat, die Form an, die er im großen und ganzen bis heute bewahrt hat.

Moskau, das Dritte Rom

Noch ehe die Russen das Tatarenjoch abgeschüttelt hatten, löste sich ihre Kirche vom Patriarchat in Konstantinopel. Der Bruch fand statt, als der Kaiser von Byzanz auf dem Konzil in Florenz im Jahre 1439 der Vereinigung der orthodoxen Kirche mit der römischen Kirche zustimmte und Moskau Einspruch erhob. Schon bald darauf, als Konstantinopel 1453 den Türken in die Hände fiel, blieben Moskau und seine Kirche als die einzigen unabhängigen Repräsentanten der Orthodoxie in der Welt bestehen.

Durch seine Eheschließung mit einer Nichte des letzten byzantinischen Kaisers im Jahre 1472 sah sich Iwan der Große als Schutzherr der orthodoxen Christenheit in den nun islamischen Gebieten an. Moskau betrachtete sich seitdem als Nachfolger Konstantinopels, als Drittes Rom.

Iwans Einstellung zur Leibeigenschaft sollte ebenfalls lange nachwirken. Schon seit dem 12. Jahrhundert war eine insgesamt kleine Zahl von Bauern ans Land gefesselt. Wegen seines ständigen Bedarfs an Geld zur Bezahlung der Truppen erhöhte und vermehrte Iwan die Steuern und verschärfte die Fesseln der Leibeigenschaft, wodurch nun viele Tausende von Bauern mit ihren Kindern zu einem Leben unablässiger Mühsal verdammt wurden, ohne daß sie das Land ihres Herrn verlassen durften. Einige rebellierende Leibeigene flohen in die weiten Grenzgebiete im Osten und Süden des Landes, wo sie in verhältnismäßiger Freiheit leben konnten. Diese Leute sind als Kosaken bekannt geworden, eine Gemeinschaft berittener Desperados, die Moskau immer dann am gefährlichsten wurden, wenn sie sich um irgendeinen aufrührerischen Thronanwärter scharten. Es entwickelte sich eine Art Tradition in Volksaufständen, die in der Revolution von 1917 gipfelte. Doch zu dieser Zeit gelang es der Zentralregierung, die Freibeuter der Steppe zu zähmen und sie zu Verteidigern des Regimes umzuerziehen.

Die Regierung Iwans des Schrecklichen

Der Enkel Iwans des Großen, Iwan IV. (1533–84), war der erste Herrscher, der zum Zaren gekrönt wurde, ein Titel, der vom lateinischen Cäsar abgeleitet war und den Zusammenhang mit Rom über Byzanz betonen sollte. Iwan kam schon mit drei Jahren auf den Thron und verbrachte seine Kindheit im Schatten der Bojaren, mächtiger und selbstsüchtiger Adliger am russischen Hof. Die bösen Erfahrungen seiner Jugend machten ihn halb irr vor Mißtrauen gegen jedermann in seiner Umgebung. In einem Wutanfall erschlug er seinen eigenen Sohn, und als das Haupt seiner Kirche, der Metropolit Philipp, es wagte, etwas gegen seine Grausamkeiten zu sagen, ließ er ihn erwürgen. Sogar in einem Zeitalter, das durch die Wildheit der Tataren abgehärtet war, erwarb sich Iwan den Beinamen der Schreckliche.

Seine Maßnahmen waren hauptsächlich gegen die Feinde Moskaus gerichtet – gegen die Tataren, die den Osten besetzt hielten, gegen die Polen und Schweden, die ihm den Weg zur Ostsee versperrten, und gegen die Bojaren, die seinem Willen im Wege standen. Während eines Großteils seiner Regierungszeit herrschte Krieg. Iwans Bemühungen, den Zugang zur Ostsee zu gewinnen, schlugen fehl, aber er eroberte die Chanate Kasan und Astrachan und schob damit Rußlands Grenzen bis zum Kaspischen Meer vor, außerdem begann unter ihm die Unterwerfung Sibiriens. Zum erstenmal machte Rußland fremdstämmige Völker zu Untertanen, der Anfang seiner langen Laufbahn als Mittelpunkt eines Vielvölkerreiches. Trotz seiner Grausamkeit war Iwan IV. mehr als nur irgendein orientalischer Despot. Er förderte Gelehrte, richtete eine Druckerpresse in seiner Hauptstadt ein, um die allgemeine Bildung zu heben, und unterstützte den Handel, indem er englische Kaufleute ermunterte, die neuentdeckte Seeverbindung zwischen Westeuropa und Rußland über das Weiße Meer zu nutzen.

Waren die Russen unter Iwan dem Schrecklichen schon Massenmord, Deportationen und Mißhandlungen gewöhnt, so hatten sie danach noch mehr zu leiden. 1601 bis 1604 herrschte eine entsetzliche Hungersnot. Bald darauf, während der Zeit der Wirren (1605–13), rissen Polen und Schweden russische Gebiete an sich, und 1605 fiel Moskau in die Hand der Polen. Diesen Wirren machte eine patriotische Volksbewegung ein Ende, Moskau wurde 1612 befreit und ein neuer Zar gewählt – Michael Romanow, der Begründer einer neuen, lange herrschenden Dynastie. Obgleich die ersten drei Zaren aus dem Geschlecht der Romanows weiche oder schwache Herrscher waren, vergrößerte sich die Macht des Zarentums während ihrer Regierungszeit weiter. Des Blutvergießens müde und noch immer von den mächtigen Schweden und Polen bedroht, zogen viele Russen eine absolute Monarchie der Schwäche und Anarchie vor. Um die Mitte des 17. Jahrhunderts hatte die Unfreiheit der Bauern noch zugenommen; sie waren nun an den jeweiligen Landbesitzer gebunden, der seinerseits dem Zaren absolute Unterwerfung schuldete. Der Zar als Spitze dieses Systems war gleichzeitig auch sein Gefangener, der oft mehrere Stunden des Tages, von schweren, juwelengeschmückten Gewändern niedergedrückt, stehend oder kniend dem umfangreichen Ritual der orthodoxen Kirche beiwohnen mußte.

Obgleich Ausländer während des 17. Jahrhunderts nach Moskau strömten und das Land sich langsam auch westlichen Einflüssen öffnete, hing Rußland doch zäh am Althergebrachten. Auf Neuankömmlinge aus Westeuropa machten die Russen des 17. Jahrhunderts einen außerordentlich exotischen Eindruck. Ihre Gottesdienste vollzogen sich in einem dem Westen fremden Stil, mit den wallenden Gewändern, kunstvollen Kopfbedeckungen und langen Bärten der Geistlichen, mit orientalischem Zeremoniell und unter dem Geläut zahlloser Kirchenglocken.

Verbrecher wurden öffentlich in einem Maße gefoltert, das sogar das in Westeuropa Übliche weit überstieg. Auch die wilden Saufgelage und die Selbstgeißelung mit Birkenzweigen in der heißen Sauna, wonach man sich im Schnee wälzte, trugen dazu bei, daß die Russen den Fremden seltsam und ergötzlich vorkamen. Die Russen ihrerseits fanden die ausländischen Häretiker nicht weniger sonderbar, weshalb sie ihnen eigene Wohnviertel zuwiesen – die *deutsche Vorstadt,* damit die Rechtgläubigen intellektuell und religiös nicht verseucht wurden. Diese konservative Haltung tat ihrer Abenteuerlust keinen Abbruch, und so fällt der Abschluß der Eroberung Sibiriens auch in diese Zeit. Die Russen hatten nämlich um die Mitte des 17. Jahrhunderts den Amur und den Stillen Ozean erreicht.

Reformen durch Peter den Großen

Gegen Ende des 17. Jahrhunderts wurde das traditionsgebundene Moskau durch die Initiativen erschüttert, die von Peter dem Großen (1682–1725), dem neuen rührigen Herrscher, ausgingen. Peter, ein Riese von Gestalt, an Willenskraft und Energie, hatte sich die Umformung seines Reiches nach westeuropäischem Muster vorgenommen. Da er alles Rückständige in Rußland verabscheute, begab sich der junge Zar zunächst auf eine 18monatige Reise (1697–98) durch Westeuropa, auf der er Techniker und Handwerker für Rußland anwarb. Dabei blieb er am längsten in Holland und England und arbeitete dort eigenhändig mit, um ein echtes Verständnis für die westlichen Fertigkeiten zu erwerben. Bei seiner Rückkehr nach Moskau wurde Peter von den Bojaren mit demütigen Ehrbezeigungen empfangen. Er riß sie aus der knienden Stellung empor und schnitt ihnen mit der Schere den Bart und die wallenden Falten ihrer langen Ärmel ab. Später schaffte Peter den Rang des Bojaren überhaupt ab und setzte eine neue Elite aus sauber rasierten Beamten ein, die westeuropäische Kleider trugen und westeuropäische Sprachen beherrschten.

Gegner seiner Reformen versuchten eine Revolte, aber Peter zerschlug diese mit erbarmungsloser Härte, schaffte die Palastwache ab, die dabei mitgespielt hatte, und ersetzte sie durch eine reguläre Armee nach westlichem Vorbild. Als Höhepunkt seines abrupten Bruches mit der Vergangenheit ließ Peter eine neue Hauptstadt in den Sümpfen der unteren Newa nahe der Ostgrenze seines Reiches bauen. Dieses kühnste aller Projekte, Rußland zu europäisieren, wurde bezeichnenderweise nach orientalischer Art durch die Zwangsarbeit Tausender von versklavten Bauern verwirklicht.

SCHÖPFER EINES NEUEN RUSSLANDS

Peter der Große, der ruhelose Modernisierer im Innern, schuf sich auch eine schlagkräftige Armee und eine Flotte. Im Nordischen Krieg gegen Schweden versuchte er, Rußland die Herrschaft über die Ostsee zu sichern, doch Karl XII. von Schweden schlug die Russen bei Narwa. Der Weg nach Moskau war offen, aber der Schwedenkönig griff Polen an. Peter mobilisierte sein Volk erbarmungslos. Als der schwedische Angriff schließlich 1709 kam, wurde Karl XII. bei Poltawa vernichtend geschlagen. Bei Ende des Krieges (1721) stand Peter in Schweden, und seine Flotte beherrschte die Ostsee.

PETER DER GROSSE *Diese eiserne Porträtbüste des großen Zaren schuf der Italiener C. Rastrelli, dessen Sohn einige der berühmtesten Gebäude St. Petersburgs zu verdanken sind.*

GESCHENK AN EINEN PRINZEN *Dieses goldene Gefäß schenkte Peter seinem vierjährigen Sohn Alexei.*

Viele dieser leibeigenen Arbeiter kamen bei diesem Versuch, die Sümpfe zu pflastern und mit Palästen zu überbauen, um. 1712 verlegte Peter den Regierungssitz in die neuerbaute Stadt. Er nannte sie St. Petersburg. Seit 1924 heißt sie Leningrad.

Das Fenster nach Europa

St. Petersburg war sehr großzügig geplant. Die breiten Straßen bildeten große Rechtecke. Der Bebauungsplan wurde vor allem von dem französischen Architekten Le Blond entworfen. Peter wählte einen Gebäudestil für seine Hauptstadt, der eine Mischung der zeitgenössischen holländischen und italienischen Architektur darstellt und an dem er Änderungen nach seinem Geschmack vornehmen ließ. Im Jahre 1721 erhielt Zar Peter den Beinamen der Große und nahm den Kaisertitel an. So wurde der Moskauer Staat zum Russischen Kaiserreich.

Peter gründete die Russische Akademie der Wissenschaften in St. Petersburg. Er förderte die Literatur und den Journalismus, er gründete Schulen, technische Institute und Fabriken und fing an, die Bodenschätze Sibiriens auszubeuten. Vor allem aber begann er mit der Modernisierung seines Reiches, mit der Überbrückung der Kluft, die Rußland von der Entwicklung in Westeuropa getrennt hatte.

Peters Tochter, die Kaiserin Elisabeth (1741–61), fuhr fort, St. Petersburg in extravagantem Stil auszubauen, vor allem mit Hilfe des italienischen Architekten Rastrelli, der auch dem Winterpalais sein jetziges Aussehen gab. Andere Baudenkmäler, so die Gemäldegalerie der Eremitage, wurden unter Katharina der Großen (1762–96) hinzugefügt. Sie zog einen einfacheren Baustil vor. Viele der leitenden Architekten unter Elisabeth und Katharina waren Ausländer. Katharina selbst kam aus dem Ausland. Sie war eine Prinzessin von Anhalt-Zerbst, hatte den russischen Thronfolger geheiratet und dann die Ermordung ihres schwachsinnigen Gemahls, des Zaren Peter III., stillschweigend geduldet. Der charakteristische klassische russische Stil erreichte seinen Höhepunkt unter dem italienischen Architekten Rossi, der zur Zeit Alexanders I. (1801–25) in St. Petersburg der erste Baumeister war. Durch die Vielzahl der Talente, die sich in der neuen Hauptstadt sammelten, wurde es als Rußlands »Fenster nach Europa« und als das »Venedig des Nordens« berühmt. Wie seine italienische Schwester ist es von einem Netz von Kanälen durchzogen.

Rußlands erste Universität, die Universität von Moskau, wurde 1755 unter Elisabeth gegründet. Heute heißt sie Lomonossow-Universität nach dem russischen Dichter, Wissenschaftler und Gelehrten Michael Lomonossow, der bei der Gründung der Universität entscheidend mitwirkte. Seine niedere Herkunft – er war der Sohn eines Fischers – zeigt, daß einige Russen sogar im 18. Jahrhundert aus den untersten Schichten zur höchsten Höhe aufsteigen konnten.

Zu Anfang des 19. Jahrhunderts war Rußland im Vergleich zu Westeuropa noch immer politisch und ökonomisch rückständig. Die russische Bevölkerung bestand hauptsächlich aus Leibeigenen, die je nach Laune ihrer Besitzer gekauft und verkauft werden konnten und deren Lebens- und Arbeitsbedingungen unerträglich hart waren. Trotz seiner Rückständigkeit hatte das Land dennoch Kraft und Patriotismus genug, Napoleons Einfall im Jahre 1812 zurückzuschlagen. Der Brand Moskaus, der wahrscheinlich zufällig entstand, zwang Napoleon zu einem außerordentlich verlustreichen Rückzug. Tolstois epischer Roman *Krieg und Frieden,* der ein halbes Jahrhundert später geschrieben wurde, setzt diesem Ereignis ein großes literarisches Denkmal. Zar Nikolaus I. (1825–55) war sowohl in der Innen- wie in der Außenpolitik so reaktionär, daß sein Name mit reaktionärem Wesen gleichgesetzt wurde. In die harte Zeit dieses rücksichtslosen Selbstherrschers fiel gleichwohl die erste große Blüte des modernen russischen intellektuellen Lebens.

Unter ihren Dichtern schätzen die Russen Alexander Puschkin (1799–1837) noch immer am höchsten. Seine lyrischen Gedichte gehören zu den schönsten in russischer Sprache. Die Themen vieler seiner Werke stammen aus der volkstümlichen Überlieferung und Geschichte Rußlands. Opern wie Mussorgskis *Boris Godunow,* Tschaikowskis *Eugen Onegin* und Rimski-Korsakows *Der Goldene Hahn* sind von Puschkins Dichtungen angeregt worden. Nicht weniger originell in seiner verschlungenen, exzentrischen Weise war Nikolai Gogol (1809–52), der Autor des Romans *Die toten Seelen,* in dem das System der Leibeigenschaft satirisch behandelt wird. Ein weiterer berühmter Schriftsteller aus der Regierungszeit Nikolaus' I. war der romantische Lyriker und Romancier Michael Lermontow (1814–41), der vor allem durch seinen Roman *Ein Held unserer Zeit* bekannt wurde.

Lebhafte Auseinandersetzungen fanden zur Zeit Nikolaus' I. zwischen zwei Gruppen von Intellektuellen, den Westlern und den Slawophilen, statt. Die Westler sahen in Rußland ein europäisches Land, das Frankreich, Deutschland und Großbritannien nacheifern sollte. Ihre slawophilen Gegner unterstrichen den einzigartigen Charakter der altrussischen Kultur und betonten den Wert ihrer frühen Literatur, Malerei und Architektur, vor allem jedoch die unfaßbare, aber unendlich wertvolle russische Wesensart, die Ausländer sowieso nie zu würdigen vermöchten – den russischen Geist, die russische Seele.

Zar Alexander II. (1855–81) hob 1861 die Leibeigenschaft im ganzen russischen Reich auf, doch blieben die Bauern in gewissem Grade rechtlich an ihre Dorfgemeinde, die Versammlung der Haushaltvorstände, gebunden, die alle Entscheidungen einstimmig zu fällen pflegten. Während der Regierungszeit Alexanders II. bildete sich auch die erste große politische Terroristenbewegung. Gleichzeitig kam der russische realistische Roman zur vollen Blüte. Die Hauptwerke

DIE PHANTASIEN DES CARL FABERGÉ

Einige der phantasievollsten Schmuckstücke, die es je gegeben hat, entstammten der Werkstatt des Goldschmiedes Carl Fabergé, des Hofjuweliers der beiden letzten Zaren. Fabergé, ein Russe hugenottischer Herkunft, schuf Blumen, Tiere und Figurengruppen, die von allen Sammlern der Welt geschätzt werden.

DER MUSIKER *Das Haar dieser 11 cm großen Figur eines Balalaika spielenden Bauern besteht aus Karneol, die Augen aus Saphiren, die Bluse aus Jaspis, die Hosen aus Lapislazuli, und die Balalaika ist versilbert.*

EIN OSTEREI *Unter Fabergés Schöpfungen befinden sich juwelengeschmückte, emaillierte Ostereier für die Mitglieder des kaiserlichen Hofes wie dieses, das Nikolaus II. 1898 seiner Gemahlin schenkte.*

PELZE FÜR EINEN KAISER

Russische Gesandte Iwans des Schrecklichen begeben sich auf dem Reichstag in Regensburg 1576 zur Audienz. Sie werden Kaiser Maximilian II. ihr versiegeltes Beglaubigungsschreiben und als Geschenk zahlreiche Bündel mit wertvollen Zobel- und Hermelinfellen überreichen. Nach beinahe 250jähriger Isolation Moskaus unter dem Tatarenjoch wurde seit dem späten 15. Jahrhundert der Kontakt mit dem Westen wiederaufgenommen. Für ihre Gastgeber hatten die Russen mit ihren sonderbaren Kleidern und Sitten den Reiz des Exotischen.

EIN PALAST, DER VERSAILLES NICHT NACHSTEHEN SOLLTE

Als Peter der Große 1700 damit begann, Rußland zu modernisieren, betonte er den Bruch mit der Vergangenheit durch die Verlegung seiner Hauptstadt von Moskau in das neuerbaute St. Petersburg, über 600 km nordwestlich von Moskau. Peter hatte Westeuropa besucht und wollte beim Bau St. Petersburgs mit dem Besten konkurrieren, was der Westen zu bieten hatte. Versailles war das Vorbild für Peters neuen Palast, den Peterhof am Finnischen Meerbusen, und er zog Architekten und Künstler aus dem Westen zum Bau und zur Ausschmückung heran. Vom Palast stürzt eine große Kaskade zum Meer. Dazwischen stehen zahlreiche Fontänen, die mit Nymphen und anderen Skulpturen im klassischen Stil geschmückt sind. Damit alle Steinmetzen und Maurer in seine neue Hauptstadt kämen, ordnete Peter der Große an, daß im übrigen Rußland jahrelang nur hölzerne Häuser gebaut werden durften.

Turgenjews, Dostojewskis, Leskows, Gontscharows und Tolstois entstanden damals, darunter so bedeutende Romane wie Tolstois *Anna Karenina* (1877) oder Dostojewskis *Die Brüder Karamasow* (1880), die überall auf der Welt ihr Publikum finden sollten.

Der realistische Roman

Die russische realistische Dichtung fand bei westeuropäischen Lesern großen Anklang. Da war das aufregend Exotische einer Kultur, die einerseits eine europäische Seite hatte und deshalb vertraut wirkte, andererseits aber genug fremde Züge aufwies und damit einen überraschenden frischen Eindruck machte. Das Leben in Rußland schien in einer zeitlosen Welt verträumter Landsitze abzulaufen, einer Welt der weiten Horizonte, hinter denen sich endlose Steppen dehnten. Begriffe wie Zeit und Raum hatten dort einen völlig anderen Inhalt als in dem geschäftigen Westen. Die Gespräche drehten sich in Rußland anscheinend hauptsächlich um die Seele und um den Sinn des Lebens – Themen, über die sich die Romanfiguren etwa in den Werken eines Dickens oder Balzac kaum je unterhalten.

Die großen russischen Romanschriftsteller waren zutiefst revolutionär und sehr stark religiösen, sozialen und politischen Idealen verpflichtet. Dostojewski wurde von der zaristischen Polizei als Gegner des Regimes verhaftet und zum Tode verurteilt. Vor dem Erschießungskommando stehend, erfuhr er, er sei zu vier Jahren Zwangsarbeit in Sibirien begnadigt worden. Dostojewski versuchte die Tradition der russischen Orthodoxie wieder zu beleben. Er glaubte an einen spezifisch russischen Christus. Tolstoi, Aristokrat und Gutsbesitzer, hatte auch seine eigene Version des Christentums. Er befreite seine Leibeigenen und arbeitete mit ihnen zusammen in Wald und Feld.

Gegen Ende des 19. Jahrhunderts begann die industrielle Revolution auch in Rußland, wodurch es zu einem raschen Wirtschaftsaufschwung kam. Doch blieb das Kaiserreich weiterhin ein Agrarstaat, der dem Westen in Produktivität und technischer Entwicklung sehr nachstand.

Während des letzten Jahrzehnts des vorigen Jahrhunderts gaben eine Reihe schöpferischer Künstler den Realismus und den Versuch auf, durch ihre Werke irgendwelche Ideen zu vermitteln. Viele hielten sich nun an die neue Doktrin *Kunst um der Kunst willen*. Damit begann eine Zeit des Experimentierens in den Künsten – eine Bewegung, zu der auch die Theaterreform des Moskauer Künstlertheaters gehörte. Dieses Theater wurde 1898 von Konstantin Stanislawski und Wladimir Nemirowitsch-Dantschenko gegründet. Es war das Ziel dieser Pioniere, alles zu einem harmonischen Ganzen zusammenzufügen – das Stück, das Spiel, die Kostüme, die Dekoration, die Bühnenmusik, ja sogar die Gestaltung der Programmhefte. Stanislawski entwickelte eine besondere Methode der Schauspielkunst, die vom Darsteller ein gefühlsmäßiges Miterleben seiner Rolle verlangte, eine Technik, die auf die Schauspielkunst auf der Bühne und im Film eine große Wirkung gehabt hat.

Die bahnbrechenden Inszenierungen des Moskauer Künstlertheaters machten auch die Werke Anton Tschechows (1860–1904), des originellsten russischen Dramatikers, populär. Tschechow gehört auch zu den größten Novellisten der Welt. Das Ballett erhielt neue Impulse durch Sergei Diaghilew.

Die Kultur der Revolution

Schon 1905 hatte eine Revolution Rußland erschüttert. Der Revolution im Frühjahr 1917, die den Zaren zur Abdankung zwang, folgte die bolschewistische Machtergreifung unter Lenins Führung im November 1917. Während der ersten zwölf Jahre des Sowjetregimes wurden die Künste ziemlich in Ruhe gelassen, und die zwanziger Jahre waren eine Zeit des Experimentierens. Die Filmkunst erhielt einen russischen Akzent mit Sergei Eisensteins *Panzerkreuzer Potemkin* und *Zehn Tage, die die Welt erschütterten*. Sie wurde ebenso wie Malerei, Bildhauerei, Literatur und Architektur ein Feld für individuelle Neuerungen.

Josef Stalin, Generalsekretär der Kommunistischen Partei, der bis 1929 die unumschränkte Macht an sich gebracht hatte, setzte ein Terrorsystem in Gang, das jede zaristische Gewaltherrschaft wegen seiner viel größeren Wirksamkeit in den Schatten stellte. Er hatte für abstrakte, experimentelle Kunst nichts übrig, so daß schöpferische Künstler immer befürchten mußten, der Partei zu mißfallen. Ihre Stellung in der Sowjetunion wurde schwierig oder unhaltbar, und von 1932 an war eine neue Kunstrichtung, nämlich der *Sozialistische Realismus*, für alle Künstler verbindlich. Nach der sowjetischen Sprachregelung greift der Sozialistische Realismus auf die Werke der großen engagierten Romanschriftsteller des 19. Jahrhunderts, etwa auf die Romane Tolstois und Dostojewskis, zurück. Es besteht dabei nur der wichtige Unterschied, daß es dem Künstler nach 1932 verwehrt gewesen ist, sich seine Art des Engagements auszusuchen. Statt dessen ist er in das Heer der politischen Werbetexter eingereiht und muß die sowjetischen Errungenschaften propagieren und verherrlichen.

Der Sozialistische Realismus hat dem russischen Roman jedoch nicht den Todesstoß versetzt. Zumindest ein Meisterwerk, Scho-

KÜNSTLER, DIE EINE NEUE TANZKULTUR SCHUFEN

Die letzten dreißig Jahre vor der Revolution waren durch glanzvolle Schöpfungen in der russischen Schauspielkunst und besonders im Ballett gekennzeichnet. Als Geburtsjahr des modernen Balletts kann man das Jahr 1909 angeben, in dem die *Ballets Russes* unter Sergei Diaghilew in Paris gegründet wurden. Sie erfüllten auch das westliche Ballett, das sehr viel von seinem ursprünglichen Elan und seiner Phantasie eingebüßt hatte, mit neuem Leben. Diaghilew brachte eine brillante Kombination von Talenten auf die Bühne: hervorragende Choreographen und Tänzer wie Michael Fokine, W. Nijinski und Anna Pawlowa, Bühnenbildner wie Bakst, Benois, Matisse und Picasso und dazu die Musik von Borodin, Rimski-Korsakow und vielen anderen in- und ausländischen Musikern. Diaghilew tat sich durch prächtige, aufsehenerregende Inszenierungen von überraschender Originalität hervor, die zum Teil auf russische Volkskunst zurückgehen. Werke, die Igor Strawinskis Ruhm begründeten wie *Der Feuervogel, Petruschka* und *Le Sacre du Printemps* sind für Balletts geschrieben, die Diaghilew in Paris inszenierte. Bei der Aufführung des letztgenannten kam es wegen der Musik zu Tumulten im Theater.

PAS DE DEUX *Die beiden Stars von Fokines* Spectre de la Rose *waren die Karsawina und Nijinski, der vermutlich größte Tänzer aller Zeiten.*

DER SCHWAN *Die Ballerina Anna Pawlowa, berühmt als* Sterbender Schwan, *trat 1909 bis 1911 mit den* Ballets Russes *in Paris auf.*

Baksts Kostümentwurf für den »Russischen Clown«, 1922; © by S.P.A.D.E.M. Paris 1972

DER CLOWN *Der Maler Leo Bakst entwarf für Diaghilew Bühnenbilder und Kostüme. Seine Skizze für den* Russischen Clown *zeigt den Einfluß der Volkskunst auf das russische Ballett.*

lochows *Der stille Don,* ein breit angelegtes Epos der Donkosaken vor der Revolution und im Bürgerkrieg zwischen Weiß und Rot, entspricht nach offizieller sowjetischer Kritik dem Sozialistischen Realismus. Eigenständigere Darstellungen des Lebens innerhalb der russischen Wirklichkeit, etwa in Pasternaks Roman *Doktor Schiwago* oder in den drei großen Romanen Solschenizyns, *Krebsstation, Der Erste Kreis der Hölle* und *August 1914,* durften in der Sowjetunion nicht erscheinen. Mit solchen Werken und nicht mit der offiziellen Sowjetliteratur wird die große russische Tradition frei gewählten literarischen Engagements fortgesetzt.

Es gibt noch viele andere Züge der sowjetrussischen Entwicklung, in denen in verzerrter Form frühere russische Traditionen wieder aufzuleben scheinen. Die zaristische Machtkonzentration in der Hand eines einzigen Mannes wurde von Stalin kopiert. Obgleich er selbst Georgier war, entwickelte sich Stalin zu einem glühenden russischen Nationalisten, und es schmeichelte ihm, mit Iwan dem Schrecklichen oder Peter dem Großen verglichen zu werden. Während des Zweiten Weltkriegs kämpften und starben viele Soldaten mit den Worten »für Stalin und für das Vaterland« auf den Lippen, so wie früher ihre Väter ihr Leben für Zar und Vaterland dahingegeben hatten. Die russische Tradition autoritärer Herrschaft hat sich unter den Gegebenheiten des Sowjetregimes kräftig weiterentwickelt und ist durch eine neue Art von Orthodoxie, den offiziell befohlenen atheistischen Kult des Marxismus-Leninismus, gestärkt worden.

Überleben des Christentums

In dieser totalitären Gesellschaft, in der die Überzeugung herrscht, daß den Staat alles angeht, was die Bürger tun, hat die Sowjetbürokratie auch die Kultur unter ihre Fittiche genommen. Diejenigen Schriftsteller, Maler und Musiker, deren Arbeit und Verhalten politisch einwandfrei sind, werden vom Staat mit Luxus umgeben, so wie auch Spitzensportler oder Schachmeister vom Staat unterhalten werden. Staatliche Unterstützung von Wissenschaft und Technik hat die industrielle Entwicklung sehr gefördert und zu großen Erfolgen geführt. In der Raumfahrt wird die Sowjetunion nur noch von den Vereinigten Staaten übertroffen. Trotz einer mehr als 50jährigen Verfolgung durch das Regime ist das orthodoxe Christentum nicht untergegangen. Die wenigen noch offenen Kirchen sind oft von Betenden überfüllt. Obgleich säkularisierte russische Kirchen unter anderem in Kartoffellager oder Fahrradfabriken verwandelt worden sind, hat die Sowjetregierung außerordentlich viel getan, die Meisterwerke der alten russischen Sakralkunst zu bewahren.

Dieser Tatsache ist es wohl auch mit zu verdanken, daß Rußland auf den Ausländer noch immer so bizarr und aufregend interessant wirkt wie schon im 15. Jahrhundert. Während von den Fassaden der einzig nach dem Nützlichkeitsprinzip erbauten Wohnblocks oft schon der Putz fällt, grüßen die goldenen Zwiebelhauben im Kreml noch immer über die Moskwa. Von Fabriken umgeben und vom Verkehr umbraust, erfreuen die prächtigen Schöpfungen Rastrellis und Rossis noch immer das Auge des Besuchers von Leningrad, das zur Zeit dieser seiner größten Architekten St. Petersburg hieß.

VERHERRLICHUNG DER ARBEIT DES BAUERN UND SEINES TRAKTORS

Die populäre dekorative Kunst hat wie alle Künste in der Sowjetunion die Aufgabe, die Errungenschaften des Regimes zu feiern und dabei zu helfen, die Produktivität in der Fabrik und auf dem Felde zu steigern. Manche Künstler stehen noch immer unter dem Einfluß älterer Traditionen. In dieser Lackarbeit auf dem Deckel einer Holzschatulle sind moderne Motive wie der Traktor mit traditionellen Motiven aus der Welt des Bauern verbunden. Die Arbeit kommt aus Palech, einer kleinen Stadt über 300 km östlich von Moskau, wo jahrhundertelang Ikonen hergestellt wurden. Nach der Revolution schlossen sich die Künstler von Palech zusammen, um Kunstwerke nichtreligiösen Inhalts zu schaffen. Sie stellen Miniaturen her, illustrieren Bücher und malen und restaurieren Fresken.

D N
AG

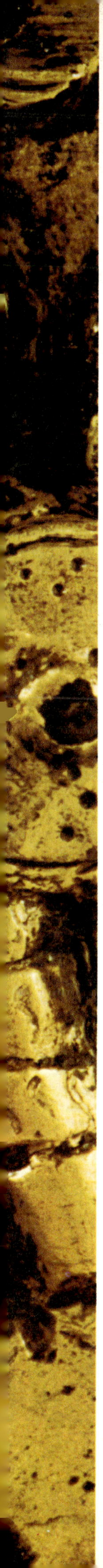

Völkerwanderung und Wikingerfahrten

410–1100

In den wirren Zeiten nach der Einnahme Roms durch Alarich wurden von Germanen, Kelten und Romanen die Grundlagen der abendländischen Kultur gelegt

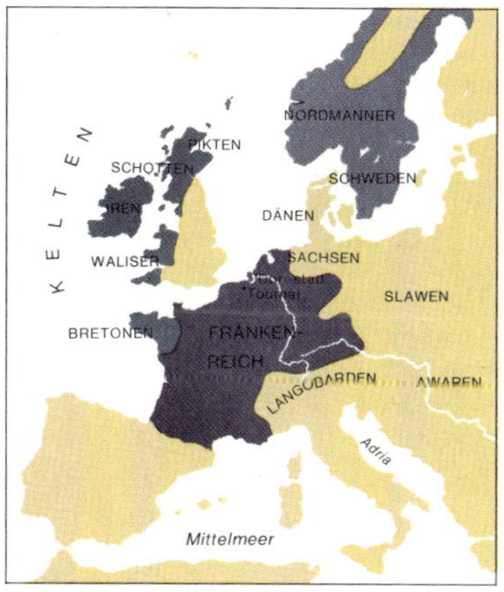

EUROPA IM JAHRE *771 Nach dem Zusammenbruch des Römischen Reiches verlagerte sich der politische Schwerpunkt Europas nach Norden.*

In den wirren Jahrhunderten des frühen Mittelalters, die auf die Plünderung Roms durch den Westgotenkönig Alarich im Jahre 410 folgten, wurde das Abendland entscheidend geformt. Jene Völker, die das heutige Europa prägen sollten, erschienen auf der Bühne der Geschichte während der letzten Jahrhunderte des Römischen Reiches. Schon lange hatten die Römer sich bei der Sicherung ihrer Grenzen auf Bündnisse mit jenseits davon lebenden, meist germanischen Völkern verlassen. Doch das waren beunruhigende Verbündete. Um 400 n. Chr., als die Alemannen und andere Stämme schon die Grenzen des Reiches eingedrückt hatten und Rom seine Provinzen im Nordosten, Norden und Westen kaum noch halten konnte, wurden die Stämme jenseits der Grenzen gleichzeitig von noch weiter entfernten Völkerschaften angegriffen. Aus Innerasien waren die nomadischen Hunnen, gefürchtete Reiter und Bogenschützen, in die europäischen Tiefebenen eingebrochen. Große Entfernungen überwanden sie in kürzester Zeit. In diesem Sturm aus dem Osten wurden ganze Völker teils aufgerieben, teils flohen sie vor der drohenden Gefahr über die Grenzen des Römischen Reiches. Im Vergleich zur Durchschlagskraft solcher Barbaren erschien Roms Macht schwächlich und unwirksam.

Für die Menschen jener Zeit waren die Hunnen unter ihrem großen Führer Attila ein Schreckgespenst. Ein zeitgenössischer Beobachter schrieb: »Menschen, denen sie als Krieger keineswegs überlegen sind, schlagen sie durch ihre furchterregenden Mienen ... und ihr gräßliches schwärzliches Aussehen in die Flucht. Sie haben einen gestaltlosen Klumpen anstelle des Gesichts und kleine Löcher als Augen. Diese Männer leben zwar in menschlicher Gestalt, aber mit der Wildheit von Tieren.« In Hunnengräbern hat man Schädel gefunden, die durch Einbinden von frühester Kindheit an absichtlich verformt worden sind.

Das Ostgotenreich in Südrußland wurde von den Hunnen unterworfen. Die Westgoten wichen vor ihnen auf die Balkanhalbinsel aus, stießen nach Italien vor, nahmen 410 Rom ein und gründeten schließlich in Südfrankreich und Spanien eigene Reiche. Die Ostgoten siedelten sich fast ein Jahrhundert später in Italien an und schufen

EIN GERMANISCHER KÖNIG UND SEINE BERITTENE MACHT

Auf einem vergoldeten Kupferhelm (links) sieht man Agilulf, den König der Langobarden (590–616), zwischen zwei Kriegern thronen. Die aus Skandinavien stammenden Langobarden hatten sich zunächst an der Unterelbe niedergelassen, zogen von da in das Land zwischen Donau und Theiß und fielen 568 als letzter germanischer Stamm in Italien ein, wo sie in Nord- und Mittelitalien ein Königreich mit der Hauptstadt Pavia und im Süden die Herzogtümer Benevent und Spoleto gründeten.

Der berittene Krieger (rechts) aus vergoldeter Bronze trägt einen Kettenpanzer und eine Lanze. Diese Figur bildet einen Teil der Verzierung eines langobardischen Schildes, der um 700 gefertigt und in Stabio im Tessin gefunden wurde.

unter ihrem großen König Theoderich ein Reich, in dem das antike Italien noch eine letzte Friedenszeit erlebte. Zuvor hatten die Wandalen den Rhein und die Pyrenäen überquert, waren durch Spanien gezogen und hatten sich unter Geiserich ein Königreich in Nordafrika geschaffen, von wo aus sie 455, wie die Westgoten vor ihnen, Rom angriffen, einnahmen und plünderten. Die Franken drangen nach Gallien ein und einten es schließlich unter ihrer Herrschaft vom Rhein bis zu den Pyrenäen. Angeln, Sachsen und Jüten überquerten die Nordsee von Norddeutschland und Dänemark aus und ließen sich in Britannien nieder, nachdem die Römer um 400 ihre Legionen abgezogen hatten. Während des 5. und 6. Jahrhunderts gingen die Völkerbewegungen in ganz Europa weiter. Große Schlachten wurden geschlagen. Oft verschwanden ganze Stämme, indem sie von einem stärkeren Volk überwältigt wurden oder in Völkern aufgingen, die schon vor ihnen das Land besessen hatten, in das sie eingedrungen waren. Das geschah den Langobarden, die als letzter germanischer Stamm 568 nach Italien eingefallen waren, und den Burgundern, deren Namen sich in den Landschaften Lombardei und Burgund erhielten.

In diesen Kämpfen ging das Römische Reich im Westen unter. Zweimal plünderten die Germanen Rom und entthronten den letzten weströmischen Kaiser Romulus Augustulus im Jahre 476. Von da an bis zu den Rückeroberungskriegen des oströmischen Kaisers Justinian im 6. Jahrhundert beherrschten germanische Stämme und Heere ganz West- und Mitteleuropa und außerdem einen Teil Nordafrikas.

Die Lebensweise der Germanen unterschied sich von der der Römer, deren Reich sie zerstörten, aber sie besaßen ihre eigene Kultur, ihr Rechtssystem und ihre Traditionen. Ihr Rechtssystem gründete sich auf Sitte und auf Präzedenzfälle, war also nicht in einer Gesetzessammlung schriftlich fixiert. Mittelpunkt des Rechts war die Familie, die wichtiger war als jedes einzelne Familienmitglied. Der Schutz der Familie und ihres Besitzes war das Ziel aller von Rechts wegen verhängten Strafen. Menschen oder Gütern zugefügter Schaden wurde durch ein genau festgelegtes System von Geldbußen oder physischen Strafen geahndet. Jedermanns Kopf hatte seinen Preis, und die Höhe der Strafen für Totschlag oder Verletzung richtete sich nach der sozialen Stellung des Opfers.

Die rechtliche Struktur war von Volk zu Volk in Einzelheiten verschieden, aber das Gemeinsame wurde deutlicher, als sich das Christentum unter den germanischen Stämmen verbreitete. Wulfila, der Missionar der Westgoten, hatte schon um 369 begonnen, die Bibel ins Gotische zu übersetzen. Der neue Glaube wurde in den einzelnen Gebieten zu verschiedenen Zeiten angenommen, von den Franken im 6. Jahrhundert, von den Dänen erst im 10. Jahrhundert. Eine Vorstellung von der Kunst dieser Völker erhält man aus Grabbeigaben, zu denen Fibeln, Broschen und Schnallen gehören, die oft vergoldet oder mit eingelegten Halbedelsteinen verziert sind, sowie kunstvoll geschmiedete Waffen.

Aus den ersten drei Jahrhunderten nach dem Untergang des Römischen Reiches gibt es wenig geschichtliche Aufzeichnungen, und diese sind oft nicht zuverlässig. »Ich habe alles zusammengetragen, was ich irgend gefunden habe«, schreibt ein Chronist. Doch gab es auch bedeutende Historiker vom Range eines Gregor von Tours, der die Geschichte der Franken bis 591 erzählte, und eines Beda Venerabilis, dessen angelsächsische Kirchengeschichte ihn zum Vater der englischen Geschichtsschreibung macht. Die vorhandenen Chroniken zeichnen das

SCHÄTZE AUS EINEM SCHIFFSGRAB

Der hohe Stand der Handwerkskunst im angelsächsischen England läßt sich an dem bei Sutton Hoo in Suffolk gefundenen Schatz ablesen. Eines der schönsten Stücke daraus, die Gürtelschnalle aus gediegenem Gold (links), wiegt mehr als 400 g. Der Schatz wurde 1939 in einem 26 m langen Schiff gefunden, das unter einem Hügel begraben lag. Es handelt sich um das leere Ehrengrab eines ostanglischen Königs (um 625).

GOLDENE SPANGE *Die zweiteilige Spange mit Einlagen aus Granat und Email hielt ein Gewand auf der Schulter zusammen.*

SCHMUCK EINER BÖRSE *Dieses Ornament – ein Mann zwischen zwei Tieren – ziert eine Börse, in der sich 37 merowingische Goldmünzen fanden.*

KAMPF ALS LEBENSFORM

Egil der Meisterschütze, ein legendärer germanischer Held, verteidigt Weib und Haus gegen bewaffnete Angreifer – ein im gewalttätigen frühen Mittelalter häufiges Ereignis. Die Szene ist in den Deckel eines Kästchens aus Walroßzahn geschnitzt, das in Northumbria im 7. Jahrhundert entstanden ist. Das runde Mittelstück trug wahrscheinlich einen Knopf zum Anheben des Deckels.

Bild einer Zeit, in der die heutigen europäischen Völker – die Engländer, Franzosen, Deutschen, Iren und Skandinavier – sich formten und zum erstenmal ins helle Licht der Geschichte traten.

Abgrenzung der Sprachgebiete

Die Völker, die an den großen europäischen Wanderungen beteiligt waren, sprachen zumeist germanische Sprachen. Sieht man von den sich bildenden romanischen Dialekten ab, erhielt sich nur im Westen und Norden Britanniens und in der Bretagne eine andere Sprachgruppe – die keltische Zunge. Die Unterschiede zwischen den Sprachfamilien waren damals so groß wie heute, und der Erdwall, den König Offa im 8. Jahrhundert an der Grenze von Wales errichten ließ, trennte zwei verschiedene Völker mit vollkommen verschiedenen Sprachen voneinander – die keltischen Briten in Wales von den germanischen Angelsachsen in England. Auch eine weitere bis auf den heutigen Tag bestehende Sprachgrenze, nämlich die deutsch-französische, bildete sich seit dem 5. Jahrhundert heraus und hat sich seit tausend Jahren nur unwesentlich geändert, wie überhaupt die Sprachenkarte Westeuropas zu Ende dieser Zeit schon mehr oder weniger ihr heutiges Aussehen gewonnen hatte.

Reichtümer in Skandinavien

Während des 5. und 6. Jahrhunderts, bevor sich die wandernden Völkerschaften endgültig in vormals römischen Gebieten niederließen, befanden sie sich ständig in Bewegung, weil sie der Druck der Nomadenvölker aus dem Osten nicht zur Ruhe kommen ließ. Einigermaßen stabil war das Leben nur in Skandinavien, von wo Jahrhunderte zuvor viele dort einst heimische germanische Gruppen nach Süden aufgebrochen waren.

Die dem Untergang Roms folgenden Jahrhunderte waren in Skandinavien Zeiten ungewöhnlichen Reichtums. Waren wie Nahrungsmittel, Felle, Eisenerz und Schmuck aus Metall, Bernstein und Knochen wurden nach Süden ausgeführt, wahrscheinlich auf den mitteleuropäischen Flüssen. Zurück kamen Silber, Gold, Seide und Tuche.

Vergrabene Goldschätze und andere bewegliche Güter, die man gefunden hat, erzählen vom Reichtum jener Zeit. Ihre Eigentümer hatten sie wahrscheinlich in unruhigen Zeitläuften versteckt und waren nicht mehr dazugekommen, sie sich wiederzuholen. Ein Fund in Timboholm im schwedischen Västergötland besteht aus Goldbarren von mehr als 14 Pfund Gewicht. Andere reiche Funde stellen Opfergaben an heidnische Götter dar, von denen manche mit Sicherheit nach einer gewonnenen Schlacht dargebracht worden sind. In einigen Fällen wurden nicht nur Gold und Schmuck geopfert, sondern auch Waffen, Prachtgeschirre für Pferde und sogar diese selbst. Im Jahre 1959 führte der zufällige Fund eines goldenen Armrings zur Entdeckung einer Unmenge von Waffen, Schmuck und kriegerischem Staat in einem Moor bei Skedemosse auf Öland. Dabei lagen Knochen von Menschen und Pferden – den Göttern von einem siegreichen Heer gebrachte Opfer.

Sogar die Gegenstände des täglichen Gebrauchs wurden von den Nordgermanen aufs schönste verziert. Ihre Muster entnahmen sie der Natur, aber sie paßten durch allerhand Verdrehungen und Verflechtungen die Figuren dem vorhandenen Raum an. Oft erkennt man die eingeschnittenen und vergoldeten Muster auf Broschen und Schnallen, Schwertern und Helmen erst bei eingehender Betrachtung als Tierdarstellungen.

Die große Mehrheit der Nordgermanen waren Bauern oder Viehzüchter. Sie lebten meist auf Einzelgehöften, selten in Dörfern oder später in Städten. Ihre Häuser waren rechteckig und oft sehr lang – in Norwegen manchmal über 50 m –, denn sie dienten nicht nur dem Bauern und seiner Familie als Behausung, sondern boten auch den Tieren Schutz. Außerdem waren Futter und Getreide darin gelagert. In Zeiten der Gefahr konnten sich die Menschen auf vorbereitete Verteidigungsstellungen zurückziehen, in Fluchtburgen, wie den großen Rundbau in Gråborg auf Öland, wo die Familien mit ihrem Vieh und ihrer Habe Unterschlupf fanden, bis die Gefahr vorüber war. Der gewaltsame Tod drohte immer, und der stets zur Verteidigung mit dem Schwert bereite Wehrbauer war die führende gesellschaftliche Figur.

Aufstieg der Franken

Auf die Dauer am erfolgreichsten unter den germanischen Eroberern waren die Franken, die aus dem Rheinland in das römische Nordgallien vorstießen, ohne ihre Ausgangsbasis aufzugeben. Sie ließen sich dort nieder, und westlich der späteren Sprachgrenze führte die Durchdringung des Lateinischen mit dem Fränkischen schließlich zur Herausbildung des Französischen, während die romanische Bevölkerung östlich davon im Frankentum aufging. Auf der Grundlage des fränkischen Königtums errichtete Karl der

BEDA VENERABILIS

Dieser Mönch aus dem Kloster Jarrow hat in seiner Kirchengeschichte ein Bild des Lebens im angelsächsischen England gezeichnet. Beda – er spitzt im Bild seine Feder – war der erste Geschichtsschreiber, der Ereignisse von Christi Geburt an datierte.

Große sein Reich, dem im Jahre 800 die kaiserliche Würde zufiel. Das heutige Frankreich, Deutschland, Belgien, die Niederlande und die Schweiz entsprechen etwa dem ehemals fränkischen Gebiet.

Ein fränkischer Kleinkönig der frühen Zeit, namens Merowech, gab seinen Namen dem Geschlecht der Merowinger, unter denen das Frankenreich zum mächtigsten Staatsgebilde in Westeuropa wurde. Die Merowinger waren berühmt für ihr langes, blondes Haar und ihren Heldenmut, aber auch für ihre Grausamkeit. Wo es um Besitz oder politische Macht ging, schreckten sie vor Brudermord und anderen Greueln nicht zurück. Schon als sie die Weltbühne betraten, waren sie ein reiches Geschlecht. So wurde König Childerich 482 in Tournai mit einer Fülle von Schmuck und reichverzierten Waffen beerdigt. Diesen Schatz entdeckte man im Jahre 1653. Ein Siegelring mit seinem Namen und seinem Kopf war auch darunter. Childerich und sein Sohn Chlodwig waren Heldenkönige nach germanischer Art, erfolgreich, wenn auch von unbarmherziger Härte. Chlodwig, der das Frankenreich einte, indem er die übrigen Kleinkönige beseitigte, und die Alemannen unterwarf, wurde 498 getauft. Danach trat das ganze Frankenvolk zum Christentum über.

Die Franken wurden vom Reichtum Galliens angezogen, von seinem Gold und Silber ebenso wie von den fruchtbaren Böden. Nachdem sie sich dort niedergelassen hatten, hielten sie nach mehr Reichtum jenseits der Grenzen Ausschau. Sie fielen in Spanien und Italien ein, und der Merowingerkönig Dagobert brachte von einem einzigen Beutezug nach Spanien 2 Millionen Goldmünzen heim.

Kommerzielle und kulturelle Erfolge

Die Franken waren nicht nur Bauern, wie manche andere germanische Völkerschaften, noch waren sie bloße Freibeuter. Sie wußten den Wert von Städten als Einnahmequellen zu schätzen und waren erpicht darauf, mit den Mittelmeerländern Handel zu treiben. Sie verkauften Sklaven, Wein und Schwerter, und fast jede Stadt des Frankenlandes prägte während des 7. Jahrhunderts zu irgendeinem Zeitpunkt eigene Münzen. Die Franken waren auch am Handel mit den atlantischen Ländern interessiert und schufen sich in Dorestad im Mündungsgebiet des Rheines einen der größten europäischen Märkte, der bis zum 9. Jahrhundert bestand, dann aber von den Wikingern zerstört wurde.

Für die Völker des Mittelmeerraumes waren die germanischen Eindringlinge Barbaren, einfältige simple Räuber, die gelegentlich auf dem Boden des früheren römischen Imperiums Reiche gründeten. Aber das Imperium ging zugrunde, während die Barbaren Erfolg hatten und in die eroberten Länder ihre eigene Kultur mitbrachten. Sie waren nicht völlig des Lesens und Schreibens unkundig, denn sie hatten ein Alphabet in den germanischen Runenschriftzeichen, die man wahrscheinlich für alltägliche Mitteilungen in Stäbe ritzte, aber auch für Inschriften auf beständigerem Material wie Metall, Ton, Stein und Knochen verwendete. Sie besaßen einen Schatz von überlieferten Sagen und Heldengedichten, von denen manche in späteren Jahren niedergeschrieben worden sind und die sogar in der Übersetzung noch etwas von dem Glanz jener heidnischen, heroischen Zeiten ahnen lassen.

DIE VÖLKERWANDERUNG

In der allgemeinen Bewegung der Völker seit dem 4. Jahrhundert fielen germanische Stämme in das Römische Reich ein. Sie wichen dem Druck der ihnen folgenden Hunnen. Der lange Weg der Westgoten führte sie durch den Balkan nach Italien, wo sie Rom im Jahre 410 plünderten, und nach Südfrankreich und Spanien. Die Wandalen bahnten sich einen Weg durch Gallien und Spanien, ehe sie sich in Nordafrika niederließen, von wo aus sie zur Plünderung Roms auf Segelschiffen übersetzten. Noch weiter nördlich schoben sich die Franken und Burgunder nach Gallien hinein, während Britannien von den Angeln, Sachsen und Jüten von Norddeutschland und Dänemark aus besiedelt wurde. Vier Jahrhunderte später trugen die Wikinger neue Schrecken über die Nordsee hinweg in die Länder des Westens.

Die Beowulfsage

Die Franken ließen vieles von dem bestehen, was in Gallien römisch war – die Sprache, die Kirche, die Städte. Die Angeln und Sachsen hingegen, die sich nach Überquerung der Nordsee in Britannien ansiedelten, schalteten das Lateinische aus und schufen in Poesie und Prosa die erste umfangreichere nichtmediterrane Literatur Europas. Ihr bedeutendstes Werk ist zweifellos der *Beowulf*, eines der großen Heldengedichte in altenglischer Sprache, das von legendären und tatsächlichen Ereignissen aus dem Skandinavien des 5. Jahrhunderts kündet. Es ist in einer Handschrift des 10. Jahrhunderts erhalten.

Aus der Literatur läßt sich nur schattenhaft eine Geschichte der ersten zwei Jahrhunderte angelsächsischer Herrschaft in England rekonstruieren. Anführer wie Hengist und Horsa oder Arthur sind legendäre Namen der Sage, historisch Sicheres ist uns von ihnen nicht bekannt. Ausgrabungen haben jedoch Gräber, Siedlungen und Waffen zutage gefördert, die eine gewisse Vorstellung von der sozialen Schichtung der Angelsachsen ermöglichen.

Der Reichtum an Schmuck, der in einem Schiffsgrab für einen ostanglischen König in Sutton Hoo bei Woodbridge in Suffolk gefunden wurde, zeigt besonders gut das hohe Können angelsächsischer Kunsthandwerker. Trotz der reichen Grabbeigaben, die in Sutton Hoo gefunden wurden, fehlte der Leichnam. Es war einfach ein leeres Ehrengrab für einen anderswo bestatteten König.

Ein weiteres Beispiel dafür, wie Könige im angelsächsischen England lebten, sind die ausgegrabenen Gebäude des Palastes von

Yeavering in Northumberland. Es gab da große Hallen und Außengebäude, eine Fluchtburg, einen Versammlungsplatz und einen Friedhof. Auch eine Kirche gehörte dazu, denn die Bekehrung der Angelsachsen zum Christentum hatte 597 mit der Ankunft des hl. Augustin begonnen. Bis zu seiner Zerstörung im 7. Jahrhundert war dies einer der Paläste der Könige von Northumbria. Wie das Königreich selbst war auch er dem Untergang geweiht, denn die Königreiche in England hielten sich nicht lange. Northumbria, Mercia, Kent und Wessex, jedes dieser Reiche erlebte eine Zeit der Größe, doch erst im 10. Jahrhundert entstand das Königreich England.

Die Welt der Kelten

Jenseits der angelsächsischen Reiche lebten die früheren keltischen Einwohner der Britischen Inseln, die Briten vor allem im Westen, die Pikten, die die Macht des Römischen Reiches oft auf die Probe gestellt hatten, im Norden und die Iren. In Schottland siedelten sich im 5. Jahrhundert die irischen Skoten (Schotten) aus der Grafschaft Antrim im heutigen Argyll an und gründeten in Rivalität zu den Pikten ein eigenes Königreich. Bis zum Erscheinen der Wikinger vier Jahrhunderte später wurde Schottland von den Pikten und Schotten beherrscht, die untereinander und mit den Völkerschaften im Süden Krieg führten. Schließlich eroberten die Schotten mit skandinavischer Hilfe Ostschottland, und das Volk der Pikten verschwand. In Südschottland lebten walisisch sprechende Stämme, von denen einige sich in Wales ansiedelten, um irische Angreifer zu vertreiben. Das alte walisische Gedicht *Goddodin* beschreibt, wie einige dieser Krieger Raubzüge auf englisches Gebiet unternahmen. In wahrhaft heroischen Ausdrücken schildert es eine Schlacht bei Catraeth (Catterick in Yorkshire):

> Die Männer gingen nach Catraeth, sie waren berühmt. Wein und Met aus vergoldeten Gefäßen war der ehrwürdigen Sitte gemäß ihr Trank für ein Jahr; dreiundsechzig Männer und noch dreihundert dazu, die goldene Ringe trugen. Von denen, die nach dem edlen Trank vorwärts stürmten, entkamen nur drei; die beiden Schlachtenhunde von Aeron und Cynon ... und ich, an dem das Blut hinunterlief, wegen meiner ausgezeichneten Gedichte.

Das *Goddodin* ist typisch für die Kelten, für ihre Vorliebe für Kampf, Gelage und goldenen Schmuck und für ihre Überzeugung, daß ein guter Poet in der Tat etwas ganz Besonderes sei.

Die Kelten waren Erben einer bemerkenswerten eisenzeitlichen Kultur, die sich vom Rhein bis zu den Britischen Inseln und nach Kleinasien ausgebreitet hatte. Ihr Aufstieg begann im 4. Jahrhundert v. Chr., als sie nach Italien hineinströmten und Rom plünderten. Aber sie begriffen nie, daß Einigkeit vonnöten war, und um das 3. Jahrhundert v. Chr. war ihre Macht schon am Verebben. Die Germanen im Norden, die Daker im Osten und die Römer im Süden ließen sie nicht zur Ruhe kommen. Im 1. Jahrhundert v. Chr. eroberte Cäsar Gallien, das mittler-

GOLDSCHMIEDEKUNST ALS KULTURELLES ZEUGNIS

Die Germanen haben uns als Zeugnis des Reichtums ihrer Kultur künstlerische Metallarbeiten hinterlassen, die aus Gräbern oder vergrabenen Schätzen geborgen wurden. Bei diesen Kleinoden handelt es sich oft um die Ausstattung eines toten Königs für sein Leben im Jenseits. Das Hauptmotiv germanischer Kunst ist die Tierornamentik, in der lebendige Formen bis zur Unkenntlichkeit stilisiert und dem vorhandenen Raum angepaßt wurden. Die Künstler machten reichlichen Gebrauch von der Farbe, indem sie Gold benutzten oder andere Metalle vergoldeten und mit Einlagen aus Granat und Glas verzierten.

Als das Christentum sich durchsetzte, fanden die Künstler ein neues Betätigungsfeld in der Illustrierung von Handschriften sowie in der Wandmalerei und Bildhauerei für sakrale Zwecke. In Britannien, Norditalien und Skandinavien herrschte die Goldschmiedekunst vor. Viele Funde zeugen von ihrem hohen Stand. Neue Techniken wurden eingeführt, Geschmack und Stil wandelten sich, aber die überlieferte Liebe zum Glanz und zur komplizierten Tierornamentik brach immer wieder durch. Im Westen und Norden der Britischen Inseln, wo die Traditionen der vorrömischen Kunst noch lebendig waren, übernahmen die keltischen Goldschmiede, die im Emaillieren und in der Spiralornamentik bewandert waren, etwas von der ungebrochenen Vitalität und der Vorliebe für Farben von den Germanen.

ADLERFIBEL *Der Adler war ein beliebtes Motiv bei den Germanen und die Fibel ein bevorzugtes Schmuckstück, das als Gewandnadel diente. Diese ostgotische Fibel aus Gold war ursprünglich mit Edelsteinen besetzt. Dünne Goldstege trennen die Zellen voneinander. Der Kreis in der Mitte umschließt ein Kreuz. Die Vorliebe für das Glänzende, Prunkvolle und die stilisierte Darstellungsweise ist für das germanische Kunsthandwerk der damaligen Zeit charakteristisch.*

RINGBROSCHE *Diese irische Silberbrosche (8. Jh.) für den König von Tara ist mit Gold und Email verziert.*

KÖNIG ALFREDS SCHMUCKSTÜCK *»Alfred ließ mich herstellen«, lautet die angelsächsische Inschrift auf diesem Schmuckstück aus Gold, Email und Kristall.*

VERMISCHUNG DER KULTUREN *Bei den Goldauflagen auf dem Silberkelch von Ardagh (8. Jh.) hat der irische Künstler germanische Tierornamentik mit keltischen Spiralen vereint. Die Namen der Apostel stehen unterhalb des Knaufes.*

KÖNIGLICHE GABE *Die mit Perlen und Saphiren besetzte Votivkrone stiftete der Westgotenkönig Reckeswinth im 7. Jh., wie aus der Weihinschrift in Form von aufgehängten Goldbuchstaben hervorgeht: »Reccesvinthus Rex offeret«.*

DIE BOTSCHAFT DES KREUZES
Die Iren waren die ersten, die im Westen außerhalb der von Rom beherrschten Gebiete zum Christentum bekehrt wurden. In ihre Steinkreuze meißelten sie biblische Szenen ein, mit denen sie die Predigten der Mönche illustrierten. Im Oberteil dieses Kreuzes (9. Jahrhundert) aus Muiredach in der Grafschaft Louth ist das Jüngste Gericht dargestellt, während im unteren Teil andere biblische Szenen eingemeißelt sind. Die irische Kirche, die große Unabhängigkeit bewies, legte Nachdruck auf den Wert eines einfachen Lebens.

weile zum Herzland der keltischen Welt geworden war. Nach anfänglichem Widerstand bequemten sich die Gallier dazu, sich die Vorteile der römischen Herrschaft gefallen zu lassen. Die ersten Kelten erschienen in Britannien im 5. Jahrhundert v. Chr. Eine zweite Welle folgte 200 Jahre später; schließlich kamen die Belgen im ersten vorchristlichen Jahrhundert. Obgleich es den Kelten nie gelang, sich politisch zu einen, sind ihre Kultur und Mythologie bemerkenswert einheitlich.

Die großen Hügelbefestigungen der Kelten sind auch nach 2000 Jahren noch immer eindrucksvoll, aber ihr größter Kulturbeitrag besteht in ihrer zutiefst phantasievollen Dichtung und in den komplizierten Mustern und abstrakten Formen ihrer hochentwickelten Kunst. In Irland, das von äußeren Angriffen bis zum Erscheinen der Wikinger im 9. und der Anglonormannen im 12. Jahrhundert verschont blieb, konnten diese Traditionen sich zu großer Höhe entwickeln.

Frühe Christianisierung Irlands

Von allen Kelten des frühen Mittelalters sind die Iren uns am besten bekannt. Außerhalb der römischen Welt waren sie in Westeuropa das erste Volk, das sich zum Christentum bekehrte. Nach der Überlieferung soll Irland um 400 n. Chr. von einem jungen Romano-Briten namens Patrick bekehrt worden sein, der auch die Kirche von Armagh gegründet haben soll. Der erste geschichtliche Missionar ist jedoch Bischof Palladius, der 431 von Rom nach Irland entsandt wurde. 500 Jahre lang hielten die Iren mit Leidenschaft an ihrer besonderen Form des Christentums fest, die sich durch den Eifer ihrer einsiedlerischen Mönche und die Schönheit der reliefgeschmückten Steinkreuze auszeichnete. Noch immer markieren diese die Stätten der einsam liegenden Klöster.

Ein typisches Kloster aus dem 6. Jahrhundert besteht noch heute auf der Insel Illauntannig nahe der Küste von Kerry. Weit von der verhältnismäßigen Sicherheit des Landes, dem Wind und den Wellen des Atlantiks ausgesetzt, steht das Kloster als Zeuge für den Glauben der frühen irischen Einsiedler und für ihr Geschick als Baumeister noch immer da, und die kleinen bienenkorbförmigen Hütten, die sich auf dem nackten Fels rund herum scharen, erhielten sich fast unbeschädigt bis heute.

Der berühmteste irische Mönch war der hl. Columban, der seine Abtei auf der Insel Iona vor der Westküste Schottlands um 563 anlegte. Von da ging die Gründung weiterer Klöster aus, die ihren Einfluß auf England und sogar auf den Kontinent ausweiteten. Das große Kloster von Lindisfarne vor der Küste Northumberlands wurde auch von Iona aus gegründet, und diese Verbindung zwischen Irland und England führte zu einer Blütezeit der Buchmalerei auf den Britischen Inseln.

Unter der Schirmherrschaft von Königen und Adligen, Bischöfen und Äbten brachten Mönche des 7. und 8. Jahrhunderts solche Meisterwerke hervor wie die Evangeliare von Durrow und Lindisfarne, die Ringbrosche von Tara und den Kelch von Ardagh. In diesen Werken, die teils aus Irland und teils aus England stammen, vermischen und verschlingen sich künstlerische Motive aus drei Quellen – das Spiralmotiv der keltischen Welt, die für die Angelsachsen typische Tierornamentik und die Bandmuster des Mittelmeerraumes.

Die kraftvolle Kunst, die diese Bücher auszeichnet, blühte beiderseits der Irischen See bis zu den Einfällen der Wikinger im 9. Jahrhundert. Auch danach erhob sie sich immer wieder, besonders in Irland, bis zur Eroberung durch die Normannen. Das einzigartige *Buch von Kells* wurde von den Nachfolgern des hl. Columban auf der Insel Iona im frühen 9. Jahrhundert begonnen. Als die Wikinger 806 die Insel plünderten, nahmen die flüchtenden Mönche das Manuskript nach Kells in Irland mit und vollendeten es dort.

Die Klöster waren gleichzeitig Pflegestätten weltlicher Wissenschaften und der Künste und brachten, insbesondere im 9. Jahrhundert, eine eindrucksvolle Zahl von Gelehrten hervor, die gleichzeitig Mönche waren. Zur irischen Kultur gehörte auch die Dichtung, die von Mund zu Mund überliefert wurde, bis sie aufgezeichnet werden konnte.

Der Apostel der Angelsachsen

Eine Kirche, die sich wie die britische auf die weit entfernten irischen Klostersiedlungen stützte, konnte nur ungenügend für die geistigen Bedürfnisse des Volkes sorgen. Um das zu ändern, entsandte Papst Gregor 596 den Mönch Augustin an der Spitze einer Schar von Missionaren nach England. Die von ihnen eingeführte Organisation der Kirche entsprach der kontinentalen mit ihren Erzbischofssitzen in Canterbury und York und Bischofssitzen an Orten wie Rochester und Dorchester. Die Missionierung verlief recht erfolgreich, und gegen Mitte des 7. Jahrhunderts war das Heidentum in England im Schwinden. Die Anbetung der alten Götter hörte jedoch nicht unvermittelt auf. Papst Gregor der Große gab seinen Missionaren den Rat, heidnische Heiligtümer in Ruhe zu lassen, den christlichen Gottesdienst nur langsam einzuführen und dabei heidnische Praktiken zu dulden.

Die englische Kirche wandte ihre Aufmerksamkeit schließlich ihren westlichen und nördlichen Nachbarn zu. Im Jahre 663 fand ein Konzil im Kloster von Whitby statt, auf dem die von Augustin und seinen Nachfolgern organisierte englische Kirche siegte und die alten Bräuche der britischen Kirche den römischen angeglichen wurden. Das Datum des Osterfestes und die Art der Tonsur entsprachen nun römischem Brauch; wichtiger noch, die Autorität der Bischöfe wurde anerkannt.

Es mag durch diese Reorganisation viel verlorengegangen sein, aber das kulturelle und geistige Leben des Landes erfuhr eine bedeutende Steigerung. Klöster nach kontinentalem Muster entstanden, die Gelehrsamkeit blühte, Künstler wurden gefördert und enge Verbindungen zu Rom und den christlichen Klöstern in Gallien hergestellt. Sowohl die Engländer als auch die Iren machten sich im 7. und 8. Jahrhundert auf, um die noch heidnischen germanischen Völker auf dem Kontinent zum Christentum zu bekehren. So missionierte der Ire Gallus unter den Alemannen und gründete 612 eine Klause, aus der später das Kloster St. Gallen hervorging. Seit 690 bekehrte der Angelsachse Willibrord die Friesen. Auch der Apostel der Deutschen, Bonifatius, war ein angelsächsischer Mönch und hieß ursprünglich Winfrid.

Das Erscheinen der Wikinger

Noch vor dem endgültigen Sturz der heidnischen Götter führten als letzte die nordgermanischen Wikinger Angriff auf Angriff gegen das christliche Europa. Von ihren uneinnehmbaren Schlupfwinkeln längs der zerklüfteten Küste Norwegens und von den baumbestandenen Stränden Dänemarks aus fuhren die Wikinger mit ihren Drachenschiffen zu Raubzügen gen Süden und Westen. Sie raubten Klöster aus, brannten Dörfer nieder, plünderten Städte, schleppten Menschen in die Sklaverei und erpreßten ganze Landstriche. Die Bewohner zahlten die Gelder, damit man sie künftig in Ruhe ließ.

Das Muster dieser Zerstörung zeichnete sich schon beim ersten großen Raubzug der Wikinger gegen das Kloster von Lindisfarne 793 ab. Mönche und Nonnen wurden ermordet oder in die Sklaverei geschleppt, das Vieh erschlagen und der Klosterschatz gestohlen. Der angelsächsische Gelehrte Alkuin, der von Karl dem Großen ins Frankenreich berufen wurde, beschreibt die Auswirkungen des Überfalls in einem Brief: »Noch nie ist es zu solchen Gewalttaten in Britannien gekommen, wie wir sie hier von einem heidnischen Volk erdulden mußten ... Schaut nur die Kirche, bespritzt mit dem Blute der Priester Gottes.«

Die Wikinger waren auch in Osteuropa aktiv, allerdings nicht als Seeräuber, sondern als Händler. Man nannte sie hier Waräger, und sie kamen aus Schweden. Auf der Suche nach den asiatischen Märkten fuhren sie die großen russischen Ströme hinab und gründeten Handelsniederlassungen wie Altladoga, Nowgorod und Kiew, die sich später zu großen Städten des frühen russischen Staates entwickelten.

Auch im Westen war der Handel wahrscheinlich das Hauptmotiv für die Raubzüge der Wikinger. Durch die Gründung Dublins im 9. Jahrhundert schufen sie sich einen großen westlichen Markt, wo sie ihre Sklaven und Pelze verkauften und Silber und Luxusgüter des Kontinents erstanden.

Siedlungen unter dänischem Recht

Gegen Ende des 9. Jahrhunderts hatten dänische Wikinger in England große Gebiete nördlich der Linie Essex–Herefordshire besiedelt. Dieses *Danelaw* genannte Gebiet unter dänischem Recht geriet bald unter englische Herrschaft, aber die Bevölkerung blieb im Grunde jahrhundertelang skandinavisch. Die Wikinger haben ihre Spuren in ganz Nordengland in einer Unzahl von Ortsnamen nordgermanischen Ursprungs hinterlassen; Beispiele dafür sind Whitby (weißes Dorf) oder Derby (Hirschdorf). Viele wichtige Worte der englischen Sprache wie *law* (Recht), *bread* (Brot), *ugly* (häßlich), *husband* (Ehemann) und mit der See verknüpfte Worte wie *ship* und *mast* sind gleichfalls nordgermanischen Ursprungs.

Nur im äußersten Norden und Westen Schottlands und auf der Insel Man hielt sich

KLÖSTER FÖRDERN EINE NEUE KUNSTFORM

Kleine Gruppen von Mönchen in englischen und irischen Klöstern hielten im frühen Mittelalter die kulturelle Überlieferung am Leben. In ihren Zellen schufen sie eine einzigartige Buchkunst, die ihre Anregung Miniaturen aus italienischen Handschriften verdankte. Schreiber kopierten die lateinischen Texte der Evangelien auf Pergament, und Künstler malten die Initialen und verzierten sie mit Ornamenten, ebenso die Ränder. Dabei wurden die komplizierten Spiralmuster verwendet, die für die keltische Kunst typisch sind. Menschliche Figuren, Tiere und Pflanzen, oft in höchst stilisierter Form, sind in das Muster eingefügt, das manchmal so verschlungen ist, daß 14 Tage für fünf oder sechs Quadratzentimeter kaum ausgereicht haben dürften. Die Illumination eines Buches mag in manchen Fällen die Lebensarbeit eines Mönches gewesen sein.

INITIALSCHNÖRKEL *Diese kunstvoll ausgeführte erste Seite des Matthäus-Evangeliums im Evangeliar von Lindisfarne wurde um 698 gemalt.*

DER MARKUSLÖWE *Ein wilder Löwe, das Symbol des hl. Markus, verziert eine Seite des angelsächsischen Evangeliars (7. Jh.), das der hl. Willibrord bei seinen Missionsreisen in Friesland benutzte.*

DAS BUCH VON KELLS *Die Miniatur auf dieser Seite des berühmten Evangeliars zeigt den Evangelisten Johannes. Die 680 Seiten dieses Meisterwerkes irischer Buchkunst bestehen aus Kalbsleder. Die Farben kamen zum Teil aus den Mittelmeerländern und Zentralasien.*

DAS WERKZEUG ZUR BEHERRSCHUNG DES MEERES UND FREMDER LÄNDER

Das auf diesem Stein von der Insel Gotland im 8. Jahrhundert eingemeißelte Boot war ein Vorläufer der Langschiffe, mit denen die Wikinger über die Meere segelten. In der Rekonstruktion (unten) ähnelt das vorderste Schiff dem in einem Schiffsgrab bei Gokstad in Norwegen aufgefundenen. Es war aus Eichenplanken gebaut und fast 24 m lang. An der breitesten Stelle maß es 5 m und bot Raum für 50 Mann Besatzung und weitere Krieger oder Gefangene. Dennoch hatte es voll beladen nur einen Tiefgang von 1,8 m. Die 32 Ruder wurden durch Löcher in den Schiffsseiten hindurchgesteckt.

die skandinavische politische Ordnung längere Zeit. Dort regierten Wikingerdynastien, die der norwegischen Krone unterstanden, bis zur Mitte des 13. Jahrhunderts. Auf Orkney sprach man sogar bis vor 200 Jahren noch einen nordgermanischen Dialekt.

Die Wikinger haben sich als Seeleute einen Namen gemacht. Sogar Gebiete, mit denen sie nur selten in Berührung kamen, tragen noch skandinavische Namen, wie etwa die Kanalinseln Alderney und Guernsey. Die Skandinavier schoben die Horizonte Europas weit über das Festland und die ihm vorgelagerten Inseln hinaus. Norwegische Wikinger entdeckten und besiedelten Island, gründeten zwei große Gemeinden auf Grönland, segelten nach Amerika und haben auch dort allem Anschein nach Siedlungen angelegt. Sie waren das erste Volk, für das der Atlantik nicht das Ende der Welt war, sondern das Tor zu neuen Möglichkeiten. Die Wikinger entwickelten als erste die Kunst des Segelns zu besonderer Höhe. Ihre Schiffe trugen die Nordmänner und die Waren des Nordens in fast alle damals bekannten Weltteile. Einige ihrer Schiffe sind bis auf den heutigen Tag erhalten geblieben; die berühmtesten stammen aus den königlichen Grabhügeln von Oseberg und Gokstad in Südnorwegen. Die gesamte bewegliche Ausstattung eines königlichen Haushaltes ist in ihnen mit begraben. Die Schiffe haben einen Mast in der Mitte, ein breites Segel, hochgezogene Vor- und Achtersteven und eine Menge Ruder. Die schnittigen Linien dieser zwischen 21 und 24 m langen Seefahrzeuge zeugen von der Geschicklichkeit der damaligen Schiffbauer und Seeleute. Andere Schiffe der Wikinger sind vom Grund flacher Förden und Buchten der Ostsee geborgen worden.

Mit solchen Schiffen fuhren die schwedischen Waräger als Händler die großen Ströme Europas hinauf. Dazwischen mußten kurze Überlandstrecken überwunden werden, um schließlich zum Schwarzen Meer und zum Kaspisee zu gelangen. Von dort brachten sie riesige Mengen Silber mit, teils in Form von arabischen und byzantinischen Münzen, die immer wieder in skandinavischen Horten gefunden werden.

Die isländischen Sagas, die im 13. Jahrhundert niedergeschrieben wurden, berichten von einigen der großen Abenteuer dieser Zeit. Noch eindrucksvoller sind jedoch die auf zeitgenössischen Gedenksteinen in Skandinavien eingemeißelten Berichte von Seereisen. Als Schrift dienten Runen.

Auf einem Stein aus Gripsholm in Mittelschweden erzählt ein gewisser Harald, der mit anderen zu einer großen Reise aufgebrochen war, in eindrucksvollen Versen von ihren Abenteuern:

Sie fuhren wie ich
fernhin nach Gold
und dienten im Osten
den Adlern zur Speise.
Sie starben im Süden
in der Sarazenen Land.

Die ersten skandinavischen Städte

Die von den Wikingern daheim zurückgelassene Bevölkerung lebte nach Altväterweise von Ackerbau und Viehzucht. Langsam schlich sich Neues doch ein. Um überschüssige Güter kaufen und verkaufen zu können, brauchte man bald Märkte, die später befestigt wurden. Die Lage von drei solchen großen Märkten ist festgestellt worden; es sind Birka bei Stockholm, Haithabu an der Schleswiger Landenge und Kaupang in Südnorwegen. Mehrere Städte, die noch heute bestehen, wie Trondheim und Ribe (Ripen), wurden als Handelszentren in der Wikingerzeit gegründet.

Zur gleichen Zeit nutzte man Eisenerzlagerstätten besser aus und exportierte Eisenwaren nach ganz Europa. In den Städten siedelten sich viele Handwerker an. Manche Handwerkszweige entwickelten sich auch außerhalb der Städte. Weben war schon immer eine wichtige Beschäftigung gewesen. Nun wurden Textilien ein wichtiger Handelsartikel, und in einigen Teilen Skandinaviens benutzte man eine bestimmte Länge Tuch, Unze genannt, als Tauscheinheit.

In der Wikingerzeit fanden die letzten Wanderungen germanischer Völker statt, ehe sich die heutigen westeuropäischen Nationen endgültig bildeten. Eine Wikingergruppe sollte bald noch eine große Rolle spielen. Es waren dies die Nordmänner unter Rollo, die sich im 10. Jahrhundert in Nordfrankreich ansiedelten, wo sie sich mit den dortigen fränkischen Siedlern vermischten und das Christentum annahmen. Ihre Nachkommen, die Normannen, eroberten Britannien im Jahre 1066 und gründeten einen Staat in Süditalien und Sizilien.

Fortbestehen des Heldenideals

Die Tradition der germanischen Eindringlinge vermischte sich mit der klassischen mediterranen der römischen Welt zu einer neuen selbständigen Kultur. In dieser Zeit des Übergangs war der christliche Glaube ein wichtiger Faktor, aber das germanische Heldenideal bewegte den Sinn der Männer nicht minder – die Idee, daß ein Mann für seinen Herrn gegebenenfalls zu sterben habe, daß er nie aus der Schlacht fliehen dürfe und im Treueverhältnis gegen Unterhalt seinem Herrn Dienst und Gehorsam schulde. Der Mann, der in keinem solchen Treueverhältnis stand, war ein verlorener Mann – ohne Ehre und ohne Freunde.

Der Krieger kämpfte für seinen Herrn und erwartete Belohnung. Das Leben war in vielerlei Hinsicht hart und brutal; die Menschen lebten in elenden Löchern, manche aber auch in Palästen. Die meisten litten Armut oder dienten als Sklaven; Mord und Totschlag gehörten zum Alltag; Krankheiten waren weit verbreitet.

Leiden war das Los des Menschen, das standhaft ertragen wurde. Der Tod lauerte überall, aber die Seelenstärke des Menschen erhob sich über die Schrecken und die Barbarei der Zeit. Sein Geist riß die Schranken der Unwissenheit nieder und brachte eine lebendige Kultur hervor, die die Grundlage von viel Gutem in der europäischen Gesellschaft bildet. Der Niedergang des Römischen Reiches war nur zum Teil ein Unglück. Rasch erwuchs neues Leben aus den Trümmern. Die Menschen, in denen die Römer und spätere Geschichtsschreiber bloße Barbaren sahen, waren gleichzeitig Erben des Römischen Reiches und Begründer einer großen und fortdauernden Kultur.

DAS GRAB EINER KÖNIGIN

Die Langschiffe spielten eine so große Rolle im Leben der Wikinger, daß königliche Tote sogar in ihnen beigesetzt wurden. Ein solches Schiff mit herrlichen Schnitzereien wurde 1903 in Oseberg am Oslofjord ausgegraben. In dem Boot von über 21 m Länge lagen die Skelette zweier Frauen, vermutlich der Wikingerkönigin Asa und ihrer Dienerin. Zu den kostbaren Grabbeigaben gehören u. a. ein reichgeschnitzter Wagen, Schlitten, viele Haushaltsgegenstände, Truhen und Daunendecken.

REISEPROVIANT *Der Bronzeeimer aus dem Grab von Oseberg enthielt wilde Äpfel, die den Reisenden auf dem Wege in das Land der Toten zur Nahrung dienen sollten.*

BÄRTIGER KOPF *Dieser aus Eichenholz geschnitzte Kopf von einem Wagen aus dem Grab von Oseberg stellt einen typischen Seefahrer jener Tage dar. Schnitzwerk schmückte auch andere Dinge des Alltags.*

FAUCHENDER LÖWE *Diesen Holzpfosten aus dem Grabhügel von Oseberg krönt ein kunstvoll geschnitzter Löwenkopf, dessen wilde Augen und fauchendes Maul Ausdruck des gewalttätigen Charakters der Zeit sind. Er erinnert an die ornamentalen Galionsfiguren der Wikingerschiffe. Der Pfosten war wohl Teil eines Stuhles oder Bettes. Wie andere Völker begruben die Wikinger ihre Toten inmitten von vertrauten Dingen, die ihnen in ihrem Leben nach dem Tode nützen sollten. Den Hinterkopf des Löwen schmückt ein verschlungenes Tierornament, ein typisches Motiv germanischer Kunst.*

DIE WIKINGER ERREICHEN DIE NEUE WELT

Die Wikinger segelten mit ihren Langschiffen von Skandinavien nach vielen Orten in West- und Südeuropa. Sie drangen auch tief nach Rußland ein. Später erreichten sie Island, Grönland und die Neue Welt.

Ein Imperium im Namen Allahs

Seit 622

In der Flut des Islams ging der alte Orient unter, und eine allumfassende Glaubensgemeinschaft entstand von Westafrika bis zum Fernen Osten

Noch zu Beginn des 7. Jahrhunderts schien es, als sei die arabische Halbinsel ein zum ewigen Kleinkrieg verdammtes Land, in dem sich die Stämme um Weiderechte und Wasserlöcher schlugen. Doch bald darauf waren die Araber aus den Wüsten und Steppen ihrer Heimat in die Welt hinausgestürmt und beherrschten schon hundert Jahre später ein Gebiet, das sich von den Pyrenäen bis zu den Grenzen Indiens erstreckte und größer war als das Römische Reich zur Zeit seiner höchsten Machtentfaltung.

Die Kraft hinter dieser explosiven Entwicklung war der Islam – die Ergebung in den Willen Gottes. Sein Begründer – Mohammed – war ein politisches und religiöses Genie, dessen Botschaft, daß es nur einen Gott, nämlich Allah, gäbe, die streitenden Beduinenstämme einte und in den von ihnen unterworfenen Ländern Millionen von Anhängern fand. Nach der Überlieferung wurde der Islam von Kriegern verbreitet, die den Koran in der einen, das Schwert in der anderen Hand trugen. Aber dieses Bild ist falsch: Obgleich es erzwungene Bekehrungen gab, waren sie die Ausnahme und nicht die Regel. Der Islam hatte den Gläubigen viel zu bieten. Er verkündete, daß alle Menschen vor Allah gleich seien; er versprach den treuen Gläubigen das Paradies, und er war tolerant genug, nicht nur Mohammed, sondern auch Moses und Jesus als Propheten anzuerkennen. Nach der Gründung des islamischen Weltreichs kam noch der Anreiz hinzu, als Moslem privilegiertes Mitglied einer riesigen, blühenden Gemeinschaft zu werden.

Das so rasch entstandene Weltreich wurde noch fast 200 Jahre nach Mohammeds Tod durch die Bande der Religion und der arabischen Sprache, der Sprache des Korans,

DAS REICH DER OMAJJADEN IM JAHRE 732

Unter den Omajjaden stand das Reich der Kalifen auf seinem ersten Höhepunkt. Arabien, das Ursprungsland des Islams, ist schwarz umrahmt.

DIE KAABA, DAS ZIEL MOSLEMISCHER PILGER

Die Kaaba, ein würfelförmiges Gebäude im Zentrum Mekkas, war ein Mittelpunkt heidnischer Kulte der wandernden Beduinen lange vor Mohammeds Geburt. Nach der Überlieferung erbaute sie Abraham. Verehrt wurde und wird der in der Ostecke eingemauerte Schwarze Stein. Mohammed und seine Anhänger übertrugen dem Heiligtum nach der Eroberung Mekkas eine wichtige Rolle innerhalb des neuen Glaubens. Der Koran schreibt nämlich vor, daß jeder Moslem, dessen Gesundheit und Mittel es erlauben, einmal im Leben den Haddsch, *die Pilgerfahrt zur Kaaba, unternehmen soll, wonach er sich den Titel Haddschi zulegen kann. Diese Zeichnung zeigt die etwa 15 m hohe Kaaba so, wie sie im Jahre 1800 aussah. Im Hofe der Kaaba entspringt die berühmte Quelle Semsem.*

DER PROPHET SETZT DEN SCHWARZEN STEIN WIEDER EIN

In die Mauer der Kaaba in Mekka war seit frühesten Zeiten der als Idol verehrte Schwarze Stein eingelassen, dem sich Ungläubige nicht nähern dürfen. Wahrscheinlich ist der Stein ein Meteorit, von dem es heißt, er sei mit Adam zusammen vom Paradies zur Erde gefallen und vom Erzengel Gabriel Abraham gegeben worden, als dieser die Kaaba baute. Die Legende berichtet, der Stein sei weiß gewesen, als er vom Himmel fiel, und unter den Küssen von Millionen von Pilgern nachgedunkelt. Diese Malerei aus dem 14. Jahrhundert zeigt Mohammed vor Beginn seiner Berufung, wie er beim Umbau der Kaaba den Stein in der Hand hält. Es hatte Streit gegeben, welcher Stamm die Ehre haben sollte, den Schwarzen Stein an seinen Platz zu versetzen. Man wollte diese Aufgabe dem ersten überlassen, der hereinkäme. Das war Mohammed, der verfügte, daß der Stein auf einem Tuch hochgehoben werde, das je ein Mann aus jedem Stamm halten sollte. Er selbst setzte dann den Stein ein. Diese Geschichte stammt aus dem Hadith, *einer Sammlung von Mohammed zugeschriebenen Aussprüchen.*

TROMPETEN RUFEN DIE GLÄUBIGEN ZUM FEST

Trompeter und Standartenträger Mustansirs, eines Kalifen der Abbasiden-Dynastie, künden in dieser 1237 gemalten Miniatur das Ende des den Moslems heiligen Fastenmonats Ramadan und damit den Beginn des darauffolgenden Bairam-Festes an. Jeder erwachsene Moslem hat die Pflicht, während der Tageslichtstunden des Ramadan zu fasten, also weder zu essen noch zu trinken; auch das Rauchen ist verboten. Nachts feiert man oft Familienfeste. Im Monat Ramadan wurde Mohammed Allahs Wille offenbart, und im gleichen Monat errangen seine Anhänger ihren ersten großen Sieg.

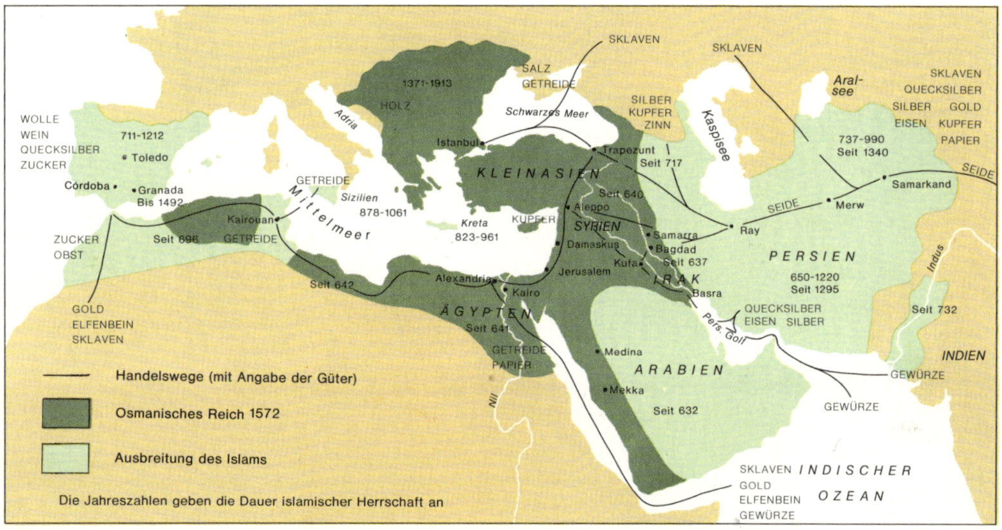

DIE OSMANEN UND DIE AUSBREITUNG DES ISLAMS

Auf dem Höhepunkt türkischer Macht gegen Ende des 16. Jahrhunderts galt das Wort des Sultans in Istanbul von den Donauländern bis zur Südspitze des Roten Meeres und in weiten Gebieten Nordafrikas. Jenseits der Grenzen des Osmanischen Reiches lagen weitere islamische Staaten, so in Arabien, Persien, Nordafrika und Indien. Schon Anfang des 8. Jahrhunderts hatten islamische Heere Spanien erobert. Im gleichen Jahrhundert waren die Araber in das Industal eingedrungen. Sie hielten Sizilien zwei Jahrhunderte lang besetzt, ehe sie es an die Normannen verloren, und die Macht der Moslems in Spanien wurde endgültig erst 1492 gebrochen. Zur gleichen Zeit verbreitete sich der Islam auf dem Balkan.

zusammengehalten. Danach verfiel es als politische Einheit, weil ein Provinzgouverneur nach dem anderen der Zentralregierung seine Gefolgschaft aufkündigte. Aber der Islam als Religion und die durch ihn ins Leben gerufene Kultur waren von Dauer.

Der Prophet Gottes

Mohammed, Sohn des Kaufmanns Abdallah, wurde um 570 zu Mekka geboren, einer blühenden Stadt an der Karawanenstraße zwischen dem Indischen Ozean und dem Mittelmeer. Zweimal im Jahr war Mekka das Ziel von Wallfahrern, die zu dem uralten Heiligtum der Kaaba pilgerten.

Mohammed war fast 40 Jahre alt, als er zu predigen begann. Er betonte, daß er nicht göttlich sei, sondern nur ein Mensch, den Gott zu seinem Propheten gemacht habe. Er sagte, er sei gesandt worden, die Menschen zum Gottesdienst aufzurufen und sie aufzufordern, alles Böse vor dem Ende der Welt und dem nahe bevorstehenden Jüngsten Gericht abzulegen. Diese Botschaft paßte der herrschenden Schicht von Kaufleuten nicht, und 622 wurden der Prophet und seine Anhänger zur Flucht aus Mekka gezwungen. Schließlich fand er Asyl in Jathrib, einer etwa 450 km nördlich gelegenen Oase, später Stadt des Propheten oder einfach Stadt (Medina) genannt. Mit dem Datum seiner Flucht, der Hedschra, beginnt die islamische Zeitrechnung.

Abgesehen von seiner Anziehungskraft als Prediger, hatte Mohammed große staatsmännische und strategische Talente, und seine Anhängerschaft wuchs sehr rasch. 630 nahm er Mekka ein und starb in Medina zwei Jahre darauf. Nach seinem Tode wurden die von ihm im Laufe von 20 Jahren verkündeten Offenbarungen in einem Buch, dem Koran, gesammelt.

Der Islam lehrt, daß der sicherste Weg zum Paradies darin besteht, für die Sache Gottes kämpfend zu sterben, und die Araber begannen bald mit ihren Eroberungszügen. Sie stießen von ihrer Halbinsel aus vor und überrannten die Nachbarländer, wobei ihnen der Zustrom von Mitläufern aus den Schichten der unzufriedenen Untertanen der älteren Reiche sehr zustatten kam. Um zum Islam überzutreten, genügte das Bekenntnis, daß es keinen Gott gibt außer Gott und daß Mohammed sein Prophet ist. Und dieser Glaube war wesentlich einfacher zu begreifen als die verzwickten byzantinischen Dogmen über die Dreieinigkeit. Die Araber eroberten den Irak (637), Syrien (637), Ägypten (641) und Persien (632–651). Um 661 erstreckte sich ihr Weltreich von Gabes in Tunesien bis zum Amu-Darja (Oxus) und den Grenzländern Indiens. Von Damaskus aus wurde es vom Kalifen Moawija I. regiert, dem Begründer der Dynastie der Omajjaden, die bis 750 herrschte.

Kunst in den heiligen Städten

Moawija und seine Nachfolger errichteten in dem neuen Weltreich bald eine gut funktionierende Verwaltung. Sie machten sich die Beamtenschaft der eroberten Länder zunutze. So war Johannes von Damaskus, einer der letzten großen Theologen der alten Kirche, zeitweise Finanzverwalter in Damaskus, wie vor ihm sein Vater und

Großvater. Das arabische Weltreich war ein Schmelztiegel vieler Völkerschaften geworden, doch gab es ein Gebiet, wo sich die Araber selbst besonders hervortaten, das war die Poesie. Hervorragend schön waren die Liebesgedichte des Omar ibn Abi Rabia, die von den Frommen als die größte Sünde wider Gott betrachtet wurden. Ein Kult der höfischen Liebe machte sich breit; so ließ ein Gouverneur von Mekka, der Dichter Harith, die ganze Gemeinde in der Moschee warten, bis seine Geliebte zum Gebet erschien. Doch dauerte diese Phase nicht lang, denn die Kalifen übernahmen von Byzanz die Einrichtung des Harems, und die Frauen verschwanden danach völlig aus dem öffentlichen Leben.

Zur Lebenszeit Mohammeds war die Baukunst in Arabien so gut wie unbekannt. Das einzige größere Gebäude in Mekka, die erneuerte Kaaba, war wahrscheinlich das Werk eines abessinischen Baumeisters. In den früher byzantinischen Provinzen verwandelten die ersten Moslems die Kirchen in Moscheen. Aber bald zogen die Kalifen einheimische Handwerker zur Errichtung neuer Gebäude heran. Abd al-Malik (685 bis 705) ließ den Felsendom im Tempelbezirk von Jerusalem mit seiner schön geschmückten Holzkuppel bauen, und die Wüsten sind noch heute mit den Überresten ehemaliger Lust- und Jagdschlösser übersät.

Geschichten aus Tausendundeiner Nacht

Im Jahre 750 wurde Merwan II., der letzte Kalif aus der Dynastie der Omajjaden, von Heeren geschlagen, die unter einem Führer der Abbasiden, Abkömmlinge eines Onkels von Mohammed, standen. Die Jahre der Abbasidenherrschaft sind als die Zeit der Wunder aus Tausendundeiner Nacht in die Legende eingegangen.

Diese Sammlung von Märchen und anderen Erzählungen ist von allen Werken in arabischer Sprache in der außerarabischen Welt am besten bekannt. Die Geschichten stammen aus vielen Quellen, darunter auch aus Indien, sind aber islamisch gefärbt und enthalten vielerlei Details aus dem Leben in Bagdad und Basra. Obgleich Harun ar-Raschid (786–809), der fünfte Kalif aus der Dynastie der Abbasiden, in vielen Erzählungen auftritt, sind diese doch erst später niedergeschrieben worden.

Die Abbasiden verlegten ihre Hauptstadt von Damaskus in das zentralere Bagdad im Irak. Hier ließ Kalif Mansur 762 seine runde Stadt erbauen, die einen Durchmesser von fast 2,4 km hatte und von Wällen und Gräben umgeben war. In ihr befanden sich die Regierungsgebäude, Moscheen, Gefängnisse, Bäder, Häuser für Diener und Beamte sowie Läden. Im Mittelpunkt lag der Palast des Kalifen, von einer großen grünen Kuppel überragt, die die Statue eines berittenen Kriegers krönte. Da das Baumaterial vor allem aus Lehmziegeln bestand, haben die Kriege und Überschwemmungen der nächsten Jahrhunderte von diesem Palast nichts übriggelassen.

Die Hauptkennzeichen einer islamischen Stadt waren die Moschee, das öffentliche Bad und der Markt. In Mansurs Hauptstadt lebten die Kaufleute, von denen viele Ausländer waren, ursprünglich innerhalb der

VERFOLGUNG DES PROPHETEN DES EINEN GOTTES

Der Islam, der heute 466 Millionen Anhänger in der ganzen Welt zählt, wurde von Mohammed gestiftet, der um 570 als Sohn eines unbedeutenden Händlers in Mekka geboren wurde. Er betonte stets, daß die von ihm gepredigte Religion nicht neu sei, sondern der Glaube an den *einen* Gott, von dem Abraham, die Propheten des Alten Testaments und Jesus gepredigt hatten. Die herrschenden Kreise in Mekka, denen daran lag, den heidnischen Kult zu schützen, der der Stadt einträgliche Pilgerzüge bescherte, zwangen Mohammed zu fliehen.

DEM MOB GEGENÜBER *Die Einwohner Mekkas versuchten, Mohammed durch Steinigen zu vertreiben. Auf diesem türkischen Bild (16. Jh.) sieht man, wie Abu Bekr, einer seiner ersten Anhänger, die wütende Menge besänftigt. Der Prophet folgte 622 einer Einladung nach Jathrib (Medina) und überfiel mit seinen Anhängern nach Mekka ziehende Karawanen. Nach einem Waffenstillstand durfte er 629 nach Mekka pilgern. Das würdevolle Verhalten und die Verehrung seiner 2000 Anhänger, die mit ihm zogen, führten zu vielen Bekehrungen, so daß er Mekka im nächsten Jahr fast ohne Widerstand einnehmen konnte.*

DAS GÖTTLICHE WORT *Die von Mohammed verkündeten Offenbarungen gelten den Moslems als Wort Gottes. Sie wurden nach seinem Tode im Koran gesammelt. Der Korantext links ist in der üblichen Neßchi-Schrift geschrieben, die Seite unten in der eckigen kufischen Schrift. Der Koran besteht aus 114 Suren (Kapitel), deren jede kürzer ist als die vorhergehende. Die kürzeste steht allerdings am Anfang.*

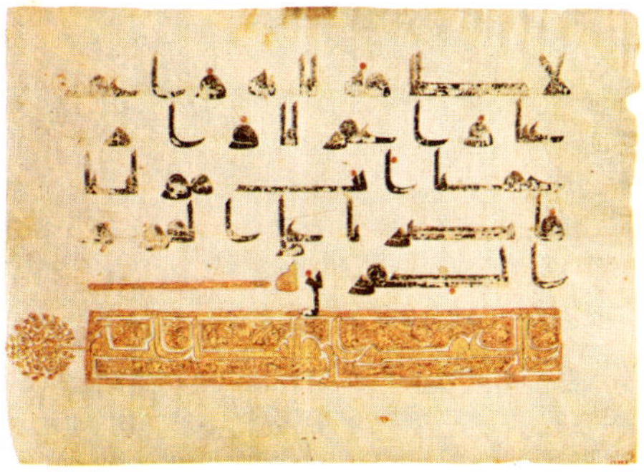

kreisrunden Mauer. Als sie aus Sicherheitsgründen ausgesiedelt wurden, entstanden große Märkte außerhalb der Stadt, in denen die einzelnen Straßen jeweils dem Handel mit nur einer Warenart vorbehalten waren. Marktaufseher achteten auf Qualität, Gewichte und Preise und verhinderten Grausamkeit gegen Tiere. Bagdad und Basra gediehen als Handelszentren. Die Waren bestanden hauptsächlich aus Luxusgütern, denn jedes Gebiet versorgte sich meist mit allen lebenswichtigen Gütern selbst, sieht man von Salz und Eisen ab.

Vom Persischen Golf aus segelten die Schiffe mit Elfenbein, Kupfer, Bernstein und dem als Aphrodisiakum und Gegenmittel gegen Gifte begehrten Horn des Nashorns nach China. Auf die Märkte des Iraks kamen Gold und Elfenbein aus Afrika, Felle und Stoffe von Konstantinopel, Teppiche aus Armenien, Holz und Eisen aus Europa, Glas aus Syrien und Damast aus Damaskus.

Die perfekte Sklavin

Sklaven wurden aus allen Teilen des arabischen Weltreiches bezogen. Ibn Butlan, ein christlicher Arzt (gest. 1066), gibt die Anpreisung eines Händlers wieder: »Die ideale Sklavin ist ein Berbermädchen, das mit neun Jahren aus der Heimat geführt wird, drei Jahre in Medina und drei in Mekka verbringt und mit sechzehn in den Irak gelangt, um sich elegante Fertigkeiten anzueignen. Wenn sie mit fünfundzwanzig verkauft wird, vereinigt sie die Vollkommenheit ihrer Rasse mit der Koketterie der Frau aus Medina, der Eleganz und Feinheit der Mekkanerin und der Kultur der Irakerin.«

Die reichsten Kaufleute waren besonders hoch geachtet und beneidet. Wie ein Geistlicher bitter bemerkte: »Ein armer Mann in Bagdad ist wie der Koran im Hause des Atheisten.« Die höchste Achtung genossen die Händler in feinen Tuchen und Gewürzen, während die niedrigsten Beschäftigungen das Weben und Straßenkehren waren. Reisende Kaufleute führten Kreditbriefe mit sich oder zahlten mit Scheck, und es gab eine Verrechnungskasse in Basra. Mit Unterstützung der Regierung wurde von den Bauern Brachland wieder angebaut, alte Bewässerungskanäle wurden wiederhergestellt und neue angelegt. Die Omajjaden hatten einen Postdienst für amtliche Korrespondenz eingerichtet, den die Abbasiden in einen Nachrichtendienst mit Poststationen im Abstand von 10–20 km verwandelten. Die Postmeister mußten der Hauptstadt über die Nahrungsmittelpreise in ihren Bezirken berichten, damit Vorräte dorthin gesandt werden konnten, wo eine Verknappung drohte. Zusätzlich zum Postdienst mit berittenen Kurieren gab es die Brieftaubenpost, und Brieftauben wurden auch auf Handelsschiffen mitgeführt.

Al-Mamun, Harun ar-Raschids Sohn, unternahm es, die praktischen Wissenschaften der antiken Welt seinem Volke zugänglich zu machen. Er errichtete ein Haus der Weisheit in Bagdad, wo unter der Leitung von Hunain ibn Ishak, einem christlichen Arzt, die Werke von Galen und Euklid, Ptolemäus und Archimedes, Aristoteles und Platon ins Arabische übersetzt wurden. Der arabische Philosoph Kindi schrieb mehr als 240 Werke über Optik, Musik, Alchimie, Astrologie und Philosophie. Der Arzt Rhazes aus Ray in Persien soll 237 Schriften verfaßt haben, darunter die erste klinische Beschreibung von Pocken und Masern. In den 30 Büchern seines Hauptwerkes faßte er das medizinische Wissen der Griechen, Araber, Perser und Inder zusammen. Der Aufschwung der wissenschaftlichen Arbeit wurde durch die Einführung des Papiers begünstigt. Die erste Papierfabrik war 751 mit in der Papierherstellung bewanderten chinesischen Kriegsgefangenen in Samarkand gegründet worden. Innerhalb von 40 Jahren entstanden weitere Fabriken in Bagdad und anderen Orten des Abbasidenreiches, und Papier ersetzte bald den Papyrus und das teuere Pergament.

Die Türken

Obgleich das kulturelle Leben unter den Abbasiden blühte, war die Dynastie politisch und militärisch nicht so stark wie die Omajjaden auf dem Höhepunkt ihrer Macht. Die Kalifen machten den Fehler, die unabhängigen, aber loyalen arabischen Beamten der Omajjadenzeit durch eine fremde, meist persische Bürokratie zu ersetzen. Die unternehmendsten der Araber, die sich aus der Verwaltung verdrängt sahen, lebten als Gelehrte oder Kaufleute und fühlten sich der Dynastie nicht mehr verpflichtet. Der Pöbel der Städte und die nicht genügend beschäftigten Soldaten wurden eine Bedrohung für den Staat. Zum Schutz umgab sich schon al-Mamun mit einer Leibgarde aus türkischen Söldnern. Bald drangen die Türken auch in höhere Ämter und die Verwaltung ein.

Die Beziehungen zwischen den Söldnern und den Bürgern von Bagdad wurden so gespannt, da diese noch obendrein hohe Steuern für deren Sold entrichten mußten, daß Kalif al-Mutassim und seine Garde 836 in Samarra, rund 100 km stromaufwärts am Tigris, eine neue Hauptstadt gründeten, in der die Kalifen bis 883 residierten. Eines der großartigsten Gebäude in der Nähe Samarras war der rechteckige Palast Balkuwara, der an der Längsseite 1250 m maß. Drei gewaltige, aus Ziegeln errichtete Bögen erhoben sich am westlichen Ende. Seine Ruinen stehen noch heute.

Von der Mitte des 9. Jahrhunderts an waren die meisten Kalifen nur noch Marionetten in der Hand ihrer türkischen Generäle, und eine Provinz nach der anderen fiel von ihnen ab. Im Jahre 1055, als schon der größte Teil Innerasiens unter türkischer Herrschaft stand, eroberten die türkischen Seldschuken Bagdad.

Kairo, die größte arabische Stadt

Eine der ersten Provinzen, die sich selbständig machte, war Ägypten im Jahre 868. Ein Jahrhundert später eroberten es die Fatimiden, eine Dynastie, die sich 60 Jahre zuvor in Nordafrika festgesetzt hatte. Das von ihrem Feldherrn Dschauhar 969 gegründete befestigte Militärlager erhielt vier Jahre später den Namen Misr al-Kahira, Stadt des siegreichen Mars. Kairo, in dem ältere Siedlungen aufgingen, hatte schon nach zehnjähriger Bauzeit ein Drittel der Größe von Bagdad erreicht. Rasch wuchs es weiter und wurde die größte Stadt der arabischen Welt.

Die zwei Jahrhunderte währende Herrschaft der Fatimiden war wirtschaftlich eine Blütezeit für Ägypten. Drei Jahre nach der Eroberung wurde die Moschee al-Azhar gebaut, an der die wichtigste Hochschule der islamischen Welt entstand. Die Fatimiden sicherten das Weiterbestehen der Moschee durch Stiftungen. Die Mildtätigkeit ist vom Islam vorgeschrieben, und die gewöhnlichen Moslems verdankten die meisten Annehmlichkeiten ihres Lebens solchen Stiftungen. Einem persischen Reisenden, Nasir-i-Chosrau, der Ägypten 1046 besuchte, schien

EIN VOLK, DAS DEN HANDEL EHRT

Mohammed billigte den ehrlichen Handelsgewinn. Der Einfluß des Handels auf die Phantasie der frühen Moslems ist aus der wichtigen Rolle ersichtlich, die Kaufleute aus Bagdad und Kairo in den Märchen aus Tausendundeiner Nacht spielen, die allerdings erst später niedergeschrieben worden sind. Im 10. Jahrhundert soll der Juwelenhändler Ibn al-Jassas auch dann noch ein reicher Mann gewesen sein, als der Kalif von Bagdad ihm 16 Millionen Goldstücke weggenommen hatte.

REISENDE HÄNDLER *Kaufleute schlossen sich zu großen, von Bewaffneten geschützten Karawanen zusammen, um beim Durchqueren der Wüste sich vor Räubern zu schützen. Auf dieser Miniatur (1237) sieht man einen Händler beim Aufbruch sein Kamel besteigen.*

LAMPE AUS EINER MOSCHEE *Die schönsten Glaswaren mit Emailmalerei und geschliffenen Mustern kamen aus Syrien wie diese vermutlich in Damaskus hergestellte Moscheenlampe (14. Jh.).*

es unter den östlichen Ländern der islamischen Welt das einzige, wo Friede und Wohlstand herrschten. Er berichtete, daß Kairo 20 000 aus Ziegeln erbaute Häuser besaß, manche davon bis sechs Stockwerke hoch, und 20 000 Läden, die alle dem Kalifen gehörten. Im Palast waren 12 000 Diener beschäftigt. Einige Straßen wurden von Lampen beleuchtet, das Militär hatte Pferde, während die Bürger auf Eseln ritten, die man an jeder Straßenecke mieten konnte. Die Preise waren durch die Behörden festgesetzt. Entsprechend Mohammeds Lehren wurden Verbrechen so schwer bestraft, daß es genügte, die Läden der Juweliere und Geldwechsler durch eine Schnur vor der Tür zu sichern. Jedem verurteilten Dieb hackte man zur Strafe die Hand ab.

Pracht der Mamelucken

Die großartigste Bautätigkeit in Ägypten fällt in die Zeit der Mameluckensultane (13. bis 15. Jahrhundert). Sultan Kala'un (1279 bis 1290) gab Kairo das berühmte Hospital, das aus drei Höfen bestand, wovon zwei von kleinen Krankenzimmern umgeben waren, während um den dritten Krankensäle, Vorlesungsräume, Bibliothek, Apotheke und Behandlungsräume lagen. Wie in anderen islamischen Hospitälern wurden die Kranken auch hier mit Musik unterhalten und mit Vorlesungen aus dem Koran getröstet. Alles war kostenfrei. Heute sind nur noch die Fassade und die Eingangshalle erhalten sowie das nahe gelegene Grab des Gründers, das noch immer ein Wallfahrtsort für Kranke ist.

Sultan Kait-Bai (1468–96) hinterließ zwei prachtvolle Moscheen, von denen eine sein Grab enthält, sowie eine Anzahl von Festungen, Palästen und Karawansereien. Die Karawanserei, das charakteristische Rasthaus des Orients, bestand aus einem quadratischen oder rechteckigen Hof, den hohe Mauern umgaben, an deren Innenseite sich Schlafräume für die Reisenden und Lagerräume für ihre Waren befanden. Die Lasttiere – Kamele, Maultiere und Esel – sowie die Pferde der Reichen wurden im Hof angebunden, in dessen Mitte oft eine Moschee stand, die auf Säulen ruhte, um die Tiere am Eindringen zu hindern.

Die Mamelucken verhalfen Ägypten zu neuem wirtschaftlichem Aufschwung und politischer Bedeutung. Sie unterhielten freundschaftliche Beziehungen zu den italienischen Stadtstaaten. Da sie Syrien und Ägypten regierten, mußte aller Handel zwischen dem Osten und Europa über ihr Territorium gehen, jedenfalls bis 1498, als die Portugiesen den Seeweg um das Kap der Guten Hoffnung entdeckten. Auf allen Teilstrecken legten die Mamelucken auf die Waren hohe Zölle, die in einigen Fällen 160 Prozent des Warenwertes erreichten, und es war gerade diese erpresserische Höhe, die die Portugiesen veranlaßte, einen anderen Weg nach Indien zu suchen.

Die Länder des Sonnenuntergangs

Der Islam hatte in Nordafrika auch weiter westlich festen Fuß gefaßt. Zu Beginn des 8. Jahrhunderts war dort die byzantinische Vormachtstellung schon gebrochen; Provinzhauptstadt wurde Kairuan in Tunesien.

DIE KUNSTHANDWERKER VON MOSSUL

Die Metallhandwerker von Mossul, einer Stadt am Tigris, waren berühmt für ihre Meisterschaft in der schwierigen Technik der Silbereinlegearbeit in Bronze und Messing. Die Harfe und Flöte spielenden Musikanten sind aufs feinste auf einer kleinen Fläche dieses aus dem Jahre 1232 stammenden 30 cm hohen Wasserkrugs eingelegt, der die Inschrift trägt: Hergestellt von Schuja ibn Mana von Mossul. Der Stil der Mossulwaren wurde in der ganzen islamischen Welt bei Krügen und Kerzenhaltern kopiert.

PFLEGE DER WISSENSCHAFTEN

Arabische Philosophen und Weise beherzigten das Gebot des Propheten, Wissen überall zu suchen, und sei es in China. Ihr Wissen wurde schließlich im Mittelalter dem Abendland vermittelt.

FÜHREND IN DER MEDIZIN *Die Araber waren einst in der Medizin führend, besonders in der Chirurgie und Augenheilkunde. Eine Seite aus dem Buch der Gegengifte (1199) zeigt, wie ein Arzt (links) den Anbau von Heilpflanzen überwacht.*

BEOBACHTUNG DES HIMMELS *Neben der Astronomie blühte auch die Astrologie: Im Bild (13. Jh.) sieht man Mars im Zeichen des Widders mit Jupiter in Konjunktion. Mit dem Hausbau begann man an astrologisch günstigen Tagen.*

Anfänglich wollten sich die eingeborenen Berber der Herrschaft der Araber nicht beugen, doch bald schlossen auch sie sich dem siegreichen Islam an. Im Jahre 711 setzten 7000 Mann, hauptsächlich Berber, unter der Führung des Tarik ibn Ziyad nach Gibraltar (arabisch Dschebel al-Tarik = Felsen des Tarik) über, besiegten den letzten Westgotenkönig, eroberten Córdoba und Toledo und verleibten dem Kalifat Spanien unter dem Namen al-Andalus ein.

Obgleich Spanien jahrhundertelang von Moslems regiert wurde, bildeten sie dort niemals eine Majorität, selbst nicht in Granada, das sie bis 1492 innehatten. Es gab auch keine Bekehrungen in großem Maßstab wie bei früheren Eroberungen. Die Spanier, durch die Nähe des christlichen Europas bestärkt, hielten streng an ihrem Glauben fest. Auch in Sizilien, das die Araber 827–878 eroberten und erst 1061–91 an die Normannen verloren, blieben die Eroberer in der Minderzahl. In beiden Ländern herrschten die Sieger mit einzigartiger Toleranz. Es kam zu einer Blüte in Kunst und Wissenschaft, die in Sizilien auch noch unter den Normannen anhielt, die als Amtssprachen sowohl Arabisch als auch Griechisch und Latein benützten. Córdoba und Toledo waren im 10. Jahrhundert die bedeutendsten Kulturzentren im Westen. Islamische Musik und Dichtkunst, zu der thematisch und rhythmisch auch christliche Sänger beitrugen, hatten einen großen Einfluß auf die Dichtungen und Lieder der Troubadours. Der Vater der islamischen Musik auf der Pyrenäenhalbinsel, der persische Sänger Ziryab, gründete in Córdoba eine Musikakademie und wurde zum Schiedsrichter in Modefragen. Nicht aus Paris, sondern aus Córdoba ließen sich die Damen der christlichen Königreiche von Navarra und Barcelona ihre modischen Kleider kommen.

Zu einer Zeit, als zum Beispiel in London noch keine einzige Straßenlaterne schien, waren die Straßen andalusischer Städte gepflastert und beleuchtet. Die Häuser hatten Marmorbalkone für den Sommer und Heißluftkanäle unter den Mosaikfußböden für den Winter. Sie waren von Obstgärten mit Pfirsich- und Granatapfelbäumen umgeben, und in Lustgärten sorgten Teiche und Springbrunnen für Kühlung.

Das Erbe Andalusiens

Eine Perle islamischer Baukunst ist das Schloß Alhambra in Granada, das 1230 begonnen, aber erst zwei Jahrhunderte später fertiggestellt wurde. Die Hauptmoschee von Córdoba, heute die Kathedrale der Stadt, wurde um 785 errichtet und später erweitert, als die Bevölkerung zunahm. In dem riesigen Gebäude ruhen auf einem Wald kleiner Säulen Bögen, die weitere Säulen und Bögen tragen.

Studenten aus dem christlichen Abendland saßen zu Füßen von mohammedanischen, christlichen und jüdischen Gelehrten, um Philosophie, Naturwissenschaften und Medizin zu studieren. Die Bedeutung des maurischen Spaniens für die europäische Kultur liegt vor allem darin, daß dort dem christlichen Abendland das Wissen sowohl des Islams als auch der griechischen Antike übermittelt wurde. Toledo, das Alfons VI. von León und Kastilien 1085 zurückeroberte, blieb ein Treffpunkt aller Bekenntnisse, und unter der Schirmherrschaft des Erzbischofs Don Raymundo wurden hier viele wissenschaftliche Werke aus dem Arabischen ins Lateinische übersetzt, denn viele Werke griechischer Gelehrter und Philosophen waren schon ins Arabische übertragen worden. Nun erreichten sie auf dem Umweg über das Lateinische das übrige Europa; dazu kam manches ursprünglich arabische wissenschaftliche Werk.

Gerhard von Cremona (1114–87) kam nach Toledo auf der Suche nach dem Almagest, wie die Araber das Handbuch der mathematischen Astronomie des Ptolemäus nannten. Er fand das Werk und übersetzte es. Diese Übersetzung blieb das Standardwerk der Astronomie in Europa bis zum Jahre 1543, als Kopernikus sein Hauptwerk veröffentlichen ließ, nach dem die Sonne den Mittelpunkt der Planetenbahnen bildet. Gerhard und seinem Zeitgenossen, dem spa-

KUNSTVOLLE SEIDE AUS ANDALUSIEN

Als die Araber und Berber im Jahre 711 Spanien eroberten, brachten sie die Kultur des Islams von Nordafrika nach Europa. Sieben Jahrhunderte lang war Andalusien ein Zentrum der Gelehrsamkeit und der Künste. Kostbare Seidenstoffe – dieses Stück mit einem Pfauenmuster stammt aus dem 12. Jahrhundert – wurden in den gesamten Mittelmeerraum exportiert.

PRACHT EINES MAURISCHEN SCHLOSSES

Der märchenhafte Palast der Alhambra auf einem Hügel in Granada wurde 1230 begonnen, aber erst zwei Jahrhunderte später vollendet. Oberhalb des Bogenfensters (links) im Raum der Königin sind stilisierte Blätter aus Stuck mit arabischen Schriftzeichen zu ornamentalen Bändern verwoben. Im Löwenhof (rechts) umgeben schlanke Säulen einen von Löwen bewachten Springbrunnen.

nischen Rabbi Ben Ezra, gebührt auch das Verdienst, das indische Ziffernsystem in Europa eingeführt zu haben, wozu das Nullzeichen gehört, das in Bagdad schon von 770 an benutzt wurde. Die sogenannten arabischen Ziffern benutzen wir noch heute.

In der Reconquista (Rückeroberung) verdrängten spanische und andere christliche Ritter allmählich die Mauren aus Spanien. Das kraftvolle intellektuelle Leben im mohammedanischen Nordafrika blieb erhalten. Dennoch verschwanden irgendwie Farbe und Romantik aus der islamischen Geschichte, als 1492 Ferdinand und Isabella die letzte maurische Bastion in Spanien – Granada – eroberten.

Die Rückeroberung Spaniens war nicht die einzige kriegerische Aktion der Christen gegen die Moslems. Zwischen dem Ende des 11. und dem Ende des 13. Jahrhunderts führten Fürsten und Ritter des Abendlandes eine Reihe von Kreuzzügen, um das Heilige Land vom Islam zu befreien, nachdem Papst Urban II. 1095 zum Krieg gegen die Ungläubigen aufgerufen hatte. Im Jahre 1099 eroberten die Kreuzritter Jerusalem, das sich bis dahin in der Hand der Seldschuken befunden hatte, und gründeten das Königreich Jerusalem und andere christliche Herrschaften in Palästina und Syrien. Diese Kreuzfahrerstaaten wurden bald durch das erneute Erstarken der Türken bedroht, und weitere Kreuzzüge mußten zu ihrem Schutz unternommen werden. Der berühmteste war der 3. Kreuzzug (1189–92), als Kaiser Friedrich Barbarossa, Richard Löwenherz von England und Philipp II. August von Frankreich ihre Truppen gegen den großen Sultan Saladin ins Feld führten. Der Erfolg der Kreuzzüge war jedoch gering. Im Jahre 1291 fiel Akkon, der letzte Stützpunkt der Christen in Palästina, und die Stellung des Islams wurde im ganzen Vorderen Orient dank dem Aufstieg der Osmanen unangreifbar.

Die Beschützten Länder

Die Anfänge der Osmanen, die das größte aller islamischen Reiche gründen sollten, was Pracht, territoriale Ausdehnung und Dauer anbelangt, waren bescheiden. Ende des 13. Jahrhunderts machte sich Osman, Sohn des Ertoghrul, des Anführers einer Türkenschar, die von Zentralasien nach Westkleinasien eingewandert war, zum Sultan. Die meisten dieser Menschen waren erst kürzlich zum Islam übergetreten und führten nun mit enormer Energie den Kampf gegen die Ungläubigen – also gegen Byzanz. Der besondere Beitrag, den die tapferen, praktischen und starrköpfigen Türken zu der aus vielen Völkerschaften bestehenden Gemeinschaft der Gläubigen beisteuerten, lag auf dem Gebiet der Verwaltung und Kriegführung. Die islamische Theorie teilte die Welt in Dar al-Islam, die Bleibe des Islams, und Dar al-harb, den Tummelplatz des Krieges, ein. Im Prinzip befanden sich die Türken in einem ständigen Kampf mit ihren christlichen Nachbarn, und es galt als normal für jeden osmanischen Sultan, Jahr für Jahr an der Spitze eines Heeres gegen die Christen zu ziehen. Schon 1354 überquerten die Osmanen die Dardanellen und trugen den Krieg nach Europa hinein. Als Sultan Mehmed II. im Jahre 1481 starb, bestand das Byzantinische Kaiserreich nicht mehr, und die Osmanen waren Herren über ganz Kleinasien, Griechenland und den Balkan. Hundert Jahre später hatten sie auch einen großen Teil der arabisch sprechenden Welt überrannt und herrschten von der Adria bis zum Persischen Golf und über den Hauptteil Nordafrikas. Dieses gigantische Reich nannte man im Abendland Osmanisches Reich. Seine Herrscher bezeichneten es als die *Beschützten Länder*.

Die Türken sahen sich als Mitglieder eines universellen islamischen Weltreiches. Rassische Vorurteile waren ihnen unbekannt. Christen und Juden galten zwar als Bürger zweiter Klasse, konnten aber durch Übertritt zum Islam zur herrschenden Klasse überwechseln. Gegen Ende des 14. Jahrhunderts verstärkten die Osmanen den Beamtenapparat und das Militär durch die Gründung der Janitscharen, einer Truppe, in die zwangsweise ausgehobene und bekehrte Knaben unterworfener Völker aufgenommen wurden. 250 Jahre lang waren die mei-

DIE GRÖSSTE ARMEE IHRER ZEIT

Als diese Miniatur in der Mitte des 16. Jahrhunderts gemalt wurde, waren die kriegslüsternen osmanischen Türken unter Süleiman dem Prächtigen die meistgefürchtete Militärmacht mit 300 000 Mann unter Waffen. Die meisten gehörten zur Kavallerie, hatten keine Rüstung und waren nur mit Bogen, Schwert und Lanze bewaffnet. Aber die Türken vernachlässigten die modernen Fortschritte in der Waffentechnik nicht. Schon 1364 stellten sie Kanonen her und waren der Feuerkraft ihrer europäischen Feinde wohl gewachsen, als Süleiman die Ungarn an der Donau angriff.

sten großen Staatsmänner Christen von Geburt; so gab es neben 20 türkischen Großwesiren 90 nichttürkische. Trotz oder vielleicht auch wegen der Völkermischung in der herrschenden Klasse des Osmanischen Reichs bildete die islamische Kultur der Türken bis ins 20. Jahrhundert ein harmonisches Ganzes. Einer vorosmanischen Moschee, etwa in Nordafrika oder Syrien, kann man ihren nordafrikanischen oder syrischen Charakter ansehen, während eine osmanische Moschee, einerlei ob sie in Istanbul, Sofia oder Aleppo steht, als solche zu erkennen ist. Dies war dem Genie des Architekten Sinan (1489–1588) zuzuschreiben, der zur Zeit des Sultans Süleiman des Prächtigen, unter dem das Osmanische Reich seine höchste Machtentfaltung erreichte, den Baustil bestimmte. Die frühen osmanischen Moscheen hatten bis zu 20 kleine Kuppeln. Im frühen 14. Jahrhundert begann man den Zentralraum mit einer großen Kuppel zu überwölben, und dieser Typ der Moschee wurde von Sinan zur Vollendung geführt. Außen sind osmanische Moscheen immer schlicht. Innen wird viel Gebrauch von Kacheln, Mosaiken und buntem Glas gemacht. Das islamische Verbot, lebende Wesen abzubilden, führte zur dekorativen Verwendung von kalligraphischen und geometrischen Ornamenten und stilisierten oder realistischen Blumendarstellungen. Eine weitere Folge dieses Verbots war die hohe Entwicklung der Miniaturmalerei, mit der besonders die Reichen ihre Bücher schmükken ließen, die das Verbot zwar wesentlich leichter nahmen als die Masse der Moslems, aber nicht durch öffentliches Zurschaustellen von großen Bildern Anstoß erregen durften. Die osmanischen Miniaturmaler lernten ihre Kunst bei den Persern. Ihre Werke zeichnen sich jedoch durch einen gewissen Realismus und durch eine kühnere Farbgebung aus, die ihre besondere Schönheit ausmachen.

Die Türken haben immer eine Vorliebe für Blumen gehabt. So sind die Jahre 1718 bis 1730 als Tulpenzeit bekannt. Damals förderten Sultan Ahmed III. und sein Hof die Tulpenzucht, in dem bewußten Bestreben, ein Zeitalter der Schönheit und Festlichkeit einzuleiten. Die quellfrische und natürliche Lyrik des Dichters Nedim, ein barocker Zug in der Architektur jener Zeit und einige Überbleibsel der Lustgärten von Istanbul sind die einzigen Zeugen dieses edlen, aber unzeitgemäßen Experiments, das ein Aufstand der Armee beendete.

Obgleich die Macht der Osmanen seit dem Ende des 17. Jahrhunderts im Schwinden war, zögerte sich das Ende noch über 200 Jahre hinaus. Für die meisten Menschen war das Leben damals einigermaßen sicher; weit weniger sicher war es für die Männer an der Spitze, die gewöhnlich ihr Testament machten, ehe sie den Sultan auf dessen Befehl hin aufsuchten. Großwesire kamen und gingen mit erschreckender Geschwindigkeit. Einer, Zurnazen Mustafa Pascha, hatte am 5. März 1656 ganze vier Stunden sein Amt inne. Mindestens 25 Großwesire starben durch die Hand des Henkers. Viele Sultane ließen ihre Brüder und andere Mitglieder ihrer Familie hinrichten, um Rebellionen zuvorzukommen.

Eine durchorganisierte Beamtenschaft sorgte dafür, daß die Zivilverwaltung des Osmanischen Reiches auch dann funktionierte, wenn sich die Armee auf dem Rückzug befand. Jeder Mann kannte seinen Platz innerhalb der Bürokratie, der Armee und der Ulema, der Hierarchie der Lehrer und Richter, ebenso wie innerhalb der Handels- und Gewerbebünde. Diese Gilden regelten den Eintritt und das Vorwärtskommen in jedem Handels- und Gewerbezweig. Sie bestraften schlechte Arbeit oder Betrug mit Geldbußen oder Ausschluß und verliehen Geld oder gewährten Kredit, wo Mitglieder zur Eröffnung eines Geschäftes oder infolge ungünstiger Zeiten Hilfe brauchten.

Die Außenbereiche

Die islamische Welt umfaßte schließlich auch viele Außenbereiche, die nicht erobert worden waren. Der Islam wurde diesen Ländern durch die Missionstätigkeit mohammedanischer Kaufleute gebracht, die auch als Lehrer und Ärzte tätig waren. In Westafrika verbreiteten die Berber den Islam, der die Neger des oberen Senegal im frühen 11. Jahrhundert erreichte. Der Islam wurde die Religion der Herrschenden und der Kaufleute, während die Masse der Bauern ihren heidnischen Gebräuchen und Glaubensvorstellungen treu blieb. Auch heute bestehen die alten einheimischen Kulte noch fort, wenn auch die Dämonen islamische Namen haben und den Dschinns oder bösen Geistern des Korans gleichgesetzt werden.

Ostafrika hatte seit undenklichen Zeiten Südarabien mit Sklaven, Elfenbein, grauer Ambra, Ingwer, Holz, Weihrauch und Gold versorgt. Dieser Handel dauerte auch nach der Islamisierung an, und arabische Händler und Seefahrer bekehrten manche Leute an der Küste. Aber man versuchte nicht, die Stämme des Inneren zu bekehren, denn von dort holten sich die Sklavenhändler ihre Ware, und das islamische Gesetz erlaubte es nicht, Moslems zu versklaven.

Expansion im Fernen Osten

Die Araber waren schon um 714 tief nach Nordindien eingedrungen und hatten um 1030 ihre Herrschaft über das Industal und den Pandschab ausgedehnt. 1206 wurde das Sultanat von Delhi geschaffen. Der Begründer des 300jährigen Reiches der Großmoguln, Babur (1483–1530), war ein Abkömmling Timurs und Dschingis Chans, betrachtete sich aber selbst als Türke und schrieb in türkischer Sprache.

In Südostasien bekehrten die arabischen Händler einheimische Fürsten und Kaufleute, mit denen sie häufig in Berührung kamen. Danach verbreitete sich die neue Religion langsam auch im übrigen Volk. Es gab eine arabische Siedlung in Palembang in Ostsumatra schon etwa 50 Jahre nach Mohammeds Tode, und Nordjava wurde vom Ende des 13. Jahrhunderts an langsam zum Islam bekehrt.

Malakka war das Haupthandelszentrum Südostasiens und der Mittelpunkt, von wo aus sich der Islam verbreitete. Die Bewohner dieses Hafens wurden von Händlern aus Gudscharat in Nordwestindien bekehrt. Unter den Waren, die sie mitbrachten, befanden sich fertige Grabsteine mit allen notwendigen arabischen Inschriften, so daß nur noch der Name hinzugefügt werden mußte. Die Malaien von Malakka waren große Eroberer und verbreiteten die neue Religion über die gesamte Halbinsel. Nachdem 1511 die Portugiesen Malakka eingenommen hatten, wurde die islamische Missionstätigkeit von Nordsumatra aus fortgesetzt.

Eine selbstgenügsame Welt

Die Kultur des Islams wurde von sehr unterschiedlichen Menschen ganz verschiedener Völker geschaffen. Viele Talente wären ohne Mohammed vielleicht nicht zum Zuge gekommen. Jede Moschee, jede Miniatur, jede Zeile eines Dichters ist eine Huldigung an ihn. Die Kunst und Architektur der islamischen Welt zeugen weithin von dem originellen schöpferischen Geist der Moslems. Aber eine der größten Leistungen des Islams war die Förderung der Gelehrsamkeit und ihrer Verbreitung. Die Korrespondenz zwischen Gelehrten innerhalb der gesamten arabisch sprechenden Welt führte zu einer umfassenden Sammlung und Analyse von Tatsachen, womit man nur wieder aufgriff, was die Griechen begonnen hatten. Gewaltige Fortschritte wurden auch in der Mathematik, Medizin und Physik gemacht und an die abendländische Welt des Mittelalters weitergegeben. Während der fünf Jahrhunderte, in denen Arabisch die internationale Sprache der Wissenschaft war, ließ sich ein volles, nützliches und reiches Leben in der islamischen Welt leben. Man brauchte sich um die Finsternis draußen nicht zu kümmern. Für Ibn Chaldun, einen arabischen Historiker des 14. Jahrhunderts, bedeutete Kultur nur islamische Kultur. In seiner Weltgeschichte sagt er: »Es ist mir kürzlich zu Ohren gekommen, daß die Wissenschaften im Lande der Franken blühen sollen, vor allem im Land von Rom und dem angrenzenden Teil der Nordküste des Mittelmeeres; aber Gott allein weiß, was dort eigentlich vorgeht.«

Doch war es den Moslems nicht vergönnt, vom Abendland weiterhin keine Notiz zu nehmen. Eine Reihe militärischer Niederlagen brachten ihnen Europa und die europäischen wissenschaftlichen Errungenschaften schmerzlich zum Bewußtsein. Im Jahre 1798 wurden ihre Träume von einer Wiederbelebung der alten Macht und Herrlichkeit durch Napoleons Einmarsch in Ägypten brutal zerstört. Der Prozeß der Verwestlichung setzte ein. Heute bilden die Moslems einen Teil der Weltkultur, die ein Gewebe darstellt, zu dem der Islam in vollem Maße beigetragen hat.

EINE NACH CHRISTLICHEM VORBILD ERBAUTE MOSCHEE

Diese herrliche Moschee mit Blick auf das Goldene Horn in Istanbul wurde im 16. Jahrhundert von Sinan, dem Architekten des türkischen Sultans Süleiman des Prächtigen, erbaut. Sie ist noch immer die Hauptmoschee von Istanbul. Ihre große Mittelkuppel läßt als Vorbild die Kuppel der Hagia Sophia erkennen, die unter Kaiser Justinian als größte Kirche der Christenheit 1000 Jahre zuvor in der gleichen Stadt entstand. Über früheren Moscheen erhoben sich mitunter bis zu 20 Kuppeln. Die Dekoration der Süleiman-Moschee ist schlicht im Vergleich zum Gepränge älterer türkischer Bauten.

Indien: Zwei Religionen prägen eine Kultur

Seit 2400 v. Chr.

Hinduismus und Buddhismus hinterließen ein reiches kulturelles Erbe und eine Gesellschaft, die ihren eigenen Charakter allen Eroberungen zum Trotz immer bewahrt hat

Die Kultur Indiens ist eine der ältesten der Welt. Einige ihrer Bestandteile sind weit über 4000 Jahre alt. Dabei hat kaum ein Land so viele Invasionen erlebt, ist durch so viele Perioden der Anarchie gegangen und hat so viele große Reiche kommen und gehen sehen wie Indien.

Die meisten Eroberer kamen durch die Pässe des Nordwestens aus dem Iran oder Zentralasien. Die Armeen des Perserkönigs Dareios I. nahmen diesen Weg, ebenso Alexander der Große, die Griechen Baktriens, die Kuschan und die weißen Hunnen. Von 712 n. Chr. an fielen Araber und andere islamische Völker wiederholt ein. Von diesen Invasionen war die folgenreichste und letzte die des Babur, der das Reich der Großmoguln im 16. Jahrhundert gründete. Nur die Europäer drangen von der See her ein. Sie waren die einzigen Eroberer, die nicht aufgesogen wurden. Doch zeugt die Art, wie Indien auf den Druck der modernen Welt reagiert hat, von der Kraft seiner uralten Glaubensvorstellungen und Institutionen.

Schon um 2400 v. Chr. blühte im Industal, im heutigen Pakistan, eine hohe Kultur. Sie hatte sich aus einer seit dem 4. Jahrtausend v. Chr. bestehenden bäuerlichen Kultur entwickelt. Als Zentren entstanden eine Anzahl Städte, von denen die größten die reichen Hauptstädte Harappa und Mohendscho-Daro waren. Um 1750 v. Chr. wurden diese Städte verlassen, anscheinend weil eine Änderung im Lauf des Indus zu Überschwemmungen geführt hatte. Sie verschwanden so spurlos unter dem Schlamm, daß man ihre Existenz vergaß. Die Überreste der Induskultur wurden erst im 19. Jahrhundert entdeckt und seit 1921 ausgegraben.

Obgleich die Träger dieser Hochkultur untergingen, hinterließen sie manches Erbe, darunter eine Gottesvorstellung, aus der später Schiwa, einer der Hauptgötter der Hindus, hervorging. Die ersten, die von dem Erbe der Induskultur profitierten, waren diejenigen, die sie zu zerstören halfen – Stämme hellhäutiger Nomaden, die sich *Arja* (Edle) nannten. Sie wanderten in mehreren Wellen um die Mitte des 2. Jahrtausends v. Chr. vom Iran nach Nordwestindien ein. Die Sprache der Arja war eine frühe Form des Sanskrits, und was wir von ihnen wissen, stammt zumeist aus den vier großen Werken ihrer religiösen Literatur, den *Weden,* die bis heute die heiligen Bücher des Hinduismus geblieben sind. Das bedeutend-

ZWEI GROSSE REICHE

Der Buddhist Aschoka schuf das erste Großreich Indiens. Unter den hinduistischen Guptas erreichte 700 Jahre später die indische Kultur ihren Höhepunkt.

EIN GRABHÜGEL BUDDHAS

Teile von Buddhas Körper wurden in verschiedenen Teilen Indiens unter Erdhügeln begraben, die Stupas heißen. Diese Darstellung zeigt den großen Stupa bei Santschi, wie er um das Jahr 150 v. Chr. aussah, als aus dem ursprünglichen einfachen Erdhügel ein kunstvoller Ziegelbau von 15 m Höhe geworden war, der noch heute erhalten ist. Stupas errichtete man auch über Heiligenreliquien, Buddhastatuen oder Stellen mit kanonischen Texten.

EIN HINDUTEMPEL, DER WIE EIN BERG GEN HIMMEL STREBT

Der hoch aufragende Turm des Kandarija-Madhadeva-Tempels von Khadschuraho in Nordindien wurde während der letzten großen Blütezeit der hinduistischen Baukunst errichtet, bevor mohammedanische Eindringlinge um 1200 n. Chr. die Hinduherrscher hinwegfegten. Ursprünglich gab es 85 Tempel in Khadschuraho, von denen noch 20 erhalten sind. Da man von den Göttern glaubte, sie lebten auf dem heiligen Berg Meru im Himalaja, wurden die Tempel wie zum Himmel ragende Berge gebaut.

Die Künstler, die Khadschurahos heilige Stätten im 10. und 11. Jahrhundert schufen, schmückten diesen Schikhara genannten Tempelturm mit zahllosen Skulpturen so verschwenderisch aus wie sonst keinen anderen. Anders als die düsteren Tempel Südindiens, die im Schatten der islamischen Eroberung entstanden, machen die Tempel von Khadschuraho einen heiter-unbeschwerten Eindruck. Die fast vollplastisch gemeißelten Relieffriese an den wunderbar symmetrischen Wänden sind von Hunderten von männlichen und üppigen weiblichen Götter- und Menschenfiguren bevölkert. Dabei fehlen Dämonen oder Schreckensszenen völlig, jedoch sind einige Szenen von einer sehr freizügigen Erotik, wobei der Liebesakt in zahlreichen Abwandlungen dargestellt ist.

Bei allem überreichen Schmuck ist der Tempel dennoch nach einem einfachen Plan erbaut. Auf sehr hohem Sockel befindet sich die Eingangshalle mit niedrigem Spitzdach. Sie öffnet sich zu einem Versammlungsraum mit einem höheren Dach, von wo es zum Allerheiligsten geht, über dem sich der höchste Turm erhebt. Der Schrein im Innern ist dem Gott Schiwa geweiht.

ste, der *Rigweda,* schildert die Arja als Menschen, die ihren Stolz in schnellen Pferden und leichten Wagen sahen, die Schlachten schlugen und sich in kleinen Dörfern niederließen, wo sie Schaf-, Ziegen- und Rinderherden hielten und den Acker bebauten. Noch aus diesen allerersten Tagen bäuerlichen Lebens stammt die hohe Achtung der Inder vor dem Rind. Der Grundsatz der Gewaltlosigkeit, den die Hindus später vertraten, hat die Kuh fast zu einem heiligen Tier gemacht.

Die besiegten Völker im Industal und darüber hinaus wurden *Dasas* oder *Dasju* genannt, was zunächst Dunkelhäutige bedeutete und später Sklaven. Diese Unterscheidung nach der Hautfarbe liegt dem indischen Kastensystem zugrunde. Anfänglich bestand nur eine scharfe Trennung zwischen den hellhäutigen Eroberern und den dunkelhäutigen Eroberten. Später, als die Arja sich mit der älteren Bevölkerung vermischten, wurde die Unterscheidung nach der Hautfarbe durch ein System ersetzt, das die Stellung eines Menschen innerhalb der Gesellschaft nicht nur für ihn, sondern auch für seine Nachkommen festlegte.

Die Entstehung des hinduistischen Indien

Zwischen 1000 und 500 v. Chr. bildete sich das Grundmuster der Hindugesellschaft heraus. Mit dem Wachstum der Städte im Gangesgebiet Hand in Hand ging die Abkehr von alten Stammessitten. Die Fürsten vergrößerten ihre Machtbefugnisse, wurden zu Königen und gründeten Dynastien. Die Priester halfen ihnen dabei durch die Behauptung, die Götter hätten die Einteilung der Gesellschaft in Kasten verfügt. Das Kastensystem war viel unüberwindlicher als das abendländische Klassensystem, denn in diesem konnten besonders tüchtige oder vom Glück begünstigte Menschen in eine höhere Klasse aufsteigen. Der Hindu wird dagegen nur durch den Tod von den Banden seiner Kaste erlöst. Seine Arbeit, die Frau, die er sich wählen, ja sogar die Menschen, mit denen er zusammen ein Mahl einnehmen durfte, hingen von der Kaste ab, in die er hineingeboren wurde.

Mit der Entstehung von Städten und der Zunahme des Handels kamen die für diese Veränderungen Verantwortlichen mit den Privilegien der höheren Kasten in Konflikt. Besonders verhaßt waren die Privilegien der Priester, ihre mysteriösen Rituale und ihre beständigen Forderungen nach Opferrindern. Darunter litten besonders die Bauern, die ihre Zugtiere ohne Entschädigung hergeben mußten. Das Elend des Volkes rief Reformer auf den Plan, die die Priester angriffen und das Kastenwesen bekämpften. Doch ein Mann ging viel weiter; er beeinflußte nicht nur die Religiosität, sondern auch die Gesellschaft und die gesamte Kultur Süd- und Ostasiens nachhaltig.

Die Lehren des Gautama Buddha sprachen das Volk in jeder Hinsicht an. Sidharta, wie er ursprünglich hieß, wurde als Sohn eines Fürsten aus der adligen Familie der Schakjas an der Grenze Nepals um 560 v. Chr. geboren. Das Leben eines Aristokraten befriedigte ihn nicht. Deshalb verließ er mit ungefähr 29 Jahren seine Familie und schloß sich einer Gruppe von Asketen an, um durch ein Leben in Entsagung Erlösung zu finden. Nach sechs Jahren verwarf er die Askese als unzulänglich und wandte sich der Meditation zu. Nachdem er 49 Tage in Meditation versunken unter einem Baum verbracht hatte, wurde ihm die Erleuchtung zuteil. Daher stammt sein Ehrentitel Buddha – der Erleuchtete. Den Inhalt seiner Erleuchtung verkündigte Buddha, nachdem er weitere 49 Tage unter dem Feigenbaum gesessen hatte, zum erstenmal in einer Predigt im Gazellenhain bei Benares. Diese Predigt, genannt »das Anstoßen des Gesetzesrades«, enthält die Grundlage seiner Lehre. Die Welt, sagte Buddha, ist voll von Leid. Dieses Leid ist die Folge der menschlichen Begierde, des Lebensdurstes. Nur indem man von der Begierde frei wird, kann man dem Leid entgehen. Zur Erlösung – das ist die vierte der »edlen Wahrheiten« – führt der achtgliedrige Pfad der rechten Anschauung, Gesinnung und Rede, des rechten Handelns, Lebens, Strebens, Denkens und Sichversenkens.

Im Buddhismus kam es nicht auf die Anerkennung priesterlicher Macht noch auf kostbare Opfergaben, sondern nur auf das ethische Verhalten des einzelnen Menschen an. Dabei spielten weder Kaste noch Beruf oder Vermögen eine Rolle. Deshalb sprach der Buddhismus die niederen Kasten, also die große Masse, an, ebenso die neue Klasse der Kaufleute, deren soziale Stellung ihrem zunehmenden Reichtum nicht mehr entsprach. Während Buddha noch lebte und noch zwei Jahrhunderte nach seinem Tod (um 480 v. Chr.) beschränkte sich sein Einfluß auf ein kleines Gebiet in Nordostindien. Der große Erfolg seiner Lehren trat erst ein, als ein großer König auftrat und ein neues Reich begründet wurde.

Einem Kaiser schlägt das Gewissen

Zu Anfang des dritten Jahrhunderts v. Chr. waren Nord- und Zentralindien im Maurja-Reich zusammengefaßt, so genannt nach Tschandragupta Maurja, der es nach dem Rückzug Alexanders des Großen zwischen 325–320 v. Chr. begründete. Im Jahre 261 v. Chr. machte sich Aschoka, der dritte Kaiser der Maurja-Dynastie, auf, um das heutige Orissa, einen Staat an der Ostküste Indiens, zu unterwerfen. Nach seinen eigenen Worten wurden »hunderttausend Menschen verschleppt, hunderttausend getötet, und ein Mehrfaches dieser Zahl kam einfach um«. So entsetzlich waren die Grausamkeiten, daß der Kaiser von Reue gepackt wurde. Nach einem oder zwei Jahren bekehrte er sich zum Buddhismus, reorganisierte den Staat nach humanen Gesichtspunkten und schwor dem Kriege als einem Mittel der Eroberung ab.

Aschokas Vorstellungen über das richtige Verhalten von König und Untertan wurden als Edikte in Steinsäulen und Felsen im ganzen Land eingemeißelt. Ein Erlaß verbot, Tiere als Opfer zu töten, ein anderer gab Richtlinien zur Anlage von Brunnen und zur medizinischen Versorgung von Menschen und Tieren. Ein weiteres Edikt belehrte über die persönliche Moral, wobei unter anderem hervorgehoben wurde, daß es verdienstvoll sei, »Mutter und Vater zu gehorchen«. Viele Edikte enthielten neue Rechtsnormen für alle – was auf eine Art Grundgesetz hinauslief. Auch die Pflichten des Königs wurden neu festgelegt. »Alle Menschen«, heißt es in einer Inschrift, »sind meine Kinder.« Die vom Buddhismus angeregte Revolution von oben überlebte jedoch Aschokas Tod nicht.

Die Verbreitung des Buddhismus

Während Aschokas Regierungszeit breitete sich der Buddhismus weiter aus. Auf einem großen Konzil in Pataliputra, in der Nähe des heutigen Patna, wurde um 245 v. Chr.

EINE 3700 JAHRE LANG VERSCHÜTTETE KULTUR

Unter der Erde des heutigen Pakistan lagen die Reste der ersten indischen Kultur fast vier Jahrtausende lang verborgen. Diese Kultur, die so fortschrittlich war wie die Kulturen des alten Ägypten und Mesopotamien, blühte zwischen 2400 und 1750 v. Chr. an den Ufern des Indus und seiner Nebenflüsse. Ihre Ruinen wurden erst vor 50 Jahren entdeckt. Ausgrabungen förderten Siedlungen zutage, die von Dörfern bis zu Seehäfen reichten, sowie zwei einstmals blühende Hauptstädte bei Harappa und Mohendscho-Daro. Diese Städte, über denen Zitadellen thronten, waren sorgfältig geplant, hatten Wasser- und Abwasserleitungen und ein rasterförmig angelegtes Straßennetz. Tausende kleiner beschrifteter Siegel zeigen, daß die Menschen eine Schreib- und Rechenmethode erfunden hatten, doch konnte ihre Schrift bisher nicht entziffert werden. Sie besaßen auch schon das Rad.

PRIESTERBÜSTE *Der Stil dieser wohl um 2000 v. Chr. geschaffenen Büste erinnert an Skulpturen aus Mesopotamien, wohin vielleicht Händler aus dem Industal kamen.*

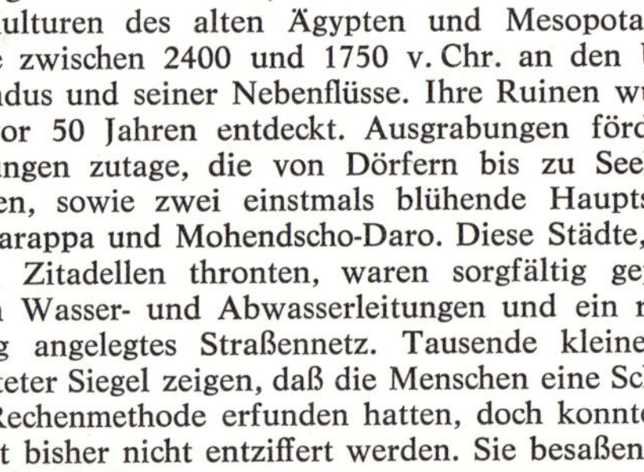

SPIELZEUGKARREN *Dieser um 1800 v. Chr. entstandene Terrakottakarren mit Ochsengespann und Fahrer wurde bei Mohendscho-Daro gefunden. Ähnliche Karren benützt man noch heutzutage in Indien.*

beschlossen, Missionare nicht nur überallhin im Maurja-Reich zu senden, sondern auch in die hellenistischen Reiche Nordwestindiens und in die Dschungel Ceylons im tiefen Süden.

Die in die hellenistischen Staaten entsandten Missionare fanden einen Boden vor, der besonders aufnahmebereit für neue Götter war. Das griechische Element stammte aus der Zeit, als Alexander der Große 327 v. Chr. Indien betreten hatte. Die nach seinem Tode dort entstandenen kleinen Königreiche fielen später neuen Eindringlingen zum Opfer, nämlich den Griechen aus Baktrien, dann den Parthern aus dem Iran und schließlich den Kuschan, die nördlich des Hindukusch zu Hause waren und Nordwestindien bis ungefähr 250 n. Chr. innehatten. Die neuen Herrscher übernahmen von Griechenland und Indien ein doppeltes Erbe in Philosophie und Kunst. Überdies hatte der Buddhismus eine große Anziehungskraft für sie, denn er nahm Neubekehrte unterschiedslos auf, im Gegensatz zum Hinduismus, der Fremden nur den letzten Platz der sozialen Stufenleiter zubilligte.

Buddha hatte immer abgestritten, ein Gott zu sein, und war lange Zeit an den Stätten des Gebetes nur durch Symbole dargestellt worden, hatte also kein Antlitz gehabt wie die hinduistischen Götter. Solche Symbole waren Fußstapfen, das Rad des Gesetzes, ein leerer Thron oder der Baum, unter dem ihm die Erleuchtung zuteil geworden war. In menschlicher Gestalt ist Buddha wohl zum erstenmal irgendwann im ersten Jahrhundert v. Chr. dargestellt worden, aber die frühesten datierbaren Skulpturen stammen erst aus dem 2. Jahrhundert n. Chr. Als Vorbild diente zunächst die griechische Vorstellung von Apollo. Später wurde das Buddhabild auf indische Weise verändert, bis sein Antlitz die geschlossenen Augen und das Lächeln des asiatischen Buddha annahm.

Im Laufe des ersten Jahrtausends n. Chr. lebte der Hinduismus wieder auf, und der Buddhismus verlor in Indien an Boden. Einige der bedeutendsten Bauwerke und großartigsten Skulpturen, die die Welt kennt, entstanden in dieser Zeit, darunter die buddhistischen und hinduistischen Höhlentempel in Adschanta und Ellora in Zentralindien. Besonders bemerkenswert als Werk virtuoser Bildhauerkunst ist der Kailasanatha-Tempel des Schiwa, ein zwischen 760 und 800 aus einem Felsen herausgehauener, völlig frei stehender Bau.

Rivalisierende Götter und neue Epen

Der Handel mit Rom trug dazu bei, die buddhistische Religion am Leben zu erhalten und ihre Prachtentfaltung zu finanzieren. Rom zahlte große Summen in Gold und Silber für indische Luxuswaren wie Pfeffer und andere Gewürze, Perlen und Elfenbein. Der Handel mit den indonesischen Inseln und mit dem ostasiatischen Festland entwickelte sich ebenfalls. Aber es gab keine politische Stabilität, und Königreiche vergingen ebenso rasch, wie sie entstanden. Unterdessen gewann der erneuerte Hinduismus an Boden. Es entwickelte sich damals die Vorstellung eines absoluten, unpersönlichen Allgeistes – das Brahman – und

DAS BUDDHISTISCHE IDEAL GEISTIGER HARMONIE

Als Buddha zum erstenmal als Gott dargestellt wurde, bildete ihn der Künstler als einen Priester von gleicher Körpergröße wie seine Gemeinde. Doch als diese großartige Skulptur im 5. Jahrhundert entstand, schuf man eine Buddhafigur von übermenschlicher Größe, während die Zuhörer seiner ersten Predigt im Gazellenhain von Sarnath bei Benares nur noch auf dem Fries am Sockel des Bildwerks zu finden sind. Zu dieser Zeit entstanden die edelsten Buddhastatuen, die die buddhistischen Ideale der heiteren Gelassenheit und geistigen Harmonie vollkommen verkörperten.

REICHGESCHMÜCKTE FELSENTEMPEL IM HERZEN DER BERGE

Wandmalereien aus Höhlentempeln in den abgelegenen Hügeln von Adschanta in Mittelindien vermitteln einen farbigen Eindruck vom glanzvollen Hofleben der Gupta-Könige um 400 n. Chr. Ihre Pracht weist auf den Reichtum hin, den die buddhistischen Klöster durch die Unterstützung mächtiger Herrscher und Kaufleute angehäuft hatten.

Die Bilder zeigen oft Buddha im Gewande eines irdischen Prinzen, dem Könige, Königinnen und Heilige huldigen. Viele Szenen stellen Episoden aus dem Leben des jungen Buddha oder von Heiligen dar und geben uns einen guten Einblick in das Leben zur Zeit der Gupta-Herrscher. Die Tänzerinnen und Musikanten dieses Ausschnittes bilden nur einen Teil des Gefolges, das zur Unterhaltung der Könige und Höflinge diente.

Höhlentempel wurden in vielen Teilen Indiens aus dem gewachsenen Fels herausgemeißelt. Sie sind die ältesten erhaltenen Beispiele religiöser Baukunst Indiens. Ihnen liegt die traditionelle Vorstellung zugrunde, daß natürliche Höhlen ideale Zufluchtsstätten für Asketen und Heilige seien, außerdem boten sie Schutz in anarchischen und gewalttätigen Zeiten. In vielen dieser Höhlentempel sind kunstvoll die Säulenhallen im Inneren frei stehender Gebäude nachgeahmt.

die Idee einer Dreiheit von Göttern – Brahma, Wischnu, Schiwa. Diese stellte man oft mit mehreren Köpfen und Armen dar, um ihre übermenschlichen Kräfte zu symbolisieren. Alte Epen wurden nun umgearbeitet, um die neuen Vorstellungen in die heilige Literatur aufzunehmen. Werke, die heute zu den größten der indischen Literatur rechnen, wie das *Mahabharata* und das *Ramajana,* stammen aus der Zeit zwischen 100 und 400 n. Chr.

Der Kern des Hinduismus, wie er sich durch die Jahrhunderte entwickelt hat, ist der Glaube, daß die Handlungen eines Menschen, die er in diesem Leben begeht, die Stufe bestimmen, auf der er in ein neues Leben hineingeboren wird. Obgleich es in der Hindureligion keinen Himmel gibt, wird angenommen, daß die Kette der zahllosen Wiedergeburten einmal im Nichtsein endet, von wo es keine Wiederkehr gibt. Gute Handlungen führen zu einem glücklichen Schicksal, und gute Handlungen sind solche, die dem heiligen Gesetz entsprechen. Jedermann hat seine Pflicht zu tun, ohne nach den Folgen seiner Handlungen zu fragen. So war sogar das Töten nicht unbedingt eine Sünde, wenn nur die Sache gerecht war.

Daneben entwickelte sich auch die Anschauung, daß es möglich sei, persönliche Beziehungen zu den Göttern zu haben ohne die Vermittlung von Priestern oder Ritualen, und gerade diese Anschauung sollte besonderen Widerhall bei den Massen finden. Zuvor entstand jedoch ein neues Großreich, das auch sein goldenes Zeitalter hatte.

Die Künste unter den Guptas

Wo die Gupta-Dynastie herkam, ist ungeklärt, doch um 320 n. Chr. hatte sie sich in Magadha, dem Zentrum des ehemaligen Maurja-Reiches, festgesetzt. Ihre höchste Blüte erreichte die Dynastie unter der Regierung von Tschandragupta II. (um 380–415), dessen Reich einen großen Teil Nordindiens umfaßte. Die Gupta-Könige tolerierten alle Religionen, waren selbst aber Hindus.

Während der Gupta-Zeit wurden neue Dörfer auf jungfräulichem Boden gegründet. Die hinduistischen Priester spielten wegen ihrer Kenntnisse, besonders des Kalenders und des Rituals, für ackerbautreibende Gemeinden eine große Rolle. Die Gründung solcher Dörfer, die sich unter ihren Priestern selbst erhalten konnten, war für den Hinduismus gegenüber dem Buddhismus von großem Vorteil. Die buddhistischen Klöster waren nämlich so groß, daß kein Dorf dafür aufkommen konnte. Die Mönche wollten auch nicht auf die Annehmlichkeiten des städtischen Lebens verzichten.

Das Alltagsleben wohlsituierter Bürger während der Gupta-Zeit wird im *Kamasutra,* dem bekannten indischen Lehrbuch der Liebeskunst, als recht luxuriös beschrieben. Die Malerei und Dichtkunst wurden gepflegt, und die eigentümliche indische Kunstauffassung fand ihre endgültige Form.

Das älteste Handbuch der Welt über die Künste, das *Wischnudharmottaram,* das aus der Gupta-Zeit stammt, beschreibt die Arten von Malerei und Skulptur, die sich zur Dekoration von Palästen, Tempeln und Privathäusern eignen. Am wichtigsten ist jedoch die Feststellung, daß man Malerei und

Skulptur ohne Kenntnis des Tanzes nicht verstehen kann. Der klassische indische Tanzstil ist seinem Wesen nach Mimik: Körperhaltungen, Gesten der Hände und Finger, sogar des Halses und der Augen drükken Gefühlsregungen wie etwa Furcht oder Liebe aus und erzählen zusammen eine Folge von Ereignissen. Während der Gupta-Zeit wurde diese Körpersprache in die Bildhauerei und Malerei übernommen, so daß die Posen der Statuen und die Figuren der Wandgemälde, die noch immer die Höhlen von Adschanta schmücken, außerordentlich theatralisch sind und Elemente eines Tanzdramas bilden. Dieses Gefühl für Harmonie, Rhythmus und Bewegung verleiht der Kunst der Gupta-Zeit ihre große Lebendigkeit.

Die Buddhastatuen dieser Zeit gehören zu den eindrucksvollsten Kunstwerken der Welt. Sie drücken Milde, Sanftmut und hohe Geistigkeit aus, vermitteln aber trotzdem das Gefühl einer mühelos unter Kontrolle gehaltenen gewaltigen Energie. Buddha entsteht unter der Hand des Bildhauers als der Gott, der der Ursprung aller Dinge ist, halb Asket, halb König, jeder Zug edel. Das Antlitz ist majestätisch, in tiefe Meditation versunken.

Ein weiteres wichtiges und beständiges Element der indischen Kunst ist die Erotik. Im 5. Jahrhundert gewannen Kulte neuer Göttinnen an Beliebtheit, und sowohl der Hinduismus als auch der Buddhismus wurden tief davon beeinflußt. In beiden Religionen erschienen weibliche Ergänzungen zu den männlichen Göttern. In der Malerei und Bildhauerei wurden die weiblichen Formen mit einer Sinnlichkeit dargestellt, wie sie sich in keiner anderen Kultur findet.

Götter auf Bergesgipfeln

Von ihren Göttern glaubten die Hindus, daß sie auf dem Berge Meru im Himalaja wohnten. Seit der Gupta-Zeit wurde daher darauf geachtet, daß der Tempelturm sich bergähnlich zum Himmel reckte. Darunter befand sich das Gottesbild in einer dunklen Zelle, *Garbhagriha* oder Mutterschoßhaus genannt, wo der Andächtige seine Wiedergeburt bei der Betrachtung der Gottheit erfuhr.

Während der Gupta-Zeit machte die Astronomie große Fortschritte. Der Astronom Arjabhata (476–550) lehrte, daß die Erde eine Kugel sei, die um ihre Achse rotiert. Er vermutete ferner, daß die Erde sich um die Sonne bewege, eine Vorstellung, die seine Zeitgenossen mit Skepsis aufnahmen. Arjabhata berechnete auch mit Genauigkeit die Länge des Sonnenjahres, wobei er das indische System der neun Ziffern und der Null benutzte, das späterhin durch die Araber nach Europa gelangte.

Eine Anzahl verschiedener Faktoren beendete schließlich dieses goldene Zeitalter. Der Handel mit Rom ging zurück, und seit 455 brachen die weißen Hunnen durch die Pässe des Nordwestens herein. Sie zerstörten die blühenden Städte, und die Kaufleute, die bisher den Buddhismus unterstützt hatten, verarmten. Die Hindupriester spielten mehr und mehr eine politische und wirtschaftliche Rolle. Die Propaganda gegen andere Religionen, insbesondere gegen den Buddhismus, wurde immer tückischer. Schließlich gliederte man Buddha in das System ein,

INDIENS EINFLUSS AUF ANDERE LÄNDER

Missionare, Händler und Kolonisten verbreiteten Kultur und Glauben der Inder auf dem Festland und den Inseln Südostasiens von etwa 500 n. Chr. an. Die Gesetze, Verwaltungsmethoden, Hofetikette und königlichen Embleme vieler Länder stammen ursprünglich aus dem hinduistischen oder buddhistischen Indien. Thailands Hofzeremoniell ist noch jetzt davon geprägt. Noch Jahrhunderte nachdem der Buddhismus in Indien an Einfluß verloren hatte, blieb er eine Quelle der Inspiration für die Kunst anderer Länder. Noch heute ist er in Ceylon und den Ländern Hinterindiens weit verbreitet. Große Kolonien indischer Kaufleute und Priester wurden gewöhnlich als Brahmadesa bezeichnet. Davon leitet sich die Bezeichnung Birma her.

DSCHUNGELTEMPEL *Der große Tempelkomplex der Khmer-Könige von Angkor Wat, der in der ersten Hälfte des 12. Jahrhunderts im Dschungel von Kambodscha entstand, zeigt den Einfluß südindischer Baukunst. Das riesige pyramidenförmige Gebäude mit seinen fünf himmelwärts strebenden Türmen stellt den heiligen Berg der Hindus dar. Der ganze Komplex diente als Wischnu-Tempel und als Palastheiligtum der Khmer-Herrscher, die als irdische Verkörperungen der Götter galten.*

SCHATTENSPIELFIGUR *Die Literatur Südostasiens ist nachhaltig von der indischen Kultur beeinflußt worden. Abwandlungen der großen indischen Epen* Ramajana *und* Mahabharata *sind noch immer Quellen volkstümlicher Legenden. Diese Puppe aus Java, wo in Schattenspielen Episoden aus den Epen vorgeführt werden, stellt eine Figur aus dem* Mahabharata *dar. Die Epen behandeln nicht nur Heldentaten, sondern haben auch einen tiefen religiösen Sinn. Das* Mahabharata *ist mit 80 000 Doppelversen das längste Gedicht der Welt.*

KÖNIGLICHE MASKE *Die Könige der Khmer in Kambodscha wurden als irdische Verkörperungen Schiwas und Wischnus oder des buddhistischen Awalokiteschwara, des Herrn der Welt, verehrt. Im Bayon-Tempel in Angkor Thom (Ende 12. Jh.) finden sich Riesenmasken des Königs Dschajawarman VII. als Awalokiteschwara an allen vier Seiten jedes Tempelturmes, an den vier Ecken der Stadtmauer und über den Stadttoren.*

das er überwunden hatte: Unter den Hindugöttern galt er als neunte Inkarnation des Gottes Wischnu.

Erstarrung des Kastenwesens

Das Bündnis zwischen Priester und Herrscher führte zu einer Flut von Tempelbauten. Als die Sekten des Hinduismus immer mehr miteinander konkurrierten, wurden die Tempel immer aufwendiger und ihre Schätze immer größer. Der Tempel wurde schließlich zu einer ungeheuer mächtigen Institution. Einen Teil seiner Reichtümer legte er in Handelsunternehmen an. Das Bildungswesen, also die Ausbildung der oberen Klassen, lag in seiner Hand. Durch Förderung seitens der Tempel und seitens der Herrscher entstanden große Kunst- und Bauwerke, deren Stil durch Händler und Missionare nach Südostasien vermittelt wurde. Da der Hinduismus sich mit den oberen Klassen identifizierte, prägte sich die Benachteiligung der niederen Kasten immer schärfer aus.

Ursprünglich hatte jede Kaste eine bestimmte Aufgabe. Die höchste, die *Brahmanen,* waren Priester und Gelehrte; die zweite, die *Kschatrija,* Herrscher und Soldaten; die dritte, die *Waischja,* Hirten und später Kaufleute, während die vierte, die *Schudra,* die Diener der drei oberen Kasten stellte. Außerhalb dieser vier Kasten standen wegen ihrer Beschäftigung, etwa als Abdecker, Abort- oder Straßenreiniger, die unreinen und unberührbaren *Parias.*

Es kam zu Reaktionen des Volkes auf das Kastenwesen. Kulte des Wischnu und des Schiwa, die die persönliche Anbetung betonten und das Ritual für nebensächlich hielten, wurden von fahrenden Predigern von Nordindien nach Süden verbreitet. Im Gegensatz zu den Priestern schlossen diese volkstümlichen Prediger niemanden von religiösem Wissen aus. Das Bekenntnis, die Götter zu lieben, genügte. Die Popularität dieser Andachtskulte wurde schließlich von den Herrschern und Priestern erkannt, und in den Tempeln schuf man Raum für sie. Während der Herrschaft der Tscholas in Südindien (888–1267) wurden ganze Tempelstädte gebaut, in denen der Hauptbau von vielen kleineren Heiligtümern und Pavillons für religiöse Tänze und für Lesungen der heiligen Schriften umgeben war.

Einige Denker schlugen vor, den orthodoxen Hinduismus von Unklarheiten und Widersprüchen zu befreien und seine Anziehungskraft zu stärken. Am wichtigsten war die *Vedanta* genannte Lehre des Südinders Schankara, der zwar die *Weden* als Quelle des Wissens akzeptierte, aber das sinnlose Ritual, das sie während der Jahrhunderte überwuchert hatte, ablehnte. Er lehrte, daß die Welt, die wir um uns herum erblicken, eine Illusion ist und daß die Wirklichkeit nicht durch die menschlichen Sinne erfaßt werden kann. Beherrschung der Sinne durch Askese könne allerdings zu einer schwachen Ahnung der Wirklichkeit verhelfen. Eine andere weitverbreitete religiöse Bewegung, die auch Eingang in die Tempel fand, drückte sich vor allem in vielen Werken der Kunst, besonders in schönen Skulpturen, aus. Diese Bewegung, Tantrismus genannt, stand allen offen, auch Frauen. Zu ihr gehörten magische Rituale und die konzentrierte Verehrung einer bestimmten Gottheit, gewöhnlich eines weiblichen Partners der Hauptgötter. Das Ritual fand seinen Höhepunkt im Genuß der fünf mit M anfangenden Sakramente: *mada* (Wein), *matsya* (Fisch), *mansa* (Fleisch), *mudra* (Getreidekörner) und *maithuna* (Geschlechtsverkehr). Das Vorkommen sehr eindeutiger erotischer Skulpturen an Tempeln wie in Khadschuraho (10.–11. Jh.) und Konarka (12. Jh.) geht wahrscheinlich auf den Versuch einiger Herrscher zurück, mit einem bestimmten Ausdruck volkstümlicher Religiosität im Einklang zu bleiben.

Islamische Herrschaft — Reaktion der Hindus

Schon im 8. Jahrhundert waren arabische Heere nach Indien vorgestoßen, aber erst zu Beginn des 13. Jahrhunderts fegten islamische Eroberer aus dem Iran die Hinduherrscher Nordindiens beiseite und gründeten im alten Herzland der Hindus das Sultanat von Delhi. Zu Beginn des 14. Jahrhunderts rollte die islamische Flutwelle nach Süden. Die Moslems eroberten die wichtigsten Städte Südindiens, waren jedoch nicht in der Lage, das Eroberte zu halten. Aus dem Wirrwarr erhoben sich neue Kräfte der Hindus. Es entstand ein südindisches Hindureich mit der Hauptstadt Widschajanagar, die die Moslems erst im Jahre 1565 eroberten. Der Stil von Widschajanagar war prunkvoll und ornamental. Um die Tempel herum errichtete man einfache offene Pavillons, wo die Pilger sich ausruhen und Andenken kaufen konnten. Diese Idee pflanzte sich fort, die Pavillons wurden immer größer, verloren ihre Einfachheit, und schließlich entstand eine der typischsten und eindrucksvollsten Formen der südindischen Architektur – die Halle der tausend Säulen.

Die Niederlage des letzten Hindureiches in Indien war auch eine Niederlage für den Geist des Hinduismus, der in den letzten

GÖTTER ALS SCHÖPFER, ERHALTER UND ZERSTÖRER

Von den frühesten Zeiten an hatte der Hinduismus drei Hauptgötter: Brahma, den Schöpfer, Wischnu, den Erhalter, und Schiwa, den Zerstörer. Brahma, der einst als höchster Gott angesehen wurde, weil er die Welt erschaffen hatte, verlor an Bedeutung und wird heute nicht mehr angebetet. Seine Eigenschaften sind nun auf Wischnu und Schiwa übergegangen.

EIN GOTT KNIET *Auf diesem Bilde kniet Brahma demütig vor Krischna, der als eine Inkarnation Wischnus gilt. Brahmas vier Köpfe symbolisieren seine übernatürlichen Kräfte.*

WISCHNU, *hier als schöner Jüngling im Königsornat (6. Jh.), soll als Helfer der Menschen jeweils in anderer Gestalt auf Erden erscheinen.*

ÜPPIGE GÖTTIN *Parwati, Gemahlin und weiblicher Aspekt Schiwas, in einer Bronze des 10. Jahrhunderts.*

Bollwerken des Südens sich immer mehr in sich selbst zurückzog. Die Mauern um die Tempelanlagen wurden noch höher, um vor Angreifern Schutz zu bieten, und die offenen Höfe wurden überdacht. Das Innere der Tempel war düster, die Statuen bestanden aus dunklem Material, und ihre grotesken Formen wurden vom Licht der flackernden Öllampen noch mehr verzerrt. Die Vorstellung, die Inder seien ein gottbesessenes, pessimistisches Volk, stammt hauptsächlich von dem Eindruck her, den dieser Baustil hervorruft.

In Nordindien erlaubten die islamischen Herrscher der einheimischen Aristokratie, ihre Ländereien zu behalten, solange sie nur Tribut zahlte. Auch die Priester durften ihre Rituale weiter zelebrieren. Mit der Zeit bildeten sich jedoch eine Anzahl neuer Glaubensrichtungen heraus, die sowohl vom Islam als auch vom Hinduismus beeinflußt waren. Die wichtigste war die Lehre Nanaks (1469–1538), des Begründers der Sikh-Gemeinde. Sein Ruf – »Es gibt keinen Hindu, es gibt keinen Moslem« – fand sofort Beifall bei den Handwerkern der Städte, die sowohl von den Hindus der oberen Kaste als auch von den Moslems der höheren Klassen verachtet und schlecht behandelt wurden. Innerhalb des von der Moslemherrschaft gesetzten Rahmens gewann der Hinduismus neue Kraft. Im 15. und 16. Jahrhundert wurde Indien von einer Welle eines allgemeinen Mystizismus überschwemmt, dessen Schöpfer zum Teil Dichter und Prediger waren. Gegenstand der Verehrung war Wischnu in seiner Inkarnation als Krischna oder Rama, der Gott der alles umfassenden Liebe.

Die Ursprünge des Krischna-Kultes gehen auf das 6. Jahrhundert zurück, und zwar

TANZENDER GOTT *Schiwa symbolisiert Schöpfung, Zerstörung und Neuschöpfung der Welt. In einer seiner vier Hände hält er die Trommel, deren Klang Schöpfung bedeutet, in der zweiten eine Flamme, das Symbol der Zerstörung. Beide stehen im Gleichgewicht, wie die gleiche Höhe andeutet. Sein Fuß zertritt einen Zwerg, die Verkörperung des Bösen.*

RIESIGE REITER DES LETZTEN KÖNIGREICHS DER HINDUS

Der gewaltige, Wischnu geweihte Tempel aus dem 17. Jahrhundert in Srirangam in Südindien ist eine jener reichverzierten Hallen der tausend Säulen, die so typisch für den prunkvollen Stil des Reiches von Widschajanagar war. Aus der Fassade des Haupttempels brechen riesige Reiter auf tänzelnden Pferden hervor, von denen jeder über 2,5 m hoch und aus einem einzigen Granitblock herausgehauen ist. Die Figuren haben keine religiöse Bedeutung; es handelt sich einfach um idealisierte Schlachtenszenen. Die islamischen Eroberer rührten die Tempel nicht an, die später befestigt und zu Zufluchtsstätten wurden. Srirangam liegt auf der gleichnamigen Insel im Delta des Kaweri, des heiligen Flusses Südindiens.

DER GOTT, DER SICH IN EINE MILCHMAGD VERLIEBTE

In Nordindien verbreitete sich im 15. und 16. Jahrhundert der volkstümliche Kult des Krischna, der als achte irdische Verkörperung Wischnus angesehen wird. Nach der Überlieferung brachte man Krischna als jungen Prinzen vor den Nachstellungen seines Onkels bei Milchmägden in Sicherheit, die sich alle in ihn verliebten, wie überhaupt keine Frau ihm widerstehen konnte. Diese Miniatur aus Radschputana (18. Jh.) zeigt ihn in einem Wäldchen mit seiner Favoritin Radha – eine Liebe, die für den Hindu die Vereinigung der Seele mit Gott symbolisierte. Krischnas und Radhas Liebe war das Thema von unzähligen Miniaturen, Legenden, Liedern und auch von Theaterstücken, mit denen sich junge Prinzen und ihre Konkubinen die Langeweile des höfischen Lebens vertrieben.

auf eine Geschichte, die das Erscheinen Wischnus auf Erden beschreibt, der einen Tyrannen vernichten wollte. Er wurde in einer fürstlichen Familie der Stadt Mathura in Nordindien geboren. Damit das Kind Krischna nicht von Tyrannen getötet würde, übergab man es einem reichen Herdenbesitzer, bei dem es seine Knabenzeit als Kuhhirte mit Flötenspiel und dem Umwerben der Milchmägde verbrachte.

In den frühen Geschichten verläßt Krischna die Milchmägde, tötet den Tyrannen und nimmt seine rechtmäßige Stellung als Prinz ein. Doch dieser Teil der Geschichte wurde bald verdunkelt durch die Geschichte von Krischna, dem göttlichen Liebhaber. Seine Liebe zu Radha, seiner Favoritin unter den Milchmägden, galt als Symbol der Vereinigung der Seele mit Gott. Erlösung sollte nun durch die Liebe zu Krischna und durch seine Lobpreisung zu erlangen sein. Die Bilder, auf denen Krischnas Geschichte dargestellt ist, zählen zu den Meisterwerken indischer Kunst.

Ein künstliches Paradies

In der Mitte des 17. Jahrhunderts ließ Schahdschahan, der fünfte Mogulkaiser, folgende Inschrift in goldenen Lettern auf der Marmorwand seines Palastes in Delhi anbringen: »Gibt es auf Erden ein Paradies, so ist es dies, ist es dies, ist es dies.«

Das war eine vermessene Behauptung. Immerhin entwickelten die Moguln – eine neue Woge islamischer Eroberer, die im frühen 16. Jahrhundert Nordindien unterworfen hatten – aus dem Erbe hinduistischer und islamischer Kultur nicht nur eine Kunst von imperialer Größe, sondern auch einen reichen und befriedigenden Lebensstil.

Schahdschahans Großvater Akbar (1556 bis 1605) war ein Eroberer, der seine Herrschaft mit dem Geist der Eroberten in Einklang zu bringen suchte. Sein Reich sollte weder mohammedanisch noch hinduistisch, sondern indisch sein. Das Reich der Großmoguln wurde tatsächlich von der indischen Aristokratie wie vom Volk als Nationalstaat angesehen. Akbar unterstützte die Schaffung eines indo-islamischen Stils in der Architektur und Kunst. 1569 begann er mit dem Bau einer neuen Kaiserstadt in Fatehpur Sikri, etwa 40 km von der alten Hauptstadt Agra entfernt. Zur Verwirklichung des grandiosen Projektes kamen Handwerker aus allen Ecken und Enden des Reiches zusammen, von denen jeder lokale Formen und Motive beisteuerte. Aus den Experimenten von Fatehpur Sikri bildete sich der Mogulstil langsam weiter bis zu seiner höchsten Blüte in den Bauten Schahdschahans.

Das bedeutendste Monument der Regierung Schahdschahans ist der Tadsch Mahal, das Symbol der Liebe des Kaisers zu seiner Lieblingsfrau. Das weiße Marmorgrabmal, in dem sich die Würde persischer Baukunst mit dem Können indischer Handwerker zusammengefunden hat, ist ein Meisterwerk der Baukunst aller Zeiten.

Die Moguln steuerten als letzte noch Großes zur traditionellen indischen Kultur bei. Die Briten, die sich im 18. Jahrhundert von verschiedenen Stützpunkten an der Küste ins Innere Indiens vorschoben, folgten den Moguln als Beherrscher ganz Indiens. Sie brachten britische Vorstellungen über Politik und Verwaltung, Wissenschaft und Technik mit. Sie entdeckten manche Seite des gesellschaftlichen Lebens der Hindus, die ihnen aufs äußerste mißfiel, und machten sich daran, Indien zu reformieren. Die Witwenverbrennung, *Sati* genannt, wurde 1829 verboten, ebenso das Töten unerwünschter Kinder weiblichen Geschlechts. Die Thugs, eine Raubmörderkaste, die im Namen ihrer Religion mordete, waren um 1835 ausgerottet.

Westliche Ideen wurden von einigen Schichten übernommen, so wie man schon früher neue und fremde Lebensweisen übernommen hatte. Aber die Hindugesellschaft als Ganzes blieb auch weiterhin so fest in ihrer Tradition verwurzelt wie zuvor. Es blieben auch die Götter und ihre Verehrung unberührt. Doch ohne das Mäzenatentum mächtiger Herrscher gab es keine goldenen Zeitalter mehr in der Kunst. Die Inder vergaßen sogar ihre ruhmreiche Vergangenheit. Ironischerweise entdeckten die neuen Herrscher die Vergangenheit ihrer Untertanen für sie wieder. Gegen Ende des 18. Jahrhunderts stießen die Briten bei der Suche nach Unterlagen über traditionelle Gesetze und Bräuche auf Fragmente großer literarischer Werke der Inder. Im 19. Jahrhundert wurden viele bedeutende Schriften Indiens, wie die *Weden*, das *Mahabharata* und das *Ramajana*, übersetzt. Und die Archäologie begann die Wunder indischer Baukunst aufzudecken.

Einheit durch den Hinduismus

In der zweiten Hälfte des 19. Jahrhunderts versuchten politische Führer die Massen in Indien durch Rückgriff auf Tradition und Geschichte zu mobilisieren. Viele von ihnen waren fortschrittlich eingestellt, mußten aber, um die Massen zu gewinnen, auch konservative Praktiken unterstützen und damit die Hindus in Gegensatz zu den Moslems bringen, sogar wenn es dadurch zu Gewalttätigkeiten kam.

Es fiel Mahatma Gandhi (1869–1948) zu, einen Weg zu finden, den traditionellen Symbolismus Indiens mit modernen Reformideen in Einklang zu bringen. Das gelang ihm nicht ganz, aber er hat gezeigt, daß hinduistische Werte wie Asketentum und Gewaltlosigkeit sich mit modernen Massenbewegungen zum Aufbau einer Nation verbinden ließen.

Seit der Unabhängigkeit Indiens (1947) hat das Schwergewicht der Regierungsarbeit darauf gelegen, wichtige Elemente der modernen technischen Zivilisation in die indische Gesellschaft einzuführen. Das traditionsverbundene Indien fährt mittlerweile weiter fort, sich neue Ideen nutzbar zu machen, was auch oft gelingt. So hat die Unabhängigkeit zu einer verstärkten Gründung von Kastenorganisationen geführt, um die Politik zum Vorteil für die Kastenmitglieder zu beeinflussen. Die Tätigkeit dieser Organisationen hat ohne Zweifel dazu beigetragen, daß eine weitgehend bäuerliche Gesellschaft das Prinzip der repräsentativen Demokratie mit Erfolg handhabt. Wieder einmal haben die Institutionen der indischen Kultur ihre Fähigkeit bewiesen, sich den Anforderungen der Zeit anzupassen.

EIN DENKMAL KAISERLICHER TRAUER

Als im Jahre 1631 Ardschumand Banu Begam, die Lieblingsfrau Schahdschahans, mit 39 Jahren bei der Geburt ihres vierzehnten Kindes starb, ließ der trauernde Mogulkaiser ihr am Ufer des Dschumna bei Agra ein Grabmal errichten, wie es die Welt noch nie gesehen hatte. Der Tadsch Mahal (Krone des Palastes) – oder mit vollem Namen: Rausa-i Mumtas-Mahal (Grabmal der Auserwählten des Palastes) – steht auf einer Marmorplattform und wird von einer 58 m hohen Zwiebelkuppel gekrönt. Vier Minarette fassen das weiße Marmormonument ein, das zwei persische Architekten, die Brüder Ahmad Nadir-ul-Asar und Hamid, errichteten. Am Bau waren 20 000 Arbeiter 18 Jahre lang tätig. Im Innern liegt außer seiner Lieblingsfrau der Kaiser selbst, der 1666 starb.

Zeitloses, unergründliches China

Seit 1500 v. Chr.

Die am Gelben Fluß vor über 3000 Jahren entstandene Kultur war in Kunst, Wissenschaft, Philosophie und Verwaltungswesen der übrigen Welt oft weit voraus

Für die Chinesen ist ihr Land stets das Reich der Mitte gewesen, der Mittelpunkt der Welt und die Heimat aller Kultur, während rundum nur Barbaren lebten. Für die westlichen Völker war wiederum China stets ein rätselhaftes, abgelegenes, wenig bekanntes und oft mißverstandenes Land. Die zunehmende, durch die wachsende politische Macht des modernen Chinas noch verstärkte Beschäftigung der Menschen im Westen mit chinesischer Geschichte hat Verständnis für den Glauben der Chinesen an die überragende Bedeutung ihrer Kultur geweckt.

In der Literatur und den Künsten, in der Wissenschaft und Technik, in der Philosophie einer weisen, den Frieden fördernden Staatskunst hat China zu verschiedenen Zeiten die übrige Welt weit übertroffen. Vier Erfindungen, die die Welt veränderten, stammen aus China – das Papier, die Druckkunst, das Schießpulver und der Kompaß. Chinas Kultur hat einen großen Überlebenswillen bewiesen, denn nach jeder Fremdherrschaft fand sie die Kraft zu neuem Aufschwung und zeigte über mehr als 3000 Jahre hinweg eine beachtliche Kontinuität.

Die Wurzeln der chinesischen Kultur sind noch um 1000 Jahre älter. Zur Zeit, als die sumerischen Stadtstaaten in Mesopotamien blühten und die Pharaonen in Ägypten Pyramiden bauten, lebten Menschen am Gelben Fluß (Huangho) und seinen Zuflüssen in kleinen Dörfern und trieben Ackerbau. Sie waren wahrscheinlich Abkömmlinge jener vorgeschichtlichen Menschen, deren Knochen bei Peking gefunden worden sind. Ihre Hütten errichteten sie aus Zweigen und Lehm, und sie stellten bemalte Keramik her. Mit der Verbesserung der landwirtschaftlichen Methoden nahmen die Erträge zu, die Bevölkerung vermehrte sich und breitete sich in andere Gebiete Zentralchinas aus.

Um 2000 v. Chr. bildeten sich schon einige charakteristische Züge der späteren chinesischen Kultur heraus. Die Seidenrau-

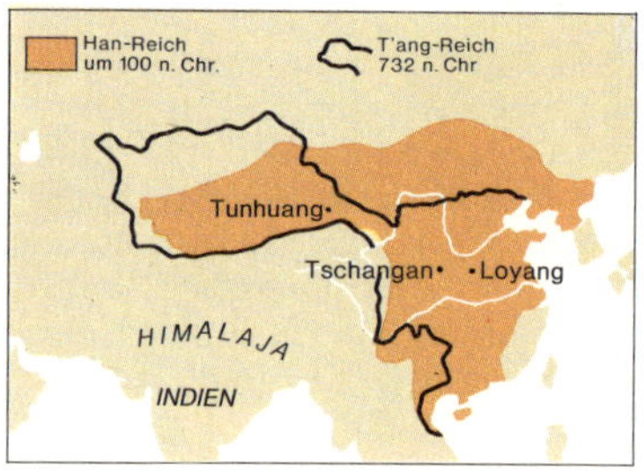

DAS CHINA DER HAN UND T'ANG

Im Abstand von etwa sechs Jahrhunderten erreichte China zweimal einen Höhepunkt der territorialen Ausdehnung.

SCHUTZWALL GEGEN BARBAREN

Die Chinesische Mauer ist so gewaltig, daß man sie als einziges Werk von Menschenhand von einem Raumschiff, das die Erde umkreist, sehen kann. Um Nomaden daran zu hindern, immer wieder in die nördlichen Provinzen des Reiches einzufallen, ließ im 3. Jahrhundert v. Chr. der Ts'in-Kaiser Schihuang-ti durch Zwangsarbeiter schon vorhandene Mauerabschnitte miteinander verbinden und ergänzen. Ihre endgültige Form erhielt die Große Mauer im 15. Jahrhundert zur Zeit der Ming-Dynastie. Sie ist mit 2450 km Länge noch immer die größte Befestigungsanlage der Erde. Die Darstellung (links) zeigt, wie sie 1368 nach einer durchgreifenden Erneuerung aussah. Das Bauwerk besteht meist aus gestampftem Lehm, in der Nähe Pekings aus Stein. Die Dicke der Mauer beträgt unten 8 m, oben 5 m, ihre Höhe meist 16 m, in den Gebirgen weniger, außer an Pässen. Sie verläuft, der Landschaft angepaßt, über Berge, Ebenen und Schluchten. Posten machten auf ihr die Runde. Sie konnten im Falle der Gefahr durch Leuchtfeuer von einem der vielen Türme Truppen herbeirufen.

CHINESISCHES KUNSTHANDWERK IN JADE UND SEIDE

In diesem 300 Jahre alten Lichtschirm aus Jade, auf dem Frauen beim Weben von Seidenstoff dargestellt sind, vereinen sich zwei wichtige Kunstfertigkeiten der Chinesen. Seidenraupen wurden schon vor mehr als 4000 Jahren in China gezüchtet, und es gab bereits um 100 v. Chr. Seidenwebstühle, etwa 1200 Jahre bevor sie Europa erreichten. Früher zahlten die Chinesen in Seidenballen statt in Geld. Die begehrte Ware gelangte auf der berühmten Seidenstraße durch ganz Asien zum Mittelmeer. Diese Karawanen brachten auf diesem Wege auch den Pfirsich- und Mandelbaum sowie den Namen China (Sina) nach Westen. Die Reise dauerte drei bis vier Jahre. – Jade wurde in China als ein Symbol höchster Vollkommenheit geschätzt, ähnlich wie Gold in der westlichen Welt. Schon vor 2000 v. Chr. gab es künstlerische Jadearbeiten. Anfänglich wurden nur kleine Kultgegenstände hergestellt, doch in späteren Jahrhunderten meisterten die Kunsthandwerker das Schnitzen größerer Stücke. Jade wurde schließlich zunehmend für alltägliche Gegenstände wie Lichtschirme, Schalen und Eßstäbchen benutzt.

penzucht war im Gange, und aus Jade, dem beliebtesten Edelstein Chinas, wurden Ringe und winzige Äxte geschnitzt, die man den Toten mit ins Grab gab. Auch scheint der Ahnenkult schon bestanden zu haben, der älteste und am tiefsten verwurzelte Kult im religiösen Leben Chinas. Wahrsager ergründeten die Zukunft, indem sie Tierknochen mit einer heißen Bronzenadel berührten und aus den sich bildenden Sprüngen den Willen der Götter erkundeten und künftige Ereignisse voraussagten.

Bronzegefäße der Schang

Um 1500 v. Chr. beginnt die chinesische Geschichte unter der Herrscherdynastie der Schang aus dem Dunkel hervorzutreten. Damals bestanden schon ansehnliche Städte, in denen die bäuerliche Kultur einer gestuften Gesellschaftsform gewichen war und die Menschen sich mit Handel und Handwerk beschäftigten. Die Schang-Hauptstadt Anyang in der ostchinesischen Tiefebene wurde zwischen 1927 und 1936 ausgegraben. Man fand Hinweise auf Menschenopfer, und unter den Kunstgegenständen befanden sich einige rituelle Bronzegefäße, die vom König und dem Adel bei Wein- und Speiseopfern für die Seelen ihrer Ahnen verwendet wurden. Ihre kraftvolle Form und die maskenhaften Tiermotive lassen auf ein Zeitalter starker religiöser Empfindungen schließen.

Inschriften auf den Bronzegefäßen und Orakelknochen zeigen, daß die Chinesen schon in der Schang-Zeit eine ausgeprägte Schrift besaßen. Man nahm früher an, diese Schrift habe sich aus sumerischen oder ägyptischen Schriftzeichen entwickelt. Heute glaubt man, daß sie in China selbst entstanden ist. Die Zeichen waren ursprünglich Bilder. Schon bei ihnen zeigt sich die Begabung der Chinesen für eine lebhafte und sparsame Linienführung, die auch in der späteren chinesischen Malerei zum Ausdruck kommt.

Eine Bilderschrift wird der Sprache nur unzulänglich gerecht, besonders wenn es um abstrakte Begriffe geht. Aber die Chinesen waren recht einfallsreich in ihren Mitteln, solche Zusammenhänge auszudrücken. So wird »hell« durch ein Bild von Sonne und Mond ausgedrückt, »Osten« durch die Sonne hinter einem Baum, »mit jemandem verhandeln« durch einen Mann, der mit gekreuzten Beinen am Boden sitzt. Im übrigen verwendete man das Zeichen eines Wortes auch für gleichklingende Wörter, die jedoch eine andere Bedeutung hatten, so als drückte man das deutsche Verb »sich regen« durch das Symbol des Wortes »Regen« aus. In ältester Zeit verwendete man für Bücher und Dokumente gewöhnlich Holz- oder Bambusstücke, die zusammengebunden wurden. Doch benutzte man gelegentlich auch Seide als Schreibmaterial.

Um 1050 v. Chr. wurde die Schang-Dynastie von einer Koalition unter Führung des Fürsten von Tschou gestürzt. Die Tschou kamen aus dem Tal des Weiho, einem Nebenfluß des Huangho, und begründeten eine Dynastie, die sich fast 800 Jahre hielt. Die Tschou-Zeit galt später den Chinesen als Goldenes Zeitalter. Besonders die Philosophie blühte; sie suchte die Fragen nach dem Sinn des Lebens, der rechten Art zu leben, der Stellung des Menschen in der Gemeinschaft und der besten Regierungsform zu beantworten. Es gab so viele einander bekämpfende Theorien, daß sie als »Hundert Schulen« bezeichnet wurden. Viele dieser Philosophen verdienten sich ihren Lebensunterhalt als wandernde Lehrer und zogen von einem Feudalhof zum anderen, belehrten die sich bekämpfenden Lehnsherren über moralische Fragen und berieten sie in politischen Angelegenheiten.

Die Väter chinesischer Erziehung

Der einflußreichste dieser Philosophen war K'ung-fu-tse (551–479 v. Chr.), dessen Lehren sein berühmtester Nachfolger Meng-tse (372–289 v. Chr.) weiter entwickelte. Konfuzius und Menzius, wie man sie oft nennt, seit die Jesuiten sie unter diesen lateinischen Namen in Europa bekannt machten, betonten die Vorteile einer humanen Regierung gegenüber der Gewaltherrschaft. Sie begründeten die chinesische Tradition, daß der Herrscher und seine Beamten sich als »Vater und Mutter« der ihnen anvertrauten Bevölkerung ansehen sollten.

Die Konfuzianer waren auch der Ansicht, daß der Aufstieg eines Menschen von seinen Fähigkeiten und nicht von seiner Geburt abhängen sollte. Daraus entwickelte sich das System der Ernennung von Beamten aufgrund von Ausleseprüfungen – ein charakteristischer Zug der chinesischen Verwaltung, der sich Jahrhunderte hindurch unverändert hielt. Nach konfuzianischer Lehre übte ein Herrscher seine Macht als Mandat des Him-

EIN KAISER WIRD BERATEN *Auf diesem Bild eines unbekannten Künstlers sucht der Han-Kaiser Wu-ti einen Gelehrten auf, um ihn in Regierungsangelegenheiten um Rat zu fragen, denn nach konfuzianischer Überzeugung sollten diese Männer nicht beim leisesten Wink zum Herrscher eilen.*

ZEITEN DES WOHLSTANDS

Unter der Han-Dynastie (206 v. Chr. bis 220 n. Chr.) herrschten mehrmals lange Zeit hindurch Stabilität und Wohlstand im Lande, so daß späteren Generationen die Epoche als Goldenes Zeitalter erschien. Chinas Armeen eroberten gewaltige Gebiete. Handelswege nach dem Westen wurden eröffnet, und der Export chinesischer Seide brachte hohen Gewinn. Der Konfuzianismus wurde zur herrschenden Philosophie. Seine Lehren betonten die Vorteile einer humanen Regierung gegenüber der Gewaltherrschaft. Kaiser und Beamte sollten sich dem Volk gegenüber väterlich verhalten. Das Han-Reich wurde von einer großen, aber tüchtigen Beamtenschaft verwaltet, die aus einer im Konfuzianismus geschulten Elite ausgewählt wurde. Die Gelehrsamkeit blühte. Geschichtswerke erschienen. Die konfuzianischen Klassiker wurden fleißig studiert und kommentiert. Gleichzeitig war es auch eine Zeit der Erfindungen. Die Chinesen der Han-Zeit gebrauchten den Kompaß, sagten Sonnenfinsternisse voraus und stellten aus Baumrinde, Hanf und alten Lumpen Papier her, das nun neben Bambusstreifen und Seide als Schreibmaterial diente.

WOHNUNG IM JENSEITS *Die Pagode hat eine lange Geschichte. Dieses Tonmodell eines Herrenhauses aus einem Grabe der Han-Zeit sollte dem Toten im Jenseits als Wohnung dienen.*

mels aus, das er allerdings durch unkönigliches Verhalten verspielen konnte. Erhebung gegen einen schlechten Herrscher und der Sturz einer korrupten Dynastie ließen sich so rechtfertigen.

Die konfuzianischen Schriften legen großen Nachdruck auf Tugenden wie Treue, Vertrauen und Ehrerbietung gegenüber den Eltern, besonders gegenüber dem Vater. Moralische Grundsätze wurden in erster Linie wegen des Wertes gelehrt, die sie für die Aufrechterhaltung einer guten Ordnung besaßen, nicht aber als Gebote Gottes. Die Riten und das Zeremoniell, deren Beachtung der Konfuzianismus sehr betonte und die die chinesische Kultur stark prägen sollten, hatten vor allem mit Formen der Höflichkeit im Alltagsleben und gesittetem Benehmen in Familie und Öffentlichkeit zu tun.

Die Religion des Weges

Eine zweite einflußreiche Richtung im chinesischen Denken war die Philosophie des Tao, ein Wort, womit der »Weg«, aber auch der »Welturgrund« bezeichnet wird. Das Hauptwerk des Taoismus, der *Tao-te-king*, wird dem Philosophen Lao-tse zugeschrieben. Die Taoisten behaupteten, es gäbe nichts absolut Richtiges oder absolut Falsches, da Werte und Begriffe relativ seien. Sie verwarfen die Künstlichkeit der Gesellschaft und predigten die Rückkehr zur Natur. Vom Standpunkt des Tao hat alles in der Welt seine naturgewollte Ordnung. Der Mensch sollte daher das »unendlich Vielfältige in sich aufnehmen«, aber nicht Richter sein wollen. Für den Taoisten ist

TOTENHÜLLE *In dieses Totengewand aus Jade und Gold hüllte man Liu Scheng, einen Han-Prinzen, der 113 v. Chr. starb. Erst 1968 entdeckten chinesische Soldaten sein Grab.*

DER BUDDHISMUS VERWANDELT DIE CHINESISCHE KULTUR

Die Expansion Chinas während der Han-Zeit brachte buddhistische Gegenden Zentralasiens unter seine Herrschaft. Als die fremde Religion Wurzeln schlug, schöpften Bildhauer und Metallarbeiter aus ihr neuen Stoff für ihre Arbeiten. Diese vergoldete Bronze aus dem Jahre 518 stellt Gautama Buddha (links), den Begründer des Buddhismus, im Gespräch mit Prabhutaratna, einem mystischen Buddha vergangener Zeiten, dar. Die buddhistische Kunst nahm dabei chinesische Züge an. Bezeichnend für die Zeit ist das Hervorheben der Köpfe, während die Gestalten eher körperlos wirken. Der Buddhismus entfaltete sich in China neben dem Konfuzianismus und dem Taoismus. Er wurde besonders von den nichtchinesischen Dynastien unterstützt, die Nordchina vom 4. bis zum 6. Jahrhundert beherrschten. Das Land war von buddhistischen Klöstern und Tempeln übersät, und die Künstler ehrten Buddha durch steinerne Kolossalstatuen, Plastiken in Lack, Holz und Ton, auf Wandbildern und Seidengemälden.

der Handwerker, der natürlich und ohne viel nachzudenken seiner Arbeit nachgeht, der Wahrheit näher als der Intellektuelle, der die ursprüngliche Einfachheit durch Urteilsbildung stört.

Alles taoistische Denken hat das mystische Einswerden des Menschen mit der Natur zum Ziel. Die taoistischen Ideale regten die Naturliebe bei Dichtern und Malern an und veranlaßten viele Chinesen, sich auf der Suche nach philosophischer Einsicht, Weisheit oder Seelenruhe von der Gesellschaft zurückzuziehen. Der Taoismus stand im direkten Gegensatz zu den Lehren des Konfuzianismus, die Grundlage jeder Autorität und der etablierten Gesellschaft geworden waren.

Ein chinesisches Imperium

Die Feudalstaaten, die die Führerschaft der Tschou-Dynastie anerkannt hatten, wurden allmählich unabhängig und bekämpften einander, insbesondere in der Periode der »streitenden Reiche« von 472–221 v. Chr. Schließlich wurde China unter der mächtigen Ts'in-Dynastie geeint, die wie die Tschou aus dem Weiho-Tal kam, einem natürlichen, von Bergen umgebenen Bollwerk. Der Staat der Ts'in wurde von den sogenannten Legalisten geprägt, einer Gruppe nüchterner Philosophen, die die konfuzianischen Morallehren ablehnten und ein strenges System von Belohnungen und Bestrafungen befürworteten. Der Herrscher sollte sich nicht auf moralische Ermahnungen stützen, sondern das Verhalten belohnen, das den Staat stützte, und bestrafen, was dem Staate abträglich war.

Das Reich der Ts'in umfaßte schon einen großen Teil des heutigen Chinas. Der Begründer der neuen Dynastie nahm den Titel Ts'in Schi-huang-ti (erster Erlauchter Kaiser der Ts'in) an. Sein Reich wurde im Norden von den Hiung-nu, den Vorfahren der Hunnen, bedroht. Diese nomadischen Reiterstämme, deren Lebensform Krieg und Plünderung war, brachen aus dem Herzland Zentralasiens hervor und schlugen ganze Völker in die Flucht. Sie lösten damit eine Kettenreaktion aus, an deren Ende im Westen schließlich der Untergang des Römischen Reiches stand.

China beantwortete die Bedrohung durch die Barbaren mit dem Bau einer Mauer entlang der bergigen Nordgrenze, um so die Nomaden am Eindringen in sein Reich zu hindern. Ts'in Schi-huang-ti ließ verschiedene Mauerabschnitte, die die Nordstaaten schon gebaut hatten, verbinden und verstärkte sie, bis sich die Große Mauer schließlich über 2450 km erstreckte. In späteren Jahrhunderten wurde sie stark verändert und umgebaut und ist in ihrer jetzigen Form größtenteils das Werk der Ming-Dynastie (1368–1644).

Die Ts'in-Dynastie überdauerte den Tod ihres Gründers nur wenige Jahre, und im Jahre 206 v. Chr. kam eine neue Dynastie, die Han, an die Macht. Der Konfuzianismus setzte sich nun durch, und schließlich wurde das riesige blühende Reich der Han von einer an konfuzianischer Literatur geschulten und durch Examen ausgelesenen Elite regiert. Das große Prestige der Han-Dynastie und das Chaos, das danach folgte, ließen das konfuzianische System als ein Musterbeispiel verlorener Vortrefflichkeit erscheinen, an das spätere Generationen mit Sehnsucht zurückdachten. Bis in unsere Tage haben sich die Chinesen selbst oft als »Männer von Han« bezeichnet, und Konfuzius wurde eine Art Schutzpatron, den die gebildete Klasse während der gesamten Kaiserzeit verehrte.

Die Chinesen brachten ihrer eigenen Geschichte stets großes Interesse entgegen, und historische Werke galten als Anleitung für das eigene Verhalten. Schon während der Tschou-Zeit hatten die Lehnsstaaten über die wichtigsten Ereignisse in ihrer Geschichte Aufzeichnungen gemacht, doch der erste große Historiker war Sse-ma Ts'ien, der in der Periode der Ausdehnung des Reiches unter Kaiser Wu-ti (140–87 v. Chr.) lebte und eine vollständige, bis zu seiner eigenen Zeit fortgeführte Geschichte Chinas schrieb. In dieser enormen Arbeit legte er ein gesundes Gefühl für Genauigkeit und Folgerichtigkeit an den Tag. Sse-ma Ts'iens Einteilung des Materials zeigt, daß er die verschiedenen Aspekte der Geschichtsschreibung würdigte: So fügte er einen biographischen Abschnitt ein sowie Abhandlungen über Verwaltungsrecht, Ritual-, Kalender- und Wirtschaftsfragen. An diese Einteilung hielt sich von nun an die dynastische Geschichtsschreibung. Die erste von ihnen war *Die Geschichte der früheren Han-Dynastie* von Pen Ku (1. Jh. n. Chr.). Gruppen von Gelehrten unter offizieller Leitung verfaßten spätere Dynastiegeschichten. Sie verwendeten dazu Material, das unter der vorhergehenden Dynastie gesammelt worden war.

Die chinesische Geschichtsschreibung war nicht frei von Verzerrungen, denn die Lehre vom Mandat des Himmels hatte zur Folge, daß die Begründer einer Dynastie stets gelobt wurden, während gestürzte Herrscher besonders schlecht wegkamen. Kein anderes Volk hat jedoch während seiner ganzen Geschichte so anhaltend und systematisch versucht, seine Vergangenheit aufzuzeichnen.

Hersteller des ersten Papiers

Eines der großen Geschenke, die China der Welt gemacht hat, ist die Erfindung des Papiers, das ursprünglich aus Baumrinde, Hanf und Lumpen hergestellt wurde. Es soll um etwa 105 n. Chr. erfunden worden sein, aber das Geheimnis gelangte erst 751, als chinesische Papiermacher von Arabern gefangengenommen wurden, in den Vorderen Orient und von dort nach Europa.

Auch die Richtkraft des Magnetismus

HÖFISCHE VERGNÜGUNGEN

Musik war sehr beliebt am Kaiserhof von Tschangan während des Goldenen Zeitalters unter den T'ang. Auf dem nebenstehenden Ausschnitt aus einem Rollenbild des 10. Jahrhunderts wird recht lebhaft ein heiteres Fest geschildert. Der Künstler hatte ein offenes Auge für die Musikinstrumente seiner Zeit, ebenso für kostbare Gewänder und Möbel einschließlich der Stühle, die in China in der T'ang-Zeit entwikkelt wurden. Sogar der Mops unter dem Tisch zeigt Individualität. Die meisten Bilder der T'ang-Zeit sind untergegangen, da sie auf vergänglichem Material wie Papier und Seide oder auf Wände gemalt worden waren.

kannten die Chinesen viel früher als andere Völker. Sie benutzten den Kompaß zunächst allerdings nur bei der Wahl magisch günstiger Plätze zum Bau von Häusern und zur Anlage von Gräbern. Erst tausend Jahre später diente er auch als Navigationshilfe. Auch viele andere chinesische Erfindungen hatten weitreichende Folgen. Eine für die Kriegführung wichtige frühe Erfindung waren die Sporen, die man an Figürchen aus Gräbern um 300 n. Chr. erkennen kann. Sie verschafften dem Reiter eine größere Kontrolle über sein Pferd und sicherten damit jahrhundertelang die Überlegenheit der chinesischen Kavallerie.

Die Chinesen stellten Gußeisen etwa 1800 Jahre vor den Europäern her, wie Waffen und Geräte aus dem 4. Jahrhundert v. Chr. zeigen. Nach der Seidenraupenzucht, die seit den frühesten Zeiten betrieben wurde, erfanden die Chinesen auch die ersten Textilmaschinen. Der Schubkarren war in China schon im 1. Jahrhundert n. Chr. im Gebrauch, 1200 Jahre früher als in Europa.

Der Buddhismus als dritte Lehre

Außer im Konfuzianismus und Taoismus entfaltete sich das chinesische Denken auch noch in einer dritten Richtung, dem aus Indien stammenden Buddhismus. Buddha lehrte, daß Schmerz und Leid dieser Welt überwunden werden können, wenn man sich von allen weltlichen Begierden frei macht, den Ursachen allen Leidens. Letzten Endes kann der fromme Buddhist hoffen, das Nirwana zu erreichen, einen Endzustand des Glücks oder des Nicht-Seins, den nur die Geläutertsten nach vielen Wiedergeburten erlangen. Entscheidend im buddhistischen Denken ist der Glaube an die Wiedergeburt, wobei jedes erneut durchlebte Leben als Teil eines immerwährenden Ringens um Vollendung verstanden wird.

Der Buddhismus verbreitete sich in Süd- und Ostasien ungefähr um die gleiche Zeit

VERWANDTE KÜNSTE: SCHREIBEN UND MALEN

Für Schreiben und Malen verwendete man im alten China den gleichen Pinsel und dieselbe Tusche. Doch wurde das Schreiben höher geachtet, denn die Chinesen haben einen tiefen Respekt vor dem geschriebenen Wort. Die Schrift gibt nach chinesischer Ansicht einen einzigartigen Einblick in die Bildung und den sittlichen Wert eines Menschen. Maler haben oft Gedichte in ihre Malerei mit einbezogen, und die Pinselstriche für die Schriftzeichen der Verse befinden sich dabei in völliger Harmonie mit der Pinselführung des Bildes.

BAMBUS UND GEDICHT *Die enge Verwandtschaft zwischen Schreiben und Malen zeigen die sparsamen Pinselstriche, mit denen Hsu Wei Gedicht und Bambus, ein Lieblingsmotiv chinesischer Maler, auf sein Bild (16. Jh.) setzte.*

VATER DES SCHREIBENS *Die chinesische Schrift soll der sagenhafte Kaiser Fu Hsi vor 5000 Jahren erfunden haben. Er ist auf diesem Bild aus dem 13. Jahrhundert mit den acht Symbolen dargestellt (unten links), einem Schildkrötenmuster, das als Grundlage der Schrift angesehen wird.*

The Museum of Fine Arts, Boston

BEIM SCHREIBEN *Der Schreiber auf diesem Porträt (11. Jh.) hält den Pinsel auf besondere Weise im rechten Winkel zum Papier, das er mit den Händen nicht berührt. Viele Geräte seines Gewerbes, so der Pinsel mit Porzellangriff (links), sind selbst Kunstwerke.*

HÄNDLER AUS FERNEN LÄNDERN

Die fremdartige Kleidung und unchinesischen Gesichter der Männer mit ihrem Ochsengespann in dieser glasierten Keramik der T'ang-Zeit zeigen, daß ausländische Händler in den Städten des alten Chinas ein vertrauter Anblick waren. Schon um 100 v. Chr., während der Han-Zeit, waren Handelswege über Mittelasien hinweg nach Westen eröffnet worden, und chinesische Seiden, hoch geschätzt und weit verbreitet, hatten sogar das alte Rom erreicht. Die T'ang-Herrscher dehnten den chinesischen Einflußbereich noch weiter aus, und ihre Hauptstadt Tschangan, am Ende der großen transkontinentalen Handelsstraße gelegen, entwickelte sich zur größten Stadt der Welt. Tausende fremder Händler lebten in Tschangan und anderen chinesischen Städten. In Kanton gab es seit dem 9. Jahrhundert eine große Kolonie persischer und arabischer Kaufleute, die mit ihren Mutterländern Handel trieben. 1516 erschienen zum ersten Male die Portugiesen in Kanton. Doch erst seit 1685 durften sich europäische Kaufleute in Kanton niederlassen, der bis zum 19. Jahrhundert einzigen Stadt Chinas, in der Europäer in China unter schwierigen Bedingungen Handel treiben konnten.

wie das Christentum in Europa. Beide kamen aus fernen Ländern, und beide sollten das Leben in ihren neuen Ausbreitungsgebieten verändern. Aber in China verdrängte der Buddhismus die vorhandenen religiösen Vorstellungen nicht. Konfuzianismus, Taoismus und Buddhismus, die »drei Lehren« genannt, beeinflußten sich und bestanden nebeneinander fort. Gewöhnlich folgten die Chinesen nicht nur einer Lehre, sondern sie entnahmen ihre religiösen Vorstellungen und Praktiken oft allen dreien. Aber als Religion des Mitleids, die Hoffnung auf Belohnung in einem späteren Leben gab, hatte der Buddhismus eine große Anhängerschaft bei den Massen.

VOLLENDET SCHÖNE KERAMIK

Das verfeinerte Kulturleben der Höflinge, Beamten und Gelehrten der Sung-Zeit (960–1278) zeigt sich auch in ihrer Keramik. Das Handwerk erreichte technische Perfektion in der Porzellanherstellung und in der Erfindung harter und glänzender Glasuren. Chinesische Keramik und chinesisches Porzellan wurden im ganzen Fernen Osten und der arabischen Welt gehandelt. Sie zeugten überall von der Höhe chinesischer Kultur.

VERRÄTERISCHE FARBE *Porzellan der Sung- und Ming-Zeit mit blaßgrüner Glasur wie diese Schale, in Europa Seladon genannt, war besonders bei arabischen Fürsten beliebt, da es angeblich die Farbe wechselte oder zersprang, wenn es mit Gift in Berührung kam.*

SCHLICHTERE KUNST *Steingutgefäße wie diese Ts'u-tschou-Vasen wurden lange als bäuerisch abgetan. Einige haben unter der Glasur eingeschnittene Muster, andere sind mit Blumen, Blättern oder Vögeln bemalt.*

Die große Zeit der T'ang-Dynastie

Nach einer langen Zeit des Niedergangs brach das Han-Reich um 220 n. Chr. zusammen. Während der nächsten 400 Jahre war China meist in Teilstaaten zerfallen, in denen mehrere kurzlebige, oft fremde Dynastien herrschten. Da begann mit Begründung der T'ang-Dynastie eine der größten Epochen der chinesischen Geschichte. Der Handel entwickelte sich, der Wohlstand kehrte zurück, und das kulturelle Leben blühte auf wie nie zuvor.

Die quadratisch angelegte Hauptstadt Tschangan (das heutige Sian) durchzogen baumbestandene Straßen. Die ganze Stadt wie auch jedes einzelne Stadtviertel umgaben Mauern, deren Tore für die Nacht geschlossen wurden. Mit über einer Million Einwohnern war Tschangan damals die größte Stadt der Welt. Viele ihrer Bewohner stammten aus weit entfernten Teilen Asiens und hatten ihre Religion, Sitten und Landesprodukte mitgebracht.

Es entwickelte sich eine kosmopolitische Kultur, in der auch Kunst und Musik von fremden Stilen und Motiven beeinflußt wurden. Pilger, die auf der Suche nach buddhistischen Texten nach Indien gereist waren, brachten Berichte über entfernte Gegenden mit und regten damit die Phantasie der Chinesen an. Importe aus den tropischen Ländern im Süden – kostbare Hölzer, Edelsteine, Duftstoffe und Gewürze sowie exotische Lebensmittel – bereicherten das Alltagsleben der Wohlhabenden. Tee wurde zu einem beliebten Getränk neben dem üblichen Wein aus Reis oder Hirse.

Die Chinesen fingen als einziges Volk des Fernen Ostens an, auf Stühlen statt auf Matten zu sitzen. Die übrigen Möbel wurden der neuen Mode angepaßt. Auch die Kleidung änderte sich, da man nicht mehr nur das zu tragen brauchte, was beim Sitzen auf dem Boden schicklich und bequem war, wie der noch heute von den Japanern getragene Kimono.

Poet der Berge

Die Zeit der T'ang-Dynastie war das Goldene Zeitalter der Lyrik, und der Ruhm solcher Dichter wie Li T'ai-po und Po Kü-i ist auch nach Europa gedrungen. Li T'ai-po (701–762) war Taoist, der meist in den Bergen lebte. Seine Gedichte besingen die Wildnis und drücken die Trauer über die Vergänglichkeit menschlicher Freuden aus. Da er dem Trunke allzusehr ergeben war, wurde er mit keinem Amt betraut, und er hat auch nie an einem Ausleseexamen teilgenommen.

Po Kü-i (772–846) war dagegen ein hoher Beamter. Als frommer Buddhist, dessen Gedichte voll Mitgefühl und Sorge für die Armen waren, hielt er es für die Pflicht des Dichters, Einfluß auf öffentliche Angelegenheiten zu nehmen. Zu seiner Zeit brachten schriftstellerische Fähigkeiten einem Beamten am ehesten eine gehobene Stellung ein, und Geschick im Abfassen von Gedichten gehörte zu den wichtigsten Fertigkeiten eines kultivierten Menschen. Po Kü-is Gedichte waren leicht verständlich, und seine Balladen lernten auch einfache Leute auswendig.

Buddhas im Felsen

Im Gegensatz zu Ägypten, Griechenland und Rom erhielten sich in China keine Baudenkmäler aus sehr alter Zeit, denn die Chinesen verwendeten als Material hauptsächlich Holz. Dagegen gibt es noch immer aus dem Felsen herausgehauene kolossale Buddhaskulpturen, wie die bei Yün-kang und Lung-men. Die Bildwerke von Yünkang im äußersten Norden wurden gegen Ende des 5. Jahrhunderts aus Reue wegen einer Verfolgung des buddhistischen Glaubens geschaffen und waren zugleich ein großartiges Beispiel kaiserlicher Gunst.

Die Oasenstadt Tunkuang an den zentralasiatischen Handelswegen war ein wichtiges buddhistisches Zentrum. In der Nähe befinden sich Hunderte von Höhlenkapellen, die mit Wandmalereien aus dem 5. bis 8. Jahrhundert geschmückt sind. Auf ihnen wurden Episoden aus buddhistischen Legenden und Paradiesszenen dargestellt. Im Jahre 1900 entdeckte man dort eine große buddhistische Bibliothek, die im Jahre 1035 vor räuberischen Tibetern versteckt und versiegelt worden war. Das trockene Klima hatte Tausende von Manuskripten einschließlich buddhistischer Texte und Werken populärer Literatur sowie viele bemalte Seidenbanner konserviert.

In der T'ang-Periode entwickelte sich auch die typische chinesische Landschaftsmalerei. In seinen Landschaften versuchte der Künstler die Naturkräfte völlig zu verstehen und darzustellen. Menschliche Figuren wurden oft winzig klein dargestellt, um die Majestät der Berge und Seen hervorzuheben. Das war Ausdruck des taoistischen Weltverständnisses, denn der Mensch ist unbedeutend im Vergleich zum Welturgrund, dem Tao. Malerei und Schrift waren im Chinesischen nah miteinander verwandt, und der gleiche Pinsel, den man lange zum Bildermalen benutzt hatte, wurde nun zum Schreibinstrument.

Die Künstler malten gewöhnlich auf Seide, und zwar auf vertikalen oder horizontalen Rollen. Einige der waagerechten Rollen waren sehr lang, und während das Bild langsam entrollt wurde, hatte der Betrachter den Eindruck, sich durch die Landschaft zu bewegen.

Die frühen T'ang-Herrscher erweiterten ihr Reich mit Waffengewalt. Daher mußte den Heerführern beträchtliche Macht eingeräumt werden. Nach einem von einem Militärgouverneur im Jahre 755 angezettelten Aufstand zerfiel das Reich nach und nach erneut in Teilstaaten. Unter einer neuen Dynastie, den Sung, wurde China seit 960 zum großen Teil wiedervereint. Die Sung-Herrscher schworen allerdings bald den militärischen Tugenden ab und erkauften sich den Frieden, indem sie den Barbaren im Norden Tribut zahlten. Damit die Verwaltung besser funktionierte, wurde sie gänzlich in die Hände der durch Prüfungen ausgelesenen Beamtenschaft gelegt.

Den Prüfungen lag die Idee zugrunde, daß das Studium der klassischen Werke des Konfuzius den Beamten alle zum Regieren notwendigen Fähigkeiten mit auf den Weg geben würde. Praktische Fächer spielten daher nur eine geringe Rolle im chinesischen Prüfungssystem. Bald gewöhnte man sich so an das bürokratische System, daß man es auch bei den Göttern voraussetzte. Niedere Gottheiten waren dem Kaiser unterstellt, der sie befördern oder auch zurückstufen konnte, und besonders würdige Personen

DIE MONGOLEN, KRIEGERISCHE REITER AUS DEM NORDEN

Wilde mongolische Reiterscharen fegten im 13. Jahrhundert über große Teile Asiens und Osteuropas hinweg. Nordchina unter den Dschurdschen wurde 1234 erobert, und 1278 hatten die Mongolen ganz China besetzt, das sie fast ein Jahrhundert lang beherrschten. Die neuen Herrscher liebten Darstellungen von Pferden, wie auf diesem Bild von 1347, das einen mongolischen Pferdeknecht zeigt, der einen Apfelschimmel führt. Trotz der Großen Mauer wurde das Land immer wieder von Reiterstämmen aus den Steppen jenseits der Mauer überfallen. Oft stand vor allem Nordchina unter der Herrschaft solcher Völker.

wurden nach ihrem Tode für Posten im Himmel ausgewählt.

Der Aufschwung der Gelehrsamkeit während der Sung-Zeit wurde durch den bald weitverbreiteten Buchdruck unterstützt. Der Ursprung der Buchdruckerkunst ist in dem Geschick der Chinesen in der Jadebearbeitung zu suchen. So schnitt man Schriftzeichen in Siegel ein, die zum Stempeln von Dokumenten benutzt wurden. Um die Zeit der Han-Dynastie im 2. Jahrhundert wurde auf Veranlassung der Regierung eine offizielle Ausgabe der klassischen konfuzianischen Werke in Steinplatten graviert. Kopien von diesen Platten konnte man mit Hilfe des sehr mühsamen Abklatschverfahrens herstellen.

Bald fand man heraus, daß sich in Stein oder Metall gravierte Texte leichter reproduzieren ließen, wenn man die Vorlage einschwärzte und Papier darauf drückte. Bild und Schrift mußten allerdings seitenverkehrt auf der Vorlage erscheinen.

Das erste gedruckte Buch

Die Kunst des Druckens von Holzplatten mit seitenverkehrter Schrift wurde zuerst in buddhistischen Klöstern entwickelt, und das älteste erhaltene gedruckte Buch, das sich zuverlässig datieren läßt, ist die 868 in China gedruckte *Diamant-Sutra*. Die Fertigkeit der Buddhisten in diesem Handwerk rührte von der Überzeugung her, daß das einfache Wiederholen von Gebeten schon großen religiösen Wert habe. Eine Vorrichtung, mit der sich große Mengen kleiner Zauberformeln reproduzieren ließen, verhalf dem Benutzer zu einer Fülle verdienstvoller Werke.

Im 10. Jahrhundert benutzte man zum erstenmal Holztafeln zum Druck der konfuzianischen Klassiker. Der Wert dieser revolutionären Erfindung wurde jedoch nicht allgemein erkannt. Man sah das Drucken vielmehr als einen billigen Notbehelf an, der sich mit den Steingravierungen der konfuzianischen Tradition nicht vergleichen ließ. Dennoch entwickelte sich die Buchdruckerkunst weiter. Die Erfindung beweglicher Lettern war der nächste Schritt – Holzklötzchen mit je einem Schriftzeichen wurden in die richtige Lage gebracht und dann zusammengeklammert. Diese Erfindung eignete sich allerdings für chinesische Schriftzeichen nicht so wie für die alphabetischen Sprachen des Westens, denn der Drucker mußte Tausende von Schriftzeichen anstelle unserer wenigen Lettern handhaben. Dennoch wurden die beweglichen Lettern in China im 11. Jahrhundert erfunden – 400 Jahre vor Gutenberg. Ausgiebige Anwendung fand diese Erfindung zum erstenmal in der Welt in Korea kurz nach 1400.

Kaifeng, die erste Hauptstadt der Sung-Dynastie, verdankte seine Bedeutung der Lage an einem Kanal, der den Gelben Fluß mit der Stadt Hangtschou an der Ostküste verbindet. Als Verwaltungs- und Handelsstadt und militärisches Bollwerk begründet, entwickelte sich Kaifeng auch zu einem Zentrum des Gewerbes. Textilien, Metallwaren und Porzellan waren die wichtigsten Produkte, während die Kohle- und Eisenindustrie eine Höhe erreichte, die bis zum Beginn der Neuzeit nirgendwo übertroffen wurde. Kohle war seit dem 4. Jahrhundert in Gebrauch, bald nach Gründung der Stadt, und hatte zur Sung-Zeit die Holzkohle als Heiz- und Brennmaterial ersetzt. Eisen wurde für Ackerbaugeräte, Brücken, Pagoden, Buddhastatuen und Waffen verwendet.

Eine Millionenstadt
Als im Jahre 1126 der tungusische Stammesbund der Dschurdschen die Sung-Dynastie bedrängte, suchte der Hof Zuflucht im Süden und übersiedelte schließlich nach Hangtschou. Diese Stadt blühte unter der Herrschaft der Sung so auf, daß sie innerhalb eines Jahrhunderts zur wohlhabendsten und volkreichsten der Welt wurde und 1275 über eine Million Einwohner zählte. Chinesische Häuser waren im allgemeinen einstöckige, um einen Hof gruppierte Wohngebäude, aber in Hangtschou waren sie mehrstöckig, um die Bevölkerung unterbringen zu können. Kanäle bildeten die Hauptverkehrsstraßen. Luxusgüter aus der ganzen damals bekannten Welt wurden in Läden gehandelt, und außerhalb der Stadt konnten sich die Menschen in Lustgärten an dem wegen seiner malerischen Lage bekannten Westsee ergehen.

In der Stadt gab es Schenken, Restaurants, Teehäuser und Vergnügungsbetriebe, in denen Sängerinnen auftraten. Es fanden Theatervorstellungen aller Art und musikalische Aufführungen statt, und Akrobaten, Geschichtenerzähler, Jongleure und Ringer traten auf. Die chinesische Kultur änderte sich, nachdem ihr Zentrum aus dem kalten, winddurchbrausten Norden in den milderen Süden verlegt worden war, wo die Menschen sich mehr im Freien aufhalten konnten. Der alte aristokratische und exklusive Stil des Lebens wandelte sich; es bildete sich eine vielfältigere Gesellschaft, die durch die neue Kaufmannsschicht und die Kurzweil liebenden Städter geprägt wurde.

Zu den edelsten Erzeugnissen der Sung-Periode gehören herrliche Keramiken und Porzellane, die durch Formschönheit, Glasur und geschmackvollen einfachen Dekor zum Schönsten zählen, was je hergestellt wurde. Das Interesse an der Gelehrsamkeit wuchs mit der zunehmenden Verbreitung der Buchdruckerkunst, des Lesens und Schreibens und der größeren Achtung, die jetzt geistigen statt militärischen Fähigkeiten gezollt wurde. Der typische Gelehrte der Sung-Zeit war so vielseitig wie Ou-yang Siu, der in der Literatur, Philosophie und Archäologie eine Rolle spielte, aber auch als Historiker, Dichter und Staatsmann hohes Ansehen genoß. In seinen Mußestunden vertrieb er sich die Zeit mit Wein, Musik und einer Art Schachspiel, das Wei-tschi hieß. Dem verfeinerten Lebensstil der Sung-Zeit bereiteten nach 300 Jahren eindringende Mongolen ein jähes Ende. Die mongolischen Eroberungszüge setzten unter Dschingis Chan ein. Nachdem die Mongolen die Dschurdschen in Nordchina verdrängt hatten, vollendeten sie 1278 die Besetzung ganz Chinas.

Anfangs schafften die neuen Herrscher die erprobten Verwaltungsmethoden der Chinesen ab und versuchten nach ihren eigenen Regeln zu regieren. Langsam nahmen sie aber doch die Methoden der überlegenen Kultur an, obgleich sie fortfuhren, sich selbst und ihren Verbündeten die höchsten Posten in der Regierung zu reservieren. Der berühmte Kubilai Chan (1260–1294), Herrscher über die Mongolen zur Zeit Marco Polos, verlegte seine Hauptstadt von Karakorum nach Peking. Im Jahre 1315 führten die Mongolen das konfuzianische System der Beamtenprüfungen wieder ein, und die späteren Mongolenkaiser waren von der chinesischen Kultur schon sehr stark beeinflußt.

Die Reisen des Venezianers Marco Polo und der verschiedenen europäischen Missionare, die vom Ende des 13. Jahrhunderts an den Kaiserhof der Mongolen erreichten, waren beachtliche Ereignisse in der Geschichte der Entdeckungsreisen. Aber Chinas Berührung mit der arabischen Welt war viel inniger, und der Handel zu Lande und zu Wasser blühte. Gerade in dieser Periode erreichten viele technische Erfindungen der Chinesen, wie der Buchdruck und das Schießpulver, die westliche Welt. Schon im 9. Jahrhundert hatten die Chinesen eine explosive Mischung aus Kalisalpeter, Holzkohle und Schwefel hergestellt. Anfänglich wurde das Schießpulver nur für Feuerwerkskörper benutzt, dann aber gebrauchten die Chinesen es auch für Flammenwerfer, Raketen und Kanonen.

Die Mongolen erlagen schließlich Volksaufständen, in denen 1368 die einheimische Ming-Dynastie an die Macht kam. Viele Mongolen blieben in China und dienten zumeist in der Armee. Die Ming hielten sich an das mongolische Vorbild und machten den Militärberuf und andere wichtige Beschäftigungen erblich.

Seemännisches Können
See- und Flußschiffahrt hatten in China seit eh und je eine bedeutende Rolle gespielt, und unter der T'ang-Dynastie sicherte das Kanalsystem die Einheit und wirtschaftliche Blüte des Landes. Als dann der Norden an die Barbaren verlorengegangen war und der Handel mit Mittelasien versiegte, entfaltete sich unter den Sung, die ihre Hauptstadt nach Hangtschou verlegt hatten, der Überseehandel. Die Regierung richtete einen Küstenwach- und Konvoidienst ein, um die Handelsschiffe vor Piraten zu schützen.

Einige wichtige Verbesserungen im Schiffbau sind den Chinesen zu verdanken. Sie erfanden das Heckruder, wie an dem Tonmodell eines Bootes aus dem 1. Jahrhundert n. Chr. zu erkennen ist. Sie führten das Prinzip der Schotten ein, die den Schiffskörper besser vor eindringendem Wasser schützten, und sie benützten als erste zum Schiffsantrieb das Schaufelrad, wovon Beschreibungen aus dem 5. Jahrhundert n. Chr. vorliegen. In der frühen Ming-Zeit fuhren chinesische Flotten nach Hinterindien und Indonesien, nach Südindien, zum Persischen Golf, in das Rote Meer und an die Küste Ostafrikas bis nach Kenia. Die Flotten bestanden aus riesigen Dschunken, die manchmal über 120 m lang waren und vier Decks besaßen. Der führende chinesische Admiral war der Eunuch Tscheng Ho. Der kaiserliche Palast beschäftigte viele Eunuchen, die oft mit der Führung wichtiger Expeditionen betraut wurden, um zu betonen, daß der Auftrag dazu vom Kaiser persönlich kam. Solche Unternehmungen dienten dazu, Chinas Position als größte östliche Macht zu demonstrieren.

Im Jahre 1403 verlegte der Ming-Kaiser Tsch'eng-tsu seine Hauptstadt von Nanking nach Peking, das schon von Kubilai Chan und seinen mongolischen Nachfolgern als Regierungssitz benutzt worden war, und baute es ganz beträchtlich aus. Der Ursprung des modernen Peking geht auf die Ming-Dynastie zurück, und viele seiner wichtigsten Gebäude sind in letzter Zeit im ursprünglichen Stil wiederaufgebaut oder restauriert worden. Die Stadt ist schachbrettartig angelegt, mit Straßen, die von Norden nach Süden und von Osten nach Westen verlaufen. Im Zentrum Pekings liegt die alte Kaiserstadt und innerhalb dieser die von einer roten Mauer umgebene »Verbotene Stadt« mit dem Thronsaal, den Empfangshallen und weiteren Gebäuden. Ein anderes bemerkenswertes Baudenkmal der Ming-Zeit ist die Opferhalle des Himmelstempels auf einer dreistufigen marmornen Terrasse. Hier brachte der Kaiser, der Sohn des Himmels, dem Himmel alljährlich zur Wintersonnenwende ein Opfer. Das war ein wichtiger Bestandteil des Staatskults. Nordwestlich der Hauptstadt befinden sich die Gräber der dreizehn Ming-Kaiser, die in Peking regierten. Jeder hat seine eigene enorme Grabanlage. Das Grab des Kaisers Wan-li (1573–1644) wurde 1958 geöffnet. Man fand in den mit Steinen ausgekleideten unterirdischen Gewölben unbezahlbare Schätze an Gold, Jade, Seide und Porzellan.

WAS MARCO POLO VORFAND

Als große Teile Europas und Asiens im 13. Jahrhundert unter die Herrschaft der Mongolen fielen, wurde dadurch eine neue Überlandroute eröffnet, über die mehrere Missionare von Rom zum Hofe des Großchans gelangten, die später ihre Erlebnisse aufschrieben. Doch der berühmteste Bericht über eine Reise in den Fernen Osten stammt von Marco Polo, dem Sohn eines venezianischen Kaufmanns. Im Alter von 17 Jahren zog er im Jahre 1271 mit seinem Vater und Onkel zum Hof des Mongolenherrschers Kubilai Chan in Peking. Nach mehr als 20 Jahren kehrte er nach Europa zurück und beschrieb die Wunder, die er in China gesehen hatte. Er erzählte von dem enormen Reichtum solcher großen Städte wie Hangtschou, »ohne jeden Zweifel die großartigste und stolzeste Stadt der Welt«, und von dem Jangtsekiang, auf dem »mehr Reichtümer und Waren befördert werden als auf allen Strömen und Meeren der Christenheit zusammen«. Sein Bericht über die glänzende Kultur, die damals in China blühte, blieb jahrhundertelang das maßgebende Werk über den Fernen Osten.

STRASSENGEWERBE *Diese Marktszene mit einem von Kunden umgebenen Schreiber wurde kurz nach Marco Polos Ankunft in China gemalt.*

DIE LIEBENDEN *Nach Ansicht Marco Polos konnten die Mongolen Südchina nur unterwerfen, weil die Chinesen »alles andere als Krieger waren; ihre ganze Wonne waren Frauen, nichts als Frauen«. Dieser Bildausschnitt (17. Jh.) zeigt Ts'ui Ying-ying, Heldin eines berühmten Liebesdramas, mit ihrem Geliebten und ihrer Zofe als Anstandsdame. In jeder Stadt gab es »eine Menge sündiger Frauen«, wie der über die Zuchtlosigkeit entsetzte Polo schrieb. Reiche Männer hielten sich Konkubinen, deren Kinder dieselben Rechte wie die legitimen Nachkommen hatten.*

AUSFLUGSZIEL *Die Boote auf diesem Bild (13. Jh.) sehen genauso aus, wie Polo sie beschreibt: »Boote mit Verdecken, auf denen Männer stehen, die lange Stangen bis auf den Boden des Sees stoßen und die Barken auf diese Weise dahin treiben, wo sie hin sollen.« Er erzählt von den Festen und Vergnügungen in den Booten und den Luxusrestaurants auf den Inseln im Westsee bei Hangtschou und sagt, daß eine solche Fahrt »mehr Erfrischung und größeren Genuß bietet als jedes andere Erlebnis«.*

DER GROSSCHAN *Marco Polo wurde Provinzstatthalter unter Kubilai Chan, der auf diesem zeitgenössischen Porträt dargestellt ist. Der Herrscher besetzte Regierungsposten gern mit Ausländern, sonderte sie jedoch von der Bevölkerung vollkommen ab, so daß etwa Polo nach 17 Jahren wenig Chinesisch verstand. Marco Polo nannte Kubilai Chan »den größten Herrn, den es in der Welt gibt oder je gegeben hat«. Auch von der Großartigkeit der Paläste in Peking und Schangtu war er sehr beeindruckt.*

Jesuiten als Berater

Die Portugiesen, die in Indien Handelsniederlassungen besaßen, hatten chinesische Porzellane und Seidenmuster nach Lissabon gebracht. Nach der Einnahme von Malakka 1511 faßten sie schon 1516 in Kanton, bald auch in anderen südchinesischen Häfen Fuß und gründeten 1557 in Macao mit offizieller chinesischer Erlaubnis die erste europäische Kolonie in China. 1583 setzte mit Matteo Ricci die Jesuitenmission in China ein.

Die Jesuiten berieten die Kaiser in astronomischen, mathematischen und anderen technischen Fragen. Doch gelangen ihnen nur wenige Bekehrungen, und zu dieser Zeit war der Einfluß des Westens auf China viel geringer als der Einfluß jesuitischer Berichte über China auf die europäische Geistesgeschichte. Der Westen erfuhr dadurch, wie die chinesische Gesellschaft von »Philosophen regiert« wurde und wie die chinesischen Kaiser in riesigen Palästen, umgeben von Scharen von Eunuchen und Konkubinen, ihr Leben verbrachten.

Die Eleganz des chinesischen Hoflebens führte zu einer Nachfrage nach Luxusgütern, und die Werkstätten des Palastes und die kaiserlichen Fabriken produzierten entsprechend große Mengen feiner Porzellane, Jade-, Elfenbein- und Lackarbeiten, seidener Gewänder und Möbel. Wohlhabende Familien wetteiferten darin, ihren Reichtum für die Verschönerung ihrer Häuser, Bibliotheken und Gärten auszugeben. Das alte Kunstgewerbe florierte auch weiterhin. Die Jadeschnitzerei hatte sich durch die Jahrhunderte entwickelt, und nun war es den Kunsthandwerkern möglich, große Gefäße und realistische Menschen- und Tierfiguren zu schnitzen. Im chinesischen Altertum war Jade viel für Kultgegenstände benutzt worden, nun stellte man aus ihr auch Schmuck, modisches Beiwerk zur Kleidung, Tafelgeschirr und Eßstäbchen her. Im Studierzimmer des Konfuzianers gab es Pinselbecher, Tuschwasserbehälter und Siegel aus Jade, wobei das Material nicht nur wegen seiner Schönheit, sondern auch deshalb geschätzt wurde, weil es seit alters die Lebenskraft symbolisierte. In China galt Jade immer als Sinnbild höchster Vollkommenheit, ähnlich wie Gold im Westen.

Chinesische Jade, Möbel, Lackarbeiten und Elfenbeinschnitzereien hat man in Europa sehr bewundert; besonders verquickt mit dem Namen China war jedoch das Porzellan. In der ausgehenden Ming-Zeit und danach wurden große Mengen davon nach Europa und in andere Weltteile ausgeführt. Die blau-weißen Porzellane der Ming-Zeit ahmte man in Japan, Indochina, Persien und vor allem mit der Delfter Fayence in Holland nach. Als J. F. Böttger 1708/09 als erster in Europa echtes Porzellan herstellte und 1710 die Meißner Porzellanmanufaktur gegründet wurde, hielt man sich zunächst auch dort an chinesische Vorbilder, wie das dem chinesischen Granatapfelmotiv nachgebildete Zwiebelmuster zeigt. Der Kult, der mit den Chinoiserien getrieben wurde, beeinflußte den europäischen Geschmack zur Zeit des Rokoko sehr.

Romane für das Volk

Zur Literatur zählten die Chinesen herkömmlicherweise vor allem die Werke der Klassiker, Historiker, Philosophen, der Dichter und Essayisten, die in klassischem Chinesisch geschrieben waren, das man längst nicht mehr sprach. Es gab jedoch einige Romane und kurze Geschichten, die in der Umgangssprache verfaßt waren. Sie gingen auf Geschichten zurück, die man sich in Gesellschaften mit geringer Fertigkeit im Lesen und Schreiben erzählte. Viele Geschichten wurden auch aufgeschrieben, um den Buddhismus zu verbreiten. In der Zeit der Mongolenherrschaft fingen einige Intellektuelle an, Werke zu schreiben, die auf diesem traditionellen Erzählungsgut beruh-

EIN VATER UND SEINE FAMILIE

Die Bande des Blutes waren in China stets sehr stark, und die Familie spielt eine Hauptrolle in der Gesellschaft. Die Ahnenverehrung ist die älteste Kultform der Chinesen. Dieses auf Seide gemalte Bild (15. Jh.) zeigt eine wohlhabende Familie der Ming-Zeit. Es entspricht der patriarchalischen Familienordnung, daß die Söhne völlig vom Vater abhängig waren. Die Töchter wurden früh verheiratet und hatten sich dann der Schwiegermutter absolut unterzuordnen. Das Alter wurde in China zu aller Zeit sehr hochgeschätzt. Die Chinesen waren die ersten, die erbliche Familiennamen einführten, hauptsächlich um das Fortbestehen einer Familie durch die Söhne zu dokumentieren.

ten. Vom 16. Jahrhundert an entstanden dann auch chinesische Romane für Leser, die an der Literatur der Gelehrten kein Interesse hatten. Der berühmteste dieser Romane ist *Huang-lou Meng* (Der Traum der Roten Kammer), die Geschichte des Niederganges einer Adelsfamilie nach dem Verlust der kaiserlichen Gunst.

Die Künste unter den Mandschu

Nach einem anscheinend immer gleichen Muster kam es auch gegen Ende der Ming-Zeit zu Unruhen, und die Dynastie wurde 1644 von fremden Eroberern abgelöst. Dieses Mal handelte es sich um die Mandschu aus dem Nordosten, Nachkommen der Dschurdschen, die Nordchina im 12. Jahrhundert unterworfen hatten. Unter der Mandschu-Dynastie (Ts'ing-Dynastie) begann für China eine Zeit großen wirtschaftlichen Aufschwungs.

Dem einzelnen Gelehrten und Ästheten lag daran, das Beste aus der künstlerischen und literarischen Tradition auszulesen und zu bewahren. Als Sonntagsmaler hielt er sich an die alten Meister und als Kenner sammelte er antike Bronzen oder Abklatsche berühmter Inschriften und Reliefs. Genauso wie die Ausbildung in den konfuzianischen Klassikern politische Praxis und Spezialkenntnisse vernachlässigte und die moralische Haltung betonte, genauso überwog das Amateurhafte in den Freizeitbeschäftigungen. Der Mandschu-Kaiser K'ien-lung (1736–96) war ein großer Bewunderer chinesischer Kultur und das Musterbeispiel eines Gelehrten und Ästheten. Die reichen Familien konnten sich diesen ästhetischen Freuden hingeben und sich auch die Bildung aneignen, die ihnen die Beamtenlaufbahn erschloß – sie konnten Mandarine werden, wie man im Westen sagte. Doch diesen Status bewahrten sie gewöhnlich nur einige Generationen lang. Denn Standesrücksichten zwangen sie, gewaltige Summen für ihre Bibliotheken und Kunstsammlungen auszugeben. Viele Familien verarmten dabei.

Teufel von jenseits des Meeres

Bis zum frühen 19. Jahrhundert konnten die Chinesen ihre Kultur mit keiner anderen großen Kultur vergleichen, weil sie sehr wenig von der Außenwelt wußten. Die Europäer wurden »Teufel von jenseits des Meeres« genannt und mit den Seeräubern, die die Küsten überfielen, auf eine Stufe gestellt. Die Chinesen waren im Ideellen wie im Materiellen völlig autark. Die Lehren des Konfuzianismus sahen sie als allgemeingültige Wahrheiten an, und ihr riesiges Reich produzierte alles, was zum Leben notwendig war. Einige Völker wie die Japaner, Koreaner und Mandschu hatte die chinesische Kultur stark geprägt, andere Völker waren von chinesischen Waren abhängig.

Daß Europa in Naturwissenschaft und Technik China plötzlich überrundete, erschütterte das Selbstbewußtsein dieses alten und stolzen Volkes tief. Zunächst versuchten die Chinesen das westliche technische Wissen aus reiner Zweckmäßigkeit zu übernehmen und gleichzeitig die kulturelle Tradition als Basis der Gesellschaftsordnung beizubehalten. Aber die jungen Männer, die zum Studium ins Ausland gingen, blieben europäischen politischen Ideen gegenüber nicht immun. In den letzten Jahrzehnten des 19. Jahrhunderts begann der Widerstand gegen weitreichende Veränderungen zu erlahmen. Im Jahre 1905 verschwand eine der letzten Bastionen der traditionellen Kultur mit der Aufhebung der konfuzianischen Ausleseprüfungen.

Chinas Leiden verstärkten sich, als die Revolution von 1911 keine Lösung seiner Probleme brachte, und der lange Krieg mit Japan führte zu einer neuen Periode teilweiser Fremdherrschaft. Die kommunistische Revolution, die 1949 beendet war, brachte ein Gefühl des nationalen Wiederauflebens nach mehr als einem Jahrhundert der Demütigung.

Die Wurzeln des Roten Chinas

In den ersten Jahren der Volksrepublik wurden die kulturellen Errungenschaften der Vergangenheit betont, während man sich gleichzeitig anstrengte, den sozialen Aufbau der Gesellschaft zu ändern. Man feierte berühmte Dichter und Maler der Vergangenheit und stellte die Erfindungsgabe und das handwerkliche Können des einfachen Volkes in Museen und Ausstellungen zur Schau. Die Regierung ließ den kaiserlichen Palast renovieren und machte seine kostbaren Schätze allgemein zugänglich, während gleichzeitig in den Künsten und im Kunstgewerbe die Tradition fortgesetzt wurde. Später änderte sich die Einstellung; man fand weniger Zeit, auf die Vergangenheit stolz zu sein, weil man alle Kraft für den sozialen Umbau der Gesellschaft brauchte. Als diese Bewegung in der Kulturrevolution der ausgehenden sechziger Jahre an Stoßkraft gewann, wurden Kunst und Literatur den revolutionären Zwecken völlig untergeordnet und das Bildungswesen gänzlich umgemodelt, um die überkommenen elitären Vorstellungen, die sich noch immer gehalten hatten, auszulöschen. Dafür galten die *Gedanken des Vorsitzenden Mao* als einzige Richtschnur, nach der alle Errungenschaften zu bewerten waren.

Es wird oft angenommen, daß das kommunistische Regime China völlig verändert habe und daß der alte chinesische Lebensstil damit endgültig vernichtet sei. Aber vieles im heutigen China ist tief in der chinesischen Tradition verankert. Mao selbst hat sich als Dichter im klassisch-chinesischen Stil hervorgetan. Sein Aufstieg kann als Parallele zu dem eines Führers der in China häufigen Bauernrevolten aufgefaßt werden, und taktisch hat er viel von dem alten chinesischen Strategen Sun-tsu gelernt.

Für die meisten Chinesen bedeutet das derzeitige Regime nicht den Verzicht auf langgehegte Vorstellungen von persönlicher Freiheit, denn die hat es in China nie gegeben. Kommunistische Kader haben die gelehrten konfuzianischen Beamten ersetzt, und der Maoismus ist an die Stelle des Konfuzianismus der Ming- und Ts'ing-Zeit getreten. Unter K'ien-lung wurden Personen, die Bücher geschrieben hatten, deren Inhalt als staatsschädigend galt, wesentlich härter bestraft als Schriftsteller, die dem jetzigen Regime gefährlich erscheinen. Die abschreckenden Seiten von Maos China haben ihre Vorläufer in der chinesischen Geschichte.

DAS ERSTE PORZELLAN

Die Kunst der Porzellanherstellung durch Brennen eines Gemisches von Porzellanerde und Feldspat, die man in Europa erst 1708/09 entdeckte, war in China 800 Jahre früher entwickelt worden. Die Dekorationstechnik erreichte einen Höhepunkt in den reichgeschmückten Porzellanen der Ming-Zeit (1368–1644).

DRACHENVASE *Das kaiserliche Symbol, der Drache, war ein übliches Motiv am Hof der Ming-Herrscher.*

GARTENSZENE *Der Teller der Ts'ing-Zeit (1644–1911), als chinesische Töpfer Porzellane speziell für den europäischen Markt herstellten, zeigt Musikerinnen in einem Garten.*

MAJESTÄTISCHE NATUR

Die Einstellung des chinesischen Landschaftsmalers zur Natur spiegelt sich in dieser seidenen Bildrolle aus dem 16. Jahrhundert. Der Maler K'iu Ying stellt den Han-Kaiser Kuang Wu dar, wie er eine Furt durchquert. Der Künstler hat die Höhe der von Nebel umwallten Berge noch übertrieben, um die Unwichtigkeit der menschlichen Figuren zu betonen.

DIE ERSTEN BUDDHISTEN BETRAUERN IHREN TOTEN MEISTER

Gautamas Gesicht, das Gesicht des eigentlichen Buddha oder des Erleuchteten, ist im Tode ruhig und heiter, während die ihn umgebenden Heiligen und Schüler trauern. Die Szene ist Teil eines im Jahre 1086 gemalten Seidenbanners, das auch jetzt noch jedes Jahr zu einer Zeremonie hervorgeholt wird, die im Haupttempel der esoterischen Sekte des Buddhismus auf dem Berge Koya bei Osaka stattfindet. Wie viele andere wichtige Teile ihrer Kultur übernahmen die Japaner auch den Buddhismus von China. Er entstand jedoch in Indien, wo Gautama Buddha (um 560–480 v. Chr.) seine grundlegenden Lehren verkündet hatte. Heute ist Gautama einer der vielen Buddhas, die zwischen Ceylon und Japan und darüber hinaus angebetet werden: Von manchen glaubt man, daß sie in der Vergangenheit noch vor Gautama gelebt haben, andere sollen noch kommen, wieder andere befinden sich bereits im buddhistischen Paradies.

Rätselhaftes Japan: Kunst neben Gewalt

Seit 300 n. Chr.

Nach chinesischem Vorbild schufen sich die Japaner eine durchaus eigenständige Kultur, die auch heute ihre Kraft noch nicht verloren hat

JAPAN IM JAHRE 1615

Unter den Tokugawa-Schogunen schloß sich Japan seit dem 17. Jahrhundert von der übrigen Welt ab.

Mehr als einmal in seiner Geschichte hat Japan der Welt den Rücken gekehrt. Einer seiner Herrscher, der Schogun Iemitsu, verbot im 17. Jahrhundert seinen Landsleuten bei Todesstrafe, ins Ausland zu reisen. Zu anderen Zeiten hat kein Land bereitwilliger ausländische Ideen übernommen und seiner Eigenart angepaßt als gerade Japan.

Berührungen mit der blühenden chinesischen Kultur im 6. Jahrhundert beeinflußten Kunst und Religion Japans nachhaltig. Auch die Schrift wurde von den Chinesen entlehnt, obgleich sie sich für die japanische Sprache wenig eignete. Die Chinesen nahmen unter den Völkern Ostasiens eine Stellung ein, die im Westen den Griechen und Römern zukam: Ihrem Vorbild eiferte die Umwelt nach. Aber die Japaner waren zu allen Zeiten mehr als bloße Nachahmer. Sie paßten die chinesische Philosophie und Religion sowie die chinesische Kunst und Einstellung zum Leben ihrem eigenen Wesen an und schufen sich eine eigene hohe Kultur.

Die in Japan entstandene Feudalgesellschaft stand urplötzlich der modernen Welt gegenüber, als am 8. Juli 1853 der amerikanische Commodore Matthew Perry mit vier Kriegsschiffen vor der Küste erschien, um Japan zu zwingen, sich dem Westen zu öffnen. Die politische Führung Japans schickte sich in das Unvermeidliche und widmete sich mit aller Kraft der Modernisierung nach westlichem Vorbild. Dieses Programm machte in einem halben Jahrhundert das Land zu einer führenden Industrie- und Militärmacht.

Japan ist seit der Jungsteinzeit besiedelt. Die Bevölkerung stammt wahrscheinlich aus Korea und China sowie aus Sibirien und den südostasiatischen Inseln. Unter den frühen, aus dem Norden eingewanderten Völkern waren auch die weißhäutigen Ainu, die sich auf Hokkaido und im Norden der Hauptinsel Honschu verbreiteten. Seit etwa 300 v. Chr., als die chinesische Kultur schon lange blühte, kamen mit neuen Einwanderern vom Festland die Bronze, das Pferd und der Reisanbau nach Japan. Bald benutzte man auch Eisen für Geräte und Waffen.

Drei Viertel Japans werden von wildzerklüfteten Gebirgen eingenommen, die einzelne Ebenen voneinander trennen. Ein solches Gelände förderte die Bildung selbständiger Gemeinwesen, während es der Entwicklung eines Einheitsstaates im Wege stand. Jahrhundertelang bestand Japan aus unabhängigen, jeweils von einem Geschlechtsverband beherrschten Kleinstaaten, die mitunter von weiblichen Häuptlingen

EIN TEMPEL AUS HOLZ

Der buddhistische Horyuji-Tempel bei Nara enthält die ältesten Holzgebäude der Welt. Die Hauptkulthalle, Kondo *genannt, die Pagode und die Eingangshalle sowie andere Teile des Klosters stammen aus dem frühen 7. Jahrhundert, als der Tempel so aussah, wie er hier dargestellt ist. Horyuji war sowohl Tempel als auch Hochschule. Es gab eine Bibliothek, einen Vorlesungssaal und Räume für Gebet und Meditation. Der Tempel wurde auf Veranlassung von Prinz Schotoku-Taischi gebaut, der Künstler und Handwerker aus Korea und China nach Japan kommen ließ. Die Pagode ist indischen Stupas nachgebildet und enthält wie diese eine buddhistische Reliquie in einer Höhlung in dem Stein, auf dem die Mittelsäule ruht. Im* Kondo *steht das 623 gegossene Kultbild – eine Buddhatrinität.*

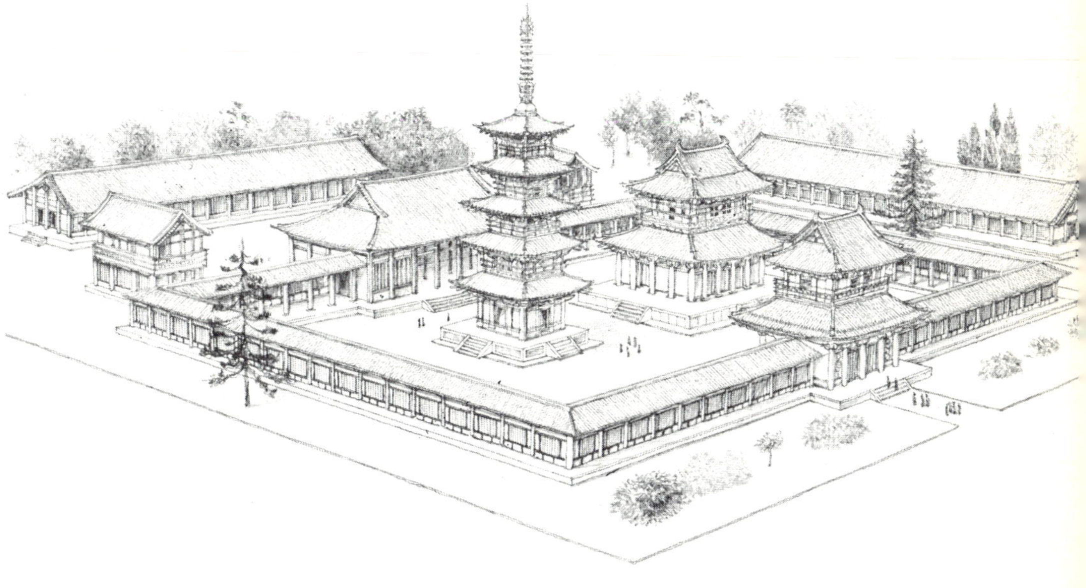

geführt wurden. Es dauerte bis etwa 300 n. Chr., ehe es dem mächtigsten unter den Geschlechtsältesten, Jimmu, gelang, den größten Teil des Landes zu erobern. Da die Bindung an den Geschlechtsverband außerordentlich stark war, wurden Jimmu und seine Nachkommen durch den Mythos, der japanische Kaiser sei ein direkter Abkömmling der Sonnengöttin, über alle Menschen erhoben.

Die Religion der frühen Japaner beruhte auf Glaubensvorstellungen, die man später als Schinto (Weg der Götter) bezeichnete. Grundlage war die Naturverehrung. Man glaubte an Geister, die in Felsen oder Bäumen wohnten, und an Schutzgeister von Familien oder des ganzen Landes. Über allen stand die Sonnengöttin. Zu Anfang des 6. Jahrhunderts erreichte der Buddhismus über China und Korea Japan. Auf ihm ruhte der ganze Glanz der chinesischen Kultur. Im Schinto hatten die Götter keine wahrnehmbare Gestalt. Das buddhistische Universum war dagegen von Buddhas der Vergangenheit und Zukunft und den sie begleitenden Wesen belebt, die man sich in bestimmter Gestalt vorstellte und in Tempeln verehrte.

Die erste Verfassung

Im Jahre 593 wurde Kronprinz Schotoku-Taischi von der regierenden Kaiserin zum Regenten ernannt. Schotoku war stark vom chinesischen Regierungssystem beeindruckt und machte den ersten Versuch, Japan eine Verfassung zu geben. Er erleichterte es auch Künstlern und Handwerkern aus Korea und China, sich in Japan niederzulassen; ferner wurden unter ihm chinesische und koreanische Bauten und Skulpturen nachgeahmt.

Zwei große Tempel, die Schotoku erbauen ließ, stehen noch heute. Der eine, in Osaka, wurde im Laufe der Jahrhunderte in seinem Stil verändert. Dagegen ist der zweite, der Horyuji-Tempel bei Nara, bis in die jüngste Zeit ziemlich unberührt geblieben, und viele seiner Teile haben ihr ursprüngliches Aussehen bewahrt. Der Buddhismus blühte während des 7. Jahrhunderts in Asuka, das heute ein kleines Dorf 24 km südlich des modernen Nara ist. In den Tempeln dieser Zeit finden sich Statuen eines großen, schlanken Buddha, dessen Gesicht nachdenkliche Güte und Sorge um die Menschheit ausdrückt. Im Jahre 710 wurde ganz nach chinesischem Vorbild die neue kaiserliche Hauptstadt Nara angelegt.

Literatur in einer fremden Schrift

Die Japaner bewunderten die Kultur Chinas so sehr, daß sie anfangs die chinesische Sprache für alle offiziellen Dokumente benutzten. Als sie dann anfingen, in ihrer eigenen Sprache zu schreiben, taten sie das in chinesischer Schrift, ohne diese dem Japanischen anzupassen. 712 wurde eine Geschichte Japans unter dem Titel *Kojiki* (Bericht über alte Begebenheiten) als erstes Werk in japanischer Sprache veröffentlicht, und zwar mit dem Zweck, durch Betonung der göttlichen Abkunft des Kaiserhauses dessen Ansehen geschichtlich zu untermauern.

Schon im *Kojiki* fanden sich Gedichte. Um die Mitte des 8. Jahrhunderts kam dann eine japanische Gedichtsammlung mit 4496 Gedichten heraus, die *Manyoshu* (Sammlung der 10 000 Blätter) hieß. Die Gedichte waren in wechselnden Zeilen zu sieben und fünf Silben geschrieben, eine Form, die für die japanische Dichtkunst charakteristisch blieb. Sie befassen sich hauptsächlich mit dem Verhältnis des Dichters zu den Göttern und zum Kaiser, zu seiner Geliebten, der Menschheit und der Natur.

Der Reichtum Japans stammte aus dem Landbau. Das Land gehörte dem Staat und wurde von Bauern bestellt, die teils hohe Steuern in Naturalien entrichten mußten, teils zu Arbeitsleistungen oder zum Militärdienst herangezogen wurden. Theoretisch wurden alle Grundpächter gleichmäßig besteuert, aber in der Praxis waren viele mächtige Familien steuerfrei. Die gewöhnlichen Bauern mußten daher mehr als nur ihren Anteil an der Steuerlast tragen, und ihr Leben war so hart, daß eine Landflucht einsetzte. Das herrenlose Land fiel zum großen Teil in die Hände von Großgrundbesitzern oder wurde zum Besitz buddhistischer Tempel. Um sich dem Einfluß der mächtigen buddhistischen Priester von Nara zu entziehen, verlegte der Kaiser 794 die Hauptstadt nach Heiankio (Hauptstadt des Friedens), dem heutigen Kioto.

Während der nächsten 150 Jahre blieb der chinesische Einfluß sehr stark. Die schriftliche Amtssprache war das Chinesische, und einige Mitglieder des Hofes schrieben Gedichte in passablem Chinesisch. Bis zum 9. Jahrhundert gelang es den Japanern nicht, eine wirklich eigenständige Literatur zu entwickeln. Inzwischen paßten sie die chinesische Schrift ihrer Sprache an. In der chinesischen Schrift hat jedes einfache Wort ein Schriftzeichen. Dazu kamen zahlreiche Zusammensetzungen, so daß Schriftzeichen zum Teil aus über 20 Pinselstrichen bestehen. Der Chinese mußte jahrelang Tausende von einzelnen Schriftzeichen und ihre Bedeutung erlernen, ehe er wirklich gut lesen und schreiben konnte. Die Japaner benutzten einzelne chinesische Schriftzeichen nur nach ihrem Lautwert und vereinfachten sie. Da die alte japanische Sprache nur 47 Silben hatte, kam man mit 47 Zeichen und einem Zusatzzeichen aus. Als die japanische Sprache jedoch komplizierter wurde, mußten viele zusätzliche chinesische Schriftzeichen verwendet werden, um Unklarheiten zu vermeiden. Auch die heutige japanische Schrift hat noch immer 1800 notwendige Zeichen.

Eine neue buddhistische Sekte

Der geniale Mann, dem die Erfindung der neuen Silbenschrift im 9. Jahrhundert zugeschrieben wird, war der Gelehrte Kukai, auch Kobo Daishi genannt. Er gründete in Japan auch eine der beiden Sekten des esoterischen Buddhismus – eine Form des Buddhismus, in der nur Eingeweihte die kennzeichnenden symbolischen Rituale, Handstellungen und Diagramme verstehen. Diese neue Form des Buddhismus beeinflußte auch die Bildhauerei, und anstelle der einfachen Skulpturen früherer Zeit wurden nun oft monströse Gestalten mit vielen Köpfen und Händen geschaffen.

Die zentrale Verwaltung eines komplizierten Staatsgebildes verlangte nach einer tüchtigen Beamtenschaft nach dem Vorbild Chinas, wo hohe Staatsämter nur denen zufielen, die Ausleseprüfungen mit Erfolg bestanden hatten. Um fähige Beamte heranzu-

EIN INTIMES BILD HÖFISCHEN LEBENS

Als die Fujiwara zu unbestrittenen Herrschern Japans geworden waren, wurde die Regierungsarbeit um etwa 900 n. Chr. ihren Regenten überlassen, während der Kaiser und sein riesiger Hofstaat ihre Zeit mit religiösen Ritualen und kultivierten Spielen und Vergnügungen verbrachten. Der erste große Roman der Weltgeschichte, *Genji-Monogatari* (Erzählung vom Prinzen Genji), beschreibt die Abenteuer des Prinzen und seiner Nachkommen und gibt gleichzeitig ein intimes Bild von Liebe, persönlichen Konflikten und Spannungen am kaiserlichen Hof. Verfasserin war die Hofdame Murasaki (um 978 bis etwa 1016). Auch andere Frauen der damaligen Zeit taten sich als Romanschriftstellerinnen, Dichterinnen und Tagebuchschreiberinnen hervor. Liebesverhältnisse wurden durch feinsinnige, poetische Briefe gepflegt. Die Frauen genossen in der Gesellschaft hohe Achtung und hatten bemerkenswert viel Freiheit. Viele lebten von dem Ertrag ihrer Güter.

LIEBESBRIEF *Dieses Bild aus einer im 12. Jahrhundert stammenden illustrierten Ausgabe des* Genji-Monogatari *zeigt eine eifersüchtige Ehefrau, die ihren Mann beim Lesen des Briefes einer anderen Frau beobachtet. Vor ihm steht sein Schreibkasten mit den für die Antwort bereitgelegten Pinseln. Damals verwandte man ebensoviel Mühe auf die Wahl des Briefpapiers wie auf den Inhalt des Briefes. Am Hof herrschte eine Art Polygamie. Manche Männer hatten zuzeiten mehrere Ehefrauen, die sie in deren Häusern aufsuchten.*

bilden, gründete man nun auch in Japan eine Universität und hielt Examen ab. Doch der tiefere Sinn der chinesischen Einrichtung wurde nicht verstanden oder mißachtet. Nur selten gelangte jemand ausschließlich auf Grund seiner Fähigkeiten in eine verantwortungsvolle Stellung, ohne Rückhalt bei seiner Familie zu haben und ererbte Rechte geltend zu machen. Der Erfolg war, daß die Hofämter vom Adel besetzt waren und auf dem Lande die gesetzmäßige Macht in den Händen der Grundherren in ihrer neuen Rolle als Beamte blieb.

Die kaiserliche Macht verfällt

Zahl und Macht des Hofadels nahmen zu, und nach Mitte des 9. Jahrhunderts hatte eine Familie die tatsächliche Herrschaft in den Händen. Es war den Fujiwara mit viel List gelungen, immer wieder weibliche Familienmitglieder mit den jeweiligen Kaisern zu verheiraten. Die Fujiwara besetzten die Ministerposten und führten schließlich eine Art Vormundschaftsregierung für den Kaiser, der oft dem Thron entsagte, sobald der jeweilige Kronprinz alt genug war, die Nachfolge anzutreten. Wegen der ererbten Autorität des Kaisers und der Rolle, die er im Schinto-Ritual spielte, konnten die Fujiwara die Macht nie ganz an sich reißen.

Zu Beginn des 11. Jahrhunderts hatte sich eine der bemerkenswertesten geschlossenen Gesellschaften aller Zeiten gebildet. Den Kaiser lenkten keine Geschäfte ab; er konnte sich ausschließlich der Beobachtung religiöser Bräuche und den zahlreichen rituellen Veranstaltungen widmen, die sich aus der Volksüberlieferung und Spielen entwickelt hatten. Die Paläste und Herrenhäuser waren voller leicht verführbarer Frauen, und kurzlebige Affären gehörten zum Alltag. In dieser sentimentalen Welt verliebten sich Männer und Frauen oder brachen ihre Beziehungen aus Gründen ab, die heute gänzlich unerheblich erscheinen. Daß ein Mädchen an einem einsamen, romantischen Ort lebte oder ein gutes Gedicht geschrieben hatte, genügte schon, um sich in sie zu verlieben. In vorzüglichen Romanen und Tagebüchern haben Frauen dieser Zeit das Hofleben in Einzelheiten beschrieben.

Die Lyrik erlangte große gesellschaftliche Bedeutung. Gedichte dienten nicht nur dazu, persönliche Beziehungen zu pflegen, sondern wurden seit der Schaffung einer Regierungsbehörde für Dichtkunst auch eine wichtige öffentliche Angelegenheit. Berufsmäßige Kritiker hatten Wettbewerbe zu veranstalten, Gedichte zu beurteilen und zu sammeln. Dabei ging viel von der einstigen Unmittelbarkeit verloren, die Lyrik wurde zu einem intellektuellen Zeitvertreib, bei dem die Dichter Gefühle auszudrücken suchten, die sie gar nicht bewegten.

Während die Hofbeamten in ihren Herrenhäusern in Heiankio, von Luxusmöbeln umgeben, lebten, hauste das einfache Volk in elenden Hütten. Die Verwaltung des Landes war keineswegs sehr gut. Angehörige des Hofes begaben sich nur ungern hin und wieder als Regierungsvertreter in die Provinzen, sehnten sich aber bald zurück in das Kulturleben der Hauptstadt. Langsam ging der Schintoismus in der Welt des Buddhismus auf; seine Götter und Göttinnen wurden buddhistischen Gottheiten gleichgesetzt. Dennoch blieb er, wenn auch verwandelt, bestehen, und schintoistische Feste wurden in Stadt und Land gefeiert. Es bürgerte sich der Brauch ein, in bestimmten Abständen einige Schinto-Schreine wiederaufzubauen. Wie alt sie auch waren, sie sollten stets neu und vom Zahn der Zeit unberührt erscheinen. So wird bis heute unter anderem der Ise-Schrein, der aus dem 1. Jahrhundert v. Chr. stammt, alle zwanzig Jahre nach dem gleichen Plan wiederaufgebaut.

Samurai und Priester

Um die Mitte des 12. Jahrhunderts wurden andere Familien mächtiger als die Fujiwara, und damit endete auch die Vormachtstellung von Heiankio (Kioto). Insbesondere zwei Familien, die Taira und Minamoto, kämpften um die Macht. Nach einer Anzahl von Feldzügen zwischen 1156 und 1185 vernichteten die Minamoto ihre Rivalen und errichteten eine Militärregierung in Kamakura, mehrere hundert Kilometer östlich von dem dekadenten, alles korrumpierenden kaiserlichen Hof. Das war der Anfang einer Zeit, in der die Samurai, der Kriegerstand,

BEKÄMPFUNG DER DÄMONEN

Diese bemalte Tonfigur von 1,67 m Höhe, die in der Nara-Zeit um die Mitte des 8. Jahrhunderts entstand, stellt einen grimmigen gepanzerten Wächter dar, der die heiligen Gebäude vor den Dämonen der buddhistischen Unterwelt beschützen soll.

VERBANNUNG EINES MINISTERS

Gegen Ende des 9. Jahrhunderts verfuhren die Mitglieder der Familie Fujiwara unbarmherzig mit ihren Rivalen, um die Macht in Japan an sich zu bringen und zu erhalten. Dieses Bild aus dem 13. Jahrhundert zeigt die Verbannung Sugawara Michizanes, eines bedeutenden Ministers, der im Jahre 901 den Ränken der Fujiwara zum Opfer gefallen war. Bewaffnete bewachen die Küste, während er und seine Gefolgschaft nach Kiuschu gerudert werden. Der Ausschnitt entstammt einer Bildrolle. Bei dieser erzählenden Malerei ergibt sich eine Geschichte, wenn das Bild langsam entrollt wird. Michizane starb zwei Jahre später im Exil in Kiuschu, wo er als Vizekönig tätig war. Es gab so viel Unheil nach seinem Tode, daß man fürchtete, sein Geist nähme Rache. Man setzte ihn posthum wieder in sein Amt ein, machte ihn 947 zum Großkanzler und verehrte ihn als Gott der Kalligraphie.

den Ton angaben. Diese Zeit endete erst Mitte des 19. Jahrhunderts.

Die Kriege zwischen den Taira und Minamoto brachten eine neue Literaturgattung hervor – eine Anzahl von kriegerischen Romanzen, die in einem für das einfache Volk wesentlich verständlicheren Stil geschrieben waren als die Gedichte der vorhergehenden Zeit. Die neuen Romanzen wurden nicht durch Manuskripte verbreitet, sondern durch fahrende Sänger – oft erblindete Priester –, die ihren Vortrag auf der *Biwa,* einem lautenähnlichen Instrument, begleiteten. Diese außerordentlich beliebten Sänger hatten sogar Zutritt zum kaiserlichen Hof. Ihre Tradition hielt sich so lange, daß die Stimmen der letzten von ihnen noch auf Platten aufgenommen werden konnten. In der Gesellschaft herrschten die Samurai vor – Samurai heißt Dienender –, zähe Krieger, die ihren Lehnsherren treu ergeben waren und mit fanatischer Wildheit kämpften. Die Hauptwaffe des Samurai war sein mit beiden Händen geschwungenes Schwert, mit dem ein geübter Mann den Gegner mit einem Schlag in zwei Hälften spalten konnte.

Die ständigen Kämpfe und der Niedergang des alten Kaiserhofes brachten manche dazu, sich von der Welt zurückzuziehen und in die Natur zu flüchten. Es gab Leute, die lange Zeit in entlegenen Hütten lebten, wo nur das Rauschen der Bäche zu hören war und lediglich der Wechsel der Jahreszeiten für Abwechslung sorgte. In dieser Haltung bestärkte sie der an Bedeutung gewinnende Zen-Buddhismus (*zen* = Versenkung). Durch diese Sekte gewann der Buddhismus an Volkstümlichkeit, denn sie zeigte nicht nur Priestern, sondern auch Laien, die sich als würdig erwiesen, wie sie einen Zustand der Erleuchtung erlangen konnten, in dem die Welt nicht mehr viel bedeutete. Diese Erleuchtung konnte einem Menschen blitzartig kommen, wenn er sich ernster und intensiver geistiger und physischer Disziplin unterworfen hatte. Die Zen-Buddhisten versuchten diese Erleuchtung zu erlangen, indem sie über verstandesmäßig unlösbare Probleme meditierten, etwa über den Laut eines nur mit einer Hand hervorgebrachten Händeklatschens.

Harte Zen-Übungen

Zen und die Künste beeinflußten einander wechselseitig ziemlich stark. So machen Priesterstatuen und andere Skulpturen in den Tempeln von Kamakura einen völlig realistischen Eindruck. Aus ihnen spricht entschlossene und intelligente Selbstverleugnung. Den Samurai beeindruckte die Ähnlichkeit zwischen den rigorosen Zen-Übungen und der militärischen Disziplin, und auch heute wird ein Zen-Kloster mit so strenger Zucht geführt, daß es völlig einem militärischen Ausbildungslager alter Art gleicht. Viele Soldaten suchten im Zen auch einen Ausweg aus der Gewalt. Sie bereisten das Land und schrieben Gedichte über ihre Empfindungen angesichts der Natur, wobei sie die wehmütigen Bilder des Herbstes besonders bevorzugten.

Nachdem die Mongolen durch ganz Asien und halb Europa gestürmt waren, rüsteten sie sich zu einer Invasion Japans. 1274 schickte Kubilai Chan, der Enkel Dschingis Chans, von Korea eine Flotte aus, um die Inseln zu erobern. Die Eindringlinge wurden zurückgeschlagen, aber im Jahre 1281 kamen sie in Stärke von 150 000 Mann auf 4500 Schiffen wieder. Sieben Wochen lang kämpften die Samurai ununterbrochen mit den wilden, grausamen Mongolen, und die Entscheidung war noch immer nicht gefallen, als plötzlich ein zweitägiger Taifun den Japanern zur Hilfe kam. Die Invasionsflotte wurde zerstreut, ein großer Teil erlitt Schiffbruch, und die Japaner brachten die Überlebenden um. Diesen Taifun nannten die Japaner *Kamikaze* – den göttlichen Wind –, ein Name, mit dem im Zweiten Weltkrieg Piloten bezeichnet wurden, die sich mit ihren sprengstoffbeladenen Flugzeugen auf amerikanische Kriegsschiffe stürzten.

Der Niederlage der Mongolen folgte jedoch kein Frieden. In neuen Bürgerkriegen kämpften die mächtigen Familien um die Vorherrschaft, abgesetzte Kaiser versuchten ihre alte Machtfülle zurückzuerobern, buddhistische Priester wurden zu Kriegern, und viele der großen Tempel hatten sogar eigene Truppen. Die Bauernsöhne zogen für ihre Herren in den Kampf und kamen, wenn sie Glück hatten, um einige Erfahrung reicher wieder heim, manchmal wohl auch mit einer Belohnung, besonders wenn es ihnen gelungen war, den Kopf eines bedeutenden Feindes zu erbeuten. Die Handwerker fertigten wunderbar geschmiedete Schwerter, Lackarbeiten sowie Schirme und Fächer mit zartem Dekor, während der Lebensstandard stieg und das Kulturleben blühte. Einige Tempel wurden wohlhabend, besonders solche der Zen-Sekte, die mit China auch Handelsbeziehungen unterhielt.

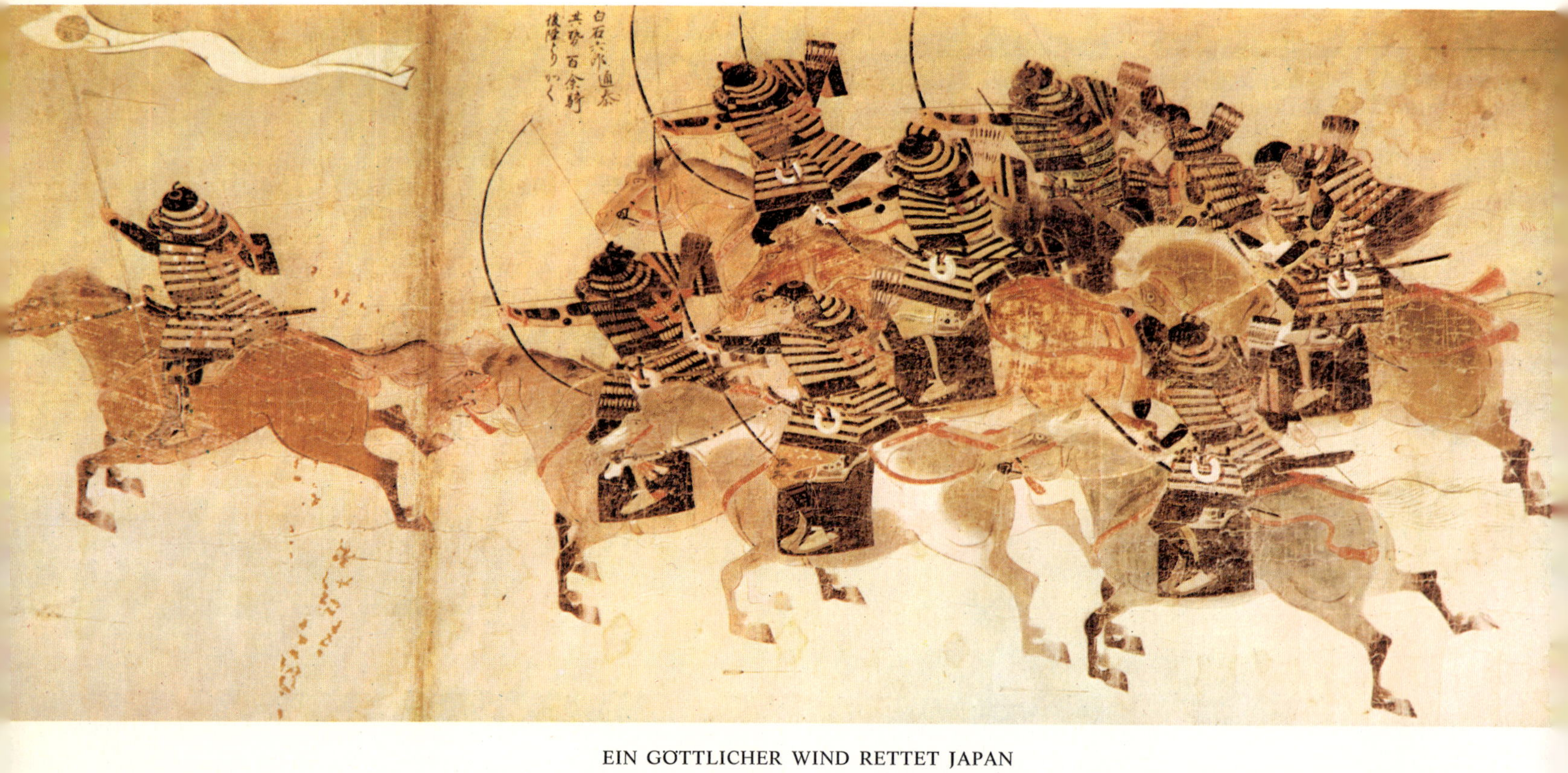

EIN GÖTTLICHER WIND RETTET JAPAN

Die Mongolenhorden Kubilai Chans versuchten zweimal, Japan zu erobern. Ende 1274 wurden die Eindringlinge zum ersten Male von den Samurai zurückgeschlagen, deren Aufbruch in die Schlacht auf dieser Bildrolle aus dem 13. Jahrhundert dargestellt ist. Die Krieger haben für die Reiterei entwickelte Bogen, bei denen der obere Teil länger als der untere ist. Im Jahre 1281 beendete ein Taifun auf dramatische Weise die zweite Invasion der Mongolen. Die Kämpfe hatten schon sieben Wochen lang getobt, als die mongolische Flotte vom Sturm zerstört wurde. Diesen Taifun nannten die Japaner Kamikaze, *den göttlichen Wind.*

Teetrinken als Kunst

Wieder einmal war Kioto Regierungssitz und kultureller Mittelpunkt. Eine einflußreiche Buddhistengruppe strebte Verinnerlichung an und erfand auch neue Formen des eleganten gesellschaftlichen Lebens. Dazu gehörte die Teezeremonie, bei der gleichgestimmte Seelen bei kultivierter Unterhaltung grünen Tee tranken. Diese Zeremonie ist nur ein Beispiel einer allgemeinen Haltung und Bestrebung, eine Tradition der Eingeweihten zu begründen. Ähnliche Kulte entwickelten sich um die Kunst des Blumenarrangements und den Gebrauch von Räucherwerk.

Die höchste der damals entwickelten Kunstformen war vermutlich das No-Spiel. Diese Schauspielform entstand sowohl aus den Tanz- und Singspielen, die vor Schinto-Schreinen aufgeführt wurden, wie auch aus alten ländlichen Tänzen und Gesängen. Bereits im 14. Jahrhundert wurden jährlich No-Spiele in den Tempeln in und um Nara aufgeführt. Damals schuf vor allem der Dichter, Schauspieler und Musiker Zeami ein Repertoire, aus dem die meisten der auch heute noch gespielten rund 260 Stücke stammen. No-Spiele werden auf einer fast leeren Bühne mit einem Minimum an Requisiten, aber in sehr prachtvollen Kostümen gespielt. Die ausnahmslos männlichen Schauspieler tragen zart bemalte und fein ausgeführte Masken, wenn sie Götter, Geister, Frauen und Menschen der Vergangenheit darstellen. Ein Chor wiederholt mitunter die Worte des Hauptdarstellers, während Gemütsbewegungen durch Tanz zu Flöte und Trommeln ausgedrückt werden.

Der Inhalt vieler Stücke ist religiös, wie das ihrer Aufführung in Tempeln entspricht. Die feierlichen No-Spiele werden von Possen unterbrochen. Als sie entstanden, waren die No-Spiele noch nicht das der Aristokratie vorbehaltene Vergnügen, zu dem sie später aufstiegen, sondern wurden von allen Klassen der Bevölkerung besucht.

Jesuiten bringen das Christentum ins Land

Die Portugiesen kamen um die Mitte des 16. Jahrhunderts nach Japan, als die Bürgerkriege sich ihrem Ende näherten. Mit ihnen trafen jesuitische Missionare ein, die sich in Nagasaki niederließen. Sie verwandten japanische Dramen dazu, ihre Lehre zu verbreiten, und führten europäische Malerei und Buchdruckerkunst in Japan ein. Die Europäer brachten den Japanern ihre Kleidung und Lebensmittel, die von der Bevölkerung, denen der Friede einigen Wohlstand beschert hatte, bereitwillig angenommen wurden. Die ganze Bevölkerung einer Stadt erging sich mitunter in Straßentänzen, bei denen Reiswein floß und phantastische europäische Kleidung getragen wurde.

Der alte Buddhismus mit seinen Kriegerpriestern erlitt einen Rückschlag, als der Feldherr Oda Nobunaga einen der größten Tempelkomplexe auf dem Hieisan bei Kioto zerstörte und als einige Sekten starken Zustrom fanden, die dem gewöhnlichen Gläubigen Hoffnung machten, das Paradies erlangen zu können, ohne es sich durch eine lange Reihe von Wiedergeburten erdienen zu müssen. Die Sekte des Reinen Landes verlangte von ihren Anhängern nur, daß sie

GRIMMIGE KÄMPFER MIT EINEM STRENGEN EHRENKODEX

Die Samurai waren Angehörige eines adligen Kriegerstandes, der sich im 12. Jahrhundert bildete und die japanische Gesellschaft 700 Jahre lang beherrscht hat. Sie hielten sich an einen strengen Ehrenkodex – den *Buschido* (Kriegerweg), zu dessen ungeschriebenen Regeln stoische Todesverachtung und Treue gegen den Lehnsherrn gehörten. Das kostbare Gut des Samurai war sein messerscharfer Zweihänder, der oft durch viele Generationen vom Vater auf den Sohn vererbt wurde. Am höchsten schätzte man Klingen, die sich in der Schlacht bewährt hatten; neue Schwerter wurden gelegentlich an Leichen oder zum Tode Verurteilten ausprobiert. Außerdem hatte der Samurai ein kurzes Schwert, mit dem er seinem Feinde den Kopf abschlug oder Harakiri beging, wenn ihm nur die Wahl zwischen Selbstmord und Schande zu bleiben schien.

ANLEGERITUAL *Es war sehr umständlich, die komplizierte Samurairüstung anzulegen. Als 1853 dieses Bild entstand, hatten die Samurai, die schon lange nicht mehr zum Kampf aufgerufen wurden, längst ein umständliches Ritual entwickelt, die Rüstung anzulegen. In Kriegszeiten hing sie an Ständern und auf Bügeln griffbereit. Zu der Unterkleidung gehörten ein bis über die Brust reichender Lendenschurz, darüber ein oft reichbesticktes, kurzärmeliges Gewand und weite Hosen. Auf dem Kopf hatte der Krieger eine Kappe, die ihn das Gewicht des Eisenhelmes nicht so spüren ließ.*

KAMPFBEREIT *Diese leichte und geschmeidige Rüstung im Stil des 14. Jahrhunderts besteht aus Hunderten von durch Seidenschnüre zusammengehaltenen lackierten Eisenplättchen. Aus Eisen sind auch Helm, Halskragen, Schulterschutz und die Gesichtsmaske, die mit ihrem martialischen Bart den grimmigen Eindruck noch verstärkt.*

DER SCHWERTFEGER *im Bild (16. Jh.) poliert eine Klinge, deren scharfe Schneide aus bis zu 20 gefalteten und gehämmerten, papierdünnen Lagen von Stahl verschiedener Härtegrade bestand.*

Formeln wiederholten, in denen der Buddha Amida gepriesen wurde.

Im Jahre 1603 wurde Tokugawa Ieyasu Schogun. Schogun heißt eigentlich Feldherr, war aber längst Titel des Reichsfeldherrn geworden, der für den machtlosen Kaiser das Land regierte. Tokugawa Ieyasu schuf ein ausgeklügeltes System, dessen Hauptzweck war, ihn und seine Nachkommen an der Macht zu halten. In den einzelnen Landesteilen herrschten die Daimyo (Lehnsherren). Ihre burgartigen Schlösser stehen noch heute verstreut in ganz Japan. Hinter untereinander verbundenen Burggräben und massiven Befestigungsanlagen erheben sich die Wohngebäude aus dickem Mauerwerk in mehreren elegant überdachten Stockwerken. Wege wurden gebaut, auf denen die Lehnsherren jedes zweite Jahr in die neue Hauptstadt Edo (jetzt Tokio) zogen, um pflichtschuldig den Schogun aufzusuchen. Bei der Rückkehr ließen sie ihre Frauen und Kinder als Geiseln zurück. Alle Bewegungen auf diesen Wegen wurden mit Hilfe eines Systems von Barrieren genau kontrolliert. Auch durften diese Wege nie so breit sein, daß Wagen darauf fahren konnten.

Ausweisung der Ausländer

Die Förderung der Künste erreichte ein außergewöhnliches Maß. Herrlich geschnitzte und bemalte Stellschirme dienten in den Tempel- und Palasthallen als Trennwände. Im großen Mausoleum von Nikko in den Bergen nördlich von Edo, das für Ieyasu nach seinem Tode erbaut wurde, findet sich eine riesige Menge stark bemalter komplizierter Schnitzereien, die mit der Einfachheit der meisten Kunstgegenstände früherer Perioden in scharfem Kontrast stehen.

Als die Familie Tokugawa das Land immer mehr in ihre Gewalt bekam, schwand der üppige Reichtum dahin. Iemitsu, der von 1623 bis 1651 Schogun war, schnitt Japan praktisch von der Außenwelt ab. Aus Furcht, daß das Christentum einen zu freiheitlichen Geist hervorbrächte und daß das Land durch seinen Außenhandel der Fremdherrschaft anheimfallen könne, ließ er alle portugiesischen und spanischen Missionare und Kaufleute ausweisen. Lediglich die Holländer konnten bleiben, aber nur auf einer kleinen Insel in der Bucht von Nagasaki. Kein japanisches Schiff durfte länger als 22,5 m sein und mußte ein offenes Heck haben, damit es sich nicht auf See hinauswagen konnte.

Die Samurai führten die Regierungsgeschäfte, verwalteten die großen Güter und leiteten Unternehmen wie etwa die Goldbergwerke auf der Insel Sado. Im übrigen widmeten sie ihre Zeit musischen Beschäftigungen oder militärischen Übungen, die aber, da es keinen Krieg gab, zu einer Formalität wurden. Die Bauern mußten genügend Reis produzieren, damit die Gehälter aller Samurai-Beamten gezahlt und die übrige Bevölkerung ernährt werden konnte.

Die Samurai hatten die höchste Stellung innerhalb des japanischen gesellschaftlichen Systems inne. Ihnen folgten die Bauern, danach die Handwerker, zuletzt die Kaufleute. Aber im 17. Jahrhundert wurden die Kaufleute mächtiger; sie brachten vor allem die Reisvorräte des Landes in ihre Hand, indem sie den Samurai den Überschuß abkauften und mit Riesengewinn an die Bevölkerung weiterverkauften. Das Wachstum großer Handelshäuser, deren Interessen Weberei und Färberei, Textilhandel, Finanz- und Transportwesen und Lagerhaltung einschlossen, brachte es mit sich, daß die Fundamente schon gelegt waren, als das Land um die Mitte des 19. Jahrhunderts dem Welthandel geöffnet wurde. Die *Zaibatsu*, die großen Familien, die in Japan Handel und Industrie bis zum Zweiten Weltkrieg beherrschten, begannen damals ihren Aufstieg. Auch heute ist die Industrie zum großen Teil in denselben Händen, obgleich die Riesengesellschaften zerschlagen wurden.

Neuartige Belustigungen

Im 17. Jahrhundert hielten Vergnügungen neuer Art ihren Einzug in Kioto. Östlich der Stadt fließt ein Fluß vorbei, dessen Ufer sich, außer während der sommerlichen Regenzeit, zu Festplätzen eigneten. Hier schlug man Buden und Wanderbühnen auf. Man spielte Puppentheater, und die ersten Darsteller traten in bürgerlichen Stücken auf, die später auch nach Osaka und Edo gelangten. Das volkstümliche Theater stand von Anfang an in enger Beziehung zu den Bordellbezirken, und die besten Kurtisanen und Darstellerinnen wurden bald für einen großen Teil der Bevölkerung Kulturidole. Die Kurtisanen erhielten eine umfangreiche Ausbildung, so wie heute die Geishas oder Unterhalterinnen. Sie konnten singen, tanzen, Instrumente spielen und die Teezeremonie ausführen, und in den idealisierten Rollen auf der Bühne wurden sie zu einem Ausbund von Tugend. Meist handelte es sich bei ihnen um Töchter armer Leute, die verkauft worden waren, um die Familie über Wasser zu halten. Dieses System hielt sich unverändert bis zur Zeit nach dem Zweiten Weltkrieg, als die Bordelle schließlich aufgehoben wurden. Der Unterschied zwischen einer Geisha und einer Kurtisane, die Prostitution mit Unterhaltung verband, hatte sich mittlerweile herausgebildet. In jeder größeren Stadt Japans gibt es auch heute noch eine immer kleiner werdende Zahl von Geishas, die man für Gesellschaften engagiert, wo sie singen, tanzen und musizieren. An ihrer Ausbildung hat sich wenig geändert, allerdings werden sie heute nicht mehr von ihren Eltern verkauft.

Die Kaufleute hatten einen Verhaltenskodex, an den sie sich im Geschäftsleben hielten. Ihren Reichtum, der sich im Laufe von Generationen anhäufte, begannen sie in Kleidung, Wohnung, Mobiliar und ihrem gesellschaftlichen Leben zur Schau zu stellen. Dieses aufwendige Leben verbreitete

DIE ZUBEREITUNG DES TEES – KUNST UND RITUAL

Die ausgeklügelte Teezeremonie entwickelte sich unter Zen-Buddhisten und verbreitete sich im 15. Jahrhundert als eigenständiger Kult bald über ganz Japan.

ZUBEREITUNG DES TEES *Ein Mädchen bereitet den Tee, während ihr Geliebter zuschaut. Dieser Farbholzschnitt von Koryusai (18. Jh.) zeigt auch den Teekessel auf dem Holzkohlenfeuer, daneben den Wassertopf und eine Teedose mit Schöpflöffel. Viele Vorschriften regelten die Handhabung dieser Utensilien. Bei eleganten Gesellschaften präsidierte ein Teezeremonienmeister, während man kultivierte Gespräche bei einer Schale Tee führte.*

BLUMENRITUAL *Aus dem Zen stammt auch die Kunst des Blumensteckens.*

TEESCHALE *Für die Teezeremonie schuf man besondere Gefäße wie diese Schinto-Teeschale aus dem 17. Jahrhundert. Auch sie wurden nach bestimmten Regeln hergestellt. Ihre Form wechselte mit den Jahreszeiten; im Winter benutzte man tiefe und enge Schalen, damit der Tee lange heiß blieb.*

einen solchen Glanz, daß sich ihm schließlich auch viele Samurai hingaben, und zu Beginn des 19. Jahrhunderts hatte sich der Unterschied zwischen der Krieger- und Kaufmannskaste verwischt. Manche Samurai adoptierten Kaufleute und deren Familien gegen finanzielle Entschädigung, und viele fingen an, selbst Handel zu treiben.

Das Erbe der Vergangenheit

Im frühen 19. Jahrhundert weigerten sich die Japaner mehrfach, ihre Häfen ausländischen Schiffen zu öffnen. Da erzwang Amerika die Entscheidung. Vier Kriegsschiffe ankerten im Juli 1853 in der Bucht des heutigen Tokio, und ihr Befehlshaber Matthew Perry verlangte die Öffnung von Versorgungshäfen und Handelsbeziehungen zwischen beiden Ländern. Als Perry im nächsten Jahr mit einer größeren Anzahl von Kriegsschiffen wiederkam, wurde dem Ersuchen der Amerikaner stattgegeben.

Von nun an lebte Japan in engem Kontakt mit der übrigen Welt. Dennoch haben sich ausgeprägte Züge der japanischen Lebensweise erhalten, die den Europäern schon Mitte des 19. Jahrhunderts als fremdartig auffielen. Dazu gehört das *Kabuki* genannte bürgerliche Schauspiel, das heute nur von Männern gespielt wird. Bei diesen volkstümlichen Theaterstücken werden viele Requisiten und eine komplizierte Bühnenmaschinerie verwendet, und alles ist größer als im gewöhnlichen Leben. Ferner gehört dazu das Puppentheater, *Bunraku,* mit lebensecht wirkenden Puppen, die von einem Puppenlenker und zwei Helfern bewegt werden. Die Worte singt ein Rezitator zur dreisaitigen Langhalslaute, ein Nachfahre der fahrenden Sänger. Das Bunraku-Theater führt noch immer Stücke auf, die das Dilemma Japans von alters her behandeln: wie man seine Pflichten gegenüber seinem Herrn und seinen Eltern in Einklang bringt mit der Liebe zur eigenen Frau und den eigenen Kindern.

Ein weiteres Erbe der Vergangenheit und für die Welt vielleicht am wichtigsten ist die Kunst des Farbholzschnitts, die gegen Ende des 19. Jahrhunderts van Gogh und viele andere Künstler faszinierte. Im 18. Jahrhundert wurden vor allem Kurtisanen und Schauspieler auf den Farbholzschnitten dargestellt. Sie dienten als Reklame für die Bordellbezirke und die Theater und wurden schließlich zu illustrierten Wegweisern der großen Verkehrsstraßen. Später schuf man in dieser Technik auch herrliche Landschaften. Neben der Tradition im Schauspiel, in der Kleidung und Kunst hat sich manches erhalten, das nicht so ins Auge springt. Dazu gehören die Art und Weise, wie persönliche Beziehungen innerhalb der Familien und anderer Institutionen gepflegt werden, einschließlich der gegenseitigen Loyalität und der gegenseitigen Verpflichtungen zwischen Vorgesetzten und Untergebenen, wie sie sich in alten Zeiten entwickelt haben. Die Bedeutung des Familienoberhauptes, die Unterwürfigkeit der Frauen, die nationale Solidarität, die Achtung vor Gelehrsamkeit und die Bewunderung kriegerischer Tapferkeit – diese Züge des modernen Japans haben ihre Wurzeln in früheren Zeiten und wirken trotz veränderter Lebensweise weiter fort.

ZEN-GÄRTEN DER STILLE

Buddhistische Priester der Zen-Sekte liebten beim Meditieren, in Gärten zu blicken, die mit unendlicher Sorgfalt so angelegt waren, daß sie die Welt der Natur im kleinen widerspiegelten. Der Saihoji-Garten in Kioto, der nicht mehr zu sein scheint als ein schattiger Hain, ist in Wirklichkeit aufs sorgfältigste in diesem Sinne gestaltet, und zwar nicht so sehr aus ästhetischen Gründen, sondern vor allem, um nachdenkliche Beschaulichkeit hervorzurufen. Der Teich hat die Form des japanischen Schriftzeichens für »Herz« oder »Seele«, und das Sonnenlicht fällt durch Ahornbäume von vornehmer Schönheit. Mehr als 50 verschiedene Moosarten bilden einen grünen Teppich. Als der Zen-Buddhismus sich in Japan verbreitete, wurden solche Gärten von wohlhabenden Anhängern enthusiastisch nachgeahmt.

LEBENDIGE THEATERTRADITION

Noch immer spielt man in Japan das traditionelle Theater. No-Spiele werden mit wenig Requisiten von ausschließlich männlichen Schauspielern in Masken und großartigen Kostümen aufgeführt. Tanz und Musik drücken die Gemütsbewegungen aus. Kabuki-Dramen werden auf großen Bühnen mit beweglichen Kulissen und besonderen Theatereffekten gebracht.

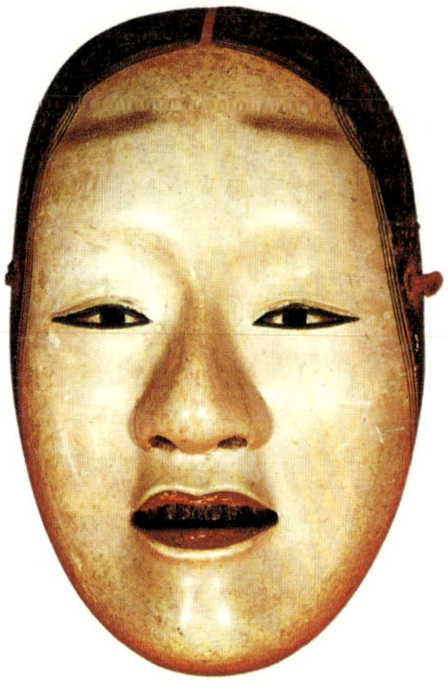

NO-MASKE *Während die Kaufleute die Grellheit der Kabuki-Dramen schätzten, zogen die Aristokraten die klassische Einfachheit der No-Spiele vor, die sich auch in dieser Maske einer jungen Frau zeigt. Kopfbewegungen riefen auf der Maske Schattenspiele hervor, durch die der Schauspieler alle Gemütsbewegungen ausdrücken konnte.*

The Museum of Fine Arts, Boston

SCHAUSPIELER IN EINER FRAUENROLLE *Dieser Farbholzschnitt (um 1800) zeigt Nakayama Tozaburo in einer berühmten Frauenrolle. Schauspielerinnen durften seit 1629 auf Kabuki-Bühnen nicht mehr auftreten, weil viele von ihnen sich einen Nebenverdienst als Prostituierte verschafften. Die Zuschauer der Kabuki-Bühnen waren vor allem Kaufleute, die von der offiziellen Reglementierung ihres Alltagslebens Entspannung in den extravaganten Melodramen suchten, in denen sich Bürgerliche dem Adel oft überlegen erwiesen.*

EINE WUCHTIGE PYRAMIDE ZU EHREN DER MAYAGÖTTER

Die in Mittelamerika erbauten Pyramiden waren nicht wie die 3000 Jahre älteren ägyptischen Pyramiden Grabstätten der Könige. Vielmehr stellten sie nur den Sockel für Tempel und andere Sakralbauten dar. Ursprünglich wurden die Pyramiden über einem Erdhügel errichtet und später immer wieder überbaut. Zum Schutz gegen die Witterung umgab man sie mit einer Tonmörtelschicht und einer mit Kalk geweißten Steinummantelung. Die Wahrsagerpyramide in Uxmal (oben) überbauten die Maya fünfmal, zuletzt im 8. Jahrhundert. Ihre Grundfläche ist nicht, wie sonst üblich, rechteckig, sondern oval angelegt. Der Tempel auf der oberen Plattform konnte nur über steile Treppen erreicht werden, und nur Priester und Eingeweihte durften ihn betreten.

Maya und Azteken

300–1521

Zu Ehren der Götter errichteten die Völker des alten Mexikos monumentale Bauten, schufen eindrucksvolle Kunstwerke und brachten Menschenopfer dar

MEXIKO UM 1520

Im heutigen Mexiko, Guatemala, Honduras und El Salvador blühten einst indianische Kulturen, von denen sich die der Maya und Azteken besonders hervorhoben.

Der Augenblick, in dem die Schiffe des Christoph Kolumbus 1492 vor den Bahamas Anker warfen, stellt einen Wendepunkt in der Geschichte Nord- und Südamerikas dar. Zwar unternahm Kolumbus vier Entdeckungsreisen, doch das Festland von Mexiko erreichte er nicht; so stießen erst seine Nachfolger auf die Kulturen Mittelamerikas. 1517 entdeckte Hernandez de Cordova die Halbinsel Yucatan, und im darauffolgenden Jahr erforschte Juan de Grijalva die Ostküste Mexikos, von wo er Hunderte goldener Schmuckstücke und Berichte über reiche und zivilisierte Völker mitbrachte.

Sein Erfolg ermutigte andere Abenteurer. Der Statthalter von Kuba finanzierte eine Expedition zum mexikanischen Festland und wählte Hernando Cortez zu ihrem Leiter, einen harten und ehrgeizigen Kolonisten, der als junger Mann nach Westindien gekommen war, um der Armut seiner spanischen Heimatstadt zu entfliehen. Im Jahre 1519 landete Cortez mit 600 spanischen Abenteurern in San Juan de Ulua an der Golfküste Mexikos. Dort hörte er zum erstenmal von dem mächtigen Aztekenherrscher Moctezuma. Die Spanier, die den Namen des Fürsten falsch verstanden, nannten ihn Montezuma. Von seiner Inselhauptstadt Tenochtitlan aus, die, mehrere Tagesmärsche von der Küste entfernt, hoch oben in den Bergen lag, regierte Moctezuma ganz Mexiko. Indianische Spione meldeten ihm die Ankunft der Fremden, und da er glaubte, dies sei die verheißene Wiederkehr des Gottes Quetzalcoatl, überhäufte er die Spanier mit wertvollen Geschenken.

Das war ein folgenschwerer Fehler, denn die Geschenke weckten die Gier der Spanier. Lebensmittel, Baumwollstoffe, goldene Schmuckstücke in Form von Hunden, Jaguaren, Enten, Affen und anderen Tieren, ein Schlangenkopf aus Gold mit eingelegten Augen aus Edelsteinen, ein goldener Helm mit Helmbusch aus grünen Federn, Gegenstände aus Bergkristall und Türkismosaiken, Schüsseln, Halsketten, ja sogar Bogen und Pfeile aus Gold lagen vor den Spaniern ausgebreitet. Das großartigste Geschenk waren zwei Scheiben, groß wie Wagenräder, die eine aus Gold, die andere aus Silber. Sie

KULTPLATZ VON TENOCHTITLAN

Auf einigen Inseln im Texcocosee errichteten die Azteken um 1370 ihre Hauptstadt Tenochtitlan. Drei Hauptdämme verbanden die Stadt mit dem Festland. Den Stadtmittelpunkt bildete der 300 x 350 m große Kultbezirk, der von einer Mauer umgeben war. Das größte Bauwerk in diesem Bezirk, die Hauptpyramide, hatte eine Grundfläche von 100 x 80 m und war 30 m hoch. Auf ihr standen die Tempel des Sonnen- und Kriegsgottes Huitzilopochtli und des Regengottes Tlaloc, denen beiden zu bestimmten Festen Menschenopfer dargebracht wurden. Vor der Pyramide erhob sich der runde Tempel des Schöpfergottes Quetzalcoatl, und auf dem Platz im Vordergrund spielten die Azteken das kultische Ballspiel. Rechts neben dem Ballspielplatz stand ein Gerüst, auf dem die Schädel der Geopferten abgelegt wurden. Außerhalb der Mauern lagen, von Gärten umgeben, Paläste und Wohnhäuser.

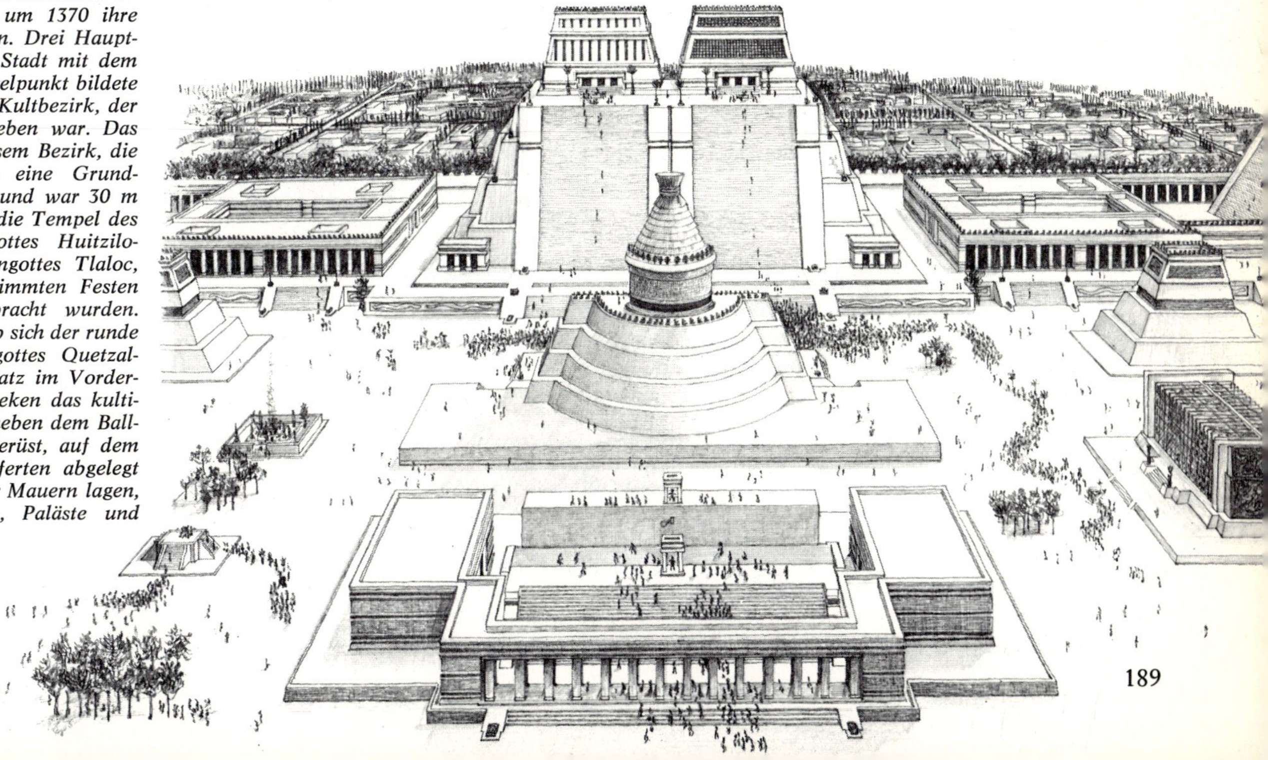

waren mit Figuren und Zeichnungen bedeckt und stellten Sonne und Mond dar.

Von San Juan de Ulua marschierte die spanische Streitmacht auf Einladung der Totonaken, die den Azteken tributpflichtig waren, an der Küste entlang nach Cempoala. Die Stadt hatte etwa 30 000 Einwohner, gepflasterte Straßen und Plätze, lebhafte Märkte und Paläste mit leuchtend weißen Stuckwänden. Hoch oben auf der Plattform einer Pyramide stand der Haupttempel, in dessen blutbespritztem Innern Cortez mehrere große Idole und alle Geräte vorfand, die man für das Menschenopfer brauchte: den Block, auf dem die Opfer ausgestreckt wurden, Steinmesser, mit denen man ihnen das Herz herausschnitt, und verschiedene Opfergaben für die Götter. Die Spanier hatten nicht nur eine neue Welt entdeckt, sondern auch unvorstellbar fremde Kulturen, wie sie kein Europäer je gesehen hatte.

Vulkane und Wälder

Das Gebiet dieser Hochkulturen wurde im Norden durch Wüste begrenzt, in der seßhaftes Leben nicht möglich war. Im Süden erstreckte es sich weit über die Grenzen des heutigen Mexikos bis nach Nicaragua. Südlich davon lebten primitivere indianische Stämme. Der Charakter der Landschaften in diesem Gebiet ist sehr vielfältig. Sie reichen von schneebedeckten Vulkangipfeln im Innern bis zu den tropischen Regenwäldern der Küstenebenen und den Trockentälern Zentralmexikos. In jeder dieser Landschaften hatten sich eigene Lebensformen entwickelt, denen jedoch ein gemeinsames kulturelles Erbe zugrunde lag, das alle diese Völker von alters her verband.

Ihre Vorfahren waren von Asien aus über Sibirien, die Beringstraße, Alaska und durch Nordamerika nach Mexiko gewandert. Von der übrigen Welt durch den Atlantischen und Pazifischen Ozean abgeschnitten, blieb Amerika von den technischen und intellektuellen Erkenntnissen der Alten Welt unberührt und bildete eine völlig eigene Kulturform aus.

Eisen und Stahl waren unbekannt, und nicht einmal Bronze für Werkzeuge und Waffen war allgemein gebräuchlich. Pfeil- und Speerspitzen bestanden aus Feuerstein oder Obsidian – einem schwarzen vulkanischen Glas –, und in schwere Holzkeulen setzte man rasiermesserscharfe Obsidianklingen ein.

Es gab nur Tauschhandel, der Gebrauch von Münzen war unbekannt. Die Architekten konnten zwar weder echte Gewölbe mit Keilstein noch Bögen bauen, doch die Maya hatten eine Art Zement erfunden. Das Prinzip des Rades war bekannt, doch wurde es nirgends angewendet außer bei Kinderspielzeug. Es gab keine Räderfahrzeuge, allerdings auch keine Tiere, die kräftig genug gewesen wären, einen Wagen zu ziehen. Es gab auch keine Töpferscheiben oder sonst irgendwelche mechanischen Vorrichtungen, die auf Rädern, Getrieben oder Drehbewegungen beruhen.

Die Bauern bestellten das Land mit einfachen Grabstöcken, denn auch der Pflug war unbekannt. Pferde, Rinder, Schafe, Schweine und Ziegen wurden erst von den Europäern eingeführt. Als Haustiere kannte man in Mexiko nur den Truthahn und den Hund, die man als Schlachttiere nutzte. Doch war das Gebiet reich an Nutzpflanzen. Mais, Kürbisse, Bohnen, Süßkartoffeln, Tomaten sowie Papayas und Avocados wuchsen im Überfluß; zum Würzen gab es Chillies. Auch Kakao baute man an. Garne für Textilien wurden aus Baumwolle und aus den Fasern verschiedener Agavenarten gesponnen. Aus dem Saft mancher Kakteen stellte man berauschende Getränke her. Tabak wurde geraucht oder zu Schnupftabak gemahlen, und aus der giftigen Peyotl gewann man Mescalin, ein Rauschmittel, das vor allem Halluzinationen hervorruft. Auch aus dem Teonanacatl, dem Fleisch der Götter, einem Blätterpilz, setzte man ein Rauschmittel frei.

Kunstvolle Altäre und Tempel

Die Spanier erkannten bald, daß ihnen in den Völkern Mexikos kulturell durchaus gleichwertige Menschen gegenüberstanden. Hier wie dort gab es mächtige Herrscher, einen tüchtigen Beamtenstab, eine Staatsreligion und eine Priesterschaft und ein gut organisiertes Rechtssystem. Freilich zeigten die Kulturen auch grundlegende Unterschiede, und vielen religiösen Bräuchen brachten die Spanier kaum Verständnis entgegen. Auch wußten die Eroberer nicht, daß die mexikanischen Kulturen ebenso alte Wurzeln hatten wie ihre eigene.

Wahrscheinlich entstand bereits gegen 1300 v. Chr. um La Venta in den Sümpfen und Regenwäldern der Golfküste eine Kultur, die zwischen 800 und 400 v. Chr. ihren Höhepunkt erreichte. Ihre Träger, die Olmeken, waren begabte Baumeister und Bildhauer. Im Mittelpunkt ihrer Religion stand der Jaguar als Symbol des Himmels, der Erde und der Unterwelt.

KÖPFE MIT STILISIERTEN JAGUARGESICHTERN

An der mexikanischen Golfküste fanden sich Spuren der ältesten mexikanischen Kultur. Als ihre Träger bezeichnet man die Olmeken, die wohl schon um 1300 bis 500 v. Chr. in La Venta Erdpyramiden und steinerne Grabkammern errichteten. Eine Besonderheit stellen kolossale Steinköpfe dar, die nicht etwa zu riesigen Statuen gehörten, sondern von vornherein körperlos geschaffen wurden. Aber die Olmeken stellten auch feine, nur wenige Zentimeter große Jadeschmuckstücke her sowie Prunk- oder Zeremonialbeile aus Jade oder Serpentin. Auf Altären, Stelen und Sarkophagen hinterließen olmekische Bildhauer großartige Reliefs. Stilistisches Kennzeichen aller Plastiken ist das stilisierte Jaguargesicht. Wahrscheinlich war der Jaguar ein Erd-, Himmels- und Unterweltssymbol. Die meisten mittelamerikanischen Kulturen waren von den Olmeken beeinflußt.

JAGUARGESICHTER *Diese Jadeschnitzereien zeigen das Charakteristikum der olmekischen Kunst. Dicke Lippen, heruntergezogene Mundwinkel, breite Nasen, schwere Lider und ornamentale Augenbrauen sollen das Menschengesicht den Zügen des Jaguars angleichen.*

RIESENHÄUPTER *Dieser kolossale Kopf aus La Venta ist 2,46 m hoch, hat einen Umfang von 6,35 m, wiegt etwa 40 t und wurde aus einem Basaltblock herausgemeißelt. Die nächsten Basaltvorkommen liegen etwa 130 km entfernt, so daß die Blöcke herangeflößt werden mußten.*

Im Hochland entwickelte sich seit etwa 300 v. Chr. die Kultur von Teotihuacan (40 km nordöstlich der heutigen Stadt Mexiko). Zur Zeit seiner klassischen Epoche, im 5. und 6. Jahrhundert n. Chr., hatte Teotihuacan 50 000 Einwohner. Die Stadt war völlig geometrisch mit einander rechtwinklig schneidenden Straßen angelegt. Die Innenwände mancher Häuser zierten Fresken und Malereien. Entlang der 2 km langen Totenstraße standen zahlreiche Sakralbauten, darunter die große Sonnen- und die kleinere Mondpyramide. Die Sonnenpyramide hat eine Grundfläche von 222 x 225 m und eine Höhe von 63 m. Etwas jünger als diese beiden Pyramiden, doch nicht weniger eindrucksvoll, ist die »Zitadelle« mit der Quetzalcoatl-Pyramide. Friese und Sockel sind mit Reliefs gefiederter Schlangen bedeckt. Quetzalcoatl, der gefiederte Schlangengott, hatte seinen Namen, weil er statt des Schuppenkleides der Schlange die Federn des Quetzal-Vogels trug. Im 8. Jahrhundert fielen die meisten Häuser Teotihuacans einem verheerenden Brand zum Opfer, und die Bewohner verließen die Stadt.

Städte der Maya

Die Kulturen zweier Regionen Mittelamerikas erheben sich über alle anderen: die Kultur der Maya, deren Blütezeit zwischen 300 und 900 n. Chr. lag, und die der Azteken, die zwischen 1370 und 1521 ihren Höhepunkt erlebte. Die Mayavölker lebten auf der Halbinsel Yucatan im Gebiet der mexikanischen Staaten Chiapas, Tabasco und Campeche sowie in Guatemala, Honduras und El Salvador. Der Süden dieses Territoriums ist bergig, aber der Rest der von den Maya besiedelten Zone ist waldiges Tiefland. Der Wald wechselt von dornigem Gebüsch in Yucatan bis zum subtropischen Regenwald der Zentralregion, wo die jährliche Niederschlagsmenge mehr als 3 m betragen kann.

Die Bauern lebten in verstreuten Siedlungen im Dschungel. Da man keine Düngung kannte, mußte man die Maisfelder alle paar Jahre verlegen, wenn der Boden erschöpft war. Die Städte der Maya waren in erster Linie Stätten religiöser Zusammenkünfte. Hier lebten nur die Herrscher, Adligen, Priester, Beamten und ihre Diener. Die Bauern wohnten in Strohhütten am Rand der Städte oder in den Wäldern und kamen nur in die Stadt, um die Märkte zu besuchen, amtliche Geschäfte zu erledigen oder religiösen Festen beizuwohnen. Den Mittelpunkt der Städte bildeten die Tempel und Schreine, die auf Pyramiden standen.

Die Religion spielte in alle Lebensbereiche der Maya hinein. Jeder Erfolg hing für die Maya vom guten Willen der Götter ab, den man sich durch Gebete und Opfergaben sichern mußte. Die üblichen Gaben bestanden aus Tieren oder Vögeln, Feldfrüchten, Blumen oder aus Räucherwerk, das man aus Baumharzen gewann. In gewissen Abständen verlangten die Götter jedoch nach Blutopfern. Menschenopfer waren bei den Maya zwar seltener als im Hochland von Mexiko, doch gibt es zahlreiche Darstellungen von Opferszenen. Man ertränkte die Opfer in heiligen Brunnen, tötete sie durch Pfeilschüsse oder riß ihnen die Herzen heraus.

MAYABÜCHER, DIE NOCH IMMER IHR GEHEIMNIS WAHREN

Etwa im 1. vorchristlichen Jahrhundert begannen die Maya eine Bilderschrift zu entwickeln. Obwohl ihnen die Druckkunst unbekannt war, stellten sie in späterer Zeit umfangreiche Handschriften, auch Codices genannt, her. Das Detail oben entstammt der schönsten der drei überkommenen Maya-Handschriften, dem Codex Dresdensis. *Wahrscheinlich stammt die Handschrift aus dem Jahre 1200 und ist die Abschrift einer noch älteren. Hier steht ein junger Maisgott vor dem Gott des Todes, der nackt auf einem Thron sitzt. Diese Gegenüberstellung symbolisiert den Kampf zwischen den schöpferischen und zerstörenden Kräften. Beide Götter sind als Krieger dargestellt und tragen Jadeperlen um Arme, Beine und Hals. Die Bilderhandschriften der Maya waren Faltbücher, die mehr als 3 m Länge haben konnten. Man stellte sie aus der geschlagenen inneren Rinde eines wilden Feigenbaumes her, die man mit einer dünnen Kalkschicht überzog, worauf man mit dünnem Pinsel die Bilder und Hieroglyphen malte. Dann faltete man das Band wie eine Harmonika. Da man die Mayaschrift bisher noch nicht vollständig entziffern konnte, bleiben uns auch die Inhalte der Codices zum größten Teil noch unverständlich.*

Bei bestimmten Riten wurden die Geopferten auch verzehrt. Vor wichtigen Festen fasteten die Gläubigen, enthielten sich des Geschlechtsverkehrs und kasteiten sich, indem sie sich selbst aus Armen, Beinen, Nase, Ohrläppchen und Zunge Blut abzapften.

Obgleich viele Mayatempel äußerlich von eindrucksvoller Größe sind, ist ihre Architektur sehr einfach, und die Innenräume sind klein und fensterlos. Doch waren die Gebäude außen und innen mit Reliefplatten, bunten Fresken und Stuckreliefs verziert. Besondere Leistungen vollbrachten die Künstler in der Malerei und Bildhauerei, die zur Verherrlichung der Götter und Herrscher dienten. Am besten erhalten sind die Wandgemälde von Bonampak. Bei der Darstellung von Menschen und Göttern sind ihre Rangabzeichen deutlich herausgearbeitet. Jedes Kleidungsstück und jeder Körperteil ist geschmückt. Viele tragen einen Kopfputz aus bunten Federn, die elegant von den hohen Stirnen der künstlich deformierten Schädel wallen, und Federbanner entfalten sich über den Häuptern wichtiger Persönlichkeiten. Gürtel, Manschetten, Hand- und Fußgelenke sind mit Ornamenten aus Jade, Halbedelsteinen und Muschelschalen bedeckt.

DAS SCHÖNHEITSIDEAL DER MAYA

Die Maya liebten grellfarbige Kleidung. Diese Plastik stellt einen sitzenden adligen Maya mit einem hohen blumenförmigen Hut dar und entstand etwa um 800 n. Chr. Es handelt sich um eine Hohlkeramik, die vermutlich über einen Wachskern modelliert wurde. Beim Brennen schmolz das Wachs aus, und die Plastik konnte bemalt werden. Der Künstler hat das Schönheitsideal der adligen Maya, die ausgeprägte Nase und die hohe, nach hinten abfallende Stirn, besonders betont. Damit sie diese typischen langen, schmalen Schädel bekamen, bandagierten die Maya die Köpfe ihrer Kinder, solange die Knochen noch weich und biegsam waren.

Das Geheimnis der Mayaschrift

Die Figuren und dekorativen Muster der Wandmalereien der Maya sind oft von Inschriften in Bilderschrift begleitet. Ein Teil der etwa 650 verschiedenen Hieroglyphen ist bisher entziffert worden, insbesondere die Zahlzeichen und die Namen der Tage, Monate und Götter, aber es ist noch immer unmöglich, längere Texte zu lesen. Es steht fest, daß die Zeichen weder Buchstaben noch Silben darstellen. Jedes Symbol steht gewöhnlich für ein Wort oder für eine Vorstellung, obgleich es auch Kombinationen einzelner Elemente gibt. So bedeutet das Zeichen für Erde zusammen mit dem Zeichen für Samen »Maisfeld«. Die Zeichen bestehen meist aus stilisierten Bildern, und viele von ihnen, besonders die für verschiedene Zeiteinheiten oder Zeitspannen, haben wechselnde Formen. Die voll ausgeführte Schreibweise für ein Zeitsymbol besteht aus dem Kopf der Gottheit, die über diesen Zeitabschnitt regiert; doch gibt es auch eine gekürzte Form, bei der ein Gegenstand aus der den Gott umgebenden Mythologie verwandt wird, so wie in der christlichen Symbolik ein Paar gekreuzter Schlüssel für den heiligen Petrus steht.

Zur Erinnerung an große Ereignisse errichteten die Maya Stelen mit Inschriften. In Tikal stellten sie zum Ende jedes *katun* (einer Zeitspanne von 20 Jahren zu je 360 Tagen) Stelen auf. Aus der Zeit zwischen 629 und 790 n. Chr. sind Stelen mit Daten erhalten, und so kennen wir die Symbole der Götter, die über diese Zeit regierten. Die meisten der entzifferten Mayatexte behandeln Religion, Ritual, Zukunftsschau, Sterndeutung oder astronomische Dinge.

Optische Instrumente und auch das künstlich hergestellte Glas waren in Amerika unbekannt, aber indem man durch ein Paar gekreuzter Stäbe visierte und sich die Art merkte, wie die Position von Sonne und Planeten sich im Verhältnis zu natürlichen Objekten am Horizont änderte, gelang es Mayapriestern dennoch, wichtige astronomische Entdeckungen zu machen. Obgleich sie nicht erkannten, daß die Erde eine Kugel ist und sich um die Sonne dreht, war ihre Berechnung der Länge eines Jahres genauer als das System der Schaltjahre in unserem Kalender. Sie studierten auch die Zyklen von Mond und Venus und stellten Tabellen zusammen, nach denen sie Finsternisse vorhersagten, sogar solche Finsternisse, die in Mexiko der Kugelgestalt der Erde wegen gar nicht beobachtet werden konnten.

Meister der Mathematik

Die Arithmetik der Maya und ihre Kalender sind Höhepunkte intellektueller Leistung. Zu einer Zeit, als die Römer noch ein schwerfälliges, kumulatives System anwandten, hatten unbekannte Genies in Mittelamerika ein Rechensystem erfunden, das alle Kennzeichen des heutigen arithmetischen Systems besaß. Es gab nur drei Symbole: Punkte für die Zahlen von eins bis vier, ein waagerechter Strich für die Fünf und eine stilisierte Muschel für die Null. Jede Zahl ließ sich als Kombination von Strichen und Punkten schreiben, während man mit Hilfe der Null einen Stellenwert ausdrücken konnte. Die Maya hatten nicht wie wir ein Zehner-, sondern ein Zwanzigersystem. Auf diesem System waren auch ihre Kalender – der heilige und der weltliche – aufgebaut.

Der heilige Kalender (Tzolkin) bestand aus 13 Tageszahlen und 20 Tagesnamen, was insgesamt 260 Tage (13 x 20) für das heilige Jahr ergab. Das weltliche Jahr (Tun) hatte 18 Monate zu 20 Tagen und zusätzlich eine ungünstige Periode von 5 Tagen, also 365 Tage. Da in jedem Kalender jeder Tag alle 260 beziehungsweise alle 365 Tage wiederkehrte, hatte jeder Tag eine doppelte Bezeichnung. Jedoch trat nur alle 52 Jahre die gleiche Kombination auf.

Die Daten wurden in der langen Zählweise ausgedrückt, also nach einem System, das die Tage zählt, die seit einem bestimmten Zeitpunkt in der Vergangenheit verflossen sind. Der moderne Kalender zählt vorwärts seit der Geburt Christi, der Mayakalender begann aus bisher noch ungeklärten Gründen an einem mythischen Tag im Jahre 3113 v. Chr. (nach anderen Berechnungen 3373 v. Chr.), und alle Daten wurden als Zahl der Tage angegeben, die seitdem vergangen waren. Statt der Wochen, Monate und Jahre des christlichen Kalenders verwendeten die Maya den *kin* (Tag), *uinal* (20 Tage), *tun* (18 uinal oder 360 Tage), *katun* (20 tun oder 7200 Tage) und *baktun* (20 katun oder 144 000 Tage). In der Theorie hatten die Astronomen noch weitere Zwanzigerpotenzen berechnet, die bis 62 Millionen Jahre zurückreichten. Das älteste geschichtliche Datum findet sich auf einer Mayastele aus Tikal und entspricht dem Jahr 292 unserer Zeitrechnung.

Niedergang der Maya

Nach beinahe sechs Jahrhunderten einer ununterbrochenen Entwicklung zerbrach die Mayakultur im gesamten zentralen Tiefland. Zwischen 800 und 900 n. Chr. hörte eine Stadt nach der anderen auf, Stelen zu errichten. Die Herrscher, Priester und Adligen verschwanden, Paläste und Tempel stürzten ein, der Dschungel drang in die Ruinen vor, und die Tempelstädte wurden fast menschenleer. Die Ursache dieses Niedergangs ist noch immer ein ungelöstes Rätsel.

Was auch der Grund gewesen sein mag, gegen Ende des 10. Jahrhunderts waren viele Plätze verlassen, und im zentralen Tiefland ging die Bevölkerungszahl sehr zurück. Auch heute ist das Gebiet noch immer dünn bevölkert. Nördlicher, in Yucatan, war die Veränderung nicht so tiefgreifend, obgleich auch hier spürbar. Von dieser Zeit an stand Yucatan im Mittelpunkt der Ereignisse, und ein neuer Abschnitt in der Geschichte der Maya begann.

Eine Legende aus dieser Zeit berichtet, daß 967 oder 987 n. Chr. fremde Eindringlinge von Westen in das Land der Maya kamen. Ihr Führer hieß Kukulkan – Gefiederte Schlange –, eine wörtliche Übertragung des toltekischen Namens Quetzalcoatl in einen Mayadialekt. Kukulkan soll ganz Yucatan erobert und sich als Hauptstadt Chichen Itza ausgewählt haben. Nach einheimischen Überlieferungen soll Chichen Itza im Jahre 534 gegründet worden sein, doch die älteste Mayainschrift trägt ein Datum aus dem Jahr 879.

Die toltekischen Eindringlinge brachten neue Kunstformen ins Land und bauten Chichen Itza prächtig aus, wobei sie in den Tempeln ihren eigenen Göttern – dem gefiederten Schlangengott, dem Sonnen- und Morgensterngott – die alten Erd-, Regen- und Vegetationsgötter der Maya zur Seite stellten. Der heilige Brunnen des Regengottes Chac war alljährlich das Ziel vieler Pilger. Auf seinem Grund fand man nicht nur unzählige Opfergaben aus Gold, Jade, Kupfer, Holz und Ton, sondern auch Skelettreste von Männern, Frauen und Kindern. Die Eroberer hatten also Kult und Religion der Maya unangetastet gelassen.

Die Neuankömmlinge mischten sich mit der älteren Bevölkerung und überlagerten die vorhandenen Lebensformen mit fremden Elementen. Es wurden neue Tempel errichtet mit Hallen, deren Balkendecken auf Säulen ruhten, während man gleichzeitig auch Räume im alten Mayastil mit falschen Gewölben baute. Dabei kragt jede Lage gemauerter Steine etwas weiter vor als die darunter liegende, bis die zuletzt oben noch vorhandene Öffnung mit einer einzigen Platte geschlossen werden kann. In Yucatan wurde auch weiterhin die Mayasprache gesprochen, und das landesübliche System der schriftlichen Datierung bestand weiter fort, wenn auch in abgekürzter Form.

Die Chroniken der Maya erwähnen noch eine zweite toltekische Einwanderung. Die Cocom, ein Fürstengeschlecht, das seine Herkunft von den aus Tula ausgewanderten Tolteken ableitete, eroberten Chichen Itza um 1200 und verlegten das politische Zentrum Yucatans nach Mayapan. Jetzt trat eine deutliche Veränderung ein. Eine Kriegerkaste regierte das Land, und Mayapan war mehr eine befestigte Wohnstadt denn eine Tempelstadt. Eine große Stadtmauer umgab die rund 3600 Wohnhäuser, die Tempel wurden nicht mehr mit glatten Steinplatten verkleidet, und statt der Kraggewölbe baute man die Decken nur noch aus Holzbalken. Die Unterworfenen haßten und verachteten die Cocom, weil sie die Mayasprache schlecht sprachen, blutdürstige Sitten und unnatürliche Laster hatten. Die spätere Geschichte der Maya erzählt von wechselnden politischen Bündnissen, kulturellem Niedergang und einem Rückgang in der Qualität des Handwerks. Um die Zeit,

BLUT FÜR DIE GÖTTER UND HANDEL MIT ENTFERNTEN VÖLKERN

Die Bildhauer und Töpfer der Maya haben uns durch ihre Werke ein lebhaftes Bild vom Leben ihres Volkes hinterlassen. Reliefs, Fresken und Wandmalereien in Tempeln und Palästen zeigen die Hohen und Mächtigen bei der Ausübung ihrer Pflichten. Da die bemalte Keramik dem alltäglichen Gebrauch diente, hatten die Töpfer größere Freiheiten bei der Wahl ihrer Motive. So schmückten sie ihre Gefäße oft mit Szenen aus dem Alltagsleben ihrer Zeit.

BLUTOPFER *Gläubige Maya mußten mitunter ihr eigenes Blut opfern. Das Relief zeigt eine Person – vielleicht eine Frau –, die vor einem Priester oder Gott kniet und eine dornenbesetzte Schnur durch ein Loch in ihrer Zunge zieht. Das heraustropfende Blut wird in einem vor ihr stehenden Korb aufgefangen. Das Relief ist über 1 m hoch. Es entstand etwa um 750 n. Chr. in Yaxchilan an der Grenze zwischen Mexiko und Guatemala. Beide Figuren haben die typische Kopfform der adligen Maya.*

HANDELSKARAWANEN *Ein Häuptling mit einem Speer in der Hand empfängt eine Abordnung von reisenden Kaufleuten. Diese Szene ist auf einem Topf der Maya aus dem 8. oder 9. Jahrhundert dargestellt. Die Kaufleute handelten mit Luxusgütern, Salz, Baumwollstoffen, Gummi, Türkis, Kakaobohnen und Steinen aus vulkanischer Lava, die zum Maismahlen benutzt wurden. Das Reisen war beschwerlich und vor allem gefährlich, weshalb Soldaten die Karawanen, die monatelang unterwegs sein konnten, begleiteten. Da es weder Wagen noch Lasttiere gab, mußten alle Waren von Trägern auf dem Rücken befördert werden.*

als die Europäer ins Land kamen, war Yucatan in mehrere einander befehdende Staaten zerfallen. Die spanische Eroberung wurde von 1528 an mit Nachdruck vorangetrieben. Um 1540 war der größte Teil des Mayagebietes in spanischer Hand, doch erst 1697 konnte Martin de Ursua den letzten Stützpunkt der Maya erobern.

FREUDE AM ORNAMENTALEN

Bunte Federn waren bei den Azteken besonders beliebt. Sie fertigten daraus Mosaiken, Kopfputze und Schmuckwaren. Der mit Federn besetzte Holzschild oben zeigt ein mythisches Tier, das einen Aztekenherrscher symbolisierte.

SCHÄDELMASKE *Sie besteht aus dem Vorderteil eines menschlichen Schädels und ist mit Türkisen, Lignit und Seemuscheln inkrustiert.*

DER GOTT ALS SCHLANGE *Diese doppelköpfige, mit Türkisen und Seemuscheln besetzte Schlange, ein aztekischer Brustschmuck, stellt wahrscheinlich den Gott Huitzilopochtli dar.*

Das Erscheinen der Azteken

Als die Spanier in Mittelamerika auftauchten, hatte die Mayakultur ihren Höhepunkt längst überschritten. Doch die Azteken im Hochland von Mexiko hatten zum Zeitpunkt der Eroberung ihre beherrschende Stellung erst relativ kurze Zeit inne.

Nach einer chaotischen Periode, die auf die Zerstörung von Teotihuacan (um 750 n. Chr.) folgte, hatten die Tolteken im Hochland von Mexiko einen neuen Staat geschaffen. Hauptstadt dieses Staates war Tula. Der fünfte Toltekenherrscher, Ce-acatl-Topiltzin, wurde im Jahre 977 in Tula als Priesterkönig Quetzalcoatl eingesetzt. Verführt durch den Dämon Tezcatlipoca, verfiel der Herrscher verschiedenen Lastern und kam seinen religiösen Pflichten nicht mehr nach. Aus Scham darüber soll er aus Tula ausgewandert sein. Anderen Berichten zufolge wurde er von der Bevölkerung Tulas vertrieben. Es ist durchaus wahrscheinlich, daß es sich bei Quetzalcoatl um einen religiösen Reformator handelte, dessen Ideen in Chichen Itza Niederschlag fanden.

Mit seinen Anhängern begab er sich an die Ostküste, und von dort, so berichtet eine aztekische Legende, segelte er auf einem Schlangenfloß davon, nachdem er versprochen hatte, zu einem späteren Zeitpunkt zu seinem Volk zurückzukehren. Zu ungefähr der gleichen Zeit erschienen die Tolteken im Mayagebiet, die von ihrem Häuptling Gefiederte Schlange geführt wurden.

Ce-acatl-Quetzalcoatls Versprechen, nach Tula zurückzukehren, wurde von Generation zu Generation weitergegeben. Der Glaube an diese Legende war so stark, daß der letzte Aztekenherrscher, Moctezuma II., zunächst glaubte, die Spanier seien der Gott Quetzalcoatl und sein Gefolge, der zurückgekehrt sei, um nach sechs Jahrhunderten sein rechtmäßiges Erbe wieder anzutreten.

Die Chichimeken zerstörten Tula im Jahre 1168, und der Zusammenbruch des Toltekenstaates führte zu einer weiteren Zeit der Unruhen in Zentralmexiko. Halbzivilisierte Stämme drangen von außen ein und gründeten kleine Staaten, die sich ständig bekriegten. Der letzte dieser Stämme wurde historisch als die Azteken bekannt, obgleich sie sich selbst Mexica oder Tenochca nannten. Wo sie eigentlich herkamen, ist noch immer unbekannt. In einer Legende berichteten die Azteken, daß ihr Ursprungsort Aztlan sei – daher ihr Name, der Leute aus Aztlan bedeutet –, eine Insel in einem Binnensee, der von Schilfdickicht umgeben ist. Im Jahre 1168 seien sie von Aztlan aufgebrochen und am Berg Colhuacan mit acht weiteren Stämmen zusammengetroffen. In einer Höhle des Berges habe Gott Huitzilopochtli ihnen Weisungen über den Fortgang der Wanderung gegeben. Die Azteken zogen in das Hochland von Mexiko und ließen sich am Westufer des Texcocosees nieder, mußten jedoch bald feststellen, daß frühere Ankömmlinge das beste Land schon unter sich aufgeteilt hatten. Eine Zeitlang gerieten die Azteken unter die Herrschaft des Fürsten von Colhuacan. Auf rasch zusammengebauten Binsenflößen flohen sie auf einige Inseln im Westteil des Texcocosees. Auf diesen Inseln gründeten sie die Stadt Tenochtitlan.

Wahrscheinlich fiel die Gründung in das Jahr 1370. Tenochtitlan bedeutet eigentlich Ort des Tenoch. Tenoch war in der ersten Zeit auf den Inseln das Oberhaupt der Azteken. Später deutete man den Namen um, denn er bedeutet auch Ort, wo der Nopalkaktus auf dem Stein wächst. Die ersten Könige der Azteken waren noch Vasallen der Tepaneken, die bereits seit etwa 1200 westlich des Texcocosees ansässig waren. Erst unter dem vierten König, Itzcoatl (Obsidianschlange), der von 1428 bis 1440 regierte (nach anderen Berichten von 1425 bis 1437), erlangten sie ihre Unabhängigkeit. Sein Nachfolger, Moctezuma I., schloß ein Bündnis mit den Nachbarstädten Texcoco und Tlacopan. Bis 1519 hatten sich eine Vielzahl von Stadtstaaten dieser Allianz unterworfen.

Während ihrer Wanderschaft hatten die Azteken eine recht einfache stammesbetonte Gesellschaftsform gehabt, aber schon im 16. Jahrhundert waren sie viel weniger demokratisch organisiert. Klassenunterschiede wurden aufs strengste beachtet, ja es konnte einen Menschen das Leben kosten, wenn er sich ständische Kennzeichen zulegte, die einem höheren Rang entsprachen, als ihm gebührte. An der Spitze der sozialen Pyramide stand der Herrscher, unter ihm die hohen Beamten, Ratgeber, Richter, Militärführer und Gouverneure der unterworfenen Provinzen. Diese Männer hatten privaten Landbesitz und durften als einzige Baumwollstoffe, Sandalen, gemusterte Gewänder und Schmuck aus Gold oder Edelsteinen tragen. Das einfache Volk mußte sich mit gewöhnlicher Kleidung aus Agavenfasern und mit einfachem Schmuck aus Holz, Halbedelsteinen und Muscheln begnügen.

Die Legende erzählt, daß die Azteken während der Wanderzeit in sieben (oder zehn) Clane mit eigenen Oberhäuptern gespalten waren. Als die Azteken seßhaft wurden, wandelten sich die Clane in 20 Lokalgruppen, sogenannte Calpolli. Jeder Calpolli verfügte über ein bestimmtes Territorium, das seine Mitglieder bebauen mußten. Die Angehörigen des Calpollis waren in Gruppen von 20 bis 100 Familien eingeteilt, und jeder stellte durchschnittlich etwa 300 Berufskrieger. Außerhalb der Calpolli standen die landlosen Bauern nichtaztekischer Herkunft und die Sklaven. Jeder männliche Azteke war in Zeiten der Gefahr zum Kriegsdienst verpflichtet. Aus den bewährten Kriegern ging der Verdienstadel hervor, doch an der Spitze des Heeres standen nur Angehörige des Geburtsadels.

Tribut für die Hauptstadt

Tenochtitlan war unterdessen zu der Hauptstadt eines Herrschaftsbereiches herangewachsen und lebte vom Tribut und den Steuern der unterworfenen Provinzen. Jedes Jahr füllten die Tribute die Magazine und Schatzkammern von Tenochtitlan, Texcoco und Tlacopan. Der *Codex Mendoza* enthält ein Verzeichnis der Abgaben, die unter Moctezuma II. erhoben wurden. An Nahrungs- und Genußmitteln mußten Mais, Bohnen, Kakao, Salz, roter Pfeffer, Agavensaft, Bienenhonig und Zigarren abgegeben werden, an Kleidern und Schmucksachen Rohbaumwolle, weiße und gemusterte Dekken und Schmuckfedern, und für den Kult hatten die Tributpflichtigen Feigenbast und Agavenpapier, Räucherharze, Spielbälle aus Kautschuk und Daunenfedern beizusteuern. Dies alles natürlich in großen Mengen. Dazu kamen noch Ketten aus Gold und Jadeperlen, Lippenpflöcke aus Bernstein und Bergkristall, Goldbarren und Goldstaub, Türkise und andere wertvolle Steine. Mit den Rohmaterialien kamen auch die Handwerker in die Stadt, von denen viele Ausländer waren, so daß Tenochtitlan zum wichtigsten Gewerbe- und Handelsplatz Mexikos wurde. Paläste und Tempel füllten sich mit geschnitzten Statuen und Friesen, und aus Vogelbälgen und -federn wurden prachtvolle Capes, Fächer, Banner und Kopfputze hergestellt. Andere Spezialisten verarbeiteten Edelsteine, die aus dem ganzen Lande herbeigeschafft wurden, und entwickelten die Kunst, Gegenstände mit einem Mosaik aus Türkisen, Lignit und bunten Muscheln zu überziehen. Die mexikanischen Juweliere waren berühmt für die Anhänger, Lippenpflöcke, Ohrgehänge, Halsbänder und den Nasenschmuck, den sie aus Gold und Goldlegierungen gossen. Sie konnten auch halb silberne, halb goldene Gegenstände herstellen, ja sogar solche mit beweglichen Teilen.

Stadt der Kanäle

Heute sieht man nur noch sehr wenig von der Aztekenhauptstadt. Das Bild des aztekischen Tenochtitlan muß nach Augenzeugenberichten spanischer Soldaten und nach dem Material rekonstruiert werden, das unter der heutigen Stadt Mexiko ausgegraben worden ist, denn Mexico City wurde an der Stelle der Aztekenhauptstadt nach der Eroberung erbaut.

Tenochtitlan bedeckte etwa eine Fläche von 3 qkm und zählte rund 75 000 Einwohner. Die Inselstadt war mit dem Seeufer durch mindestens drei Dämme verbunden, die im Stadtmittelpunkt, dem Kultbezirk, zusammenliefen. Hier stand die Hauptpyramide mit dem Doppeltempel des Sonnengottes Huitzilopochtli und des Regengottes Tlaloc. Aquädukte brachten Quellwasser vom Festland in die Stadt. Wie ein mexikanisches Venedig war Tenochtitlan eine Stadt der Kanäle, und alle ihre Teile ließen sich zu Wasser erreichen. Ein Netzwerk von Kanälen und Straßen teilte die Stadt in Blöcke auf, in deren Mitte der große, von Mauern umgebene Kultbezirk lag. Außerhalb der Mauer befanden sich die Paläste der Herrscher, und innerhalb erhoben sich die Haupttempel, die Wohnungen der Priester, das Gestell mit den ausgestellten Köpfen der Menschen, die den Göttern geopfert worden waren, und der Stein, an den mit Waffenattrappen ausgerüstete Kriegsgefangene angebunden wurden, um von Aztekenkriegern in einer Art einseitigem Gladiatorenkampf erschlagen zu werden.

Innerhalb der Umfriedung befand sich auch der heilige Ballspielplatz. Die Spieler trieben einen Vollgummiball über eine in der Mitte des Platzes gezogene Linie hin und her, wobei sie nur ihr Gesäß, ihre Hüften oder Knie benutzen durften. Im Mittelpunkt jeder Seitenmauer befand sich, hoch über dem Boden, ein vorkragender Steinring mit einem Loch, das gerade groß genug war, um den Ball hindurchzulassen. Wenn es einem Spieler gelang, den Ball, der immerhin 7 Pfund wog, durch einen Ring zu treiben, hatte sein Team sofort gewonnen. Das Ballspiel war kein bloßer Sport, sondern ein mit religiöser Symbolik umkleideter Kultakt, wobei der Spielplatz das Universum darstellte und die Bewegung des Balls den Lauf der Sonne, des Mondes oder der Planeten verkörperte.

Das Ballspiel war in ganz Mittelamerika ein von alters her geübter Brauch. Die Olmeken und alle späteren Völker spielten es, und es bildete einen Teil verschiedener religiöser Zeremonien. Die Azteken brauchten das Ballspiel auch zur Zukunftsschau. So soll Moctezuma gegen den Herrscher von Texcoco gespielt haben, um die Wahrheit über die Weissagung herauszufinden, daß Fremde nach Tenochtitlan kommen und dort herrschen würden. Die Legende berichtet, daß Moctezuma anfangs einige Spiele

EIN SCHATZ, DER DEN EROBERERN ENTGING

Im Januar 1932 entdeckten Archäologen in Monte Alban ein Grab, aus dem auch dieser knapp 12 cm große mixtekische Brustschmuck stammt. Im 14. und 15. Jahrhundert hatten die Mixteken die Zapoteken vom Monte Alban vertrieben und in einem noch von den Zapoteken erbauten Grab Mitglieder einer ihrer Fürstenfamilien beigesetzt. Das Schmuckstück hat die Form eines gekrönten Mannes, der eine gräßliche Maske trägt, die wie ein fleischloser Unterkiefer aussieht. Wahrscheinlich handelt es sich um eine Darstellung des mixtekischen Totengottes. Die Zeichen auf der unteren Platte sind Datumsangaben.

gewann, letzten Endes aber verlor. Es dauerte dann nicht lange, und Cortez landete und begann seine Eroberung Mexikos.

Menschenopfer im Tempel

Mehr als alles andere entsetzte die wenigen Europäer, die Tenochtitlan vor der Zerstörung besuchten, die Sitte des Menschenopfers. Das Menschenopfer hat in Mexiko eine lange Tradition. Es wurde von fast allen Stämmen Mittelamerikas geübt, aber die Azteken taten sich ganz besonders darin hervor. Es wird berichtet, daß 1487, als der Tempel für den Gott Huitzilopochtli eingeweiht wurde, 20 000 Gefangene ihr Leben lassen mußten. Einer von Cortez' Gefährten zählte 136 000 Schädel auf dem Gerüst, das 1519 neben eben diesem Tempel stand.

Einige der Opfer waren Sklaven oder Verbrecher, die meisten jedoch waren Kriegsgefangene. Während der kurzen friedlichen Zwischenepochen, wenn der Nachschub an Gefangenen zu versiegen drohte, arrangierten die Azteken und ihre Verbündeten eine Art Turnier mit den Kriegern benachbarter Staaten. Jede Seite versuchte dabei Gefangene zu machen. Waren genug Gefangene für ein Opfer zusammengekommen, dann brachen die Kämpfenden den Krieg ab und kehrten heim.

Den Spaniern erschien diese Schlächterei brutal und gotteslästerlich, für die Azteken war das Blutvergießen jedoch eine heilige Handlung und der wichtigste Teil ihrer Religion. Die Götter beobachteten alles und waren allmächtig. Sie hatten das Universum geschaffen, und sie entschieden das menschliche Geschick, sie sandten oder verweigerten Regen und Sonnenschein, sie wachten über jede Stunde des Tages oder der Nacht, und sie beeinflußten auch die geringste Kleinigkeit des täglichen Lebens. Wie alle mittelamerikanischen Völker verehrten die Azteken eine große Zahl von Göttern und Göttinnen. In dieses Pantheon nahmen sie auch Götter der unterworfenen Stämme auf. Der Staatsgott der Azteken, Huitzilopochtli, wurde mit der Sonne identifiziert. Jede Nacht kämpfte er mit den Mächten der Finsternis, damit die Sonne am nächsten Morgen wiedergeboren werden konnte. Sollte Huitzilopochtli je schwach und krank werden, so würde die Finsternis triumphieren, die Sonne nicht wieder aufgehen und das Universum selbst ein Ende finden. Es war also lebensnotwendig, Huitzilopochtli bei Kräften zu erhalten, und die Pflicht der Menschen, ihm zu diesem Zweck die nötige Nahrung zu liefern. Die kostbarste Nahrung, die die Menschen dem Gott bieten konnten, war das Leben selbst, Menschenherzen und Menschenblut. In diesem Glauben lag die Rechtfertigung für das Menschenopfer.

Die Azteken glaubten, daß die Welt eines Tages untergehen werde, denn so war es ihnen in ihren Schöpfungsmythen prophezeit. Wie alle Mexikaner glaubten sie auch an ein höchstes Wesen, das allen irdischen Dingen fernstand. Bei den Azteken hieß dieser Gott Tonacatecutli. Mit seiner Frau Tonacihuatl hatte er vier Söhne: Huitzilopochtli (Kolibri des Südens), der Kriegsgott, Xipe Totec (unser Herr der Geschundenen), der Gott des Frühlings und der Ernte, Quetzalcoatl (Gefiederte Schlange) und sein Feind Tezcatlipoca (Rauchender Spiegel), der Krieger aus dem Norden, Gott des Nachthimmels, der alles Leben auf Erden gab und nahm.

Nach den Aztekenlegenden wurde das Universum viermal geschaffen und jedesmal mit allen Bewohnern wieder vernichtet. Die Azteken glaubten, daß sie in der fünften Ära lebten, dem Zeitalter Tonatiuhs, des Sonnengottes, und daß ihr derzeitiges Leben nur durch das Selbstopfer der Götter möglich geworden war. Um die Sonne nochmals zu schaffen und ihr die Kraft zu ihrer Himmelsreise zu geben, hatten die Götter sich in einer Massenzeremonie selbst zum Opfer gebracht. Die Aufgabe, Menschen zu erschaffen, war Quetzalcoatl übertragen worden, der dazu in die Unterwelt reiste, dort die Knochen vergangener Geschlechter sammelte und sie durch Besprengen mit seinem eigenen Blut zum Leben erweckte. Das Menschenopfer wiederholte symbolisch das ursprüngliche Selbstopfer der Götter. Die Mythen sagten auch voraus, daß die fünfte Ära gewaltsam enden werde. Die Frage war nur, wann?

Weltlicher und heiliger Kalender

Die Azteken benutzten im Prinzip die gleichen Kalender wie die Maya. Auch bei ihnen bestimmte der weltliche Kalender zu 365 Tagen die Jahreszeiten. Der heilige Kalender basierte auf einem 260tägigen Zyklus. Jeder Tag des Jahres wurde so nach zwei voneinander unabhängigen Zyklen bestimmt, und da das Sonnenjahr und das rituelle Jahr verschieden lang waren, konnte dieselbe Kombination sich nur alle 52 Jahre wiederholen. Diesen 52jährigen Perioden wurde große Bedeutung beigemessen, denn am Ende einer solchen Periode sollte das ganze Universum durch Erdbeben zerstört werden.

Der letzte Tag einer 52jährigen Periode war daher immer eine kritische, von Angst begleitete Zeit, denn niemand konnte wissen, ob die Sonne sich wieder erheben würde. Am Abend stiegen die Priester auf einen Berg bei Tenochtitlan, um die Sterne zu beobachten. Wenn die Konstellation der Plejaden langsam zum Zenit emporgestiegen war, wußten sie, daß die Welt weitere 52 Jahre überdauern würde. Ein Gefangener wurde schnell über den Altar gestreckt, seine Brust wurde geöffnet, und ein Priester entzündete ein Feuer in der Körperhöhle des Opfers. Boten entzündeten ihre Fackeln an diesem Feuer und rannten davon, um das neue Feuer in jeden Tempel und in jedes Haus im Tal von Mexiko zu tragen. Das Leben würde weitergehen bis zur nächsten Krise in 52 Jahren.

Folterung für den Regengott

Die Aztekenmythologie ist voller Symbolik, und das Gefallen am Symbolischen zeigt sich in den Zeremonien und Festen, die jährlich abgehalten wurden. Beim Fest zu Ehren der Maisgöttin wurden junge Frauen während des Tanzens enthauptet, um das Ernten der Maiskolben symbolisch darzustellen. Bei einer Zeremonie für den Regengott Tlaloc wurden kleine Kinder gefoltert, bis ihre Tränen wie Regentropfen rollten, denn Regentropfen bedeuteten Leben für die Saaten. Es waren jedoch nicht alle Götter Krieger oder Blutvergießer. Es gab Götter des Festefeierns, der Spiele, sogar der Trunkenheit, und die Feste zu ihren Ehren waren eine Art Karneval mit Sport, Possen sowie Blumen- und Speiseopfern.

Die gleiche Symbolik spiegelt sich in der aztekischen Bildhauerei und Malerei. Die Künstler haben einige durchaus realistische Skulpturen geschaffen, die Menschen, Tiere, ja sogar Insekten und Pflanzen darstellen. Wenn es aber um die Abbildung von Göttern ging, mußte soviel Information und symbolisches Detail enthalten sein, wie nur irgend möglich. In den gemalten Büchern wird Tezcatlipoca als Krieger mit einem Schild und einem Bündel Wurfspeere abgebildet. Sein Gesicht ist schwarz gemalt, da er ein Nachtgott ist, und horizontale Streifen auf seinen Wangen zeigen, daß er einer der vier Schöpfer ist. Auf seinem Kopf oder anstelle eines Fußes befindet sich der Spiegel

GÖTTER, DIE NACH BLUT DÜRSTEN

Die alten Völker Mexikos glaubten, ihr Schicksal läge in den Händen von Göttern, von denen jeder nach Opfergaben verlangte, oft in Form von Menschenblut. Bei Zeremonien zu Ehren des aztekischen Regengottes Tlaloc stakten Priester ein Boot voller Menschenherzen in den See hinaus und ließen es versinken. Die meisten Kriege zwischen Azteken und anderen Völkern hatten nur den Sinn, Gefangene für das Menschenopfer zu machen, und die Opfer näherten sich freudig dem Block, denn sie glaubten, daß sie nach dem Tod in ein besonderes Paradies gelangten, wo sie mit den in der Schlacht Gefallenen zusammenträfen. Wer versucht hätte, diesem Schicksal auszuweichen, hätte dem Willen der Götter zuwidergehandelt, dagegen preisen viele Legenden diejenigen, die die Möglichkeit zu entfliehen nicht nutzten.

FURCHTEINFLÖSSENDER GOTT *Viele Götterdarstellungen der Azteken sollten dem Gläubigen Furcht und Ehrfurcht einflößen. Hier eine Steinfigur des Gottes Xolotl mit einem Skelett als Körper und einem Hundekopf.*

TEMPELSCHÜTZER *Vor der Ruine eines toltekischen Tempels in Chichen Itza befindet sich eine zurückgelehnte Figur, auf der wahrscheinlich Menschenopfer vorgenommen wurden.*

XIPE TOTEC *Zu Ehren des Gottes Xipe Totec zogen aztekische Priester den Geopferten die Haut ab. Die Steinfigur zeigt den Gott mit einer übergezogenen fremden Haut.*

TEMPELOPFER *Ein indianischer Künstler hat dieses Bild eines Menschenopfers hinterlassen. Das Opfer liegt auf dem Rücken auf einem Steinblock vor dem Tempel. Ein Priester hält den Mann fest, während ein anderer ihm durch Rippen und Brustbein schneidet, um das Herz herauszureißen, das den Göttern geopfert wurde oder mit dem man die Gesichter der Tempelidole abrieb. Die Operation dauerte jeweils nur einige Sekunden. Der spanische Konquistador Bernal Diaz schildert in seinem Bericht, daß man ihm in Tenochtitlan in einem Tempel Körbe voller Menschenfleisch zeigte, das für eine zeremonielle kannibalische Mahlzeit vorgesehen war. Die Tempelwände waren blutverkrustet, ebenso die Haare und Kleider der Priester. Diaz schrieb voller Abscheu, es habe in dem Tempel gestunken wie in einem spanischen Schlachthaus.*

OPFERMESSER *Die Klinge dieses Opfermessers besteht aus Chalzedon. Der Griff ist aus Holz und mit Türkisen, Lignit und Muschelplättchen inkrustiert. Die Figur ist wie ein Adlerkrieger, ein Mitglied des dem Sonnengott geweihten Ordens, gekleidet.*

aus Obsidian, in dem er alles sehen kann, was auf der Welt geschieht.

Eroberung durch die Spanier

Die Azteken sahen sich als ein auserwähltes Volk, das von den Göttern besonders begünstigt wurde. Für diese Wohltaten erwarteten die Götter ihren Lohn. Der Krieg hatte den Azteken Land und Reichtum beschert, aber er brachte ihnen auch die für das Menschenopfer bestimmten Gefangenen. Aus diesem Grunde war der Krieg ebensosehr eine religiöse wie eine militärische und politische Angelegenheit. Alle Männer wurden schon während ihrer Schulzeit im Gebrauch der Waffen unterwiesen. Gesänge und Gedichte priesen den Krieg und den Kampfesmut. Dem erfolgreichen Krieger gebührte Beförderung und hohes Amt. Und es war der Wunsch eines jeden Mannes, sein Teil Blut zu Ehren der Götter zu vergießen. Diese Einstellung unterschied sich sehr stark von den Kriegsvorstellungen der Europäer im 16. Jahrhundert, und die Geschichte der Eroberung Mexikos beweist, wie wenig beide Seiten miteinander gemein hatten.

Nachdem die Gier und die Heimtücke der Spanier den Azteken die nichtgöttliche Abkunft der Spanier nur allzu deutlich gemacht hatten, fochten sie so, als wäre dieser Krieg eine der üblichen Stammesfehden, bei dem das besiegte Volk seine politische Freiheit zwar verlor, aber seine Götter und seine Sitten behalten durfte. Die Spanier führten einen viel totaleren Krieg, in dem es keinen Raum für religiöse Toleranz gab. Daß die Azteken schließlich 1521 unterliegen mußten, ergab sich vor allem aus der Ungleichheit der Bewaffnung, denn die Spanier hatten Musketen und Kartaunen, wohingegen die Azteken nur mit Holzkeulen, Wurfspeeren und Pfeil und Bogen ausgerüstet waren. Und selbst wenn sie Cortez hätten schlagen können, wären ihm doch andere in größerer Stärke gefolgt. Die Konfrontation zwischen Europa und Amerika war unvermeidlich, und durch den spanischen Sieg wurde die indianische Kultur mit europäischen Bräuchen des 16. Jahrhunderts überlagert.

Auf den ersten Blick erscheint die Kultur des alten Mexikos als eine Sackgasse in der Geschichte der Menschheit. Sieht man aber näher hin, so zeigt sich, daß die indianische Kultur nicht erloschen ist. Die Hälfte der Bevölkerung des heutigen Guatemala ist indianischen Ursprungs und spricht Mayasprachen, während im mittleren und südlichen Mexiko das Nahuatl noch weit verbreitet ist. In den Volksüberlieferungen sind viele altindianische Sitten erhalten geblieben. Es gibt noch immer Leute, die die alten Kalender kennen, die alten sozialen Traditionen am Leben erhalten und Göttern Weihrauchopfer bringen, die nur schlecht als römisch-katholische Heilige getarnt sind. Nach mehr als vierhundert Jahren europäischen Einflusses hat sich der Abgrund zwischen den beiden Kulturen noch nicht geschlossen.

Das goldene Reich der Inka

1440–1532

Die Inka gründeten das einzige Großreich Altamerikas, das fast hundert Jahre blühte, ehe es die Spanier vernichteten

Kein anderes Reich der Geschichte hat einen dramatischeren Aufstieg und Fall erlebt als das Inkareich. In nur 90 Jahren, von 1440 bis 1530, entwickelte es sich aus einem kleinen Fürstentum um die Stadt Cuzco zu einem gewaltigen Imperium, das sich die Anden und die südamerikanische Westküste entlang von Südkolumbien über Peru bis nach Mittelchile erstreckte. Kaum hatte es diese Ausdehnung erreicht, wurde es von einer kleinen Schar rücksichtsloser europäischer Eindringlinge zerstört.

Das Inkareich war ein hervorragend durchorganisierter, von Beamten verwalteter Staat, an dessen Spitze der als Gott verehrte Herrscher, der *Sapa Inka,* stand. Die Inka konnten nicht nur sozial und wirtschaftlich planen, sie waren auch hervorragende Ingenieure. Sie bauten durch die Wüste an der Westküste und zwischen den schneegepeitschten Gipfeln der Anden ein Straßennetz, das die entferntesten Teile des Reiches mit der Hauptstadt verband. Hängebrücken überquerten tiefe Schluchten, breite Flüsse wurden auf Pontons aus zusammengebundenen Flößen überwunden. Auf Bergnasen erhoben sich starke Forts aus genau behauenen Steinen, und überall in den Anden, auch auf den steilsten Hängen, wurde das für den Ackerbau geeignete Land durch Anlage von Terrassen vermehrt. Es gab nur einen Herrscher. Die gleichen Götter wurden im gesamten Reiche verehrt – ein Reich, das die regenlose heiße Wüste im Norden Chiles, die tropenfeuchten Niederungen an der Küste Ecuadors, die Bergtäler und Becken Perus und das vegetationsarme Hochland Boliviens umschloß. Die Leistung der Inka bestand darin, daß sie die geographisch und auch geschichtlich so verschiedenen Gebiete zu einer politischen Einheit zusammenschweißten. Kulturell hatten allerdings frühere Völker Perus den Boden für die Inka vorbereitet.

Seit etwa 9000 v. Chr. lebten von Norden eingedrungene Jäger und Fischer in Peru. Die ersten landwirtschaftlichen Siedlungen entstanden um 2500 v. Chr. in den Flußtälern an der Nordküste. Angebaut wurden Bohnen, Kürbisse, Gurken und Baumwolle, seit etwa 1400 v. Chr. auch Mais. Einige Jahrhunderte später tauchte die erste Keramik auf. Im 1. Jahrtausend v. Chr. breitete

DAS INKAREICH UM 1530

Als die Spanier in Peru landeten, erstreckte sich das Inkareich über 5000 km von Südkolumbien bis Mittelchile.

HOCHGESCHÄTZTE TIERE

Die beiden aus Silberblech getriebenen Figuren der Inkazeit stammen von der Sonneninsel im Titicacasee. Sie stellen Tiere dar, die für die Volkswirtschaft wichtig waren. Das Alpaka (links) wurde wegen der seidigen, zur Tuchweberei verwendeten Wolle geschätzt. Das Lama (rechts, mit goldener Schabracke) diente hauptsächlich als Packtier, lieferte aber auch eine grobe Wolle. Da die Inka weder das Rad kannten noch Pferde besaßen, waren sie auf das Lama angewiesen, das aber nur Lasten von etwa 50 kg tragen kann und daher auch zum Reiten nicht taugt. Die Inkaregierung besaß große Herden dieser Nutztiere. Ihre Armee brauchte Lamakarawanen für den Troß und zur Versorgung der Festungen und Lagerhäuser an den großen Straßen, die über Flüsse und Abgründe hinweg die Verbindungslinien des Landes bildeten.

EINE VIER JAHRHUNDERTE VERSCHOLLENE STADT

Machu Picchu, die verschollene Stadt der Inka, liegt, etwa 110 km von Cuzco entfernt, auf einem Bergrücken hoch über dem Urubambatal inmitten der grandiosen Bergwelt der peruanischen Anden. Auf drei Seiten fällt der Rücken 300 m steil ab. Mehr als 100 Treppen verbinden die Tempel, Paläste und Häuser der Stadt, die aus mörtellos genau zusammengefügten weißen Granitblöcken erbaut war. Auf dem hohen Felsen links befand sich der Tempel der Sonne, die von den Inka als lebenspendende Kraft verehrt wurde. Es gab Wasserreservoire, und Terrassen, auf denen man Mais und Bohnen anbaute, bedeckten die Hänge. Die Spanier haben die einst von rund 10 000 Menschen bewohnte, unbefestigte Stadt nicht gefunden; sie wurde aber einige Zeit nach der spanischen Eroberung von den Inka verlassen und erst 1911 entdeckt. Sie trägt ihren Namen von einem benachbarten Gipfel. Wie sie wirklich hieß, weiß man nicht.

EIN ZUR SCHLACHT GERÜSTETER KRIEGER

Diese Statuette aus gebranntem Ton zeigt einen knienden Krieger, der mit seiner schweren Keule, dem kegelförmigen Helm, dem Schild und der Tunika mit heraldischem Muster an einen Ritter aus dem mittelalterlichen Europa erinnert. Ein Töpfer der Mochica formte diese Figur noch vor 600 n. Chr., als dieses Volk die nördlichen Küstenregionen Perus schon mehrere Jahrhunderte beherrscht hatte. Die Porträt- und Tierskulpturen der Mochica sind wahre Meisterwerke der Keramik. Die äußerst realistische Darstellungsweise wurde später von den Inka kopiert. Auch in den schlagkräftigen Armeen der Inka gehörten Keulen aus Bronze und Stein zur normalen Ausrüstung. Den stählernen Waffen der Spanier waren diese bronzezeitlichen allerdings weit unterlegen.

sich der Kult einer Jaguargottheit aus, dessen Zentrum die Ruinenstätte von Chavín de Huantar war, wo das erste Steinbauwerk Perus mit plastischen Ornamenten geschaffen wurde. Zwischen 300 v. Chr. und 800 n. Chr. wurde die Nordküste Perus vom Volk der Mochica beherrscht, das gewaltige Tempelpyramiden aus Lehmziegeln errichtete und für seine Bewässerungsanlagen Aquädukte und Kanäle bis zu 120 km Länge baute. Die Mochica stellten besonders schöne Keramik her. Auf den kugeligen Krügen erscheinen lebendig gemalte Szenen aus dem Alltag, während andere Gefäße in Form von Menschen oder Tieren realistisch und mit Sinn für Humor modelliert sind.

Die Töpfer- und Textilmuster der frühen peruanischen Völker gerieten zwischen 500 und 1000 n. Chr. unter einen religiösen Einfluß, der von Tiahuanaco auf der öden Hochebene in der Nähe des Titicacasees, fast 4000 m über dem Meer, ausging und sich weit über das Hochland und die Küste verbreitete. Die Künstler begannen einen geflügelten Gott mit weinenden Augen darzustellen, der einen Stab in jeder Hand hielt. Um ihn erscheinen Dämonen, zum Teil in Gestalt von Kondoren und Raubkatzen. Es handelt sich wahrscheinlich um den Schöpfergott Viracocha, den später auch die Inka verehrten. In Tiahuanaco stehen noch heute riesige Steinfiguren, Granitsäulen, terrassierte Höfe, mit Steinen eingefaßte Bezirke und das Sonnentor, auf dessen Fries der weinende Gott erscheint, dessen Tränen wohl den Regen symbolisieren sollten.

Zwischen 1000 und 1400 bildeten sich an der Küste und im Hochland mächtige Fürstentümer, und richtige Städte wurden gebaut. Chanchan, die Hauptstadt von Chimú an der Nordküste Perus, dehnte sich über eine Fläche von 18 qkm aus. Von all diesen Völkern haben die erobernden Inka viel gelernt.

Reichsgründung

Inka ist eigentlich der Name einer Dynastie, die zu Anfang nur über einen Kleinstaat im Hochland von Peru herrschte. Was diesen Staat in eine aggressive, reichsgründende Militärmacht verwandelte, wird sich wohl nie ganz klären lassen. Wahrscheinlich spielte die Persönlichkeit bestimmter Herrscher eine große Rolle. Die Eroberungen begannen unter Pachacutec Yupanqui (1438 bis 1471). Er hatte außerordentlichen Erfolg, nicht nur in der Kriegführung und Diplomatie, sondern auch im Regieren und Verwalten, und sein Sohn Tupac Yupanqui besaß das gleiche Organisationstalent. Zwischen 1438 und 1493, dem Todesjahr Tupacs, war der Aufbau des Inkareiches mehr oder weniger beendet.

Die gut ausgebildeten Inkasoldaten trugen bei ihren Eroberungszügen die gleichen Waffen wie die anderen Andenvölker. Auf weite Entfernung wirkte die Schleuder, und im Nahkampf brauchte man Speere, Bronzeäxte und Stachelkeulen aus Bronze oder Stein. Alle Knaben wurden schon früh körperlich abgehärtet und lernten den Umgang mit der Steinschleuder beim Schutz der Herden vor wilden Tieren und der Ernten vor gefräßigen Vögeln. Strenger war die Erziehung der Beamtensöhne: Knabengruppen mußten sich in einem jährlichen Wettstreit neun Tage lang in den Bergen ohne Waffen oder Sandalen durchschlagen.

Sobald ein Gegner unterworfen war, ließen die Inka eindrucksvolle Befestigungen anlegen und das Straßennetz ausbauen. Auf den ausgezeichneten Straßen kamen die Armeen rasch voran. Die Truppen wurden aus Vorratshäusern, die im Abstand von einem Tagesmarsch an den Straßen standen, mit Nahrungsmitteln, Kleidung und Waffen versorgt, denn die Inka kannten weder das Rad, noch besaßen sie Zugtiere.

Wo immer möglich, zogen die Inka Diplomatie dem Kampf vor. Fremden Häuptlingen und Fürsten bot man Beamtenposten an, die einheimischen Götter respektierte man und wies ihnen einen Platz unter den Inkagöttern zu. Nur der Sonnengott, der Hauptgott der Inka, mußte als höchster anerkannt werden. Die Inka sorgten auch für die Verbreitung ihrer eigenen Sprache, des Ketschua, als Landessprache.

Herrschaft eines lebendigen Gottes

Der Sapa Inka (erster Inka) war als Sohn der Sonne ein lebendiger Gott, dem sich die Sterblichen nur gesenkten Hauptes, barfuß und mit einer kleinen Last auf dem Rücken nähern durften, um so auch äußerlich ihre niedere Stellung zu betonen. Für die meisten war er eine entrückte Gestalt, die in großartiger Hoheit, mehr oder weniger isoliert, in der großen Hauptstadt Cuzco im Süden des heutigen Peru lebte. Cuzco bedeutet Nabel, was seiner Wichtigkeit für die Welt der Inka entsprach.

Um die Mitte des 15. Jahrhunderts war der Herrscher zu einer so erhabenen Person geworden, daß nur noch seine Schwester für ihn als Hauptfrau in Frage kam – eine bemerkenswerte Parallele zur gleichen Sitte im alten Ägypten. Außer seiner Hauptfrau, der *Coya,* nahm er sich noch eine Menge Nebenfrauen. Er aß von goldenen Tellern Speisen, die sorgfältig von schönen und geschickten Frauen bereitet wurden. Sie mußten auch die seidenweiche Vikunjawolle zu reichbestickten Gewändern verarbeiten, die verbrannt wurden, wenn der Inka sie abgelegt hatte.

Der Sapa Inka trug auch große goldene Ohrpflöcke und ein Diadem aus kunstvoll geflochtenen goldenen Bändern. Starb der Herrscher, so wurde sein Körper einbalsamiert und in herrliche Stoffe gewickelt. Die Mumie blieb im Palast, wo seine Gefolgsleute sich um sie kümmerten und sie zu Festen, wo ihre Anwesenheit wichtig war, mit sich führten. Die dem Herrscher nahestehenden Ehefrauen und Diener mußten ihm jedoch in den Tod folgen, um ihm im Jenseits dienen zu können: Nach großen Festlichkeiten, wo man sie in einen besinnungslosen Rausch versetzte, wurden sie erwürgt.

Ein Garten aus Gold

Tempel, Paläste und Festungen wurden aus Quadern oder polygonalen Blöcken gebaut, die mit Bronzewerkzeugen so exakt behauen waren, daß man sie ohne Mörtel versetzen konnte. An den Wänden der Tempel und Paläste hingen Gold- und Silberplatten, denn diese Edelmetalle waren dem Sonnengott heilig. Zum Sonnentempel gehörte der

ALTPERUANISCHE TÖPFE UND GEWEBE

Die Inka übernahmen viel von den älteren indianischen Kulturen, die schon lange vor ihnen im westlichen Südamerika bestanden hatten. Bereits 300 v. Chr. hüllte man in Paracas in Südperu Leichen in leuchtende, mehrfarbige Stoffe, ehe man sie im trockenen Sand bestattete. Ein anderes Indianervolk des Südens, die Nazca, stellten schöne Töpferwaren her. Auch die Mochica in Nordperu waren geschickte Keramiker. Ihre Nachfolger, die Chimú, wurden von den Inka unterworfen.

BEUTE DES JAGUARGOTTES *Den vielen Völkern Altperus heiligen Jaguar stellt dieses Gefäß der Mochica (um 500 n. Chr.) beim Angriff dar.*

FRAU MIT FRÜCHTEN *Die Nazca Südperus (300 v. Chr. bis 800 n. Chr.) gaben ihren leuchtend bemalten Gefäßen phantasievolle Formen, was diese Kanne beweist.*

SCHÜSSEL AUS EINER KÜRBISSCHALE *Einlegearbeiten aus Muscheln und Steinen waren typisch für die Mochica und Chimú, wie diese Kürbisschale aus Chimú mit Einlegearbeit in Perlmutt zeigt.*

TOTENTUCH *Im Wüstenklima der Halbinsel Paracas in Südperu erhielten sich 2000 Jahre lang die Gewebe von Mumienhüllen. Auf diesem Stück sieht man drei Dämonen, die einen Kopfputz tragen, der in Schlangenköpfen endet. Sie halten Zeremonienstäbe und Beile.*

Garten der Sonne, in dem alle Pflanzen, Vögel und andere Tiere in natürlicher Größe aus Gold oder Silber gefertigt waren. Gold wurde nur zu solchen, meist religiösen Zwecken gebraucht. Es diente nicht als Wertmesser oder Geld wie in vielen Kulturen der Alten Welt.

Selten ist das Leben eines Volkes von der Geburt bis zum Tode irgendwo so durchorganisiert gewesen wie bei den Inka. Ihr soziales Leben glich fast dem in einem Ameisenstaat. Tausende von Beamten sammelten die Abgaben ein und sprachen Recht. Ausgebildete Beamte waren für die Buchhaltung da, aber da die Schrift im Peru der Inkazeit unbekannt war, benutzten sie dazu ein System von Knotenschnüren, *Quipu* genannt, deren Färbung die Art der Güter, Tiere oder Menschen und deren Knoten die Mengen im Dezimalsystem angaben.

Aller Boden gehörte dem Staat. Das bearbeitete Land bestand aus drei Teilen: Der Ertrag des einen war für den Sapa Inka und die Verwaltung bestimmt, der Ertrag des zweiten für Tempel und Priester. Die Früchte des dritten Teils ernährten die Dorfgemeinschaft, die alle drei Teile bestellte. Bei Mißernten wurde die Bevölkerung aus staatlichen Vorratshäusern versorgt. Das Wirtschaftssystem der Inka beruhte auf der Landwirtschaft. Im Hochland, wo Lamas und Alpakas gezüchtet wurden, war Wolle die Haupttextilfaser, an der wärmeren Küste jedoch Baumwolle. Man baute vor allem Kartoffeln, Mais und in höheren Lagen Quinoa, eine Getreideart der Anden, und Okaknollen an.

Fast im gesamten Inkareich bestand eine festgefügte soziale Ordnung. Der Familie übergeordnet war der *Ayllu,* die Sippengemeinschaft, deren Mitglieder am gleichen Ort lebten, den Boden gemeinsam bestellten und sich als miteinander verwandt betrachteten. Die Ayllu wurden von den Inka zu größeren Gruppen zusammengefaßt und diese wiederum zu Provinzen. Die Einwohner jeder Provinz trugen ein bestimmtes Abzeichen am Kopfschmuck. Aus den Provinzen formten sich die vier Reichsteile, denen Vizekönige vorstanden; zusammen mit dem Herrscher bildeten sie den Rat des Landes. In dieser Ordnung erreichte die Staatsgewalt von Cuzco aus noch den kleinsten Ayllu. Das Wort des göttlichen Herrschers war Gesetz. Niemand stellte seine Befehle in Frage, aber der Rat, der ihm zur Seite stand, konnte seine Entscheidung beeinflussen.

Privilegien und Strafen

Durch die rasche Ausdehnung des Inkareiches vergrößerte sich die herrschende Klasse rasch. Der Inkaadel zusammen mit den Häuptlingen der Stämme, die sich freiwillig unterworfen hatten, stellten die höheren Beamten. Sie lebten auf Staatskosten, leisteten keine körperliche Arbeit und hielten sich Bedienstete und Nebenfrauen. Doch die hohe Stellung bedeutete auch Verantwortung, und das Gesetz der Inka schlug rasch und hart zu, wo jemand aus der herrschenden Klasse seine Pflicht vernachlässigte. Ein Adliger, der Ehebruch beging, wurde zum Tode verurteilt, weil er seine Klasse erniedrigt hatte, während man einen gemeinen Mann für das gleiche Verbrechen nur folterte. Andererseits wurden Nichtadlige für Verbrechen gegen den Staat oder gegen die Aristokratie oft mit dem Tode bestraft. Sie konnten mit der Keule erschlagen, an den Füßen aufgehängt, von einem Felsen gestürzt oder zu Tode gesteinigt werden.

Der Horizont der einfachen Leute blieb sehr eng, es sei denn, sie kamen weit umher, wenn sie als Soldaten dienten, beim Wegebau, beim Goldwaschen oder bei sonstigen öffentlichen Arbeiten eingesetzt wurden. Töpfer, Goldschmiede und Baumeister waren wie alle Handwerker von diesen Dienstleistungen befreit. Sie stellten ihre Fähigkeiten in den Dienst des Staates, der sie unterhielt. Die Kunst der Gold- und Silberschmiede hatte einen hohen Stand erreicht. Es wurden Ketten, Armbänder, Ohrringe und anderer Schmuck mit Hilfe von Formen gegossen oder zu papierdünnem Blech mit getriebenen Mustern gehämmert. Ein besonderer Kunstzweig war die Gold- und Silbereinlegearbeit in Holz und Muschelschalen.

Die meisten Frauen heirateten Männer aus dem Volk und teilten deren Leben, nur die schönsten Mädchen wurden im Alter von zehn Jahren ausgesucht und zur Ausbildung in die Provinzhauptstädte geschickt. Nachdem sie Kochen, Weben und ähnliches gelernt hatten, erfolgte eine erneute Auswahl. Einige kamen an den Hof, um den lebendigen Gott zu bedienen oder von ihm an seine Getreuen vergeben zu werden. Andere wurden unter die Sonnenjungfrauen eingereiht, die keusch bleiben mußten und im Dienst des Sonnentempels standen.

Das einfache Volk führte bei harter Arbeit und bescheidenem Auskommen ein sehr geordnetes Leben. Zum Bau der einräumigen Häuser benutzte man an der regenlosen Küste Lehmziegel, im Hochland führte man

SCHÄTZE, DIE DEM SCHMELZTIEGEL ENTGINGEN

Erzählungen über ein Goldland im Süden führten die spanischen Konquistadoren nach Peru. Gold war im Inkareich im Überfluß vorhanden. Die Inka nannten es Sonnenschweiß und stellten daraus verschiedene Gegenstände her, die oft mit religiösen Zeremonien zusammenhingen. Als Francisco Pizarros Truppen 1532 in Peru einfielen und das Land eroberten, schleppten sie alles weg, was sie an Schätzen finden konnten. Goldene Gefäße, Schmuck, Masken, Diademe kamen in die Schmelztiegel, und die Goldbarren wurden nach Spanien gesandt. Viele Gegenstände, die dennoch erhalten blieben, stammen von früheren peruanischen Völkern, von denen die Inka in der Kunst und in der Verwaltung vieles entlehnten.

GOLD UND DROGEN *Der Goldbehälter in Form eines Pumafelles enthielt Kokablätter.*

MEISTER DER GOLDSCHMIEDEKUNST *Vor der Eroberung durch die Inka war Chimú der mächtigste Staat an der Nordküste Perus. Seine Prachtentfaltung spiegelt sich in den Goldschmiedearbeiten. Diese goldene Totenmaske mit Nasen- und Ohrenschmuck trägt Spuren grüner und roter Bemalung. Die Augen bestehen aus Steinen. Die Kunsthandwerker von Chimú arbeiteten später für die Inka und schufen weiterhin kostbare Dinge.*

LEBEN UND GEBRÄUCHE *Die Statuette aus der Inkazeit (links) zeigt einen Mann mit einem Gefäß für Flüssigkeiten. Die hohle Goldhand (rechts) stammt aus einem Chimú-Grab und enthielt vielleicht Räucherwerk. Der Arm ist kunstvoll tätowiert, wie das in Chimú üblich war.*

Mauern aus Feldsteinen auf, die mit Lehm verputzt wurden. Außer einer Tür hatten die Bauten keine Öffnung. Der Rauch zog durch das Stroh der Giebeldächer ab. Die auf der Feuerstelle aus Lehm und Steinen zubereiteten Suppen und Eintopfgerichte bestanden meist aus Mais, Bohnen, Kartoffeln und Kürbis. Fleisch war rar.

In dieser den Rang so stark betonenden Gesellschaft mußte die Kleidung dem Stand entsprechen. Der Inkaadel trug goldene Ohrpflöcke sowie anderen Schmuck und feine Wollkleidung mit schönen Mustern in leuchtenden Farben. Die Kleidung des einfachen Mannes bestand gewöhnlich aus einem Lendenschurz und einem Mantel aus grobem Stoff, einem einfachen Poncho und einer Decke, einer Stirnbinde und Sandalen aus Lamahaut. Die Frau trug ein einteiliges knöchellanges Kleid, das von einer langen und breiten Schärpe zusammengehalten wurde.

Der goldene Tempel

Glaube und Ritus waren in das tägliche Leben der Inka hineinverwoben. Die höheren Schichten verehrten Viracocha, den schattenhaften Schöpfergott, der alles, einschließlich der Himmelskörper, geschaffen hatte. Viracocha stellte eine so große, das ganze Universum erfüllende Kraft dar, daß nur zwei Tempel ihm geweiht waren und auch nur der Hof und der hohe Adel ihn anbeten durften. Für die meisten Menschen war der Sonnengott Inti der höchste Gott. In den Tempeln wurde er als goldene Scheibe mit menschlichen Gesichtszügen dargestellt; seine Gemahlin war die Mondgöttin Quilla.

Der Sapa Inka spielte als Sohn der Sonne eine Hauptrolle bei vielen Festen. Zur Zeit der Aussaat mußte er mit einer goldenen Hacke die erste Scholle umbrechen, und zwar in Anwesenheit des Hofes und Volkes und der Mumien seiner Vorfahren. Danach begann ein festliches Essen mit Musik und Gesang.

Tempel gab es überall im Land, insbesondere in den Provinzhauptstädten, aber keiner kam dem großen Sonnentempel in Cuzco gleich, der *Coricancha,* dem Goldhof. Dieser aus vollkommen rechteckigen Steinblöcken erbaute Tempel enthielt eine riesige Scheibe aus reinem Gold. Er war der religiöse Mittelpunkt des Inkareiches und unterstand dem Villac Umu oder Hohenpriester der Sonne, dem zweitwichtigsten Mann im Staate, der ein naher Blutsverwandter des Herrschers war.

Menschenopfer wurden wohl nur in Krisenzeiten dargebracht, so bei Erkrankung des Herrschers, Seuchen oder Hungersnöten. Die dazu ausgelesenen, besonders gesunden und schönen Kinder, Knaben und Mädchen im Alter von zehn Jahren, erdrosselte man entweder oder schnitt ihnen die Kehle durch.

Dieses selbstsichere, ständig wachsende Reich mit 12 Millionen Einwohnern stand dicht vor einem schockartigen Ereignis, dem gegenüber es völlig wehrlos war. Gegen Ende Dezember 1531 segelte eine Streitmacht von zunächst nur 183 Spaniern von Panama aus nach Süden. Ihr Befehlshaber, Francisco Pizarro, ein ungebildeter Mensch, aber erfahrener Soldat, wußte genau, was er wollte, denn er hatte 1524/25 und 1526 Erkundungsreisen längs der Küste des Inkareiches unternommen und einiges von den Reichtümern der Inka zu Gesicht bekommen.

Was er beabsichtigte, war schwierig durchzuführen, denn das Inkareich verfügte über die hervorragendste Militärmacht des alten Amerika und besaß ausgezeichnete Straßen. Aber die Spanier erschienen nach einem Bürgerkrieg, der das Reich gespalten hatte. Der Sapa Inka Huayna Capac war 1527 gestorben, und seine Söhne Atahualpa und Huascar kämpften um den Thron. Atahualpa schlug mit Hilfe der besten Inkageneräle seinen Bruder Huascar und wurde Herrscher. Aber das Reich hatte sich von dieser inneren Erschütterung noch nicht erholt, als Pizarro im Jahre 1532 in Tumbez landete.

Noch andere Umstände begünstigten die Spanier. Da sie bei ihrer geringen Stärke nichts verlieren und alles zu gewinnen hatten, kämpften sie mit erbarmungsloser Härte. Die Inkaarmeen waren zwar auf ihrem technischen Niveau unschlagbar, aber gegen Stahl und Feuerwaffen konnten sie wenig ausrichten. Die spanischen Pferde flößten zusätzlich Schrecken ein – die ersten Indianer, die einen abgesessenen Spanier erblickten, flohen entsetzt, weil sie glaubten, ein fremdes Tier habe sich zweigeteilt.

Außerdem sollte nach alten Weissagungen der Gott Viracocha eines Tages in sein Reich zurückkehren. Manche Legenden bezeichneten ihn als hellhäutig. Als nun die weißen Fremden mit Waffen erschienen, die Blitz und Donner nach Götterart hervorbrachten, war die psychologische Wirkung ungeheuer. Pizarro ermordete Atahualpa und nahm Cuzco ein. Das Inkareich verschwand, und seine Einwohner wurden Untertanen eines neuen, jenseits der Meere lebenden Sapa Inka.

Land der Ananas und des Kokains

Was vom Inkareich sichtbar übriggeblieben ist, sind in erster Linie die Indianervölker in den Anden, aber auch die Überreste ihrer ruhmreichen Vergangenheit: die unzähligen Feldterrassen, welche überall die Berghänge bedecken, und die noch immer eindrucksvollen Festungen wie Sacsayhuamán, Machu Picchu und Ollantaytambo. Das Ketschua, die Staatssprache der Inka, wird noch heute von etwa 3 Millionen Indianern in Peru und den Nachbarländern gesprochen.

Es läßt sich einiges von der Sozialstruktur des Inkastaates lernen, der für die materiellen Bedürfnisse des Volkes aufkam, wofür das Volk bestimmte, klar definierte Pflichten zu übernehmen hatte. Aber das intellektuelle Vermächtnis ist noch nicht alles. Die Entdeckung Amerikas verdoppelte die Anzahl der bis dahin in Europa bekannten Nutzpflanzen, und der Beitrag der Andenregion dazu war bedeutend. Die Kartoffel, der Kürbis und die Ananas haben sich von Peru über die Welt verbreitet. Auch Arzneipflanzen, wie der Kokastrauch, aus dessen Blättern Kokain gewonnen wird, und der Chinarindenbaum stammen aus Peru. Der einfache indianische Bauer hat nicht weniger als der Inkaherrscher zu den Errungenschaften des Landes beigetragen.

GEFLÜGELTER GOTT DER CHIMÚ

Dieses goldene Messer oder Tumi *aus Chimú wurde bei religiösen Zeremonien verwendet. Es ist 45 cm lang und wiegt rund 1 kg. Der kunstvoll geschmiedete, mit Türkisen eingelegte Griff stellt einen reichgeschmückten Gott dar. Er trägt die auch für den Inkaadel typischen Ohrpflöcke, und Kolibris hängen an seinem Kopfputz, den ein Schlangenfries umrahmt. Wenn die Inka ein Volk besiegten, übernahmen sie dessen Gottheiten in ihre Religion, die viele kleinere Götter unter Viracocha, dem Schöpfergott, und Inti, dem Sonnengott, zuließ. Auch ihre Herrscher verehrten die Inka als lebende Götter.*

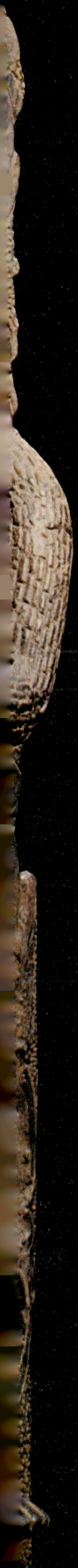

Staaten und Kulturen südlich der Sahara

Seit 1000 v. Chr.

Afrika war nicht nur Wiege der Menschheit, sondern auch die Heimat blühender Kulturen lange vor Ankunft der Europäer

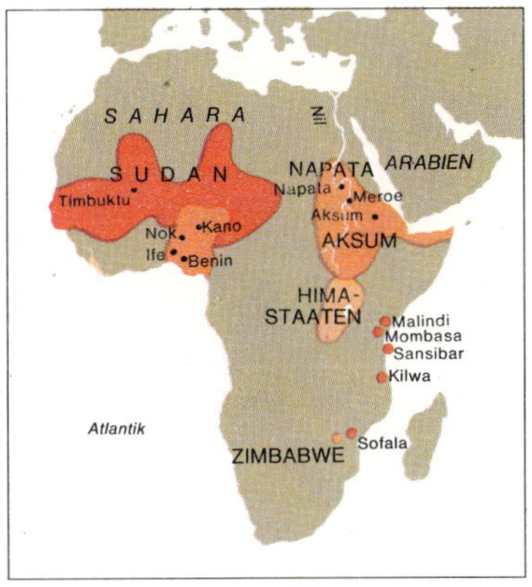

AFRIKANISCHE STAATEN
Von den Wäldern Westafrikas bis zum offenen Buschland Rhodesiens haben frühe Kulturen dem tropischen Afrika ihren Stempel aufgedrückt.

Die Geschichte des Menschen und seiner ältesten Vorfahren in Afrika umfaßt die letzten zwei Millionen Jahre. Und doch wußte man bis vor etwa 150 Jahren nur sehr wenig über die Frühgeschichte Afrikas. Als dann die ersten europäischen Entdecker den Schwarzen Kontinent bereisten und Spuren alter Kulturen entdeckten, glaubten sie oft nicht, daß die Stämme, die sie hier vorfanden, tatsächlich selbst diese Kulturen geschaffen hatten.

In der Oldowayschlucht in Nordtansania fand man steinerne Werkzeuge und Knochenfragmente aus vorgeschichtlichen Zeiten. Sie lassen vermuten, daß in Afrika die Wiege der Menschheit stand. Doch Afrika hat nicht nur Beweisstücke geliefert, die Zeugnis vom primitivsten Vorfahren des Menschen ablegen, es hat auch einige der frühesten Beispiele schöpferischer Fertigkeit bewahrt, die den Unterschied zwischen dem Menschen und seinen Vorläufern dokumentieren.

Vor etwa 8000 Jahren war die Sahara, heute die größte Wüste der Erde, noch ein fruchtbares Gebiet mit waldigen Hügeln und weiten offenen Flächen. Viele Jahrhunderte lang war sie von Steinzeitmenschen bewohnt, die Tausende von Felsmalereien an den Wänden ihrer Wohnstätten zurückließen. Wahrscheinlich waren es drei verschiedene Menschentypen, die damals die Sahara bevölkerten: europide Berber, dunkelhäutige Hamiten und die Vorfahren der heutigen Hottentotten, Buschmänner und Pygmäen. Als um 2000 v. Chr. die Sahara langsam auszutrocknen begann, mußten ihre Bewohner in fruchtbarere Gebiete auswandern. Dort vermischten sie sich meist mit bereits ansässigen Völkern. Ihre Nachkommen bauten Städte und begründeten Staaten, die hohe Kulturstufen erreichen sollten. Das früheste dieser Reiche konnte sich um 1000 v. Chr. selbständig machen. Spätere hatten gerade ihre kulturelle Blüte erreicht, als europäische Kauffahrteischiffe im 15. Jahrhundert vor Afrikas Küsten erschienen. Manche überlebten sogar die Vormachtstellung europäischer Staaten im Afrika des ausgehenden 19. Jahrhunderts und haben das moderne unabhängige Afrika beeinflussen können.

Über den Ursprung der Negerrasse ist bisher nur wenig bekannt. Das älteste Skelett

MAJESTÄTISCHE PRACHT
In ganz Afrika haben mächtige Herrscher Zeugnisse ihrer Macht hinterlassen. Die schwere bronzene Schmucktafel (links) aus dem 16. Jahrhundert, die eine Palastmauer in Benin (heutiges Nigeria) schmückte, zeigt den Oba, den König, mit zwei Höflingen. In Benin wurde der Metallguß vornehmlich am Königshof betrieben. Alle Erzeugnisse waren Eigentum des Oba und dienten vor allem zum Schmuck des Palastes.

Fast 4500 km von Benin entfernt bauten die Rozwi im 16. Jahrhundert die von Mauern umgebene Festung von Zimbabwe (rechts). Hinter der über 10 m hohen Außenmauer verbarg sich der Herrscher vor den Blikken des gemeinen Volkes. Der konische Turm, rechts, stellt noch immer ein Rätsel dar; man weiß nicht, welchem Zweck er diente, doch gilt er als großartige architektonische Leistung.

FELSENKIRCHE

Einige der ungewöhnlichsten christlichen Kirchen der Welt sind die 11 aus dem Felsen gemeißelten Kirchen von Lalibela. Sie entstanden im 13. Jahrhundert hoch in den Bergen Äthiopiens. Um die hier abgebildete St.-Georgs-Kirche zu bauen, mußte ein 12 m tiefer Graben aus dem Fels herausgeschlagen werden, in dessen Mitte ein gewaltiger Felsblock stehen blieb, der dann zur Kirche ausgehöhlt wurde. Wie auch bei den anderen Felsenkirchen ragt das kreuzförmige Dach nicht über das Bodenniveau hinaus.

mit negriden Merkmalen fand man 1927 am Südrand der Sahara, im Tal des ausgetrockneten Tilemsi, und es stammt wohl aus der Übergangszeit zwischen Mittel- und Jungsteinzeit. Vor etwa 6000 Jahren scheinen Neger als Fischer an den Ufern des Niger gelebt zu haben. Langsam nahm ihre Bevölkerungszahl zu, und sie verbreiteten sich über den ganzen Kontinent.

Schon in der Sahara hatten neben Jägern und Sammlern auch Bauern und Viehzüchter gelebt, die große Schaf-, Ziegen- und Rinderherden besaßen. Als um 1200 v. Chr. etwa vom heutigen Tripolis her ein Streitwagenvolk einfiel und sich bis zum Niger ausbreitete, wurde auch das Pferd in Afrika bekannt. Das Kamel als Karawanentier spielte erst seit dem 2. Jahrhundert n. Chr. eine bedeutende Rolle. Die Viehzucht verbreitete sich bald nach Süden und wurde für viele afrikanische Völker Mittelpunkt und Kennzeichen ihres Lebens.

Kein schwarzafrikanisches Volk hat eine Schrift entwickelt; so gab es schriftliche Aufzeichnungen von Ereignissen erst, nachdem die Afrikaner mit arabischen und europäischen Händlern und Missionaren in Berührung gekommen waren. Auch das Rad ist in keiner afrikanischen Gesellschaft erfunden worden, und da es an Bausteinen fehlte, blieben auch nur wenige Bauwerke erhalten. Einige echt afrikanische Kulturgüter sind jedoch vorhanden, darunter besonders eindrucksvolle Statuen und Masken aus Stein, Metall und Holz, die rituellen Zwecken dienten.

Was die Afrikaner jedoch auszeichnet, ist ihre Fähigkeit, sich den harten Umweltbedingungen anzupassen. Sie haben Gesellschaften gebildet, in denen ausgewogene und stabile Verhältnisse herrschten. In vielen afrikanischen Staaten regierten Herrscher, von denen man glaubte, daß sie göttlichen

LEBEN IN DER GRÜNEN SAHARA

Jahrtausendelang, bis etwa zum Jahr 2000 v. Chr., war der größte Teil der Sahara so fruchtbar, daß verschiedene Menschengruppen als Jäger und Sammler, als Bauern und als Viehzüchter mit ihren Herden hier leben konnten. An den Wänden ihrer Wohnstätten ließen sie lebendige Felsmalereien zurück. In den letzten hundert Jahren entdeckte man über 30 000 solcher Felsbilder, davon fast die Hälfte im Tassili, im zentralen Hochland der Sahara.

Die ältesten Zeichnungen stammen von Jägern. Sie malten die von ihnen gejagten und heute in der Sahara ausgestorbenen Tiere, wie Elefanten, Giraffen, Flußpferde, Gazellen und Strauße. Ihnen folgten die Viehzüchter, die Rinder, Ziegen und Schafe hielten. Die Künstler der Sahara haben die körperlichen Merkmale ihrer Tiere mit großer Genauigkeit wiedergegeben, und so wissen wir heute, daß damals verschiedene Rinderrassen in der Sahara gehalten wurden. Die jüngsten Zeichnungen zeigen Krieger auf Streitwagen, die von Pferden gezogen werden, und Reiter auf Pferden und Kamelen.

Photograph by Erich Lessing, Collection Henri Lhote, Musée de l'Homme

GROSSWILD *Die in zarter Linienführung dargestellten Elefanten sind Vorfahren der heutigen afrikanischen Elefanten. Vor etwa 3000 Jahren verließen sie die austrocknende Sahara.*

WEIDENDE HERDE *Der Künstler hat die Färbung der einzelnen Rinder festgehalten. Die ausgewachsenen Rinder weiden, während Kälber angepflockt sind und Frauen und Kinder in der Nähe ihrer Hütten arbeiten.*

Ursprungs seien. Trotzdem war der Herrscher strengen Regeln unterworfen, die das reibungslose Funktionieren des gesamten Gemeinschaftslebens sicherten. Jeder Mensch – Mann, Frau oder Kind – hatte seinen Platz in der Gesellschaft, und die Toten und die noch Ungeborenen wurden als genauso wichtig angesehen wie die Lebenden.

Goldene Städte am Nil

Der älteste selbständige Staat im tropischen Afrika entstand um 1000 v. Chr. südlich von Ägypten zwischen zwei Stromschnellen und erstreckte sich in der Zeit seiner größten Ausdehnung vom dritten bis zum sechsten Katarakt. Es war das Reich Napata, dessen gleichnamige Hauptstadt am vierten Nilkatarakt lag. Die alten Ägypter hatten das Land südlich des dritten Katarakts Kusch genannt und von dort mehr als ein Jahrtausend lang Gold und andere Güter bezogen und das Land auch zeitweilig beherrscht. So war die hamitische Bevölkerung schon früh ägyptischen Kultureinflüssen unterworfen.

Im 8. Jahrhundert v. Chr. waren die Herrscher von Napata mächtig genug, Ägypten zu erobern und als Pharaonen der 25. Dynastie zu beherrschen. Zwischen 671 und 666 v. Chr. drangen jedoch die Assyrer nach Ägypten ein und drängten die Herrscher von Napata bis weit in ihr angestammtes Heimatland zurück. Von den Assyrern hatten die Bewohner Napatas Gebrauch und Verarbeitung des Eisens gelernt. Es gab reiche Eisenerzlager bei Napata, doch als im 6. Jahrhundert das Holz zum Erzschmelzen rarer wurde und der Boden durch allzu intensive Weidewirtschaft nicht mehr ergiebig genug war, verlegte man die Hauptstadt nach Meroe, rund 450 Kilometer nilaufwärts, wo es ebenfalls reiche Eisenerzvorkommen gab. Da in diesem Gebiet bereits Neger lebten, bildete sich nun eine hamitisch-negride Mischbevölkerung.

Während seiner Blütezeit verfügte Napata über große Reichtümer, denn es besaß nicht nur Eisen und Gold, es hatte auch weitverzweigte Handelsbeziehungen, die bis nach Westafrika, Arabien und Indien reichten. Um 350 n. Chr. fiel der äthiopische König Ezana von Aksum ein und eroberte Meroe.

Das Reich des Sohnes der Königin von Saba

Das äthiopische Königreich mit der Hauptstadt Aksum stand seit etwa 300 n. Chr. in Blüte. Einer äthiopischen Nationallegende zufolge aber soll Menelik I., ein Sohn der Königin von Saba und des Königs Salomo, der erste Herrscher gewesen sein. Er müßte demnach nach 950 v. Chr. gelebt haben. Tatsächlich war die Küste des Roten Meeres zu jener Zeit bereits wichtiger Handels- und Kulturbereich. Doch wohl erst um die Zeitenwende entstand im nördlichen äthiopischen Bergmassiv die Stadt Aksum.

König Ezana von Aksum, der Eroberer von Meroe, ließ sich im 4. Jahrhundert von einem syrischen Christen namens Frumentius bekehren. Die Kultur, Religion und Schriftsprache der Aksumiten hat sich unter den meisten Völkern der hochgelegenen Teile Äthiopiens verbreitet und ist heute noch lebendig. So ist denn Äthiopien eines der ältesten christlichen Reiche der Welt. Sein Name leitet sich von dem griechischen Wort *aithiops* ab, das dunkelhäutig bedeutet, doch waren die meisten seiner Bewohner keine Neger, sondern Hamiten und Semiten. Sein Überleben verdankt Äthiopien in erster Linie seiner isolierten Lage. Während Ägypten und die Länder an der Küste des Roten Meeres dem Islam anheimfielen, blieb das christliche Äthiopien von der übrigen Welt abgeschnitten, bis um das Jahr 1500 die Portugiesen erschienen. Erst im 19. Jahrhundert wurde Äthiopien regelmäßig von Europäern aufgesucht, die dort eine einzigartige Mischung aus byzantinischem und afrikanischem Christentum vorfanden. Eine Besonderheit der äthiopischen Architektur stellen die aus dem 13. Jahrhundert stammenden Felsenkirchen von Lalibela dar.

Handelsstraßen durch die Sahara

Wann die ersten Händler von Nordafrika aus die Sahara durchquerten, ist unbekannt. Doch schon zur Zeit Hannibals, um 200 v. Chr., gelangten Elfenbein und Negersklaven aus Gebieten jenseits der Sahara nach Sizilien, Spanien und Griechenland. Die Wüste stellte zwar ein gewaltiges Hindernis für den Handel dar, doch nahm man die Schrecken der Wüstendurchquerung, die zwei bis drei Monate dauern konnte, des großen Gewinns wegen gern auf sich.

Neben den drei Hauptrouten – von Fez nach Timbuktu, von Tunis nach Kano und von Tripolis zum Tschadsee – gab es ein ganzes Netz von Handelsstraßen, die nicht nur in nord-südlicher Richtung verliefen, sondern auch Querverbindungen darstellten. Die wichtigsten Ausfuhrgüter des Sudan waren Gold, Elfenbein, Sklaven, Felle, Häute, Ebenholz, Pfeffer und Stoffe.

Eine Reihe mächtiger Staaten lagen in dem Herkunftsgebiet dieser Waren. Um 300 hatten hellhäutige Berber das Reich Gana gegründet, das um 790 von den negriden Soninke erobert wurde. König Sise dehnte den Machtbereich Ganas westlich fast bis zum Atlantik hin aus, östlich bis zum Oberniger und südlich bis zum Senegal und Baule. Mitte des 9. Jahrhunderts erreichte Gana den Höhepunkt seiner Macht. Doch um 1050 drangen moslemische Berber ein, eroberten 1076 die Hauptstadt und islamisierten die Bevölkerung. Gana zerfiel dann in zahlreiche Kleinstaaten.

Photograph by Erich Lessing, Collection Henri Lhote, Musée de l'Homme

ÄTHIOPISCHE FRESKEN

Aus dem Dunkel der äthiopischen Felsenkirchen von Lalibela leuchten bunte Fresken und andere Malereien. Eine dieser Fresken zeigt einen hellhäutigen Christus beim Einzug in Jerusalem. Dunkelhäutige Gläubige begrüßen ihn und gießen Trankopfer auf seinen Weg. Äthiopien wurde unter König Ezana in der Mitte des 4. Jahrhunderts christianisiert. Als Ägypten 640 zum Islam bekehrt wurde, begann für Äthiopien eine 600 Jahre lang dauernde Isolation von der übrigen christlichen Welt.

Im Mittelalter entstand im Abendland die Legende von dem sagenhaften Priesterkönig Johannes, der versucht haben soll, Jerusalem zu befreien. Nachdem man sein christliches Reich zunächst in Innerasien vermutet hatte, suchte man es später erst in Westafrika und dann in Äthiopien. Bis heute ist Äthiopien christlich geblieben.

ISLAMISCHE SPUREN IN AFRIKA

Djenne, heute ein unbedeutender Ort in Mali, an einem Nebenfluß des Niger, war im Mittelalter ein bedeutender Warenumschlagplatz. Seine Bewohner wurden von arabischen Kaufleuten zum Islam bekehrt. Die aus Lehm errichtete Moschee von Djenne stammt aus dem 14. Jahrhundert. Die besonders schlanken, hohen Minaretts betonen die Vertikale. Die Holzbalken dienen als ständiges Gerüst, damit die Moschee jederzeit neu geweißt und ausgebessert werden kann.

Während diese Staaten einander bekämpften, gründete der Mandingo Musa Keita (1200–18) das Reich Mali. Die Mali-Könige waren Moslems, und durch geschickte Eroberungszüge konnten sie sich einen gewaltigen Machtbereich schaffen. Sie unterhielten freundschaftliche Beziehungen zu den nordafrikanischen Staaten und holten moslemische Gelehrte ins Land. Timbuktu, im Westen des Reiches gelegen, entwickelte sich bald zu einer Hochburg islamischer Gelehrsamkeit. Der bedeutendste König Malis, Mansa Musa (1312–37), war sogar in Europa bekannt, doch nach seinem Tod begann der langsame Niedergang des Reiches.

Zu dieser Zeit blühte östlich von Mali ein neuer Staat auf, das Reich Songhai. Unter Mansa Musa hatte es unter der Herrschaft Malis gestanden, doch 1375 konnte das Reich seine Selbständigkeit zurückgewinnen. Sonni Ali (1464–92) eroberte Timbuktu, das dreißig Jahre lang in den Händen der Tuareg war, und machte Songhai zur Großmacht. Timbuktu, Gao (die Hauptstadt) und Djenne waren mächtige Kultur- und Handelszentren. Unter der Dynastie der Askia (1493–1591) reichte der Herrschaftsbereich Songhais im Osten bis an das Reich Kanem-Bornu, das bereits um 800 rund um den Tschadsee entstanden war.

Kanem-Bornu kontrollierte zeitweilig alle Gebiete zwischen Niger, Nil und Fessan. Seine Hauptstadt Kuka soll gegen Ende des 18. Jahrhunderts 60 000 Einwohner gehabt haben. Zwischen Songhai und Kanem-Bornu lagen die sieben Stadtstaaten der Haussa. Kano, Katsina und Saria waren bedeutende Handelsstädte und Handwerkszentren. Besonders die Lederwaren der Haussa waren berühmt und begehrt. Die Haussastaaten konnten ihre Selbständigkeit behaupten, bis um 1800 die Fulbe unter Osman dan Fodio einfielen. Macht und Einfluß der moslemischen Fulbe reichten schließlich vom Senegal bis Darfur und von Timbuktu bis Adamaua. Nach 1850 aber gerieten die Fulbe unter französische und britische Kolonialherrschaft.

Obgleich die auf dem Handel beruhende Blüte der großen Reiche und Städte des Sudan längst dahin ist, berichten ihre Überbleibsel doch noch immer von dem einstigen Glanz.

Handelsstaaten der Ostküste

Auch an der Ostküste Afrikas gab es ein blühendes Handelsnetz, das nicht nur den innerafrikanischen Handel einbezog, sondern auch nach Europa, Indien und China reichte. Schon im 3. Jahrtausend v. Chr. segelten die Ägypter nach Punt an der Somaliküste, wo sie mit Negern zusammentrafen, von denen sie Weihrauch und Edelhölzer eintauschten. Nach einem Aufstand in dem arabischen Sultanat von Oman wanderte 695 n. Chr. die besiegte Partei unter Fürst Hamaza aus und ließ sich an der Ostküste Afrikas nieder. Sie waren wohl nicht die ersten Araber, die sich in Sandsch – dem Land der Schwarzen – festsetzten. In den folgenden Jahrhunderten entstand zwischen Mogadischu und Sofala eine Kette von Stadtstaaten. Gleichzeitig mit den Arabern kamen Inder, später auch Perser, die alle Handel mit Elfenbein, Gold und anderen tropischen Waren trieben. Da die Araber vielfach Ehen mit den einheimischen negriden Frauen eingingen, bildete sich bald eine Mischbevölkerung, deren Sprache – das Suaheli – noch heute die verbreitetste Sprache Ostafrikas ist. Zu Beginn des 13. Jahrhunderts befanden sich die Handelsstaaten an der Schwelle zu einem goldenen Zeitalter. Einige, wie Mogadischu, Mombasa, Sansibar, Pemba und Kilwa, nahmen sogar zeitweise politisch eine beherrschende Stellung ein.

Ali ben Sultan al Hassan ben Ali, der Sohn eines persischen Sultans, sah sich 975 gezwungen, mit großem Gefolge aus seiner persischen Heimat auszuwandern. Gegen einige Stoffballen kaufte er die Insel Kilwa, die sich bald zu einem bedeutenden Handelsplatz und der schönsten Hafenstadt Ostafrikas entwickelte. Seit Beginn des 12. Jahrhunderts beherrschte Kilwa Sofala und dessen Goldhandel. Im 13. Jahrhundert ließ der Sultan von Kilwa Kupfergeld herstellen und war damit der erste Herrscher südlich der Sahara, der nicht mehr ausschließlich Tauschhandel betrieb.

Als der arabische Geschichtsschreiber Ibn Battuta 1332 Kilwa besuchte, beschrieb er es als eine der schönsten und bestverwalteten Städte, die er je gesehen habe. In Kilwa hatte sich das schwarze Afrika mit der Welt des Islams verbunden und eine eindrucksvolle Kultur hervorgebracht, die erst durch die Ankunft der Portugiesen um 1500 zerstört wurde.

Ein großer Teil des Goldes, das die Ostküstenstaaten reich machte, stammte aus der Gegend zwischen Sambesi und Limpopo, im heutigen Rhodesien. Hier lag das Reich des Monomotapa – des Herrn der Bergwerke. Noch heute trifft man im Hinterland von Sofala auf eine Vielzahl von Palastruinen. Die eindrucksvollsten stehen bei Zimbabwe.

Das Reich des Monomotapa

Die ersten steinernen Bauten von Zimbabwe wurden wahrscheinlich zu Anfang des 14. Jahrhunderts errichtet. Gegen Ende des 16. Jahrhunderts hatte das Reich des Monomotapa seinen Höhepunkt überschritten. Doch erlebte es unter einer neuen Dynastie von Königen, den Rozwi, die im 16. Jahrhundert herrschten, nochmals einen kulturellen Aufschwung. Während dieser Zeit wurden einige der größten Gebäude von Zimbabwe errichtet. Das Rozwi-Reich fand in den dreißiger Jahren des 19. Jahrhunderts ein dramatisches Ende. Ngoni-Stämme aus dem Süden, die vor dem Zulu-Herrscher Tschaka flüchteten, versetzten dem Reich den Todesstoß.

Der Herrscher von Monomotapa war von einem sehr strengen Zeremoniell umgeben. Seine Untertanen näherten sich ihm kniend oder kriechend. Das gewöhnliche Volk durfte ihn zwar hören, aber niemals sehen. Jede Handlung des Königs wurde von seinen Höflingen nachgeahmt. Hustete er oder stieß er auf, sie taten es ihm nach. Da man glaubte, daß der Bestand des Reiches von der Gesundheit und Männlichkeit des Königs abhinge, mußte er sich töten, sobald er krank wurde oder seine geistigen Kräfte nachließen. Das einfache Volk mußte teuer für den Pomp und die üppigen Verhältnisse

MUTIGE KAUFLEUTE DURCHQUEREN DIE SAHARA

Die wichtigste physikalische Veränderung, die sich in Afrika vollzog, ist die Austrocknung der Sahara. Dieser Prozeß begann vor etwa 4000 Jahren. Wahrscheinlich wurde er durch eine Änderung der Luftströmung, die trokkenere Luft aus Südeuropa heranführte, bewirkt. Die Bewohner mußten das Land verlassen, aber der Handel zwischen Nord und Süd bestand weiter. Über ein Netzwerk von Karawanenstraßen gelangten europäische und nordafrikanische Waren ins Herz Afrikas, noch bevor die Europäer selbst erschienen. Aus dem Norden kamen Tuche und Luxusgüter, ebenso Salz, das in der Wüste gefunden wird, aber im Tropengürtel selten und daher sehr begehrt war. Von Süden nach Norden wurden Gold, Sklaven, Elfenbein und Ebenholz transportiert. Außerdem auch Kolanüsse, die in islamischen Ländern, wo der Alkoholgenuß verboten ist, sehr geschätzt werden, da sie ein leichtes Rauschmittel enthalten. Am Niger entstanden bald reiche Handelsstädte wie Timbuktu, Gao und Djenne.

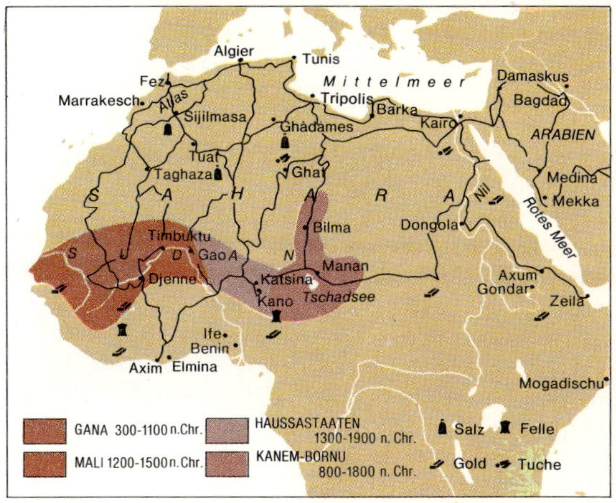

KARAWANENWEGE DURCH DIE SAHARA *Europäische Waren erreichten die nordafrikanische Küste zur See und wurden dann auf Eseln zu Umschlagplätzen wie Ghadames oder Sidjilmasa transportiert. Kamele brachten die Waren von hier aus nach Timbuktu oder Gao, wo sie Träger übernahmen, die sie in die sudanischen Königreiche brachten, während die Kamele mit Gold, Häuten und Kolanüssen beladen wieder nordwärts zogen.*

DURCH DIE WÜSTE *Diese Illustration aus dem 13. Jahrhundert zeigt einen jener furchtlosen arabischen Kaufleute, die im Mittelalter Kamelkarawanen von den Mittelmeerländern in die Königreiche Westafrikas und wieder zurück führten. Die Wüste war dabei einem wilden, unberechenbaren Ozean vergleichbar. Die Kamele stellten die Schiffe dar, die Marktstädte die anzulaufenden Häfen, die man nur erreichte, wenn man den Piraten, den dunkel verschleierten Tuaregkriegern, entgangen war.*

ELFENBEINMASKE EINES KÖNIGS VON BENIN

Diese anmutige Elfenbeinmaske stellt einen Oba, einen König von Benin, dar. Bei zeremoniellen Gelegenheiten trug der König die Maske als Brustschmuck an einer Kette. Sie ist mit einer Tiara aus kleinen geschnitzten Köpfen verziert, die Portugiesen darstellen. Diese kamen 1484 nach Benin, und bald folgten ihnen auf Einladung des Oba Missionare. Mit der Maske symbolisiert der Oba seine Absicht, sich die Magie der Fremden zu eigen zu machen, ohne selbst von ihnen beherrscht zu werden.

zahlen, die am Königshof von Monomotapa herrschten.

Königreiche an den großen Seen
Während der ganzen Geschichte Afrikas haben die fruchtbaren Landstriche um und zwischen den großen Seen Ostafrikas verschiedene afrikanische Stämme angezogen. Doch erst nachdem osthamitische und nilotische Hirtenvölker sich im ostafrikanischen Seengebiet festsetzten und sich mit den schon ansässigen ackerbautreibenden Negern vermischten, entstanden politisch organisierte Staaten (Hima-Staaten). Zu den frühesten Staatengründern in diesem Gebiet gehören die Twesi, die im 15. Jahrhundert ganz Uganda unter ihrer Herrschaft vereinigten. Sie wurden von den im 16. Jahrhundert einwandernden Luo gestürzt, die das Reich Buganda gründeten, das dank seines gut organisierten Staatswesens noch bestand, als europäische Entdecker im 19. Jahrhundert ins Land kamen.

Gegen das Ende des 18. Jahrhunderts entstanden erste Kontakte zwischen den Seenkönigreichen und den Händlern an der Ostküste. Mitte des 19. Jahrhunderts erreichten die europäischen Entdecker Speke, Grant und Stanley auf den Karawanenstraßen der Händler den Staat Buganda. Sie kamen von Süden durch das trockene, unwegsame Buschland und nicht auf dem direkten Weg über das Hochland von Kenia, das von kriegerischen Massai bewohnt war. Die Entdecker hatten monatelange Märsche durch unfruchtbares Land hinter sich, wobei sie noch von tropischen Krankheiten geplagt waren. Ihr gesamtes Gepäck mußte von afrikanischen Trägern auf dem Kopf beför-

DER KÖNIGLICHE LEOPARD

In vielen afrikanischen Kulturen symbolisieren Löwen und Leoparden die königliche Macht. Dieser Leopard aus Benin besteht aus mit Kupfer eingelegtem Elfenbein.

dert werden, weil die Tsetsefliege einen Transport mit Packtieren unmöglich machte.

Der Kabaka, der König von Buganda, regierte absolut, doch stand ihm bei allen wichtigen Entscheidungen ein Staatsrat zur Seite, der sich aus den Häuptlingen der verschiedenen Provinzen und ausgewählten Hofbeamten zusammensetzte. Man glaubte, daß der Kabaka göttlicher Herkunft sei, doch war die Königswürde nicht erblich. So gab es häufig schwere innere Unruhen beim Tod eines Königs. Die wichtigsten Herrschaftssymbole des Kabaka waren die königlichen Trommeln, die nur bei ganz besonderen Anlässen, etwa vor einem Kriegszug oder bei großen Festen, geschlagen werden durften, und das Staatsfeuer, das stets am Eingang des Palastes brannte.

Köpfe aus Ton und Bronze

In den vierziger Jahren stießen Minenarbeiter in einem Zinnbergwerk in der Nähe des Dorfes Nok in Zentralnigeria auf unzählige Terrakottafigürchen, die meist Menschenköpfe oder ganze Menschen darstellten. Diese Skulpturen sind wahrscheinlich in der Zeit zwischen 500 v. Chr. und 200 n. Chr. entstanden. Später dienten diese Terrakotten als Vorbild für die Tonplastiken und Bronzegüsse von Ife, das im heutigen Westnigeria liegt. Ife war die heilige Stadt der Yoruba und der Sitz ihres religiösen Oberhauptes, des Oni. Der weltliche Herrscher residierte in Oyo. Das Reich der Yoruba stand in der Zeit zwischen 1100 und 1700 in Blüte, und es ist das einzige Reich im tropischen Afrika, in dem es Städte mit mehr als 100 000 Einwohnern gab.

Die Skulpturen von Ife gehören zusammen mit den Metallgüssen und Elfenbeinschnitzereien aus Benin zu den großartigsten Kunstwerken Afrikas. Freilich glaubten ihre Entdecker nicht, daß die Skulpturen von afrikanischen Künstlern geschaffen worden seien.

Eng mit der Yorubatradition verbunden war das Königreich Benin, das im 12. Jahrhundert entstand. Sein Gründer soll ein Prinz aus Ife gewesen sein, und Ife blieb auch für Benin religiöses Zentrum. Noch heute wird der Kopf des verstorbenen Königs, des Oba, in Ife bestattet. 1484 besuchte der Portugiese Affonso d'Aveiro den Oba und brachte ihm Feuerwaffen und Kokosnüsse zum Geschenk. Wenig später erschienen christliche Missionare in Benin, und der Oba schickte einen Gesandten an den portugiesischen Königshof.

Aschanti und Dahome – zwei Militärmächte in Westafrika

Im 17. Jahrhundert entstanden westlich von Yoruba und Benin zwei bedeutende Reiche, die man als reine Militärmächte bezeichnen kann, Aschanti und Dahome. Osai Tutu (1695–1731) gilt als Gründer des Aschanti-Reiches. Er verlegte die Hauptstadt nach Kumasi, und sein Oberpriester Okomfo Anokye schuf das Staatsheiligtum der Aschanti, den »Goldenen Stuhl«, der noch heute zugleich Ahnenschrein und Symbol der Herrschergewalt ist. Im Laufe der Zeit unterwarfen die Aschanti ihre Nachbarn, bis sie etwa das gesamte Gebiet des heutigen Ghana beherrschten. Der König, der Asantehene, regierte zusammen mit seinem Kronrat, dem staatliche Würdenträger und die Oberhäupter der unterworfenen Stämme angehörten. Anders als in Dahome hatte der König keine absolute Macht; der Kronrat konnte den König sogar absetzen, was auch einige Male geschah. Bei ihren Kriegszügen marschierten die Aschanti in einer genau festgelegten Kampfordnung, weshalb sie ihren ungeordnet kämpfenden Gegnern überlegen waren. Erst als sie mit den Engländern zusammentrafen, mußten die Aschanti Niederlagen hinnehmen. Dennoch brauchten die Engländer fast ein Jahrhundert, bis sie die Aschanti 1896 endgültig unterworfen hatten und ihr Land zum Protektorat machten.

Im Gegensatz zum Asantehene regierte der Dada, der König von Dahome, völlig absolut. Auch Dahome kannte kaum Niederlagen, bis schließlich die Franzosen König Gbehanzin (1889–94) schlagen konnten und das Protektorat Dahome errichteten. Zu den bedeutendsten Königen Dahomes gehörte Gheso (1812–58), der verschiedene Kriege gegen Yoruba führte, die jedoch unentschieden ausgingen. Gheso stellte auch die berühmten Amazonenkorps auf, die ersten Frauenregimenter. Noch die Franzosen hatten später gegen tapfere Frauenregimenter zu kämpfen.

Wie Yoruba und Benin waren auch Aschanti und Dahome für ihre Bronzegüsse berühmt. Während jedoch Dahome in seinen künstlerischen Äußerungen stark unter dem Einfluß von Yoruba stand, fanden die Aschanti besonders mit ihren kleinen Goldgewichten eine völlig eigene Richtung. Schnitzwerke waren selten, doch stellen die Akuaba-Figuren mit ihren flachen, runden Köpfen und dem als einfaches Kreuz ausgebildeten Leib und die kunstvoll geschnitzten Schemel mit ihren geschwungenen Sitzflächen typische Besonderheiten der afrikanischen Kunst dar.

Verlorene und wiedergewonnene Unabhängigkeit

Drei Jahrhunderte des Sklavenhandels setzten einen Prozeß der Wandlung in Gang, der dazu führte, daß manche Afrikaner europäische Gewohnheiten und europäische Glaubensformen annahmen. Sogar Völker, die in weit entlegenen Teilen des Kontinents lebten, konnten sich diesen Einflüssen nicht entziehen. Nachdem der europäische Sklavenhandel zu Anfang des 19. Jahrhunderts sein Ende gefunden hatte, kamen andere Europäer mit neuen Motiven ins Land. Sie wollten Afrika dem Handel erschließen, afrikanische Stämme von arabischen Sklavenhändlern befreien und dem Schwarzen Erdteil das Christentum bringen.

Der erste Eindruck von den gewaltigen kommerziellen Möglichkeiten dieses Kontinents führte in den siebziger Jahren des 19. Jahrhunderts zu einer Balgerei um Afrika. Innerhalb von 30 Jahren beherrschten die Europäer den ganzen Kontinent mit Ausnahme von Äthiopien und Liberia. Um 1960 war der größte Teil Afrikas wieder in afrikanischen Händen – aber die neuen unabhängigen Staaten waren Staaten nach westlichem Muster, in denen das Wachstum der Städte und die Verbreitung von Bildung und Technik viele Aspekte des alten Stammeslebens endgültig zerstört hatten.

Seit den zwanziger Jahren sind sich die Afrikaner zunehmend des Wertes ihrer eigenen traditionellen Kultur bewußt geworden und haben große Anstrengungen unternommen, ihre spezifisch afrikanische Eigenart herauszuarbeiten oder wiederzubeleben. Einige der alten, traditionellen, typisch afrikanischen Bräuche bestehen noch heute. Die ganz selbstverständlichen, genau festgelegten Beziehungen zwischen jedem Individuum und seinen Verwandten und der Glaube an den ununterbrochenen Zusammenhang zwischen den Ahnen, den Lebenden und dem kommenden Geschlecht haben nichts von ihrer Kraft eingebüßt. Sogar das Christentum hat eine typisch afrikanische Form angenommen, bei der Gesang und Tanz eine wichtige Rolle spielen. Denn Musik, Gesang und Tanz haben zu allen Zeiten jedes wichtige Ereignis und jede Zeremonie in Afrika begleitet.

Afrikanische Kunst und Musik haben ihrerseits auch die Außenwelt tief beeinflußt. Afrikanische Kunstformen fanden durch Picasso, Braque und Matisse Eingang in die moderne europäische Malerei. Die vielfältigen und subtilen Rhythmen afrikanischer Musik, von Millionen Negersklaven in die Neue Welt gebracht, leben im Jazz, im Blues, in Spirituals und Worksongs und in den lateinamerikanischen Musikformen fort. Die Wandlungen, die stattfanden, seit Afrika aus seiner Isolation heraustrat und Teil einer größeren Welt wurde, haben sich nicht nur in einer Richtung vollzogen.

BRONZEKUNST AUS IFE *Bronzekopf eines Oni von Ife aus dem 14. Jahrhundert. Der Oni war das geistige Oberhaupt der Yoruba, die im heutigen Westnigeria ein bedeutendes Reich beherrschten.*

INRI

Die Kultur des Abendlandes

Eingeschlossen in das komplizierte Gewebe der abendländischen Kultur sind viele Fäden, die aus der Antike stammen. Griechenland steuerte den Glauben an die Demokratie und die Hochachtung für Schönheit, Wahrheit und Maß bei. Verwaltung, Baukunst und Recht profitierten vom praktischen Denken Roms. Auch das Christentum, tausend Jahre lang die einzige einigende Kraft in Europa, kam über Rom ins Abendland.

Das ganz vom Glauben bestimmte Mittelalter war nur die erste von fünf Epochen abendländischer Kultur, von denen jede ihre eigenen Werte und Werke hervorbrachte. Inzwischen hat der als ständiger Antrieb wirkende schöpferische Geist des Abendlandes die ganze Welt dem Einfluß des Westens erschlossen.

Im Zeichen des Kreuzes: Das Altarbild der Abteikirche von Dorchester mit der Darstellung der Kreuzigung stammt aus dem 14. Jahrhundert.

EUROPA IM MITTELALTER – EINE GESELLSCHAFT, IN DER JEDER SEINEN PLATZ HATTE

Staat und Kirche waren im Mittelalter eng verbunden – ein Zustand, der oft zu Auseinandersetzungen zwischen beiden führte. Das Lehnswesen und die Herrschaft der Kirche hatten für eine starre Rangordnung gesorgt, in der jeder sich auf den ihm zukommenden Platz beschränken mußte. Ein eindrucksvolles Bild dieser Ordnung vermittelt ein Fresko im Kapitelsaal von Santa Maria Novella zu Florenz, das Andrea da Firenze zwischen 1365 und 1367 gemalt hat. Vor dem Hintergrund einer Kirche – es ist ein Modell des Florentiner Domes, der damals gerade im Bau war – sind die Vertreter Christi in der Welt versammelt, nämlich der Papst (Benedikt XI.) mit Tiara und Krummstab und ihm zur Linken der Kaiser (Karl IV.) mit Schwert und Reichsapfel. Die christliche Gemeinde wird von den ihnen zu Füßen liegenden Schafen symbolisiert, die zwei den Dominikanerorden darstellende schwarzweiße Hunde (Domini canes = *Hunde des Herrn) behüten. Neben dem Papst sitzen ein Kardinal und ein Bischof, davor noch ein Bischof und Mönche. Neben dem Kaiser sitzen ein König und ein Graf, vor ihnen stehen Gläubige, darunter ein Ritter, Kaufleute, Bauern und Bettler.*

Das Mittelalter – Zeitalter des Glaubens

500–1500

Nach der Völkerwanderung war die christliche Kirche tausend Jahre lang das einende Band Europas

Vierhundert Jahre lang hatte das Römische Reich den Ländern um das Mittelmeer und bis zum Rhein, zeitweilig auch darüber hinaus, Zusammenhalt und Sicherheit geboten. Nach dem endgültigen Zusammenbruch Roms im Jahre 476, als der letzte Kaiser, Romulus Augustulus, von dem germanischen Heerführer Odoaker abgesetzt worden war, entstand eine neue, vor allem geistige Einheit der Völker im Westen und in der Mitte Europas. Das einende Band war die römische Kirche unter Führung des Papstes, der seine Autorität von Petrus herleitete, zu dem Christus gesagt hatte: »Du bist Petrus, und auf diesen Felsen will ich bauen meine Gemeinde.«

Die Armeen des Papstes waren die Bischöfe, die Geistlichkeit und später die Kreuzfahrer. Der Inhalt der christlichen Botschaft ließ sich nicht durch den Verstand, sondern nur durch den Glauben erfassen. Der gläubige Christ war davon überzeugt, daß Jesus sowohl Gott als auch Mensch war, daß er die Sünden der Welt auf sich genommen hatte, daß er von den Toten wiederauferstanden war und daß jedem, der alles dieses glaubte, das ewige Leben gewiß sei. War schon die Vorstellung der Dreieinigkeit Gottes als Vater, Sohn und Heiliger Geist schwer genug zu begreifen, so war die Vorstellung der Bruderschaft aller Menschen schlechthin revolutionär.

Im Jahre 313 garantierte Kaiser Konstantin allen Christen die Freiheit der Religionsausübung, und im Jahre 391 wurde das Christentum offiziell zur Staatsreligion des Römischen Reiches erklärt. In den Zeiten davor gab es neben dem Christentum rivalisierende Religionen, darunter den persischen Mithraskult, den römische Legionäre aus dem Osten nach Rom und bis nach Germanien und Britannien gebracht hatten. Viele der frühen Christen waren bereit, in manchen Fällen sogar begierig, für ihren Glauben zu sterben. Konstantin beeindruckte die Kraft dieser Religion, die so viele Märtyrer hervorgebracht hatte, tief. Und so wurde das Christentum, das einst

ANFÄNGE DES ABENDLANDES

Um 800 hatte Karl der Große einen beträchtlichen Teil Europas in seinem Reich vereinigt; gegen Ende des Mittelalters waren mehrere Nationalstaaten entstanden.

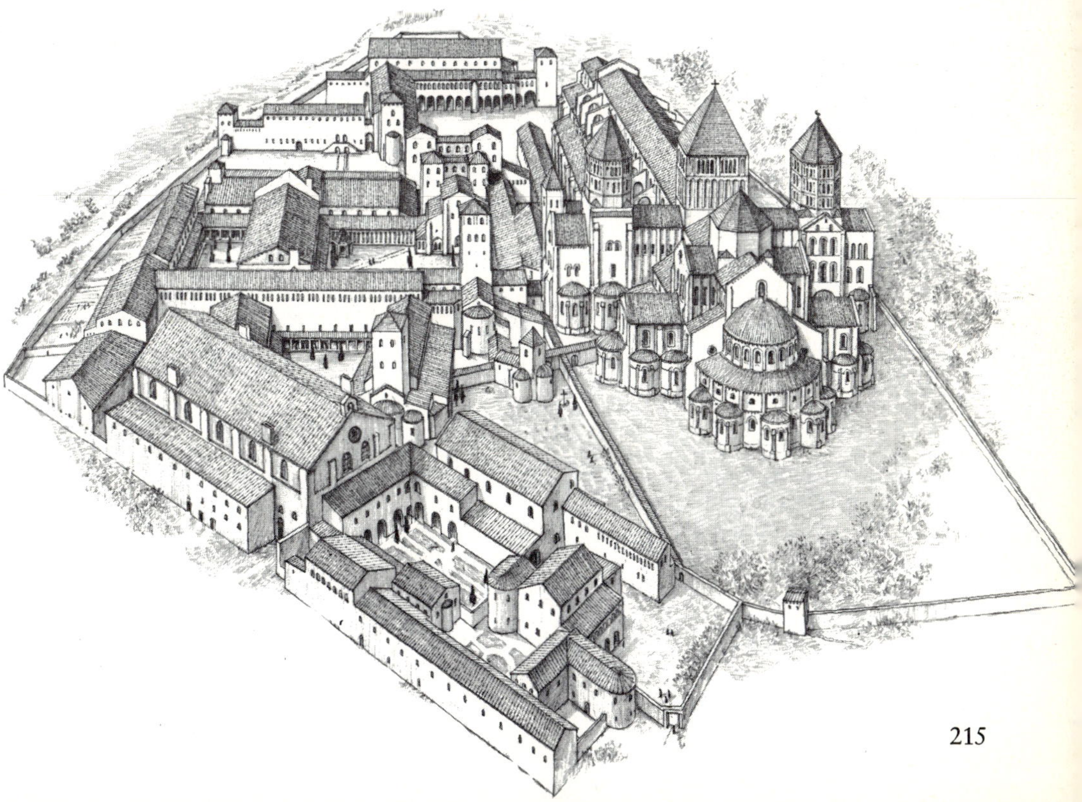

DIE MACHT DER ABTEI CLUNY

Die Mönchsorden waren im Mittelalter mächtige Instrumente der päpstlichen Autorität, besonders seit im 10. und 11. Jahrhundert eine Reformbewegung, die von der Benediktinerabtei Cluny ausging, Mönchstum und Kirche grundlegend erneuert hatte. Diese Rekonstruktion zeigt den großen Gebäudekomplex dieser Abtei um die Mitte des 12. Jahrhunderts, als sich die Kluniazenser auf dem Höhepunkt ihrer Macht befanden. Der Abt von Cluny hatte die oberste Leitung von 1500 Klöstern und Prioraten; er stand an Rang nur dem Papst nach. Mehrere Kluniazenser sind im Lauf der Geschichte Päpste geworden. Die von Cluny reformierten Klöster wandten sich mit ihrem reformatorischen Eifer und ihrer Frömmigkeit nicht nur gegen ein Mönchtum, das wegen Korruption und Laxheit viel Ansehen verloren hatte, sondern erneuerten auch die Kirche sonst auf allen Gebieten. Die Kluniazenser verbrachten fast ihre gesamte Zeit im Gebet und überließen die körperliche Arbeit ihren Dienern, was schließlich zu immer lauter werdender Kritik führte.

DER ERSTE GROSSE HERRSCHER DES ABENDLANDES

Im Jahre 768 wurde Karl der Große zum König der Franken gekrönt, und in den 46 Jahren seiner Herrschaft schuf er ein christliches Imperium, das sich von der Ostsee bis zum Mittelmeer erstreckte. Er rettete Papst Leo III. davor, abgesetzt zu werden, und zum Dank dafür krönte ihn der Papst im Jahre 800 zum Kaiser. Karl der Große führte eine einheitliche Verwaltung ein und förderte jede Art von Bildung in seinen Landen. Dieses mit Juwelen besetzte Büstenreliquiar wurde um 1350 in Aachen hergestellt, um Teile seines Schädels aufzunehmen. Dieser erste abendländische Kaiser schuf in vielem die Voraussetzungen und Grundlagen, auf denen sich Europa im Mittelalter entwickelte und entfaltete.

als Gefahr für das Römische Reich gegolten hatte, zu einem Verbündeten Roms.

Seit zu Beginn des 4. Jahrhunderts die Hauptstadt des Reiches nach Konstantinopel verlegt worden war und das Imperium im Westen zerfiel, füllte die Kirche mehr und mehr die entstandene Machtlücke in Rom aus. Es war Leo I., ein Papst, kein Kaiser, der den Hunnenkönig Attila überredete, nicht in Rom einzumarschieren, als die Stadt im Jahre 452 seinem Zugriff ausgeliefert war. Auch den Wandalen Geiserich konnte er 455, zwar nicht von der Plünderung Roms, aber vor Brandschatzung und Niedermetzelung der Einwohner zurückhalten. Als die Goten schließlich 493 Italien eroberten, machten sie keinen Versuch, ein eigenes Imperium zu begründen. Statt dessen übernahmen sie römische Regierungsmethoden und Titel und erkannten sogar die Autorität des Kaisers in Konstantinopel formell an.

Wie im Römischen Reich, so herrschte auch in der Kirche eine genaue Rangordnung, wobei die Pfarrbezirke zu Diözesen unter Bischöfen zusammengefaßt waren. Die Kirche hatte ihr eigenes Recht, eigene Gerichte und im Kirchenzehnten eigene Steuern. Die Geistlichkeit beanspruchte Freiheit von allen an Könige oder Kaiser zu entrichtende Steuern und Unabhängigkeit von weltlichen Gerichten. In ihren Kirchen konnten sogar Feinde des Königs Zuflucht finden. Die Geistlichkeit durfte Ungehorsam bestrafen, einen Mann, der nicht zur Kirche ging, zu einer Geldbuße zwingen, eine Frau auspeitschen, die am Sonntag Wäsche gewaschen hatte, und Ketzer dem Staat zur Vollstrekkung des Urteils durch Verbrennung überantworten. Ihre äußerste Waffe war die Macht zu exkommunizieren, also jemanden aus der kirchlichen Gemeinschaft auszuschließen und so seine Seele zu ewigen Qualen zu verdammen.

Die Erzbischöfe und Bischöfe entschieden darüber, was als Ketzerei anzusehen sei, was eine gesetzmäßige Ehe war und wer an den Papst gegen eine Entscheidung des Königs appellieren durfte. Papst Gregor der Große (590–604) entsandte Missionare zu den Angelsachsen und Langobarden. Die geistliche Autorität des Bischofs von Rom wuchs mit der Zahl der von den Missionaren Bekehrten, besonders wenn mit der Taufe ihres Königs ganze Völker das Christentum annahmen.

Es war ein taktischer Geniestreich der Kirche, sich die mit heidnischen Kulten verbundenen mächtigen Gefühle zunutze zu machen, ohne dabei heidnische Glaubensvorstellungen zu dulden. Oft wurden Kirchen an die Stelle früherer Tempel oder Opferstätten gebaut, viele heidnische Festtage in den christlichen Kalender übernommen, und mit den großen Festen der Kirche verband sich manches vorchristliche Brauchtum.

Glauben und Politik

Da Bischöfe und andere Geistliche zu einer Zeit, als Bildung noch sehr selten war, zu den Gebildeten zählten, wurden sie oft von den Herrschern zu Beratern, Kanzlern und Sekretären ernannt. Besonders in der deutschen Geschichte des Mittelalters ist der

Einfluß der Bischöfe und Erzbischöfe groß. Der Erzbischof von Mainz etwa war von Amts wegen Erzkanzler und führender Fürst des Reiches. In Rom schufen sich die Päpste in der Kurie eine gut funktionierende Verwaltungsbehörde. Päpstliche Legaten berichteten dem Papst aus dem Ausland über Veränderungen in der Politik und von den örtlichen politischen Machtverhältnissen. Das Recht, Streitigkeiten an Rom zu verweisen, war eine mächtige diplomatische Waffe in ihrer Hand. Der Papst beanspruchte für sich das alleinige Recht der Sündenvergebung, der Absolution. Durch die Bischöfe und die örtlichen Priester reichte seine Macht schon fast bis in die entlegensten Winkel Europas.

Wachstum der Klöster

In allen christlichen Ländern besaßen die Päpste außerdem noch ein mächtiges, ihnen treu ergebenes Instrument: die Klöster. Die Vorstellung, daß die Rettung der Seele möglich sei durch die Abkehr von der Welt und ihren Lastern, durch Selbstlosigkeit und Abtötung des Fleisches, war sehr alt. Der heilige Simeon Stylites (um 390–459) hatte ein Beispiel der Überwindung des Fleisches gesetzt, indem er in Nordsyrien 30 Jahre lang auf einer 18 m hohen Säule verbrachte. Viele Menschen zogen sich als Eremiten allein oder als Mönche im Kloster von der Welt zurück, aber sie kehrten auch, durch Gebet und Meditation gestärkt, wieder zurück, um in der Welt das Werk Christi zu tun.

Das abendländische Mönchswesen verdankt seine Form hauptsächlich der kraftvollen Persönlichkeit des heiligen Benedikt von Nursia (um 480–547). Er war so außer sich über die Laster und die Korruption in Rom, daß er sich als Eremit in eine Höhle bei Subiaco im wilden Hügelland Latiums, südlich von Rom, zurückzog. Der Ruf seiner Frömmigkeit führte ihm Schüler zu, mit denen er 529 nach Monte Cassino zog. Dort gründete er ein Kloster an einer Stelle, an der früher ein Apollotempel gestanden hatte. Dieses Kloster wurde fünfmal zerstort, zuletzt 1944 durch alliierte Bomber, und jedesmal wieder aufgebaut. Seine *Regula* oder Ordensregel übernahmen die meisten Klöster im Abendland. Sie verpflichtet die Mönche zu Armut, Keuschheit und Gehorsam. Das Kloster war als eine Art Familie unter einem Abt organisiert. Das Leben in den Klöstern des 6. und 7. Jahrhunderts war streng, aber nicht zu hart und bestand aus Beten, Arbeiten und Schlafen. Jeder Mönch erhielt täglich ein Pfund Brot, zwei gekochte Mahlzeiten und ein Maß Wein. Fleischgenuß war verboten.

Das Beispiel der Benediktiner machte Schule. Die Klöster zogen Handwerker an und dienten als Zufluchtsstätten vor der Anarchie. Hier wurden Wohltätigkeit an den Armen geübt und Kranke gepflegt, Reisenden Obdach geboten und Kinder unterrichtet. Auf Klostergütern erprobten die Mönche neue landwirtschaftliche Methoden, so etwa die Dreifelderwirtschaft. Die Klöster waren auch Zentren der Gelehrsamkeit. Mönche schufen nicht nur herrlich illuminierte Handschriften der Evangelien und liturgischer Texte, sondern schrieben auch die Werke der Kirchenlehrer und selbst die Cäsars, Ciceros und anderer lateinischer Klassiker ab. Die Benediktiner haben große Gelehrte hervorgebracht wie Beda Venerabilis und Alkuin in England, Paulus Diaconus in der Lombardei und Hrabanus Maurus in Deutschland. Sie haben einige der größten Abteien gebaut – Monte Cassino, St. Gallen, Reichenau, Cluny und Glastonbury. Aber als sie reicher wurden und ihr Landbesitz wuchs, ging die Disziplin zurück, und weltliche Herrscher betrachteten sie mit Habsucht und Neid. Die Äbte großer Klöster standen Bischöfen und dem Hochadel an Reichtum und Macht nicht nach, und die Äbte der großen Reichsabteien hatten später als Reichsfürsten Sitz und Stimme im Reichstag.

Die Autorität des Papstes wuchs im frühen Mittelalter stetig und war um 800 in ganz Westeuropa zwischen den Pyrenäen und der Nordsee unbestritten. Der vom Papst ausgesandte angelsächsische Missionar Bonifatius hatte bereits die Bekehrung deutscher Stämme östlich des Rheins vollendet. Schon im Jahre 496 ließ sich der fränkische König Chlodwig taufen. Die Franken nahmen ihren neuen Glauben so ernst, daß sie zu den vornehmsten Verteidigern des Christentums wurden. In der Schlacht zwischen Tours und Poitiers brachten sie 732 unter Karl Martell den scheinbar unaufhaltsamen Vormarsch der Araber endgültig zum Stehen. Karl Martells Enkel, Karl der Große, einer der großen christlichen Herrscher Europas, wurde 768 König der Franken. Als er im Jahre 814 starb, hatte er sein Reich so weit ausgedehnt, daß es fast ganz West- und Mitteleuropa umfaßte.

Das abendländische Kaisertum

Als Dank für die Hilfe, die Karl der Große dem Papst gegen dessen Widersacher geleistet hatte, krönte Leo III. den fränkischen König am Weihnachtstage des Jahres 800 in Rom zum Kaiser. Karl, der die kaiserlichen Vorrechte schon ohne den Titel besaß, hatte die Kaiserwürde nicht erstrebt. Der Papst setzte ihm die Krone aufs Haupt, ohne daß er es verhindern konnte. Das war der Anfang des abendländischen Kaisertums, das im Laufe seiner tausendjährigen Geschichte im Gegensatz zum Papsttum geraten sollte.

Karl der Große hat nicht weniger als 53 Feldzüge unternommen. Er führte Krieg gegen die Mauren in Spanien, eroberte 773 bis 774 das Langobardenreich, unterwarf und bekehrte endgültig 785 die heidnischen Sachsen und vernichtete 796 die Awaren im heutigen Ungarn. Sein Reich erstreckte sich von der Ostsee bis zum Mittelmeer. Es vereinigte das heutige Frankreich, Deutschland, Österreich, die Schweiz, Belgien, die Niederlande, Nordspanien und Norditalien. Und

GEBET UND ARBEIT

Die Klöster des Mittelalters waren nicht nur Stätten des Gottesdienstes und des Unterrichts. Die Mönche erprobten auch neue landwirtschaftliche Techniken, und in den Werkstätten der Klöster wurden viele Zweige des Handwerks gelehrt und gefördert. Die Klöster dienten auch als Hospitäler und Wohlfahrtseinrichtungen, wo man sich der Armen annahm, und gaben Reisenden Obdach.

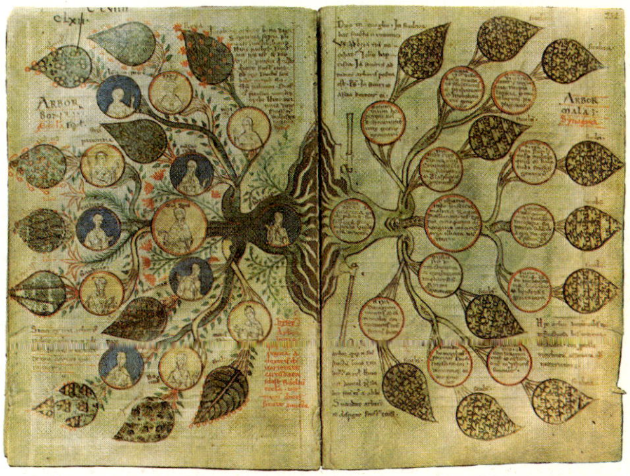

MEISTERKOPISTEN *Jahrhundertelang stellten Mönche Bücher her, indem sie alte Texte abschrieben und oft reich illuminierten, wie diese Seiten (12. Jh.) mit den Bäumen des Guten und Bösen.*

STRENGE REGELN *Der heilige Benedikt verfaßt seine bald allgemein anerkannte Regel für das Klosterleben (Miniatur des 11. Jh.). Die Mönche mußten u. a. Armut, Keuschheit und Gehorsam geloben.*

JEDEM SEINE ARBEIT *Gemäß den 73 Kapiteln der Benediktinerregel mußte sich jedes Kloster selbst erhalten. Manche Mönche arbeiteten im Garten oder auf dem Feld (links), andere, wie der Kellermeister (rechts), widmeten sich dem Haushalt. Die Mönche webten und stellten auch ihre einfachen Gewänder und ihr Schuhzeug her oder arbeiteten als Steinmetzen und Tischler.*

sogar Byzanz erkannte Karls Kaisertitel an.

Karl der Große ist wie alle großen Männer sowohl eine Gestalt der Geschichte wie auch der Legende. Er war der letzte germanische Eroberer und der erste abendländische christliche Kaiser. Karl war Franke, konnte aber auch Latein sprechen und Griechisch verstehen. Er ritt, jagte und schwamm viel, war viermal verheiratet und hatte viele Kinder und Nebenfrauen. Er konnte lesen und schreiben und war ein hochgebildeter und an Wissenschaft und Kunst interessierter Mann.

Das Reich wurde von Grafen und Bischöfen verwaltet, die reisende Königsboten kontrollierten. Karl ließ die Stammesrechte bestehen, zum Teil erst aufzeichnen, und ergänzte sie durch eigene Gesetzgebung. Seine Beamten sorgten dafür, daß die Gesetze befolgt, die Steuern eingetrieben und die kirchlichen Regeln durchgesetzt wurden. Und indem Karl der Große gerichtliche Untersuchungen ansetzte, bei denen geachtete Laien den Richtern beistanden, legte er den Grundstock zu den späteren Schöffengerichten. Außer den hohen Schulen an Bischofssitzen und in Klöstern ließ der Kaiser auch sonst viele Schulen errichten.

Als Karl 814 starb, ging sein Reich ungeschmälert auf seinen Sohn Ludwig den Frommen über, wurde aber nach dessen Tod (840) mehrfach geteilt. Nach der letzten Teilung (880) blieben Westfranken (das spätere Frankreich) und Ostfranken (das spätere Deutschland) allein übrig. Die südlichen Reichsteile, also Italien und Burgund (zwischen Marseille und Basel), gingen zunächst eigene Wege. Erst als mit Heinrich I. und Otto I. im Ostreich, das 919 erstmals Reich der Deutschen genannt wird, tatkräftige Herrscher aus dem sächsischen Herzogshaus zu Königen gewählt wurden, konnte der Kaisergedanke wiederaufgenommen werden. Nachdem Otto der Große (936 bis 973) die Ungarngefahr durch seinen Sieg auf dem Lechfeld (955) gebannt und die Slawen geschlagen hatte, zog er nach Italien und ließ sich in Rom 962 zum Kaiser krönen. Seitdem blieb die Kaiserkrone stets mit dem deutschen Königtum verbunden. Das vom Kaiser beherrschte Gebiet wird im Laufe der Zeit Heiliges Römisches Reich genannt, zu ihm gehörten außer Deutschland auch Burgund und Italien.

Jahrhunderte des Kampfes

Otto der Große hatte sein Regierungssystem vor allem auf die hohe Geistlichkeit gestützt, Bischöfe und Erzbischöfe wurden als Reichsfürsten von ihm ernannt und herrschten über große Territorien. Diese Verbindung von geistlichem und weltlichem Amt sollte unter dem nächsten deutschen Herrschergeschlecht, den Saliern, der Anlaß zum Streit zwischen Papst und Kaiser werden. Nachdem Kaiser Heinrich III. (1039–56) die vom Kloster Cluny ausgehende Kirchenreform tatkräftig gefördert und selbst drei Päpste wegen Ämterkaufs abgesetzt hatte, erstarkte das Papsttum innerlich und wandte sich schon unter seinem Sohn Heinrich IV. gegen das Kaisertum.

Die Päpste wurden seit 1059 von dem Kardinalskollegium gewählt und waren bei ihrer Wahl oft schon hoch in den Jahren. Unter den Reformpäpsten des Hochzeitalters ragen vor allem zwei hervor – Gregor VII. und Innozenz III. Gregor VII. (1073 bis 1085) versuchte, die geistliche Gewalt der weltlichen überzuordnen, und beanspruchte das Recht, Bischöfe und Erzbischöfe selbst zu ernennen. Da das Heinrich IV. (1056 bis 1106) wegen der weltlichen Verpflichtungen der Kirchenfürsten nicht dulden konnte, berief er eine Synode nach Worms ein, die im Januar 1076 den Papst für abgesetzt erklärte. Daraufhin tat der Papst etwas, was noch kein Papst getan hatte: er exkommunizierte Heinrich IV. im drauffolgenden Monat.

Statthalter Christi

Als Heinrich IV. bemerkte, daß seine deutschen Vasallen die Partei des Papstes ergriffen und sich dieser nach Augsburg aufmachte, um dort mit Heinrichs Widersachern zu konferieren, eilte Heinrich südwärts, um Gregor in Canossa in der Toskana abzufangen. Gregor ließ ihn drei Tage lang barfüßig im Schnee vor den Toren der Burg stehen, ehe er ihn vom Kirchenbann löste. Obgleich Heinrich später Gregor aus Rom ins Exil trieb, wirkten die Prinzipien von Canossa nach und führten 1122 in Worms zu einem Kompromiß – lange nachdem beide Männer gestorben waren. Danach wird zwar ein Bischof vom Papst oder seinem Legaten eingesetzt, belehnt wird er aber vom König, und zwar in Deutschland *vor* der Einsetzung, was dem Herrscher Einfluß bei der Wahl sichert, in Italien und Burgund *nach* der Einsetzung.

Um die Zeit, als Innozenz III. (1198 bis 1216) den Heiligen Stuhl bestieg, besaß der Papst schon fast die höchste Gewalt. Innozenz III. regierte die Geistlichkeit mit eiserner Disziplin und berief seine Bischöfe regelmäßig nach Rom ein. Er förderte die neuen Bettelorden – die Franziskaner und die Dominikaner – und war der erste Papst, der sich als Statthalter Christi bezeichnete, als er sagte: »Kein König kann mit Recht regieren, der nicht dem Statthalter Christi gottesfürchtig dient.«

Innozenz III. hatte einen gewaltigen Einfluß auf die europäische Politik. Er zwang König Johann Ohneland von England, die päpstliche Lehnshoheit über England anzuerkennen. Er spielte den Schiedsrichter im Streit um das deutsche Königtum zwischen Staufen und Welfen. Am Ende förderte er die Wahl seines Mündels, nämlich des Staufers Friedrich II., der später einer der größten Gegner des Papsttums wurde und mit dessen Tod die große Zeit der deutschen Kaiser des Mittelalters ein Ende fand. Er war ein hochbegabter Herrscher, der Kunst und Wissenschaft pflegte, in seinem sizilianischen Königreich den Handel belebte, das Recht reformierte, die Universität von Neapel gründete und sich den Beinamen *Stupor mundi,* Wunder der Welt, erwarb.

Die Zeit Innozenz' III. stellt den Höhepunkt päpstlicher Macht dar. Während seines Pontifikats nahm die Kirche auch das Dogma der Transsubstantiation an – die Lehre, daß während der Messe Brot und Wein tatsächlich in Christi Fleisch und Blut verwandelt werden. In Tausenden von Kirchen, Kathedralen und Klöstern beteten die Gläubigen des Abendlandes zumindest einmal in der Woche, oft auch täglich, in einer Atmosphäre der Ehrfurcht. Sie waren von Heiligenbildern umgeben und sich des Kreuzes und der Leiden Christi sowie der Milde und der Vermittlerrolle Marias tief bewußt. Tausend Jahre lang trug die Kirche alles, was es an Kunst, Streben nach Höherem und Farbigkeit gab, in das sonst so eintönige Leben der Menschen.

Die Burg als Zufluchtsstätte

In den zwei Jahrhunderten nach Karl dem Großen wurden die Küstenregionen Europas von den Wikingern verheert. »Bewahre uns vor der Raserei der Nordmänner, Herr!« lautete das Gebet eines Abts in Northumbria. Eine Wikingergruppe setzte sich in der nach ihnen genannten Normandie fest, wo sie das Christentum annahm. Von dort aus führten die Normannen Kriegszüge bis nach Süditalien und Sizilien. Diese beiden Länder wurden normannische Königreiche – Kaiser Friedrich II. war durch seine Mutter normannischer Abstammung –, und das gleiche Schicksal widerfuhr 1066 auch England.

REITERHEERE REVOLUTIONIEREN DAS KRIEGSWESEN

Adlige und ihre Lehnsleute hoch zu Roß beherrschten die Schlachtfelder Europas während des größten Teils des Mittelalters. Der Sieg der Normannen über die Angelsachsen in der Schlacht von Hastings im Jahre 1066 war vor allem der Tatsache zuzuschreiben, daß Wilhelm der Eroberer eine große Zahl Berittener hatte, wie dieser Ausschnitt aus dem Wandteppich von Bayeux zeigt, während König Harold nur Fußvolk zu seiner Unterstützung besaß. Die Angelsachsen wurden vernichtend geschlagen, als die normannischen Reiter eine von einem Pfeilschauer begleitete Kavallerieattacke ritten.

In den Kämpfen dieser aufgewühlten Zeiten boten die Klöster und befestigten Städte einen gewissen Schutz auch vor Plünderern und Räubern. Aber nur ein Zufluchtsort schien wirklich sicher zu sein – die Burg mit ihren festen hohen Mauern, auf denen der Wehrgang mit Brustwehr und Zinnenkranz lief, mit breiten Gräben, dem Bergfried und den Wohnbauten mit so engen, gewundenen Treppen, daß nur ein Mann hinter dem anderen hinaufgelangen konnte. Glas gab es kaum; das zugige Innere der Burgen wurde durch Unschlittkerzen oder Kienspäne erhellt, und es war fürchterlich kalt, denn eine einzige offene Feuerstelle mußte eine große Halle heizen.

In der Schlacht bei Tours und Poitiers im Jahre 732 war Karl Martell von der Geschicklichkeit der maurischen Reiter so beeindruckt worden – besonders vom Gebrauch des Steigbügels, der es ermöglichte, reitend mit Schwert oder Lanze zu kämpfen –, daß er sich ein Gefolge bewaffneter Reiter schuf und ihnen Land gab. Dafür mußten sie ihm Gefolgstreue schwören. Das unter solchen Bedingungen vergebene Land hieß Lehen oder lateinisch *feudum*. Der Kern des Lehnswesens oder des Feudalismus bestand in der Verpflichtung, für verliehenes Land Dienste zu leisten, und umgekehrt die Verleihung von Land für geleistete Dienste. Der Dienst war ursprünglich Kriegsdienst, meistens für 40 bis 60 Tage im Jahr. Doch dann entwickelte sich der Feudalismus zur Grundlage des Regierungssystems und der Gesellschaftsform des Mittelalters.

Das Lehnswesen beruhte auf der Erkenntnis, daß die einzige Sicherheit im Besitz von Land lag. Land war ein unbewegliches Gut, es konnte bearbeitet und ertragreicher gemacht werden, sein Wert ließ sich schätzen und besteuern, und ein Lehen konnte auch bald vererbt werden. »Kein Land ohne Herrn, kein Herr ohne Land« war das Losungswort der Zeit. Die einem Herrn dienten, standen unter seinem Schutz, erhielten ihren Lebensunterhalt und teilten die Ehren mit ihrem Herrn. In der Theorie war jeder der Vasall eines anderen. Der Herr selbst war Vasall eines Königs, manche Könige Vasallen des Kaisers, und sogar der Kaiser, der höchste Herrscher, war der Vasall Gottes. Wilhelm der Eroberer war als Herzog der Normandie Vasall des Königs von Frankreich und hatte 1400 Hauptlehnsmänner zu seiner Verfügung. Der Graf der Champagne hatte 2017. Aber der Graf hatte auch zehn Lehnsherren, die alle seine Dienste beanspruchen konnten, was manchmal zu Konflikten in der Gefolgschaftspflicht führte, denn zu seinen Lehnsherren gehörten der Kaiser, der König von Frankreich, der Herzog von Burgund, zwei Erzbischöfe, vier Bischöfe und ein Abt. Wenn mehr als einer zur Zeit seine Hilfe anforderte, befand er sich – wie viele andere Lehnsträger – im Zwiespalt, wem er mehr Loyalität schuldete.

Das ineinandergreifende System von gegenseitigen Verpflichtungen, auf dem das Lehnswesen beruhte, kam in der Huldigung zum Ausdruck, die der Vasall seinem Oberherrn schuldete. Bei der Huldigung kniete der Vasall nieder, legte seine Hand in die des Lehnsherrn und versprach ihm Gefolg-

MÄRCHENHAFTE BURG EINES MÄCHTIGEN HERZOGS

Als das Spätmittelalter begann, waren die einfachen Burgen früherer Jahrhunderte ausgedehnten, kunstvollen Festungen gewichen. Unter den vielen, für das zeitgenössische Leben aufschlußreichen Miniaturen im Stundenbuch des Herzogs von Berry aus dem frühen 15. Jahrhundert zeigt diese die Burg des Herzogs bei Saumur in Frankreich. In Friedenszeiten war sie mit ihren aufstrebenden Türmen und vergoldeten Wetterfahnen eine anmutige Wohnstätte. In Kriegszeiten diente sie als sichere Festung. Angreifer, die die Zugbrücke überwunden hatten, waren einem Steinhagel ausgesetzt, und flüssiges Blei oder Pech tropfte auf sie durch die Pechnasen unter den Brustwehren der Türme.

schaftstreue. Wie jedes politische System war auch das Lehnswesen auf gegenseitigem Vertrauen aufgebaut. Jahrhundertelang gab es Europa eine gewisse Stabilität, und in Mittel- und Osteuropa hielt es sich noch bis weit in die Neuzeit hinein. Der ritterliche Adel, der sich auf das Reiten und den Gebrauch von Lanze, Streitaxt und Schwert verstand, entwickelte im Laufe der Zeit einen Ehrenkodex, in dem Treue und Mut an der Spitze der Tugenden standen, der aber auch verlangte, daß jeder Ritter Christus so diene wie seinem Herrn.

Die Last der Leibeigenschaft

Grundlage der Wirtschaft des Mittelalters war die Gutsherrschaft – der Herrensitz oder die Burg mit dem umgebenden Ackerland. Die Lasten der Feudalgesellschaft wurden von den abhängigen Bauern und Hörigen getragen, die im Laufe der Zeit – aber nicht alle und nicht überall – zu Leibeigenen herabsanken und beim Wege- und Brückenbau sowie auf den Feldern ihrer Herren zu arbeiten hatten. Sie lebten in meist strohgedeckten Hütten mit Lehmböden. Ihr Leben war hart und ihre Nahrung unzureichend. Gemüse, Gerste, Hafer und Bier waren die Hauptnahrungsmittel in Nordeuropa, Weizen und Wein im Süden. Fleisch, Wildbret und Fisch gelangten kaum über den Tisch des Herrn hinaus, und im Winter war das Fleisch oft gesalzen. Gesüßt wurde mit dem knappen Honig, denn Zucker gab es nicht, ebensowenig wie Kaffee und Tee. Krankheiten waren weit verbreitet. Die Kleidung bestand aus Leder, Wolle oder Leinen; gesponnen und gewebt wurde von den Frauen. Wie fast alle Nahrungsmittel an Ort und Stelle erzeugt wurden, so war jedes Dorf auch in anderen Dingen Selbstversorger, mit eigenem Müller, Schmied und Tischler.

Eine gewisse Sicherheit hatte der Leibeigene – er konnte nicht entwurzelt oder entlassen werden. Andererseits durfte er sich nicht fortbegeben oder heiraten ohne Erlaubnis seines Herrn. Für die Arbeit auf dessen Feldern erhielt er einige Morgen Land für sich selbst. Aber dieses Land war in Streifen aufgeteilt, die oft weit auseinander lagen, um sicherzustellen, daß jeder sowohl guten als auch schlechten Boden bekam. Eine solche Landwirtschaft reichte gerade zum Lebensunterhalt aus. Es gab wenig Anreiz zu harter Arbeit oder zur Einführung von Verbesserungen. Durchziehende Truppen, wilde Tiere oder Jagdgesellschaften verwüsteten oft genug die Felder. Auf Wilderei standen harte Strafen, wie Verstümmelung, Blendung und Tod. Die Landbevölkerung kam selten über das Nachbardorf hinaus. Sie war im allgemeinen tief religiös, aber absolut unwissend und meist ohne jede Möglichkeit, ihr Schicksal in die eigenen Hände zu nehmen.

Ritter unter dem Kreuz

Den Höhepunkt des Zeitalters christlichen Rittertums bildeten die Kreuzzüge zwischen Ende des 11. und Ende des 13. Jahrhunderts. Ritter, Fürsten, Könige und Kaiser, mitunter auch Bürger, Bauern und Kinder, nahmen das Kreuz, das heißt, sie hefteten sich ein rotes Kreuz auf die Schulter, und zogen aus, um die heiligen Stätten des christlichen Glaubens den Ungläubigen zu entreißen. Die Kreuzzüge begannen als ein Unternehmen des ritterlichen Adels; sie endeten mit seiner Verdrängung. Eine neue Zeit brach an, in der allmählich Handelsherren die Ritter ersetzten und wehrhafte Handelsstädte an Stelle der Burgen traten.

Der unmittelbare Anlaß für die Kreuzzüge war die Bedrohung Konstantinopels, des östlichen Bollwerks des Christentums, am Ende des 11. Jahrhunderts durch die türkischen Seldschuken. Diese hatten schon große Teile Kleinasiens überrannt, Syrien erobert und Jerusalem eingenommen. Der Kaiser von Byzanz, Alexios Komnenos, ersuchte den Papst um Hilfe, um die Ungläubigen aus dem Heiligen Lande zu vertreiben und gleichzeitig den Feind vor den eignen Toren loszuwerden.

Im Jahre 1095 rief Papst Urban II. die Krieger der Christenheit zum 1. Kreuzzug auf. Bevor die Truppen noch aufbrechen konnten, wühlten Volksredner wie der Eremit Peter von Amiens das Volk mit Erzählungen über die Greuel auf, welche die Christen von den Moslems zu erdulden hatten. Eine riesige undisziplinierte Menschenmenge brach von Köln nach Palästina auf. Diese Volksmasse mag 20 000 Menschen oder mehr gezählt haben, darunter ganze Familien mit kleinen Kindern. Viele von ihnen gingen unterwegs in Gefechten mit den

DER EDLE RITTER FOLGT SEINEM EIGENEN EHRENKODEX

Das Mittelalter erlebte den Aufstieg des Rittertums und der Ritterlichkeit. Sein Ehrenkodex verpflichtete jeden Ritter, seinen Lehnsherrn, seinen Glauben und die Ehre seiner Dame mit Einsatz seines Lebens zu verteidigen. Der Tod war der Unehre vorzuziehen. An den Ritter wurden hohe Anforderungen gestellt. Der Sohn ritterbürtiger Eltern begann seine Standeserziehung mit sieben Jahren, wenn er als Page in das Haus eines Ritters aufgenommen und dort auch in der Reitkunst und im Waffendienst ausgebildet wurde. Mit 14 wurde er Knappe eines Ritters, in dessen Dienst er sieben Jahre verbrachte. Er hatte ihn mit seiner Rüstung zu bekleiden und für sein Pferd und Waffen Sorge zu tragen. Danach erhielt er, falls er würdig war, seine Sporen in einer Zeremonie, bei der ihm ein anderer Ritter einen schweren Schlag versetzte – den letzten Schlag, den er ohne Verlust seiner Ehre einstecken durfte. Später wurde beim Ritterschlag die Schulter nur leicht mit dem Schwert berührt.

KÖNIGLICHES FESTMAHL *Das Leben auf der Burg konnte für reiche Herren auch recht angenehm sein. Sie aßen und tranken gut von dem, was das Land hervorbrachte und die Jagd lieferte. Diese flämische Miniatur (15. Jh.) zeigt den König von Portugal mit John von Gent, dem Herzog von Lancaster (zur Rechten), speisen. Wappen schmücken die gekachelten Wände des vornehmen Schlosses, dessen Fenster verglast sind.*

RITTERLICHE ÜBUNG *Viele Ritter wurden nicht in der Schlacht, sondern während eines Turniers getötet. Später versuchte man nur noch, den Gegner mit der Lanze aus dem Sattel zu heben, wie diese französische Miniatur aus dem 15. Jh. zeigt.*

KAMPFBEREIT *Der Ritter trug eine schwere Rüstung aus Kettenpanzer oder Harnisch und einen breiten Schild; sein Haupt schützte ein Helm mit Visier. Er war mit einer Lanze und einem Schwert bewaffnet, das er nach dem Absitzen benutzte. Schild, Schabracke und der Wimpel an der Lanze zeigten sein oder seines Lehnsherrn Wappen.*

wegen ihrer Plünderungen aufgebrachten Ungarn und Byzantinern zugrunde. Die Überreste, die nach Konstantinopel gelangten, wurden von Kaiser Alexios über den Bosporus gesetzt, dann aber von den Türken massakriert.

Im Jahre 1096 setzten sich französische, deutsche, normannische und italienische Ritter nach Osten in Bewegung und eroberten nach einer Belagerung von 40 Tagen Jerusalem. Ein entsetzliches Massaker unter Moslems und Juden setzte ein. Krankheit und Uneinigkeit hatten auch die Christen geschwächt. Die Motive der Kreuzritter waren keineswegs ganz einfach. Viele aufrichtige und eifrige Christen hofften durch diesen Kriegsdienst Erlösung oder Erlaß der Buße für ihre Sünden zu erhalten, indem sie auch den Tod in Christi Dienst auf dem Boden, auf dem der Herr einst gewandelt war, notfalls in Kauf nahmen. Aber vermischt mit solch religiösem Eifer war auch die Hoffnung auf neues Land und auf Kriegsbeute. Der christliche Impuls ging bald unter in Wogen privater Streitereien und persönlicher Habgier.

Gründung von Kreuzfahrerstaaten

Schon im 1. Kreuzzug wurden die befreiten Länder nicht dem Papst oder dem Kaiser zur Verfügung gestellt, sondern in vier Lehnsstaaten aufgeteilt – das Königreich Jerusalem, das Fürstentum Antiochia und die Grafschaften Edessa und Tripolis. Viele Kreuzfahrer, die Jerusalem befreit hatten, kehrten wieder heim, andere blieben, um

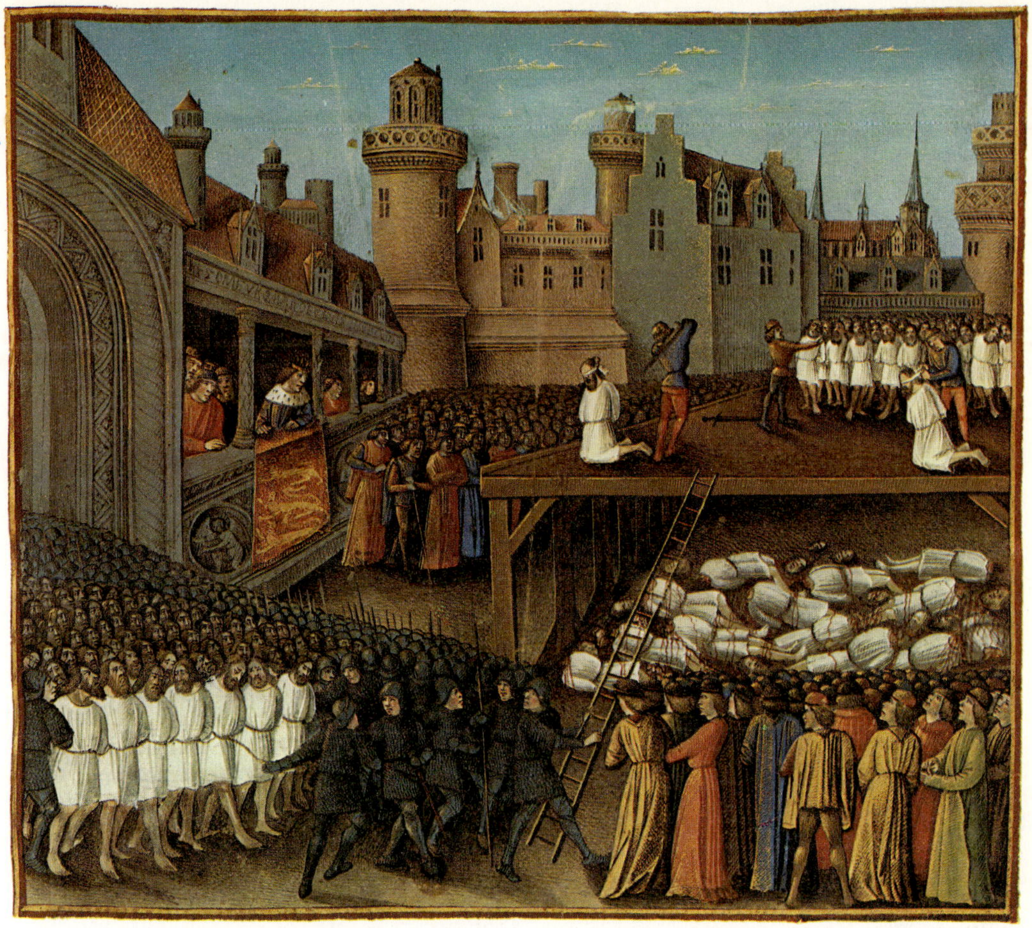

GRAUSAMKEITEN IM NAMEN CHRISTI

In den Kreuzzügen wurden auf beiden Seiten viele entsetzliche Grausamkeiten verübt, wie diese französische Miniatur aus dem Jahre 1490 zeigt. Darauf schaut Richard I. von England der Abschlachtung von Hunderten moslemischer Gefangener zu. Ein Henker schwingt sein Schwert, während ein anderer dem nächsten Opfer die Augen verbindet. Unter dem Blutgerüst häufen sich die geköpften Leichen.

EIN NEUER BURGTYP

Der Stil der europäischen Burgen änderte sich grundlegend, nachdem die Kreuzfahrer aus dem Orient zurückgekehrt waren, wo sie die massiven, fast uneinnehmbaren Festungen des byzantinischen Kaiserreichs tief beeindruckt hatten. Kühne Neuerungen wurden beim Bau solcher Burgen wie Harlech Castle eingeführt, einer Burg aus einer ganzen Kette von Befestigungen, die Eduard I. zur Niederwerfung von Wales anlegen ließ. Diese Rekonstruktion zeigt die Burg, wie sie 1290 bei ihrer Vollendung aussah. Der einfache Bergfried aus Stein, die Wälle und Gräben früherer Jahrhunderte waren doppelten Reihen dicker Mauern gewichen, die von hohen, runden Türmen geschützt wurden, deren Schußlinien jeden möglichen Zugang bestrichen. Den Wohnturm, in dem der Burgherr lebte, hatte man in England früher möglichst in der Mitte der Anlage gebaut, damit die Verteidiger innerhalb der Mauern ihn bis zuletzt halten konnten. Nun gab man dieses defensive Denken auf. Der Wohnturm wurde nun drohend über dem Tor errichtet, wo die Angreifer, wenn sie den Burggraben überschritten hatten, zwischen zwei Fallgittern gefangen werden konnten.

Beim Bau dieser Burg – er dauerte sieben Jahre und verschlang Unsummen – waren bis 950 Arbeiter gleichzeitig tätig. Das war auch organisatorisch für die Zeit eine große Leistung. Harlech Castle stand auf einem Felsen 60 m über der Brandung der Tremadoc Bay; doch das Meer hat sich seitdem zurückgezogen. Die Festung war so stark, daß sie 1294 mit einer Besatzung von nur 37 Mann der Belagerung des walisischen Fürsten Madog widerstehen konnte.

das eroberte Land dem Christentum zu erhalten.

Die Kreuzfahrerstaaten wurden zu Ablegern des feudalen Europas mit Kirchen, Klöstern und Burgen, von denen einige, wie Krak des Chevaliers im Libanon, noch immer bestehen und Zeugnis ablegen von der 200jährigen Herrschaft der Kreuzritter. Das großartige Krak des Chevaliers widerstand zwölf Belagerungen, ehe es 1271 von den Moslems eingenommen wurde. Die Burg war von den Johanniterrittern erbaut worden. Dieser Orden, der ursprünglich ein Hospital für kranke Pilger auf ihrem Wege nach Jerusalem unterhielt, wurde 1099 in einen Ritterorden verwandelt. Seine Mitglieder, die hauptsächlich aus hochgeborenen Familien stammten, legten das Mönchsgelübde ab und weihten sich der Verteidigung christlicher Lande. Die Johanniter trugen einen schwarzen Mantel mit weißem Kreuz. Bald bildete sich eine Anzahl von Ordenszentren in ganz Europa heraus. Neben den Johannitern gab es den 1119 gegründeten Templerorden, der Pilgern auf dem Wege von der palästinensischen Küste nach Jerusalem Schutz gewährte. Die Templer trugen einen weißen Mantel mit rotem Kreuz. Im Jahre 1190 entstand in Akkon eine Bruderschaft für Krankenpflege, die 1198 in den Deutschen Orden verwandelt wurde. Der Deutsche Orden fand bald seine Aufgabe außerhalb des Heiligen Landes: Seit 1230 eroberte er das Ordensland Preußen. Die Ordensritter trugen einen weißen Mantel mit schwarzem Kreuz.

Ohne die Ritterorden hätten sich die Kreuzfahrerstaaten nicht halten können. Edessa fiel 1144 sogar trotz ihrer Hilfe. Daraufhin rief der für seine Frömmigkeit berühmte Abt Bernhard von Clairvaux zum 2. Kreuzzug auf. Er wurde vom deutschen König Konrad III. und König Ludwig VII. von Frankreich angeführt, doch kam es zu einer Katastrophe, denn die beiden Monarchen zerstritten sich, und es gelang ihnen nicht, Damaskus zu nehmen. Sogar Bernhard mußte zugeben, daß die Kreuzfahrer nur noch eine zusammengewürfelte Schar waren, in der die Diebe und Mörder überwogen. In Europa kam es überdies im Laufe der Kreuzzüge zu häßlichen Ausschreitungen gegen die Juden.

EIN HELD DES RITTERLICHEN ZEITALTERS

Der Held eines der großen Epen des Mittelalters, des Rolandsliedes, *ist hier links von Karl dem Großen und dem Erzbischof von Reims in dem berühmten Karlsfenster der Kathedrale von Chartres (13. Jahrhundert) dargestellt. Der furchtlose und ritterliche Roland wurde in einer Legende verherrlicht, die sich um den Führer der Nachhut Karls des Großen rankte, die 778 im Pyrenäental von Roncesvalles im Kampf gegen die Basken in einen Hinterhalt geriet und vernichtet wurde.*

Nachdem Sultan Saladin alle christlichen Städte im Heiligen Land mit Ausnahme von Tyros für den Islam zurückerobert hatte, brachen Kaiser Friedrich I., Barbarossa, König Philipp II. August von Frankreich und König Richard I. von England zum 3. Kreuzzug auf. Aber der greise Kaiser ertrank unterwegs an der Südküste Kleinasiens im Saleph. König Philipp verließ später den Kreuzzug und machte sich nach seiner Rückkehr die Abwesenheit Richards zunutze, indem er in dessen Besitzungen in der Normandie und anderen Teilen Frankreichs einfiel.

Unterdessen hatte Richard als alleiniger Führer des Kreuzzugs sich durch seine Tapferkeit den Namen Löwenherz erworben. Er nahm Akkon ein und stellte ritterliche und sogar herzliche Beziehungen zu Sultan Saladin her. Ein Waffenstillstand sicherte den Kreuzfahrern die Küste und gab ihnen das Recht, Jerusalem als Pilger zu betreten. Auf seiner Rückreise erlitt Richard Löwenherz jedoch Schiffbruch, wurde von Herzog Leopold V. von Österreich gefangengesetzt und Kaiser Heinrich VI. ausgeliefert, der ihn gegen Leistung des Lehnseides und Zahlung eines enormen Lösegeldes, das zum Teil aus englischen Steuergeldern stammte, freiließ.

Bitterer Zwist machte auch alle weiteren Kreuzzüge zunichte. Der tatsächliche Gewinn wurde von den Handelsstädten Italiens eingeheimst, insbesondere von Venedig, das vom Transport der Kreuzfahrer profitierte und Handelsprivilegien in den Levantehäfen erwarb, von wo aus die Brokate und Seiden des Ostens das westliche Mittelmeer erreichten.

Der Weg des Rattenfängers von Hameln

Die gewinnsüchtigen Motive der Kreuzfahrer zeigten sich so recht im 4. Kreuzzug von 1202–04. Sie mußten Venedig für Schiffe und Lebensmittel im voraus 85 000 Mark in Silber bezahlen; außerdem verlangte Venedig ein Mitspracherecht in der Führung des Kreuzzugs und die Hälfte des Eroberten. Die Kreuzfahrer wurden dann von einem byzantinischen Prinzen nach Konstantinopel gerufen, damit ihm geholfen würde, anstelle seines abgesetzten Vaters den Thron zu besteigen. Am Ende wurde Konstantinopel von den Kreuzfahrern und den Venezianern, die in der Stadt einen Handelsrivalen erblickten, erobert und geplündert.

Bilder und Manuskripte wurden vernichtet und Schätze weggeschleppt. So stammen die vier Bronzepferde über dem Portikus der Markuskirche in Venedig aus Konstantinopel. Ein Teil Konstantinopels fiel an Venedig, und das Lateinische Kaisertum wurde errichtet. Kein einziger der Kreuzfahrer erreichte Palästina. Nach dieser Episode sank das Ansehen der Kreuzzüge, und die Zahl der Teilnehmer ging zurück. Die

Herrschaft der Kreuzfahrer in Byzanz dauerte nur 50 Jahre.

Der traurigste aller Kreuzzüge war der Kinderkreuzzug von 1212. Es waren angeblich 30 000 Kinder, die von dem französischen Bauernjungen Stephan von Cloyes zum Kreuzzug überredet wurden. Als sie Marseille erreichten und erwarteten, das Meer werde sich vor ihnen teilen wie das Rote Meer vor Moses, wurden sie auf Schiffe gelockt und nach Nordafrika in die Sklaverei verkauft. Die Chronisten berichteten auch von 20 000 Kindern, die im gleichen Jahr aus Deutschland aufbrachen und nicht weiter als bis nach Italien gelangten. Von den Rückkehrern wurden manche eingefangen und die Knaben zu Dienern, die Mädchen zu Prostituierten gemacht. Die Legende vom Rattenfänger zu Hameln mag in diesen entsetzlichen Vorgängen ihren Ursprung haben.

Es folgten noch einige Kreuzzüge, doch 1271 mußte Krak des Chevaliers sich ergeben, und 20 Jahre später fiel Akkon, das letzte christliche Bollwerk, nach einer Belagerung von sechs Wochen. Alle Einwohner wurden entweder massakriert oder versklavt. Was als großes christliches Abenteuer begann, endete in Enttäuschung. »Die Kreuzfahrer«, schrieb ein Chronist, »hatten Gott verlassen, ehe Gott sie verließ.«

Wirkungen der Kreuzzüge

Die Kreuzzüge waren nicht völlig ohne Ergebnis. In gewisser Weise fand eine Verlagerung der Kreuzzugsenergie statt. Venedig und andere italienische Häfen profitierten vom Handel, und Prinz Heinrich von Portugal folgte ihrem Beispiel, indem er sich der See zuwandte und eine Handelsflotte entstehen ließ. Seine Schiffe segelten nach Madeira und zu den Azoren. 1487 erreichte Bartholomäus Diaz, ein portugiesischer Seefahrer, das Kap der Guten Hoffnung. Die Entdeckungsreisen zur See erhielten Auftrieb durch die Geisteshaltung und den Reichtum der italienischen Fernkaufleute, die Abenteuer nicht scheuten.

Durch den Kontakt mit dem Orient begann man auch in Europa andere Ansprüche an das Leben zu stellen. Die Kreuzfahrer brachten Gewürze wie Ingwer und Pfeffer, Zimt und Nelken mit, Früchte wie Feigen, Datteln und Rosinen, außerdem Reis, Mandeln und Zucker. Teppiche ersetzten gelegentlich das Stroh und die Binsen auf den Fußböden, Seide und Brokat wurden zu schönen Gewändern verarbeitet. Gläserne Spiegel, wie man sie in Konstantinopel benutzte, traten an die Stelle der polierten Metallscheiben des frühen Mittelalters. Auch die Wissenschaften profitierten von den Kreuzzügen. Das Abendland lernte griechische und orientalische Philosophie und Medizin kennen und übernahm das ursprünglich indische Zahlensystem von den Arabern, die es in Algebra und Astronomie weit gebracht hatten. Die Araber verwendeten Opium als Betäubungsmittel bei Operationen, sie kannten die Wirkung von Düngemitteln, und sie hatten von den Chinesen das Geheimnis der Papierherstellung gelernt. Schon bald benutzte man auch in Europa das Papier neben dem teueren Pergament.

KIRCHEN ZUR EHRE GOTTES

Tausende von Kathedralen und Kirchen wurden im 11. und 12. Jahrhundert in Europa erbaut, davon mehr als 1500 allein in Frankreich. Zwei Stile, der romanische und der gotische, kennzeichnen diese Epoche. Romanische Kirchen wirken massig und schwer, auf ihren Rundbögen ruht der Oberbau. Die kleinen Fenster ließen nur wenig Licht herein. Die gotischen Kirchen mit ihren Spitzbögen, schlanken Pfeilern und sehr hohen buntverglasten Fenstern waren vergleichsweise höher und heller.

ROMANISCHES KAPITELL *Der Bildhauer Gislebertus hat für die Kathedrale von Autun hervorragende Werke romanischer Plastik geschaffen wie hier die Heiligen Drei Könige, denen im Schlaf ein Engel erscheint.*

ROMANIK UND GOTIK *Im Bau der Abteikirche von Vézelay (12. Jh.) zeigt sich eine beginnende Stiländerung. Das Kirchenschiff ist romanisch, aber höher als sonst gewölbt und durch Kreuzgewölbe verstärkt. Der gotische Chor stammt aus dem 13. Jh.*

ROMANISCHER STIL *Als die Kirche Notre-Dame-la-Grande in der ersten Hälfte des 12. Jahrhunderts in Poitiers gebaut wurde, hatte der romanische Stil seinen Höhepunkt erreicht. Die Schwere der breit hingelagerten, fast fensterlosen Fassade wird durch die tief eingeschnittenen Portale und den reichen Figurenschmuck aufgelockert.*

Dicke Mauern (oben) tragen das Gewicht romanischer Rundbögen. Strebebögen (unten) stützen die gotischen Spitzbögen und die dadurch möglichen höheren Wände und Gewölbe.

GOTISCHER STIL *Spitzbögen, aufstrebende Linien und die hohen Doppeltürme verleihen der Westfassade von Notre-Dame in Paris trotz ihrer Größe eine elegante Leichtigkeit.*

TRIUMPH DER BAUKUNST *Nur ein Teil des Gewölbes der hochgotischen Kathedrale von Chartres wird von den 37 m hohen Pfeilern getragen. Gewaltige Strebebögen übertragen die größte Last auf die Strebepfeiler über den Seitenschiffen. Die Wände konnten daher von großen bunten Fenstern durchbrochen werden.*

Die Vorläufer der Renaissance

Während die deutschen Kaiser mit dem Papst im Streit lagen, waren in England, Frankreich und Sizilien zentral regierte Staaten entstanden, die auf der Feudalordnung fußten. In Nord- und Mittelitalien sowie in Frankreich und Deutschland strebten vom 12. Jahrhundert an von Mauern umgebene Städte empor, die Kaufleuten, Händlern und der Stadtbevölkerung Schutz boten. Die Menschen konnten sich den Künsten des Friedens zuwenden, und die Kreuzfahrer brachten ihnen neue Ideen und eine neue Weltklugheit. Diese intellektuelle Freiheit führte zu einer Wiedergeburt der Künste, zu einem Aufschwung der Gelehrsamkeit, die als Vorläufer der 300 Jahre später einsetzenden eigentlichen Renaissance betrachtet werden können.

Noch war Europa von der Kirche beherrscht. Obgleich Peter Abaelard, der berühmte Philosoph der Pariser Universität, die Dogmen der Kirche in Zweifel zog, versuchte er doch nie, die Heilige Schrift anzuzweifeln. In seinem letzten Brief an die Nonne Heloise, seine frühere Schülerin, die er einst heimlich geheiratet hatte, schrieb er: »Ich möchte kein Philosoph sein, wenn das bedeutete, gegen Paulus zu sprechen. Ich möchte kein Aristoteles sein, wenn mich das von Christus trennte.«

Der neue wißbegierige Geist der Zeit durchdrang die Mönchsorden und erweckte in ihnen das Interesse an der Außenwelt. Allmählich kam die Idee auf, man müsse sich bei der Vorbereitung auf das jenseitige Leben mit Taten der Nächstenliebe im diesseitigen betätigen. Das leuchtendste Beispiel in dieser Hinsicht gaben der heilige Franz von Assisi (1182–1226) und sein Orden. Nachdem er eine Zeitlang Kaufmann und Soldat gewesen war, gab der heilige Franz allen Besitz auf, um nur noch für die Armen und Kranken dazusein. Sein Interesse galt nicht der Theologie oder der Politik, sondern der Menschenwelt und der ihn umgebenden Natur.

Es war die Zeit der großen europäischen Kirchenbauten. Jede Stadt wollte ihre Nachbarn durch ihren religiösen Eifer beim Bau großer und schöner Kirchen ausstechen. Über 1000 Kathedralen und andere Kirchen wurden im 11. Jahrhundert in Frankreich gebaut und mindestens 500 weitere im 12. Jahrhundert. Dafür gaben die Bürger generationenlang ihrer Hände Arbeit und ihr Geld her. Auch die mittelalterliche Kunst blühte in erster Linie in den Kirchen, denn ihre Themen waren zumeist religiöser Natur. In den farbigen Kirchenfenstern erreichte diese Kunst vielleicht ihre höchste Form. Steht man in der Sainte-Chapelle, der von Louis IX. in Paris erbauten Schloßkapelle, so ist einem, als stünde man mitten in einem Rubin, wegen der im Rot der sinkenden Sonne gehaltenen Fenster. In ähnlicher Weise ist das kühle blaue Licht im Schiff der Kathedrale von Chartres mit dem Inneren eines Saphirs verglichen worden.

Viel künstlerisches Können wurde an polyphone Musik (bei der zwei oder mehr Melodien miteinander verbunden sind), an Fresken und Wandteppiche, Holzschnitzereien am Kirchengestühl, Steinmetzarbeiten an Kirchenportalen und an den Bildschmuck von Bibeln und liturgischen Büchern gewendet. Denn die Kathedralen waren mehr als nur Gotteshäuser; sie waren gleichzeitig auch Theater und Bühne, Bibliothek und Kunstgalerie sowie Schule. Kirchen, die in einer engen Beziehung zu einem Heiligen standen, wurden das Ziel von Pilgerfahrten, vor allem Santiago de Compostela in Spanien, wo die Gebeine des Apostels Jakobus ruhen sollen.

Troubadours und Minnesänger

Obwohl Kunst und Architektur noch immer deutlich religiös bestimmt waren, wehte doch ein anderer Geist. Das läßt sich unter anderem an den Dichtungen der Troubadours der Provence, der Trouvères Nordfrankreichs, der Trovatori Italiens und der deutschen Minnesänger erkennen. Sie zogen von Burg zu Burg und sangen Lieder eigener Komposition, die von Flöten und Violen begleitet wurden. Ihre Lyrik befaßte sich mit

WANDERNDE TROUBADOURS

Im höfischen Minnekult, der sich im 12. Jahrhundert von der Provence über Europa verbreitete, wurde die Beziehung zwischen einem Ritter und der Dame seines Herzens idealisiert. Die Troubadours und Minnesänger dichteten und komponierten Liebeslieder und brachten sie auf ihren Wanderungen von Burg zu Burg zu Gehör. Manche waren von Musikanten begleitet und hielten sich berufsmäßige Unterhalter, *Jongleurs* genannt, die für sie sangen. Innerhalb des Adels wurden Ehen aus politischen oder wirtschaftlichen Gründen geschlossen, so daß Liebesbeziehungen oft außerhalb des Ehelebens bestanden. Daher waren, obgleich der Minnegesang eigentlich die geistige Liebe pries, viele Anspielungen in den Liedern offensichtlich sinnlich.

GEGENSTAND DER VEREHRUNG *Auf diesem Wandteppich steht eine vornehme Dame zwischen den Symbolen der Ritterlichkeit, dem Löwen und dem Einhorn.*

LIEBESKÖNIGIN *Eleonore von Aquitanien förderte die Troubadours an ihrem Hof in Poitiers, wo sie auch einem Minnegericht vorsaß. Nach ihrer Scheidung von Ludwig VIII. von Frankreich heiratete sie Heinrich II. von England. Ihr Grab (oben) befindet sich in der Abtei Fontevrault.*

Liebe, Abenteuer und Heldentum, und die besungene Liebe war dabei oft geistiger Natur.

Daneben entfaltete sich das Heldenepos, wovon sowohl das altfranzösische Rolandslied wie das Nibelungenlied zeugen. Viele Themen entstammen alten keltischen Märchen und Fabeln, wie die Sage von König Artus und seiner Tafelrunde oder von Tristan und Isolde. Die Sage vom Gral und von Parzival, deren Herkunft unbekannt ist, hat zuerst der Franzose Chrétien de Troyes in einem Versroman behandelt. In seinem höfischen Epos *Parzival* hat dann der mittelhochdeutsche Dichter Wolfram von Eschenbach eine der großartigsten Dichtungen des Mittelalters geschaffen, in der der Weg des christlichen Ritters zur Selbsterkenntnis geschildert wird. Die Dichter verwendeten die jeweiligen Volkssprachen und trugen so zur Ausbildung der Nationalsprachen und -literaturen bei. Ihre Lieder und Legenden wurden unendlich oft wiederholt, denn ihr Zauber lag ja gerade im Altvertrauten.

Dieser Erneuerung im 12. Jahrhundert lag eine Art sokratischer Wißbegier zugrunde. Verbunden damit waren eine Neuentdeckung der Werke des Aristoteles und ein Aufschwung der Universitäten. Peter Abaelard begründete den Ruf der Universität von Paris durch seine unentwegte Infragestellung religiöser Dogmen. Seine Abhandlung *Sic et Non* (Ja und Nein) zeigte, wie widersprüchlich diese sein konnten. Fragen seien der Schlüssel zur Weisheit, behauptete Abaelard. »Indem wir zweifeln, kommen wir zur Frage, und durch die Frage gelangen wir zur Wahrheit.« Einige seiner Lehren wurden 1121 und 1141 durch die Kirche verurteilt. Aber seine Methode der Fragestellung setzte sich an den mittelalterlichen Universitäten durch. Diese Universitäten entstanden aus Schülergruppen, die sich zu Füßen bestimmter Lehrer sammelten. Ging ein Lehrer an einen anderen Ort, so konnten die Schüler mit ihm gehen. Auf diese Weise wurde die Universität Cambridge gegründet, als sich eine Gruppe unzufriedener Lehrer von Oxford löste.

Die Lehrmethode bestand aus Vorlesungen und der Infragestellung geltender Lehrmeinungen. Der Student sollte systematisch denken lernen. Die Ausbildung an der Universität konnte sechs Jahre dauern, wobei es das Ziel des Studenten war, sich die Fähigkeit anzueignen, eine strittige These verteidigen zu können. Fast alle Themen kreisten um theologische Fragen; die Gelehrten stritten sich sogar darum, wie viele Engel auf einem Stecknadelkopf stehen könnten. Zunächst wurden die sieben Grundfächer gelehrt: Grammatik, Rhetorik, Dialektik und Arithmetik, Geometrie, Musik, Astronomie, die sogenannten Sieben Freien Künste. Es folgten Logik, Physik, Metaphysik, Ethik, Politik. Außer der theologischen Fakultät entwickelten sich auch die medizinische und die juristische Fakultät.

Die Universitäten waren entweder nach dem Vorbild von Paris oder dem von Bologna organisiert. In Paris stellte eine Körperschaft von Lehrkräften die Regeln auf, und die Studenten begannen ihr Studium meist sehr jung, manchmal mit 12 bis 14 Jahren. Die Universitäten, die sich nach dem Vorbild von Bologna richteten, bestanden aus Vereinigungen von gewöhnlich wesentlich älteren Studenten, die im Studium des Rechts oder der Medizin fortgeschritten waren. Sie bezahlten ihre Lehrkräfte selbst, bestimmten die Form des Studiums und wählten den Rektor.

Aussöhnung von Vernunft und Glauben

Die Folge dieser Gärung im Bildungswesen war eine intellektuelle Herausforderung des christlichen Glaubens. Der Abt Bernhard von Clairvaux widersprach Abaelard. Er behauptete: »Der Glaube des Gerechten glaubt, er disputiert nicht.«

Spätere Theologen kämpften darum, Vernunft und Glauben zu versöhnen, bis es dem heiligen Thomas von Aquin, der auch an der Universität von Paris lehrte, in seiner 1273 vollendeten *Summa Theologica* zu beweisen gelang, daß die beiden nicht unvereinbar sind. Er betonte, daß sowohl der Verstand als auch der Glaube Wege zur Wahrheit seien. Der Verstand fordere, daß alles eine Ursache haben müsse. Folge man der Kette von Ursache und Wirkung bis zu ihrem Anfang, dann gelange man schließlich zu Gott, dem Ursprung aller Dinge. Die Lehren des heiligen Thomas gelten in der katholischen Kirche noch immer als Grundlage des philosophisch-theologischen Studiums.

Die Spannung zwischen den beiden Welten der Kirche und des Staates spiegelt sich am deutlichsten im Werk von Dante Alighieri (1265–1321). Dem Sohn eines armen, aber adligen Florentiners gelang es nie, seine Liebe zu der reicheren, ihm ferngerückten Beatrice zu vergessen. Er war Mitglied des Rates von Florenz, wurde aber 1302 verbannt, weil er die Partei des Kaisers gegen den Papst ergriffen hatte. Als Exilierter lebte er ein Wanderleben. *Die Göttliche Komödie* ist die Geschichte seiner visionären Reise durch Hölle und Fegefeuer in den Himmel, ein mittelalterliches Weltbild, in dem auch von Philosophie, irdischer Liebe, Päpsten und Politikern die Rede ist.

Aus England stammen die 1387 begonnenen *Canterbury Tales* von Geoffrey Chaucer. Es handelt sich um eine Rahmenerzählung, in der sich eine Anzahl Pilger gegenseitig Geschichten erzählen, während sie zum Grab des heiligen Thomas Becket in Canterbury pilgern. Zu den von Chaucer lebhaft und mit viel Temperament geschilderten Männern und Frauen gehören ein

STOLZE STÄDTE

Im 12. Jahrhundert wurden viele neue Städte gegründet, und alte dehnten sich aus, denn eine Blütezeit des Handels und Handwerks hatte begonnen. Viele organisierten sich als Stadtrepubliken, die von den Patriziern, den Zünften oder von beiden regiert wurden und eine gute Verwaltung hatten. Die mächtigsten unter ihnen konnten auch ein Wort in der großen Politik mitreden, wie Lübeck im Norden und Venedig, Mailand, Pisa, Florenz und Siena in Italien. Dieses Fresko im Rathaus von Siena, das Ambrogio Lorenzetti malte – es ist eine Allegorie auf die »Gute Regierung« –, spiegelt den Stolz der Bürger Sienas auf die Ordnung und Sicherheit ihres Gemeinwesens wider. Mädchen tanzen in den Straßen, Bauern und Händler ziehen mit beladenen Eseln, mit Schafen und Körben voller Waren an geöffneten Läden vorbei. Maurer arbeiten am Dach eines hohen Gebäudes. Über der Stadt erheben sich die Türme der Adelspaläste und Kirchen. Siena gehörte zu den reichen Stadtstaaten, die zum Schutze ihrer Interessen im Mittelalter sogar Kriege führen konnten.

DAS CHRISTENTUM WIRD INS VOLK GETRAGEN

Die neuen, im späten Mittelalter gegründeten Bettelorden schickten ihre Mitglieder aus, um dem Volk zu predigen, anstatt sie in den Klöstern festzuhalten. Einer der wichtigsten war der vom heiligen Franz von Assisi begründete Orden der Minderen Brüder (Minoriten). Diese Franziskaner predigten einen gütigen Christus und einen barmherzigen Gott, der für alle Kreaturen sorgte, für die Menschen und alle anderen Geschöpfe. Den Brüdern war der Besitz von Geld untersagt; so lebten sie als Bettelmönche oder indem sie für ihren Unterhalt arbeiteten. 1226 starb der heilige Franz im Alter von 44 Jahren. Zwei Jahre darauf wurde er von Gregor IX. heiliggesprochen. Wegen des Armutsideals kam es zu Streitigkeiten und Spaltungen unter den Franziskanern.

KAMPF DEM BÖSEN *In der Oberkirche der Basilika, die kurz nach dem Tod des Heiligen in Assisi errichtet wurde, schildert der Florentiner Maler Giotto Szenen aus dem Leben des heiligen Franz, der auf diesem Bild die Dämonen aus der Stadt Arezzo austreibt.*

Müller, ein Prior, ein Arzt und viele verschiedene Handwerker. Chaucer hat stellenweise schon Shakespeares Schwung und Bildersprache. Die beißende Ironie, der Humor, das Herausstellen der Torheiten und Eitelkeiten der dem wirklichen Leben entnommenen Frauen- und Männergestalten zeigen, daß ein neuer Wind weht.

Das Mittelalter fand ein Ende, als sich in Westeuropa mächtige Nationalstaaten, in Deutschland mehr und mehr vom Kaiser unabhängige Territorialstaaten, herausbildeten, deren Herrscher sich auf den Reichtum blühender Handelsstädte stützten. Die Zunahme fürstlicher und königlicher Macht auf Kosten des Adels war zum Teil durch die Veränderung der Kriegskunst bedingt. Als das Pulver in Gebrauch kam, erwiesen sich die Feuerwaffen den Burgen, Rüstungen und Pferden der Ritterschaft überlegen. Außerdem verstanden disziplinierte Fußsoldaten mit Spießen und Bogen, eine Kavallerieattacke abzuwehren. Der Sieg Eduards III. bei Crécy im Jahre 1346 über eine dreifach überlegene französische Armee war der Schnelligkeit, Genauigkeit und Schußweite der englischen Bogenschützen zuzuschreiben. Die Fürsten warben nun auch Landsknechte an, die länger Dienst taten als die Lehnsleute, die nach der vorgeschriebenen Dienstzeit von 40 oder 60 Tagen wieder heimgingen.

Die Könige traten für Einheit, die Durchführung der geschriebenen Gesetze, für Handel und Frieden ein. Und die Kaufleute und Bürger des Mittelstandes in den Städten waren des Krieges und der Anarchie müde. Könige und Fürsten stützten sich immer weniger auf den Adel und immer mehr auf Geschäftsleute und gebildete Geistliche als Ratgeber und Sachwalter. Auch als Geldgeber waren die Kaufleute den ständig in Geldnöten steckenden Fürsten willkommen. Eine entschiedene Tendenz, Macht in der Hand des Herrschers zu vereinigen, lag dem allem zugrunde. Mehr und mehr konzentrierten sich auch die Verwaltung und Rechtsprechung am Hofe des Königs, wenn nicht, wie in Deutschland, die freien Städte sich die entsprechenden Privilegien verschafft hatten, wie überhaupt der Geist der neuen Zeit sich vor allem in den Städten äußerte, in denen die Geldwirtschaft blühte.

Zünfte und Gilden

Handwerker wie Schneider, Tischler, Weber, Goldschmiede, Handschuhmacher und Kürschner waren in Zünften oder Innungen organisiert, die ihre Mitglieder kontrollierten und ihre Rechte verteidigten. Die entsprechenden Genossenschaften der Kaufleute hießen Gilden. In manchen Städten wurde die Stadtverwaltung von Zünften und Gilden beherrscht; ihre Mitglieder bauten Kirchen und Zunft- oder Gildenhäuser, die, wie in Florenz oder den flämischen und hansischen Städten, als hervorragende Beispiele mittelalterlicher Architektur und Handwerkskunst noch heute bestehen.

Die übervölkerten und schmutzigen Städte waren jedoch weder gesund noch sicher. Immer wieder wurden sie von Feuersbrünsten und Seuchen heimgesucht. Es gab keinen Unterschied zwischen Straße und Gosse, überall lag der Unrat umher. In den Jahren zwischen 1347 und 1352 wurde ganz Europa von der Pest, dem Schwarzen Tod, einer durch Rattenflöhe übertragenen Seuche, heimgesucht. Sie wirkte sich besonders in den Städten verheerend aus, wo im Durchschnitt einer von drei Menschen qualvoll zugrunde ging.

Neben den Domen und Burgen standen nun als neue Machtfaktoren die Rathäuser der Städte. Die in der Hanse zusammengeschlossenen norddeutschen Städte unterhielten Faktoreien in Norwegen, England und Rußland, sie besaßen eine Flotte und konnten sich mit manchem König an Macht messen. Aus den Städten kamen Erfindungen wie Uhren und Kanonen. Brügge und Gent in Flandern, Köln, Lübeck und Augsburg in Deutschland, Florenz und Venedig, Mailand und Genua, Pisa und Bologna in Italien waren Zentren des Handels, der Wissenschaft und Kultur. In diesen Städten entstand der moderne Kapitalismus. Es war die Geldmacht der Städte, die den Feudalismus zerstörte. Die Medici in Florenz waren die Bankiers für halb Europa, und Kaiser Karl V. hing von den Darlehen der Fugger in Augsburg ab.

Die Kirche hatte am meisten unter den neuen Kräften zu leiden. Sie brauchte ebenfalls Geld, konnte es aber nur durch Vorhaben erlangen, die dem Königtum ein Ärgernis waren. Innere Zerwürfnisse schwächten das Papsttum: Zwischen 1378 und 1417 gab es zwei Päpste, einen in Rom und einen in Avignon. Nach dem Konzil von Pisa (1409) sogar drei! Die Korruption in der Kirche führte zu Bewegungen, die Vorboten der Reformation waren. John Wyclif (um 1320–84) in England und Jan Hus (um 1370–1415) in Böhmen griffen das weltliche Gehabe der Geistlichkeit an und betonten, daß die Bibel die höchste Autorität darstelle. Und es gab Leute wie Roger Bacon in England, die behaupteten, Beobachtung und Experiment lieferten die Schlüssel zur Wahrheit. Die Vergangenheit verlor ihre Macht über die Gegenwart – ein neuer Geist war eingezogen.

FÄRBER *Das Textilgewerbe gab verschiedenen Handwerkern Arbeit, die in einzelnen Zünften organisiert waren. In dieser flämischen Miniatur (1482) tunken Färber die Stoffe in Bottiche mit rotem Farbstoff. Das Zentrum der Tuchherstellung Europas lag in Flandern.*

DIE MACHT DER ZÜNFTE

Als der Handel zunahm und die Städte immer größer wurden, schlossen sich die Kaufleute und Handwerker zu gegenseitigem Schutz und zur Förderung ihrer Interessen zu Zünften und Gilden zusammen, die oft so mächtig wurden, daß sie die Stadt regierten. Meist durften nur Zunftmitglieder das entsprechende Gewerbe betreiben. Der Eintritt in die Zunft war streng geregelt. Nach einer langen Lehrzeit wurden die Lehrlinge feierlich losgesprochen, danach arbeiteten sie als Gesellen bei einem Meister. Erst wenn der Geselle sein Meisterstück zur Zufriedenheit seiner Zunftgenossen gemacht hatte, durfte er seine eigene Werkstatt eröffnen. Die Zunftordnung regelte die Preise und wachte über die Güte der Erzeugnisse. Zünfte bestanden bis ins 19. Jahrhundert.

MEISTERSTÜCKE *Unter Aufsicht eines Zunftmeisters fertigen ein Steinmetz und ein Tischler ihr Meisterstück an (fläm. Miniatur des 15. Jh.).*

DAS PARLAMENT – DIE SOUVERÄNITÄT DES HERRSCHERS WIRD EINGESCHRÄNKT

Gegen Ende des Mittelalters forderten neue Kräfte ihren Anteil an der Regierung der europäischen Staaten. In England begann dieser Prozeß schon in der Mitte des 13. Jahrhunderts, als ein rebellischer Baron, Simon de Montfort, das erste Parlament zusammenrief; aber es dauerte noch 400 Jahre, ehe die Macht der Krone erfolgreich eingeschränkt werden konnte. Auf dieser Illustration aus dem 16. Jahrhundert präsidiert Eduard I. einer Parlamentssitzung. Zu seiten des Königs sitzen die Herrscher von Wales und Schottland. Vor ihnen haben die Bischöfe und rot gekleidete Barone Platz genommen. Zwischen ihnen sitzen die Richter auf Wollsäcken. Das wichtigste Recht des Parlaments war, daß ohne seine Zustimmung keine Steuern erhoben werden durften.

Mensch und Kirche auf neuen Wegen

1350–1600

Mit der Renaissance erfaßte Europa ein anderer Geist, fremde Länder wurden entdeckt, und die Reformation stellte die Autorität des Papstes in Frage

Es gibt wenig plötzliche Veränderungen in der Geschichte, sieht man einmal von den Revolutionen ab. Doch als Europa dem Mittelalter den Rücken kehrte und in die moderne Welt eintrat, da waren das Gefühl der Neuheit so stark und die Folgen der Veränderungen so weitreichend, daß man dieser Epoche einen besonderen Namen gegeben hat: die Renaissance oder die Wiedergeburt Europas.

Die Renaissance begann in Italien um die Mitte des 14. Jahrhunderts mit einem wiedererwachten Interesse an der Antike, und sie breitete sich über das übrige Europa aus, als Gelehrte die Alpen überquerten und die Früchte der neuen Erkenntnisse weiterreichten. Und sie endete über zwei Jahrhunderte später, nachdem von Martin Luther der erste erfolgreiche Kampf gegen die von Rom gelenkte Kirche, die so lange das Leben und Denken Europas beherrscht hatte, geführt worden war.

Auf allen Gebieten – Philosophie, Naturwissenschaft, Theologie, Malerei, Bildhauerkunst, Architektur, Dichtkunst, Mode und Entdeckungsreisen – wurde von den Menschen der Renaissance bis dahin Gültiges in Frage gestellt. Das kennzeichnet sie als moderne Menschen, denen es nicht mehr genügt, Überliefertes einfach hinzunehmen, weil dahinter eine Autorität steht, sondern die auch das anzweifeln, was als reinste Wahrheit erscheint.

Die meisten Menschen des Mittelalters hielten die Erde für eine Scheibe und meinten, wer sich zu weit hinauswage, werde über ihren Rand hinaussegeln. Doch Kolumbus nahm die schon in der Antike entwikkelte Anschauung von der Kugelgestalt der Erde ernst und entdeckte die Neue Welt. Die Menschen waren davon überzeugt, daß die Erde der Mittelpunkt des Universums sei und daß die Sonne und die Sterne sich über den Himmel bewegten. Aber Kopernikus stellte diesen Glauben in Frage, und seine Untersuchungen wiesen der Welt einen

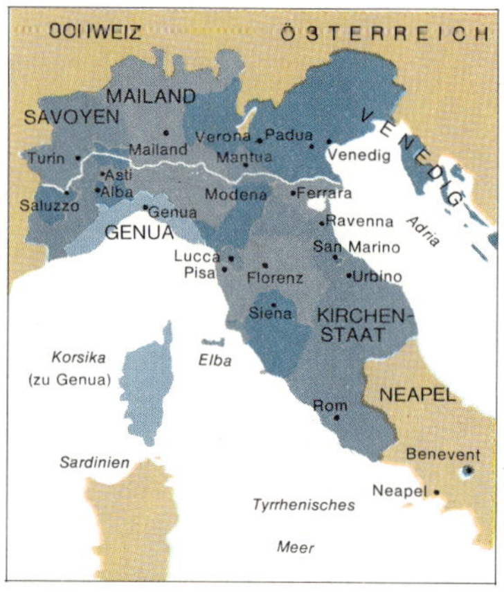

WIEGE DER RENAISSANCE
Die Ideale der Renaissance wurden in einer Reihe von Stadtstaaten in Mittel- und Norditalien geboren und gefördert.

PRACHT DER MEDICI
Florenz war die führende Stadt der Renaissance, und die Medici, ihre führende Familie, benutzten ihre im Bankgeschäft erzielten Gewinne dazu, Florenz als Stadt der Künste und Wissenschaft in ganz Europa berühmt zu machen. Den Palazzo Pitti (links im Vordergrund) ließen sie, als sie Herzöge von Toskana geworden waren, zum größten Palast der Stadt ausbauen. Die Gartenanlagen dahinter erstrecken sich bis zur Feste Belvedere.

Lorenzo der Prächtige (1449–92), der berühmteste der Medici, erscheint in diesem Ausschnitt aus einem Fresko von Benozzo Gozzoli (rechts) im Stadtpalast der Medici als einer der Heiligen Drei Könige zu Pferde. In Wirklichkeit nimmt er an einer Jagdpartie des Florentiner Hofes teil.

neuen und viel geringeren Platz im Weltall zu.

Die Menschen entdeckten auch für sich selbst eine neue, viel erregendere Art zu leben. Der klösterlich abgeschiedenen Welt mittelalterlicher Gelehrsamkeit müde, genossen sie wieder bewußt die Freuden dieser Welt.

Die Renaissance hatte ihre Vorläufer: im 12. Jahrhundert den neugierigen Peter Abaelard in Paris, im 13. Jahrhundert den Kaiser Friedrich II. in Sizilien und Roger Bacon in England, der die experimentelle Wissenschaft propagierte. In Italien gingen Dante mit seiner visionären Sprachgewalt neue Wege und auch Giotto, der als erster Maler sich von byzantinischer Steifheit löste und die Heiligen wieder herunter auf die Erde brachte.

Der italienische Dichter Petrarca (1304 bis 1374) interessierte sich für römische Straßen, Ruinen und Gesetze. Wie Dante schrieb er außer auf Latein auch in italienischer Sprache. Überhaupt wandte man sich in Italien wieder dem Altertum zu. Man suchte nach Statuen und lange verschollenen Manuskripten und sah in Rom nicht nur den Sitz der Päpste, sondern auch die einstige Hauptstadt des größten Imperiums der Welt, die Stadt des Augustus und die Stadt Vergils.

Die Gabe der Griechen

Als das Byzantinische Reich vor dem Ansturm der Türken zu zerbröckeln begann, boten die Städte Italiens den fliehenden griechischen Gelehrten gern Zuflucht. Diese verbreiteten nicht nur die Kenntnis des Altgriechischen im Westen, sie brachten auch griechische Handschriften mit, und eine Suche nach weiteren, auch lateinischen Manuskripten setzte ein. Verloren geglaubte Werke klassischer Schriftsteller wurden in Klosterbibliotheken entdeckt. In Florenz gründete man eine Akademie nach dem Vorbild der Platonischen Akademie. Bald begannen die Menschen der Renaissance die Zeit, in der sie von ihrer großen Vergangenheit abgeschnitten waren, als das finstere Mittelalter zu bezeichnen. Als dann die Druckkunst erfunden wurde, erhöhte sich die Zahl der von dem neuen Geist erfaßten Menschen um ein Vielfaches.

Obgleich die Renaissance als eine Wiederbesinnung auf das klassische Altertum begann, nahm sie bald völlig moderne Züge an. Franziskanerbrüder predigten in der Sprache des Marktes. Die Frische der Fresken des Masaccio (1401–28) mit ihrem Realismus und den Licht- und Schattenkontrasten hatte kaum mehr etwas mit alten Vorbildern gemein. Künstler wie Benozzo Gozzoli (um 1420–97) und Ghirlandaio (1449 bis 1494) bezogen ihre zeitgenössische Welt in ihre Bilder mit ein: Sie malten die Häuser und Gärten von Florenz und das liebliche Arnotal und bevölkerten sie mit den reich gekleideten Mitgliedern der Familien ihrer Gönner, den Medici und Tornabuonis.

Aufstieg der Bankiers

Während des Jahrhunderts nach dem Fall Konstantinopels (1453) änderte sich der Charakter Europas. Einige der Kräfte, die dazu beitrugen, waren wirtschaftlicher Art. Die Kreuzzüge hatten den Handel belebt und das Wachstum der Städte begünstigt, und in Städten wie Pisa, Mailand, Genua, Venedig, Florenz und Siena war der Kaufmannsstand reich und mächtig geworden. Da vielerlei Geldsorten im Umlauf waren, entwickelte sich der Stand der Geldwechsler, aus denen die Bankiers hervorgingen, die Kredite und Darlehen gewährten. Das Wechselgeschäft entstand. Mächtige Familien kamen empor, deren Reichtum nicht so sehr auf Landbesitz, als vielmehr auf der mit Risiko verbundenen Investition von Geldern beruhte. So hatte die Bank der Medici in Florenz Zweigunternehmen in Mailand, Neapel, Pisa, Venedig, Genua, Lyon, Avignon, Brügge und London. Besondere Zweigstellen wurden während der Konzile in Konstanz und Basel eröffnet.

Solche Banken konnten Kredite in ganz Europa bereitstellen und wurden daher unentbehrlich für Päpste und Fürsten. Die Zunahme des Reichtums gab manchen Menschen mehr Muße. Als Folge davon stieg die Nachfrage nach den Erzeugnissen des Handwerks, um damit die großen Paläste und die Villen der führenden Familien auszustatten.

Es gab noch andere Gründe für den Wandel. Das Papsttum, dessen Autorität jahrhundertelang in Europa gegolten hatte, war durch die sogenannte »Babylonische Gefangenschaft der Kirche« sehr geschwächt worden. Sie begann im Jahre 1309, als Clemens V. sich dem Schutz Frankreichs unterstellte und von Rom nach Avignon übersiedelte. In den folgenden 70 Jahren regierte eine Reihe französischer Päpste die Kirche von Avignon aus. Kaum war 1377 der Papst nach Rom zurückgekehrt, als die Kirche erneut durch das »Große Schisma« (1378–1417) zwischen dem Papst in Rom und einem Gegenpapst in Avignon geschwächt wurde. Diesem Zustand macht erst das Konzil von Konstanz (1414–18) ein Ende, das drei Päpste absetzt oder zur Abdankung bewegt und einen neuen Papst im Konklave wählen läßt.

Ein neues Selbstgefühl

Auf allen Gebieten wurden nun mittelalterliche Vorstellungen durch neue Ideen in Frage gestellt. Der Mensch mochte zwar, wie es die Kirche lehrte, ein Sünder sein – dennoch war er zur Größe fähig und um seiner selbst willen interessant. Die Menschen hörten auf, als anonyme Masse zu leben, und wurden statt dessen stolz auf sich selbst und auf ihre Werke. Die Baumeister, Bildhauer und Maler, die die Kirchen und Kathedralen des Mittelalters geschaffen und geschmückt hatten, blieben meist anonym. Dagegen sind uns Leben und Werke der Renaissancekünstler oft bis in Einzelheiten vertraut.

Diese Künstler scheuten sich nicht, ihrer Freude an der körperlichen Schönheit von Männern und Frauen Ausdruck zu verleihen und schöne Ansichten der natürlichen Welt zu bieten. Obgleich die Themen meist noch religiös waren, spürt man in den Gemälden und Skulpturen dieser Zeit in zunehmendem Maße einen Sinn für die Schönheit des Daseins. Die Madonna mit Kind wurde zwar noch immer gemalt, aber langsam lag die Betonung mehr auf der Schönheit und Anmut der Frau als auf der Heiligkeit der Madonna. Im Porträt kam man los von den flachen und stilisierten Darstellungen des Mittelalters. Ein neues, kühnes Interesse an Anatomie, Bewegung, Stellung und perspektivischer Darstellung war erwacht. Man wollte Menschen in Bewegung darstellen und ihren Charakter hervortreten lassen – so in Donatellos Reiterstandbild des Kondottieres Gattamelata in Padua und in Michelangelos Werken in Florenz und Rom. Florenz war der geistige Mittelpunkt der Renaissance – die Stadt der Medici, einer Familie, die im Bankgeschäft zu Reichtum gekommen war, großzügig begabte Künstler förderte und die Stadt vom 15. Jahrhundert bis 1737 regierte. Florenz zeichnete sich durch künstlerische Gewerbe in Wolle, Leder, Gold und Silber aus und brachte Mei-

EINE NEUE LEBENSHALTUNG

Die revolutionäre neue Einstellung zum Leben, die zur Renaissance führte, begann im 14. Jahrhundert. Im Mittelalter verstand man unter einem tugendhaften Leben ein von der Welt abgeschlossenes, oft in der Zurückgezogenheit eines Klosters geführtes Leben. Doch die Maler, Bildhauer, Dichter und Gelehrten des 14. Jahrhunderts in Italien entdeckten aufs neue den Wert und die Freuden eines Lebens, das in einem größeren Rahmen gelebt wurde. Der typische Renaissancemensch war allseitig gebildet, ebenso in öffentlichen Angelegenheiten zu Hause wie in den verschiedenen Künsten. Das Studium der humanistischen Wissenschaften blühte. Die Künstler waren keine demütigen, anonymen Diener der Kirche mehr, sondern auf ihre Leistung und ihren Ruhm stolze Persönlichkeiten.

MEISTERWERK DER TECHNIK *Die von Filippo Brunelleschi 1418–36 errichtete Florentiner Domkuppel hatte eine seit dem Bau des Pantheons im antiken Rom nie wieder erreichte Spannweite. Bei seiner Doppelschalenkonstruktion entfiel das sonst nötige, auf dem Boden ruhende Gerüst.*

MÄCHTIGE FAMILIEN *Als Leonardo 1499 durch Mantua kam, zeichnete er Isabella d'Este (oben links), die Frau des Markgrafen Francesco Gonzaga. Diese große Gönnerin der Künstler zog neben anderen Raffael und Mantegna an ihren Hof. Der Sohn des berüchtigten Papstes Alexander VI., Cesare Borgia (oben rechts), raubte sich durch Mord und Verrat ein Fürstentum zusammen. Er verkörpert die dunklen Seiten eines Renaissanceherrschers.*

SYMBOL EINER STADT *Der von Donatello geschaffene Wappenlöwe bewacht die Florentiner Lilie.*

TOD EINES SITTENPREDIGERS *Der Dominikaner Girolamo Savonarola versuchte nach Vertreibung der Medici 1494 eine sittenstrenge Republik aus Florenz zu machen. Er hatte großen Zulauf beim Volk, aber seine Popularität ließ nach, als die vergnügungssüchtigen Florentiner seiner Ermahnungen müde wurden und der Papst sich gegen ihn wandte. 1498 wurde er als Ketzer verbrannt, wie dieses Bild zeigt.*

MORD UND INTRIGEN *gehörten zur düsteren Seite der Renaissance. In der Verschwörung der Familie Pazzi wurde Giuliano de Medici – sein Bildnis stammt von Botticelli – während der Messe im Dom von Florenz erdolcht. Sein Bruder Lorenzo entkam.*

EIN DOGE *Dieses Porträt von Giovanni Bellini stellt Leonardo Loredano, den Dogen von Venedig (1501–21), dar. Die eigentliche Macht lag beim Senat des Großen Rates, dessen Mitglieder die führenden Familien stellten.*

FRANCESCO SFORZA, *ein sehr erfolgreicher Kondottiere, machte sich 1450 zum Herzog von Mailand, das – nach vielen Kämpfen mit Frankreich – mit dem Tod des letzten Sforza 1535 an Spanien fiel.*

DER ERSTE PANZER *Als Ingenieur stellte der vielseitige Leonardo da Vinci sein großes Talent in den Dienst des Krieges und schuf diese Skizze eines »gedeckten Wagens, sicher und unangreifbar, der mit seiner Artillerie in den Feind hineinfährt«. Es handelt sich im Grunde um einen Vorläufer der modernen Panzer.*

sterwerke der Baukunst hervor, die sich, wie Giottos marmorverkleideter Campanile, der Dom mit der berühmten Kuppel von Brunelleschi und die Palazzi Strozzi und Pitti, bis heute erhalten haben.

Die Kriegskunst der Renaissance

Florenz hatte auch Konkurrenten. Lucca war wegen der Qualität seiner Seide berühmt, Prato für seine Wolle. Mailand war eine große Waffenfabrik; zwei ihrer Waffenschmieden konnten schon im frühen 15. Jahrhundert innerhalb weniger Tage 4000 Reiter und 200 Mann Fußvolk ausrüsten. In Venedig nahm die staatliche Schiffswerft 60 Morgen Land ein und baute acht Kriegsgaleeren im Jahr. Jahrhundertelang beherrschte Venedig das Mittelmeer. Die Macht der Stadt und die Würde seines Staatsoberhauptes, des Dogen, kamen jedes Jahr bei einer Zeremonie zur Geltung, die die Vermählung der Stadt mit dem Meer symbolisierte.

Krieg zwischen Städten kennzeichnete das Italien des 15. Jahrhunderts. Gleichzeitig war das ein Geschäft. Die Kondottieri, die Führer von Söldnerheeren, wurden mächtig. Einer von ihnen, Francesco Sforza, setzte sich 1450 in Besitz des Herzogtums Mailand.

Das Kriegswesen und der Handel hielten nun ebenso wie die Kirche und der Staat Karrieren bereit und Möglichkeiten für unternehmende Männer. Die italienischen Stadtstaaten waren als Rivalen auf allen diesen Gebieten genauso stolz auf ihre Ingenieure, Diplomaten und Kondottieri wie auf ihre Künstler und Gelehrten. Sie befanden sich ständig im Kriegszustand entweder miteinander oder innerhalb der eigenen Mauern. Den Palästen sah man an, daß sie auch als Festungen zu dienen hatten. Es war eine Zeit der Volksaufstände und endloser Intrigen, der Folterungen und der Gewalt. Der Krieg mit seinem ganzen Aufputz und glitzernden Beiwerk war selbst eine Kunst der Renaissance.

In vielen Sätteln gerecht

Die Männer und Frauen der Renaissance besaßen das himmelstürmende Vertrauen, sich alles Wissen aneignen zu können. Der typische Mensch jener Tage hungerte nach neuen Erfahrungen, der Entdeckung neuer Welten. Leonardo da Vincis (1452–1519) Wissen erstreckte sich über viele Gebiete, und auf jedem war er von blendender Originalität. Er wirkte als Naturwissenschaftler, Maler, Bildhauer, Ingenieur, Anatom, Botaniker, Mathematiker und Philosoph. Seine

Arbeiten reichten von Plänen zur Bewässerung der Lombardischen Tiefebene bis zum Entwurf eines großen bronzenen Reiterstandbildes des Francesco Sforza und den Gemälden der Mona Lisa und des Abendmahls. Benvenuto Cellini (1500–71) war Musiker, Architekt, Goldschmied, Soldat, Dichter und Maler und spielte all diese Rollen hervorragend, wie er stolz in seiner lebensprühenden Autobiographie berichtet.

Alle führenden Persönlichkeiten der Renaissance waren vielseitig begabt, und manche betätigten sich aktiv im Staatsdienst. Niccolò Machiavelli (1469–1527), der auch Gedichte, Novellen, Komödien und Geschichtswerke verfaßt hat, stand als Kanzleisekretär und Diplomat 14 Jahre lang im Dienst der Republik Florenz. 1512 wurde er jedoch von den Medici entlassen und schrieb dann sein berühmtes Buch *Der Fürst*. Die Verhaltensregeln, die Machiavelli in diesem Werk den Herrschern empfiehlt, haben seinen Namen zu einem Synonym für Zynismus und Verschlagenheit werden lassen. Um in dem Dschungel der Politik zu überleben, schreibt er, muß der erfolgreiche Herrscher gleichzeitig Löwe und Fuchs sein. Um sich seine Macht zu erhalten, darf er jedes Mittel benutzen. »Ein Fürst ... muß einen anpassungsfähigen Geist haben ... und muß bereit sein, nötigenfalls Böses zu tun.«

Aber Machiavelli war nicht der gewissenlose Ränkeschmied, als der er hingestellt wurde. Als feurigen Patrioten beseelte ihn der Wunsch, Italien so stark zu sehen, daß es sich von den französischen, deutschen und spanischen Eindringlingen befreien könnte, die das Land zugrunde richteten. Die Unzuverlässigkeit der Söldnerheere ließ ihn nach einer Bürgermiliz rufen, wie sie in Rom bestanden hatte. Seinen idealen Fürsten formte er nach dem Vorbild des berüchtigten Cesare Borgia.

Michelangelo (1475–1564) war ebenfalls ein allseitig begabter Mensch – als Dichter und Philosoph, als Architekt der Peterskirche, als Maler der Schöpfungsgeschichte, der Heiligen und Propheten sowie des Jüngsten Gerichts in der Sixtinischen Kapelle wie als Bildhauer des David oder der Figuren der Mediceergräber. Er gehörte ferner zu den neun Bürgern, die 1529 die Verteidigung von Florenz gegen die Medici leiteten.

Die Macht des gedruckten Wortes

Die Renaissance war auch durch eine Reihe von Neuerungen gekennzeichnet, die es den Menschen gestatteten, ihre Welt zu meistern. Eine der wichtigsten war die Erfindung des Buchdrucks durch Johannes Gutenberg (1398–1468) in Mainz. Den Gebrauch beweglicher Typen kannte man zwar in China schon länger, aber in Europa löste der Buchdruck eine geistige Revolution aus. Nachdem Gutenberg und sein Partner, der Goldschmied und Finanzier Johann Fust, die berühmte Bibel von 1456 gedruckt hatten, verbreitete sich die neue Kunst rasch über ganz Europa. Um 1500 gab es schon Druckerpressen in 183 europäischen Städten.

Durch den Druck wurden neue politische und religiöse Ideen rasch weiterverbreitet. Die lateinische Sprache und die Bibel hörten auf, alleiniges Monopol der Kirchen, Universitäten und Klöster zu sein. Denker wie Erasmus von Rotterdam, ein wegen seines scharfen Verstandes und Witzes berühmter Gelehrter, konnten nunmehr mit Hilfe des gedruckten Wortes weitere Kreise erreichen. Seine Satire *Lob der Torheit* (1509), ein Angriff auf Mißstände in der Kirche, war eines der ersten Bücher, das das Denken ganz Europas beeinflußt hat. Der Drucker war oft selbst ein gebildeter Mann, wie etwa Aldus Manutius in Venedig, der griechische und lateinische Klassiker druckte, und Johannes Froben in Basel, bei dem Erasmus das erste gedruckte griechische Neue Testament herausbrachte.

Die größten Auswirkungen hatte diese neue Gelehrsamkeit in Italien, und zwar nicht nur in Florenz, Mantua und Mailand, sondern auch in Rom. Papst Nikolaus V.

NEUE FREUDE AN DER NATÜRLICHEN WELT

Die Werke der Maler und Bildhauer wurden immer lebensnaher. Durch das Studium am Modell lernten sie, Anatomie, Bewegung und Ausdruck genau wiederzugeben – im Gegensatz zu den stilisierten Darstellungen des Mittelalters. Mit Hilfe der Perspektive verschafften sie ihren Bildern Tiefenwirkung.

PALASTMADONNA *Der flämische Maler Jan van Eyck läßt hier den Kanzler Rolin die Madonna und das Kind anbeten. Die Perspektive lenkt das Auge auf die idealisierte Landschaft außerhalb des Palastes. Das himmlische Dasein ist hier ganz mit dem irdischen verwoben.*

KLASSISCHE MEISTER *In der »Schule von Athen«, einem Fresko im Vatikan, malte Raffael die Philosophen des klassischen Griechenlands. Der weißbärtige Plato, der in der Mitte mit Aristoteles spricht, trägt die Züge Leonardo da Vincis, während der Mann im Vordergrund, der sich auf seinen Arm stützt, Michelangelo ist.*

DONATELLO *schuf das erste bronzene Reiterstandbild seit der Antike – das des Kondottieres Gattamelata in Padua.*

(1447–55) gründete die Vatikanische Bibliothek. Julius II. (1443–1513) erbaute den Vatikanpalast und machte ihn zu seinem Wohnsitz. Im 16. Jahrhundert wurden in Rom 53 neue Kirchen gebaut. Rom war die Stadt des goldenen Zeitalters der Renaissance, der Wohnort Michelangelos, Raffaels und Bramantes.

Die schöpferische Unruhe der Renaissance verbreitete sich von Italien nach Frankreich und Deutschland. Ihr Einfluß war dort am größten, wo Kapital vorhanden war und Kaufleute und Fürsten gerne als Mäzene auftraten. Künstler wie Albrecht Dürer, Hans Holbein und die Brueghels standen den italienischen Meistern nicht nach.

Auch das wissenschaftliche Experiment blühte in Europa nördlich der Alpen. Der Arzt Paracelsus (1493–1541) erkannte die Bedeutung der Minerale als Arzneimittel; er untersuchte auch die Krankheiten der Bergleute und schrieb selten lateinisch, sondern meist deutsch. Der Astronom und Domherr Nikolaus Kopernikus aus Thorn (1473 bis 1543) revolutionierte das gültige Weltbild durch die Veröffentlichung seiner These, daß die Erde und die übrigen Planeten um die Sonne kreisten. Er widmete sein Hauptwerk, das erst in seinem Todesjahr erschien, Papst Paul III., und die Kirche beanstandete seine Lehren zunächst nicht.

Das Zeitalter der Entdeckungsreisen

Zur gleichen Zeit, als die Wissenschaftler den Rätseln des Universums auf die Spur zu kommen suchten, enthüllten die Entdekkungsreisen dem Menschen mehr von den Geheimnissen seines eigenen Planeten. Bis zum 15. Jahrhundert glaubten die meisten Europäer, die Erde sei eine flache Scheibe, in deren Mitte sich Jerusalem befinde. Man hatte nur sehr undeutliche Vorstellungen vom Afrika südlich der Sahara. Durch arabische Kaufleute gelangte Kunde von Indien nach Europa. Doch schon im 13. Jahrhundert war der Venezianer Marco Polo in China gewesen und hatte über die großen Städte dort, die Pracht der Hofhaltung des Großchans und von vielen Dingen berichtet, die man ihm nicht glauben wollte. Mit dem Jahr 1492, in dem Kolumbus die Neue Welt entdeckte, begann sich die Kenntnis der Welt schlagartig auszuweiten. Innerhalb von 100 Jahren hatte man einen neuen Ozean entdeckt, der größer als der Atlantik war, und einen Kontinent, der den eigenen an Ausdehnung weit übertraf.

Einer der Hauptgründe für die Entdekkungsreisen lag in dem Umstand, daß Europa vom Handel mit Gewürzen und Seide abgeschnitten war, seit die Osmanen die Landroute nach Indien und China durch die Erweiterung ihrer Machtsphäre gesperrt hatten. Auch ging das Gerücht, irgendwo in Afrika oder Asien läge das christliche Reich des Priesterkönigs Johannes, mit dem man Verbindung aufnehmen wollte.

Christoph Kolumbus (1451–1506), der aus Genua stammte, war davon überzeugt, daß er Indien erreichen könne, wenn er westwärts segelte. Er versuchte erfolglos den portugiesischen Hof für seinen Plan zu gewinnen. Schließlich gelang es ihm, Geld zur Ausrüstung von drei Schiffen von Isabella von Kastilien zu erhalten. Sein Flaggschiff, die *Santa Maria*, war ein Schiff von nur 100 Tonnen. Die 52 Mann starke Besatzung bestand aus abergläubischen, gewalttätigen Burschen, von denen stets eine Meuterei zu gewärtigen war. Aber am 12. Oktober 1492, zwei Monate nach der Abreise aus Spanien, landete Kolumbus auf der Bahamainsel Guanahani. Danach entdeckte er Kuba und Haiti, wo er die erste spanische Kolonie gründete.

Der Erfolg seiner ersten Seereise, der durch die mitgebrachten Indianer und die phantastischen Geschichten seiner Mannschaft noch gesteigert wurde, brachte ihm die Mittel für drei weitere Reisen ein. Aber es gelang Kolumbus erst 1498, das Festland Südamerikas zu entdecken, doch er blieb bei der Meinung, Inseln vor der Ostküste Asiens erreicht zu haben.

MICHELANGELOS *unvollendete Pietà Rondanini drückt den Schmerz der Mutter über den toten Christus aus.*

VERLOCKUNG DES GELDES

Die europäische Kaufmannschaft wuchs im 15. und 16. Jahrhundert an Zahl und Reichtum sehr rasch, als der Seeweg nach Indien und dem Fernen Osten entdeckt worden war und die Spanier enorme Reichtümer aus ihren Besitzungen in der Neuen Welt holten. Die großen Städte Europas wurden zu Geldmärkten, allen voran Antwerpen, wo Quentin Massys 1514 dieses sprechende Bild des Geldwechslers und seiner Frau gemalt hat. Der Spiegel symbolisiert die menschliche Eitelkeit und Zerbrechlichkeit. Der Glanz der Goldmünzen lenkt den Blick der Frau von dem Gebetbuch vor ihr ab.

Bankhäuser wurden für das Geld- und Wechselgeschäft gegründet. Mit der Zeit wurden sie so reich, daß sie Regierungen und Monarchen Geld leihen konnten. Heinrich VIII. lieh ungefähr eine Million Pfund von Antwerpener Bankiers. Mit dem neuen Wohlstand stellte sich die Inflation ein, die durch eine Bevölkerungsexplosion noch verschärft wurde. Die Produktion konnte mit der wachsenden Menschenzahl nicht Schritt halten, und die Preise für Nahrung und Kleidung stiegen in 90 Jahren um 400 Prozent.

Ertragreiche Neue Welt
An der weiteren Entdeckung und Erforschung der Neuen Welt beteiligten sich außer Spaniern fernerhin auch Angehörige anderer Nationen. John Cabot, der 1497 Labrador entdeckte, war venezianischer Bürger in englischen Diensten; Amerigo Vespucci, ein Seefahrer in spanischen Diensten, nach dem Amerika benannt wurde, kam aus Florenz; der Portugiese Magellan, dessen Expedition (1519–22) die Welt erstmals umsegelte, obgleich er selbst schon 1521 von Filipinos umgebracht worden war, segelte ebenfalls unter spanischer Flagge. Der Florentiner Giovanni da Verrazano erforschte die nordamerikanische Küste im Dienst Franz' I. von Frankreich. Und Henry Hudson, dessen Name in den Namen Hudson River und Hudson Bay weiterlebt, war ein von den Holländern angeheuerter Engländer.

Der größte Gewinn fiel Spanien zu. Spanier erforschten die Küsten Nord- und Südamerikas und entsandten Expeditionen ins Innere. 1519–21 entriß Hernando Cortez mit 600 Mann Mexiko den Azteken. Zehn Jahre später begann Pizarro mit anfangs nur 183 Mann das mächtige Inkareich zu erobern. Coronado machte sich 1540 auf, um das Innere Nordamerikas zu erkunden, und fand die Pueblos der Zuñi-Indianer und den Grand Canyon des Colorado. De Soto entdeckte den Mississippi im Jahre 1542.

Portugal war ähnlich aktiv. Vasco da Gama segelte 1497/98 von Lissabon nach Calicut in Südwestindien und kehrte mit Gewürzen und Edelsteinen heim. So brach er die Vormachtstellung, die Venedig bis dahin im Orienthandel innehatte. Portugiesischen Seeleuten wie Francisco de Almeida gelang es, die Herrschaft über den Indischen Ozean an sich zu reißen. Unter seinem Nachfolger Afonso de Albuquerque erreichten die Portugiesen die Molukken.

MIT NEUEN INSTRUMENTEN ERWEITERT DER MENSCH SEINEN HORIZONT

Während der Renaissance wurden die Grenzen der bekannten Welt von unternehmenden Entdeckern weiter hinausgeschoben als je zuvor. Wie sehr dieses Zeitalter vom Geist des Entdeckens besessen war, zeigt dieser Ausschnitt aus einem flämischen Gemälde mit geographischen Karten, illustrierten Reisebüchern, Globus, Kompaß und einem Astrolabium, einem von Ptolemäus erfundenen, von den Arabern verbesserten Gerät zur Bestimmung der geographischen Breite. Es war der Stolz der Wissenschaftler und Handwerker, Navigationshilfen zu schaffen.

Schätze und Piraten
Die neuen Entdeckungen brachten den europäischen Ländern nicht nur überseeische Besitzungen ein. Sie hatten auch bedeutende wirtschaftliche Auswirkungen in Europa. Neue Quellen des Wohlstandes wurden erschlossen. Die portugiesischen Seewege zu den Gewürzinseln bedrohten das Monopol italienischer Kaufleute. Spanisches Gold und Silber wurden von Mexiko und Peru zweimal jährlich im April und August nach Sevilla verschifft. Diese Silberflotte lockte holländische und englische Freibeuter an; es gelang ihr jedoch meistens durchzuschlüpfen, allerdings nicht immer. Auf seiner Weltumseglung mit der *Golden Hind* erbeutete Sir Francis Drake spanische Schätze im Wert von mehr als 1 Million Pfund.

Die ständige Zunahme des in Europa im Umlauf befindlichen Geldes führte zu einem Anstieg der Preise um 400 Prozent innerhalb von 90 Jahren. Die wohlbekannten wirtschaftlichen Probleme der modernen Welt – Inflation, Spekulation und Boom, denen Deflation und Arbeitslosigkeit folgen – hatten sich zum erstenmal im 14. Jahrhundert bemerkbar gemacht; sie wiederholten sich im 16. Jahrhundert. Gleichzeitig nahm die Stadtbevölkerung in Europa ständig zu. Im Jahre 1500 gab es nur fünf Städte mit mehr als 100 000 Einwohnern, 1600 waren es schon zwölf. Die Einwohnerzahl von London war in diesem Zeitraum von 50 000 auf 200 000 angewachsen.

Durch die Entdeckungsreisen gelangten auch Kartoffeln, Mais, Tabak, Zucker, Tomaten, Truthähne und das Pelzwerk bisher unbekannter Tiere nach Europa. Neuheit und Seltenheit der eingeführten Nahrungsmittel und die Leichtgläubigkeit der Menschen führten dazu, daß manche in ihrem Wert unglaublich überschätzt wurden. So verkaufte man eine Zeitlang in England ein Pfund Kartoffeln für mehr als 250 englische Pfund als Aphrodisiakum. Auf ihren Reisen stießen die Europäer auch auf exotische Kulturen in den bisher unbekannten Weltteilen, wie die der Inka und Azteken, und zerstörten sie.

Zeitalter des Individualismus
Die von Ruhmsucht und Geldgier getriebenen Entdecker verkörperten aufs reinste das Neue in der Renaissance, nämlich das Verlangen nach Ruhm. Es war ein Zeitalter des ungezügelten Individualismus und insofern äußerst modern. Ein typischer Herrscher seiner Zeit war Franz I. von Frankreich, der 1515 Mailand eroberte und lange, aber erfolglose Kriege mit den Habsburgern um die Vormacht in Europa führte. Franz I. war ein großer Gönner der Künste. Er gründete das *Collège de France* und zog italienische Maler an seinen Hof.

Den höchsten Ruhm gewann das Frankreich des 16. Jahrhunderts auf dem Gebiet der Literatur. Das Werk *Gargantua und Pantagruel* von François Rabelais (um 1494 bis 1553) sprudelt nur so von Witz und Satire. Dichter wie Pierre de Ronsard und Joachim du Bellay schufen eine französische Nationalliteratur. Sie bereicherten das Französische durch Aufnahme von griechischen und lateinischen Ausdrücken und bemühten sich, die Formen antiker Autoren zu übernehmen.

Der Geist dieser Zeit führte auch zu einem Aufschwung des literarischen Lebens in England, das während der Elisabethanischen Epoche Dichter wie den Poeten Edmund Spenser und die Dramatiker William Shakespeare, Ben Jonson und Christopher Marlowe hervorbrachte. In Shakespeares Werk kommen der ganze Überschwang, die Vielfalt und Tiefe dieser aufgewühlten Zeit zum Ausdruck.

Rebellion in der Kirche

Der die Renaissance kennzeichnende Geist des Alles-in-Frage-Stellens mußte schließlich naturgemäß gegen die höchste Autorität des mittelalterlichen Europas, gegen die Kirche, richten – eine Kirche, die sich gegen Ende des 15. Jahrhunderts weit von ihren Ursprüngen entfernt hatte. Rom war zwar immer noch das Zentrum der Kirche, der Kirchenstaat aber ein italienischer Staat unter anderen, der Papst ein italienischer Fürst unter anderen, dem hauptsächlich daran lag, sein Land zu vergrößern und seine Börse zu füllen. Respekt vor einem Papst wie Alexander VI. (1492 bis 1503) aus dem Hause Borgia, der Mätressen hielt, uneheliche Kinder hatte, seine Feinde ermorden ließ und nach seiner durch Bestechungen erkauften Erhebung zum Papst sagte: »Gott hat Uns das Papsttum verliehen; laßt Uns es genießen«, konnte niemand aufbringen.

Weder der Mißbrauch kirchlicher Macht noch die Kritik daran waren neu. Schon im 14. Jahrhundert hatte der englische Reformator John Wyclif die Grundlagen der Kirche in Frage gestellt, als er die päpstliche Oberherrschaft bestritt und das Recht des Papstes, von England Geld zu verlangen. Der tschechische Reformator Jan Hus, der Wyclifs Ideen zum Teil übernahm, wurde 1415 in Konstanz als Ketzer verbrannt. In Florenz griff der Mönch Savonarola den Luxus und die Skandale in Kirche und Staat an. Auch er starb auf dem Scheiterhaufen. Der große Humanist Erasmus von Rotterdam machte sich über den Aberglauben lustig, der sich in der Kirche breitgemacht hatte. Die Zeit war reif für den Mann, der die Reform der Kirche mit einer neuen leidenschaftlichen Entschlossenheit betreiben sollte. Er hieß Martin Luther.

Luthers Herausforderung

Luther (1483–1546) begann keineswegs als Reformator. Er war der Sohn eines thüringischen Bergmanns, wurde Augustinermönch und später Doktor der Theologie in Wittenberg, wo er sich als Professor für Bibelauslegung einen guten Ruf erwarb. Er war tief religiös und besaß ein sehr ausgeprägtes Gefühl persönlicher Sündhaftigkeit.

Wie Wyclif vor ihm griff auch Luther den Ablaßhandel an – die käufliche Vergebung von Sünden, die auf der Vorstellung beruhte, daß die Kirche durch das Verdienst Christi und der Heiligen einen Gnadenschatz besitze, der die Sünden der Welt überwiege. Ein Sünder, der einen Ablaßzettel kaufte, schöpfte aus dem Gnadenüberschuß und verminderte dadurch einen Teil seiner Strafen im Jenseits. Papst Leo X., der für den Neubau der Peterskirche in Rom dringend Geld brauchte, wandte sich dem Ablaßhandel zu, um auf rasche und sichere Weise zu Geld zu kommen.

Luther faßte in 95 Thesen seine Überzeugungen über den Ablaßhandel zusammen und nagelte sie 1517 an die Tür der Schloßkirche in Wittenberg. Trotz der dramatischen Form war es ihm dabei um einen akademischen Disput, nicht aber um einen Bruch mit Rom zu tun. Doch hatte er sich damit von einer bloßen Kritik kirchlicher Mißbräuche schon weit entfernt. Er glaubte nämlich, daß der einzige Weg zur Rechtfertigung des Sünders über den Glauben führte und die Erlösung nicht durch Pilgerreisen, Gebete an die Heiligen oder den Kauf von Ablaßzetteln zu erlangen sei, sondern nur durch die Gnade Gottes. Er stellte damit die Autorität der Bibel über die des Papstes.

Der Papst erkannte diese Gefahr und griff zu seiner mächtigsten geistlichen Waffe. 1520 erließ er eine Bulle, die Luther mit dem Bann bedrohte, wenn er nicht widerrief. Als Antwort verbrannte Luther öffentlich die Bulle. Im nächsten Jahr wurde er daraufhin exkommuniziert, und der gerade zum Kaiser gewählte Karl V. lud den aufsässigen Mönch vor den Reichstag in Worms (1521). Dort vertrat Luther seine Ansichten und hielt an ihnen fest.

Der Widerhall von Luthers Kritik war unerwartet groß, auch bei vielen deutschen Fürsten, denen der Geldabfluß nach Rom ein Dorn im Auge war. Als der Kaiser mit dem Wormser Edikt über Luther 1521 die Reichsacht verhängte, gewährte ihm sein Landesherr, der Kurfürst Friedrich der

EIN GOLDENES ZEITALTER IN ENGLAND

Die Regierungszeit der Königin Elisabeth I. (1558–1603) war die Epoche der ersten großen Unternehmungen Englands über See, der Seekriege mit Spanien und der Entdekkungsreisen unter Admirälen wie Sir Francis Drake und Sir John Hawkins. England hatte keine Maler oder Bildhauer, die sich mit italienischen oder spanischen hätten messen können. Aber von seinen Dichtern und Dramatikern ging eine ähnlich dauernde Wirkung aus, so von Edmund Spenser und William Shakespeare. Das Porträt Shakespeares (rechts) findet sich auf der Titelseite der ersten Folio-Ausgabe seiner Dramen (1623).

NIEDERLAGE DER ARMADA *In diesem Porträt Elisabeths I. wird das größte Ereignis ihrer Regierungszeit festgehalten – die Zerschlagung der spanischen Armada 1588. Die nicht in Gefechten versenkten Schiffe der Armada vernichteten Stürme.*

Weise von Sachsen, Schutz auf der Wartburg. Dort begann Luther mit der Übersetzung der Bibel ins Deutsche.

Obgleich Luther selbst sich als treuen Sohn der Kirche betrachtete, war er zum Haupt der Reformation geworden. Seine kraftvollen und volkstümlichen Streitschriften wurden in Tausenden von Exemplaren gedruckt und erreichten eine internationale Leserschaft. Er war keineswegs ein Liberaler. Sein Rat an seine Förderer unter den Fürsten während des blutigen Bauernkrieges von 1524–25 findet seinen Niederschlag in der Schrift *Wider die räuberischen und mörderischen Rotten der andern Bauern.* Darin sagte er den Fürsten, dieses sei eine Zeit des Zornes und des Schwertes und nicht die Zeit, Gnade walten zu lassen. Es ging ihm einzig und allein um die Errettung der menschlichen Seele.

Die Willensfreiheit wird abgestritten

Die Logik der lutherischen Anschauungen wurde von Johann Calvin (1509–64), einem wohlhabenden Juristen aus der Picardie, noch weiterentwickelt. Er geriet unter den Einfluß von Luthers Ideen und war 1534 gezwungen, Frankreich zu verlassen. Er ließ sich 1541 in Genf nieder, das er bis zu seinem Tode beherrschte und das eine Hochburg des Protestantismus wurde. Der schottische Reformator John Knox nannte Genf »die vollkommenste Schule des Christentums seit den Aposteln«.

In seinem Werk *Christianae religionis Institutio* (1536) sagte Calvin, das Schicksal des Menschen liege in Gottes Hand. Ob ein Mensch erlöst werde oder nicht, hänge nicht von ihm ab, sondern sei von Gott vorbestimmt. In dieser Prädestinationslehre sind die zur Erlösung Bestimmten als Auserwählte bezeichnet, die keinen Priester als Mittler zwischen Gott und sich benötigen. Einige seiner Anhänger trieben seine Lehre auf die Spitze, indem sie behaupteten, die Auserwählten und die Verdammten seien schon vor der Schöpfung bestimmt gewesen.

Der Calvinismus war ein starker und militanter Glaube. Er brachte die Hugenotten in Frankreich, die reformierten Kirchen in den Niederlanden und Deutschland, die Presbyterianer in Schottland und die Puritaner in England und Amerika hervor. Während der Calvinismus die meisten Kulthandlungen der alten Kirche verwarf, legte er großen Wert auf Bildung, da seine Anhänger das Wort selbst lesen sollten. Das Hauptgewicht wurde auf die Moral gelegt. Weltliche Freuden waren Teufelswerk. In Genf wurde Ehebruch mit dem Tode bestraft, und in diesem Klima leidenschaftlicher Intoleranz war es sogar verboten, die Kirchenglocken zum Gottesdienst zu läuten.

Der Calvinismus stärkte die Holländer in ihrem Kampf gegen die Spanier und die Schotten im Kampf gegen ihr eignes Herrscherhaus, die Stuarts, und gegen die Engländer. Die Schweizer Eidgenossenschaft, in der es zur Spaltung zwischen reformierten und katholischen Kantonen kam, hätte er jedoch fast zerstört, und der unübersichtlichen politischen Karte Deutschlands fügte er zusätzliche religiöse Grenzlinien hinzu.

In England wünschte Heinrich VIII., der sich bis zu seinem Ende als guten Katholiken betrachtete, die Annullierung seiner ersten Ehe mit Katharina von Aragon, weil sie ihm keinen männlichen Erben geschenkt hatte. Als der Papst dieses Ansinnen ablehnte, brach Heinrich VIII. mit Rom und heiratete Anna Boleyn, die Mutter der späteren Königin Elisabeth I. Damit löste er die Kirche in England von Rom und setzte sich selbst als ihr Oberhaupt ein. Die Klöster wurden aufgelöst und ihre Ländereien verkauft, um der Krone und ihren Anhängern zu Reichtum zu verhelfen. Unter Elisabeth I. bildete sich dann die Kirche von England heraus, die zwar protestantische Lehren übernahm, aber das Bischofsamt und zum großen Teil den katholischen Kult beibehielt.

Die Protestanten verwendeten nicht nur im Gottesdienst und in religiösen Schriften die jeweilige Landessprache, in die auch die Bibel übersetzt wurde, sondern sie förderten auch sehr die Bildung der Laien. Bildung und Befähigung zur Führung und zur Staatskunst wurden nicht mehr als Monopole des Hofes und der Kirche angesehen. Eine weitere Konsequenz der Reformation war allerdings auch, daß Europa über 100 Jahre lang von Kriegen zerrissen wurde, die ebensosehr aus religiösen wie politischen Gründen geführt wurden.

Die katholische Reform

Schwere Konflikte zwischen dem Papst und dem Kaiser hatten die Kirche schon geschwächt. 1527 wurde Rom von den Soldaten Kaiser Karls V. geplündert, der in Italien Krieg gegen die Franzosen führte. Viele Jahre lang war Italien danach das Schlachtfeld dynastischer Kämpfe zwischen Frankreich und Spanien. Auf diesem politischen Hintergrund spielte sich der Versuch der katholischen Kirche ab, dem Vordringen des Protestantismus durch eine eigene Reform zu begegnen.

Auf dem Konzil von Trient (1545–63) wurden zwar viele Mißbräuche in der Kirche abgestellt, aber in der Lehre hielt man unbeugsam am alten fest. Die Inquisition, 1233 von Gregor IX. zur Ausrottung der Albigenser eingeführt, wurde verstärkt. 1559 erschien der erste Index verbotener Bücher.

Der Geist der Gegenreformation wirkte sich auch in der Kunst aus. Die innere Beteiligung des Andächtigen wurde auf neue Weise angesprochen, indem man in Baukunst, Skulptur und Malerei Nachdruck auf Bewegung und den Kontrast zwischen Licht und Schatten legte. Dieser barocke Stil hat zuerst seinen schönsten Ausdruck in der Kirche *Il Gesu* in Rom gefunden, dann auch in dem Werk Lorenzo Berninis, der neben vielen anderen Bauwerken und Skulpturen das Bronzetabernakel für den Hochaltar von St. Peter schuf sowie die Kolonnaden vor der Kirche.

Religionskriege

Die Gegenreformation brachte einen Reformator eigener Art hervor. Ignatius von Loyola hatte als Soldat Kaiser Karls V. bei der Verteidigung Pamplonas gegen die Franzosen 1521 eine lebensgefährliche Lähmung davongetragen. Während seiner Genesung faßte er den Entschluß, sein Leben Christus und der katholischen Kirche zu weihen. Er studierte, wurde zum Priester geweiht und ging schließlich mit seinen Gefährten nach Rom, wo im Jahre 1540 Papst Paul III. dem vorgeschlagenen Ordensstatut zustimmte.

Die Mitglieder seines Ordens, die Jesuiten, waren straff organisiert, zu absolutem Gehorsam ihrem Generaloberen gegenüber verpflichtet, der seinerseits nur dem Papst Loyalität schuldete. Die Jesuiten waren hervorragende Erzieher, Berater von Königen und als Missionare in Amerika und Asien außerordentlich erfolgreich. Vielleicht haben sie die weitere Ausbreitung des Protestantismus mehr als jede andere Kraft gebremst. Sie waren jedoch nicht in der Lage, die verlorenen Schafe wieder in den Schoß der katholischen Kirche zurückzuführen.

Trotz erbitterter Religionskriege im 17. Jahrhundert blieb die Reglung, die zwischen den religiösen Gegnern im Jahre 1555 in Augsburg getroffen worden war, weiterhin in Kraft. Der Augsburger Religionsfriede hatte festgesetzt, daß die Konfession des jeweiligen Herrschers die Religionszugehörigkeit seiner Untertanen bestimmte, so daß letzten Endes jeder protestantische Fürst Herr seiner Kirche war.

DIE ERSTEN PROTESTANTEN

Auch die römische Kirche wurde von den Ideen der Renaissance in Mitleidenschaft gezogen. Die Kritik an Praktiken wie dem Ablaßhandel, der Verehrung heiliger Reliquien und der Anbetung von Heiligen verstärkte sich immer mehr. Ein Geist der Auflehnung, der sich um 1500 in Deutschland bemerkbar machte, breitete sich seit Luthers Thesenanschlag 1517 über ganz Europa aus und führte zur Reformation, die die Einheit der von Rom beherrschten westlichen Christenheit auf immer zerstörte. Der Name Protestanten kam auf, als die evangelischen Reichsstände 1529 auf dem 2. Reichstag zu Speyer gegen das Wormser Edikt protestierten.

EIN HOLLÄNDISCHER HUMANIST *Obwohl Erasmus von Rotterdam mit spitzer Feder die Mißstände in der Kirche verspottete und so die Reformation vorbereiten half, schloß er sich ihr nie an. Sein Buch* Lob der Torheit *gehört zur Weltliteratur.*

DER REBELLIERENDE MÖNCH *Martin Luther leitete mit seinem Thesenanschlag 1517 die Reformation in Deutschland ein. Mit Hilfe der Druckkunst verbreiteten sich seine Schriften unter einem großen, brennend interessierten Publikum sehr rasch. Luthers Überzeugung, daß die Heilige Schrift die einzige Quelle offenbarter Wahrheit sei und daß nur der Glaube zur Erlösung führe, wurden zur Grundlage des Protestantismus.*

CRANMERS GEBETBUCH *Der Erzbischof von Canterbury, Thomas Cranmer, überwachte 1549 die Herausgabe des ersten* Book of Common Prayer *(links), das in der drei Jahre später veröffentlichten revidierten Ausgabe heute noch das Gebetbuch der Kirche von England ist.*

SCHLICHTER GOTTESDIENST *Dieses Bild aus Lyon (16. Jahrhundert) zeigt die Einfachheit calvinistischer Gottesdienste. Als Kirche dient ein umgebautes Wohnhaus. Es gibt keinen Altar, der Raum ist nur spärlich geschmückt und die Gemeinde schlicht gekleidet. Die Männer tragen Hüte und sitzen von den Frauen getrennt. Das Gestühl reicht von Holzrosten bis zu gepolsterten Bänken, was auf Rangunterschiede hindeutet. Die Stelle des Altars wird von der Kanzel eingenommen, denn im Mittelpunkt des Gottesdienstes stand die Predigt. Außerdem wurden Psalmen gesungen.*

Für Deutschland mit seinen Hunderten von Herrschaftsgebieten bedeutete dies eine politische und religiöse Anarchie, und der Dreißigjährige Krieg (1618–48) war die fast unausbleibliche Folge. Im Westfälischen Frieden von 1648 wurde die Reglung von Augsburg zwar bestätigt, aber Deutschland war nun ein verwüstetes Land, geschwächt von langen Kriegen, Bandenunwesen, Hunger und Seuchen. Es heißt, ein Drittel der deutschen Bevölkerung, etwa fünf Millionen Menschen, sei damals ums Leben gekommen.

Das späte 16. und das 17. Jahrhundert waren auch Zeiten religiöser Bürgerkriege in Frankreich, England und Schottland. In Italien blühten die reichen Städte des Nordens – Mailand, Genua, Venedig und Florenz. Dagegen verlor im 17. Jahrhundert das katholische Spanien seine Vormachtstellung im atlantischen Handel an die Holländer und Engländer. Um 1700 war der spanische Staat bankrott; die Besteuerung ruinierte die Wirtschaft, und der Ämterhandel blühte. Trotz seines düsteren Zeremoniells, seines Bewußtseins der Sündhaftigkeit und Verdammnis sowie des übermächtigen Einflusses von Priestern und Günstlingen war der spanische Hof gleichzeitig das Zentrum einer blühenden Schule der Malerei. Die prächtigen, von starken Gefühlen bewegten Malereien eines El Greco, Velásquez, Zurbarán und Murillo machen den Prado in Madrid zu einer der größten Galerien Europas.

Anarchie und Leistung

Die zwei Jahrhunderte der Renaissance und Reformation waren turbulente, kriegerische und außerordentlich schöpferische Zeiten. Gelehrte, Künstler und Handwerker wurden Kosmopoliten. Dafür sorgte das Mäzenatentum der miteinander rivalisierenden Gönner – Bankiers, Fürsten und auch der Päpste. Der Künstler war bereit, dorthin zu gehen, wo ihm Lohn und Ruhm winkten. Es war in der Tat bemerkenswert, mit welcher Leichtigkeit Gelehrte und Künstler während dieses Zeitalters die Grenzen überschritten.

Die Reformation hatte zu Religionskriegen geführt, die über ein Jahrhundert dauerten. Wirtschaftlich und sozial bedeuteten sie eine Zerschlagung des Bestehenden. Klöster und anderes Kirchengut wurden nicht so sehr aus religiösen Gründen, sondern mehr aus Gier beschlagnahmt.

Die Reformation, die als ein Aufruf an den Glauben und nicht an die Vernunft begonnen hatte, verlor diesen Charakter auch später nicht. Sie war gekennzeichnet durch Hexenjagden, Bücherverbrennungen, Bigotterie und Dogmatismus und die Verfolgung von Wissenschaftlern und Freidenkern. In den Kriegen wurde indessen nicht nur um Land und Ruhm, sondern auch um die Beherrschung der menschlichen Seele gekämpft.

Es dauerte sehr lange Zeit, ehe die Leidenschaften sich abkühlten und die zerstrittenen Nationen sich darauf einigten, in ihren religiösen Streitigkeiten einen andauernden Waffenstillstand hinzunehmen. Die heutige Karte Europas zeigt in den Konfessionsgrenzen noch immer die Auswirkungen jener Jahrhunderte des Kampfes und Meinungsstreites.

In Deutschland hatte die Reformation zu einer Steigerung landesfürstlicher Macht geführt. Aber auch außenpolitisch verlagerten sich die Gewichte. Im Kampf gegen das katholische Spanien Philipps II. wurde eine protestantische Seemacht – die Niederlande – geboren, eine andere – England – ging gestärkt daraus hervor. Europa hatte sich entscheidend gewandelt.

KUNSTSCHÄTZE ZUR HÖHEREN EHRE DES SONNENKÖNIGS

Ludwig XIV. im brokatenen Gewand und Federhut betrachtet in der staatlichen Gobelinmanufaktur in Paris die ihm von den Kunsthandwerkern vorgeführten Möbel, Teppiche und Wandteppiche. Die Szene ist ein Ausschnitt eines der 14 Wandteppiche der gleichen Manufaktur, auf denen der Sonnenkönig in verschiedenen Rollen auftritt – als Krieger, Kunstmäzen, im Kreise seiner Familie, bei der Jagd und als Staatsmann. In Begleitung des Königs befindet sich sein Oberintendant der Finanzen, Jean-Baptiste Colbert, durch den der Herrscher 1662 die Gobelinfabrik kaufen und zur bedeutendsten Manufaktur dieser Art ausbauen ließ. Der König förderte auch Dichter wie die Dramatiker Racine und Molière. Ludwig XIV. war das Vorbild vieler europäischer Herrscher in einer Zeit, in der sich die absolute königliche Gewalt außer in England und Holland fast überall durchgesetzt hatte. Während seiner 72jährigen Regierungszeit erreichten die französische Literatur und Architektur einen Höhepunkt, und der französische Lebensstil galt als vorbildlich in Europa.

Absolutismus und Aufklärung

1600–1762

Während eines Zeitalters unumschränkter königlicher Macht wurden Vernunft und Experiment für die Denker der Aufklärung zur einzigen Richtschnur bei der Enträtselung der Weltgesetze

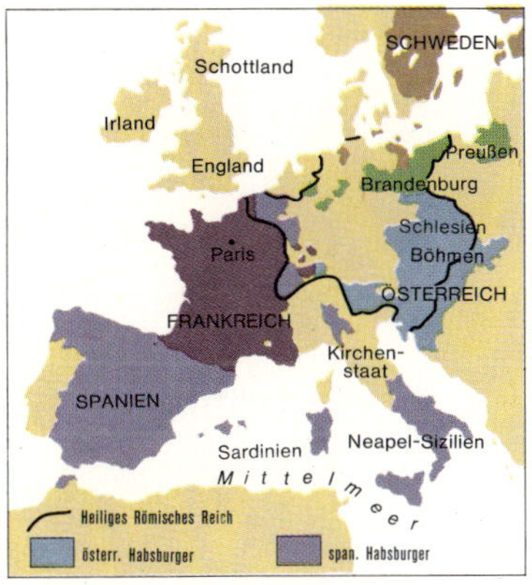

EUROPA IM JAHRE 1648

Nach dem Dreißigjährigen Krieg begann langsam der Aufstieg Brandenburg-Preußens zur Großmacht, der Einfluß Frankreichs im Reich verstärkte sich auf Kosten Österreichs.

Während der tausend Jahre nach dem Untergang des Römischen Reiches gründete sich die Ordnung Europas auf das Feudalsystem und die Einheit der Kirche. In den 200 Jahren nach der Reformation wurde dann die überlieferte Machtstruktur von allen Seiten angegriffen, verfiel langsam und fand im Blutbad der Französischen Revolution ihr Ende.

Die Flut wissenschaftlicher Erkenntnisse zu Anfang des 17. Jahrhunderts zeigte, daß sich das Universum verstehen ließ, wenn man wissenschaftliche Tatsachen sammelte und bei Lösung der Probleme seine Vernunft gebrauchte. Die neuen Theorien standen oft im Widerspruch zu den Lehren der christlichen Kirche. Sogar die Existenz Gottes wurde angezweifelt. Die Denker der Aufklärung forderten die Menschen zu eigenem Denken auf und machten ihnen Mut, das bisher Gültige abzulehnen. Die gebildete Mittelschicht, die mit wachsendem Handel zunahm, begann sich die skeptische Einstellung der Philosophen zu eigen zu machen und verwandelte sie in eine Bewegung, die schließlich zur Revolution führte.

Das Jahr 1609 brachte zwei Ereignisse, die am Beginn der modernen Wissenschaft stehen und den Keim zum Riß im sozialen Gefüge Europas legten. Der Astronom Johannes Kepler formulierte seine Theorie der elliptischen Bewegung der Planeten um die Sonne, während man bisher an genau kreisförmige Bewegungen geglaubt hatte. Außerdem meinte er, daß die Umlaufsdauer je nach der mittleren Entfernung der einzelnen Planeten von der Sonne verschieden sei. Die von Kepler aufgestellten Gesetze zerstörten den alten Glauben an ein Universum aus Himmelskörpern, die sich mit gleicher Geschwindigkeit in vollendeten Kreisen bewegen. Im selben Jahr baute Galileo Galilei in Padua das erste astronomische Fernrohr, mit dem er die Bewegung der Planeten studierte.

NACH DEM GROSSEN BRAND

Nach der Restauration von 1660 gelangte Karl II. auf den englischen Thron. Er hatte die Jahre seines Exils zumeist in Frankreich verbracht und folgte nun als König zwar nicht in der Herrschaftsweise, aber in der prunkvollen Hofhaltung dem Beispiel Ludwigs XIV. Der Lebensstil des neuen Königs stand in krassem Gegensatz zu den puritanischen Idealen, die während der vergangenen elf Jahre unter dem Regime Oliver Cromwells geherrscht hatten. Sogar London änderte sein Gesicht, nachdem Christopher Wren (1632–1723) nach dem großen Brand von 1666, der zwei Drittel der Stadt – 13 200 Häuser und 87 Kirchen – zerstört hatte, zu ihrem Wiederaufbau bestellt worden war. Eine der prachtvollsten Leistungen Wrens ist die St.-Pauls-Kathedrale. Der Entwurf der Südseite (rechts) wurde von ihm selbst gezeichnet. Die spätere Ausführung weist nur geringfügige Änderungen auf.

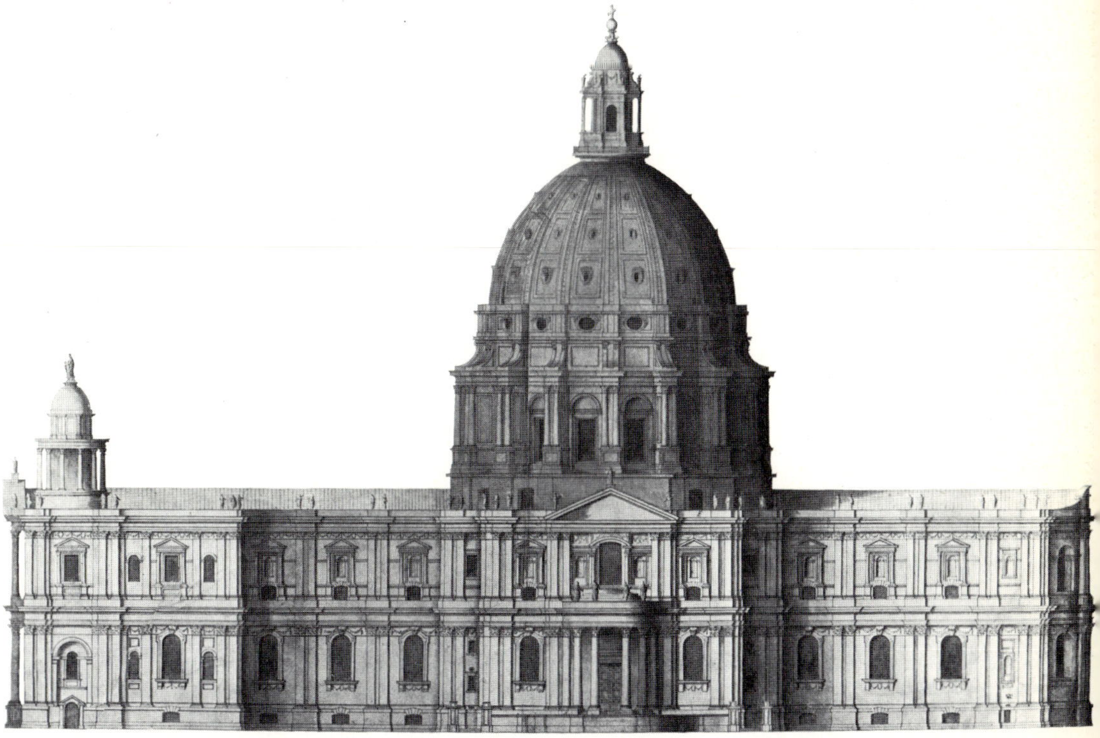

Mit seinen Beobachtungen bestätigte er die von Kopernikus aufgestellte Theorie, daß die Erde und die Planeten sich um die Sonne bewegen. Außerdem formulierte er die Fallgesetze und zog den Schluß, daß das Universum den gleichen physikalischen Gesetzen gehorche.

In England entwickelte zur gleichen Zeit Francis Bacon, Lordkanzler Jakobs I., eine wissenschaftliche Methodik, derzufolge durch Beobachtungen gewonnene Theorien durch Experimente nachgeprüft werden müssen. Bacon schlug auch vor, daß sich die Gelehrten in Akademien zur Koordinierung ihrer Arbeiten zusammenschließen sollten. Dieser Vorschlag führte schließlich zur Gründung vieler europäischer Akademien.

Wissen durch Vernunft

Eine Gruppe europäischer Philosophen des 17. Jahrhunderts, die Rationalisten, behaupteten dagegen, grundlegende Wahrheiten über das Universum ließen sich allein durch die Vernunft, ohne jede Erfahrung, entdecken. Das Haupt dieser Rationalisten, der Franzose René Descartes (1596–1650), verwarf in seinen *Discours de la Méthode* (1637) alles bisher Gültige und entschloß sich, von vorn zu beginnen. Gibt es etwas, so fragte er, was nicht angezweifelt werden kann? Er fand nur eine unbezweifelbare Tatsache: sein eigenes Denken und, daraus abgeleitet, die Überzeugung des eigenen Daseins. »Cogito, ergo sum«, ich denke, also bin ich, so folgerte er.

Auf diesem einfachen Eckstein errichtete Descartes ein neues philosophisches Gedankengebäude, in dem mathematische Gesetze das Weltall regierten. Seine Philosophie akzeptierte das Vorhandensein Gottes – aber die Existenz seines Gottes wurde vernünftig bewiesen, er benötigte dazu keinen rein religiösen Glauben. Man kann Descartes' Einfluß kaum überschätzen. Indem er in allem nur vernünftigen, verstandesmäßigen Überlegungen folgte, half er, die Philosophie aus der Zwangsjacke mittelalterlicher Vorstellungen zu befreien.

Der Höhepunkt der neuen wissenschaftlichen Ära wurde 1687 in England erreicht, als Isaac Newton, Professor der Astronomie in Cambridge, sein Gravitationsgesetz veröffentlichte. Es sagte aus, daß alle Körper der Welt, ob groß oder klein, sich gegenseitig anziehen. Diese gegenseitige Anziehungskraft wurde von Newton Schwerkraft *(gravity)* genannt. Nach dem Vorbild Newtons, der zeigte, daß ein universales Gesetz in der Astronomie und Physik wirksam war, versuchte der englische Philosoph John Locke zu beweisen, daß auch die Gesellschaft von einem einzigen, alles umfassenden Naturgesetz regiert werde. Dieses lehre, daß alle Menschen gleich und unabhängig seien, »keiner dürfe einem anderen Schaden an Leben, Gesundheit, Freiheit oder Hab und Gut zufügen«.

Religionskriege

Bei Anbruch des 17. Jahrhunderts wirkte sich dieses neue wissenschaftliche Denken noch nicht auf den Durchschnittsbürger aus, das geschah erst hundert Jahre später. Europa litt unter den Nachwirkungen der Reformation. Religionskriege überzogen den Kontinent. Der Dreißigjährige Krieg (1618 bis 1648) brachte dem deutschen Volk entsetzliche Leiden und Entbehrungen. Im englischen Unterhaus sagte ein puritanischer Prediger im Jahre 1643: »Es ist eine Zeit des Zitterns – und das Zittern ist weltweit.«

Auch Frankreich litt sehr unter Religionskriegen, die im Massaker der Bartholomäusnacht 1572 ihren Höhepunkt erreichten, als Tausende von Hugenotten in Paris ermordet wurden. Heinrich von Navarra, ein Führer der Hugenotten, der das Massaker überlebte, nahm den katholischen Glauben an und wurde 1589 als Heinrich IV. König von Frankreich – der erste Bourbone. Neun Jahre später unterzeichnete er das Edikt von Nantes, das den Hugenotten Religionsfreiheit gab und ihnen sogar den Besitz von Festungen gestattete. Aber Kardinal Richelieu, der erste Minister Frankreichs unter Ludwig XIII., vernichtete nach Heinrichs Tod die Hochburgen der Hugenotten und nahm ihnen ihre politische Bedeutung. Die Religionsfreiheit wurde ihnen jedoch gelassen.

Trotz der Herrschaft dreier Kardinäle in Frankreich – Richelieu, Mazarin und Fleury – näherte sich die Macht der Kirche über die weltlichen Herrscher ihrem Ende. Die alten, auf dem Feudalsystem beruhenden Regierungsformen hatten sich in einer Gesellschaft, in der Handel und Gewerbe an Bedeutung immer mehr zunahmen, überlebt. Die Herrscher aller europäischen Länder versuchten, alle Macht in der eigenen Hand zu konzentrieren, eine Regierungsform, die als Absolutismus in die Geschichte eingegangen ist. Der absolute König stützte sich nicht auf seine Lehnsleute, sondern regierte mit Hilfe einer vielgestaltigen Beamtenschaft, die ihm allein verantwortlich war.

Der Sonnenkönig

Vorbild aller absoluten Monarchen war Ludwig XIV. von Frankreich (1643–1715). Er strebte nach unumschränkter Macht im Inland und Expansion im Ausland. Die französische Grenze sollte an den Rhein vorgeschoben und Ludwigs Enkel König von Spanien werden. Ludwig fühlte sich durch Gott zum Herrschen berufen und widmete sich mindestens neun Stunden täglich den Staatsgeschäften. Alle übrigen Institutionen – die Kirche, der Adel, die Gerichte – waren ihm untergeordnet. Ludwig stützte sich auf eine große Armee für seine Kriege und auf eine tüchtige königliche Beamtenschaft – doch die Initiative zu allen Projekten sollte von ihm ausgehen. Der ihm zugeschriebene Ausspruch »L'état c'est moi«, der Staat bin ich, läßt seine Einstellung deutlich werden.

Zur Glorifizierung dieses Königs, den man den Sonnenkönig nannte, wurde auch die Architektur herangezogen. Das unter ihm erbaute Schloß von Versailles war eine Art Vatikan für den weltlichen Papst. In Versailles gab sich Ludwig große Mühe, stets als König aufzutreten, übrigens in hochhackigen Schuhen, um größer zu erscheinen. Er sah sich wie auf einer Bühne und trachtete danach, seine Rolle gut zu spielen. Sein ganzes Gefolge von 5000 aus dem Adelsstand gewählten Höflingen wohnte im Schloß, stolz, seine Diener zu sein. 5000 weitere Diener lebten in der Nähe. Das ganze Leben bei Hof war bis ins kleinste geregelt. Jeder Höfling hatte einen Vorgesetzten, dem er Ehrerbietung und Loyalität schuldete. Die Spitze der Pyramide bildete der König, der nur noch Gott verantwortlich war.

Auch im Religiösen war Ludwig ein absoluter Herrscher. Er widerrief das Edikt von Nantes, so daß viele Hugenotten trotz des Auswanderungsverbotes, das der König verfügte, Frankreich verließen. Er versuchte Frankreichs Wohlstand und Macht zu mehren, indem er Landwirtschaft, Gewerbe, den Ausbau der Handels- und Kriegsflotte und die Gründung von Handelsgesellschaften förderte sowie überseeische Kolonien erwarb. Diese Politik wurde von Jean-Baptiste Colbert, dem königlichen Oberintendanten der Finanzen, durchgeführt. Colbert ließ die Straßen pflastern, von Polizisten patrouillieren und mit ölgespeisten Laternen beleuch-

GROSSE SCHIRMHERREN

So wie italienisches Denken und italienische Kultur der Renaissance Europa während des 16. Jahrhunderts beeinflußt hatten, so wurde im 17. und 18. Jahrhundert Frankreich allgemein anerkanntes Vorbild. Das riesige Schloß von Versailles, das Ludwig XIV. sich südwestlich von Paris bauen ließ und wo er glanzvoll Hof hielt, war das Muster, dem andere absolute Monarchen bei ihren Bauten folgten. Auch Peter der Große nahm sich Versailles zum Vorbild für seinen Palast in St. Petersburg und beauftragte den französischen Architekten Le Blond mit dem Bau. Die Selbstsicherheit des französischen Hofes fand ihr Gegenstück in dem gewaltigen Aufschwung der Künste, und in den Salons von Paris entwickelte sich die französische Sprache zur Sprache aller gebildeten Europäer.

DER MONARCH *Ludwig XIV. begibt sich in die Schlacht, um Frankreichs Feinde zu vernichten, während die Siegesgöttin den Lorbeerkranz für ihn bereithält. Sein klassisches Gewand auf diesem Gemälde von Pierre Mignard drückt Ludwigs XIV. Auffassung seiner Rolle als höchster Herrscher auf der Bühne der Geschichte aus. Sogar sein morgendliches Aufstehen und abendliches Zubettgehen waren von kompliziertem Zeremoniell begleitet.*

VERSAILLES VOR DEM SONNENKÖNIG *Dieses Bild von Pierre Patel zeigt das ursprüngliche, von Ludwig XIII. erbaute Jagdschloß in Versailles, das Ludwig zunächst erweitern und seit 1678 in ein Schloß mit einer 580 m langen Fassade verwandeln und mit den großartigen Parkanlagen André Le Nôtres umgeben ließ. Diese Arbeiten beschäftigten 30 000 Menschen.*

KINDLICHER KÖNIG *Ludwig XV., Urenkel Ludwigs XIV., wurde mit fünf Jahren König. Dieses anonyme Bild zeigt, wie ihn seine Minister und Lehrer in seinen königlichen Pflichten unterweisen. Die Hofhaltung Ludwigs XV. in Versailles war genauso verschwenderisch wie die Ludwigs XIV. Die klassische Pracht, die den kindlichen König in seinem Schulraum umgibt, wich allmählich einem zierlicheren Stil, dem Rokoko, das als Ornamente Muschel- und Spiralmotive verwendete. Der König ließ nicht nur das Schloß neu ausstatten, sondern für sich und seine Mätresse auch ein einfaches Landhaus, das* Petit Trianon, *im Park bauen.*

DIE MÄTRESSE DES KÖNIGS *Madame de Pompadour übte als Mätresse Ludwigs XV. fast 20 Jahre lang viel Macht am Hofe aus. Dieses Porträt stammt von François Boucher.*

BERÜHMTHEITEN IN DEN SALONS *Einer der führenden Pariser Salons, in denen sich im 18. Jahrhundert das intellektuelle Leben Frankreichs abspielte, war der von Madame Geoffrin, der dritten von rechts in der vordersten Reihe. Unter einer Büste Voltaires liest der Schauspieler Le Kain aus einem Werk; zu den Zuhörern gehören auch Rousseau und Diderot.*

ten – eine Neuerung, die viele Nachahmer fand. Er ließ Textil-, Zinn- und Glasfabriken bauen, aber auch Straßen, Werften und Kanäle. Die Gobelinfabrik in Paris wurde vom Staat erworben. Colbert sah auf eine systematische Eintreibung der Steuern und versuchte allzu großem Luxus entgegenzutreten, indem er etwa die Vergoldung an den Kutschen des Adels untersagte und die öffentlichen Feiertage um 17 im Jahr kürzte. In den Kolonien sah er Rohstofflieferanten und Märkte für einheimische Erzeugnisse. Colberts Politik zielte auf die Erhöhung der Staatseinnahmen und eine positive Handelsbilanz. Die Wirtschaft des Landes hatte dem Staat zu dienen. »Der Handel«, sagte er, »ist eine Quelle der öffentlichen Finanzen; und die Finanzen sind der Lebensnerv der Kriegführung.«

Die großen Dramatiker

Es mutet wie eine Ironie an, daß die bleibenden Errungenschaften Frankreichs dabei auf friedlichem Gebiet lagen. Um die Mitte des 17. Jahrhunderts hatte Frankreich die kulturelle und intellektuelle Führerschaft Europas von Italien übernommen. In der Literatur spiegelte sich der Ruhm Ludwigs XIV. Die großen Dramatiker Corneille, Racine und Molière unterhielten nicht nur den Hof und erfreuten sich seiner Gunst, sondern sie begründeten auch eine neue Theatertradition, die sich durch ständige Theater, Wandertheater und genau definierte Darstellungsweisen auszeichnete. Corneilles und Racines Themen waren tragisch und lehnten sich streng an antike Vorbilder an, während in Molières Komödien der Alltag überzeugend zu seinem Recht kam.

Der *Académie Française* fiel die Aufgabe zu, den literarischen Stil zu bestimmen und über die Reinheit der französischen Sprache zu wachen. Außerdem wurden Akademien für die Wissenschaften und Künste gegründet, deren Mitglieder nur mit Zustimmung des Königs ernannt werden konnten. Aktive Mitglieder wurden vom König bezahlt und hatten in Paris zu leben. Die Kosten ihrer Forschung wurden vom königlichen Schatzamt getragen. Wissenschaftliche Zeitschriften erblickten das Licht der Welt, vor allem das *Journal des Savants,* das, 1665 gegründet, noch heute erscheint.

Der aufwendige Lebensstil in Versailles führte zu einer vielseitigen Produktion von Luxusgütern wie feinen Seiden und Brokaten, exquisiten Lederhandschuhen und Schuhen, Bändern und Spitzen, Stickereien und

Schmuck. Auch schöne Möbel entstanden in dieser Zeit, die oft mit Intarsien verziert waren. Vergoldete Bronze fand Verwendung, Musikinstrumente, Porzellan, silbernes und vergoldetes Tafelgeschirr, feine Leinwand, schöne Spiegel, Teppiche und Wandteppiche wurden hergestellt. Französisches Porzellan und französische Tapeten waren in ganz Europa berühmt. Alle diese Gegenstände wurden noch schöner und zarter, als die Vorliebe für klassische und barocke Großartigkeit einem zierlicheren, leichteren und spielerischen Stil wich – dem Rokoko, das besonders an den Höfen Ludwigs XV. und deutscher Fürsten des 18. Jahrhunderts bevorzugt wurde.

Niedergang Italiens

Unterdessen war Italien machtlos geworden und in viele Staaten zersplittert, von denen nur wenige noch von Italienern regiert wurden. Fast alle seiner stolzen Stadtrepubliken hatten ihre Unabhängigkeit verloren. Sogar in Venedig und Genua, die ihre Selbständigkeit behaupten konnten, begann langsam der Niedergang, denn seit Entdeckung der Seewege nach Indien und Amerika spielte das Mittelmeer im internationalen Handel keine große Rolle mehr.

Dennoch hatte Italien auch während des 17. und 18. Jahrhunderts Europa noch viel zu geben. Hier hatte sich um 1600 ein neuer schwungvoller Stil herausgebildet – der Barock. Vor allem von Rom aus, wo Meister wie der Bildhauer und Architekt Bernini und der Architekt Borromini wirkten, verbreitete er sich rasch in den katholischen Ländern Europas. Als Bernini zu Ludwig XIV. nach Paris kam, wurde er wie ein Fürst empfangen. In Süddeutschland, der Schweiz, Österreich und Schlesien entstanden noch bis ins späte 18. Jahrhundert hinein die glanzvollen Wallfahrtskirchen, Kloster- und Schloßanlagen des Spätbarocks.

Auch in der Musik wurde Italien führend. In Florenz schuf man das moderne Musikdrama, die Oper. Ihr erster Meister, Claudio Monteverdi, wirkte vor allem in Venedig, von wo sich die Oper Europa eroberte. Auch in anderen musikalischen Formen wie dem *Concerto grosso* und der Kantate waren italienische Musiker wegweisend.

Als das Reisen sicherer und bequemer wurde, begaben sich immer mehr Personen von Rang auf die *Grand Tour* nach Italien und kehrten, tief beeindruckt von der Schönheit und Reichhaltigkeit seines künstlerischen Erbes, in ihre Heimatländer zurück. Andererseits traten viele italienische Musiker, Künstler und Kunsthandwerker in die Dienste fremder Herren. Mit spanischen und portugiesischen Beamten und jesuitischen Missionaren gelangten sie sogar in die Neue Welt und nach Ostindien. Obwohl Französisch mittlerweile die Sprache der Politik und Mode geworden war, blieb das Italienische damals wie heute die Sprache der Malerei, Architektur und Musik.

Die Mündigkeit des Menschen

Während der Absolutismus Ludwigs XIV. alle Kritik an jeglicher etablierter Autorität unmöglich machte, blühten die neue Naturwissenschaft und Philosophie eines Newton und Locke in England, wo im 17. Jahrhundert ein König – Karl I. – hingerichtet, ein anderer – Jakob II. – abgesetzt worden ist. Von England verbreiteten sich die neuen Theorien und die Infragestellung jeglicher überlieferter Autorität durch die Vernunft über ganz Europa. Diese Geisteshaltung, die Aufklärung, führte später, besonders in Frankreich, zur Ablehnung der etablierten Kirche. Die Bedeutung der Aufklärung würdigte der Kritiker der Vernunft, Immanuel Kant, indem er sie den »Ausgang des Menschen aus seiner selbstverschuldeten Unmündigkeit« nannte.

Für viele Philosophen der Aufklärung war Gott ein meisterhafter Planer. Er habe die Welt als höchst komplizierten Mechanismus geschaffen, der nun ohne sein weiteres Zutun selbständig funktioniere. Besonders die französischen Aufklärer schrieben der Wissenschaft eine befreiende Kraft zu.

Der französische Gelehrte Denis Diderot gab zwischen 1751 und 1780 eine 35bändige Enzyklopädie heraus. Dabei handelte es sich um einen Versuch, das ganze menschliche Wissen alphabetisch zu erfassen und die Überzeugungen der Aufklärung zu verbreiten. Einige der größten französischen Denker waren in der Enzyklopädie mit Arti-

CANALETTOS VENEDIG: EIN SOUVENIR VON DER »GRAND TOUR«

Obgleich Paris und nicht mehr Italien das kulturelle Zentrum Europas im 18. Jahrhundert war, übten die italienischen Städte noch immer eine große Anziehungskraft aus. Der Maler Canaletto verstand es, Farbe und Licht seiner Heimatstadt Venedig einzufangen; hier sieht man die Kirche Santa Maria della Salute am Canal Grande. Canalettos Gemälde erfreuten sich besonders großer Beliebtheit bei reichen Reisenden, die auf der »Grand Tour« die europäischen Hauptstädte besuchten und besonders gern nach Venedig kamen. Canaletto hielt sich auch mehrmals in London auf.

keln zu einer Vielzahl von Themen vertreten, wenn auch nicht immer nur gelehrten. So schrieb Voltaire unter anderem einen Artikel über Hohlsaumstickerei.

Aufgeklärte Herrscher

In Deutschland, wo der universale Denker und geniale Mathematiker Gottfried Wilhelm Leibniz (1646–1716) zu Anfang und Immanuel Kant (1724–1804) am Ende des Zeitalters der Aufklärung wirkten, vertrat auch ein Herrscher die neuen Ideen – nämlich Friedrich der Große, der Preußen von 1740 bis 1786 regierte. Während Ludwig XIV. von sich gesagt hatte: »Der Staat bin ich«, nannte Friedrich der Große den Fürsten bescheidener den »ersten Diener seines Staates«.

Friedrich, ein Verehrer Voltaires, schaffte die Folter ab, reformierte die Rechtsprechung und verbesserte die landwirtschaftlichen Methoden in Preußen. Er führte neue Industrien ein und baute Straßen und Kanäle. Ausländer – wie schon früher die von Ludwig XIV. vertriebenen Hugenotten – wurden in Preußen willkommen geheißen, selbst die nach Aufhebung ihres Ordens (1773) aus katholischen Ländern ausgewiesenen Jesuiten. Sollten Türken kommen wollen, so war Friedrich sogar bereit, Moscheen für sie zu bauen. Während der 46 Jahre, die er regierte, siedelten sich 250 000 Einwanderer in Preußen an.

Friedrich war ein begabter Musiker und hatte in seiner Jugend in französischer Sprache den *Anti-Machiavell* geschrieben, in dem er dafür eintrat, daß ein Herrscher liberal und gütig sein solle. Friedrich nahm seine Regierungsgeschäfte sehr ernst, machte das meiste selbst und traute keinem völlig. Aber während er den Liberalismus predigte, war sein Denken auf Expansion gerichtet. Durch seine harterkämpften Siege über französische, österreichische und russische Armeen bewies er seine strategischen Fähigkeiten und machte Preußen durch den Erwerb Schlesiens zu einer europäischen Großmacht. Seine Armee, die beste, härteste und diszipliniertеste in Europa, verdoppelte er auf 150 000 Mann und verwandte vier Fünftel des Staatseinkommens auf ihren Unterhalt.

Kaiserinnen

Kaiserin Maria Theresia von Österreich (1740–80) hatte trotz aller Verschiedenheit auch manches mit ihrem großen Gegner gemein. Während der 1. Teilung Polens (1772), als Rußland, Preußen und Österreich sich polnisches Territorium einverleibten, sagte Friedrich von Maria Theresia: »Während sie weinte, nahm sie doch.« Aber Maria Theresia modernisierte auch die Staatsverwaltung, milderte die Leibeigenschaft und führte einige Rechtsreformen durch. Ihr Sohn Joseph II. folgte ihrem Beispiel. 1781 hob er die Leibeigenschaft auf, gewährte Freiheit der Religionsausübung und reformierte das Strafrecht, wonach die Folter abgeschafft und die Todesstrafe nicht mehr vollzogen wurde. Österreichs beispielhafte Rechtsreform fand später Nachahmer in Preußen und vor allem in Frankreich unter Napoleon.

Kaiserin Katharina II. von Rußland (1762 bis 1796) – sie war als Tochter eines deutschen Kleinfürsten, der als preußischer Ge-

NEUE INSTRUMENTE UND KUNSTFORMEN

Viele Musikinstrumente erhielten im 18. Jahrhundert etwa ihre heutige Form. Die meisten Neuerungen kamen aus Italien. Neue Instrumente wie das Klavier, die Violine, Flöte und Oboe bereicherten die Orchester. Insbesondere das neue Saiteninstrument führte zur Entwicklung der Kammermusik, die für einen beschränkten Raum gedacht war. Italienische Komponisten wie Scarlatti, Vivaldi, Boccherini und Cimarosa entwickelten die neuen Formen der Oper, des Oratoriums, Quartetts, Konzerts und der Symphonie. Haydn, Mozart und Beethoven bauten später darauf auf.

Ebenfalls aus Italien stammte eine einfachere Form der Unterhaltung, die improvisierte Komödie, *Commedia dell'arte* genannt, mit Harlekin und Pantalone, die von fahrenden Komödianten gespielt wurde.

PORZELLAN *Nachdem Böttger die Porzellanherstellung neu entdeckt hatte, wurde 1710 in Meißen die erste Porzellanmanufaktur gegründet, aus der auch dieser Harlekin stammt.*

PIERROT *In den Possenspielen, die sich von der* Commedia dell'arte *herleiten, trat auch der Pierrot auf, ein weißgeschminkter unglücklicher Liebhaber (Gemälde von Antoine Watteau).*

EIN WUNDERKIND *Auf diesem Bilde spielt Wolfgang Amadeus Mozart den Gästen der Prinzessin Conti in Paris 1763 auf dem Spinett vor. Später war es seiner Vorliebe für das Klavier zu danken, daß die Vorherrschaft des Spinetts schließlich gebrochen wurde.*

NEUE TÖNE *Im 17. Jahrhundert eingeführte Instrumente erweiterten den klanglichen Umfang des Orchesters. Italienische Geigenbauer wie Antonio Stradivari bauten Instrumente, die gleichzeitig schön und von edlem Klang waren. Seine Messi-Violine (oben links) wurde 1716 gebaut; seither hat sich wenig an der Geigenform geändert. Ein anderes neues Instrument war die Oboe. Das abgebildete Instrument stammt aus Deutschland.*

OPERNINSZENIERUNGEN *Die Beliebtheit der Oper führte zu einer Flut von Theaterbauten. Das prächtige* Teatro Regio *in Turin (oben) wurde 1740 mit einer Operninszenierung eröffnet.*

DIE GELASSENE RUHE EINES HOLLÄNDISCHEN HAUSHALTS

Die holländischen Meister des 17. Jahrhunderts entdeckten das Alltagsleben als Gegenstand für ihre große Kunst. Jan Vermeer (1632–75) lebte ausschließlich in Delft und verhalf dieser kleinen Stadt mit seinen durch ihre Lichteffekte berühmten Gemälden zu ewigem Leben. Die meisten seiner Bilder sind Interieurs wie »Der Liebesbrief« (oben). Durch ein unsichtbares Fenster strömt Licht in den Raum und beleuchtet die von der offenen Tür her beobachtete häusliche Szene. Die ruhige, harmonische Atmosphäre, die für alle Gemälde Vermeers typisch ist, spiegelt die Zufriedenheit und den Wohlstand der Holländer nach Abschüttelung der spanischen Herrschaft. Vermeer wurde schon zu seiner Zeit geschätzt. Er arbeitete langsam, und nur 40 Bilder werden ihm zugeschrieben.

neral diente, in Stettin geboren worden – fügte ihrem Reich über 500 000 qkm Land und 7 Millionen Menschen hinzu, war aber ihren Absichten nach ebenfalls eine aufgeklärte Herrscherin. Sie las Diderots Enzyklopädie und betrachtete sich als Schülerin Voltaires. In ihren Instruktionen (1767) schlug sie die Abschaffung der Folter und der Todesstrafe vor. Sie war allen Religionen gegenüber tolerant und plante die Abfassung einer Staatsverfassung und eines Gesetzbuches. Die Grabschrift, die Katharina um die Mitte ihrer Regierungszeit für sich selbst entwarf, drückt zumindest ihre Absichten aus, wenn sie auch nicht alles erreichen konnte: »Sie wollte Gutes tun und strebte danach, Glück, Freiheit und Wohlstand einzuführen.«

Trotz der guten Absichten dieser Herrscher waren Auswirkungen ihrer Reformen häufig nur gering. Die Bauern in Rußland blieben Leibeigene, und anderes war auch gar nicht beabsichtigt. In Preußen wurde die Erbuntertänigkeit erst 1807 aufgehoben. Dort, wo ein Monarch durchgreifende Änderungen vorhatte, traf er oft auf Widerstände, so daß seine Bemühungen fast gänzlich fehlschlugen. Kaiser Joseph II. versuchte durch eine Reorganisation aus den Einzelländern des Reiches der Habsburger einen zentralistisch verwalteten Staat zu machen. Aber er traf auf unüberwindliche Hindernisse. So war die Bevölkerung von 24 Millionen Menschen auf weitentfernte Provinzen verteilt, die sich von Siebenbürgen bis in die südlichen Niederlande erstreckten; dazu kamen religiöse und sprachliche Unterschiede und jahrhundertealte Konflikte, die historische Ursachen hatten. Auf seinem Totenbett mußte Joseph die meisten seiner Reformen widerrufen, und bitter enttäuscht schlug er als Inschrift für seinen Grabstein vor: »Hier liegt ein Fürst, dessen Absichten rein waren, der jedoch das Unglück hatte, alle seine Pläne scheitern zu sehen.« Die Leibeigenschaft blieb jedoch abgeschafft.

Grausame und verworrene Gesetze

Fast ganz Europa litt an einem Mangel an ausgebildeten und loyalen Verwaltungsbeamten. Sogar im leistungsbewußten Preußen wurden Staatsämter verkauft. Das Strafrecht war meist unerhört grausam und das Zivilrecht verworren. Viele Aufgaben der Verwaltung und Rechtsprechung wurden auf dem Lande von Feudalherren wahrgenommen.

Die schwersten Hindernisse für eine Verwaltungsreform waren die Unzahl von landschaftlichen, örtlichen und Klassenprivilegien, die innerhalb eines Landes bestehenden Zollschranken und die Abgabenfreiheiten. Im gesamten katholischen Europa brauchte die Kirche kaum Steuern zu zahlen. Sie besaß ihre eigenen Gerichtshöfe und ihr eigenes Besteuerungssystem, und das Erziehungswesen lag in ihrer Hand. Der Adel und die Zünfte sowie andere Bürger hatten Vorrechte, die den Bauern abgingen. Sogar in dem dichtbevölkerten und fortschrittlichen Frankreich wurden viele Steuern von Steuerpächtern eingetrieben, die dem Staat eine feste Summe zahlten und dafür das Recht hatten, alles, was sie eintreiben konnten, zu behalten. Die Ungerechtigkeit dieses Systems gegenüber den unteren Volksschichten spielte auch beim Ausbruch der Französischen Revolution eine Rolle.

Alle diese Umstände behinderten das wirtschaftliche Wachstum und reizten die aufstrebenden höheren Berufsstände, darunter die Kaufleute, Juristen und kleinen Händler, die ihren Lebensunterhalt beim Verkauf und Transport von Gütern verdienten. Das Erbe tausendjähriger regionaler Unterschiede und die Auswirkungen des Feudalsystems widerstanden auch den eifrigsten Reformern – bis schließlich einer kam, der nicht nur von der Vernunft träumte, sondern dem auch die durch eine totale Revolution freigesetzten Kräfte zur Verfügung standen. Das war nach der Französischen Revolution von 1789 Napoleon Bonaparte, der wie Ludwig XIV. von nur einem Herrscher, einem Recht und einem Glauben träumte. Aber er war nicht nur ein aufgeklärter Despot, sondern auch, wie er sagte, »ein Kind der Revolution«, und er verbreitete deren Ideen über ganz Europa.

Hollands große Zeit

Im Zeitalter des Absolutismus der Fürsten bildeten zwei europäische Staaten eine Ausnahme: die Niederlande und Großbritannien. Die Niederlande oder Generalstaaten, wie sie damals hießen, waren ein sehr kleines Land, schutzlos der Nordsee und ihren Gezeiten sowie jedem Eindringling preisgegeben. Während des gesamten 17. Jahrhunderts befanden sie sich immer wieder im Kriege mit Frankreich und mit ihrem Handelsrivalen England. Trotzdem war dies ein Zeitalter der Größe Hollands, wie man das Land nach seiner wichtigsten Provinz nannte. Ungeachtet der kriegerischen Auseinandersetzungen mit ihren Feinden, wurden die Holländer in dieser Zeit zum führenden Seefahrer- und Handelsvolk der Erde. Amsterdam hatte um 1648 etwa 150 000 Einwohner und war der Umschlagplatz und das Zentrum des Ostseehandels und des Handels mit Ost- und Westindien. Korn aus dem Norden, Schiffsvorräte und englische Tuche wurden gegen Öl, Früchte und Seiden aus dem Mittelmeerraum, gegen Zucker aus Amerika und Gewürze aus dem Osten getauscht.

Auf dieser Grundlage erwuchs das finanzielle Übergewicht Hollands. Amsterdam trat an die Stelle von Antwerpen und Venedig als Geldmarkt Europas. Holland war noch keine echte Demokratie, sondern wurde von reichen Kaufleuten und Bankherren regiert; Verfolgungen aus religiösen oder politischen Gründen gab es kaum. In Holland entwickelte sich ein eigener charakteristischer Malstil – die stimmungsvollen Interieurs, Gruppenbilder, Stilleben, Landschaften und Porträts von Rembrandt, Ruysdael, Pieter de Hooch, Jan Vermeer und Frans Hals. Doch ihr Wohlstand konnte die Niederlande zu keiner Großmacht machen, dazu war das Land zu klein und geographisch zu gefährdet. England dagegen, zwar auch ein kleines Land, war als Insel weniger verwundbar. Es wurde von den Spaniern und den Holländern, vor allem aber von den Franzosen bedroht – dennoch überlebte es dank der Geschicklichkeit seiner Kapitäne, Generäle und Diplomaten.

Bürgerkrieg in England

Die neue Naturwissenschaft und Philosophie waren in England und Schottland im 17. Jahrhundert äußerst lebendig. Und in mancherlei Hinsicht wurden die damals entwickelten Gedanken der Nährboden für vieles, was heute noch als revolutionär angesehen wird. Die Stuarts glaubten ebenso fest wie Ludwig XIV. an ihr Gottesgnadentum, aber sie besaßen weder eine so zahlreiche Bevölkerung noch so große Geldmittel, weder eine solche Armee noch so große Talente wie er. Sie hatten es mit einer äußerst mächtigen Opposition zu tun: einem starken Parlament, einer reichen Kaufmannschaft und der streng reformierten presbyterianischen Kirche in Schottland. Der Bürgerkrieg von 1642–49 endete mit der Enthauptung Karls I. Danach entstand das puritanische Commonwealth unter Cromwell, das wegen seiner Strenge keinen Rückhalt bei der Bevölkerung fand. 1660 wurde Karls I. Sohn, Karl II., auf den Thron erhoben. Er war vernünftig genug, während seiner 25jährigen Regierungszeit nicht wie sein Vater mit den Forderungen eines absoluten Monarchen aufzutreten. Aber sein Bruder, der Katholik Jakob II., hatte ein anderes Temperament. Der Adel des protestantischen Englands verbündete sich gegen ihn und setzte ihn in der unblutigen Revolution von 1688 ab. Der Thron wurde dem Statthalter der Niederlande, Wilhelm III. von Oranien, angeboten.

Trotz ihrer politischen Unfähigkeit waren die Stuarts urteilsfähige und kultivierte Schirmherren von Kunst und Wissenschaft und in der Mode führend. Karl I., klein und stutzerhaft, legte eine große Sammlung schönster Gemälde an und beschäftigte Anton van Dyck als Hofmaler und Inigo Jones als Architekten. Das Banketthaus in Whitehall in London läßt heute noch ahnen, wie der Palast zur Zeit Karls I. ausgesehen haben muß. Karl II. und Jakob II. liebten Maskenspiele und Musik und unterstützten beide nach Kräften den mit dem Wiederaufbau Londons nach dem großen Brand von 1666 betrauten Christopher Wren. Gleichzeitig brachte dieses Zeitalter Dichter und Dramatiker wie Marvell, Milton, Congreve und Dryden hervor.

Karl II. förderte auch wissenschaftliche Akademien und gelehrte Gesellschaften und ebnete so den Weg für die großen Fortschritte in der Technik und Medizin, die schließlich zu der landwirtschaftlichen und industriellen Revolution des 18. Jahrhunderts führten. In der Architektur erreichte die von Inigo Jones begonnene Entwicklung mit den Bauten Wrens und dem großartigen Schloß Blenheim bei Oxford, das von dem genialen Vanbrugh für John Churchill erbaut wurde, einen Höhepunkt. Das war der Dank der Nation an diesen ersten Herzog von Marlborough für seinen Sieg über die Armeen Ludwigs XIV., durch den Großbritannien der Weg zur ersten See- und Kolonialmacht eröffnet wurde.

Die Könige aus dem Haus Hannover, die

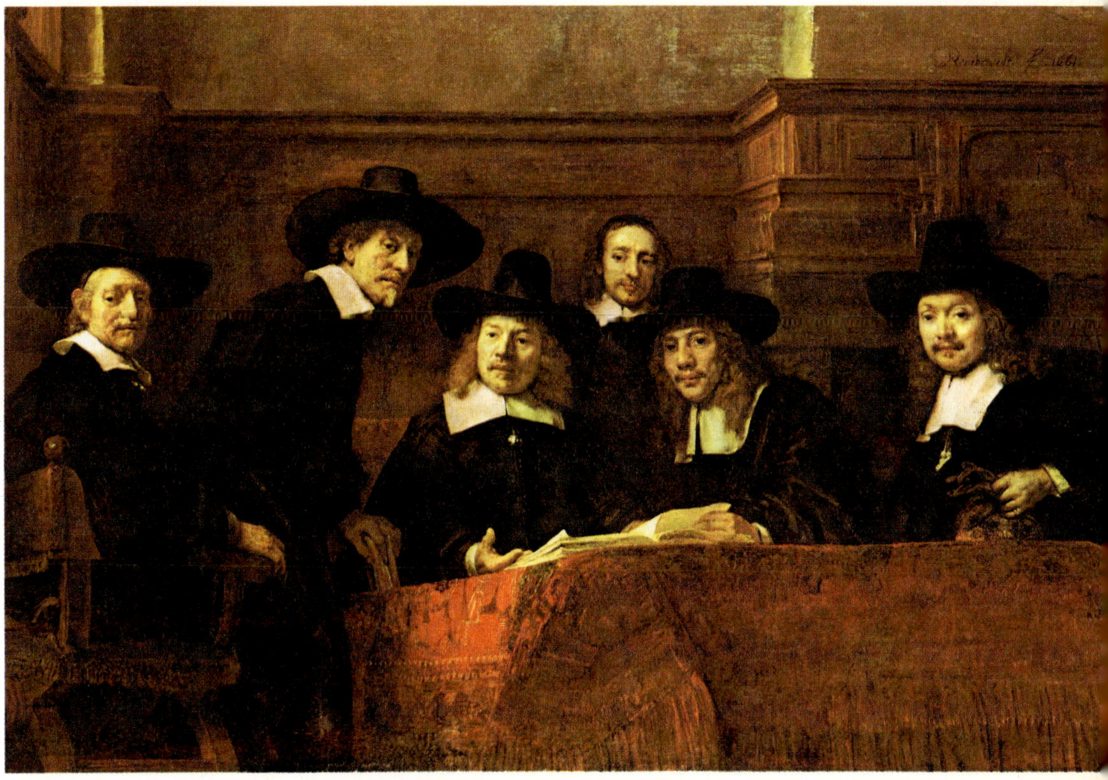

SCHIRMHERREN EINES KÜNSTLERS

Die Rolle der Kunstmäzene, die in anderen europäischen Ländern Könige, Fürsten und Kardinäle spielten, wurde in den Niederlanden im 17. Jahrhundert von den reichen Kaufleuten und ihren Gilden übernommen. Auf dem Gruppenbild der Staalmeesters (1662), der fünf Prüfungsmeister der Tuchgilde, stellte Rembrandt van Rijn (1606–69), der größte holländische Maler, diese Amsterdamer Bürger als nüchterne Menschen mit dem Ausdruck solider Gelassenheit und Unabhängigkeit dar. Rembrandt verstand es hervorragend, den Charakter seiner Personen durch ihren Gesichtsausdruck zu verdeutlichen. Er hinterließ übrigens auch eine große Zahl von Selbstbildnissen aus verschiedenen Perioden seines Lebens, die einen tiefen Einblick in seine Persönlichkeit vermitteln.

den Stuarts folgten, sammelten ebenfalls Gemälde und zogen den Komponisten Händel an den Hof. Im 18. Jahrhundert wandte man die Erkenntnisse der Naturwissenschaften für den Ackerbau an, und die Landwirtschaft wurde dadurch für die großen Landbesitzer profitabel. Die Gewinne ermöglichten die aristokratische Kultur der englischen Landsitze mit Musikzimmer und Bibliothek, Gemäldegalerie und Statuen, Parks, Kaskaden, Zierteichen und Springbrunnen, die ihr Vorhandensein ebensosehr der *Grand Tour* wie der langen Tradition des englischen Landlebens verdankten. Diese Gesellschaft der Landbesitzer wiederholte in moderner Form das Leben in den römischen Villen der Antike und leistete Bahnbrechendes in der Entwicklung von Nutztier- und Nutzpflanzenzüchtung, wodurch es den Ländern Europas schließlich möglich wurde, viel größere Menschenmassen zu ernähren als je zuvor.

VERÄNDERUNGEN AUF DEM LANDE

Seit dem Mittelalter hatten sich die Anbaumethoden nur wenig geändert. Alle drei Jahre mußte jedes Feld brachliegen, und fast alles Vieh wurde im Herbst abgeschlachtet, weil das Futter im Winter nicht reichte. Im 18. Jahrhundert wurden in England bessere Formen der Fruchtfolge und der Viehzucht entwickelt.

BESSERE SCHAFE *Die Zuchterfolge wurden im Bild verewigt, wie dieses Schaf aus Leicestershire, das Robert Bakewell malte.*

FELDMESSER *Um mit den neuen Methoden rationeller arbeiten zu können, wurde Gemeindeland zu großen Gütern zusammengefaßt.*

HEUMAHD *Die schwere Arbeit auf den großen Gütern wurde von Lohnarbeitern getan.*

Kriege und Klassen

Das 18. Jahrhundert war jedoch nicht in erster Linie die Zeit der Aufklärung oder der Herrschaft der Vernunft, sondern eine Zeit europäischer Kriege. Dem Spanischen Erbfolgekrieg (1701–14), in dem sich nach dem Aussterben der spanischen Habsburger die europäischen Mächte um deren gewaltige Besitzungen in Europa und in der Neuen Welt stritten, lief der Nordische Krieg (1700–21) parallel, in dem sich Rußland am Ende einen sicheren Zugang zur Ostsee erkämpfte. Ihnen folgten der Polnische Erbfolgekrieg (1733–35) und der Österreichische Erbfolgekrieg (1740–48), in dem Maria Theresia ihre Länder gegen die Verbündeten Preußen, Frankreich, Spanien, Sachsen und Bayern verteidigte. Der Siebenjährige Krieg (1756–63) sah Frankreich auf der Seite Maria Theresias, während England mit Preußen verbündet war. In den Jahren 1735–39 und 1768–74 befand sich Rußland im Krieg mit dem Osmanischen Reich, einem Krieg, der 1787 mit Österreich an der Seite Rußlands wiederaufgenommen wurde.

Die Heere waren groß und bestanden aus Berufssoldaten, aber man vermied zur Schonung der kostbaren Menschenleben allzu häufige offene Feldschlachten und verließ sich bei den meisten Kriegen auf die Belagerungskunst. Wegen der beschränkten Zahl von Soldaten waren die meisten Schlachten nur kurz, außerdem jahreszeitlich begrenzt und durch Regeln für eine anständige Kriegführung gemäßigt. Vielleicht war der wahre Grund für die Bewunderung und Nachahmung Ludwigs XIV. darin zu suchen, daß er 200 000 Mann ins Feld führen konnte, wozu großes Organisationstalent und Geschicklichkeit im Rekrutieren, Ausbilden und der medizinischen Versorgung gehörten. Neue Waffen wurden entwickelt – das Bajonett ersetzte den Spieß, und Handgranaten wurden erfunden. Erstklassige Musketier- und Grenadierregimenter wurden ausgebildet. Europa war Ludwig XIV. ausgeliefert, ehe es Wilhelm von Oranien gelang, eine große Koalition gegen ihn auf die Beine zu bringen.

Die Gesellschaftsstruktur der Zeit war äußerst stabil, ja geradezu statisch. Sozialer Aufstieg war möglich, aber äußerst selten. Offizierspatente blieben den Wohlhabenden vorbehalten und wurden gekauft. Man konnte in Großbritannien, Frankreich und Norditalien als Kaufmann oder Gewerbetreibender, gewöhnlich über den Erwerb eines Landsitzes, in den niederen Adel aufsteigen, aber meist vergingen darüber ein oder zwei Generationen.

Die Ernte als wichtigster Faktor

Für einen Bauern war es fast unmöglich, sich von seinem Stand zu lösen. In Ostdeutschland, Rußland und Polen gab es riesige Landgüter, die meist dem Adel gehörten, der auch den Hof und die Armee beherrschte. In Ungarn bezahlte er nach 1731 keine Steuern, in Rußland war er nach 1762 vom Staats- und Militärdienstzwang befreit und besaß Tausende von Leibeigenen.

Das Landleben war für die Massen im 17. und 18. Jahrhundert sehr hart. Ein Großteil der Bevölkerung hatte gerade das

Existenzminimum. Die Ernährung war schlecht, die Hygiene primitiv, und man hatte kaum irgendwelche Vorstellungen über die Krankheitsursachen. Das Leben verlief in engen Grenzen und in Unkenntnis der Zustände anderswo. Es hing zum größten Teil vom Ernteertrag ab. Fast die gesamte Landarbeit wurde von Hand gemacht oder mit Hilfe von Pferden und Ochsen. Kapital war knapp, die Wege waren schlecht, das Reisen mit Kutschen schwierig und teuer und Wegelagerei durchaus alltäglich.

Und doch gab es um die Mitte des 18. Jahrhunderts Anzeichen für große Veränderungen in Westeuropa. Hungersnöte größeren Ausmaßes waren selten geworden, und die europäische Bevölkerung vermehrte sich rasch. Von 120 Millionen um 1700 stieg sie auf 140 Millionen um 1750 und auf 185 Millionen ums Jahr 1800. Städte wie Paris, London, Hamburg, Amsterdam, Leipzig, Frankfurt, Marseille und Wien wuchsen sehr schnell und wurden zu großen Handels- und Bankzentren. In diesen Städten entwickelte sich auch eine Klasse reicher Handwerker und Händler, die die Aristokratie mit kritischen und neiderfüllten Blicken betrachtete. Handel und Reisen sorgten für die Verbreitung solcher Neuerungen wie die Straßenbeleuchtung und -pflasterung, primitive Kanalisation und polizeiliche Überwachung der öffentlichen Ordnung.

Unterdessen mehrten sich die Zeichen für eine landwirtschaftliche Revolution. Brachland wurde kultiviert, Sümpfe wurden trokkengelegt. Neue Geräte wie Sämaschinen und bessere Pflüge kamen in Gebrauch. Das Land wurde künstlich gedüngt, man führte eine verbesserte Fruchtfolge ein und wählte die Anbaufrüchte nach wissenschaftlichen Gesichtspunkten aus. Kanäle wurden gegraben und Züchtungsversuche in der Viehzucht unternommen.

Das bis dahin gemeinschaftlich genutzte Land wurde nun in Privatbesitz überführt, um große Landgüter zu schaffen, wo sich die neuen Anbautechniken lohnend anwenden ließen. Diese Veränderungen trafen die kleinen Landwirte und solche, die weder genügend Wissen noch Mittel zur Anwendung experimenteller Methoden besaßen. Doch betrafen diese Veränderungen hauptsächlich Südengland und einige Gegenden Frankreichs, waren aber in Deutschland, Spanien, Italien und Osteuropa noch sehr selten.

Die Moral und das Benehmen des Aufklärungszeitalters reichten von hohem sittlichem Niveau und vollendeter Höflichkeit bis zur gröbsten Roheit. Es war eine Zeit, in der Bäder ein seltener Luxus waren, die Notdurft öffentlich verrichtet und Wohlgerüche dazu benutzt wurden, den Geruch der mangelhaften Kanalisation und schmutziger Wäsche zu verdrängen. Sogar Ludwig XIV. nahm ständig Anispastillen, um angenehmer zu riechen. Wasser konnte man nur selten gefahrlos als Trinkwasser benutzen, so daß Bier und billiger Schnaps weniger ein Luxus als eine Notwendigkeit waren. Alkohol diente als einziges Betäubungsmittel; mußte sich jemand operieren lassen, so konnte er von Glück sagen, wenn er Geld genug hatte, sich zuvor zu betrinken. Es war ein Zeitalter der Leibeigenschaft und Sklaverei, in dem Männer zum Dienst in der Marine gepreßt und als Soldaten ausgepeitscht werden konnten.

Weniger als einer von tausend Bauern konnte lesen und schreiben, und der Tod war ein früher und regelmäßiger Gast in jedem Hause. Wer 35 Jahre alt wurde, hatte schon ein hohes Alter erreicht. Das betraf besonders die vor 1900 kaum je erwähnte andere Hälfte der Menschheit: die Frauen. Das Leben war für sie sehr hart. Dafür sorgten unter anderem die ständigen Geburten und der häufige Verlust der Kinder sowie die lebenslänglichen schweren Pflichten an der Seite eines nicht selbstgewählten, oft ungeliebten Mannes. Katharina von Braganza, die Frau Karls II. von England, hatte neun Fehlgeburten, keine Kinder und einen Mann, der sie öffentlich betrog und viele uneheliche Kinder zeugte. Dennoch betete sie ihn an. Königin Anna von England, die als letzte der Stuarts regierte, hatte 17 Kinder, von denen keines sie überlebte.

Und doch war das auch die Zeit Bachs, Händels und Mozarts, eine Zeit, in der 1735 das Britische Museum gegründet wurde und Benjamin Franklin in Philadelphia seine elektrischen Experimente ausführte. Und in der der Franzose Antoine Lavoisier das Wesen der Verbrennung entdeckte und damit die gesamte Chemie revolutionierte. Der Fortschritt war überall sichtbar, wenn auch die Lebensbedingungen für die Frauen und das einfache Volk sich nicht wesentlich besserten. Die Schrittmacher dabei waren jedoch nicht die absoluten Monarchen, sondern jene bürgerlichen Staaten, die vom Handel und von der See lebten. Die Zeiten der Monopolisierung der gesamten politischen Macht in den Händen des Königs und des Adels waren gezählt.

Religiöse Differenzen spielten keine große Rolle mehr, und der überlieferte Glaube hatte weniger Macht über die Menschen. Die Privilegien der Geistlichkeit stammten ebenso wie die des Adels aus der Zeit des Lehnswesens und hatten sich überlebt. An der Oberfläche schien es, als werde das Aufklärungszeitalter mit seinen geschliffenen Manieren, seinem stetigen Fortschritt auf den Gebieten der Naturwissenschaften, der Technik und der Landwirtschaft und seinen aufgeklärten, auf gutausgebildete Truppen gestützten Herrschern in alle Ewigkeit fortdauern. Aber es hatte den neu aufsteigenden Klassen jede Macht und in manchen Fällen auch die Freiheit versagt. Und so stand das Zeitalter der Vernunft kurz davor, in einer blutigen Revolution unterzugehen, die den Umbruch Europas einleiten sollte.

DER LANDEDELMANN

Eine neue Klasse landbesitzenden Adels betätigte sich im 18. Jahrhundert in England als Kunstmäzene. Thomas Gainsborough schuf dieses Porträt von Mr. und Mrs. Robert Andrews im Jahre 1748. Im Unterschied zu früheren Jahrhunderten befinden sich die Dargestellten nicht in einem Raum, sondern im Freien.

BETRUNKEN FÜR EINEN PENNY

Die durch die Auflösung des Gemeindelandes verarmten Landarbeiter strömten in die Städte. Die sozialen Folgen wurden in den Bildern von William Hogarth gegeißelt. Dieses Bild heißt »Gin Lane« (Schnapsgasse) und zeigt die Übel der Alkoholsucht: »Betrunken für einen Penny, sternhagelvoll für zwei«.

Revolutionen, die die Welt veränderten

1763–1870

Die Lehren der Aufklärung ermutigten Völker beiderseits des Atlantiks, den Ruf nach Freiheit zu erheben und sich ihrer bisherigen Herren zu entledigen

Der Druck, der sich in der abendländischen Gesellschaft aufgestaut hatte, führte im späten 18. Jahrhundert zu einer Explosion, die Europa bis in die Grundfesten erschütterte. Diese Explosion war die Französische Revolution. Als Sprengzünder für sie wirkte der amerikanische Unabhängigkeitskrieg, der von der Idee der ursprünglichen Gleichheit aller Menschen getragen war.

Mit diesem Beispiel vor Augen und mit den Worten »Freiheit, Gleichheit, Brüderlichkeit« auf den Lippen erhob sich 1789 das Volk in Frankreich, dem Kernland der Aufklärung, gegen seine Herren. In dem dann folgenden Terror mußten Tausende von Aristokraten und anderen Menschen, die man als Feinde der Revolution ansah, ihr Leben unter dem Fallbeil lassen. Die Französische Revolution war das Vorbild für viele spätere Revolutionen gegen Könige und Adel. Die von ihr ausgelöste Entwicklung führte zur Entstehung der modernen Nationalstaaten. Und sie blieb für die Welt der große Präzedenzfall gewaltsamer Veränderungen.

Schon zwei Jahrhunderte lang hatte sich Europa auf die Revolution hinbewegt. Feudalismus und Absolutismus erfüllten längst keine nützlichen Funktionen mehr; trotzdem regierten fast alle Könige noch mit absoluter Gewalt und besaßen Geistlichkeit und Adel viele ihrer Privilegien aus der Feudalzeit, wie etwa die Steuerfreiheit. Immer mehr Menschen bewegten zwei politisch grundlegende Fragen: Mit welchem Recht herrscht ein Mensch über andere? Und wo verläuft die Grenze zwischen dem Recht der Regierung und der Freiheit der Regierten?

Die Antwort des 17. Jahrhunderts hatte überall – mit Ausnahme Englands, das einen König enthauptete und einen anderen absetzte – gelautet, der König sei von Gott eingesetzt und regiere nach göttlichem Recht mit unumschränkter Macht. Die Antwort des 18. Jahrhunderts lautete jedoch, die Menschen besäßen natürliche Rechte, und wenn ein Herrscher diese Rechte antaste, könne er zu Recht gestürzt werden.

Diese Ideen nahmen zuerst in England Gestalt an, wo der Philosoph John Locke (1632–1704) die »Glorreiche Revolution«

DIE ZEIT DER REVOLUTIONEN

Der Unabhängigkeitskrieg der Amerikaner beeinflußte die 1789 ausgebrochene Französische Revolution, der während der nächsten 60 Jahre Revolutionen in fast allen Ländern Europas folgten.

EIN MANN VON GEIST – EIN KÄMPFER FÜR DAS RECHT

Mit Esprit und Zynismus beherrschte der französische Philosoph Voltaire (links) das intellektuelle Leben Europas mehr als ein halbes Jahrhundert lang und trug einen guten Teil dazu bei, die Ungerechtigkeiten der bestehenden Ordnung aufzudecken und diese Ordnung zu untergraben. Voltaire wurde 1718 durch seine leidenschaftlich antiklerikale Tragödie Oedipe *bekannt. Vier Jahre später erklärte er in seinem Gedicht »Le Pour et le Contre« (Dafür und Dagegen), daß er kein Christ sei. Wegen seiner Angriffe auf die Kirche und eines Streites mit einem einflußreichen Adligen wurde Voltaire verbannt und lebte 1726–29 in England. Dort sammelte er das Material für seine »Philosophischen Briefe«, eine klassische Analyse der englischen Gesellschaft. Da das Buch verurteilt wurde, mußte er Paris erneut verlassen. Dennoch wählte man ihn, als er nach Paris zurückkehrte, 1746 in die Académie. Er stand im Briefwechsel mit Friedrich dem Großen und lebte als dessen Gesellschafter 1750–53 in Sanssouci. Von Ferney aus, wo er ein Schloß erworben hatte, kämpfte er unablässig gegen das Unrecht seiner Zeit. 1778 starb er in Paris. Sein Ruhm zu seinen Lebzeiten beruhte hauptsächlich auf seinen oft ironischen Erzählungen und Romanen wie* Candide.

EIN VOLK IN WAFFEN

Unter der Losung »Freiheit oder Tod« ziehen französische Patrioten an die belgische Front. 1792 sammelte sich das französische Volk zur Verteidigung seiner jungen Republik gegen die eindringenden Truppen der Österreicher und Preußen. Es war dabei von der gleichen Leidenschaft beseelt wie 1789 bei der Entmachtung des Königs und des Adels. Der Nationalkonvent nutzte diese Leidenschaft und proklamierte im August 1793 die Aushebung der gesamten wehrfähigen Bevölkerung Frankreichs. Kriegsminister Lazare Carnot (1753–1823), ihr genialer Organisator, schickte die Revolutionsheere mit den Worten »Friede den Hütten – Krieg den Palästen« über die französischen Grenzen. Unter hervorragenden Generälen trugen die neuen Volksheere ihre revolutionären Ideen durch ganz Europa.

LA LIBERTÉ OU LA MORT

von 1688, die Jakob II. den Thron gekostet hatte, in seinem Werk *Die Kunst, wohl zu regieren* verteidigte. Nach ihm gibt es ein Naturgesetz, demzufolge alle Menschen gleich und unabhängig seien und keiner dem anderen schaden dürfe. Die Autorität der Regierung stamme aus der Zustimmung der Regierten, und diese Zustimmung bilde die Grundlage des Gesellschaftsvertrages zwischen den Herrschern und den Beherrschten. Wenn die Herrscher ihre Seite des Vertrages brächen, habe das Volk das Recht, Widerstand zu leisten.

Fünfzig Jahre später meinte der französische Baron de Montesquieu (1689–1755) in seinem Buch vom *Geist der Gesetze,* das Geheimnis entdeckt zu haben, warum die Briten eine stabile Regierung besäßen. Er sagte, die Macht in jedem Staat setze sich aus drei Gewalten zusammen: Gesetzgebung, Vollziehung und Rechtsprechung. Befänden sich alle drei Gewalten in einer Hand, so herrsche Tyrannei. Wären sie getrennt – wie Montesquieu das von Großbritannien glaubte –, dann sei die Freiheit gewährleistet, denn der Machtmißbrauch durch eine Gewalt werde von den anderen zwei verhindert.

Montesquieu hatte sich über die englischen Verhältnisse geirrt, denn dort machte die Regierung die Gesetze und führte sie auch durch, außerdem war ein gut Teil des englischen Rechts durch Entscheidungen der Richter entstanden. Trotzdem fielen seine Gedanken über die Gewaltenteilung auf fruchtbaren Boden, denn hier, so schien es, gab es ein wissenschaftliches Gesetz auf politischem Gebiet, das so klar war wie Newtons Gravitationsgesetz. Die Lehren von Montesquieu und Locke wurden begierig von den Männern aufgenommen, die später die amerikanische Revolution gegen England anführten und die amerikanische Verfassung formulierten.

Kritik an der Kirche

Ein anderer französischer Denker, der die bestehende Ordnung zu untergraben half, war François-Marie Arouet (1694–1778), der sich Voltaire nannte. Er lernte Redefreiheit und religiöse Toleranz während seines Exils in England (1726–29) kennen und schätzte den Philosophen Locke. Er hatte das Glück, daß eines seiner Werke bei seiner Rückkehr nach Paris vom Henker verbrannt wurde, was ihn in weiten Kreisen bekannt machte.

Voltaire war ein erbarmungsloser Kritiker der Kirche wegen der Intoleranz der Geistlichkeit. Er war zwar kein Revolutionär, kritisierte aber in seinen Aufsätzen und Dramen die bestehenden Zustände und machte sich über sie lustig. Das Papsttum – diese infame Sache, wie er sagte – und die Kirche waren die bevorzugten Ziele seiner Angriffe. Er wurde zweimal verbannt und zweimal in der Bastille gefangengehalten. Aber er kostete sein Leben voll aus und starb mit 84 Jahren an Erschöpfung nach einem rauschenden Fest zu Ehren der Erstaufführung seiner Tragödie *Irène.* Sein Kommentar lautete bezeichnenderweise: »Ich sterbe an 250 000 Tassen Kaffee.«

Der originellste Denker dieses Zeitalters, der aus Genf stammende Jean-Jacques Rousseau (1712–78), begann sein Buch *Der Gesellschaftsvertrag* mit Worten, die in der Geschichte des politischen Denkens einen großen Widerhall finden sollten: »Der Mensch ist frei geboren, befindet sich aber überall in Ketten.« Rousseau glaubte, der Mensch sei von Natur gut. Gebe man einem Kind Freiheit, so sagte er, dann werde es als freier und tugendhafter Mensch aufwachsen. Nur die Institutionen verdürben den Menschen, und die Zivilisation versklave ihn. Die Menschen sollten in Freiheit ein einfaches Leben in kleinen Gemeinden führen, wo jeder die gleichen Rechte hätte. In seinem Werk ging Rousseau über Locke insofern hinaus, als er zu der Idee des Gesellschaftsvertrages zwischen Regierung und Volk noch die Vorstellung des Gemeinwillens hinzufügte, also des Willens der Gesamtheit, die im eigenen besten Interesse handle. Doch sei dieser Gemeinwille nicht immer identisch mit dem Willen aller Bürger bei einer bestimmten Frage. Rousseaus Erklärungen waren verworren und unklar, aber fruchtbar. Die Idee des Gemeinwillens liegt den modernen Vorstellungen über Demokratie und Mehrheitsbeschlüsse zugrunde, gleichzeitig kann damit aber jede unpopuläre Maßnahme eines Diktators oder einer entschlossenen Minderheit gerechtfertigt werden, mit der Behauptung nämlich, sie sei im Interesse des Volkes notwendig.

Es läßt sich nicht beweisen, daß Rousseau und andere Denker die folgenden Revolutionen inspiriert oder verursacht haben. Sie machten auch wenig politische Reformvorschläge, sondern propagierten nur allgemeine, auf Veränderung des Bestehenden zielende Ideen. Aber sie riefen eine Geisteshaltung ins Leben, die sich in Satire, Skeptizismus und Infragestellung aller Werte gefiel und zu einer Lockerung der bestehenden Ordnung und Tradition führte.

Die amerikanische Revolution

Die Ideen der Aufklärung beeinflußten auf einem anderen Kontinent Gruppen von Intellektuellen, denen es nicht genügte, über Veränderung nur zu reden. Die Denker Amerikas waren dabei, ihre Ideen in die Praxis umzusetzen und Amerika zum Schauplatz der ersten Revolution zu machen, die für die neuen Ideale ausgefochten wurde.

Die von England gegründeten oder übernommenen und besiedelten 13 ursprünglichen Kolonien in Nordamerika erstreckten sich 2400 km weit entlang der atlantischen Küste von der nebligen Massachusetts Bay bis zum heißen Strand von Georgia. Die Kolonisten waren britische Untertanen und stolz darauf. Sie belieferten Großbritannien mit Tabak, Zucker und Holz und bezogen von dort Leinen, Bücher und Luxusartikel.

Nachdem die Bedrohung ihres Landes durch Kanada, das Frankreich 1763 nach dem Siebenjährigen Kriege an England abtrat, entfallen war, wandten sich die Kolonisten dagegen, noch weiter für eine britische Armee auf dem Boden ihrer Kolonien Steuern zu zahlen, die von einer Regierung jenseits des Atlantiks erhoben wurden. Die ersten Anzeichen des Widerstandes machten sich 1765 bemerkbar, als eine neue Steuer für Verteidigungszwecke erhoben werden sollte. Die Kolonisten erklärten: »Keine Besteuerung ohne Repräsentation!« Wenn sie schon Steuern zahlen sollten, sagten sie, dann müßten sie eigene Abgeordnete im britischen Parlament haben. Ihr Protest hatte Erfolg: 1770 gab es nur noch eine direkte Steuer – die Teesteuer, auf deren Zahlung Großbritannien bestand.

Doch auch die Teesteuer brachte die Kolonisten in Harnisch. Als am 16. 12. 1773 eine große Ladung Tee in Boston gelöscht werden sollte, stürmte eine Schar notdürftig als Mohawk-Indianer verkleideter Kolonisten an Bord des Schiffes *Dartmouth* und warf 342 Kisten indischen Tee ins Wasser. Für die britische Regierung war das offener Aufruhr. Sie schloß den Hafen von Boston und verstärkte die dort stationierten Truppen. Weitere Maßnahmen Englands führten zur Forderung nach Unabhängigkeit, die auf dem Kontinentalkongreß erhoben wurde, zu dem sich Vertreter aller Kolonien mit Ausnahme Georgias 1774 und erneut 1775 in Philadelphia versammelten.

EINE NATION ENTSTEHT

Der Unabhängigkeitskrieg, durch den sich die amerikanischen Kolonien von der britischen Herrschaft befreiten, wurde geistig von Männern vorbereitet, die sich John Lockes und Montesquieus Ideen von den Menschenrechten zu eigen gemacht hatten. Die Mehrheit der Amerikaner war jedoch aus praktischen Gründen unzufrieden. Nachdem England 1763 Kanada den Franzosen weggenommen hatte, sahen die Amerikaner nicht mehr ein, weshalb sie mit ihren Steuern für die Stationierung britischer Truppen aufkommen sollten, zumal sie weder Sitz noch Stimme im englischen Parlament hatten. Zwar waren bis 1770 die meisten Steuern abgeschafft, doch England bestand auf der Teesteuer. Es kam zu Unruhen und 1775 schließlich zum Kriege. Ein Jahr später proklamierten die Amerikaner ihre Unabhängigkeit. Die Briten gewannen zwar jede offene Schlacht, aber jedesmal gelang es den Kolonisten, sich geordnet zurückzuziehen. Der Sieg wurde am Ende durch die Schwierigkeiten des Terrains und die Geschicklichkeit und die Geduld George Washingtons errungen. Die Niederlage war für England unvermeidlich, als Ludwig XVI. Frankreichs Flotte und Truppen entsandte, um den Amerikanern zu helfen – nur elf Jahre vor dem Ausbruch der Revolution in Frankreich, die ihn selbst hinwegfegen sollte.

GEWINN UND VERLUST *Der zeitgenössische Druck zeigt Georg III., unter dem England durch die Taten des Generals Wolfe (rechts) und die Politik des älteren Pitt (links) Kanada den Franzosen abnahm, aber durch die Halsstarrigkeit des Königs seine sonstigen Kolonien in Nordamerika verlor.*

BEI BUNKER HILL *gegenüber Boston zeigte der harte Widerstand der Amerikaner den dreimal angreifenden Engländern, daß ein langer Krieg bevorstand.*

Yale University Art Gallery

GEORGE WASHINGTON, *der die amerikanischen Truppen während des Unabhängigkeitskrieges geführt hatte, wurde 1789 der erste Präsident seines Landes.*

BENJAMIN FRANKLIN *(rechts) ist auf diesem Deckel einer Schnupftabaksdose mit Voltaire (links) und Rousseau porträtiert. Für die Franzosen war Franklin während des Unabhängigkeitskrieges als amerikanischer Gesandter in Paris ein Symbol republikanischer Einfachheit.*

THOMAS JEFFERSON *war einer der führenden Köpfe der Kolonisten. 1776 formulierte er die Unabhängigkeitserklärung, wirkte 1785 bis 1789 als Gesandter in Paris und wurde zum 3. Präsidenten der USA (1801–09) gewählt.*

PRINZIPIEN DER DEMOKRATIE *Jefferson und Franklin führten die Delegation an, die 1776 dem Kontinentalkongreß den Entwurf der Unabhängigkeitserklärung vorlegte (Gemälde von John Trumbull). In ihr sind die geistigen Grundlagen der Demokratie zusammengefaßt. Es heißt unter anderem: »Wir halten diese Wahrheiten für offenbar: daß alle Menschen gleich geschaffen worden sind, daß sie von ihrem Schöpfer mit bestimmten unveräußerlichen Rechten ausgestattet worden sind, worunter sich das Leben, die Freiheit und das Streben nach Glück befinden!«*

Zwar verlangten nicht alle Kolonisten die Unabhängigkeit, doch der zweite Kontinentalkongreß ließ zu den Waffen rufen und ernannte George Washington, einen Pflanzer aus Virginia, zum Oberbefehlshaber. Als im April 1775 britische Truppen in Lexington und Concord bei Boston Waffenlager der einheimischen Bürgerwehr beschlagnahmen wollten, eröffneten beide Seiten das Feuer. Der Krieg hatte begonnen.

Im Januar 1776 erschien in Philadelphia die Flugschrift *Common Sense* des erst kürzlich eingewanderten englischen Publizisten Thomas Paine, die entscheidend dazu beitrug, die öffentliche Meinung in Amerika gegen den englischen König Georg III. aufzubringen. Im selben Jahr entwarf Thomas Jefferson an der Spitze eines fünfköpfigen Komitees die Unabhängigkeitserklärung. In ihrer endgültigen Fassung führte Jefferson unter anderem »Leben, Freiheit und Streben nach Glück« als Menschenrechte auf. In seinem ersten Entwurf hatte er bezeichnenderweise die Worte »Leben, Freiheit und Eigentum« gebraucht, denn wie jeder englische landbesitzende Politiker war er der Überzeugung, daß eigener Besitz die einzig sichere Grundlage für die Bereitschaft sei, politische Verantwortung zu übernehmen.

Franklin, der neue Mann

Zu den Männern, die Jefferson bei der Abfassung der Unabhängigkeitserklärung unterstützten, gehörte auch Benjamin Franklin (1706–90), ein typischer Vertreter der Kultur des amerikanischen Mittelstandes im 18. Jahrhundert. In Boston geboren, brachte er es aus eigener Anstrengung zu Reichtum, obwohl er aus ärmlichen Verhältnissen stammte. Mit 42 Jahren hatte er dank seiner Druckerpresse und seinem Geschick als Journalist, Pamphletist und Geschäftsmann genügend Geld erworben, um sich zurückziehen zu können und die restlichen 42 Jahre seines Lebens dem Dienst an der Allgemeinheit als Generalpostmeister, Diplomat und Politiker zu widmen. Er änderte das Gesicht Philadelphias, indem er der Stadt eine Polizei gab und die Straßen pflastern und beleuchten ließ. Er gründete die »American Philosophical Society«, die Universität von Pennsylvania und die erste Leihbücherei Amerikas. Außerdem richtete er noch vor der Unabhängigkeitserklärung einen gut funktionierenden Postdienst ein.

Franklin gehört zu den Vorbildern, die den amerikanischen Charakter prägten. Er machte sich durch seine physikalischen Experimente – besonders als Erfinder des Blitzableiters – einen Namen, war umgänglich, unterhielt sich gern – kurz, er war ein Mensch, der die Annehmlichkeiten des Lebens zu schätzen wußte, bei allem Idealismus aber doch auch Skeptiker blieb. In Frankreich fühlte er sich zu Hause. In England meinte man, er sei zu sehr Amerikaner, in Amerika, er sei zu sehr Engländer. Mit vollem Recht wurde er als Weltbürger angesehen. Als amerikanischer Gesandter in

Paris während des Unabhängigkeitskrieges brachte er 1778 das Bündnis mit Frankreich zustande, das den Krieg zu gewinnen half. Im Vertrag von Paris (1783) erkannte Großbritannien die Unabhängigkeit der Vereinigten Staaten an und akzeptierte als deren westliche Grenze den Mississippi. So entstand eine neue unabhängige föderative Republik.

Vier Jahre später beschlossen Abgeordnete der Einzelstaaten unter dem Vorsitz Washingtons die noch heute gültige Verfassung. In ihr machten sich die Ideen Lockes und Montesquieus bemerkbar. Das Gesetzgebungsrecht liegt beim Kongreß, der aus zwei Kammern besteht: dem vom gesamten Volk gewählten Repräsentantenhaus und dem Senat, dessen Mitglieder von den einzelnen Staaten entsandt werden. Der alle vier Jahre durch Wahlmänner gewählte Präsident hat die vollziehende Gewalt und den Oberbefehl über die Streitkräfte. Die Unabhängigkeit der dritten Gewalt gewährleistet das Oberste Bundesgericht, dessen Richter auf Lebenszeit ernannt werden. Diese Verfassung wurde zum Vorbild vieler Verfassungen anderer Länder.

Die Französische Revolution

Im Gegensatz zum neuen Pionierland Amerika war Frankreich im Jahre 1789 ein volkreicher, geeinter und mächtiger Staat. Seine Sprache und Kultur waren in Europa tonangebend. Doch seine Bevölkerung verteilte sich auf vier scharf voneinander geschiedene Gruppen: den Adel, die Geistlichkeit, die Bauern und das Bürgertum, zu dem auch die wohlhabenden Geschäftsleute gehörten. Der Adel besaß einen großen Teil des Grund und Bodens Frankreichs, verbrachte aber die meiste Zeit nicht auf seinen Gütern und war von der Grund- und Einkommensteuer (Taille) ebenso wie die Geistlichkeit befreit. Die Bauern lebten in Armut und Not und mußten hohe Steuern an die Krone, die Kirche und die adligen Herren zahlen. Das wohlhabende Bürgertum fühlte sich dem privilegierten Adel gegenüber benachteiligt. Doch im 18. Jahrhundert gab es in Frankreich keine Volksvertretung, wo die Benachteiligten ihre Meinung hätten äußern können. Die Generalstände, die alte Ständevertretung, waren seit 1614 nicht mehr einberufen worden.

Die indirekten Steuern waren verpachtet. Die Steuerpächter und deren Beauftragte arbeiteten mit großem Gewinn, während die Regierung trotz der enormen Steuern eine riesige Schuldenlast drückte. In den fünfzig Jahren vor 1789 hatte Frankreich den Österreichischen Erbfolgekrieg und den Siebenjährigen Krieg verloren. Die letzte Niederlage hatte es Kanada und die französischen Stützpunkte in Indien gekostet. Die erfolgreiche Teilnahme am amerikanischen Unabhängigkeitskrieg war außerordentlich kostspielig gewesen. Ludwig XVI., dem bescheidenen und anständigen König, der sein Glück im Familienleben und seinen Uhrenbasteleien fand, fehlte die staatsmännische Begabung völlig. Seine Gemahlin Marie Antoinette, eine Tochter Maria Theresias, hatte nichts von der Geschicklichkeit und Entschlossenheit ihrer Mutter geerbt, sondern war extravagant, frivol und eitel.

Im Jahre 1789 war der französische Staat bankrott und Ludwig gezwungen, die Generalstände einzuberufen. Er erwartete, daß dieses Überbleibsel aus der Feudalzeit, getrennt nach Kirche, Adel und Drittem Stand, dem Bürgertum, abstimmen und Steuern bewilligen würde. Die Ständevertretung jedoch bestand auf einer gemeinsamen Nationalversammlung. Den Ton gaben die Vertreter des Dritten Standes an. Sie sprachen von Reformen und waren von dem amerikanischen Beispiel beeinflußt. Ihnen lag vor allem daran, die königliche Macht zu beschneiden. Wie in den Vereinigten Staaten handelte es sich auch hier nicht so sehr um die Vertreter des gemeinen Volkes als vielmehr um den Mittelstand, der mehr Macht verlangte. Zwei Drittel der Versammlung bestanden aus kleineren Staatsbeamten oder Rechtsanwälten, die sich nicht damit abfinden wollten, daß ihnen der Aufstieg versperrt war, weil nur Adlige höhere Posten erhielten. Dabei sahen sich die Mitglieder der Nationalversammlung – von liberalen Geistlichen und Adligen unterstützt – als die wahren Vertreter Frankreichs. Ihr Präsident, Jean Bailly, faßte ihre Gefühle in der Antwort zusammen, die er auf die Forderungen des Königs gab: »Die versammelte Nation kann keine Befehle entgegennehmen.«

Die Macht der Masse

Bei diesem Stand der Entwicklung trat eine neue Kraft auf den Plan und blieb da – das Volk von Paris. Wegen der schlechten Ernte von 1788 drohte eine Hungersnot. Die Straßen von Paris waren voller hungriger Menschen, die von der Nationalversammlung Hilfe erwarteten. Aber die Debatten dauerten zu lange, und am 14. Juli 1789 erzwangen die Massen die Übergabe der Bastille, einer Festung, die als Gefängnis diente und

PARIS IN AUFRUHR: DIE MASSE ÜBERNIMMT DIE MACHT

Paris, die Hauptstadt von Frankreich, war auch die Hauptstadt der Revolution. Im Juli 1789, der langen und ergebnislosen Debatten der Nationalversammlung müde, erhoben sich die Volksmassen von Paris und stürmten die Bastille, das verhaßte Symbol der Unterdrückung. Drei Monate später marschierten die Pariser Frauen nach Versailles und zwangen König Ludwig XVI. und seine Familie, in die Hauptstadt zurückzukehren. Von da an hatten die Pariser Volksmassen die Macht, Regierungen ab- und einzusetzen, eine Tatsache, der sich die Radikalen wie Robespierre und Danton bald bedienten, um an die Macht zu kommen. Aber die Masse war wetterwendisch: nachdem sie die Massenhinrichtung von Aristokraten verlangt und das Terrorregime unterstützt hatte, wandte sie sich später gegen ihre eigenen Führer, die ebenfalls unter der Guillotine endeten.

FÜHRER UND OPFER DER REVOLUTION *Die Vertreter des gemäßigten Bürgertums, die Girondisten Jacques Brissot und Madame Roland, endeten genauso unter dem Fallbeil wie die radikalen Jakobiner Maximilien Robespierre und Georges Danton.*

DER FALL DER BASTILLE *Der 14. Juli, der Tag, an dem die revolutionären Massen die Bastille stürmten, ist seither französischer Nationalfeiertag. Die Revolutionäre fanden nur wenig Widerstand. Sie glaubten, in der Bastille – einer alten Festung, die seit Richelieu als Staatsgefängnis diente – befänden sich Tausende von politischen Gefangenen, die dort ohne Gerichtsverhandlung eingesperrt wären. Als sie die Türen einrannten, fanden sie nur sieben Personen – vier Fälscher, zwei Irre und einen sadistischen Adligen. Alle wurden freigelassen. Den Kommandanten de Launay, den hier die Besatzung umgibt, machte man mit einem Teil seiner Leute nieder.*

als Symbol königlicher Macht angesehen wurde. Der Bastilletag ist seitdem französischer Nationalfeiertag.

Dieser ersten Erhebung folgten weitere. Auf die Nachricht vom Fall der Bastille erhoben sich die Bauern und verweigerten Steuern und Frondienste. Die Nationalversammlung schaffte die Frondienste und andere Privilegien des Adels und der Kirche ab und verkündete die Menschenrechte. Viele Adlige flohen ins Ausland und suchten dort Unterstützung für den König zu gewinnen.

Zwischen den beiden Extremen, den Pariser Massen und den reaktionären Aristokraten, befanden sich die glücklosen Gemäßigten, darunter der Graf de Mirabeau und der Kommandeur der Nationalgarde, Lafayette, der Seite an Seite mit George Washington im amerikanischen Unabhängigkeitskrieg gekämpft und sich den Ruf eines Freundes der Freiheit erworben hatte. Aber auch er verlor schließlich das Vertrauen der Pariser Massen. Die Lage spitzte sich im Juni 1791 zu. Ludwig XVI. hatte mit seiner Familie versucht, Frankreich zu verlassen, war aber bei Varennes an der Luxemburger Grenze erkannt worden. Dieser Fluchtversuch zerstörte vollends die Autorität des Königs. Er wurde zunehmend als Verräter und Feind seines Landes angesehen.

Als die Revolution weiter an Stoßkraft gewann und ausländische Regierungen ihre Besorgnis zeigten, traten immer radikalere Führer an die Spitze. Im August 1792 wurde der König ins Gefängnis geworfen. Österreichische und preußische Heere überschritten die Grenze und bewegten sich auf Paris zu. Im 1792 zusammengetretenen Nationalkonvent forderte Georges Danton mit größter Lautstärke: »Mut, Mut und noch mehr Mut, und Frankreich wird gerettet werden!« Als revolutionäre Truppen aus dem Süden sich Paris näherten, sangen sie ein Revolutionslied des Dichters Rouget de Lisle, das zur französischen Nationalhymne geworden ist – die Marseillaise.

Der König muß sterben

Im September 1792 wurde der österreichische und preußische Vormarsch bei Valmy zum Stehen gebracht. Im gleichen Monat rief der Nationalkonvent die Republik aus. Der König wurde im Januar 1793 nach einer Gerichtsverhandlung hingerichtet. »Der König muß sterben«, rief der Rechtsanwalt Maximilien Robespierre, »damit der Staat leben kann.« England, Holland, Spanien und andere europäische Mächte traten daraufhin der Koalition gegen Frankreich bei. In der Vendée brach der Bürgerkrieg aus. Im April 1793 setzte der Nationalkonvent den Wohlfahrtsausschuß als oberste Behörde ein, der Paris und Frankreich bald durch wohlüberlegten Terror regierte. Aufstände in Lyon, Toulon und anderen Städten folgten. Im September wird die Königin hingerichtet. Im Wohlfahrtsausschuß übernahm der junge, äußerst radikale und visionäre Robespierre die Leitung, der bei den Pariser Massen ungeheuer beliebt war. In seinem Eifer schickte er alle unter das Fallbeil, deren revolutionäre Hingabe ihm geringer schien als seine eigene. Letzten Endes kehrte sich Paris jedoch gegen ihn, und im Juli 1794 wurde er verhaftet und nach einem Selbstmordversuch guillotiniert.

Das dramatische Ereignis der Revolution wurde zum Symbol gewaltsamer Veränderungen. Viele freiheitlich denkende Europäer begrüßten sie bei ihrem Ausbruch mit Beifall. »Wie sehr ist dieses doch das größte Ereignis, das je in der Welt geschah, und das beste dazu!« sagte der englische Politiker Charles James Fox, als er vom Fall der Bastille hörte. Doch die Hoffnungen der meisten Befürworter der Revolution wurden bald zerstört, denn diese hatte auch eine sehr dunkle Seite. Sie war blutrünstig und leitete zu einer Reihe europäischer Kriege über. Sie zerstörte vieles, was an der alten Ordnung reizvoll gewesen war, und brachte jene unvorhersehbaren und regellosen Faktoren auf die politische Bühne, die sich nicht mehr wegdenken ließen: die Massen, die Psychologie der Einschüchterung, den gerüchteproduzierenden Terror und den Terror, der sich von Gerüchten nährt, sowie den ideologischen Kampf, der über die Landesgrenzen hinausgreift.

Im August 1793 rief der Nationalkonvent die allgemeine Wehrpflicht aus. Die Bürger Frankreichs hatten nun etwas, für das es sich zu kämpfen lohnte, nicht nur ihre Freiheit und einen Anteil an der Regierungsmacht – wofür sich manche vielleicht wenig interessierten –, sondern auch Landbesitz. Sie besaßen ihr Land nun als freie Bauern. Und in dieser Hinsicht waren sie genauso eigentumsbewußt und konservativ wie nur je ein Adliger. Dafür waren sie bereit, lange und hart zu kämpfen, denn nun hatten sie eine Menge zu verlieren. Außerdem waren die Franzosen entschlossen, ihre neu errungene Freiheit auch auf das übrige Europa auszudehnen. Ihre Heere schlugen die eingedrungenen Österreicher und Preußen zurück und trugen dann die Botschaft von

HINRICHTUNG DES KÖNIGS *Der Henker hebt nach der Hinrichtung das Haupt Ludwigs XVI. hoch. Das Todesurteil »ohne Aufschub und Begnadigung« fällte der Nationalkonvent in der ersten Abstimmung mit nur einer Stimme Mehrheit.*

REVOLUTIONSKOSTÜM *Die Revolutionäre trugen die langen Hosen der Pariser Arbeiterbevölkerung statt der Kniehosen (culottes) des Adels. Man nannte sie deshalb Sansculotten.*

DER MORD AN MARAT

Von dem Maler Jacques Louis David, der sich zur Revolution bekannte und als Mitglied des Nationalkonvents die großen Feste leitete und die Kunstpflege organisierte, stammt dieses Bild, das den Tod des Volksführers Jean Paul Marat darstellt. Marat war einer der extremsten der ganz links stehenden Jakobiner, deren Präsident er 1793 wurde. Als Volksfreund, wie er sich und seine Zeitschrift nannte, verlangte er nicht nur die Ausrottung aller Royalisten, sondern auch der Girondisten, der Mitglieder der gemäßigten bürgerlichen Partei im Konvent. Im Juli 1793 erstach ihn die junge Charlotte Corday, als er gerade ein Bad nahm. Marats Tod diente als Vorwand für eine noch schärfere Verfolgung verdächtiger Adliger. Charlotte Corday war aber Girondistin und tötete Marat aus Rache für Angriffe auf Führer ihrer Partei.

Freiheit, Gleichheit, Brüderlichkeit durch ganz Europa. Aber was als Befreiungskrieg von der Tyrannei despotischer Monarchen begonnen hatte, verwandelte sich bald in einen französischen Eroberungskrieg. In diesem Krieg stiegen neue, bisher unbekannte Heerführer aus den niederen Rängen nur dank ihrer Begabung auf. Der größte unter ihnen war Napoleon Bonaparte.

Das Napoleonische Kaiserreich

Napoleons Energie und militärisches Genie verhalfen ihm zu einem raschen Aufstieg. Seine Siege trugen ihm große Popularität ein, die er dazu benutzte, nach der höchsten Macht zu greifen, zunächst mit dem Titel Erster Konsul, dann als Kaiser. Auf der Höhe seiner Macht im Jahre 1807 war Bonaparte der Herrscher über Europa von der russischen Grenze bis zum Atlantik und von der Nordsee bis Neapel. Gebiete, die er Frankreich nicht einverleibte, unterstanden Fürsten – darunter seinen Brüdern und seinem Schwager –, die seinen Winken zu folgen hatten.

Den Mittelpunkt der Macht bildete der kaiserliche Hof mit seinem Pomp und Schaugepränge. Napoleon ernannte 31 Herzöge, 388 Grafen, 1090 Barone und 1500 Ritter. Er legte sich eine kaiserliche Garde zu und heiratete 1810 die österreichische Kaisertochter Marie Louise. Aber indem er sein Imperium ordnete, handelte er ohne Illusionen. Er sagte von der Ehrenlegion, die er 1802 gründete: »Die Menschheit wird mit Hilfe von Spielzeugen regiert.« Um die Farbigkeit und das Schaugepränge des Napoleonischen Kaiserreiches einzufangen, ernannte er Jacques Louis David zum Hofmaler. Der Maler Jean Auguste Dominique Ingres sah und malte Napoleon als einen zweiten Karl den Großen.

Napoleons Ehrgeiz erstreckte sich auf die ganze Welt. Im Jahre 1798 wurde sein Marsch auf Indien nur dadurch aufgehalten, daß Nelson seine Flotte in der Schlacht bei Abukir zerstörte. Um 1804 mußte Napoleon seinen Traum eines karibischen Imperiums aufgeben, nachdem seine Armee in Santo Domingo durch Krieg und Gelbfieber zerrüttet worden war. Dann plante Napoleon die Eroberung Englands und zog dazu 2000 Schiffe und 90 000 Mann in einer Reihe von Häfen zwischen Ostende und Étaples zusammen. »Der Kanal ist nur ein Graben«, sagte er. »Ist er auch nur sechs Stunden in unserer Hand, so genügt das schon.« Aber 1805, als seine Flotte bei Trafalgar geschlagen war, mußte Napoleon den Gedanken an eine Invasion Englands fallenlassen. Obgleich Frankreich durch seine Siege über Österreich und Preußen Europa beherrschte, blieb England die ausschlaggebende Seemacht; es war ein Kampf wie zwischen Elefant und Wal. Die Engländer setzten sich in Sizilien, Malta und Sardinien fest, und britische Waren erreichten das Festland trotz der von Napoleon verhängten Kontinentalsperre.

Die von See aus versorgten englischen Streitkräfte banden 250 000 französische Soldaten in Spanien. Das war die schwärende Wunde, die Napoleon schwächte, aber zu seinem Verderben führte erst 1812 die Invasion Rußlands. Der Kaiser hatte etwa 450 000 Mann ins Feld geführt, die Russen antworteten mit der Taktik der verbrannten Erde. Sie zogen sich weiter und weiter zurück und ließen es möglichst nicht zu Schlachten kommen. Indem sie auf ihrem Rückzug alles zerstörten, wurde der Nachschub für Napoleon ungeheuer erschwert. In der Hitze des Sommers war Napoleon mit seiner großen Armee nach Moskau marschiert, im tiefen Schnee folgten ihm die kümmerlichen Reste seines Heeres in die Heimat.

Der Rückzug aus Moskau wirkte auf das von Napoleon besiegte Europa wie ein Fanal. Im Oktober 1813 wurde er bei Leipzig von einer österreichisch-preußisch-russischen Allianz geschlagen. Sechs Monate später erblickte Paris seit 400 Jahren zum erstenmal fremde Heere in seinen Mauern: Deutsche, Österreicher, Russen und Briten. Napoleon dankte ab und wurde auf die Insel Elba verbannt. Ludwig XVIII., der Bruder Ludwigs XVI., bestieg den Thron. Als Napoleon im März 1815 von Elba entkam, schlossen sich ihm viele seiner Veteranen an. Aber er wurde im Juni 1815 von britischen und preußischen Truppen bei Waterloo geschlagen und endgültig nach St. Helena verbannt.

Ein neues Rechtssystem

Napoleons Imperium war zu groß, als daß ein einziger es hätte regieren können – sogar ein Mann von so übermenschlichen Fähigkeiten und so erschreckender Rücksichtslosigkeit wie er. Außerhalb Frankreichs wurde er schließlich als Unterdrücker und Zerstörer angesehen. Im Zeitalter des erwachenden Nationalgefühls konnte keiner mehr die Rolle Karls des Großen spielen.

Doch Napoleons Wirken hatte auch positive Seiten. Er war mit Recht stolz auf das von ihm maßgeblich mitredigierte Gesetzbuch, den *Code civil*, der mit den französischen Armeen auch in andere Länder gelangte. Die Revolution hatte den Bauern Land verschafft und Menschen Aufstiegsmöglichkeiten eröffnet. Das Gesetzbuch bestätigte die Wichtigkeit des Privateigentums und die Vorstellung, daß die Karriere eines Menschen von seinem Talent und nicht von seiner Geburt abhängt. Unter Napoleon wurden das Zunftmonopol und die staatliche Lenkung der Industrie aufgehoben. In den neugegründeten höheren Schulen gingen militärischer Drill mit anspruchsvoller klassischer Erziehung Hand in Hand. Hier wurde die nächste Generation der Offiziere, Beamten und Ingenieure herangezogen. Im Ergebnis hatte Frankreich während zweier Generationen das beste Erziehungssystem Europas. Obgleich Napoleon selbst nicht sehr viel von Religion hielt, war er sich des Einflusses der Kirche bewußt. Im Jahre 1801 schloß er ein Konkordat mit dem Papst, erkannte den Glauben der Katholiken als die Religion der Mehrheit aller Franzosen an, billigte aber anderen Religionen gleiche Rechte zu.

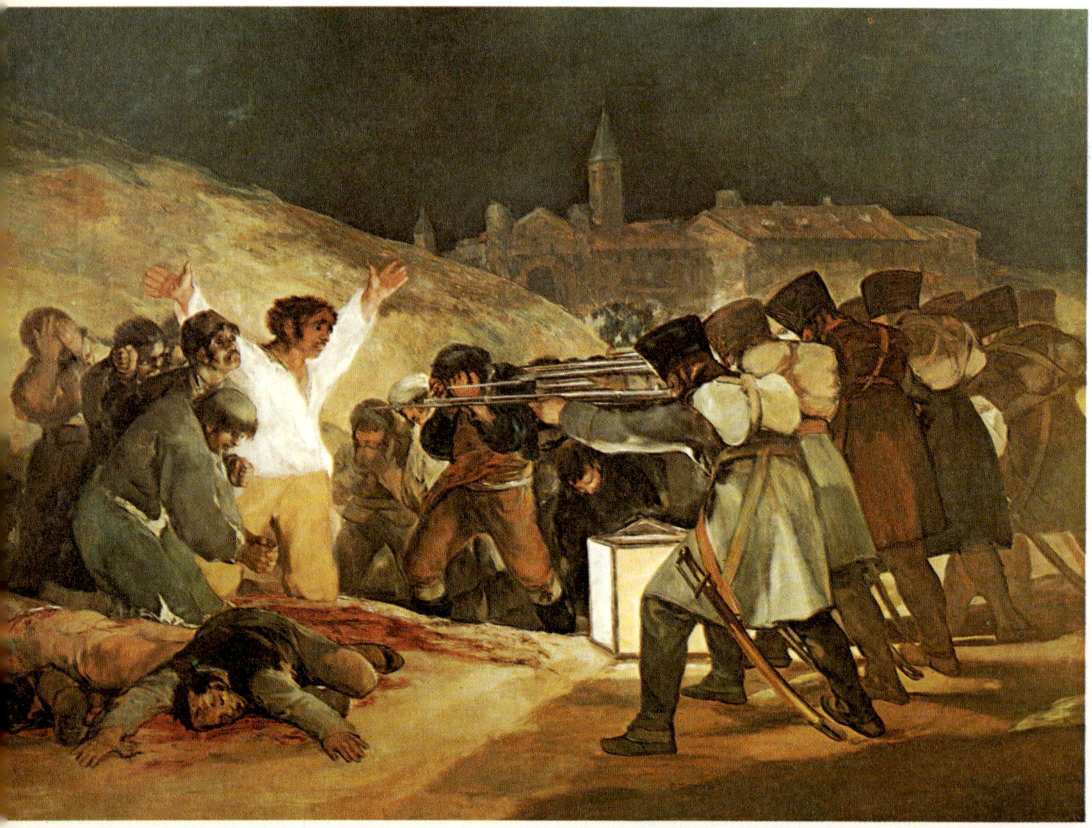

GOYA: DER MALER DER SCHRECKEN DES KRIEGES

Die napoleonischen Heere trugen Tod und Zerstörung in jede Ecke Europas. Die Hinrichtung spanischer Patrioten durch ein französisches Exekutionskommando hielt der spanische Maler Francisco de Goya (1746–1828) in seinem Bild »Der dritte Mai 1808« fest. Im Hintergrund der Szene sieht man Madrid. Der unerbittliche Realismus solcher Werke, die Goya während der französischen Besetzung Spaniens schuf, trug dazu bei, der Romantisierung des Krieges entgegenzuwirken.

Napoleon veranlaßte auch den Bau eines umfangreichen Straßen- und Kanalnetzes, wozu Kriegsgefangene zwangsweise eingesetzt wurden, und regelte die Lebensmittelpreise. Er verhalf Frankreich nicht nur zu Ruhm, sondern auch zu Wohlstand – allerdings nur für eine beschränkte Zeit, denn seine Kriege waren unerhört kostspielig und brachten keinen dauerhaften wirtschaftlichen Gewinn. Eine Generation lang war die französische Industrie vor dem britischen Wettbewerb geschützt, ihr fehlten aber viele Rohstoffe und die überseeischen Märkte. Wer bares Geld hatte, legte es in Landbesitz an und nicht in der Industrie. Auch nach 1815 blieben die Landbesitzer die herrschende Klasse, und die industrielle Revolution setzte daher in Frankreich erst recht spät ein.

Napoleon lag wenig an Freiheit, er hielt viel mehr von Ordnung und Autorität. Seine Präfekten rüstete er mit autokratischer Machtvollkommenheit aus, setzte sie selber ein und achtete darauf, daß sie nicht aus dem Gebiet stammten, das sie verwalteten. »Im Ausland und Inland«, sagte er, »regiere ich nur durch die Furcht, die ich erwecke.« Napoleons Herrschaft war eine Mischung aus rücksichtslosem, aber wirksamem Despotismus und Appellen an das Volk. Im Gedächtnis der Menschen war und ist er zum Teil noch heute ein Sinnbild der Revolution. Kometenhaft zog er seine Feuerspur durch Europa, das danach nicht mehr das alte war.

Als Ludwig XVIII. im Jahre 1815 den Thron bestieg, schien es, als sei ein gewalttätiges Kapitel europäischer Geschichte abgeschlossen. Das hofften zumindest alle Großmächte Europas, die sich unter der Führung des österreichischen Staatsmannes Metternich zu einer Allianz zusammenschlossen, um weitere Revolutionen zu verhindern. Trotz der scheinbaren politischen Ruhe nach dem Ende des Napoleonischen Zeitalters ließ sich die Uhr jedoch nicht auf die Zeit vor 1789 zurückdrehen. Als Karl X., der 1824 nach dem Tode seines Bruders Ludwig XVIII. auf den Thron kam, reaktionäre Maßnahmen ergriff, folgte die Reaktion rasch. Im Juli 1830 errichteten die Revolutionäre Barrikaden in den Straßen von Paris, Karl X. mußte fliehen, und der Thron wurde dem Herzog von Orléans, Louis Philippe, angeboten. Als guter Geschäftsmann nahm er an und regierte als konstitutioneller Monarch.

Klassik und Romantik

Als die Französische Revolution ihren Gipfel überschritten hatte und das Zeitalter Napoleons anbrach, begegneten sich in Jena und Weimar Goethe und Schiller, die in ihren Werken die deutsche Literatur zu klassischer Höhe führten. Schillers Gedanken über die Harmonie des Guten und Schönen und Goethes Humanitäts- und Kunstideale sollten noch lange nachwirken. Doch zur gleichen Zeit entwickelte sich eine gegen die klassische Ordnung und gegen den Rationalismus der Aufklärung gerichtete Bewegung – die Romantik. Ihr war in der Literatur der »Sturm und Drang« vorangegangen – etwa mit dem *Götz von Berlichingen* des jungen Goethe oder Schillers *Die Räuber*. Als höchste Werte galten der Roman-

NACHFOLGER DER CÄSAREN

Eine der großen Abenteuergeschichten der modernen Geschichte ist der Aufstieg des jungen korsischen Offiziers Napoleon Bonaparte (1769–1821) zum Kaiser der Franzosen und Herrscher Europas. Der Ausbruch der Revolution bot dem jungen Artillerieleutnant Gelegenheit zum Aufstieg. Mit kaum 25 Jahren wurde er durch sein militärisches Genie Brigadegeneral. 1796 übernahm er das Kommando über die französischen Truppen in Italien und stürzte drei Jahre später die Regierung durch einen Militärputsch. 1804 krönte er sich selbst, wobei er sein Kaiserreich als Wiedergeburt des Römischen Reiches empfand.

Als Napoleon auf dem Gipfelpunkt seiner Macht stand, erstreckte sich das französische Kaiserreich mit seinen Satellitenstaaten von Sevilla bis Warschau und von Neapel bis zur Ostsee. Doch Napoleons Würgegriff erlahmte, als sein Angriff auf Rußland im Jahre 1812 mit einem katastrophalen Fehlschlag endete. 1813 wurde er bei Leipzig geschlagen, 1814 nach Elba verbannt und nach seiner Rückkehr 1815 erneut bei Waterloo besiegt. Als er schließlich mit 45 Jahren, jeglicher Macht beraubt, als Gefangener der Briten auf der einsamen Insel St. Helena festgehalten wurde, hatte das von ihm so verachtete »Krämervolk« die Oberhand behalten. Napoleon starb mit 51 Jahren auf dieser sturmgepeitschten Insel im Südatlantik an Krebs.

KAISERLICHE PRACHT *Dieses 1806 von Jean Auguste Dominique Ingres (1780–1867) gemalte Bild zeigt Napoleon in kaiserlicher Pracht auf dem Thron. Ingres, ein Schüler J. L. Davids, war einer der Künstler, die von Napoleon beauftragt waren, sein Kaisertum in Gemälden klassischen Stils zu verherrlichen.*

ABSCHIEDSZIMMER *In diesem Zimmer des Schlosses Malmaison bei Paris nahm Napoleon nach der Schlacht von Waterloo Abschied von seiner Mutter.*

SPHINXTELLER *Dieser Teller aus Napoleons Service erinnert an die Freilegung der Sphinx während des ägyptischen Feldzugs 1798.*

KRÖNUNGSZEREMONIE *Mit 35 Jahren krönte sich Napoleon in Notre-Dame zum Kaiser der Franzosen im Beisein von Papst Pius VII., der ihn dann salbte. Das Bild stammt von Jacques Louis David, der zum Hofmaler Napoleons avancierte.*

tik das spontane Gefühl und die Einbildungskraft. Die neue Geisteshaltung wirkte sich nicht nur in der Literatur, sondern auch in der Malerei und der Musik aus.

Der Romantik verdanken wir die lyrischen Gedichte Eichendorffs, Brentanos und Mörikes, aber auch die phantastischen Erzählungen E. T. A. Hoffmanns. Von Herder beeinflußt, regte sie auch zur Beschäftigung mit der Vergangenheit, besonders der des eigenen Volkes, an. Die Brüder Grimm sammelten Sagen und Märchen, Clemens Brentano und Achim von Arnim Volkslieder. Die Geschichtsschreibung erfuhr einen neuen Aufschwung, der später in den Werken Leopold von Rankes gipfeln sollte. Die Maler sahen die Landschaft mit neuen Augen an wie Caspar David Friedrich oder entdeckten die Welt der Märchen wie Ludwig Richter und Moritz von Schwind.

Die deutsche Romantik übte auch eine starke Wirkung auf die Kunst und Literatur anderer Länder aus, besonders auf England, das reich an romantischen Dichtern war – Shelley und Keats mit ihrer an Hölderlin erinnernden Vorliebe für das klassische Griechenland, der Mystiker William Blake und der hochbegabte Lord Byron. In Frankreich wirkten der romantische Maler Eugène Delacroix und die Dichter Chateaubriand und Victor Hugo, der mit seinen Dramen, Gedichten und Romanen fünfzig Jahre lang wortgewaltig das französische Geistesleben beherrschte.

Auch die Musiker wurden vom Geist der Zeit ergriffen wie etwa Schubert in seinen Liedern. Mendelssohn, Schumann, Liszt und Berlioz sahen die Bedeutung der Musik vor allem darin, Gefühlserregungen zu übermitteln. Frédéric Chopin fing die Sehnsucht der Polen nach Freiheit in seiner Musik ein. Ihnen allen war Ludwig van Beethoven (1770–1827) vorausgegangen, der – zwar noch ganz der Klassik angehörend – in seine unsterbliche Musik seinen Glauben an die Freiheit und die Menschheit hineinlegte. In Napoleon glaubte er einen verwandten Geist gefunden zu haben und wollte ihm seine *Eroica* widmen. Doch als sich Napoleon zum Kaiser aufwarf, strich er mit einer dramatischen Geste die Widmung. Das immer wiederkehrende Thema aller romantischen Werke waren das Streben des Menschen nach Freiheit und Ausdrucksmöglichkeit, der Kampf irrationaler und zuweilen titanischer Kräfte gegen die Zwänge der Gesellschaft und die Hinwendung zu einer verklärt gesehenen Vergangenheit.

DAS ZEITALTER DER EISENBAHN

Die Eisenbahnen waren das Rückgrat der industriellen Revolution. Ihre Entwicklung begann, wie die so vieler technischer Neuerungen, die diese Revolution ermöglichten, in England, wo Stephenson die erste brauchbare Dampflokomotive konstruierte (1814). Der erste Passagierzug verkehrte 1825, und 50 Jahre später war Europa von Eisenbahnnetzen überzogen. Die romantischen Aspekte des neuen Zeitalters inspirierten manche Künstler zu Werken wie diesem von J. M. W. Turner.

Das Nationalgefühl als politische Kraft

Das Gefühl der Zusammengehörigkeit hatte sich innerhalb der europäischen Nationen im Laufe der Neuzeit entwickelt, aber erst in der Französischen Revolution kam das Nationalgefühl auch politisch zum Ausbruch, und schließlich hat das erwachende deutsche Nationalgefühl, verbündet mit England und Rußland, Napoleon zu Fall gebracht. Zusammen mit dem anderen Erbe der Revolution – dem politischen Liberalismus – war es eine der Kräfte, die das moderne Europa gestalteten. Es formte das politische Handeln in Lateinamerika ebenso wie die Empfindungen Abraham Lincolns. Es brachte große Staatsmänner hervor, wie Cavour in Italien und Bismarck in Deutschland, die zu den eigentlichen Begründern ihrer Staaten wurden. Der Appell des Nationalismus an das Gefühl war stärker als alles, was bis dahin an politischen Kräften aufgetreten war. Die Loyalität der Menschen galt nun nicht mehr einem König oder Herrn, einer Klasse oder Kirche, sondern der Nation, die nicht mehr von einem einzelnen regiert noch von Berufssoldaten verteidigt werden sollte, sondern vom gesamten Volk.

Aber der liberale Nationalismus erlitt 1848 einen fast tödlichen Schlag. In diesem schicksalhaften Jahr brachen in ganz Europa liberale Revolutionen aus, die sämtlich fehlschlugen. Die nach Frankfurt einberufene Deutsche Nationalversammlung bot dem König von Preußen die Krone eines geeinten Deutschlands an. Aber er lehnte ab und ließ seine Truppen die Revolution niederwerfen. In Frankreich dauerte die Zweite Republik, die Louis Philippe abgesetzt hatte, gerade drei Jahre, dann wurde ihr Präsident, Louis Napoléon, ein Neffe Napoleons, durch einen Staatsstreich Kaiser Napoleon III.

Aber die Kraft des Nationalismus war nicht gebrochen, nur kam die nationale Einheit nicht mehr durch den Druck des Volkes zustande. Das traf insbesondere auf Deutschland zu, wo der durch Napoleons Sieg bei Jena 1806 erwachte Nationalismus, der 1848 blutig niedergeschlagen worden war, 1870 zur Reife gelangte, als Napoleon III. durch Bismarcks Diplomatie und preußische Truppen besiegt wurde. Frankreich hatte aufgehört, die Vormacht Europas zu sein, und das mit Blut und Eisen zusammengeschweißte Deutschland Bismarcks war an seine Stelle getreten.

Der Nationalismus hatte gesiegt, aber dieser Sieg kam teuer zu stehen. Die deutsche Verfassung, die auf dem Wahlrecht aller erwachsenen Männer beruhte, legte die tatsächliche Herrschaft in die Hand Preußens – und innerhalb Preußens war die Macht des Monarchen weitgehend ungebrochen. Bismarcks Bestrebungen hielten sich in Grenzen; er versuchte nicht, alle deutschsprachigen Gebiete seinem Reiche einzugliedern. Aber er hatte Frankreich gedemütigt, und so wurde sein Erfolg zum Teil dadurch beeinträchtigt, daß Haßgefühle zwischen Frankreich, das nach Revanche rief, und Deutschland aufkamen.

Umwälzungen in der Industrie

Aber nicht nur politisch wurde Europa im 19. Jahrhundert umgestaltet, sondern auch wirtschaftlich. Bis zum Ende des 18. Jahrhunderts hatte sich seit dem Mittelalter wenig im Leben des einfachen Volkes in Europa geändert. Die Menschen lebten in kleinen ländlichen Gemeinden bei selbsterzeugter Nahrung und Kleidung. Veränderungen waren nicht zu erwarten, solange die Wege schlecht und die Verkaufsmöglichkeiten für ihre Produkte begrenzt blieben. Die gleichen Beschränkungen verhinderten das Wachstum des städtischen Gewerbes, wo die Zünfte noch immer mächtig und die Maschinen primitiv waren. Die Industrie blieb auf Wasser-, Muskel- und Pferdekraft angewiesen. Doch zu Anfang des 19. Jahrhunderts stieg die Bereitschaft der Unternehmer, Geld zur Erfindung schnellerer Produktionsformen zu investieren. Das Interesse an neuen technischen Methoden steigerte sich bis zur Besessenheit. Das Maschinenzeitalter stand vor der Tür.

Die Historiker streiten über die Gründe für die industrielle Revolution. Einer liegt zweifellos im Bevölkerungswachstum, denn zwischen 1750 und 1850 stieg die Bevölkerung Europas von 140 auf 275 Millionen Menschen an. Allein in London nahm die Einwohnerzahl im gleichen Zeitraum von 875 000 auf 2 Millionen zu. Diese Zunahme war nicht oder zumindest anfänglich nicht auf eine Steigerung der Geburtenziffer zurückzuführen. Es war vielmehr die Sterblichkeitsziffer, die drastisch zurückging. Dank besserer Ernährung und besserer Hygiene überlebten mehr und mehr Kleinkinder die gefährdeten ersten Jahre. Die Verbesserung der Ernährung war in erster Linie dem verstärkten Kartoffelanbau zuzuschreiben sowie der Verwendung der Rübe als Winterfutter für das Vieh, wodurch Frischmilch und Fleisch das ganze Jahr über zur Verfügung standen.

Die Arbeitsmöglichkeiten auf dem Lande reichten für die vielen Menschen nicht mehr aus. Sie zogen zur Fabrikarbeit in die Stadt, und die dortigen Arbeitsmöglichkeiten machten frühe Eheschließungen möglich. Die zunehmende Bevölkerung begann politische Reformen zu verlangen und die Regierung unter Druck zu setzen. Die rasch wachsenden Städte wurden zu Unruheherden.

Schrittmacher der Industrie

Neue Maschinen, die zuerst mit Wasserkraft, dann aber mit Dampf angetrieben wurden, leiteten das moderne industrielle Zeitalter ein. Die ersten dieser Maschinen wurden fast alle in Großbritannien erfunden. Hier entwickelte sich die Pioniergesellschaft des industriellen Zeitalters. England war durch reiche Kohle- und Eisenerzvorkommen begünstigt und machte zwei Generationen lang den Schrittmacher der industriellen Entwicklung, bis auch Deutschland und die USA auf den Plan traten.

Ein Ergebnis der industriellen Revolution war die Entwicklung der Fabrikarbeit, die zur Konzentration der Menschen in den Städten führte, denn die neuen Fabriken brauchten nicht mehr an Flüssen zu liegen wie die alten Textilfabriken. Es begann der Wettlauf um die Absatzmärkte. Die Lohnwirtschaft entstand. Arbeitskräfte gab es genug. Das Transportwesen wurde durch den Bau von Kanälen, Straßen und Eisenbahnen revolutioniert, und die Nachfrage nach Kohle und Eisen und später nach Stahl stieg unaufhörlich. Güter, Menschen und Ideen reisten schnell. In Rußland waren die Zaren zunächst beunruhigt über die Eisenbahnen, die sie nicht ganz zu Unrecht als mögliche Ursache für tiefgreifende Umwälzungen und damit als Bedrohung der bestehenden Ordnung ansahen.

Die Stoßkraft der industriellen Revolution war nicht überall gleich. Europa hatte 1789 noch ländlichen Charakter. Östlich der Elbe gab es auch im 19. Jahrhundert noch eine riesige Landarbeiterklasse. 1815 gehörten allein dem Zaren 16 Millionen Leibeigene. Aber Sachsen und das Ruhrgebiet, Lüttich und Lille – viele Städte in ganz Europa – entwickelten sich rasch zu Industriezentren und stellten Textilien, Metallwaren und Stahl her. Hinter all diesen Entwicklungen stand die sich bildende Großfinanz.

Der Erfolg der neuen Erfindungen war in Deutschland am durchschlagendsten, wo das Spinnennetz der neuen Eisenbahnlinien die Nutzung der reichen Kohle- und Eisenerzvorkommen ermöglichte und Fabriken dank der Benutzung von Dampfmaschinen eine rapide Entwicklung nahmen. Alfred Krupps Unternehmen in Essen mag als typisches Beispiel für das industrielle Wachstum in Deutschland und Europa stehen. Was im Jahre 1826 ein fast bankrotter Familienbetrieb gewesen war, war um 1870 zu einem riesigen privaten, patriarchalischen Imperium der Stahlherstellung geworden mit eigener Pensions- und Krankenkasse, Konsumanstalt und Krankenhaus. In den 60 Jahren zwischen 1850 und 1910 stieg die Eisenproduktion in Deutschland um das 26fache, während sie sich in Großbritannien nur verdreifachte. Deutschland hatte sich zur führenden Industriemacht Europas entwickelt.

In weniger als einem Jahrhundert war ein neues Europa aus der Asche des alten erstanden. Die Industrialisierung hatte das wirtschaftliche Gesicht des Kontinents verwandelt, so wie der Nationalismus das Aussehen der politischen Landkarte verändert hatte. Aber in beiden lag auch der Keim späterer Konflikte. Die rasche Industrialisierung hatte zur Entstehung sozialer Probleme geführt, die wegen der Haltung der meisten Geschäftsleute und Politiker nicht gelöst werden konnten. Und aus dem Zusammenprall nationaler Interessen entwickelte sich die destruktivste aller Kräfte – der Krieg.

EINE NEUE ZEIT

Innerhalb von 50 Jahren verwandelte sich Europa aus einer Ackerbau- in eine Industriegesellschaft. Auf großen Weltausstellungen führten die Nationen ihre Errungenschaften vor.

DIE ERSTEN BERGLEUTE *Das Bild (1800) zeigt die ersten Narben, die der Kohlenbergbau der Landschaft schlägt.*

EINE RIESENKANONE *von Krupp war auf der Weltausstellung in Paris 1867 zu sehen.*

INDUSTRIEAUSSTELLUNG *Den Kristallpalast errichtete Sir Joseph Paxton im Hyde Park für die Weltausstellung von 1851, die der Welt Englands führende Stellung in der Industrie vor Augen führen sollte. Er wurde später nach Sydenham südlich von London versetzt und brannte 1936 ab.*

BILTMORE
HOTEL

Die Entstehung der modernen Welt

Seit 1870

Die Erfolge von Wissenschaft und Technik machten die heutige Zivilisation mit ihren Ballungszentren und Raumfahrtprogrammen möglich

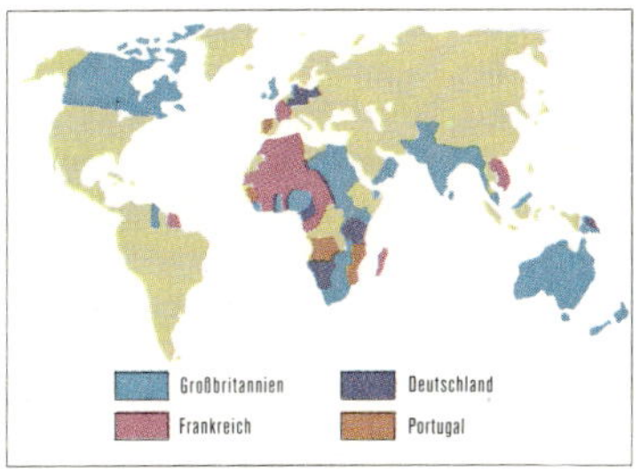

DIE WELT IM JAHRE 1914

Zu Anfang des 20. Jahrhunderts besaßen viele europäische Mächte überseeische Kolonialreiche, die ihnen nach 1945 großenteils verlorengingen.

Die Erfolge der Naturwissenschaften, der Technik und der Industrie leiteten zunächst in England, dann um die Mitte des 19. Jahrhunderts überall in West- und Mitteleuropa einen rasch ablaufenden, verwickelten Prozeß ein, der die moderne Massenzivilisation hervorbrachte. Er fand dann seine umfassendste und typischste Form zu Anfang des 20. Jahrhunderts in den Vereinigten Staaten und hat nunmehr in der ganzen Welt eingesetzt.

Diese neue westliche Zivilisation hat Millionen von Menschen in Ballungsräumen konzentriert. Sie hat aus Handwerkern stimmberechtigte Fabrikarbeiter gemacht. Sie hat Geschäftsleute und Industriekapitäne, Forscher, Techniker und Bürokraten hervorgebracht. Sie ersetzte das Pferd durch den Traktor, das Waschbrett durch die Waschmaschine, die Kerze durch das elektrische Licht und verbesserte in einer Unzahl von Fällen die materielle Lebensqualität. Sie ging einher mit der Ausweitung der allgemeinen Bildung, schuf die Informations- und Vergnügungsindustrie für die Massen, sorgte für bezahlten Jahresurlaub und eine Sozialversicherung, die der Familie Sicherheit »von der Wiege bis zur Bahre« bieten soll. Sie veranlaßte die meisten Menschen, mit einem ständig steigenden Lebensstandard zu rechnen, und sie hat diese Erwartung trotz mancher Rückschläge im großen und ganzen auch erfüllt.

In ihrer jetzigen Phase hat diese Zivilisation die Welt in ein »globales Dorf« verwandelt, um mit dem kanadischen Sozialwissenschaftler Marshall McLuhan zu sprechen, denn Radio und Fernsehen übermitteln Neuigkeiten sofort und überallhin. Und diese die ganze Welt umfassenden gesellschaftlichen Veränderungen setzen sich in immer schnellerem Tempo fort. Aber das Leben des westlichen Menschen im 20. Jahrhundert ist von einem schicksalhaften Widersinn überschattet, denn Naturwissenschaften und Technik haben ihm nicht nur das Rüstzeug geliefert, seine Umgebung zu meistern, sondern auch, sie zu zerstören.

Der Mensch hat mittlerweile den Mond betreten. Er hat das Atom gespalten, neue

TRIUMPH DER TECHNIK

Die technische Kühnheit des modernen Menschen, die auf vielen Gebieten Meisterwerke schuf, hat in zwei Fällen einen besonders dramatischen Ausdruck gefunden: Die Gruppen von Wolkenkratzern aus Stahl und Beton, die dem Stadtbild von Manhattan, dem Zentrum von New York (links), sein unverwechselbares Aussehen geben, sind geradezu zum Sinnbild für die Energie und das Streben des 20. Jahrhunderts, das man als Zeitalter eines »heroischen Materialismus« bezeichnet hat, geworden. Die große Höhe dieser Gebäude, darunter das Empire State Building (oben rechts), das mit seinen über 375 Metern lange Zeit das höchste der Welt war, konnte nur mit Hilfe neuer Techniken erreicht werden, die auf die achtziger Jahre des letzten Jahrhunderts zurückgingen. Geniale Ingenieurleistungen ermöglichten es, in den Weltraum vorzustoßen und 1969 den Mond zu betreten (rechts).

Elemente geschaffen und begonnen, die Geheimnisse der lebenden Zelle zu ergründen. Entfernungen sind fast kein Problem mehr, und die meisten Krankheiten, die unsere Vorfahren noch plagten, sind entweder unter Kontrolle oder ausgerottet. Automation und Datenverarbeitung sind dabei, dem Menschen zu dem materiellen Wohlstand auch die Freizeit zu schenken, ihn zu genießen. Gleichzeitig gab aber der Fortschritt der modernen Wissenschaft dem Menschen auch Mittel in die Hand, die er aus patriotischen oder ideologischen Gründen dazu benutzt hat, zwei der vernichtendsten Kriege der Geschichte zu führen, in die fast die gesamte Welt verwickelt war. Der Abwurf von Atombomben im Zweiten Weltkrieg eröffnete für die Menschheit die entsetzliche Möglichkeit der Selbstzerstörung. Dadurch unterscheidet sich das 20. Jahrhundert in erster Linie von allen anderen.

Ein neues Zeitalter kündigt sich an

Am 31. Dezember 1900 sammelten sich große Menschenmengen auf dem Trafalgar Square in London, dem Place de la Concorde in Paris und anderen Plätzen in den Metropolen der Welt, um den Anbruch des neuen Jahrhunderts zu feiern. Die das Jahr 1901 einläutenden Glocken schienen den Nationen Europas, die gegen Ende des 19. Jahrhunderts eine so unbestreitbare Vormachtstellung einnahmen, von stets sich erneuernder Zuversicht zu künden. Der Imperialismus stand auf dem Höhepunkt, insbesondere in Großbritannien, wo Königin Viktoria nach 60 »glorreichen Jahren« 1897 ihr diamantenes Regierungsjubiläum gefeiert hatte. Auf dem Festland hatte sich das jüngst geeinte Deutschland als beherrschende wirtschaftliche und militärische Macht entwickelt. Frankreich, das noch immer an den bitteren Erinnerungen der Niederlage im Krieg von 1870/71 trug, war ebenso wie Deutschland dabei, sich sein Kolonialreich unter den argwöhnischen Augen der Briten auszubauen.

Deutschland verdankte seine Macht nicht nur seiner Armee, sondern auch seiner blühenden Wirtschaft. Es war Wegbereiter zweier lebenswichtiger moderner Industrien – der elektrotechnischen und der chemischen Industrie. Sogar in Industriezweigen, in denen Großbritannien führend gewesen war, begann Deutschland diese Rolle zu übernehmen.

Vergnügen, Fortschritt und Verelendung

Für die Reichen und Privilegierten war das erste Jahrzehnt des 20. Jahrhunderts eine Zeit des unbeschwerten und eleganten Lebensgenusses. Die führende Schicht Europas traf sich selbstzufrieden in glanzvollen Opernhäusern, auf modischen Pferderennen und klingenden Militärparaden – eine Szene, die von Kaisern, Königen und Fürsten beherrscht wurde, von denen die meisten miteinander verwandt waren. Aber es war eine streitsüchtige Familie: der deutsche Kaiser Wilhelm II. war überzeugt, daß sein Onkel, König Eduard VII. von England, die Einkreisung Deutschlands mit Hilfe von Frankreich und Rußland plante.

Hinter diesem Glanz entwickelten ganz andere Männer Ideen und arbeiteten an Erfindungen, die weitreichende Folgen haben sollten. Wissenschaftler begannen das bisher bedingungslos akzeptierte Bild eines geordneten, nach streng mechanischen Gesetzen funktionierenden Universums in Frage zu stellen. Der in Deutschland geborene Physiker Albert Einstein, damals ein kleiner Beamter im Berner Patentamt, veröffentlichte 1905 seine revolutionäre Relativitätstheorie. Seine mathematisch komplizierten Ideen, die das Newtonsche Weltbild der Physik erschütterten und der künftigen Forschung neue Wege wiesen, fanden bald die Zustimmung vieler Wissenschaftler.

Fünf Jahre zuvor hatte der Wiener Nervenarzt Sigmund Freud, der Begründer der Psychoanalyse, seine *Traumdeutung* veröffentlicht. Freuds Entdeckung des Unbewußten und der Bedeutung der Sexualität bei der Prägung des Charakters sollte einen tiefgreifenden Einfluß auf das Denken und das Verhalten des westlichen Menschen haben. Freuds Betonung des Sexus war sogar vielen seiner wissenschaftlichen Kollegen ein Ärgernis, und erst in den zwanziger Jahren wurden seine Theorien in zunehmendem Maße Grundlage weiterer Forschung.

Auch die Kunst befand sich zu dieser Zeit in Gärung. Viele bisher als verbindlich geltende Regeln in der Musik, Malerei und Literatur wurden gebrochen. Der Wiener Komponist Arnold Schönberg entwickelte eine Kompositionstechnik »mit zwölf nur aufeinander bezogenen Tönen« anstelle von acht. Zuhörer, die an klassische oder romantische Werke gewöhnt waren, konnten der sehr abstrakten Musik Schönbergs und seiner Schule nichts abgewinnen. Picasso und Braque experimentierten derweil mit dem Kubismus, während in Deutschland Expressionisten wie Kirchner, Heckel, Macke und Marc sich in den Künstlergruppen der »Brücke« und des »Blauen Reiters« fanden und ihre ausdrucksstarken Bilder malten.

Solche und ähnliche Entwicklungen berührten die Masse der Menschen ebenso wenig wie die Welt der Mächtigen und Reichen. Die Slums in den Städten erinnerten nur zu deutlich an die Kluft zwischen Armen

STÄDTE, SLUMS UND SCHMUTZ

Um die Mitte des 19. Jahrhunderts platzten viele europäische Städte aus allen Nähten, als immer mehr Menschen hereinströmten, um in den Fabriken zu arbeiten. Es entstanden Slums wie diese im Norden Englands. Man kümmerte sich mehr um technischen Fortschritt als um die Bedürfnisse der Arbeiter.

und Reichen. Viele Menschen lebten weit unter dem Existenzminimum. Unter diesen Umständen griff der internationale Sozialismus mit Marx und Engels als Vaterfiguren immer weiter um sich. Streiks wurden häufiger, als die Gewerkschaftsbewegung, gestärkt durch das immer weitere Kreise umfassende Wahlrecht, Forderungen nach radikalen Reformen erhob. Im ausgehenden 19. Jahrhundert hatte Bismarck in Deutschland die Gefahr erkannt, die in der Unzufriedenheit der wachsenden Arbeiterklasse beschlossen lag, und hatte seine Sozialgesetzgebung durchgesetzt, um ihre Lebens- und Arbeitsbedingungen zu verbessern. Andere europäische Regierungen begannen nun, seine Politik nachzuahmen.

Vorspiel zum Krieg

Am Vorabend des größten Krieges, den die Menschheit bis dahin erlebt hatte, war Europa in zwei Militärblöcke gespalten, denen ausgearbeitete Pläne für den Fall eines Angriffs vorlagen. Frankreich und Rußland standen vereint Deutschland und Österreich-Ungarn gegenüber, während Großbritannien mit Frankreich die *Entente cordiale* geschlossen hatte. In der langen Friedenszeit waren scharfe nationale Rivalitäten und gegenseitiges Mißtrauen entstanden. Großbritannien, das mehr als ein Jahrhundert lang eine unbestrittene Vormachtstellung auf See besessen hatte, war durch die wachsende deutsche Seemacht beunruhigt. Deutschland seinerseits fürchtete einen gleichzeitigen Angriff von Frankreich und Rußland.

Viele andere komplizierte Umstände trugen dazu bei, Europa in den Krieg zu treiben. Südosteuropa war der Schauplatz brodelnder Auflehnung gegen den Einfluß Österreich-Ungarns. Am 28. Juni 1914 ermordete ein serbischer Nationalist namens Gavrilo Princip den österreichisch-ungarischen Thronfolger Erzherzog Franz Ferdinand. Das war der Funke, der das Pulverfaß Europa zur Explosion brachte. Innerhalb von Wochen vollzog sich alles nach der grimmigen Logik militärischer Aufmarschpläne. Als Österreich mobilisierte, tat Rußland das gleiche, um Serbien zu schützen, dem Österreich am 28. Juli 1914 den Krieg erklärte. Deutschland stand Österreich bei, und Frankreich mobilisierte, um Rußland beizustehen und sich selbst zu schützen. Auch Großbritannien erklärte den Krieg, als Deutschland die Neutralität Belgiens verletzte. Außenminister Sir Edward Grey bemerkte prophetisch: »In ganz Europa gehen die Lichter aus. Zu unseren Lebzeiten werden wir sie nicht mehr brennen sehen.«

Der Erste Weltkrieg und die Folgen

Wenige Menschen glaubten damals, daß der Krieg länger als ein paar Monate dauern könnte. In ganz Europa wurden Millionen von Soldaten unter Hochrufen zu den Zügen begleitet, die sie an die Fronten transportierten. Doch schon Ende Herbst 1914 war das Gesicht dieses Krieges deutlich geworden: Zwei große Armeen standen sich an der Westfront in einer Pattsituation gegenüber. Das Vertrauen auf ein baldiges Kriegsende schmolz dahin. Versuche, aus der Lage auszubrechen, endeten stets mit Fehl-

DAS FLIESSBAND: ZUSAMMENARBEIT VON MENSCH UND MASCHINE

Der Erfolg des Industrialismus hing von genau ausgearbeiteten Plänen ab, die jedem Arbeiter eine bis ins kleinste vorgeschriebene Aufgabe stellten. Dieses Fresko der Fordwerke in Detroit, das der mexikanische Künstler Diego Rivera um 1933 malte, zeigt das Fließband in Betrieb. Die Mechanisierung der Arbeit führte jedoch zu einer lähmenden Monotonie. Die Gefahr bestand, daß der Mensch so nicht Herr über die Maschinen, sondern vielmehr ihr Sklave werde.

schlägen, die immer mehr Opfer kosteten. Der Schrecken des Grabenkrieges mit Stacheldraht und Maschinengewehren brannte sich ins Bewußtsein dieser Generation ein.

Der Erste Weltkrieg war der erste totale Krieg der Geschichte, denn nicht nur Soldaten, sondern auch Zivilisten waren davon betroffen, und alle Hilfsquellen der Nationen wurden für Kriegszwecke mobilisiert.

ZWEIMAL WELTKRIEG

Ein vertrauensvoll optimistisches Zeitalter endete in Gewalt, als 1914 der Erste Weltkrieg losbrach. Vier Kriegsjahre brachten 10 Millionen Soldaten den Tod. 21 Jahre später begann der Zweite Weltkrieg, in dem 30 Millionen Soldaten und Zivilisten in Europa ihr Leben verloren.

KREUZE BEI VERDUN *In der Hölle von Verdun, der gewaltigen Materialschlacht des 1. Weltkrieges, verloren allein die Franzosen 350 000 Mann.*

MILITARISIERUNG DER MASSEN *Auf den Reichsparteitagen mit dem Aufmarsch uniformierter Massen kündigte sich eine neue Militarisierung Deutschlands an.*

DAS ENDE *Berlin 1945: Der Traum vom Tausendjährigen Reich brachte Europa an den Rand völliger Zerstörung.*

Da so viele Männer an der Front standen, änderte sich die gesellschaftliche Stellung der Frauen, die nun wichtige Aufgaben in den Büros und Fabriken übernehmen mußten. Nach dem Kriege wurde den Frauen in vielen Ländern Europas dann auch die politische Gleichberechtigung zugestanden.

Im November 1918 bat das erschöpfte Deutschland um Waffenstillstand. Seine Verbündeten waren ihm schon vorausgegangen. Zur Entscheidung trug der Kriegseintritt der USA im Jahre 1917 wesentlich bei. Damit war das reichste Land der Welt zum erstenmal in seiner Rolle als Weltmacht aufgetreten. Europa hatte bis Kriegsende 10 Millionen Tote und über 20 Millionen Verwundete zu beklagen, und Sieger wie Besiegte waren in diesem titanischen Ringen verarmt und erschöpft. Die Vereinigten Staaten mit ihrer noch intakten gewaltigen Wirtschaft konnten mit riesigen Anleihen beim Wiederaufbau Europas helfen. Die Alte Welt wurde von der Neuen abhängig.

Zeit der Unsicherheit

Ein Gedanke war der ganzen westlichen Welt in der unmittelbaren Nachkriegszeit gemeinsam – daß der Krieg von 1914–18 der »Krieg zur Beendigung der Kriege« gewesen sei. Übernationale Einrichtungen wie der Völkerbund würden dafür sorgen, daß keine Generation je wieder Krieg führen müsse. Aber diese Hoffnungsfreudigkeit wich bald einer nervösen Unsicherheit. Es hatte sich erwiesen, daß man zur Stabilität der Vorkriegszeit nicht zurückkehren konnte.

In den zwanziger Jahren herrschten Inflation, Arbeitslosigkeit und soziale Unruhe in den meisten Ländern Europas. Deutschland wurde von einer Inflation getroffen, die die Mark völlig wertlos machte und den Mittelstand zerstörte. Zum Teil war das auf die übergroßen Reparationszahlungen zurückzuführen, die es leisten mußte. In Großbritannien führte die Unzufriedenheit der Arbeiter 1926 zu einem Generalstreik, den die Regierung beendigte, der aber bittere Gefühle hinterließ. Das Gespenst möglicher kommunistischer Revolutionen verfolgte die Staatsmänner, und in manchen Ländern machte sich eine Neigung zur Diktatur bemerkbar.

In dieser unsicheren Zeit erschien vielen Menschen die Vorkriegsära als ein goldenes Zeitalter der Ordnung und des Wohlstandes. Aber es gab auch andere, die den Krieg auf kriminelles Versagen der Staatsmänner und Generäle zurückführten und die Gesellschaft verdammten, die es zugelassen hatte, daß solche Männer Macht besaßen. Diese Menschen hofften auf eine neue Zukunft, die sich auf den Ideen des Sozialismus und der Gleichheit aller aufbauen sollte. Eine Minderheit erblickte die Lösung der Probleme der Menschheit in dem Modell Sowjetrußlands, wo die bolschewistische Revolution von 1917 in ihren Augen alle soziale Ungerechtigkeit beseitigt hatte. Aber auch dies sollte sich als eine große Illusion erweisen.

Viele erfolgreiche Bücher haben die bittere Enttäuschung dieser Epoche eingefangen, allen voran das Kriegsbuch *Im Westen nichts Neues* (1929) von Erich Maria Remarque.

Das Jazz-Zeitalter in Amerika

Im Unterschied zum zerrissenen Europa wurde die amerikanische Gesellschaft von einer Woge wirtschaftlichen Aufschwungs emporgetragen. Der Lebensstandard der Amerikaner erregte die Bewunderung und den Neid der ganzen Welt. Es schien keine Grenzen für die amerikanische Dynamik zu geben. Das Symbol der Zeit war Henry Ford, dessen Methoden der Massenproduktion das Auto auch für den gewöhnlichen Bürger erschwinglich machten.

Die Kraft Amerikas in den zwanziger Jahren spiegelte sich auch in der Literatur und den Unterhaltungsformen wider, die es exportierte. Seine Hauptausfuhrartikel auf diesem Gebiet waren das Kino und der Jazz, der dem ganzen Zeitalter seinen Namen gab. Romanschriftsteller wie F. Scott Fitzgerald, Sinclair Lewis und Ernest Hemingway fingen die Atmosphäre des Jazz-Zeitalters ein – mit seinen Spannungen, seinem Zauber, aber auch seiner Morschheit – und verhalfen der amerikanischen Literatur damit im In- und Ausland zu einem neuen Rang.

Die Seifenblase dieses nie dagewesenen Wohlstands platzte schließlich 1929 in dem großen Börsenkrach. Der Zusammenbruch der amerikanischen Wirtschaft riß auch die europäische mit sich. Am schlimmsten betroffen war Deutschland, das Anfang 1933 über sechs Millionen Arbeitslose hatte. Aus der Katastrophe der Weltwirtschaftskrise erwuchsen Kräfte, die die Kultur der westlichen Welt bedrohen sollten.

Das Zeitalter der Diktaturen

Anfang der dreißiger Jahre gewann der Nationalsozialismus bei jeder Wahl in Deutschland mehr Stimmen. Sein Führer, Adolf Hitler, ein Mann von mangelhafter Bildung und unausgeglichenem Wesen, verfügte über eine hypnotisch wirkende Rednergabe, einen unbedingten Glauben an die Größe des deutschen Volkes und ein großes, aber skrupelloses Geschick, Menschen und Stimmungen seinen Zwecken dienstbar zu machen. Begünstigt durch das Elend der Weltwirtschaftskrise, gelang es ihm, 1933 an die Macht zu kommen. Die entsetzlichen Auswüchse seiner Diktatur, wie die Judenverfolgung, machten deutlich, welcher Barbarei der zivilisierte Mensch noch immer fähig ist.

Der hartnäckigste Zug des Nationalsozialismus war seine Vernunftwidrigkeit. Die Demokratie beruht im Grunde auf dem Glauben an die Vernunft – auf Kompromissen, Toleranz und dem verträglichen Nebeneinander verschiedener Meinungen –, aber diese Sprache verstand Hitler nicht. Nationale Kraft sei nur möglich, wenn man »mit dem Blute denke«. Blut und Rasse spielten eine entscheidende Rolle in seinem Denken, und es war eines seiner Ziele, alle Menschen deutschen Blutes in seinem Reich zu vereinigen. Dieses Reich, so meinte er, müsse den notwendigen Lebensraum entweder erhalten oder erkämpfen.

Hitler verachtete die Demokratien wegen ihrer »Dekadenz« und machte sich deren Befürchtungen zunutze, um seine Ziele zu erreichen. 1933 war Deutschland noch abgerüstet und wehrlos. Einige Jahre später hatte es ein großes Heer und die stärkste Luftwaffe der Welt aufgebaut.

Die meisten der britischen und französischen Staatsmänner und ihre Völker konnten sich noch an die Schrecken von 1914–18 erinnern. Sie wollten es nicht wahrhaben, daß die deutsche Regierung bereit war, die Welt in einen neuen Krieg zu stürzen. Sie schreckten vor dem Risiko zurück, Hitlers Forderungen entschlossen entgegenzutreten. Ihre Beschwichtigungspolitik erreichte im Abkommen von München (1938) den Höhepunkt, als die Tschechoslowakei unter dem Druck Englands und Frankreichs das deutschsprachige Sudetenland an Deutschland abtreten mußte. Als Hitler auch dieses Abkommen brach, erkannten immer mehr Menschen die Gefahr, die den Werten des Westens drohte.

Diese Befürchtungen wuchsen noch, als Hitler in den spanischen Bürgerkrieg (1936 bis 1939) eingriff. Der Krieg wurde zwischen der von der Sowjetunion und Frankreich unterstützten republikanischen spanischen Regierung und einer Militärregierung unter General Franco geführt, die sich auf Deutschland und Italien stützte. Die Einmischung ausländischer Mächte machte den spanischen Bürgerkrieg zu einem ideologischen Kampf von weltweiter Bedeutung. »Waffen für Spanien« und der Ruf nach einer Volksfront, also einem Bündnis zwischen Sozialisten und Kommunisten, gegen die Diktatoren wurden zu volkstümlichen Parolen. Als der Bürgerkrieg 1939 mit dem Siege Francos endete, war schon ein neues Gewitter am politischen Horizont aufgezogen. Im September 1939 griff Hitler Polen an, und der Zweite Weltkrieg brach aus.

Katastrophe und Wiederaufbau

Der Zweite Weltkrieg war für Europa die schwerste Krise seiner Geschichte. Zwischen 1939 und 1945 kostete der Krieg Europa 30 Millionen Tote. Die materiellen und ideellen Verluste lassen sich überhaupt nicht schätzen. Obgleich der Nationalsozialismus schließlich niedergeworfen wurde, erlitt das Gewissen der zivilisierten Welt einen schweren Schlag, als die entsetzlichen Tatsachen über die Konzentrations- und Vernichtungslager ans Licht kamen. Gemischt mit der Bewunderung für die Leistungen des russischen Volkes während des Krieges, wuchs auch die Erkenntnis, welche Übel das brutale totalitäre Regime Stalins mit sich gebracht hatte.

Trotz des geistigen und physischen Zusammenbruchs des Jahres 1945 war die Lebenskraft Europas noch nicht gebrochen. Dank der massiven Hilfe der Vereinigten Staaten erhob sich das Nachkriegseuropa bald aus der Asche. Das Problem der Millionen von Flüchtlingen, die durch den Krieg ihre Heimat verloren hatten, wurde im großen und ganzen gelöst. Europa hatte viel von seiner politischen Macht verloren, besaß aber noch sein wirtschaftliches Potential. Der sehr rasche Bevölkerungszuwachs glich die Kriegsverluste bald aus. Die Schnelligkeit des wirtschaftlichen und politischen Wiederaufbaus war erstaunlich.

FAMILIENAUSFLUG

Im demokratischen Zeitalter begann man die Muße, die bisher den wenigen Privilegierten vorbehalten war, als ein Recht aller zu betrachten. Der typische Familienausflug ist hier von dem französischen Maler Georges Seurat in seinen »Badenden«, einer Studie von Parisern am Ufer der Seine, eingefangen worden. Die Fabrikschornsteine im Hintergrund symbolisieren die Welt der Arbeit. Seurats Malweise ist in diesem wie in anderen seiner Werke von der neuen Phototechnik beeinflußt. Er baute seine Bilder aus Farbpünktchen auf, eine impressionistische Technik, die man als Pointillismus kennt.

Auflösung der Weltreiche

In dem nun beginnenden Zeitalter besaß keine der europäischen Mächte soviel Kraft, die Rolle einer Weltmacht spielen zu können. So fiel den Vereinigten Staaten die Aufgabe zu, den Westen gegen die Expansionsgelüste der Sowjetunion zu verteidigen, die schon Osteuropa und einen Teil Mitteleuropas unter ihre Kontrolle gebracht hatte.

Nach dem Zweiten Weltkrieg veränderte sich das Verhältnis Europas zur übrigen Welt einschneidend. Eine Welle des Nationalismus ergriff die Kolonialvölker in den europäischen Überseegebieten. Dieser Nationalismus wurde von den Siegen der Japaner im Zweiten Weltkrieg beflügelt, die gezeigt hatten, daß die europäischen Herren nicht unbesiegbar waren. Der Fall der bis dahin als uneinnehmbar geltenden Festung Singapur im Jahre 1942 versetzte dem westlichen Prestige in Asien einen Schlag, von dem es sich nicht mehr erholte.

Die Machtübertragung Großbritanniens an Indien 1947 leitete das Ende des Kolonialzeitalters ein. Anderswo, vor allem in Niederländisch-Indien und Indochina, verlief der Übergang zur Selbständigkeit nicht ohne erbitterte Kämpfe. In den fünfziger Jahren blies auch in Afrika der »Wind der Veränderung«, wie der britische Premierminister Harold Macmillan den Vorgang nannte, den europäischen Kolonialherren ins Gesicht. Schon 1960, dem Jahr Afrikas, hatten die meisten europäischen Kolonien in Afrika ihre Selbständigkeit erlangt. Doch der europäische Einfluß blieb in den neuen unabhängigen Staaten auf den Gebieten der Technik, der Verwaltung, der Sprache und auch der Kultur erhalten.

Amerika als Schrittmacher

Die Vereinigten Staaten gingen aus dem Zweiten Weltkrieg als unbestrittene Führungsmacht des Westens hervor. Obgleich sie Europa finanziell und materiell großzügig unterstützten, waren sie reich und mächtig genug, den Wohlstand im eigenen Lande zu bewahren und zu mehren. Wie die Sowjetunion hatten sich auch die Vereinigten Staaten zu einer Supermacht mit einer bis dahin unbekannten Machtfülle entwickelt.

Einst hatte Europa Amerika seine Kultur und Zivilisation gebracht; nun wurde dieser Prozeß umgekehrt; amerikanischer Lebensstil und amerikanisches Know-how eroberten sich Europa. Beim Wiederaufbau der europäischen Städte entstanden stellenweise Silhouetten, die an New York oder Chikago erinnerten. In Fabrikhallen und Sitzungssälen gewannen amerikanische Techniken, Managementmethoden und Wertvorstellungen immer mehr an Boden.

Auch in den Künsten war Amerika Schrittmacher. Das *Action-painting* Jackson Pollocks und anderer Künstler mit ihrem uneingeschränkten, explosiven Gebrauch der Farbe wie die erste rein amerikanische Kunstform, die sich Europa eroberte. Später kam die *Pop-art* auf, eine Form, in der Künstler wie Andy Warhol versuchten, die Kunst mit dem zeitgenössischen Leben durch das Heranziehen alltäglicher Objekte und Bilder aus Comics und Werbefilmen zu verbinden. Diese Entwicklungen trugen dazu bei, New York zur Hauptstadt der Kunstwelt zu machen. Im Theater und Kino erregten die Werke von Arthur Miller und Tennessee Williams, die sich den sozialen Spannungen zuwandten, weltweites Aufsehen. Und Erfolge wie *Oklahoma* und *West Side Story* verhalfen der Operette in der neuen Form des Musicals zu neuem Leben.

Die Betonung der Jugend und des Unternehmungsgeistes in der amerikanischen Gesellschaft wie auch der geringe Widerstand, der sozialem Aufstieg in den Weg gelegt wird, übten eine gewaltige Anziehungskraft auf die junge Generation von Europäern aus, die auf den Ruinen der alten Ordnung herangewachsen war. Unter dem sich immer weiter verbreitenden Einfluß amerikanischer Sitten, Sprache, Kleidung und amerikanischen Geschmacks kamen sich die jungen Menschen des Westens näher als je.

Mit zunehmendem Wohlstand und unter dem Einfluß amerikanischer Werbemethoden wuchsen die materiellen Wünsche wie nie zuvor. Mehr und mehr wurden Dinge als lebensnotwendig angesehen, die vor dem Kriege als Luxusgüter gegolten hatten. Zu Auto, Kühlschrank, Staubsauger und Waschmaschine traten nun neuentwickelte Industrieprodukte wie etwa Tonbandgeräte, Transistorradios und Tiefkühltruhen. Um die Mitte der fünfziger Jahre war das Fernsehen schon nichts Neues mehr. Durch den Einfluß amerikanischer Fernsehsendungen fand der *American way of life* seinen Weg in viele europäische Familien. Manche der Geräte, die das tägliche Leben angenehmer machten, waren übrigens Nebenprodukte der Riesenfortschritte, die die Technik im Zweiten Weltkrieg gemacht hatte.

Die amerikanische Vormachtstellung in der Technik wurde in den vierziger Jahren am spektakulärsten durch die Entwicklung der Atombombe im Manhattan-Projekt bewiesen, als Tausende von Wissenschaftlern und Ingenieuren von der amerikanischen Regierung rückhaltlose Unterstützung erhielten. Nach diesem Muster verfuhr man auch bei den technischen Entwicklungen, die nach dem Kriege vorangetrieben wurden – bis hin zur Eroberung des Weltraums in den sechziger Jahren.

UMWELTVERSCHMUTZUNG – BEDROHUNG DER LEBENSQUALITÄT

Mit der Technik hat der Mensch neue Mittel zur Beherrschung seiner Umwelt – aber auch zu ihrer Zerstörung – geschaffen. Hier verdunkeln Rauchschwaden aus Fabrikschornsteinen das Sonnenlicht. Die Gesetzgebung muß die Ansprüche der Industrie mit dem Schutz der Umwelt auf einen Nenner bringen.

Probleme unseres Zeitalters

Trotz zweier verheerender Weltkriege und der Weltwirtschaftskrise in den dreißiger Jahren – übrigens eine der größten wirtschaftlichen Umwälzungen in der Weltgeschichte – ging es den Menschen des Westens in den fünfziger Jahren im großen und ganzen besser als je zuvor. Sie waren auch gesünder und hatten eine längere Lebenserwartung dank besserer Lebensumstände, wesentlich verbesserter Ernährung und der Entwicklung solcher Wunderdrogen wie Penicillin.

In den meisten Ländern des Westens war der neue Wohlstand im allgemeinen gut verteilt, so wie auch die Bildungs- und Aufstiegsmöglichkeiten weiten Kreisen offenstanden. In Europa ging das Wirtschaftswachstum Hand in Hand mit der Entwicklung der

Sozialversicherung, und der Wohlfahrtsstaat mit all seinen Vorteilen entstand.

Aber dieser Fortschritt brachte auch Probleme mit sich. Die rückhaltlose Ausnutzung der Natur durch die Industrie und der unbeschränkte Gebrauch industrieller Produkte, wie etwa des Autos, führten zu einer stets wachsenden Verschmutzung der Umwelt und damit zu einer Bedrohung der Zukunft des Menschen.

Paradoxerweise hatten Überfluß und Sicherheit nicht die erwartete Zufriedenheit gebracht. Das Gefühl der Unzufriedenheit war besonders stark bei der Jugend, die sich von der Wohlstandsgesellschaft abgestoßen fühlte und als Reaktion darauf sich eigene Ausdrucksmöglichkeiten suchte. Ein Teil des Protestes der Jugend fand Ausdruck in der Popmusik; ein wesentlich extremerer Protest drückte sich in den Studentenunruhen an vielen Universitäten gegen Ende der sechziger Jahre aus.

Zwar bestand das allgemeine Wahlrecht in fast allen Ländern des Westens, doch machten sich immer mehr Menschen Gedanken über die relative Ferne der Institutionen, die in Regierung und Wirtschaft die Entscheidungen fällten. Der Ruf nach Mitbestimmung wurde immer populärer. Zu gleicher Zeit forderten unterprivilegierte Minderheiten wie die Farbigen in Amerika volle Freiheit und Gleichheit.

Zwei drängende soziale Probleme unseres Zeitalters waren und sind die ständige Zunahme der Drogensucht und die wachsende Gewalttätigkeit – Probleme, die manchmal miteinander verknüpft sind. In Städten wie New York, wo größter Reichtum und größte Armut aufeinandertreffen, sind Straßenraub und andere Gewaltverbrechen an der Tagesordnung. Auch in der Politik wird zunehmend zur Gewalt gegriffen. In vielen Teilen der Welt versuchen Extremisten mit Mitteln wie Flugzeugentführungen, Ermordung von Staatsmännern und wahllos verübten Bombenanschlägen ihre politischen Ziele durchzusetzen.

Verwestlichung der Welt

Das 20. Jahrhundert erlebte den Siegeszug westlicher Ideen und Methoden durch die ganze Welt. Europäische Werte, europäische Kultur und Wissenschaft wurden durch Missionare, Kaufleute und Kolonisatoren überallhin verbreitet. Obgleich die großen Kolonialreiche des 19. Jahrhunderts verschwunden sind, blieb ihr materielles Vermächtnis. Die Welt ist heute verwestlicht.

Trotz aller Fortschritte überkommen den Menschen heute mehr und mehr Zweifel bezüglich der Zukunft. Viel von dem Glauben an die Unvermeidlichkeit des Fortschritts, an den sich der Westen jahrhundertelang geklammert hatte, ist verlorengegangen. Zu einem großen Teil liegt die Zukunft jedoch in der Hand des Menschen selbst. Er sieht sich einer rein sachlichen Entscheidung gegenüber. Der Atompilz steht für den einen Weg. Der andere liegt in der friedlichen Zusammenarbeit zwischen den verschiedenen Völkern, und sei sie auch noch so schwer zu erreichen, und der Bereitschaft, die allen Menschen gemeinsamen Interessen zu betonen, statt auf dem Trennenden zu bestehen.

MITTEL ZUR VERBREITUNG EINER MASSENKULTUR

Die Medien der Massenkommunikation, die Informationen, Werbung und Unterhaltung vermitteln, haben eine weltweite, über Grenzen und Klassen hinweggreifende Kultur geschaffen. Mit zunehmendem Wohlstand betrachten mehr und mehr Menschen Dinge als Notwendigkeiten, die früher als Luxusgegenstände galten. Mit Radio, Filmen und Schallplatten kamen neue Formen der Unterhaltung und Belehrung auf, während das Fernsehen, das in den dreißiger Jahren noch eine den Reichen vorbehaltene Neuerung war, inzwischen die ganze Welt in ein »globales Dorf« verwandelt hat.

ANSPRACHE AN DAS VOLK *Außer Hitler machte der amerikanische Präsident Franklin D. Roosevelt von den durch das Radio geschaffenen Möglichkeiten Gebrauch, um in seinen Kaminplaudereien den Mann auf der Straße für seine Politik zu gewinnen.*

FILMSTAR *Charlie Chaplin als plattfüßiger Tramp, der durch Mut und List seine Menschlichkeit bewahrt, wurde zum Helden einer Generation von Kinobesuchern zwischen den beiden Weltkriegen. Er war ursprünglich Komödiant an einem englischen Varieté, wurde dann weltberühmt, als er während des 1. Weltkriegs seine ersten Filme in Hollywood drehte.*

VERBRAUCHERWERBUNG *Mit neuartiger Ausführung, Verpackung und Vertriebsmethoden bringt die Werbung heute neue und alte Produkte in den Gesichtskreis eines jeden. Manche wie etwa Coca-Cola sind geradezu Symbole unserer Zeit geworden.*

GESCHICHTE FERNGESEHEN *Historische Ereignisse wie etwa die Ermordung des amerikanischen Präsidenten John F. Kennedy bringt das Fernsehen heute direkt ins Haus.*

POPKULTUR *In den sechziger Jahren äußerte sich die Revolte der Jugend gegen die Wohlstandsgesellschaft besonders in der Popmusik: Superstars wie die Beatles (oben) wurden zu Helden eines Kults.*

DAS GEDRUCKTE WORT *Das Informationsbedürfnis hat ein riesiges Angebot von Büchern, Zeitschriften und Zeitungen für jeden Geschmack und jedes Interessengebiet hervorgebracht. Das moderne Taschenbuch machte auch die Werke der führenden Schriftsteller und Denker einer breiten Leserschicht zugänglich.*

Kalender der Hochkulturen

Seit 2500 V. CHR.

Während Reiche gegründet wurden, blühten und vergingen, dehnte sich das Einflußgebiet der Hochkulturen langsam über fast die gesamte bewohnte Erde aus

In der Geschichte der Menschheit gab es nur wenige völlig isolierte Kulturen. Von den frühesten Zeiten an standen die verschiedenen menschlichen Gemeinschaften miteinander in Verbindung. Händler brachten zu Lande, auf Flüssen und über See den Überfluß der eigenen Gruppe in fremde Gebiete, um ihn gegen den einer anderen Gruppe einzutauschen, und verbesserten so die Lebensqualität beider. Entdecker setzten ihr Leben aufs Spiel, um mehr von fernen Ländern zu erfahren. Missionare haben ihre Religionen zu anderen Völkern gebracht. Krieger unterwarfen fremde Kulturvölker, um zu Land und Ruhm zu kommen.

Mit einem Blick läßt sich auf der Tabelle (rechts) das Verhältnis der Hochkulturen zueinander überschauen. Der Beginn jeder Kultur und ihre wichtigsten Entwicklungsstufen sind verzeichnet. Beim Vergleich bemerkt man, daß sich manche Kultur bereits auf ihrem Höhepunkt befand, als andere erst den Anlauf zu großen Errungenschaften nahmen. Auf den Seiten 268–281 bietet ein Kalender der Ereignisse ein etwas ausführlicheres Bild der Geschichte jeder Kultur. Die Karten zeigen die Ausbreitung der Hochkulturen zu bestimmten Zeitpunkten.

Erste Schritte

Hochkulturen, deren Kennzeichen die Entwicklung städtischen Lebens ist, gab es schon um 2500 v. Chr. Die ersten Schritte des Menschen zu einer zivilisierteren Lebensform liegen noch viel weiter zurück. Der heutige Mensch, der um 35 000 v. Chr. erschien, hatte um 10 000 v. Chr. schon fast den gesamten Erdball bevölkert. Die Menschen lebten als Sammler von Honig, Früchten, Wurzeln und Beeren, von der Jagd und später vom Fischfang. Sie waren vollkommen von dem abhängig, was sie in der Natur vorfanden, und mußten deshalb in sehr kleinen Gruppen leben. Das änderte sich erst, als es ihnen gelang, durch ertragsteigernde Eingriffe in die Tier- und Pflanzenwelt zu mehr Nahrung zu kommen.

Dieses Stadium der kulturellen Entwicklung, die Altsteinzeit, endete in großen Teilen Europas, Asiens und Nordafrikas ungefähr seit 8000 v. Chr., als die Jäger anfingen, Wölfe für die Jagd zu zähmen, und man in Vorderasien begann, Wildformen von Getreidearten als Nahrungsmittel zu sammeln. Manche Gruppen lebten aber weiterhin wie eh und je, und noch heute gibt es einige isolierte Völker, wie die Ureinwohner Australiens oder die Buschmänner Südafrikas, die noch immer als steinzeitliche Sammler und Jäger ihr Leben fristen.

Bauern und Schmiede

Im größten Teil der Welt begann jedoch mit der Einführung von Viehzucht und Ackerbau ein völlig neuer Abschnitt der kulturellen Entwicklung. Noch immer fertigten die Menschen ihre Werkzeuge aus Stein an, aber die Einführung der Landwirtschaft war ein so einschneidendes Ereignis, daß man der neuen Epoche den Namen Jungsteinzeit gab. Sie begann in dem »fruchtbarer Halbmond« genannten Gebiet zwischen Nil und Euphratmündung vor etwa 9000 Jahren und erreichte Südostasien und Südosteuropa um 6000 v. Chr. Der Ackerbau setzte in Mittelamerika um etwa 6500 v. Chr. und in Peru um 2500 v. Chr. ein.

Eine weitere Entwicklungsstufe der Kultur war um 6000 v. Chr. in Kleinasien und im Iran mit der Bearbeitung von Kupfer erreicht. Um 3000 v. Chr. stellten die Sumerer Bronze her, eine Legierung von Kupfer und Zinn. Nun ließen sich alte und eine ganze Reihe neuer Werkzeuge und Waffen aus Metall gießen. Um 1500 v. Chr. hatte die Bronze die Welt von Portugal bis China und Indien erobert. Sie erreichte die Neue Welt um 900 v. Chr.

Eintritt in die Eisenzeit

Das jüngste Zeitalter in der Entwicklung der Technik, die Eisenzeit, begann um 1700 v. Chr. bei den Hethitern. Nun konnte man Werkzeuge und Waffen mit noch schärferen und dauerhafteren Klingen herstellen, und um 1200 v. Chr. gab es Eisenklingen überall im Vorderen Orient und in Griechenland. In Amerika und Australien verarbeiteten erst die Europäer das Eisen.

Die moderne Technik hat inzwischen die Mondlandung möglich gemacht. Der suchende Geist, der hinter dieser Großtat steht, sieht sich nach weiteren Stoffen um, mit denen sich noch unbekannte Welten erschließen lassen. Vielleicht stehen wir bereits an der Schwelle eines neuen Zeitalters.

1500 v. Chr. | 1000 v. Chr. | 500 v. Chr. | Zeitwende | 500 | 1000 | 1500 | 2000

1728 – 1686 Reich des Hammurapi von Babylon
1116 – 681 Reich der Assyrer unter Tiglatpileser I., Assurnasirpal, Sargon II. und Sanherib
604 – 539 Neubabylonisches Reich
539 Persische Eroberung

1650 – 1560 Herrschaft der Hyksos
1557 Beginn des Neuen Reiches
1364 Einführung der Aton-Verehrung
1285 Schlacht bei Kadesch
1085 Ende des Neuen Reiches
671 – 654 Herrschaft der Assyrer
525 Eroberung durch die Perser
332 Eroberung durch Alexander d. Gr.
323 – 30 Herrschaft der Ptolemäer
seit 30 Römische Herrschaft
seit 200 Ausbreitung des Christentums

PERSIEN
Seit 559 v. Chr.

559 – 529 Reichsgründung durch Kyros den Großen
521 – 485 Dareios I. König der Könige
331 Eroberung durch Alexander den Großen
2. Jh. v. Chr. – 226 n. Chr. Herrschaft der Parther
226 – 651 Reich der Sassaniden
632 – 651 Eroberung durch die Araber
1040 – 1200 Herrschaft der Seldschuken
seit 1220 Einfälle der Mongolen
1395 – 1400 Zerstörungen unter Timur
1502 – 24 Erneuerung unter Schah Ismail I.
1629 Niedergang nach Abbas dem Großen
1925 Gründung der Dynastie Pahlewi

1900 – 1700 …anderung …ebräer …ham
um 1700 Byblos-Schrift
um 1600 Zug Israels nach Ägypten
um 1220 Rückkehr der Israeliten. Ansiedlung der Philister
1004 – 926 Herrschaft Davids und Salomos
814 – 146 Phöniker in Karthago
722 Assyrer zerstören Samaria
586 – 539 Babylonische Gefangenschaft
539 – 332 Persische Herrschaft
332 Eroberung durch Alexander d. Gr.
63 Römische Eroberung
30 n. Chr. Kreuzigung Christi
70 n. Chr. Zerstörung Jerusalems

…1900 …ener erobern …chenland
…0 – 1700 … der ersten …aste in Kreta
nach 1400 Ende der minoischen Kultur auf Kreta
um 1525 Vulkanausbruch von Thera
um 1100 Dorische Wanderung. Zerstörung der Burg von Mykene

GRIECHENLAND
800 – 30 v. Chr.

um 800 Erneuerung städtischen Lebens
etwa 750 – 550 Koloniegründungen im Mittelmeerraum
490 – 479 Perserkriege
431 – 404 Peloponnesischer Krieg
336 – 323 Alexander der Große
146 – 30 Römische Eroberung

ETRUSKER
800 – 200 v. Chr.

um 800 Anlage befestigter Städte
um 700 Zwölfstädtebund
um 600 Höhepunkt etruskischer Macht
um 200 Etruskische Städte unter Rom

ROM
753 v. Chr. – 476 n. Chr.

753 Legendäres Gründungsdatum Roms
509 Vertreibung des Königs. Gründung der Republik
264 – 146 Drei Kriege mit Karthago
44 Ermordung Cäsars
30 Ende der Bürgerkriege
117 Größte Ausdehnung des Reiches
395 Reichsteilung
476 Ende des Reiches

BYZANZ
326 – 1453

326 Gründung Konstantinopels
527 – 565 Herrschaft Justinians. Größte Ausdehnung des Reiches
674 – 838 Abwehr der Araber
1054 Bruch mit Rom
1071 Seldschuken erobern Kleinasien
1453 Osmanen erobern Konstantinopel

RUSSLAND
Seit 988

988 Taufe des Großfürsten Wladimir von Kiew
um 1200 – 1478 Republik von Nowgorod
1237 – 1480 Invasion der Mongolen: Reich der Goldenen Horde
1533 – 84 Iwan der Schreckliche
1700 – 25 Reformen Peters des Großen
1917 Oktoberrevolution
1922 Gründung der UdSSR

VÖLKERWANDERUNG UND WIKINGERFAHRTEN
410 – 1100

9 n. Chr. Schlacht im Teutoburger Wald
ab 90 Ausbau des Limes
um 260 Alemannen durchbrechen den Limes
410 Alarich erobert Rom
seit 432 Missionierung Irlands
seit 597 Bekehrung der Angelsachsen
seit 793 Wikingerfahrten
um 1000 Wikinger in Amerika

DER ISLAM
Seit 622

622 Hedschra: Mohammed flieht von Mekka nach Medina
630 – 660 Araber erobern Vorderasien
711 – 1492 Mauren in Spanien
1055 Seldschuken erobern Bagdad
um 1300 – 1920 Osmanisches Reich
1453 Eroberung Konstantinopels
1520 – 66 Süleiman der Prächtige
1683 Rückzug von Wien
1878 Osmanen verlieren die meisten Gebiete in Europa
1922 Abdankung Mehmeds VI.

…2750 …abe der Städte …dustal
um 1500 Eindringen der Arja
1000 – 300 Entstehung der Hindustaaten
um 560 – 480 Leben des Buddha
327 Alexander erreicht Indien
um 260 Aschoka: Buddhismus wird Staatsreligion
um 100 Wiederaufleben des Hinduismus
um 380 – 415 Tschandragupta II. eint Nordindien
seit 712 Einfälle der Moslems in Nordindien
1206 Gründung des Sultanats von Delhi
1510 Portugiesen erobern Goa
1526 Babur gründet das Mogulreich
1612 – 1895 Britische Eroberungen
1915 – 47 Gandhis gewaltloser Kampf
1947 Unabhängigkeit

um 1500 – 1050 Schang-Dynastie: Erste Schrift
1050 – 221 Tschou-Dynastie: Feudalzeitalter. Entstehung der traditionellen chinesischen Gesellschaft
551 – 479 Leben des Konfuzius
221 – 206 China unter den Ts'in geeint. Große Mauer vollendet
206 v. Chr. – 220 n. Chr. Reich der Han. Ausbau des Beamtenstaates. Eindringen des Buddhismus
220 – 589 Zeit der drei Reiche. Eindringen der Hunnen
589 Wiedervereinigung Chinas unter den Sui
618 – 906 T'ang-Dynastie. Kultureller Höhepunkt unter Kaiser Hüan-tsung
960 – 1278 Neue Blüte unter der Sung-Dynastie
1278 – 1368 Herrschaft der Mongolen
1368 – 1644 Nationale Einheit unter der Ming-Dynastie
1644 Eroberung durch die Mandschu
1911 Revolution
1949 Volksrepublik unter Mao Tse-tung

JAPAN
Seit 300 n. Chr.

um 300 Einigung Japans unter Jimmu Tenno
um 550 Einführung des Buddhismus. Starker Einfluß chinesischer Kultur
794 – 1192 Hauptstadt in Heiankio. Blüte höfischer Kultur. Herrschaft der Fujiwara (858 – 1069)
1192 – 1336 Kamakura-Zeit
1336 – 1573 Schogunat der Ashikaga in Kioto
1603 – 1868 Schogunat der Tokugawa in Edo (Tokio)
1853 – 54 Commodore Perry in Japan
1937 – 45 Krieg mit China. 2. Weltkrieg: Atombomben zerstören Nagasaki und Hiroschima

MAYA UND AZTEKEN
300 – 1521

seit 1300 Kultur der Olmeken an der Golfküste um La Venta: Ursprung späterer Kulturen Mexikos
um 600 Entstehung der Monte-Albán-Kultur
um 500 Entstehung der Teotihuacán-Kultur
seit 300 Bau großer Tempelpyramiden in Teotihuacán
300 – 900 Klassische Kultur der Maya
500 – 1000 Monte Albán Zentrum der Zapoteken
um 650 – 1100 Herrschaft der Tolteken von Tula
um 750 Teotihuacán zerstört
seit 987 Tolteken in Yucatan. Nachblüte der Mayakultur
1370 Gründung von Tenochtitlán
seit 1428 Vorherrschaft der Azteken
1519 – 21 Cortez unterwirft die Azteken

INKA
1440 – 1532

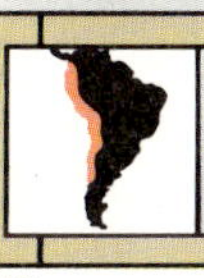

300 v. Chr. – 800 n. Chr. Kultur der Mochica in Nordperu
200 v. Chr. – 600 n. Chr. Kultur von Nazca in Südperu
500 – 1000 Religiöse Ideen breiten sich von Tiahuanaco aus
1000 – 1400 Bildung von Fürstentümern, darunter Chimu in Nordperu
1440 – 1532 Reich der Inka

AFRIKA
Seit 1000 v. Chr.

um 1000 Entstehung des Reiches Napata
716 und 712 Herrscher von Napata erobern Ägypten
500 v. Chr. – 200 n. Chr. Nok-Kultur in Nigeria
um 100 Reich von Aksum in Äthiopien
um 300 Gründung des Reiches Gana
um 350 Ezana von Aksum erobert Meroe, nimmt das Christentum an
seit 790 Soninke in Gana
um 800 Bildung des Reiches Kanem-Bornu
975 Gründung von Kilwa
1100 – 1700 Blüte des Reiches der Yoruba (Ife)
um 1200 Gründung von Mali
1300 – 1600 Bauten von Zimbabwe
1375 Songhai selbständig
1484 Portugiesen besuchen Benin
vor 1500 Entstehung der Hima-Staaten
um 1600 – 1892 Reich Dahome
um 1700 – 1896 Reich der Aschanti
1914 Afrika unter europäischer Herrschaft
1960 Jahr Afrikas: viele Kolonien werden selbständig

WESTLICHE WELT
Seit 500

um 500 Germanische Reiche auf dem Boden des Römischen Reiches
732 Karl Martell schlägt die Moslems bei Poitiers
um 800 – 1350 Lehnswesen und Kirche prägen die Gesellschaft
1095 – 1270 Kreuzzüge
um 1350 – 1600 Zeitalter der Renaissance
1450 – 1550 Entdeckungszeitalter
1517 – 1648 Reformation und Gegenreformation
um 1700 – 1800 Aufklärung und Revolution
1815 Ende Napoleons
1969 1. Mondlandung
Westliche Kultur in allen Erdteilen

1500 v. Chr. | 1000 v. Chr. | 500 v. Chr. | Zeitwende | 500 | 1000 | 1500 | 2000

Die Welt zwischen 2500 und 1300 v. Chr.

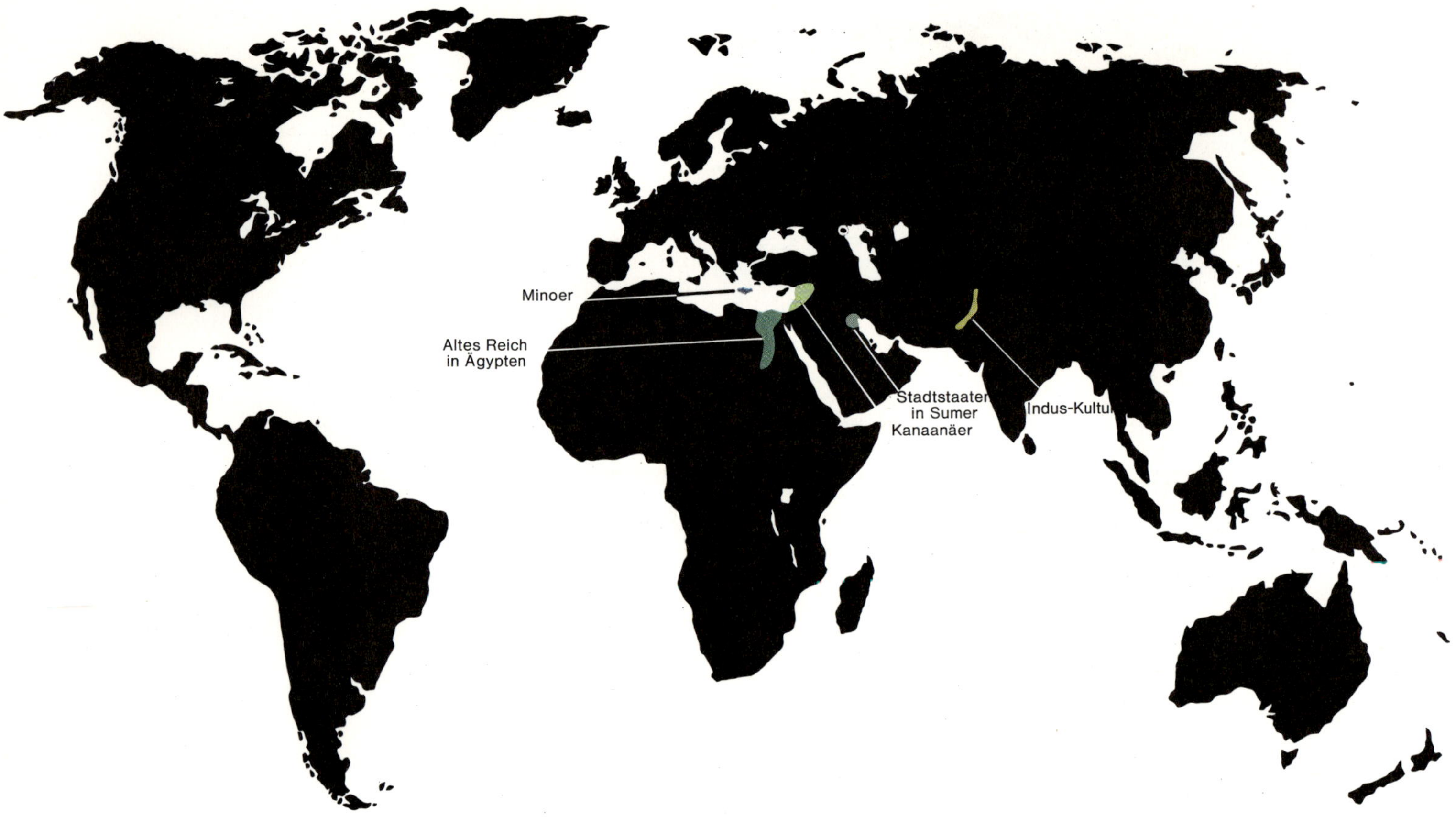

DIE WELT UM 2400 V. CHR.: DIE ERSTEN HOCHKULTUREN

Die entscheidenden Schritte zur Hochkultur sind getan. Städte mit schreibkundigen Priestern blühen in Sumer an Euphrat und Tigris und in Ägypten am Nil. Ägypten ist unter einem Gottkönig geeint. In den Städten im Industal entsteht eine Hochkultur. Die Kanaanäer – Semiten aus Arabien – haben das Ackerland von Syrien und Palästina besiedelt und Städte gegründet, die vom Handel mit Sumer und Ägypten leben, deren Lebensweise sie nachahmen. In Kreta entfaltet sich die minoische Kultur und in Nordindien die Induskultur. Bau von Großsteingräbern in Westeuropa.

2500–2100 v. Chr.

Mesopotamien Seit etwa 3200 v. Chr. entstehen sumerische Städte im Bewässerungsgebiet des Euphrat und Tigris, jede mit ihrem Tempel oder Tempelturm (Zikkurat). Hier werden kostbarer Schmuck, Tonwaren auf der Töpferscheibe und die ersten Karren mit Holzrädern hergestellt. Auch die Keilschrift und Zahlensysteme auf der Basis von Zehn und Sechzig waren schon erfunden. Das Gilgamesch-Epos, eines der ältesten Gedichte der Welt, entsteht. Semitische Stämme aus Arabien dringen ein. Sargon von Akkad (um 2350–2295 v. Chr.) gründet das erste Großreich der Geschichte.

Ägypten Städte am Nil bestanden schon um 3000 v. Chr. Die Hieroglyphenschrift war bereits erfunden. Menes hatte um 2900 v. Chr. Ober- und Unterägypten vereint. Seit etwa 2800 v. Chr. gebraucht man Kupfer, verwendet Papyrus zum Schreiben. Man beginnt die einbalsamierten Leichen der Pharaonen in Mastabas aus Lehmziegeln beizusetzen. Während des *Alten Reiches* (2660–2160 v. Chr.) errichtet man die Stufenpyramide des Königs Djoser bei Sakkara und die Pyramiden bei Gise. Nun werden der 24-Stunden-Tag und das Kalenderjahr zu 365 Tagen eingeführt. Die Medizin macht Fortschritte. Verherrlichung der Götter in der Kunst. Um 2300 v. Chr. verselbständigen sich die Gaufürsten, und Semiten dringen vom Norden und Nubier vom Süden ein.

Östliches Mittelmeergebiet Die semitischen Kanaanäer treiben in den fruchtbaren Teilen von Syrien und Palästina Ackerbau. Die Hafenstädte Byblos und Ugarit sind durch den Handel mit Sumer und Ägypten reich geworden. Seit etwa 2200 v. Chr. dringen Amoriter, semitische Nomaden aus Arabien, in Syrien und Palästina ein.

Kreta Die minoische Kultur hat sich seit 2600 v. Chr. herausgebildet. Man gebraucht kupferne Werkzeuge und stellt feinen Schmuck und Vasen aus vielfarbigem Gestein her. Gegen 2200 v. Chr. verarbeiten die Minoer als erstes Volk in Europa die Bronze.

Indien Um 2400 v. Chr. besteht im Industal eine Hochkultur. Reiche, gut angelegte Städte aus Lehmziegelbauten, wie Mohendscho-Daro und Harappa, erheben sich aus bewässertem Land. Ochsenwagen und Bronzewerkzeuge werden gebraucht, Baumwolle nach Sumer ausgeführt. Statuetten und Rollsiegel wie bei den Sumerern.

Europa Wagen mit Rädern werden benutzt, die ersten befestigten Wege gebaut. Einfache Pflüge ersetzen den Grabstock. Von den Shetlandinseln bis nach Malta errichten Bauern Großsteingräber. Seit etwa 2500 v. Chr. Gebrauch von Kupfer in Spanien und Portugal, wo auch die ersten Burgen gebaut werden. In Malta erste europäische Steintempel.

2100–1700 v. Chr.

Mesopotamien Nach dem Ende der Herrschaft Akkads erneute Blüte sumerischer Städte (2064–1955 v. Chr.) bis zur Eroberung des Landes durch die Amoriter. Die amoritischen Könige von Mari am mittleren Euphrat hinterlassen aus dieser Zeit (1950 bis 1700 v. Chr.) ein Tontafelarchiv mit 20 000 Urkunden in Sumerisch und Akkadisch, der internationalen Sprache des Vorderen Orients. Amoriter gründen Babylon um 2100 v. Chr. Hammurapi von Babylon (1728–1686 v. Chr.) veranlaßt eine große Sammlung von Rechtssätzen und hat um 1700 v. Chr. ganz Mesopotamien mit Ausnahme von Assyrien erobert.

Ägypten Ein Fürst aus Theben eint um 2040 v. Chr. erneut das Land. Im *Mittleren Reich* (2040–1785 v. Chr.) blüht das städtische Leben wieder auf, und Pyramiden aus Lehmziegeln werden gebaut. Um 1650 v. Chr. erobern Hyksos, Krieger aus Palästina, den größten Teil Ägyptens und bringen Bronzewaffen und leichte zweirädrige, von Pferden gezogene Streitwagen zum Nil.

Östliches Mittelmeergebiet Unter den um 1900–1700 v. Chr. eingewanderten semitischen Stämmen sind auch die Hebräer. Byblos exportiert Zedernholz bis nach Kreta und Schmuck in alle Länder des Vorderen Orients. In Kleinasien treten die indogermanischen Hethiter und östlich von ihnen die von indoarischen Kriegern geführten

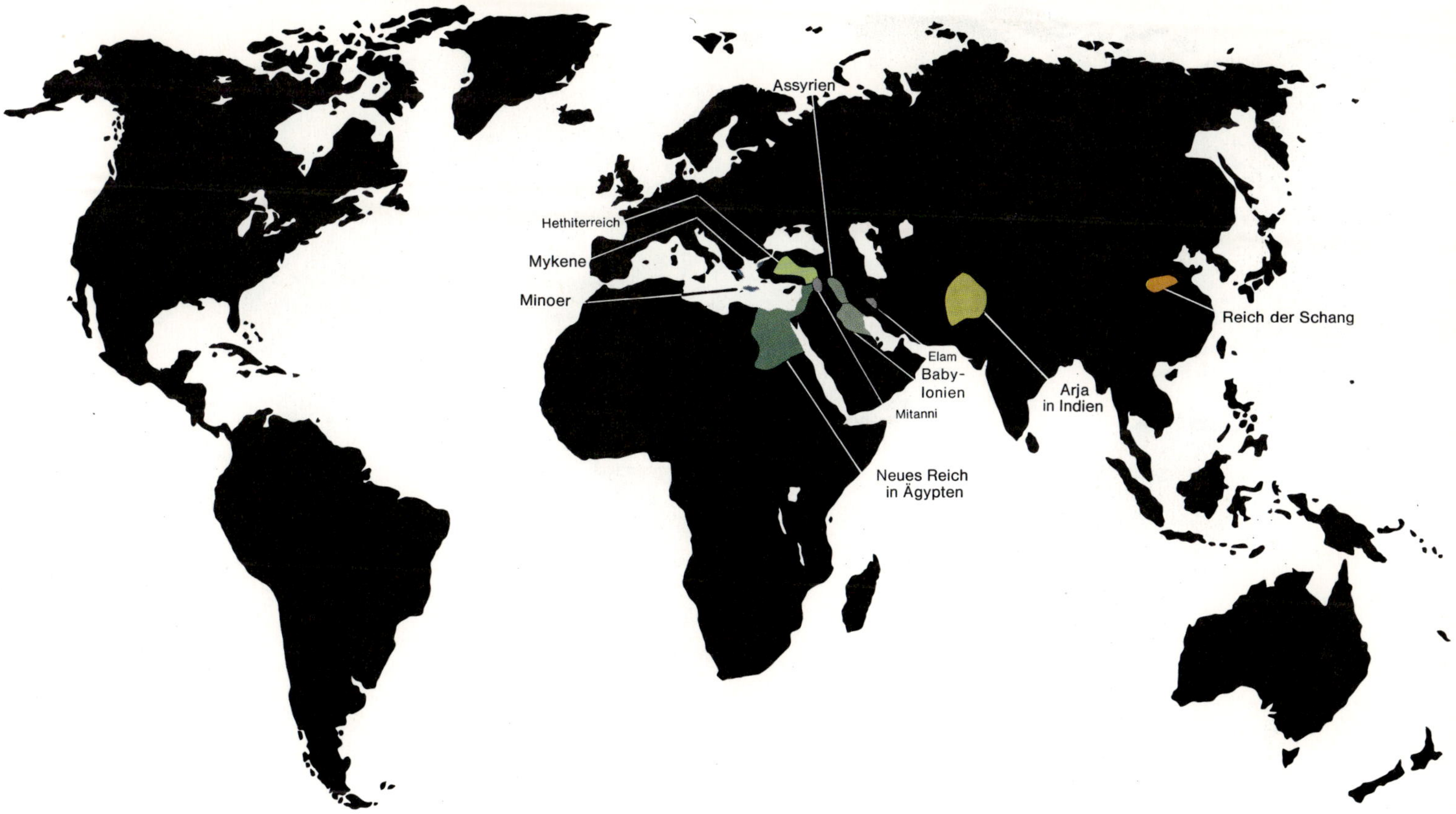

DIE WELT UM 1500 V. CHR.: ZÜGE KRIEGERISCHER INDOGERMANEN

Seit etwa 2000 v. Chr. brechen Wellen indogermanischer Völker, die das Pferd benützen, in den Vorderen Orient ein. Sie gründen die Reiche der Hethiter und Mitanni und erobern das Industal. Griechisch sprechende Stämme bauen die mykenische Kultur auf. Die kriegerischen Hyksos unterwerfen um 1650 v. Chr. Ägypten, das sich 1557 v. Chr. von ihnen befreit. Semiten herrschen in Babylonien und Assyrien. Babylon ist unter Hammurapi groß geworden. Im Tal des Gelben Flusses in China entsteht eine bäuerliche Kultur. In Westeuropa werden große steinerne Kultanlagen errichtet.

Churriter auf, die den von Pferden gezogenen Streitwagen, Bronzewaffen und das Feudalsystem ins Mittelmeergebiet bringen. Sie zwingen den Bauernvölkern Anatoliens eine arische Aristokratie auf.

Die Ägäis Das goldene Zeitalter der minoischen Kultur beginnt um etwa 1950 v. Chr. Große Paläste mit Wasserleitungen und Kanalisation werden in Knossos, Phaistos und Mallia gebaut. Um die Paläste entstehen die ersten Städte Europas. Sie sind nicht befestigt. Eine Bilderschrift entwickelt sich. Um 1700 v. Chr. Zerstörung der Paläste, vielleicht durch Erdbeben. Um 1900 v. Chr. dringen griechisch sprechende Krieger in das festländische Griechenland ein.

Indien Um 1750 v. Chr. werden die Städte des Industales aufgegeben. Danach dringen indogermanische *Arja* ein. Kastensystem von Priestern, Kriegern und Bauern mit den dunkelhäutigen Drawida als niedrigster Kaste. Die Arja übernehmen drawidische Götter und siedeln in Dörfern als Viehzüchter und Ackerbauer. Die altindischen Weden (Hymnen und Epen) werden von Brahmanen mündlich überliefert.

China Hirsebauern im Tal des Gelben Flusses treiben schon um 2000 v. Chr. Seidenraupenzucht, geben ihren Toten geschnitzte Jadegegenstände ins Grab mit, der Ahnenkult besteht bereits, und die Zukunft wird aus Orakelknochen vorausgesagt.

Mesopotamien Blütezeit der babylonischen Kultur, Kassiten unterwerfen das Land. Um 1530 v. Chr. plündern die Hethiter Babylon. Die Woche zu sieben Tagen und der Monat zu 28 werden eingeführt.

Ägypten Thebanische Fürsten vertreiben die Hyksos, und Ahmose gründet 1557 v. Chr. das *Neue Reich*. Theben wird als religiöser Mittelpunkt mit Steintempeln erbaut, und in dem nahe gelegenen Tal der Könige werden die Pharaonen in Felsgräbern beigesetzt. Thutmosis I. (1506–1494 v. Chr.) erreicht den Euphrat und den Sudan. Eine große Beamtenschaft registriert die in Naturalien entrichteten Steuern. Der Handel blüht. Amenophis IV. (ca. 1364–1347 v. Chr.) nennt sich Echnaton und führt in El-Amarna, seiner neuen Residenz, den Kult eines einzigen Gottes, der Sonnenscheibe (Aton), ein. Thebanische Priester zwingen Echnatons Schwiegersohn Tutanchamun, zu den alten Göttern zurückzukehren.

Östliches Mittelmeergebiet Die Hebräer ziehen von Kanaan während einer Hungersnot um 1600 v. Chr. nach Ägypten, überleben jedoch als Volk dank ihres religiösen Zusammenhaltes. Labarna begründet um 1600 v. Chr. in Kleinasien das Hethiterreich; sein Sohn Hattusili I. stößt von der Hauptstadt Hattusa nach Nordsyrien vor. König Mursili I. plündert um 1530 v. Chr. Babylon. König Suppiluliuma I. (um 1370 bis 1332 v. Chr.) unterwirft das churritische Reich Mitanni. Die Hethiter beherrschen Kleinasien und Nordsyrien und verwenden als erstes Volk Eisen in großem Umfang.

Die Ägäis Wiederaufbau der minoischen Paläste nach 1700 v. Chr. mit schönen Fresken. Die Linearschrift A wird entwickelt. Im festländischen Griechenland Bau der mykenischen Burgen um 1600 v. Chr. Herstellung herrlicher Goldgegenstände in Mykene. Die Explosion des Vulkans von Thera um 1525 v. Chr. richtet auch in Kreta solche Zerstörungen an, daß Mykener dort die Herrschaft übernehmen. Die minoische Kultur blüht noch bis etwa 1400 v. Chr. Die neue Linearschrift B wird sowohl in Kreta wie auf dem Festland für Urkunden in griechischer Sprache benützt.

China Die Städte im Gebiet des Gelben Flusses werden um etwa 1500 v. Chr. von der Schang-Dynastie von Anyang geeint. Handwerker fertigen schöne Bronzegefäße, in denen der König und der Adel den Geistern ihrer Ahnen Trankopfer darbringen. Eine Bilderschrift findet sich auf Bronze, Orakelknochen, Bambus und Seide.

Europa Um 2000–1500 v. Chr. entstehen Ringwälle, Steinkreise und Steinalleen in England und der Bretagne, die wohl religiösen oder astronomischen Zwecken dienen. Gegen 1500 v. Chr. wird Bronze in ganz Europa benutzt.

Die Welt zwischen 1300 und 100 v. Chr.

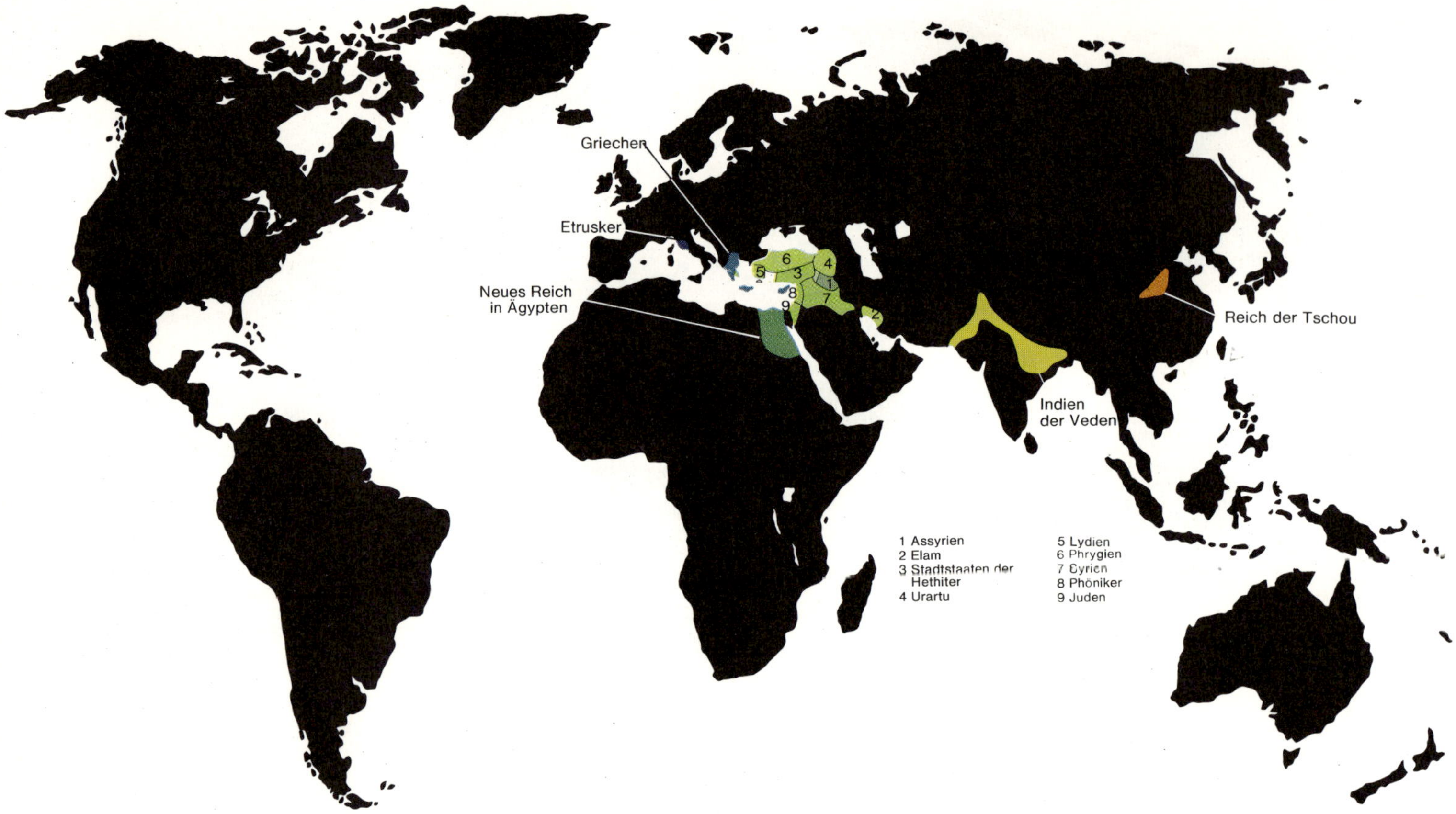

DIE WELT UM 1000 V. CHR.: EINE NEUE WELT IM MITTELMEERRAUM

Die Seevölker haben um 1200 v. Chr. das Hethiterreich zerstört, Syrien und Palästina verwüstet und Ägypten geschwächt. Die erste Reichsgründung der Assyrer zerfällt um 1000 v. Chr. Die Aramäer und die Reste der Hethiter haben Stadtstaaten in Syrien gegründet. Die Kanaanäer sind nach Phönikien abgedrängt worden; Königtum der Juden unter Saul, David und Salomo. Die Reiche Urartu, Lydien und Phrygien werden mächtig. Ende der mykenischen Kultur in Griechenland, in das die Dorer einwandern. Erstes Auftreten der Etrusker in Italien. Indoarische Kultur in Nordindien.

1300–900 v. Chr.

Mesopotamien Die Assyrer, durch überlegene eiserne Waffen und fähige Könige begünstigt, steigen zur führenden Macht auf. Tiglatpileser I. (1116–1078 v. Chr.) nimmt Babylon ein und herrscht vom Mittelmeer bis zum Vansee. Doch das Assyrerreich zerfällt nach 1000 v. Chr.

Ägypten Das Reich Ramses' II. (1290 bis 1224 v. Chr.) erstreckt sich von Syrien bis ins Innere Nubiens. Er kämpft mit den Hethitern bei Kadesch am Orontes und beendet den Bau der Tempel von Abu Simbel und Karnak. Ramses III. (1184–1153 v. Chr.) schlägt die eindringenden Libyer und Seevölker zurück, aber um 1085 v. Chr. bricht das Neue Reich zusammen.

Persien Um 1000 v. Chr. wandern iranische Stämme in Persien ein, darunter die Meder und Perser.

Östliches Mittelmeergebiet Höhepunkt der Kultur der Kanaanäer im reichen Byblos, wo man das Alphabet kennt und Papyrus die Tontafeln zum Schreiben ersetzt. Um 1200 v. Chr. bringen eindringende Seevölker und Phryger das Hethiterreich zu Fall. Die seefahrenden Phöniker gründen Kolonien und übernehmen den mykenischen Handel. Aramäische und hethitische Fürsten herrschen über Stadtstaaten in Syrien. Um 1220 v. Chr. Auszug der Israeliten unter Moses aus Ägypten. Sie lassen sich in Kanaan nieder und errichten ein Königreich unter Saul und später David (1004–965 v. Chr.). Unter Salomo wird um 950 v. Chr. der Tempel von Jerusalem erbaut. Nach Salomos Tod Teilung des Landes in die Reiche Israel im Norden und Juda im Süden.

Griechenland und die Ägäis Der mykenische Handel wird gegen 1200 v. Chr. von den Seevölkern zum Erliegen gebracht, und die mykenische Kultur zerfällt. Um 1100 v. Chr. wandern die griechischen Dorer aus dem Norden ein. Zwischen 1100 und 700 v. Chr. gründen mykenische Flüchtlinge ionische Kolonien in der Ägäis und in Kleinasien und bewahren ihre Überlieferungen, die später in den Epen Homers ihren Niederschlag finden.

Italien Um 1000 v. Chr. wandern die Italiker aus Mitteleuropa in die Apenninenhalbinsel ein, darunter auch die Latiner.

China Die Tschou-Dynastie des Weiho-Tales stürzt um 1050 v. Chr. die Schang. Eine Blütezeit der Philosophie bringt viele Theorien hervor: die »Hundert Schulen«.

Mexiko Entstehung der olmekischen Kultur in den Regenwäldern an der Golfküste; Bau des Kultzentrums von La Venta.

Afrika Hamiten gründen in Nubien um Napata am Nil nach ägyptischem Vorbild den ersten unabhängigen Staat im tropischen Afrika.

Nördliches Europa Ständige Kriege führen zum Bau von Befestigungen in Höhenlagen.

900–500 v. Chr.

Mesopotamien Das Assyrische Reich wird unter Assurnasirpal II. (883–859 v. Chr.), Sargon II. (722–705 v. Chr.) und Sanherib (705–681 v. Chr.) wieder mächtig. Nebukadnezar II. (604–562 v. Chr.) errichtet ein neues Babylonisches Reich, das Assyrien mit einbezieht. Babylon wird 539 v. Chr. von den Persern erobert.

Ägypten Eine Dynastie in Sais eint Ägypten (664 v. Chr.) nach der Besetzung durch Äthioper und Assyrer. 525 v. Chr. wird Ägypten von dem Perserkönig Kambyses erobert.

Persien 614–612 v. Chr. vernichten die Meder im Bund mit Babylon das Assyrerreich. Der Perser Kyros II. schafft 559 v. Chr. das Reich der Meder und Perser, erobert 546 v. Chr. Kleinasien und 539 v. Chr. Babylon. Zarathustra (630–553 v. Chr.) verkündet den Gott des Lichts, der über das Böse triumphiert. Dareios I. (521–485 v. Chr.) dehnt das Reich noch weiter aus und nennt sich König der Könige.

Östliches Mittelmeergebiet Die Assyrer erobern 732 v. Chr. Damaskus. In Israel und Juda beginnt das Zeitalter der Propheten. Israel fällt 722 v. Chr. in die Hände Sargons II. Jerusalem wird 586 v. Chr. von Nebukadnezar II. erobert. Die Phöniker gründen Kolonien, darunter Karthago (814 v. Chr.). Unter Kyros II. Rückkehr der Juden aus der Babylonischen Gefangenschaft (539 v. Chr.).

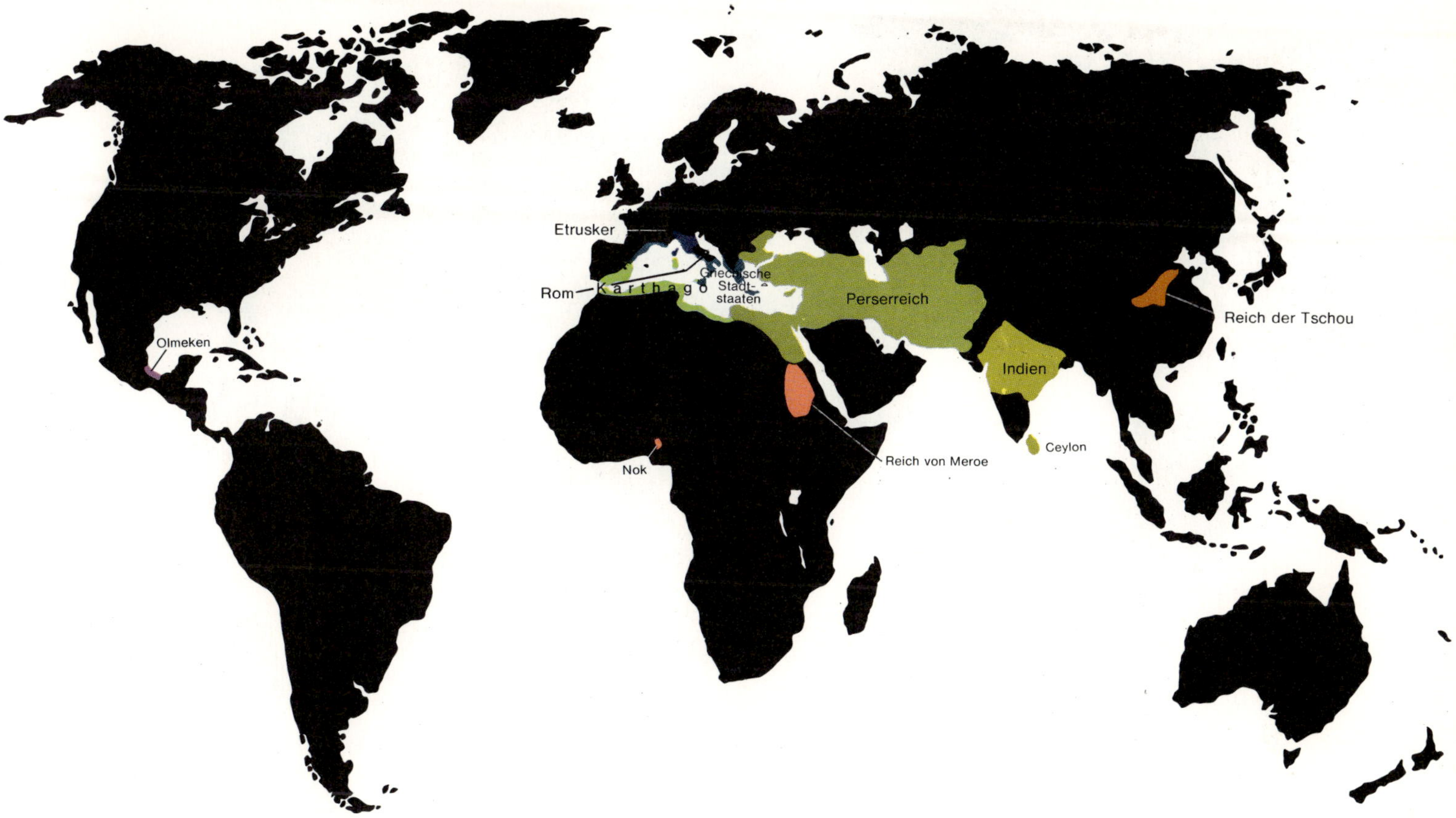

DIE WELT UM 500 V. CHR.: ERSTE KULTUREN IM TROPISCHEN AFRIKA UND IN AMERIKA

Nach dem Vorbild der Ägypter ist das nubische Reich von Napata und Meroe seit etwa 1000 v. Chr. selbständig geworden. Vor 500 v. Chr. haben die Olmeken in Mexiko die Wurzel aller Kultur in Mittelamerika gelegt. Die Gesellschaftsordnung der Hindu hat sich in ganz Nordindien und Ceylon durchgesetzt. Der Perserkönig Kyros II. schafft das bisher größte Weltreich. In den griechischen Stadtstaaten beginnt ein goldenes Zeitalter, während die Etrusker in Italien auf der Höhe ihrer Macht sind. Rom ist gerade Republik geworden. Karthago beherrscht den Handel im westlichen Mittelmeer.

500–100 v. Chr.

Vollendung des Tempelbaus in Jerusalem (515 v. Chr.).

Griechenland Die Städte blühen nach 800 v. Chr. wieder auf. Jeder Stadtstaat ist um eine Burg oder Akropolis herum angelegt. Töpferei, Skulptur, Dichtung und Philosophie entwickeln sich; griechische Kolonien entstehen im gesamten Mittelmeerraum. Lydien prägt um 700 v. Chr. die ersten Münzen. Sparta und Athen entwickeln sich zu den wichtigsten griechischen Mächten. Die ionischen Städte in Kleinasien fallen 546 v. Chr. an die Perser.

Italien Die etruskischen Städte erlangen gegen 600 v. Chr. großen Wohlstand und Seegeltung. 753 v. Chr. legendäres Gründungsdatum Roms. 509 v. Chr. verjagt Rom seinen König und wird Republik.

Indien Die Hindugesellschaft bildet sich, während die Fürsten der Arja Dynastien und Städte gründen. Priester und ihre Riten werden angefeindet. Buddha (um 560–480 v. Chr.) lehrt die Erlösung durch ethisches Verhalten.

Afrika Die Menschen von Napata lernen, Eisen zu schmieden. Im 6. Jahrhundert v. Chr. Verlegung der Hauptstadt nilaufwärts nach Meroe.

Nördliches Europa Die Ackerbauer leben in Holzhäusern und benutzen Hakenpflüge. Eisenwaffen treten in Mitteleuropa um 800 v. Chr. auf.

Ägypten Alexander der Große erobert Ägypten 332 v. Chr. Sein General Ptolemaios gründet 323 v. Chr. eine Dynastie.

Persien Das Perserreich wird von Alexander 331 v. Chr. erobert. Während der Kriege zwischen seinen Nachfolgern setzt sich Seleukos I. in Iran, Syrien und Babylonien fest. Im 2. Jahrhundert v. Chr. erobern die Parther den Iran.

Östliches Mittelmeergebiet Aufschwung des jüdischen Staates unter Nehemia und Esra. Syrien und Palästina werden 332 v. Chr. von Alexander erobert. Karthago tritt das Erbe der Phöniker im westlichen Mittelmeer an.

Griechenland Nach den Einfällen der Perser (490–479 v. Chr.) wird Athen wieder aufgebaut. Der Parthenon mit Skulpturen von Phidias schmückt die Akropolis. Perikles (gest. 429) leitet im demokratisch regierten Athen ein goldenes Zeitalter ein. Zeit der Dramatiker Aischylos, Sophokles und Euripides, des Geschichtsschreibers Herodot und der Philosophen Sokrates, Platon und Aristoteles. Die Naturwissenschaften blühen. Im Peloponnesischen Krieg (431–404 v. Chr.) wird Athen von Sparta besiegt. Philipp von Makedonien (382–336 v. Chr.) eint Griechenland, sein Sohn Alexander errichtet ein Weltreich, in dem sich griechische Kultur verbreitet. Alexandria ist ein Zentrum der Gelehrsamkeit. Rom annektiert 146 v. Chr. Makedonien und Teile Griechenlands.

Italien Die Römer sind um 300 v. Chr. Herren Italiens. Die drei Punischen Kriege (264–146 v. Chr.) enden mit der Zerstörung Karthagos.

Indien Tschandragupta Maurja vereinigt Nord- und Mittelindien, nachdem Alexander 325 v. Chr. Indien verlassen hat. Um 250 v. Chr. dehnt Aschoka das Maurja-Reich über fast ganz Indien aus. Er wird Buddhist.

China Konfuzius (551–479 v. Chr.) und Menzius (372–289 v. Chr.) betonen Tugenden wie Treue und Ehrerbietung, fordern eine humane Regierung und Aufstiegsmöglichkeiten durch persönliches Verdienst. Die Taoisten suchen Seelenfrieden, indem sie der Welt entsagen. Feudalstaaten erringen ihre Unabhängigkeit. Die Ts'in einen China 221 v. Chr. und lehnen den Konfuzianismus ab. Schi-huang-ti erbaut die erste Chinesische Mauer. Im Jahre 206 v. Chr. ergreift die Han-Dynastie die Macht und führt den Konfuzianismus wieder ein.

Mexiko Um 500 v. Chr. entsteht im Hochland die Kultur von Teotihuacan.

Afrika Kultur von Nok in Zentralnigerien, bezeugt durch zahllose Terrakottafigürchen.

Nördliches Europa Kelten siedeln von Italien bis nach Irland. Sie sind geschickte Handwerker, die Musik und Festlichkeiten lieben.

Die Welt zwischen 100 v. Chr. und 500 n. Chr.

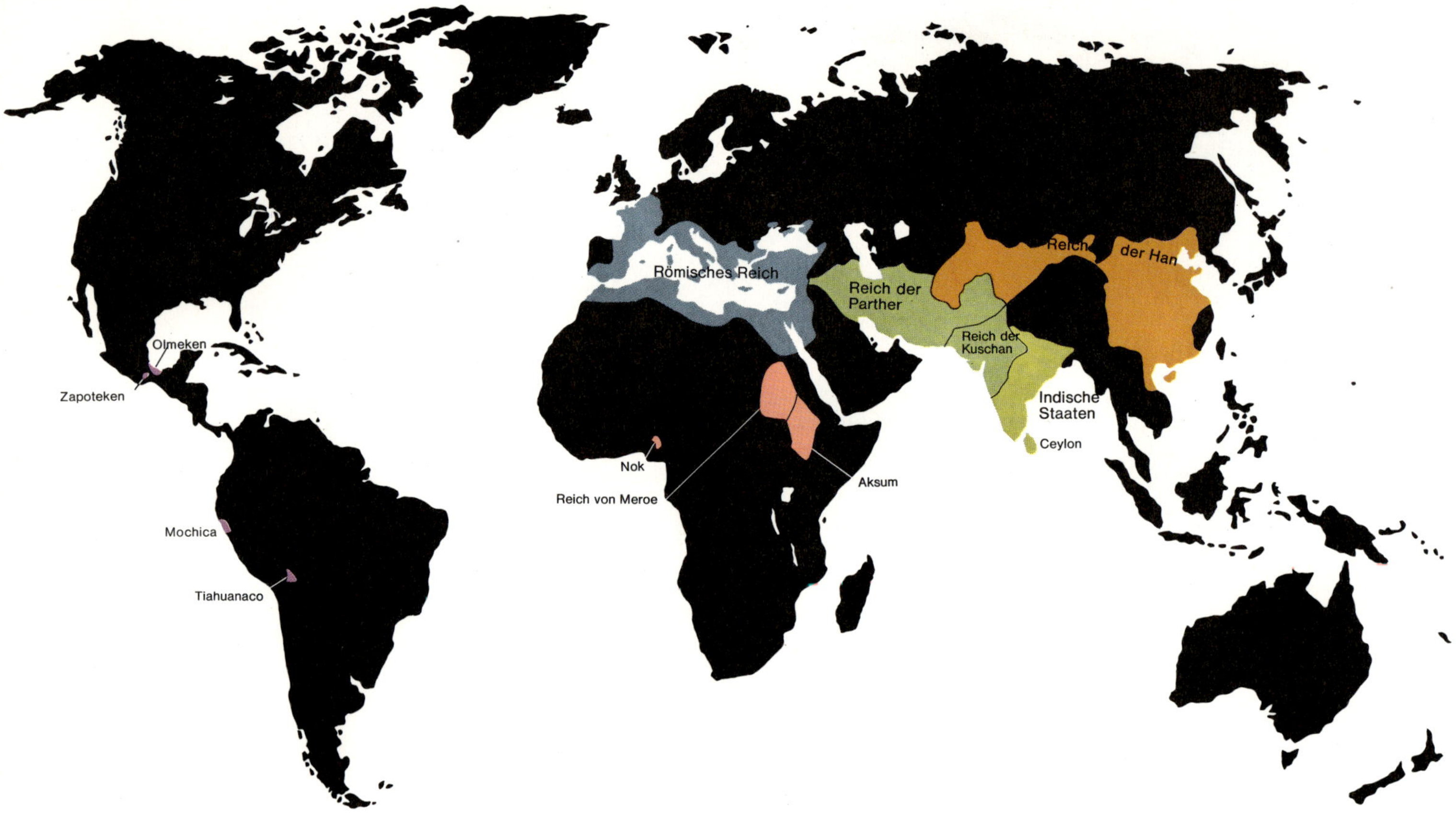

DIE WELT UM 25 V. CHR.: DIE MORGENRÖTE DES RÖMISCHEN FRIEDENS

Die Karte ist von den gewaltigen Gebieten des Römischen Reichs und Chinas beherrscht. In Rom beginnt unter Augustus eine Zeit des inneren Friedens. China blüht unter der Han-Dynastie. Das Weltreich Alexanders ist entstanden und unter seine Feldherren aufgeteilt worden. Nun gehört der Westen des Alexanderreiches zu Rom, dem im Osten im Partherreich ein Nebenbuhler erwachsen ist. In Nordindien herrschen die Kuschan. In Afrika entsteht das Reich von Aksum. Die Kulturen der Olmeken und Zapoteken blühen in Mexiko und in Südamerika die Kultur der Mochica.

100 v. Chr.–100 n. Chr.

Ägypten Königin Kleopatra (51–30 v. Chr.) und der römische Feldherr Marcus Antonius werden von Octavian in der Seeschlacht von Actium 31 v. Chr. vernichtend geschlagen: Ägypten wird Teil des Römischen Reiches.

Rom Die Republik zerfällt. Die Bundesgenossen in Italien verlangen das Bürgerrecht (Bundesgenossenkrieg 91–89 v. Chr.). Von Spartakus geführte Sklaven erheben sich 73 bis 71 v. Chr. Das Römische Reich wächst mit der Annexion von Syrien und Teilen Kleinasiens durch Pompejus 66–63 v. Chr. und Galliens durch Julius Cäsar 58–51 v. Chr. Im Jahre 49 v. Chr. reißt Cäsar im Kampf mit Pompejus die Macht an sich. Der Diktator wird 44 ermordet. Beginn der Kaiserzeit 30 v. Chr. mit dem Sieg Octavians, der den Ehrennamen Augustus annimmt. Ein goldenes Zeitalter der Literatur mit Vergil und Horaz und dem Historiker Livius setzt ein. Augustus reorganisiert das Heer und die Beamtenschaft. Die mit ihm beginnende Friedenszeit dauert 200 Jahre, trotz größenwahnsinniger Kaiser wie Caligula und Nero (gest. 68 n. Chr.).

Jesus von Nazareth wird im Jahre 30 in der Provinz Judäa hingerichtet, aber das Christentum faßt trotz Verfolgung Fuß im Römischen Reich. Der Aufstand der Juden führt 70 n. Chr. zur Zerstörung Jerusalems und des Tempels durch die Römer.

Persien Das Reich der Parther erreicht den Höhepunkt seiner Macht im 1. Jahrhundert v. Chr. und bedroht die römischen Provinzen in Syrien und Kleinasien.

Indien Skythen, Parther und die Kuschan dringen in Nordindien ein. Das Reich der Kuschan blüht unter Kanischka, der Buddhist geworden war. Erste Darstellungen Buddhas in menschlicher Gestalt.

China Die Han-Dynastie vergrößert das Reich und fördert Kunst und Wissenschaft. Die ersten Karten werden gezeichnet, und die erste Geschichte Chinas wird geschrieben. Schöne naturalistische Skulpturen und Töpferwaren.

Der Buddhismus dringt von Zentralasien und Indien ein. Auf der Seidenstraße ziehen Karawanen von China zum Mittelmeer. Seidenstoff wird im Westen mit Gold aufgewogen. Im Tauschhandel beziehen die Chinesen Glas und Wolle.

Afrika Anfänge des Reiches von Aksum in Nordäthiopien.

Amerika Die Olmeken von Tres Zapotes entwickeln ein genaues System der Zeitrechnung. Die Zapoteken von Monte Alban stellen schönen Schmuck mit religiösen Symbolen her, die sich auf ihre Verehrung des Regengottes und ihren Totenkult beziehen. Die Mayakultur entwickelt sich in Südmexiko, Guatemala und Honduras.

Kultur der Mochica an der Nordküste Perus.

100–300

Rom Das Römische Reich erlangt unter Kaiser Trajan seine größte Ausdehnung. Zeit des Friedens und des Wohlstandes unter Hadrian (117–138) und Antonius Pius (138–161). Mark Aurel (161–180) ist Stoiker – Anhänger einer rationalen Philosophie mit strenger Moral, durch die die römische Gesetzgebung beeinflußt wird. Das Volk fühlt sich mehr zu den mystischen Religionen hingezogen, die an den Rändern des Reiches entstanden sind – den Kulten der Kybele, des Mithras und der Isis –, sowie zum Christentum, das verfolgt wird. Der östliche Teil des Römischen Reiches entwickelt sich auf der Grundlage der griechischen Kultur. Galen von Pergamon (129–199) beeinflußt durch seine Schriften die europäische Medizin bis zur Renaissance, und Ptolemäus von Alexandria (gest. um 180) veröffentlicht seine astronomischen Theorien. Wegen der ständigen Kriege mit Germanen im Norden und Sassaniden im Osten gliedert Diokletian 293 das Reich neu.

Persien Das Reich der Parther zerbricht: 226 Gründung des Sassanidenreiches. In der Hauptstadt Ktesiphon blühen die Künste. Die Lehre Zarathustras wird Staatsreligion.

Indien In Nordwestindien entwickelt sich ein Zentrum der klassischen Sanskritliteratur: Sechs philosophische Richtungen entstehen. Der Buddhismus zerfällt in zwei Sekten, das Kleine Fahrzeug (Hinajana), das

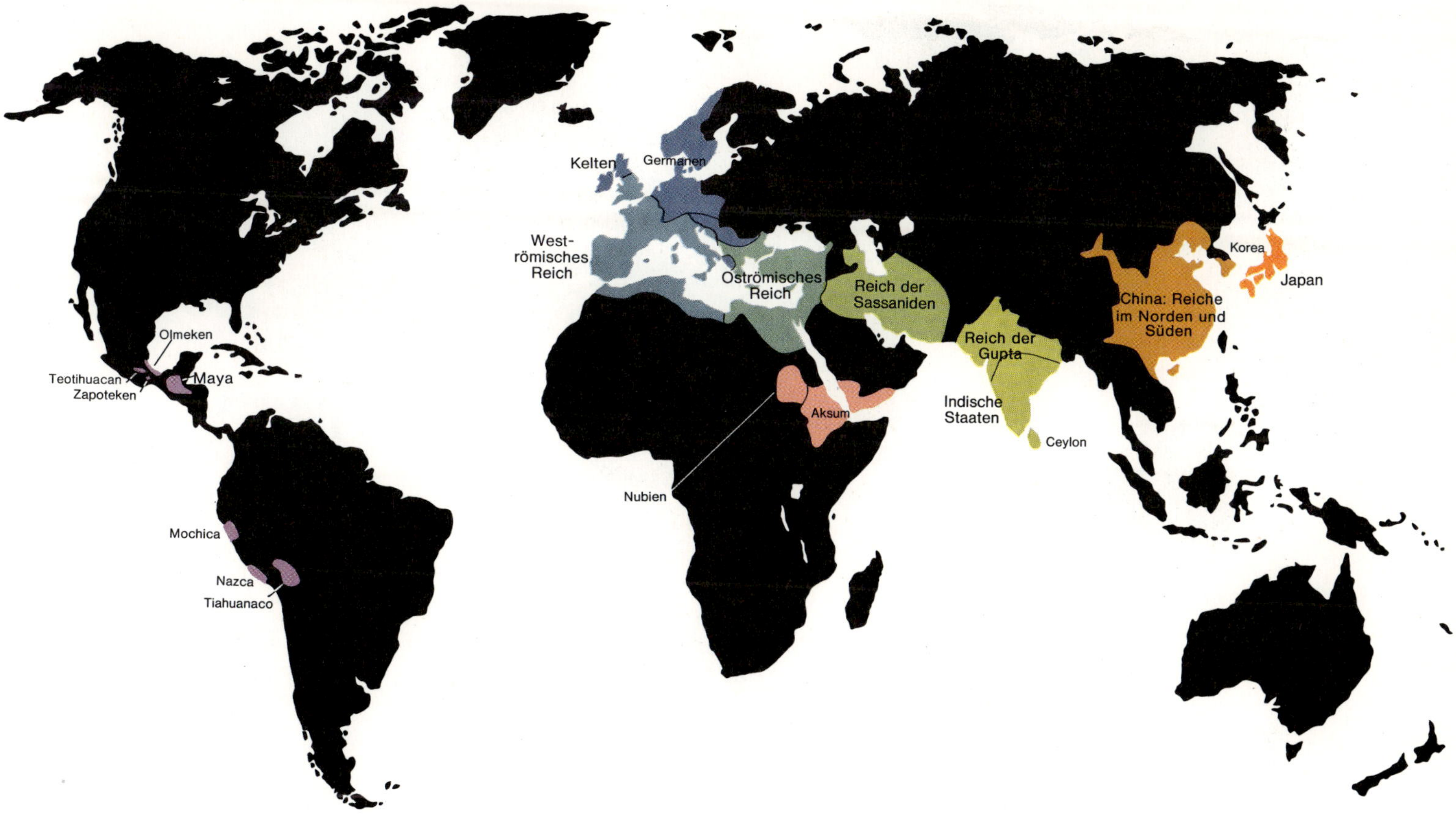

DIE WELT UM 400: GERMANISCHE STÄMME ÜBERRENNEN DAS RÖMISCHE REICH

Das Christentum ist im Römischen Reich zur Staatsreligion geworden. Das Reich wird – besonders im Westen – von Germanenstämmen angegriffen und zum Teil überrannt. Nur im Osten kann sich das Römische Reich erhalten: Hauptstadt ist Konstantinopel. Das Sassanidenreich ist so mächtig, daß es mit Rom konkurrieren kann. Spaltung Chinas in nördliche und südliche Dynastien. Im durch die Gupta geeinten Indien blüht die Hindukultur. Die Kulturen Mexikos werden durch das Kultzentrum von Teotihuacan geprägt. Die Maya stoßen aus ihrer Heimat im tropenfeuchten Tiefland nach Yucatan vor.

300–500

die ursprüngliche Einfachheit des Glaubens bewahrt, und das Große Fahrzeug (Mahajana), eine dem Hinduismus näherstehende, weniger pessimistische Richtung. Unter den Kuschan entwickelt sich die buddhistische Kunst von Gandhara. Das Reich der Kuschan zerfällt bis 250 n. Chr.

China Die Papierherstellung wird erfunden. Im 2. Jahrhundert Abreibungen von Steintafeln: Vorläufer der Druckkunst. Anfang der Porzellanherstellung. Die Han-Dynastie stürzt im Jahre 220. Die folgende politische Unsicherheit trägt zur Wiederbelebung des Taoismus bei, dessen Anhänger sich von der Gesellschaft zurückziehen und das Einssein mit der Natur anstreben.

Japan Die Gliederung nach Geschlechtsverbänden festigt sich, und die animistische Religion, der Schintoismus, prägt sich stärker aus. In der Provinz Jamato beginnt die Einigung Japans unter Jimmu, dem ersten Tenno. Eisengewinnung. Reisanbau.

Amerika Die Olmeken von La Venta behauen Basaltblöcke zu gewaltigen, geheimnisvollen Köpfen. Kulturblüte der Zapoteken von Monte Alban. In Teotihuacan werden riesige Tempelpyramiden gebaut. Die Maya entwickeln eine Hieroglyphenschrift und einen komplizierten Kalender.

In Peru bauen die Mochica Ziegelpyramiden und Kanäle. Beginn der Tiahuanacokultur.

Rom Konstantin der Große (306–337) gründet Konstantinopel und fördert das Christentum, das 391 unter Theodosius Staatsreligion wird. Zur Verteidigung des Reiches gegen die anstürmenden Germanen wird das Reich endgültig 395 in zwei Hälften getrennt. Die Westgoten überrennen den Balkan und Italien, plündern 410 Rom und gründen Reiche in Südfrankreich und Spanien. Die Wandalen erobern sich ein Reich in Nordafrika. Die Franken dringen in Gallien ein. Der letzte Kaiser des Westreiches wird 476 abgesetzt. – Das erste allgemeine Konzil der Kirche findet 325 in Nicäa statt. Die Westgoten werden um 360 zum Christentum bekehrt und der König der Franken 498. Lateinische Kirchenlehrer: Hieronymus (um 347–420) im Osten, im Westen Ambrosius (um 340–397) und Augustinus (354–430), der Begründer der abendländischen Theologie.

Nördliches Europa Um 350 Einbruch der Hunnen, deren Reich sich bald nach der Schlacht auf den Katalaunischen Feldern (451) auflöst. Angeln und Sachsen besiedeln England nach dem Rückzug der Römer um 400. Die Kelten werden nach Cornwall und Wales abgedrängt; Patrick und Palladius (um 431) christianisieren Irland.

Byzanz Nach dem Untergang des Römischen Reiches im Westen (476) führt die griechisch bestimmte Osthälfte des Reiches die Tradition Roms auf christlicher Grundlage fort. Mittelpunkt ist Konstantinopel, die Drehscheibe des Handels zwischen Ost und West. Ständige Angriffe der Goten.

Persien Das Sassanidenreich (226–651) als Rivale Roms. Ausbreitung des Christentums, das zeitweise verfolgt wird.

Indien Im 4. Jahrhundert eint die Guptadynastie Nordindien. Sie fördert die Renaissance des Sanskrits und die Philosophie des Wedanta. Buddhistische Gelehrsamkeit blüht in den Klöstern. Höhlentempel von Adschanta mit schönen Malereien und Skulpturen. Unter Tschandragupta II. (um 380–415) herrscht Frieden, einheitliche Gesetzgebung. Um 455 Zerstörung des Reiches durch die weißen Hunnen.

China Bürgerkriege und Eindringen der Hunnen. In Südchina erhalten sich chinesische Dynastien.

Japan Übernahme chinesischer Kulturgüter über Korea. Mythos vom göttlichen Ursprung der Dynastie des Jimmu Tenno.

Afrika Um 300 Blüte des äthiopischen Reiches Aksum, dessen Herrscher Ezana um 350 Meroe erobert und Christ wird. Berber gründen das Reich Gana.

Amerika Klassische Epoche der Kultur von Teotihuacan. Die Maya verehren die Maisgottheit. Ausdehnung der Maya nach Yucatan. – Die Mochica in Peru stellen schöne Tongefäße mit Szenen aus dem Alltagsleben her.

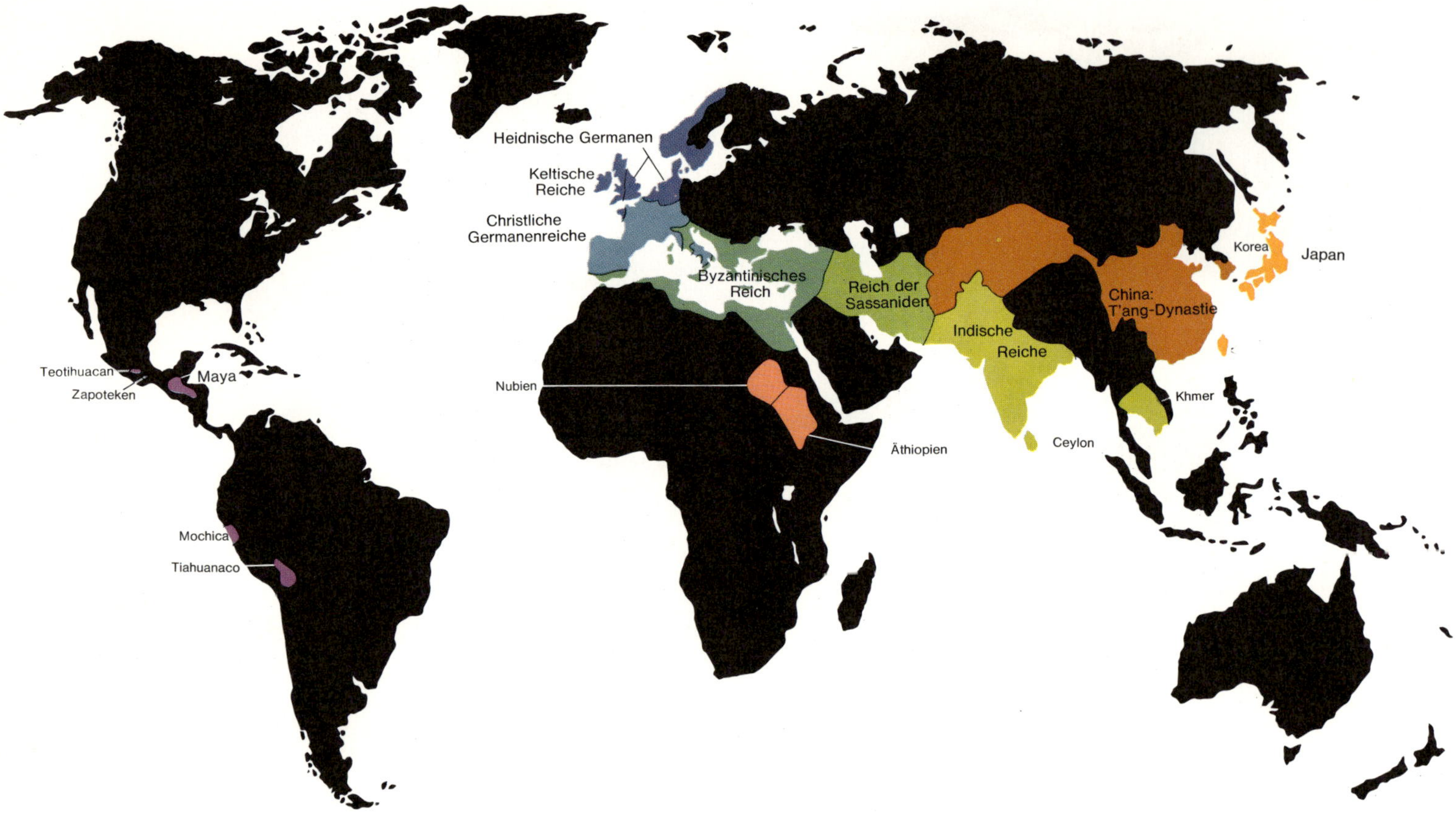

DIE WELT UM 610: AM VORABEND DES ARABISCHEN VORSTOSSES

Die größte Macht im Westen ist das Frankenreich. Die Missionierung der Angelsachsen hat begonnen. Der Norden ist noch heidnisch. Die Byzantiner setzen sich erfolgreich gegen die Sassaniden durch. Mohammed stiftet in Arabien einen neuen Glauben – den Islam, dessen Anhänger rasch den Vorderen Orient und Nordafrika erobern. Der Angriff auf Mitteleuropa wird 732 von den Franken zurückgeschlagen. In Indien wird der Buddhismus vom Hinduismus absorbiert. Einigung Chinas unter der T'ang-Dynastie. Für Japan wird die chinesische Kultur zum Vorbild.

500–700

Europa Germanische Reiche auf dem Boden des früheren Römischen Reiches. Die Ostgoten herrschen in Italien (493–532). Die Germanen übernehmen das Christentum. Wachsendes Ansehen des Papstes und der römischen Kirche, deren Organisation und Recht Europa zu einer gewissen Einheit verhelfen. 529 schafft Benedikt von Nursia seine Regel für das Klosterleben; die Klöster sorgen für Hospitäler, Schulen, Herbergen und fördern Landwirtschaft und Handwerk. Papst Gregor der Große (590–604) schickt den hl. Augustin nach England, der 601 erster Erzbischof von Canterbury wird, nachdem er den Sachsenkönig von Kent bekehrt hat. Die aus Irland stammenden Skoten, die seit dem 5. Jahrhundert in Schottland siedeln, werden zusammen mit den Pikten vom hl. Columban um 570 zum keltischen Christentum bekehrt. Irische und angelsächsische Mönche missionieren unter den Germanen auf dem Festland.
Byzanz Justinian (527–565) erobert einen großen Teil des früheren Weströmischen Reiches zurück. Bau der Hagia Sophia in Konstantinopel. Der Soldatenkaiser Herakleios (610–641) besiegt die Sassaniden, kann aber die Araber nicht aufhalten: Syrien, Ägypten und Karthago gehen verloren.
Der Islam Mohammed stiftet den Islam. Die nach seinem Tode (632) im Koran zusammengefaßte Lehre verbreitet sich schnell durch siegreiche moslemische Heere im Vorderen Orient und in Nordafrika. Um 661 erstreckt sich das Reich der Kalifen von Gabes in Nordafrika bis zu den Grenzen Indiens.
Persien Das Sassanidenreich hat seine größte Ausdehnung unter Chosrau II. (590–628) erreicht, wird aber von den Arabern erobert (632–651), die seine Kultur übernehmen.
Indien Die weißen Hunnen werden zurückgetrieben. Wiederbelebung des Hinduismus, der den Buddhismus absorbiert. Hindupriester erhalten politische und wirtschaftliche Macht. Die tantrische Sekte des Hinduismus, die magische Riten betont, entsteht in Nordostindien. König Harschawardhana eint den Norden auf kurze Zeit (606–647). Eine hinduistische Kultur bildet sich unter den Khmer in Kambodscha.
China Die T'ang-Dynastie eint 618 das Land: Handel und Wohlstand wachsen, Gelehrsamkeit und Künste gedeihen. Tschangan, die Hauptstadt, ist die größte Stadt der Welt mit über 1 Million Einwohnern.
Japan Der Buddhismus dringt über Korea ein. Erste Verfassung, Einführung der chinesischen Schrift. Koreanische und chinesische Handwerker lassen sich nieder.
Mexiko Blüte der Stadt Teotihuacan mit mehr als 50 000 Einwohnern. Die Berechnung des Sonnenjahres im Kalender der Maya ist genauer als die zeitgenössische europäische.

700–900

Europa Die Franken unter Karl Martell bringen die Invasion der Araber und Berber in Europa bei Poitiers (732) zum Stehen. Beginn des Lehnssystems. Der angelsächsische Mönch Bonifatius missioniert seit 722 in Deutschland. Karl der Große wird im Jahre 800 in Rom vom Papst zum Kaiser gekrönt. Sein Reich umfaßt den größten Teil des westlichen Europas, zerfällt aber unter seinen Enkeln. Seit 793 verwüsten die Wikinger die westeuropäischen Küstenstriche, besiedeln Island und setzen sich in Irland und Nordschottland fest; Nordostengland wird dänisch. Alfred der Große (871–899), König von Wessex, eint Südengland. Um 900 Ende der irischen Kulturblüte durch Überfälle der Wikinger.
Byzanz Siegreiche Verteidigung Konstantinopels gegen die Araber (674–678 und 717 bis 718). Religiöser Streit entzündet sich am Verbot der Bilderverehrung (seit 730) durch Kaiser Leo III. Aufhebung des Verbots 843. 867 begründet Basileios I. eine neue Dynastie, unter der Byzanz wieder mächtig wird.
Rußland Slawische Völker werden von schwedischen Warägern um 880 geeint: Mittelpunkte sind Kiew und Nowgorod.
Der Islam Mitte des 8. Jahrhunderts größte Ausdehnung des Kalifenreiches. Die Abbasiden gründen 762 die neue Hauptstadt Bagdad. Seit etwa 850 sind die abbasidischen Kalifen Marionetten der Seldschuken.

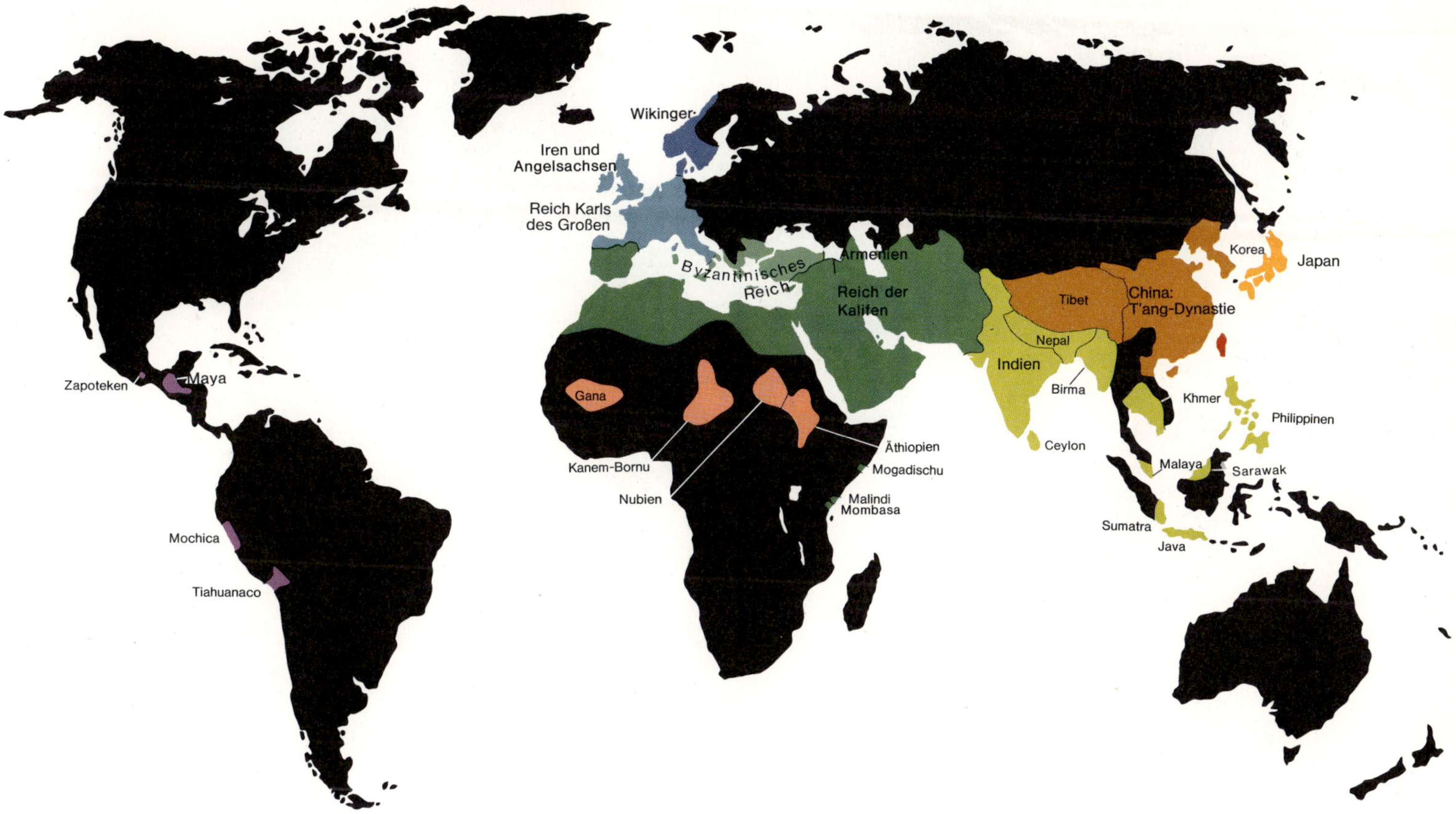

DIE WELT UM 800: NEUBEGINN IM ABENDLAND

Glanzzeit des Reiches der Kalifen mit Bagdad als Mittelpunkt. Auch China erfreut sich eines wachsenden Handels und Wohlstandes: Blütezeit der Künste und Wissenschaften. Die Hindukultur erstreckt sich nun auf ganz Indien. Das Reich Karls des Großen umfaßt auf dem Festland das gesamte christliche Westeuropa. Kaiserkrönung Karls in Rom (800). Die Wikinger beginnen die Küsten Westeuropas zu verheeren. Die Waräger einen die slawischen Völker Rußlands. Byzanz behauptet sich gegen die Araber. Im tropischen Südmexiko erreicht die Mayakultur ihren Höhepunkt.

900–1100

Indien Vom 8. Jahrhundert ab wird Nordindien von islamischen Eindringlingen bedroht. Im Süden hält sich die Tschola-Dynastie. Der Hinduismus dringt in Birma und Nordsumatra ein.

China Unter den T'ang-Kaisern beginnt die chinesische Landschaftsmalerei und entwickelt sich die Kalligraphie. Buddhistische Mönche drucken die ersten Bücher; mit Li T'ai-po (701–762) beginnt eine Blütezeit der Lyrik. Nach 755 Zerfall des Reiches.

Japan Nara, die neue Hauptstadt nach chinesischem Vorbild, wird um 710 erbaut. Gesellschaftliche Gliederung in Bauern und mächtigen Adel, der sich auf buddhistische Priester stützt. 794 Verlegung der Hauptstadt nach Heiankio (Kioto). Entwicklung einer japanischen Schrift in Anlehnung an die chinesische.

Mexiko Um 750 Zerstörung von Teotihuacan. Die Tolteken gründen ein Reich im Tal von Mexiko. Entvölkerung der von den Maya bewohnten Tieflandzone um 900.

Peru Um 800 weite Verbreitung der Kultur von Tiahuanaco. Das beherrschende Kunstmotiv ist der Schöpfergott Viracocha.

Afrika Das Reich Gana wird um 790 von den negriden Soninke erobert; Mitte des 9. Jahrhunderts Höhepunkt der Macht Ganas. Das Reich Kanem-Bornu entsteht um 800. Araber aus Oman gründen Handelsniederlassungen an der Ostküste.

Europa Lehnswesen und Kirche sorgen für die kulturelle Einheit des Abendlandes. Erneuerung des Römischen Reiches durch Otto I., der 962 zum Kaiser gekrönt wird. Der Kampf zwischen Kaisertum und Papsttum beginnt, als Gregor VII. (1073–85) versucht, die Herrscher an der Ernennung von Bischöfen zu hindern. Papst Urban II. ruft 1095 zum 1. Kreuzzug auf. 1099 erobern die Kreuzritter unter Greueln Jerusalem.

Isländische Wikinger entdecken um 982 Grönland und um 1000 Nordamerika. Die Normannen setzen sich in Unteritalien (seit 1016) fest und nehmen den Arabern Sizilien ab (bis 1091). Von der Normandie aus erobern sie 1066 England.

Byzanz Das Wiederaufblühen des Reiches setzt sich unter Basileios II. (976–1025) fort. Die Wirtschaft wird durch militärische Ausgaben überbeansprucht. 1071 fällt der größte Teil Kleinasiens an die Seldschuken.

Rußland Wladimir I. von Kiew nimmt 988 das byzantinische Christentum an. Bau zahlreicher Kirchen in Kiew und Nowgorod, die Vorbilder für die spätere russische kirchliche Architektur werden. Der Kiewer Staat entwickelt sich zum losen Bund von Fürstentümern.

Der Islam Ägypten wird von den Fatimiden erobert: 969 Gründung Kairos, das bald zur größten Stadt der islamischen Welt wird. Die türkischen Seldschuken erobern 1055 Bagdad. Blütezeit der arabischen Wissenschaft.

Indien Der tantrische Hinduismus bringt erotische Skulpturen hervor. Angkor Thom wird Hauptstadt der Khmer um 1000. Birma wird um 1050 als Königreich Pagan geeint: Buddhismus ersetzt Hinduismus.

China Die seit 960 bestehende Sung-Dynastie eint erneut das Land und erkauft sich den Frieden durch Tribute an die nördlichen Barbaren. Größere Verbreitung der Bildung durch den Druck. Die Hauptstadt Kaifeng ist Mittelpunkt der Textil- und Porzellanmanufaktur. Ihre Eisen- und Stahlindustrie wird erst 700 Jahre später in der industriellen Revolution des Westens übertroffen.

Japan Seit Ende des 9. Jahrhunderts ist die Macht vom Kaiser auf die Familie Fujiwara übergegangen. Blüte der Literatur.

Mexiko Wiederaufleben der Mayakultur in Yucatan, besonders in Chichen Itza. Toltekische Eindringlinge führen Menschenopfer und den Kult der gefiederten Schlange und des Jaguars ein. Um 950 lernen die Tolteken die Technik des Metallschmelzens.

Afrika Bei Anbruch des 10. Jahrhunderts reicht das Königreich Gana vom Atlantik bis fast nach Timbuktu. Seit 1050 wird es von Berbern erobert, die seine Kultur islamisieren. Arabische Handelsniederlassungen in Ostafrika. Kilwa von einem persischen Prinzen 975 gegründet.

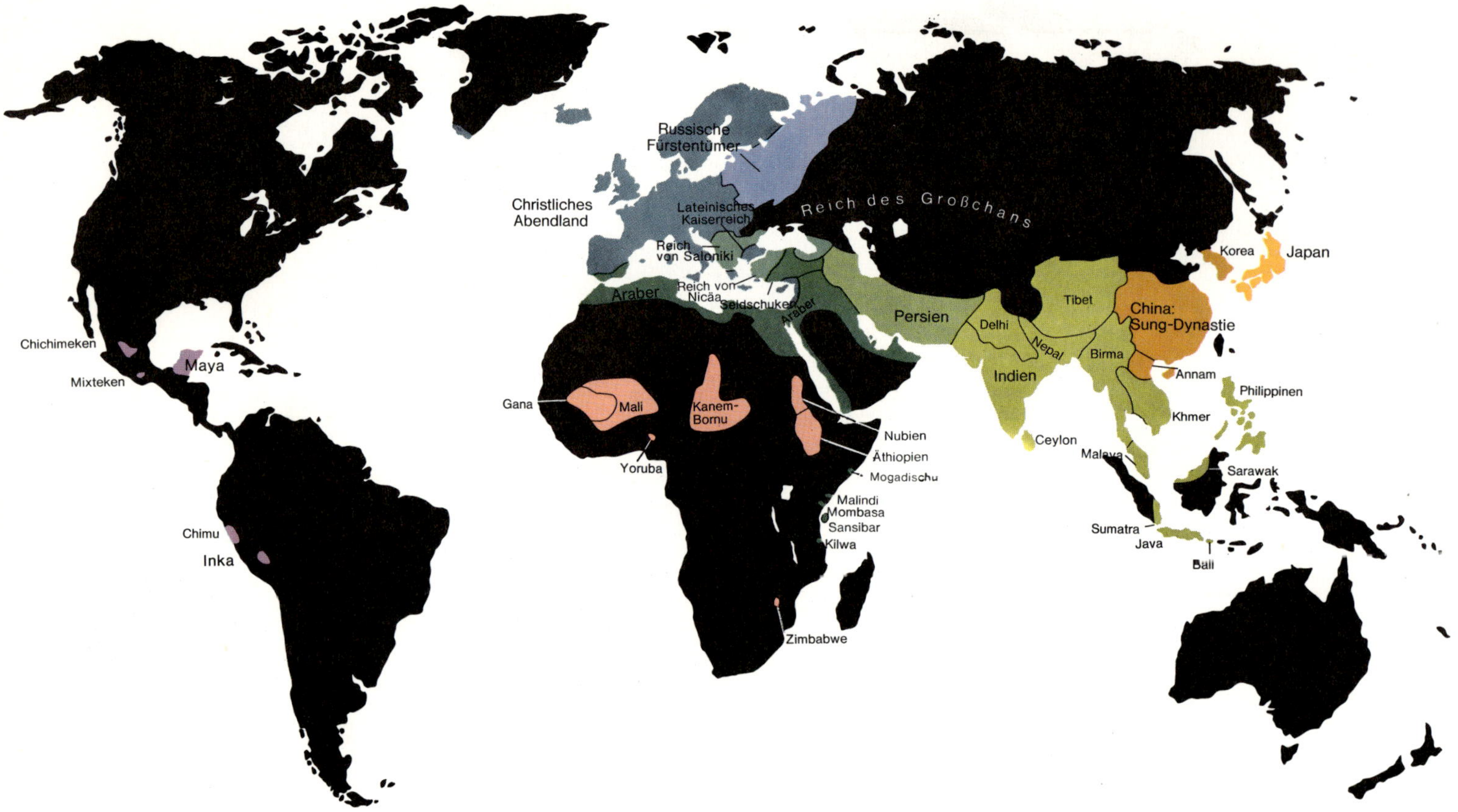

DIE WELT UM 1230: DIE MONGOLEN BEDROHEN DIE GROSSEN KULTUREN

Mongolische Reiterheere unter Dschingis Chan erobern die Länder zwischen Schwarzem und Gelbem Meer. In den nächsten 30 Jahren werden sie ganz Persien und China, Rußland und die Seldschuken unterwerfen und bis nach Mitteleuropa vordringen. Die abendländische Kultur hat sich mittlerweile in Nordeuropa und Teilen Osteuropas durchgesetzt. Konstantinopel ist von Kreuzfahrern erobert worden: Lateinisches Kaisertum. Doch die Kreuzzüge sind fast beendet. In Italien und Deutschland regiert Kaiser Friedrich II. Der Orden des hl. Franz von Assisi breitet sich in ganz Europa aus.

1100–1200

Europa Neuland wird unter den Pflug genommen; Entwicklung des Städtewesens außer in Italien auch in Deutschland und Flandern: die Schicht der Kaufleute entsteht. Bildung von Kreuzfahrerstaaten in Syrien und Palästina.

Kriege zwischen Kaiser Friedrich Barbarossa und mehreren Päpsten; die norditalienischen Städte erringen ihre Selbständigkeit und entwickeln sich zu Zentren des Handels und der Geldwirtschaft. Schwächung des Feudalismus. Starke Zentralregierungen setzen sich in England unter Heinrich I., in Sizilien unter Roger II. und in Frankreich unter Philipp II. August durch.

Die Kirche bleibt Mittelpunkt der Kultur. In Chartres entsteht eine der ersten rein gotischen Kathedralen. Peter Abaelard weist auf die Widersprüchlichkeit des kirchlichen Dogmas hin; Gründung der Universitäten von Parma, Bologna und Paris. Die Minnesänger idealisieren die Liebe. Europa kommt mit der Kultur des Islams in Spanien und durch die Kreuzzüge in Berührung.

Byzanz Aufstände in Bulgarien und Serbien und Angriffe der Seldschuken und Normannen führen zu einem Verlust aller Gebiete bis auf Griechenland und Westkleinasien. Im Handel tritt Venedig an die Stelle von Byzanz.

Der Islam Sultan Saladin vertreibt die Kreuzritter aus fast ganz Palästina. Er macht Damaskus zu einem Mittelpunkt der islamischen Kultur, die auch in Spanien mit Gelehrten wie Averroes und Rabbi Ben Esra blüht und christliche Denker beeinflußt.

Persien Fortentwicklung von Literatur, Philosophie und Mathematik unter den Seldschuken. Der Dichter Omar-i-Chajjam (gest. 1131) schlägt eine Kalenderreform vor.

Indien Die Hindukultur erreicht einen neuen Höhepunkt. Unter der Tschola-Dynastie werden Tempelstädte gebaut.

Der Hinduismus dringt in das buddhistische Ceylon ein. Die Khmer breiten sich von Kambodscha nach Thailand, Birma und Vietnam aus. Sie erbauen den Tempelkomplex von Angkor Wat. Türken und Afghanen sichern dem Islam einen festen Platz in Indien, indem sie das Sultanat von Delhi gründen (1206).

Japan Die Familie Minamoto übernimmt um 1185 die Macht und errichtet 1192 eine Militärregierung in Kamakura, fern vom Hof. Die Vorherrschaft des Kriegerstandes der Samurai beginnt.

Mexiko Eindringlinge aus dem Norden zerstören die Toltekenhauptstadt Tula (1168).

Afrika Um 1000 Gründung der Haussastaaten. Kanem-Bornu kontrolliert zeitweilig das Gebiet zwischen Niger und Nil. Kano wird zu einem Zentrum islamischer Gelehrsamkeit. Seit 1100 Blüte des Reiches der Yoruba mit religiösem Mittelpunkt in Ife.

1200–1300

Europa Das Heilige Land geht verloren. Franz von Assisi tritt für freudige Menschen- und Naturliebe ein. Thomas von Aquin söhnt Vernunft und Glauben miteinander aus. Roger Bacon legt den Grund zur modernen Naturwissenschaft. Gründung der Universitäten von Neapel, Oxford und Cambridge. In den Städten gelangen die Zünfte an die Macht. Die Hanse breitet sich an Nord- und Ostsee aus. Marco Polo bringt erste genaue Berichte aus dem Fernen Osten. Die Bedrohung durch die Mongolen (1237–43) wird abgewendet. Die Mauren werden in Spanien auf Granada beschränkt. Der Deutsche Orden erobert das Ordensland Preußen. Nach Innozenz III. (gest. 1216) nimmt die Macht der Päpste ab. Mit dem Tod Friedrichs II. endet die Macht des deutschen Kaisertums.

Byzanz Kreuzfahrer plündern Konstantinopel und gründen das Lateinische Kaisertum (1204–61). Michael VIII. (1259–82) stellt die byzantinische Herrschaft wieder her.

Rußland Unter Batu, dem Enkel Dschingis Chans, erobern die Mongolen den größten Teil Rußlands (1237–40). Sie erpressen Tributzahlungen, tolerieren jedoch die Kirche. In Nowgorod entstehen großartige Bauten, schöne Miniaturen und Ikonen.

Der Islam Mongolen unterwerfen die Seldschuken und plündern 1258 Bagdad. Die

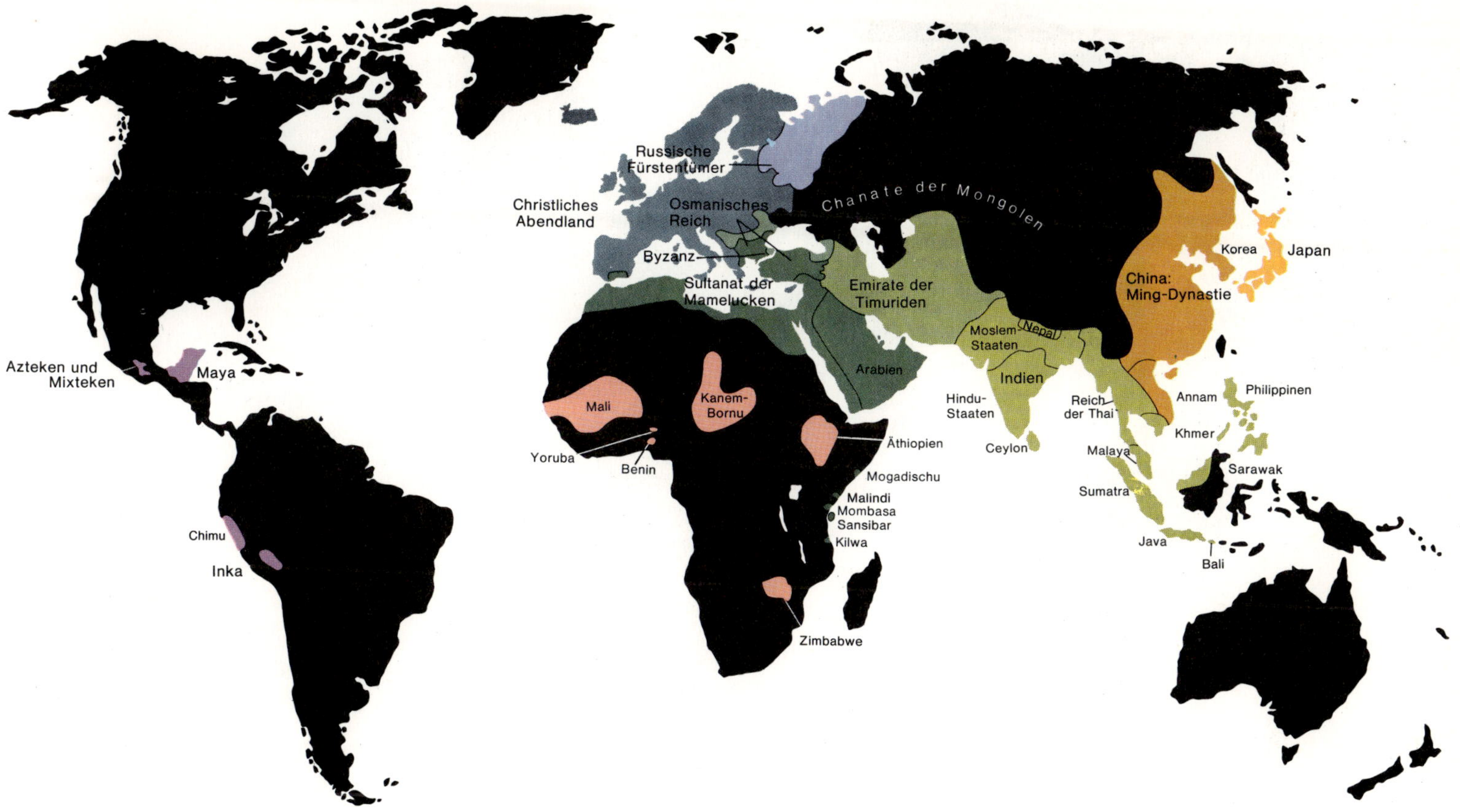

DIE WELT UM 1400: UNTER DEN OSMANEN BREITET SICH DER ISLAM WEITER AUS

Die Osmanen verdrängen die Byzantiner ganz aus Kleinasien und beginnen die Balkanhalbinsel zu erobern. Der arabische Handel beherrscht den Indischen Ozean. Der Islam hat Ostindien erreicht. In den Städten Mittel- und Norditaliens beginnt die Renaissance. Mit der Christianisierung Litauens ist das letzte Bollwerk des Heidentums in Europa gefallen. Timur verwüstet Persien. Die Chinesen haben die Mongolen vertrieben. Neue Kräfte der Hindu erheben sich in Südindien gegen die Moslems und erfüllen Gesellschaft und Künste mit neuem Leben.

1300–1400

Mamelucken bringen Saladins Reich in ihre Hand und schlagen Kreuzritter und Mongolen zurück. Osman legt die Grundlagen zum Osmanischen Reich.

Persien Während des Mongolensturms kommen zwei Drittel der Bevölkerung um. Dschingis Chans Enkel Hülägü gründet die Dynastie der Ilchane, unter denen Persien sich wieder erholt.

Indien Mongolen dringen in Nordindien ein. Die Tamilen tragen die Hindukultur nach Java. Die Thai gewinnen die Herrschaft über die Khmer und die Birmanen.

China Die Hauptstadt der Sung-Dynastie, Hangtschou, ist die reichste und größte Stadt der Welt. Die Mongolen erobern Peking (1215). Kubilai Chan vollendet 1278 die Eroberung Chinas.

Japan 1274 und 1281 vereiteln Stürme und die Samurai die Invasion der Mongolen.

Mexiko Vertreibung der Itza aus Chichen Itza. Politischer Mittelpunkt wird Mayapan.

Peru Reich der Chimu an der Küste; Bau von Tempelpyramiden, Befestigungen und Straßen. Im Hochland gründen um 1200 die Inka ihre Hauptstadt Cuzco.

Afrika Äthiopische Felsenkirchen in Lalibela. Die Yoruba von Ife bringen hervorragende Porträtbüsten aus Bronze hervor, die Edo gründen Benin. Der Mandingo Musa Keita gründet das Reich Mali: Timbuktu wird Zentrum islamischer Gelehrsamkeit.

Europa Seit der Taufe des Großfürsten Jagiello (1386) und der folgenden Bekehrung Litauens ist ganz Europa christianisiert. Die Päpste – seit 1309 in Avignon – stehen unter französischem Einfluß. Die Erfindung des Schießpulvers macht die Verteidigung der Burgen unmöglich. Durch die Pest (1347–52) kommt ein Drittel der Bevölkerung Europas um. Die Wiederentdekkung des Altertums führt zur intellektuellen Revolution der Renaissance. In den Städten Nord- und Mittelitaliens entfaltet sich privater Unternehmungsgeist; die Künste werden durch Mäzene gefördert. Wachsende Bedeutung der Volkssprachen gegenüber dem Latein, der Sprache der Kirche. Dante führt das Toskanische als Literatursprache ein. Boccaccio schreibt Erzählungen über einfache Leute. William von Occam vertritt den revolutionären Gedanken, daß die Natur mit Hilfe der Vernunft und nicht des Glaubens erklärt werden sollte. John Wyclif in England und Jan Hus in Böhmen wenden sich gegen die Mißbräuche in der Kirche.

Byzanz Der Schwarze Tod (1334–36) verheert den Balkan. Stephan Duschan von Serbien erobert byzantinisches Gebiet. Die Osmanen erobern die letzten byzantinischen Besitzungen in Asien und dringen in Europa bis zur Donau vor.

Rußland Während die Macht der Goldenen Horde abnimmt, erobern Litauen und Polen große Gebiete Rußlands, und das neue Großfürstentum Moskau gewinnt an Einfluß. Nowgorod kolonisiert im Norden und steht mit der Hanse in Verbindung.

Der Islam Der Indische Ozean wird – was den Handel anbelangt – zu einem arabischen Binnenmeer. Die Osmanen tragen den Islam auf die Balkanhalbinsel. Die Berichte des Weltreisenden Ibn Battuta regen das Studium der Geographie an.

Persien Hafis schreibt Gedichte, die zu den schönsten der Welt zählen. Timur (1360 bis 1405) verwüstet das Land.

Indien Der Buddhismus verschwindet in Indien, hält sich aber auf Ceylon, in Birma, Thailand und Kambodscha. In Widschajanagar, einem Handels- und Kunstzentrum Südindiens, entwickelt sich die Tausendsäulenhalle. Timur plündert Delhi (1398).

China Ausbruch der Pest 1330. Die Ming-Dynastie verjagt die Mongolen (1368). Wiederaufbau der Chinesischen Mauer.

Japan Der Zen-Buddhismus wird volkstümlich. Der Teekult entwickelt sich. Bürgerkriege spitzen sich zu. Das No-Drama nimmt seine heutige Form an.

Mexiko Die Azteken siedeln sich im Tal von Mexiko an und gründen Tenochtitlan.

Afrika Das letzte christliche Königreich in Nubien fällt dem Islam zu. Nur Äthiopien bleibt christlich. Das Reich Songhai macht sich von Mali unabhängig.

Die Welt zwischen 1400 *und* 1700

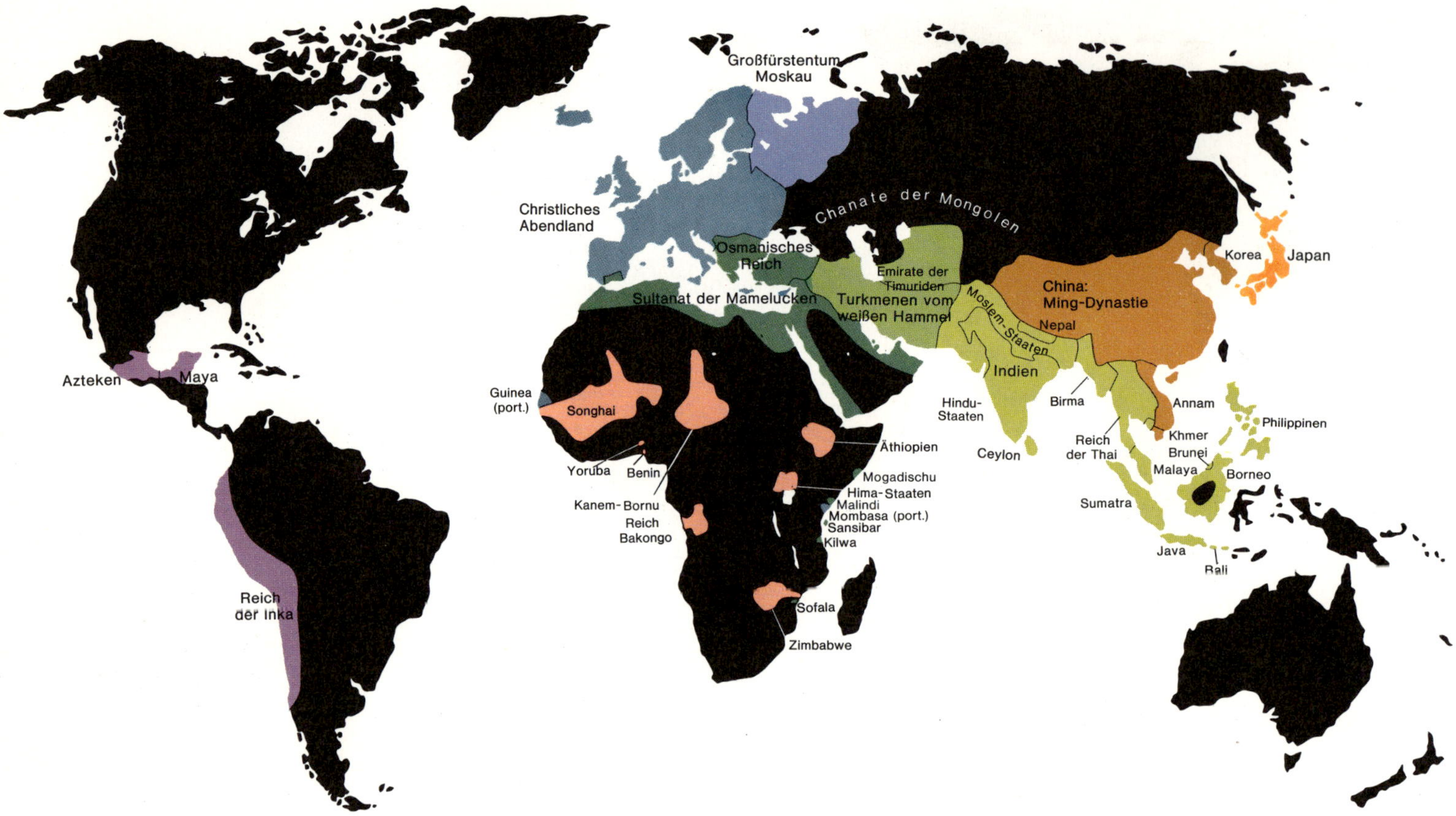

DIE WELT UM 1500: EUROPAS ZEITALTER DER ENTDECKUNGEN

Die Renaissance revolutioniert das Leben in Westeuropa. Amerika ist von Kolumbus entdeckt worden. Die Kulturen der Azteken und Inka sind den Europäern noch unbekannt. Die Portugiesen sind mit der afrikanischen Kultur von Benin in Berührung gekommen und haben Indien auf dem Seewege erreicht. Die Spanier haben Granada erobert, und die Portugiesen verdrängen die Araber aus ihrer Monopolstellung im Handel mit Indien. Die Großfürsten von Moskau vergrößern ihr Reich: Moskau als Mittelpunkt des orthodoxen Christentums. Die Osmanen dringen nach der Eroberung Konstantinopels bis Ungarn vor.

1400–1500

Europa Die Einführung des Buchdrucks beschleunigt die Verbreitung neuer Ideen. In Italien entwickelt sich eine nach Realismus strebende Malerei: Anwendung der Zentralperspektive (Masaccio). Rückgriff auf die Klassik in Architektur und Skulptur durch Brunelleschi und Donatello. Realistische Porträtkunst des Jan van Eyck in Flandern. Florenz, Genua und Venedig sind Mittelpunkte des internationalen Bankwesens. Venedig beherrscht den Mittelmeerhandel und begründet die moderne Diplomatie, indem es ständige Gesandtschaften im Ausland errichtet. Das Konzil zu Konstanz beendet 1417 das Schisma des Papsttums. Hundertjähriger Krieg zwischen Frankreich und England (1337–1453). Ferdinand und Isabella einen Spanien 1479 und erobern 1492 Granada, den letzten islamischen Staat auf spanischem Boden. Die Portugiesen gründen Stützpunkte in Guinea, erreichen Indien auf dem Seewege (1498) und Brasilien (1500). Kolumbus entdeckt die Westindischen Inseln (1492) und Venezuela (1498). Cabot landet 1497 in Labrador.

Byzanz Ende des Reiches mit dem Fall Konstantinopels (1453). Die byzantinische Kultur lebt in Rußland weiter.

Rußland Iwan der Große von Moskau (1462–1505) stellt die Tributzahlungen an die Tataren ein und vergrößert sein Gebiet. Moskau tritt als Drittes Rom das Erbe der byzantinischen Kultur an. Bindung der Leibeigenen an das Land ihres Herrn.

Der Islam Die Osmanen machen Konstantinopel zu ihrer Hauptstadt. In Ägypten endet 1496 eine große Zeit der Architektur mit dem Tod des Sultans Kait-Bai. Ausbreitung des Islams in Südostasien.

Persien Mittelpunkte islamischer Kultur werden Samarkand unter Timur und Herat unter dessen Nachfolgern.

China Die Ming-Kaiser fördern Gelehrsamkeit, Handel und Malerei. Siedler verpflanzen die chinesische Lebensweise nach Südostasien. 1403 wird die Hauptstadt von Nanking nach Peking verlegt.

Mexiko Nach 1428 gewinnen die Azteken von Tenochtitlan die Vorherrschaft in Mexiko. 1487 wird der Tempel des Sonnengottes mit der Opferung von 20 000 Kriegsgefangenen eingeweiht.

Peru Seit 1440 erobern die Inka von Cuzco aus das Gebiet zwischen Ecuador und Mittelchile; Staatswirtschaft und Verschmelzung der verschiedenen Stämme zu einer einheitlichen Gesellschaft.

Afrika Hamitisch-nilotische Hirtenvölker gründen im Gebiet der Großen Seen Staaten; die Twesi vereinigen Uganda um 1450 unter ihrer Herrschaft. 1482 stoßen die Portugiesen auf das Königreich Bakongo und erreichen 1484 Benin. Sonni Ali (1464–92) von Songhai erobert Timbuktu.

1500–1600

Europa Fortdauer der Renaissance. Die nord- und mittelitalienischen Städte erreichen kulturell ihren Höhepunkt: Genies wie Leonardo da Vinci, Michelangelo sind Florentiner Bürger. Kopernikus behauptet, die Erde sei nicht der Mittelpunkt des Kosmos (1543). Erste Weltumsegelung (1519–22) durch die Expedition des Portugiesen Magellan.

1517 Thesenanschlag Luthers: Beginn der Reformation. Höhepunkt der Malerei in Deutschland mit Dürer, Cranach, Grünewald, Holbein. 1527 Plünderung Roms durch die Truppen Karls V. Die Reformation breitet sich unter Zwingli und Calvin auch in der Schweiz, den Niederlanden, die sich 1579 von Spanien lösen, Frankreich und Schottland aus. Religionskriege folgen. Die Inquisition in Spanien, Portugal und Italien. Heinrich VIII. löst die Kirche in England von Rom. Die dramatische Kunst erreicht ihren Höhepunkt mit Shakespeare. Die Architektur der Renaissance greift nach Frankreich über.

Rußland Iwan der Schreckliche (1533–84) verdoppelt die Größe seines Reiches, fördert Gelehrsamkeit und Handel und vernichtet das Bojarentum. Die Kosaken siedeln sich in der Ukraine an.

Der Islam Sinan, Architekt Süleimans des Prächtigen (1520–66), führt die osmanische Baukunst zu ihrem Gipfel. Die Türken ste-

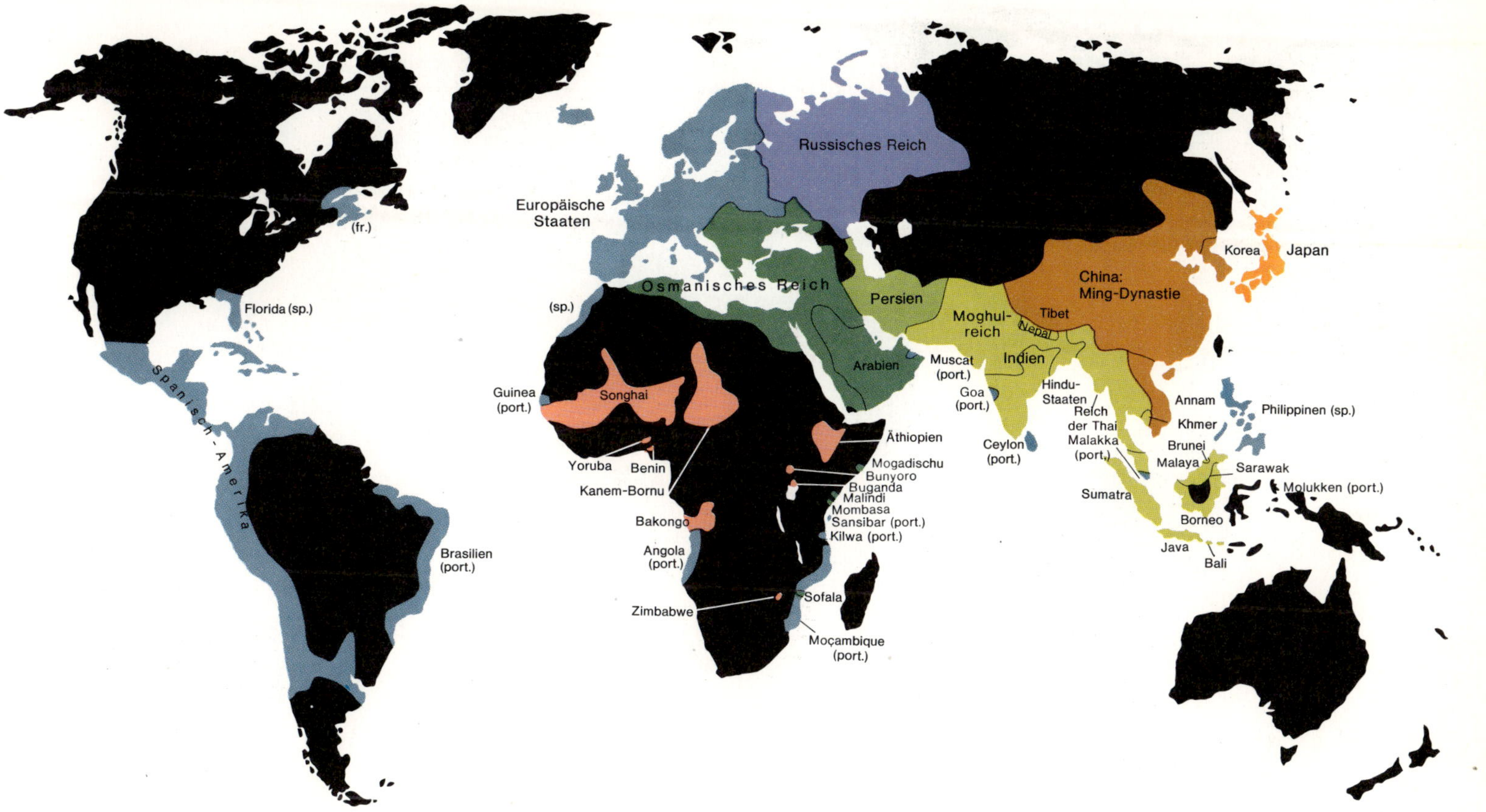

DIE WELT UM 1600: BEGINN DES ERSTEN EUROPÄISCHEN KOLONIALZEITALTERS

Bei ihrer Suche nach Reichtümern haben die Spanier die altamerikanischen Kulturen vernichtet. Die Portugiesen haben sich in Brasilien angesiedelt und Handelsniederlassungen an den Küsten Afrikas und Indiens gegründet. Englische und holländische Kaufleute konkurrieren mit den Spaniern und Portugiesen. Die Reformation ergreift Westeuropa und führt zu Religionskriegen. In Nordindien entsteht die Kultur der Mogulzeit. China hat sich bis in die Innere Mongolei ausgedehnt. Die Russen besiedeln Sibirien. Das Reich der Osmanen erreicht seine größte Ausdehnung.

1600–1700

hen 1529 vor den Toren Wiens. 1571 Vernichtung der türkischen Flotte bei Lepanto durch eine christliche Allianz.

Persien Schah Ismail I. gründet 1502 die Safawiden-Dynastie und eint Persien. Werkstätten für die Teppichknüpferei werden eröffnet, kunstvoll illustrierte Manuskripte entstehen.

Indien Nanak gründet um 1500 die Sekte der Sikh, um Hindus und Moslems zu versöhnen. 1526 gründet Babur, ein Nachkomme Timurs, das Mogulreich. Sein Enkel Akbar (1556–1605) errichtet eine neue Hauptstadt in Fatehpur Sikri. Die Portugiesen setzen sich an der indischen Küste, in Ceylon und Hinterindien fest.

China Unter der Ming-Dynastie werden große Bibliotheken zusammengetragen und Kunstschätze gesammelt. Romane und Novellen entstehen.

Japan 1543 kommt das von Bürgerkriegen zerrissene Japan durch die Portugiesen zu einem ersten Kontakt mit dem Westen.

Amerika Das Aztekenreich hat seinen Höhepunkt unter Moctezuma I. erreicht und wird von Cortez 1519–21 erobert. 1532–34 werden die Inka von Pizarro überwältigt. Seit 1500 bauen sich die Portugiesen ein Kolonialreich in Brasilien auf.

Afrika Die Portugiesen erobern die arabischen Handelsniederlassungen in Ostafrika. Höhepunkt des Reiches des Monomotapa.

Europa Der geistige Mittelpunkt Europas verschiebt sich von Italien nach Frankreich: Höhepunkt des klassischen Dramas mit Racine und Molière. 1682 wird der Hof nach Versailles verlegt. Systeme der Philosophen Descartes, Leibniz und Spinoza. In England formuliert Francis Bacon das Wesen der modernen Naturwissenschaft, und Locke behauptet, der Herrscher bedürfe zum Regieren der Zustimmung des Volkes. Von 1608 an verwenden Kepler und Galilei Teleskope bei astronomischen Beobachtungen. Harvey veröffentlicht 1628 eine Beschreibung des Blutkreislaufes, und Newton formuliert das Gravitationsgesetz. Die Kirche verdammt die kopernikanische Astronomie.

In Deutschland vermindert sich die Bevölkerungszahl durch den Dreißigjährigen Krieg (1618–48) um ein Drittel. Spanien wird durch Krieg und Vertreibung der Morisken (Nachfahren der Mauren) geschwächt. Velazquez malt herrliche Porträts. Holland führt im Handel und Finanzwesen, in Kunst und Wissenschaft. Der englische Bürgerkrieg (1642–49) endet mit der Hinrichtung Karls I. und der Ausrufung der Republik (1649–60).

Rußland Nach Krieg, Hungersnot und dem Einzug der Polen in Moskau wird Michael Romanow 1613 zum Zaren gewählt. Die Leibeigenen werden an die Person des Gutsherrn gebunden. Peter der Große (1682 bis 1725) versucht, Rußland zu verwestlichen.

Persien Die Safawiden-Dynastie erreicht ihren Höhepunkt mit Abbas dem Großen (1587–1629). Isfahan wird prächtige Hauptstadt. Aber Übergriffe der Afghanen, Russen und Türken schwächen das Reich.

Indien Der Mogulkaiser Schahdschahan (1628–58) läßt den Tadsch Mahal als Grabmal für seine Gemahlin bauen. Persisch beeinflußte Literatur und Malerei blühen. Die Engländer und Franzosen gründen Handelsniederlassungen. Die Holländer nehmen den Portugiesen Ceylon weg und errichten in Indonesien ein Handelsimperium.

China Die geschwächte Ming-Dynastie wird von den Mandschu verdrängt (1644): Stabilität und Expansion bei sozialer Absonderung trotz Übernahme der chinesischen Kultur.

Japan 1603 beginnt das Schogunat der Tokugawa; Verbot von Auslandsreisen, Ausrottung des Christentums. Durch den Übergang von der Naturalwirtschaft zur Geldwirtschaft wächst die Macht der Kaufleute.

Amerika Franzosen, Engländer und Holländer gründen Kolonien in Nordamerika. Die Pilgerväter erreichen 1620 Neuengland. Die Neue Welt importiert fast 3 Millionen Negersklaven.

Afrika Neue Blüte Zimbabwes. Das Reich Bakongo zerbricht um etwa 1670 nach Sklavenkriegen. Die Luo stürzen die Twesi und gründen das Reich Buganda. Die Holländer gründen 1652 Kapstadt.

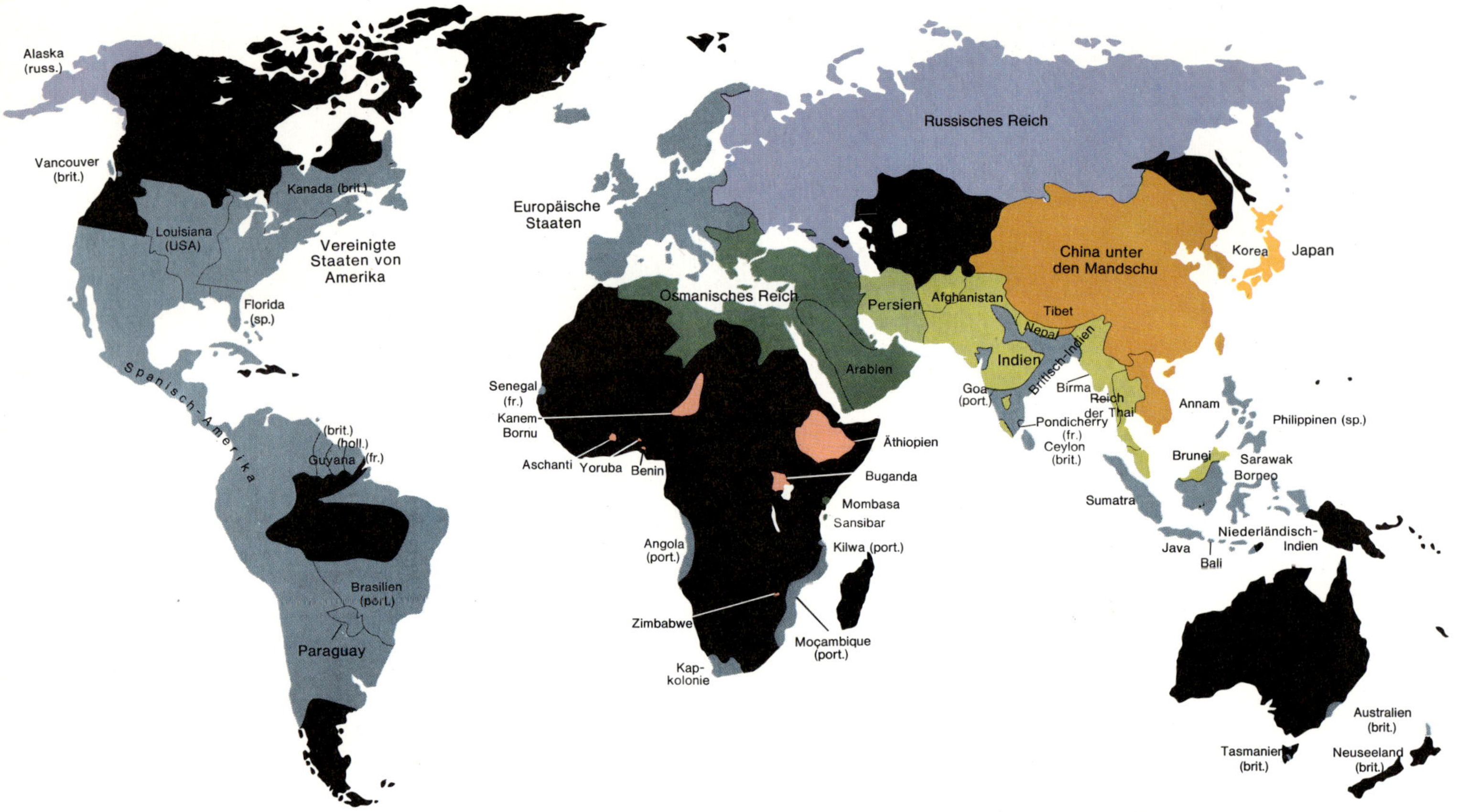

DIE WELT UM 1815: DAS MODERNE INDUSTRIEZEITALTER BEGINNT

Die europäische Zivilisation hat auf allen Kontinenten Fuß gefaßt, während in Europa die industrielle Revolution mit ihren sozialen Problemen von England auf den Kontinent übergreift. Napoleons kurzlebiges Reich ist verschwunden. Rußland und China haben sich ausgedehnt und eine gemeinsame Grenze erreicht. China, Japan und Korea schließen sich weiterhin von der Welt ab, aber die europäischen Mächte und die Vereinigten Staaten versuchen, sie dem Handel zu erschließen. In Afrika haben sich die Europäer bisher nur an den Küsten und im Süden festgesetzt.

1700–1800

Europa In einem von Kriegen gezeichneten Jahrhundert streiten sich die europäischen Mächte um Vormachtstellung und Territorien. Herrscher wie Maria Theresia, Joseph II. und Friedrich der Große fördern das Wohlergehen ihrer Völker: Einführung der Religionsfreiheit, Reform des Rechts. In Frankreich führen schlechte Ernten und Unterdrückung zu der Revolution von 1789, und die Monarchie wird 1792 abgeschafft.

Die Bevölkerung Europas wächst von 120 auf 185 Millionen an. Im Zeitalter der Aufklärung üben Denker wie Voltaire und Rousseau einen großen Einfluß aus. In der Kunst herrscht der verschnörkelte Rokokostil. Gegen Ende des Jahrhunderts Blüte der deutschen Literatur und Philosophie: Goethe, Schiller, Kant. Der Geist internationaler Zusammenarbeit auf dem Gebiet der Chemie, Physik und Medizin erwacht unter den Wissenschaftlern.

Rußland Peter der Große verlegt 1712 seinen Regierungssitz in das neuerbaute St. Petersburg. Katharina die Große ist stark von der französischen Aufklärung beeinflußt, aber unter ihrer Regierung nimmt die Leibeigenschaft noch zu. Großer Gebietszuwachs auf Kosten Polens und der Türkei.

Der Islam Das Reich der Osmanen wird durch Kriege mit Rußland, Österreich, Venedig und Frankreich geschwächt.

Indien Nach dem Tode des Mogulkaisers Aurangseb 1707 kommt es zur Anarchie. 1739 wird Delhi von den Persern geplündert. Die Britische Ostindien-Kompanie schlägt 1757 ihre französischen Rivalen.

China Unter dem großen Mandschu-Kaiser K'ang-hi (gest. 1722) werden historische Chroniken, Enzyklopädien, Anthologien und literarische Kritiken geschrieben. Verdoppelung der Bevölkerung auf über 200 Millionen.

Japan Die volkstümliche Kultur der Kaufmannsschicht mit ihren Puppen- und Kabukitheatern hat ihren Höhepunkt erreicht. 1720 wird das Verbot ausländischer Bücher gelockert. Blüte der Kunst und Literatur.

Amerika 1763 tritt Frankreich Kanada an England ab. Liberale Ideen aus Europa verstärken die Auflehnung nordamerikanischer Kolonisten gegen die britische Herrschaft. Unabhängigkeitskrieg (1765–83) unter Führung von George Washington. 1776 Unabhängigkeitserklärung der 13 Kolonien (von Thomas Jefferson aufgesetzt). Der Sklavenhandel ist auf seinem Höhepunkt – 140 000 Neger werden jährlich in die Neue Welt verschleppt.

Australien Der fünfte Erdteil, im 17. Jahrhundert von den Holländern entdeckt, wird bekannter, als Kapitän Cook 1770 die Ostküste Australiens erkundet. 1788 treffen die ersten britischen Gefangenen in Port Jackson (Sydney) ein.

1800–1900

Europa 1813–15 bricht das Reich Napoleons zusammen. Der Wiener Kongreß versucht, die alte Ordnung wiederherzustellen. 1848 Revolutionen in fast ganz Europa. Der Nationalismus wächst, und 1871 gründet Bismarck das neue Deutsche Reich.

England macht als erstes Land die industrielle Revolution durch; die Bevölkerung von London und Umgebung steigt von 875 000 auf 5 Millionen. Die Industrialisierung Westeuropas und Deutschlands folgt. Marx und Engels interpretieren die Geschichte als Geschichte von Klassenkämpfen. Große Fortschritte in Medizin, Astronomie und Physik. Darwin veröffentlicht 1859 sein Werk *Von der Entstehung der Arten,* und Mendel entdeckt die Vererbungsgesetze.

Rußland Napoleons Invasion von 1812 wird zurückgeschlagen. Blüte der russischen Literatur unter der reaktionären Herrschaft Nikolaus' I. (1825–55). 1861 wird die Leibeigenschaft aufgehoben. Dostojewski und Tolstoi schreiben ihre großen Romane.

Der Islam Niedergang des Osmanischen Reiches. 1829 helfen Großbritannien, Frankreich und Rußland den Griechen, sich von türkischer Herrschaft zu befreien.

Indien Im Sepoy-Aufstand (1857–58) erheben sich indische Kolonialtruppen gegen die Briten. Nach der Niederwerfung geht die Regierungsgewalt von der Britischen Ostindien-Kompanie auf die Krone über.

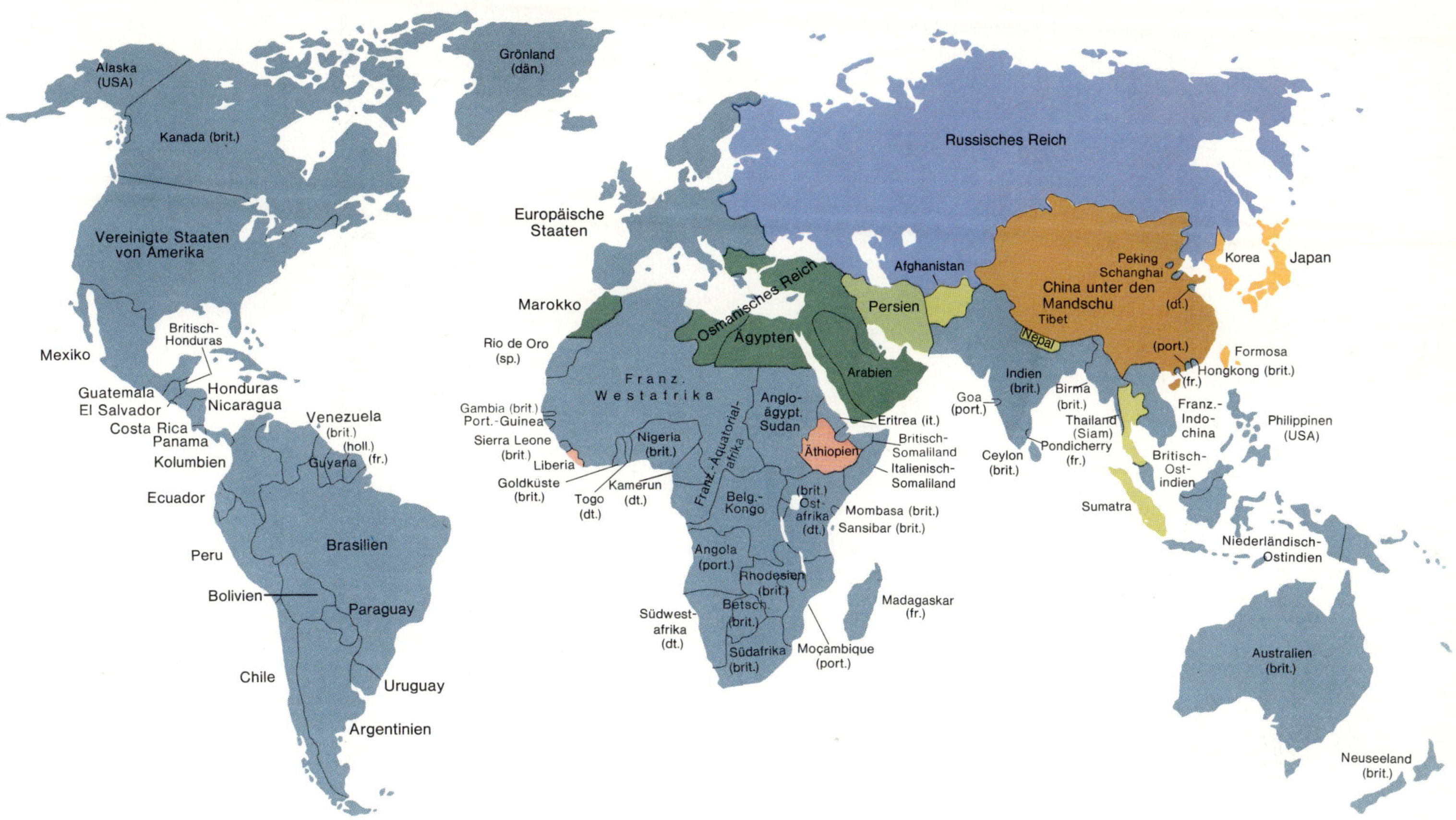

DIE WELT UM 1900: EUROPAS GROSSE KOLONIALREICHE

Die spanischen und portugiesischen Kolonien in Lateinamerika sind unabhängig geworden. Die europäischen Mächte haben nun Afrika unter sich aufgeteilt. Ganz Indien ist in englischer Hand. Ein neuer Begriff des Kolonialismus setzt sich durch: Innerhalb des britischen Weltreichs wird Kanada 1867 ein Dominion mit Selbstverwaltung. Das Osmanische Reich, »der kranke Mann am Bosporus«, hat die meisten seiner Besitzungen in Nordafrika und Europa verloren. Japan ist unter amerikanischem Druck aus seiner Isolation herausgetreten und übernimmt die westliche Technik. Die Westgrenze der USA ist nun der Pazifik.

Seit 1900

China Die USA und die europäischen Mächte wetteifern darum, handelspolitisch Fuß zu fassen. Um 1900 wird China von fremden Mächten kontrolliert. Die Auflehnung dagegen macht sich im Boxeraufstand Luft.
Japan Japan wird 1854 von den Amerikanern gezwungen, seine Isolation aufzugeben. Es schließt Handelsverträge mit den USA und den europäischen Mächten.
Amerika Der Westen Nordamerikas wird durch Eisenbahnen und Siedler erschlossen. Starke Einwanderung aus Europa. Im Sezessionskrieg (1861–65) kämpfen die sklavenhaltenden Südstaaten um das Recht, sich aus der Union zu lösen, und verlieren. Die spanischen und portugiesischen Kolonien in Südamerika werden unabhängig.
Afrika Die europäischen Nationen haben Afrika – abgesehen von Liberia und Äthiopien – gegen 1900 unter sich aufgeteilt. Die Briten nehmen 1806 Kapstadt den Holländern ab; und die Buren ziehen um 1837 im Großen Treck nach Norden. Die Entdekkung von Diamanten und Gold führt zum Burenkrieg (1899–1902) und zur Annexion der Burenrepubliken durch die Briten.
Australien Die Deportierung von Strafgefangenen endet 1840–68, freie britische Kolonisten siedeln sich in immer größerer Zahl an. Die Entdeckung von Gold (1851) lockt Abenteurer aus aller Welt an.

Europa Aufeinanderfolgende diplomatische Krisen führen zum Ersten Weltkrieg (1914 bis 1918). Deutschland wird geschlagen. Die Weltwirtschaftskrise (1929–33) bringt weltweite Arbeitslosigkeit. Deutschland wird seit 1933 ein totalitärer Staat. 1939 Überfall auf Polen, daraufhin Kriegserklärung Großbritanniens und Frankreichs. Ende 1941 stehen deutsche Soldaten in fast ganz Europa. Japan und die USA werden in den Krieg verwikkelt. Vernichtung der meisten Juden Europas. Deutschland kapituliert im Mai 1945. – Experimente in Kunst, Musik und Literatur.
Rußland 1917 bricht die Revolution aus, in deren Verlauf die Bolschewisten unter Lenin und Trotzki die Macht an sich reißen. Stalin führt 1935–38 erbarmungslose Säuberungen unter den Intellektuellen und Offizieren durch. Bei Ende des Zweiten Weltkriegs beherrscht die Sowjetunion Osteuropa und Teile Mitteleuropas und zwingt ihre Satelliten Ungarn (1956) und die Tschechoslowakei (1968) durch Invasion zum Gehorsam.
Der Islam Das Osmanische Reich verliert nach dem Ersten Weltkrieg den größten Teil seiner außertürkischen Gebiete. Die Türkei wird 1923 Republik. Kemal Atatürk beginnt das Land zu verwestlichen.

Die Proklamation des jüdischen Staates Israel (1948) führt zu ständigen arabisch-israelischen Konflikten. Ölfunde geben den arabischen Staaten wirtschaftliche Macht.

Indien Gandhi kämpft für die Befreiung von den Briten. Mit der Unabhängigkeit Indiens und des Moslemstaates Pakistan 1947 beginnt neues Blutvergießen. 1972 trennt sich Bangladesch von Pakistan.
China Innere Unruhen führen zu der Ausrufung der Republik unter Sun Yat-sen (1911). Seit 1927 kämpfen die Nationalisten unter Suns Nachfolger Tschiang Kai-schek gegen die Kommunisten, die nach gemeinsamem Widerstand gegen Japan unter Mao Tse-tung bis 1949 ganz China in ihre Hand bringen.
Japan Die militärische und wirtschaftliche Expansion Japans wird nur durch die Niederlage im Zweiten Weltkrieg gebremst. Danach erneuter wirtschaftlicher Aufschwung.
Nordamerika Die USA geben ihre Isolation auf und kämpfen in zwei Weltkriegen. Die Weltwirtschaftskrise wird als schwerer Schock empfunden. Doch nach dem Zweiten Weltkrieg ist der Lebensstandard höher als je. Von 1960 an wird der innere Frieden immer mehr durch Rassenunruhen und den Vietnamkrieg gestört. 1969 gelingt es einem Amerikaner als erstem, auf dem Mond zu landen.
Afrika Auflösung der europäischen Kolonialreiche. Bis 1960 haben die meisten Staaten Afrikas ihre Unabhängigkeit erlangt. Abspaltungstendenzen im Kongo und in Nigeria werden unterdrückt.

TEIL 3

Der Mensch und seine Welt

Ideen und Entdeckungen, die den Lauf der Geschichte veränderten

Seit eh und je haben geistig rege Männer und Frauen sich über die Routine des Alltags erhoben, um die Geheimnisse der sie umgebenden Welt zu erforschen, sie zu meistern und ihre Reichtümer zu nutzen. Entdecker, Propheten und Erfinder haben neue Kontinente erschlossen, nach dem Sinn des menschlichen Lebens auf unserem Planeten gesucht und die technischen Fertigkeiten entwickelt, mit denen der Mensch seine Umwelt immer besser beherrschen kann.

Die so gewonnenen Erfahrungen und Theorien blieben selten auf ihre Ursprungsländer beschränkt, sondern wurden – oft im Gefolge von Eroberungen oder Entdeckungen – von einer Kultur an die andere weitergegeben. Religionen, die in einem einzigen Volk entstanden, sind zu Bekenntnissen mit weltweiten Anhängerschaften geworden. Was an Geheimnissen von Forschern eines Landes entschlüsselt wurde, gehörte später zu den Voraussetzungen der Wissenschaft auf der anderen Seite der Welt. Die geistigen Wegbereiter stammen aus vielen einzelnen Völkern, ihre Errungenschaften sind Meilensteine in der Geschichte der gesamten Menschheit.

Die Suche nach der Wahrheit

Religion und Philosophie als Versuche, den Sinn des Lebens zu ergründen

Zu verschiedenen Zeiten und an vielen Orten hat sich der Mensch an seine Götter um Schutz vor echten oder eingebildeten Gefahren gewandt. Dieses bronzene Kultgefäß aus dem China der Schang-Zeit (15.–11. Jh. v. Chr.) zeigt einen Menschen in der schützenden Obhut eines guten Geistes, der als Tiger dargestellt ist. Solchen Gegenständen schrieb man wahrscheinlich eine magische Wirkung zu.

Religionen gehören zu den großen formenden Kräften der Weltgeschichte. Durch sie wurde die Lebensweise ganzer Völker verändert. Der Zusammenstoß konkurrierender Religionen oder verschiedener Bekenntnisse des gleichen Glaubens hat Weltreiche gespalten und Nationen zerstört. Durch religiöse Unduldsamkeit sind einige der grausamsten Kriege und Verfolgungen ausgelöst worden. Dennoch haben Religion und Philosophie dem Menschen zu seinen höchsten sittlichen Idealen verholfen und ihn zu den edelsten Werken in Kunst und Architektur, in Musik und Literatur inspiriert.

Die Anfänge der Religion

Der religiöse Drang des Menschen hat im Laufe der Zeit in einer verwirrenden Fülle von Glaubensvorstellungen, Ideen und Praktiken Ausdruck gefunden. Aber eines scheint aller religiösen Erfahrung zugrunde zu liegen: das Erlebnis des »ganz anderen«, von dem man trotz seiner Unsichtbarkeit glaubt, daß es Macht über das Leben der Menschen habe. Sogar den wenigen Religionen, die keinen Gott kennen oder sich der Gottesidee gegenüber gleichgültig verhalten, wie der frühe Buddhismus, liegt die Erfahrung einer übernatürlichen Welt zugrunde.

Seit den Anfängen menschlichen Bewußtseins hat man die übernatürliche Welt mit einer Mischung aus Ehrfurcht, Angst und Hoffnung betrachtet und versucht, in Einklang mit ihr zu leben. Frühe Religionen – etwa in Ägypten – hatten eine sehr praktische Grundlage. Das Leben war ein Kampf ums Dasein und eine Vorbereitung auf den Tod. Und so brachten die Menschen Gebete und Opfer jenen geheimnisvollen Kräften oder

Diese melanesischen Kreidefiguren aus Neuirland waren als Wohnorte für Ahnengeister gedacht.

Auf diesem phönikischen Relief (3. Jh. v. Chr.) wird den Göttern Baal und Tanit ein Opfer dargebracht.

Geistern dar, von denen sie glaubten, daß sie die Naturerscheinungen beherrschten, in der Hoffnung, dadurch Unheil abzuwenden, Jagdglück und Erntesegen zu erlangen und nach dem Tode weiterzuleben. Denn schon der vorgeschichtliche Mensch scheint diese stärkste aller religiösen Vorstellungen geteilt zu haben, den Glauben nämlich, daß der Mensch nach seinem körperlichen Tode in irgendeiner Weise weiterlebe. Rituelle Begräbnisse und die Grabbeigaben an Nahrung, Geräten und

Der griechische Gott Apollo auf einem römischen Mosaik (2. Jh. n. Chr.).

Waffen, mit denen die Toten für ihre Reise ins Jenseits ausgerüstet wurden, lassen sich bis hin zum Neandertaler zurückverfolgen, der in der Alten Welt vor über 50 000 Jahren lebte.

Götter der Alten Welt

Mit der Entfaltung der Kultur in Vorderasien und im Mittelmeerraum – in Ägypten, Mesopotamien, Griechenland und Rom – bevölkerte sich diese andere Welt mit unzähligen Göttern und Göttinnen, von denen die meisten als Menschen oder Tiere dargestellt wurden. Jede Kultur hatte ihre eigene Götterwelt, in der meist ein oberster Gott herrschte. Der Glaube an eine Vielzahl von Göttern – Polytheismus genannt – ist typisch für die religiösen Vorstellungen des Altertums.

Der Polytheismus hat seine Wurzeln wahrscheinlich in dem Versuch, Naturerscheinungen wie Stürme, Überschwemmungen, Flüsse, Feuer, Regen, Dürre, Sonne und anderes zu erklären, indem man sie sich als Mächte vorstellte, denen man wegen ihres unmittelbaren Einflusses auf das Leben Verehrung zollte. Er entwickelte sich weiter, wenn mehrere Völker mit verschiedenen Göttern unter eine gemeinsame Herrschaft gerieten. Die Götter der einzelnen Gruppen wurden dann in ein System gebracht, in dem jede Gottheit ihren eigenen Wirkungsbereich hatte.

Ein gutes Beispiel eines solchen Wachstums ist die Götterwelt, die sich nach der Vereini-

Der Kult des Osiris, hier mit Hakenstab und Peitsche, und seiner Gemahlin Isis breitete sich von Ägypten über viele Länder aus (Papyrusbild, um 1250 v. Chr.).

gung der Gaue Unter- und Oberägyptens um 2900 v. Chr. zu einem Reich herausbildete. Einer der Hauptgötter war Osiris, der Gott des Nils und Herrscher des Totenreiches. Er verkörperte das Gute im Gegensatz zu seinem bösen Bruder Seth, der ihn tötete. Dieser Mythos geht vielleicht auf den Kampf zwischen Oberägypten, wo Osiris verehrt wurde, und Unterägypten, dessen Religion in der Anbetung der Sonne und des Himmels bestand, zurück.

Auch das griechische Pantheon hat geschichtliche Wurzeln. Als die ersten griechisch sprechenden Stämme um 1900 v. Chr. in die Länder der Ägäis eindrangen, vermischten sie sich mit Völkern, die Erdmuttergottheiten anbeteten. Vom Standpunkt der Griechen aus war ihr Hauptgott Zeus auch Herr über die weiblichen Gottheiten der verschiedenen Stämme und Städte. So entstanden die Mythen, in denen erzählt wird, wie Zeus sie verführte und zuweilen auch heiratete.

Echnaton und seine Gemahlin bringen dem Sonnengott Aton, der sie mit seinen Strahlen überschüttet, ein Opfer dar (Relief aus Amarna).

Die Vorstellung eines einzigen Gottes

Ein ungewöhnlicher religiöser Versuch wurde in Ägypten im 14. Jahrhundert v. Chr. unternommen, als Amenophis IV. (Echnaton) sich von den überlieferten Göttern, von denen Amun der größte war, abkehrte und die Verehrung eines einzigen Gottes, des Sonnengottes Aton, einführte. Doch nach Echnatons Tode kehrten die Ägypter zur Anbetung vieler verschiedener Götter zurück.

Diese kurze Spanne des Monotheismus, der Verehrung eines einzigen Gottes, fiel in das Jahrhundert vor Moses, so daß er davon beeinflußt worden sein kann. Moses versuchte die Hebräer davon zu überzeugen, daß ihr Gott Jahwe sie auserwählt habe, daß einzig sie sein Volk seien und ihm allein zu dienen hätten und daß es ihre Pflicht sei, nach seinen Geboten zu leben. Nach der Bibel offenbarte Gott Moses die Zehn Gebote auf dem Berge Sinai während des Zuges der Hebräer von Ägypten in das Gelobte Land.

Teile von Schriftenrollen mit Bibeltexten (2. Jh. v. Chr.), die man seit 1947 in Höhlen am Toten Meer fand.

Diese kompromißlosen Regeln mit ihrem Verbot aller die Menschen entzweienden Verbrechen wie Ehebruch, Habsucht und Diebstahl und ihrer Betonung der Pflichten gegenüber Gott, den Eltern und den Mitmenschen waren ursprünglich das Gesetz für einen unbekannten Nomadenstamm. Inzwischen sind sie das mächtigste und dauerhafteste Sittengesetz aller Zeiten geworden.

Hebräische Propheten

Nachdem sich die Juden in Palästina niedergelassen hatten, brachte ihre Religion neue Ideen hervor, die spätere Religionen, insbesondere das Christentum und den Islam, nachhaltig beeinflussen sollten. Seit etwa dem 8. Jahrhundert v. Chr. versuchten Propheten wie Amos und Hosea das offensichtliche Bestehen der Ungerechtigkeit im menschlichen Leben zu erklären. Das Wohlergehen eines Menschen mußte doch wohl als Gottes Belohnung für seine Tugend, das Mißgeschick als Bestrafung aufgefaßt werden. Die meisten jüdischen Schriften lassen diese Einstellung erkennen.

Eine differenziertere Vorstellung entstand im 4. Jahrhundert v. Chr. mit dem Buch Hiob, das von einem völlig tugendhaften Mann erzählt, der unerträglich leiden muß. Als Moral soll daraus abgeleitet werden, daß Gott um seiner selbst willen angebetet werden will und nicht, weil er Vorteile verschafft.

Die Vorstellung eines gerechten Gottes – eines Gottes für die gesamte Menschheit – hatte im 6. Jahrhundert v. Chr. ein anonymer Prophet ausgesprochen,

Auf diesem römischen Wandbild (1. Jh. n. Chr.) ist der athenische Philosoph Sokrates dargestellt.

dessen Schriften mit denen des Propheten Jesaja überliefert wurden. Er wirkte zu Ende des babylonischen Exils der Juden. In Babylon kam den Juden zum Bewußtsein, daß Jahwe nicht an ein bestimmtes Land gebunden war, daß sie das Lied des Herrn auch in der Fremde singen konnten. Der »zweite Jesaja«

JÜDISCHE RELIGION

Die Juden sind wegen ihres Glaubens mehr verfolgt worden als irgendein anderes Volk. Der Kern ihrer Religion ist der ausschließliche Glaube an einen einzigen Gott und der Gehorsam gegenüber seinem Sittengesetz. Orthodoxe Juden glauben, daß Gottes Gesetz Moses in Form der Thora, der ersten fünf Bücher der Bibel, vor mehr als 3000 Jahren offenbart wurde. Die Thora, die Lehren der Propheten und die im Talmud gesammelten Auslegungen der heiligen Schriften sind die Grundlagen der jüdischen Religion.

Kultgegenstände der Juden, darunter zwei siebenarmige Leuchter, sind am Boden dieses goldenen Pokals aus dem 2. Jh. n. Chr. abgebildet, der in einer jüdischen Katakombe gefunden wurde. Diese Gegenstände sollen verschwunden sein, als Antiochos IV. 170 v. Chr. den Tempel in Jerusalem entweihte.

Dieses Bild aus einem jüdischen Gebetbuch des 15. Jahrhunderts zeigt Moses, als er die Israeliten beim Auszug aus Ägypten durch das Rote Meer führt.

Diese Buchrolle (18. Jh.) berichtet von Esther, der jüdischen Gemahlin des persischen Königs Ahasverus (Xerxes), die für zum Tode verurteilte Juden eintrat.

VIELE VÖLKER – EIN GOTT

In dieser französischen Miniatur aus dem 12. Jahrhundert zieht der hebräische Patriarch Abraham sowohl Juden wie Christen und Moslems an seine Brust. Historisch sind diese drei großen monotheistischen Religionen verwandt. Das Christentum erwuchs aus dem Judentum. Es verstand sich selbst als das »neue Israel« und hat das Alte Testament übernommen. Der Islam erwuchs aus diesen beiden Religionen und behauptet, daß Mohammed als größter Prophet den mit Moses eingeleiteten Vorgang der Offenbarung von Gottes Wort erst vollendet habe.

schließt daraus, daß die Götter Babylons nur hölzerne und steinerne Götzen sind und es nur einen Gott für alle Menschen geben kann.

Gärende Ideen in Griechenland

Seit dem 6. Jahrhundert v. Chr. hob in der griechischen Welt ein großes Fragen nach der Natur der Wirklichkeit an. Die Menschen, die sich in erster Linie Gedanken darüber machten, vor allem die Philosophen Sokrates, Platon und Aristoteles in Athen, gehören zu den hervorragendsten Denkern der Menschheit. Sokrates (470–399 v. Chr.) ließ den Athenern keine Ruhe, versuchte immer, ihre Meinung zu ergründen. Wegen seines unnachgiebigen Bemühens, die Bedeutung solcher Begriffe wie Wahrheit, Schönheit und Gerechtigkeit festzulegen, wurde er als Jugendverderber angeklagt und zum Tode verurteilt.

Sokrates' Schüler Platon (427 bis 347 v. Chr.), der seine Arbeit fortsetzte, lehrte das Vorhandensein zweier Welten, einer Welt der Erscheinung und einer Welt der Wirklichkeit. Die Welt der Erscheinung wird durch die fünf Sinne wahrgenommen und ist voller Illusionen, Veränderungen und Verfall. Dagegen besteht die Welt der Wirklichkeit aus ewigen, unwandelbaren *Ideen,* die nur durch den Verstand zu erfassen sind. Diese Theorie hat später die frühchristlichen Denker, besonders den hl. Augustinus (354–430), stark beeinflußt.

Dagegen behauptete Aristoteles (384–322 v. Chr.), Platons Schüler, die Ideen existierten in den Dingen selbst, nicht in einer anderen Welt. Aristoteles glaubte, es müsse ein vollkommenes, nichtmaterielles und unwandelbares Wesen geben, von dem alle Ideen ausgingen – und dieses Wesen sei Gott.

Damals entstanden viele philosophische Schulen. Die einflußreichste war die der Stoiker, die sich mit Gleichmut über Lust und Schmerz zu erheben trachteten. Die griechische Philosophie mit ihrem rigorosen Gebrauch der Vernunft bei der Erkenntnis des Seins der Dinge wandte sich nur an eine intellektuelle Elite. Die einfachen Leute hatten nichts davon. Sie waren bereit, jede Religion anzunehmen, die das Gefühl ansprach. Das Volk schloß sich Mysterienreligionen an (so genannt wegen des Geheimnisvollen, das sie umgab) und übernahm auch orientalische Kulte, wie den der kleinasiatischen Kybele, der ägyptischen Isis oder des iranischen Mithras, einen Kult, der sich später besonders im römischen Heer verbreitete.

Relief eines persischen Königs (4. Jh.) mit Ahura-Mazda, dem Hauptgott der zoroastrischen Religion (rechts), und dem Gott Mithras (links).

Die Lehren Jesu

Etwa im Jahre 27 oder 28 verließ ein junger jüdischer Zimmermann sein Heim in Nazareth in Galiläa und zog durch das Land. Er heilte Kranke und predigte, das Reich Gottes sei nahe. Einige Juden sahen in ihm den Messias, der sie zu Friede und Wohlstand führen würde. Aber den meisten erschien diese Vor-

DIE RELIGION DES KREUZES

Aus einer kleinen verachteten religiösen Sekte in einer entfernten Provinz des Römischen Reiches wurde das Christentum nicht nur zur Staatsreligion dieses Weltreiches, das es überlebte, sondern ist heute mit etwa 925 Millionen Anhängern, knapp einem Viertel der Weltbevölkerung, die verbreitetste aller Religionen. Nach seiner Lehre ist in seinem Stifter Jesus von Nazareth Gott Fleisch geworden, um der Menschheit seinen Willen kundzutun. Nach fast 2000 Jahren gilt noch immer die von den Aposteln gepredigte Botschaft, daß es die Sendung Christi in der Welt gewesen sei, den Menschen durch seinen Opfertod von der Sünde zu erlösen und ihn Gott wieder zuzuführen.

Die drei Weisen aus dem Morgenland verehren das Christuskind (franz. Miniatur, um 1380).

Das Pfingstwunder: Der Heilige Geist veranlaßt die Apostel, in vielen Zungen (Sprachen) zu predigen.

Medaille mit Petrus, dem ersten Haupt, und Paulus, dem ersten Lehrer der Kirche.

stellung gotteslästerlich. Jesu Predigerdasein dauerte keine drei Jahre und endete mit seiner Kreuzigung um das Jahr 30. Seine wenigen Jünger waren überzeugt, ihn nach seinem Tode lebend gesehen zu haben. Die durch ihre Predigt Bekehrten bildeten die ersten christlichen Gemeinden. Die vier Evangelien des Neuen Testaments, die zwischen 65 und 100 n. Chr. niedergeschrieben wurden, berichten von Jesu Lehren und Leben, seinem Tod und seiner Auferstehung. Während seines Predigerlebens hatte Jesus stets alles Formale und Legalistische im Religiösen angegriffen und die Menschen aufgerufen, in allem die Allmacht Gottes anzuerkennen und seinem Willen gehorsam zu sein. Jesus hatte das ewige Leben versprochen und in der Bergpredigt erklärt, daß Geben seliger als Nehmen sei, daß man seine Feinde lieben müsse und daß die innere Tugend wichtiger sei als die äußerliche Einhaltung reiner Verhaltensregeln.

Solche Lehren brachten Jesus in Gegensatz zur bestehenden jüdischen Religion und ihren Vertretern, aber trotz der wachsenden Gefahr für sich selbst fuhr er fort zu predigen. Er wurde von der römischen Besatzungsmacht gekreuzigt, aber der Anstoß dazu ging von der jüdischen Führerschaft aus. Hauptsächlich durch die Lehren des Apostels Paulus wurde Christi Tod später als ein Opfer gesehen, das Jesus gebracht habe, um die Menschheit zu erlösen.

Entstehung der Christenheit

Das Erscheinen der ersten Christen machte wenig Eindruck auf die römische Welt. Sie wurden einfach als eine jüdische Sekte betrachtet. Dank ihrer Disziplin und ihres missionarischen Eifers fielen sie jedoch mit der Zeit den Behörden auf, die dann, als die Christen mächtig geworden waren, versuchten, sie zu unterdrücken. Die Christen wurden nur von Zeit zu Zeit und nie überall im Römischen Reich verfolgt. Man kerkerte sie ein, folterte sie oder warf sie in der Arena den Löwen vor. Durch die Verfolgungen festigten sich der Zusammenhalt und die Widerstandskraft der Christen nur noch mehr. Das machte auf Kaiser Konstantin großen Eindruck. Seit 312 förderte er aktiv das Christentum, das 391 durch Kaiser Theodosius zur Staatsreligion des Römischen Reiches erhoben wurde.

Die Ostkirche hat stets die Jungfrau Maria als Gottesmutter besonders verehrt. Dieses Mosaik der Jungfrau mit dem Kinde stammt aus Zypern (7. Jh.).

Nach der endgültigen Teilung des Reiches (395), der Eroberung des Westens durch germanische Stämme und dem Aufstieg des Papsttums kam es immer wieder zu Entfremdungen zwischen der römischen Kirche unter dem Papst und der vom Patriarchen von Konstantinopel vertretenen Ostkirche, die 1054 zur endgültigen Trennung führten. Inzwischen hatte sich gegen das Oströmische Reich, das außer der Balkanhalbinsel und Kleinasien auch Syrien, Ägypten und Teile Nordafrikas umschloß, eine neue religiöse Kraft erhoben – der Islam.

Verbreitung des Islams

Der Anfangserfolg der neuen Religion war beachtlich. Sie war kompromißlos und leicht verständlich. Der Islam schöpfte viel Kraft aus der Strenge des Alten Testaments und erkannte jüdische Patriarchen wie Abraham an. Wie Juden und Christen glauben auch die Moslems an einen einzigen Gott. Doch sie halten Mohammed für den größten Propheten und den Koran für den vollständigsten Ausdruck der göttlichen Gebote.

Beim Gebet richten alle Moslems das Gesicht gen Mekka zur Kaaba, die auf dieser Kachel (16. Jh.) als schwarzes Rechteck dargestellt ist.

Diese Elfenbeinschnitzerei aus dem 12. Jahrhundert zeigt die Kreuzesabnahme Christi.

Bronzekreuz aus dem 5. Jh. in Form der ersten zwei Buchstaben von Christi Namen in griechischer Sprache. Die hängenden Buchstaben Alpha und Omega symbolisieren Gott als Anfang und Ende.

DIE RELIGION DES PROPHETEN

Der Islam, der Glaube von etwa 466 Millionen Menschen, ist die Religion der arabischen Länder, des Irans, Pakistans, der Türkei und weiterer Gebiete in Asien und Afrika. Er beruht auf dem Koran, einem Buch der Offenbarungen des göttlichen Willens, die Mohammed von Allah erhalten haben will. Im Koran zeigen sich christliche und jüdische Einflüsse. Mohammed sah sich als letzten in einer Reihe von Propheten, die Abraham, Moses und sogar Jesus umtaßt.

Diese türkische Miniatur des 16. Jh. (links) stellt ein Wunder dar, das sich in der Schlacht gegen die Mekkaner beim Berg Ohod, nordwestlich von Medina, ereignete. Es gab kein Wasser, doch als Mohammed seine Hand ausstreckte, floß Wasser von seinen fünf Fingern. Mohammed behauptete selbst niemals, göttlicher Herkunft zu sein, und populäre Legenden wie diese waren bei den orthodoxen Moslems verpönt. Obgleich er in dieser Schlacht unterlag, war Mohammed bei seinem Tod Herr fast ganz Arabiens.

Auf dieser türkischen Miniatur (16. Jh.) wird das Kind Mohammed von Engeln bedient. Rechts kniet seine verschleierte Mutter.

Mohammed bestimmt seinen Vetter und Schwiegersohn Ali zu seinem Nachfolger. Ali hält das Schwert des Islams.

Titelblatt einer ägyptischen Handschrift des Korans aus dem 14. Jahrhundert. Der Koran gilt als die Offenbarung Gottes an seinen Propheten Mohammed.

LHASA – SITZ DER GÖTTER

Dieses Bild aus dem 13. Jahrhundert zeigt Lhasa, die Hauptstadt und heiligste Stadt Tibets. In der Mitte erhebt sich die Palastburg Potala, in der bis 1959 der Dalai-Lama, das politische Oberhaupt des Lamaismus, residierte. Der Lamaismus, eine in Tibet entstandene Form des Buddhismus, ist eine reine Mönchsreligion, der nur die Lamas (Mönche) angehören. Sie wird seit der Annexion Tibets durch China (1950) unterdrückt. In die Ausländern meist verschlossene Stadt gelangte als erster Europäer 1661 der österreichische Jesuit Johann Grueber.

Mohammed wurde um 570 in Mekka geboren. Die islamische Zeitrechnung beginnt 622 mit der Hedschra – der Flucht Mohammeds von Mekka nach Medina. In Medina baute er seine neue Religion aus, und nach seinem Tode (632) stürmten seine fanatischen Anhänger, für die Eroberungen im Namen Allahs eine Pflicht waren, von einem militärischen Erfolg zum anderen. Gegen 637 befand sich Syrien in der Hand der Moslems. Ägypten fiel 641, Spanien 712. Diese Eroberungen wurden durch die Schwäche einiger dieser Opfer erleichtert, aber auch die Toleranz, die zunächst Christen, Juden und Persern gegenüber geübt wurde, trug zu diesen Erfolgen bei. Wer jedoch sich zu keiner Buchreligion bekannte, war Heide und hatte nur die Wahl zwischen der Bekehrung zum Islam und dem Tod.

Im Westen brachte der Sieg des Franken Karl Martell bei Poitiers (732) den Vormarsch der Araber zum Stehen. Doch erst Ende des Mittelalters wurde Granada als letzter Teil Spaniens von den Christen zurückerobert. Aber im Osten, wo das Reich der Sassaniden bis 651 in ihre Hände gefallen war, drangen die Araber bis vor die Tore Indiens. Nach einigen Jahrhunderten eroberten die Moslems auch diesen Subkontinent und schufen dort später das Mogulreich, das jedoch trotz seiner Macht die hinduistische Kultur Indiens nicht erdrücken konnte.

Ursprünge des Hinduismus

Um die Mitte des 2. Jahrtausends v. Chr. waren hellhäutige Eindringlinge aus dem Nordwesten in Indien erschienen, die in Sprache und Kultur den Vorfahren der Griechen und Römer sowie den frühen Germanen verwandt waren. Ihre Götter und Helden entsprachen denen der griechischen Epen oder altnordischen Sagas.

Diese Götter beeinflußten das menschliche Leben, wie man glaubte, und es war daher ratsam, ihre Hilfe zu erbitten, sie durch Gebete zu beschwichtigen und ihnen zu opfern, wenn sie zornig zu sein schienen. Die Religion dieser Eindringlinge läßt sich aus den altindischen Weden, die noch immer die heiligen Schriften des Hinduismus bilden, erkennen. Die Weden wurden zunächst mündlich überliefert und erst später niedergeschrieben.

Das etwa 4500 Jahre alte Siegel aus dem Industal zeigt einen gehörnten Tiergott. Die religiösen Vorstellungen der Induskultur beeinflußten wahrscheinlich den Hinduismus.

Indische Glaubensvorstellungen

Im Hinduismus gibt es viele Sekten und Richtungen. Allen gemeinsam ist das Kastenwesen, das die Menschen an die Gesellschaftsklasse bindet, in die sie hineingeboren werden. Was dem Außenstehenden als ein ungerechtes System erscheint, wird für den Hindu durch die Vorstellung erträglich gemacht, daß er zu der Kaste gehört, die er sich durch sein gutes oder schlechtes Verhalten in einer früheren Existenz selbst verdient hat. Da keine Macht der Erde dieses ändern kann, muß man zufrieden sein. Der Hindu einer niedrigen Kaste hofft auf sozialen Aufstieg nicht in diesem Leben, sondern nach seiner Wiedergeburt im nächsten.

Der Hinduismus ist nicht nur eine Religion, sondern auch eine Lebensweise. Er vereint außerordentlich viele Glaubensvorstellungen und Praktiken in sich,

DIE RELIGION INDIENS

Der Hinduismus ist die Religion der meisten Inder. Anders als das Christentum, der Islam oder auch der Buddhismus, hat der Hinduismus keinen eigentlichen Stifter. Sein Kern ist der Glaube, daß jedes Wesen, Mensch oder Tier, eine unsterbliche Seele hat. Wenn auch das Wesen selber stirbt, seine Seele wird ständig in ganz verschiedenen Körpern wiedergeboren. Diese Kette der Wiedergeburten endet nur, wenn die Seele sich mit dem Absoluten vereinigt. Auch das Kastenwesen, das die Menschen an die gesellschaftliche Klasse bindet, in die sie hineingeboren werden, ist ein Grundbestandteil des Hinduismus. Die Hindu glauben, daß ihnen ihr Platz im Leben vorherbestimmt ist.

Außer den großen Göttern wie Wischnu den Erhalter (oben links) verehren die Hindu auch obskure Dorfgottheiten. Schiwa (rechts) wird oft als Zerstörer angesehen.

Der Ufertempel bei Mamallapuram südlich von Madras, unmittelbar an der Küste, wurde im 8. Jh. n. Chr. erbaut. Mit seinen sieben himmelwärts strebenden Stufen soll er die hinduistische Idee des Weltenberges versinnbildlichen.

die sich teilweise widersprechen. Von seinen vielen Göttern sind die großen Götter der klassischen Überlieferung – Wischnu der Erhalter und Schiwa der Zerstörer – die populärsten.

Der Dschainismus, ein Seitenzweig des Hinduismus, entstand ungefähr im 6. Jahrhundert v. Chr. und ist heute mit seinen zwei Millionen Anhängern eine festverankerte Religion. Anders als der Buddhismus, der sich auch aus dem Hinduismus entwickelt hat, ist er hauptsächlich auf Indien beschränkt. Im Dschainismus wird die Ehrfurcht vor dem Leben auf die Spitze getrieben. Da der Mensch nur ein Teil des Lebendigen ist, hat er kein Recht, auch nur das geringste Lebewesen zu verletzen, denn es können auch Menschen als Tiere oder Insekten wiedergeboren werden. Der Dschainismus wäre vielleicht im Hinduismus aufgegangen, wenn seine Anhänger nicht das Kastenwesen abgelehnt hätten.

Wie der Buddhismus kennt auch der Dschainismus das Mönchswesen. Auf dieser Miniatur (14. Jh.) ist ein Dschaina-Mönch zu sehen. Ein Dschaina darf kein Lebewesen verletzen.

Entwicklung des Buddhismus

Auch der Buddhismus, der sich in Indien zur gleichen Zeit wie der Dschainismus entwickelte, lehnt das Kastenwesen völlig ab. Seine Hauptlehre lautet, daß das Leben Leiden ist und daß Leiden durch die Begierde, den Lebenswillen, verursacht wird. Daher gibt es nur eine einzige Erlösung vom Leiden, nämlich diese Begierde abzutöten.

Der Buddhismus verbreitete sich später auch in Zentral- und Ostasien. In der neuen Umgebung veränderte er sich, und in seiner als Mahajana (Großes Fahrzeug) bekannten Form weicht er stark von der ursprünglichen Lehre Buddhas ab. Die Anhänger des

Porträt des Konfuzius, in dessen Lehren Pflicht und der Respekt anderen gegenüber betont werden.

Mahajana-Buddhismus verehren zahlreiche Buddhas und andere, Bodhisattwas genannte erleuchtete Wesen, an die man sich wendet, um Erlösung zu erlangen. In Südasien hat eine andere Form des Buddhismus Fuß gefaßt – das Hinajana (Kleines Fahrzeug), das der ursprünglichen Lehre des Buddha in seinem Pessimismus und der Betonung der Notwendigkeit eigner Anstrengung nähersteht.

Als der Buddhismus nach China eindrang, gab es dort schon zwei festgegründete religiöse Weltanschauungen, den Konfuzianismus und Taoismus, die auf die Lehren zweier Philosophen, Konfuzius und Lao-tse, zurückgingen.

Chinesische Weisheit

Konfuzius (551–479 v. Chr.) beschäftigte sich mit dem Leben des Menschen in der Gemeinschaft, und da er an den guten Kern im Menschen glaubte, hoffte er, ihn in Familie, Gesellschaft und Staat zu rechtem Handeln im Einklang mit der Weltordnung erziehen zu können. Er sah sich nicht als Neue-

Chinesischer Porzellanteller (18. Jh.) mit einem populärtaoistischen Inselparadies, in dem die Unsterblichen in Glückseligkeit leben.

Das Bild (19. Jh.) stellt die heilige Familie der Hindu dar: Der Gott Schiwa, seine Gemahlin Parwati und ihre Söhne sitzen in einer Höhle des heiligen Berges Kailasa im Himalaja.

Diese Sanskritrolle aus dem 18. Jahrhundert illustriert Legenden von dem milden und guten Gott Wischnu.

BUDDHAS BOTSCHAFT

Der Stifter des Buddhismus wurde um 560 v. Chr. geboren. Nach langer Meditation über den Sinn und die Probleme des Lebens wurde ihm mit 35 Jahren Erleuchtung zuteil (Buddha heißt »der Erleuchtete«). Er predigte seinen Mitmenschen eine neue Botschaft: Alles Leben ist Leiden, und Leiden entsteht aus dem Lebensdurst, also gilt es, davon frei zu werden. Indem der Weise sich immer mehr von dieser Welt befreit, kann er hoffen, irgendwann einmal vom Rad der Wiedergeburten erlöst zu werden. Diese Erlösung ist das Nirwana – das Aufhören jeglichen Lebensdurstes. Der Buddhismus verbreitete sich von Indien nach Hinterindien, Zentralasien, China und Japan, wo er sich im Laufe der Zeit erheblich wandelte.

Auf diesem Relief der Gandhara-Kunst fährt der künftige Buddha als junger Prinz in einem von Schafböcken gezogenen Wagen zum Unterricht. Seine Mitschüler tragen Tintenfässer und Schreibtafeln.

Oft bildete man Buddhas Fußabdruck an Plätzen ab, wo er geweilt haben soll. Unter den buddhistischen Symbolen darauf finden sich auf den Zehen Lotosblume und Hakenkreuze.

Traum der Königin Maja vom weißen Elefanten, durch den sie Buddha empfing (Gandhara-Relief). Trotz vieler Legenden weiß man sehr wenig Gewisses über Buddha.

Buddhas Tod in einer Bronzeskulptur (19. Jh.) aus Thailand. Nach seiner Erleuchtung predigte Buddha bis zu seinem Tode im 80. Lebensjahr. Da er jeglichen Lebensdurst überwunden hatte, brauchte er keine Wiedergeburten mehr zu durchlaufen.

Die königliche Kapelle Wat Phra Keo in Bangkok, meist »Tempel des smaragdenen Buddha« genannt, wurde 1785 erbaut. Thailand ist ein Zentrum des Hinajana-Buddhismus.

DER TRIUMPH DES HEILIGEN THOMAS VON AQUIN

Auf diesem Bild eines Italieners des 14. Jahrhunderts wird der größte christliche Denker des Mittelalters, Thomas von Aquin (um 1225–74), verherrlicht. Zu seiner Rechten steht der griechische Philosoph Aristoteles, dessen Philosophie von Thomas von Aquin mit dem christlichen Glauben in Einklang gebracht wurde, insbesondere in seiner Summa theologica. *Auch Gedanken Platons – sein Bild findet sich auf der anderen Seite – wirkten auf ihn ein. Unten im Bild ruht der arabische Philosoph Averroes (1126–98), dessen ein Jahrhundert früher geschriebene Kommentare zu Aristoteles das Denken des Thomas von Aquin tief beeinflußt hatten.*

rer, sondern als Bewahrer der Tradition.

Die als Taoismus bekannte Lehre wird gewöhnlich auf Laotse, der etwa zur gleichen Zeit wie Konfuzius gelebt haben soll, und sein Werk *Tao-te-king* zurückgeführt. Die darin enthaltene Botschaft lautet, der Mensch solle nicht versuchen, den Lauf der Dinge zu ändern, sondern sich im Nicht-Handeln in das *Tao*, den Urgrund des Seins, versenken. Ein Taoist will nicht die Welt verändern, sondern nur seinen Platz darin einnehmen.

Die Verbreitung der Weltreligionen

Die dynamischsten Religionen der Weltgeschichte, das Christentum und der Islam, haben sich sowohl durch militärische Eroberungen als auch durch missionarischen Eifer verbreitet. In beiden Religionen kam es im Laufe der Zeit zu Spaltungen, wobei auch nationale Besonderheiten eine Rolle spielten. Der Islam büßte seine ursprüngliche Einheit teilweise durch die Bildung zweier Hauptgruppen, der Sunniten und Schiiten, ein. Dennoch verbreitete er sich weiter, bis seine kulturelle und religiöse Gemeinschaft vom Atlantik über Zentralasien bis zum Pazifik reichte.

Im 9. und 10. Jahrhundert war die arabische Kultur der christlichen weit überlegen. Die Kreuzzüge (1096–1270) führten zu einem engeren Kontakt der beiden Kulturen und indirekt zu einer Belebung der christlichen Missionstätigkeit. So predigte der heilige Franz von Assisi 1220 vor dem Sultan von Ägypten. Die griechische Philosophie wurde im Abendland zunächst durch arabische Übersetzungen und Kommentare bekannt, die in vielen Fällen von jüdischen Gelehrten ins Lateinische übersetzt worden waren.

Statue eines Bodhisattwa, eines Heiligen, der seine Buddhaschaft zurückstellt, um den Menschen zu helfen.

Während des 14. und 15. Jahrhunderts verbreitete sich der Islam längs der ostafrikanischen Küste bis nach Sansibar, über Samarkand bis nach Zentralasien und über See bis nach Malakka und bis ins heutige Indonesien. Doch im 15. Jahrhundert begann der europäische Einfluß an Boden zu gewinnen, und die Grenze zwischen Christen und Moslems wurde von

Französische Bronzestatuette eines Kreuzritters (14. Jh.). Auf seiner Schulter trägt er das Kreuz.

portugiesischen Seefahrern umgangen, die Afrika umschifften und 1498 Indien erreichten. Die Entdecker brachten Geistliche mit, die das Evangelium verkündeten. Auch Kolumbus wollte Völker, die er auf seiner Entdeckungsfahrt antreffen würde, bekehren lassen.

Der Kampf gegen die Ketzer

Jahrhundertelang bemühte sich die Kirche genausosehr darum, die Rechtgläubigkeit in den eigenen Reihen zu bewahren, wie Heiden zum christlichen Glauben zu bekehren. Das Dogma entwickelte sich im Lauf der Zeit als Ergebnis von innerkirchlichen Auseinandersetzungen über Fragen wie nach dem Verhältnis von Gott dem Vater zu Gott dem Sohn. Jede neue Idee, die im Widerspruch zu bisherigen Lehren zu stehen schien, wurde als Ketzerei angeprangert und je nach Gefährlichkeit verschieden schwer bestraft. Mit Mitteln wie Exkommunikation, Folter und dem Scheiterhaufen führte die 1184 geschaffene, 1215 bestätigte Inquisition jahrhundertelang den Kampf gegen die Ketzer, oft mit staatlicher Unterstützung.

Auf dieser Farblithographie (19. Jh.) predigt ein europäischer Missionar in Indien. Am ehesten ließen sich Angehörige der niederen Kasten bekehren. Das 19. Jh. war die große Zeit protestantischer Missionstätigkeit.

Mittelalterliche Philosophie

Innerhalb der durch den Glauben gesetzten Grenzen war es führenden Geistern der Kirche oft im weitesten Ausmaß gestattet, über so fundamentale Fragen wie das Wesen Gottes oder die Unsterblichkeit der Seele zu spekulieren. Während des Mittelalters, der Zeit, in welcher die Kirche die größte Macht und das größte Ansehen besaß, blühte die religiöse Philosophie in bemerkenswerter Weise.

Den Gipfelpunkt der mittelalterlichen Philosophie bildet das monumentale Werk des hl. Thomas von Aquin, der stark von den Ideen des Aristoteles beeinflußt war. In seiner *Summa theologica* versuchte er den Gegensatz zwischen Vernunft

Jesuiten (links) besuchen den Mogulkaiser Akbar (ind. Miniatur, 17. Jh.).

Eine der 150 Moscheen von Kairuan (Tunesien), der ersten arabischen Stadtgründung (671) in Nordafrika.

und Glauben zu überbrücken, indem er behauptete, die Existenz Gottes lasse sich verstandesmäßig beweisen und es gäbe in der christlichen Lehre nichts der Vernunft Widersprechendes. Seine Ideen riefen intensive Debatten seiner Zeitgenossen hervor, und manche Denker lehnten sie aufs schärfste ab. Mit der Zeit setzte sich dieses große Gedankengebäude jedoch durch und wurde von der katholischen Kirche anerkannt.

Die Reformation führt zum Kriege

Der folgenschwerste und weitreichendste Ideenkonflikt innerhalb der Kirche entstand durch die Reformation, die 1517 durch Luthers Thesenanschlag ausgelöst wurde. Bis dahin hatte man nur einzelne Aspekte der Kirchenlehre oder -politik in Frage gestellt. Nun jedoch griff Martin Luther die Autorität des Papstes an und wollte sie durch die ausschließliche Autorität der Bibel ersetzen. Luther sagte, zur Erlösung genüge der Glaube allein. Die Reformation, die darauf bestand, daß das eigene Gewissen ausreiche, um den Weg zu Gott zu finden, und daß es dazu der Vermittlung durch Priester und Heilige nicht bedürfe, pflanzte sich wie ein Sturmwind durch ganz Deutschland fort.

Bald griffen Reformatoren in anderen Ländern, vor allem Johann Calvin in Frankreich und Genf, Ulrich Zwingli in der Schweiz und John Knox in Schottland, die gegen die katholische Kirche gerichteten Ideen auf. Leidenschaftliche theologische Disputationen gingen rasch in bewaffnete Auseinandersetzungen über. Im 16. und 17. Jahrhundert wurde Europa von Religionskriegen zerrissen, die im Dreißigjährigen Krieg (1618–48), der hauptsächlich in Deutschland ausgefochten wurde und schätzungsweise fünf Millionen Menschen das Leben kostete, ihren Höhepunkt erreichten. Am Ende blieb doch halb

Der französische Reformator Johann Calvin machte Genf zum geistigen Zentrum der reformierten Kirchen.

Europa protestantisch. In der folgenden Zeit relativer religiöser Toleranz entstanden viele neue protestantische Sekten neben den etablierten Landes- und Nationalkirchen.

Die Suche nach einer neuen Gewißheit

Der Humanismus, der gegen Ende des Mittelalters in Italien entstand, legte die Betonung auf den Menschen, und viele seiner größten Geister wandten sich von der fast ausschließlichen Beschäftigung mit Gott und dem Jenseits ab, die das Mittelalter gekennzeichnet hatte. Die Reformation zerstörte die Einheit der Christenheit, und der Kirche

LOHN UND STRAFE

In vielen Religionen gibt es einen Himmel und eine Hölle – Orte oder Zustände höchsten Glücks oder ununterbrochener Pein, wo sich die Menschenseele nach dem Tode aufhält. Den Ort der Glückseligkeit, in dem die Tugendhaften belohnt werden, verlegt man meist in den Himmel, manchmal auch auf einen über die Wolken hinausragenden Berg, wie den Olymp der griechischen Götter. Manche chinesische Taoisten haben sich den Himmel als eine vor der Küste Chinas liegende Insel vorgestellt. Als Ort der Hölle, in der die Sünder bestraft werden, gilt allgemein die Unterwelt. Nicht überall brannte dort das höllische Feuer. In der altnordischen Mythologie ist sie ein eisiger Ort. Heute findet man meist die überlieferten Vorstellungen von Himmel und Hölle naiv und ausgeklügelt und begnügt sich mit abstrakten Vorstellungen von Gottes Lohn und Strafe.

Das »westliche Paradies« des Amitabha, einer Reinkarnation Buddhas (Bild aus Tibet).

Der Himmel als Garten; Paradiesszene aus dem »Jüngsten Gericht« von Fra Angelico.

Die Darstellung höllischer Schrecken ist in den Bildern des Niederländers Hieronymus Bosch (1450–1516) auf die Spitze getrieben. Die makabren symbolischen Szenen im »Garten der Lüste« scheinen den modernen Surrealismus vorwegzunehmen.

Japanische Darstellung der buddhistischen Hölle mit dem König der Unterwelt. Oben links sieht man im Spiegel die bösen Taten eines Sünders. Rechts wird ein Sünder gewogen, in der Mitte einem Lügner die Zunge herausgerissen.

DER BEGRÜNDER DER NEUEREN PHILOSOPHIE

Der französische Philosoph und Mathematiker René Descartes (1596–1650) gilt als Vater der modernen Philosophie. Er war von Jesuiten erzogen worden und blieb ein gläubiger Katholik sein Leben lang. Als Denker verwarf er jedoch die überlieferte katholische Philosophie, deren höchste Autorität Thomas von Aquin war. Descartes begann sein System, in dem er alles bezweifelte, und gelangte zu der einzigen Gewißheit, daß der Zweifel nicht bezweifelt werden kann. Daher seine berühmte Formulierung: »Cogito ergo sum« (Ich denke, also bin ich). Descartes' ganzes Streben ging darauf aus, die mathematische Methode auf alle Wissensgebiete anzuwenden. Aus seinem Denksystem entwickelte sich die große europäische philosophische Tradition des Rationalismus. Aus Furcht vor der Inquisition veröffentlichte Descartes seine Werke zunächst anonym. Er führte ein ruheloses Leben, meist außerhalb Frankreichs, und starb in Stockholm.

war es nicht länger möglich, alle Menschen davon zu überzeugen, daß sie die einzige Mittlerin und Hüterin der Wahrheit sei.

Die intellektuelle Autorität der Kirche wurde durch den Anspruch der Wissenschaft geschwächt, vertreten durch Männer wie Galilei, der durch die Inquisition verurteilt wurde. Doch erst der französische Philosoph René Descartes (1596 bis 1650) begründete eine systematische neue rationalistische Philosophie, die dem ruhelosen, suchenden Geist der Zeit entsprach und dabei den Hunger nach Gewißheit zu stillen schien. Obgleich er selbst Katholik und in der Methode des Denkens durch Thomas von Aquin stark beeinflußt war, lehnte Descartes die Autorität und Tradition, die jener hochhielt, völlig ab.

Ich denke, also bin ich

Descartes meinte, der Mensch solle alles so lange anzweifeln, bis er zu Grundlagen gelange, die sich nicht mehr bezweifeln ließen. Er argumentierte etwa folgendermaßen: Meine Sinne können trügen. Vielleicht ist mein Leben nur ein Traum. Sogar mein mathematisches Wissen könnte durch einen bösen Dämon verzerrt sein. Aber es gibt eines, was ich nicht bezweifeln kann: »Ich denke, also bin ich« *(Cogito ergo sum).* Wenn ich denke, muß es etwas geben, das denkt. Auf der Grundlage dieser und anderer »klarer und deutlicher« Ideen formte Descartes ein Bild der Wirklichkeit als Gesamtheit. Er sah die materielle Welt als eine Maschine an, die vom Geist völlig getrennt ist. Diese Anschauung wird als Dualismus bezeichnet. Die materielle und die geistige Welt hingen für ihn nur durch Gottes Vermittlung zusammen. Seine Lehren beeinflußten zwei weitere Philosophen des 17. Jahrhunderts, nämlich Benedictus Spinoza (1632–77) und Gottfried Wilhelm Leibniz (1646 bis 1716). Diese drei Philosophen werden als Rationalisten bezeichnet, denn sie gingen zumeist davon aus, daß die Welt gemäß der Vernunft (lat. *ratio*) konstruiert und berechenbar sei. Daher spielt die Mathematik bei ihnen eine so große Rolle. Geht man von selbstverständlichen Prinzipien aus, so müsse man das ganze Wesen der Wirklichkeit ableiten können.

Nach Benedictus Spinoza (1632–77), einem holländisch-jüdischen Philosophen, der Descartes' Methode übernahm, sind Gott und Natur identisch.

Die Empiriker

Im Gegensatz zum Rationalismus ging der in England entstandene Empirismus von der Erfahrung (griech. *empeiria*) aus. Der Begründer dieser philosophischen Richtung, John Locke (1632–1704), ließ als Quelle des Wissens nur die Sinneswahrnehmungen (Geruch, Geschmack, Gesicht, Gefühl, Gehör) und die Selbstwahrnehmung (Reflexion) gelten. Beeinflußt von den Werken Isaac Newtons, behauptete

John Lockes liberale Ideen beherrschten das politische Denken des 18. Jahrhunderts.

Für David Hume (1711–76), einen extremen Skeptiker, gab es keine Gewißheit über die Natur der Dinge.

Locke, daß manche Empfindungen die äußere Welt genau widerspiegeln (wie etwa Form und Größe), während andere (Vorstellungen von Farbe, Geschmack und Geruch) das nicht tun. Daher bestehe die äußere Welt aus farb- und geruchlosen Atomen, während unser übriges Wissen von unseren Sinnen beigesteuert werde.

Der anglo-irische Bischof George Berkeley (1685–1753) führte diese Gedankengänge weiter, indem er sagte, wenn all unser Wissen nur von Empfin-

Nach Jean-Jacques Rousseau (1712 bis 1778) muß man, um tugendhaft zu sein, nicht dem Verstand, sondern seinem Herzen folgen.

dungen herrühre, dann wäre es unmöglich zu wissen, ob diese tatsächlich den äußeren Objekten entsprächen. Daher bestehe gar keine Notwendigkeit, überhaupt an eine äußere Welt zu glauben. Objekte seien einfach Ansammlungen von Ideen, und Materie existiere überhaupt nicht. Doch alle diese Ideen seien in Gott beschlossen, insofern existiere die Welt dennoch, auch wenn wir sie nicht wahrnehmen.

Der schottische Philosoph David Hume (1711–76) trieb den Empirismus auf die Spitze, indem er behauptete, wir wissen von nichts, außer von unseren Sinneswahrnehmungen – weder von einem Gott, der dahinterstünde, noch einem Geist, sie zu erkennen. Es gäbe nichts Beständiges in der Welt, nur Aufeinanderfolgen von Sinneswahrnehmungen, und auch der einzelne Mensch sei nur eine solche Aufeinanderfolge.

Nach Immanuel Kants »kategorischem Imperativ« soll der Mensch stets so handeln, daß nach dem seiner Handlung zugrunde liegenden Prinzip alle handeln könnten.

Die deutschen Philosophen

Die Empiriker betonten die Bedeutung der Sinneswahrnehmungen und die Grenzen der Vernunft im Gegensatz zu der von den Rationalisten behaupteten Vormachtstellung der Vernunft. Der deutsche Philosoph Immanuel Kant (1724–1804) machte sich daran, zwischen den beiden Richtungen zu vermitteln, indem er zeigte, daß die Vernunft eine echte Erkenntnis der Wirklichkeit ermöglicht, jedoch aufgrund der Sinneswahrnehmungen. Er meinte, daß Raum und Zeit nicht unabhängig existieren, sondern subjektive Formen sind, unter denen der Mensch die Dinge anschaut. Die Erscheinungswelt ist dem Menschen nur in den Formen zugänglich, die der Verstand an sie heranträgt.

Georg Hegel (1770–1831), der von allen Philosophen mit am schwersten zu verstehen ist, entwickelte ein philosophisches System, nach dem alle Erscheinungen aus der Natur des Geistes zu erfassen seien. Auch die Materie sei nur eine Erscheinung. Die einzige Realität ist der absolute Geist, der sein Wesen in einem historischen, von Widerspruch vorangetriebenen Prozeß zeigt. Jeder Behauptung (These) widerspricht eine Gegenbehauptung (Antithese). Aus diesem Widerstreit geht eine Synthese hervor, die wiederum als neue These auf ihre Antithese stößt. Aus diesem dialektischen Prozeß erwächst der wahre Ausdruck des Geistes – eine vollkommene Gesellschaft, in der alle Widersprüche in einer höheren Synthese aufgehoben sind.

Hegels Vorstellung des Zusammenstoßes von Gegensätzen wurde von Karl Marx (1818 bis 1883) übernommen und seinen Zwecken angepaßt. Doch Marx stellte Hegels Ideen auf den Kopf. Die Basis seines ›dialektischen Materialismus‹ ist die Materie, nicht der absolute Geist. Im philosophischen System von Karl Marx führt eine Reihe von Klassenkämpfen zur dauernden Synthese in der Form des Kommunismus.

Moderne Philosophie

Die heutigen Philosophen gehören im allgemeinen zwei Hauptrichtungen an. Die Existenzphilosophie des Franzosen Jean-Paul Sartre (geb. 1905), angeregt durch Kierkegaard, Husserl und Heidegger, geht von der konkreten individuellen Erfahrung und nicht von abstrakten Theorien aus. Sie analysiert solche Erfahrungen wie Angst und Tod und betont die Freiheit des Menschen, seine Zukunft selbst zu gestalten.

Im Gegensatz dazu hat die Philosophie in den angelsächsischen Ländern ihre Hauptrolle

Die dialektische Methode des deutschen Philosophen Georg Hegel (1770 bis 1831) beeinflußt das moderne Denken noch immer.

darin gesehen, das Wesen der Sprache und ihr Verhältnis zur Welt zu analysieren und aufzuklären. Sie hat sich davor gehütet, Behauptungen über den

Auf den Dänen Sören Kierkegaard (1813–55) geht die subjektive Philosophie des Existentialismus zurück.

Sinn des menschlichen Lebens aufzustellen. Die Arbeiten des in Österreich geborenen Ludwig Wittgenstein (1889–1951) sind in diesem Zweig der Philosophie des 20. Jahrhunderts ausschlaggebend gewesen. Wittgenstein begann seine Laufbahn unter Bertrand Russell in Cambridge, das unter Russell und seinem Kollegen A. N. Whitehead eine Hochburg der Philosophie war. Später wandte sich Wittgenstein jedoch gegen Russell.

Die heutige Lage der Religion

Am schärfsten werden die überlieferten Religionen heute vom

Der Engländer Bertrand Russell, der eine revolutionäre neue Methode logischer Analyse entwickelte, die auf der Mathematik beruht, sah die Philosophie als »Handlangerin der Naturwissenschaft« an.

Kommunismus bekämpft, einer offen atheistischen Ideologie, die jedoch fast die Anziehungskraft einer Religion besitzt. Aber auch im Westen haben die Hochschätzung materieller Werte und die gleichzeitige Abnahme der Gläubigkeit, insbesondere bei den Gebildeten, den Kirchen viel Abbruch getan. Dennoch hat die Religion ihre Macht über Millionen von Menschen keineswegs eingebüßt. Die Hauptreligionen der Welt zählen mehr als zwei Milliarden Anhänger. Die Religion kommt noch immer einem tief gefühlten Bedürfnis des Menschen entgegen, und in Kirchen, Synagogen, Moscheen und Tempeln geht die Suche nach der religiösen Wahrheit weiter.

BEGRÜNDER VON IDEOLOGIEN

Aus den Studierstuben der Philosophen drangen im 19. Jh. neue Ideologien, wie Nietzsches Lehre vom Übermenschen und der wissenschaftliche Sozialismus von Karl Marx, die – oft in entstellter und mißverstandener Form – im 20. Jh. blutige Konflikte auslösten.

Der liberale Denker John Stuart Mill (1806–73) verteidigte leidenschaftlich die Bedeutung des Individuums.

Friedrich Nietzsche (1844–1900) behauptete: »Gott ist tot« und setzte seine Hoffnung auf den Übermenschen.

Karl Marx (1818–83), der Begründer des modernen Kommunismus, sah die Geschichte als Klassenkampf.

Die Geheimnisse des Universums

Teleskope und Mikroskope machen Naturvorgänge sichtbar und lassen uns den Ursprung des Lebens erkennen

Gottvater plant die Architektur des Weltalls mit einem Stechzirkel. Diese Illustration aus einer französischen Bibel des 13. Jahrhunderts setzt die Instrumente der mathematischen Forschung in Beziehung zum mittelalterlichen Glauben.

Der Mensch ist ein denkendes Wesen. Die faszinierendsten Fragen, die er durch sein Denken zu lösen versuchte, waren die nach dem Ursprung und der Natur des Lebens. Wie ist das Universum entstanden? Wann begann das Leben? Was ist der Unterschied zwischen belebter und unbelebter Natur, zwischen Geist und Materie?

Jahrtausendelang war es der Menschheit in erster Linie darum zu tun, überhaupt zu überleben. Damals suchte der Mensch noch nicht nach einer Erklärung für die Naturkräfte, die sein Leben beeinflußten, sondern nahm an, daß Götter ihr Wirken veranlaßten. Wenn ein Vulkan ausbrach, war das ein Ausdruck göttlichen Zorns; wenn ein Mensch Glück im Kampf oder in der Liebe hatte, war er von den Göttern begünstigt.

Auf einem Gemälde Michelangelos erweckt Gott Adam zum Leben.

Der Koran weist jüdische Einflüsse auf, wie diese Darstellung Adams und Evas in einer Handschrift des 13. Jh. zeigt.

Auch die allerfrühesten bewußten Beobachtungen des Himmels hatten einen rein praktischen Grund. Der Mensch schuf sich einen Kalender, um die richtigen Zeiten für Saat und Ernte bestimmen zu können. Noch war kein Versuch damit verbunden, irgendwelche sonstigen Schlüsse aus diesem Naturstudium zu ziehen. Erst zur Zeit der alten Griechen wandten sich einige Männer von den Mythen ab und machten sich Gedanken über den Aufbau des Universums. Schon im 5. Jahrhundert v. Chr. vertrat der griechische Philosoph Demokrit die Ansicht, daß alle Materie aus Atomen bestehe. Aber solche Theorien lassen sich erst seit relativ kurzer Zeit beweisen. Statt das

Tangaroa wird von den Polynesiern des Pazifiks als Schöpfergott verehrt.

DAS RÄTSEL DER SCHÖPFUNG

Seit frühesten Zeiten hat die Frage nach dem Ursprung des Menschen und der Welt den menschlichen Geist beschäftigt. Doch solange keine wissenschaftlichen Hilfsmittel zur Erforschung der Welt entwickelt waren, blieben den Menschen nur mythische Deutungen zur Erklärung des Unbekannten. So sahen sie die Schöpfung als das Werk einer übergeordneten Macht. In den Mythen vieler Völker wird berichtet, daß dieser Gott sich nach vollendetem Schöpfungsakt von der Welt zurückzog. Auch der Schöpfungsbericht der Bibel folgt einem allgemeinen Grundmuster. Gott bringt Ordnung in das Chaos, läßt Erde und Himmel entstehen und erschafft die Lebewesen. Erst als Charles Darwin seine Evolutionstheorie aufstellte, wurde die biblische Schöpfungsgeschichte ernsthaft in Frage gestellt.

Nach einem australischen Mythos bläst der Ostwind den Morgenstern hoch, der Erde und Mensch erschafft.

Auf diesem 3000 Jahre alten ägyptischen Papyrus trägt der Wassergott Nun ein Boot, auf dem der Sonnengott Re als Scheibe und Skarabäus dargestellt ist.

»Warum« zu erklären, mußten sich die frühen Denker damit begnügen, Theorien über das »Wie« aufzustellen.

Schöpfungsmythen

Zwischen den Schöpfungsmythen der verschiedensten Völker der Erde besteht eine erstaunliche Ähnlichkeit. In ihnen drückt sich wahrscheinlich das früheste Denken des Menschen über den Ursprung der Welt aus. In den meisten Mythen sind die Erde und der Himmel Götter. Das Universum ist ein Ei oder ein riesiger, formloser Ozean ohne Licht. Ein höchstes Wesen erscheint, um Ordnung in das Chaos zu bringen, Licht und Leben und damit auch den Menschen zu erschaffen.

Diese frühen Mythen haben das Denken derart stark beeinflußt, daß sie für fast die gesamte Menschheit noch vor etwas mehr als einem Jahrhundert die Grundlage ihrer Vorstellung über die Erschaffung des Universums und den Ursprung des Lebens bildeten. Die gleichen Menschen jedoch, die mit diesen phantasievollen Schöpfungsmythen die sie umgebende Welt zu erklären versuchten, vollbrachten gleichzeitig eindrucksvolle mathematische und astronomische Leistungen. Mehr als 4000 Jahre alte Tontäfelchen aus

Auf dieser Yoruba-Schale aus Nigeria belehrt eine Schlange ein menschliches Paar über die Fortpflanzung.

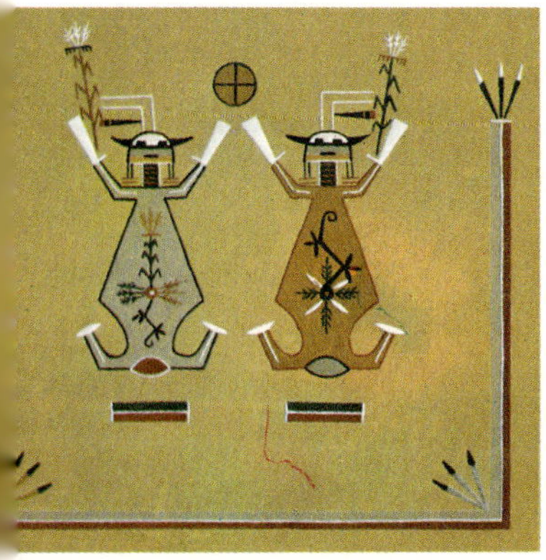

Die Navaho in Nordamerika glaubten, daß Mutter Erde und Vater Himmel gemeinsam Welt und Menschen erschufen.

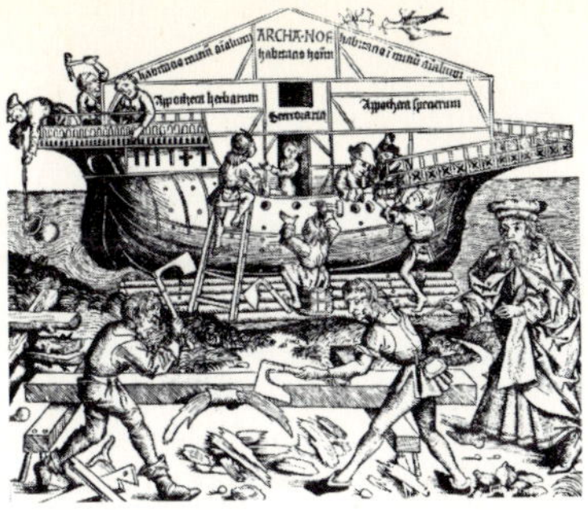

Eine mittelalterliche Darstellung der Sintflut zeigt Noah (rechts) beim Bau seiner Arche.

Mesopotamien zeigen, daß man hier schon über hochentwickelte mathematische Kenntnisse verfügte. In Ägypten führte die Notwendigkeit, das Steigen und Fallen des lebenspendenden Nils vorauszusagen, zur Entwicklung eines genauen Kalenders, der das Jahr in 365 Tage einteilte.

Versuche verstandesmäßiger Lösungen

Das spekulative Denken erreicht im antiken Griechenland um etwa 500 v. Chr. eine erste Blüte. Den griechischen Philosophen galten das Denken und daraus gezogene Schlußfolgerungen als höchste Attribute des Menschen. Nach Platon (427–347 v.

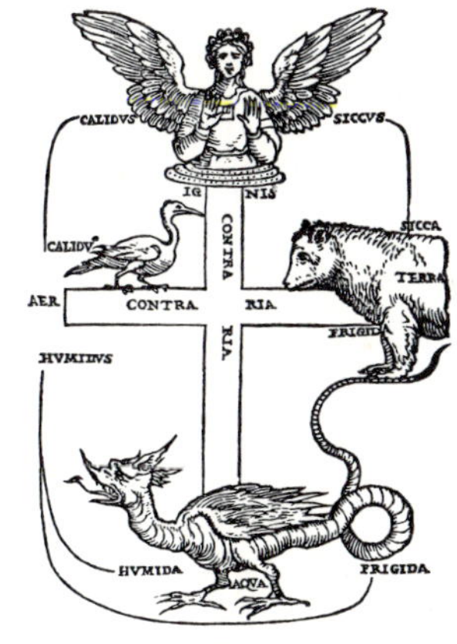

Diese 1546 veröffentlichte Zeichnung stellt die Theorie des Aristoteles dar, nach der alle Materie aus Erde, Luft, Feuer und Wasser besteht.

Chr.) »hat jede Seele ein Organ, den Intellekt, den es mehr zu hegen gilt als tausend Augen, denn er ist das einzige Mittel, die Wahrheit zu sehen«. Die Griechen machten sich hauptsächlich darüber Gedanken, wie der Mensch leben solle und was das Wesen solcher abstrakter Eigenschaften wie Schönheit, Wahrheit, Gerechtigkeit und Tugend sei. Aber sie waren auch sehr daran interessiert, etwas über die Beschaffenheit der Materie zu erfahren. Thales von Milet, einer der Sieben Weisen des antiken Griechenlands, hatte schon um 600 v. Chr. Theorien aufgestellt, die etwa die Mitte halten zwischen den Mythen der Vergangenheit und einer viel späteren wissenschaftlichen Betrachtungsweise. Er hielt die Erde für eine Scheibe, die wie ein Stück Holz auf dem Wasser schwimme, oder für einen pflanzenähnlichen Organismus, der aus dem Wasser hervorwachse. Das Wasser soll er als den Urstoff, aus dem alle Dinge hervorgingen, betrachtet haben.

Ein anderer griechischer Philosoph, Anaxagoras (etwa 500 bis 428 v. Chr.), kam den modernen Wissenschaftlern schon näher, denn er führte Demonstrationen für seine Schüler in seinem Laboratorium durch, verfaßte einen Bericht über seine Theorien und machte auch Experimente, um seine Ideen zu erproben. Er hatte herausgefunden, daß Gase sich über feste Körper erheben wie Dampf aus einem Kessel oder Rauch über einem Feuer. Und er erkannte, daß auch die Luft ein Gas ist. Bei Windstößen beobachtete er, daß Luft Druck ausüben und dadurch Gegenstände bewegen kann. Die Erde betrachtete Anaxagoras als einen flachen Festkörper, von dem er annahm, daß er im Raum auf einer Art Luftkissen schwebe. Um das zu demonstrieren, füllte er einen Weinschlauch mit Luft und verschloß ihn fest. Die zusammengepreßte Luft spannte den Schlauch so fest, daß er stark belastet werden konnte.

Aufgrund seiner Beobachtungen stellte Anaxagoras auch fest, daß sich Materie zwar verändern läßt, aber immer erhalten bleibt. Seiner Theorie nach entzieht ein Baum dem Boden Stoffe und wird vom Regen, der aus den Wolken fällt, ernährt. Wird der Baum gefällt und verbrannt, so geht ein Teil in Rauch auf, vereinigt sich mit den Wolken und gelangt als Regen wieder auf die Erde. Ein weiterer Teil vermischt

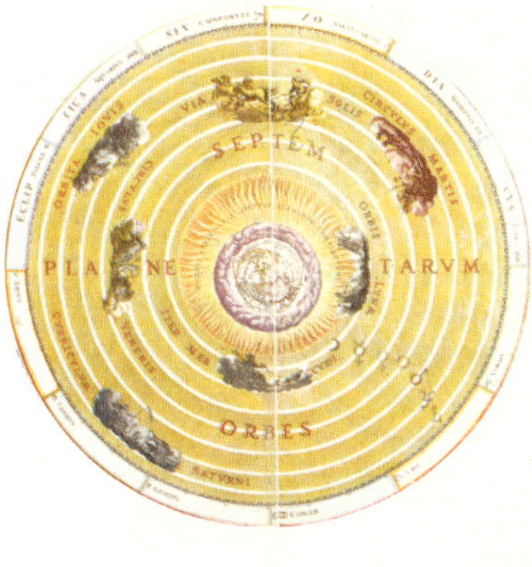

Das Weltbild des Ptolemäus (2. Jh.): Die Erde steht im Mittelpunkt des Universums. Sonne, Mond, Sterne und Planeten umkreisen sie.

sich als Asche mit dem Boden und dient der Pflanzenernährung. Für Anaxagoras konnte der Stoff des Holzes durch solche Veränderungen jeden Zustand einer jeden Substanz der Erde und sogar des Universums annehmen.

ARABISCHE ASTRONOMEN

Nach dem Zerfall des Römischen Reiches erlahmte das Interesse am Studium der Himmelskörper in Europa zunächst und wurde dann durch die dogmatischen Lehren der Kirche behindert. Im Nahen Osten fuhren moslemische Astronomen jedoch fort, von großen Observatorien in Damaskus, Alexandria und Bagdad aus den Sternhimmel zu erforschen. Die wissenschaftlichen Ergebnisse der Araber gelangten schließlich wieder nach Europa zurück.

In einem moslemischen Observatorium; der Astronom oben links mißt mit einem Astrolabium die Höhe der Sterne.

Die erste Atomtheorie

Demokrit, um 460 v. Chr. geboren, stellte die These auf, daß es kleinste, unspaltbare Teilchen geben müsse, die er Atome nannte. Nach seiner Vorstellung gab es neben den Atomen nur noch die Bewegung und das Nichts, den leeren Raum, in dem sich die Atome bewegen. Alles bestehe aus Atomen, sagte er, und die Gegenstände unterschieden sich nur nach Form, Größe, Anordnung und Lage ihrer Atome, die sich ständig in Bewegung befänden. Diese Bewegung bringe die Atome in Berührung miteinander, so daß sie sich zu größeren Einheiten zusammenschlössen. Die Erde bestehe aus schwereren, der Himmel aus leichteren Atomen. Gewaltige Mengen von Atomen ballten sich zusammen und bildeten so zahllose Welten. Nach einiger Zeit zerstreuten sie sich wieder, und die Welten vergingen im Nichts.

Diese Theorien, die nicht auf wissenschaftlichen Beweisen, sondern auf reiner Intuition beruhten, näherten sich bereits modernen Theorien über die Struktur und den Ursprung der Dinge. Aber zu Demokrits Zeit fanden sie wenig Unterstützung.

VOM ABERGLAUBEN ZUR WISSENSCHAFT

Ein phantastisches Wesen aus einem italienischen Manuskript des 16. Jahrhunderts stellt die Essenz des Quecksilbers dar. Die mittelalterlichen Alchimisten setzten neben die vier Elemente der Griechen noch Salz, Schwefel und Quecksilber als weitere Elemente. Das Quecksilber war dem Merkur zugeordnet, dessen Zeichen sich stilisiert in dem Kopf rechts oben findet. Seit alter Zeit verbanden die Alchimisten die wissenschaftliche Beschäftigung mit chemischen Stoffen mit religiösen Deutungen und magischen Rezepten und Praktiken. Jeder natürliche Stoff wurde von den Alchimisten verarbeitet, und so gelangen ihnen nicht wenige Entdeckungen. Außerdem verfeinerten sie die chemischen Arbeitstechniken. Auf diesen Errungenschaften konnte die spätere empirische Chemie aufbauen.

Die vier Elemente des Aristoteles

Innerhalb der ganzen durch neue Ideen bewirkten gärenden Unruhe des griechischen Geisteslebens der Antike gibt es einige Namen, die wie Sterne leuchten. Die meisten dieser Männer lebten und lehrten in Athen, einem Stadtstaat mit etwa 200 000 bis 300 000 Einwohnern. Als 18jähriger kam Aristoteles 366 v. Chr. nach Athen und wurde Schüler Platons. 343 rief Philipp von Makedonien Aristoteles als Lehrer seines Sohnes Alexander an seinen Hof.

Auf der Arbeit seiner Vorgänger aufbauend, beschrieb Aristoteles vier Grundelemente – Erde, Wasser, Luft und Feuer –, aus denen jeder irdische Stoff zusammengesetzt sei. Die Sonne, die Sterne und die übrigen Planeten bestünden jedoch aus einem fünften Element. Sie leuchteten, so meinte Aristoteles, weil sie bei ihrer Bewegung durch den Himmel Reibung und somit Licht und Hitze erzeugten.

Tausend Jahre lang beeinflußten Aristoteles' Ideen das Denken der Welt, und auch seine Irrtümer wurden von Generation zu Generation weitergegeben. So hatte er gelehrt, daß alles auf Erden aus den vier Elementen in einem jeweils unterschiedlichen Mischungsverhältnis bestehe. Durch Veränderung des Mischungsverhältnisses könne man daher neue Substanzen erzeugen. Dieser Glaube bildete die Grundlage für die recht unfruchtbare Arbeit der mittelalterlichen Alchimisten, die versuchten, aus Blei oder anderen Metallen Gold zu machen.

Noch ein Irrtum, der weitreichende Folgen haben sollte, lag in der von ihm ausgesprochenen Überzeugung: »Jeder trockene Körper, der feucht wird, und jeder feuchte, der trocken wird, bringt Tiere hervor, vorausgesetzt, daß er ihnen Nahrung bieten kann.« Diese Theorie der spontanen Entstehung von Lebewesen aus leblosem Stoff, der Urzeugung, sollte noch 2000 Jahre lang blind geglaubt werden.

Der englische Mönch Roger Bacon erahnte schon im 13. Jahrhundert Erfindungen unserer Zeit, wie Dampfschiff, Flugzeug und Tauchapparat.

Der Mensch als Mittelpunkt

Im 2. Jahrhundert n. Chr. stellte der griechische Naturforscher Claudius Ptolemäus Theorien auf, die bis in das 17. Jahrhundert hinein wirkten. Er erklärte, die Erde sei eine Kugel, die unbeweglich im Mittelpunkt des Universums stehe und von Sonne, Mond und den Planeten umkreist werde. Diese Theorie, die den Menschen zum Mittelpunkt aller Dinge machte,

DIE SUCHE NACH DEM STEIN DER WEISEN

Die Alchimie entstand im 2.–3. Jahrhundert im griechisch sprechenden Ägypten. Erst im 12. Jahrhundert erlangte sie auch im Abendland Bedeutung, wo man vor allem aus arabischen Quellen schöpfte. Der Alchimist war eine Mischung aus Chemiker und Philosoph. Auch die Astrologie spielte bei seiner Arbeit eine wichtige Rolle. Mittelpunkt der alchimistischen Kunst war die Suche nach dem Stein der Weisen, einer Substanz, die unedle Metalle, vor allem Quecksilber, Kupfer und Blei, in Gold oder Silber verwandeln und in verdünnter Lösung verjüngend und heilend wirken sollte.

Die drei Phasen der Umwandlung eines unedlen Metalls in Gold: Während der Erhitzung des Metalls im ersten Kolben entweicht sein Geist, hier als Taube dargestellt. Sein Körper, durch die Kröte im zweiten Kolben symbolisiert, wird in Lösung gebracht. Die beiden, im dritten vereint, ergeben Gold.

Ein Alchimist mit seinem Destillationsgerät. Bei ihrer Suche nach dem Stein der Weisen entwickelten und verbesserten die Alchimisten unter anderem auch grundlegende chemische Verfahrensweisen wie etwa die Destillation.

wurde zu einer Hauptstütze christlichen Denkens. Erst im 16. Jahrhundert gelang es, diese Vorstellung zu widerlegen.

Während des frühen Mittelalters waren alle kühnen Gedanken der Griechen in Europa in Vergessenheit geraten. Nur die Araber übersetzten griechische wissenschaftliche Werke und untersuchten und entwickelten die dort niedergelegten Theorien. Doch sie wirkten nicht nur als Bewahrer, sondern machten auch eigene Entdeckungen. Während der Renaissance griff man in Europa das von den Arabern und Byzantinern gesammelte Wissen auf und entwickelte es weiter.

Die Experimente eines Mönchs

Obgleich die Kirche im Mittelalter jede Abweichung von überlieferten Lehren unterdrückte, fanden sich einige Mutige, die diese Lehren in Frage stellten. Unter diesen tat sich besonders der Franziskanermönch Roger Bacon (etwa 1214–92) hervor. Trotz des Gebotes des heiligen Augustin, einer der großen Kirchenväter, »nicht hinauszugehen, sondern in das eigene Innere zurückzukehren, denn dort wohnt die Wahrheit«, stellte Bacon auf mathematischem, optischem, chemischem und astronomischem Gebiet Theorien auf und erlangte Erkenntnisse, die im Gegensatz zur theologischen Meinung seiner Zeit standen. 1267 sandte er sein Werk *Opus maius* an Papst Klemens IV., der an Bacons wissenschaftlicher Arbeit Interesse zeigte. Doch der Tod Klemens' IV. im Jahre 1268 zerstörte Bacons Hoffnung, daß seine Arbeiten allgemeine Anerkennung finden könnten. Dennoch setzte er seine Forschungs- und Lehrtätigkeit bis kurz vor seinem Tod fort. Bacon hatte eine außergewöhnliche Vorstellungskraft, und er erahnte bereits Erfindungen wie Flugzeug, Dampfschiff und Tauchapparat.

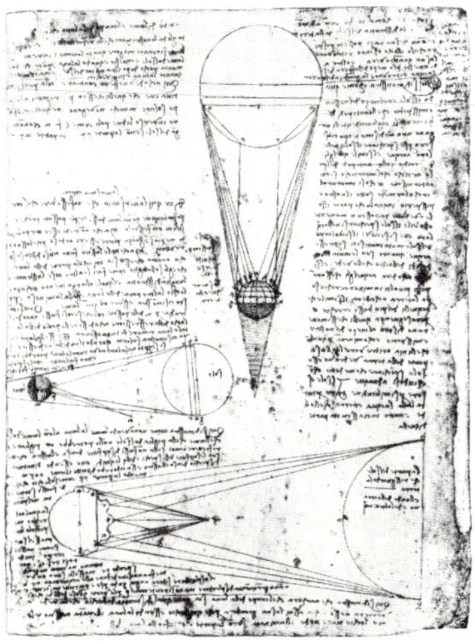

Eine Seite aus Leonardo da Vincis Notizblock zeigt, daß er erfolglos versuchte, die Entfernung zwischen Erde und Sonne zu berechnen.

Isaac Newtons Spiegelteleskop, 1672 gebaut, war das erste Teleskop, in dem Spiegel statt Linsen zur Lichtstrahlenbündelung eingebaut waren.

Die Renaissance

Indem er sich von keiner Obrigkeit einschüchtern ließ und die wissenschaftliche Wahrheit über alles stellte, war Bacon seiner Zeit eigentlich um zwei Jahrhunderte voraus. Mit seinem Kampf um das Recht, unbequeme Fragen stellen zu dürfen, wurde er zum Wegbereiter der Renaissance, jener intellektuellen Wiedergeburt, die Europa zwischen dem 14. und 16. Jahrhundert ergriff. Unternehmende Geister sahen sich mit offenen Augen um, und sahen die Dinge, wie sie waren, und nicht, wie Aristoteles, die Theologen oder sonstige Autoritäten befanden, daß sie zu sein hätten. Sie begriffen, daß die Natur darauf wartete, erforscht und untersucht zu werden.

Leonardo – ein Universalgenie

Es ist erstaunlich, was die Männer der Renaissance alles in Angriff nahmen. Die Talente und Interessen von Leonardo da Vinci (1452–1519) waren so vielfältig, daß man ihn ein Universalgenie genannt hat. Er war gleichzeitig Maler, Bildhauer, Mathematiker, Physiker, Chemiker, Botaniker, Geologe, Astronom, Musiker, Ingenieur und Stadtplaner. Leonardo nannte sich selbst »einen Mann ohne Bildung«, womit er meinte, daß er keine akademische Bildung besaß. Er sprach weder Latein

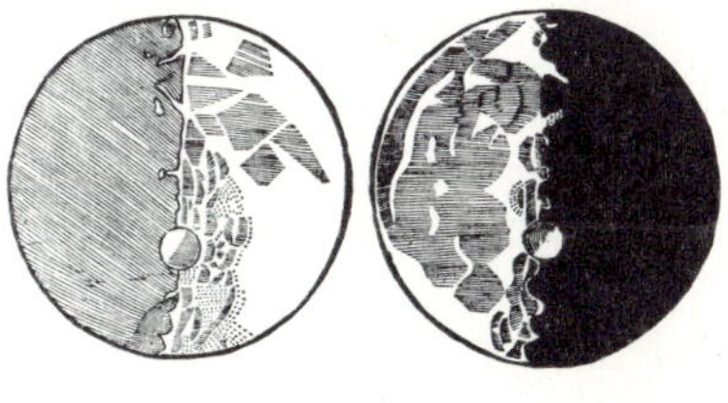

Zwei von Galilei gezeichnete Mondphasen. Die dunkleren Gebiete hielt er fälschlicherweise für Meere.

Galilei bewies mit seinen Beobachtungen, daß sich die Erde um die Sonne bewegt. Daraufhin erklärte ihn die katholische Kirche zum Ketzer.

DIE ERDE BEWEGT SICH

Erst im 16. Jahrhundert begann man die Theorie des Ptolemäus ernsthaft zu bestreiten. Nikolaus Kopernikus stellte um 1514 als erster fest, daß sich die Erde um die Sonne drehen müsse. Ein halbes Jahrhundert später folgten die Veröffentlichungen des dänischen Astronomen Tycho Brahe, der zwar Kopernikus' Theorie nicht akzeptierte, aber selbst die ersten systematischen Sternkarten herstellte. Johannes Kepler stützte sich auf Brahes Beobachtungen, als er seine Gesetze der Planetenbewegungen ausarbeitete und damit die Unvollkommenheiten der Kopernikanischen Theorie beseitigte.

Der dänische Astronom Tycho Brahe (1546–1601) in einem Raum seines Observatoriums auf der Insel Hven, das mit großzügiger Unterstützung König Friedrichs II. von Dänemark errichtet wurde.

Eines der beiden Observatorien, die Brahe errichten ließ. Neben einer Bibliothek, den Instrumentenkammern und einem Laboratorium gab es hier auch Wohnräume.

Nikolaus Kopernikus (1473–1543) studierte zunächst in Krakau Mathematik und Astronomie, dann in Bologna weltliches und kirchliches Recht, promovierte in Ferrara und studierte anschließend noch Medizin. In seinem Buch De revolutionibus orbium coelestium *(Über die Bewegung der Himmelskörper) griff Kopernikus die ptolemäische Theorie an, weil sie die Planetenbewegungen nicht befriedigend erklärte. Statt dessen nahm er an, daß die Erde sich um die Sonne bewege. Das Werk wurde erst im Todesjahr des Verfassers herausgegeben. Statt seines eigenen Vorwortes hatte man das eines protestantischen Theologen, Osiander, eingefügt, das den Sinn der Kopernikanischen Lehren völlig entstellte.*

Bilder früherer Astronomen wie Hipparchos, Kopernikus, Tycho Brahe und Ptolemäus schmücken das Titelblatt der Rudolfinischen Tafeln, *die Johannes Kepler (1571–1630) Rudolf II. widmete. Kepler hatte in Prag mit Brahe zusammengearbeitet. Nach Brahes Tod versuchte Kepler zunächst, dessen Theorie zu beweisen, daß nämlich Sonne und Mond die Erde umkreisten. Letzten Endes bewies er jedoch statt dessen die Richtigkeit der Kopernikanischen Theorie von der Bewegung aller Planeten um die Sonne. In seinen Gesetzen der Planetenbewegung zeigte Kepler außerdem, daß die Planeten auf elliptischen und nicht auf Kreisbahnen wandern, wie Kopernikus behauptet hatte. Ferner wies er nach, daß die Geschwindigkeit der Planetenbewegung von der Entfernung zur Sonne abhängt. Die 1627 veröffentlichten* Rudolfinischen Tafeln *stellten ein Tabellenwerk zur Bestimmung der Planetenpositionen dar.*

DER WEG ZUR WAHRHEIT FÜHRTE ÜBER EXPERIMENTE UND IRRTÜMER

Die Chemiker des 18. Jahrhunderts, hier in einem typischen Labor der Zeit dargestellt, waren vom Experimentieren besessen. Keine Theorie wurde angenommen, wenn sie die praktischen Tests nicht bestand. 1789 veröffentlichte der französische Chemiker Antoine Lavoisier einen Bericht über die Elementaranalyse und wurde so zum Begründer der modernen organischen Chemie. Nachdem C. W. Scheele und J. Priestley unabhängig voneinander zwischen 1771 und 1774 den Sauerstoff entdeckt hatten, konnte Lavoisier die Bedeutung des Sauerstoffs bei Oxydations-, Verbrennungs- und Atmungsvorgängen nachweisen.

noch Griechisch und beendete seine Schulbildung mit seinem 16. Lebensjahr, als sein Vater ihn zu dem Maler Verrocchio in die Lehre gab. Verrocchio weckte Leonardos Interesse für die Perspektive, und das führte zu Leonardos erstaunlichen Entdeckungen über das Funktionieren des menschlichen Auges. Er beobachtete Glasschleifer bei der Herstellung optischer Linsen, und schon bald schliff er sich selber Linsen für die Beobachtung des Himmels.

Auch der in allen Wissenschaften seiner Zeit bewanderte Nikolaus Kopernikus (1473 bis 1543) war ein typischer Renaissancemensch. Er kam zu dem Schluß, daß die Erde innerhalb eines Jahres einmal um die Sonne kreise und daß sie und die übrigen Planeten sich in gleichförmigen Kreisbahnen bewegen. Der dänische Astronom Tycho Brahe (1546–1601) stellte dagegen wieder die Erde in den Mittelpunkt des Universums. Nach seiner Theorie umkreisen Sonne und Mond die Erde, während die übrigen Planeten die Sonne umkreisen. Sein Kollege Johannes Kepler (1571 bis 1630) griff auf die Ideen des Kopernikus zurück, doch erkannte er, daß die Planeten sich nicht in kreisförmigen, sondern in elliptischen Bahnen um die Sonne bewegen.

Entdeckungen mit dem Teleskop

Der Einfluß, den die Kirche noch immer auf das Studium des Weltalls nahm, zeigte sich im Falle Galileo Galileis (1564 bis 1642), eines Mathematikprofessors aus Pisa in Italien. Nachdem er von der Erfindung des Fernrohrs in Holland gehört hatte, baute sich Galilei 1609 mehrere dieser Instrumente selbst und verwandte sie bei seinen astronomischen Studien. Durch seine Beobachtungen stellte er fest, daß der Mond nicht, wie Aristoteles behauptet hatte, mit eigenem Licht scheint, sondern das Sonnenlicht reflektiert. Er fand heraus, daß die Milchstraße aus weit entfernten Sternen besteht, Jupiter von Monden begleitet ist und die Sonne Flecken hat. Diese Sonnenflecken bestätigten ihm die Richtigkeit von Kopernikus' Anschauung: Das scheinbare Wandern dieser Flecken über die Sonnenoberfläche bewies, daß in Wirklichkeit sich die Erde um die Sonne bewegt.

Die Kirche konnte derartige Feststellungen nicht länger als reine Gedankenübungen hinnehmen. Im 17. Jahrhundert befand sich die katholische Kirche schon lange im Kampf mit der Reformation, und Katholiken und Protestanten waren dabei, Europa im Dreißigjährigen Krieg zu verwüsten. Kopernikus' Theorie galt als Ketzerei, denn sie widerlegte die offizielle Lehre der Kirche. Galilei wurde daher von der Inquisition angeklagt und zum Widerruf gezwungen. Die Legende berichtet, er habe während seines öffentlichen Widerrufs gemurmelt: »Und sie bewegt sich doch!«

Die Idee der Urzeugung; auf einem Bild aus dem Jahre 1605 wächst ein Schaf aus einer Pflanze hervor.

Anfänge der Naturwissenschaften

Es gelang der Inquisition, die Stimmen wissenschaftlicher Forschung in Italien, dem Geburtsland der Renaissance, einige Jahrhunderte lang zum Schweigen zu bringen. Doch in anderen Ländern wurde weitergeforscht. Der englische Philosoph und Staatsmann Francis Bacon (1561 bis 1626) gilt als Begründer der modernen wissenschaftlichen Forschungsmethode, denn er verlangte, daß die Empirie, auf Beobachtungen, Messungen und Experimente gestützte Erfahrungen, an die Stelle der Spekulation zu setzen sei. Bacon hatte Rechtswissenschaften studiert und übertrug die juristischen Verfahren, die auf augenscheinlicher Gewißheit und Beweisführung beruhten, auf die Naturwissenschaften.

Bereits in der Mitte des 15. Jahrhunderts hatte Johannes Gutenberg den Buchdruck mit beweglichen Lettern erfunden. Seither konnten wissenschaftliche Theorien in Büchern verbreitet werden, was den Vorteil hatte, daß nicht jeder Forscher jede einzelne Tatsache selbst aufs neue entdecken und beweisen mußte. Er konnte von einer als gesichert geltenden Grundlage ausgehen. Das tat auch Isaac Newton (1642–1727), der auf den Keplerschen Gesetzen aufbaute und die Ära der modernen Astronomie einleitete.

Newton behauptete, daß jeder Körper im All auf andere Körper eine bestimmte Anziehungs-

Titelblatt von William Harveys De generatione animalium *aus dem 17. Jh. Harveys Theorie besagte, daß fast alle Tiere aus Eiern hervorgingen.*

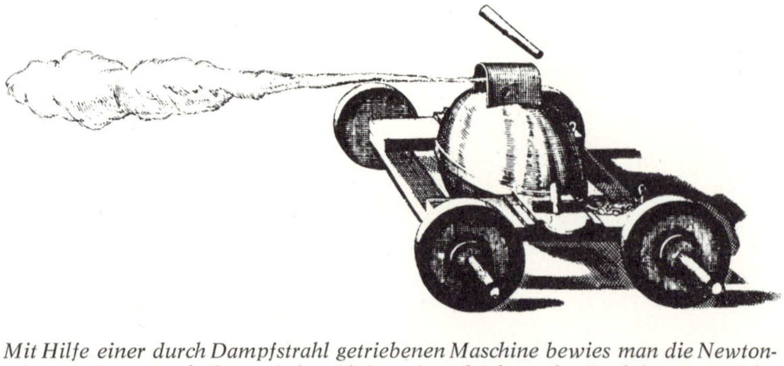

Mit Hilfe einer durch Dampfstrahl getriebenen Maschine bewies man die Newtonschen Axiome, nach denen jeder Aktion eine gleich starke Reaktion entspricht.

kraft ausübe. Die gleiche Kraft, die einen Apfel vom Baum fallen ließe, hielte auch die Planeten in ihren Umlaufbahnen. Die Stärke dieser Schwerkraft hänge von der Masse der Körper und der zwischen ihnen liegenden Entfernung ab.

Newtons Gesetze der Schwerkraft und der Mechanik blieben unbestritten, bis man herausfand, daß das Verhalten des Planeten Merkur ihnen nicht entsprach. Diese Unstimmigkeit blieb bestehen, bis sie sich durch Einsteins Relativitätstheorie erklären ließ.

Erkenntnisse über den Ursprung des Lebens

Während einige Forscher die Geheimnisse des Alls zu ergründen suchten, wandten sich andere den Geheimnissen des Lebens zu. Vor Galilei hatten sich nur wenige Menschen Gedanken über die Entstehung des Lebens gemacht. Die meisten glaubten an die Schöpfung durch ein göttliches Wesen, doch manche nahmen auch an, daß das Leben aus unbelebter Materie entstehe, wie

Auf seinen Reisen mit dem Vermessungsschiff Beagle *machte Charles Darwin Beobachtungen, auf denen seine spätere Evolutionstheorie gründete.*

Aristoteles gesagt hatte. Erst im 17. Jahrhundert kam der englische Arzt William Harvey zu dem Schluß, daß »alles Lebendige aus dem Ei stammt«. Kurz nach Harveys Tod führte der italienische Arzt Francesco Redi den schlüssigen Beweis, daß Maden in faulendem Fleisch aus Eiern entstehen, die von Fliegen abgelegt wurden. Dennoch hielt sich die Vorstellung von der spontanen Urzeugung bis in die Mitte des 19. Jahrhunderts.

Holländische Gelehrte waren führend in der Suche nach den Geheimnissen der Vermehrung, wobei ihnen die Entwicklung des zusammengesetzten Mikroskops sehr zustatten kam, die 1590 in Holland gelang. Ein entscheidender Durchbruch erfolgte, als der holländische Naturforscher Antoni van Leeuwenhoek (1632–1723) Keimzellen in der Samenflüssigkeit von Menschen, Säugetieren und Fischen fand. Er schloß daraus, daß sich Lebewesen aus männlichen Keimzellen entwickeln, die innerhalb von weiblichen Eizellen Nahrung finden. Im 18. Jahrhundert gelang es dem italienischen Physiologen Lazzaro Spallanzani (1729–99), die Idee von der Urzeugung experimentell zu widerlegen. Doch erst in den fünfziger Jahren des 19. Jahrhunderts konnte der französische Naturwissenschaftler Louis Pasteur (1822–95) mit der Idee der Urzeugung völlig aufräumen. Er zeigte, daß bei der Gärung Mikroorganismen, vor allem Bakterien, mitwirken, die durch die Luft in den vorher keimfreien Stoff gelangen. Später entdeckte man sogar noch kleinere Mikroorganismen, die Viren. Sie sind so winzig, daß auch das stärkste optische Mikroskop sie nicht erfassen kann. Während Pasteur einige der Säulen, auf denen der überlieferte Glaube ruhte, zum Einsturz brachte, rüttelte der Engländer Charles Darwin (1809–82) mit seinem Werk über die Evolution, die Abstammungslehre des Menschen, an einer weiteren. Gregor Mendel ergänzte durch seine Forschungen auf dem Gebiet der Vererbung die Arbeit Darwins.

Erforschung des Atoms

Eine der dramatischsten Entdeckungsgeschichten des 19. Jahrhunderts betrifft das Atom. Der englische Naturwissenschaftler John Dalton (1766 bis 1844) entwickelte folgende These: »Alle Materie besteht aus Atomen, die man weder künstlich herstellen noch zerstören, noch teilen kann. Die Atome eines Stoffes unterscheiden sich von den Atomen jedes anderen Stoffes, insbesondere durch ihr Gewicht.« Chemische Reaktionen sah Dalton als das Ergebnis einer veränderten Anordnung

DARWINS ABSTAMMUNGSLEHRE

Im Jahre 1859 veröffentlichte der englische Biologe Charles Darwin sein Buch *Die Entstehung der Arten durch natürliche Zuchtwahl,* in dem er die alttestamentarische Schöpfungsgeschichte ablehnte. Der Mensch, so führte Darwin in seinem Werk aus, sei nicht durch eine einmalige Handlung Gottes erschaffen, sondern habe sich in Jahrmillionen durch natürliche Selektion langsam entwickelt.

Darwin leitete seine Theorien von Beobachtungen her, die er bei seiner Weltreise (1831–36) vor allem in Südamerika und auf den Galapagosinseln gesammelt hatte. Dabei nämlich hatte er festgestellt, daß jedes Lebewesen viel mehr Nachkommen erzeugt als überleben können und daß schließlich nur diejenigen den Kampf ums Dasein bestehen und sich fortpflanzen, die am besten angepaßt sind. Nach zwanzigjähriger Forschung übertrug Darwin diese Theorie auch auf die Abstammung des Menschen.

Eine Karikatur aus der Zeitschrift Punch *aus dem Jahr 1861 zeigt einen verwirrten Affen, der nicht weiß, wo auf der Entwicklungsleiter sein Platz ist. Darwins Evolutionstheorie führte zu einer wütenden Kontroverse zwischen Religion und Wissenschaft. Die Mehrzahl der Geistlichen des Viktorianischen Zeitalters sahen im Darwinismus einen gotteslästerlichen Angriff auf die Bibel. Heute glauben jedoch viele Christen, daß die Berichte der Bibel neben der Evolutionstheorie bestehen können. Viele griffen Darwin freilich aus Unwissenheit an. Sie beschuldigten ihn, gesagt zu haben, der Mensch stamme vom Affen ab. Was Darwin angenommen hatte, war jedoch, daß beide einen gemeinsamen Ahnen gehabt haben könnten. Die Forschungen anderer Biologen bestätigten Darwins Theorie.*

Charles Darwin (1809–82) war 50 Jahre alt, als er seine Evolutionstheorie veröffentlichte. Er ging dabei von der Veränderlichkeit der Merkmale und der Überproduktion von Nachkommen aus.

VERERBUNG AM BEISPIEL DER ERBSE

Darwins Theorie der natürlichen Zuchtwahl hatte die Frage nicht beantwortet, wie bestimmte Merkmale vererbt werden und Variationen von Arten entstehen. Die Antwort gelang dem österreichischen Mönch Gregor Mendel, der entdeckte, daß erbliche Merkmale in einer vorhersehbaren Weise an die Nachkommen weitergegeben werden. Er kreuzte hochwüchsige mit zwergwüchsigen Erbsen und studierte das Verhältnis von Hochwüchsigkeit zu Zwergwüchsigkeit bei den so entstandenen Bastarden. Mendels Erkenntnisse bildeten die Grundlage der modernen Vererbungslehre.

Gregor Mendel (1822–84) entstammte einer unbedeutenden österreichischen Bauernfamilie. 1856 als Abt des Augustinerklosters in Brünn (in der heutigen Tschechoslowakei) begann Mendel seine berühmten Versuche. Er arbeitete acht Jahre, ehe er seine Ergebnisse veröffentlichte, doch schenkte man seiner Arbeit zu seinen Lebzeiten keine Beachtung; ihre Bedeutung wurde erst 1900 erkannt.

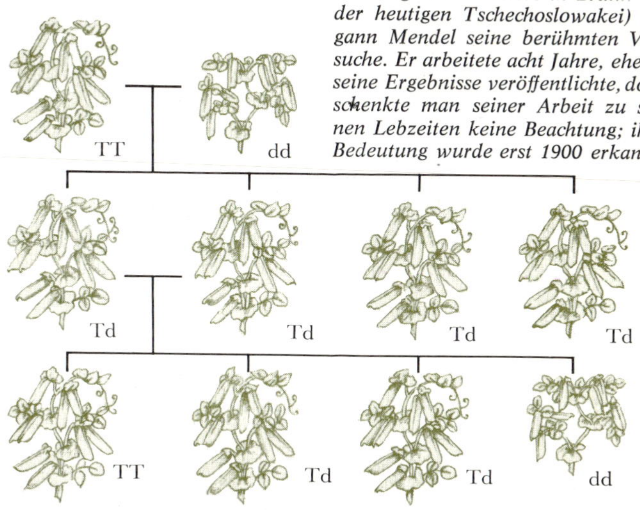

Kreuzt man hochwüchsige Pflanzen mit zwergwüchsigen, gehen daraus in der ersten Generation nur hochwüchsige hervor, denn das Gen der Hochwüchsigkeit ist dominant. Kreuzungen innerhalb dieser Generation bringen in der nächsten eine zwergwüchsige gegenüber drei hochwüchsigen, da von den vier möglichen Genkombinationen nur die Paarung zweier rezessiver Gene der Zwergwüchsigkeit eine zwergwüchsige Pflanze entstehen läßt.

ENTDECKUNGEN IM WELTALL

Dieser helle Fleck im Sternbild des Stiers, der Crabnebel – er wird so genannt, weil er in seinem Aussehen einer Krabbe ähnelt –, ist eine Wolke aus Staub und Trümmern. Er besteht aus den Überresten leuchtender Gasmassen, die eine im Jahre 1054 n. Chr. erschienene Supernova ausgestoßen hat. Als Supernova bezeichnet man die Explosion eines Sterns, wobei ein großer Teil seiner Materie in den Weltraum geschleudert wird. Dabei steigt die Helligkeit in Stunden oder wenigen Tagen auf das Milliardenfache der Sonnenleuchtkraft. In einer Galaxie mittlerer Größe, wie etwa dem Milchstraßensystem, kommt es durchschnittlich alle 300 Jahre zu einer Supernova.

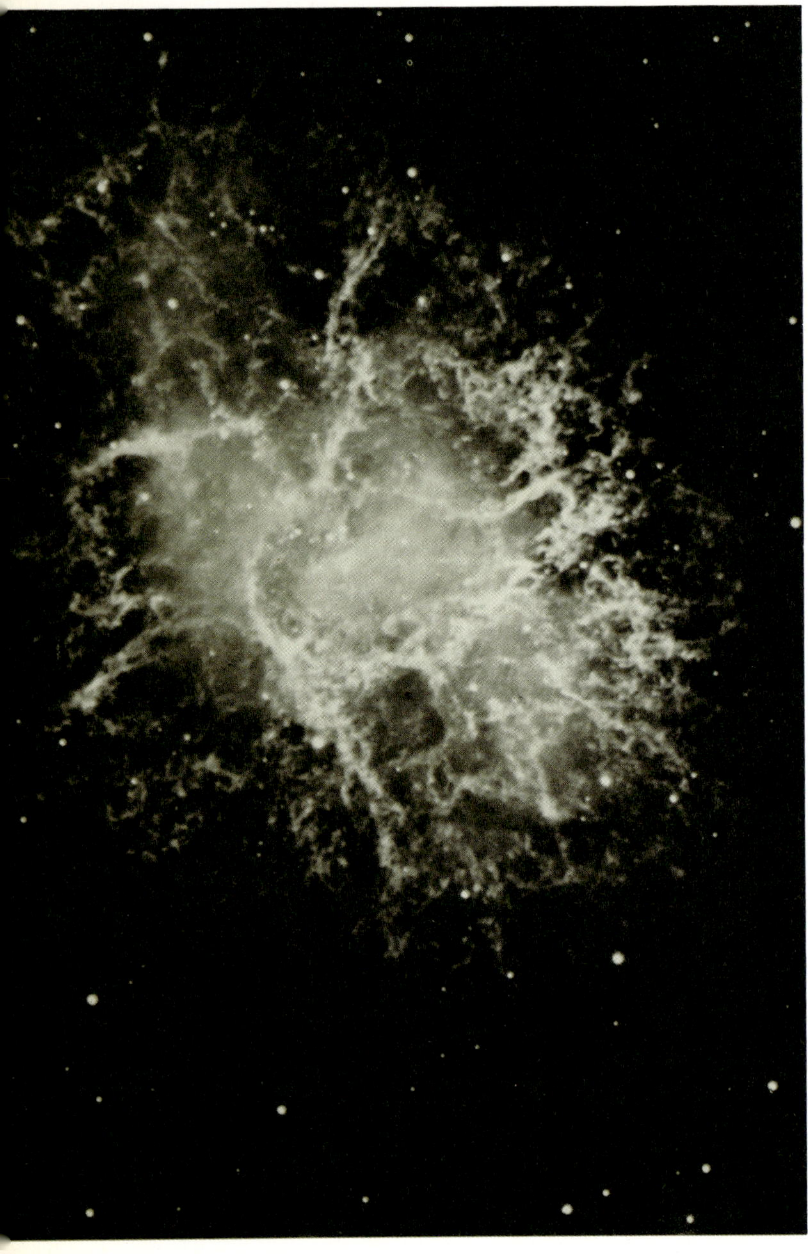

der Atome. 1869 stellte der russische Chemiker Dimitri Mendelejew ein periodisches System der chemischen Elemente auf, das heißt, er ordnete die chemischen Elemente nach ihrem Atombau und ihren davon abhängigen chemischen und physikalischen Eigenschaften.

Die Entdeckung der Strahlung von gewissen Substanzen brachte die Chemikerin Marie Curie (1867–1934) auf den Gedanken, daß – im Gegensatz zur klassischen Meinung – manche Atome doch spaltbar sein müßten. Sie konnte nachweisen, daß die Strahlung aus dem Atom heraus erfolgte, das Atom also im Zerfall begriffen war. Aus mehreren Tonnen Pechblende konnte Marie Curie wägbare Mengen von Radiumsalzen und daraus reines Radium gewinnen, das ohne äußere Einwirkung starke Strahlung aussendet. Später entdeckte man, daß die Radiumstrahlen Gewebe zerstören, weshalb sie in genauer Dosierung zur Behandlung von Krebserkrankungen gebraucht werden.

Auf dem Wege zur Atommacht

Ernest Rutherford (1871–1937), ein junger Neuseeländer, interessierte sich auch dafür, was innerhalb des Atoms vor sich geht. 1899 konnte er nachweisen, daß Uran zwei Arten von Strahlen abgibt, die er Alpha- und Betastrahlen nannte. 1919 gelang ihm die erste künstlich ausgelöste Kernumwandlung, indem er Stickstoffatome mit den Alphastrahlen des Radiums beschoß. Durch diesen Nachweis einer Kernreaktion begründete er die neue Wissenschaft der Nuklear- oder Kernphysik.

Eine Karikatur John Daltons, der mit seiner Atomtheorie (1808) zum Begründer der chemischen Atomistik wurde.

Rutherford und seine Nachfolger entwarfen ein Bild des Atoms. In der Mitte befindet sich der elektrisch positiv geladene Atomkern, um den sich mit phantastischer Geschwindigkeit auf bestimmten Bahnen die elektrisch negativ geladenen Elektronen bewegen. Der Atomkern selbst setzt sich aus den positiv geladenen Protonen und den neutralen Neutronen zusammen. Die Atome stellen also keine festen Bausteine dar, sondern ähneln eher winzigen Sonnensystemen, deren Hauptbestandteil der Raum ist. Im Dezember 1938 gelang es den deutschen Physikern Otto Hahn und Fritz Straßmann, den Kern eines Uranatoms zu spalten. Die Kernmasse wurde zerstört und gleichzeitig Energie freigesetzt. Diese Entdeckung führte direkt zur Konstruktion der Atombombe. Albert Einstein (1879 bis 1955) hatte 1915 die allgemeine Relativitätstheorie aufgestellt und damit die überlieferten Vorstellungen von Raum und Zeit, Bewegung, Masse und Schwerkraft völlig verändert. Einstein war deutscher Jude und wanderte 1933 in die Vereinigten Staaten aus. Zusammen mit anderen gab Einstein 1939 in einem Brief an Präsident Roosevelt den Anstoß für den Bau der ersten amerikanischen Atombombe.

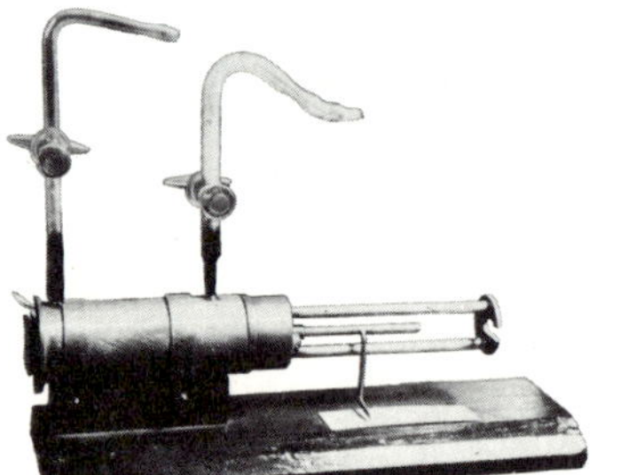

Diesen einfachen Apparat benutzte Ernest Rutherford 1919 zur Umwandlung des Stickstoffatomkerns. Die Teilchen wurden auf einem Bildschirm sichtbar gemacht.

Mit seiner Relativitätstheorie revolutionierte Albert Einstein alte Vorstellungen über Raum, Zeit, Bewegung und Masse.

Ursprung des Universums

In den vierziger Jahren stand die Atomforschung im Mittelpunkt der Wissenschaft. Doch in den fünfziger Jahren verlagerte sich das Interesse stärker auf den Ursprung und die Entwicklung des Weltalls. Es war schon lange bekannt, daß der Weltraum sich ständig ausdehnt und sich die großen Sternsysteme, die Galaxien, in unvorstellbarer Geschwindigkeit voneinander weg bewegen. Zur Erklärung dieser Expansion stellte man drei Theorien über die Entstehung des Weltalls auf. Die älteste und heute noch immer am häufigsten vertretene ist die Urknalltheorie. Danach soll das Universum als eine gewaltige

Das Innere eines Teilchenbeschleunigers. Mit ihm lassen sich unter anderem Transurane – radioaktive chemische Elemente – künstlich herstellen.

Materiemasse begonnen haben, die mit einem Urknall explodierte. Dadurch bildeten sich die einzelnen Galaxien, deren Expansion nur eine Folge der Urexplosion ist.

Die zweite Theorie geht davon aus, daß die gesamte Materie des Universums sich zyklisch ausdehnt und wieder zusammenzieht. Dieser Kreislauf beginnt etwa alle 60 Milliarden Jahre aufs neue. Nach dieser Oszillationstheorie könnte das Weltall seit ewig bestehen.

Auch nach der dritten Theorie, der des stationären Universums, gibt es keinen Schöpfungsakt. Sie besagt, daß ständig neue Materie in Form von Wasserstoffatomen entsteht. Der Wasserstoff sammelt sich langsam zu gewaltigen Wolken, aus denen sich neue Galaxien bilden, die den Raum zwischen den auseinanderrückenden Galaxien ausfüllen.

Programmiertes Leben

Während die Astronomen mit Hilfe von Radioteleskopen die Tiefen des Weltraums erforschten, benutzten andere Wissenschaftler ungeheuer stark vergrößernde Instrumente, wie Elektronen- und Protonenmikroskope, sowie die Röntgenkristallographie, um immer tiefer in die Geheimnisse des Lebens einzudringen. Die Molekularbiologie entschleierte den Aufbau der lebenden Zelle.

Im Kern einer jeden lebenden Zelle finden sich Chromosomen. Als Träger der Erbanlagen, der Gene, sind sie für die Vererbungsvorgänge verantwortlich. Hauptbestandteil der Chromosomen und damit Träger der genetischen oder Erbinformation ist die Desoxyribonukleinsäure – kurz DNS genannt. Die riesigen DNS-Moleküle bestehen aus zwei miteinander verbundenen, ineinander verdrillten Ketten, der sogenannten Doppelhelix. Diese Entdeckung gelang 1953 dem amerikanischen Biologen James D. Watson und dem englischen Vererbungsforscher Francis Crick.

Der einzelne Strang des DNS-Moleküls setzt sich wiederum aus einzelnen Bausteinen zusammen, die man Nukleotide nennt. Ein Nukleotid wird aus einem Molekül Phosphorsäure, einem Molekül Zucker und einem Molekül einer organischen Base gebildet. Da die DNS vier basische Bausteine (Adenin, Cytosin, Guanin, Thymin) aufweist, besteht ein Teilstück eines DNS-Riesenmoleküls aus verschiedenen hintereinandergesetzten Nukleotiden. Die vier Basen sind auf einem Teilstück der DNS zu

Der dänische Physiker Niels Bohr erhielt 1922 den Nobelpreis. 1943 wanderte er nach Amerika aus, wo er an der Entwicklung der Atombombe mitarbeitete.

etwa gleichen Teilen vertreten, doch scheint die Reihenfolge keiner Gesetzmäßigkeit zu folgen. Die unterschiedliche Anordnung der Basen bildet den genetischen Code. Mit jedem Wechsel in der Anordnung der vier Basenmoleküle ist ein unterschiedlicher Erbeffekt verbunden. Die möglichen Auswirkungen dieser Erkenntnis sind schwerwiegend, denn der Mensch könnte durch Herumexperimentieren mit dem Code Eigenschaften des Lebendigen verändern.

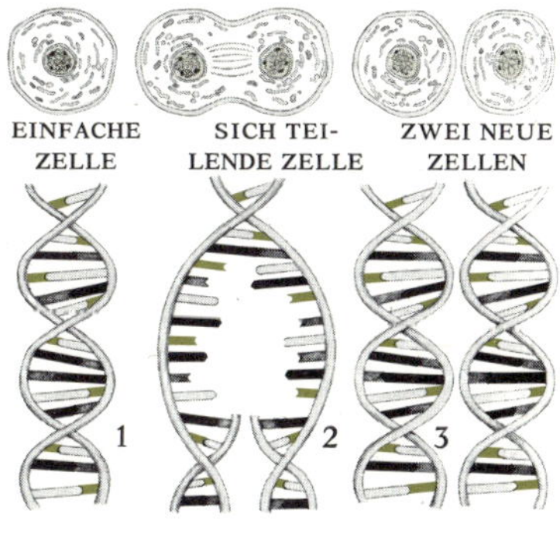

Bei der Zellteilung teilt sich auch jedes DNS-Molekül (1) des Kerns. Es bilden sich zwei Halbmoleküle (2), denen sich Zellfragmente anschließen und so zwei vollständige neue DNS-Moleküle bilden (3). Jedes ist ein genaues Ebenbild des Originalmoleküls.

Verschiebung der Erdschollen

Es ist höchst wahrscheinlich, daß heute gültige Theorien im Laufe der Zeit verworfen werden, wenn neue Erkenntnisse zu neuen Theorien führen. So erhoben sich Ende der sechziger Jahre Zweifel an den bis dahin gültigen Vorstellungen über das Verhalten der Erdrinde und der Erdkruste. Neue Wissenschaften, wie Paläogeographie und Geotektonik, befassen sich mit dem Studium der Schollenbewegungen der Erdrinde. Es wird jetzt allgemein angenommen, daß die Erdrinde wie eine gesprungene Eierschale in Schollen zerbrochen ist, die übereinander weggleiten können. Auf diese Weise sind ganze Kontinente durch horizontale Verschiebungen auf der Erdoberfläche gedriftet und haben so den heutigen Bau der Erdrinde hervorgerufen. Wo zwei Schollen zusammenstoßen, türmen sich Gebirgsketten auf; Erdbeben entstehen dort, wo Schollen stoßweise aneinander vorbei oder aufeinander zu gleiten.

Solche Entdeckungen vermehren das Wissen um unsere eigene Welt, während die Raumfahrt den Wissenschaftlern Gelegenheit gibt, den Geheimnissen des Weltalls näherzukommen. Die Raumfahrt hat schon einen Schlüssel zum besseren Verständnis des Universums geliefert, seit die Astronauten auf dem Mond Urgestein gefunden haben, das aus der Zeit der Entstehung der Erde vor etwa fünf Milliarden Jahren zu stammen scheint. In unserer modernen Zeit mehrt sich das Wissen fast täglich. Darüber vergißt man

Die Schollen der Erdrinde sind in ständiger Bewegung. Gegeneinander gleitende Schollen bildeten diese Verwerfungslinie in einem kalifornischen Orangenhain.

leicht, daß die auf Experimenten beruhende moderne Wissenschaft erst 400 Jahre alt ist und daß sich erst 30 Generationen seit der Zeit abgelöst haben, als der Mensch für das Verständnis des Lebens und des Weltalls auf Mythen angewiesen war.

DAS STUDIUM DES HIMMELS

Seit den Anfängen der Kultur faszinierte den Menschen der Himmel über ihm. Astronomen im alten Ägypten, in Babylonien und China konnten Sonnenfinsternisse vorausberechnen, und die Ägypter zeichneten schon Sternkarten. Alle diese Beobachtungen machte man mit bloßem Auge. Als im 17. Jahrhundert das Fernrohr erfunden wurde, ließen sich genauere Beobachtungen machen.

Doch selbst die größten optischen Teleskope sind in ihrer Wirksamkeit durch die Erdatmosphäre beschränkt, weil sie das von den Sternen und Planeten kommende Licht verzerrt. Erst die Radioteleskope gestatteten den Astronomen, diese Barriere zu durchdringen. So wie der Spiegel oder die Linse eines optischen Teleskops die auf die Erde gelangenden Lichtstrahlen bündelt, sammelt die Parabolantenne des Radioteleskops die von den Himmelskörpern ausgehenden Radiowellen. Freilich erreicht nur die Radiostrahlung, deren Wellenlänge zwischen 1 cm und 20 m liegt, die Erdoberfläche. Die meisten dieser Radiowellen haben ihre Reise lange vor der Erfindung dieser Teleskope begonnen, so können die Radioastronomen Ereignisse »abhorchen«, die sich vor Tausenden von Jahren im Weltall abgespielt haben.

Das größte optische Teleskop der Erde auf dem Mount Palomar in Kalifornien hat einen Spiegel von 5 m Durchmesser.

Mit dem Teleskop von Jodrell Bank werden die Geheimnisse des Weltraums untersucht und künstliche Satelliten beobachtet.

Im 18. Jahrhundert ließ der Maharadscha Sawai Dschai Singh II. dieses Observatorium in Dschaipur (Nordwestindien) errichten.

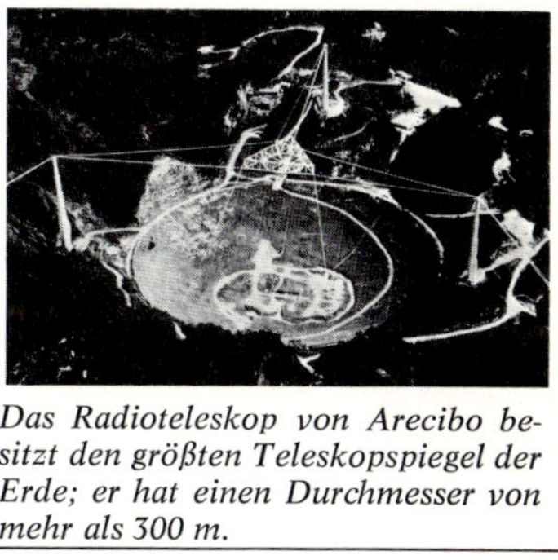

Das Radioteleskop von Arecibo besitzt den größten Teleskopspiegel der Erde; er hat einen Durchmesser von mehr als 300 m.

Schreiben und Rechnen

Aus rohen Zeichen auf Steintafeln entwickelten sich Symbole, mit denen eine exakte Berichterstattung möglich wurde

Viele ägyptische Monumente, wie dieses Grabmal des Höflings Thethi aus dem Jahre 2000 v. Chr., tragen Hieroglypheninschriften. In dieser Bilderschrift ehrten die Ägypter ihre Götter und priesen die Großtaten der Verstorbenen.

Die älteste bisher bekannte Schrift befindet sich auf einer Kalksteinplatte, die man in der altsumerischen Stadt Kisch in Mesopotamien, dem Zweistromland, fand. Vor etwa 5500 Jahren wurden in diesen Stein die Umrisse einer Hand, eines Fußes und eines Hammers eingegraben, dazu andere Zeichen, die vielleicht Zahlen darstellen.

Die genaue Bedeutung dieser Aufzeichnung ist nicht klar, aber zweifellos handelt es sich um eine Art Bilderschrift. Sie stellt den ersten entscheidenden Schritt zur Erfindung einer Schrift dar. Und diese Erfindung ermöglichte dem Menschen eine Entwicklung, die in vorgeschichtlichen Zeiten undenkbar gewesen wäre. Ohne Schrift war das Gesamtwissen eines Volkes oder Stammes auf das beschränkt, was die ältesten Personen an Überlieferung im Gedächtnis behalten hatten und was jede Generation neu hinzuentdeckte. Die Schrift erlaubte jeder Generation, die Gesamterfahrungen ihrer Vorfahren zu übernehmen.

Zuerst wird die Schrift wohl nur eine bequeme Gedächtnisstütze für den Beamtenstab gewesen sein, der sich notwendigerweise in den langsam entstehenden Städten entwickelte. So ist es kein Wunder, daß die ersten Anfänge einer Schrift in Mesopotamien entdeckt wurden, also dort, wo die älteste Kultur beheimatet war.

Bilder übermitteln Begriffe

Das Einmeißeln von Inschriften in Steinplatten wie jener aus Kisch war eine mühselige Arbeit. So dauerte es nicht lange, bis die alten Sumerer statt dessen auf Tafeln aus formbarem Ton zu schreiben begannen, die, an der Sonne gehärtet, die Inschrift bewahrten. Die frühesten Tontafeln stammen aus der Zeit um 2900 v. Chr. und tragen Symbole, die verschiedene Gegenstände und Körperteile darstellen.

In dieser frühen Form der Bilderschrift konnte man kaum abstrakte Begriffe ausdrücken. So führten die Schreiber allmählich Symbole ein, die mehr darstellten als nur den abgebildeten Gegenstand. So bedeutete ein Kreis

Im alten Mesopotamien sicherte man Dokumente mit kleinen Siegeln, die Bilder und Keilschriftzeichen trugen.

Der assyrische König Assurbanipal legte in Ninive eine große Bibliothek an, aus der noch rund 20 000 Täfelchen in Bruchstücken erhalten sind.

nicht nur Sonne, sondern konnte auch für Begriffe wie »Licht«, »Wärme« oder »Tag« stehen.

Bis dahin waren alle von den Schreibern benutzten Symbole nur rohe Abbilder erkennbarer Dinge. Doch nun setzte eine neue Entwicklung ein – das erste nicht bildhafte Schreiben. Die keilförmigen Enden der von den Schreibern benutzten Rohrgriffel machten es leicht, ein Bild als Kombination keilförmiger Zeichen aufzubauen, die durch je-

FRÜHESTE SCHRIFTEN

Die erste Schrift entwickelten die Sumerer. Zunächst ritzten sie einfache Bilder in Ton, doch die Schilfrohrgriffel waren hierfür kein geeignetes Werkzeug, weshalb man sie zu keilförmigen Stempeln umarbeitete. Bald hatten diese Keilschriftsymbole kaum noch Ähnlichkeit mit den ursprünglichen Bildern.

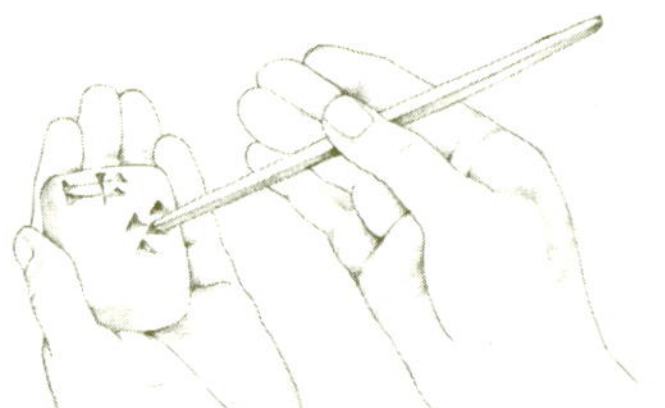

Mit einem Griffel drückte man die Keilschriftzeichen in weichen Ton, der dann gebrannt wurde.

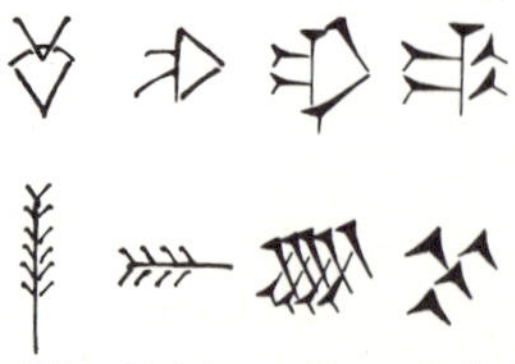

OCHSE

KORN

Die Zeichen für »Ochse« und »Korn« waren zunächst stilisierte Bilder, wurden aber im Laufe der Zeit zu einer Anzahl Strichen vereinfacht.

weils einen Griffelabdruck entstanden. Mit der Zeit wurden die Zeichen immer abstrakter, und es entwickelte sich die Keilschrift. Bald benutzte man die Zeichen nicht nur für das bildhaft dargestellte Wort, sondern übertrug es auch auf verwandte oder gleich klingende Begriffe. Zum Beispiel hieß in der Sprache der Sumerer der Pfeil *ti*, aber auch das Wort für Leben wurde *ti* ausgesprochen. Infolgedessen benutzte man für »Pfeil« und »Leben« das gleiche Zeichen.

Ableitung von Silbenzeichen

Einen wesentlichen Fortschritt stellte es dar, als man begann, aus Wortzeichen Silbenzeichen abzuleiten. Der Schreiber konnte nun längere Worte durch Kombination mehrerer Silbenzeichen schreiben. Er verfuhr dabei etwa so, als wolle man das Wort »Urlaub« in die Silben »Ur« oder »Uhr« und »Laub« zerlegen und »Urlaub« durch die Symbole für »Uhr« und »Laub« darstellen.

Dadurch verringerte sich die Anzahl der zu erlernenden Zeichen auf die Zahl der in der betreffenden Sprache gesprochenen Silben. Dennoch mußte der sumerische Schreiber immerhin noch etwa 500 verschiedene Zeichen lernen, während die Mehrheit der Bevölkerung weder lesen noch schreiben konnte. Obwohl die Keilschrift einige

In Phaistos auf Kreta fand man die Scheibe, deren Hieroglypheninschrift bisher jedoch noch nicht entziffert werden konnte.

Mängel aufwies, übernahmen sie viele Völker, darunter die Babylonier, Assyrer und Perser. Sie blieb 3000 Jahre, bis ins erste Jahrhundert n. Chr., in Gebrauch. Im 19. Jahrhundert gelang ihre Entzifferung.

Die Schrift der Ägypter

Während sich die Keilschrift im Vorderen Orient weit verbreitete, entwickelten die alten Ägypter eine eigene Bilderschrift, die auf ihr Land beschränkt blieb. Diese Hieroglyphenschrift kam etwa um 2900 v. Chr. in Gebrauch und blieb es bis in römische Zeit. Das Wort Hieroglyphe kommt aus dem Griechischen und bedeutet »heilige Bildzeichen«. Hieroglyphen wurden nämlich zunächst hauptsächlich für sakrale Inschriften auf Bauten und Monumenten verwandt. Die Zeichen, von denen es etwa 700 gab, waren vereinfachte Zeichnungen von Menschen, Tieren und alltäglichen Gegenständen. Sie standen entweder für das abgebildete Objekt selbst oder für gleichlautende Wörter. Da man bei der Schreibung die Vokale nicht berücksichtigte, konnte ein Zeichen für viele Wortlaute stehen. Die Zeichen waren so genormt, daß sie jeweils in ein Quadrat gruppiert werden konnten. Heilige Symbole und Götternamen hatten dabei den Vorrang.

Eine vereinfachte Form der Hieroglyphen, die hieratische Schrift, wurde zum schnelleren Schreiben auf Papyrus entwickelt und hauptsächlich für religiöse Texte gebraucht. Da sie schwer zu erlernen und zu schreiben war, führte man im 7. Jahrhundert v. Chr. für den alltäglichen Gebrauch die demotische Schrift ein. In ihr war die Bildhaftigkeit der alten Hieroglyphen dem Schnellschreiben geopfert worden. Die letzte in demotischer Schrift verfaßte Urkunde stammt aus dem Jahr 476 n. Chr.

Erste Linearschriften

Ägyptische Hieroglyphen, wie auch alle übrigen frühen Bilderschriften, konnten in jeder Richtung geschrieben werden. Doch die einzelnen Zeichen einer Hieroglyphenfolge standen so, daß die Köpfe der Bildzeichen auf den Zeilenanfang blickten. Die zwei Silbenschriften, welche die Minoer auf Kreta benutzten, wurden jedoch stets in waagerechten Linien geschrieben und erhielten daher die Bezeichnung Linearschrift A und B.

Die Maya entwickelten um die Zeitwende eine Bilderschrift, von der bisher nur Zahlzeichen, Datumsangaben und Götternamen entziffert sind.

Linearschrift A besitzt 90 Silben. Sie entstand in der Zeit zwischen 2000 und 1700 v. Chr. und ist bisher nicht entziffert. Um 1500 v. Chr. entwickelte man aus ihr die Linearschrift B. Als es 1953 gelang, diese Schrift weitgehend zu entziffern, stellte man fest, daß sie zur Wiedergabe der griechischen Sprache benutzt wurde. Bei den Texten in Linear B handelt es sich hauptsächlich um Quittungen, Rechnungen und Inventurlisten. Auch in der phönikischen Stadt Byblos benutzte man schon im frühen 2. Jahrtausend v. Chr. eine Silbenschrift. Die Byblos-Schrift findet sich auf Stein- und Bronzegegenständen. Viele der rund 80 Zeichen ähneln ägyptischen Hieroglyphen, doch blieb die Schrift bisher ungedeutet.

ENTRÄTSELUNG DES STEINS VON ROSETTE

Bis zum Jahre 1822 war es niemandem gelungen, die ägyptischen Hieroglyphen zu entschlüsseln. 1799 fanden französische Soldaten beim Grabenbau den »Stein von Rosette«, eine zerbrochene Basaltplatte, auf der eine Inschrift aus dem Jahre 196 v. Chr. zu Ehren Ptolemaios' V. eingemeißelt ist. Die ägyptische Inschrift ist in hieroglyphischer, demotischer und altgriechischer Schrift wiederholt. Da man den griechischen Text lesen konnte, gelang es dem Franzosen Jean François Champollion schließlich, die Hieroglyphen zu entziffern.

14 Jahre arbeitete Champollion an der Entzifferung der Hieroglyphen. Schon vor ihm hatte man erkannt, daß die Königsnamen in Kartuschen – langgezogenen Sonnenscheiben – standen. Auf dem Stein von Rosette fand sich eine solche Kartusche mit dem Namen des Ptolemaios. Da man in der Ptolemäerzeit dazu übergegangen war, in fremden Namen auch die Vokale zu schreiben, wurde Champollion die Arbeit erheblich erleichtert. Seine Deutung der für p, o und l stehenden Zeichen bestätigte sich, als man auf einem Obelisken eine Kartusche mit dem Namen Kleopatras fand. Beide Kartuschen sind hier stilisiert und vereinfacht wiedergegeben.

Das chinesische Schriftzeichen »li« (oben) leitet sich von dem Bild eines dreifüßigen Tonkruges her (oben links). Später erhielt es die mittlere Form und glich schließlich einem Bronzegefäß (rechts). Bereits um 200 v. Chr. bildete sich die heutige Form.

MITTELALTERLICHE HANDSCHRIFTEN

Solange die Buchdruckerkunst noch nicht erfunden war, mußten alle Bücher mit der Hand geschrieben werden. Die Handschriften des Mittelalters entstanden zumeist in den Schreibstuben der Klöster. Der Scriptor glättete das Pergament zunächst mit Bimsstein und grundierte es dann mit Kalk. Mit Zirkelstichen am Rande markierte er sich Linien und beschrieb dann das Pergament mit einer Rohrfeder und schwarzer Tinte. Das Bild zeigt einen frühmittelalterlichen Scriptor bei der Arbeit. In der linken Hand hält er ein Radiermesser. Da es für die Schreiber angenehmer war, ganze Worte auszuschreiben, entwickelte sich im Laufe der Zeit die Kleinschreibung.

Mittelamerikanische Schriften

Unabhängig von der Alten Welt, entwickelten zwei frühe Kulturen Mittelamerikas ebenfalls bildhafte Lautschriften eigener Ausprägung. Die Maya, deren Kulturblüte im südlichen Mexiko und in Guatemala in die Jahre 300–900 n. Chr. fällt, haben viele Beispiele ihrer Schrift hinterlassen: eingemeißelt in gewaltige Stelen, in Metall eingraviert, auf Tonwaren oder Agavenpapier gemalt. Die Bedeutung der Maya-Hieroglyphen, die in Rahmen gruppiert sind, hat den Wissenschaftlern bis heute Rätsel aufgegeben. Mit Sicherheit entziffert sind nur die Zahlzeichen, die Namen der Tage, Monate und Gottheiten.

Auch die Schrift der Azteken in Mexiko besteht fast ausschließlich aus vereinfachten Bildern. Sie stellt eine Mischung aus Wort- und Bilderschrift dar und konnte besser entziffert werden als die Mayaschrift.

Eine erhaltene Wortschrift

Die fast 3500 Jahre alte chinesische Schrift ist im wesentlichen eine Wortschrift. Die einzelnen Zeichen stellen ganze Wörter dar. Auf Orakelknochen aus dem 14. Jahrhundert v. Chr. – flachen, polierten Tierknochen, die zum Vorhersagen der Zukunft benutzt wurden – finden sich Proben dieser Schrift, die zeigen, daß sie bereits um diese Zeit voll ausgebildet war. Man nimmt daher an, daß sie noch einige Jahrhunderte älter ist. Mehr als 2000 verschiedene Schriftzeichen waren in diese Knochen eingeritzt. Die heutige Schriftform kennt etwa 50 000 Zeichen, doch genügen 2000 bis 4000 für den gewöhnlichen Bedarf.

Die chinesische Schrift hat sich dank der Eigenart der chinesischen Sprache so lange als Wortschrift erhalten. Andere Schriften haben sich zu Systemen entwickelt, in denen die kleinste Einheit nicht ein ganzes Wort, sondern eine Silbe oder ein Buchstabe ist. Ursprünglich waren die meisten chinesischen Worte einsilbig und unterschieden sich durch Worttöne. Das reichte für einen reich entwickelten Wortschatz jedoch bald nicht mehr aus, deshalb sind heute die meisten chinesischen Worte zwei- oder mehrsilbig. Außerdem gibt es zahlreiche Dialekte, die im Lautstand voneinander abweichen. Die chinesische Schrift ist von den unterschiedlichen Dialektaussprachen unabhängig, deshalb könnte eine alphabetische Schrift erst dann eingeführt werden, wenn die verschiedenen chinesischen Dialekte durch eine einheitliche Hochsprache ersetzt sind. 1956 wurde ein Alphabet entwickelt, das dem Peking- oder Mandarindialekt angepaßt ist.

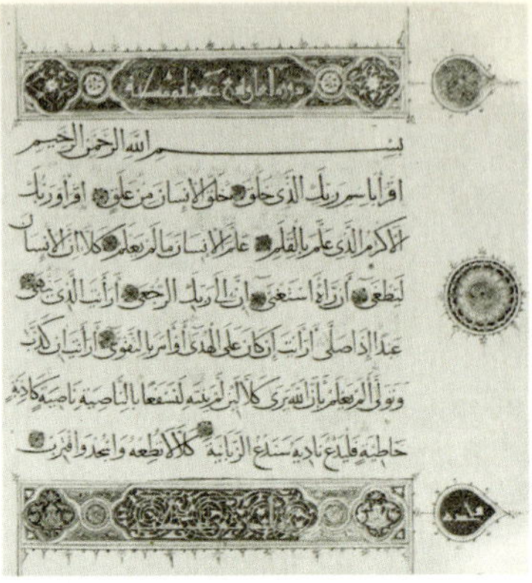

Arabisch, die Sprache und Schrift des Korans, des heiligen Buches des Islams, wird wie Hebräisch von rechts nach links geschrieben.

Japanische Schriften

Die Japaner übernahmen das chinesische Schriftsystem im 4./5. Jahrhundert n. Chr. Später entwickelten sie aus den chinesischen Zeichen eine Silbenschrift, Kana genannt. Hieraus entstand im 8. Jahrhundert die Hiragana-Schrift. Später schuf man aus einem Teil der phonetisch verwendeten chinesischen Zeichen noch die Katakana-Schrift. Sie hatte nur noch 48 Zeichen. Auch die Zahl der Hiragana-Zeichen reduzierte man später auf 48. Die Japaner lernen und benutzen beide Schriften nebeneinander. 1885 wurde erstmals ein Versuch unternom-

DIE ENTSTEHUNG DES ALPHABETS

In alphabetischen Schriften entspricht jedes Symbol einem Grundlaut der gesprochenen Sprache. Sie stellen daher die bequemste Schriftform dar. Da die meisten Sprachen nur 20 bis 30 Grundlaute haben, ist die Zahl der zu erlernenden Zeichen gering.

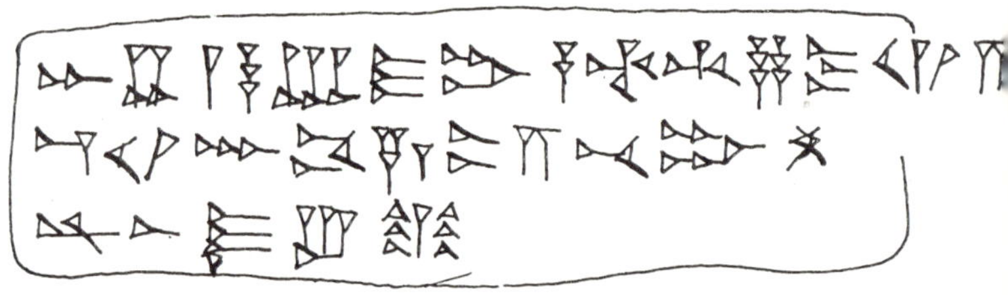

Tontäfelchen aus Ras Schamra, der antiken Stadt Ugarit der Kanaanäer, zeigen, daß man hier vor etwa 3400 Jahren in einem Keilschriftalphabet schrieb.

Oben: Ein Grieche schreibt mit einem Griffel auf einer Wachstafel. Rechts: Die Römer benutzten für Inschriften Großbuchstaben.

men, statt der chinesischen Schriftzeichen eine Lateinschrift, das Roma-ji, einzuführen, doch bis heute ist keine gültige Lösung erreicht.

Symbole für Grundlaute

Der größte Mangel der Silbenschrift, in der jeder Silbe ein bestimmtes Zeichen entspricht, liegt in der großen Zahl von Zeichen, die man sich merken muß. Der wichtigste Entwicklungsschritt in der Geschichte des Schreibens kam deshalb mit der Entdeckung, daß sich die Silben selbst aus einer verhältnismäßig geringen Zahl von Grundlauten zusammensetzen. Die Grundlaute des Wortes »Tor« zum Beispiel ergeben in anderer Reihenfolge das Wort »Rot«. Die meisten Sprachen haben kaum mehr als 20 oder 30 solcher Grundlaute, und das einfachste Schriftsystem, das der Mensch erfunden hat, das alphabetische System, basiert auf der Verwendung eines bestimmten Zeichens für jeden Grundlaut.

Wie die Erfindung der Schrift, so kam auch die Erfindung des Alphabets aus dem Nahen Osten. Die ältesten bisher gefundenen nordsemitischen Alphabetinschriften stammen aus dem 13. Jahrhundert v. Chr. Dieses Alphabet hatte 22 Konsonantzeichen. Es spaltete sich später in drei Schriften, die phönikische, die kanaanäische oder hebräische und die aramäische Schrift. Die phönikische Schrift bildete die Grundlage der griechischen und damit aller europäischen Schriften.

Vor etwa 3600 Jahren entwickelte sich im Nahen Osten das nordsemitische Alphabet, das sich bald in die phönikische, kanaanäische und aramäische Schrift aufspaltete. Die phönikische Schrift bildete die Grundlage aller europäischen Schriften. Um 1000 v. Chr. wurde sie von den Griechen übernommen, die einige Konsonantzeichen in Vokalzeichen umwandelten. Nach Rom gelangte dieses System etwa im 6. Jahrhundert v. Chr., und das lateinische Alphabet ist mit geringen Abwandlungen noch heute in Gebrauch. Aus dem aramäischen System entwickelten sich die hebräische und die arabische Schrift.

Runenschrift auf einem Kästchen aus Northumbrien aus dem 7. Jh. Runen waren die früheste Schriftform germanischer Völker.

Solch ein Alphabet zu erlernen ist ein Kinderspiel im Vergleich zu der jahrelangen Mühe, die es bereitete, sich Tausende von Zeichen für einzelne Worte oder Dutzende von Symbolen für verschiedene Silben einzuprägen. Die Erfindung des Alphabets bedeutete, daß Lesen und Schreiben nun nicht mehr den Schreibern und Priestern vorbehalten bleiben mußte.

Die frühesten Inschriften in aramäischer Schrift stammen aus dem 9. Jahrhundert v. Chr. Obgleich die Aramäer politisch nie eine große Bedeutung erlangten, verbreitete sich ihre Sprache und Schrift sehr weit. Die Perser übernahmen sie, und man fand aramäische Inschriften von Kleinasien bis Indien.

Ein russisches Manuskript aus dem 15. Jh. in kyrillischer Schrift, einer Abwandlung der griechischen Schrift.

Schriften zweier Religionen

Nach der Babylonischen Gefangenschaft (587–538 v. Chr.) übernahmen die Juden ein aramäisches Alphabet und entwickelten daraus die noch heute übliche Quadratschrift. Das hebräische Alphabet weist 22 Konsonantzeichen auf. Seit dem 5. Jahrhundert n. Chr. deutete man die Vokale durch Striche und Punkte über und unter den Buchstaben an. Um 900 setzte sich hierfür ein einheitliches System durch.

Die arabische Schrift hat sich aus einem anderen Abkömmling des aramäischen Alphabets entwickelt und sich – als Schrift des Korans – mit dem Islam in vielen Teilen Asiens und Afrikas verbreitet. Das moderne arabische Alphabet hat 28 Zeichen – sechs mehr als das ursprüngliche aramäische –, und die Schrift wird wie die hebräische von rechts nach links geschrieben.

Hinzunahme der Vokalzeichen

In den frühesten Alphabeten hatten nur die Konsonanten eigene Zeichen. Wie bei unserer Kurzschrift oder bei Abkürzungen in Zeitungsanzeigen ergänzte der Leser die Vokale im Geist. Das Arabische und Hebräische haben bis zum heutigen Tag nur Buchstaben für Konsonanten.

Vermutlich um 1000 v. Chr. übernahmen die Griechen das phönikische Alphabet. Fünf der 22 phönikischen Konsonantzeichen waren für die griechische Sprache entbehrlich, weshalb man sie in Vokalzeichen umwandelte. Man schrieb zuerst abwechselnd von rechts nach links und von links nach rechts – wie der Pflug wendet – seit etwa 500 v. Chr. nur noch von links nach rechts wie noch heute in allen europäischen Schriften.

Über die Etrusker gelangte das griechische Alphabet zu den Römern. Vor dem Aufstieg der Römer herrschten die Etrusker über Mittelitalien. Etwa 10 000 etruskische Inschriften sind aufgefunden worden, die ältesten aus dem 8. Jahrhundert v. Chr., doch läßt sich die etruskische Sprache bis heute nicht vollständig deuten. Die Römer übernahmen 21 Buchstaben des etruskischen Alphabets. Die ältesten Inschriften in lateinischer Schrift stammen aus dem 6. Jahrhundert v. Chr. Im Gebiet der römischen Kirche war die lateinische Schrift überall üblich, so daß sie sich im Laufe der Zeit über alle Erdteile verbreitete.

Dagegen setzte sich im Gebiet der Ostkirche die kyrillische Schrift durch, die seit dem 10. Jahrhundert die ältere Glagoliza verdrängte. Beiden Schriften lag ebenfalls das griechische Alphabet zugrunde. Durch einige Änderungen und Ergänzungen ist

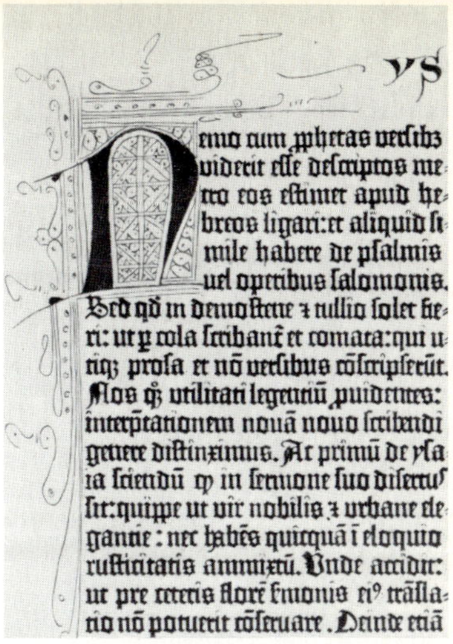

Die Erfindung der Buchdruckerkunst führte zu einer größeren Schriftnormierung. Hier eine Seite der Gutenberg-Bibel aus dem Jahre 1455.

die kyrillische Schrift den Besonderheiten der slawischen Sprachen angepaßt. Unter Peter dem Großen wurde sie vereinfacht, und dieses Alphabet übernahmen dann Ukrainer, Bulgaren und Serben, die ihrerseits weitere Veränderungen vornahmen.

Schriftformen

Die heute benutzten lateinischen Schriftzeichen wurden von den Römern entwickelt. Sie benutzten mehrere Schriftformen nebeneinander; am bekanntesten ist die Monumentalschrift aus

VERZIERTE INITIALEN

In frühen Handschriften hob man die Anfangsbuchstaben durch sorgfältig ausgeführte Verzierungen hervor. Solche Illustrationen konnten den größten Teil der Seite einnehmen. Oft dauerte es Jahre, bis ein Buch dieser Art fertiggestellt war.

Die Initiale G mit dem Bild des hl. Augustin (11. Jh.).

Die Initiale R als Kampf mit dem Drachen (12. Jh.).

DER GENAUESTE KALENDER

Völlig unabhängig von Einflüssen aus der Alten Welt, entwickelten die Maya zwei Kalender, die auf ihrer auf der Zahl 20 fußenden Zählreihe basierten. Der heilige Kalender, der aus 13 Einheiten zu je 20 Tagen bestand, teilte das Jahr in 260 Tage. Für den profanen Kalender legten sie jedoch 18 Einheiten zu 20 Tagen fest und fügten am Ende des Jahres 5 Feiertage an. Mit ihrem einfachen Zahlensystem, das nur drei Zeichen – Punkt, Strich und ein Symbol für Null – kannte, gelang ihnen von allen Völkern der Erde die genaueste Berechnung der Jahreslänge. Denn nach dem Maya-Kalender beträgt die Länge eines Jahres 365,242 129 Tage. Erst astronomische Berechnungen jüngster Zeit ergaben die genauere Länge von 365,242 198 Tagen.

Großbuchstaben, die man auf klassischen Monumenten wie der Trajanssäule in Rom für Inschriften verwendete.

Die karolingische Schrift, auch karolingische Minuskel genannt, entstand 780 n. Chr. unter Karl dem Großen als Hofschrift des Fränkischen Reiches. Sie wies bei einer Reihe von Buchstaben Ober- und Unterlängen auf. Kleinbuchstaben, die von den Großbuchstaben abgeleitet waren, kamen dadurch in Gebrauch, daß die mittelalterlichen Schreiber beim Schnellschreiben die Feder zwischen den einzelnen Buchstaben nicht mehr vom Papier hoben.

Im 11. Jahrhundert bildete sich die karolingische Minuskel zur gotischen Schrift um. Sie entwickelte sich zu verschiedenen Typen und hielt sich bis in das 16. Jahrhundert, als sich die Fraktur als Druckschrift durchzusetzen begann. In Italien hatte sich bereits während der Renaissance ein anderer Schrifttyp entwickelt, die Antiqua. Sie verband die Großbuchstaben der antiken Schriften mit den Kleinbuchstaben der karolingischen Minuskel. Auch sie hat im Laufe der Zeit verschiedene Wandlungen erfahren. Langsam verdrängte die Antiqua die Fraktur, und es bildete sich aus ihr die verbundene Schreibschrift, die wir heute benutzen.

Rechnen mit den Fingern

Die erste Additionsmaschine des Menschen waren seine Finger. Wenn er seine Jagdbeute gegen grobe Waffen oder Gefäße eintauschte, mag er ihren Wert an seinen Fingern ausgerechnet haben. Anfänglich werden solche Berechnungen wohl eine stumme Demonstration gewesen sein, doch dann gab man den Zahlen Namen, die sich wahrscheinlich direkt von der Technik des Fingerzählens ableiteten. Bezeichnungen dieser Art haben sich bis heute in einigen naturvolklichen Gesellschaften erhalten. Bei einem nordamerikanischen Indianerstamm zählt man, indem man die Finger der erhobenen Hand hinunterbiegt, wobei mit dem kleinen Finger begonnen wird. Die Zahl Eins nennen sie dann wörtlich »das Ende ist gebogen«. Für Zwei sagen sie »es ist nochmals gebogen«. Drei heißt »der Mittlere ist gebogen«, während Vier durch »nur einer bleibt übrig« ausgedrückt wird. Ihr Wort für Fünf bedeutet »meine Hand ist zu Ende«.

DER ERSTE RECHNER

Vor der Einführung der arabischen Ziffern und des dezimalen Stellenwertsystems waren die Zahlensysteme so umständlich, daß man nur mühevoll und langsam damit rechnen konnte. Multiplikationen mußten als Folge von Additionen ausgeführt werden. Um diese Schwierigkeiten zu beheben, erfand man Hilfsmittel wie das Rechenbrett. Älteste Formen finden sich schon bei Ägyptern und Sumerern.

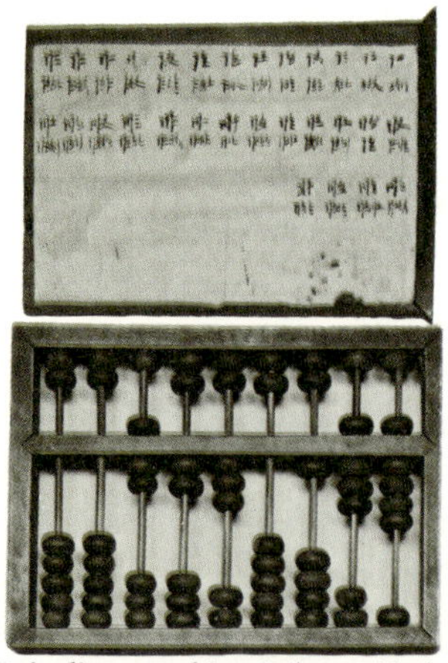

Bei diesem chinesischen Abakus haben die Perlen im kleineren Teil jeweils den Wert »fünf«, während die im größeren den Wert »eins« haben. Zum Rechnen bewegt man die Perlen zum Querholz hin.

Die Inka im alten Peru rechneten mit Hilfe von Quipus – Schnüren, deren Länge, Dicke, Farbe und Knoten verschiedene Werte repräsentierten.

Das Dezimalsystem

Das Rechnen mit den Fingern bildete wahrscheinlich die Grundlage für das Dezimalsystem. Das Wort ist abgeleitet von dem Lateinischen *decem* (zehn). Das Dezimalsystem entwickelte sich unabhängig voneinander bei vielen verschiedenen Völkern. Mit diesem System läßt sich leicht bis zu Zahlen aufaddieren, die für die alltäglichen Bedürfnisse ausreichen. Wenn ein Schafhirte beim Zählen der Schafe seine 10 Finger aufgebraucht hatte, konnte ein zweiter für jeweils 10 Schafe einen Finger benutzen und so bis 100 zählen. Ein dritter Schafhirte wiederum konnte an seinen Fingern die Hunderter bis 1000 abzählen.

Die Maya in Mittelamerika legten ihren Rechnungen jedoch die Zahl 20 zugrunde, vielleicht weil sie zum Zählen Finger und Zehen zusammen benutzt hatten. Die Sumerer und Babylonier hatten ein auf der Grundzahl 60 aufgebautes System. 60 ist die kleinste Zahl, die sich gleichzeitig durch 2, 3, 4, 5 und 6 teilen läßt. Das Sexagesimalsystem hat sich in der Zeit- und Winkeleinteilung in Minuten und Sekunden erhalten.

Berechnungen auf Tontäfelchen

Mit dem Fortschreiten der Zivilisation wuchs das Bedürfnis nach der Beurkundung von Geschäften. Die früheste Buchführung geschah durch Einschneiden von Kerben in Kerbhölzer oder Wachstafeln, ein Verfahren, das die alten Ägypter, Griechen und Römer anwendeten und das sich bis ins späte Mittelalter in

Die Ägypter wandten ihre mathematischen Kenntnisse praktisch an. Hier vermißt ein Beamter (links) ein Getreidefeld, um den Steuerbetrag zu schätzen.

Europa hielt. Nachdem man die Zahlzeichen entwickelt hatte, ersetzten Tontafeln und Papyrus weitgehend die Kerbhölzer. Bei Tausenden von Tontafeln aus verschiedenen frühen Kulturen handelt es sich um Quittungen, Rechnungen und Warenverzeichnisse für Korn, Tuch oder Vieh.

Noch im 16. Jahrhundert n. Chr. benutzten die Inka in Peru Quipu genannte Knotenschnüre verschiedener Länge, Dicke und Farbe. Sie dienten als Register bei Volkszählungen und Steuereingängen. Die Knoten bezeichneten Zahlen, während die verschiedenfarbigen Schnüre für Menschen, Tiere oder Gegenstände standen. Nach Knoten zu rechnen war nicht nur auf die Neue Welt beschränkt. Der griechische Geschichtsschreiber Herodot berichtet von einem persischen König, der den Ioniern einen Zweimonatskalender in Form eines Riemens mit 60 Knoten gab. Und in Teilen von Indien wurden Knotenschnüre noch bis ins 19. Jahrhundert von Volkszählern verwandt.

Rechnen in Ägypten

Die frühesten niedergeschriebenen Zahlzeichen, die man in Ägypten und Mesopotamien fand, stammen aus der Zeit um 3000 v. Chr., und es sind einfache Striche. Später entwickelten die Ägypter, die weiterhin senkrechte Striche für Zahlen von eins bis neun benutzten, Symbole für 10, 100 und 1000.

Die Zahlen der Babylonier waren Abwandlungen von Keilschriftsymbolen. Sie entwickelten auch ein Stellenwertsystem, das ähnlich funktionierte wie bei uns der Gebrauch separater Spalten für Einer, Zehner, Hunderter und Tausender. Bei ihrem auf der Grundzahl 60 beruhenden System konnten sie daher das gleiche Zeichen für eins wie für 60 einsetzen, denn die Position des Zahlzeichens bestimmte seinen Wert.

Die Griechen benutzten anfänglich ein System, das dem ägyptischen ähnlich war. Später gingen sie zu einer anderen Methode über und bezeichneten die Zahlen von eins bis neun mit den ersten neun Buchstaben ihres Alphabets. Mit den nächsten neun Buchstaben bezeichneten sie Zahlen von 10 bis 90 und mit den letzten neun Buchstaben des Alphabets die Zahlen von 100 bis 900. Jede Zahl konnte durch Vorsetzen eines Striches vertausendfacht werden. Auch die Römer verwendeten Buchstaben für bestimmte Zahlen. V und X (fünf und zehn) wurden gewählt, weil sie so leicht zu schreiben waren. C (für *centum* = hundert) und M (*mille* = tausend) waren Abkürzungen. Zum Unterschied zu den Griechen verwendeten die Römer senkrechte Striche für Werte, die zwischen die durch Buchstaben ausgedrückten Zahlen fielen. Aber das Rechnen war sowohl mit dem griechischen als auch dem römischen System außerordentlich unbequem.

Die Maya in Mittelamerika entwickelten unabhängig von jedem äußeren Einfluß ein Zahlensystem mit nur drei Symbolen – einem Punkt, einem waagerechten Strich und zwei gekrümmten Linien –, mit denen sie jede beliebige Zahl schreiben konnten. Die Punkte standen für die Zahlen von eins bis vier; der Strich für die Fünf. Die gekrümmten Linien deuteten an, daß die jeweilige Zahl mit 20 multipliziert werden sollte. Ein zweites Paar gekrümmter Linien multiplizierte dann das Ergebnis nochmals mit 20.

Die ersten Rechentabellen

Die frühen Zahlensysteme eigneten sich zum Zählen und zum Aufschreiben der Resultate, aber schriftlich rechnen konnte man damit kaum. Die Babylonier erfanden Tabellen zur Multiplikation und Addition, aber die meisten Berechnungen mußten mit Hilfsmitteln wie dem Rechenbrett (Abakus) vorgenommen werden.

Die frühesten Rechenbretter der Sumerer und Ägypter bestanden aus Kieseln, die von einer Rille im Sand in die nächste versetzt wurden. Die Römer verwendeten bei der Addition und Subtraktion Kiesel oder Kügelchen, die in den Schlitzen eines Metallbretts hin und her bewegt wurden. Das lateinische Wort für das Steinchen war *calculus*, wovon sich unser Wort kalkulieren ableitet. In späteren Zeiten benutzte man auch Rechenbretter, auf denen die Rechensteinchen wie auf einem Schachbrett von Quadrat zu Quadrat verschoben wurden. Jahrhunderte hindurch bildeten immer neue Formen von Rechenbrettern die Grundlage aller Berechnungen im Handelsverkehr. Rechenstäbe aus Knochen benutzte man noch bis vor kurzem in Korea. Moderne Rechenbretter, bei denen die Rechenperlen auf parallelen Drähten inner-

VON DER KEILSCHRIFT ZUM COMPUTER: ENTWICKLUNG DER MODERNEN ZIFFERN

Seit der Zeit, als der Mensch zum Zählen Kerben in Holz schnitt, sind viele weitere Methoden erfunden worden, wie man Zahlen aufschreiben kann. Doch sogar in den hochentwickelten Kulturen, wie etwa der griechischen oder der chinesischen, waren die Zahlzeichen für kompliziertere Rechenvorgänge höchst ungeeignet. Der Durchbruch zu unserer Rechenweise erfolgte etwa im 7. Jahrhundert n. Chr. in Indien, als der Begriff der Null entstand und das dezimale Stellenwertsystem eingeführt wurde, bei dem die Position einer Zahl angibt, ob sie zu den Einern, Zehnern oder Hundertern gehört. Die indischen Mathematiker vereinfachten auch die Zahlzeichen, so daß nur noch Ziffern von eins bis neun nötig waren, um jede beliebige Zahl schreiben zu können. Diese Neuerungen erreichten Europa im 10. Jahrhundert über arabische Händler, aber es dauerte Jahrhunderte, bis sie sich voll einbürgerten.

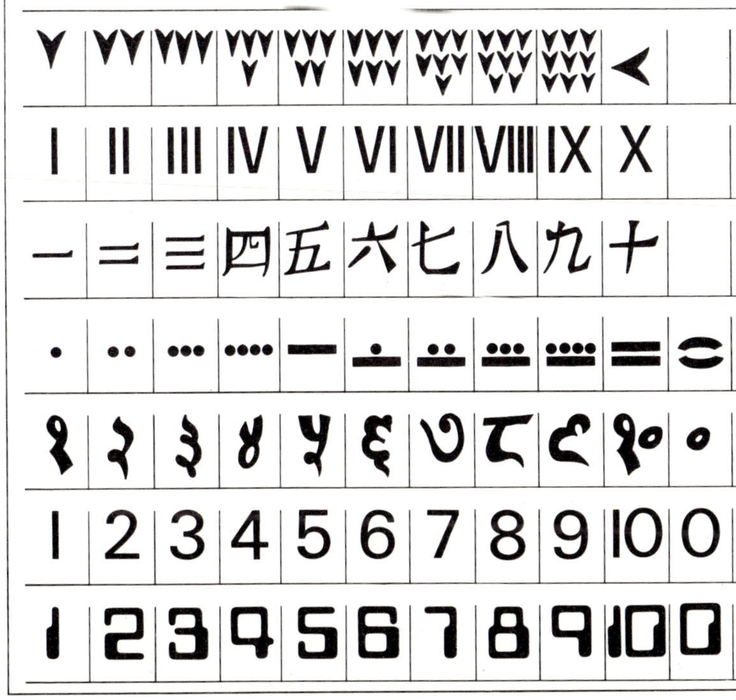

BABYLONISCH
Wie zum Schreiben verwendet man auch als Ziffern keilförmige Zeichen.

RÖMISCH
Senkrechte Striche und Buchstaben zur Darstellung von Zahlen.

CHINESISCH
Waagerechte Striche stellen Zahlen bis 3 dar, Symbole die Zahlen 4 bis 10.

MAYA
Punkte und Striche als Zahlen; gekrümmte Linien verzwanzigfachen sie.

HINDU
Frühe indische Symbole, darunter die Null, sind Vorläufer unserer Ziffern.

HEUTIGE ZIFFERN
»Arabische« Ziffern entwickelten sich aus den indischen Zahlzeichen.

COMPUTER-DIGITS
Extra entworfene »Computerziffern« basieren auf arabischen Zahlzeichen.

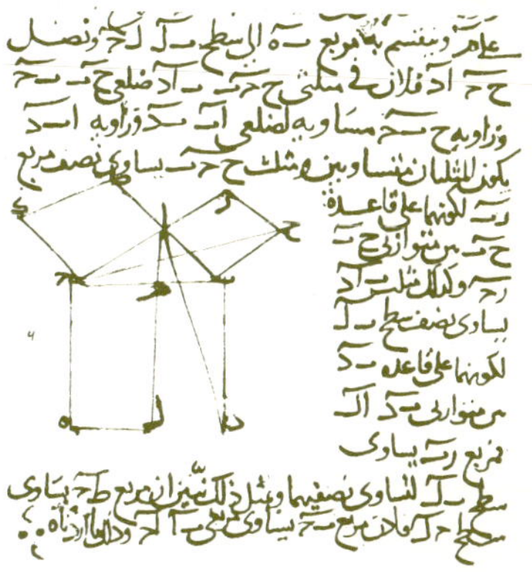

Die Araber waren begabte Mathematiker und übersetzten griechische Texte ins Arabische. Diese Illustration aus dem 13. Jh. erklärt den Satz des Pythagoras über das rechtwinklige Dreieck.

MITTELALTERLICHE ASTRONOMEN

Jahrtausendelang haben die Menschen versucht, das Mondjahr, das sich aus 12 Monaten zu 29,5 Tagen zusammensetzt, und das Sonnenjahr von 365,2425 Tagen miteinander in Einklang zu bringen. Auf dem Bild, das einem französischen Manuskript aus dem 13. Jahrhundert entnommen ist, sind Astronomen bei ihrer Arbeit dargestellt. Zu ihrer Zeit benutzte man in Europa den Julianischen Kalender, so genannt nach Julius Cäsar, der 46 v. Chr. eine Kalenderreform hatte durchführen lassen. Das Julianische Jahr war allerdings um 0,0078 Tage zu kurz, so daß 1582 unter Papst Gregor XIII. eine erneute Kalenderreform nötig wurde. Erst in 3000 Jahren wird der Gregorianische Kalender um einen Tag vom Lauf der Sonne abweichen.

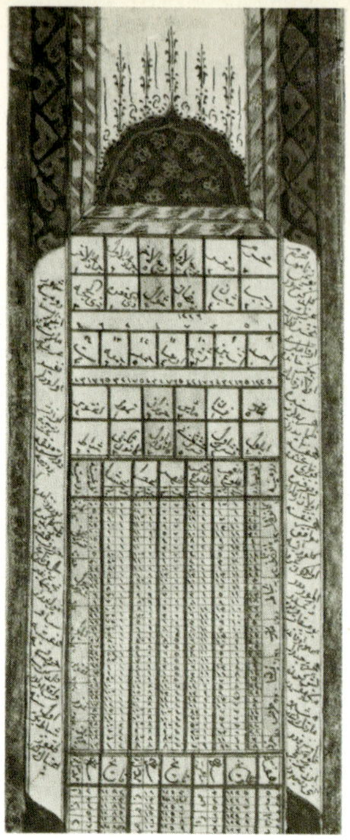

In diesem moslemischen Kalender aus dem 19. Jh. sind auch die Zeiten der täglichen fünf Gebete angegeben.

halb eines Holzrahmens hin und her geschoben werden, sind noch immer in manchen asiatischen Ländern und in Rußland in Gebrauch.

Einführung der Null

Zwei wichtige Schritte mußten getan werden, ehe Rechnen ohne solche Hilfsmittel möglich wurde. Da war zunächst die Verfeinerung der Stellenschreibung – die Zahlen mußten so auf dem Papier niedergeschrieben werden, daß ihre Position derjenigen in den Sandrillen oder auf den Drähten eines Rechenbretts entsprach. Mindestens ebenso wichtig aber war die Einführung der Null. Seit dem 2. Jahrhundert v. Chr. tritt die Null als Lückenzeichen in griechischen Rechentexten auf. Auch in späten Keilschrifttexten kommt ein solches Lückenzeichen gelegentlich vor. Eine indische Tempelinschrift aus dem Jahre 870 n. Chr. enthält die älteste bekannte Null als Zahlzeichen.

Die Inder kannten in ihrem Zahlensystem noch für sehr hohe Zehnerpotenzen eigene Namen, und etwa im 7. Jahrhundert entwickelten sie das dezimale Stellenwertsystem. Wo es keine Zahl zu schreiben gab, machten die Inder einen Punkt, so wie wir heute in einem solchen Fall eine Null schreiben. Auf diese Weise konnte es keine Verwechslungen mehr zwischen 73, 703 und 7003 geben.

Auch die bei uns als arabische Ziffern bekannten Zahlzeichen sind eigentlich in Indien entstanden und durch arabische Händler und Schreiber eingeführt worden. Sie entwickelten sich im 10. Jahrhundert in Katalonien, doch setzten sie sich, vor allem im Geschäftsleben, nur langsam gegen die römischen Ziffern durch, in Deutschland erst im 15. Jahrhundert. Die Null fand sogar erst Anfang des 17. Jahrhunderts als Zahl Anerkennung. Das Komma vor den Dezimalstellen zur vereinfachten Schreibung von Brüchen wurde zuerst im 15. Jahrhundert angewandt und sein Gebrauch von dem holländischen Mathematiker Simon Stevin 1585 vervollkommnet. Dezimalbrüche wurden nun wie ganze Zahlen auf der Grundzahl 10 aufgebaut: 1,1 bedeutete $1^{1}/_{10}$, 1,11 stand für $1^{11}/_{100}$. Jedes Symbol in der Reihe ist immer ein Zehntel des links vor ihm stehenden.

Die erste Uhr des Menschen – die Sonne

Die früheste Vorstellung des Menschen von der Zeit beruhte auf der Beobachtung der scheinbaren Sonnenbewegung während eines Tages. Man hatte festgestellt, daß ein hoher, gerader Gegenstand, etwa ein Pfahl oder Stock, einen Schatten wirft, der im Verlauf des Tages eine regelmäßige Bewegung ausführt. Indem sich die Menschen die

Diese babylonische Tontafel verzeichnet die Intervalle zwischen zwei Neumonden.

Position des Schattens merkten, konnten sie ungefähr abschätzen, wieviel Zeit eines Tages schon vergangen war. So diente solch ein Stock als einfache Sonnenuhr.

Die alten Ägypter und Griechen benutzten einen Pfosten mit einer Querstange und maßen den so geworfenen Schatten. Die Ägypter teilten die Zeit zwischen Sonnenauf- und -untergang in zwölf gleiche Teile, und aus dieser Einteilung entwickelte sich die Stunde, die zunächst noch sehr ungenau bestimmt war, da ja die Zeit des Sonnenauf- und -untergangs schwankt. Die kürzeren Wintertage hatten daher auch kürzere Stunden als die längeren Sommertage. Außerdem funktionierten die Sonnenuhren nur bei Tag und Sonnenschein. Seeleute aber, die auch des Nachts wissen wollten, wie spät es war, konnten sie nicht benutzen. Sie halfen sich damit, Ausschau nach dem Erscheinen bestimmter Sterne am östlichen Horizont zu halten, und teilten die Nacht in zwölf Wachen auf.

Zeitmessung mit der Kerze

Im Hause war jedoch weder die Sonnenuhr noch der Sternenhimmel von Nutzen. Einer der ersten Zeitmesser für das Haus war eine Kerze mit Stundeneinkerbungen, die beim Niederbrennen gezählt wurden. Auch die Sanduhr wurde vor mindestens 2000 Jahren erfunden.

Einfache Wasseruhren benutzten die alten Ägypter schon im 2. Jahrtausend v. Chr.; auch bei Griechen und Römern waren sie später im Gebrauch. Das Prinzip dieser Uhren ist sehr einfach. Aus einem Gefäß fließt durch eine kleine Öffnung langsam Wasser in ein tiefer liegendes Gefäß. Auf der Wasseroberfläche des unteren Gefäßes liegt

Dieser Kalenderstein der Azteken aus Tenochtitlan entstand um 1470.

ein Schwimmer, an dem ein Stab befestigt ist, der bei steigendem Wasserspiegel an einer genau eingeteilten Skala aufsteigt und so die verronnene Zeit anzeigt. Die Wasseruhren der Chinesen waren oftmals komplizierter, manche zeigten nicht nur die Zeit, sondern auch die Bewegung der Sterne an. Die Vorläufer unserer mechanischen Uhren, Räderuhren mit Gewichtsantrieb, kamen Ende des 13. Jahrhunderts auf. Die frühesten Uhren hatten nur Stundenzeiger, doch dann wurde die Stunde in 60 kleinere Einheiten, Minuten, zerlegt. Schließlich führte das Bedürfnis nach noch größerer Genauigkeit zu einer weiteren Unterteilung in Sekunden, für die auch ein weiterer Zeiger notwendig wurde.

Die Römer wollten für ihre Städte eine feste, übereinstimmende Zeiteinteilung haben. Dafür nahmen sie den Moment des höchsten Sonnenstandes über Rom zum Ausgangspunkt. Dieser Moment wurde Meridian (Mittagshöhe) genannt und der Tag so berechnet, daß genau zwölf Stunden vor und zwölf

Im Mittelalter gaben Kunstmäzene Stundenbücher in Auftrag, die auch reichgeschmückte Kalender enthielten.

Stunden nach diesem Moment lagen.

Nach der Sonne ist der Mond der auffälligste Himmelskörper. Schon früh beobachteten die Menschen, daß der Neumond zunimmt, bis aus der Sichel der volle Mond wird – was einen Zeitraum von 29,5 Tagen beansprucht. In der Antike wurden Ereignisse mehr nach Monaten als nach Jahren datiert, noch heute zählt das islamische Jahr 354 Tage, weil es in zwölf Monate zu je 29,5 Tagen eingeteilt ist.

Die Siebentagewoche

Die Babylonier zerlegten als erste den Monat in vier gleiche Zeitabschnitte zu sieben Tagen. Aber lange Zeit folgten nur wenige andere Völker ihrem Beispiel. Die Römer hatten ein höchst unbequemes System, bei dem die Tage von den Iden und Nonen an zurückgezählt wurden. Die Juden übernahmen die babylonische Siebentagewoche. Für sie ist der 7. Tag, der Sabbat, ein heiliger Tag. Die übrigen Wochentage hatten noch keine Namen. Der Begriff der Woche gelangte mit den Juden nach Europa. In den lateinischen Ländern werden die Wochentage noch immer nach römischen Göttern benannt; drei deutsche Bezeichnungen für Wochentage – Dienstag, Donnerstag und Freitag – gehen auf germanische Götter zurück. Dagegen haben die Monate römische Namen – Oktober, weil er einst der achte Monat war, Januar nach dem Gott Janus und Juli nach Julius Cäsar.

Das Jahr als Zeiteinheit

Der Begriff des Jahres als Ablauf der Jahreszeiten bildete sich schon früh in allen ackerbautreibenden Gesellschaften, aber die genaue Länge eines Jahres wurde erst viel später festgelegt. Das Mondjahr, das aus 12 Mondumläufen besteht, hat 354 Tage; das Sonnenjahr dagegen 365. Diese Unstimmigkeit zwischen der Länge des Sonnenjahres und den 12 Mondmonaten zu je 29,5 Tagen bereitete den Menschen lange Zeit große Probleme. Viele Völker versuchten durch einen eingefügten Schaltmonat den Anschluß an das Sonnenjahr zu erreichen.

Die Ägypter allerdings hatten schon um 4000 v. Chr. einen Kalender, der das Jahr in 10 Einheiten zu je 36 Tagen einteilte. Am Schluß dieser Periode fügten sie fünf Feiertage an – ihr Jahr hatte also bereits 365 Tage. Etwa seit 2700 v. Chr. richteten sich die Ägypter mit dem Kalenderanfang nach dem ersten Aufgang des Sirius, der zu Beginn der jährlichen Nilüberschwemmung nach längerer Unsichtbarkeit vor Sonnenaufgang wieder am Horizont erschien.

Babylonier und Chinesen dagegen hielten an einem Jahr zu 360 Tagen fest. Doch während die Chinesen ihr Jahr in Einheiten zu je 60 Tagen einteilten und in gewissen Abständen einen Schaltmonat einfügten, teilten die Babylonier das Jahr in 12 Monate zu je 30 Tagen und schalteten ebenfalls von Zeit zu Zeit einen Zusatzmonat ein.

Atomare Genauigkeit

Zahlensysteme sowie einfache Messungen von Zeit, Entfernung, Gewicht und Volumen waren zunächst einfache Hilfsmittel. Doch durch sie konnten Wissenschaften und Techniken entwickelt werden, für welche die alten Hilfsmittel heute längst nicht mehr schnell und genau genug sind.

Moderne elektronische Rechenmaschinen rechnen auf ihre eigene Weise mit »bits« – Zeichenpaaren – im Binärsystem. Längenmessungen von äußerster Genauigkeit werden mit Wellenlängen des von einem Gas ausgesandten Lichts vorgenommen. Seit allerjüngster Zeit ist eine Sekunde nicht mehr nur der Teil einer Minute. Heute kann man eine Sekunde zu wissenschaftlichen Zwecken mit einer Atomuhr bestimmen, die keine Feder kennt, sondern nur Gasmoleküle, und die Sekunde auf ein Billionstel genau mißt.

ZEITMESSER

Die ersten Zeitmesser des Menschen waren in den Boden gesteckte Stöcke. Später entwickelte er Sonnen- und Wasseruhren, Kerzen mit Einkerbungen und Stundengläser – rohe Hilfsmittel, die jedoch den Bedürfnissen genügten. Im 14. Jahrhundert erschienen die ersten mechanischen Uhren in Europa, doch es dauerte noch weitere 300 Jahre, ehe das Pendel und die Unruhfeder für Präzision sorgten. Heute ist die genaueste Uhr der Welt die Atomuhr; im Laufe eines ganzen Jahres geht sie nur den Bruchteil einer Sekunde nach.

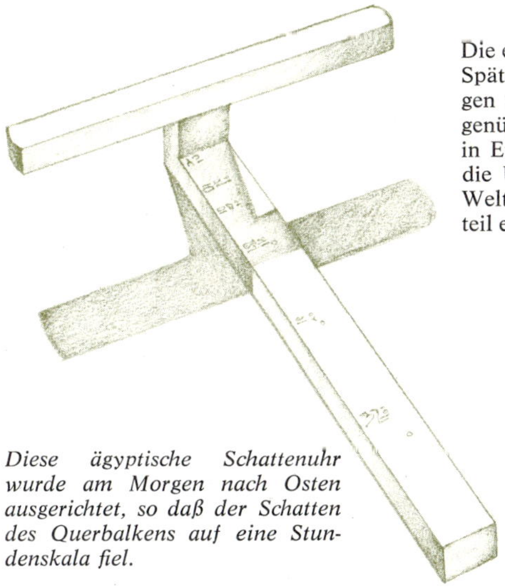

Diese ägyptische Schattenuhr wurde am Morgen nach Osten ausgerichtet, so daß der Schatten des Querbalkens auf eine Stundenskala fiel.

Die Wasseruhren Altgriechenlands maßen die Zeit nach der Höhe des Wasserspiegels in einem langsam aufgefüllten Gefäß. Nach ihnen wurden Reden bei Gerichtsverhandlungen zeitlich begrenzt.

Brennende, in Stundenabschnitte aufgeteilte Kerzen verwendete man im Mittelalter beim Gottesdienst.

Sonnenuhren stellten jahrhundertelang die wichtigsten Zeitmesser dar. Wenn sie groß genug waren, konnte man die Zeit auf die Minute genau ablesen. Das Dreieck auf der Sonnenuhr rechts ist auf die Breite von Flandern eingestellt, wo diese Uhr im 18. Jahrhundert entstand. Die kleine englische Sonnenuhr aus dem 10. Jahrhundert (unten rechts) konnte in der Hand gehalten werden.

Mit diesem Satz Sanduhren, 1720 in England entstanden, lassen sich 15, 30 und 45 Minuten und eine Stunde messen.

Der Mensch als Erfinder

Aus den primitiven Fertigkeiten des frühen Menschen entwickelte sich eine hochspezialisierte Technik, die seine Lebensweise veränderte

Der Schaduf, eine einfache Bewässerungsmaschine, ist in einigen Teilen Ägyptens noch immer im Gebrauch. Er besteht aus einem Gestell, auf dem ein langer Stab liegt. An dem einen Ende des Stabes hängt ein Ledereimer, am anderen Ende trägt er ein Gegengewicht aus Nilschlamm. Mit einem Schaduf kann ein Mann etwa 2700 l Wasser pro Tag fördern. Ein Grabgemälde aus Theben aus der Zeit um 1250 v. Chr. zeigt einen Bauern bei Bewässerungsarbeiten mit dem Schaduf.

Die ersten Erfindungen des Menschen scheinen diese Bezeichnung kaum zu verdienen. Aufgelesene scharfkantige Steine, spitze Stöcke, Knüppel und Keulen aus abgebrochenen Ästen – das müssen die ersten Werkzeuge des Menschen gewesen sein. Vor etwa zwei Millionen Jahren machten sich dann Anzeichen einer erwachenden technischen Fähigkeit des Menschen bemerkbar, denn damals entstanden die ersten mit Überlegung gefertigten Werkzeuge.

Von einem harten Stein, etwa einem Feuerstein, der gerade in seine Hand hineinpaßte, schlug der Vorzeitmensch mit einem anderen Stein so lange Splitter ab, bis sich eine scharfe Kante bildete, die sich zum Schneiden, Kratzen und Hacken eignete. Solche Geräte aus behauenen Steingeröllen waren für mindestens eine Million Jahre die einzigen Werkzeuge des Menschen. Dann lernte er einen Steinhammer zu benutzen, um damit eine noch schärfere Schneide zu erzielen, indem er seinen Feuerstein so lange allseitig bearbeitete, bis daraus ein flacher, zugespitzter Faustkeil entstand. Zunächst warf man die abgeschlagenen Splitter einfach weg, doch dann entdeckte man, daß sie sich gut als Klingen und Pfeilspitzen eigneten.

Allem Anschein nach begann der Mensch erst vor 500 000 Jahren, das Feuer zu nutzen. Schon der Pekingmensch vermochte natürlich entstandenes Feuer ständig zu unterhalten. Von der Möglichkeit, selbst Feuer zu erzeugen, hat der Mensch allerdings erst seit der Mittel- bis Jungsteinzeit Gebrauch gemacht.

Dem frühen Menschen standen nur natürliche Werkstoffe zur Verfügung – Stein, Holz, Rinde, Pflanzenfasern, Knochen, Horn und keramische Rohstoffe. Er hauste in Höhlen oder errichtete über flachen Bodengruben Windschilde aus pflanzlichem Material. In der Mittelsteinzeit traten dann bienen-

Dieses Tongefäß aus England wurde aus Tonwulsten spiralig aufgebaut, dann verstrichen und verziert.

Schon früh stellte man aus Bronze schöne und nützliche Gegenstände her. Dieses Backenstück eines Pferdegebisses ist wie ein geflügeltes, mythisches Tier geformt und entstand um 800 v. Chr. im Iran.

korbartige Hütten auf. Erst als die Menschen vom Nomadentum zur Seßhaftigkeit übergingen, begannen sie feste Häuser mit senkrechten Wänden und deutlich abgesetztem Dach zu bauen. Hierfür benutzten sie meist Steinblöcke oder luftgetrocknete Lehmziegel.

Die ersten Tongeschirre

Die Entwicklung der Töpferei stellt einen deutlichen Fortschritt dar, denn zum erstenmal verändert der Mensch hier das vorgefundene Material selbst und nicht nur dessen Form. Weicher, feuchter Ton, mit den Fingern zu einem Gefäß geformt, wurde

ANFÄNGE DES RADES

Kaum eine Erfindung war so wichtig wie die des Rades. Sumerische Darstellungen aus der Zeit um 3000 v. Chr. zeigen das Rad als volle, zwei- oder dreiteilige Scheibe. Die ersten Speichenräder kamen um 2000 v. Chr. in Nordmesopotamien auf und gelangten um 1600 v. Chr. durch die Hyksos nach Ägypten.

Dreiteiliges Rad aus Ur und ägyptisches Speichenrad (1500 v. Chr.).

Griechisches Rad (um 400 v. Chr.) und römisches Rad (etwa 100 n. Chr.).

Leonardo da Vincis Entwurf eines Rades mit schräggestellten Speichen und ein Luftreifen von 1907.

durch das Feuer zu einer harten Substanz gebrannt, zu einem Tongeschirr, in dem Getreide aufbewahrt und Essen gekocht werden konnte. Im 3. Jahrtausend v. Chr. wurde im Nahen Osten die Töpferscheibe erfunden, was einen wichtigen Schritt für die Weiterentwicklung der Töpferei bedeutete. Später kamen dann auch Metalle in Gebrauch. Kupfer verarbeitete man schon um 8000 v. Chr., seit der späteren Jungsteinzeit auch Gold und Silber. Kupfer in reiner Form war selten. Der wahre Durchbruch kam daher erst mit der Entdeckung, daß es sich aus den reichlich vorhandenen kupferhaltigen Gesteinen ausschmelzen, in Formen gießen und zurechthämmern ließ. Da es häufiger vorkommt und härter als Gold oder Silber ist, eignete es sich gut zur Waffen- und Werkzeugherstellung.

Im 3. Jahrtausend v. Chr. fand man heraus, daß Kupfer, mit Zinn verschmolzen, einen noch besseren Werkstoff ergab – die Bronze. Sie ließ sich bei niedrigeren Temperaturen schmelzen als reines Kupfer und war daher leichter zu gießen und hatte außerdem den Vorzug, noch härter und dauerhafter zu sein.

Eine der wichtigsten Erfindun-

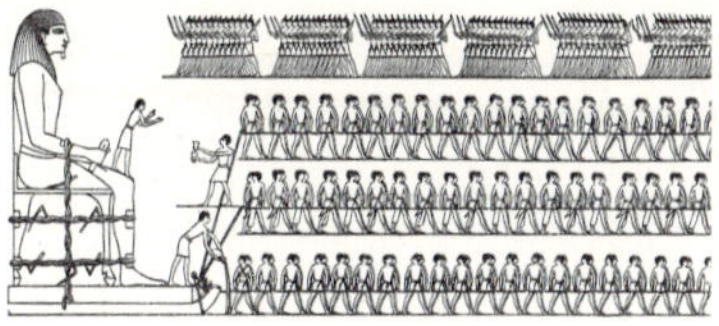

Heere von Arbeitskräften machten im alten Ägypten arbeitssparende Erfindungen überflüssig.

gen der Menschheit gelang vermutlich im ausgehenden 4. Jahrtausend v. Chr. in Sumer. Dort nämlich entwickelte man das Rad. Zunächst bestanden die Räder noch aus vollen Scheiben, die aus zwei oder drei Teilen zusammengesetzt und mit der Achse fest verbunden waren. Um 2000 v. Chr. fanden sich dann in Nordmesopotamien bereits Räder mit Speichen. Etwa um die gleiche Zeit wie das Rad wurde auch der Pflug entwickelt. Davor hatte man den Boden mit einfachen Grabstöcken oder Hakken bearbeitet. Der Pflugbau ist fast überall mit Viehzucht verknüpft, und als erstes Zugtier diente das Rind.

Ein Heer von Sklaven

Für die Massivbauten der ägyptischen Pharaonen waren keine besonderen Geräte erforderlich. Beim Bau der Tempel und Pyramiden spielte die Technik eine geringere Rolle als die Organisation. Es mußten zwar gewaltige Arbeitermassen untergebracht, verpflegt und zur Arbeit angehalten werden, aber die verwendeten Geräte waren einfach.

Die Steinblöcke, die bis zu 2,5 t Gewicht haben konnten, wurden auf Schlitten zum Nil gezogen, bis zu dem Ort geflößt, wo sie gebraucht wurden, und dann mit gewaltiger Kraftanstrengung zur Baustelle geschleppt. Am Bau der größten, der Cheops-Pyramide, arbeiteten 100 000 Menschen zwei Jahre lang. In den Grabkam-

Die archimedische Schraube, hier als Gerät zur Wasserförderung.

mern unterhalb der Pyramiden fanden sich Grabbeigaben, deren Herstellung viel fortschrittlichere technische Mittel erforderte als der Pyramidenbau selbst: Gebrauchsgegenstände aller Art wie Möbel und Kleidungsstücke, feine Bronzegüsse und zierlicher Gold- und Silberschmuck.

Die Geschichte der Erfindungen zeigt einen stoßweisen Verlauf. Der Erfolg einer Erfindung hängt nämlich sowohl vom Genie des Erfinders als auch von der sozialen Umwelt ab – und das gesellschaftliche Klima war den Neuentdeckungen nicht immer zuträglich. In den alten Kulturen sind viele arbeitssparende Erfindungen gemacht worden, aber zur praktischen Anwendung gelangten nur wenige, denn es gab ja Heere von Sklaven.

Um 500 v. Chr. standen den Griechen schon alle Teile einer Maschine zur Verfügung – der Hebel, das Rad an der Welle, die Rolle, die schiefe Ebene und die Schraube. Diese Erfindungen hätten die Geschichte verändern können, aber man hielt sie eigentlich nur für Spielzeuge. Selbst ein so großer Mathematiker und Erfinder wie Archimedes von Syrakus (285–212 v. Chr.) lehnte es verächtlich ab, seine Erfindungen für praktische Zwecke zu nutzen.

Eine Pumpe zur Bewässerung

Archimedes war sich jedoch der Möglichkeiten bewußt, die in

Diese römische Wasserpumpe aus Bronze hat zwei abwechselnd arbeitende Kolben, die eine ununterbrochene Förderung ermöglichten.

technischen Hilfsmitteln wie dem Hebel steckten. »Gebt mir einen Platz, wo ich stehen kann, und ich werde die Welt aus ihren Angeln heben«, soll er gesagt haben. König Hieron II. von Syrakus war tief beeindruckt, als er sah, daß Archimedes ganz allein mit Hilfe eines Systems von Rollen und Seilen ein vollbeladenes, dreimastiges Handelsschiff an der Küste entlangzutreideln vermochte. Hieron beauftragte Archimedes daraufhin, Kriegsmaschinen für ihn zu entwerfen.

Eine seiner Erfindungen, die archimedische Schraube, wurde tatsächlich praktisch verwendet und dazu benutzt, Wasser in Bewässerungssysteme hineinzu-

Diese Abbildung eines Streitwagens aus Ur (um 2500 v. Chr.) zeigt, daß die Sumerer in früher Zeit ihre Räder aus einzelnen Teilen zusammenfügten. Das harte Kernholzstück blieb erhalten, während die rasch abgenutzten äußeren Teile leicht ersetzt werden konnten. Als Zugtiere dienten Esel oder Onager, zur Gattung der Pferde gehörende persische Halbesel.

Ihre leichten Kampfwagen machten die Hethiter zu den gefürchtetsten Kriegern ihrer Zeit.

Auch die Azteken in Mexiko kannten das Rad, verwendeten es aber nur für Spielzeug.

HERONS ERFINDUNGEN

Einer der hervorragendsten Erfinder der Antike war Heron von Alexandria, der wahrscheinlich im 1. Jahrhundert n. Chr. lebte. In seinen Schriften beschrieb er Automatentheater und fertigte eine Konstruktion, mit deren Hilfe sich automatisch die Tempeltüren öffneten, sobald die Altarflamme entzündet wurde.

Schon Heron konstruierte eine Art Dampfmaschine, den Heronsball. Wenn man das Wasser im unteren Gefäß erhitzte, stieg der Dampf durch Röhren in die Kugel und entwich unter Druck durch zwei Düsen. Die so erzeugte Kraft dreht die Turbine. Doch Heron sah in seiner Erfindung nur ein Spielzeug, und so nutzte man sie nicht für praktische Zwecke.

WASSERKRAFT ALS EINZIGE ENERGIEQUELLE

Auch während der Renaissance fuhren viele Erfinder mit ihren fruchtlosen Bemühungen fort, ein Perpetuum mobile *zu konstruieren. Diesem Entwurf von 1580 liegt die Idee zugrunde, daß das Wasser aus dem oberen Gefäß sowohl einen Schleifstein als auch eine archimedische Schraube betreiben soll. Die Schraube sollte das Wasser in das obere Gefäß zurückbefördern. Diese Konstruktion ließ jedoch die energieverbrauchenden Reibungsverluste völlig außer acht. Obwohl man schon recht früh erkannte, daß das Perpetuum mobile eine technische Unmöglichkeit darstellt, wurden noch bis in jüngste Zeit Vorschläge gemacht und sogar ernst genommen.*

pumpen. Solche Pumpen gibt es noch heute in Ägypten. Sie bestehen aus einer spiraligen Schraube, die sich in einem geneigten, wasserdichten Zylinder dreht. Wird das untere Ende ins Wasser gesenkt und die Schraube von Hand gedreht, so steigt das Wasser im Zylinder aufwärts und fließt oben heraus.

Sehr viel Erfindungsgabe wandten die Griechen an die Verbesserung ihrer Waffen. Armbrust und Katapult, ursprünglich wohl im Orient erfunden, waren den Griechen bekannt. Nach der Überlieferung war es Archimedes' Kriegsmaschinen zuzuschreiben, daß Syrakus einer dreijährigen Belagerung durch die Römer widerstehen konnte, ehe es schließlich fiel.

Die Römer perfektionierten, was sie an technischen Errungenschaften von den Griechen übernahmen, waren jedoch selbst keine großen Neuerer. Die Verwirklichung ihrer technischen Entwürfe hing von der Bereitstellung riesiger Sklavenheere ab, und ihre Straßen und Entwässerungsanlagen waren oft nicht besser als die griechischen und persischen Vorbilder früherer Zeiten. Ihr Talent bestand darin, sich die technischen Errungenschaften anderer Völker anzueignen und ihren Bedürfnissen entsprechend zu verwenden. Vor allem bei ihren Bauwerken zeigten sie bis dahin unbekannte Konstruktionsfähigkeiten. Aus einer *Puzzolan* genannten vulkanischen Erde und Kalk als Bin-

Pflügende Mönche als Bebilderung eines englischen Psalters aus dem Jahre 1340.

demittel stellten sie einen feuer- und wasserfesten Zement her, der es ihnen ermöglichte, Kuppeln wie diejenige des Pantheons zu bauen. Es wurde um 120 n. Chr. unter Kaiser Hadrian in Rom errichtet, und die Kuppel hat einen Durchmesser von 43,2 m.

Die Römer verlegten auch sehr gut funktionierende Rohrleitungssysteme aus Bleirohren, aus denen sogar heißes Wasser gezapft werden konnte. Außerdem erfanden sie das Hypokaustum, eine Art Zentralheizung unter dem Fußboden. Sie erdachten ferner ein Luftbett, das aus aufgeblasenen ledernen Säken bestand. Die Technik der Römer war von Widersprüchen gekennzeichnet, denn oft wußten sie ihre Erfindungen nicht anzuwenden. So kam es erst gegen Ende des Römischen Reiches zu einer allgemeinen Verwendung von Wassermühlen, als der Zustrom von Sklaven aus militärischen Eroberungen nachzulassen begann.

Chinesische Erfindungen

In China hingegen, dessen kulturelle Blüte bereits im 16. Jahrhundert v. Chr. mit der Gründung der Schang-Dynastie einsetzte, wurden vor allem während der Zeit der Han-Dynastie (206

Webstühle gab es schon in der Jungsteinzeit, doch erst im 13. Jh. kam der Trittwebstuhl in Europa auf.

PIONIERE DER BUCHDRUCKERKUNST

Zu den bedeutendsten Erfindungen des Mittelalters gehört der Buchdruck. Vor dem 15. Jahrhundert hatte man Bücher auf höchst umständliche Art gedruckt, indem man für jede Seite einen Holzschnitt anfertigte. Johannes Gutenberg erfand die beweglichen Lettern. Für jeden Buchstaben formte er einen Stahlstempel, der in einen Kupferblock eingeschlagen wurde. So entstand die Matrize, nach der beliebig viele Einzelbuchstaben gegossen werden konnten. 1455 erschien die Gutenberg-Bibel, an der wahrscheinlich sechs Setzer mindestens zwei Jahre gearbeitet hatten. Die zweispaltig gesetzte Bibel hatte etwa 1280 Seiten. Der Buchdruck setzte sich rasch durch, gegen Ende des 15. Jahrhunderts wurden bereits Bücher mit Auflagen bis zu 1000 Stück gedruckt.

Johannes Gutenberg (1397 bis 1468) führte den Druck mit beweglichen Lettern in Europa ein.

William Caxton, der erste englische Buchdrucker, richtete 1476 in London eine Druckerei ein, aus der etwa 100 Drucke stammen.

Liber quartus Folio lxvii

¶ The fyrst fable maketh mencyon of the foxe and of the raysyns

He is not wyse/ that desyreth to haue a thynge whiche he may not haue/ As reciteth this fable Of a foxe/ whiche loked and behelde the raysyns that grewe vpon an hyghe vyne/ the whiche raysyns he moche desyred for to ete them ¶ And whanne he sawe that none he myght gete/ he torned his sorowe in to Ioye/ and sayd these raysyns ben sowre/ and yf I had some I wold not ete them/ And therfore this fable sheweth that he is wyse / whiche fayneth not to desyre that thynge the whiche he may not haue/

¶ The second fable is of the auncyent wesel and of the rat/

Wytte is better than force or strengthe / As reciteth to vs this fable of an olde wesel / the whiche myghte no more take no rats/ wherfor she was ofte sore hongry

i iij

Die erste gedruckte Ausgabe der Fabeln des Äsop brachte William Caxton, der in Köln den Buchdruck gelernt hatte, heraus.

Vier Berittene erscheinen zu jeder Stunde in dieser ersten mechanischen Turmuhr, die auch die Mondphasen anzeigt. 1392 für Glastonbury Abbey gebaut, wurde sie unter Heinrich VIII. in die Kathedrale von Wells gebracht.

v. Chr. – 220 n. Chr.) bedeutende Erfindungen und Entdeckungen gemacht. In einer Handschrift aus dem Jahr 31 n. Chr. wird ein Mechanismus beschrieben, bei dem ein waagerechtes Wasserrad über ein System von Treibriemen und Flaschenzügen ein Gebläse antreibt. Dieses Gebläse versorgt einen Eisenschmelzofen mit der nötigen Luft. Um 100 v. Chr. entdeckten die Chinesen die Eigenschaften des Magneten, um 40 v. Chr. gab es eine rotierende Worfelmaschine – eine Fegemühle zum Reinigen des Getreides –, gegen 105 n. Chr. Papier und um 800 n. Chr. Schießpulver für Feuerwerkskörper. Keine dieser Erfindungen erreichte Europa vor dem 12. Jahrhundert. In einigen Fällen wurden die gleichen Dinge im Westen ebenfalls erfunden, denn der Kontakt zwischen China und der übrigen Welt war gering.

Belehrung durch die Mönche

Nach dem Untergang des Römischen Reiches bewies Europa wenig Erfindungsgabe. Aber die Klöster taten viel dazu, daß technisches Geschick und handwerkliches Können nicht ausstarben. Wahrscheinlich führten auch Mönche die Dreifelderwirtschaft statt der bei den Römern üblichen Zweifelderwirtschaft ein.

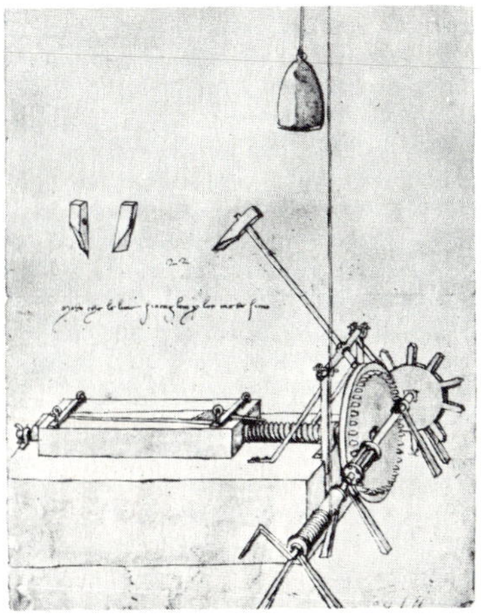

Leonardo da Vincis technische Fähigkeiten zeigen sich auch in diesem Entwurf einer automatischen Feilenhaumaschine, doch wurde sie nie gebaut.

Die rasch wachsende Bevölkerung des frühen Mittelalters und das Wachstum der Städte gaben einen guten Boden für Erfindungen ab, so daß die Entwicklung im mittelalterlichen Europa stetig und intensiv voranschritt. Während des 12., 13. und frühen 14. Jahrhunderts waren die Fortschritte auf dem Gebiet der Landwirtschaft, Metallbearbeitung, Papierherstellung, Glasbläserei, Seidenmanufaktur und Architektur sehr groß. Nur zeitweilig gab es einen Stillstand, als der Schwarze Tod zwischen 1347–1350 ein Drittel der Bevölkerung Europas dahinraffte.

Erfinder des Mittelalters

Die wichtigste Erfindung des Mittelalters war der Buchdruck. Er gelang 1445 Johannes Gutenberg, der aus Blei die ersten beweglichen Druckbuchstaben herstellte. Zehn Jahre später erschien die Gutenberg-Bibel in einer Auflage von rund 150 Stück. Nun konnte jeder seine Werke einem breiten Publikum zugänglich machen. Erasmus von Rotterdam bereitete mit seinem Buch *Lob der Torheit* (1509), in dem er in geistreicher Satire seinem Unbehagen an Kirche und Theologie Ausdruck verlieh, schon den Boden für die Umwälzungen der Reformation.

Um 1300 entstanden die ersten Brillen für fehlsichtige Menschen. Dieser Holzschnitt aus dem Jahr 1493 zeigt einen Händler mit Brille.

Erfinder des Mittelalters machten auch das Schießpulver zu einem Mittel der Kriegführung, 500 Jahre nach seiner ersten friedlichen Verwendung in China. Alkohol wurde im 11. Jahrhundert erstmalig in Italien aus Wein destilliert und die Schwefel- und Salpetersäure von Alchimisten im 12. Jahrhundert entdeckt. Doch auch Schwärmer und Phantasten traten damals auf. Villard de Honnecourt entwarf im 13. Jahrhundert ein mechanisches *Perpetuum mobile*, eine Maschine, die ohne Energiezufuhr von außen dauernd Energie erzeugen sollte. Heute weiß man, daß das Perpetuum mobile eine technische Unmöglichkeit darstellt.

Bis zum 18. Jh. war Wasser die wichtigste Energiequelle. Hier betreibt ein Wasserrad Blasebälge eines Schmelzofens und einen Schmiedehammer.

Von Bacon bis Leonardo

Noch erstaunlicher waren die Ideen des englischen Theologen und Naturphilosophen Roger Bacon, der im 13. Jahrhundert lebte. »Schiffe können gebaut werden, die ohne Ruderer und Segel auskommen«, schrieb er, »ebenso kann man Wagen bauen ohne Zugtiere, die mit unglaublicher Kraft fahren ... Flugmaschinen können konstruiert werden, so daß ein in der Mitte sitzender Mann sie mit einem kunstvollen Mechanismus lenkt und durch die Luft fliegt wie ein Vogel.« Wahrscheinlich deuten diese Vorhersagen Roger Bacons auf den Ozeanriesen, das Auto und das Flugzeug.

Leonardo da Vinci (1452 bis 1519), jenem italienischen Genie, das ein unvorstellbares Geschick im Zeichnen mit einer genauen Kenntnis des technisch Möglichen verband, scheinen Bacons Ideen bekannt gewesen zu sein. Doch während Bacon sich damit begnügte, von Flugmaschinen zu schreiben, zeichnete Leonardo sie und war sich dabei bewußt, daß die Muskelkraft allein nicht ausreichen würde, einen Menschen in einen Vogel zu verwandeln. Im Verlauf seiner experimentellen Arbeiten erfand Leonardo eine mit Tretkurbel angetriebene Drehbank, Bohrmaschinen, automatische Feilenhaumaschinen, Walzmaschinen mit konischen Walzen und einen Panzerwagen. Ein wichtiges Hilfsmittel, das auch im Mittelalter zuerst angewandt wurde, war das Prinzip der Kurbelwelle, wodurch eine kreisförmige Bewegung – etwa die eines Wasserrades – in eine gradlinige umgesetzt werden kann. Auf diese Weise war es möglich, Pumpen zu entwerfen und zu betreiben, und die Bücher des 16. Jahrhunderts sind voll von technischen Zeichnun-

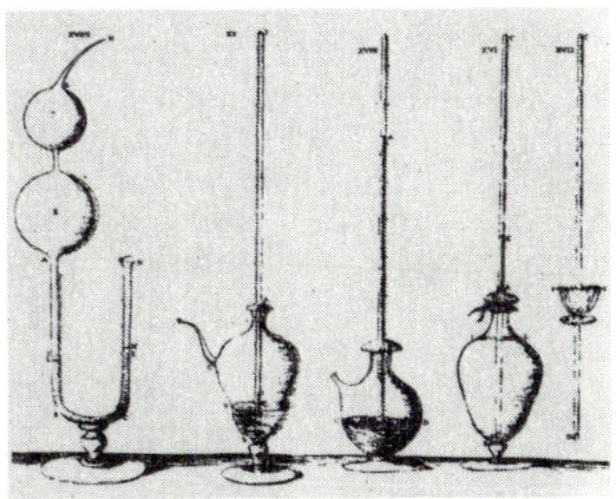

Barometer gehören zu den Erfindungen des 17. Jh. Wie moderne Geräte hatten auch sie schon Quecksilbersäulen.

DAS ERSTE PAPIER

Das Papier wurde 105 n. Chr. in China erfunden und gelangte 600 Jahre später in den Westen. In Europa begann man Mitte des 12. Jh. mit der Papierherstellung.

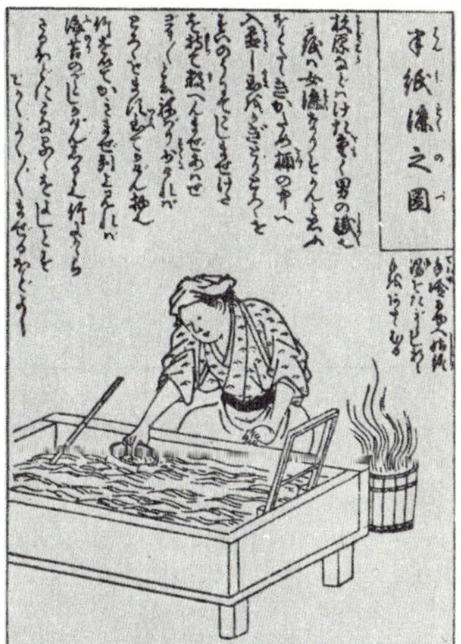

Eine japanische Anleitung zur Papierherstellung: Aus Baumrinde, Hanf und Lumpen wird eine Paste bereitet, die man trocknet und preßt.

Papierherstellung Anfang des 19. Jh.: Der Mann links steht vor einem Becken mit einer Pulpe aus Lumpen. Ein Sieb darin ermöglicht den Abfluß des Wassers. Die verfestigten Hadern wurden gepreßt und dann getrocknet.

DAMPFKRAFT LEITETE DAS INDUSTRIEZEITALTER EIN

Richard Trevithick aus Cornwall baute 1801 den ersten Straßendampfwagen und 1803 die erste Schienendampflokomotive. 1808 ließ er sie auf diesem Gleis in London laufen und verlangte einen Shilling für eine Rundfahrt. 1814 konstruierte George Stephenson seine erste Dampflokomotive und wurde 1821 als leitender Ingenieur beim Bau der 39 km langen Bahnstrecke von Stockton nach Darlington eingesetzt. Zwei Jahre später gründete er in Newcastle die erste Fabrik für Dampflokomotiven. Zwischen 1826 und 1830 baute er die 48 km lange Bahnstrecke Liverpool–Manchester.

gen solcher Vorrichtungen. Die Nockenwelle war ebenfalls üblich und wurde in Werkstätten, unter anderem zum Anheben schwerer Hämmer, benutzt.

Die wissenschaftliche Methode

Erst in den auf die Renaissance folgenden Jahrhunderten kam die Wissenschaft, im Unterschied zur einfachen Erfindung, richtig zum Zuge. Obgleich die mittelalterlichen Erfinder erstaunliche Fortschritte erzielten, machten sie ihre Entdeckungen meist zufällig und ohne Verständnis für die wissenschaftlichen Prinzipien, die ihnen zugrunde lagen.

Im 17. Jahrhundert wurde man sich schließlich klar, daß das Verständnis wissenschaftlicher Prinzipien ein methodisches Vorgehen ermöglichte und daher für Erfindungen von Vorteil war. Dennoch entzogen sich viele Erfindungen weiterhin wissenschaftlicher Erklärungen. So erkannten die Wissenschaftler erst hundert Jahre nach der Erfindung der ersten Dampfmaschine, durch den Franzosen Denis Papin im Jahre 1690, die Gesetze der Thermodynamik. Dennoch führte die Erweiterung der wissenschaftlichen Erkenntnisse zu einer Veränderung in der Art der Erfindungen. Im 20. Jahrhundert bauten ganze Wissenschaftszweige, wie Aeronautik und Elektronik, ausschließlich auf wissenschaftlichen Grundlagen auf. Das 17. Jahrhundert erlebte den Beginn dieser Entwicklung, und viele Erfindungen entstanden aus der Notwendigkeit, die Wissenschaftler mit besseren Hilfsmitteln für ihre Forschung auszustatten. Mikroskop, Fernrohr, Quecksilberbarometer und -thermometer entstanden alle in jener Zeit.

Neue Energiequellen

Gegen Ende des 17. Jahrhunderts gab es eine Reihe technischer Ideen, für deren Verwirklichung nur die entsprechende neue Energiequelle fehlte. Vier Jahrhunderte lang hatte die Wasserkraft den Energiebedarf gedeckt, doch nun zeigte sich, daß die Energiegewinnung aus Wasserkraft nicht ausreichte. Als allerdings später die Turbine erfunden wurde, konnte die Wasserkraft mit großem Nutzen zur Gewinnung von Elektrizität herangezogen werden.

1690 konstruierte der Franzose Denis Papin die erste Dampfmaschine. Der englische Ingenieur Thomas Savery verbesserte diese atmosphärische Dampfmaschine 1698, so daß mit ihrer Hilfe Wasser aus tiefen Bergwerksschächten gepumpt werden konnte. Doch die Maschine arbeitete schlecht, und die Explosionsgefahr war groß.

1712 baute der englische Schmied Thomas Newcomen eine andere atmosphärische Dampfmaschine, die aus einem durch einen Kolben verschlossenen Zylinder bestand. Der Zylinder war an einem Ende mit einem Waagebalken verbunden, dessen anderes Ende mit den Trocknungspumpen in Verbindung stand. Unter niedrigem Druck ließ man nun Dampf in den Zylinder und kühlte ihn durch Übergießen mit kaltem Wasser rasch ab – der Dampf kondensierte. Dadurch entstand in dem Zylinder ein Vakuum, in das der Druck der Atmosphäre den Kolben preßte. Der Waagebalken senkte sich auf der einen Seite und setzte auf der anderen die Pumpe in Gang.

Die schwer und unbeholfen wirkende Dampfmaschine Thomas Newcomens, 1712 gebaut, konnte in Bergwerken zum Wasserabpumpen eingesetzt werden.

Watts Dampfmaschine 1765

Newcomens Maschine bezeichnet eigentlich den Beginn der industriellen Revolution. Um 1760 war dieser Prozeß schon weit gediehen, und neue Erfindungen wurden nun zehnmal so rasch gemacht wie zu Anfang des Jahrhunderts. Die Erfinder entstammten meist dem Mittelstand, hatten oft wenig Kapital, eine gerade ausreichende Bildung und einen grenzenlosen Ehrgeiz.

Ein Mann dieses Typs war James Watt, ein schottischer Feinmechaniker, der Newcomens atmosphärische Dampfmaschine weiterentwickelte. 1765 erkannte

VOM EISEN ZUM STAHL

Während der industriellen Revolution stieg die Nachfrage nach stark belastbaren Metallen. Sie wurde durch die raschen Fortschritte in den Herstellungsverfahren des Eisens befriedigt. Hochöfen schmolzen das Eisenerz zu Roheisen, das zu Guß- und Schmiedeeisen aufbereitet werden konnte. Schließlich ermöglichte die Erfindung der Bessemer-Birne (1856) die direkte Umwandlung von Roheisen in Stahl.

Dieser Holzschnitt, einem Buch entnommen, das W. Caxton 1483 druckte, zeigt einen Schmied in seiner Werkstatt.

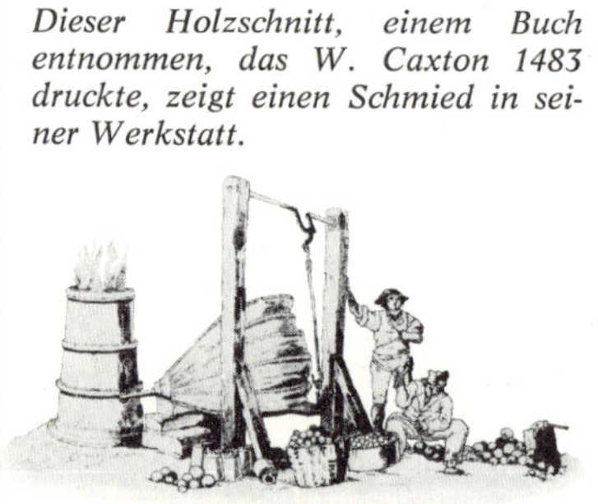

Herstellung von Kanonenkugeln aus Gußeisen, einem zwar hitzebeständigen, aber brüchigen Metall.

Bis zum 18. Jahrhundert stand zum Schmelzen von Eisen nur Holzkohle zur Verfügung. Durch ein Gemisch von Eisenerz und Holzkohle wurde in einem Schmelzofen des 17. Jahrhunderts heiße Luft geblasen, die die Kohle erhitzte. War das Eisen geschmolzen, durchstieß man einen kleinen Tonriegel unten am Ofen und ließ das flüssige Eisen ab. Der Schmelzofen links im Bild wird gerade gereinigt und vor der erneuten Beschickung repariert. Da große Mengen von Holzkohle benötigt wurden, legte man solche Öfen in waldreichen Gegenden an. Im 18. Jahrhundert führte man in England als neuen Brennstoff den Koks ein. Dieses Verfahren erfand 1709 Abraham Darby, der als erster in seiner Eisengießerei in Coalbrookdale Koks zum Eisenschmelzen verwendete. Als die Holzkohlenvorräte zurückgingen und die Holzkohle zu teuer wurde, sahen auch andere Eisenfabrikanten den Vorteil des Kokses ein.

George Stephenson baute 1829 zusammen mit seinem Sohn Robert die berühmte Dampflokomotive Rocket. *Sie gewann alle Wettfahrten, die von der* Liverpool and Manchester Railway *organisiert wurden.*

Watt nämlich, daß es unnötig war, den Zylinder immer wieder abzukühlen, um den Dampf darin zu verflüssigen. Watts Dampfzylinder war ständig heiß, und aus ihm wurde der Dampf in einen Kondensator abgesaugt, wo er abgekühlt wurde. 1782–84 baute Watt die doppeltwirkende Dampfmaschine, bei der der Dampf abwechselnd auf die eine und die andere Seite des Kolbens wirkt und ihn so bewegt. Als Watts Partner John Roebuck am Ende seiner Mittel war, zog Watt nach London, wo er mit Matthew Boulton, einem Ingenieur, zusammentraf. Seit 1776 bauten Watt und Boulton in Partnerschaft fast 500 Dampfmaschinen, die während der industriellen Revolution dazu benutzt wurden, Pumpen, Maschinen und Hochöfen zu betreiben.

Hargreaves' Spinning Jenny *von 1767 revolutionierte die Baumwollindustrie.*

Entstehung der Textilindustrie

Die erstmalige Nutzung der Dampfkraft fiel mit der Entstehung der Textilindustrie zusammen. Mechanische Spinnmaschinen, die Baumwolle in Garn verwandelten, gab es seit den sechziger Jahren des 18. Jahrhunderts. Das waren Richard Arkwrights Flügel-Spinnmaschine und James Hargreaves' Spinning Jenny. Die mechanischen Spinnmaschinen erhöhten die Geschwindigkeit der Garnherstellung und ermöglichten es einem Arbeiter, die Arbeit von vielen zu leisten. Viele Arbeiter verfolgten diese Entwicklung mit größter Besorgnis, weil sie ihnen die Lebensgrundlage zu entziehen drohte. 1785 koppelte man erfolgreich eine mechanische Spinnmaschine mit einer Dampfmaschine von Boulton und Watt. Von da an nahm die Verwendung von Dampfkraft zu, während die Nutzung der Wasserkraft konstant blieb. Der Rückgang der Kosten war sehr beachtlich, weil die Dampfkraft wirtschaftlicher war.

Dampf für Transportfahrzeuge

Die erfolgreiche Nutzung der Dampfkraft in den Fabriken legte den Gedanken einer anderweitigen Verwendung nahe. 1769 entwarf der Franzose N. J. Cugnot den ersten Straßendampfwagen, und Richard Trevithick probierte seinen Gleisdampfwagen am Weihnachtsabend des Jahres 1801 aus. In den darauffolgenden zehn Jahren erfand Trevithick mehrere auf Schienen laufende Dampflokomotiven. 1808 brachte er eine nach London, und das interessierte Publikum konnte eine Rundfahrt über ein im Kreise verlegtes Gleis unternehmen. Freilich brachen die gußeisernen Schienen leicht, doch konnte dieses Hindernis 1820 durch die Erfindung von schmiedeeisernen Schienen überwunden werden.

Die ersten Eisenbahnen

Die Dampfkraft wurde schließlich für Lokomotiven genutzt, die ganze Wagenreihen ziehen konnten. George Stephenson arbeitete als leitender Ingenieur an der 39 km langen Eisenbahnverbindung zwischen Stockton und Darlington, die 1825 eröffnet wurde. 1823 hatte er in Newcastle die erste Lokomotivfabrik gegründet. Nachdem die Entwicklung in Gang gekommen war, wollten viele in Eisenbahnen investieren, und in einigen Jahrzehnten überspannte ganz Großbritannien ein Schienennetz.

Der Bau dieser Eisenbahnlinien wurde durch Materialverbesserungen sehr begünstigt. Denn seit einiger Zeit war ein Verfahren bekannt, im Hochofen Eisen aus Eisenerz zu gewinnen, indem Luft durch ein aus Erz, Kalkstein und Kohle gemischtes Beschickungsgut geblasen wurde, um das Eisen von allen Verunreinigungen zu befreien. 1709 entdeckte der Engländer Abraham Darby eine Methode, die teuere Holzkohle durch Koks zu ersetzen. Ein weiterer großer Fortschritt wurde 1856 gemacht, als Sir Henry Bessemer eine Technik entwickelte, mit der Eisen in Stahl verwandelt werden konnte.

Das Dampfschiff Charlotte Dundas *besaß einen Dampfzylinder, der mit einem Schaufelrad verbunden war.*

Die ersten Dampfschiffe

Die ersten Experimente mit dampfangetriebenen Schiffen wurden in Frankreich und den Vereinigten Staaten durchgeführt. Bereits 1807 verkehrte ein Dampfer zwischen New York und Albany. 1826 konstruierte der Österreicher Joseph Ressel eine Schiffsschraube, die er in einen 33-t-Dampfer einbaute. Andere Konstrukteure verbesserten seine Erfindung, und allmählich ersetzte die Schraube das Schaufelrad. Dann erfolgte 1884 eine ausschlaggebende Verbesserung, als Charles A. Parsons seine Dampfturbine patentieren ließ, die als Schiffsantrieb ideal

Typischer Hochofen des 19. Jh. Ein heißer Luftstrom wird aufwärts durch die geschmolzene Beschikkung aus Koks, Eisenerz und Kalkstein geblasen. Das Eisen schmilzt und sinkt ab, während die Verunreinigungen als Schlacke oben schwimmen.

1782 baute der Enkel Abraham Darbys, der 1709 den Koks in den Hochofenprozeß eingeführt hatte, in Coalbrookdale die erste Eisenbrücke der Welt.

Der Ingenieur Henry Bessemer erfand 1856 einen Konverter – die sogenannte Bessemer-Birne –, in dem heiße Luft durch das flüssige Roheisen geblasen wird, was zur Verbrennung der Verunreinigungen führt.

DER VIELSEITIGE BRUNEL

Einer der wendigsten Ingenieure des 19. Jahrhunderts war der Engländer Isambard Brunel. Er half seinem Vater, Sir Marc Brunel, beim Bau eines Tunnels unter der Themse und leitete den Bau von Schiffen und Eisenbahnlinien.

Der Ingenieur Isambard Brunel 1838 beim Stapellauf der Great Western, *des ersten Transatlantikdampfers.*

Brunel arbeitete 26 Jahre lang als Ingenieur bei der Great Western Railroad. *Er baute auch Brücken, wie die Royal-Albert-Brücke über den Fluß Tamar.*

Die Great Eastern *sollte mit 4000 Passagieren an Bord nach Australien und zurück verkehren können, ohne zu bunkern. 1858 vom Stapel gelassen, ging sie jedoch nie auf die langen Reisen, für die sie ausgelegt war.*

ELEKTRIZITÄT ERHELLT DIE WELT

Die erste praktisch brauchbare Glühbirne entwickelte der deutsche Mechaniker Heinrich Goebel 1854. Sie bestand aus einem verkohlten Bambusfaden als Leuchtkörper in einer luftleeren Glasglocke. Der Engländer Joseph Swan entwickelte dann 1878 die unten abgebildete Kohlefadenlampe. Seit 1881 wurde sie serienmäßig von der Swan United Electric Light Company *in London hergestellt. Auch der Amerikaner Thomas Edison begann 1878 mit seinen Versuchen zur Herstellung von Glühbirnen, 1883 nahm die deutsche Edison-Gesellschaft, die spätere AEG, die Herstellung in Deutschland auf.*

ist. Der Beweis wurde 1897 erbracht, als seine kleine *Turbinia* mit der erstaunlichen Geschwindigkeit von 34,5 Knoten die stattlichen Schlachtschiffe der englischen Marine hinter sich ließ.

Akademien der Wissenschaft

Viele der frühen Wissenschaftler waren eigentlich nur begabte Amateure, wie zum Beispiel Henry Cavendish, der ein Gemisch aus Wasserstoff und Sauerstoff durch einen elektrischen Funken zur Explosion brachte und dadurch nicht nur Wasser herstellte, sondern auch seine Zusammensetzung erkannte. Antoine Lavoisier, ein französischer Adliger, kann als Begründer der modernen organischen Chemie bezeichnet werden. Benjamin Franklin, Drucker aus Philadelphia, Staatsmann und Erfinder, erkannte als erster das Vorhandensein zweier Typen von statischer Elektrizität, der positiven und der negativen, und erfand den ersten Blitzableiter.

Die Gründung der *Royal Institution* in London im Jahre 1800 durch den in Amerika geborenen Grafen Rumford bedeutete einen Meilenstein in der Entwicklung der wissenschaftlichen Technologie. Allerdings war in Frankreich unter Ludwig XIV. bereits 1666 die *Académie des Sciences* gegründet worden. Auf der anderen Seite des Atlantiks hinterließ James Smithson den Vereinigten Staaten sein Vermögen zur Gründung eines weiteren Sitzes wissenschaftlicher Bestrebungen, der *Smithsonian Institution,* die 1846 entstand.

Die Royal Institution bot dem Chemiker Sir Humphry Davy (1778–1829), dem Erfinder einer Sicherheitslampe für Bergarbeiter, Einrichtungen für seine Forschungsarbeiten, ebenso Michael Faraday (1791–1867), der für seine Arbeiten auf dem Gebiet der Elektrizität berühmt geworden ist.

Wachsendes Verständnis für die Elektrizität

Daß es Elektrizität gibt, war keine neue Entdeckung. Schon der griechische Philosoph Thales hatte beobachtet, daß Bernsteinverzierungen an Spinnrädern

1831 entdeckte Michael Faraday die Prinzipien, nach denen der Elektromotor arbeitet. Ein Jahr später gab es schon die ersten kleinen Generatoren.

Fäden, Federn und ähnlich leichte Gegenstände durch eine Kraft anzogen, die man heute als statische Elektrizität bezeichnet. Das griechische Wort für Bernstein ist *elektron,* wovon das Wort Elektrizität abgeleitet ist. 1672 ließ Otto von Guericke Funken zwischen Metallkugeln sprühen. Siebzig Jahre später erfand Pieter van Musschenbroek die Leidener Flasche, welche statische Elektrizität speicherte und bei Berührung abgab. 1752 gelang es Franklin, eine Gewitterwolke zur Entladung zu bringen, womit er bewies, daß der Blitz ein gigantischer elektrischer Funke ist.

1789 glaubte der Italiener Luigi Galvani, er habe tierische Elektrizität entdeckt, als er die Beine toter Frösche auf einer Zinkplatte durch Berühren mit einem Stahlskalpell zum Zucken bringen konnte. Sein Landsmann Alessandro Volta erkannte jedoch, daß dieser Effekt der Verschiedenartigkeit der Metalle zuzuschreiben war, und verwendete diese Erkenntnis für die Voltasche Säule, für die er Kupfer- und Zinkplatten benutzte, die durch mit Salzlake getränktes Papier voneinander getrennt waren. Die Voltasche Säule war die erste elektrische Batterie.

Der dänische Wissenschaftler

Diese von Faraday benutzten Apparate zeigen, mit welch einfachen Hilfsmitteln er seine Experimente zur elektromagnetischen Induktion durchführte.

Hans Christian Oersted hielt 1820 eine Vorlesung an der Universität von Kopenhagen, als er zufällig einen stromführenden Draht neben einen Kompaß legte, dessen Nadel sofort zu schwingen begann. Er machte die Studenten nicht auf seine Beobachtung aufmerksam, sondern zog sich in sein Laboratorium zu weiteren Versuchen zurück. Oersted hatte den Elek-

DER ZAUBERER EDISON

Einer der ideenreichsten Erfinder des 19. Jahrhunderts war der Amerikaner Thomas Alva Edison. Er erfand nicht nur ein Mikrophon, mit dem er Bells Telephon vervollkommnete, sondern auch den Phonographen. 1882 nahm er in New York das erste öffentliche Elektrizitätswerk in Betrieb, das 400 elektrische Lampen speiste. 1899 erfand er auch einen Kinetographen.

Edison in seinem Arbeitszimmer in Menlo Park, New Jersey, mit einem durch ein Fußpedal betriebenen Phonographen. Edison erfand dieses Gerät 1877 und marschierte mit einem der ersten Modelle in die Redaktion des Scientific American. *Nach einer kurzen Begrüßung drehte Edison die Kurbel, und die Maschine sprach: »Guten Morgen. Wie geht es Ihnen? Wie gefällt Ihnen der Phonograph?« Doch es dauerte noch 10 Jahre, bis das Gerät durch einen Wachszylinder und einen Elektromotor vervollkommnet war.*

tromagnetismus entdeckt, der Faraday als Ausgangspunkt für weitere Studien diente.

Dynamo und Generator

1831 beobachtete Michael Faraday an der Royal Institution, daß er durch Kombination von jeweils zweien der drei Faktoren Magnetismus, Elektrizität und Bewegung den dritten Faktor herstellen konnte. Damit hatte er das Prinzip des Dynamos und des Elektromotors entdeckt. Schon in knapp einem Jahr wurde der erste nach Faradays Prinzip gebaute mechanische Stromerzeuger oder Generator in Paris von Hippolyte Pixii vorgeführt. Von da an baute man ständig größere Generatoren, um den steigenden Bedarf an Elektrizität zu befriedigen.

Elektrizität wurde die große Mode. Humphry Davy benutzte eine Voltasche Batterie, um einen glühenden Funken zwischen zwei Kohlestücken zu erzeugen. Diese Erfindung, die Bogenlichtlampe, wurde später zur Beleuchtung von Fabriken und Bahnhöfen benutzt und erfuhr auch später noch Verwendung in Scheinwerfern und Kinoprojektoren. Davys Bogenlampe hatte jedoch den großen Nachteil, daß die Kohle sich an der Luft schnell verbrauchte und die Stäbe ständig erneuert werden mußten. Man brauchte also einen luftleeren Raum, der die Kohle umschloß, und 1879 benutzte der englische Erfinder Joseph Swan Kohlepapierstreifen in einer Birne, aus der die Luft abgesaugt worden war. So entstand die erste Glühfadenlampe, die allerdings nicht lange hielt, weil sie nicht völlig luftleer war. Aber schließlich gelang ihm die Überwindung dieser Schwierigkeiten.

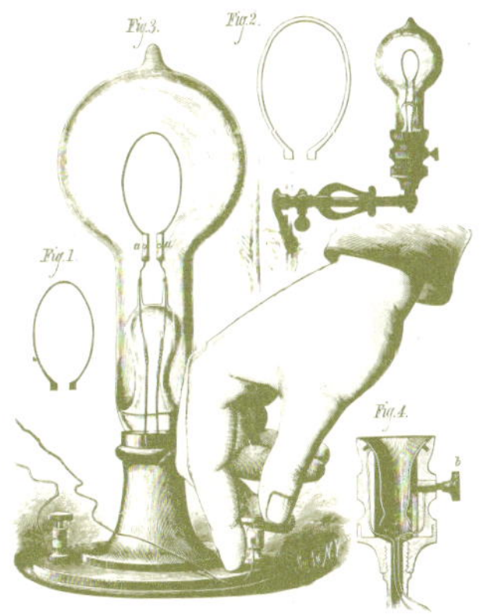

Edison stellte seine erste funktionsfähige Glühbirne 1879 her. Die Zeichnung zeigt die Birne, ihre Halterung und ihre Anbringung an einem Wandarm.

Edisons erster Phonograph wurde von Hand betrieben, was einige Vorsicht erforderte, um die Stimmen nicht zu verzerren.

Vor der Erfindung des Telephons herrschte im Telegraphenamt von London ständig Hochbetrieb.

Zur gleichen Zeit wurde ein erfolgreich arbeitender elektrischer Motor konstruiert. Nicola Tesla, ein aus Ungarn in die USA ausgewanderter Ingenieur, erfand 1887 den Wechselstrominduktionsmotor. Danach stieg die Nachfrage nach elektrischen Motoren steil an. Elektrische Eisenbahnen, die im kleinen schon 1879 in Berlin vorgeführt worden waren, und Straßenbahnen in den Städten wurden zu zwei großen Stromverbrauchern.

Nachrichten über Draht

Mittlerweile begann sich ein neuer Zweig der Wissenschaften zu entwickeln. Forscher in Europa und Amerika wandten sich dem elektromagnetischen Phänomen zu, das Oersted 1820 zuerst beobachtet hatte. Letzten Endes führten ihre Untersuchungen und die ihrer Nachfolger zu den technischen Errungenschaften, die uns als Telegraph, Telephon, Radio, Fernsehen und Elektronik bekannt sind und die es dem Menschen schließlich ermöglicht haben, sogar den Weltraum zu erforschen. Der erste Hinweis auf die Möglichkeit, eine Nachricht durch elektrischen Strom über Draht weiterzuleiten, findet sich bereits in einem detaillierten, aber anonymen Brief an das *Scots Magazine* aus dem Jahre 1753. In dem Brief wird vorgeschlagen, 26 verschiedene Drähte, von denen jeder einem Buchstaben entsprechen sollte, dazu zu verwenden, eine Nachricht Buchstabe um Buchstabe durchzugeben. In den siebziger Jahren des 18. Jahrhunderts wurden dann wirtschaftlichere Methoden mit nur einem Draht vorgeschlagen, und 1816 führte Francis Ronalds einen wirksameren elektronischen Telegraphen in England vor.

Auf einer Ausstellung in Philadelphia 1876 war Alexander Graham Bells Telephon die Hauptattraktion.

Isaac M. Singer konstruierte 1851 diese Nähmaschine und verkaufte Tausende davon, wobei er außerdem die Ratenzahlung einführte.

In den vierziger Jahren begann die elektrische Telegraphie aufzuholen, wozu nicht wenig beitrug, daß ein 1837 von Cooke und Wheatstone entwickelter Telegraph die Festnahme eines Mordverdächtigen ermöglichte, den man beim Besteigen des Zuges in Slough gesehen hatte. Die telegraphische Nachricht erreichte London eher als der Zug, so daß die Polizei den Mann festnehmen konnte. Das machte Eindruck auf das Publikum. Zu einem ähnlich günstigen Zeitpunkt gelang dem Amerikaner Samuel Morse, dem Erfinder der Morsezeichen, die Fertigstellung der Leitung Washington–Baltimore, nämlich einen Tag vor dem Zusammentritt der Demokratischen Partei in Baltimore zur Wahl des Präsidentschaftskandidaten. 1876 entwickelte der in Schottland geborene Amerikaner Alexander Graham Bell das erste elektromagnetische Telephon, bei dem die menschliche Stimme in Stromstöße verwandelt, dann über Draht weitergeleitet und wieder in Laute zurückverwandelt wird. Gegen Ende des 19. Jahrhunderts war das Telephon in vielen Ländern zu einem alltäglichen Gebrauchsgegenstand geworden.

Diese von C. L. Sholes entworfene Schreibmaschine war wohldurchdacht und hatte je eine Tastatur für kleine und große Buchstaben.

1877 erfand Thomas Edison den Phonographen, ein Gerät zur Aufzeichnung und Wiedergabe von Schall. Von einer Membran wurden die Schallwellen auf einen Stichel übertragen, der sie in eine sich drehende Wachswalze einritzte. Der Deutschamerikaner Emil Berliner führte 1887 statt der Walzen wachsbezogene Platten ein und hatte damit die erste Schallplatte entwickelt.

Die erste mechanische Nähmaschine hatte schon 1800 B. Krembs entworfen, doch die Urform der heutigen Doppelsteppstichmaschine baute 1845 Elias Howe. Seine Maschine wurde dann von Gritzner, Pfaff und Singer verbessert. Auch die Schreibmaschine machte einen ziemlich langen Entwicklungsgang durch. Die erste Schreibmaschine wurde 1714 in London zum Patent angemeldet, doch erst 1832 konstruierte Freiherr von Sauerbronn eine Maschine mit Typenhebeln. Dem amerikanischen Typographen C. L. Sholes gelang dann 50 Jahre später die Lösung des Problems, wie man beim raschen Schreiben das Zusammenprallen der Typenhebel vermeiden könne. Er baute eine Tastatur,

Öl sprudelte 1917 aus einer persischen Ölquelle. Doch die meisten Ölfelder des Nahen Ostens wurden erst nach 1930 entdeckt und ausgebeutet.

Das Hochrad, 1868 durch das Niederrad ersetzt, wirkt wie ein Untier mit seinem bis zu 1,5 m hohen Vorderrad.

EINE MASCHINE VERÄNDERT DIE GESELLSCHAFT

Schon dreißig Jahre, nachdem Nikolaus Otto den Viertaktmotor erfunden hatte, fuhren Automobile durch die Straßen der Großstädte Europas. 1885 hatten Carl Benz und Gottlieb Daimler unabhängig voneinander Kraftwagen entworfen, die allerdings im Aufbau des Fahrgestells eher an die alten Kutschenwagen erinnerten. 1901 baute Wilhelm Maybach einen Wagen mit vier Zylindern, 35 PS und 72 km/h Geschwindigkeit, den Mercedes. In Amerika wurde der Kraftwagen seit 1908 durch die Erfindungen Henry Fords zum Massenprodukt. In London waren 1914 Verkehrsstauungen – wie sie in dem Bild unten festgehalten sind – schon ein alltäglicher Anblick.

bei der die am häufigsten gebrauchten Buchstaben großen Abstand voneinander haben. Diese Tastatur wird noch heute gebraucht.

Vom Fahrrad zum Auto

Die wichtigste Erfindung der letzten 25 Jahre des 19. Jahrhunderts war jedoch der Verbrennungsmotor. Die Versuche, die gegen Ende des 17. Jahrhunderts gemacht wurden, einen Kolben in einem Zylinder durch die Explosion von Schießpulver zu bewegen, wiesen in die gleiche Richtung, waren aber nicht erfolgreich. Zu Anfang des 19. Jahrhunderts hatte man Versuche mit brennendem Terpentin oder Wasserstoff in solchen Maschinen gemacht, aber kein verwendbares Ergebnis erzielt. Erst als sich die Leuchtgasindustrie entwickelt hatte, stand ein wirksamer Betriebsstoff zur Verfügung. 1864 gründeten Nikolaus Otto und Eugen Langen in Deutz eine Gasmotorenfabrik, in der sie die ersten Viertaktmotoren bauten, die allerdings noch recht geräuschvoll und ungleichmäßig liefen. Bis 1877 hatte Otto seinen Viertaktgasmotor weitgehend verbessert. Er nutzte die Kraft des sich ausdehnenden Gases in einem geschlossenen Zylinder dazu, einen Kolben anzutreiben.

Das erste Auto

Der österreichische Ingenieur Siegfried Marcus baute zwischen 1864 und 1874 mehrere benzingetriebene Fahrzeuge, aber der erste wirkliche Fortschritt ging von Gottlieb Daimler aus. Zusammen mit Wilhelm Maybach baute er 1883 einen Benzinmotor mit nur einem Zylinder, der luftgekühlt war und nach dem Viertaktprinzip von Otto arbeitete. Dieser Motor wurde zunächst an einem Fahrrad angebracht. Dann tat sich Daimler mit Carl Benz zusammen, und 1885 konstruierten sie einen motorgetriebenen Kraftwagen.

Wo Daimler und Benz den Weg gewiesen hatten, folgten andere. Henry Ford baute sein erstes Auto 1896 in Amerika und gründete 1903 die Ford Motor Company, die er zum zweitgrößten Kraftwagenwerk der Erde entwickelte. Fords Hauptbeitrag zur Welt auf Rädern war die Einführung der Massenproduktion, bei der standardisierte, auswechselbare Teile in Fließbandarbeit hergestellt und zusammengesetzt werden.

Die Jahre vor dem Ersten Weltkrieg waren die Zeit solider Wagen mit dauerhaften, langsam arbeitenden Motoren. Der erfolgreiche Einsatz im Kriege trug zur Entwicklung der Kraftwagen bei, und die zwanziger Jahre brachten den Typ hervor, der heute unter der Bezeichnung *Oldtimer* läuft. Hunderte von Fabrikanten versuchten, ihre Produkte auf den Markt zu bringen, doch machten die meisten bankrott, als die Wirtschaftskrise gegen Ende der zwanziger Jahre einsetzte. Doch manche, wie Herbert Austin und William Morris, überstanden die Depression und produzierten während der dreißiger Jahre nur kleine Familienwagen.

In der gesamten Geschichte des Autos läßt sich die Vorherrschaft des Benzinverbrennungsmotors feststellen. Eine andere Form des Verbrennungsmotors

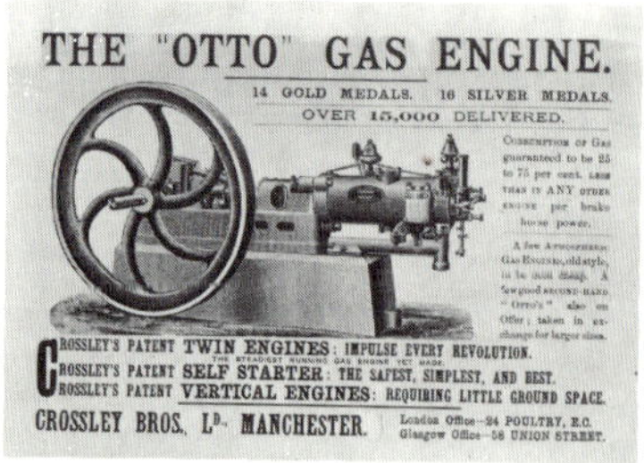

Die gasgetriebene, von Nikolaus Otto 1867 erfundene Verbrennungsmaschine war Vorläufer seines Viertaktmotors.

DAS JAHRHUNDERT DES KRAFTWAGENS

Gottlieb Daimler, einer der Väter des Kraftwagens, baute 1886 einen Motor mit 1,5 PS Leistung.

Das Auto entwickelte sich aus der Kombination verschiedenster Erfindungen ideenreicher Ingenieure in Deutschland, Frankreich und später auch England und den USA. Der Deutsche Carl Benz stellte 1885 das erste benzingetriebene Fahrzeug her und verkaufte das erste Modell 1887. Die französische Firma Panhard und Levassor entwarf als erste ein Auto, dessen Motor vorne eingebaut war, das eine Dreigangschaltung, eine Reibungsbremse und Hinterradantrieb hatte. Gegen 1910 gab es schon eine Menge Verbesserungsvorschläge für das Auto, doch konnten die meisten erst verwirklicht werden, als bessere Metallverarbeitungstechniken zur Verfügung standen.

Der von Carl Benz 1885 gebaute dreirädrige Kraftwagen wurde von einem hinten eingebauten Viertaktmotor mit elektrischer Zündung und 0,75 PS Leistung angetrieben. Das Vorderrad konnte mit einem Hebel gelenkt werden.

Die ersten Motoren Rudolf Diesels, wie dieses Modell von 1909, trieben Drehbänke und andere Maschinen.

für ein billigeres Öl, der Dieselmotor, so benannt nach seinem deutschen Erfinder Rudolf Diesel, ist für Lastwagen und Busse viel in Gebrauch. Eine Neuerung der späten fünfziger Jahre ist der von F. Wankel entwickelte Kreiskolbenmotor (Wankelmotor) mit rotierenden Kolben.

Entdeckung der Radiowellen

Im späten 19. und frühen 20. Jahrhundert gab es eine Unzahl technischer Neuerungen. 1888 entdeckte der deutsche Physiker Heinrich Hertz die elektromagnetischen Wellen, zu denen auch die Radiowellen gehören. Bereits 20 Jahre vorher hatte der Schotte James Clerk Maxwell ihre Existenz theoretisch begründet. Edouard Branly und Oliver Lodge zeigten in den neunziger Jahren, daß man Hertzsche Wellen über kurze Strecken sowohl senden als auch empfangen könne, und 1896 erweiterte Guglielmo Marconi diesen Bereich auf 14,5 km. Im Jahre 1901 funkte er die erste Nachricht mit Morsezeichen über den Atlantik. Gegen Ende des Jahres 1906 war es schon möglich, Musik und Sprechsendungen auszustrahlen. Die Entwicklung der Dreielektrodenröhre durch den Amerikaner Lee de Forest 1906 ermöglichte die Verstärkung der schwachen Signale, und 1921 strahlte Frank Conrad die ersten Rundfunkprogramme von einer Station in Pittsburgh aus.

Seit der Mitte des 19. Jahrhunderts konnte man auch Bilder elektronisch übertragen. 1884 erfand Paul Nipkow die Spirallochscheibe, einen mechanischen Bildzerleger, den man noch bis in die vierziger Jahre verwendete. Die erste praktische Fernsehvorführung in Deutsch-

Guglielmo Marconi vollbrachte eine Pioniertat auf dem Gebiet der Telegraphie. 1901 gelang ihm die drahtlose Überbrückung des Atlantiks.

land führte 1925 August Karolus durch. Bereits zwei Jahre zuvor hatte der Russe Wladimir Zworykin die Ikonoskop-Röhre, einen elektronischen Bildabtaster, geschaffen, der seit 1934 serienmäßig hergestellt wurde.

Da die Wellen, die ein Fernsehsignal übermitteln, sich nur gradlinig fortpflanzen, konnte in der ersten Zeit der Empfangsbereich nur dadurch vergrößert werden, daß man die Sendungen von einem hohen Turm aus ausstrahlte. Später kam dann die Idee auf, die Erde umkreisende Satelliten wie hohe Sendemasten einzusetzen. Sie sollten die Signale von der Erde empfangen und sie erneut aussenden, damit sie von Bodenstationen empfangen werden könnten. Diese Idee wurde 1962 durch den Satelliten *Telstar* verwirklicht und noch wesentlich verbessert durch die Einführung von Synchronsatelliten, die auf geostationären Umlaufbahnen in 36 000 km Höhe eine Umlaufzeit von 24 Stunden haben.

Der Mensch erhebt sich in die Luft

Das Ende des 19. Jahrhunderts brachte fieberhafte Aktivität auf dem Gebiet des Fliegens in Ma-

John Baird, hier vor einer Spirallochscheibe, gelang 1928 die erste Fernsehübertragung über den Atlantik.

schinen, die schwerer als Luft sein durften. Ballons waren schon viele Jahre bekannt, die ersten hatten die Gebrüder

Der Ford-Wagen Modell T war der erste Kraftwagen, der für eine billige Massenproduktion vorgesehen war. Er hatte bereits 20 PS und ein Zweiganggetriebe. Andere Hersteller folgten später Fords Beispiel.

Dieser 1928 gebaute Bentley gewann im gleichen Jahr das Vierundzwanzigstundenrennen von Le Mans.

1970 wurde in die Blue Flame *ein Raketenantrieb eingebaut, mit dem 800 km/h erreicht werden konnten.*

DIE ERSTEN PHOTOGRAPHEN

Schon um das Jahr 1000 kannte man die *Camera obscura,* einen lichtdichten Kasten mit einem kleinen Loch in der einen und einer Mattscheibe in der gegenüberliegenden Wand. Abbilder außen befindlicher Gegenstände erscheinen auf der Mattscheibe umgekehrt und seitenvertauscht. 1816 stellten N. und C. Niepce unter Verwendung von Silberchlorid die ersten Bilder mit der Kamera her, die allerdings nicht lichtbeständig waren. 1837 entwickelte Louis Daguerre zusammen mit Isidor Niepce ein neues Verfahren: Mit Jodsilber überzogene Silberplatten wurden belichtet, mit Quecksilberdämpfen entwickelt und mit Kochsalzlösung fixiert.

Louis Daguerre (1787–1851) erfand das erste brauchbare Verfahren der Photographie, das man nach ihm Daguerreotypie nannte.

Das erste Bild, das Daguerre 1837 mit seinem neuen Verfahren aufnahm (oben). 1839 gelang es dem Engländer William Talbot, photographische Negative herzustellen, von denen eine beliebige Anzahl Positive abgezogen werden konnten, und 1851 führte F. S. Archer das Kollodium als Träger der lichtempfindlichen Jodsilberschichten ein. Mehr als 20 Jahre später verwendete man zum erstenmal Zelluloidfilm als Träger der lichtempfindlichen Schicht und erweiterte später die photographischen Verfahren ständig.

1888 machte George Eastman die Photographie für jedermann zugänglich, indem er die tragbare Rollfilmkamera einführte.

Viele Erfinder hatten versucht, Bilder sich bewegender Objekte herzustellen, doch nur die Brüder Auguste und Louis Jean Lumière in Frankreich hatten dabei Glück. Auf diesem Bild betätigt der eine gerade den von Louis Jean 1894 erfundenen Kinematographen, eine Kombination aus Kamera und Projektor. Die ersten Reihenaufnahmen galoppierender Pferde hatte 1877 Eadweard Muybridge aufgenommen. Durch diese Erfindung und ein Kinetoskop angeregt, das Thomas Edison entwickelt hatte, erdachten die Brüder Lumière ihre Kombination aus Kamera und Projektor und filmten damit die Delegierten, die zum französischen Photographenkongreß kamen. 48 Stunden später projizierten sie den entwickelten Film, und Ende 1895 eröffneten sie in Paris ihr erstes Kino. Die ersten Filme waren höchst einfach, aber bald genügten sie auch höheren Ansprüchen.

DER MENSCH EROBERT DEN LUFTRAUM

Otto Lilienthal, ein deutscher Pionier des Flugwesens, führte 1891 den ersten Gleitflug (25 m weit) aus. Später konstruierte er dann andere Flugzeuge, mit denen Gleitflüge bis zu 300 m weit möglich waren. Insgesamt baute Lilienthal 18 Flugzeugtypen. Nach mehr als 2000 geglückten Gleitflügen erlitt er 1896 bei einem Absturz tödliche Verletzungen. O. Chanute und A. M. Herring setzten in den USA Lilienthals Gleitflugforschungen fort. Den Brüdern Wright gelang dann 1903 der erste Motorflug.

Montgolfier 1783 in Frankreich geflogen. Aus dem Ballon entwickelte man dann das lenkbare Luftschiff. 1901 erhob sich das erste starre Luftschiff des Grafen Zeppelin, 1937 allerdings, nach der Explosion des Luftschiffs *Hindenburg*, stellte man den Bau der Zeppeline ein. 1890–96 führte Otto Lilienthal die ersten Gleitflüge durch, und 1903 gelangen den Brüdern Orville und Wilbur Wright die ersten gesteuerten Motorflüge. Der erste Flug – über 36 m – dauerte nur 12 Sekunden. Doch als die Wrights dann später sogar 40 km weit fliegen konnten, wurde den Menschen bewußt, daß eine neue, wichtige Erfindung gemacht worden war. 1909 überquerte der Franzose Louis Blériot zum erstenmal den Ärmelkanal in einem Flugzeug.

Der Krieg als Antrieb
Während des 20. Jahrhunderts wirkte vor allem der Krieg als Triebfeder für Erfindungen. Der

Die Brüder Montgolfier, die ersten Menschen in einem von Warmluft getriebenen Ballon, starten hier 1783 von Versailles.

Prozeß setzte ein, als sich Flugmaschinen im Ersten Weltkrieg aus einer Kuriosität zu einem höchst wirksamen Mittel der Feindaufklärung und des Transports von Fracht, Menschen oder Bomben entwickelten. Alle diese ersten Aeroplane hatten Verbrennungsmotoren und Propeller. Die Idee des Düsenantriebs kam jedoch schon damals vielen Erfindern. 1913 ließ sich der französische Ingenieur René Lorin ein Patent für den Düsenmotor geben. 1939 und 1941 erschienen die ersten tauglichen Düsenflugzeuge, bei denen die Vorwärtsbewegung durch einen mächtigen Rückstoß des entzündeten Brennstoff-Luft-Gemisches erfolgt. Gegen Ende des Zweiten Weltkrieges wurden dann bereits Düsenflugzeuge eingesetzt. Im Koreakrieg zu Anfang der fünfziger Jahre waren sie bereits der vorherrschende Flugzeugtyp.

Entdeckung der Atomkraft
Während des Zweiten Weltkrieges trieb man vor allem die Forschung auf den Gebieten der Nutzung der Atomkraft und der

Am 17. Dezember 1903 unternahm Orville Wright von Kitty Hawk, North Carolina, aus den ersten gesteuerten Motorflug.

Der englische Erfinder Frank Whittle (rechts) demonstrierte 1945 eines seiner Düsentriebwerke für Flugzeuge.

Elektronik voran. Die Hauptentwicklung in der Elektronik waren Radaranlagen. Die Deutschen benutzten sie, um die Kanonen der Schlachtschiffe auf das Ziel auszurichten, während die Briten damit herannahende feindliche Flugzeuge ausmachten. 1938 hatten die deutschen Physiker Otto Hahn und Fritz Straßmann das Uranatom gespalten und damit das Geheimnis der Kernspaltung entdeckt, durch die ein schwerer Atomkern in zwei leichtere zerlegt wird. Man erkannte, daß dabei gewaltige Energiemengen freigesetzt werden, die in einer

DIE VERLOCKUNG DES FLIEGENS

Jahrhundertelang hatte der Mensch vom Fliegen geträumt, dabei aber immer versucht, den Vogelflug nachzuahmen. Erst 1800 erkannte der Engländer Sir George Cayley die Notwendigkeit starrer Flügel. Die nötige Antriebskraft lieferte schließlich der Verbrennungsmotor.

Ikarus kam mit seinen Flügeln aus Wachs und Gänsefedern der Sonne zu nah und stürzte ab.

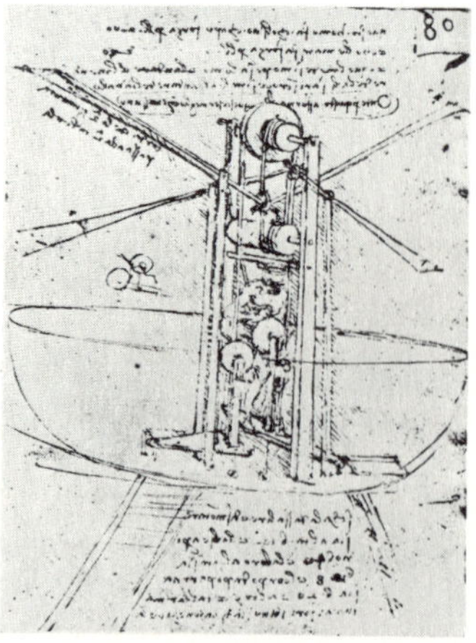

Eine von Leonardo da Vinci entworfene Flugmaschine mit Pedalen, die die Flügel antreiben sollten.

Bombe von nie dagewesener destruktiver Kraft Verwendung finden könnten. Die Alliierten waren entschlossen, nicht zuzulassen, daß die Deutschen diese Bombe als erste produzierten. Da bis 1940 nur aus Uran 235 und Plutonium 239 Kernwaffen hergestellt werden konnten, begann man in den USA mit großem Aufwand beide Stoffe herzustellen. Mit der Fertigstellung der ersten Bombe waren zahlreiche Wissenschaftler und insgesamt 300 000 Arbeitskräfte mehrere Jahre beschäftigt. Am 16. Juli 1945 wurde dann der erste Atomsprengkörper, eine Uranbombe, bei Los Alamos in New-Mexiko gezündet.

Das Atomzeitalter begann mit der Explosion einer Bombe, die 20 000 Tonnen TNT (Trinitrotoluol) entsprach. Der Physiker Isidor Rabi, der der Explosion beiwohnte, wurde hinterher gefragt, was er gesehen habe. »Ich kann es nicht beschreiben«, sagte

Das 1959 von Christopher Cockerell erfundene Luftkissenfahrzeug Hovercraft eignet sich für jede Oberfläche. Ein Fährdienst mit Hovercraft wird auf dem Ärmelkanal unterhalten.

er, »aber erwarten Sie nicht, eines natürlichen Todes zu sterben.« Doch die Wissenschaftler arbeiteten auch daran, die Kraft der Kernspaltung kontrolliert zu nutzen. Unter der Leitung des italienischen Physikers Enrico Fermi kam 1942 zum erstenmal eine Kernkettenreaktion in einem Kernreaktor in Chikago in Gang. 15 Jahre später produzierten bereits die ersten Kernreaktoren in Großbritannien und den USA elektrischen Strom.

Im Jahre 1952 ließen die Amerikaner die noch zerstörerische Wasserstoffbombe explodieren, die auf einem anderen Prinzip, dem der Kernfusion, beruht. Dabei werden leichte Wasserstoffatome dazu gebracht, sich zu schwereren Atomen zu verschmelzen und dabei Energie freizusetzen.

Raketen in Krieg und Frieden

Auch die Eroberung des Weltraumes ging von der Nachfrage nach immer zerstörerischen Waffen im Krieg aus. Während des Zweiten Weltkrieges wurden die ersten Fernraketen (A 4) von Wernher von Braun und einem Team deutscher Wissenschaftler in Peenemünde entwickelt. Bei der Rakete wird, ähnlich wie bei der Flugzeugdüse, der Rückstoß brennender Gase zur Vorwärtsbewegung genutzt. Aber im Unterschied zur Düse hat der Raketenmotor seine eigene Sauerstoffzufuhr für die Verbrennung und kann deshalb im Weltraum arbeiten.

Hitlers zweite Vergeltungswaffe, die V 2, die London im Winter 1944 heimsuchte, war von einer Rakete getrieben. Amerikaner und Russen nutzten später die von den Deutschen gesammelte Erfahrung bei ihren Weltraumflügen. Der erste funktionstüchtige Erdsatellit, der russische *Sputnik I,* wurde im Oktober 1957 in die Erdumlaufbahn gebracht. Ihm folgte am 12. April 1961 der erste bemannte Raumflug des russischen Kosmonauten Juri Gagarin. Den ersten amerikanischen Raumflug führte im Mai 1961 Alan Shepard aus, im Februar 1962 umkreiste dann John Glenn einmal die Erde. Danach landeten die Vereinigten Staaten als erste Nation Menschen auf dem Mond, als Neil Armstrong und Edwin Aldrin im Juli 1969 die Mondlandefähre von Apollo 11 verließen. In den darauffolgenden drei Jahren fanden weitere Mondflüge statt.

Blick in die Zukunft

Die Technik des 20. Jahrhunderts ist nicht mehr das Ergebnis von Amateurversuchen wie jenen von Benjamin Franklin mit dem Papierdrachen, mit denen er nachwies, daß die Ladung einer Gewitterwolke der künstlich erzeugten Ladung einer Elektrisiermaschine glich. Die kostspielige Forschungsarbeit, die heut-

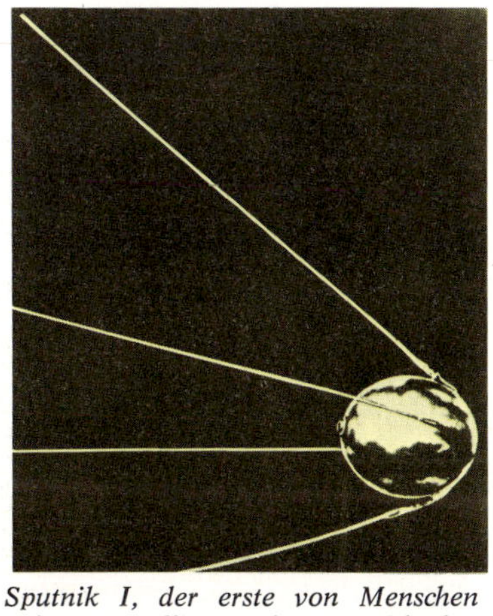

Sputnik I, der erste von Menschen gebaute Satellit, wurde am 4. Oktober 1957 auf seine Umlaufbahn gebracht. Er führte einen Radiosender mit sich.

Mit einem späteren Modell dieser Rakete – Saturn I – erfolgte der erste Mondflug.

zutage zur Perfektionierung einer neuen Technik notwendig ist, bedeutet, daß große internationale Firmen oder sogar Regierungen ein Projekt unterstützen müssen, wenn es aus dem Entwurfsstadium zur Fertigungsreife gelangen soll. Dennoch steigert sich das Tempo des Fortschritts. Vieles, was uns die Technik heute liefert und das uns als ganz selbstverständlich erscheint, wurde erst zu unseren Lebzeiten entwickelt, und die detaillierte Anwendung von Elektronik und Atomkraft steckt dabei heute noch ganz in den Anfängen. Besonders die Anwendung elektronischer Einrichtungen in der Industrie kann eine neue industrielle Revolution bewirken.

In unseren modernen Fabriken hat die Automation schon viele Arbeiter überflüssig gemacht. Die Wissenschaftler glauben, daß es in naher Zukunft möglich sein wird, alle Maschinen einer Fabrik an einen zentralen Steuerungscomputer anzuschließen, der die maschinelle Arbeit dann viel rationeller bewältigt, als es Menschen könnten. Damit würden aber auch neue soziale Probleme auf uns zukommen.

RECHENMASCHINEN

Computer, die schon heute mit atemberaubender Geschwindigkeit rechnen, mögen sich als die bedeutendste Erfindung des 20. Jahrhunderts erweisen. Das Bestreben, sich das Addieren durch eine Vorrichtung zu erleichtern, lag schon dem Rechenbrett zugrunde. Der Engländer Charles Babbage entwarf 1840 eine Maschine für kompliziertere Berechnungen. Seit den fünfziger Jahren schreitet die Entwicklung rasch voran. Röhren ersetzte man durch Transistoren, und 1958 kamen die ersten winzigen integrierten Schaltkreise auf.

Mit Pascals Rechenmaschine von 1642 ließen sich achtstellige Zahlen durch Drehen einiger Räder addieren.

Charles Babbage (1792–1871) plante als erster große Rechenautomaten. Obgleich er viel eigenes Geld hineinsteckte, erreichte Babbage sein Ziel nicht ganz. Das technische Wissen seiner Zeit genügte nicht, und sein rein mechanischer »Computer« konnte die vorgesehenen schwierigen Aufgaben nicht bewältigen. Elektronische Computer, die dazu geeignet waren, kamen erst im Zweiten Weltkrieg auf, als deutsche und amerikanische Wissenschaftler sie für Kriegszwecke entwickelten. Seitdem sind Computer ein alltägliches Hilfsmittel auf allen Gebieten der Industrie und Wissenschaft.

Teil der ersten Rechenmaschine von Babbage. Die Räder entsprechen den Ziffern einer fünfstelligen Zahl.

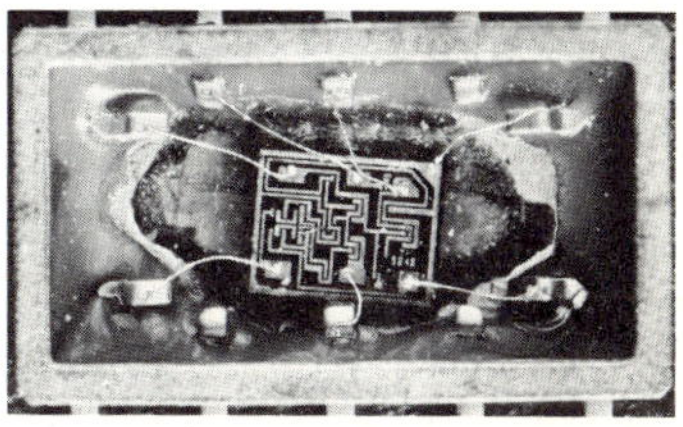

Herzstück des Computers sind integrierte Schaltkreise, die alle Komponenten auf einem Träger von weniger als 1 mm Durchmesser enthalten.

Wege der Heilkunst

Im Kampf gegen Krankheiten kam die Medizin hinter die Geheimnisse des menschlichen Körpers

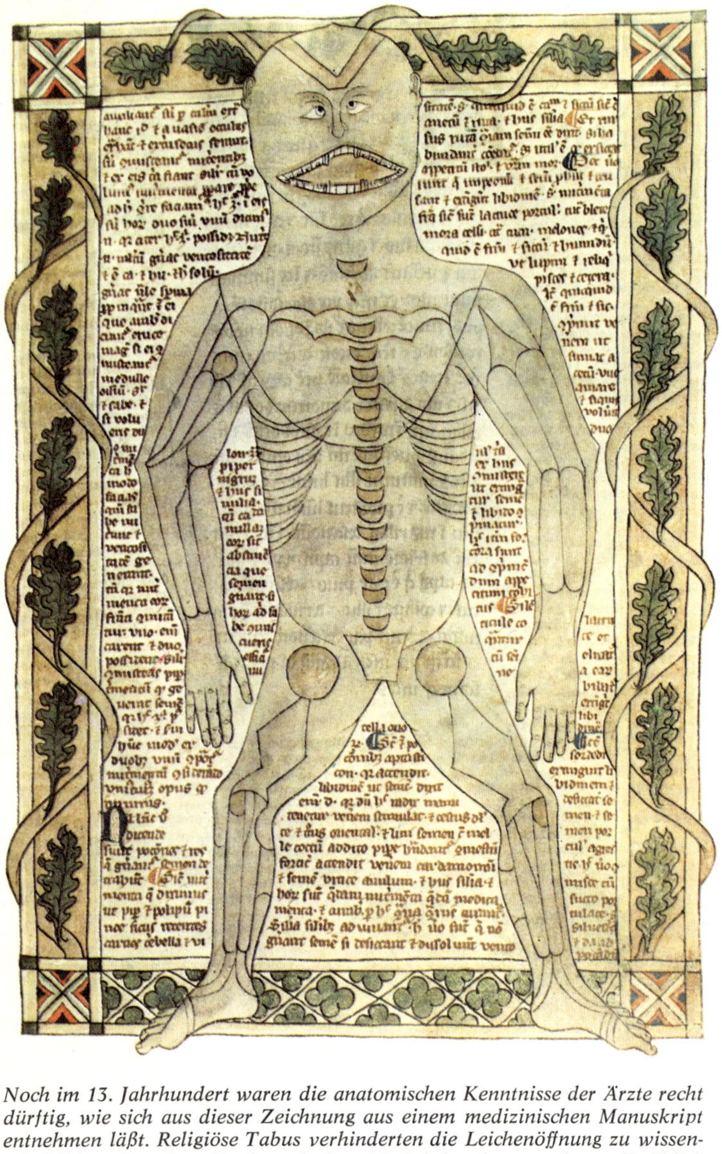

Noch im 13. Jahrhundert waren die anatomischen Kenntnisse der Ärzte recht dürftig, wie sich aus dieser Zeichnung aus einem medizinischen Manuskript entnehmen läßt. Religiöse Tabus verhinderten die Leichenöffnung zu wissenschaftlichen Zwecken. Doch nach dem 14. Jahrhundert wurde es allmählich üblich, Leichen zu sezieren, nicht nur, um die Todesursache festzustellen, sondern auch, um das Wissen über den Aufbau und die Funktionen des menschlichen Körpers zu erweitern.

In seiner langen Entwicklungsgeschichte ist es dem Menschen zwar gelungen, mit den Gefahren seiner natürlichen Umgebung fertigzuwerden, pflanzliche und tierische Produkte für seine Zwecke zu nutzen und dadurch zu Nahrung, Kleidung, Behausung und tierischer Arbeitskraft zu kommen, doch den Kampf gegen die Krankheiten führte er fast bis auf den heutigen Tag mit sehr unzureichenden Waffen. Denn Parasiten, winzige Schmarotzer, die ohne Mikroskop überhaupt nicht zu sehen sind, können den Körper überschwemmen und sich von seiner Substanz ernähren, bis der Befallene schließlich stirbt. Auch die natürlichen Abwehrkräfte des Körpers können leiden, wenn es dem Menschen an Nahrung, Wärme oder Schlaf mangelt. Und nicht zuletzt können sich Krankheiten auch infolge von Unkenntnis oder Vernachlässigung der Hygiene einstellen.

Allerdings ist der Mensch vielen Krankheiten nicht völlig schutzlos ausgeliefert. Die Natur hat ihren eigenen Abwehrmechanismus, denn während sich Lebewesen an ihre Umgebung anpassen, entwickeln sie gleichzeitig eine gewisse Immunität gegen Krankheiten, die ihr Überleben bedrohen. Diese Form der unbewußten biologischen Anpassung ist freilich ein sehr langsamer Prozeß, und der

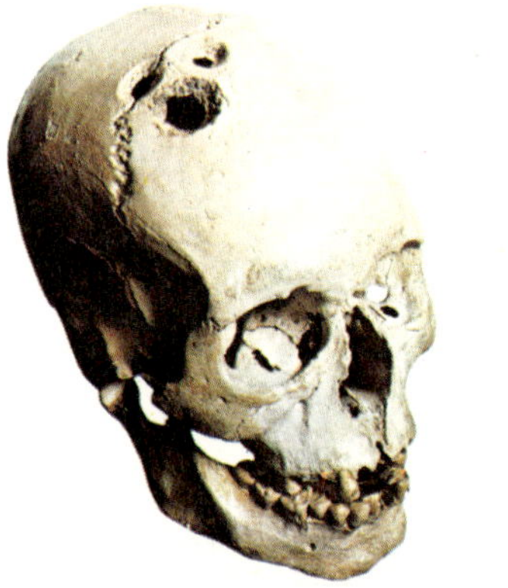

Schon in der Steinzeit nahm man Schädelöffnungen vor, und viele Patienten überlebten den Eingriff sogar.

Mensch hat schon früh begonnen, bewußt und überlegt unterstützend in ihn einzugreifen. Ohne genaueste Kenntnisse über Bau und Funktion des menschlichen Körpers und der Kräfte, die seine Lebensdauer verkürzen können, wäre die heutige Medizin undenkbar. Doch zeigt die Geschichte der Medizin, wie langsam dieses Wissen gewachsen ist. Und noch heute sind einige der Geheimnisse ungelöst, die schon die frühesten Ärzte beschäftigten.

Die Anfänge der Medizin

Bereits in frühesten Zeiten wurden schon praktische Erfahrungen gesammelt. Das überlieferte Wissen der Medizinmänner beruhte auf Naturbeobachtung, und man verwendete Pflanzen und tierische Produkte zur Krankheitsbehandlung. Auch chirurgische Eingriffe nahm man schon früh vor. In verschiedenen Teilen der Welt sind vorge-

Auf diesem 4000 Jahre alten ägyptischen Relief ist ein Mann mit einem verkrüppelten Bein dargestellt.

schichtliche Schädel gefunden worden, in die man – vermutlich mit scharfen Feuerstein- oder Obsidianklingen – Löcher gebohrt hatte. Solche Trepanationen sollten wahrscheinlich dazu dienen, dem bösen Geist, der die Krankheit, Kopfschmerz, Epilepsie oder ähnliches verursachte, das Entweichen zu ermöglichen. Überraschenderweise haben einige Patienten diesen Eingriff überlebt, denn die Ränder der Löcher sind bei diesen Schädeln verheilt.

Gesundheitsdienst der Ägypter

In den Hochkulturen der Alten Welt war die Medizin schon weiter entwickelt. Einer der ältesten uns namentlich bekannten Ärzte ist der Ägypter Imhotep, Leibarzt und Baumeister des Pharaos Djoser. Er lebte um 2660 v. Chr. und wurde noch in griechischer Zeit in Theben und Memphis als Gott der Heilkunst verehrt. Später richteten die Ägypter einen staatlichen Gesundheitsdienst ein und hatten bereits ausgesprochene Fachärzte. Der Papyrus Ebers, der aus der Zeit um 1500 v. Chr. stammt, beschreibt etwa 50 Krankheiten mit ihren Symptomen, enthält Diagnosen und gibt therapeutische Verordnungen an. Ein noch älterer Papyrus behandelt chirurgische Eingriffe, vor allem bei Kopfverletzungen.

Die aufgeführten Fälle sind in drei Gruppen geteilt – solche, die gute, ungewisse oder keine Erfolgsaussichten bieten. Fälle der letzten Art waren nach dem damaligen Wissen unheilbar und sollten »nicht behandelt werden«, eine Bemerkung, die sich in keinem anderen medizinischen Text des Altertums findet.

Plastische Chirurgie

Indische Ärzte führten mit viel Geschick Schönheitsoperationen durch und konnten neue Nasen für Menschen herstellen, denen man als Strafe für gesellschaftliche Vergehen, wie etwa Ehebruch, die Nase abgeschnitten hatte. Auch besaßen die indischen Ärzte eine beachtliche Kenntnis pflanzlicher Medizinen und ihrer Wirkungen. So benutzten sie einen Extrakt aus der *Rauwolfia serpentina* als Beruhigungsmittel sowie gegen Schlangenbisse, aber auch gegen Kopfschmerz und Fieber. 1952 entdeckten deutsche und Schweizer Wissenschaftler in der Rauwolfia das Alkaloid Reserpin, das heute als blutdrucksenkendes Mittel, aber auch bei bestimmten psychischen Erkrankungen gegen Angst- und Spannungszustände verwendet wird. Von frühesten Zeiten an gab es bei den Hindu allerhand religiöse Regeln, die die persönliche und öffentliche Hygiene sicherstellten, was ja insbesondere im tropischen Klima wichtig ist.

Yang und Yin

Die Anfänge der Medizin in China werden dem legendären

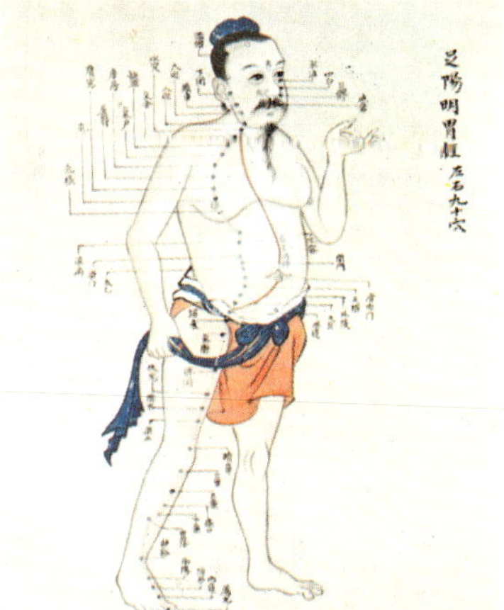

Diese Seite eines chinesischen Lehrbuches zeigt die Punkte, in die Akupunkturnadeln eingestochen werden.

Herrscher Schen Nung zugeschrieben, der unter dem Einfluß des großen taoistischen Gottes P'an Ku gehandelt haben soll. Im Taoismus beruht die kosmische Ordnung auf dem Gleichgewicht zweier entgegengesetzter Prinzipien: Yang und Yin. Yang ordnete man das

Die Lehren des griechischen Arztes Galen (129–199 n. Chr.) wurden trotz vieler Irrtümer rund 1400 Jahre lang nicht ernsthaft in Frage gestellt.

Licht, die Sonne, den Süden, die Männlichkeit und Trockenheit zu; Yin die Dunkelheit, den Mond, den Norden, das Weibliche und Feuchte. Man stellte sich vor, daß diese beiden Prinzipien sich mit dem Blut vereinigen und im Körper kreisen. Krankheiten betrachtete man als ein Ungleichgewicht dieser Prinzipien und den Tod als Stillstand ihres Kreisens.

Noch heute beruht die chinesische Medizin zu einem beträchtlichen Teil auf der Akupunktur, dem Einstechen von goldenen oder silbernen Nadeln in verschiedene Punkte des Körpers. Der Arzt Huang Tium soll die Akupunktur, die das richtige Gleichgewicht zwischen Yang und Yin wiederherstellen soll, zuerst um 3000 v. Chr. angewendet haben. Heute benutzt man Nadeln von 2,5 bis 25 cm Länge, die zwei bis zehn Minuten – zu Anästhesiezwecken auch mehrere Stunden – im Körper belassen werden. Die Einstichstellen sind durch Linien festgelegt, längs denen die Beeinflussung der Hauptorgane erfolgen soll. Bis zum heutigen Tag ziehen chinesische Chirurgen auch bei großen und komplizierten Operationen die Akupunktur zur Betäubung den westlichen Betäubungsmitteln vor.

DIE VIER KARDINALSÄFTE

Jahrhundertelang glaubten die Ärzte an die Lehren der antiken Philosophen und Ärzte, die überzeugt waren, daß die vier Elemente, aus denen sich das Universum zusammensetze – Feuer, Luft, Wasser und Erde –, ihre Gegenstücke im menschlichen Körper fänden. Diese seien die vier Kardinalsäfte – Blut, Schleim, dunkle und helle Galle. Je nachdem, welcher Saft überwog, war der Mensch entweder Sanguiniker, Choleriker, Phlegmatiker oder Melancholiker. Krankheit bedeutete Ungleichgewicht im Mischungsverhältnis der Säfte. Durch entsprechende Behandlung hoffte man, das Gleichgewicht wiederherzustellen.

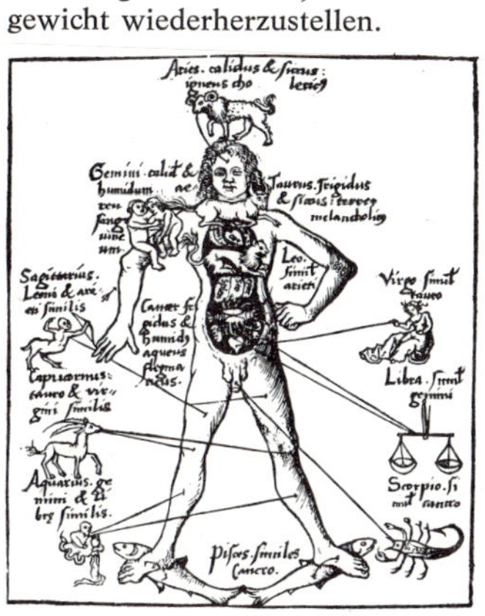

Diese Illustration aus dem 16. Jahrhundert zeigt, welche Planeten und Tierkreiszeichen die Organe beeinflussen sollen.

Die Lehren des Hippokrates

Die alten Griechen können als

Im Mittelalter richtete man Hunde darauf ab, die menschenähnlich gestaltete Alraunwurzel auszugraben. Man schrieb ihr eine schmerzstillende Wirkung zu.

die Väter der wissenschaftlichen Medizin angesehen werden. Der Durchbruch kam, als man erkannte, daß bestimmte Symptome stets zusammen auftreten und bestimmte Drogen in diesen Fällen Erleichterung bringen. Der Begründer dieser neuen Medizin war Hippokrates (um 460 bis 375 v. Chr.). Er verfügte zwar nur über unzureichende anatomische und physiologische Kenntnisse und glaubte, Krankheit käme durch ein Ungleichgewicht in den vier Kardinalsäften des Körpers – Blut, Schleim, helle und dunkle Galle – zustande, aber seine auf vernünftiger Überlegung und sorgfältiger Beobachtung beruhende Diagnostik bildete für Jahrhunderte die methodische Grundlage der Medizin.

Ebenfalls von großer Bedeutung für die Zukunft war der Nachdruck, den Hippokrates auf die Pflichten des Arztes gegenüber dem Patienten legte, der sich im Eid des Hippokrates erhalten hat und der auch heute noch die Basis ärztlicher Ethik bildet. Er betonte auch die Heilkräfte der Natur, den Wert persönlicher Hygiene und einer richtigen Diät. »Was gut für den einen ist«, sagte er, »ist schlecht für den anderen.« Für Hippokrates bestand die Aufgabe des Arztes darin, die heilenden Kräfte der Natur richtig einzusetzen, also nicht gefährliche Mittel gegen geringfügige Krankheiten zu verabreichen, sondern abzuwarten, bis der medizinische Eingriff am wirkungsvollsten wäre.

Der von Avicenna verfaßte Canon medicinae *blieb 600 Jahre lang das medizinische Standardwerk. Hier eine Illustration aus einer Ausgabe des 17. Jh.*

Aber die neue wissenschaftliche von Hippokrates begrün-

SORANOS VON EPHESOS

Der größte Experte der Antike für Frauenheilkunde, Geburtshilfe und Kinderpflege war Soranos von Ephesos, der im 2. Jahrhundert n. Chr. in Alexandria und Rom praktizierte. Er verfaßte vier gynäkologische Bücher und erteilte darin auch Ratschläge für das Stillen, Entwöhnen, Zahnen sowie für die Erziehung von Kindern.

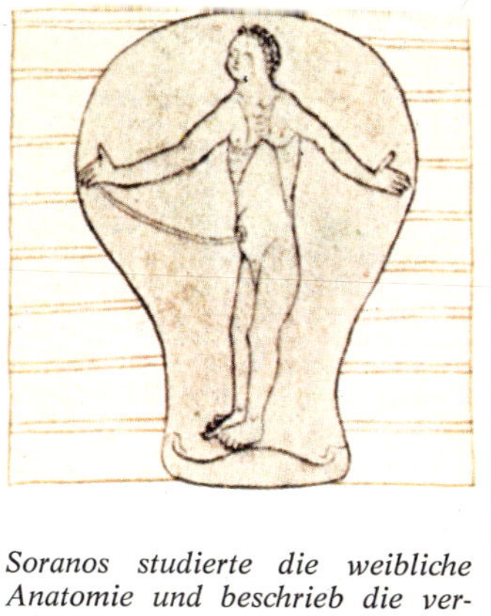

Soranos studierte die weibliche Anatomie und beschrieb die verschiedenen Lagen des Ungeborenen im Mutterleib. Diese Illustration einer Leibesfrucht mit Nabelschnur ist einer Ausgabe eines seiner gynäkologischen Werke entnommen, die im 13. Jahrhundert erschien. Soranos führte bereits Zangengeburten durch und nahm Lagekorrekturen des noch ungeborenen Kindes vor.

DIE ERSTEN ANATOMEN

Religiöse Tabus hatten in Antike und Mittelalter die Öffnung menschlicher Leichen oft verhindert. Die meisten Ärzte bezogen ihre anatomischen Kenntnisse deshalb durch Sezieren von Hunden, Affen und anderen Tieren. Als erster sezierte Mondino de Luzzi, Professor in Bologna, 1306 eine menschliche Leiche und veröffentlichte das erste Lehrbuch der Anatomie. Leonardo da Vinci (1452–1519) war seiner Zeit an anatomischen Kenntnissen weit voraus, doch seine erstaunlich detaillierten Zeichnungen (unten) und ausführlichen Notizen wurden erst zwei Jahrhunderte nach seinem Tod entdeckt. Leonardo öffnete über 30 Leichen, um seine Kenntnisse zu erwerben und zu erweitern.

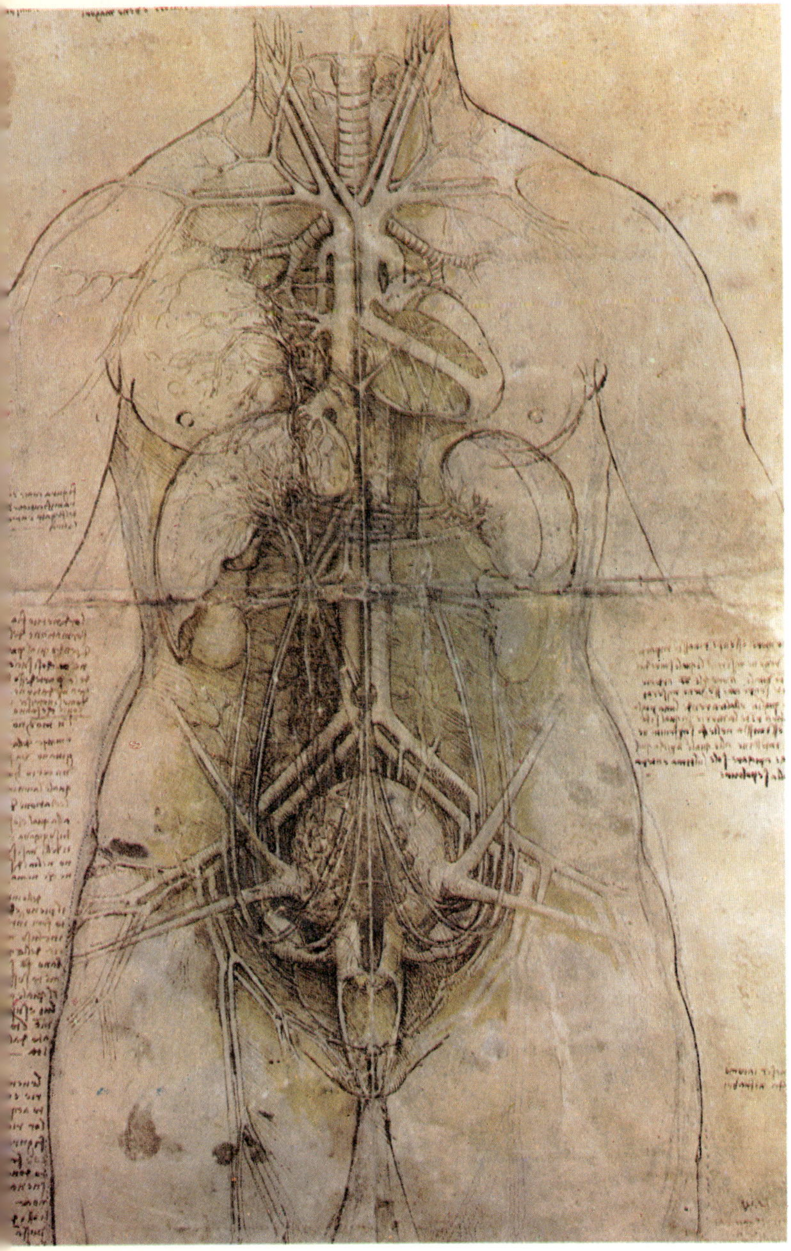

dete Medizin fegte die alten Behandlungsmethoden, die auf religiösen Riten beruhten, nicht mit einem Schlage hinweg. Vor allem der Kult des Asklepios (Äskulap), des griechischen Gottes der Heilkunst, hielt sich durch die ganze griechische Geschichte. Tausende von Menschen strömten in die ausgedehnten Heiligtümer von Epidauros, Knidos und Kos. Die Behandlung in diesen Heiligtümern begann mit einer rituellen Reinigung, worauf ein durch Drogen oder Hypnose herbeigeführter Schlaf folgte. Man nahm an, daß dem Patienten im Traum die Tempelgötter erschienen und eine Diagnose stellten. Nach dem Erwachen erzählte der Patient den Priestern seine Träume, welche sie deuteten und eine Kur vorschlugen. Aus Dankbarkeit nach erfolgreichen Kuren brachten die Patienten Opfer dar, häufig Nachbildungen von Körperteilen.

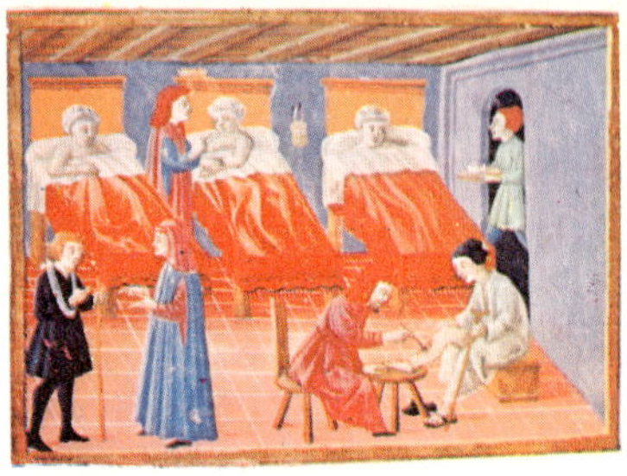

Während des Mittelalters errichteten religiöse Orden die ersten Hospitäler.

Dichtung und Wahrheit bei Galen

Der griechische Arzt Galen, 129 n. Chr. in Pergamon in Kleinasien geboren, baute die Säftelehre des Hippokrates weiter aus. Dank den Erfahrungen, die er zu Anfang seiner Karriere als Arzt der Gladiatoren in Pergamon sammeln konnte, wurde ihm klar, daß die Muskelbewegungen vom Gehirn gesteuert werden. Später behandelte er hauptsächlich römische Aristokraten und war Leibarzt Kaiser Mark Aurels.

In seinen Schriften faßte Galen das Wissen der gesamten antiken Heilkunde zusammen und bereicherte es um eigene Entdeckungen. Mit am wichtigsten in seiner Lehre war die Erkenntnis, daß alles in der Natur seine Funktionen hat und daß Verletzungen Funktionsänderungen mit sich bringen. Doch unterliefen auch Galen schwerwiegende Irrtümer, da er unter anderem seine in Tierexperimenten gemachten Erfahrungen direkt auf den Menschen übertrug. Da er nichts vom Blutkreislauf wußte, glaubte er auch, das Blut gelange direkt von der einen Herzhälfte in die andere. Galen meinte, daß natürliche, vitale und animalische Lebenskräfte in einer Art Ebbe und Flut durch die Arterien und Venen strömten. Doch weil er seine Theorien auf so geschickte und logische Art darlegte, blieben sie mit allen ihren Irrtümern in Europa bis in die Renaissance unangefochten.

Vermächtnis der Araber

Mit dem Niedergang des Römischen Reiches im 5. Jahrhundert n. Chr. erreichte auch die medizinische Wissenschaft in Europa einen Tiefpunkt. Doch die Araber sammelten, studierten und übersetzten zahlreiche griechische Manuskripte und bewahrten so nicht nur medizinische Kenntnisse für die Nachwelt, sondern sie ergänzten sie auch durch eigene nützliche Bemerkungen und Erkenntnisse. Rhazes (vermutlich 865–921), der kurze Zeit als Hauptarzt am Hospital von Bagdad arbeitete, unterschied als erster zwischen

Leprakranke waren Ausgestoßene der Gesellschaft und mußten sich mit Klappern bemerkbar machen.

ALS DIE PEST EUROPA HEIMSUCHTE

Zwischen 1347–52 suchte der Schwarze Tod – die Pest – Europa heim, und fast ein Drittel der Bevölkerung fiel ihr zum Opfer. Man wußte nichts über die eigentliche Ursache der Pest und suchte sie deshalb mit magisch-religiösen Mitteln abzuwenden.

Bürger von Tournai in Frankreich tragen die Särge von Pestopfern, die oft in Massengräbern bestattet wurden. Jeder kannte und fürchtete die Anzeichen der Pest: Flecken, Lymphknotenschwellungen und Karbunkel.

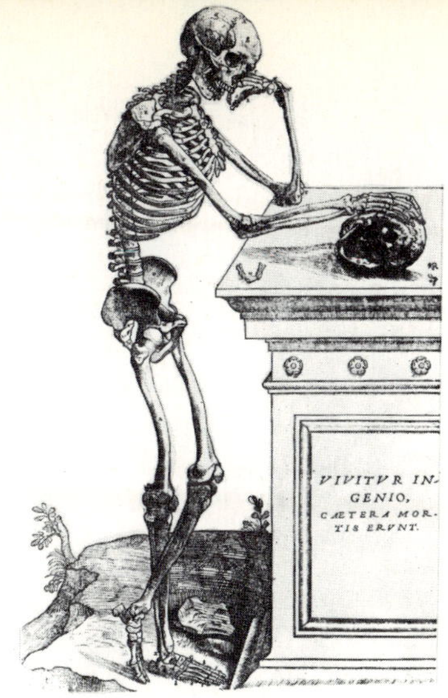

Diese Illustration aus Vesals De humani corporis fabrica, *1543 erschienen, zeigt, mit welcher Genauigkeit er die menschliche Anatomie studiert hatte.*

Pocken und Masern, und der von Avicenna (980–1037) verfaßte *Canon medicinae* blieb bis zum 17. Jahrhundert Pflichtlektüre für Medizinstudenten an europäischen Universitäten.

Europäische Medizinschulen

Im 10. Jahrhundert erwachte in Europa das Interesse am medizinischen Wissen der alten Griechen wieder. Nach den arabischen Überlieferungen wurden lateinische Übersetzungen der antiken medizinischen Literatur angefertigt und in Salerno in Italien die erste medizinische Fakultät begründet. Die Studenten lernten ihr Pensum in Versform, um es besser zu behalten, und die Schule lehrte hauptsächlich Chirurgie und Krankheitsdiagnostik aus dem Urin. Von Salerno griff die Wiederbelebung der medizinischen Lehre auf die neuen mittelalterlichen Universitäten in Bologna, Paris, Padua, Oxford und Montpellier über. Doch wurde die Medizin eher als eine Geisteswissenschaft denn als praktische Heilkunde angesehen, und die Auswirkungen waren dementsprechend gering. Noch immer behinderte der weitverbreitete Glaube, Krankheit sei eine Strafe Gottes für begangene Sünden, die medizinische Forschung.

Die überlieferten Lehren alter Autoritäten wie Galen wurden nicht in Frage gestellt. Die praktische Heilkunde des Mittelalters war hauptsächlich auf die karitative Arbeit in den Hospitälern beschränkt, wo man mehr Nachdruck auf die tägliche Pflege als auf medizinische Forschung legte.

Die Anatomen

Der forschende Geist der Renaissance und die Reformation – beides Formen der Auflehnung gegen geltende Überlieferungen – führten auf medizinischem Gebiet zu wichtigen Neuerungen. Wie Luthers Lehren dem mächtigen Einfluß der römisch-katholischen Kirche den Kampf ansagten, so erschütterte die Arbeit der Anatomen den Einfluß der alten Autoritäten auf medizinischem Gebiet.

Theophrast Bombast von Hohenheim, Paracelsus genannt, erhielt 1527 einen Ruf an die Universität Basel, doch als er öffentlich die Bücher von Galen und Avicenna verbrannte, mußte er Basel wieder verlassen und ging nach Salzburg. Paracelsus lehrte, daß erst die am Krankenbett gesammelte Erfahrung, zusammen mit der Erforschung der Natur, den wirklichen Arzt ausmache. Das bedeutete, daß die Ärzte menschliche Körper sezieren sollten, um ihr Wissen über seine Funktionen zu erweitern, statt sich auf Analogien aus der Forschung an Affen, Schweinen und anderen Tieren zu verlassen, wie Galen es getan hatte. In Italien hatten die Ärzte bereits im 14. Jahrhundert Leichen geöffnet, um die Todesursache festzustellen. Von diesen Autopsien war es dann nur noch ein Schritt bis zur Leichenöffnung aus wissenschaftlichem Interesse am menschlichen Körper.

Der 1514 in Brüssel geborene Andreas Vesal, der mit 23 Jahren Professor der Chirurgie und Anatomie in Padua wurde, erwarb sich den Titel eines Vaters der menschlichen Anatomie durch sein Werk *De humani corporis fabrica,* das 1543 erschien. Es war dies die erste systematische anatomische Darstellung durch Illustrationen und genaue

Lange Zeit gehörten Amputationen zu den häufigsten operativen Eingriffen; meist führten sie Bader aus.

Beschreibung selbstbeobachteter Sektionsergebnisse. Dennoch wurden seine Lehren zu seinen Lebzeiten keineswegs allgemein akzeptiert. Noch viele Jahre hielten sich die Lehren von Galen. Vesal wurde für seine Überzeugungen so angefeindet, daß er seine Professur aufgab, seine unveröffentlichten Bücher verbrannte und einen einflußreichen Posten als Leibarzt Kaiser Karls V. annahm.

Künstliche Glieder

Die Chirurgie erfuhr eine Belebung einerseits durch den Reformgeist der Renaissance und andererseits durch die Kriege, die ausbrachen, als Karl VIII. von Frankreich 1494 gegen Neapel zog und so in die europäischen Kämpfe um Italien eingriff. Als Heereschirurg machte der Franzose Ambroise Paré (1510–90) mehrere Feldzüge mit und wurde später Leibchirurg zweier französischer Könige. Paré, der zunächst nur einfacher Badergehilfe war, hatte sein Handwerk nicht so sehr aus Büchern als an Körpern erlernt. Er führte neue chirurgische Instrumente und neue Operationstechniken ein. Um Blutverluste nach der Amputation eines Gliedes zu vermeiden, band er die Adern ab, statt die Wunde mit glühendem Eisen auszubrennen, wie es zur damaligen Zeit üblich war. Paré erfand auch nützliche Hilfsmittel für verkrüppelte Soldaten, darunter eine bewundernswürdig konstruierte künstliche Hand. Da die Finger durch Federn und Zahnrädchen bewegt werden konnten, war es einem Reiter möglich, mit der künstlichen Hand die Zügel zu halten.

Das 16. Jahrhundert brachte auch weitere Fortschritte in der Krankheitsbekämpfung. 1546 veröffentlichte der italienische Arzt und Dichter Gerolamo Fracastoro sein Werk *De conta-*

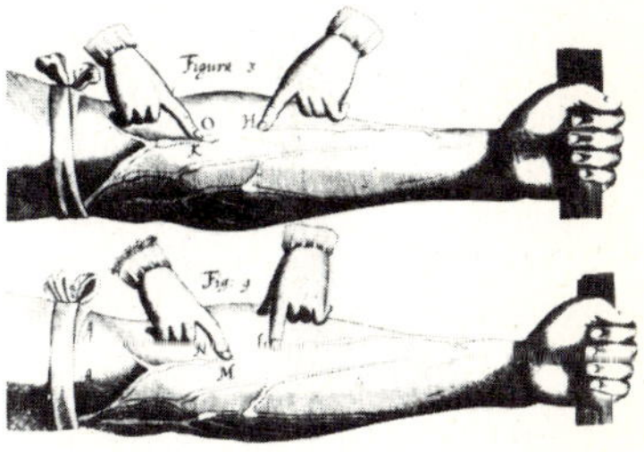

William Harvey entdeckte 1628 den großen Blutkreislauf. Mit einer Binde staute er das Blut im Arm und strich dann mit dem Finger einen Venenabschnitt leer. Die Venenklappen verhinderten den Rückfluß des venösen Blutes.

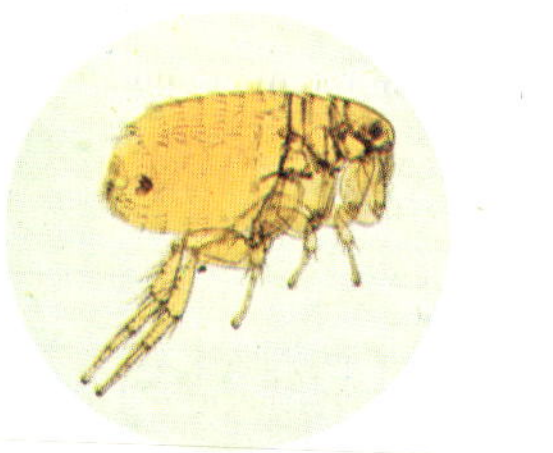

Pest wird durch den Biß des Rattenflohs auf den Menschen übertragen.

Die Pestärzte hüllten sich von Kopf bis Fuß in schützende Gewänder und vermieden es, die Patienten zu berühren, da man glaubte, die Krankheit werde durch unreine Dämpfe übertragen, die durch die Poren der Haut in den Körper eindrängen. Der Schnabel an der Maske war mit Gewürzen gefüllt, die die Luft reinigen sollten.

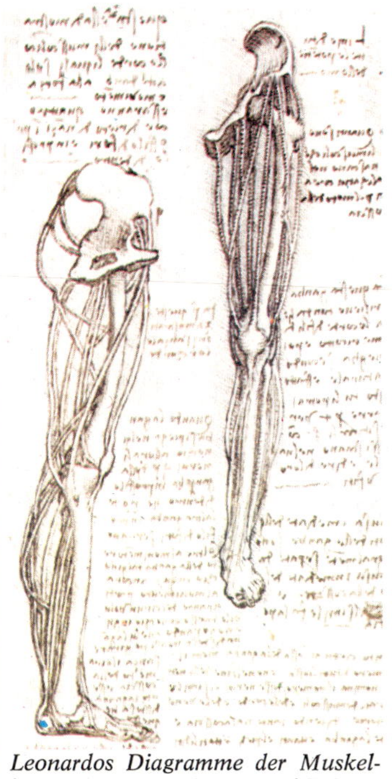

Leonardos Diagramme der Muskelbewegungen von Armen und Beinen.

SCHEMA DER MUSKELN

Leonardos Neugier bezüglich der Funktionen des menschlichen Körpers entstammte seinem Interesse für Mechanik. So zog er mechanische Prinzipien zur Erklärung der Muskel- und Gelenkbewegungen heran. Er spritzte aus geschmolzenes Leichen Wachs in Körperhöhlen von Leichen ein, um Abdrücke von Herz, Lunge oder Gebärmutter zu erhalten.

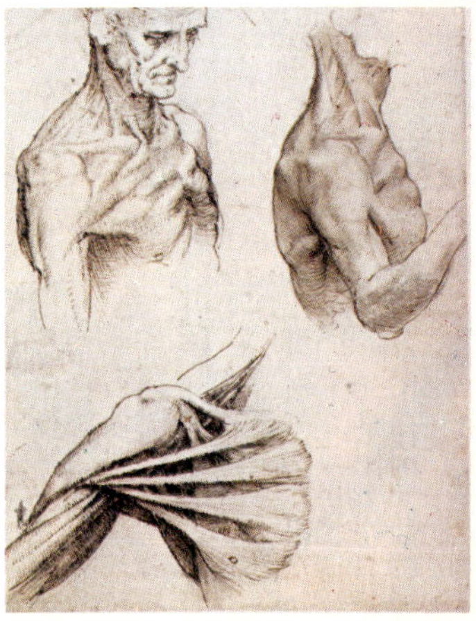

ANFÄNGE DER MODERNEN MEDIZIN

Anatomie und Chirurgie des 18. Jahrhunderts haben den beiden schottischen Brüdern William (1718–83) und John Hunter (1728–93) viel zu verdanken. John schuf die Grundlage der modernen Lehre von den Entzündungen und betrieb Chirurgie und Zahnheilkunde aus anatomischer, physiologischer und pathologischer Sicht. Sein Bruder William war vor allem ein bekannter Geburtshelfer. Er versuchte, die Gefahren eines Kaiserschnitts durch Einleitung der künstlichen Frühgeburt zu umgehen. Das Bild zeigt William Hunter bei einer seiner Vorlesungen.

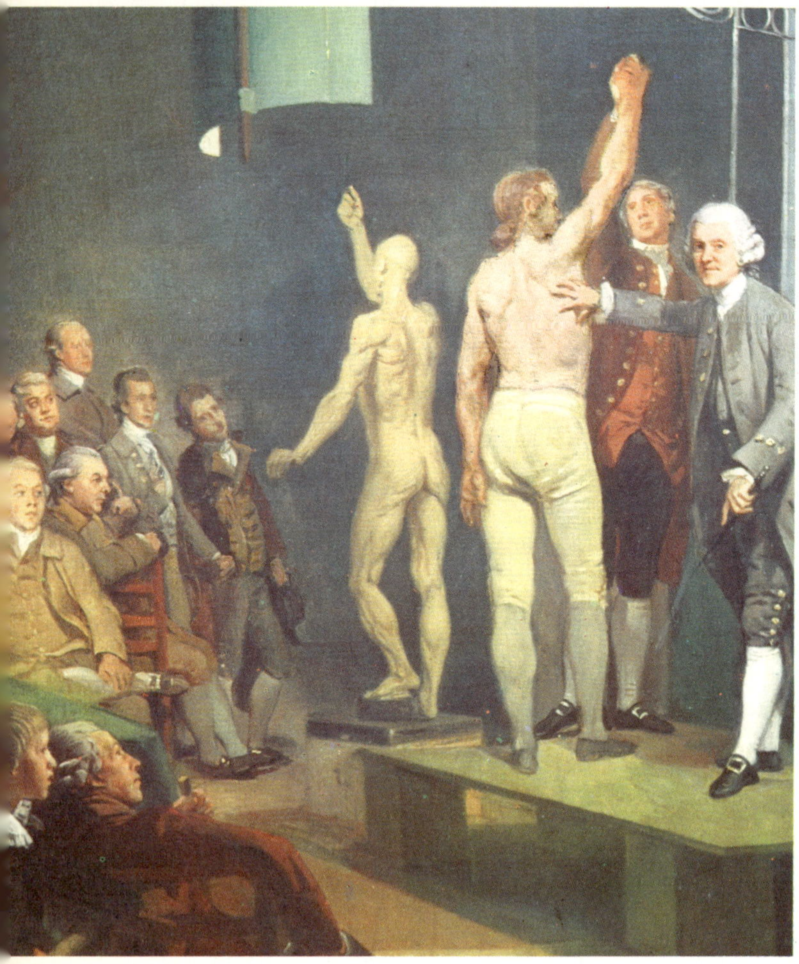

gione, das erste umfassende Werk über die Verbreitung ansteckender Krankheiten. Er legte dar, daß Ansteckung durch direkten Kontakt, durch indirekten Kontakt und durch die Luft möglich sei. Fracastoro ging so weit zu behaupten, daß jede Krankheit ihren eignen besondern Erreger habe, eine Vorstellung, die erst gegen Ende des 19. Jahrhunderts ihre Bestätigung fand. 1521 verfaßte Fracastoro ein Epos über die Syphilis, in dem er in mythologischer Verkleidung Symptome und Heilung der Krankheit beschrieb.

Der Blutkreislauf

Einer der größten medizinischen Irrtümer des 16. Jahrhunderts betraf die Blutversorgung der einzelnen Körperteile, denn man hielt sich noch immer an die 1400 Jahre alten Vorstellungen Galens. 1628 veröffentlichte der Engländer William Harvey seinen Bericht über den großen Blutkreislauf. Harvey war nicht der erste, der Galens Theorien anzweifelte, aber er war der erste, der bewies, daß das Blut ständig und immer in einer Richtung im Körper zirkuliert, und zwar vom Herzen weg durch die Arterien und durch die Venen zurück zum Herzen.

Harveys bahnbrechende Arbeit über den Blutkreislauf war eine der hervorragendsten Entdeckungen des 17. Jahrhunderts. Gleichzeitig lehrten Philosophen wie Descartes, der menschliche Körper sei eine von Naturgesetzen regierte Maschine und daher dem Verständnis durchaus zugänglich. Man entwickelte neue Instrumente, wie das Thermometer und das Mikroskop, um mehr über diese erstaunlich komplizierte Maschine zu erfahren. Das Luftthermometer hatte 1590 Galileo Galilei erfunden, im gleichen Jahr hatten Johannes und Zacharias Jansen in Holland das erste Mikroskop gebaut, aber erst der Italiener Marcello Malpighi (1628–94) demonstrierte den Wert dieser Erfindung.

Malpighi entdeckte 1661 den Kapillarkreislauf und vier Jahre später die roten Blutkörperchen. Durch seine mikroskopischen Beobachtungen erkannte er auch den feineren Bau von Drüsen, Haut, Zunge, Niere, Milz und Lunge.

Unwirksame Mittel

Doch das erweiterte Verständnis für die Funktionen des menschlichen Körpers führte noch nicht unmittelbar zu besseren Behandlungsmethoden. Für die meisten Krankheiten wußten sich viele Ärzte keinen anderen Rat, als die Patienten zur Ader zu lassen oder ihnen abführende Mittel zu verabreichen. Was an anderen Mitteln bekannt und vorhanden war, wurde wahllos und unabhängig von der jeweiligen Krankheit angewendet. Die Armen, die sich einen Arzt nicht leisten konnten, waren oft besser dran als die Reichen. Die Volksmedizin, die oft zu tierischem Kot und Urin griff, wurde häufig herangezogen. Thomas Sydenham (1624–89) bemühte

Der englische Arzt Thomas Sydenham beschrieb als erster den Veitstanz, eine infektiöse Nervenkrankheit.

sich in dieser Zeit sehr um die Verbesserung der medizinischen Behandlung. Er wird häufig der englische Hippokrates genannt, weil er die hippokratische Medizin erneuerte, einfache Mittel verordnete und den Gebrauch passender Drogen und einfühlende Pflege verlangte.

Ausbildung am Krankenbett

Die Ausbildung der Ärzte wurde im 18. Jahrhundert dank den Anstrengungen des Holländers Herman Boerhaave (1668–1738) völlig umgestaltet. Boerhaave, selbst ein Pionier auf dem Gebiet der medizinischen Chemie, führte für die Medizinstudenten in Leiden die Lehre am Krankenbett ein.

Die Abwendung von der Autorität der Bücher und Hinwendung zur klinischen Untersu-

DER LANDARZT, DER DIE POCKEN BESIEGTE

Die erste Pockenimpfung wurde gegen Ende des 18. Jahrhunderts von dem englischen Landarzt Edward Jenner vorgenommen. Es hatte Jenner zu denken gegeben, daß man in seiner Heimat Gloucestershire von Kuhmägden sprach, die die leichten Kuhpocken gehabt hätten und von echten Pocken, einer damals sehr gefürchteten Krankheit, verschont blieben. Er schloß daraus, daß die Immunität von den Kuhpocken herrühre, und bewies das auch.

Jenners Entdeckung fand nicht sofort Anerkennung, und 1802 veröffentlichte die British Anti-Vaccination Society *diese Karikatur, die sich die allgemeine Furcht vor den Gefahren einer Impfung zunutze machte. Einigen, die das Serum erhalten haben, wachsen Kühe aus Kopf und Körper hervor.*

chung von Patienten erfuhr durch die Französische Revolution einen zusätzlichen Aufschwung. Zum erstenmal gestand man den Armen gleiche Rechte auf medizinische Behandlung wie den Reichen zu. In den Hospitälern konnten die Ärzte die Fortschritte der an der gleichen Krankheit leidenden Patienten vergleichen, die ersten Krankengeschichten zusammenstellen und ersehen, welche Behandlung am wirksamsten war.

Zu ungefähr der gleichen Zeit entdeckte der österreichische Arzt Leopold Auenbrugger ein neues Diagnoseverfahren, die Perkussion. Sein Vater war Winzer, und der Sohn beobachtete öfters, wie der Vater den Weinpegel durch Beklopfen des Fasses feststellte. Das brachte Auenbrugger auf die Idee, den Brustkorb des Patienten zu beklopfen und dadurch Veränderungen im Innern festzustellen. 1761 veröffentlichte er seine Befunde, doch sie blieben fast gänzlich unbeachtet, bis sie 1808 ins Französische übersetzt wurden. Als der französische Arzt René Laennec 1819 das Stethoskop erfand, wurde die Aufgabe des Arztes noch erleichtert, da es die Atemgeräusche und Herztöne verstärkt.

Quacksalber und Arzneihändler, wie diese Porzellanfigur sie zeigt, waren auf allen Märkten anzutreffen, wo sie Allheilmittel anboten.

Englische Ärzte trafen sich im 19. Jh. oft mit ihren Kollegen in Apotheken, um ihre Kranken zu untersuchen.

Pathologie – eine neue Wissenschaft

Eine weitere wichtige Entwicklung im 18. Jahrhundert ist durch die neue Wissenschaft der Pathologie – der Krankheitslehre und -forschung – gekennzeichnet. Die Schlüsselfigur war Giovanni Battista Morgagni (1682–1771), Anatomieprofessor in Padua. Morgagni führte eine Reihe von Leichenöffnungen durch, um die Auswirkungen der Krankheit im Inneren des Körpers mit der jeweiligen Krankengeschichte des Patienten zu vergleichen. Dadurch war er als erster in der Lage, einen rationalen Bericht über das Verhältnis zwischen der Krankheit und den Organveränderungen zusammenzustellen. Deshalb wird er allgemein als der Begründer der modernen pathologischen Anatomie angesehen.

Edward Jenner (1749–1823) begründete 1798 durch seine Arbeit über die Pockenverhütung durch Impfung einen anderen Wissenschaftszweig, die Immunologie. Dieser von Jenner gemachte erste große Schritt auf dem Gebiet der vorbeugenden Heilkunde führte in fortschrittlichen Ländern zur Zwangsimpfung von Kindern zum Schutz gegen Pocken, außerdem zu einem Feldzug gegen andere Infektionskrankheiten, die in den Slums der rasch wachsenden Industriestädte entstanden und sich ausbreiteten. Mit der Zeit führten die Bemühungen der Reformer zu verbesserter Trinkwasserversorgung, wirksameren Abwassersystemen, besseren Wohnungen und der Meldepflicht ansteckender Krankheiten.

Giovanni Battista Morgagnis (1682 bis 1771) Studien bildeten die Grundlagen der modernen Pathologie.

Lehren, die das Mikroskop vermittelte

Langsam wurde ein medizinisches Fürsorgesystem aufgebaut, das trotz seines niedrigen Standards die erste Hälfte des 19. Jahrhunderts zu einer Zeit des klinischen Fortschritts machte. Zusätzliche Verbesserungen brachte auch die Weiterentwicklung des Mikroskops. Dank solchen Mikroskopen konnte Theodor Schwann (1810–82) feststellen, daß sowohl dem pflanzlichen als auch dem tierischen Leben die Zelle zugrunde liegt. Seine Arbeit wurde von Rudolf

Jenner impfte einen Jungen mit infektiösem Material von einer an Kuhpocken erkrankten Magd. Der Junge bekam die Kuhpocken, erwies sich aber gegenüber den echten Pocken als immun.

Die Pusteln, die sich bei einer Kuhpockenerkrankung entwickeln, hinterlassen keine häßlichen Narben wie die echten Pocken.

ERFINDUNGEN KOMMEN DEM ARZT ZU HILFE

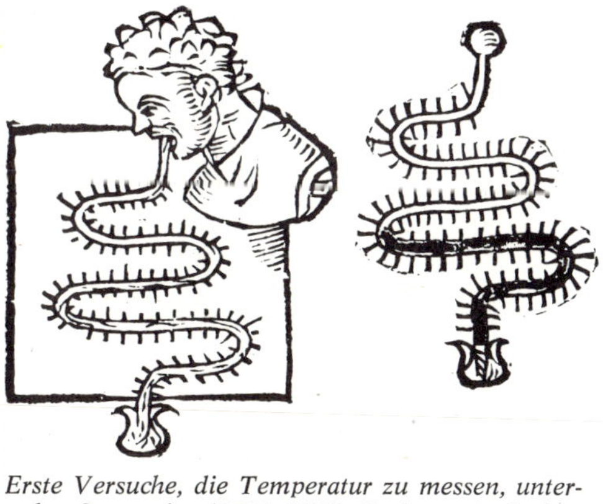

Erste Versuche, die Temperatur zu messen, unternahm Sanctorius (1561–1636), Professor in Padua. In seinem Thermoskop trieb die Körpertemperatur eine Flüssigkeit hoch. Fahrenheit entwickelte 1714 sein erstes Quecksilberthermometer.

Bis zum 19. Jahrhundert war die ärztliche Diagnose oft mehr oder weniger ein Ratespiel. Die Einführung neuer wissenschaftlicher Instrumente ermöglichte genauere Diagnosen, da sie dem Arzt eine Untersuchung innerer Organe und Funktionsmessungen von größerer Präzision erlaubten. Der Deutsche Karl August Wunderlich (1815–77) erkannte, daß Fieber keine eigene Krankheit, sondern nur ein Symptom für eine Erkrankung ist. Stethoskope wurden allgemein benutzt, und andere Instrumente gestatteten dem Arzt sogar, Einblick in den lebenden Körper zu nehmen.

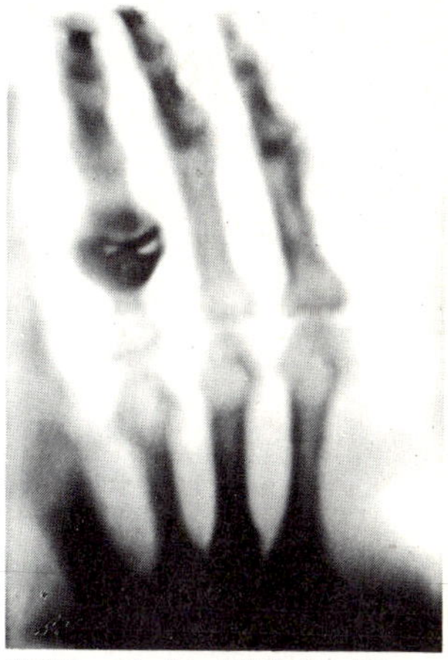

1895 entdeckte Wilhelm Röntgen die X-Strahlen. Oben das Röntgenbild seiner Hand, unten eine der ersten Röntgenröhren.

Das erste Stethoskop (oben) baute 1819 der Franzose René Laennec. 1590 erfand der Holländer Jansen das Mikroskop. Außen links eine 1735 von Edmund Culpeper gebaute Weiterentwicklung. Das Ophthalmoskop von 1869 (links) war das erste Instrument mit einer Lichtquelle.

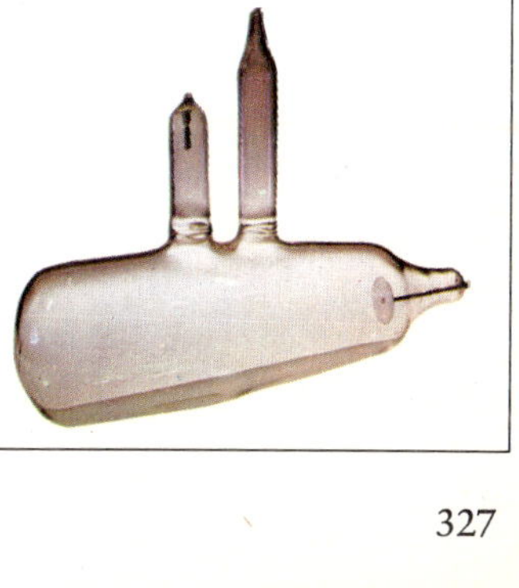

MITLEID MIT DEN LEIDENDEN

Florence Nightingale (1820–1910) revolutionierte durch ihre Reformen die Krankenpflege, die zu ihrer Zeit mit recht unzureichenden Mitteln betrieben wurde. Wegen ihres aufopfernden, nimmermüden Einsatzes nannte man sie die »Lady mit der Lampe«. Während des Krimkrieges arbeitete sie unter schwersten Bedingungen in den Lazaretten. Nach ihrer Rückkehr nach England gründete sie eine Schwesternschule und entwarf Arbeitspläne für die Organisation ziviler und militärischer Krankenpflege.

Virchow (1821–1902) erweitert, einem genialen, wendigen Mann, der nicht nur Anatom und Pathologe, sondern auch Sozialreformer und ein liberaler Politiker war. Virchows größtes Werk, *Die Cellularpathologie* (1858), betrachtete den Körper und seine Erkrankungen von einem völlig neuen Standpunkt aus. Er beschrieb ihn als »einen Zellstaat, in dem jede Zelle ein Bürger ist, wobei die Krankheit, die durch äußere Kräfte hervorgerufen wird, nur einen Kampf der Bürger dieses Staates darstellt«.

Noch zu Virchows Lebzeiten erkannte man, daß Bakterien zu den wichtigsten Krankheitserregern zählen. Das war keine eigentlich neue Theorie, denn schon 1676 hatte A. van Leeuwenhoek mit seinem einfachen Mikroskop Bakterien beobachtet. Der deutsche Arzt Alois Pollender entdeckte 1849 im Blut an Milzbrand eingegangener Kühe den Milzbrandbazillus, und Ignaz Semmelweis erkannte 1847 die Kontaktinfektion als Ursache des gefürchteten Kindbettfiebers. Semmelweis empfahl zur Verhütung die Desinfektion der Hände von Ärzten und Hebammen und der Instrumente mit Chlorkalklösung. Diese einfache Vorsichtsmaßnahme führte dazu, daß man ihn den Retter der Mütter nannte. Seine bahnbrechende Arbeit fand jedoch wenig Beachtung. Der erste, der den Zusammenhang zwischen Bakterien und Krankheiten schlüssig bewies, war der französische Arzt Casimir Devaine, dem es 1850 gelang, Milzbranderreger von einem kranken Tier auf ein gesundes zu übertragen.

Pasteurs Entdeckung

Der richtige Durchbruch gelang jedoch erst Louis Pasteur (1822 bis 1895), einem französischen Chemiker. Vor Pasteur glaubte man allgemein, Erreger entstünden spontan in sich zersetzender organischer Materie. Doch Pasteur konnte nachweisen, daß dies nicht stimmte. Er zeigte, daß Bakterien in der Atmosphäre vorhanden sind und sich bei günstigen Bedingungen vermehren. Ferner wies er nach, daß man sie aus der Luft mit Hilfe von Baumwolle, Mineralkörnern oder einem S-förmig gebogenen Rohr herausfiltrieren und durch Hitze abtöten kann. Durch mehrmaliges sekundenlanges Erhitzen auf 65°C konnte Pasteur Milch haltbar machen. Das Verfahren wird noch heute angewendet, vor allem pasteurisiert man Milch, Obstsäfte und Bier.

Noch wertvoller war Pasteurs Entdeckung, daß durch Erhitzen geschwächte Erreger sich gefahrlos zur Impfung verwenden lassen. Schafe, die er mit abgeschwächten Milzbrandbazillen geimpft hatte, erkrankten später nicht, wenn ihnen virulente Milzbranderreger eingespritzt wurden. Pasteur hatte außerdem Gelegenheit zu zeigen, daß die Impfung auch beim Menschen wirkt. Ein kleiner Junge, den ein tollwütiger Hund gebissen hatte, wurde zu ihm gebracht. Pasteur impfte ihn mit abgeschwächten Tollwuterregern, und der Junge überlebte. Die Bakteriologie verdankt Pasteur ihr Entstehen, ihre rasche Entwicklung hingegen dem deut-

Pasteur zeigte, daß Keime aller Art immer in der Luft vorhanden sind, viele jedoch durch Hitze abgetötet werden können. Flüssigkeiten können durch Erhitzen auf 65° C entkeimt werden.

DIE BEHANDLUNG VON GEISTESKRANKHEITEN

Jahrtausendelang betrachtete man Geisteskranke als von Dämonen Besessene und schloß sie von der Gesellschaft aus. Der französische Arzt Philippe Pinel setzte 1789 eine Behandlung psychisch Gestörter ohne Zwangsmaßnahmen durch. Wilhelm Griesinger stellte 1845 die These auf, daß psychischen Krankheiten organische Hirnschäden zugrunde lägen, dagegen nahmen andere rein seelische Ursachen an. Die Ärzte begannen nun, dem Zentralnervensystem mehr Aufmerksamkeit zu schenken, und man entdeckte, daß einige Nervenkrankheiten tatsächlich die Folge anderer Krankheiten oder Verletzungen sind, wie etwa Gehirntumoren oder Verletzungen des Rückenmarks.

Das berüchtigtste Irrenhaus seiner Zeit war das Hospital St. Mary of Bethlehem in London, kurz Bedlam genannt. Die Kranken wurden zusammen mit Kriminellen in Ketten gelegt, die medizinische Betreuung war völlig unzureichend und oft barbarisch. Gewalttätige Patienten prügelte man bis zur Bewußtlosigkeit oder ließ sie bis zum Kollaps zur Ader. Viele wurden jahrelang in so kurzen Fesseln gehalten, daß sie sich nur auf und nieder bewegen konnten (links). Die Außenwelt zeigte wenig Mitgefühl. Der Besuch der Irrenhäuser war frei, und es galt als Volksbelustigung, die Insassen zu verhöhnen und zu reizen.

schen Bakteriologen Robert Koch (1843–1910). Koch entdeckte als erster viele spezifische Krankheitserreger, darunter den Cholera- und den Tuberkelbazillus. Er unternahm Forschungsreisen nach Indien und Afrika, und 1905 erhielt er den Nobelpreis für Medizin.

Die Chirurgie wird gefahrloser

Bis zur Mitte des 19. Jahrhunderts befand sich die Chirurgie auf einem primitiven Stand. Man sah operative Eingriffe oft als letzten Ausweg an, denn viele Patienten starben während oder nach der Operation. Amputationen machten einen großen Prozentsatz aller Operationen aus, und Geschwindigkeit war für den Chirurgen eine Hauptbedingung, denn jede längere Operation brachte die Gefahr des Verblutens. Nach dem Maßstab seiner Zeit war Jean Larrey, Chirurg in der Napoleonischen Armee, ein besonders hervorragender Könner seines Fachs, hatte er doch, wie es heißt, 200 Operationen in 24 Stunden während des Rußlandfeldzuges durchgeführt.

Der erste große Fortschritt in

Karikatur Pierre und Marie Curies, die 1898 das Radium entdeckten. Da radioaktive Strahlen lebendes Gewebe zerstören, werden sie als Mittel bei der Krebsbehandlung eingesetzt.

der Operationstechnik war die Einführung der Betäubung. Seit dem Altertum hatte man Opium, Kokain, Alkohol und andere Rauschmittel benutzt, um eine gewisse Schmerzunempfindlichkeit herbeizuführen. Das erste Mittel, das eingeatmet eine Vollnarkose hervorrief, war das Lachgas. Joseph Priestley hatte es 1776 entdeckt, doch wurde es erst 1844 angewandt.

1846 führte der Zahnarzt William Morton in Boston die erste Äthernarkose durch, und ein Jahr später zeigte der schottische Geburtshelfer James Simpson, wie wertvoll Chloroform als Betäubungsmittel sein konnte, und befürwortete seine Verwendung bei Geburten. Simpsons Arbeit wurde von der schottischen Kirche stark angegriffen, aber die Entscheidung der Königin Viktoria, Chloroform bei einer ihrer eigenen Entbindungen verwenden zu lassen, trug viel dazu bei, das Mittel populär zu machen.

Die Anästhesie allein hätte jedoch nicht ausgereicht, die Chirurgie zu revolutionieren. Viele Patienten überstanden die technisch einwandfrei ausgeführten Operationen, starben aber an Infektionen oder an Blutvergiftung. 1867 wandte Joseph Lister erstmals ein neues Verfahren der Wundbehandlung an. Er bekämpfte alle von außen kommenden Krankheitserreger durch sogenannte Antiseptika, vor allem mit Karbolsäure. Auch während der Operation wurde ständig Karbol versprüht, doch da Karbol eine starke Reizwirkung hat, entwickelte man bald andere Methoden zur Desinfektion. Weitere Forschungen zeigten, daß weder Äther noch Chloroform völlig gefahrlose Betäubungsmittel sind. Während des 20. Jahrhunderts entwickelte sich die Anästhesie zu einer speziellen medizinischen Fachrichtung. Statt der Karbolsäure setzte man wirksamere keimtötende Mittel ein, und mit Hilfe der Dampfsterilisation der chirurgischen Instrumente ist das Infektionsrisiko noch zurückgegangen. Außerdem tragen Ärzte und Schwestern bei Operationen heute sterile Kleider, Masken und Gummihandschuhe, und selbst die Luft im Operationssaal wird, soweit das möglich ist, keimfrei gemacht. Nun mußten freilich noch zwei weitere Probleme gelöst werden. Die Verhinderung starker Blutungen während der Operation und des Operationsschocks. Mit sehr feinen Klammern kann man die Arterien abklemmen und die Kapillaren mit diathermischen Verfahren schließen. Hierbei werden hochfrequente Wechselströme durch einen Teil des Körpers geleitet, wodurch das Blut sofort gerinnt. Die Gefahr des Operationsschocks wird durch sorgfältige Operationsvorbereitung, aufopfernde Pflege und peinlich genaue Nachbehandlung vermindert.

Bunte Reklamen hoben den Absatz verschiedener Allheilmittel im 19. Jh.

Das Zeitalter der Spezialisierung

Als Darwin 1859 den Menschen zu einem Teil des Tierreichs erklärte, wurden damit viele religiöse und gesellschaftliche Tabus, die die Forschung bis dahin behindert hatten, aus dem Weg geräumt. Seitdem hat sich das medizinische Wissen so außerordentlich vertieft und erweitert, daß viele Ärzte sich heute auf die Behandlung eines bestimmten Organs oder eines bestimmten Krankheitstyps oder auch auf ein besonderes Problem, wie etwa die Altersheil-

Der französische Neurologe Jean Martin Charcot bewies den Wert der Hypnose bei der Therapie. Auf die Hysteriebehandlung spezialisiert, demonstrierte er seinen Kollegen, wie eine durch Hysterie gelähmte Frau in der Hypnose wieder voll bewegungsfähig war. Charcot selbst sah die Hypnose als krankhaft hysterischen Zustand. Heute weiß man, daß bei geeignetem Einfluß jeder Mensch in Hypnose versetzt werden kann. Zu Charcots Schülern gehörte auch Sigmund Freud.

Sigmund Freud (1856 bis 1939) führte gegen Ende des letzten Jahrhunderts die Psychoanalyse ein, ein neues Verfahren zur Heilung psychogener Störungen wie Hysterie und Neurose.

NEUE WAFFEN FÜR DEN CHIRURGEN

Die Gefahren chirurgischer Eingriffe nahmen in der Mitte des 19. Jahrhunderts ab, denn man hatte zwei große Fortschritte erzielt: die Entwicklung von Betäubungsmitteln und die Möglichkeit der Desinfektion. Seit frühesten Zeiten hatten Ärzte Rauschmittel zur Betäubung verwendet. Nun konnte man durch Äther oder Chloroform eine Vollnarkose herbeiführen. Auch Todesfälle durch Infektionen während der Operation kamen sehr viel seltener vor, seit man Karbolsäure zur Desinfektion verwendete.

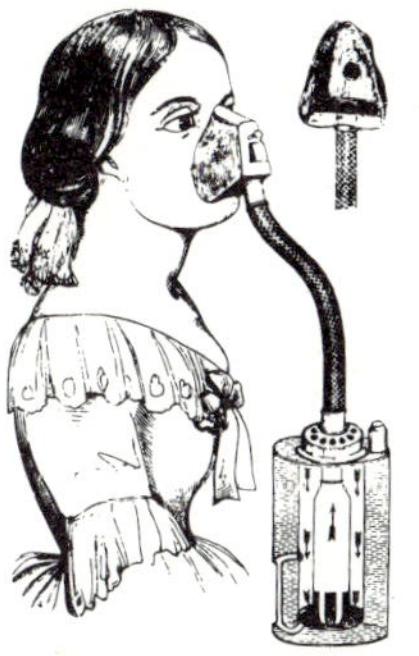

Chloroform, 1847 erstmals zur Betäubung verwendet, wurde bald mit Hilfe eines Inhalierapparates eingeatmet.

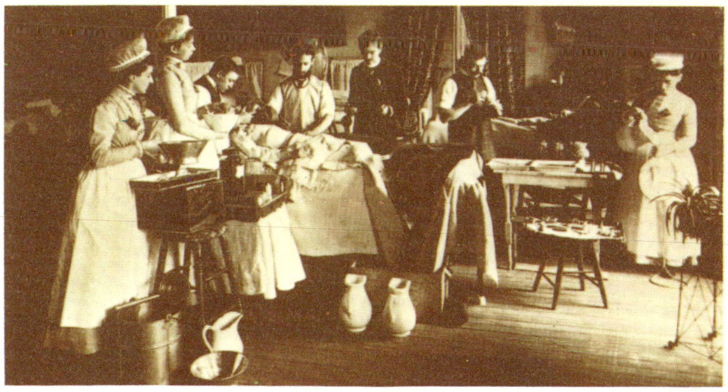

Bei dieser 1870 durchgeführten Operation erhielt der Patient schon eine Betäubung, doch gab es noch keinen Infektionsschutz. Arzt und Personal trugen Alltagskleidung.

Joseph Lister wandte als erster Chirurg Desinfektionsmittel an. Mit einem Zerstäuber (links) versprühte er einen Karbolsäurenebel im Operationsraum und richtete den Sprühregen, während er arbeitete, auf das Operationsfeld.

TECHNISCHE ERRUNGENSCHAFTEN IM DIENSTE DER MEDIZIN

Der deutsche Physiker Ernst Ruska konstruierte 1933 das erste magnetische Elektronenmikroskop. Später baute man dann elektrostatische Elektronenmikroskope, mit denen Vergrößerungen bis zum 200 000fachen möglich sind. Freilich lassen sich nur sehr kleine und dünne Objekte untersuchen, wie etwa diese Krebszelle (Mitte), die zwischen den Blutkörperchen eines an Leukämie Erkrankten schwimmt. Die Leukämie (Weißblütigkeit) ist eine schwere Krankheit, bei der es zu einer stark vermehrten Bildung von weißen Blutkörperchen kommt. Man unterscheidet verschiedene Arten, bei denen zum Teil eine lang dauernde Besserung erzielt werden kann, doch keine Form der Leukämie ist bis heute heilbar.

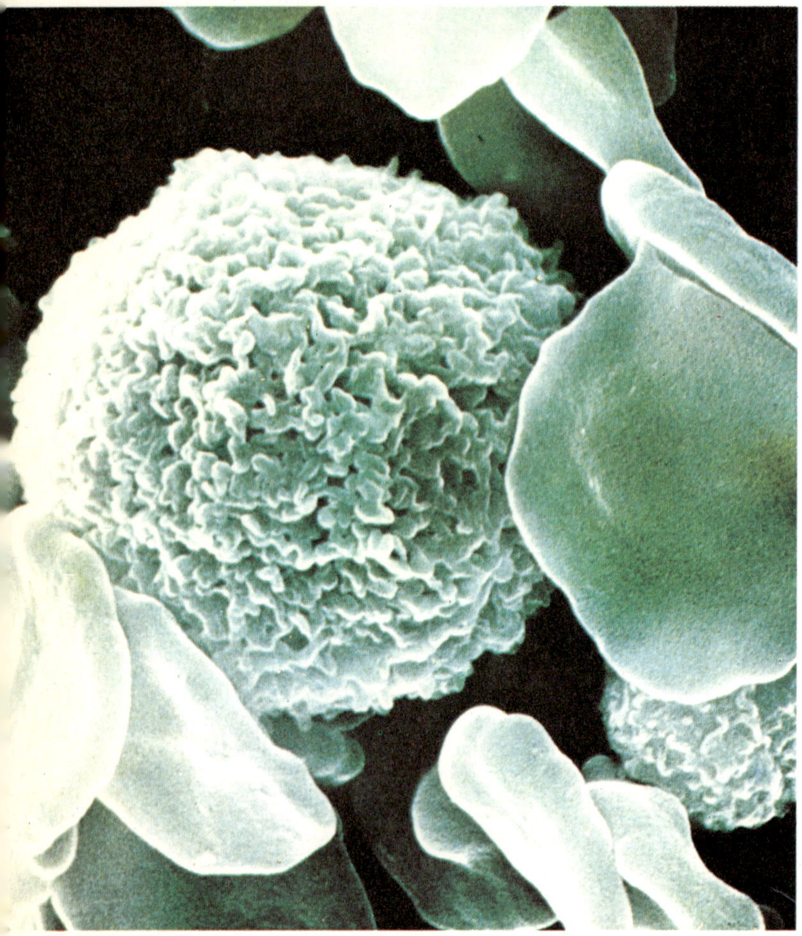

kunde, spezialisieren. Auch die Forschungsmethoden haben sich geändert. Früher wurden viele Entdeckungen von einzelnen, unabhängig arbeitenden Forschern gemacht. In unserem Jahrhundert erfolgen die meisten Entdeckungen in den Laboratorien von Krankenhäusern mit Lehrbetrieb, und weltweite Forschungseinrichtungen arbeiten international zusammen.

Wirkung der Hormone

Einen weiteren großen Fortschritt in der Geschichte der Medizin stellt die Erforschung der Chemie des menschlichen Körpers dar. Das Jahrhundert war erst zwei Jahre alt, als die Londoner Physiologen Sir William Bayliss und Ernest Starling im Blutstrom eine chemische Verbindung entdeckten, die die Produktion von Verdauungssäften durch die Bauchspeicheldrüse regelt. Sie gaben dieser Verbindung den Namen *Hormon*, von griechisch »ich errege«. Seitdem hat man herausgefunden, daß verschiedene Drüsen mit innerer Absonderung Hormone produzieren, die für den Energiehaushalt des Körpers verantwortlich sind. Sie beeinflussen Wachstum und geschlechtliche Reifung und ermöglichen dem Körper, sich Veränderungen in seinem Innern und in der Außenwelt anzupassen.

So stellte man beispielsweise fest, daß der Mangel eines Hormons, das gewöhnlich von den Zellen der Bauchspeicheldrüse geliefert wird, Ursache für die Zuckerkrankheit ist. Dieses Hormon – das Insulin – wurde 1921 von den Kanadiern Frederick Banting und Charles Best aus den Bauchspeicheldrüsen von Tieren völlig rein gewonnen und konnte so zur Behandlung der Zuckerkrankheit verwendet werden. Heute kann man Insulin auch künstlich herstellen.

Entdeckung der Vitamine

Zu Anfang dieses Jahrhunderts gelang auch der Nachweis, daß ein Mangel an chemischen Substanzen ernsthafte Krankheiten auslösen kann. Solche Krankheiten wie Rachitis, Skorbut und Beriberi werden als Mangelkrankheiten bezeichnet. Die lebensnotwendigen chemischen Verbindungen, die solche Krankheiten verhindern könnten, erhielten von dem polnisch-amerikanischen Biochemiker Casimir Funk 1912 den Namen *Vitamine*. Führend auf diesem Forschungsgebiet waren der Niederländer Christiaan Eijkman und der englische Biochemiker Frederick Gowland Hopkins, der die Vitamine A und B entdeckte. Die Erforschung der Chemie des menschlichen Körpers hat zu einer Reihe von Entdeckungen über das Wesen des Lebens selbst geführt. Man fand heraus, daß Nervenimpulse auf sehr komplizierte Art und Weise chemisch weitergeleitet und auch Erbanlagen von Generation zu Generation über chemische Substanzen, die sich im Samen und in der Eizelle finden, weitervererbt werden.

Durch einen Zufall entdeckte Alexander Fleming 1928 das Penicillin, als er beobachtete, wie eine Bakterienkultur von den Sporen eines Pilzes völlig zerstört wurde.

Wundermittel

Seit frühesten Zeiten sind Drogen zur Bekämpfung von Krankheiten angewendet worden, aber erst in unserem Jahrhundert begann man, chemische Mittel zur gezielten Behandlung bestimmter Krankheiten künstlich herzustellen. Das erste derartige Mittel war das von dem deutschen Wissenschaftler Paul Ehrlich 1910 entwickelte Salvarsan zur Behandlung der Syphilis. Salvarsan ersetzte die frühere hochgiftige Quecksilberbehandlung; da es jedoch auch negative Neben-

KÜNSTLICHE GLIEDER UND ORGANE

Der Mensch hat unermüdlich experimentiert, um defekte Körperteile zu ersetzen. Hierzu können entweder künstliche Vorrichtungen oder gesunde Organe anderer Menschen dienen. Bluttransfusionen machte man schon im 17. Jahrhundert, doch wußte man noch nichts von den Blutgruppen, und so kam es häufig zu Todesfällen. 1954 gelang zum erstenmal die Überpflanzung einer Niere von einem Menschen auf einen anderen. Seitdem sind viele Nierentransplantationen vorgenommen und sogar Herzen nach einer Methode verpflanzt worden, die Dr. Christiaan Barnard in Südafrika 1967 als erster ausführte. Doch bis heute ist das Problem der Allergiereaktion bei Organverpflanzungen noch nicht zufriedenstellend gelöst.

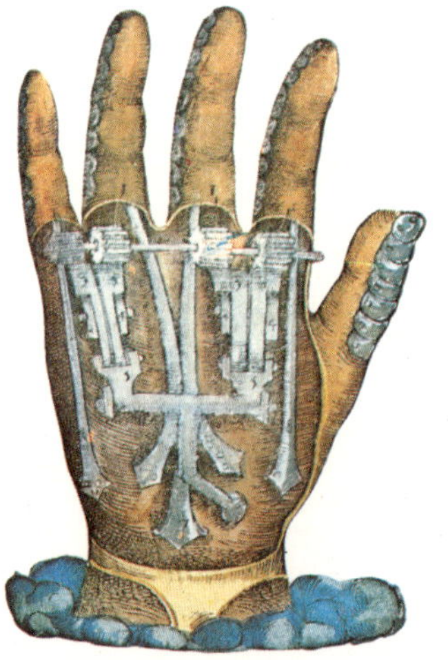

Diese künstliche Hand (oben), deren Finger durch Hebel und Zahnrädchen bewegt werden können, entwarf Ambroise Paré 1551. Im alten Indien ersetzten Ärzte abgeschnittene Nasen durch Hautlappen, die sie aus der Stirn des Patienten geschnitten hatten (rechts).

wirkungen hat, behandelt man Syphilis heute mit Penicillin.

Es bedeutete einen revolutionären Fortschritt, als man erkannte, daß aus lebenden Organismen gewonnene Stoffe sich zur Bekämpfung von Bakterien eignen. Das erste derartige Mittel oder Antibiotikum entdeckte der schottische Wissenschaftler Sir Alexander Fleming 1928. Eine von ihm angelegte Bakterienkultur wurde durch die Pilzsporen von *Penicillium notatum* zerstört. Der Wirkstoff dieses Pilzes, das Penicillin, konnte 1940 in Oxford von Sir Howard Florey und Ernst Chain rein dargestellt werden. In Amerika nahm man sofort die industrielle Produktion auf. Seit dem Krieg sind eine ganze Reihe von Antibiotika entdeckt worden, so das Streptomycin gegen die Tuberkulose und verbesserte Abkömmlinge des Penicillins.

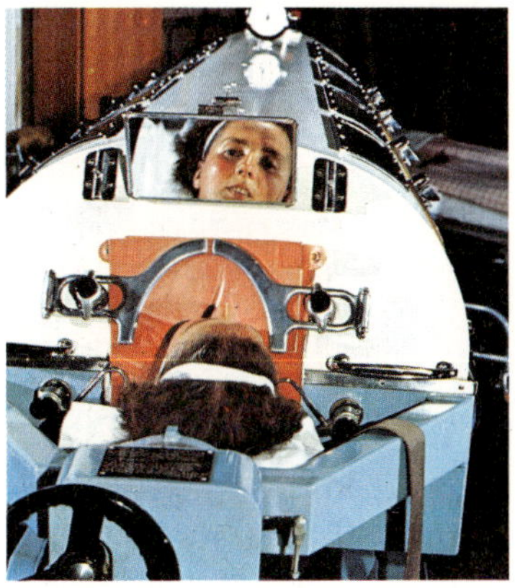

Statt der eisernen Lunge (oben), eines Geräts zur künstlichen Atmung, verwendet man heute elektrische oder pneumatische Respiratoren.

Virusbekämpfung

Heute gibt es wirksame Mittel gegen fast alle von Bakterien verursachten Krankheiten. Aber nicht alle Krankheiten werden von ihnen hervorgerufen. Pasteur, der der Welt die Schädlichkeit der Bakterien vor Augen führte, meinte, einige Krankheiten müßten von einer anderen Art von Organismen herrühren, die zu klein für die mikroskopische Erfassung seien.

1892 konnte der russische Botaniker Dimitri Iwanowski Pasteurs Theorie beweisen. Er entdeckte den Tabakmosaikvirus und begründete damit den neuen Wissenschaftszweig der Virologie. 1898 erkannte Friedrich Löffler ein anderes Virus als Erreger der Maul- und Klauenseuche, und heute kennt man zahllose Virenarten. Da Viren sich nur in den Zellen von Pflanzen oder Tieren vermehren können, stellen sie nicht, wie man früher oft annahm, die ersten Lebewesen dar. Vielmehr sieht man in ihnen heute eine Zwischenstufe zwischen Lebewesen und Unbelebtem.

Täglich benötigen Millionen von Menschen Medikamente in Form von Kapseln, Ampullen und Dragées. Neuentwicklungen verschlingen jährlich viele Millionen Mark.

Es hat sich als sehr schwierig erwiesen, befriedigende Resultate bei der Virusbekämpfung zu erzielen. In unserem Jahrhundert haben Viren einige verheerende Epidemien verursacht, wovon die schlimmste die nach dem Ersten Weltkrieg ausgebrochene Grippeepidemie war, die rund 20 Millionen Todesopfer forderte.

Erst in unserem Jahrhundert hat man auch erkannt, wie ein Virus von einer lebenden Zelle Besitz ergreift. Aber noch immer befindet sich die Virusforschung, trotz Elektronenmikroskopie und -photographie, in ihrem Anfangsstadium. Einige Krebsformen werden heute mit der Anwesenheit bestimmter Viren in Zusammenhang gebracht. Gegen einige von Viren erregte Krankheiten sind wirksame Impfstoffe entwickelt worden, so die 1953 hergestellten Salk-Vakzine gegen die bis dahin oft tödliche spinale Kinderlähmung.

Erzeugung künstlichen Lebens

Die Frage nach der Entstehung des Lebens auf der Erde und damit auch, ob sich künstlich Leben erzeugen läßt, beschäftigt die Wissenschaftler schon seit geraumer Zeit. Man nimmt heute an, daß das Leben vor etwa drei Milliarden Jahren begann, als sich die Erdoberfläche abgekühlt hatte. In der Uratmosphäre, die aus Wasserstoff, Wasserdampf, Methan, Acetylen und Ammoniak bestand, bildeten sich aus kohlenstoff- und stickstoffhaltigen Substanzen Kohlenstoffverbindungen wie Aminosäuren, Zucker und Bestandteile der Nukleinsäuren. Dazu bedurfte es freilich der Einwirkung ultravioletter Sonnenstrahlen, elektrischer Entladungen und der Wärme, die beim Zerfall radioaktiver Stoffe entsteht. Im Wasser der Erdoberfläche haben sich dann vermutlich die Eiweißstoffe, Nukleinsäuren und Kohlenwasserstoffe entwickelt, welche die Grundlage des Lebens bilden.

Bis heute ist es noch nicht gelungen, künstlich Leben zu schaffen, doch immerhin kann man einen wichtigen Baustein des Lebens – nämlich Eiweiße – künstlich erzeugen.

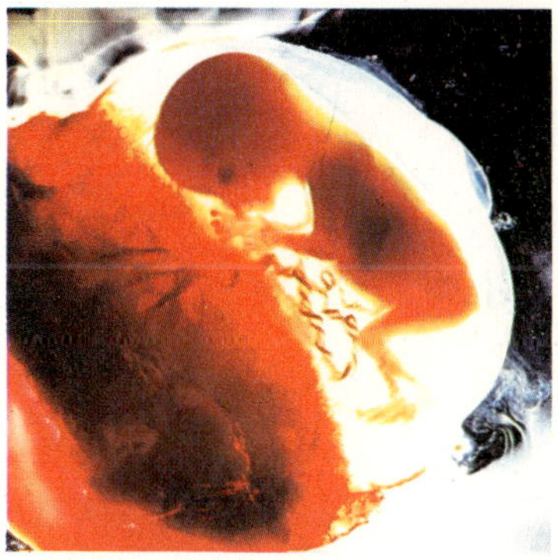

Mit Hilfe modernster medizinischer und besonderer fotografischer Techniken ist es heute bereits möglich, Embryonen zu fotografieren.

Amerikanische Chirurgen versuchten in jüngster Zeit, künstliche Herzen zu konstruieren. Das Modell (links) besteht aus Silikon. Die Hauptschwierigkeiten liegen darin, ein Material zu finden, das weder Blutgerinnsel verursacht noch die Blutkörperchen schädigt, sowie ein taugliches Pumpsystem zu schaffen.

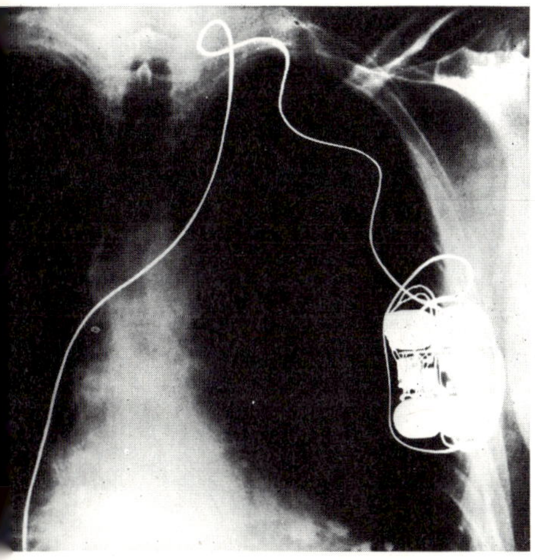

Künstliche Herzschrittmacher regeln durch schwache elektrische Impulse die Muskelkontraktion des Herzens. Das Röntgenbild zeigt einen im Brustfleisch des Patienten eingebetteten Schrittmacher, der 72 Impulse in der Minute erteilt. Ein kunststoffüberzogener Draht verläuft durch eine Vene zum Herzen und überträgt die Stromstöße.

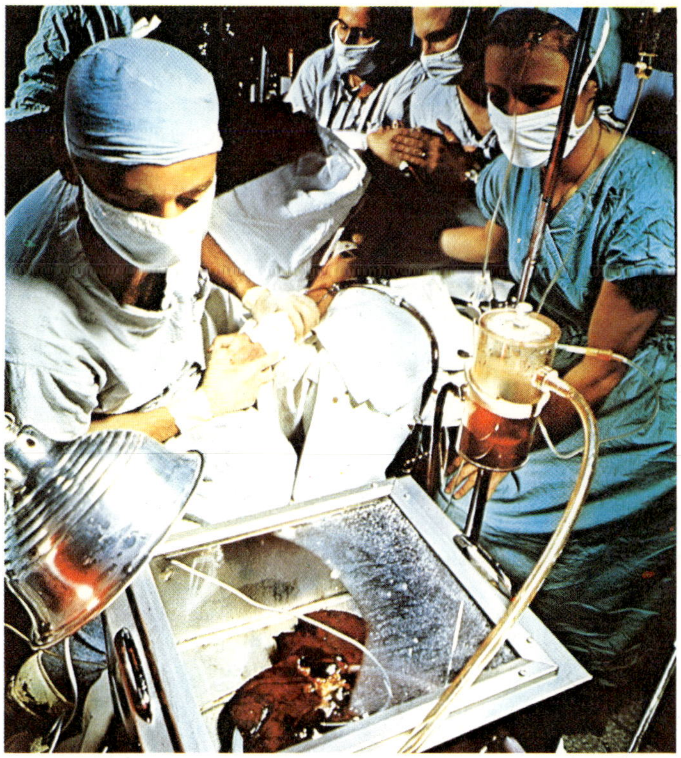

Da fremdes Gewebe vom Körper leicht abgestoßen wird, führt man heute Operationen aus, bei denen das fremde Organ außerhalb des Körpers bleibt. In dem Glasgefäß oben liegt eine Schweineleber, die durch Schläuche mit dem Blutkreislauf einer Patientin verbunden ist. Das Blut wird zuerst durch eine gerinnungshemmende Substanz geleitet und dann durch die Schweineleber, die nun die Reinigungsfunktionen ausführt, die sonst die Leber der Patientin leistet. So wurde die Patientin 18 Tage am Leben erhalten, während sich ihre Leber erholte.

Die Erforschung der weiten Welt

Von Handelsinteressen, Krieg oder Neugierde getrieben, überquerten Abenteurer unbekannte Meere und erschlossen neue Kontinente

Zu den frühesten europäischen Entdeckern gehören die Wikinger, die auf diesem Bild in ihren robusten Langschiffen zu einem Überfall auf die Britischen Inseln ansetzen. Die Wikinger segelten seit dem späten 8. Jahrhundert von Skandinavien aus westwärts, brandschatzten die atlantischen Küsten des europäischen Festlands, Englands und Irlands. Sie stießen weit in den Atlantik vor, entdeckten um 860 Island und erreichten 982 Grönland. Beide Länder wurden kolonisiert. Sie überquerten sogar den Atlantik und landeten, wahrscheinlich als erste Europäer, um 1000 in Nordamerika.

Keiner kennt die Namen der ersten Entdecker, und keine Denkmäler künden von ihren Taten. Ihre Streifzüge in unbekannte Länder waren vom Hunger diktiert. Ganze Kontinente lagen vor ihnen, und in den meisten Fällen werden spätere Entdecker nur Wiederentdecker gewesen sein.

Im Altertum bedeutete ein Vorstoß ins Unbekannte eine große Mutprobe. Soweit wir wissen, begaben sich um 2500 v. Chr. Menschen zum ersten Male mit der bewußten Absicht auf See, fremde Länder zu entdekken, als nämlich die Ägypter das

In solchen Schiffen wagten sich die Ägypter um 1500 v. Chr. bis nach Sokotra im Indischen Ozean vor.

Rote Meer auf der Suche nach dem geheimnisvollen Land Punt hinabsegelten, das wahrscheinlich an der Somaliküste zu suchen ist. Um 1500 v. Chr. waren sie schon ostwärts bis zur Insel Sokotra im Indischen Ozean vorgedrungen und hatten begonnen, den periodischen Wechsel der Monsunwinde zu nutzen. Die in einem fast baumlosen Lande lebenden Ägypter benutzten Papyrusstauden zum Bau ihrer Flöße; für viele ihrer seetüchtigen Schiffe holten sie jedoch Holz aus den Zedernwäldern des Libanon.

Die Phöniker erreichen England

Nach 2000 v. Chr. wurden die Seewege des östlichen Mittelmeers von den Minoern auf Kreta beherrscht, denen jedoch nichts daran lag, die Grenzen ihrer kleinen, blühenden Welt weiter hinauszuschieben. Ein anderes Mittelmeervolk, die Phöniker, war darin viel unternehmender. Seit dem 12. Jahrhundert v. Chr. errichtete dieses

Relief eines phönikischen Kriegsschiffes mit Ruderern und Rammsporn im Bug.

große Seefahrer- und Handelsvolk Kolonien im ganzen Mittelmeerraum, um dort Rohstoffe gegen Luxuswaren einzutauschen. Die Phöniker segelten sogar an den »Säulen des Herkules« vorbei, also durch die Meerenge von Gibraltar, in den Atlantik und erreichten die Kanarischen Inseln und Westafrika, aber auch – über den stürmischen Golf von Biskaya – die Küste von Cornwall, von wo sie Zinn bezogen. Auch die Schiffe der Phöniker bestanden aus Zedernholz vom Libanon, und Reihen von Ruderern machten sie bei einer Flaute oder in unmittelbarer Küstennähe von ihren Segeln unabhängig. Auf langen Seereisen benutzte man zwei Schiffstypen: die Bireme mit zwei Ruderdecks und die größere Trireme mit drei.

Die Phöniker waren Meister der Navigation. Sie hatten die Bedeutung des Polarsterns entdeckt und segelten nach ihm. Noch heute nennen die Griechen den Polarstern den »phönikischen Stern«. Ihre Dienste – besonders als Steuerleute – waren sehr gesucht. Auf Befehl des ägyptischen Pharaos Necho unternahmen phönikische Seeleute um 600 v. Chr. die größte Seereise, die die Welt bis dahin erlebt hatte – die Umschiffung Afrikas. Drei Jahre später kehrten sie zurück und berichteten, der Kontinent sei überall vom Meer umgeben, außer an der Stelle, wo Ägypten an Asien grenze.

Die Karthager in Westafrika

Seit dem 8. Jahrhundert v. Chr. mußten sich die Städte Phönikiens nacheinander den Assyrern, Babyloniern und Persern unterwerfen, behielten aber ihre Bedeutung als Handels- und Seefahrtsstädte bei. Im östlichen Mittelmeer fanden sie jedoch in den Griechen tatkräftige Konkurrenten, während im westlichen Mittelmeer eine ihrer Kolonien – das wahrscheinlich 814 v. Chr. in der Nähe des heutigen Tunis gegründete Karthago – zur führenden Seemacht emporstieg. Karthagos Einflußbereich erstreckte sich auf das Hinterland in Nordafrika, die Südküste Spaniens und Westsizilien.

Die Karthager unternahmen eine Reihe von Seereisen entlang den Küsten Afrikas und Europas. Um 470 v. Chr. ordnete der Senat der Stadt eine Expedition unter Führung des Seefahrers Hanno an, mit dem Auftrag, neue Handelskolonien längs der Westküste Afrikas zu gründen. Die Kolonisten in Stärke von 30 000 Männern und Frauen bestiegen 60 Galeeren mit je 50

Diese islamische Miniatur zeigt Alexander den Großen (rechts), der Seeleute mitgenommen hatte, um den Ozean jenseits von Indien zu erkunden.

Riemen und ruderten westwärts durch die Straße von Gibraltar. Sie errichteten Siedlungen längs der heutigen marokkanischen Küste, umschifften den riesigen Höcker Afrikas und erreichten schließlich die Mündung des Senegals. Hanno segelte die afrikanische Küste weiter entlang, an der Mündung des Nigers vorbei, erblickte schließlich einen tätigen Vulkan, wahrscheinlich den Kamerunberg. Hier kehrte er um, da der Proviant nicht ausreichte.

Reisen der Griechen

Die Griechen leisteten als Seeleute und Kolonisatoren Hervorragendes, aber für sie wie für die Römer blieb das Mittelmeer – das inmitten der Erde gelegene Meer – das Zentrum ihrer geographischen Kenntnisse, die ein großer Reisender des Altertums uns überliefert hat – der griechische Historiker Herodot (um 490–420 v. Chr.). Er hatte die Küsten des Schwarzen Meeres, Persien, Arabien und Ägypten bereist und kannte auch Nordafrika. Der von ihm überlieferte Bericht, der Nil entspringe im Atlas, sollte spätere Geographen allerdings noch sehr verwirren.

Ein Jahrhundert später unternahm der Grieche Pytheas von Massilia (Marseille) eine der größten Seereisen des Altertums. Er segelte in den Atlantik hinaus, wandte sich dann nordwärts und scheint die Britischen Inseln umsegelt zu haben. Sechs Tagereisen nördlich von ihnen stieß er auf die Insel Thule – wahrscheinlich Island –, von der er annahm, sie sei der nördlichste Punkt der Welt. Er beschrieb als erster die Gezeiten und erkannte bereits deren Ursache – den Mond.

Alexander erreicht Indien

Alexander der Große (356–323 v. Chr.) vermittelte durch seine Feldzüge, auf denen er seine Truppen bis nach Indien führte, der griechischen Welt genauere Kenntnisse des Orients. Der einstige Schüler des Aristoteles ließ während seiner Feldzüge durch griechische Gelehrte alles an bemerkenswerten Tieren, Pflanzen und Mineralien sammeln und Proben davon seinem Lehrer nach Athen schicken.

Wie die meisten Menschen seiner Zeit glaubte Alexander, Indien stelle den Rand der Welt dar. Den sie umgebenden Ozean sollten erfahrene Seeleute, die er mitgebracht hatte, untersuchen. Aber seine von den jahrelangen Märschen und Kämpfen ermüdeten Soldaten weigerten sich, in Indien weiterzugehen. Alexander veranlaßte den Bau einer Flotte, fuhr den Indus hinab bis zur Mündung und ließ dann seinen Admiral Nearchos durch den Persischen Golf bis zur Tigrismündung segeln.

In der nächsten Generation erreichten griechische Forschungsreisende den Ganges, und man versuchte, über das Kaspische Meer nach Indien zu gelangen. Die dem griechischen Astronomen Hipparch zugeschriebene Erfindung des Sternhöhenmessers (um 150 v. Chr.) machte die Navigation weniger vom Zufall abhängig, denn dieses Instrument half den Seeleuten, die geographische Breite ihres Standortes zu bestimmen, also die genaue Entfernung vom Äquator.

Strabons Werke

Mit der Zerstörung Karthagos im Jahre 146 v. Chr. war Rom endgültig die führende Mittelmeermacht geworden. Im Zuge ihrer rücksichtslosen Eroberungspolitik gewannen die Römer auch ein nie dagewesenes geographisches Wissen.

Der Grieche Strabon (gest. nach 26 n. Chr.) beschrieb in den 17 Büchern seiner *Geographica* die meisten Länder des Römischen Reiches und der damals bekannten Welt, meist aufgrund eigener Anschauung. Manche seiner Informationen stammten auch von Männern, die durch die römischen Provinzen marschiert waren und dort gelebt hatten. Allerdings ließ seine Kenntnis der Länder des nördlichen Europas zu wünschen übrig.

Diese Gegenden wurden um 150 n. Chr. besser bekannt, als Claudius Ptolemäus, ein Gelehrter an der großen Bibliothek von Alexandria, seine Geographie veröffentlichte. Obgleich oft ungenau, hinterließ Ptolemäus dem Mittelalter doch ein in großen Zügen richtiges Bild der im Altertum bekannten Welt von China bis Britannien.

Auf dieser isländischen Karte des Nordatlantiks (16. Jh.) sieht man die Teile Nordamerikas, die Leif Eriksson 500 Jahre zuvor entdeckt hatte. Winlandiae könnte Neufundland sein.

Ausdehnung der arabischen Welt

Der nächste Anstoß zu Entdeckungen ging von den Arabern aus. Nach Mohammeds Flucht aus Mekka im Jahre 622 n. Chr. bahnte sich der Islam wie ein reißender Strom seinen Weg. In wenig mehr als einem Jahrhundert stießen die Araber im Westen über Nordafrika und Spanien bis nach Frankreich vor und standen im Osten an den Grenzen Chinas und am Indus. Im Verlauf ihrer weiteren kulturellen Entwicklung brachten die Araber die hervorragendsten Geographen ihrer Zeit hervor.

Arabische und persische Seeleute segelten über den Indischen Ozean nach China. Für

Kartenausschnitt aus dem Katalanischen Atlas (1375) mit dem von M. Polo erwähnten Kaiserkanal, der von Peking nach Hangtschou führt.

MARCO POLO IN CHINA

Marco Polo war erst siebzehn, als er sich mit seinem Vater und seinem Onkel in den Fernen Osten begab. Die Überlandreise nach Peking durch den Iran, über den Pamir und Ostturkistan dauerte dreieinhalb Jahre. Sie blieben fast 20 Jahre in China, ehe sie auf dem Seewege über Malakka, Sumatra und Ceylon, beladen mit Schätzen, nach Venedig heimkehrten.

Die erste gedruckte Ausgabe der Berichte Marco Polos (1477) blieb lange die Hauptquelle über China.

Diese Miniatur (spätes 14. Jh.) zeigt die Abreise der Polos aus Venedig im Jahre 1271. Marcos Vater und Onkel waren schon früher in China von Kubilai Chan empfangen worden. Sie kehrten nun mit Geschenken zu ihm zurück. Marco wurde von seinem Vater dem Chan als »mein Sohn, Euer Diener« vorgestellt. Die Reisen, die er in den Diensten des Herrschers machte, führten ihn durch ganz China. Schließlich kehrten die Polos wieder nach Venedig zurück, wo sie 1295 eintrafen. Drei Jahre später wurde Marco bei einer Seeschlacht von den Genuesen gefangengenommen. Während seiner Gefangenschaft diktierte er einem französischen Mitgefangenen den Bericht seiner Reisen, wozu er sich anscheinend Notizen aus seiner Heimatstadt kommen ließ. Trotz der Wahrheitsliebe, von der sein Buch noch heute zeugt, hielten ihn seine Zeitgenossen für einen Lügner. Als er auf dem Totenbett gebeten wurde, seine Lügen zurückzunehmen, erwiderte er, er habe nicht die Hälfte von dem erzählt, was er gesehen habe.

ZUR SEE NACH INDIEN

Der Stolz der portugiesischen Seefahrt waren ihre Hochseeflotten, wie sie auf diesem Aquarell aus dem 16. Jahrhundert zu sehen sind. Die Portugiesen waren zur Zeit der Renaissance als Entdeckungsreisende allen anderen überlegen. Nachdem sie sich langsam die afrikanische Küste entlanggetastet hatten, umrundeten sie das Kap der Guten Hoffnung und fanden schließlich den Seeweg nach Indien und darüber hinaus. Zwischen Guinea und den Gewürzinseln, den Molukken, schuf Portugal sich das erste europäische Kolonialreich, das vor allem aus Handelsstützpunkten bestand und in Indien von Goa aus verwaltet wurde.

Die ersten afrikanischen Sklaven wurden 1446 von den Portugiesen verschifft. Der Halsring hinderte sie an der Flucht, aber auch am Liegen.

ihre Reisen entwickelten sie das später für das Mittelmeer charakteristische Lateinsegel – ein Dreieckssegel, das an einer 45° zum Mast schräg verlaufenden Rah befestigt wird. Auf ihren Fahrten nach Südostasien trafen sie auf chinesische Dschunken von 60 m Länge, die in diesen Teilen der Welt schon lange Handel trieben. Ein berühmter arabischer Reisender, der Gelehrte al-Masudi aus Bagdad, besuchte Arabien, Persien, Indien, Ceylon, China, Madagaskar und Sansibar. Seine Erfahrungen verwertete er in seinem Werk *Murudsch adh-Dhahab* (Goldwäschereien), einer Sozialgeschichte der Welt von der Schöpfung bis zum Jahre 947.

Die Seefahrten der Wikinger

Seit Ende des 8. Jahrhunderts brachen tollkühne Abenteurer, Wikinger oder Normannen genannt, zur See aus den Buchten der skandinavischen Fjorde und von Dänemark zu Raubfahrten auf. Die sturmgepeitschten Wasser der Nordsee verlangten nach widerstandsfähigeren, robusteren Schiffen als das Mittelmeer, daher entwickelten die Wikinger flache Langschiffe von mehr als 20 m Länge mit Rudern und einem zusätzlichen großen Rahsegel. Die schwedischen Waräger eröffneten Handelswege von der Ostsee bis zum Schwarzen Meer und zum Kaspisee über die großen russischen Ströme. Von Dänemark und Norwegen segelten die Wikinger westwärts nach England, entdeckten und besiedelten Island und Grönland und gelangten unter Leif Eriksson um 1000 wohl als erste Europäer nach Nordamerika.

Marco Polo in China

Im Jahre 1055 eroberten die türkischen Seldschuken aus Zentralasien Bagdad und beherrschten bald große Teile Vorderasiens. Die türkische Bedrohung löste nicht nur die Kreuzzüge aus, sie machte auch den italienischen Handelsstädten, insbesondere Venedig, wegen der hohen Zölle, die die Türken auf Luxusgüter aus dem Fernen Osten erhoben, zu schaffen. Man versuchte daher die seldschukischen Gebiete zu umgehen. Unter den Reisenden, die am Ende durch Zentralasien nach China gelangten, war der Venezianer Marco Polo der erfolgreichste. Der Bericht seiner Reisen erweiterte die geographischen Vorstellungen der Europäer von China und Indien außerordentlich.

Timbuktu im 14. Jahrhundert

Durch die islamischen Eroberungen war ein kulturell und wirtschaftlich geeintes Gebiet zwischen dem Atlantik und Zentralasien geschaffen worden, in dem jeder Moslem frei reisen konnte.

1325 begab sich der marokkanische Gelehrte Ibn Battuta auf eine Pilgerreise nach Mekka, wurde aber dann von einer solchen Reiselust ergriffen, daß er 24 Jahre lang durch Persien, Ostafrika, Zentralasien, Sibirien, Indien, Ceylon, Sumatra und China wanderte. Er durchquerte sogar die Sahara, um Timbuktu und Mali aufzusuchen.

Ibn Battutas Bericht, der im 19. Jahrhundert in Algerien aufgefunden wurde, wirft ein faszinierendes Licht auf Leben, Sitten und Gebräuche der außereuropäischen Welt des 14. Jahrhunderts. In Mali etwa beklagte er manche ihm fremden Sitten. »Die Frauen«, schrieb er, »haben Freunde und Gefährten unter den Männern außerhalb ihrer eigenen Familien; gleicherweise haben die Männer Freundinnen aus anderen Familien.« Auch über den Geiz des Sultans war er empört, der ihm statt reicher Geschenke »drei Brote, ein Stück in Öl gebratenes Rindfleisch und eine Kalebasse saurer Milch« übergab.

Handelsfahrten der Chinesen

Im Jahre 1405 entsandte ein Ming-Kaiser den Admiral Tscheng Ho mit einer Flotte von sechzig mit Gold, Porzellan, Seide und Gewürzen beladenen Schiffen in einer Handelsmission zu den als Vasallenstaaten Chinas betrachteten Ländern am Südchinesischen Meer.

Mehr als 30 Jahre lang befuhr Tscheng Ho regelmäßig die Routen von Hinterindien nach Ostafrika. Schließlich stellten die Chinesen diese kostspieligen Fahrten ein, weil Araber, Perser und Inder mit Schiffsladungen von Farb- und Duftstoffen, Räucherwerk, Opium, Perlen und Teppichen nach Malakka kamen, um dagegen Waren einzutauschen, die chinesische Dschunken dahin gebracht hatten. Um 1500 war Malakka zu einem der größten Handelsplätze der damaligen Welt geworden.

Das europäische Entdeckungszeitalter

Die den Europäern vor 500 Jahren bekannte Welt war sehr klein. Vorderasien kannte man zum Teil von den Kreuzzügen her und aus der Bibel, und Reisende hatten von Afrika nördlich der Sahara, Arabien, Indien, Mittel- und Südostasien und

NAVIGATIONSHILFEN

Bessere Instrumente halfen den Seeleuten des 15. und 16. Jahrhunderts, ihren Weg zu finden. Bis ins 20. Jh. bestimmte man die Position nach dem Lauf der Gestirne.

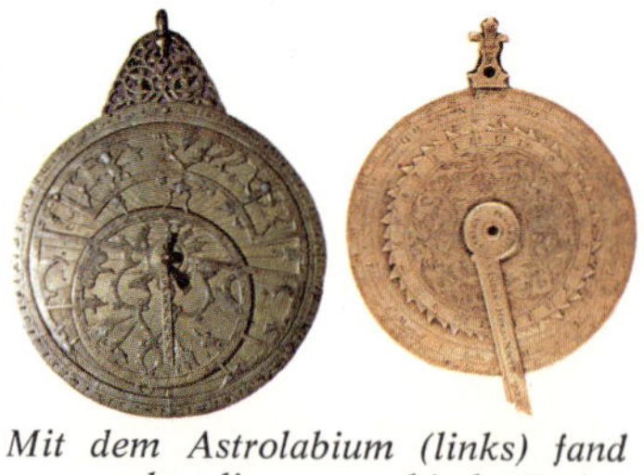

Mit dem Astrolabium (links) fand man nachts die geographische Breite, mit dem Nokturnal die Zeit.

Kompaß vom Ende des 16. Jh. Diese wichtigste Navigationshilfe kannten die Chinesen schon Jahrhunderte früher.

Prinz Heinrich der Seefahrer schuf die Voraussetzungen für die großen Entdeckungen der Portugiesen und ihr Kolonialreich.

China berichtet. Wenige wußten von den Vorstößen der Wikinger über Island hinaus. Nord- und Südamerika, Australien, Ozeanien, Afrika südlich der Sahara und die riesige Landmasse Nordasiens waren völlig oder nahezu unbekannt.

Europäische Entdeckungsreisende begannen um 1420, sich in die offene See hinauszuwagen. Die meisten, weil sie hofften, Gold, neue Waren oder neue Handelswege zu finden. Die Unternehmungen wurden von Fürsten und Kaufleuten finanziert, die dann auch den Nutzen davon hatten. Am begehrtesten waren tropische Gewürze, mit denen man in einer Zeit, als Frischfleisch wegen des Mangels an Winterfutter oft rar war, Fleisch konservierte oder geschmacklich verbesserte. Die meisten dieser Gewürze kamen aus Indien und von den Inseln Südostasiens.

Heinrich der Seefahrer

Heinrich der Seefahrer (1394 bis 1460), ein portugiesischer Prinz, hatte es sich in den Kopf gesetzt, einen Seeweg nach Indien zu finden. In Sagres gründete er eine Sternwarte und Seefahrerschule, von hier sandte er seine Schiffe aus, die sich Schritt für Schritt an der afrikanischen Westküste entlangtasteten.

Um 1445 hatten die Portugiesen schon Madeira und die Azoren kolonisiert, Kap Verde – den westlichsten Punkt des afrikanischen Kontinents – erreicht und sondierten nun die Küste von Guinea, wo sie Handelsniederlassungen gründeten, um Negersklaven und Gold einzuhandeln.

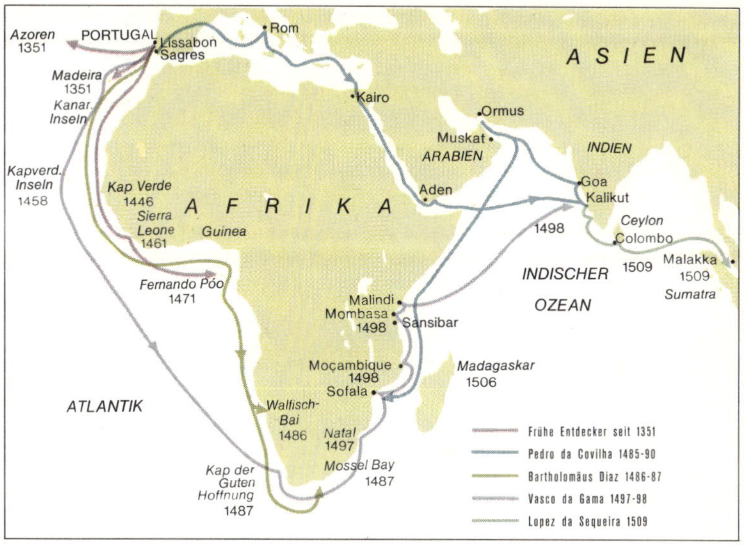

Bei der Erkundung des Seeweges nach Südasien schoben portugiesische Entdecker – wie Pedro da Covilha, Bartholomäus Diaz, Vasco da Gama und Lopez da Sequeira – die Grenzen der bekannten Welt ein Stück weiter hinaus.

Vasco da Gama erreichte als erster Europäer Indien auf dem Seewege. Seine Versuche, dort Handel zu treiben, wurden von den Arabern gestört.

Südwärts zum Kap

Prinz Heinrich starb 1460, aber der Pioniergeist starb nicht mit ihm. Die Portugiesen erreichten 1462 Sierra Leone und gelangten zehn Jahre später über den Äquator hinaus nach Fernando Póo. Dort stellten sie enttäuscht fest, daß die afrikanische Küste wieder nach Süden verlief. Der Seeweg nach Indien stand noch nicht offen. Das Heldenstück der Phöniker, die schon 2000 Jahre früher rund um Afrika gesegelt waren, hatte man gänzlich vergessen.

1483 wurde der Kongo von Diego Cão erreicht. Im nächsten Jahr brach er zu einer zweiten Reise auf, auf der er bis Kap Cross in Südwestafrika vordrang. Er hatte beinahe den Indischen Ozean erreicht, in den sein Nachfolger Bartholomäus Diaz gelangte. Diaz' Schiffe segelten über den von Cão erreichten Punkt hinaus, wurden dann fast 14 Tage von Passatwinden nach Südwesten getrieben und gelangten schließlich mit Westwinden wieder nach Osten. Da er dabei die Küste nicht erreichte, steuerte Diaz nach Norden und landete in Mossel Bay, etwa 320 km östlich der heutigen Stadt Kapstadt.

Die Portugiesen erreichen Indien

Ohne es zu bemerken, hatte Diaz das Kap umfahren, und als er nachforschte und feststellte, daß die Küste weiter nach Osten verlief, wußte er, daß er sich im Indischen Ozean befand. Kurz darauf zwang ihn seine Schiffsbesatzung heimzukehren. Auf seiner Rückfahrt stellte er die Lage des Kaps fest und nannte es »Kap der Stürme«. Johann II. von Portugal gab ihm den Namen »Kap der Guten Hoffnung«, um die Moral späterer Schiffsbesatzungen zu heben.

1497 umschiffte der Portugiese Vasco da Gama das Kap und nannte die zu Weihnachten erreichte Küste Natal. Als er nordwärts segelte, stieß er auf den Widerstand der arabischen Händler in Moçambique. Doch ein freundlicher Herrscher in Malindi, im heutigen Kenia, gab

Für seine Seeuhr zur Bestimmung der geographischen Länge gewann John Harrison 1735 45 000 Pfund.

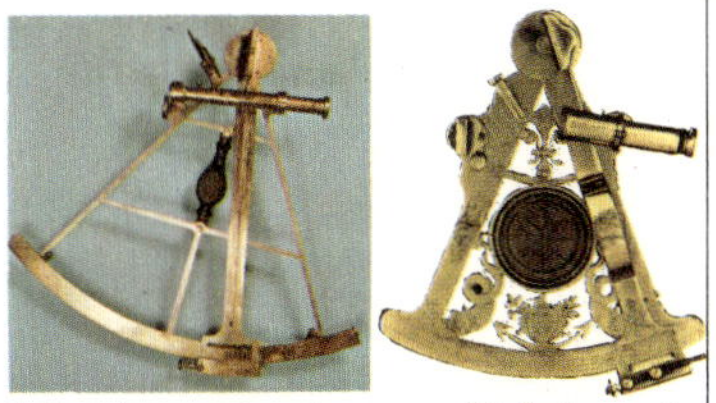

Mit dem Quadranten (links) und dem daraus entwickelten Sextanten (rechts) konnte man die Breite genauer bestimmen.

SCHIFFE FÜR JEDE AUFGABE

Für ihre weiten Entdeckungsfahrten brauchten die Portugiesen stärkere und besser gebaute Schiffe, um damit dem stürmischen Südatlantik zu trotzen und die lange Reise nach Indien zu unternehmen. So wurden – schon unter Heinrich dem Seefahrer – die Schiffswerften von Lissabon die fortschrittlichsten Europas. Unter den dort gebauten Schiffstypen befand sich auch die schnelle Karavelle, die für die langen Entdeckungsreisen eigentlich zu klein war. Später wurde sie daher durch die Nao und die Galeone ersetzt, die mehr Menschen und Güter befördern konnten.

Auf einer arabischen Schale abgebildete Nao, wie sie die Portugiesen entwickelt hatten.

Karavelle mit drei Lateinsegeln und zwei Rahsegeln.

Die Galeone Great Harry, *das schönste Schiff der Flotte Heinrichs VIII.*

DICHTUNG UND WAHRHEIT
AUF DEN KARTEN DES ENTDECKUNGSZEITALTERS

Die großen Entdeckungen beschwingten auch die Phantasie der Kartographen des 16. Jahrhunderts, wie man auf dieser Karte aus der Cosmographie universelle *(1555) des französischen Kartographen Guillaume Le Testu (um 1509–72) sehen kann. Die Küstenlinie ist genau dargestellt, das unbekannte Innere jedoch bevölkern zum Teil phantastische Tiere und Kampfszenen. Im Unterschied zu modernen Karten liegt auf dieser Süden oben, wo man auch die Magellanstraße findet. Unten – also nördlich davon – erscheint Peru.*

ihm einen Lotsen mit, der die kleine Flotte nach Kalikut in Südwestindien brachte.

Da Gama konnte in Indien nur gegen den Widerstand der Araber Handel treiben. Er kehrte 1499 nach Portugal zurück, nachdem seine Schiffe mehr als 24 000 Seemeilen zurückgelegt hatten und 630 Tage unterwegs gewesen waren, davon die Hälfte auf offener See. Auf der Hinreise war man 5000 Seemeilen außer Sichtweite des Landes gesegelt. Die Kosten der Expedition waren 60fach gedeckt durch den Verkauf der Gewürze und Edelsteine, die da Gama mitgebracht hatte. Aber wie gewöhnlich auf langen Entdeckungsreisen, hatte die Mannschaft entsetzlich gelitten. Drei Viertel der 170 Mann waren unterwegs gestorben, die meisten an Skorbut, einer durch Vitaminmangel bedingten Krankheit.

Während die Portugiesen den Seeweg nach Indien öffneten, erkundete Spanien die goldene Neue Welt im Westen. Deren Entdeckung war einem Zufall zu verdanken, denn die Spanier hatten genau wie die Portugiesen einen Weg nach China und Indien gesucht.

Westwärts nach Osten

Gegen Ende des 15. Jahrhunderts hatten die Entdeckungsreisenden mehr und mehr an der zuerst von Aristoteles geäußerten Vermutung Gefallen gefunden, daß die kürzeste Route in den Fernen Osten vielleicht der Seeweg nach Westen sein könne. Der Genuese Christoph Kolumbus (1451–1506) suchte jahrelang Unterstützung für seinen Plan, über den Atlantik westwärts nach China und Indien zu segeln. Schließlich wurde Königin Isabella von Kastilien durch die eifersüchtig beobachteten Erfolge der Portugiesen bewogen, ihn zu unterstützen.

Kolumbus war so sicher, in Asien gelandet zu sein, daß er gar nicht darauf kam, er könnte einen neuen Kontinent entdeckt haben.

Im August 1492 segelte Kolumbus mit den drei Schiffen *Santa Maria, Pinta* und *Niña* nach den Kanarischen Inseln. Im Oktober, 33 Tage nachdem er die Kanarischen Inseln verlassen hatte, erreichte er die Bahamas. Auf der Weiterfahrt entdeckte er Kuba – das er für Japan hielt – und Haiti.

Auf drei weiteren Seereisen fand Kolumbus Puerto Rico, Trinidad, Jamaika und andere Inseln. In Venezuela stieß er auf das südamerikanische Festland und erreichte zuletzt auch die Küste Mittelamerikas. Aber er erkannte nicht, daß er einen neuen Kontinent entdeckt hatte. Während er westlich von Panama nach einer Durchfahrt suchte, glaubte er, er nähere sich China, und als er hörte, ein zweites großes Meer befände sich neun Tagesmärsche vom Atlantik entfernt, meinte er, das sei der Indische Ozean. Diesem Irrtum ist zu verdanken, daß die mittelamerikanischen Inseln Westindien und die Eingeborenen der Neuen Welt Indianer genannt werden. In Ungnade gefallen und um den vereinbarten Lohn betrogen, starb Kolumbus 1506 verlassen und verbittert. Der von ihm entdeckte Kontinent erhielt nicht einmal seinen Namen, sondern wurde nach dem Florentiner Amerigo Vespucci benannt.

Vespucci, der Kolumbus' zweite und dritte Reise mit vorbereiten half, hat behauptet, vier Seereisen in die Neue Welt gemacht zu haben. Fest steht, daß

Um Heiden zu bekehren, folgten katholische Missionare den frühen Entdeckern nach Amerika.

DIE KONQUISTADOREN

Die Spanier entdeckten in der Neuen Welt zwei Kulturen, die sich dort, isoliert von der übrigen Welt, entwikkelt hatten, zerstörten sie und gründeten für Spanien ein riesiges Kolonialreich.

Der Aztekenherrscher Moctezuma verhandelt hier mit Hernando Cortez. Als Cortez mit 600 Mann 1519 in Mexiko landete, wurde er freundlich begrüßt, wahrscheinlich, weil Moctezuma glaubte, Cortez sei der zurückgekehrte Gott Quetzalcoatl.

Doch Spanier und Azteken gerieten bald in Streit, und Cortez nahm Moctezuma gefangen, um mit ihm als Marionette Mexiko für Spanien zu beherrschen. Aber ein Gemetzel unter aztekischen Fürsten bei Cortez' Abwesenheit führte zum Aufstand. Moctezuma versuchte verzweifelt, den Frieden zu bewahren, wurde aber von seinem eigenen Volk gesteinigt. Nach seiner Rückkehr zog sich Cortez aus der Hauptstadt Tenochtitlan unter schweren Verlusten zurück, kam aber später mit Verstärkung wieder und zerstörte nach 75-tägiger Belagerung die Stadt vollständig.

Als einziges von Magellans fünf Schiffen vollendete die Victoria *die Umseglung der Erde.*

er den Atlantik 1499 und 1501 überquerte, dabei einen großen Teil der Küste Südamerikas entdeckte und südwärts segelnd nach einer Durchfahrt durch die Landmasse suchte. Vespucci war ein guter Schriftsteller, und seine lebhaften Schilderungen des neuen Landes veranlaßten 1507 zwei deutsche Gelehrte, das von ihm entdeckte Gebiet nach seinem Vornamen Amerika zu nennen. Später bürgerte sich der Name zunächst für Südamerika, dann für den ganzen Doppelkontinent ein. Vespucci hat früh erkannt, daß es sich bei den jüngst aufgefundenen Ländern um einen neuen Erdteil handelte.

Verteilung der Neuen Welt

Mit dem Vertrag von Tordesillas (1494) teilten Spanien und Portugal die schon entdeckten und noch zu entdeckenden Gebiete durch eine inmitten des Atlantiks von Nord nach Süd verlaufende Linie unter sich auf. Fast die gesamte Neue Welt, mit Ausnahme des östlichsten Teils von Südamerika, fiel an Spanien, während Portugal Indien und Afrika beanspruchte. Andere Nationen wie Frankreich und England ließen diesen Anspruch jedoch nicht gelten, und 1497 ergriff John Cabot, britischer Untertan, aber Genuese von Geburt, für England Besitz von Neufundland.

Im Jahre 1500 lief ein Geschwader von 13 Schiffen unter

Magellans Weltumsegelung auf einer Karte des 16. Jh. Die Kontinente sind schon gut zu erkennen. Die Molukken erscheinen aus politischen Gründen im spanischen Teil der Welt.

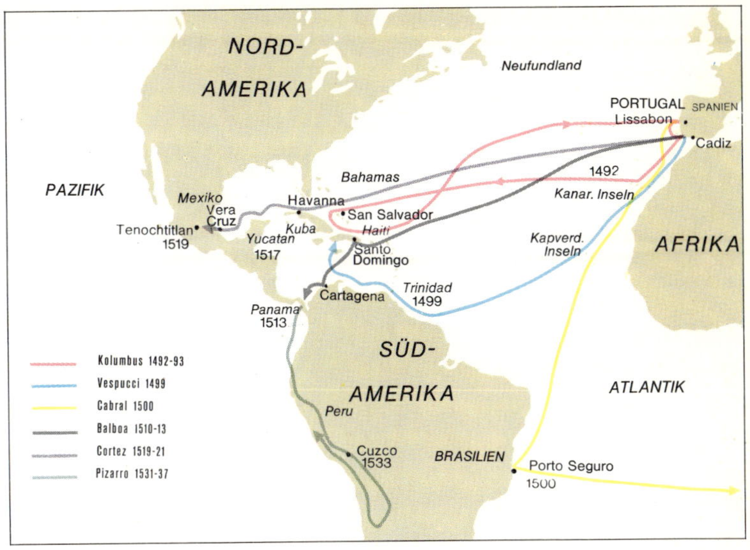

Die Neue Welt wurde von Portugal und Spanien entdeckt und erschlossen. Die Portugiesen erhoben Anspruch auf Brasilien, konzentrierten sich aber sonst auf Afrika und Asien und überließen den Spaniern den größten Teil Amerikas.

Pedro Alvarez Cabral von Portugal nach Indien aus. Auf der Suche nach einem günstigen Wind kam die Flotte zu weit nach Westen ab und stieß auf die Küste Brasiliens, das Cabral für Portugal in Besitz nahm. Auf der Weiterfahrt gelangte er mit seinem Geschwader über das Kap der Guten Hoffnung nach Indien.

Vom Beginn des 16. Jahrhunderts an überquerte ein ständiger Strom goldhungriger Spanier den Atlantik. Diese Konquistadoren (Eroberer) eroberten und kolonisierten für Spanien einen großen Teil Amerikas. Einer von ihnen, Vasco Núñez de Balboa, kämpfte sich 1513 mit 160 Mann durch das außerordentlich schwierige Gelände der Landenge von Panama und sah als erster Europäer den Pazifik. Vier Tage später stieg er in voller Rüstung ins Meer und nahm es für Spanien in Besitz. Weitere Konquistadoren folgten, zwei von ihnen, Cortez und Pizarro, eroberten Mexiko und Peru für Spanien.

Reise um die Welt

Kolumbus' Traum von einer westlichen Route nach Ostindien war noch immer nicht aufgegeben, und im September 1519 entsandte der spanische Hof fünf Schiffe unter Führung des Portugiesen Ferdinand Magellan nach Westen, die die gewürzreichen Molukken aufsuchen sollten.

Die Disziplin an Bord der frühen Entdeckerschiffe war streng. Als eine Meuterei während der fünfmonatigen Überwinterung in Patagonien ausbrach, ließ Magellan einen Kapitän angesichts von 40 gefesselten Meuterern hinrichten. Eines seiner Schiffe lief auf Grund, ein zweites ging durch eine weitere Meuterei verloren, aber mit den übrigen fuhr Magellan durch die schwierige Meeresstraße, die noch heute seinen Namen trägt. Auf dem Land im Süden sahen die Seeleute nachts die Feuer der Indianer leuchten und gaben ihm den Namen *Tierra del Fuego* – Feuerland. Nach 38 Tagen gefährlichen Kreuzens erreichte die Flotte wieder offenes Meer, das Magellan den Stillen Ozean nannte, weil es im Vergleich zum Atlantik verhältnismäßig ruhig war. 98 Tage später hatten die Schiffe die Marianen erreicht und bald darauf die Philippinen, wo Magellan auf der Insel Mactan im Kampf mit den Eingeborenen fiel.

Der spanische Seefahrer Sebastián del Cano übernahm das Kommando über die drei Schiffe, doch als sie die Molukken erreichten, war nur noch eines davon, die *Victoria,* zur Rückfahrt nach Spanien geeignet. Im

Hernando Cortez zog nach der Eroberung des Aztekenreiches bis Honduras und Kalifornien.

Als die Spanier nach Peru kamen, herrschten dort die Inka unter dem Sapa Inka *Atahualpa, den ein spanischer Priester auf diesem Bild dargestellt hat. Die Inka wurden von Francisco Pizarro besiegt, der sich 1531 mit 183 Mann und 37 Pferden von Panama nach Peru eingeschifft hatte. Durch einen Überraschungsangriff bei Cajamarca vernichtete er das Gefolge Atahualpas und nahm ihn gefangen. Obgleich das Volk das von den Spaniern geforderte gewaltige Lösegeld aufbrachte, ließ Pizarro den* Sapa Inka *erdrosseln. Er hatte ja nur zugesagt, keinen Tropfen seines Blutes zu vergießen. Auch Pizarro starb durch Verrat. Nachdem er ganz Peru erobert hatte, wandten sich einige seiner früheren Gefährten gegen ihn und ermordeten ihn 1541 in seinem Palast.*

Mexiko zur Zeit der Eroberung durch Cortez. Tenochtitlan liegt inmitten eines Sees.

Der englische Freibeuter Francis Drake hieß bei den Spaniern El Draco *(der Drache) wegen seiner Piratenfahrten.*

AUF DER SUCHE NACH DEM GEHEIMNISVOLLEN SÜDLAND

Die Resolution *sticht in See. Das war der Beginn von Cooks zweiter großer Reise im Jahre 1772. Sein Auftrag war eindeutig: Er sollte mit der* Resolution *und der kleineren* Adventure *um das Kap der Guten Hoffnung fahren und dann die Welt von Westen nach Osten umsegeln, dabei seinen Kurs so südlich wie möglich halten, um den unbekannten Südkontinent, der schon jahrhundertelang die Köpfe der Kartographen verwirrt hatte, die* Terra Australis Incognita, *zu finden.*

September 1522, drei Jahre nach seinem Aufbruch, erreichte es Spanien. Die Erde war zum ersten Male umsegelt worden.

Die ersten Europäer in Japan

Noch bevor Magellan zu seiner großen Reise aufbrach, hatten die Portugiesen begonnen, die Häfen Südchinas anzulaufen. Seit 1577 durften sie dann nur noch in Macao Handel treiben, das bis auf den heutigen Tag portugiesisch geblieben ist. Portugiesen waren auch die ersten Europäer, die in Japan landeten, und zwar etwa 1542. Sieben Jahre später brachte der spanische Jesuitenpater Franz Xaver, als Apostel der Inder bekannt, das Christentum nach Japan, während die Portugiesen den Japanern zu einer Ware verhalfen, die diese viel höher schätzten – Musketen mit glattem Lauf.

Priester begleiteten die meisten Entdeckungsfahrten und unternahmen auch allein weite Missionsreisen. Der spanische Jesuit Pedro Paéz, der 1588 nach Goa entsandt wurde, fiel später in die Hände der Türken. Er entkam aus der Sklaverei nach Äthiopien und hat 1613 wohl als erster Europäer die Quellen des Blauen Nils besucht.

Die englischen Abenteurer

England beteiligte sich erst recht spät an der Erkundung der Welt, half dann aber kräftig mit, die Grenzen der bekannten Welt hinauszuschieben. 1497 wurde Neufundland von John Cabot für England in Besitz genommen, und sein Sohn Sebastian eröffnete den Handelsweg nach Rußland. Andere Engländer versuchten, eine Nordwestpassage um den amerikanischen Kontinent zu finden.

Der größte der Abenteurer im Elisabethanischen Zeitalter war Francis Drake, der die zweite Weltumsegelung vollbrachte, obgleich er nicht zu diesem Zweck ausgezogen war. Er fuhr als Freibeuter, um die spanischen Besitzungen an der pazifischen Küste Südamerikas zu plündern, eine Aufgabe, die er erfolgreich durchführte. Der Entdeckung diente seine Fahrt entlang der Westküste Nordamerikas, wo er auf der Suche nach dem pazifischen Ausgang der Nordwestpassage bis zum heutigen Vancouver gelangte. Da die Küste aber weiter nordwärts verlief, kehrte Drake zurück und rüstete seine Schiffe in der Gegend des heutigen San Francisco neu aus. Von dort segelte er zu den Molukken, umschiffte das Kap der Guten Hoffnung und kehrte 1580 nach England mit einem seiner fünf Schiffe zurück. Es war mit Gold, Silber und Edelsteinen im Wert von 10 Millionen Pfund beladen.

Die Holländer in Nordamerika

Die Unbilden der Witterung in den eisigen Gewässern des hohen Nordens verhinderten die Suche nach einem kürzeren Weg nach Osten nicht. Der Engländer Henry Hudson erreichte 1607 und 1608 Grönland und Spitzbergen bei dem fruchtlosen Versuch, eine Nordostpassage zu finden. Als er 1609 im Dienste der Holländer nach der Nordwestpassage suchte, fand er den Long-Island-Sund und den nach ihm genannten Hudson, an dessen Mündung die Holländer 1626 Neu-Amsterdam, das heutige New York, gründeten. 1610 bis 1611 erkundete er für England das riesige, von Land umschlossene Gewässer, das nach ihm Hudson Bay heißt. Die frostige Einöde war jedoch mehr, als seine Mannschaft vertragen konnte. Sie meuterte und setzte Hudson, seinen Sohn und acht Gefährten aus, die seither verschollen blieben.

Die Einfahrt in die so lange vergebens gesuchte Nordwestpassage fand 1615 schließlich William Baffin. Sie liegt westlich von Grönland und führt durch die Davisstraße. Wegen der meist zugefrorenen See gelang die Durchfahrt dem Norweger Amundsen erst 1903–06. 1670 wurde übrigens die *Hudson's Bay Company* für den Pelzhandel mit den Indianern gegründet.

Auf Cooks Reisen fanden Botaniker zahlreiche unbekannte Pflanzen, wie diese Banksia serrata.

DIE ERKUNDUNG EINER NORDWESTPASSAGE

Schon im 16. Jh., noch ehe feststand, daß Amerika nicht mit Asien zusammenhängt, suchte man nach einer um Amerika herumführenden Nordwestpassage. Erst im 20. Jh. gelang dem ersten Schiff die Durchfahrt.

Auf der Suche nach der Nordwestpassage sichtete Martin Frobisher 1576 Südgrönland und entdeckte Baffinland.

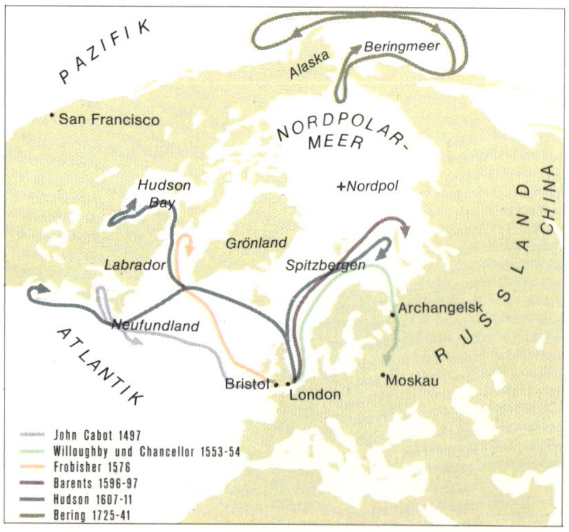

Statt der Nordwestpassage entdeckten die Engländer einen Seeweg nach Rußland über das Nordkap. Auf der Nordostroute erreichte Bering den Pazifik.

James Cook leitete drei Forschungsreisen in den Pazifik.

Um 1650 war ein großer Teil der Erde in groben Umrissen bekannt. Vier große Gebiete harrten jedoch noch der Entdeckung: die Polargebiete, Innerafrika und all das, was südlich und südöstlich des Malaiischen Archipels liegt. Aber auch sonst blieb noch viel zu erforschen. Große Gebiete von Mittel- und Südamerika wurden von den Spaniern entdeckt und das Innere Brasiliens von Portugiesen und Mestizen, Mischlingen zwischen Weißen und Indianerinnen. Ein gut Teil der genaueren Erforschung erfolgte zufällig als Ergebnis militärischer Unternehmungen europäischer Mächte, so etwa in Indien durch die Briten. Und auch der Ausbreitung weißer Siedler in den Westen Nordamerikas ging das Interesse Englands und Frankreichs an diesem Kontinent voraus.

Durch Sibirien zum Pazifik

Nachdem die Russen 1480 das Tatarenjoch abgeworfen hatten, breiteten sie sich nach Süden und Osten bis zum Pazifik aus. Die Erschließung und Kolonisation Sibiriens war anfänglich zu einem großen Teil das Werk der Kosaken. Diese hervorragenden Reiter waren auch in der Schiffahrt erfahren und erforschten die Ströme Sibiriens bis zum Eismeer. 1648 umsegelte schließlich Semen Deschnjow mit 90 Mann in sechs offenen Booten die Ostspitze Asiens. Diese Gegend wurde zwischen 1725 und 1741 im Auftrage Peters des Großen von dem Dänen Vitus Bering wissenschaftlich erforscht. Nach ihm heißt die Meerenge zwischen Rußland und Alaska Beringstraße und das angrenzende Meer Beringmeer. Seit Mitte des 18. Jahrhunderts ließen sich russische Jäger und Händler in Alaska nieder und gründeten Niederlassungen. Doch 1867 verkaufte Alexander II., dem ein so entferntes Kolonialreich als Bürde erschien, Alaska für 7,2 Millionen Dollar an die Vereinigten Staaten.

Ein geschmücktes Kriegskanu der Maori – ein Einbaum von 30 m Länge –, wie es der Maler Sydney Parkinson sah, der an James Cooks erster Reise teilnahm.

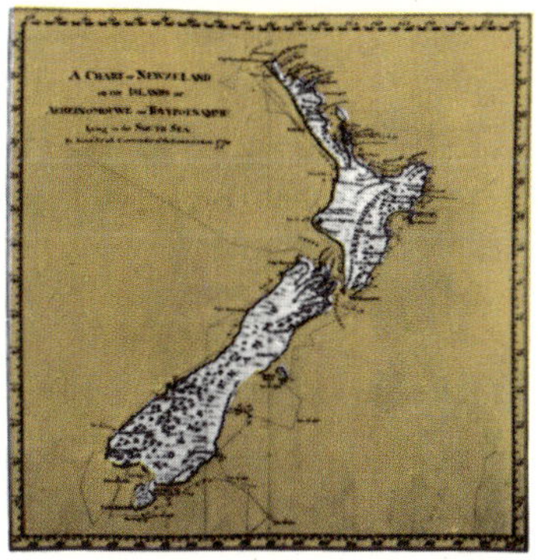

Diese 1769 von Cook gezeichnete Karte gibt die Umrisse Neuseelands sehr genau wieder.

Der südliche Kontinent

Das Geheimnis eines legendären südlichen Kontinents – *Terra Australis Incognita* – hatte schon lange die Phantasie von Forschungsreisenden und Abenteurern beflügelt. Pedro Fernandez de Quirós, ein portugiesischer Seefahrer in spanischen Diensten, meinte Australien gefunden zu haben, als er 1606 auf den Neuen Hebriden landete und alles Land bis zum Südpol für seine Auftraggeber in Besitz nahm.

Der Holländer Willem Jansz entdeckte dann tatsächlich als erster Europäer 1606 den Kontinent Australien, als er bei der Erkundung der Küste Neuguineas in den Golf von Carpentaria geriet. Teile der West- und Südküste des neuen Kontinents wurden durch von ihrem Kurs abgekommene holländische Ostindienfahrer bekannt. Aber erst 1642 schickte die holländische Ostindienkompanie eine Expedition unter Führung von Abel Tasman aus. Dieser entdeckte Tasmanien und Neuseeland und auf der Rückfahrt über den unbekannten Pazifik außerdem die Tonga- und Fidschiinseln. Obgleich Tasman Australien umsegelte, erblickte er den Kontinent auf dieser Reise nicht. Auf seiner zweiten Reise verfolgte er dann den Verlauf der australischen Nordküste.

James Cook im Pazifik

William Dampier, ein englischer Pirat mit intellektuellen Gaben, umsegelte die Welt als Freibeuter und veröffentlichte einen Bericht samt genauen See- und Küstenkarten über seine Fahrten. 1688 traf er auf die Küste Nordwestaustraliens und ent-

Der dänische Forscher Vitus Bering (1680–1741) entdeckte 1728 die Nordostpassage in den Pazifik durch die nach ihm genannte Beringstraße.

Im Jahr 1577 malte der Engländer John White dieses Aquarell, das Eskimos beim Angriff auf englische Seefahrer zeigt. Die Feindseligkeit der Eskimos war aber nur eine der vielen Gefahren bei der Suche nach einer nördlichen Durchfahrt nach Ost- und Südasien. 1554 starben Sir Hugh Willoughby und seine Männer an Skorbut und Kälte, und 1847/48 kamen Sir John Franklin und 129 Mann ums Leben, als sie ihr im Eis steckendes Schiff verlassen mußten. Erst 1903–06 gelang Roald Amundsen die Durchfahrt.

SEEFAHRER IM PAZIFIK

Jahrhunderte bevor die Europäer mit der Erkundung der Meere begannen, hatten polynesische Seefahrer schon Tausende von Seemeilen über den Pazifik zurückgelegt. Sie steuerten ihre Boote ohne Navigationsinstrumente nach den Sternen und erkannten die Nähe von Land an der Art der herankommenden Wellen.

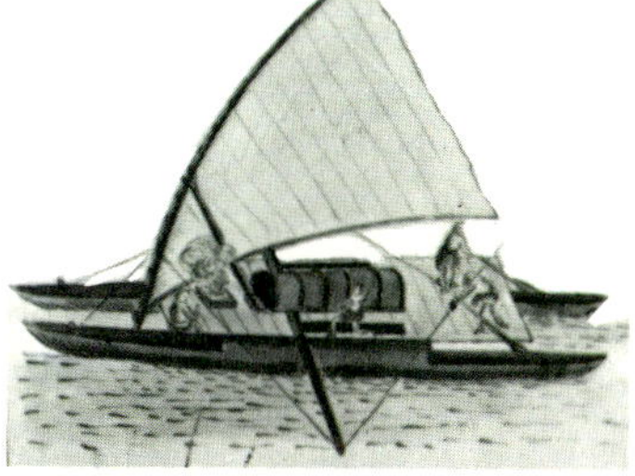

1643 zeichnete der holländische Entdecker Abel Tasman dieses polynesische Doppelboot. Das Segel ist aus Kokosfasern geflochten. Zwischen den beiden etwa 24 m langen Bootsteilen steht ein Deckhaus.

An den Hängen des Rano-Raraku-Vulkans auf der Osterinsel reihen sich bis 9 m hohe Steinstatuen. Sie wurden wohl als Ahnenbilder von Polynesiern errichtet, die seit 858 – vielleicht auch später – die 1500 Seemeilen vom nächsten bewohnbaren Land entfernte Insel besiedelten. Im Bild eine 1956 wieder aufgerichtete Statue.

Ein tätowierter Maorihäuptling, wie Cook ihn sah. In das schon nach 950 von Polynesiern besiedelte Neuseeland wanderten um 1350 die ebenfalls polynesischen Maori ein. Das künstlerisch begabte Volk empfing die Expeditionen von Tasman und Cook recht feindselig.

ÖFFNUNG DES DUNKLEN KONTINENTS

Der letzte unerforschte Kontinent – Afrika – stand ab Mitte des 19. Jahrhunderts mehr und mehr im Mittelpunkt des Interesses. Dieses zeitgenössische Bild zeigt den angloamerikanischen Journalisten Henry Morton Stanley auf seinem Marsch ins Innere Afrikas auf der Suche nach dem schottischen Missionar und Forscher David Livingstone im Jahre 1871. Zwischen 1874 und 1877 durchquerte er auf einem abenteuerlichen Zug mit 300 Soldaten und Trägern den dunklen Erdteil von Ost nach West.

deckte auf einer weiteren Fahrt zu den Küsten Neuguineas und Westaustraliens die Insel Neubritannien. Doch dauerte es bis 1768, ehe der weite Pazifik genauer erforscht wurde.

Es war in erster Linie astronomisches Interesse, das eine britische wissenschaftliche Expedition unter James Cook 1768 nach Tahiti führte, denn man wollte dort den Durchgang der Venus vor der Sonne beobachten. Nachdem er Tahiti verlassen hatte, wo er Zeuge von Menschenopfern geworden war, suchte Cook nach dem so schwer faßbaren südlichen Kontinent. Er umsegelte Neuseeland und stellte fest, daß es aus zwei Inseln besteht. Dann entdeckte er die noch unbekannte Küste Ostaustraliens, die er Neusüdwales nannte, und fuhr zunächst durch die schwierige Torresstraße und dann über das Kap zurück nach England. Die Seereise dauerte drei Jahre und erbrachte wissenschaftlich viel Neues. Seine zweite Reise (1772 bis 1775) führte Cook vor allem in die Gewässer um den südlichen Polarkreis, den er zweimal überquerte. Auf dieser Fahrt entdeckte er unter anderem Südgeorgien. 1776 machte er sich zu seiner dritten Reise auf, die ihn wieder nach Neuseeland führte und von da nordwärts auf die erfolglose Suche nach der Nordwestpassage, die er von Westen her in der Nähe der Beringstraße zu finden trachtete. Auf dem Wege dorthin entdeckte er Hawaii. Nachdem er sich wieder südwärts gewandt hatte, wurde Cook 1779 auf Hawaii umgebracht, als er versuchte, bei einem Streit zwischen seiner Mannschaft und den Eingeborenen zu vermitteln.

Kein anderer Seefahrer hat so viel von der Erdoberfläche kartographiert oder so genau gearbeitet wie Cook. Er stellte fest, daß die Polynesier geübte Seefahrer waren, die im Laufe der Zeit die weitverstreuten Inseln zwischen Hawaii und Neuseeland besiedelt hatten.

Die Maori und andere Polynesier waren südwärts von Insel zu Insel gefahren, hatten Neuseeland gefunden und es zwischen 900 und 1350 kolonisiert.

Die Eingeborenen von Tonga, denen 156 Inseln, hauptsächlich im Tonga-, Samoa- und Fidschi-Archipel, bekannt waren, erzählten Cook, daß sie nach der Sonne und den Sternen navigierten, wenn das möglich war. War es wolkig, dann steuerten sie nach der Richtung der Winde und Wellen, denn sie konnten die Lage unbekannter Inseln aus den durch sie verursachten Störungen des Wellenverlaufs abschätzen.

Viele dieser Seefahrer waren auf ihren wagemutigen Fahrten umgekommen, aber andere hatten in ihren Auslegerbooten 1000 Seemeilen und mehr zurückgelegt.

Meriwether Lewis (links) und William Clark erreichten 1803–06 auf dem Landwege den Pazifik.

Durchquerung Australiens

Nach dem Verlust seiner amerikanischen Kolonien zeigte Großbritannien größeres Interesse an Australien, und 1787, siebzehn Jahre nach der Entdeckung von Neusüdwales durch Cook, wurden fast 1000 Siedler, meist Sträflinge, dorthin verschifft, und man begann mit dem Aufbau von Sydney. Die Erforschung des Inneren ging langsam voran, denn sie war wegen der feindseligen Eingeborenen und der wasserlosen Wüsten, aus denen das Land zum großen Teil bestand, sehr schwierig und gefährlich.

Riesige Bisonherden, die das Innere Nordamerikas bevölkerten und von denen die Indianer lebten, wurden von den Weißen fast völlig ausgerottet.

DIE ERSTEN AMERIKANER

In Unkenntnis dessen, daß sie einen neuen Kontinent gefunden hatten, nannten die Spanier die amerikanische Urbevölkerung *Indios*, denn sie glaubten, sich in Indien zu befinden. Die Indianer stammen von Völkern ab, die vor etwa 30 000 Jahren von Asien aus über eine Landbrücke nach Amerika gelangt waren. Die Indianer waren in viele Stammesgruppen mit unterschiedlichen Sprachen und Lebensweisen aufgesplittert, was ihre Unterwerfung durch die Weißen sehr erleichterte.

Dieses Bild eines Komantschendorfes in Texas (1834) stammt von dem amerikanischen Maler George Catlin.

Ende des 16. Jh. malte John White diesen rituellen Tanz in Nordkarolina für Sir Walter Raleigh.

Die Ananas stammt aus Westindien.

Hamilton Hume und Charles Sturt kartographierten auf getrennten Expeditionen das Flußsystem des Murray-Darling, und 1840/41 durchquerte Edward John Eyre Südaustralien von Osten nach Westen und bestätigte aus eigener bitterer Erfahrung, daß keiner der großen Ströme des Innern in die Große Australische Bucht fließt. Eyre war zu Pferde mit John Baxter und drei Eingeborenen von Fowlers Bay aus aufgebrochen und mußte sich einmal 135 Meilen weit ohne Wasser durchschlagen. Tau und Wurzeln retteten ihnen das Leben. Baxter wurde von zweien der Eingeborenen ermordet, die sich mit den Vorräten davonmachten, während der halb bewußtlos auf seinem Pferde hängende Eyre von seinem treuen eingeborenen Führer in Sicherheit gebracht wurde. Der Deutsche Ludwig Leichhardt durchquerte 1844 als erster Australien von Osten nach Norden, kam aber beim Versuch, den Kontinent von Osten nach Westen zu durchqueren, um. Die erste Südnorddurchquerung gelang John MacDouall Stuart 1862 im dritten Anlauf. Frühere Versuche waren an der Feindseligkeit der Eingeborenen und dem undurchdringlichen Buschwerk gescheitert.

Westwärts nach Amerika

Nachdem man eingesehen hatte, daß es keine als Seeweg geeignete Nordwestpassage nach China gab, wandte sich die Aufmerksamkeit der Suche nach einer Land- oder Wasserstraße durch den nordamerikanischen Kontinent zu.

Der Pelzhändler Louis Jolliet

Einen Anreiz für den Westwärtsdrang der Amerikaner bildete auch das Gold. Dieser genaue Plan einer Goldmine entstand 1876 in Nevada.

verließ 1672 Quebec zusammen mit dem Jesuitenpater Jacques Marquette. Sie fuhren auf dem Wisconsin River zum Mississippi und diesen hinab bis zur Mündung des Arkansas. 1682 gelangte dann Robert Cavelier de la Salle bis zur Mündung des Mississippi. Aber eine Wasserstraße zum Stillen Ozean wurde nicht gefunden.

Den Pazifik erreichte 1793 schließlich der schottische Händler Alexander Mackenzie. Er war den Friedensfluß hinaufgefahren, hatte die Rocky Mountains überwunden und gelangte endlich über den rasch strömenden Fraser River und den Bella Coola bis zum Pazifik nördlich von Vancouver. Eine frühere Reise hatte Mackenzie vom Athabascasee über den Großen Sklavensee zum Makkenzie River geführt, der aber nicht in den Pazifik mündete, wie er es erwartet hatte, sondern in das Nordpolarmeer. Zwischen 1789 und 1812 vermaß der kanadische Forschungsreisende und Fellhändler David Thompson rund 130 000 qkm Land zwischen dem Oberen See und dem Pazifik.

Im Jahre 1803 verdoppelte sich das Territorium der Vereinigten Staaten fast genau, als Napoleon I. in dem als *Louisiana Purchase* bekannten Vertrag den Amerikanern das gesamte französische Gebiet westlich des Mississippi für 16 Millionen Dollar verkaufte.

Die Expansion der Vereinigten Staaten

Schon 1804 sandte Präsident Jefferson eine Expedition unter Meriwether Lewis und William Clark aus, die den Missouri hinauf und nach Überwindung der Wasserscheide den Columbia hinab den Pazifik erreichte. Damit war erwiesen, daß keinerlei Verbindung zwischen dem Atlantik und Pazifik über ein Flußsystem bestand.

1806 verließ der amerikanische Leutnant Zebulon Pike St. Louis, suchte die Quellgewässer des Arkansas auf und fand dann den Rio Grande, wurde aber von den Spaniern als Spion verhaftet. Später kehrte er in die Vereinigten Staaten mit Berichten über die Gebiete zurück, welche die Amerikaner in den vierziger Jahren annektierten. Im amerikanischen Westen wurde der Große Salzsee 1824 von James Bridger entdeckt, und in den folgenden sieben Jahren erforschte Jedediah Smith riesige Gebiete zwischen diesem See und dem Pazifik. Die Beziehungen zwischen den Forschern und den Indianern waren oft gespannt, und 1831 wurde Smith in einen Hinterhalt gelockt und umgebracht.

John Fremont, der Pfadfinder genannt, erkundete eingehend das Land zwischen den Rocky Mountains und dem Pazifik zwischen 1842 und 1848, und im folgenden Jahr wurde die pazifische Küste endgültig durch den Goldrausch in Kalifornien erschlossen. 1869 durchquerte schon eine Eisenbahnlinie den Kontinent.

Begegnung mit einem Löwen: Titelvignette in Mungo Parks Buch über seine erste Afrikareise (1799).

ERFORSCHER DES SCHWARZEN ERDTEILS

Afrikas gefährlichem Klima und schwierigem Terrain ist es zuzuschreiben, daß dieser Kontinent erst als letzter erforscht wurde. Den Forschern folgten rasch die europäischen Kolonialherren.

Man hatte vier Jahre lang von David Livingstone nichts mehr gehört, als eine Zeitung H. M. Stanley beauftragte, nach ihm zu suchen. Nach acht Monaten fand Stanley den Verschollenen in Udjidji am Tanganjikasee und begrüßte ihn mit den Worten »Dr. Livingstone, I presume« (Dr. Livingstone, wie ich annehme).

Stanley auf der Suche nach Livingstone. Später erforschte er das Kongogebiet.

24 Jahre lang, von 1849 bis zu seinem Tode, erforschte David Livingstone (links) weite Gebiete in Süd- und Zentralafrika. Auf seinen Reisen heilte und bekehrte er die Eingeborenen, bekämpfte die arabischen Sklavenhändler, entdeckte die Viktoriafälle und durchquerte als erster den Kontinent von West nach Ost. Livingstone starb 1873. Seine schwarzen Begleiter trugen seinen Leichnam über 1100 km weit zur Küste. Er wurde in der Westminster Abbey bestattet.

Mitglieder von Livingstones Expedition, die 1859 den Sambesi mit der Dampfbarkasse Ma Robert *hinauffuhren, eröffnen das Feuer auf einen wütend trompetenden Elefanten. Die Szene ist von Livingstones Expeditionsmaler Thomas Baines gemalt. Der Sambesi schien dem Forscher als Handelsweg ins Innere Afrikas geeignet. Er fuhr daher mit einem Dampfboot flußaufwärts, mußte aber etwa da umkehren, wo heute der Cabora-Bassa-Damm entsteht.*

SPAZIERGANG IM WELTRAUM

Eines der größten Probleme, dem sich der Forscher heute gegenübersieht, ist das der Schwerelosigkeit im Weltraum. Im Juni 1965 verließ der amerikanische Astronaut E. White (oben) das Raumschiff Gemini 4 und ging als zweiter Mensch im Weltraum spazieren. Als erster hatte drei Monate zuvor der Russe Alexei Leonow frei im Raum geschwebt. Whites Spaziergang dauerte 21 Minuten, währenddessen er mit seinem Mutterschiff durch goldplattierte Schläuche verbunden war. Zur Fortbewegung benutzte er eine Raketenpistole.

Der Schwarze Erdteil

Es gab gute Gründe dafür, daß Afrika als letzter Kontinent erforscht wurde. Das dort herrschende Klima und seine Krankheiten rafften die Europäer oft schnell dahin. Lange Zeit nannte man die tropenfeuchte Küste Westafrikas das Grab des weißen Mannes. Die Stämme im Innern Afrikas waren häufig – oft aus Furcht vor Sklavenhändlern – feindlich gesinnt. An den Küsten fanden sich nur wenige natürliche Häfen, und die Flüsse Afrikas eigneten sich als Wasserstraßen ins Innere nur selten. Außerdem glaubte man, der Kontinent sei, mit Ausnahme der Küstenstriche, arm an Naturschätzen.

1794 beauftragte die *British African Association* den schottischen Arzt Mungo Park, die Herkunft und den Verlauf des Nigers zu erkunden. Vier Forscher waren an dieser Aufgabe schon gescheitert. Seinen ersten Versuch mußte Park wegen Erschöpfung aufgeben. Doch kam er 1805 zurück und folgte dem Lauf des Flusses nach Nordosten und daraufhin nach Südosten, aber schließlich ertrank er mit seinen Gefährten 480 km stromaufwärts von der Mündung.

Der erste Weiße in Timbuktu

Der Franzose René Caillié kehrte als erster Europäer lebend aus Timbuktu zurück, das er, als Araber verkleidet, 1828 erreicht hatte. 1853 besuchte der Deutsche Heinrich Barth Timbuktu auf seiner Reise durch die Sahara nach Kano und zum Tschadsee. Sein fünfbändiges Werk *Reisen und Entdeckungen in Nord- und Zentralafrika* wurde zum Nachschlagewerk für alle künftigen Erforscher des Schwarzen Erdteils.

Die wichtigsten Entdeckungen in Zentralafrika gingen im 19. Jahrhundert entweder auf das Verlangen nach genauen geographischen Kenntnissen oder auf missionarischen Eifer zurück. Die britische *Royal Geographical Society* interessierte sich besonders für die Quellen des Nils. Richard Burton und John Hanning Speke machten sich mit Unterstützung dieser Gesellschaft in das Herzland Afrikas auf. Speke entdeckte 1858 den Viktoriasee, von dem er mit Recht annahm, daß er die Hauptquelle des Nils bildete, obgleich seine Schlußfolgerungen heftig bestritten wurden. Drei Jahre später segelte Samuel Baker 1861 mit seiner Frau den Fluß hinauf und stellte fest, daß der Albertsee eine Nebenquelle des Nils ist. Die bedeutendsten afrikanischen Forschungsreisenden waren jedoch der Schotte David Livingstone und der Angloamerikaner Henry Morton Stanley, denen die Welt die erste Kenntnis großer Teile Ost- und Zentralafrikas verdankt.

Mitglieder der Expedition von John Ross versuchen 1818 Kontakt mit den Eskimos aufzunehmen.

Salomon Andrées Versuch, 1897 den Nordpol mit dem Ballon zu erreichen, endete in einer Katastrophe.

Nord- und Südpol

Die letzten großen weißen Flächen auf der Landkarte fanden sich schließlich noch in der Arktis und der Antarktis. Wirtschaftlich erschien die Arktis vielversprechender, weil man noch immer hoffte, geeignete Schiffahrtsrouten zwischen den Kontinenten zu entdecken.

Der englische Polarforscher John Ross untersuchte von 1818 an die Küsten Nordkanadas und Grönlands. Sein Neffe James Clarke Ross nahm 1850 an der erfolglosen Suche nach Sir John Franklin teil, der seit 1847 mit 137 Mann bei dem Versuch, die Nordwestpassage zu durchfahren, verschollen war. Dem Schweden Adolf Erik Nordenskiöld gelang es als erstem 1878/79, durch die Nordostpassage

DER WETTLAUF ZU DEN POLEN

Die Risiken der Polarforschung waren so groß, daß es erst 1909 dem Amerikaner Robert Peary bei seinem dritten Versuch gelang, den Nordpol nach 23jähriger vorbereitender Planung zu erreichen. Zwei Jahre später stand der Norweger Roald Amundsen am Südpol. Sein Vorsprung vor dem Engländer Robert Scott betrug nur einen Monat. Der antarktische Kontinent ist heute der einzige Erdteil, der noch nicht auf die Dauer von Menschen besiedelt worden ist.

Scott verließ England im Juni 1910 auf der Terra Nova, *die er sechs Monate später im MacMurdo-Sund vor Anker gehen ließ, wo dieses Photo im Januar 1911 entstand. Auf der Fahrt in die Antarktis erfuhr Scott, daß auch Amundsen unterwegs zum Südpol war.*

Im Bild der Norweger Roald Amundsen, der am 14. Dezember 1911 den Südpol erreichte. 1928 kehrte er von einem Suchflug nach Nobiles Expedition nicht zurück.

Dieses Eskimobild entstand während Frobishers zweiter Arktisreise.

nördlich von Europa und Asien in den Pazifik zu segeln. Später erforschte er Grönland, das 1888 Fridtjof Nansen und seine Gefährten auf Skiern durchquerten.

Fünf Jahre später verließen Nansen und zwölf Mann Besatzung auf der *Fram*, einem speziell gebauten Segelschiff, das dem Druck des Eises widerstehen konnte, die Neusibirischen Inseln und ließen das Schiff einfrieren, in der Hoffnung, daß eine Strömung es über den Pol treiben würde. Als Nansen nach 16 Monaten Drift feststellte, daß die *Fram* den Pol verfehlte, brachen er und ein Gefährte mit Schlitten, Hunden und Kajaks auf und drangen bis 86° 14′ nördlicher Breite vor. So weit war noch niemand nach Norden gelangt. Die *Fram* vollendete nach 1055 Tagen ihre Drift und konnte sich bei Spitzbergen vom Eis befreien.

Der Schwede Salomon Andrée und zwei Gefährten versuchten 1897 den Pol im Ballon zu überfliegen. 33 Jahre später wurden ihre Leichen auf der Insel Vitö, nordöstlich von Spitzbergen, entdeckt. Schließlich erreichte der Amerikaner Robert Peary den Nordpol bei seinem dritten Versuch, nachdem seine Expedition zu Schiff nach Ellesmereland gelangt war und dann mit Hundeschlitten das Polareis überquert hatte.

Tragödie am Südpol

Der britische Walfänger James Weddell drang 1821–24 mit zwei Schiffen bis 74° 15′ in das Weddellmeer vor, und 1841 entdeckte James Clarke Ross das nach ihm benannte Meer und die Rossbarriere. Danach schlief das Interesse an der Antarktis bis in die neunziger Jahre ein.

Roald Amundsen pflanzte schließlich die norwegische Flagge im Dezember 1911 am Südpol auf. Die britische Expedition unter Scott erreichte ihn einen Monat später. Auf der Rückreise kamen Scott und vier seiner Gefährten nur 18 km von ihrem Lebensmitteldepot ums Leben.

Eine sehr gut ausgerüstete britische Expedition unter Dr. Vivian Fuchs durchquerte 1957 bis 1958 als erste die Antarktis – rund 3700 km in 99 Tagen. Das Unternehmen fand im Internationalen Geophysikalischen Jahr statt, als der sechste Kontinent umfassend kartographiert und erforscht wurde.

Die Erde steigt über dem Mondhorizont auf. Die ersten Menschen, die dieses Schauspiel erlebten, waren die Amerikaner Neil Armstrong und Edwin Aldrin, die am 20. Juli 1969 im Mare Tranquillitatis niedergingen. Sechseinhalb Stunden nach der Landung betrat Armstrong als erster Mensch den Mond.

Die Eroberung des Weltraums

Um 1960 bot der Erdball nicht mehr allzuviel Geheimnisse, zumindest was seine Landmassen betraf. Doch neue Probleme stellten sich. Die Ozeanographen begannen mit einer systematischen Erforschung der Meere, die sieben Zehntel der Erdoberfläche bedecken. Im Jahre 1934 tauchten die Amerikaner William Beebe und Otis Barton in einer Stahlkugel, der Bathysphäre, bis in 923 m Tiefe. Seit dieser Zeit hat die Kenntnis der Tiefsee gewaltig zugenommen. 1960 erreichte die Tauchkugel *Trieste* im Marianengraben eine Tiefe von 11 278 m. Heute untersucht man die Tiefsee mit eigens dafür konstruierten kleinen Unterseebooten, die viel beweglicher sind als die durch Kabel gehaltenen Tauchkugeln.

Das Zeitalter der Raumfahrt begann 1957 mit Sputnik I, dem ersten von der Sowjetunion gestarteten Erdsatelliten. 1961 umkreiste der Russe Juri Gagarin als erster die Erde im Raumschiff, und 1969 setzte der Amerikaner Neil Armstrong als erster Mensch seinen Fuß auf den Mond.

Trotz ihrer fast völligen Abhängigkeit von den Errungenschaften der modernen Technik haben die Astronauten zwei Eigenschaften mit den Entdeckungsreisenden der Vergangenheit gemein: unbändigen Mut und absolute Hingabe an ihre Aufgabe.

Als Scott (links) und seine Gefährten am 18. Januar 1912 den Südpol erreichten, fanden sie dort Amundsens Zelt und eine norwegische Fahne vor. Scotts Expedition war entscheidend durch seinen Entschluß behindert gewesen, Ponys statt Schlittenhunde für die Fahrt zum Pol zu benutzen. Da die Ponys ständig tief in die Schneekruste einbrachen, mußte die Mannschaft die Schlitten selber ziehen. Ihre Erschöpfung verlangsamte die Rückkehr vom Pol. Der durch Erfrierungen an den Füßen gehunfähige Titus Oates gab seinen Kameraden noch eine Chance, indem er selbst den Tod im Schnee suchte. Doch Scott und seine beiden letzten Gefährten kamen ebenfalls um, weil sie ein nur 18 km entferntes Depot nicht mehr erreichten. Ihre Leichen wurden im November 1912 entdeckt und an Ort und Stelle begraben. Dieses Photo ist einem bei den Toten gefundenen Film entnommen.

GIPFELSTÜRMER

Nach der Eroberung der Pole bildeten die höchsten Berge noch eine Herausforderung für den Menschen. Die 40 allerhöchsten befinden sich im Himalaja und im Karakorum. Schon im letzten Jahrhundert wurden sie angegangen, aber erst 1953 gelang die Besteigung des höchsten, des Mount Everest. Bergtouren in solchen Höhen müssen sorgfältig geplant werden, denn in der Monsunzeit toben Schneestürme oft wochenlang um die Gipfel.

Der Neuseeländer Edmund Hillary und der Sherpa Shri Tenzing Norgay nähern sich ihrem letzten Lager, von dem sie den höchsten Punkt des Mt. Everest erreichten. Hillary hatte 1951, Tenzing schon 1935 als 19jähriger an Erkundungsaufstiegen teilgenommen.

Der höchste Berg der Welt wurde nach dem britischen Ingenieur Sir George Everest genannt, der 1823–43 die Vermessung Indiens leitete. Nachdem bereits 15 Expeditionen den Versuch unternommen hatten, ihn zu besteigen, wurde er 1953 von Mitgliedern der von Sir John Hunt geleiteten britischen Expedition bezwungen, die den Aufstieg von Nepal aus über den Südsattel und den Südostgrat unternahm.

DIE ZEHN HÖCHSTEN BERGE UND IHRE BEZWINGUNG

Name	Höhe	Herkunftsland der Expedition	Jahr
Mount Everest	8848 m	Brit. Commonwealth	1953
K 2 (Tschogori)	8611 m	Italien	1954
Kangchendzönga	8598 m	Großbritannien	1955
Lhotse	8511 m	Schweiz	1956
Makalu	8481 m	Frankreich	1955
Dhaulagiri	8167 m	Schweiz	1960
Manaslu	8156 m	Japan	1956
Tscho Oju	8153 m	Österreich	1954
Nanga Parbat	8125 m	Österreich - Deutschland	1953
Annapurna I	8091 m	Frankreich	1950

Zwischen 1950 und 1960 wurden die zehn höchsten Berggipfel bezwungen. Sie liegen alle im Himalaja, außer dem K 2, dem höchsten Berg des Karakorum. Diese Tabelle gibt die Höhen, das Datum der Ersteigung und das Herkunftsland der jeweiligen Expedition an. Nach der Ersteigung der höchsten Gipfel hat man sich in den letzten Jahren auf niedrigere, oft aber nicht weniger schwierige Berge konzentriert, wobei auch neue Routen zu schon bekannten Gipfeln erprobt werden. Allein fünf Versuche sind an der Südflanke des Everest unternommen worden.

Waffen und Kriegführung

Der Aggressionstrieb und die Notwendigkeit, sich zu verteidigen, haben den Menschen veranlaßt, seine Kriegstechnik ständig zu verbessern

Auf ihren Beutezügen bedienten sich die Assyrer, deren Kernland zwischen Euphrat und Tigris lag, auch ihrer Rammböcke und Steinschleudern, wie dieses Relief aus dem Palast König Tiglatpilesers III. (745–727 v. Chr.) in Kalach (Nimrud) beweist. Ein auf Rädern rollender Sturmbock, mit einem Sturmschild abgedeckt, wird hier an eine Mauer herangefahren. Der gut geschützte Angreifer erhält Deckungsfeuer von zwei Bogenschützen. Die Assyrer gehörten zu den ersten Völkern, die Eisenwaffen verwendeten.

Sobald sich Menschen zu seßhaften Gemeinschaften zusammengetan hatten, konnten sie durch Arbeitsteilung Dinge erzeugen, die von anderen begehrt wurden. Um ihre Habe zu schützen, aber auch um ihr Gebiet zu erweitern, mußten sie sich zusammenschließen und bewaffnen. Wo es früher nur Stammesfehden gegeben hatte, kam es nun zu Feldzügen.

Die ersten Heere der Weltgeschichte stellten die Sumerer auf, die vor mehr als 5000 Jahren zwischen Euphrat und Tigris mit dem Bau von Städten begannen. Das sumerische Fußvolk, ausgerüstet mit Speer und Bogen, Lederhelm und einfachem Brustpanzer, focht in dichter,

Sumerisches Fußvolk mit Lederpanzern, dargestellt auf einem Holzkästchen, der Standarte von Ur.

geschlossener Ordnung unter dem Schutz von Lederschilden. Es gab auch von vier Eseln gezogene, klobige zwei- und vierrädrige Streitwagen mit einem Lenker und einem Krieger. Man fuhr so weit an den Feind heran, daß der Krieger seinen Wurfspieß schleudern konnte. Danach wurden die Esel noch näher an das Kampfgetümmel herangepeitscht, und in dem folgenden Nahkampf machte der Krieger von seinem Speer Gebrauch.

Bronzewaffen

Mit der Verbesserung der Metallverarbeitung stieg auch die Wirksamkeit der Waffen. In Mesopotamien und Ägypten stellte man Keulen, Speer- und Pfeilspitzen zunächst aus Kupfer, später aus Bronze her.

Die meisten Heere der frühesten Zeit waren sehr ähnlich bewaffnet, so daß der Sieg gewöhnlich dem zufiel, der mehr Soldaten oder den tüchtigeren Heerführer hatte. Auf diese Voraussetzungen bauten die Akkader, ein mittelmesopotamisches Volk, das unter seinem König Sargon I. (2350–2295 v. Chr.) die Sumerer besiegten.

Die Akkader hatten außer ihren Wurfspießen auch Bogen mit einer besonders großen Reichweite. Die Bogenstäbe waren aus Holz und Horn zusammengeleimt und dann mit Sehnen umwickelt. Damit ließ sich viel weiter schießen als mit herkömmlichen Bogen, und somit konnte der Gegner aus weiter, sicherer Entfernung angegriffen werden.

Ägyptens Stoßtruppen

Die Schlachten der frühen Ägypter waren schwerfällige Nahkämpfe mit Keule und Lanze. Um 1650 v. Chr. wurde ihre Kriegführung dadurch revolutioniert, daß asiatische Eindringlinge, die Hyksos, das Pferd und den leichten Streitwagen einführten. Als erste haben wohl die Hethiter den in Kleinasien entwickelten leichten Streitwagen als taktische Waffe eingesetzt. Die Wagen waren schnell und beweglich und konnten so an jeder Stelle des Schlachtfeldes auftauchen. Bei der ägyptischen Expansion, die zur Zeit des 1557 v. Chr. gegründeten Neuen Reiches einsetzte, spielten sie eine wichtige Rolle. Die Armeen der Pharaonen zählten mehr als 20 000 Berufssoldaten, die in Regimentern zusammengefaßt und gedrillt wurden.

Die früheste Reiterei

Die Hethiter führten als erste den Gebrauch von Eisenwaffen ein; doch es waren die Assyrer, die sich damit von etwa 1200 v. Chr. an ein Reich eroberten,

MIT STREITAXT UND SCHWERT

Das Steinbeil war die erste Waffe des Menschen. Später ersetzte man den Stein durch Kupfer, das seinerseits im 3. Jahrtausend v. Chr. der Bronze wich. Damals entstand auch das Schwert. Schließlich trat Eisen an die Stelle der Bronze.

Die ägyptische Bronzeaxt (1) entstand etwa 1450 v. Chr. Der knapp 2 m lange Zweihänder (2) aus dem späten 16. Jahrhundert hielt sich als Kampfwaffe nur kurze Zeit. Die Hellebarde (3), nach 1300 eingeführt, war Axt und Speer in einem, während der Stahl dem deutschen Rapier (4) gleichzeitig Festigkeit und Biegsamkeit verlieh.

Die alten Griechen benutzten Streitwagen, um dem Fußvolk den Weg zu bahnen (etwa um 800 v. Chr.).

dessen Mittelpunkt am Euphrat und Tigris lag. Die mit eisernen Waffen ausgerüsteten, durch Schild, Brustharnisch und spitzen Helm geschützten, erbarmungslosen Assyrer waren eine Geißel für alle, die ihnen in den Weg kamen. Von den Hethitern übernahmen sie den Streitwagen, und sie waren die ersten, die berittene Truppen in den Kampf schickten. Unter Salmanassar III. (858–824 v. Chr.) konnten die Assyrer schon eine Armee von 20 000 Infanteristen, 12 000 leichten Reitern mit Speer und Bogen und 1200 Streitwagen ins Feld führen. In der offenen Schlacht lag das Hauptgewicht des assyrischen Angriffs bei den Streitwagen. Unter Assurbanipal (669–627 v. Chr.), als das assyrische Reich vom Nil bis zum Reich der Meder reichte, baute man größere Streitwagen und spannte vier Pferde davor.

Persien, die erste Supermacht

Große Reiche, wie das persische, ließen sich nur mit großen Heeren erkämpfen. Gegen 480 v. Chr. war Persien die früheste Supermacht. Die großartig ausgebildete und disziplinierte persische Armee war die erste, in der ausgehobene Soldaten dienten, die mit gemünztem Geld bezahlt wurden. Zu ihren Truppen gehörten schweres und leichtes Fußvolk, Streitwagen mit Sicheln an den Rädern und auf Kamelen reitende Bogenschützen. Die Perser hatten auch Kriegselefanten, die psychologisch einen gewaltigen Eindruck auf den Feind machten. Da im Falle einer Panik die Elefanten für die eigenen Truppen eine Gefahr darstellten, hatte jeder Elefantentreiber einen Dorn, den er dem Tier ins Gehirn stoßen konnte – die erste Vorrichtung zur Selbstzerstörung einer Waffe.

Sieg der Phalanx

Die furchterregenden Heere der Perser erlebten den ersten größeren Mißerfolg 490 v. Chr. bei Marathon in Griechenland. Die Athener verdankten ihren Sieg den Hopliten – schwerbewaffnetem Fußvolk –, die mit Schwert, Lanze, Helm, Brustharnisch, Beinschienen und großem rundem Schild ausgerüstet waren. Diese Ausrüstung mußten sie selbst stellen. Alle griechischen Bürger konnten im Notfall eingezogen werden.

Die Hopliten kämpften in einer Schlachtordnung, die man Phalanx nannte. Sie bot dem Feind eine ununterbrochene Linie aus eng zusammengeschlossenen Schilden und hervorstechenden Stoßlanzen. Meist standen acht, gelegentlich aber bis zu 25 Mann hintereinander. Diese Schlachtreihen wurden von leichtem Fußvolk unterstützt, das mit Schleudern, Bogen und Wurfspießen eingriff. Die Disziplin war bei dieser Schlachtordnung von größter Wichtigkeit, denn ein Einbruch in die Linien konnte eine wilde Flucht auslösen. Auch ließ die Schwerfälligkeit der Phalanx einen wirksamen Einsatz nur auf ebenem Gelände zu.

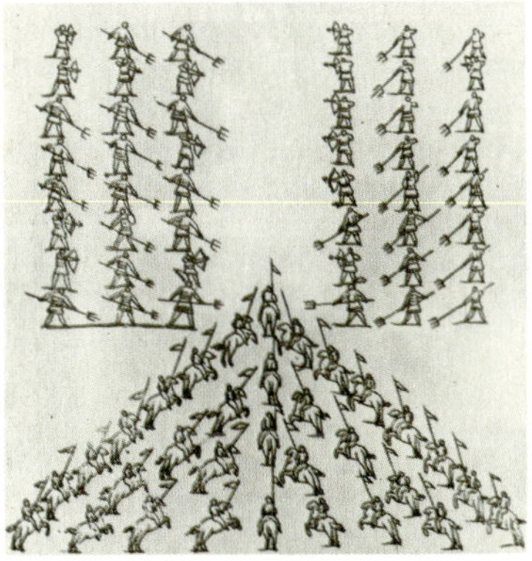

Eine griechische Phalanx wehrt einen Reiterangriff ab. Alexander der Große vervollkommnete diese Kampfformation.

Heere im Fernen Osten

Militärische Macht war in der antiken Welt jedoch nicht nur auf den Nahen Osten beschränkt. Auch Chinesen und Inder verfügten über große Heere. In China erschien auch etwa 500 v. Chr. das erste Handbuch über die Kriegskunst, das von Sun Tsu, einem militärischen Genie, verfaßt war. Während der Ts'in-Dynastie (221 bis 206 v. Chr.) entwickelte sich China zu einer großen Militärmacht. Der Bauernkaiser Schihuang-ti ließ die erste Chinesische Mauer zur Abwehr der Barbaren bauen.

Im Industal bestand seit dem 4. Jahrtausend v. Chr. eine bäuerliche Kultur. Um 1750 v. Chr. verließen die Bewohner ihre Städte, und etwa zwei Jahrhunderte später fielen vom Iran aus hellhäutige Hirtenkrieger nach Nordwestindien ein. Sie hatten Streitwagen, und durch ihre überlegene Kriegstechnik konnten sie weite Teile Nordindiens erobern.

Die ersten Seemächte

Zunächst wurden Kriege grundsätzlich zu Lande geführt. Doch

Der Karthager Hannibal gehörte zu den größten Heerführern der Antike.

gegen 700 v. Chr. begannen Griechen und Phöniker, speziell für den Kampf gebaute, leichte Ruderschiffe einzusetzen. Da die Manövrierfähigkeit für ein Kriegsschiff von größter Bedeutung war, stattete man es mit Riemen statt mit Segeln aus. Die ersten griechischen Schiffe waren *Penteconter* mit 25 Riemen auf jeder Seite. Später wurden die Ruderer in Reihen angeordnet, um die Ruderkraft zu vergrößern, ohne das Schiff zu verlängern; und während des 5. Jahrhunderts v. Chr. tauchten die ersten *Trieren* auf See auf. Sie hatten 144 Ruderer, die in drei Reihen übereinandersaßen, und konnten etwa 50 Soldaten aufnehmen. Ihr Bug war häufig mit einem Rammsporn versehen.

Die erste große Seeschlacht der Geschichte fand 480 v. Chr. bei Salamis statt, wo etwa 310 Trieren der griechischen Flotte den Sieg über 500 von den Persern herangeführte Schiffe davontrugen.

DIE LEGENDÄREN RÖMISCHEN LEGIONEN

Die Legion, die oberste Einheit des römischen Heeres, bestand aus etwa 5000 Mann, die in 10 Kohorten, 30 Manipel und 60 Zenturien gegliedert waren. Die Manipel kämpften in drei Linien, wobei die Veteranen den anderen Soldaten Rückendeckung gaben. Noch im frühen 4. Jahrhundert v. Chr. verfügten die Römer über nur eine Legion, die aus allen wehrfähigen Männern zusammengestellt wurde. Für die Dauer eines Feldzuges wurden sie eingezogen, und danach gingen sie wieder ihrer friedlichen Beschäftigung nach. Die langen Kriege mit Karthago machten die Aufstellung eines Berufsheeres notwendig, und Gaius Marius führte diese Reform gegen Ende des 2. Jahrhunderts v. Chr. durch. Zu dieser Zeit gab es etwa acht Legionen. In der frühen Kaiserzeit erhöhte sich ihre Zahl auf rund 30; eine Legion umfaßte nun 6000 Mann.

Zu den großen römischen Feldherren gehörten Gnäus Pompejus (oben links) und Julius Cäsar. 48 v. Chr. schlug Cäsar Pompejus bei Pharsalos. Pompejus floh, wurde aber in Ägypten ermordet. 45 v. Chr. zum Diktator auf Lebenszeit ernannt, erschien Cäsar vielen als eine Gefahr für die Republik. Am 15. März 44 fiel er einem Attentat zum Opfer. Die römischen Staatsmänner, die zugleich Feldherren waren, konnten der Treue ihrer Truppen ziemlich sicher sein, denn die Soldaten wurden von den Feldherren, die sie anwarben, bezahlt und ausgerüstet.

Bei der Testudo *(Schildkröte) genannten Kampfformation schützten sich die Legionäre durch eng zusammengeschlossene Schilde.*

Ein Triarier in voller Ausrüstung. Diese Veteranen wurden bei Schlachten für den entscheidenden Schlag in Reserve gehalten. Sie trugen Bronzehelm und Brustharnisch sowie große, viereckige, hölzerne Schilde mit Lederbespannung und Eisenbeschlägen. Ihre Bewaffnung bestand aus langen Wurflanzen und einem spitzen Schwert, der Hauptwaffe der Römer im Nahkampf.

EINE MITTELALTERLICHE SEESCHLACHT

Diese Illustration aus einer mittelalterlichen französischen Handschrift zeigt das Entern von Kriegsschiffen in der Schlacht von Sluis. 1339 war zwischen England und Frankreich der Hundertjährige Krieg ausgebrochen. Eduard III. von England konnte am 24. Juni 1340 die starke französische Flotte bei Sluis vernichten – doch freilich nur, weil die mit ihm verbündeten Flamen rechtzeitig mit Verstärkung eintrafen. Diese Seeschlacht war die erste große Schlacht des Hundertjährigen Krieges. Die Taktik des Nahkampfes auf den Schiffen unterschied sich dabei kaum von dem zu Lande üblichen Vorgehen.

Alexander der Große

Die Armee, mit der Alexander der Große zwischen 336 und 323 v. Chr. sein Weltreich eroberte, war die bis dahin hervorragendste Kriegsmaschinerie und sicherte ihm einen Platz unter den größten Heerführern aller Zeiten. Er hatte 37 000 Mann unter Waffen, wobei die Hauptformation von der mittlerweile sehr beweglich gewordenen Phalanx gebildet wurde. Ihr standen leichte Truppen und die Königliche Garde zur Seite, die aus zwei Elitekorps bestand, den Reitern, die Alexander gewöhnlich selber führte, und einer Fußtruppe von 3000 Mann, den Hypaspisten oder Schildträgern.

Dazu kamen noch Söldnertruppen, darunter Bogenschützen aus Kreta, Lanzenträger aus Thrakien und schwere Reiter aus Thessalien. In den eroberten Ländern ließ Alexander außerdem Krieger zum Schutz der immer länger werdenden Nachschublinien ausheben. Zur Ausrüstung gehörten auch Katapulte, mit denen große Steine und Speere geschleudert wurden. Alexander war ein Meister der Belagerungstaktik. Seine Ingenieure entwickelten eine Art Riesenbrecheisen – eine große Kugel an einer Kette –, mit dem Mauern eingerissen, und eine Art Kran, mit dem eine Anzahl Soldaten von außen in eine Festung hinabgelassen werden konnten.

Dieser italienische Streitwagen aus dem 15. Jh. erwies sich in der Schlacht als wenig nützlich.

Die Punischen Kriege

Nach Alexanders Tod und dem Zerfall seines makedonischen Weltreiches erlangten Rom und Karthago die Stellung mächtiger Mittelmeerstaaten. Karthago, von Phönikern im 9. Jahrhundert v. Chr. im heutigen Tunesien gegründet, hatte bereits im 6. Jahrhundert unter anderem Kolonien in Sizilien, Sardinien und Spanien. Ein Zusammenstoß zwischen Rom und Karthago war unvermeidlich. Nach drei wechselvollen Kriegen zwischen 264 und 146 v. Chr. trugen die Römer schließlich den Sieg davon.

Der hervorragende karthagische Feldherr Hannibal erfocht seinen größten Sieg 216 v. Chr. bei Cannae in Italien. Er stellte seine Armee halbmondförmig auf mit der Rundung gegen den Feind. Dann ließ er die Römer vordringen und zog selbst die Truppen in der Mitte so weit zurück, daß ein Kessel entstand. An den Flanken ließ Hannibal dann seine Reiter und das Fußvolk vorrücken und konnte so den Römern in den Rücken fallen. In diesem Kessel wurde die ganze römische Armee, etwa 86 000 Mann, von den 50 000 Soldaten Hannibals vernichtet.

Hannibal war ein ideenreicher Feldherr, aber ein schlechter Stratege, denn er nutzte seinen überlegenen Sieg nicht zu einer Belagerung Roms aus. Gegen 207 v. Chr. war Rom wieder

LEHNSWESEN UND RITTERTUM

Der schwer gepanzerte Ritter war die Schlüsselfigur des Mittelalters. Der Burgbau erfuhr eine beachtliche Weiterentwicklung zur Zeit der Kreuzzüge, als zwischen 1096 und 1270 die Kreuzritter im Heiligen Land byzantinische Vorbilder nachahmten. Auch in Westeuropa setzten sich die neuen Bauweisen durch, doch die Einführung von Kanonen im 14. Jahrhundert machte die Burgen praktisch wertlos. Nur wenige konnten einer lang andauernden Kanonade standhalten. Als Handfeuerwaffen aufkamen, verlor auch die Ritterrüstung an Bedeutung.

Ein mit Schwert und Lanze bewaffneter Fußsoldat des 12. Jh. Er trägt einen Helm mit Nasenschutz und ein bewegliches Kettenhemd, das aber nicht vor Pfeilen schützte.

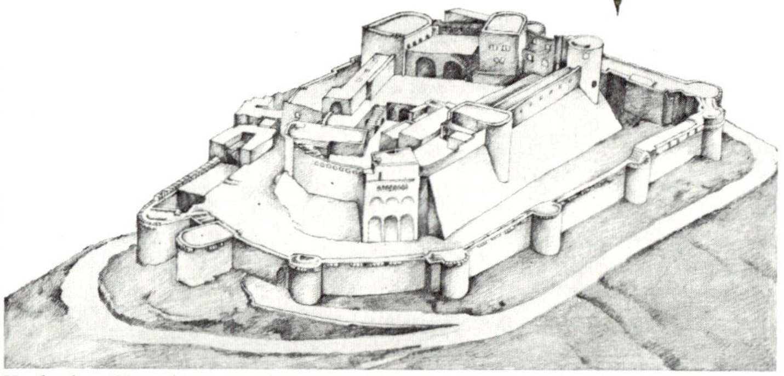

Krak des Chevaliers, im heutigen Syrien gelegen, zeigt einen Höhepunkt kreuzritterlicher Bautätigkeit. Niedrigere Mauern umgeben die Hauptmauern.

Ein Heiliger beschützt einen Kreuzritter. Die Kreuzritter eroberten Teile Palästinas, konnten sie aber nicht lange halten.

Im 14. Jh. kam der schwere Harnisch auf. Hier Rüstung und Roßharnisch Heinrichs VIII.

Karl der Große (768–814), hier mit seinem Sohn Pippin dargestellt, unterwarf weite Gebiete und führte das Fränkische Reich zur Vorherrschaft in Europa.

stark genug, Karthago selbst anzugreifen, und 203 v. Chr. mußte Hannibal nach Nordafrika zurückkehren, um der Gefahr zu begegnen. 202 v. Chr. besiegte ihn Publius Cornelius Scipio in der entscheidenden Schlacht bei Zama. Karthago verlor alle seine Kolonien und seine Flotte. Römische Legionen drangen in der Folgezeit nach Westeuropa sowie dem Nahen Osten und bis nach Asien vor. Die militärische Überlegenheit der Römer sicherte ihnen noch weitere 500 Jahre die Herrschaft über die bis dahin bekannte Welt.

Das frühe Mittelalter

Das Römische Reich brach im Westen unter dem Ansturm der Germanen und anderer Eindringlinge zusammen, darunter Reitervölker wie die Hunnen. Diese machten ihren Mangel an Kriegskunst durch ihre große Zahl und schreckenerregende Wildheit wett. Nach dem Fall von Rom im Jahre 476 verlangsamte sich im frühen Mittelalter die Entwicklung von Waffen und Taktik. Die einzige Ausnahme machte das Oströmische Reich, dessen militärische Erfolge hauptsächlich den *Kataphrakten* – berittenen und mit Schuppenpanzern bekleideten Bogenschützen – zuzuschreiben waren. Allerdings hatten auch Perser und Seleukiden schon Schuppenpanzer für Mann und Roß gekannt. Auch Sättel waren seit römischer Zeit eingeführt. Berittene Bogenschützen machten die Hälfte der byzantinischen Streitkräfte aus, und bei besonderen Gelegenheiten zogen ganze berittene Armeen unter großen Heerführern, wie Belisar und Narses, in die Schlacht. Belisar zerstörte als Feldherr Kaiser Justinians I. 534/35 das Wandalenreich in Afrika und führte Justinians Truppen zwischen 535 und 549 in dem Vernichtungskrieg gegen die Ostgoten in Italien. Sein Nachfolger Narses schlug 552 die Gotenkönige Totila und Teja und beendete so die Herrschaft der Goten in Italien.

Als von 600 n. Chr. an der Druck der Moslems sich verstärkte, verbesserte Byzanz auch seine Flotte. Auch das Griechische Feuer, ein Brandsatz, der auch auf dem Wasser brannte, wurde durch Rohre im Bug der Galeeren verspritzt und häufig als Kampfwaffe eingesetzt. Um 800 n. Chr. hatte Byzanz die Vorherrschaft auf See errungen.

Mittelalterliche spanische Krieger waren in der Schlacht durch die Wappen auf ihren Schilden zu erkennen.

Die arabische Flut

Die ersten Armeen der Moslems, die noch vor Mohammeds Tod im Jahre 632 aus Arabien in einer Explosion religiösen Eifers hervorbrachen, waren militärisch noch nicht besonders gut geschult. Doch schon unter Omar (634–644), dem zweiten Kalifen, eroberten sie Ägypten. Unter den Omajjaden (661–750) erstreckte sich der Herrschaftsbereich der Moslems über Nordafrika und Spanien bis zum Kaukasus und Indus. 674–678 belagerten sie vergeblich Konstantinopel und mußten 718 vor Konstantinopel eine Niederlage hinnehmen, doch konnten die Seldschuken 1071 bei Manzikert das byzantinische Heer schlagen und in Kleinasien das Sultanat von Rum gründen.

Mit Lanzen und Bogen bewaffnet, wurde die islamische leichte Kavallerie die bedrohlichste Angriffstruppe der Welt, die ostwärts nach Asien und westwärts durch Vorderasien und Nordafrika bis nach Südeuropa vorstieß. Erst bei Poitiers in Frankreich wurde sie zum Stehen gebracht, als 732 der Franke Karl Martell sie mit einer dichten Infanteriephalanx empfing, ehe er im Gegenangriff die erschöpften Moslems schlug. Dieser Sieg brachte die Karolinger an die Macht. Unter Karl Martells Enkel, Karl dem Großen, erreichte das Fränkische Reich seine größte Ausdehnung.

Das Lehnssystem

Der von Karl dem Großen geschaffene militärische Aufbau war zwar im Vergleich zu den römischen und byzantinischen Systemen recht einfach, stellte aber für das damalige Westeuropa einen gewaltigen Fortschritt dar. Zwischen 808 und 813 erließ er fünf Verfügungen, die in ihrer Klarheit und Gedrängtheit beispielhafte militärische Vorschriften sind. Er legte das Gewicht auf die schwere Reiterei, eine Politik, die zur Ausbreitung des Feudalsystems und zur Machtkonzentration in den Händen reicher Adliger führen sollte.

Der Staat konnte die Kosten für ein großes stehendes Heer aus schwerbewaffneten und gerüsteten Berittenen nicht aufbringen. Die Krone vergab daher Lehen, Land zum Nießbrauch, an die Adligen. Die Belehnten und ihr Gefolge mußten dafür Kriegsdienst leisten und sich um die Organisation der Verteidigung ihres eigenen Gebiets kümmern. Die Bauern hatten ihrem Herrn bestimmte Dienste dafür zu leisten, daß er ihnen mit seiner Burg und seinen Waffen Schutz bot. So beruhte schließlich die militärische Organisation des Westens auf dem Edelmann in seiner Burg und der weiteren hierarchischen feudalen Untergliederung, deren Basis die bäuerlichen Massen bildeten. Das System hatte aber

Ein mit Bogen und Köcher bewaffneter mongolischer Reiter. Die Mongolen eroberten unter Dschingis Chan ein Viertel der bekannten Welt.

VON PFEIL UND BOGEN BIS ZUR KANONE

Der Ritter, der im Mittelalter hoch zu Roß das Schlachtfeld beherrschte, hatte ausgespielt, als Pfeile mit Stahlspitze und Kanonen erfunden wurden. Englische Langbogenschützen brachten den französischen Rittern im Hundertjährigen Krieg furchtbare Verluste bei. Daneben stellte aber auch die Armbrust eine gefährliche und gefürchtete Waffe dar.

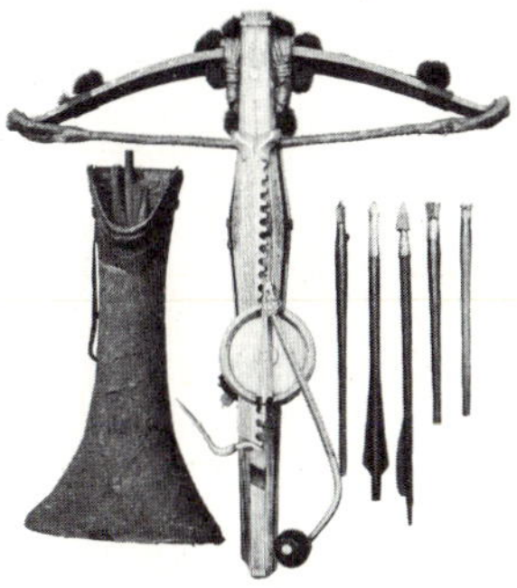

Der unter Eduard I. eingeführte Langbogen (oben) verhalf den Engländern zu ihren Erfolgen im Hundertjährigen Krieg. Links eine Armbrust mit Köcher und Pfeilen von 1570. Die Armbrust hatte eine Relaiskonstruktion zur Auslösung, ähnlich einem Gewehrabzug.

Dieses Gemälde aus dem späten 15. Jh. zeigt alte und neue Belagerungsmethoden. Noch gibt es Belagerungstürme und Sturmleitern, aber gleichzeitig werden bereits Steingeschütze (links) eingesetzt.

FRÜHE FEUERWAFFEN

Dieser Stich – er stellt die Schlacht bei Nieuport in Flandern dar, die 1600 zwischen Niederländern und Spaniern stattfand – vermittelt einen Eindruck von einem Schlachtfeld des 17. Jahrhunderts. Die gegnerischen Reiterregimenter preschen vor, während im Zentrum Infanteriebrigaden, in denen Musketenschützen und Pikeniere kämpften, zusammengezogen werden. Die Piken sind hier stilisiert dargestellt.

auch seine Nachteile, denn ein aufrührerischer Edelmann, der sich in seiner Burg sicher fühlte, konnte sich leicht gegen seinen obersten Lehnsherrn auflehnen. Das Lehnswesen verlor im ausgehenden Mittelalter an Bedeutung, da nun Söldnerheere aufkamen.

Mongolen und Tataren

Um 1200 entstand eine neue Militärmacht im Osten. Unter der Führung Dschingis Chans stürmten riesige Mongolenheere durch Asien, eroberten 1215 Peking, überschritten den Pamir und stießen schließlich bis zum Indus vor. Dschingis Chans Enkel Batu eroberte Rußland und drang nach Polen und Ungarn ein. Durch die Schlacht bei Liegnitz (1241) wurde dem weiteren Mongolenvormarsch Einhalt geboten.

Die Mongolen waren Reiter- und Hirtennomaden und als solche sehr beweglich. Jeder Mongole besaß mindestens zwei Pferde, meistens Stuten, deren Milch und Blut einen großen Teil seiner Ernährung ausmachten. Er war mit einem Reflexbogen, zwei Köchern mit Pfeilen, einem Krummsäbel und einer Lanze ausgerüstet. Obgleich die Mongolen große und unbarmherzige Eroberer waren, haben sie weder eigene politische Systeme errichtet noch besondere kulturelle Leistungen erbracht; sie unterwarfen und verlangten Tribut und übernahmen oft genug kulturelle Güter der Unterworfenen.

Bogenschützen und Pikeniere

Um 1300 erwuchs dem Ritter zu Pferde im Westen eine neue Gefahr. Die englischen Bogenschützen waren mit Langbögen und knapp 95 cm langen Pfeilen ausgerüstet. Bei Crécy und Poitiers (1346 und 1356) konnten die englischen Bogenschützen der zahlenmäßig überlegenen französischen Ritterschaft vernichtende Niederlagen beibringen. Schweizer Pikeniere in phalanxähnlicher Formation, von langen Piken starrend, vernichteten 1386 das Ritterheer Leopolds III. von Österreich. Schwere eiserne Harnische kamen im 14. Jahrhundert auf. Sie sollten vor Pfeil und Pike schützen, doch schon im 15. Jahrhundert, als Feuerwaffen mehr und mehr eine Rolle spielten, bot der Harnisch keinen ausreichenden Schutz mehr. Dennoch wurden leichtere Halbharnische noch im 17. Jahrhundert getragen.

Kanonen und Schießpulver

Anfang des 14. Jahrhunderts kamen die ersten Feuerwaffen – Geschütze und Gewehre – auf, und bereits im Hundertjährigen Krieg (1338–1453) fanden sie mehr und mehr Verwendung.

Spanien, im Bund mit Venedig, zerstörte 1571 in der Seeschlacht von Lepanto die türkische Flotte.

Die Niederlage der spanischen Armada (1588) war auf die Überlegenheit der englischen Admiräle und ihrer wendigeren Kriegsschiffe zurückzuführen.

Bis zum 19. Jahrhundert gab es nur Vorderlader, und aus den groben eisernen Geschützen schoß man große Steine oder Eisenkugeln ab. Diese Geschütze machten die bisherigen Befestigungen nutzlos, denn es gab kaum Mauern, die einer anhaltenden Kanonade standhalten konnten. Durch die Handfeuerwaffen entwickelte sich bald ein neuer Armeetyp, der nicht mehr auf der Lehnspflicht, sondern auf der Anwerbung von Söldnern beruhte, denn niemand außer dem Staat verfügte über

OZEANSCHIFFE

Die ersten Kriegsschiffe bauten um 700 v. Chr. Griechen und Phöniker. Im 12. Jahrhundert entwickelte sich ein Schiffstyp, aus dem die Kogge und die Galeone hervorgingen. Die etwa 29 m langen, 7 m breiten Koggen waren ein- bis dreimastige Segelschiffe, die vor allem von Portugiesen und Spaniern gebauten Galeonen hatten drei bis fünf Masten. Mit diesen beiden Schiffstypen kam der Übergang vom Ruderschiff zum reinen Segler. Entscheidende Veränderungen brachte dann erst der Dampfantrieb.

Das für Heinrich VIII. erbaute viermastige Kriegsschiff Peter *hatte in seinen Seitenwänden Öffnungen für Geschützrohre.*

Die Holländer waren gute Schiffsbauer und konnten während dreier Kriege mit England (1652–74) fast die Herrschaft über den Kanal erringen.

Die Victory, *1765 vom Stapel gelaufen, galt als das schnellste Segelschiff mit drei Decks. Auf ihr fiel Admiral Horatio Nelson 1805 in der Schlacht bei Trafalgar.*

genügend Mittel, um Musketen und Kanonen in großen Mengen herstellen zu lassen. So wurden die Heere zu größeren, langdienenden Streitkräften, deren Treuepflicht dem Staat und nicht einem Lehnsherrn galt.

Spaniens Aufstieg

Im 16. Jahrhundert waren Frankreich und Spanien große Rivalen, doch die Spanier waren den Franzosen militärisch überlegen. Spaniens dichtgedrängte *Tercios* aus Pikenieren und Musketieren waren der Schrekken Europas. Ein Tercio bestand aus drei Kolonnen, deren jede von einem Oberst befehligt wurde und 1250 Mann zählte. Die Kavallerie war zum Teil geharnischt, kämpfte aber mit dem Schwert statt mit der Lanze und war außerdem mit Hakenbüchsen (Arkebusen), einem Vorläufer der Pistole, ausgerüstet.

Die spanische Artillerie war die beste in Europa, und eine wichtige Folge der Weiterentwicklung der Kanonen war eine Neuerung im Bau der Befestigungsanlagen. Statt Türme und

Gustav II. Adolf, 1611–32 König von Schweden, wohl der größte Feldherr seiner Zeit, reorganisierte das Heer und führte neue Taktiken ein.

wuchtige Mauern zu bauen, umgab man die Festungen nun mit weiten, tiefen Gräben. Nachdem die Spanier Granada, den letzten von den Mauren in Spanien gehaltenen Stützpunkt, 1492 zurückerobert hatten, suchten spanische Abenteurer in Übersee ein neues Betätigungsfeld. Seine überseeischen Besitzungen zwangen Spanien, große Galeonen zu entwickeln, die, als Kriegs- und Handelsschiffe eingesetzt, den Atlantik überqueren konnten. Hohe Aufbauten an Bug und Heck für die Bewaffnung beeinträchtigten jedoch die See-Eigenschaften der Galeonen. Das zeigte sich besonders deutlich, als Philipp II. von Spanien 1588 die unüberwindliche Armada – 130 Galeonen mit fast 30 000

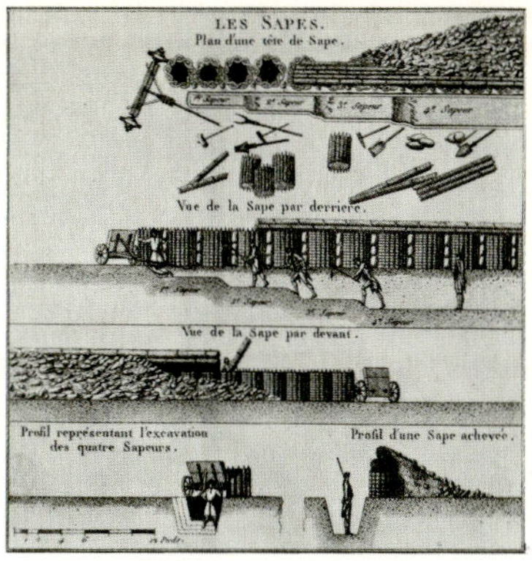

Das Handbuch des Marschalls Vauban beschreibt Belagerungstechniken, wie etwa das Vortreiben einer Sappe.

Mann Besatzung und 2630 Kanonen – gegen die englische Flotte schickte, die kleinere, manövrierfähigere Schiffe hatte. Die englischen Schiffe unter den Admirälen Howard und Drake vermieden den Nahkampf und trugen den Sieg davon.

Veränderungen der Landkriegführung

Im 17. Jahrhundert wuchs nicht nur der Reichtum der Nationen, sondern auch der Umfang ihrer Heere. Die inzwischen weiterentwickelten Feuerwaffen verlangten eine längere Ausbildungszeit und eine neue Taktik. Ein Berufsheer, das das ganze Jahr zur Verfügung stand und lange Grenzen sichern konnte, war nicht nur billiger, sondern auch schlagkräftiger. Der schwedische König Gustav Adolf schuf aus diesen Gründen die erste wirklich moderne Armee und verbesserte seine Kavallerie und Artillerie. Aber es war Frankreich, das sich zur beherrschenden Macht in Europa aufwarf, denn nur eine reiche Monarchie mit einer fähigen Staatsverwaltung konnte Truppen von solcher Stärke aufstellen und erhalten. 1701, unter Ludwig XIV., verfügte die französische Armee über 166 000 Infanteristen und 40 000 Kavalleristen. Seine Minister Louvois und Colbert reformierten Heer und Flotte und erhoben die notwendigen Steuern dafür. Rund 50 Jahre lang konnte Frankreich fast ununterbrochen militärische Erfolge zu Lande erringen. Nachdem die verbesserte Steinschloßmuskete und das Spundbajonett die langsamere Luntenschloßmuskete und die Pike ersetzt hatten, stiegen die Verluste bei Schlachten steil an. Ludwig forderte daher seine Marschälle auf, bei Kriegen möglichst taktische und strategische Maßnahmen zu ergreifen, bei denen die Verluste nicht zu hoch wurden. Eine dieser Maßnahmen war die Belagerung. Sébastien le Prêtre de Vauban, Marschall und Ingenieur, baute Städte und Häfen zu uneinnehmbaren Befestigungen um. Vaubans durch zahlreiche Außenwerke ergänzte Bastionen wurden im Ausland genauso kopiert wie seine Methode, Festungen durch Sappeure, die Laufgräben vortrieben, und Mi-

John Churchill, Herzog von Marlborough, in der Schlacht von Höchstädt (1704).

FEUERWAFFEN GESTALTEN
DIE KRIEGFÜHRUNG NEU

Feuerwaffen wurden im 14. Jahrhundert in den europäischen Armeen eingeführt, doch waren die frühen Gewehre und Geschütze nicht so treffsicher und schnell zu handhaben wie Pfeil und Bogen. Als erstes Land machte sich Frankreich die Möglichkeiten der Feuerwaffen zunutze. Die Engländer hielten an ihrem Langbogen als Hauptwaffe der Infanterie bis ins späte 16. Jahrhundert fest. Auch die Schweizer Söldner verließen sich zunächst noch auf ihre Piken, mit deren Hilfe sie 1386 in der Schlacht von Sempach den Sieg davongetragen hatten. Nachdem Feuerwaffen jedoch allgemein Verwendung fanden, konnten die Kosten für die Aufstellung von Heeren nur noch von Fürsten aufgebracht werden, deren Macht gegenüber den Edelleuten dadurch sehr gestärkt wurde.

Ein Luntenschloßmusketier des 17. Jh. Wegen ihres Gewichts mußte die Muskete auf einer Gabel liegen. Ihre Reichweite betrug knapp 100 m, sie konnte alle zwei Minuten feuern.

Diese doppelläufige Pistole mit Radschloß wurde 1542 für Kaiser Karl V. angefertigt. Eine Feder setzte ein Rad in Bewegung, das durch Reibung an einem mit Eisenpyrit überzogenen Metall einen Funken erzeugte, der das Pulver auf der Pfanne entzündete.

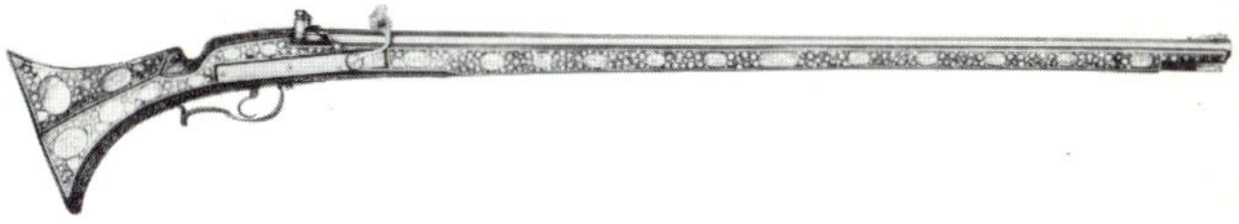

Eine flämische Luntenschloßmuskete aus dem frühen 17. Jh. Ein seitlich angebrachter Gabelarm hielt eine glimmende Lunte. Wurde der Abzug bedient, bewegte sich der Arm und entzündete das Pulver.

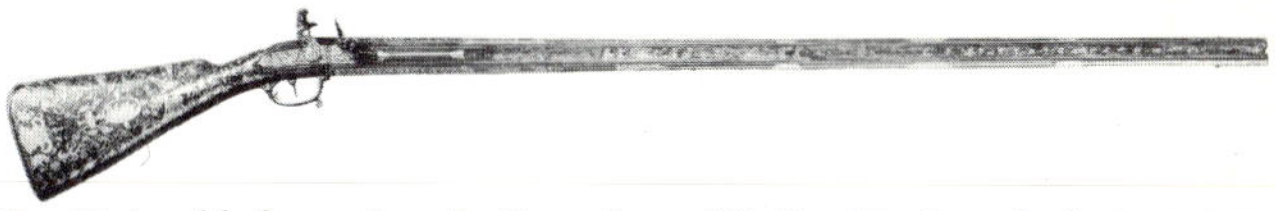

Das Steinschloßgewehr, wie diese doppelläufige Muskete Ludwigs XIV., wurde anfänglich nur zur Jagd benutzt, seit Anfang des 17. Jahrhunderts auch als Kampfwaffe. Hier erzeugte ein sich drehender Feuerstein beim Aufschlag auf Metall den zündenden Funken.

Von 1720 an diente die Brown Bess, *eine Muskete mit durch Eisenoxyd gebräuntem Lauf, mehr als hundert Jahre lang den Briten als Standardwaffe und war die beliebteste Waffe bei den britischen Infanteristen. Sie war etwa 11 Pfund schwer, hatte einen 107 cm langen Lauf und konnte mindestens zweimal in der Minute abgefeuert werden.*

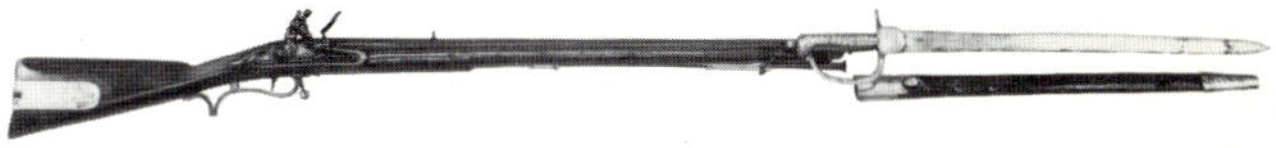

Dieser Karabiner gehörte von 1792–1838 zur Ausrüstung der britischen Kavallerie. An ihm war ein feststehendes Bajonett angebracht.

DIE SCHLACHT BEI GETTYSBURG

Einer der Hauptzusammenstöße zwischen Nord und Süd im amerikanischen Bürgerkrieg war die Schlacht bei Gettysburg 1863. Eine Schar von Gefangenen wird hier gerade weggeführt, während der Kampf noch tobt. Die Armee des Südstaatengenerals Robert E. Lee war in Pennsylvania einmarschiert, konnte aber nach der äußerst verlustreichen Schlacht bei Gettysburg – die Nordstaatler standen unter dem Kommando von General George G. Meade – zum Rückzug gezwungen werden. Diese Niederlage wurde als Wendepunkt des Sezessionskrieges angesehen. Da die Konföderierten kaum Waffenfabriken besaßen und die Nordstaaten ihre Häfen blockierten, konnten sie keine Munition einführen, und so trug 1865 der Norden den Sieg davon.

neure zu Fall zu bringen. Schließlich wurde dem militärischen Ehrgeiz der Franzosen im Spanischen Erbfolgekrieg (1701–14) ein Ende gesetzt. England schloß mit Holland 1701 die große Allianz, der dann auch Preußen, Portugal und das Reich beitraten. John Churchill, Herzog von Marlborough, war bis 1711 Oberbefehlshaber der englisch-holländischen Truppen. 1704 siegte er zusammen mit Prinz Eugen bei Höchstädt über die Franzosen. Infanteriezüge von je etwa 40 Mann lieferten ein vernichtendes Feuer aus Handfeuerwaffen und formierten sich bei Kavallerieattacken zu hohlen Karrees. Jedes Regiment besaß Grenadiere, die vor der Front Handgranaten schleuderten, und die Artillerie arbeitete eng mit der Infanterie zusammen. Die nur mit Schwertern bewaffnete Kavallerie ritt nicht mehr im Galopp, sondern im Trab.

Rußland und Preußen

Der Aufstieg Rußlands und Preußens zu Militärmächten vollzog sich in der ersten Hälfte des 18. Jahrhunderts. Peter der Große bemühte sich, Rußland den westlichen Mächten anzugleichen, und 1720 betrug die russische Heeresstärke etwa 300 000 Mann. Dazu kamen noch rund 40 Schiffe. Bei seiner Aufbauarbeit ließ er sich von französischen, schottischen und deutschen Beratern helfen, und als er nach verschiedenen Kriegen mit den Schweden und Türken starb, erstreckte sich das zaristische Rußland von der Ostsee bis zum Ural und bis zum Schwarzen Meer.

Als Friedrich Wilhelm I. von Preußen 1740 starb, war die preußische Armee die viertstärkste in Europa. Unter ihm war das Heer zum Mittelpunkt des Staates geworden. Sein Sohn, Friedrich der Große, verbesserte Bewaffnung, Ausbildung und Disziplin des Heeres noch und schuf eine aristokratische Offizierskaste. Die preußische Tapferkeit wurde sprichwörtlich. Friedrichs Feldherrntum beruhte auf seiner taktischen Meisterschaft, und seine Methoden fanden viele Nachahmer.

Frankreich: ein Volk in Waffen

Als am 14. Juli 1789 die Französische Revolution ausbrach, griff zum erstenmal ein ganzes Volk zu den Waffen, um seine Ideale zu verteidigen. Lazare Carnot, seit 1793 Kriegsminister, führte die Masseneinberufung ein. Befördert wurde nach Verdienst; die ganze französische Gesellschaft und Wirtschaft nach der Idee eines Volkes in Waffen ausgerichtet. Neue Führer traten an die Spitze der republikanischen Armeen, allen voran Napoleon Bonaparte, der sich bei der Belagerung von Toulon 1793 hervorgetan hatte.

Die amerikanischen Kolonisten konnten im amerikanischen Unabhängigkeitskrieg (1775–81) die britischen Truppen, Rotröcke genannt, besiegen.

Wiederholt schlug Napoleon seine europäischen Widersacher. 1805 besiegte er die Österreicher bei Austerlitz. Preußen unterlag bei Jena und Auerstedt im nächsten Jahr, und 1807 mußte Rußland Niederlagen bei Eylau und Friedland hinnehmen. Nur in Spanien konnte die Grande Armee nichts ausrichten. Napoleons spanisches Geschwür verzehrte die französischen Militärkräfte, während die britische Marine unter Admiral Horatio Nelson nach der Seeschlacht von Trafalgar 1805 zur Herrscherin des Meeres wurde und die britische Küste vor einem Einfall der Franzosen bewahren konnte.

Der Wendepunkt in Napoleons Karriere trat ein, als er 1812 den verhängnisvollen Ruß-

Napoleon auf dem St. Bernhard, gemalt von Jacques Louis David, dem Hofmaler Napoleons.

DER KORSE UND DER HERZOG

Napoleon Bonaparte, 1769 auf Korsika geboren, war kein Neuerer, sondern in erster Linie ein genialer Taktiker, der seine großen Siege durch Umfassungsangriffe errang oder dadurch, daß er einen Keil zwischen seine Feinde trieb und sie dann einzeln besiegte. Außerdem verstand er es, den Franzosen ein solches Selbstvertrauen einzuflößen, daß viele Schlachten gegen zahlenmäßig überlegene Gegner gewonnen werden konnten. Schnelligkeit und die rücksichtslose Ausnutzung jedes Erfolges waren weitere Kennzeichen seiner Strategie. Doch 1812 verlor Napoleon den größten Teil seiner Armee in Rußland, und drei Jahre später erlitt er seine entscheidende Niederlage bei Waterloo.

Arthur Wellesley, Herzog von Wellington, führt hier seine Truppen bei Waterloo in die Schlacht. Wellington konnte am 18. Juni 1815 erst über Napoleon siegen, als Blücher, zuvor von Napoleon bei Ligny geschlagen, zu Hilfe kam. Vier Tage später dankte Napoleon zum zweitenmal ab.

Eine Gruppe von Offizieren und Soldaten aus dem Heer Friedrichs des Großen. Die preußischen Truppen waren wegen ihrer Disziplin berühmt.

landfeldzug unternahm. Nach Deutschland zurückgeworfen, sah sich Napoleon seinen preußischen und österreichischen Alliierten gegenüber, die sich nun gegen ihn wandten. Seiner Niederlage bei Leipzig (1813) folgte 1814 seine Abdankung. Zwar kehrte er im nächsten Jahr zurück, erlitt aber durch Wellington und Blücher bei Waterloo seine endgültige Niederlage.

Im Napoleonischen Zeitalter wurde die Gliederung des französischen Armeekorps in Divisionen perfektioniert und von anderen Völkern nachgeahmt.

TECHNISCHE NEUERUNGEN

Im 19. Jh. erfuhren die Feuerwaffen entscheidende technische Weiterentwicklungen.

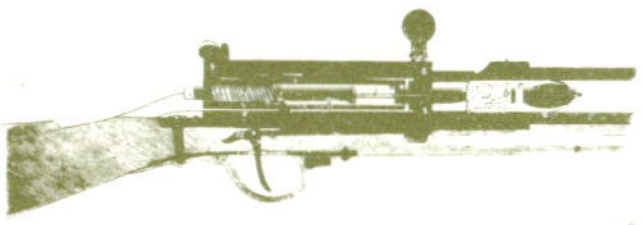

Der Mechanismus des von Dreyse konstruierten Zündnadelgewehrs.

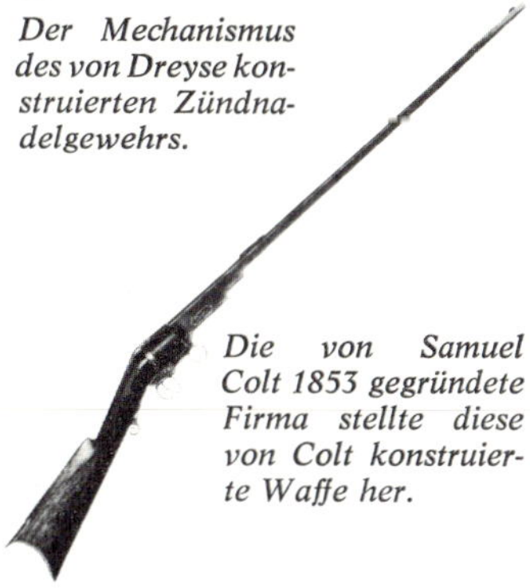

Die von Samuel Colt 1853 gegründete Firma stellte diese von Colt konstruierte Waffe her.

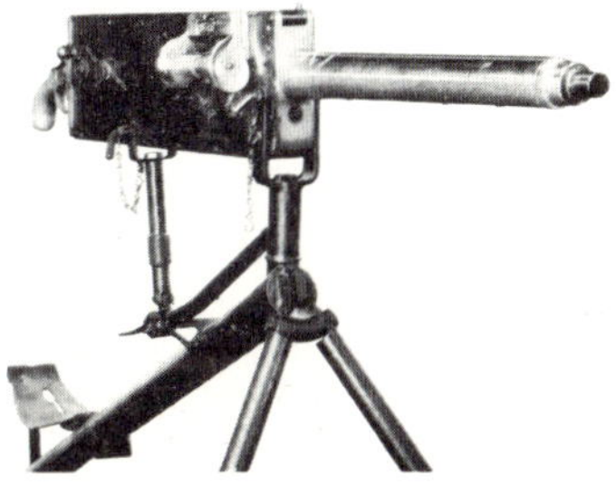

Die Maxim, 1884 gebaut, war das erste Maschinengewehr. Seine Weiterentwicklung beendete die Rolle der Kavallerie.

Nun operierten die Armeen in einer Anzahl getrennter Einheiten. Leichte Infanterie lieferte vor den nachrückenden, von Bajonetten starrenden Kolonnen Vorpostengefechte.

Technische Fortschritte

Im 19. Jahrhundert wurden im Gefolge der industriellen Revolution große technische Fortschritte erzielt. Im amerikanischen Bürgerkrieg (1861–65) kämpften Heere gegeneinander, die zum größten Teil aus Einberufenen bestanden. Der Vorderlader mit glattem Lauf wich dem schneller feuernden, manchmal schon mit einem Magazin versehenen Hinterlader. Diese neuen Waffen machten auch neue Arten von Befestigungen nötig, die Abwehrmaßnahmen mußten durch Verschanzungen und Schützengräben verbessert werden. Wollten die angreifenden Truppen nicht über Gebühr hohe Verluste erleiden, mußten sie ihre Taktik ändern. Die Kavallerie wurde immer mehr als berittene Infanterie verstanden, und große Reiterangriffe wurden selten. Auch die Strategie änderte sich, da die Eisenbahnen rasche Verlegungen von Streitkräften ermöglichten.

Der Deutsch-Französische Krieg von 1870–71 zeigte ebenfalls den Einfluß der neuen Technik und der Entwicklung des Eisenbahnwesens. In den ersten drei Kriegswochen konnte Preußen 400 000 Mann mobilisieren, Frankreich dagegen nur weniger als 250 000. Die Ausrüstung wurde weiter verbessert. Wichtige Neuerungen waren Hinterlader-Geschütze, die längere, stromlinienförmige Geschosse verschießen konnten; rauchloses Pulver, bei dessen Verwendung Artilleriestellungen schwerer auszumachen waren, Maschinengewehre und spitz zulaufende Metallpatronen.

Gegen Ende des 19. Jahrhunderts kopierten die meisten Länder das Generalstabssystem der Deutschen zur Führung großer Heere, das auf einer besonderen Ausbildung der Offiziere beruhte. Doch die Briten mußten

Die Mitrailleuse, ein Vorläufer des Maschinengewehrs, fand im Deutsch-Französischen Krieg Verwendung.

Im Burenkrieg (1899–1902) fiel es den britischen Truppen schwer, die Buren zu schlagen. Im Bild: Buren mit einer erbeuteten Kanone.

im Burenkrieg erst einige Niederlagen hinnehmen, ehe sie, aus ihrer Selbstzufriedenheit aufgeschreckt, ähnliche Veränderungen vornahmen. Nun ersetzten Khaki-Uniformen die roten Waffenröcke im aktiven Dienst, und 1904 wurden ein britischer Generalstab ins Leben gerufen, die militärische Ausbildung modernisiert und eine neue Truppe, die Territorialarmee, aufgestellt.

Insbesondere machte Großbritannien auch große Fortschritte im Bau von Kriegsschiffen. Rücklaufmechanismen an den Geschützrohren machten die volle Nutzung des neu erfundenen TNT (Trinitrotoluol) möglich, so daß riesige Geschosse nun über weite Entfernungen verschossen werden konnten. Durch Druckluft angetriebene, verbesserte Torpedos führten zur Entwicklung des Zerstörers und Torpedobootes, während die Weiterentwicklung von Elektro- und Dieselmotoren den Bau kampffähiger Unterseeboote ermöglichte.

DER SEZESSIONSKRIEG 1861–65 lieferten sich die Streitkräfte der Nord- und Südstaaten blutige Schlachten. Die zahlenmäßige Überlegenheit des Nordens, seine Seeblockade und seine gut ausgebaute Industrie trugen ihm schließlich den Sieg über die Südstaaten ein.

1862 lieferten sich die Virginia *(Süd) und die* Monitor *(Nord) vor Hampton-Roads den ersten Panzerkampf der Seekriegsgeschichte.*

Zu Kriegsbeginn kämpften in den Armeen des Nordens Freiwillige, doch bald sah man sich gezwungen, Soldaten einzuberufen.

Moderne Kriegführung

Die beiden Weltkriege forderten erheblich höhere Menschen- und Materialverluste als je ein Krieg zuvor. Die für einen modernen Krieg benötigten wirtschaftlichen Leistungen erzwangen den Einsatz der ganzen Bevölkerung. Und seit Bombenflugzeuge gegen die zivile Bevölkerung eingesetzt wurden, konnte man auch von einer Heimatfront sprechen. Dabei ging die technische Entwicklung mit so riesigen Schritten voran, daß manche Waffen schon veraltet waren, bevor sie zum Einsatz kamen.

Man hatte erwartet, daß der Erste Weltkrieg in ein paar Monaten beendet sein würde. Statt dessen entstand an der Westfront ein Stellungskrieg. Das Patt des Grabenkrieges wurde erst gebrochen, als 1918 die Amerikaner eintraten und die Briten mit dem Masseneinsatz ihrer neuen Tanks begannen.

Der Luftkrieg brachte tiefgreifende Veränderungen. Zunächst setzte man Flugzeuge als Artilleriebeobachter ein, doch schon bald kamen Kampfflugzeuge hinzu. Auf See war die unentschiedene Schlacht vor dem Skagerrak 1916 die letzte Flottenaktion alten Stils. Viel bedeutsamer und gefährlicher war der U-Boot-Krieg der Deutschen gegen die Engländer. Der Höhepunkt im U-Boot-Krieg wurde 1917 erreicht, als Großbritannien so ausgehungert war, daß es fast erlag.

Krieg im globalen Maßstab

Von den 65 Millionen Menschen, die im Ersten Weltkrieg mobilisiert wurden, kamen rund 30 Millionen um oder wurden verwundet. Hand in Hand mit dem blutigen Krieg ging die Entwicklung der Technik. Alle Staa-

Als 1904 das Schlachtschiff Dreadnought *vom Stapel lief, begann der Rüstungswettlauf zur See zwischen Großbritannien und Deutschland.*

Lord Kitchener, 1914 britischer Kriegsminister, ruft seine Landsleute zum Kampf auf.

ten hatten ihre Industrien auf Kriegswirtschaft umgestellt, doch manche Erfindung dieser Zeit konnte später für zivile Zwecke eingesetzt werden.

Wirklich global wurde die Kriegführung erst im Zweiten Weltkrieg, aus dem nur wenige Nationen sich heraushalten konnten. Mit einbezogen war überall auch die Zivilbevölkerung. In Deutschland hatte man schon vor Kriegsausbruch die Wirtschaft auf Kriegsbedarf umgestellt. Geplant war ein Blitzkrieg, in dem schnelle Truppen mit Panzerwaffen, gedeckt durch die überlegene deutsche Luftwaffe, die gegnerischen Armeen zerschlagen sollten. Erst als Hitler 1941 in Rußland einmarschierte, kam seine Panzerwaffe zum Stehen.

Als Einzelfaktor ausschlaggebend waren im Zweiten Weltkrieg die Luftstreitkräfte. Ein Sieg des Heeres war ohne Beherrschung des Luftraumes unmöglich. Zur See ersetzte der Flugzeugträger das Schlachtschiff. Neu und entscheidend im Krieg wurde die Koordinierung von Land-, See- und Luftstreitkräften bei einem Angriff, wie etwa bei der Invasion Nordafrikas. Zur See waren die von Flugzeugträgern aus operierenden Luftstreitkräfte in ähnlicher Weise entscheidend.

Seit dem Zweiten Weltkrieg, der durch die Atombombenabwürfe auf die japanischen Städte Hiroschima und Nagasaki beendet wurde, hat sich die Art der Kriegführung wieder geändert. Die Großmächte haben komplizierte Waffensysteme erdacht, die auf Nuklearsprengköpfen beruhen, mit denen über Tausende von Kilometern hinweg ganze Städte ausgelöscht werden könnten. Zwischen der Sowjetunion und den Vereinigten Staaten, die beide gewaltige nukleare Arsenale besitzen, besteht ein keineswegs stabiles Gleichgewicht, das sich nur deshalb hält, weil beide wissen, welche Verheerungen ihre Waffen anrichten können. In dieser

Eine Atlasrakete hebt ab. Mit dem Raketenzeitalter begann ein neuer Abschnitt der Kriegführung.

Lage versuchen sich die Großmächte aus direkten Konfrontationen herauszuhalten. Kriege spielen sich zur Zeit in begrenzten Gebieten ab, wobei subversive, guerillaähnliche Operationen die größte Rolle spielen.

DER ERSTE WELTKRIEG

Im Ersten Weltkrieg kämpften Deutschland, Österreich-Ungarn und die Türkei gegen Großbritannien, Frankreich, Italien, Rußland und von 1917 an auch gegen die Vereinigten Staaten. Der Krieg hätte aller Voraussicht nach in wenigen Monaten vorbei sein müssen, entwickelte sich aber an der Westfront zu einem Stellungskrieg, sämtliche Durchbruchsoffensiven schlugen fehl. 1918 gelang den Deutschen der Einbruch in die alliierten Linien, aber ihre erschöpfte Armee wurde zum Stehen gebracht und durch alliierte Gegenangriffe besiegt.

In der Schlacht vor dem Skagerrak (1916) traf die deutsche Hochseeflotte unter Admiral Scheer mit der englischen Grand Fleet unter Admiral Jellicoe zusammen, doch das Gefecht brachte keine Entscheidung.

Der Grabenkrieg im Westen dauerte von Ende 1914 bis Kriegsende, trotz vieler Offensiven, wie an der Somme und bei Verdun.

Die deutsche U-Boot-Flotte zwang Großbritannien fast zur Kapitulation.

Die Einführung der Tanks beendete die Pattsituation des Grabenkrieges. Schon bei Cambrai (1917) hatten die Briten mit Erfolg Panzer eingesetzt.

Um den Stellungskrieg zu beenden, wandten die Deutschen in der zweiten Schlacht von Ypern (1915) Chlorgas an, doch der hinderlichen Gaskriegsausrüstung wegen erlitten die Angreifer ungewöhnlich hohe Verluste. Bei Verdun im Jahre 1916 verwendeten die Deutschen ein noch giftigeres Gas, konnten aber dennoch nicht durchbrechen.

DER ZWEITE WELTKRIEG

Der wichtigste Einzelfaktor im Zweiten Weltkrieg waren die Luftstreitkräfte. Durch den Masseneinsatz von Bombergeschwadern hoffte man, schnellere Entscheidungen herbeiführen zu können.

Die Messerschmitt 109 *war die deutsche Hauptwaffe in der Schlacht um England. Bereits im Spanischen Bürgerkrieg erprobt, bildete sie bis 1945 das Rückgrat der Luftwaffe.*

Die V 2, Hitlers zweite Vergeltungswaffe, war eine unbemannte Rakete mit 250 km Reichweite und einer Geschwindigkeit von 5000 km/h.

Die Hurricane *und die* Spitfire *gewannen durch den gleichzeitigen Einsatz von Radaranlagen die entscheidende Schlacht um England.*

Von 1942 an bombardierten Maschinen vom Typ Lancaster *deutsche Städte. Das unwirksame Präzisionsbombardement ersetzten die Engländer durch Flächenbombardierung.*

Amerikanische Bomberverbände unterstützten die britische Offensive. Die Boeing B-17 F *(Flying Fortress) wurde gegen Deutschland, die* B-29 A *(Superfortress) gegen Japan eingesetzt.*

Am 6. und 9. August 1945 warfen die Amerikaner je eine Atombombe auf Hiroschima und Nagasaki. Die Städte wurden weitgehend zerstört, rund 410 000 Menschen kamen um.

TEIL 4

Die Länder der Erde

Ein historisches Lexikon von A–Z

Während des nordamerikanischen Unabhängigkeitskrieges und der Französischen Revolution entwickelten sich nationalistische und demokratische Ideen, die bis heute fortwirken. Der Wunsch der Völker nach Selbstregierung fegte historisch verwurzelte europäische Dynastien ebenso beiseite wie moderne Kolonialreiche. Gemeinsame Sprache, Abstammung, Religion oder Lebensweise bildeten Grundlagen für neue Staatenbildungen, doch behielten viele ehemalige Kolonialreiche bei dem Schritt in die Unabhängigkeit ihre oftmals willkürlich von den Kolonialherren abgesteckten Grenzen bei.

In dem Streben nach nationaler Selbstbestimmung sind Grenzen berichtigt, Ländernamen geändert und neue Regierungsformen angenommen worden, doch selten haben sich Spaltungsbestrebungen durchsetzen können. Auch die jüngsten unabhängigen Staaten sind dank der Geschichte ihrer Einzelvölker Erben einer langen Vergangenheit, denn die Geschichte der meisten Völker, seien sie tragende Staatsvölker oder Minderheiten in einem Vielvölkerstaat, läßt sich durch alle aufeinanderfolgenden Kulturen bis zum Ursprung menschlicher Gesellschaftsbildung zurückverfolgen.

Als nach 1945 vier Jahrhunderte europäischer Vorherrschaft zu Ende gingen, mußten große Teile der Weltkarte neu gezeichnet werden. Doch während sich die meisten europäischen Kolonialgebiete in selbständige Staaten umwandelten, hat die westliche Industriegesellschaft die Völker der Erde enger denn je miteinander verbunden. Trotz des herrschenden Nationalismus, der sich mitunter bis zur Gründung winzigster Staaten verstiegen hat, ist die Idee des Zusammenschlusses unterschiedlicher Völkergruppen nicht aufgegeben worden. Es entstanden verschiedene übernationale Organisationen, manche davon kontinental begrenzt, deren Mitgliedstaaten einen Teil ihrer Souveränität zugunsten gemeinsamer politischer, kultureller oder wirtschaftlicher Interessen aufgegeben haben.

Nordamerika: Zentrum der modernen Technik

Die großenteils aus Europa stammenden Siedler haben 400 Jahre darauf verwandt, die Natur Nordamerikas zu zähmen und seine Schätze zu erschließen. Sie machten das Land zu einem Energiezentrum und zum Vorbild der modernen Industriegesellschaft. Die USA haben sich in diesem Jahrhundert zum reichsten und mächtigsten Staat der Erde entwickelt. Amerikas Reichtum wirkt wie ein Magnet auf die Völker der Welt, von denen noch immer viele in Armut und Rückständigkeit leben. Die aufsteigenden Nationen möchten das Geheimnis des amerikanischen »gewußt wie« gerne ergründen; doch sind sie oft nicht bereit, das System der kapitalistischen Demokratie zu akzeptieren, das nach amerikanischer Ansicht die Grundlage des Wohlstands bildet.

Kanada ist größer als die USA, hat aber nur ein Zehntel der Bevölkerung der Vereinigten Staaten. Noch kann es sich mit seinem Nachbarn an Macht nicht messen. Aber sein internationaler Handel, seine Bodenschätze und seine hochentwickelte Industrie machen Kanada zu einem der fortschrittlichsten Länder der Erde.

Ein neues Europa

In Europa entwickelte politische Ideologien haben die Welt seit 1945 gespalten. Die liberalen und demokratischen Länder Westeuropas suchten, geschwächt durch zwei Weltkriege und den Verlust ihrer Kolonialreiche, bei den Vereinigten Staaten Rückhalt gegenüber der Sowjetunion, der bei weitem stärksten Macht auf dem europäischen Kontinent und der Bastion des revolutionären Kommunismus. Die

Sowjetunion, Erbin des Zarenreiches, steht mit den USA in bezug auf ihre wirtschaftliche und militärische Macht in einem ständigen Rivalitätskampf. Die westeuropäischen Staaten sind nach dem Verlust ihrer Kolonialreiche zu ihrer früheren Rolle als internationale Handelsmächte und Produzenten zurückgekehrt.

Instabilität und Wachstum in Lateinamerika

Die Kolonialreiche der Spanier und Portugiesen in der Neuen Welt erstreckten sich einst von Kalifornien bis zum Kap Hoorn. Diese katholischen europäischen Nationen haben dort genauso tiefe Spuren hinterlassen wie das protestantische England im größten Teil Nordamerikas. 150 Jahre lateinamerikanischer Selbständigkeit verhalfen den Massen der Bevölkerung nicht zum Wohlstand. Ihr an sich schon niedriger Lebensstandard ist zusätzlich von einer ähnlichen Bevölkerungsexplosion bedroht, wie sie in weiten Teilen Asiens herrscht. Südamerikas Elend wächst vor allem aus der politischen Unbeständigkeit, die sich in Staatsstreichen, Diktaturen, Attentaten, Revolutionen und bitteren Parteikämpfen äußert. In den letzten Jahren sind in Brasilien, dem größten Staat Südamerikas, erste Anzeichen einer industriellen Revolution zu beobachten. Zusammen mit dem eindrucksvollen industriellen Wachstum Mexikos scheint das auf eine bessere Zukunft dieser Region hinzudeuten.

Afrikas Weg in die Unabhängigkeit

Von allen Kontinenten hat Afrika die dramatischsten politischen Veränderungen seit dem Ende des Zweiten Weltkrieges durchgemacht. Viele der neuen afrikanischen Staaten haben zwar die oft willkürlich festgesetzten Grenzen aus der Kolonialzeit beibehalten, sich aber von der parlamentarischen Regierungsform abgekehrt, die sie von den Kolonialherren übernommen hatten. Ältere Traditionen erwiesen sich bei der Ausformung der politischen Strukturen dieser neuen Staaten als stärker. Auf den moslemischen Norden üben die arabischen Brudervölker eine große Anziehungskraft aus, während in Afrika südlich der Sahara der Tribalismus, die stammesgebundene Politik, die Einheit der Staaten bedroht und demokratische Regierungsformen oftmals ausschließt. Trotzdem entwickelte sich ein starkes afrikanisches Bewußtsein, das in der Organisation für die Einheit Afrikas (OAU) politischen Ausdruck fand und durch die Feindschaft gegen die von Europäern beherrschten Staaten Südafrikas, die zugleich Afrikas höchstentwickelte Gebiete sind, noch bekräftigt wurde.

Bevölkerungsexplosion in Asien

In Asien, dem größten und dichtest bevölkerten Kontinent, machen sich zwei ernste Probleme stark bemerkbar: die Bevölkerungsexplosion, verbunden mit Nahrungsmittelknappheit, und der Kampf zwischen kommunistischen und kapitalistischen Interessen. China, das volkreichste Land der Erde, hat sich zu einer führenden kommunistischen Macht entwickelt. Aber während rund 400 Millionen chinesische Bauern das Land unter Bedingungen bebauen, die sich seit Jahrhunderten kaum gewandelt haben, und dabei um das nackte Dasein kämpfen, hat das benachbarte Japan rasche und spektakuläre Fortschritte gemacht. Unter Beibehaltung ihrer traditionellen Gesellschaftsordnung haben die Japaner westliche Techniken übernommen und sind als Industrie- und Handelsmacht zu Weltgeltung aufgestiegen. Den Norden des Kontinents nimmt der asiatische Teil der Sowjetunion ein, und an der 4800 km langen Grenze zwischen ihr und China könnte sich leicht der Sprengstoff entzünden, der sich zwischen diesen beiden Rivalen um die Führung im Weltkommunismus angesammelt hat. Der Südwesten, wo der asiatische Kontinent an das moslemische Afrika und den europäischen Mittelmeerraum grenzt, ist ebenfalls ein Gebiet internationaler Spannungen. Hier stehen sich Araber und Israelis in nicht enden wollender Feindschaft gegenüber. Wegen der großen Ölvorräte in diesem Gebiet erhalten die Spannungen ein zusätzliches Gewicht.

Australien und Ozeanien: Wohlstand durch Landwirtschaft

Weite Teile des erst spät entdeckten australischen Kontinents sind unfruchtbar. Dennoch bildete sich hier eine blühende, hochentwickelte westliche Kultur, deren Ballungsraum in den südöstlichen Randgebieten liegt. Australien und Neuseeland verdanken ihren Reichtum hauptsächlich dem gut funktionierenden Massenexport landwirtschaftlicher Produkte in alle Staaten der Welt, darunter besonders nach Großbritannien, dem Mutterland der meisten Siedler in dieser Region.

Bestrebungen zur Einigung der Welt

Die Vereinten Nationen wurden 1945 als Forum für alle Völker und zur Aufrechterhaltung von Frieden und Sicherheit in der Welt gegründet. Doch die Rivalitäten der Großmächte, Geldmangel und die ständig von neu aufgenommenen Nationen in die Generalversammlung hineingetragenen Konflikte schwächen die Wirksamkeit der Organisation, und so enttäuschte sie oftmals die bei ihrer Gründung in sie gesetzten Hoffnungen. Auf dem Gebiet der Wohlfahrt haben UN-Behörden, wie die Weltgesundheitsorganisation (WHO) oder die Organisation der Vereinten Nationen für Erziehung, Wissenschaft und Kultur (UNESCO), jedoch Wesentliches leisten können.

Die 149 Millionen qkm Landfläche unseres Erdballs werden von 3,8 Milliarden Menschen bewohnt. Das größte Land ist die Sowjetunion mit 22402200 qkm; industriell und militärisch eine Supermacht. Das kleinste Staatswesen ist der Vatikan mit 0,4 qkm. Von den 166 unabhängigen Staaten haben mehr als die Hälfte ihre Unabhängigkeit erst nach 1945 erlangt. Darunter befinden sich auch so kleine Staaten wie die Insel Nauru im südwestlichen Pazifik, die bei einer Flächenausdehnung von 21 qkm rund 7000 Einwohner zählt.

Afghanistan

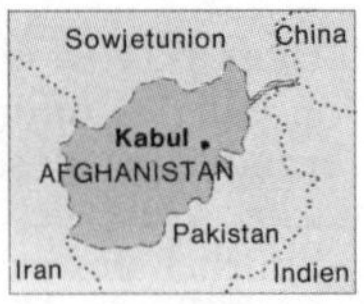

647 497 qkm
20 340 000 (geschätzt) Einwohner
Hauptstadt: Kabul

Das bergige Afghanistan, das keinen Zugang zum Meer hat, war bis zum 18. Jahrhundert hauptsächlich Durchzugsgebiet für Eroberer und Reichsgründer. Bis etwa 500 v. Chr. bildete es einen Teil des Persischen Reiches und wurde schließlich von Alexander dem Großen miterobert. Im 16. und 17. Jahrhundert teilten Perser und Großmoguln das Land zwischen sich auf. 1747 ließ sich Ahmed Durrani zum Emir ausrufen, und erst dann wurde Afghanistan ein unabhängiger Staat.

Ahmeds Nachfolger suchten ihre Herrschaft auf das Reich der Sikh, das zu den britischen Kolonien gehörte, auszudehnen: Das führte zum ersten afghanischen Krieg (1838–42). Eine britische Armee, die in das Land einfiel und Kabul besetzte, mußte sich 1842 wieder zurückziehen. Durch den zweiten afghanisch-britischen Krieg (1878–81) kam Abd ur-Rahman an die Macht. 1895 legte er die Grenze gegen Rußland am Oxus und im Pamir fest.

Abd ur-Rahmans Nachfolger, sein Sohn Habib Ullah, machte sich seine moslemischen Untertanen zu Feinden, da er im Ersten Weltkrieg neutral blieb. 1919 wurde er ermordet. Unter dem neuen Herrscher, Aman Ullah, kam es zum dritten Krieg gegen England, der 1921 mit der vollen Unabhängigkeit des Landes endete. Da Aman Ullah die dringend nötigen inneren Reformen überstürzt durchführte, zog er sich den Widerstand des Volkes zu. 1929 mußte er das Land verlassen.

1881 kam Abd ur-Rahman mit britischer Unterstützung als Emir von Kabul an die Macht.

Sahir Schah kam 1933 auf den Thron. Während der sechziger Jahre führte er Reformen im Regierungswesen durch, doch trotz der von der UdSSR und den USA gewährten Aufbauhilfen blieb das Land rückständig und unterentwickelt.

Nach einem Putsch im Jahre 1973 rief Mohammed Daud die Republik aus, wurde aber 1978 von Abdel Kader gestürzt, der ihn und 30 Mitglieder seiner Familie hinrichten ließ. Präsident des nun Demokratische Republik Afghanistan genannten Staates wurde Nur Mohammed Taraki. Es kam zu blutigen Auseinandersetzungen zwischen moslemischen Rebellen und dem kommunistischen Regime. Am 14. September 1979 riß Verteidigungsminister Chafisulla Amin die Macht an sich, Taraki kam ums Leben.

Im Dezember 1979 marschierten sowjetische Truppen in Kabul ein. Amin wurde unter bisher nicht geklärten Umständen gestürzt und getötet, Babrak Karmal nahm seine Stelle ein. Mitte 1980 war noch kein Ende des Bürgerkrieges abzusehen, mehr als eine Million Afghanen flüchteten nach Pakistan.

Trotz internationaler Proteste hatte die Sowjetunion bis Ende 1980 ihre Truppen aus Afghanistan nicht wieder abgezogen.

Ägypten

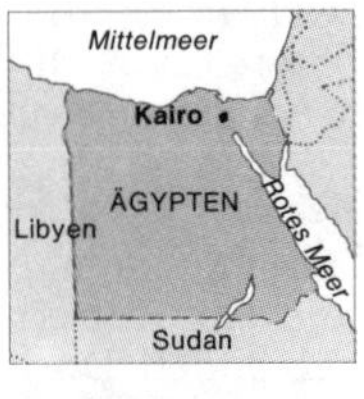

1 001 449 qkm
39 600 000 Einwohner
Hauptstadt: Kairo

Jahrtausendelang war das Leben in Ägypten vom Nil abhängig. Die jährliche Überflutung hinterließ fruchtbaren Schlamm auf den Ufern, und so konnten die Fellachen reiche Ernten einbringen. Heutzutage sorgt der Assuan-Damm dafür, daß der Fluß das ganze Jahr hindurch das Land bewässert.

Der griechische Historiker Herodot nannte Ägypten »das Geschenk des Nils«, denn die Landwirtschaft bildete die Grundlage der bedeutenden Zivilisation, die im Niltal unter den Pharaonen etwa zwischen 2900 v. Chr. und 300 n. Chr. blühte. Im 7. Jahrhundert geriet Ägypten unter arabisch-islamische Herrschaft. In den sechziger Jahren des 20. Jahrhunderts begann man unter Präsident Gamal Abd el-Nasser ein sozialistisches Programm zu verwirklichen und versuchte die Abhängigkeit von der Landwirtschaft durch Industrialisierung zu verringern. Ägyptens Kampf um die Modernisierung wird freilich durch den ständigen Konflikt mit Israel überschattet.

Der Glanz des alten Ägypten: 2900–1085 v. Chr. Ägypten wurde etwa 2900 v. Chr. unter König Menes geeint. In der Zeit um 2600 entstanden die Pyramiden, monumentale Grabstätten, in denen die toten Pharaonen beigesetzt wurden. Diese frühe Epoche ist als das Alte Reich bekannt.

Detail eines ägyptischen Grabgemäldes aus der Zeit um 1300 v. Chr. Es zeigt den Verstorbenen, der im Jenseits Wasser aus dem Nil trinkt.

Um 2040 wurde Theben Hauptstadt, und Ägypten erlebte eine neue Periode der Stabilität, die als das Mittlere Reich in die Geschichte einging. In dieser Zeit hat sich ein einheitliches Schriftsystem eingebürgert. Eindringlinge aus Palästina oder Syrien, die Hyksos, beherrschten Ägypten zwischen 1650 und 1560, doch eine einheimische Dynastie vertrieb sie um 1560 und leitete die Periode des Neuen Reiches ein. In dieser Phase erstreckte sich die ägyptische Oberhoheit unter so entschlossenen Pharaonen wie Thutmosis III. und Ramses II. bis nach Syrien.

Niedergang: 1085 v. Chr. – 600 n. Chr. Etwa um 1085 v. Chr. begann der Niedergang Ägyptens, der auch von den sogenannten Seevölkern ausgelöst wurde. Nachdem sich Libyer und Äthioper zu Pharaonen aufgeschwungen hatten, kam das Land erst unter assyrische, dann unter persische Herrschaft und wurde 332 v. Chr. von den Heeren Alexanders des Großen erobert. Nach dem Tode Alexanders herrschte einer seiner Generäle, Ptolemaios, als König über Ägypten und gründete eine Dynastie, die fast 300 Jahre lang regierte.

Im letzten Jahrhundert vor Christus sah sich das ptolemäische Reich durch die wachsende Macht Roms bedroht. Kleopatra VII. versuchte die ägyptische Unabhängigkeit zu erhalten, indem sie Julius Cäsar und Marcus Antonius für sich gewann. Doch nach ihrem Tod wurde Ägypten von Augustus annektiert.

Ägypten war nun »die Kornkammer Roms«. Die Bewässerungssysteme wurden verbessert, und Schiffe trugen ägyptischen Weizen in alle Teile des Mittelmeerraumes. Später erlebte das Land eine Periode byzantinischer Herrschaft, unter der es zu Reibereien mit der einheimischen koptischen Kirche kam.

Ein Mamelucke zu Pferd mit einem arabischen Sklaven. Um 1250 n. Chr. entrissen die Mamelucken, ursprünglich Sklaven, ihren arabischen Herren die Macht.

Die Herrschaft des Islams: 639–1798 Als das große islamisch-arabische Reich im Aufstieg begriffen war, wurde Ägypten zwischen 639 und 641 rasch von den Arabern erobert. Um 1200 gerieten die arabischen Herrscher Ägyptens unter den Einfluß ihrer Soldaten und Berater, der Mamelucken, ursprünglicher Sklaven. Die Mamelucken ergriffen 1257 die Macht und behielten sie bis 1517, als Ägypten das Opfer eines anderen emporstrebenden Reiches, der osmanischen Türken, wurde. Doch sogar unter der türkischen Herrschaft übten die mameluckischen Beis die Kontrolle über das Land aus.

Die Geburt des modernen Ägypten: 1798–1849 1798 schlug Napoleon die Mamelucken in der Schlacht bei den Pyramiden und eroberte Ägypten. Während der Napoleonischen Kriege in Europa zogen sich die Franzosen zu Beginn des 19. Jahrhunderts aus Ägypten zurück, und in den folgenden Wirren ergriff Mehmed Ali, ein türkischer Offizier, 1805 die Macht und ließ 1811 die letzten Mamelucken ermorden. Unter Mehmed Ali (1806–49) begann die Industrialisierung Ägyptens. Doch die von ihm durchgeführten Verbesserungen überforderten später die Finanzen des Landes.

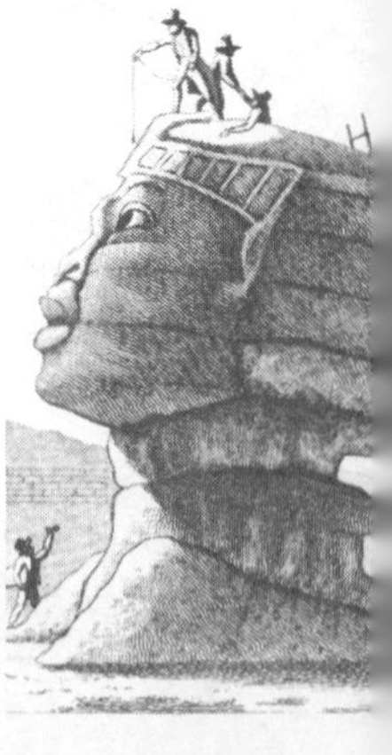

Kriegshandwerk und Wissenschaft gingen bei Napoleons Ägyptenfeldzug Hand in Hand. Hier vermessen französische Archäologen die Sphinx. Napoleon schlug die Mamelucken 1798 in der Schlacht bei den Pyramiden.

Spielball der Großmächte: 1849–1919 Zwischen 1859 und 1869 baute der französische Ingenieur und Diplomat Ferdinand de Lesseps den Suezkanal, der das Mittelmeer mit dem Roten Meer verbindet. Inzwischen hatten wirtschaftliche Probleme und übermäßige Ausgaben Ägypten bankrott gemacht. Die britische Regierung nützte 1875 Ägyptens verzweifelte finanzielle Lage aus und erwarb einen entscheidenden Anteil der Aktien der Suezkanalgesellschaft.

1882 führte ein nationalistischer Aufstand gegen die ausländische Einmischung zum Bombardement Alexandrias durch britische Schiffe und zur Landung britischer Truppen. Nach der Suez-Konvention von 1888 übernahm England die Verantwortung für die Aufrechterhaltung des neutralen Status des Suezkanals, der für Schiffe aller Nationen offen sein sollte.

Während die Engländer zwischen 1883 und 1907 ihre Stellung festigten – zu dieser Zeit war Lord Cromer Generalkonsul und der wahre Herrscher Ägyptens –, eroberten anglo-ägyptische Armeen den benachbarten Sudan. Von 1899 an stand der Sudan unter der Verwaltung eines durch Ägypten mit britischer Zustimmung ernannten Generalgouverneurs.

Unsichere Unabhängigkeit: 1922–45 Unter dem Druck der immer lauter werdenden nationalistischen Forderungen erhielt Ägypten 1922 seine Unabhängigkeit. Eine Verfassung nach europäischem Muster wurde angenommen und unter Fuad I. die Monarchie ausgerufen. Doch britische Truppen besetzten immer noch das Land, und England erkannte die ägyptischen Ansprüche auf den Anglo-ägyptischen Sudan nicht an. Der Vertrag von 1936 beendete die englische Besetzung, doch durfte England in der Kanalzone eine Garnison unterhalten.

Die Engländer sahen sich einer wachsenden nationalistischen Opposition gegenüber. Als deutsch-italienische Armeen Ägypten 1942 ernsthaft bedrohten, waren die Engländer gezwungen, den ägyptischen Königspalast mit Truppen zu umstellen, um sich der Kooperation König Faruks zu versichern.

Bei Nachkriegsverhandlungen konnten Ägypten und Großbritannien keine Übereinkunft über die Zukunft des Landes erzielen. Ägypten erhob Ansprüche auf den Sudan, doch England, das sich auf eine Entscheidung des UN-Sicherheitsrates stützte, erkannte sie nicht an. Die Ägypter verübelten den Engländern, daß sie sich weigerten, ihre Truppen von ägyptischen Gebieten außerhalb der Kanalzone abzuziehen.

Faruk, seit 1936 König von Ägypten, war bekannt für seinen extravaganten Lebensstil. General Nagib stürzte Faruk, als nach dem arabisch-israelischen Krieg von 1948 Korruption in der ägyptischen Regierung enthüllt wurde.

Nasser und der Suezkanal: 1948–56 Nach der Schaffung des Staates Israel widersetzte sich Ägypten der Teilung Palästinas durch die Vereinten Nationen im Jahre 1948 und trat führend in der gegen Israel gerichteten Arabischen Liga hervor. Im arabisch-israelischen Krieg von 1948 waren die Ägypter erfolglos, und der Konflikt wurde von den Arabern als demütigende Niederlage empfunden. Er enthüllte Korruption in der ägyptischen Regierung. König Faruk verlor die Kontrolle über das von politischen Unruhen erschütterte Land; 1952 wurde er nach einer Militärrevolte unter der Führung von General Nagib verbannt. Faruks Sohn, Ahmed Fuad II., hatte für ein paar Monate den Thron inne, doch 1953 wurde die Monarchie abgeschafft und General Mohammed Nagib zum Präsidenten der neuen Republik ausgerufen.

1954 wurde Nagib nach einem Streit mit Gamal Abd el-Nasser, der in Wirklichkeit die Macht im Lande hatte, abgesetzt. Unter Nassers Führung fanden die Auseinandersetzungen um den Sudan 1956 ein Ende, als der Sudan mit der Zustimmung Ägyptens und Englands seine Unabhängigkeit erhielt. Im selben Jahr zogen die Engländer ihre Truppen aus der Kanalzone ab. Im Juli 1956 zogen die Vereinigten Staaten und Großbritannien, beunruhigt über Nassers Waffenkäufe in der kommunistischen Tschechoslowakei, ihre finanziellen Zusagen für den Bau des Assuan-Dammes zurück. Nasser antwortete darauf mit der Verstaatlichung des Suezkanals.

Gamal Abd el-Nasser setzte Nagib 1954 ab. Bis zu seinem Tod im September 1970 blieb Nasser unangefochtener Führer Ägyptens, trotz der Niederlage im Sechstagekrieg, 1967

In der Zwischenzeit hatten sich die Beziehungen zwischen Ägypten und Israel wegen eines Streites über das Grenzgebiet Gaza zugespitzt. Israel, dem Ägypten die Benützung des Suezkanals nun verwehrte, marschierte im Oktober 1956 in Gaza und der Sinai-Halbinsel ein. Die Verstaatlichung des Kanals führte im Oktober und November auch zur Intervention Englands und Frankreichs in Ägypten. Doch internationale Proteste zwangen die drei Nationen zum Rückzug, und Nasser trug den diplomatischen Sieg davon.

Der Sechstagekrieg: 1967 1958 schlossen sich Ägypten und Syrien zu der Vereinigten Arabischen Republik zusammen, doch 1961 wurde Syrien wieder unabhängig. Als 1967 Grenzkämpfe zwischen Israel und Syrien ausbrachen, wandte sich Syrien an Ägypten um Hilfe, und ägyptische Truppen marschierten an der israelischen Grenze auf. Nassers Forderung nach Abzug der UN-Truppen aus dem Grenzstreifen zwischen Ägypten und Israel, den Ägypten 1956 verloren hatte, wurde entsprochen. Nasser blockierte den Golf von Akaba, Israels einzigen Zugang zum Roten Meer. Daraufhin brach am 5. Juni 1967 ein neuer Krieg zwischen Israel und den arabischen

Der ehemalige Bundeskanzler Willy Brandt mit dem ägyptischen Staatspräsidenten Sadat während eines dreitägigen Besuches in Ägypten im April 1974.

Staaten aus; nach einem sechstägigen Blitzkrieg, in dem israelische Truppen zum Ostufer des Suezkanals vorstießen, trug Israel den Sieg davon.

Dennoch behielt Nasser seine starke Position als Führer Ägyptens. Mit sowjetischer Hilfe baute Ägypten seine Streitkräfte wieder auf. Nasser starb im September 1970 an einem Herzschlag, und Anwar as-Sadat wurde der neue Staatschef. Sadat setzte die Konfrontation mit Israel fort. Doch 1972 führte der ägyptische Groll über Rußlands Versuche, Ägyptens Strategie zu diktieren, zur Ausweisung der sowjetischen Militärmission – ausgenommen waren nur hochspezialisierte Techniker. Am 6. Oktober 1973 griffen die Araber die Israelis überraschend an. Zunächst erzielten die Ägypter Erfolge am Suezkanal und auf der Sinai-Halbinsel. Mit Hilfe des amerikanischen Außenministers Henry Kissinger wurde ein Truppenentflechtungsabkommen ausgehandelt, das am 18. Januar 1974 in Kraft trat.

Im März 1976 hob Ägypten den 1971 mit der Sowjetunion geschlossenen Freundschaftsvertrag auf. Im September des gleichen Jahres wurde Präsident Sadat für weitere sechs Jahre in seinem Amt bestätigt. Um eine friedliche Lösung des Nahostkonfliktes herbeizuführen, besuchte Sadat im November 1977 Israel. Nach monatelangen Verhandlungen unterzeichneten Sadat und der israelische Ministerpräsident Menachem Begin am 26. März 1979 einen Friedensvertrag, der am 25. April in Kraft trat. Während Israel sich verpflichtete, innerhalb von drei Jahren den Sinai zu räumen, öffnete Ägypten den Suezkanal für israelische Schiffe.

Im März 1980 nahm der gestürzte Schah von Persien Sadats Asylangebot an. Am 27. Juli starb er in einem Krankenhaus in Kairo.

Eine im Mai 1980 in Kraft getretene Verfassungsänderung machte Sadat zum Präsidenten auf Lebenszeit, gleichzeitig übernahm er auch das Amt des Ministerpräsidenten.

Die Verwirklichung des Friedensvertrages mit Israel kam 1980 teilweise ins Stocken. Zwar wurde Anfang 1980 die erste Phase der Räumung des Sinai durch Israel abgeschlossen, und auch diplomatische Beziehungen mit Israel wurden hergestellt, aber die Verhandlungen über eine Autonomie der Palästinenser im Gazastreifen und Westjordangebiet führten bis zum 26. Mai 1980 zu keiner Einigung. Als Folge des israelischen Gesetzes über die Annexion Ostjerusalems wurden sie von ägyptischer Seite vertagt. Nach der sowjetischen Intervention in Afghanistan schloß sich Ägypten noch stärker den Vereinigten Staaten an und einigte sich mit diesen über den Ausbau und die gemeinsame Nutzung des Luftstützpunktes Ras Banas am Roten Meer.

Albanien

28748 qkm
2610000 Einwohner
Hauptstadt: Tirana

Bis zum 4. Jahrhundert war Albanien ein Teil des Römischen Reiches. Später wurde es von den Westgoten überrannt und dann 535 von dem byzantinischen Kaiser Justinian zurückgewonnen. Im 7. Jahrhundert eroberten die Slawen die südliche Hälfte des Landes. Zwischen 918 und 996 kam es zu verschiedenen Einfällen der Bulgaren. Anfang des 15. Jahrhunderts fielen die Türken ein. Sie herrschten bis 1912, dann rebellierten die Albaner und proklamierten ihre Unabhängigkeit.

Nach der Revolte schalteten sich die Großmächte ein und setzten im März 1914 den deutschen Prinzen Wilhelm zu Wied auf den Thron. Im September des gleichen Jahres wurde Wilhelm jedoch zur Flucht gezwungen. Nach weiteren inneren Kämpfen wurde Ahmed Zogu 1925 Albaniens erster Staatspräsident und 1928 sein erster König. Zogu schloß Handelsabkommen mit Italien und förderte italienische Investitionen, dennoch befahl Mussolini 1939 die Invasion; Zogu war gezwungen, ins Exil zu gehen. Die italienische und später die deutsche Besetzung dauerte bis zum Winter 1944.

Unter der Führung von Enver Hoxha riefen kommunistische Partisanen im November 1944 die Albanische Volksrepublik aus. Nach Stalins Tod, 1953, verwarf die neue sowjetische Führung dessen Politik, und Albanien weigerte sich, dem neuen Kurs Moskaus zu folgen. Die albanische Unterstützung Chinas in seinem ideologischen Streit mit der Sowjetunion führte 1961 zum Abbruch der diplomatischen Beziehungen zwischen Albanien und der UdSSR.

Im Juli 1978 kam es zum Bruch zwischen dem einstigen Verbündeten China, da sich Albanien auf die Seite Vietnams stellte in dessen Auseinandersetzung mit China. Im Oktober 1979 unterzeichnete Albanien ein Handelsabkommen mit Jugoslawien.

Enver Hoxha, seit 1954 Erster Sekretär des ZK der »Partei der Arbeit« Albaniens, begrüßt den chinesischen Vorsitzenden des Staatsrats, Tschu En-lai. 1978 kam es zum Bruch mit China.

Algerien

Nach mehr als einem Jahrhundert französischer Herrschaft wurde das ölreiche Algerien 1962 eine unabhängige Republik. Dem ging ein langer, blutiger Kolonialkrieg voraus, der Frankreich selbst in seinen Grundfesten erschütterte. Nach der Unabhängigkeit sah sich die Regierung mit den Problemen der Armut und Arbeitslosigkeit, einer schnell anwachsenden Bevölkerung und einer schwer geschädigten Wirtschaft konfrontiert.

2381741 qkm
18510000 Einwohner
Hauptstadt: Algier (El Djaza'ir)

Frühe Geschichte Die turbulente Geschichte des Landes, das von hellhäutigen Berbern bewohnt war, geht bis in vorrömische Zeit zurück. Obwohl es Teil des Karthagischen und später des Römischen Reiches wurde – die Römer eroberten es im 2. Jahrhundert v. Chr. –, verteidigten die Berber ihre Unabhängigkeit hartnäckig. Die römische und dann die byzantinische Herrschaft dauerte bis zum Ende des 6. nachchristlichen Jahrhunderts.

Im 7. Jahrhundert begannen moslemische Araber von Osten her in Nordwestafrika einzudringen, doch erst im 11. Jahrhundert etablierte sich die arabische Herrschaft endgültig, und Algerien wurde mit Marokko und Südspanien zum maurischen Reich vereinigt. Im 16. Jahrhundert begann der Abstieg des afrikanisch-maurischen Reiches. Seine Herrscher fürchteten das christliche Spanien und riefen deshalb türkische Söldner ins Land.

Diese Zeichnung aus dem 19. Jh. zeigt die Ruinenstadt Timgad, rund 100 km südlich von Constantine. Der römische Kaiser Trajan ließ die Stadt um 100 n. Chr. errichten. Im 7. Jh. wurde sie von den Arabern zerstört.

Die Herrschaft Frankreichs 1830 fielen französische Truppen in Algerien ein. Und bald folgten ihnen französische *Colons* (Siedler), die von den besten Ländereien Algeriens Besitz ergriffen. Die Einheimischen fügten sich der fremden Herrschaft nur widerwillig. Nach dem Zweiten Weltkrieg kämpfte der nationalistische Führer Ferhat Abbas für eine algerische Republik, die mit Frankreich durch eine Föderation verbunden sein, jedoch nicht unter französischer Herrschaft stehen sollte. Doch die Franzosen hielten an dem Status Algeriens als einem integrierten Teil Frankreichs fest.

Der Hafen von Algier auf einer Zeichnung aus dem 18. Jh. Jahrhundertelang terrorisierten Seeräuber aus Algier das Mittelmeer. 1830 fielen französische Truppen in Algerien ein, um ihrem Treiben ein Ende zu machen.

1954 organisierte eine Gruppe von Nationalisten einen Aufstand gegen die Franzosen. Französische Truppen aus dem Mutterland versuchten, den Aufstand niederzuschlagen, doch 1958 entschloß sich die französische Regierung zu Verhandlungen. Daraufhin ergriffen die französischen militärischen Führer in Algerien die Macht. Der Putsch von 1958 führte zum Sturz der Vierten Republik und zu General de Gaulles Rückkehr zur Macht.

Entgegen den Erwartungen der *Colons* schloß de Gaulle einen Waffenstillstand und gab schließlich 1962 Algerien die Unabhängigkeit. Antigaullistische Offiziere gründeten 1961 die »Organisation de l'Armée Secrète« (OAS), die in Frankreich und Algerien Terroraktionen gegen die Moslems unternahm. Mehr als 900 000 *Colons* emigrierten nach 1962 nach Frankreich.

Ein Unteroffizier der französischen Fremdenlegion in voller Marschausrüstung. Die Fremdenlegion wurde 1831 zur Eroberung Algeriens aufgestellt.

Einparteienherrschaft: 1962 Ben Bella wurde 1962 zum Ministerpräsidenten gewählt, doch 1965 durch einen Militärputsch, angeführt von Oberst Boumedienne, gestürzt. Die Beziehungen zu Frankreich verschlechterten sich, als es den beiden Ländern nicht gelang, eine Übereinkunft über die Entwicklung der Öl- und Erdgasfelder in der Sahara zu erzielen.

Als Marokko und Mauretanien 1976 Spanisch-Sahara (das heutige Westsahara) besetzten, brach Algerien die diplomatischen Beziehungen zu diesen Staaten ab. Ende des gleichen Jahres verabschiedete Algerien eine neue Verfassung, die auch den Frauen das Wahlrecht einräumte.

Am 27. Dezember 1978 starb Boumedienne, und die Nationale Befreiungsfront (FLN) setzte Chadli Bendjedid zu seinem Nachfolger ein. Im Februar 1979 abgehaltene Wahlen, bei denen er der einzige Kandidat war, bestätigten ihn in diesem Amt. Regierungschef ist seit März 1979 Oberst Mohammed Ben Ahmed Abdel Ghani.

Die vor allem gegen das Französische gerichtete Politik verstärkter Arabisierung, die bis 1985 Arabisch als ausschließliche Unterrichts-, Verwaltungs- und Nationalsprache durchsetzen soll, führte 1980 zu Unruhen unter den Berbern der Kabylei, die für ihre Sprache Gleichberechtigung fordern. Präsident Chadli Bendjedid konnte die politische Bewältigung der Unruhen zur endgültigen Durchsetzung seiner Führung im Staat und der Staatspartei FLN nutzen.

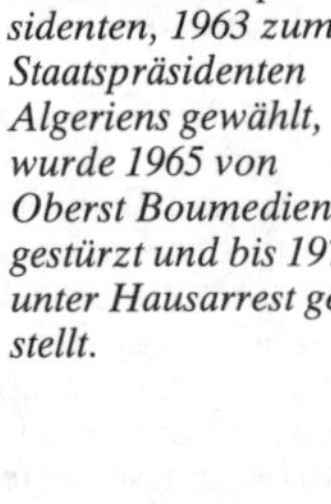

Ben Bella, 1962 zum ersten Ministerpräsidenten, 1963 zum Staatspräsidenten Algeriens gewählt, wurde 1965 von Oberst Boumedienne gestürzt und bis 1979 unter Hausarrest gestellt.

Andorra

Eine malerische Szenerie und zollfreie Waren locken jedes Jahr Tausende von Touristen in das kleine Pyrenäenland. Wie es heißt, verlieh Karl der Große (768–814) den Andorranern eine Charta der Unabhängigkeit als Dank für ihre Hilfe bei seinen Kriegen gegen die heidnischen Mauren. Andorras gegenwärtiges politisches System geht auf das Jahr 1278 zurück, als der spanische Bischof von Urgel und der französische Graf von Foix zu Koregenten von Andorra gemacht wurden. Die Rechte des Grafen gingen später auf die Könige und dann auf die Präsidenten von Frankreich über.

Als Preis für seine Unabhängigkeit zahlt Andorra jedes zweite Jahr einen nominellen Tribut von 960 Franc an Frankreich und 460 Peseten an den Bischof von Urgel. Seit 1868 liegt die Verwaltung in den Händen des vierundzwanzigköpfigen Generalrats, der alle vier Jahre von den Familienoberhäuptern der sechs Dörfer des Landes gewählt wird.

453 qkm
21000 Einwohner
Hauptort: Andorra la Vella

Angola

1246700 qkm
6730000 Einwohner
Hauptstadt: Luanda

Der portugiesische Entdeckungsreisende Diego Cão landete 1483 an der Kongomündung und errichtete die portugiesische Herrschaft über Angola. 1574 gründeten die Portugiesen Luanda und setzten einen Gouverneur ein. Im 19. Jahrhundert gewann Portugal die Provinz Cabinda, eine nördlich der Kongomündung gelegene Exklave, zu seinem Territorium hinzu.

Zwischen 1575 und 1836 stellte Angola die Hauptquelle der Sklavenbeschaffung für Brasilien dar. Seit dem 20. Jahrhundert begann Portugal mit der Ausbeutung der reichen Bodenschätze Angolas – Eisenerz, Diamanten und Erdöl. Sie bildeten bis zur Unabhängigkeit die wichtigste Quelle der portugiesischen Devisenbeschaffung.

1961 brach eine afrikanische Revolte gegen die portugiesische Herrschaft aus. Die Partisanenbewegung Angolas setzte sich aus drei Hauptgruppen zusammen: den kooperierenden Gruppen der FNLA und der UNITA sowie der marxistisch orientierten MPLA unter Agostinho Neto, die im Kampf gegen die Kolonialmacht und die beiden erstgenannten Gruppen von Kuba und der Sowjetunion unterstützt wurde.

Partisan aus Angola, der wie viele seinesgleichen gegen die portugiesische Kolonialherrschaft in Afrika kämpfte.

Am 11. November 1975 erklärte Portugal das vom Bürgerkrieg aufgeriebene Angola für unabhängig und zog seine Truppen zurück. Die MPLA rief die Volksrepublik Angola mit Neto als erstem Präsidenten aus. Gleichzeitig proklamierte die UNITA die Volksdemokratische Republik Angola. Unterstützt von sowjetischen Beratern und kubanischen Truppen konnte sich die MPLA durchsetzen. Ende 1976 wurde Angola als 148. Mitglied in die UNO aufgenommen. Regierungsfeindliche Guerillaeinheiten der UNITA und FNLA unternahmen auch 1980 weiterhin Angriffe. Mit dem Einverständnis der Regierung Angolas haben Einheiten der SWAPO, der Befreiungsorganisation Namibias, Stützpunkte auf angolanischem Gebiet, weshalb es immer wieder zu Angriffen Südafrikas auf Angola kam. Zwar verfolgte die Regierung weiterhin eine marxistische Politik, nahm jedoch auch Kontakte zu westlichen Ländern, unter anderem zu Portugal, auf.

Im September 1979 starb Neto; Eduardo dos Santos wurde zu seinem Nachfolger gewählt. Der Guerillakrieg der UNITA gegen die Armee der MPLA-Regierung und das kubanische Hilfskorps dauerte an. Er belastete die zerrüttete Wirtschaft erheblich.

Die Entdeckung einer neuen großen Erdöllagerstätte und die Wiedereröffnung der Benguelabahn, die 1980 erstmals wieder seit der Unabhängigkeit aus Zaïre Kupfer an den Atlantik transportierte, können in absehbarer Zeit an der schwierigen ökonomischen Lage Angolas nichts ändern.

Äquatorialguinea

28051 qkm
350000 Einwohner
Hauptstadt: Malabo (Santa Isabel)

Äquatorialguinea besteht aus zwei Provinzen: Fernando Poo und anderen Inseln im Golf von Guinea und dem Territorium von Río Muni auf dem westafrikanischen Festland. Der größte Teil seiner Einwohner gehört zum Volk der Pangwe. Auch viele nigerianische Einwanderer leben und arbeiten in Äquatorialguinea. Die Hauptexportprodukte des Landes sind Kakao, Kaffee und Nutzholz.

Fernando Poo wurde 1472 von den Portugiesen entdeckt. 1778 trat Portugal die Inseln an Spanien ab, das 1885 im Berliner Vertrag auch das Festlandsgebiet bekam. Das ganze Territorium nannte man Spanisch-Guinea.

1964 erhielt die Kolonie Selbstverwaltung. Nach der Unabhängigkeit (1968) nahm der kleine Staat den gegenwärtigen Namen an. Präsident wurde Francisco Macias Nguema, der sich im folgenden Jahr zum Diktator aufschwang und begann, antispanische Politik zu betreiben. Das zwang Spanien, fast alle der 7000 in Äquatorialguinea ansässigen Spanier zu evakuieren und die diplomatischen Beziehungen abzubrechen. Sie wurden 1971 wiederaufgenommen, und Spanien begann erneut, wirtschaftliche Hilfe zu leisten.

Am 3. August 1979 stürzte Oberstleutnant Teodoro Obiang Nguema Mbasogo, ein Neffe des Diktators Macias Nguema, die Regierung und ließ seinen Onkel wegen Völkermordes vor Gericht stellen. Während der elfjährigen Gewaltherrschaft Nguemas waren etwa 40000 Menschen umgekommen. Nguema und seine Anhänger wurden im September 1979 hingerichtet.

Arabische Emirate

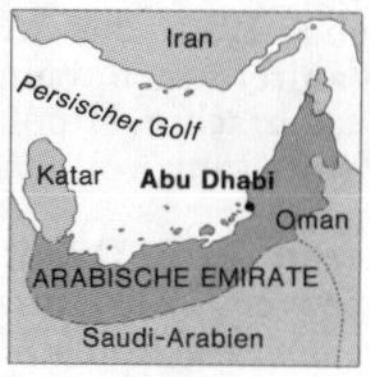

83600 qkm
877000 Einwohner
Hauptstadt: Abu Dhabi

Sieben arabische Scheichtümer am Persischen Golf, Abu Dhabi, Adschman, Dubai, Fudscheira, Ras el Cheima, Schardschah und Umm el Kaiwein, bilden die Arabischen Emirate. Abu Dhabi ist durch seine reichen Erdölvorkommen eines der wohlhabendsten Länder der Erde. Auch die anderen Länder führen Erdöl aus, daneben Datteln und Fisch.

Die Föderation wurde bereits 1971 gegründet, trat aber erst am 1. 1. 1972 endgültig in Kraft. Mit der ehemaligen Protektoratsmacht Großbritannien ist die Föderation durch einen Freundschaftsvertrag verbunden. Die Arabischen Emirate sind Mitglied der UNO und der Arabischen Liga.

Argentinien

2776889 qkm (ohne antarkt. Gebiete und Inseln)
26390000 Einwohner
Hauptstadt: Buenos Aires

Reiche Weiden und ertragreiches Ackerland haben Argentinien zum Wohlstand verholfen. Noch lange nachdem der spanische Seefahrer Juan Díaz de Solís das Land 1516 entdeckt hatte, betrachteten die Spanier Argentinien als ein sehr wenig versprechendes südamerikanisches Territorium. Trotz der Hoffnungen seiner ersten Erforscher, die es *Río de la Plata* (Silberfluß) nannten, hatte es keine Gold- und Silbervorkommen. Seine Ureinwohner, einfache Indianer, leisteten der spanischen Eroberung erbitterten Widerstand.

Die Gründung von Buenos Aires: 1536 Der spanische Konquistador Pedro de Mendoza gründete 1536 die argentinische Hauptstadt Buenos Aires. Nach wiederholten Angriffen durch feindliche Indianer wurde sie 1541 verlassen. Erst 1580 legte Juan de Garay auf ihrem Territorium eine neue Siedlung an, um das spanische Gebiet gegen die Portugiesen, die sich damals von Brasilien ausbreiteten, zu verteidigen.

Unabhängigkeitserklärung: 1816 Buenos Aires wurde 1806 von britischen Truppen erstürmt, doch fast sofort zurückerobert. Dieser Sieg ermutigte die Stadt, 1810 gegen die spanischen Herrscher zu rebellieren; der Vizekönig wurde abgesetzt und ein *Cabildo* (Stadtrat) gebildet. Nach einer bewaffneten Auseinandersetzung gewann Argentinien 1816 die Unabhängigkeit von Spanien.

Machtkämpfe Bürgerkrieg und Anarchie folgten der Unabhängigkeit. Auf der einen Seite waren die Kaufleute, die Intellektuellen und die Bürger, die eine Zentralregierung mit Sitz in Buenos Aires wünschten; auf der anderen standen die Landbewohner, die von den Gauchos unterstützt wurden, wilden, gesetzlosen Viehhütern spanisch-indianischer Abstammung, die die Pampas durchstreiften. Die Landbewohner wollten den Provinzen einen großen Machtanteil innerhalb einer föderativen Regierungsform sichern.

Die Unterstützung der Gauchos half den Föderalisten, die Regierung Juan Martin de Pueyrredóns im frühen 19. Jahrhundert zu stürzen. Später brachten sie den Armeeoffizier und Großgrundbesitzer Juan Manuel de Rosas an die Macht.

Unter General Bartolomé Mitré, von 1862–68 Präsident, blühte das Land wirtschaftlich auf und zog deshalb viele europäische Einwanderer an.

Nationale Verfassung: 1853 General Justo José de Urquiza führte eine Armeerevolte an, die Rosas 1852 zu Fall brachte, und im darauffolgenden Jahr arbeitete man eine Verfassung aus, die alle argentinischen Provinzen vereinigte. Das nunmehr als Argentinien bekannte Land blühte unter General Bartolomé Mitré, der 1862 Präsident wurde, und Domingo Sarmiento, Präsident von 1868–74, auf und zog Tausende von europäischen Einwanderern an.

Politische Reformen: 1912 Mit Hilfe großer britischer Investitionen wurden Eisenbahnlinien und Stra-

Juan Perón, hier mit seiner ersten Ehefrau Evita, ergriff 1946 die Macht, mußte aber 10 Jahre später zurücktreten. 1972 kehrte Perón aus seinem spanischen Exil zurück und wurde im September 1973 zum Präsidenten gewählt. Er starb im Juli 1974.

ßen angelegt, Telegraphen- und Postdienst eingeführt, Schulen und Bibliotheken gebaut. Doch obwohl das Land um die Jahrhundertwende einen gewissen Reichtum erlangt hatte, war es doch an eine kleine Regierungsgruppe, die alle politische Macht in Händen hielt, gebunden. Schließlich brach Roque Sáenz Peña 1912 die Macht dieser Gruppe und setzte Wahlreformen beim argentinischen Kongreß durch. Das brachte Hipólito Irigoyen mit seiner radikalen Verwaltung von 1916–22 und 1928–30 an die Macht.

Perón wird Diktator: 1946 Ein Militärputsch, der Irigoyen 1930 stürzte, bedeutete einen Wendepunkt in der argentinischen Geschichte. Die Armeeoffiziere wurden wieder in die Politik verwickelt, und das brachte 1946 den Diktator Juan Perón an die Macht. Perón führte in Südamerika einen neuen Typus der Diktatur ein, die auf der Unterstützung durch die Gewerkschaften basierte. Er nationalisierte die Zeitungen, unterdrückte die freie Meinungsäußerung und ließ seine Gegner inhaftieren. Doch zur gleichen Zeit erhöhte er die Löhne und stärkte die Arbeiterbewegung.

Unruhe nach Perón Die Absicht Peróns, Scheidung und Prostitution zu legalisieren, machte ihm die katholische Kirche zum Gegner. 1955 revoltierten die Führer der Kirche zusammen mit der Marine und einem Teil des Heeres. Perón trat zurück und floh nach Spanien. Zunächst übernahm eine Militärjunta die Macht. 1966 setzten die Militärs General Juan Carlos Onganía als Präsidenten ein. Politische Parteien wurden abgeschafft und die Forderungen der Arbeiter nach höheren Löhnen zurückgewiesen. Diese Unterdrückungsmaßnahmen lösten Ende der sechziger Jahre eine Welle gewalttätiger Demonstrationen und Streiks aus.

Die Militärjunta schaltete sich wieder ein, setzte General Onganía im Juni 1970 ab und machte einen anderen General, Roberto Marcelo Levingston, zum Präsidenten. 1971 wurde Levingston durch General Alejandro Lanusse ersetzt. Eines der Hauptziele der Armee bestand darin, Peróns Rückkehr an die Macht zu verhindern. Doch 1972 gestattete Lanusse Perón die Heimkehr aus dem Exil. In den ersten Wahlen des Jahres 1973 – Perón selber kandidierte nicht – wurde der peronistische Kandidat, Héctor Cámpora, zum Präsidenten gewählt. Im September 1973 wurden erneut Wahlen ausgeschrieben, aus denen Perón als Sieger hervorging. Als Perón im Juli 1974 starb, trat seine Frau Isabel seine Nachfolge an.

Der Argentinier Adolfo Perez Esquivel, der im Dezember 1980 den Friedensnobelpreis verliehen bekam, bei einem Besuch in Bonn. Er appelierte an die westlichen Industrienationen, keine Waffen mehr an die Dritte Welt zu liefern.

Im März 1976 stürzte die Armee Isabel Perón und setzte Generalleutnant Jorge Rafael Videla als Staatsoberhaupt und Regierungschef ein. Videlas Regime leitete ein Projekt zur Sanierung der desolaten Wirtschaftslage ein, und bis 1979 konnte die jährliche Inflationsrate von 350 Prozent auf 140 Prozent gesenkt werden. Um den Anschein einer Zivilregierung zu wahren, nahm Videla 1978 seinen Abschied von der Armee. Im Oktober 1980 nominierte die regierende Junta General Roberto Eduardo Viola für das Amt des Präsidenten für die von 1981 bis 1984 laufende Amtsperiode.

Äthiopien

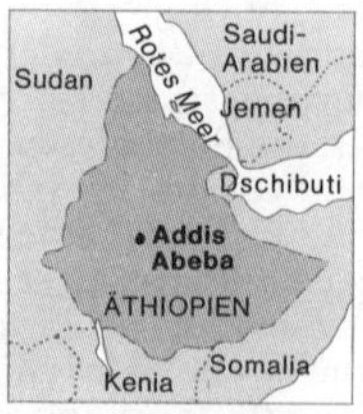

1 221 900 qkm
29 710 000 Einwohner
Hauptstadt: Addis Abeba

Im späten Mittelalter glaubte man, daß Äthiopien die Heimat des legendären Priesterkönigs Johannes sei. Erzählungen über seinen Reichtum lockten portugiesische Seefahrer ins Land. Die Legende hatte einen realen Hintergrund – Äthiopien war bereits im 4. Jahrhundert ein christliches Land und ist es bis heute geblieben. Als die europäischen Mächte den afrikanischen Kontinent im 19. Jahrhundert unter sich aufteilten, blieb Äthiopien verschont. Doch 1936 wurde es von Italien erobert, dessen Herrschaft bis 1941 dauerte.

Die frühesten Äthioper Nach einer äthiopischen Legende wurde das Reich etwa um 1000 v. Chr. von Menelik I. gegründet, dem ältesten Sohn Salomos und der Königin von Saba. Daher beriefen sich alle äthiopischen Kaiser auf ihre Abstammung von Salomo und nahmen die Titel »König der Könige« und »Der Löwe von Juda« an. Um etwa 100 n. Chr., der frühesten Zeit, aus der historische Aufzeichnungen existieren, gründeten die Sabäer, die aus Südarabien kamen, das mächtige Reich Aksum, das sich über den Norden Äthiopiens und einen großen Teil des Südsudans erstreckte.

Bekehrung zum Christentum: etwa 300 n. Chr. Aksum wurde im 4. Jahrhundert christianisiert, und die äthiopisch-orthodoxe Kirche, ein Zweig der ägyptisch-koptischen Kirche, verbreitete sich allmählich im nördlichen Hochland.

Durch den Aufstieg des Islams im 7. Jahrhundert war Aksum durch feindliche moslemische Nachbarn bedroht. 1270 entstand im äthiopischen Hochland eine neue Dynastie, die behauptete, die Salomo-Linie fortzusetzen. Unter dieser Dynastie erreichte die äthiopische Kultur ihren Höhepunkt.

Heiligenbild aus einer Felsenkirche: Äthiopien wurde im 4. Jh. christianisiert und blieb bis heute christlich, obwohl es 600 Jahre lang von der übrigen christlichen Welt abgeschnitten war, nachdem Ägypten 640 zum Islam bekehrt wurde.

Portugiesische Intervention: etwa 1500 Anfang des 16. Jahrhunderts war der äthiopische Staat der Gefahr einer vollständigen Eroberung durch die Moslems ausgesetzt. Der Papst schickte portugiesische Soldaten ins Land, mit deren Hilfe die endgültige Niederlage der Moslems 1543 herbeigeführt wurde. Diese Intervention setzte Äthiopien zum erstenmal katholischem Einfluß aus. Jesuitische Missionare versuchten die Äthioper für den Katholizismus zu gewinnen. Ihr größter Erfolg war 1622 die Konversion des Kaisers Susneus. Doch dies rief einen Volksaufstand hervor. Der neue Kaiser, Fasilidas, übernahm 1632 die Macht, wies die Jesuiten aus und verbot die Einreise katholischer Priester.

Jahrhunderte der Konflikte Eine Reihe schwacher und unfähiger Herrscher stürzte Äthiopien in ständig neue Kriege. 1855 ergriff Ras Kasa die Macht und wurde als Kaiser Theodoros II. gekrönt. 1864 ließ er die Mitglieder der britischen Mission verhaften und hielt sie in Magdala gefangen. Nach drei Jahren fruchtloser Verhandlungen entsandten die Briten Expeditionskorps unter Sir Robert Napier, um sie zu befreien. Napier eroberte Magdala; der Kaiser beging Selbstmord. Auf Theodoros folgte Johannes IV., der verschiedene Stämme mit Militärgewalt zur Anerkennung seiner Autorität zu zwingen suchte. Doch Italien, das Äthiopien als potentielles Protektorat ansah, unterstützte Menelik, den stärksten der provinziellen Anführer, gegen ihn.

Modernisierung unter Menelik Nach dem Tod von Johannes (1889) übernahm Menelik II. die Macht. Er brach mit Italien und schlug die angreifende italieni-

Kaiser Theodoros II. ergriff 1855 die Macht. Als er 1864 britische Diplomaten in Magdala gefangensetzte, entsandte Großbritannien ein Expeditionskorps, dem Theodoros vier Jahre später erlag. Der Kaiser beging Selbstmord.

sche Armee 1896 bei Adua. Italien war gezwungen, die Unabhängigkeit Äthiopiens anzuerkennen.

Menelik versuchte, das Land zu modernisieren; er baute die erste Eisenbahnlinie Äthiopiens und Schulen, auch stärkte er die Zentralregierung in der neuen Hauptstadt Addis Abeba. 1916 wurde Ras Tafari Makonnen zum Regenten ernannt und 1930 als Haile Selassie I. zum Kaiser gekrönt.

Italienische Invasion: 1935 Im Oktober 1935 machte Mussolini die italienischen Ansprüche auf Äthiopien wieder geltend. Die schlechtbewaffneten Truppen Haile Selassies wurden bald von den Italienern besiegt. Der Kaiser wandte sich an den Völkerbund, der Sanktionen gegen Italien verhängte. Das hielt die italienischen Armeen jedoch nicht auf, und Haile Selassie wurde 1936 gezwungen, nach England ins Exil zu gehen. Die Italiener beherrschten das Land bis 1941, als die britische Armee Haile Selassie wieder auf den Thron setzte.

Das moderne Äthiopien Äthiopien gewann 1952 den Zugang zum Roten Meer, nachdem, mit Billigung der Vereinten Nationen, Eritrea mit ihm eine Föderation eingegangen war. Im Innern des Landes setzte Haile Selassie die Reformen Meneliks fort. 1955 gab er dem Land seine erste Verfassung.

Das beschwichtigte jedoch die unzufriedene Minderheit nicht. Ein versuchter Umsturz 1960 durch hohe Armeeoffiziere wurde unterdrückt, doch der Kaiser entschloß sich, weitere Reformen durchzuführen. Zum erstenmal bekamen die Minister reale Machtbefugnisse. Äthiopiens bedeutende Rolle in dem neuen Afrika wurde 1963 sichtbar, als Vertreter von dreißig afrikanischen Nationen sich in Addis Abeba trafen, um die Organisation der Afrikanischen Einheit (OAU), mit Hauptquartier in dieser Stadt, zu gründen.

Kaiser Haile Selassie, der Löwe von Juda, 1916 zum Regenten ernannt, 1930 zum Kaiser gekrönt, wurde 1936 von den Italienern gezwungen, ins Exil zu gehen. 1941 kam er durch britische Hilfe wieder auf den Thron, wurde aber im Sommer 1974 gestürzt. Er starb 1975, nach einem Putsch, als Gefangener der Regierung.

Eine Somalfrau, die mit ihren Kindern aus dem Ogaden geflohen ist und nun in einem Flüchtlingslager in Somalia lebt.

Militärherrschaft Am 29. Juli 1974 übernahm das Militär die Regierungsgewalt und setzte am 12. September Haile Selassie ab. Er starb 1975 als Gefangener der Regierung.

1977 übernahm Oberstleutnant Menghistu Haile Mariam als Vorsitzender des »Provisorischen Militärischen Verwaltungsrats« die Macht. Blutige Auseinandersetzungen zwischen den Machthabern und verschiedenen revolutionären Kräften stürzten das Land in schwere Krisen. Vor allem die in Ogaden lebenden Somali haben unter Einwirkung der Westsomalischen Befreiungsfront eine Sezessionsbestrebung eingeleitet. Somalische Truppen besetzten 1977 Ogaden, konnten aber durch sowjetische Waffenhilfe und unter Einsatz sowjetischer und kubanischer Berater im März 1978 wieder aus Äthiopien vertrieben werden. Die Kampfhandlungen mit somalischen Guerilleros dauerten auch 1979 weiter an; nach eigenen Angaben hatte die Westsomalische Befreiungsfront Mitte 1979 wieder einen großen Teil des Ogaden in der Hand.

Auch aus Eritrea, wo seit zwei Jahrzehnten ein Sezessionskonflikt schwelt, wurden 1978 und 1979 sehr verlustreiche Kämpfe gemeldet. Hunderttausende von Menschen sind aus Ogaden nach Somalia und aus Eritrea nach Sudan und Dschibuti geflohen. Dürrekatastrophen vermehrten das Elend der ohnehin armen und durch die Kriegseinwirkungen stark in Mitleidenschaft gezogenen Bevölkerung.

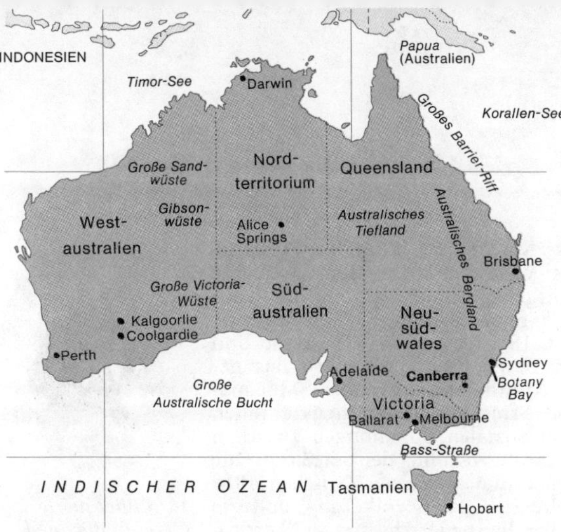

Australien

7686420 qkm
14260000 Einwohner
Hauptstadt: Canberra

Die Erschließung des Pazifiks im 17. und 18. Jahrhundert führte auch zur Entdeckung des gewaltigen Inselkontinents Australien. Der größte Teil der Nordwest-, West- und Südküste mit Tasmanien wurde durch holländische Forschungsreisende wie Jansz und Tasman zwischen 1606 und 1644 entdeckt, und der Inselkontinent erhielt den Namen Neuholland. Die wichtigere Ostküste jedoch brachte der Engländer James Cook erst 1770 auf die Landkarte. Er nahm formell die östliche Hälfte der Insel in Besitz, die er Neusüdwales nannte.

Die Ureinwohner Die ersten Australier waren ein dunkelhäutiges Volk, das Australien wahrscheinlich von Asien aus über die indonesischen Inseln vor 16 000 Jahren erreichte. Ihre Zahl war gering; als die Weißen erschienen, lebten weniger als eine Viertelmillion Ureinwohner auf dem gesamten Kontinent. Die Zusammenstöße zwischen Neuankömmlingen und Ureinwohnern verursachten schwere Verluste unter den einheimischen Stämmen. Die Urbevölkerung Tasmaniens war bis zur Mitte des 19. Jahrhunderts völlig ausgerottet. Heute leben noch ungefähr 50 000 reinrassige Australier.

Zuzug der britischen Siedler Vor dem amerikanischen Unabhängigkeitskrieg entledigte sich England vieler seiner Strafgefangenen, indem es sie nach Amerika abschob. Doch der Verlust der amerikanischen Kolonien und die durch die industrielle Revolution ansteigende Kriminalität ließen das Sträflingsproblem sehr akut werden. So beschloß die Regierung, die Strafgefangenen an die Ostküste von Neusüdwales zu schicken.

Mit dem ersten Sträflingstransport, der aus elf Schiffen bestand, kamen etwa 1000 Siedler, von denen 736 Strafgefangene waren. Die Schiffe warfen im Januar 1788 in der Botany Bay Anker. Der erste Gouverneur, Arthur Phillip, wählte als Platz für eine neue Siedlung Port Jackson, einen vorzüglichen Hafen einige Kilometer nordwärts – später entstand hier die Stadt Sydney.

Die ersten Jahre Ein gewundener und zerklüfteter Gebirgszug, die Blauen Berge, beschränkte die Siedlung auf die Cumberland-Ebene, ein flaches, ziemlich unfruchtbares Gebiet, das sich etwa 65 Kilometer rund um Sydney erstreckt. Viele Jahre hindurch verließen sich die Kolonisten auf Nahrungsmittellieferungen aus England.

Phillip und seine drei Nachfolger mußten auch das Problem des New South Wales Corps bewältigen, einer militärischen Einheit, die man in England speziell für den Dienst in der Kolonie ausgebildet hatte. Viele seiner Offiziere und auch einige der Kolonialbeamten erlangten ein Monopol im Rumhandel, von dem sie persönlich profitierten, während die Kolonie selbst dahinvegetierte. Gouverneur Bligh, berühmt durch die Meuterei auf der *Bounty*, versuchte diesem Handel ein Ende zu machen, doch seine Strenge führte 1808 zur Rum-Revolte. Offiziere des Corps verhafteten den Gouverneur und übernahmen die Verwaltung. Sie behielten ihre Macht bis zur Ankunft des Gouverneurs Lachlan Macquarie Ende 1809.

William Bligh, Gouverneur von Neusüdwales, wurde 1808 wegen seiner Strenge von Offizieren abgesetzt.

Britische Strafgefangene erschließen unter Bewachung neues Land. Bis 1868 wurden Gefangene nach Australien deportiert.

Die Macquarie-Ära Macquaries lange Verwaltungszeit erwies sich als Wendepunkt in der Geschichte der Kolonie. Das ehrgeizige Bauprogramm des Gouverneurs begann die neue Siedlung Sydney in eine Stadt zu verwandeln. 1813 überquerten Blaxland und Lawson die Blauen Berge und machten so das gewaltige Innere des Kontinents zugänglich. Macquarie begnadigte viele Sträflinge und schenkte ihnen Land. Das führte zu sozialen Spannungen zwischen den ehemaligen Sträflingen und den Siedlern, die aus freiem Willen gekommen waren. Zwischen 1810 und 1820 verdoppelte sich die Bevölkerung, und die Schafzucht wurde in die neuerschlossenen Territorien Australiens eingeführt. Wolle sollte bald als Exportartikel die wichtigste Rolle spielen.

1813 überquerte Gregory Blaxland die Blauen Berge. Danach begann die Erforschung des Innern des australischen Kontinents.

Die Selbstverwaltung Mit der Verbreitung der Siedlungen wurden Forderungen laut, die Regierungsform in Neusüdwales, die praktisch einer autokratischen Kontrolle über ein Freiluftgefängnis glich, in repräsentative und letztlich voll verantwortliche Institutionen zu verwandeln. Neusüdwales war bis 1825 die einzige Kolonie und schloß alle anderen Siedlungen ein. Es erhielt 1842 begrenzte und 1854 voll verantwortliche Selbstverwaltung, die 1855 auf alle inzwischen in Australien gegründeten Kolonien mit Ausnahme von Westaustralien ausgedehnt wurde.

So blieb es etwa ein halbes Jahrhundert lang; zwischen den Kolonien entwickelte sich Rivalität, und sie unterstützten den britischen Vorschlag, eine Föderation zu bilden, nicht.

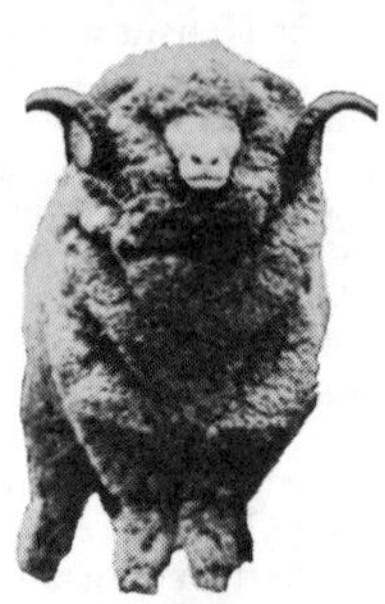

1797 führte John Macarthur das Merinoschaf in Neusüdwales ein. Um 1850 gab es bereits 16 Millionen Schafe in Australien.

Gold und Wolle Die koloniale Entwicklung beschleunigte sich ruckartig, als Edward Hargraves im Bathurst-Distrikt Neusüdwales' im Jahre 1851 Gold entdeckte. In Ballarat (Victoria) und an anderen Orten folgten weitere Entdeckungen. Nach 1861 überschritt die Bevölkerungszahl die Millionengrenze.

Die Jahre nach dem Goldrausch waren durch Kämpfe für die Freigabe von Land gekennzeichnet, das, wie man glaubte, ungerechterweise der Viehzucht vorbehalten blieb, während die ehemaligen Goldgräber dringend Ackerland brauchten. Gesetze wurden erlassen, die den Landkauf erleichterten, doch ein großer Teil des Landes war für die Bewirtschaftung ungeeignet. Schafzucht herrschte in den ländlichen Gebieten immer noch vor.

Als Edward Hargraves 1851 im Bathurst-Distrikt in Neusüdwales Gold entdeckte, begann die Zeit des Goldrauschs in Australien.

Australiens Mündigkeit Die achtziger und neunziger Jahre des 19. Jahrhunderts verzeichneten die ersten wahren Anfänge nationalen Selbstbewußtseins in Literatur und Kunst, Politik und Gesellschaft. Der Kampf um die Rechte der organisierten Arbeiterschaft führte zur Gründung der australischen Arbeiterpartei (Labor Party). Parallel dazu entwickelte sich die Bewegung gegen die Einwanderung von Farbigen, besonders von Chinesen. Im Hintergrund beider Bewegungen stand die Sorge um die Aufrechterhaltung der bestehenden Lebens- und Arbeitsbedingungen. Ein geeintes Australien konnte in dieser Beziehung natürlich mehr tun als sechs Kolonialregierungen, die einander mißtrauten, und das soziale Klima der neunziger Jahre des 19. Jahrhunderts ließ eine Föderation schließlich möglich erscheinen. Am 1. Januar 1901 wurde das Commonwealth of Australia gegründet. Der so benannte Bundesstaat war Dominion der britischen Krone. Die zwei Kammern des Bundesparlaments tagten von 1901 bis 1927 in Melbourne, dann wurden sie in die neue Hauptstadt des Landes, Canberra, verlegt. Eine der ersten Maßnahmen, die das neue Parlament annahm, war 1901 ein Gesetz, das die Einwanderung von Farbigen verhindern sollte.

Der Weltkrieg und die Zeit danach Die Auswirkungen der Politik eines *weißen Australiens* führten zu erheblichen Reibereien in bezug auf Australiens Platz im britischen Commonwealth, doch als 1914 der Krieg ausbrach, waren alle Differenzen schnell vergessen. Tausende junger Australier meldeten sich freiwillig für den Kriegsdienst in Übersee. Sie kämpften an der Westfront und im Mittleren Osten.

Nach dem Krieg machte Premierminister W. M. Hughes auf der Friedenskonferenz von Paris Australiens Ansprüche als pazifische Macht nachdrücklich geltend, und Australien erhielt das Völkerbundsmandat über die ehemalige deutsche Kolonie Neuguinea.

Zwischen den beiden Weltkriegen kämpfte Australien mit wirtschaftlichen Schwierigkeiten. Um 1933 war ein Drittel der australischen Werktätigen arbeitslos. Zu dieser Zeit hatte sich das Zweiparteiensystem ziemlich fest verankert. Die Arbeiterpartei hatte ihren ursprünglichen Namen behalten, während die zweite Partei sich erst Nationalistische, Vereinigte Australische und dann Liberale Partei nannte. Während der zwanziger Jahre des 20. Jahrhunderts bildete sich eine dritte Partei, die eng mit der Liberalen Partei zusammenarbeitete und deren Ziel es war, die Interessen der Landbevölkerung zu schützen.

Der Zweite Weltkrieg Australien trat 1939 als kleine Nation (7 Millionen Einwohner) in den Krieg ein, stand jedoch, was seinen Lebensstandard betraf, an sechster Stelle in der Welt. Nach dem Westminster-Statut von 1931 war es ein gleichberechtigtes Dominion des britischen Commonwealth, doch die Realitäten des Krieges im Pazifik zeigten bald, daß es sich, was seine eigene Verteidigung betraf, nicht mehr ausschließlich auf Großbritannien verlassen konnte. Der Zweite Weltkrieg war deshalb ein weiterer Wendepunkt, da sich nun die australische Außenpolitik und seine wirtschaftlichen Interessen mehr auf die Vereinigten Staaten als auf Europa zu konzentrieren begannen.

Nachkriegszeit Die Regierung der Arbeiterpartei blieb den größten Teil des Krieges über an der Macht. Die Außenpolitik der Nachkriegszeit war stark von der Liberalen Partei geprägt, die 1949 unter Robert Menzies die Regierung übernahm und 23 Jahre lang an der Macht blieb. 1965 schickte Australien Truppenkontingente zur Unterstützung der Amerikaner nach Südvietnam; sie wurden erst 1972 abgezogen.

Erst als die Arbeiterpartei unter Gough Whitlam im Dezember 1972 wieder an die Macht kam, war der Weg für die diplomatische Anerkennung des kommunistischen Chinas frei, obwohl schon seit Jahren lebhafte Handelsbeziehungen zwischen Australien und China bestanden. In dem Bemühen, die nationale Entwicklung voranzutreiben, wurde seit dem Krieg die Einwanderung aus Europa gefördert, und zwischen 1951 und 1970 kamen über drei Millionen neue Australier ins Land.

Australien kann nicht mehr als reines Agrarland betrachtet werden. 1970 machten landwirtschaftliche Erzeugnisse nur ein Viertel der Exporte aus. Seit 1945 hat die Industrie enorme Fortschritte gemacht, und durch einen Aufschwung der Mineralexporte und durch die Entdeckung von Öl- und Erdgasfeldern ist die australische Wirtschaft noch vielfältiger geworden. Die Bevölkerung, die sich auf fast 13 Millionen beziffert, ist hauptsächlich auf dem schmalen Streifen entlang der Südostküste konzentriert, mehr als ein Drittel davon in den riesigen Städtekomplexen von Sydney und Melbourne.

Wirtschaftliche Schwierigkeiten, mit denen Australien seit Mitte 1975 zu kämpfen hat, das Scheitern der Labourregierung unter E. G. Whitlam und Korruptionsvorwürfe veranlaßten Generalgouverneur Sir

Mit solchen Plakaten rief man 1914 die jungen Australier auf, dem Mutterland im Ersten Weltkrieg zu Hilfe zu kommen. In beiden Kriegen erwarben sich die Australier hohes Ansehen.

Sidney Robert Nolan, 1917 geboren, gehört zu den bedeutendsten Malern Australiens. Hier ein Bild aus seiner Serie »Ned Kelly«.

Sir Robert Menzies übernahm nach dem Wahlsieg der Liberalen Partei 1949 für 16 Jahre das Amt des Premierministers. Er trat für eine enge Bindung Australiens an Großbritannien und die Vereinigten Staaten ein.

Zwei australische Wahrzeichen – die Brücke im Hafen von Sydney und das neue Opernhaus der Stadt, das 1973 eröffnet wurde.

John Kerr, den Premierminister zu entlassen und unter dem liberalen Oppositionsführer Malcolm Fraser eine Übergangsregierung zu bilden. Bei den Wahlen im Dezember 1975 gingen die Liberalen als Sieger hervor, und sie konnten ihre Position als Regierungspartei auch nach den Wahlen von 1977 halten. Während sich die Arbeitslosenquote 1978 erhöhte, verminderte sich die Inflationsrate. Die von Premierminister Fraser geführte Koalition konnte in den Parlamentswahlen vom Oktober 1980 ihre Mehrheit behaupten.

Bahamas

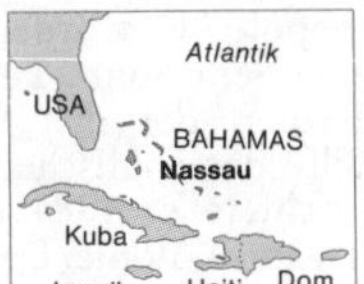

13 935 qkm
230 000 Einwohner
Hauptstadt:
Nassau

700 Inseln vor der Küste Floridas – von denen nur etwa 30 bewohnt sind – bilden die Bahamas. Guanahani, eine der zu den Bahamas gehörenden Inseln, war das erste Land, das Christoph Kolumbus zu Gesicht bekam, als er am 12. Oktober 1492 die Neue Welt erreichte. Die kontinuierliche Besiedlung begann jedoch erst im 17. Jahrhundert, als britische Kolonisten von den Bermudas aus auf den Bahamas eintrafen. Die Nachkommen der von ihnen eingeführten afrikanischen Sklaven bilden heute mit 85 Prozent der Gesamtbevölkerung den größten Bevölkerungsanteil.

Im 17. und 18. Jahrhundert benutzten Seeräuber die Inseln als Stützpunkte, um von dort aus die Spanier anzugreifen. Sie wurden aber nach 1717 vertrieben. Heute entwickeln sich die Inseln immer mehr zu einem bedeutenden Touristenzentrum. Wichtige Ausfuhrgüter sind Ananas, Apfelsinen, Bananen und Edelhölzer.

1964 wurde von England die interne Selbstverwaltung gewährt. Am 10. Juli 1973 erhielten die Bahamas ihre Unabhängigkeit. Lyndon Oscar Pindling, seit 1967 Premierminister, blieb auch nach den Wahlen vom 19. Juli 1977 mit seiner Partei, der Progressive Liberal Party, an der Macht.

Bahrain

622 qkm
275 000 Einwohner
Hauptstadt:
Menama

Im frühen Altertum waren die Bahrain-Inseln Zwischenstation für den babylonischen Handel mit dem Industal. Im 4. und 5. nachchristlichen Jahrhundert standen sie zeitweise unter persischer Herrschaft, später wurden sie von islamischen Heeren erobert. 1507 kam Bahrain in portugiesische und 1602 wieder in persische Hand. 1783 machte sich die Chalifa-Dynastie selbständig und schloß 1820 den ersten Vertrag mit Großbritannien, das 1867 die Kontrolle über die Verteidigung und die Außenpolitik übernahm.

Dieses Arrangement dauerte bis 1968, als England seine Absicht bekanntgab, sich von diesem Gebiet zurückzuziehen. Angesichts dieser neuen Situation versuchten die kleinen arabischen Fürstentümer am Persischen Golf eine politische Union zu bilden. Die Verhandlungen mit Bahrain führten jedoch in eine Sackgasse, und der Herrscher des Landes, Scheich Isa Bin Sulman el Khalifa, sprach sich 1971 für die Unabhängigkeit aus. Öl, das 1932 entdeckt wurde, brachte den Wohlstand nach Bahrain, das eine der größten Ölraffinerien im Mittleren Osten besitzt. Da die Erdölreserven jedoch begrenzt sind, erwog man 1978 eine Einschränkung der Förderung und die Errichtung von Industriebetrieben. Trotz einer Inflationsrate von 15 Prozent im Jahre 1979 ist die Finanzlage stabil. Da Bahrain den Friedensvertrag zwischen Ägypten und Israel ablehnte, brach es im April 1979 die diplomatischen Beziehungen zu Ägypten ab.

Bangladesch

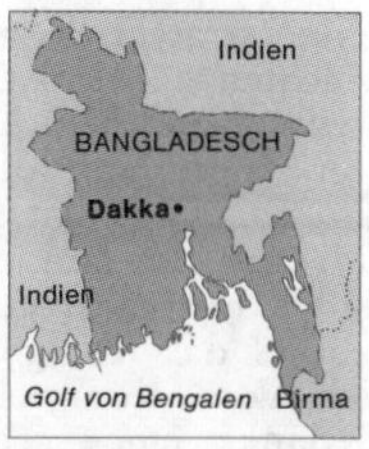

143 998 qkm
84 660 000 Einwohner
Hauptstadt:
Dakka

Ende des Jahres 1968 brachen in Ostpakistan heftige Unruhen aus, denn dieses Land, in dem 55 Prozent der pakistanischen Bevölkerung auf einem Sechstel der Gesamtfläche Pakistans leben, wollte seine Autonomie. Im März 1969 dankte Präsident Ayub Khan ab, und General Yahya Khan übernahm die Regierung Pakistans.

Am 7. Dezember 1970 fanden in ganz Pakistan allgemeine Wahlen statt, die zu einem Sieg der Awami-Liga unter Mujibur Rahman führten. Westpakistan widersetzte sich den Autonomieforderungen der Awami-Liga. Die neue verfassunggebende Versammlung konnte sich im Februar 1971 nicht konstituieren, und im März marschierten westpakistanische Truppen in Ostpakistan ein. Daraufhin riefen die führenden Politiker Ostpakistans im April die Republik Bangladesch aus.

Fünf bis zehn Millionen Flüchtlinge kamen von Ostpakistan nach Indien. Indien protestierte gegen die wirtschaftliche Bürde, die ihm damit auferlegt wurde, und warf Pakistan Brutalität vor, während Pakistan Indien der Einmischung in seine internen Angelegenheiten bezichtigte. Zwischen beiden Ländern brach Krieg aus. Indische Streitkräfte marschierten in Ostpakistan ein, und bald erhielt es unter Führung Mujibur Rahmans seine Unabhängigkeit als Bangladesch.

Im Januar 1975 wurde die Verfassung außer Kraft gesetzt, und Mujibur Rahman wurde zum Präsidenten mit diktatorischen Machtbefugnissen eingesetzt. Im August desselben Jahres fiel er einem Mordanschlag rebellierender Soldaten zum Opfer. Der Finanzminister übernahm die Regierungsgewalt, wurde aber im November seinerseits gestürzt. Zia Rahman, Oberbefehlshaber der Truppen, riß die Regierungsgewalt an sich und verhängte das Kriegsrecht. Im April 1977 wurde Zia als Präsident vereidigt; im Herbst ereigneten sich mehrere Putschversuche. Im Juni 1978 fanden Wahlen statt, von der Opposition als manipuliert bezeichnet, in denen Zia Rahman mit 78 % der Stimmen zum Präsidenten gewählt wurde. Als Mitte 1978 mehr als 100 000 Muslime aus Birma nach Bangladesch flohen, kam es zu einem Konflikt mit Birma, der aber beigelegt werden konnte. Im April 1979 trat Zia aus dem aktiven Militärdienst aus, hob das Kriegsrecht auf und ernannte Schah Asisur Rahman zum Regierungschef.

Der Führer der ostpakistanischen Unabhängigkeitsbewegung, Mujibur Rahman, fiel im August 1975 einem Attentat zum Opfer.

Barbados

430 qkm
250 000 Einwohner
Hauptstadt:
Bridgetown

Sie ist die dichtestbesiedelte aller Westindischen Inseln und weitgehend vom Tourismus und vom Zuckerexport abhängig. Zuckerplantagen bedecken einen großen Teil der Insel, und ihre Besitzer genossen jahrhundertelang das Monopol der politischen Macht.

1519 wurde Barbados von den Spaniern entdeckt. Als Captain John Powell die Insel 1625 für Großbritannien in Besitz nahm, war sie unbewohnt. Allerdings hatten früher wohl Aruaken auf ihr gelebt. Niemand weiß jedoch, was sie veranlaßte, Barbados zu verlassen. Die ersten Siedler erschienen 1625 und importierten westafrikanische Sklaven. Etwa 200 Jahre später erhielten die Sklaven ihre Freiheit.

1937 brach der farbige Rechtsanwalt Sir Grantley Adams die politische Macht der Plantagenbesitzer. Er nahm sich der Sache der nicht wahlberechtigten Nachkommen der ehemaligen Sklaven, die noch heute den größten Bevölkerungsanteil ausmachen, an. 1950 wurde das allgemeine Wahlrecht erzwungen. Nachdem die Föderation der Westindischen Inseln 1962 auseinandergefallen war, wurde Barbados 1966 ein unabhängiger Staat innerhalb des britischen Commonwealth.

Nach dem Wahlsieg der Barbados Labour Party bildete Tom Adams 1976 die Regierung. Bis zum März 1979 wurden die im Zweiten Weltkrieg eingerichteten US-Stützpunkte geräumt.

Basutoland siehe Lesotho

Eine protestantische Karikatur des Herzogs von Alba, der als Statthalter von 1567–73 die Reformierten hart verfolgte, örtliche Rechte durch ein allgemeines Strafgesetzbuch ersetzte und das spanische Steuersystem einführte.

Belgien

Seine strategisch wichtige Lage zwischen größeren Mächten hat dem Gebiet des heutigen Belgien seinen Stempel aufgedrückt. Es ist das Land von Waterloo, von Ypern und der Ardennenoffensive 1945. Seine günstige Lage hat aber auch seit alters Handel und Gewerbe des Landes entscheidend gefördert. Obwohl es als historisch gewachsenes Gebilde viel älter ist, gibt es das Königreich Belgien erst seit 1830, als es sich vom Königreich der Niederlande losriß. Der Gedanke eines geeinigten Europas schlug in dem Lande zwischen den Nationen früh Wurzel, und es ist kein Zufall, daß sowohl die Europäische Gemeinschaft wie auch die Nato ihren Sitz in Brüssel haben.

Belgien hat zwei offizielle Sprachen: das Niederländische der im Norden konzentrierten Flamen (60 Prozent der Bevölkerung) und das Französische der im Süden dominierenden Wallonen (39 Prozent der Bevölkerung). Die Verschiedenheit von Sprache und Kultur hat oft Spannungen in ihren gegenseitigen Beziehungen verursacht.

30514 qkm
9800000 Einwohner
Hauptstadt: Brüssel

Ein goldener Halsreif zeugt von den handwerklichen Fähigkeiten der eisenzeitlichen Bewohner Belgiens.

Von den Belgen zu Burgund Seinen Namen hat das Land von den Belgen, einem keltischen Stamm, der zwischen Seine und Rhein siedelte und im 4. vorchristlichen Jahrhundert in dieses Gebiet von Osten her eingewandert war. Zwischen 57 und 51 v. Chr. unterwarf Cäsar die Belgen. Die von Augustus eingerichtete römische Provinz Belgica umfaßte auch einen großen Teil des heutigen Nordfrankreich. Das gesamte Gebiet wurde seit etwa 250 n. Chr. von Germanenstämmen heimgesucht und im Jahre 410 von den Römern auf-

Diese Illustration einer mittelalterlichen Handschrift zeigt Weber bei der Arbeit. Die Wollverarbeitung bildete eine wichtige Grundlage des flämischen Reichtums im Mittelalter.

gegeben. Seither war es ein Kernland des Frankenreiches, aus dem auch die Karolinger, die Familie Karls des Großen, stammten. Bei der Teilung des Fränkischen Reiches kam das Gebiet westlich der Schelde an Frankreich, das übrige an Lotharingien und damit 925 an das Deutsche Reich.

Durch Gewerbefleiß und Handel waren die flandrischen Städte Brügge, Gent und Ypern schon früh wohlhabend geworden. Seine größte Blüte erlebte das Land im 14. und 15. Jahrhundert unter den französischen Herzögen von Burgund, die das Land durch Heirat und Eroberung zusammengefaßt hatten.

Die Habsburger: 1477–1797 Die Niederlande, wie der gesamte nördliche Teil Burgunds genannt wurde, kamen durch die Heirat Marias von Burgund mit Maximilian I., dem habsburgischen Herrscher Österreichs, unter die Herrschaft der Habsburger. 1555 spalteten sich die Besitzungen der Habsburger endgültig in eine spanische und eine österreichische Linie. Philipp II. von Spanien, ein glühender Katholik, kam in diesem Jahr auf den Thron und wurde so auch Herrscher im heutigen Belgien. Er lehnte es ab, seinen protestantischen Untertanen Religionsfreiheit zu gewähren, und 1568 brach ein Aufstand aus. Er ging 1598 zu Ende, und das heutige Belgien blieb unter spanischer Herrschaft. Nur die nördlichen Provinzen – die heutigen Niederlande – hatten ihre Selbständigkeit errungen.

Im 17. Jahrhundert, als Frankreich unter Ludwig XIV. einen Aufstieg erlebte, wurden die spanischen Niederlande, also das heutige Belgien, zum Schlachtfeld zwischen Frankreich und Spanien. Die Franzosen besetzten es 1700, doch 1713, nach dem Frieden von Utrecht, ging es in die Hand Österreichs über.

1789, angespornt vom Beispiel der Französischen Revolution, rebellierten die Einwohner des Landes gegen ihre österreichischen Herrscher und konnten sie schließlich vertreiben. 1797 wurde das Land von Frankreich annektiert.

Die Vereinigten Niederlande: 1815–30 Nach der endgültigen Niederlage Napoleons auf belgischem Boden – bei Waterloo – vereinigten die siegreichen Verbündeten Belgien mit Holland und Luxemburg und schufen so einen Pufferstaat gegen Frankreich. Diese Vereinigung unter dem holländischen König Wilhelm I. war bei den Belgiern unpopulär, da die zwei Länder verschiedenen Konfessionen angehörten – Holland war ein im wesentlichen protestantischer Staat und Belgien weitgehend römisch-katholisch.

1830 rebellierten die Belgier, vertrieben die Holländer und riefen ihre Unabhängigkeit aus. Wilhelm I. appellierte an die alliierten Mächte um Hilfe, aber sie erkannten die belgische Unabhängigkeit an. Im folgenden Jahr wurde ein deutscher Herzog, Leopold von Sachsen-Coburg, zum neuen Herrscher des Landes gewählt. Die europäischen Großmächte einigten sich darauf, Belgiens Unabhängigkeit und seine dauernde Neutralität anzuerkennen.

1830 riefen die Belgier ihre Unabhängigkeit aus und machten ihr Land unter dem deutschen Herzog Leopold von Sachsen-Coburg, der als Leopold I. gekrönt wurde, zur konstitutionellen Monarchie.

Reformen unter den Leopolds: 1831–1909 Unter Leopold I. wurde Belgien konstitutionelle Monarchie. Sein Sohn, Leopold II., förderte die Industrialisierung, die das Gesicht Belgiens veränderte. Mit Hilfe des englischen Forschers Henry Morton Stanley errichtete er 1884 den »Freien Kongostaat« als eine private Kolonie. Das Einkommen aus dem Kautschukverkauf der Kolonie machte die belgische Monarchie reich, doch 1908, als Berichte über Korruptionen und Grausamkeiten im Kongo erschienen, wurde die Kolonie in Staatsbesitz überführt.

Bis zum Beginn des 20. Jahrhunderts hatte die industrielle Entwicklung eine starke Arbeiterklasse geschaffen, die ein Stimmrecht verlangte. Gleichzeitig erwuchs die Forderung, das Niederländische zusammen mit dem Französischen zur offiziellen Sprache zu machen.

Leopold II. errichtete 1884 den »Freien Kongostaat« als eine private Kolonie.

In beiden Weltkriegen erobert Belgien lehnte das Ansinnen Deutschlands ab, 1914 den Durchmarsch deutscher Truppen nach Frankreich zu gestatten. Die darauf folgende Verletzung der belgischen Neutralität durch Deutschland bewirkte das Eintreten Englands in den Krieg. Mit Ausnahme von einem kleinen Teil Flanderns wurde ganz Belgien durch die Deutschen besetzt, die belgische Armee kämpfte jedoch unter Führung Alberts I. (1909–34) weiter.

Beim Ausbruch des Zweiten Weltkrieges blieb Belgien neutral, doch Deutschland begann am 10. Mai 1940 einen Blitzkrieg. Nach 18 Tagen schwerer Kämpfe kapitulierte der belgische König Leopold III. (1934–51), ohne seine französischen und englischen Verbündeten zu konsultieren. Die Regierung floh nach London, Leopold ergab sich jedoch den Deutschen, die ihn auf Schloß Laeken festhielten.

Leopold kehrte erst 1950 auf den Thron zurück, nachdem bei einer Volksbefragung 57 Prozent der Belgier sich für seine Wiedereinsetzung als König ausgesprochen hatten. Fortgesetzte Feindseligkeiten gegen den König führten jedoch dazu, daß er noch im selben Jahr wieder abdanken mußte und sein Sohn Baudouin den Thron bestieg.

Belgien erlangte als eines der ersten Länder nach dem Krieg wieder einen gewissen Wohlstand. Sein führender Politiker, Paul Henri Spaak, war Präsident des Europarates. 1948 schloß sich Belgien mit Holland und Luxemburg zu der wirtschaftlichen Union *Benelux* zusammen und gehörte 1957 zu den Gründungsmitgliedern des Gemeinsamen Marktes.

Die Kongokrise 1960 gewährte Belgien dem Kongo die Unabhängigkeit – eine Entscheidung, die durch

Anblick Yperns im Jahre 1916. Die Kathedrale aus dem 13. Jh. ist durch deutsches Bombardement zerstört. Einige der schwersten Schlachten des Ersten Weltkriegs wurden auf belgischem Boden ausgetragen.

internationalen Druck erzwungen wurde. Innerhalb weniger Tage rebellierte die kongolesische Armee, die *Force Publique,* gegen ihre weißen Offiziere, und belgische Fallschirmjäger wurden in den Kongo geschickt, um die Ordnung wiederherzustellen. Diese Intervention spaltete die öffentliche Meinung in Belgien selbst. Die Kongolesen glaubten, daß die Belgier wieder eine totale Kontrolle herstellen wollten, und appellierten an die Vereinten Nationen, die Belgien zum Abzug der Fallschirmjäger aufforderten.

Die Weltausstellung von 1958 fand in Brüssel statt. Als ihr Symbol errichtete man das 110 m hohe Atomium, eine 150milliardenfache Vergrößerung eines Alpha-Eisenkristalls.

Norden gegen Süden 1968 ereigneten sich Zusammenstöße zwischen Flamen und Wallonen. Eine Koalitionsregierung unter Gaston Eyskens führte Reformen durch, die auf die Versöhnung beider Gruppen zielten. Im April 1974 bildete der christlich-soziale Parteiführer Tindemans mit den Liberalen eine Koalition. Die Sozialisten – ihr Führer Leburton war seit 1973 Regierungschef – plädierten für eine mehr linksgerichtete Politik.

Rezession und Inflation machten sich 1975 deutlich bemerkbar. Im März 1977 wurden Neuwahlen ausgeschrieben, die ganz unter dem Zeichen der Wirtschaftspolitik und der sprachlich-kulturellen Aspekte standen. Der bisherige Regierungschef Leo Tindemans bildete eine Koalitionsregierung. Auseinandersetzungen in der Koalition führten 1978 zu einer Regierungskrise, die aber zunächst beigelegt werden konnte. Im Oktober 1978 trat Tindemans zurück; sein Parteigenosse Paul van den Boeynants trat seine Nachfolge an. Bei den Wahlen im Dezember trugen wieder die flämischen Christdemokraten den Sieg davon, deren Vorsitzender Wilfried Martens das Amt des Ministerpräsidenten einnahm.

Am 5. August 1980 konnte die Regierung Martens das Gesetz zur wirtschaftlichen Regionalisierung Belgiens in der Abgeordnetenkammer durchsetzen. Der Umbau des belgischen Staates, der den Ausgleich der Gegensätze zwischen Flamen und Wallonen zum Ziel hat, kam so einen entscheidenden Schritt voran. Seit Oktober 1980 amtiert die vierte Regierung Martens, die ihr Hauptaugenmerk auf die Überwindung der schweren wirtschaftlichen Krise des Landes richten will.

Benin

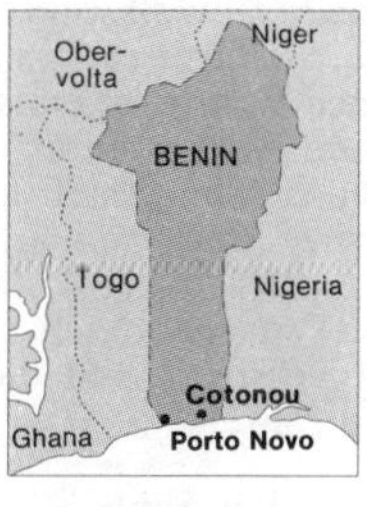

112 622 qkm
3 800 000 Einwohner
Hauptstadt:
Porto Novo
Regierungssitz:
Cotonou

Die frühesten Siedler in Süddahome waren ewe sprechende Völker. Bis zum frühen 17. Jahrhundert hatten sie vier Königreiche errichtet, darunter das Reich Dahome mit der Hauptstadt Abome.

Portugiesische Händler profitierten schon länger vom Sklavenhandel in Dahome, dennoch dauerte es bis zum 19. Jahrhundert, bis auch andere europäische Mächte Interesse an diesem Gebiet zeigten. 1851 unterzeichnete Frankreich einen Handelsvertrag mit König Gheso in Abome, und 1894 mußte sich König Gbehansin schließlich den Franzosen fügen, die sein Land zum Protektorat erklärten.

1958 wurde Dahome ein autonomes Mitglied der Französischen Gemeinschaft und erlangte 1960 auf friedliche Weise die Unabhängigkeit. Doch brachen bald Rivalitätskämpfe zwischen dem Norden und dem Süden aus – jedes Gebiet versuchte, seinen eigenen Kandidaten zum Präsidenten zu machen. 1963 stürzte Oberst Christophe Soglo den 1960 zum Präsidenten gewählten Hubert Maga aus dem Norden. Soglo behielt die Macht bis 1967, als er seinerseits durch einen Militärputsch gestürzt wurde.

Die neuen Führer schrieben Wahlen aus, die jedoch ein großer Teil der Bevölkerung boykottierte. Das Militärregime wich einer zivilen Regierung, die 1969 erneut durch eine Militärjunta gestürzt wurde. 1970 ersetzte ein Dreier-Direktorium diese Junta. Major Mathieu Kérékou stürzte dies Dreier-Direktorium 1972 und errichtete eine Militärregierung.

Ende November 1975 verkündete Staatspräsident Kérékou die Gründung einer »revolutionären Volkspartei auf dem Boden des Marxismus-Leninismus« und gab gleichzeitig die Umbenennung des Staates in »Volksrepublik Benin« bekannt.

Betschuanaland siehe Botswana

Bhutan

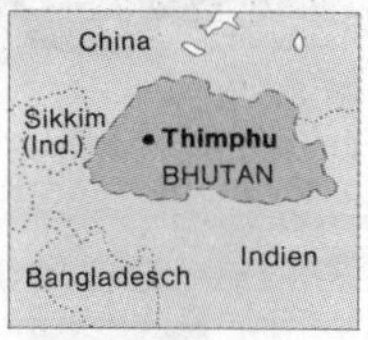

47 000 qkm
1 200 000 Einwohner
Hauptstadt:
Thimphu

Acht fruchtbare Täler bilden das abgelegene Königreich Bhutan, dessen Gebiet von 7500 m hohen Himalajagipfeln im Norden bis zu feuchtheißem Dschungel im Süden reicht. Den größten Teil der Bevölkerung stellen die tibetischen Lhopa, die dem lamaistischen Buddhismus anhängen.

Bhutan kam 1865 unter den Einfluß der britischen Verwaltung in Indien. Seit 1907 gibt es ein von den Engländern unterstütztes erbliches Königtum unter einem Maharadscha. Ugyen Wangchuk, der erste Maharadscha, errichtete eine Dynastie, die noch heute herrscht. Seit 1952 hatte sein Enkel, Jigme Dorji Wangchuk, den Thron inne. 1969 gab er jedoch seine absolute Macht auf. Als er 1972 starb, folgte ihm sein 16jähriger Sohn Jigme Singhye Wangchuk als Herrscher nach und wurde 1974 gekrönt.

1947 zog sich England von Indien, und damit von Bhutan, zurück. 1949 übernahm die indische Regierung die Rolle Englands und half Bhutan in einer Auseinandersetzung mit China im Jahre 1950.

Birma

678 033 qkm
32 100 000 Einwohner
Hauptstadt:
Rangun

Das Land ist seit 1948, als es das Commonwealth verließ, eine unabhängige Republik. In den letzten Jahren versuchte Birma eine Politik strenger Neutralität einzuhalten. In den sechziger Jahren des 20. Jahrhunderts wurden viele Ausländer im Rahmen einer Kampagne, das Land von fremdem Einfluß zu befreien, ausgewiesen. Trotzdem akzeptierte Birma Wirtschaftshilfe von China und den USA.

Die ursprüngliche Heimat der Birmanen war das heutige Oberbirma mit Zentrum in Mandalay. Allmählich breiteten sie sich aus, unterwarfen und assimilierten die Mon-Völker in Niederbirma und unterjochten die verschiedenen Stämme des Gebirgslandes, wie die Schan, Karen und die Arakaner an der Küste.

Frühe Königreiche Die älteste Kultur Birmas stand im 7. und 8. Jahrhundert in ihrer größten Blüte. Im 11. Jahrhundert unterwarf das Volk, von dem die heutigen Birmanen abstammen, seine nichtbirmanischen Nachbarn und gründete das Reich Pagan, das 200 Jahre bestand. Der birmanische König Anuruddha führte den Buddhismus ein, der immer noch die Hauptreligion des Landes ist.

Der Kampf um die Einheit Im 14. Jahrhundert gründeten die Birmanen im Norden die Stadt Ava, während die Mon die Stadt Pegu im Süden bauten. Ein dritter Stamm, die Schan, eroberte Ava, während weiter im Süden, in Toungoo, ein neuer birmanischer Staat im Entstehen begriffen war. 1539 übernahmen die Birmanen die Kontrolle über Pegu und eroberten einen großen Teil der Schan-Territorien. Trotz der Mon-Rebellion gegen ihre Herrschaft im Jahre 1740 beherrschten die Birmanen von diesem Zeitpunkt an das Land.

Spannungen an der Grenze zwischen Birma und Britisch-Indien führten von 1824–26 zu einem Krieg,

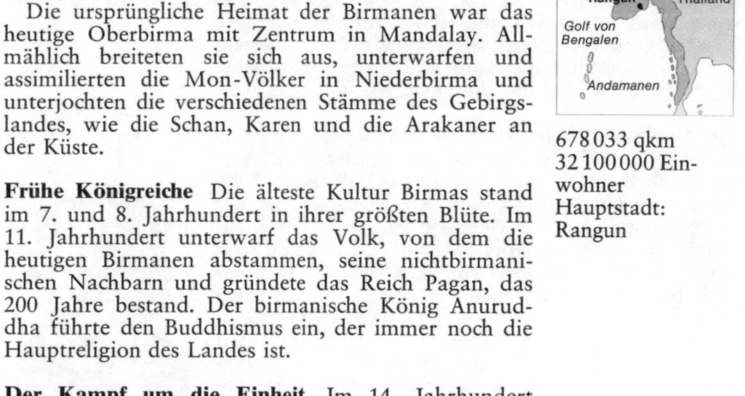

König Anuruddha (1044–77) führte 1057 den Buddhismus in Birma ein. In der neuen Hauptstadt Pagan entstanden über 1000 Pagoden, darunter auch der Anandatempel. Die Mongolen, die 1277 unter Kubilai Chan einfielen, zerstörten Pagan; heute stehen nur noch die Ruinen des Anandatempels.

Seit dem 11. Jh. ist der Buddhismus Staatsreligion Birmas. In den politischen Bewegungen der zwanziger Jahre spielten buddhistische Mönche eine wichtige Rolle.

der mit der britischen Annexion der Provinzen Tenasserim und Arakan zu Ende ging. Britischer Handelsehrgeiz weckte bittere Gefühle zwischen den birmanischen und englischen Händlern und löste den zweiten Krieg von 1852–54 aus. Als Ergebnis dieses Krieges wurde Niederbirma mit Rangun zu einer britischen Provinz. 1885 schließlich übernahm England den Rest von Birma, das es bis 1937 als Teil von Indien regierte.

Wachstum des Nationalismus: 1906–42 Der birmanische Nationalismus begann sich 1906 mit der Gründung des Buddhistischen Vereins Junger Männer zu artikulieren. In den zwanziger Jahren spielten die buddhistischen Mönche eine führende Rolle in der politischen Bewegung, doch in den dreißiger Jahren übernahmen in England ausgebildete Studenten die Initiative, denen es gelungen war, 1936 eine große Streikbewegung zu organisieren. Die Briten ließen eine gewisse konstitutionelle Entwicklung zu, und 1937 entstand eine birmanische Regierung mit beschränkten Machtbefugnissen.

Die japanische Besetzung: 1942–45 Die Japaner überfielen Birma 1942 und zwangen die britisch-indischen Streitkräfte im Mai desselben Jahres zum Rückzug. 1943 riefen die Japaner die Unabhängigkeit Birmas aus und errichteten eine Marionettenregierung. 1945 schlugen die alliierten Truppen die Eindringlinge am Irawadi. Die birmanische Nationalarmee unter Aung San, die früher auf der Seite der Japaner gestanden hatte, unterstützte die Alliierten. Aung San gründete die Antifaschistische Freiheitsliga (AFPFL), deren Ziel die Unabhängigkeit Birmas war.

Die Unabhängigkeit: 1947–48 Im September 1947 fiel Aung San einem Attentat zum Opfer. Ein anderes Mitglied der Freiheitsliga, der sozialistisch ausgerichtete U Nu, wurde 1948 Ministerpräsident der unabhängigen birmanischen Union. Auf die Unabhängigkeitserklärung folgte sofort eine Reihe von Revolten, von denen zwei von verschiedenen kommunistischen Gruppen und eine von den nationalistischen Führern der Karen – eines der Gebirgsvölker, die in der Minderheit waren – angeführt wurden. Erst drei Jahre später gelang es, die Ordnung wiederherzustellen, doch sporadische Revolten brachen in den fünfziger Jahren immer wieder aus. Auch innerhalb der Freiheitsliga kam es zu Auseinandersetzungen, weshalb U Nu 1958 von seinem Amt zurücktrat. Nach den Wahlen von 1960 gelangte er jedoch erneut an die Macht.

Der birmanische Diplomat U Thant war von 1961–71 Generalsekretär der Vereinten Nationen.

Die Militärherrschaft: 1962 U Nu wurde 1962 durch den Armeeführer General Ne Win gestürzt. Die neue militärische Regierung verfolgte die Politik des birmanischen Weges zum Sozialismus; sie verstaatlichte die meisten Industrien und den Handel. 1972 wurde eine zivile Regierung gebildet und eine Verfassung verkündet, die nur die Existenz einer einzigen Partei vorsah. Das schwierigste Problem Birmas, das seiner Minderheiten, blieb ungelöst, und deshalb setzten sich die Kämpfe zwischen den Rebellen und den Regierungstruppen fort.

Im Juli 1976 versuchten junge Offiziere zu putschen; auch die Rebellen in den Grenzgebieten begannen wieder mit Kampfhandlungen. Ende März 1977 wurde U Maung Maung Kha neuer Regierungschef, Ne Win, 1978 erneut zum Staatspräsidenten gewählt, wurde zugleich auch Vorsitzender des Staatsrates. Um die Folgen der schlechten Wirtschaftslage politisch aufzufangen, gewährte das Militärregime Ende Mai 1980 eine Generalamnestie für politische Vergehen und erlaubte die Rückkehr von ins Exil gegangenen Politikern, darunter des früheren Ministerpräsidenten U Nu. Die angestrebte Versöhnung mit den politischen Gegnern Ne Wins soll eine weitere Verschärfung des latenten Bürgerkriegs mit den Grenzstämmen im Osten, Norden und Westen Birmas verhindern.

Bolivien

Die abgelegene, bergige Republik Bolivien hatte vollen Anteil an den heftigen Umwälzungen, die die Geschichte Südamerikas auszeichnen. Seine Bodenschätze sind in den letzten 450 Jahren ausgeplündert worden. Seine Grenzen schrumpften in einer Folge schrecklicher Kriege immer mehr zusammen. Die Bevölkerung leidet unter Armut und sozialer Ungleichheit. Versuche, ein stabiles Regierungssystem zu errichten, sind durch Militärputsche vereitelt worden.

1 098 581 qkm
5 140 000 Einwohner
Hauptstadt: Sucre
Regierungssitz: La Paz

Inka und Spanien Etwa im Jahre 900 n. Chr. begründeten die Aimara in Bolivien – das bis zum 19. Jahrhundert als Oberperu bekannt war – die Tiahuanaco-Kultur, einen Vorläufer der Inkakultur. Etwa um das Jahr 1200 unterwarfen die Inka, die von Peru her kamen, die Aimara. Die Inka ihrerseits wurden 1531 bis 1534 von den spanischen Konquistadoren Francisco, Gonzalo und Hernando Pizarro überwältigt.

Den Eroberern folgten spanische Forschungsreisende, die nach Edelmetallen suchten. In den Bergmassiven der Anden fanden sie einen Reichtum, der alle ihre Träume übertraf. Die gewaltigen Silbervorkommen von Potosí waren die reichsten, die die Welt bisher kannte. Die indianischen Bauern wurden gezwungen, unter extrem harten Bedingungen in den Silberminen zu arbeiten.

Schrumpfende Grenzen: 1879–1935 Nach einem Krieg, der von 1809 bis 1824 dauerte, gewann Bolivien die Unabhängigkeit von Spanien. Als 1825 die Unabhängigkeit ausgerufen wurde, nannte sich das Land nach seinem Befreier, General Simón Bolívar. Damals bedeckte Bolivien noch ein Gebiet, das zweieinhalbmal so groß war wie das heutige und bis zur Meeresküste auf der Westseite des Kontinents reichte. Dieses Küstengebiet, das die reichen Nitrat- und Kupfervorkommen der Atacama-Wüste einschloß, eroberte Chile im Salpeterkrieg (1879–83).

Bolivien, das 1825 seine Unabhängigkeit erlangte, nannte sich nach seinem Befreier, Simón Bolívar.

Boliviens Reichtümer führten auch andere Nachbarn in Versuchung. Brasilien übernahm 1903 das kautschukreiche Gebiet des Amazonas im Südwesten, und Paraguay erhob Anspruch auf weitere Gebiete im Chaco-Krieg (1932–35).

1952 entstand ein mächtiges neues Regime unter der Führung von Victor Paz Estenssoro, einem Rechtsanwalt und Volkswirtschaftsprofessor. Estenssoro führte radikale Reformen durch. Eine neue Armee wurde organisiert, Land verteilt, und die Bergwerke, die unter ausländischer Kontrolle standen, wurden nationalisiert. Auch die Industrien modernisierte man mit massiver finanzieller Unterstützung der Vereinigten Staaten. Doch es mangelte Bolivien an ausgebildeten Technikern und einer modernen Ausrüstung, um die industriellen Reformen zu Ende zu führen.

Bolivien heute Estenssoro wurde 1964 von General René Barrientos, dem Vizepräsidenten, gestürzt. 1967 rief Ernesto »Che« Guevara eine Partisanenbewegung gegen die Regierung ins Leben. Im Oktober 1967 wurde Guevara in Bolivien ermordet, woraufhin die Partisanen ihre Tätigkeit weitgehend einstellten.

Barrientos kam 1969 bei einem Flugzeugabsturz ums Leben. Sein Nachfolger, Luis Siles Salinas, wurde 1970 von General Juan José Torres abgesetzt, und 1971 stürzte ein rechtsgerichteter Putsch, angeführt von Oberst Hugo Banzer Suárez, Torres seinerseits.

Der Bergbau ist immer noch Boliviens bedeutendste Industrie; es ist der zweitgrößte Zinnproduzent der Erde. Boliviens rückständige Bauern, die mehr als zwei Drittel der Bevölkerung ausmachen, leben immer noch isoliert in den Bergregionen. Fast 70 Prozent von ihnen sind Analphabeten, und fast alle sind bitterarm. Mitte

Potosí im 18. Jh. Die Stadt war einst berühmt für ihre gewaltigen Silbervorkommen.

1976 wurde wegen eines Bergarbeiterstreiks der Ausnahmezustand verhängt.

Im November 1977 verkündete Präsident Banzer, daß Demokratisierungsprozesse eingeleitet werden sollten; so wurden zum Beispiel die seit 1974 verbotenen Parteien wieder zugelassen. Durch einen Militärputsch im Juli 1978 wurde Banzer abgesetzt, doch auch seinem Nachfolger, Juan Pereda Asbun, gelang es nicht, wirtschaftliche Fortschritte zu erzielen. So kam es im November 1978 zu einem erneuten Staatsstreich.

Bei den Parlamentswahlen vom 1. Juli 1979 gingen die Parteiengruppen der linken Mitte und der gemäßigten Linken als Sieger hervor. Das Parlament ernannte Walter Guevara Arze zum Präsidenten, womit nach 15 Jahren wieder ein ziviler Präsident an der Spitze des Staates stand. Doch bereits im November putschte das Militär unter Alberto Natusch Busch. Das Parlament weigerte sich, Natusch anzuerkennen, und setzte Lydia Gueiler Tejada als Interimspräsidentin ein.

Die Übergangsregierung löste am 29. Juni 1980 das Versprechen demokratischer Wahlen ein. Der Sieger Hernán Siles Zuazo erreichte bei der Volkswahl jedoch nicht die als Präsident notwendige absolute Mehrheit. Zu seiner Wahl im bolivianischen Kongreß kam es durch den Putsch der Führung der Streitkräfte vom 17. Juli 1980 nicht mehr. Das Militärregime unter dem bisherigen Oberbefehlshaber der Streitkräfte und neuen Präsidenten Luis García Meza Tejada konnte sich unter blutiger Niederwerfung des Widerstandes vor allem der Bergarbeiter in den Minenbezirken durchsetzen. Der rapide wirtschaftliche Niedergang, Streiks, Uneinigkeit der Parteien und Terroraktionen der extremistischen Rechten und Linken dienten der Junta zur Rechtfertigung ihres Vorgehens.

Ernesto »Che« Guevara, zunächst Guerillaführer auf Kuba, wollte auch in Bolivien eine revolutionäre Bewegung ins Leben rufen, wurde jedoch 1967 erschossen.

Botswana

Die Republik Botswana hat keinen Zugang zum Meer und ist nicht zuletzt deswegen wirtschaftlich weitgehend von der Republik Südafrika abhängig. Alle Exporte Botswanas müssen Handelsrouten passieren, die von Südafrika kontrolliert werden.

Über die Geschichte Botswanas vor dem 19. Jahrhundert ist wenig bekannt. Im 19. Jahrhundert erwehrten sich seine Einwohner, die Schona, Karanga und Nika, unter Khama dem Großen ihrer Rivalen, der Matabele, die unter ihrem Führer Umziligaze zwischen Sambesi und Limpopo ein großes Reich gegründet hatten.

Von der Annexion durch die Buren der Republik Transvaal bedroht, baten die Bewohner Botswanas England um Protektion, die ihnen 1885, als Betschuanaland gegründet war, gewährt wurde. Zwischen 1910 und 1955 geriet Betschuanaland immer wieder in die Gefahr, in die Südafrikanische Union integriert zu werden. 1961, als Südafrika das Britische Commonwealth verließ, bekam das Protektorat seine eigene multirassische Verfassung. 1966 erlangte es die Unabhängigkeit unter dem Namen Botswana. Sein erster Präsident wurde Seretse Khama, der auch bei den Wahlen von 1969, 1974 und 1979 wieder als Sieger hervorging. Im Juli 1980 starb Seretse Khama, und am 18. Juli wählte das Parlament den bisherigen Vizepräsidenten Quett Masire zu seinem Nachfolger.

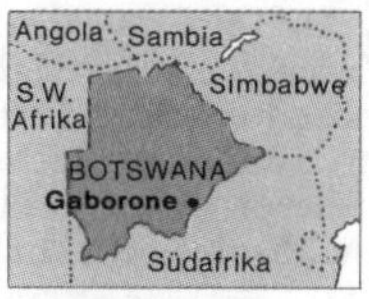

600 372 qkm
700 000 Einwohner
Hauptstadt: Gaborone

Brasilien

Als der portugiesische Admiral Pedro Alvares Cabral 1500 in Brasilien landete, war das Land von Indianern bevölkert, die noch immer in der Steinzeit lebten. Heute ist Brasilien ein schnell wachsender moderner Staat – das größte Land Südamerikas, das fast den halben Kontinent einnimmt. In der Vergangenheit war seine wirtschaftliche Entwicklung an vier Hauptprodukte geknüpft: Zucker, Gold, Kaffee und Kautschuk. Das Land steht jetzt in einer Phase spektakulärer industrieller Expansion. Eisenerz, Zinn und Kupfer werden abgebaut, die Baumwollspinnerei, die chemische Industrie, die Stahl-, Papier- und Petroleumproduktion ausgebaut.

8 511 965 qkm
115 400 000 Einwohner
Hauptstadt: Brasilia

In dem Maße, wie Brasiliens ungeheure natürliche Rohstoffquellen erschlossen und die dichten Wälder gelichtet werden, nimmt die Zahl der indianischen Urbevölkerung, zu der die Mundurucu, Guarani und Karaja gehören, ab.

Frühe Geschichte: 1494–1700 Das Land – nach dem Brasilholz genannt, das man dort fand – wurde von Portugal 1494 aufgrund des Vertrages von Tordesillas, der die Neue Welt zwischen Portugal und Spanien aufteilte, beansprucht. 1532 begann man im östlichen Küstengebiet mit dem Zuckerrohranbau. Tausende von westafrikanischen Negersklaven arbeiteten auf den Plantagen. Verbindungen zwischen ihnen, den Indianern und anderen Gruppen sind für den vielfältig gemischten Charakter der heutigen brasilianischen Bevölkerung verantwortlich – eine Quelle des Stolzes für die meisten Brasilianer.

Die Ureinwohner Brasiliens lebten noch in der Steinzeit, als die ersten Europäer ins Land kamen.

Goldfunde: um 1690 In den neunziger Jahren des 17. Jahrhunderts trat Brasilien mit der Entdeckung von Goldlagern im Zentralgebiet von Minas Gerais in eine Periode des Wohlstands ein. Das führte zu einem Goldrausch, der viele Zuckerrohrplantagenbesitzer erfaßte. Ein paar Jahre später wurden in Minas Gerais auch Diamanten gefunden, und ein Jahrhundert lang florierte Brasilien als wichtigster Gold- und Diamantenlieferant der Erde.

1763 ersetzte Rio de Janeiro, das einer der größten Häfen für die Verschiffung dieser Reichtümer geworden war, Salvador (heute: Bahia) als Hauptstadt der Kolonie, und 1807, als die portugiesische königliche Familie nach Brasilien floh, nachdem Napoleons Truppen Lissabon erreicht hatten, wurde Rio die Hauptstadt des portugiesischen Reiches.

König Johann VI. ging 1821 wieder nach Portugal und ließ seinen Sohn Pedro als Regenten zurück. Das leitete eine neue dynamische Epoche in Brasiliens Entwicklung ein.

Pedro I. rief Brasiliens Unabhängigkeit aus und ernannte sich 1822 zu dessen Kaiser.

Pedro ruft die Unabhängigkeit aus: 1822 Innerhalb eines Jahres rief Pedro Brasilien als unabhängiges Land und sich selbst als dessen Kaiser aus. Die Unabhängigkeit wurde offiziell 1825 von Portugal anerkannt.

Pedro dankte 1831 ab, und sein Sohn, Pedro II., wurde 1840 im Alter von 15 Jahren Kaiser. Unter seiner Führung machte das Land stetige wirtschaftliche Fortschritte. Die ersten Eisenbahnlinien und Straßen wurden gebaut, die Flüsse für die Schiffahrt erschlossen und die Städte durch Telegraphendienst miteinander verbunden. Die Grundlagen des modernen Brasilien waren gelegt.

Ausrufung der Republik: 1889 1888 führte die Abschaffung der Sklaverei zu Unruhen. Mit einem drohenden Bürgerkrieg konfrontiert, dankte Pedro II. ab. Am 15. November 1889 wurde Brasilien zur Republik erklärt.

Gegen Ende des 19. Jahrhunderts waren die besten Gold- und Diamantenvorkommen erschöpft, doch inzwischen begann man mit der Ausbeutung der beiden anderen Hauptprodukte Brasiliens – Kaffee von den Plantagen des Südostens und Kautschuk aus den Urwäldern des Amazonas. Die Kaffeeplantagen – sie beschäftigten Tausende von italienischen Einwanderern, die gegen Ende des 19. Jahrhunderts nach Brasilien strömten – deckten bald 75 Prozent des Weltbedarfs. Die Kautschukindustrie erlebte einen Aufschwung wegen des überseeischen Bedarfs an Reifen für die Autoindustrie und an Isoliermaterial für die elektrische Industrie.

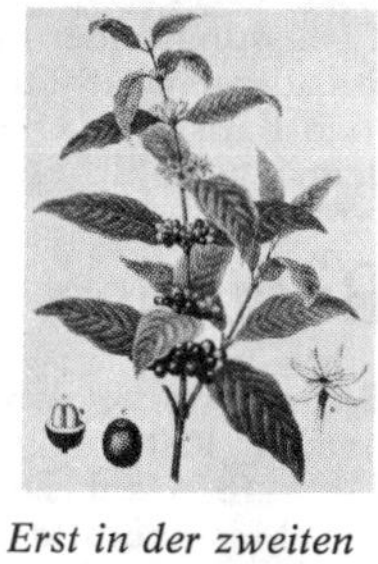

Erst in der zweiten Hälfte des 18. Jh. begann man mit dem Kaffeeanbau in Brasilien. Heute ist Brasilien der größte Kaffeeproduzent der Erde.

Landbesitzer und Unternehmer machten ein Vermögen und förderten den Städtebau in den Dschungelgebieten – Städte wie Belém und Manáus wurden gebaut, wo das Geld zu Beginn des 20. Jahrhunderts so reichlich floß, daß, wie es hieß, die Wohlhabenden ihre Zigarren mit Banknoten anzündeten. 1912 jedoch ging das brasilianische Kautschukmonopol zu Ende, da die Kautschukplantagen in Südostasien zu florieren begannen.

Vargas wird Präsident: 1930 Die Flaute, die durch die Verringerung des Kautschukexports folgte, war für Brasiliens Wirtschaft verheerend. Eine andere nicht minder katastrophale Wirtschaftsflaute kam 18 Jahre

Brasilia, seit 1960 Hauptstadt, wurde nach modernsten städtebaulichen Gesichtspunkten entworfen. Im Hintergrund der Kongreßpalast.

später. Die Überproduktion von Kaffee führte 1930, während der Weltwirtschaftskrise, zu einem starken Absinken der Preise.

Nach einer Revolution wurde Getulio Vargas 1930 Präsident. Sein Regime wandelte sich in eine Diktatur, weshalb man Vargas 1945 stürzte. 1950 nochmals zum Präsidenten gewählt, doch entmutigt durch die Unfähigkeit seiner Umgebung, beging Vargas 1954 Selbstmord.

Brasilia, die neue Hauptstadt: 1960 Trotz der schnellen Fortschritte der letzten Jahre besteht immer noch eine tiefe Kluft zwischen Reich und Arm. Die Landarbeiter – mehr als die Hälfte der Arbeitskraft des Landes – leben immer noch in Bretterbuden und bekommen niedrige Löhne. Seit 1960 ist Brasilia Hauptstadt, die neben anderen von dem brasilianischen Architekten Oscar Niemeyer entworfen wurde. Im Jahre 1956, unter Präsident Juscelino Kubitschek de Oliveira, begann man sie inmitten des zentralen Hochlandes anzulegen, um die Entwicklung des Binnenlandes anzuregen.

Eson Arantes do Nascimento, genannt Pelé, ist Brasiliens legendärer Fußballnationalheld.

Kubitscheks Nachfolger kämpften vergebens gegen die Inflation sowie gegen Streiks und Aufstände hungriger Arbeiter, bis 1964 ein Militärputsch den linksgerichteten Präsidenten João Goulart zwang, ins Exil zu gehen. Politische Unruhen folgten, doch Brasilien hat sich, seit Präsident Emilio Garrastazú Medici durch ein Triumvirat militärischer Führer 1969 gewählt wurde, wesentlich verändert. Das Volk wird von einem strikt autoritären Regime beherrscht, das den Planern und Technokraten, die Brasiliens Wirtschaftswunder ausbauen wollen, freie Hand läßt.

Im März 1974 wurde General Ernesto Geisel für eine fünfjährige Amtszeit als neuer Präsident vereidigt. Ein 1976 veröffentlichter Hirtenbrief der Brasilianischen Bischofskonferenz als auch die USA warfen der Regierung Machtmißbrauch und Mißachtung der Menschenrechte vor, woraufhin Brasilien das 1952 mit den USA geschlossene Verteidigungsabkommen kündigte. Das Parlament stimmte im September 1978 einer Verfassungsänderung zu, die Sondervollmachten des Präsidenten aufhob. Im Oktober 1979 wurde General João Batista de Oliveira Figueiredo zum neuen Präsidenten gewählt.

Bulgarien

110 912 qkm
8 700 000 Einwohner
Hauptstadt: Sofia

Das slawische Land Bulgarien auf dem östlichen Balkan lenkte die Aufmerksamkeit der Welt im Jahre 1876 auf sich, als türkische Soldaten in blutigen Massakern den Aufstand der Bulgaren niederwarfen, russische Truppen das Land besetzten und bis kurz vor Konstantinopel vordrangen – Ereignisse, die zum Berliner Kongreß 1878 führten.

Die Slawen in Bulgarien Die ersten slawischen Stämme ließen sich seit dem 6. Jahrhundert in Bulgarien nieder. Ein Jahrhundert später wurden sie von den Bulgaren, einem türkisch sprechenden Reitervolk, das nach und nach die slawische Sprache und Kultur annahm, unterworfen. Die bulgarische Unabhängigkeit – abgesehen von einer kurzen Periode byzantinischer Herrschaft – dauerte bis zur osmanischen Eroberung im Jahre 1396.

Die Alexander-Newski-Kirche, die Kathedrale von Sofia. In byzantinischem Stil gehalten, wurde sie 1904–13 von Russen und Bulgaren in Gemeinschaftsarbeit zum Gedächtnis der gefallenen russischen Soldaten errichtet.

Der Berliner Kongreß: 1878 1877 schaltete sich Rußland zur Unterstützung der Bulgaren ein. Bulgarien wurde unabhängig. Doch andere Mächte mischten sich ein, und Englands Premierminister, Benjamin Disraeli, der nicht wollte, daß Rußlands Macht zu sehr wuchs, widersetzte sich der Bildung von Großbulgarien, das, wie er meinte, ein natürlicher Verbündeter Rußlands sein würde. Der Süden (Ostrumelien) blieb bis 1885 Teil des Osmanischen Reiches, hatte aber Sonderstatus. Der Norden wurde autonom, wenn auch noch der Türkei tributpflichtig. Eine Nationalversammlung wählte Alexander von Battenberg zum Fürsten. Erst 1908 nützte Ferdinand von Sachsen-Coburg, Alexanders Nachfolger im Jahre 1887, eine Revolte in Konstantinopel, um sich selbst als Zar eines unabhängigen Bulgariens auszurufen.

Kriege und Diktaturen: 1911–36 Unter Ferdinand wurde Bulgarien in Kriege gegen die Türkei und dann gegen seine Verbündeten 1912 und 1913 verwickelt. Im Ersten Weltkrieg ergriff es Deutschlands Partei. Nach der Niederlage 1918 dankte Ferdinand zugunsten seines Sohnes, Boris III., ab.

1917 besuchte Kaiser Wilhelm II. (links) Ferdinand I., seit 1908 Zar von Bulgarien. Die beiden Monarchen haben hier ihre Uniformen vertauscht.

Auf einige Jahre der Stabilität unter dem neuen Zaren folgte ein Jahrzehnt politischer Wirren, in dem mazedonische Terroristen das bulgarische Regime zu stürzen versuchten. 1934 wurde eine Militärdiktatur errichtet, und ein Jahr später übernahm Boris die absolute Macht.

Das moderne Bulgarien Bulgarien unterstützte Deutschland wieder im Zweiten Weltkrieg und gewann so 1940 und 1941 griechische und rumänische Gebiete. Doch trotz Deutschlands Aufforderungen lehnte Boris das Ansinnen, der UdSSR den Krieg zu erklären, energisch ab.

1944 versuchte Bulgarien einen separaten Frieden mit England und den USA zu schließen, die UdSSR erklärte jedoch von sich aus den Krieg und besetzte das Land, wobei sie die stark von Kommunisten beeinflußte Vaterländische Front unterstützte. 1946 wurde unter Führung des Kommunisten Georgi Dimitrow die Volksrepublik ausgerufen.

Seit dem Zweiten Weltkrieg hat Bulgarien sehr eng mit der UdSSR zusammengearbeitet. Ein zwanzigjähriger Freundschaftspakt wurde 1948 unterzeichnet und 1967 erneuert. In den letzten Jahren, besonders unter Todor Schiwkow, zuletzt 1976 in seinem Amt bestätigt, hat Bulgarien, das lange Zeit eines der ärmsten Länder Osteuropas war, einen gewissen Wohlstand erreicht.

Burundi

27 834 qkm
4 200 000 Einwohner
Hauptstadt: Bujumbura

Der Kampf zwischen zwei Stämmen, den Tussi und den Hutu, hat das politische Leben zweier kleiner benachbarter afrikanischer Staaten, Burundi und Rwanda, beherrscht. Die Tussi, ein Volk von schlanken, hochgewachsenen, hamitischen Rinderhirten, bilden in beiden Ländern die herrschende Minderheit. Die Mehrheit der ackerbautreibenden, negriden Hutu wurde von ihnen stark unterdrückt.

Man nimmt an, daß die Tussi in mehreren Schüben bis zum 16. Jahrhundert vom oberen Nil und von der Ostküste her in das Zwischenseengebiet Ostafrikas einwanderten. 1894 wurde dieses Gebiet der deutschen Kolonie Ostafrika angegliedert. Nach Deutschlands Niederlage im Ersten Weltkrieg gelangte es als Völkerbundsmandat Ruanda-Urundi unter die Verwaltung Belgiens. 1945 übernahmen die Vereinten Nationen dieses Mandat. Es erlosch 1962, als Rwanda und Urundi unabhängige und separate Staaten wurden. In Burundi bildeten die Tussi, die nur zwölf Prozent der Gesamtbevölkerung ausmachten, eine Regierung, die der Hutu-Mehrheit im Parlament feindselig gegenüberstand.

Ende 1965 verdrängte der Sohn des herrschenden Mwame (König) seinen Vater und nahm selbst den Thron als Ntare V. ein. Michael Micombero, ein ehemaliger Polizeichef, setzte Ntare V. 1966 ab und rief sich selbst zum Präsidenten aus. Er regierte durch ein Nationales Revolutionskomitee. Im April 1972 rebellierten die Hutu gegen die Beherrscher und ermordeten Tausende von Tussi. In einer Vergeltungsaktion wurden etwa 100 000 Hutu niedergemetzelt.

Im November 1976 stürzte Oberst Jean-Baptiste Bagaza bei einem unblutigen Militärputsch Präsident Michael Micombero. Es wurde ein oberster Revolutionsrat gebildet mit Bagaza als Vorsitzendem. Wenige Tage später wurde Bagaza auch zum Staatspräsidenten ernannt.

Im Dezember 1976 bildete Burundi zusammen mit seinen Nachbarstaaten Rwanda und Zaïre die Gemeinschaft der Länder der Großen Seen, eine Wirtschaftsgemeinschaft.

Ceylon siehe Sri Lanka

Chile

Bis zum September 1973 war Chile ein Land, das auf eine lange Geschichte friedlicher demokratischer Veränderungen zurückblicken konnte. Es stellte eine Seltenheit auf dem südamerikanischen Kontinent dar, in dem Veränderungen normalerweise mit Revolution Hand in Hand gehen. 1970 erhielt es als einziges Land der Erde eine demokratisch gewählte, marxistische Regierung. Die radikalen Maßnahmen, die Präsident Allende im Rahmen seines sozialistischen Experiments ergriff, machten ihm jedoch viele Chilenen zu Feinden.

757 000 qkm
10 800 000 Einwohner
Hauptstadt: Santiago de Chile

Frühe Geschichte Spanische Konquistadoren besetzten zwischen 1535 und 1537 den Norden Chiles. Nach 1541 unternommene Versuche, das spanische Territorium südwärts über Santiago hinaus auszudehnen, stießen auf den erbitterten Widerstand der einheimischen indianischen Araukaner. Ursprünglich Ackerbauer, begannen die Araukaner mit den von den Spaniern erbeuteten Pferden eine umfangreiche Pferdezucht zu betreiben und entwickelten sich langsam zu einem gefürchteten Reitervolk. Sie waren entschlossene Kämpfer, und erst 1880 gelang es den Chilenen, sie endgültig zu unterwerfen.

1541 gründete Pedro de Valdivia Santiago, die Hauptstadt Chiles. Es dauerte noch 200 Jahre, bis es Spanien gelang, das Gebiet des heutigen Chile entlang der etwa 1900 km langen Küstenlinie südlich des Flusses Bío-Bío zu besetzen. Da sie dort wenig Bodenschätze fanden, wandten sich die Spanier hauptsächlich der Landwirtschaft zu.

Der Sohn eines Iren wird Präsident: 1818 Als Anfang des 19. Jahrhunderts die spanische Macht in ganz Südamerika zu zerbröckeln begann, rebellierten auch die chilenischen Kreolen – in Chile geborene Spanier – gegen die spanischen Herren des Mutterlandes. Ihre Führer waren Bernardo O'Higgins, ein in Chile geborener Sohn eines Iren, und José de San Martín. O'Higgins, zum Diktator ernannt, rief am 1. Januar 1818 die Unabhängigkeit aus.

Die Verfassung von 1833 – für die Errichtung einer demokratischen Regierung wegweisend – blieb bis 1925 praktisch unverändert. Durch seine interne Stabilität erlangte Chile Wohlstand, obwohl seine Landwirtschaft rückständig blieb. Durch den Salpeterkrieg (1879–83) gegen Bolivien und Peru kam das Land 1883 zu großen Reichtümern – denn durch den Frieden von Ancón erhielt es die Mineralienlager der nördlichen Atacama-Gebiete. Die wichtigsten Mineralien in diesem regenlosen, mit weißem Sand bedeckten Wüstengebiet sind Nitrate und Kupfer. Europas Bedarf an Nitraten als Düngemittel führte um die Jahrhundertwende zu einem Wandel der chilenischen Wirtschaft. Als dieser Aufschwung nach dem Zweiten Weltkrieg ein Ende nahm, folgte für Chile eine zweite Wohlstandswelle, als man mit dem Abbau von Kupfer begann. Heute ist Chile – nach den Vereinigten Staaten und Sambia – der drittgrößte Kupferproduzent der Erde.

Junge Chilenen spielen Fußball vor einer der vielen Kupferminen des Landes. Chile ist der drittgrößte Kupferproduzent der Erde.

Bernardo O'Higgins führte die Chilenen in ihrem Kampf um die Unabhängigkeit. Der in Chile geborene Sohn eines Iren wurde 1818 zum Diktator ernannt.

Reformen verhindern die Revolution: 1925 Arbeitslosigkeit und politische Unruhe brachten Chile in den zwanziger Jahren dieses Jahrhunderts an den Rand der Revolution. Doch Präsident Arturo Alessandri, der die Unterstützung der Arbeiterklasse und des Mittelstandes hatte, führte soziale Reformen durch, setzte 1925 eine neue Verfassung in Kraft und konnte so die Revolution verhindern. Bis 1970 blieb die Wirtschaft stabil, trotz einer Periode schwerer Inflation in den fünfziger Jahren. 1960 erlitt das Land einen starken Rückschlag, als ein verheerendes Erdbeben ganze Städte zerstörte.

Die Wahlen von 1970 brachten Salvador Allende an die Macht. Seine marxistische Koalitionsregierung – die Volksfront – geriet jedoch bald in ganz erhebliche Schwierigkeiten. Ihr Nationalisierungsprogramm führte zu Spannungen in den Beziehungen mit den USA, die den größten Teil der Kupferinteressen Chiles kontrollierten. Sie entfremdete auch den chilenischen Mittelstand, der sich 1972 in einem Streik der Transportunternehmer gegen die Regierung zusammenschloß. Akute Inflation, Druck von den linksgerichteten Extremisten und die Opposition der Bauern gegen die staatliche Planung mehrten Allendes Schwierigkeiten noch zusätzlich. Trotzdem gewann er die Wahlen von 1973.

Als Salvador Allende 1970 zum Präsidenten gewählt wurde, war Chile das erste Land mit einer demokratisch gewählten marxistischen Regierung. Bei dem Putsch vom September 1973 fand Allende den Tod.

Im Spätsommer des gleichen Jahres putschten die Offiziere der chilenischen Armee unter General Augusto Pinochet; Allende fand den Tod. Pinochet ernannte sich selbst zum Präsidenten. Chile litt unter einer gespannten innenpolitischen Situation, vor allem wegen der wirtschaftlichen Schwierigkeiten. Im Jahr 1975 stiegen die Lebenshaltungskosten um fast 350 Prozent, doch erholte sich die Wirtschaft in den folgenden Jahren, während die innenpolitische Lage sich nur zögernd entspannte.

Nachdem der Einfluß der Oppositionsparteien gegen das Militärregime Pinochets noch weiter zurückging und sich auch die wirtschaftliche Lage des Landes spürbar gebessert hatte, legte dieser im September 1980 einen Entwurf für eine Verfassungsänderung vor, welche die Konstitution von 1925 ablösen sollte.

Das Referendum vom 11. September 1980 ergab nach amtlichem Ergebnis eine Mehrheit von 67 Prozent für die neue Verfassung. Sie trat am 1. Januar 1981 in Kraft und sieht die Verlängerung der Amtszeit Pinochets bis 1989 vor.

China

Die Volksrepublik China ist das drittgrößte und das volkreichste Land der Erde. Schon um 2200 v. Chr. bildeten sich die Anfänge der chinesischen Kultur. Da die Chinesen ihr Land als Zentrum der Zivilisation betrachteten, nannten sie es das Reich der Mitte. Doch China mußte auch lange Perioden der Zersplitterung erleiden und war häufigen Angriffen der Nomaden ausgesetzt, die jenseits seiner nördlichen Grenze lebten.

9 550 000 qkm
933 000 000 Einwohner
Hauptstadt: Peking

China ist das einzige große Gebiet der Erde, das nie unter europäischer Herrschaft stand. Doch erst nach der kommunistischen Revolution von 1949 bildete es ein neues Selbstbewußtsein und beanspruchte eine gleichwertige Stellung unter den Großmächten. Mit der verspäteten Aufnahme des Landes in die Vereinten Nationen erlangte China 1971 formell seine Anerkennung als führende Macht.

Eine Ritualaxt aus der Zeit der Schang-Dynastie um 1200 v. Chr. Mit ihr wurden die Menschenopfer bei Begräbniszeremonien enthauptet.

Anfänge der chinesischen Geschichte Schon vor einer halben Million Jahren lebten in der Gegend um Peking Vorgänger des Jetztzeitmenschen. Die Geschichte des chinesischen Volkes beginnt jedoch erst im 16. Jahrhundert v. Chr. mit der Gründung der Schang-Dynastie. Bronzene Opfergefäße aus jener Zeit bezeugen, daß es eine aristokratische Klasse mit einem hochentwickelten religiösen und zeremoniellen Leben gab.

Im 11. Jahrhundert v. Chr. lösten die Tschou die Schang-Dynastie ab. Über die Herrschaft der Tschou ist wenig bekannt; spätere Generationen betrachteten sie jedoch als goldene Ära. Im 8. Jahrhundert bildeten die Staaten am mittleren und unteren Laufe des Gelben Flusses eine lose Konföderation. Sie standen in einem nominellen Vasallenverhältnis zu den Tschou-Herrschern, deren eigenes königliches Hausland in dem Gebiet der heutigen Stadt Loyang lag. Obwohl der Tschou-König offiziell immer noch die höchste Macht innehatte, wetteiferten die größeren Staaten, deren Herrscher sich die Bezeichnung König aneigneten, miteinander. Kleinere Staaten wurden in diese Königreiche, die sich vom Jangtsekiang bis zum Gebiet des heutigen Peking erstreckten, eingegliedert. Dadurch bewirkte soziale und politische Umwälzungen warfen die Frage nach den Pflichten des Menschen in der Gesellschaft auf. So wurde diese Periode berühmt für ihre philosophischen Diskussionen. Es entstanden die »Hundert Schulen« der Philosophie, darunter die des Konfuzius (551–479 v. Chr.). Seine humanitären Lehren lieferten später die Grundlagen der traditionellen chinesischen Bildung.

Bronzegefäße dieser Art verwendete man bei rituellen Zeremonien während der Zeit der Tschou-Dynastie, die im 11. Jh. v. Chr. die Macht übernahm.

Vereinigung unter den Ts'in: 221–206 v. Chr. Die Ts'in gingen 221 als Sieger aus den Machtkämpfen zwischen den Einzelstaaten hervor. Ts'in Schi-huang-ti, der Gründer der Dynastie, einigte das Reich, zu dem nun der größte Teil des heutigen Nordchina gehörte. Die Ts'in drangen auch in das Gebiet von Kanton vor. Wahrscheinlich ist der Name China von dem Wort Ts'in abgeleitet.

Ts'in Schi-huang-ti regierte mit Hilfe eines zentralisierten Staatsapparates. In der Hoffnung, daß Chinas Einheit erhalten bleiben werde, standardisierte er Gewichte und Maße und führte ein vereinfachtes Schriftsystem ein. Unter ihm wurde auch mit dem Bau der Großen Mauer begonnen, die die nördlichen Nomaden abhalten sollte.

Expansion unter den Han: 206 v. Chr.–220 n. Chr. Die Grausamkeiten der Ts'in-Herrscher führten zu Aufständen, und so wurden sie 206 v. Chr. durch die Herrscher der Han-Dynastie abgelöst. Das chinesische Reich erlangte seine bisher größte Ausdehnung und schloß nun Teile des heutigen Südchina, Territorien jenseits der Großen Mauer, Teile von Vietnam und das Tarim-Becken in Zentralasien ein. Die Eröffnung von Handelsstraßen erlaubte den Transport von Seide bis nach Rom. Um dieses Reich zu verwalten, bedurfte es einer gutorganisierten Bürokratie. Deshalb wurden Staatsprüfungen für Beamte eingeführt. Alle Schriften konfuzianischer Schule galten als Muster, dem jeder Gelehrte nachzueifern hatte.

Diese kleine Nachbildung einer Pagode fand sich in einem Grab der Han-Dynastie (206 v. Chr. – 220 n. Chr.).

Doch die Han hatten ihre Territorien zu schnell erweitert und konnten sie deshalb nicht genügend absichern. Die Hiung-nu (Hunnen) im Norden stellten eine gefährliche Bedrohung dar und mußten durch Tributzahlungen besänftigt werden. Zwischen den Jahren 168 und 220 kam es zu mehreren Bürgerkriegen, aus denen drei Heerführer als Sieger hervorgingen.

K'ung-fu-tse (551 bis 497 v. Chr.), von den Europäern Konfuzius genannt, gehörte zu den einflußreichsten Philosophen Chinas.

Die Drei Reiche: 220–589 Das Han-Reich brach in drei Königreiche auseinander, die erfolglos versuchten, einander zu erobern. Nach einer kurzen Periode der Wiedervereinigung unter der Westlichen Tsin-Dynastie (265–316) ebnete zu Beginn des 4. Jahrhunderts ein Bürgerkrieg in Nordchina den Weg für die Invasion der Hunnen. Die von ihnen gegründete Wei-Dynastie herrschte von 386 bis 557 in Nordchina.

Nur der Süden blieb in chinesischen Händen. Doch die Regierung in Nanking war schwach, und innerhalb von drei Jahrhunderten wechselten mehrere kurzlebige Dynastien einander ab.

Die Sui-Dynastie führte 589 die Wiedervereinigung des Landes herbei. Alle Einrichtungen der kaiserlichen Regierung wurden wiederhergestellt, einschließlich der Staatsprüfungen, die man lange Zeit nicht abgehalten hatte. Das Ende der Sui-Dynastie wurde durch immer wieder aufflammende Revolten beschleunigt, die in Nordkorea und Liaotung ausbrachen, in Gebieten, die während der Han-Zeit kolonisiert worden waren.

Das Goldene Zeitalter der T'ang: 618–906 Ein bedeutender Beamter des Sui-Reiches gründete die T'ang-Dynastie. Sein Nachfolger, Kaiser T'ai-tsung, eroberte große Gebiete Zentralasiens zurück, die nach der Han-Zeit verlorengegangen waren. Unter Kaiser Hüan-tsung (713–56) erreichte China seinen kulturellen Höhepunkt. Kunst und Literatur blühten, und der Buddhismus inspirierte die Schaffung großartiger Tempel und Skulpturen. Die Hauptstadt Tschangan war mit einer Bevölkerung von über einer Million die größte Stadt der Welt. Doch eine Reihe von Aufständen schwächte die Dynastie. 906 wurde sie gestürzt; China war abermals gespalten. Fünf kurzlebige Dynastien regierten im Norden, der Süden zerbrach in mehrere Königreiche.

Dieses Detail aus einem Relief vom Grab des Kaisers T'ai-tsung zeigt das Lieblingspferd des Kaisers. Der Steigbügel – eine chinesische Erfindung – kam erst im 8. Jh. nach Europa.

Die Sung-Dynastie: 960–1278 Im Jahre 960 ergriff die Sung-Dynastie im Norden die Macht. Bis 978 hatte sie auch die unabhängigen südlichen Königreiche unter ihre Herrschaft gebracht, doch mußte sie Tribut an die von einem tungusischen Stamm gegründete Liao-Dynastie zahlen, die seit 947 das Gebiet um Peking besetzt hielt. 1126 eroberte das tungusische Volk der Dschurdschen Nordchina und gründete nach dem Sturz der Liao die Kin-Dynastie.

Wie vieles andere wurde auch der Buchdruck in China erfunden. Hier eine Seite aus dem Diamant-Sutra *von 868, der ältesten gedruckten Buchrolle. In der Mitte der Illustration ist Buddha abgebildet.*

Die Sung flohen in den Süden und wählten Hangtschou zur Hauptstadt, von der aus sie China südlich des Huang regierten. Durch Tributzahlungen an die Kin sicherten sie sich vor erneuten Einfällen.

Die mongolische Eroberung: 1278–1368 Im Zuge der mongolischen Eroberungen unter Dschingis Chan wurde 1215 Peking, die Hauptstadt des Kin-Reiches, eingenommen und 1234 das Reich endgültig vernichtet. Die Mongolen brauchten jedoch weitere 44 Jahre, um auch den unter der Herrschaft der Sung stehenden Süden zu unterwerfen.

Die Eroberung Chinas durch die Mongolen bedeutete einen jähen Bruch mit der Tradition. Die Staatsprüfungen wurden abgeschafft, und die Regierungsgewalt lag in den Händen der Mongolen und ihrer Verbündeten. Kubilai Chan, der Eroberer Chinas, verzettelte seine Kräfte nicht nur in den Bemühungen, Japan zu unterwerfen und Südostasien unter mongolischen Einfluß zu bringen, er wurde auch in einen Bürgerkrieg gegen ein rebellierendes Mitglied der kaiserlichen Familie verwickelt. Solchen Belastungen war das gewaltige mongolische Reich, das sich über den größten Teil der eurasischen Landmasse erstreckte, nicht gewachsen, und es begann sich langsam aufzulösen.

Wiedervereinigung unter der Ming-Dynastie: 1368 Die einheimische Ming-Dynastie konnte China 1368 abermals vereinigen. Ihr Gründer, Tschu Yüan-tschang, war bäuerlicher Herkunft und neben dem Gründer der Han-Dynastie der einzige Mann aus dem Volke, der Kaiser wurde. Hauptstadt war zunächst Nanking, doch 1403 wurde es Peking, das sich zu einer prächtigen Stadt entwickelt hatte.

Im frühen 16. Jahrhundert erreichten portugiesische Handelsschiffe die chinesische Küste. Bald folgten Missionare, doch erst 1601 gelang es Matteo Ricci, der seit 1583 in China weilte, in Peking eine christliche Gemeinde zu gründen.

Eroberung durch die Mandschu: 1644 Zu Beginn des 17. Jahrhunderts errichteten die Mandschu an der nordöstlichen Grenze Chinas einen starken Staat, dessen Verwaltungssystem sich eng an das chinesische Beispiel anlehnte. Mit Hilfe chinesischer Sympathisanten erreichten die Mandschu Peking, verjagten die Ming-Herrscher und setzten ihre eigene Dynastie, die Ts'ing, auf den Thron, die China bis 1912 regierte.

Die Mandschu mischten sich nur wenig in die Arbeit der bestehenden chinesischen Bürokratie ein, doch schufen sie das System der doppelten Besetzung, wodurch jeder führende chinesische Beamte sein mandschurisches Gegenstück hatte. K'ang-hi (1662–1722), der zweite Kaiser der Ts'ing-Dynastie, war einer der hervorragendsten Herrscher Chinas. Er betrieb eine sehr geschickte Innenpolitik und führte mehrere Kriege, unter anderem gegen die Westmongolen. 1683 eroberten K'ang-his Truppen die Insel Formosa.

Unter Führung Dschingis Chans fielen die Mongolen in China ein und eroberten 1215 Peking.

Unter der Herrschaft von Kaiser K'ien-lung erreichte China den Höhepunkt seines Wohlstandes und seine größte Ausdehnung. Ihm gelang die Eroberung Tibets, das während der T'ang-Zeit unter chinesischem Einfluß stand, aber wieder verlorengegangen war.

Der Opiumkrieg: 1840–42 Gegen Ende des 18. Jahrhunderts durften die Europäer, mit Ausnahme der Portugiesen, die sich bereits Mitte des 16. Jahrhunderts in Macao niedergelassen hatten, nur in Kanton Handel treiben. Da die Chinesen in ihrem Land alles hatten, was sie brauchten, zeigten sie wenig Interesse an importierten europäischen Waren, mit denen die chinesischen Exportgüter – Porzellan, Seide und Tee – bezahlt wurden.

England versuchte seinen Handel auszuweiten, indem es den Chinesen Opium aus Bengalen verkaufte. Die Chinesen wollten diesen Handel unterbinden, und 1839 vernichteten sie 20 000 Kisten Opium im Wert von 4 Millionen Pfund. Als Vergeltung eröffnete England den Opiumkrieg. 1842 wurde in Nanking ein Friedensvertrag unterzeichnet, nach dem China Hongkong an England abtreten und dem europäischen Handel fünf weitere Häfen öffnen mußte.

Die Kämpfe, an denen Frankreich sich auf englischer Seite beteiligte, flammten wieder auf. 1858 wurde in Tientsin ein Vertrag vorgelegt, der die Öffnung weiterer Vertragshäfen für die Europäer und die Aufnahme diplomatischer Beziehungen vorsah und den Missionaren das Recht einräumte, in China frei zu arbeiten. Doch die Chinesen ratifizierten den Vertrag nicht, worauf der Krieg erneut ausbrach. Anglofranzösische Streitkräfte erreichten 1860 Peking und zwangen die Regierung zur Annahme ihrer Bedingungen.

Niedergang der Ts'ing-Dynastie Trotz verzweifelter Versuche, der europäischen Aggression zu widerstehen, verlor China bis zum Ende des 19. Jahrhunderts große Teile seines Territoriums. Schließlich wurde China 1895 von Japan entscheidend geschlagen. Nach dem Frieden von Schimonoseki mußte es Taiwan (Formosa) an Japan abtreten und die Unabhängigkeit Koreas anerkennen.

Die hieraus entstandenen fremdenfeindlichen Gefühle der Chinesen erreichten ihren Höhepunkt mit dem Boxeraufstand. Zunächst richteten sich die Angriffe des Geheimbundes der Boxer gegen die ausländischen Missionare und ihre chinesischen Konvertiten. 1900 erlangten sie die Unterstützung der Kaiserinwitwe Ts'e-hi und belagerten die ausländischen Legationen in Peking. Ein internationales Expeditionskorps zur Befreiung der Diplomaten wurde entsandt, und China mußte harte Friedensbedingungen annehmen.

Revolution: 1911 Die Unzufriedenheit der jungen Chinesen führte zur Revolution von 1911. Der wichtigste Propagandist republikanischer Ideen war Sun Yat-sen. Als die Mandschu 1912 abgesetzt wurden, trat er die Präsidentschaft der neuen Republik an den führenden General Yüan Schi-kai ab. Nach Yüans Tod 1916 verfiel China dem Chaos: Die international anerkannte Regierung in Peking führte ein Schattendasein. In den Provinzen herrschten regionale Militärgruppen, während in Kanton die nationalistische Kuomintang-Partei von Sun Yat-sen regierte.

Die japanische Aggression: 1914–20 1914 nahm Japan Tsingtau ein, das in deutscher Hand war, und 1915 präsentierten die Japaner ihre 21 Forderungen

Kaiser K'ang-hi (1662 bis 1722) eroberte Formosa und unternahm einen Feldzug gegen die Westmongolen. Seine europäischen Zeitgenossen sahen in ihm einen der glänzendsten Monarchen der Weltgeschichte.

Ts'e-hi, die Witwe des Kaisers Hienfong, führte seit 1861, zunächst zusammen mit der Kaiserin Ts'i-an, seit 1898 allein, die Regierungsgeschäfte. Sie unterstützte den Geheimbund der Boxer, der sich 1900 gegen die ausländische Einmischung erhob. Ts'e-hi starb 1908.

Die Seidenmalerei stand während der Sung-Dynastie in hoher Blüte. Diese Bildrolle, die Damen bei der Bearbeitung von Seide zeigt, ist eine Kopie eines älteren Gemäldes von Chang Hsüan (um 740) und stammt wahrscheinlich von Kaiser Hui-tsung (1082–1135).

1934 sahen sich die chinesischen Kommunisten sowohl von den Japanern als auch von den Nationalisten unter Tschiang Kai-schek bedroht. Unter Führung Mao Tse-tungs begaben sich die Kommunisten auf den »Langen Marsch« in die Provinz Shensi.

an Peking, die darauf abzielten, China zu einem japanischen Satelliten zu machen. Obwohl sich die Chinesen diesen Forderungen widersetzten, legalisierte der Versailler Vertrag die japanische Besetzung der Provinz Schantung. China lehnte es ab, den Vertrag zu unterzeichnen. Antijapanische Agitationen und Proteste der Pekinger Studenten führten zu einer generellen Forderung nach radikalen Änderungen. 1920 verzichtete das Sowjetregime auf alle Konzessionen, die die zaristische Regierung von China erzwungen hatte, und 1921 wurde die chinesische kommunistische Partei gegründet.

Der Aufstieg Tschiang Kai-scheks Nach dem Tode Sun Yat-sens (1925) ging die Führung der Kuomintang auf Tschiang Kai-schek über. 1926 führte er seine Armee nach Norden gegen die Provinzgeneräle und das Regime in Peking. Zusammen mit den Kommunisten, die der Kuomintang-Partei angehörten, nahmen seine Streitkräfte Nanking, Schanghai und andere Städte ein. Als die Kommunisten zu stark wurden, wandte sich Tschiang Kai-schek gegen sie. 1927 bildete er eine Regierung in Nanking, war jedoch nicht imstande, das ganze Land unter seine Kontrolle zu bringen.

Sun Yat-sen, eigentlich Sun Wen, gründete 1912 nach dem Sturz des Kaisertums die Kuomintang und setzte die Ziele der chinesischen Revolution fest. Nach seinem Tod (1925) kam die Kuomintang unter die Führung Tschiang Kai-scheks, der sich später gegen die Kommunisten wandte.

Der Lange Marsch: 1934 Die Japaner besetzten 1931 die Mandschurei, Chinas industrialisiertestes Gebiet. Tschiang Kai-schek wollte sich nicht in militärische Auseinandersetzungen mit den Japanern einlassen, bevor er nicht mit den Kommunisten fertiggeworden war, die in den ländlichen Gebieten immer mehr Unterstützung erlangten. Nach mehreren nationalistischen Offensiven entschlossen sich die Kommunisten, ihren Hauptstützpunkt in Kiangsi zu räumen. Sie begaben sich auf den »Langen Marsch«, der sie zur nördlichen Provinz Shensi führte, wo sie sich in Yenan niederließen. Während dieses Marsches gewann Mao Tse-tung die führende Stellung in der kommunistischen Partei.

Ausrufung der Volksrepublik: 1949 Der 1946 ausgebrochene Bürgerkrieg zwischen Nationalisten und Kommunisten endete 1949 mit dem kommunistischen Sieg und der Ausrufung der Volksrepublik unter Führung Mao Tse-tungs. Die Nationalisten unter Tschiang Kai-schek flohen nach Taiwan. Sie wurden von den USA und den Vereinten Nationen weiterhin als rechtmäßige Regierung unterstützt.

Eines der Ziele des kommunistischen Regimes war die Wiederbelebung der traditionellen chinesischen Kultur. Viel wurde auch getan, um Gesundheit, Wohlergehen und Bildungsstand des Volkes zu heben, und man unternahm große Anstrengungen, um China so schnell wie möglich in eine führende Industriemacht zu verwandeln.

Die Außenpolitik: 1950–70 Chinesische Truppen griffen 1950 in den Korea-Krieg ein, als die Streitkräfte der Vereinten Nationen die chinesische Grenze zu erreichen drohten. Im selben Jahr besetzte China Tibet, das 1951 als autonome Region der Volksrepublik eingegliedert wurde.

In den ersten Jahren nach der Ausrufung der Volksrepublik gewährten die UdSSR und andere kommunistische Staaten China große finanzielle und technische Hilfe. Nach Stalins Tod 1953 verschlechterten sich jedoch die Beziehungen zwischen den beiden kommunistischen Großmächten. 1960 stellte die Sowjetunion ihre Hilfeleistungen an China ein und berief ihre Techniker ab. Trotzdem konnte China 1964 seinen ersten Atomversuch unternehmen.

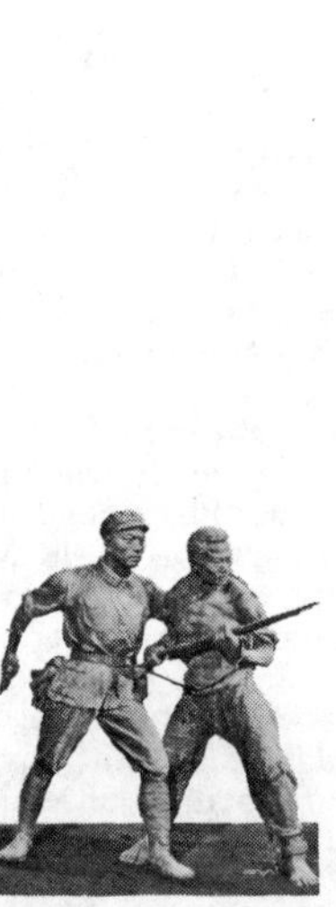

Soldat und Bauer kämpfen Seite an Seite gegen die tyrannischen Großgrundbesitzer. Solche Skulpturen wurden gern als Propagandamittel für die neue Gesellschaft eingesetzt.

Interne Entwicklungen 1956 ließ die kommunistische Führung wissen, daß ihr kritische Äußerungen willkommen seien, ganz nach Maos Parole »Laßt hundert Blumen blühen, laßt hundert Gedanken miteinander streiten«. Doch fiel die Kritik dann so scharf aus, daß die Hundert-Blumen-Bewegung 1957 aufgegeben und die Kritik unterdrückt wurde.

Nun versuchte Mao, eine wirtschaftliche Revolution unter der Parole »Der große Sprung nach vorne« durchzuführen. 1958 ließ er die Kolchosen zusammenlegen, um Kommunen zu schaffen, in denen keine Spezialisierung zugelassen war. Die Bauern sollten Stahl herstellen, und die Studenten sollten Bauern werden. Man feierte dies als einen Schritt zum wahren Kommunismus, doch schlechte Ernten erzwangen eine Modifizierung des Projekts. Dieser Fehlschlag spaltete die Parteiführung: Auf der einen Seite standen die Anhänger der maoistischen Ideologie, auf der anderen die Anhänger des technischen Fortschritts.

Dieser fundamentale Unterschied in der Einstellung war auch der Grund für die Kulturrevolution, die China Ende der sechziger Jahre erschütterte. Die Rote Garde, der viele Studenten der im Laufe der Kampagne geschlossenen Universitäten angehörten, marschierte durch das Land und zitierte aus dem roten Buch die Worte des Vorsitzenden Mao.

Hauptziel der Revolution war es, die drei großen Unterschiede zwischen Stadt und Land, Industrie und Landwirtschaft und intellektueller und manueller Arbeit zu beseitigen. Aber ihre Exzesse führten zu Spannungen innerhalb der Führung des Landes. Erst 1969 war die Ordnung einigermaßen wiederhergestellt, und die Universitäten wurden wieder geöffnet.

Die Gedanken des Vorsitzenden Mao *dienten den Chinesen als Leitfaden in allen Lebensbereichen während der Kulturrevolution der ausgehenden sechziger Jahre.*

Weltweite Anerkennung: 1971 Die chinesische Feindschaft gegen den sowjetischen Nachbarn war zu Beginn der siebziger Jahre noch gleichbleibend ausgeprägt. Geheimgespräche mit den USA, die 1965 angelaufen waren, gingen weiter, und 1972 reiste Präsident Nixon nach China zu Gesprächen mit dem Vorsitzenden Mao.

1971 wurde Chinas Status als Großmacht durch die Aufnahme in die Vereinten Nationen bestätigt, denn es nahm damit den ständigen Sitz im Weltsicherheitsrat ein, der China als einer der vier Großmächte zustand und den seit 1949 Taiwan innehatte. Taiwan wurde trotz der Proteste der USA aus den Vereinten Nationen ausgeschlossen.

Am 8. Januar 1976 starb Tschou En-lai, und es begann der Kampf um seine Nachfolge. Deng Xiaoping (Teng Hsiao-ping), offensichtlich von Tschou selbst vorgesehen, konnte sich nicht halten und wurde durch Hua Guofeng (Kuo-feng) ersetzt. Am 7. April 1976 wurde Hua Regierungschef und Erster stellvertretender Parteivorsitzender.

Einer der größten Aktivposten Chinas sind seine enormen Menschenreserven. Hier bauen chinesische Studenten eine Straße in einer Volkskommune.

China nach Maos Tod Am 9. September 1976 (nach Mitteleuropäischer Zeit am 8.) starb Mao Tse-tung, und Hua trat als Vorsitzender des Zentralkomitees, des Politbüros und des Militärausschusses seine Nachfolge an. Der Witwe Maos, Chiang Ching (Tschiang Tsching), und ihren wichtigsten Gefolgsleuten, der sogenannten Viererbande, wurde vorgeworfen, sie hätten sich durch unredliche Mittel die Macht sichern wollen. Sie wurden aus der Partei ausgeschlossen, inhaftiert und Ende 1980 vor Gericht gestellt.

Am 26. Februar 1978 begann der 5. Nationale Volkskongreß, der unter anderem Hua Guofeng als Regierungschef und in allen seinen anderen Ämtern bestätigte. Der inzwischen rehabilitierte Deng Xiaoping wurde Erster Stellvertreter.

Im Dezember wurde ein weiterer Schritt in der Kampagne zur Vereinfachung der Schriftzeichen eingeleitet; das phonetische Alphabet wurde, besonders für die Verwendung in Fremdsprachen, eingeführt.

Seit Ende 1978 wurden Anzeichen großer Veränderungen in der Wirtschafts-, aber auch der Außen- und Innenpolitik deutlich. Eine »Ent-Maoisierung« setzte ein, die sich vor allem in wirtschaftlicher Zusammenarbeit auch mit westlichen Staaten in der Aufnahme kultureller und wissenschaftlicher Auslandskontakte und einer Bildungsreform im Innern zeigte.

Seit der Gründung der Volksrepublik (1949) waren China und die USA Feinde. 1965 allerdings waren Geheimgespräche aufgenommen worden, und der erste Schritt zur Versöhnung wurde getan, als Präsident Nixon 1972 mit Mao Tse-tung zu Gesprächen zusammentraf.

Im Oktober 1979 besuchte Hua Guofeng die Bundesrepublik. Er wurde vor dem Kanzleramt von Helmut Schmidt empfangen.

Als vietnamesische Truppen im Januar 1979 nach Kambodscha eindrangen, um einer Erhebung kambodschanischer Bevölkerungsteile gegen das Pol-Pot-Regime zu Hilfe zu kommen, ging China militärisch gegen Vietnam vor.

Im Juli 1979 unterzeichneten China und die USA, die seit Januar volle diplomatische Beziehungen aufgenommen hatten, ein Handelsabkommen, gleichzeitig wurden die Beziehungen zwischen den USA und Taiwan abgebrochen.

Die Bewältigung der Kulturrevolution stand für die chinesische Führung 1980 im Mittelpunkt. Sie warf Mao Tse-tung politische Irrtümer vor und rehabilitierte posthum den Mao-Gegner Liu Shao-chi. Anfang September 1980 traten Hua Guofeng und Deng Xiaoping von ihren Staatsämtern zurück, blieben aber an der Spitze der Kommunistischen Partei. Neuer Ministerpräsident wurde Zhao Ziyang, ein Gefolgsmann Dengs. Auf die sowjetische Intervention in Afghanistan hin brach China die Gespräche über eine Normalisierung des Verhältnisses mit der Sowjetunion ab.

Costa Rica

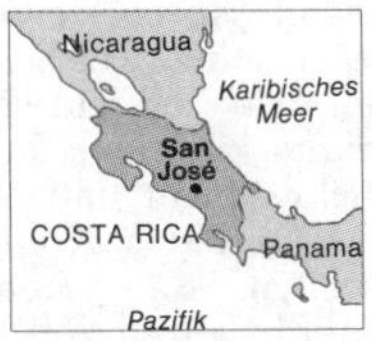

50 700 qkm
2 110 000 Einwohner
Hauptstadt: San José

Costa Rica, das Land mit dem höchsten Lebensstandard in Zentralamerika, erfreute sich einer Anzahl stabiler und demokratischer Regierungen, und die Beziehungen zu seinen Nachbarn sind traditionell freundschaftlich.

Kolumbus entdeckte das Land 1502. 1821 schüttelte Costa Rica die spanische Herrschaft in einer unblutigen Revolution ab und wurde 1839 offiziell unabhängig. General Tomás Guardia hatte von 1870 bis 1882 die Macht inne. 1917–19 stand das Land unter der Militärdiktatur General Federico Tinocos.

Als 1948 Otilio Ulate zum Präsidenten gewählt wurde, hinderte ihn eine kommunistische Gruppe, sein Amt anzutreten. José Figuéres Ferrer schlug die Revolte nieder und setzte Ulate ins Amt ein. 1953 wurde Figuéres selbst zum Präsidenten gewählt und blieb nach den Wahlen von 1970 weiterhin im Amt.

Bei den Präsidentschaftswahlen im Februar 1978 siegte Rodrigo Carazo Odio, der Kandidat der konservativen oppositionellen Partei. Damit war die Herrschaft der seit Jahrzehnten regierenden sozialdemokratischen Partei beendet.

Dahome siehe Benin

Dänemark

43 069 qkm (ohne Färöer und Grönland)
5 000 000 Einwohner
Hauptstadt: Kopenhagen

Im Mittelalter bildete Dänemark das Zentrum des gewaltigen skandinavischen Reiches. Heute ist es ein kleines, aber hochentwickeltes Land, das für seine landwirtschaftlichen Erzeugnisse berühmt ist. Allerdings erwarb Dänemark seinen Wohlstand erst Mitte des 19. Jahrhunderts. Eine wirtschaftliche Revolution wandelte das bis dahin relativ arme Land in eines der reichsten der Erde.

Anfänge Neben mittelsteinzeitlichen Fischern und Jägern besiedelten seit etwa 2700 v. Chr. jungsteinzeitliche Bauern das Land. Die vorgeschichtliche Kultur Dänemarks erreichte einen Höhepunkt während der Bronzezeit (seit 1500 v. Chr.). Träger dieser Kultur waren wahrscheinlich die Vorfahren der Germanen.

Im späten 8. Jahrhundert n. Chr. begannen skandinavische Krieger, die Wikinger, die Küsten Westeuropas zu überfallen und gründeten etwa um 950 den dänischen Staat. 982 kolonisierte der Wikingeranführer Erik der Rote Grönland. Eine andere Gruppe unter Sven Gabelbart eroberte um 1013 einen großen Teil Nordenglands. Gabelbarts Sohn, Knut der Große, fügte 1028 zu den Eroberungen seines Vaters Norwegen hinzu und gründete ein skandinavisches Reich, das jedoch bald nach seinem Tod (1035) zerbrach.

Uneinigkeit und Wiedererstarkung In der ersten Hälfte des 12. Jahrhunderts wurde Dänemark durch Thronwirren und Bürgerkriege geschwächt. Nach der Wahl eines starken Königs, Waldemars des Großen (1157–82), gewann Dänemark seine Kraft zurück. Waldemar und sein Nachfolger, Waldemar der Sieger, bauten im Ostseeraum ein neues dänisches Reich auf. Auf seinem Höhepunkt schloß dieses Reich einen großen Teil der Südküste der Ostsee ein. Doch der Aufstieg der Hanse führte zum Verlust dieser Gebiete Dänemarks.

Seit dem 8. Jh. errichteten die Wikinger auch in Dänemark solche Stelen mit Kampfszenen.

Einheit und Krieg 1397 bildete Dänemark eine Union mit Norwegen (das Island beherrschte) und Schweden unter der dänischen Königin Margarete. Die Union dauerte bis 1449, als Schweden abfiel; Norwegen blieb bis 1814 mit Dänemark vereinigt.

Im 16. und 17. Jahrhundert kam es häufig zu Kriegen mit Schweden. Die Dänen wollten die Einheit der drei Königreiche wiederherstellen, während die Schweden einen Zugang zum Atlantik und die Kontrolle über die Ostsee anstrebten. Nach einem Krieg gegen Karl X. von Schweden verlor Dänemark 1658 Drontheim, Bornholm, Blekinge, Halland und Schonen. Nach einem weiteren Krieg konnten Bornholm und Drontheim 1660 zurückerobert werden. In den Napoleonischen Kriegen ergriff Dänemark Frankreichs Partei. Im Frieden von Kiel (1814) ging Norwegen (aber nicht Island) an Schweden verloren.

Königin Margarete von Dänemark vereinigte 1397 Dänemark, Norwegen und Schweden zu einer Union.

Die Macht der Könige Die schwedischen Könige des 16. und 17. Jahrhunderts und die kurze und verheerende Beteiligung des protestantischen Dänemarks am Dreißigjährigen Krieg (1618–48) schmälerten das Ansehen der Monarchie. Doch als sich herausstellte, daß die Aristokratie die Angelegenheiten des Landes auch nicht besser zu führen wußte, konnte Friedrich III. 1660 mit der Unterstützung von Dänemarks aufstrebendem Mittelstand eine Erbmonarchie gründen. Unter diesem System machte Dänemark einige wirtschaftliche und soziale Fortschritte. Die leibeigenen Bauern wurden 1788 offiziell befreit.

Die absolute Herrschaft des Königs dauerte bis 1849, als Friedrich VII. eine Verfassung mit allgemeinem Wahlrecht einführte. Von 1864 an entwickelte Dänemark sich zu einer modernen Industrienation und führte als eines der ersten Länder Europas ein soziales Wohlfahrtssystem ein.

1864 brach wegen Unruhen in den Herzogtümern von Schleswig-Holstein, deren Bevölkerung zum großen Teil deutsch war, Krieg mit Preußen und Österreich aus. Im Frieden von Wien (1864) mußte Dänemark die Herzogtümer Schleswig, Holstein und Lauenburg an seine Gegner abtreten. Erst 1920 erhielt es nach einer Volksbefragung das dänische Nordschleswig zurück. 1918 bildete Island ein unabhängiges Königreich, das aber bis 1941 mit Dänemark in Personalunion verbunden blieb. Seine Kontrolle über Grönland und die Färöer behielt Dänemark bis heute.

Der dänische Dichter Hans Christian Andersen (1805–75) errang sich durch seine Märchen Weltruhm, verfaßte aber auch Romane.

Die deutsche Invasion Im April 1940 besetzte Deutschland Dänemark und brachte es damit zum erstenmal in seiner Geschichte unter fremde Besatzung. Zunächst ließ die deutsche Militärregierung die Dänen ihre eigenen Angelegenheiten regeln, doch 1943 stellte sie den dänischen König, Christian X., unter Hausarrest und verhängte den Ausnahmezustand. Nach Deutschlands Kapitulation 1945 wurde das Land befreit und K. Kristensen zum Ministerpräsidenten gewählt. 1948 erhielten die Färöer Selbstverwaltung, und Grönland, bisher Kolonie, wurde 1953 dem Königreich Dänemark eingegliedert. 1973 trat Dänemark der Europäischen Gemeinschaft bei.

Auch in Dänemark machten sich ab Mitte der 70er Jahre wirtschaftliche Schwierigkeiten bemerkbar. Da über die zu ergreifenden Gegenmaßnahmen keine Einigung erzielt werden konnte, setzte man für Februar 1977 vorzeitige Parlamentswahlen an, die den Sozialdemokraten unter Anker Jörgensen Erfolg einbrachten. Im August 1978 traten die Liberalen unter Christopherson in die Regierung Jörgensen ein.

Nach dem Ende des Zweiten Weltkrieges teilten die Siegermächte Deutschland in vier Besatzungszonen auf und stellten die Gebiete östlich der Oder und Neiße unter polnische und russische Verwaltung. Durch die Gründung der Bundesrepublik Deutschland auf dem Boden der drei westlichen Besatzungszonen und der Deutschen Demokratischen Republik auf dem Boden der Sowjetzone im Jahre 1949 entstanden zwei deutsche Staaten.

Deutschland

Deutschlands Lage im Herzen Europas – zwischen Alpen und Meer, ohne natürliche Grenzen im Westen und Osten – hat seine Geschichte entscheidend geprägt. Es konnte nicht wie England, die Niederlande, zeitweise auch Frankreich und Rußland Europa den Rücken kehren und sich anderswo ein Weltreich erobern. Seine Geschichte blieb stets unlösbar mit dem Geschick seines Erdteils verknüpft. Wiederholt war es das Schlachtfeld Europas, auf dem im Dreißigjährigen Krieg, im Spanischen Erbfolgekrieg und unter Napoleon der Kampf um die Vorherrschaft in Europa ausgetragen wurde. Deutsche Mächte haben oft nach Osten ausgegriffen. Häufig stand Deutschland jedoch in Gefahr, von Ost und West zugleich in die Zange genommen zu werden.

Neben der äußeren fehlt Deutschland auch die innere Geschlossenheit. Kleine und mittlere Gebirge, früher außerdem Moore und Sümpfe, gliedern es in viele, oft kleinräumige Landschaften. Die Mittelgebirgsschwelle scheidet Süd- von Norddeutschland. All dies hat sicher Deutschlands politische Zersplitterung gefördert und dazu beigetragen, daß es nie einen bleibenden politischen Mittelpunkt fand, wie ihn Frankreich seit eh und je in Paris besaß und England in London. Die Geschichte eines Landes wird jedoch nicht nur von seiner Lage bestimmt, sondern auch davon, was die historisch wirksamen Kräfte daraus machen.

Vom Frankenreich zum deutschen Königtum Unter den germanischen Reichen der Völkerwanderungszeit war das Reich der Franken die folgenschwerste Schöpfung. Die Franken hatten von ihren niemals aufgegebenen Sitzen am Mittel- und Niederrhein aus bis zu Beginn des 6. Jahrhunderts fast ganz Gallien erobert. Nach den Burgundern wurden in der Folge auch Thüringer und Alemannen unterworfen und Bayern in Abhängigkeit gebracht. Als schließlich Karl der Große (768–814) in langen Kämpfen die Sachsen seinem Reiche eingegliedert hatte, waren alle germanischen Stämme, die später das deutsche Volk bilden sollten, in einem Staatswesen vereint. Neben ihnen stand die romanisierte Bevölkerung Galliens. Aus den Reichsteilungen der Enkel Karls des Großen und deren Nachfolger gingen das überwiegend romanische Westfranken – das spätere Frankreich – und das vorwiegend germanische Ostfranken – das spätere Deutschland – hervor. Trotz aller Erbteilungen bestand die Idee der Einheit des Frankenreiches fort, bis nach dem Aussterben der ostfränkischen Karolinger die Königskrone nicht einem westfränkischen Karolinger als Erbe zufiel, sondern die Großen des Ostreiches einen der ihren – Konrad I. – 911 zum König wählten. 919 wird zum erstenmal Ostfranken *regnum teutonicorum,* also Reich der Deutschen, genannt.

Die deutschen Stämme und das Reich Die deutschen Stämme entwickelten sich aus germanischen Sippen- und Gefolgschaftsverbänden der Frühzeit. Die Stämme unterschieden sich nicht nur durch ihre Dialekte voneinander, sondern auch durch ihr staatliches Sonderdasein, das sich dann durchsetzte, wenn die Königsgewalt schwach war. Anstelle der von Karl dem

Dieses Relief aus dem 9. Jh. stellt einen fränkischen Krieger der Zeit Karls des Großen dar.

Mit der Eingliederung der Sachsen in sein Reich schuf Karl der Große – die Münze zeigt ihn als Kaiser – eine der Voraussetzungen für die Entstehung des späteren Deutschen Reiches.

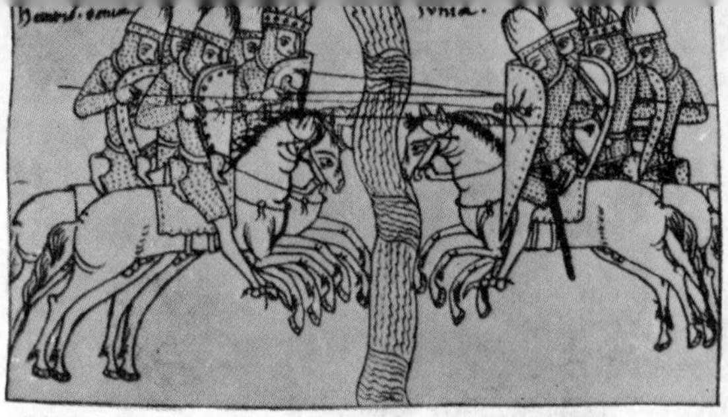

Kaiser Heinrich IV. (links, mit der Krone) mußte am Ende seines Lebens gegen seinen aufständischen Sohn (Heinrich V.) kämpfen, der ihn 1105 gefangennahm und zur Abdankung zwang.

Großen abgeschafften alten Stammesherzogtümer bildeten sich unter den späteren Karolingern neue Herzogsgewalten bei den Sachsen, Bayern, Schwaben (Alemannen) und Franken (Ostfranken am Main). Dazu trat das später geteilte Herzogtum Lotharingien.

Mit der Wahl des Franken Konrad zum König hatten die Stammesherzöge die Eigenständigkeit Ostfrankens gesichert, das von nun an Deutschland genannt werden kann. Der von Konrad I. als Nachfolger bezeichnete Sachsenherzog Heinrich wurde 919 zunächst nur von den Sachsen und Franken zum König erhoben. Er gewann jedoch auch die Schwaben und Bayern für sich und unterwarf 925 Lothringen, das sich 911 dem Westreich angeschlossen hatte. Die an der Ostgrenze geschaffenen Burgen dienten vor allem der Abwehr der Ungarn, die Heinrich I. 933 an der Unstrut schlug. 929 hatte er sich auf einem Zug gegen Prag Böhmen lehensuntertänig gemacht.

Otto I., der Große, Heinrichs Sohn, wurde 936 in Aachen von allen deutschen Stämmen zum König erhoben. Um die Reichsgewalt zu sichern, übergab er nach verschiedenen Aufständen die Stammesherzogtümer seinen Verwandten. Diese Familienpolitik scheiterte. Danach stützten sich Otto und seine Nachfolger vor allem auf die Kirche. Herzogliche Rechte wurden an die großen Bischöfe und Äbte vergeben. Das über das ganze Reich verstreute Kirchengut durchbrach die geschlossenen Herzogtümer. Entscheidend für den Bestand seines Reiches war Ottos I. Sieg über die Ungarn auf dem Lechfeld (955). Mit seinen Italienzügen nahm er die karolingische Tradition auf, um dem Reich zu mehr Macht und Reichtum zu verhelfen. 951 ließ er sich in Pavia König der Franken und Langobarden nennen, 962 in Rom zum Kaiser krönen. Die Italienpolitik wurde von seinen Nachfolgern kräftig fortgesetzt. Unter dem Salier Konrad II. kam Burgund zum Reich, das nun als Römisches Reich bezeichnet wurde. Die unter Otto I. gegen die Slawen errichteten Marken gingen mit Ausnahme der Mark Meißen und der Lausitz beim Tode Ottos II. 983 im großen Slawenaufstand verloren.

Monogramm Ottos des Großen, der sich 962 in Rom zum Kaiser krönen ließ. Von da an bis 1806 blieb die römische Kaiserwürde mit der deutschen Krone verbunden.

Das Reich im Hochmittelalter Mit der Kaiserwürde übernahmen die deutschen Könige die universale Reichsidee, also den Anspruch auf weltliche Oberhoheit im Abendland. Dabei hatten sie es schwer, sich zunächst einmal in Deutschland gegenüber widerstrebenden Stammesherzögen und anderen weltlichen und geistlichen Gewalten durchzusetzen. In den Königreichen Italien und Burgund, die zusammen mit Deutschland das Heilige Römische Reich bildeten, war das noch schwieriger. Der universale Anspruch ist nie verwirklicht worden. Am nächsten kam ihm Kaiser Heinrich III. (1039–56), der von seinem Vater eine solide Machtgrundlage übernehmen konnte. Außer Böhmen war ihm Polen und zeitweise auch Ungarn lehenspflichtig. Als frommer Herrscher versuchte er, die nach dem burgundischen Kloster Cluny genannte Reform der verweltlichten Kirche durchzuführen. Er setzte deshalb drei Päpste wegen Simonie (Amtskauf) ab und verhalf nacheinander vier deutschen Reformpäpsten zur Tiara. Die Kehrseite der Reform zeigte sich nach seinem frühen Tod. Papst Gregor VII. und seine Nachfolger wollten nicht nur die Kirche von weltlicher Herrschaft befreien, sondern die weltliche der geistlichen Gewalt unterordnen. Im Wormser Konkordat (1122) kam es zu einem Kompromiß. Dem König wurde bei Besetzung der deutschen (nicht der italienischen) Bistümer zwar Einfluß zugebilligt, doch zugleich wurde die landesfürstliche Stellung und damit die Unabhängigkeit der Bischöfe gestärkt.

Die wahrscheinlich 962 auf der Reichenau angefertigte römisch-deutsche Kaiserkrone gehörte zu den Reichskleinodien. Sie wird heute in der Wiener Hofburg aufbewahrt.

Das Staufenreich Mit dem Hohenstaufen Friedrich I., Barbarossa (1152–90), begann ein neuer Abschnitt der Reichsgeschichte. Der Kaiser stärkte seine königliche Macht durch Ausbau des Haus- und Reichsgutes, vor allem im Elsaß und in Schwaben, aber auch in Mitteldeutschland. Er gewann die Reichsrechte in Burgund zurück und drängte auch die Bischöfe wieder in eine beamtenähnliche Stellung. Gegen den Papst verfocht er das Eigenrecht der deutschen Krone und sicherte in erbitterten Kämpfen, vor allem mit den lombardischen Städten, die deutsche Herrschaft in Italien. In der Auseinandersetzung mit seinem Vetter Heinrich dem Löwen, dem als Herzog von Bayern und Schwaben mächtigsten deutschen Fürsten, setzte er sich durch, nachdem ihm Heinrich Hilfe in Italien versagt hatte. Die beiden Stammesherzogtümer wurden zerschlagen, die Welfen auf ihren sächsischen Hausbesitz zurückgeworfen. Die vielumstrittene Italienpolitik, aus politischen, kirchlichen und wirtschaftlichen Gründen notwendige Grundlage des Kaisertums, führte zur Verbindung mit dem Normannenreich in Süditalien und Sizilien, das Friedrichs Sohn Heinrich VI. durch seine normannische Gattin Konstanze erbte. Heinrich VI. (1190–97) beherrschte damit ganz Italien und den Mittelmeerraum. Er wollte die deutsche und italienische Krone vereinigen und erblich machen. Mit seinem frühen Tod endete dieser Traum. In Deutschland kam es zu einer Doppelwahl, und auch als Heinrichs Sohn Friedrich II. (1212–50) zum deutschen König gewählt wurde und sich in Italien durchzusetzen begann, mußte er den Dingen in Deutschland seinen Lauf lassen.

Friedrich II. von Hohenstaufen, der letzte der großen Kaiser des Mittelalters, herrschte vor allem von Italien aus. In Deutschland hielt er sich nur 1212–20, 1235 und 1237 auf.

Expansion im Osten Bereits die Ottonen hatten mit der Christianisierung der Slawen begonnen und unter Otto I. Magdeburg als Missionsbistum gegründet. Doch die planmäßige Besiedlung und Eindeutschung des Landes zwischen Elbe und Oder und darüber hinaus setzte im großen Stil erst im 12. Jahrhundert ein. Sie fand unter kaiserlichem Schutz statt, wurde aber von den Landesfürsten vorangetragen: von Heinrich dem Löwen in Holstein und Mecklenburg, vom Markgrafen Albrecht dem Bären in Brandenburg und von Konrad von Wettin in der Mark Meißen. Zahlreiche Städte entstanden. Tausende von Dörfern wurden von Adel und Bauern gegründet. Nicht selten riefen einheimische Fürsten, so die Herzöge von Pommern und Schlesien, deutsche Siedler in ihr Land und traten in den Reichsverband. Sogar nach außen wurde das Reich nun von Landesfürsten geschützt. Nicht der Kaiser, sondern Fürsten wehrten das Vordringen der Dänen in der Schlacht bei Bornhöved (1227) ab und versuchten in der Schlacht von Liegnitz (1241) dem Mongolensturm Einhalt zu gebieten.

In die Kirche von Altenkirchen auf Rügen ist dieser slawische Grabstein eingemauert, eine Erinnerung an die Zeit, in der das Land östlich der Elbe von Slawen besiedelt war.

Land ohne Mittelpunkt Mit dem Tode Friedrichs II. brach die Reichsgewalt völlig zusammen. An Stelle der Stammesherzogtümer gab es nun zahlreiche Territorien, deren weltliche und geistliche Fürsten als Landesherren regierten und schon unter Friedrich II. wichtige Rechte der Krone erworben hatten. Fortan waren sie und nicht der Kaiser die eigentlichen Herrscher Deutschlands. Die freie Wahl des deutschen Königs durch sieben Kurfürsten setzte sich durch. Nachdem in den Wirren des Interregnums sich keiner der Könige und Gegenkönige allgemeine Anerkennung hatte verschaffen können, wurde 1273 Rudolf von Habsburg gewählt, ihm folgte Adolf von Nassau, ihm wieder Rudolfs Sohn Albrecht I., sodann Heinrich VII. von Luxemburg und nach einer Doppelwahl Friedrich der Schöne von Österreich und Ludwig der Bayer. Seit 1346 regierte fast ein Jahrhundert lang das Haus Luxemburg-Böhmen mit Karl IV. und seinen Söhnen Wenzel und Sigismund, nur unterbrochen von der Wahl Ruprechts von der Pfalz. Ab 1438 stellte dann das Haus Habsburg mit einer einzigen Unterbrechung die deutschen Könige und Kaiser bis zum Ende des Reiches 1806. Doch den Königen blieben nur wenige Vorrechte, mit denen sie vor allem versuchten, ihre Hausmacht zu mehren. Jedes der vielen Territorien schaffte sich seinen eigenen, oft wechselnden Mittelpunkt. Auch Prag und Wien waren vor allem Hauptstädte großer Territorien, nicht des Reiches. Die deutschen Könige wurden in Frankfurt gewählt und bis 1531 in Aachen gekrönt. Nicht alle ließen sich in Italien zu Kaisern krönen, zuletzt Karl V. Schon Maximilian I. hatte ohne diese Krönung den Kaisertitel angenommen. Seit Ferdinand I. war das die Regel. Gemeinsame Beschlüsse faßten die Glieder des Reiches, die Reichsstände, soweit das möglich war, auf den Reichstagen an wechselnden Orten.

Mit der Wahl Rudolfs von Habsburg zum deutschen König (1273) endet das Interregnum – »die kaiserlose, schreckliche Zeit«.

Mächte an der Peripherie Während die Kernlande des Reiches zersplittert waren, bildeten sich neue Machtzentren an seiner Peripherie. Im Norden schlossen sich unter Führung Lübecks etwa hundert norddeutsche Städte von Köln bis Danzig und Riga zum Bund der Hanse zusammen. Die Hanse hatte eigene Handelshöfe in Brügge, London, Bergen, Wisby und Nowgorod. Im Nordosten eroberte sich seit 1230 der Deutsche Orden das Preußenland. Von Böhmen aus schuf sich das Haus Luxemburg eine große Hausmacht und in den Donau- und Alpenländern das Haus Habsburg. Im Südwesten bildeten die Eidgenossen einen Bund, der sich ganz allmählich vom Reich löste. Im Westen, beiderseits der deutsch-französischen Grenze, entstand unter einer Nebenlinie des französischen Königshauses ein neues Reich Burgund, das von der Nordsee bis zu den Westalpen reichte. Nach dem Tod Karls des Kühnen (1477) sicherte Erzherzog Maximilian, der spätere Kaiser, als Gatte von Karls Tochter Maria den Hauptteil des Erbes, darunter die Niederlande, seinem Sohn und damit dem Hause Habsburg.

Roland am Rathaus von Halberstadt (1433). Die Rolandsäulen in vielen norddeutschen Städten galten als Wahrzeichen der Stadtfreiheit im Zeitalter der Hanse.

Die Reformation Der größte Teil Europas war im Mittelalter eine konfessionelle Einheit. Ein Ereignis, das weit über die Grenzen Deutschlands hinaus wirkte, die Reformation, sollte das ändern. Sittenverfall des Klerus, Machtpolitik und Reichtum der Kirche hatten seit dem 14. Jahrhundert den Ruf nach ihrer Erneuerung nicht verstummen lassen. So lösten Luthers Ablaßthesen 1517 eine gewaltige Volksbewegung aus. Luther wollte die Kirche reformieren, nicht spalten. Es kam anders. Zu eng waren Glaube und Politik verflochten. Die von Kaiser und Papst, aber auch von vielen Fürsten, besonders den geistlichen, verfolgte oder bedrängte reformatorische Bewegung brauchte politischen Rückhalt. Sie fand ihn bei den evangelisch gesinnten Landesfürsten, die in ihren Territorien Landeskirchen einrichteten, Schulen gründeten, aber auch Klöster aufhoben und geistliche Gebiete ihrer Landeshoheit unterstellten. 1531 schlossen sie sich zum *Schmalkaldischen Bund* zusammen. Die folgenden Wirren und Kämpfe wurden 1555 durch den *Augsburger Religionsfrieden* vorläufig beendet. Er erkannte die Lutheraner an. Der Grundsatz, die Religion des Landesherrn entscheide über die seiner Untertanen, führte bald zu Schwierigkeiten, besonders in den geistlichen Fürstentümern.

Mit dieser grotesken Allegorie karikiert Lucas Cranach – ein Anhänger Luthers – das Papsttum in Rom.

Karl V. Als Karl V., der Enkel Maximilians I., 1519 zum Kaiser gewählt wurde, hatte er schon von seinem Vater Burgund (vor allem also die Niederlande), von seiner Mutter Spanien mit Neapel und Sizilien geerbt. Sein Bruder Ferdinand erhielt die habsburgischen Erblande und erbte 1526 Böhmen und Ungarn. Zu Karls V. Herrschaftsbereich zählten überdies die in Mittel- und Südamerika eroberten Länder. Auch dieser Weltherrscher, in dessen Reich die Sonne nicht unterging, konnte in Deutschland weder die kaiserliche Macht steigern noch die konfessionelle Einheit wiederherstellen. Das Reich geriet außerdem in einen ständigen Gegensatz zu Frankreich, das sich der habsburgischen Umklammerung entziehen wollte. Zu alledem kam der Vorstoß der Türken, die 1529 erstmals vor Wien standen. Diese Belastungen blieben, auch nachdem Karl V. 1556 abgedankt hatte und die habsburgischen Länder endgültig zwischen der österreichischen und der spanischen Linie geteilt worden waren.

Der Bauernkrieg Dem Bauernkrieg, der großen politischen Revolution des deutschen Bauernstandes, waren andere Bauernunruhen vorausgegangen – der Bundschuh am Oberrhein (seit 1493) und der Arme Konrad in Württemberg (1514). Im Sommer 1524 erhoben sich die Bauern im südlichen Schwarzwald. Von hier breitete sich auch der Aufstand über ganz Oberdeutschland (außer Bayern) und Thüringen aus. Auch in der Schweiz und in Österreich kam es zu Unruhen. Ziel der Bewegung war der Aufbau des Staates von der dörflichen Genossenschaft aus und damit die Eingliederung der Bauern in das politische Leben. In wenigen großen Schlachten wurde im Frühsommer 1525 die Erhebung von den Fürsten niedergeschlagen. Die Bauern gerieten in noch größere Abhängigkeit, die Macht der Landesherren wurde gestärkt.

Namenszug Kaiser Karls V., in dessen Reich die Sonne nicht unterging, der aber trotz seiner Machtfülle vergeblich die Reformation in Deutschland bekämpfte.

Die Gegenreformation Um 1580 war Deutschland zu sieben Zehnteln evangelisch. Doch die Gegenreformation hatte schon eingesetzt. Sie war wesentlich das Werk des 1540 vom Papst bestätigten Jesuitenordens, der bereits 1549 in Bayern Fuß gefaßt hatte und sich rasch in den habsburgischen Erblanden und den geistlichen Fürstentümern Süddeutschlands und später am Rhein ausbreitete. Seit 1575 war Bayern wieder rein katholisch. Bald wurde auch in den geistlichen Fürstentümern die katholische Kirche wiederhergestellt.

Der Dreißigjährige Krieg 1618–48 Schließlich führten die konfessionellen Gegensätze zum Krieg. Doch aus dem Kampf zwischen der protestantischen Union unter Führung der Kurpfalz und der katholischen Liga unter Führung Bayerns wurde bald der Streit um die politische Vorherrschaft in Europa. Gegen die Vormacht des katholischen Habsburg griffen sowohl das protestantische Schweden unter Gustav Adolf wie das katholische Frankreich unter Kardinal Richelieu in den Krieg ein, der mit der Verwüstung eines großen Teils Deutschlands endete. Es verlor etwa ein Drittel seiner Bevölkerung. Die Menschen starben weniger durch Kriegshandlungen dahin als durch Hunger und Seuchen.

Im Westfälischen Frieden von 1648, durch den die Unabhängigkeit der Niederlande wie der Eidgenossenschaft vom Reiche auch formell anerkannt wurde, erhielt Schweden Vorpommern mit Stettin und Rügen, Wismar und die zwischen Elbe und Weser gelegenen Bistümer Verden und Bremen (ohne die Stadt). Es beherrschte damit die Elbe-, Weser- und Odermündungen und schnitt das Reich vom Meere ab. Frankreich bekam den österreichischen Besitz im Elsaß mit Breisach und die Bistümer Metz, Toul und Verdun, die es schon seit 1552 besetzt hielt. Im Reich wurde Brandenburg für Vorpommern mit den Bistümern Magdeburg, Halberstadt und Minden entschädigt und damit wesentlich gestärkt. Sachsen erhielt die Oberlausitz, Bayern endgültig die Oberpfalz und die Kurwürde.

Großmächte in und um Deutschland Mit dem Ende des Dreißigjährigen Krieges hatte das Reich endgültig aufgehört, ein Machtfaktor zu sein. Seine Westgrenze wurde mehr und mehr von Frankreich eingedrückt, das zusammen mit Schweden aus dem Krieg als Großmacht hervorgegangen war. 1681 nahm Ludwig XIV. Straßburg. Fast zur gleichen Zeit (1683) standen die Türken zum zweitenmal vor Wien. Im Kampf gegen sie und Frankreich wurde Österreich, das lange im Schatten der spanischen Habsburger gestanden hatte, nun selbst zur Großmacht. Doch nur in ihren Erbländern regierten die Habsburger wirklich, im Reich waren sie als Kaiser nur noch formell oberste Lehnsherren der sonst souveränen Reichsstände. Die großen unter ihnen suchten wie Habsburg ihre Machtbasis außerhalb des Reiches zu erweitern. Der sächsische Kurfürst ließ sich 1697 zum König von Polen wählen, der Kurfürst von Brandenburg krönte sich 1701 zum König in Preußen, und 1714 bestieg das Haus Hannover den englischen Thron. Im Westen begannen Holland und England den Kampf gegen die drohende Vormacht Frankreichs aufzunehmen. Zusammen mit Österreich gelang es ihnen im Spanischen Erbfolgekrieg (1701–14), Frankreichs Vordringen zum Rhein aufzuhalten. Aus dem spanischen Erbe fielen Österreich die südlichen Niederlande und Teile Italiens zu.

Preußen Den fränkischen Hohenzollern war 1415 die Kurmark übertragen worden. Sie erwarben dazu die Neumark und Teile der Lausitz, erbten 1618 das Herzogtum Preußen und erhielten auf Grund von Erbansprüchen 1614 Cleve und Mark und 1648 Hinterpommern. Der Große Kurfürst (1640–88) machte Brandenburg-Preußen zur führenden Macht in Norddeutschland, aber erst mit der Eroberung Schlesiens durch Friedrich den Großen wurde es zur Großmacht. Im Siebenjährigen Krieg (1756–63), dem dritten Krieg um Schlesien, stand es mit England im Bunde. Die polnischen Teilungen gaben Preußen außer Westpreußen große Teile Polens. Österreich, das durch den Verlust Schlesiens geschwächt war, erhielt Galizien. Beide Mächte bildeten im Osten geschlossene Machtblöcke und streckten ihre Fühler weit nach Westen aus.

Selbstbildnis Albrecht Dürers (1471–1528), des größten Malers der deutschen Renaissance.

Albrecht Wallenstein (1583–1634), einer der erfolgreichsten Heerführer im Dreißigjährigen Krieg, stieg zum Reichsfürsten auf, wurde aber auf kaiserlichen Befehl in Eger wegen Hochverrats ermordet. Dieser Viertaltaler zeigt sein Porträt.

Johann Sebastian Bach (1685–1750), einer der größten Komponisten der Welt, war seinen Zeitgenossen vor allem als virtuoser Organist bekannt.

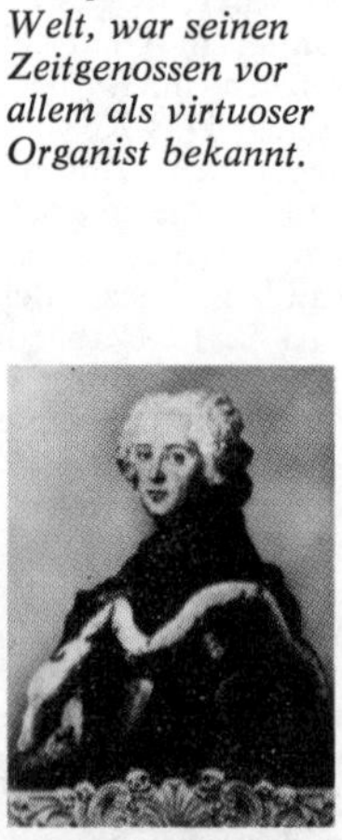

Friedrich der Große (1712–86), der Preußen zur Großmacht erhob, sorgte in seinem Land für eine ausgezeichnete Verwaltung.

Deutschland im 19. Jahrhundert Das neue Jahrhundert begann mit der Auflösung des alten Reiches. Die siegreichen französischen Revolutionsarmeen hatten das linke Rheinufer erobert. Die dadurch geschädigten Fürsten wurden 1803 oft großzügig durch den Reichsdeputationshauptschluß mit den Gebieten vieler Kleinstaaten, der meisten Reichsstädte und fast aller geistlichen Territorien abgefunden. Als 1806 die süd- und westdeutschen Fürsten aus dem Reiche austraten und unter dem Protektorat Napoleons den Rheinbund gründeten, legte Franz II. – seit 1804 als Franz I. auch Kaiser von Österreich – die römisch-deutsche Kaiserkrone nieder. Das Heilige Römische Reich Deutscher Nation hatte aufgehört zu bestehen. Im gleichen Jahre wurde das von Napoleon geschlagene Preußen auf die Gebiete östlich der Elbe zurückgeworfen und verlor seine polnischen Provinzen. In den Freiheitskriegen 1813–15 konnten Preußen und Österreich nur mit Hilfe Englands und Rußlands der Herrschaft Napoleons ein Ende machen.

Zwischen 1803 und 1810 hatte sich die bunte politische Landkarte Deutschlands unter Napoleons Einfluß zunehmend vereinheitlicht. Außer in Thüringen waren die meisten Kleinstaaten verschwunden. So wurde etwa aus der kleinen und zersplitterten Markgrafschaft Baden das viermal so große zusammenhängende Großherzogtum Baden, aus dem Herzogtum Württemberg das auf das Doppelte angewachsene Königreich Württemberg. Bei der Neuordnung Deutschlands und Europas auf dem Wiener Kongreß (1814/15) blieben die neuen Mittelstaaten erhalten. Preußen bekam die Provinz Sachsen und die Rheinlande, verzichtete aber endgültig auf den größten Teil der 1806 verlorenen polnischen Gebiete. Österreich zog sich aus Südwestdeutschland zurück und konzentrierte sich auf Südosteuropa und Italien. Die deutschen Grenzen wurden zwar gesichert, doch der von den Fürsten gegründete *Deutsche Bund* war kein Ersatz für die erstrebte deutsche Einheit.

Nationale Einheit und die Verwirklichung bürgerlicher Freiheiten in einem modernen Verfassungsstaat waren die Ziele der deutschen Revolution von 1848. Doch das Verfassungswerk der Frankfurter Nationalversammlung, die 1848/49 in der Paulskirche tagte, scheiterte am Gegensatz zwischen Preußen und Österreich, aber auch am Widerstand der europäischen Mächte, die kein starkes deutsches Reich wünschten.

Bismarck Was der Volksbewegung nicht gelang, verwirklichte Bismarck, der 1862 preußischer Ministerpräsident geworden war, von Preußen aus. Im Bunde mit Österreich löste er 1864 zunächst die schleswig-holsteinische Frage. Nach kurzem Krieg mußte Dänemark auf die beiden Herzogtümer verzichten. Zwei Jahre darauf entschied Bismarck im Deutschen Krieg von 1866 den deutschen Dualismus zu Preußens Gunsten. Österreich schied als deutsche Vormacht aus. Preußen stellte durch die Annexion von Hannover, Kurhessen, Nassau und Frankfurt die territoriale Verbindung zwischen seinen westlichen und östlichen Provinzen her und faßte im *Norddeutschen Bund* die deutschen Staaten nördlich der Mainlinie zusammen. Als nun unbestrittene deutsche Vormacht schloß es Schutz- und Trutzbündnisse mit den süddeutschen Staaten und baute den *Zollverein* aus, in dem schon bis 1835 der größte Teil Deutschlands unter Ausschluß Österreichs wirtschaftlich geeint war. Im Kampf gegen Frankreich wurde 1870/71 auch politisch die deutsche Einheit verwirklicht. Am 18. Januar 1871 riefen die deutschen Fürsten König Wilhelm I. von Preußen zum *Deutschen Kaiser* aus. Das so gegründete *Deutsche Reich* war kleindeutsch, denn Österreich blieb nun außerhalb wie schon lange zuvor die Schweiz und jetzt auch Luxemburg. Dafür waren Ost- und Westpreußen, die Provinz Posen und Schleswig, die weder zum alten Reich noch zum Deutschen Bund gehört hatten, Teile des neuen Reiches geworden. Frankreich trat das Elsaß und Nordlothringen ab.

Im neuen Reich hatte Preußen die Führung. Sein König war Kaiser, sein Ministerpräsident gleichzeitig Reichskanzler. Das Reich war ein Bundesstaat, in dem den Einzelstaaten – besonders Bayern und Württemberg – weitgehende Rechte erhalten blieben. Zugleich war das Reich eine konstitutionelle Monarchie. Der

Das Zeitalter der deutschen Klassik wurde vor allem von Goethe geprägt, der auch als Naturwissenschaftler und Verwaltungsbeamter Hervorragendes leistete.

Unter den Deutschen, deren Namen überall auf der Welt bekannt sind, nimmt Ludwig van Beethoven (1770–1827) einen der ersten Plätze ein.

Otto von Bismarck (1815–98) einte »mit Blut und Eisen« das Deutsche Reich, sorgte aber danach durch seine Außenpolitik für eine lange Friedensepoche.

nach allgemeinem und gleichem Wahlrecht gewählte Reichstag hatte das Steuer- und Gesetzgebungsrecht. Der Reichskanzler bedurfte freilich nur des Vertrauens seines Monarchen, nicht des Reichstages. Darin zeigte sich eine innere Schwäche des neuen Staates, der von oben her, nicht durch eine Volksbewegung geschaffen worden war. Der Reichsgründung folgten über vierzig Friedensjahre, in denen die wirtschaftliche Expansion mächtig voranschritt. Bismarck und seinen Nachfolgern gelang es jedoch nicht, dem Reich inneren Frieden zu geben. Der Kulturkampf mit der katholischen Kirche und das gegen die Arbeiterbewegung gerichtete Sozialistengesetz belasteten die Innenpolitik. Deutschland hatte sich aus einem Agrarland in einen Industriestaat verwandelt. Die dadurch entstandene soziale Frage wurde nicht gemeistert. Überdies ließ der erstarkende Nationalismus die Dänen Nordschleswigs und die Polen der östlichen Provinzen im Reich nicht heimisch werden. Auch Elsässer und Lothringer gewann das Reich nicht völlig. Wichtige innere Reformen unterblieben. Die Einzelstaaten, besonders Preußen selbst, waren Horte der Reaktion.

Der in Trier geborene Karl Marx wurde zum geistigen Wegbereiter des Kommunismus.

Deutschlands Kolonien An der kolonialen Aufteilung der Welt nahm Deutschland ziemlich spät teil. Doch nach längerem Zögern begann auch Bismarck im Interesse der Wirtschaft Handelskolonien in Übersee unter den Schutz des Reiches zu stellen: 1884 Südwestafrika, Kamerun, Togo, Neuguinea (Kaiser-Wilhelm-Land) mit dem Bismarckarchipel, 1885 Ostafrika. 1890 verzichtete das Reich auf Sansibar und Witu, wofür es von England Helgoland erhielt, erwarb jedoch 1898 von China das Pachtgebiet Kiautschou und 1899 in der Südsee die Karolinen, Marianen und Palau-Inseln sowie Samoa. In Südwest- und Ostafrika mußte das Reich Kolonialkriege führen.

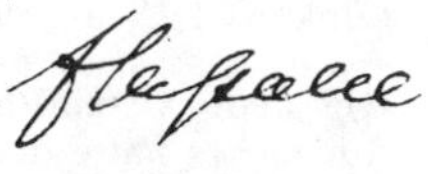

Ferdinand Lassalle gründete 1863 den Allgemeinen Deutschen Arbeiterverein, *einen der beiden Vorläufer der SPD.*

Das europäische Bündnissystem Unter Bismarck war Berlin Mittelpunkt des europäischen Bündnissystems. Dem *Dreibund* (Deutsches Reich, Österreich-Ungarn, Italien), dem das *Dreikaiserbündnis* (Deutsches Reich, Österreich-Ungarn, Rußland) vorangegangen war, standen England und Rumänien nahe. Mit Rußland bestand 1887 bis 1890 der *Rückversicherungsvertrag*. Frankreich war isoliert. Als der Rückversicherungsvertrag nicht erneuert wurde, kam es zunächst zum Bündnis zwischen Frankreich und Rußland, dem sich 1904 England in der *Entente cordiale* mit Frankreich anschloß und dem sich auch Italien näherte. Seitdem war Europa in zwei gleich starke Blöcke geteilt. Das Deutsche Reich stand im Zweifrontendruck. Jeder Konflikt drohte zu einer europäischen Auseinandersetzung zu führen.

Erster Weltkrieg Die Ermordung des österreichischen Thronfolgers Franz Ferdinand in Sarajewo am 28. Juni 1914 und die weitgehenden Forderungen Österreichs an Serbien setzten in einer durch nationalstaatliche Gegensätze, imperialistische Konflikte der großen Mächte und deren Wettrüsten gespannten Atmosphäre die Mechanismen der europäischen Bündnissysteme in Bewegung. Der zur Unterstützung Serbiens erfolgenden russischen Mobilmachung glaubte Deutschland mit der Kriegserklärung (1. August 1914) begegnen zu müssen. Festgelegte Operationspläne zwangen es, zunächst im Westen Frankreich durch das neutrale Belgien anzugreifen, was England zum Kriegseintritt veranlaßte. Der Angriff wurde von Frankreich im September 1914 in der Marneschlacht aufgefangen, und Ende 1914 erstarrte die Westfront im Stellungskrieg. Im Osten wurde die russische Offensive in den Schlachten bei Tannenberg und den Masurischen Seen Ende August und Anfang September 1914 abgewehrt. Trotz verlustreicher Materialschlachten brachte der Krieg an der Westfront keine Entscheidung, während im Osten die russische Front zusammenbrach und mit der bolschewistischen Regierung im Dezember 1917 ein Waffenstillstand geschlossen wurde. Inzwischen machte sich die englische Blockade bemerkbar. Deutschland erklärte den uneingeschränkten U-Boot-Krieg, was zum Eintritt der USA in den Krieg führte. Trotz einer letzten Offensive an der Westfront im März 1918 war Deutschland gezwungen, um Waffenstillstand nachzusuchen (11. November 1918). Am 9. November 1918 brach die Revolution in Berlin aus. Der Kaiser entsagte dem Thron. Zwei Millionen Deutsche waren gefallen.

Mit seiner ehrgeizigen Politik verstärkte Wilhelm II. die Gegensätze, die zwischen Deutschland und anderen europäischen Mächten bestanden – besonders England gegenüber.

Im November 1923, dem Höhepunkt der Inflation, konnte man für 1 Billion Mark gerade eine Schachtel Zigaretten kaufen.

Die Weimarer Republik Die in Weimar zusammengetretene Nationalversammlung beschloß im August 1919 eine neue Verfassung. Die junge Republik konnte sich nur schwer gegen rechts- und linksradikale Kräfte durchsetzen. Überdies war sie durch die Hypothek des verlorenen Krieges sehr belastet. Die Bestimmungen des Friedensvertrages von Versailles waren hart. Deutschland mußte nicht nur Elsaß-Lothringen und seine Kolonien abtreten und verlor im Osten große Gebiete, es war auch zur Zahlung riesiger Reparationen verpflichtet. 1923 besetzte Frankreich das Ruhrgebiet, als Deutschland den Reparationsforderungen nicht nachkommen konnte. Die deutsche Währung brach zusammen. Die wirtschaftliche und außenpolitische Lage besserte sich unter Gustav Stresemann, der 1923 Reichskanzler und danach Außenminister geworden war. Die Währung wurde stabilisiert. Doch der Aufschwung fand in der Weltwirtschaftskrise 1929 ein Ende.

Das Dritte Reich Im Zeichen der Weltwirtschaftskrise und der Massenarbeitslosigkeit war die rechtsextreme NSDAP die stärkste Partei im Reichstag geworden. Am 30. Januar 1933 wurde Adolf Hitler, der Führer der Nationalsozialisten, deutscher Reichskanzler. Nach Verbot oder Auflösung der übrigen Parteien machte er Deutschland Schritt um Schritt zu einem totalitären Staatswesen. 1934 wurde die allgemeine Wehrpflicht eingeführt. Hand in Hand mit der Wiederaufrüstung gingen Forderungen nach Abschüttelung der »Fesseln von Versailles«. 1938 kam es zum Anschluß Österreichs an das Deutsche Reich. Im September 1938 setzte Hitler auf der Münchner Konferenz die Eingliederung des Sudetenlandes durch. Aber als er im März 1939 in die Resttschechoslowakei einmarschierte, war den Westmächten klar, daß man mit Hitler nicht zu einer wirklichen Verständigung kommen konnte. Nachdem am 1. September 1939 deutsche Truppen die polnische Grenze überschritten hatten, erklärten England und Frankreich am 3. September 1939 den Krieg.

Auf dieser englischen Karikatur kriecht Hitler aus dem Versailler Vertrag. Mit dem Kampf gegen dessen Bestimmungen rechtfertigte Hitler propagandistisch seine Außenpolitik.

Zweiter Weltkrieg Die deutschen Erfolge in den ersten Jahren des Krieges waren eindrucksvoll. In wenigen Wochen wurde Polen besiegt. Im Frühjahr 1940 folgte die Besetzung Dänemarks und Norwegens. Zwischen dem 10. Mai und 25. Juni 1940 überrollten deutsche Armeen Belgien und die Niederlande und zwangen Frankreich zum Waffenstillstand. Die englische Expeditionsarmee setzte sich unter Verlusten bei Dünkirchen über den Kanal ab. Da die deutsche Luftwaffe die englische nicht ausschalten konnte, mußte die geplante Landung in England aufgegeben werden. 1941 wurden im Balkanfeldzug Jugoslawien und Griechenland besiegt. Am 22. Juni 1941 begann der deutsche Angriff auf die Sowjetunion, der deutsche Truppen bis zum Dezember vor die Tore von Moskau und Leningrad brachte.

Erst im Winter 1942/43 wendete sich mit der Schlacht von Stalingrad das Blatt. Auch in Nordafrika kam der Vormarsch auf Alexandria zum Stillstand. Mit der alliierten Invasion in Italien (1943) und in der Normandie (1944) begann der Zweifrontenkrieg, der mit dem völligen Zusammenbruch des Deutschen Reiches im Mai 1945 endete. Die deutschen Städte waren durch alliierte Fliegerangriffe zerstört. In Vernichtungslagern hatte Hitler etwa 6 Millionen Juden töten lassen. Rund 4 Millionen deutsche Soldaten waren gefallen oder vermißt. Man schätzt, daß bei Luftangriffen und Kriegshandlungen außerdem etwa 500 000 Zivilisten umkamen. Aus den Gebieten östlich der Oder und Neiße, aus dem Sudetenland und Südosteuropa strömten über 11 Millionen Flüchtlinge nach Westen.

Hitler und sein Verbündeter, der italienische Diktator Benito Mussolini (1883–1945).

Deutschland in Ruinen Nach der bedingungslosen Kapitulation der deutschen Wehrmacht (7. und 9. Mai 1945) übernahmen die Siegermächte die oberste Regierungsgewalt. Deutschland wurde in vier Zonen, Berlin in vier Sektoren aufgeteilt. Die Gebiete östlich der Oder-Neiße-Linie kamen unter polnische Verwaltung, außer dem nördlichen Ostpreußen, das die Sowjetunion übernahm. Ein internationales Militärtribunal verurteilte in Nürnberg die überlebenden Führer des Dritten Reiches. Das Flüchtlingsproblem, die verzweifelte Ernährungslage sowie die begonnene Demontage der deutschen Schwerindustrie ließen zunächst an einen Wiederaufbau nicht denken. Das änderte sich durch die massive Wirtschaftshilfe (Marshallplan), die seit 1947 die Vereinigten Staaten den westeuropäischen Ländern gewährten.

So rücksichtslos die Nationalsozialisten die Juden ausrotteten, so rücksichtslos arbeitete ihre Propaganda gegen sie.

Die Luftbrücke nach Berlin Die Zusammenarbeit der Westalliierten mit der Sowjetunion war von Anfang an schwierig. Sie brach vollends zusammen, als die amerikanische und die britische Zone 1947 wirtschaftlich zur Bizone zusammengefaßt und 1948 in allen Westzonen die Währungsreform durchgeführt wurde. Die Sowjetunion verhängte daraufhin eine Blockade über die Westsektoren Berlins, um ganz Berlin unter ihre Kontrolle zu bringen. Das mißlang, da die Westalliierten die Berliner Bevölkerung über die Luftbrücke versorgten. Als die Blockade 1949 aufgehoben wurde, hatte sich die Zusammenarbeit zwischen den Westalliierten und den neuen politischen Führern Westdeutschlands so verstärkt, daß die Bildung der Bundesrepublik Deutschland möglich wurde.

Bundesrepublik Deutschland

248 577 qkm (mit West-Berlin)
60 669 000 Einwohner (mit West-Berlin)
Hauptstadt: Bonn

Nach Zulassung politischer Parteien in den zum Teil neugebildeten deutschen Ländern entstanden bis 1947 in den drei Westzonen Landesregierungen auf parlamentarischer Grundlage. Im Juli 1948 erhielten die Ministerpräsidenten der Länder von den Westmächten die Weisung, eine verfassunggebende Versammlung für Westdeutschland einzuberufen. Der daraufhin gebildete *Parlamentarische Rat* beriet und verabschiedete das Grundgesetz, das am 23. Mai 1949 mit Zustimmung der Militärgouverneure in Kraft trat. Damit war die Bundesrepublik Deutschland gegründet. Bonn wurde vorläufige Hauptstadt. Das Ziel, dem auch die Westmächte zustimmten, blieb die Wiedervereinigung ganz Deutschlands.

Im August 1949 fanden die ersten freien Wahlen seit 1933 statt. Konrad Adenauer bildete mit einer Koalition aus CDU (Christlich-Demokratische Union), CSU (Christlich-Soziale Union), FDP (Freie Demokratische Partei) und DP (Deutsche Partei) die erste Bundesregierung. Die Sozialdemokraten (SPD) blieben bis 1966 in der Opposition. Theodor Heuss wurde zum Bundespräsidenten gewählt. Am 9. Juli 1951 erklärten die Westmächte den Kriegszustand mit Deutschland für beendet.

Das Wirtschaftswunder Während sich im kalten Krieg die Welt in zwei Blöcke spaltete, bahnte sich in der Bundesrepublik ein beispielloser wirtschaftlicher Aufstieg an, in dessen Gefolge die Millionen Vertriebener in die westdeutsche Gesellschaft integriert wurden. Voraussetzung des Wirtschaftswunders war die von Bundeswirtschaftsminister Ludwig Erhard eingeleitete Politik der sozialen Marktwirtschaft.

Konrad Adenauer, der erste Kanzler der Bundesrepublik, führte den jungen Staat auf dem Wege zum Wiederaufbau und zu wirtschaftlichem Wohlstand.

Adenauer arbeitete so eng wie möglich mit den Westmächten zusammen und half dem französischen Außenminister Robert Schuman 1951 die Montanunion gründen. 1957 schloß sich dann die Bundesrepublik mit Frankreich, Italien und den Beneluxländern zur Europäischen Wirtschaftsgemeinschaft zusammen, in der weiterer wirtschaftlicher Aufschwung möglich wurde. Da angesichts der weltpolitischen Lage die Westmächte die Bundesrepublik in ihr Verteidigungskonzept einbeziehen wollten, gewährten sie ihr mit dem Eintritt in die NATO 1955 nahezu unbeschränkte Souveränität. Die gleichzeitig gegründete Bundeswehr wurde voll in die NATO integriert.

1955 beendete auch die Sowjetunion den Kriegszustand mit ganz Deutschland. Bundeskanzler Adenauer besuchte die Sowjetunion und erreichte dort die Freilassung der verbliebenen Kriegsgefangenen. Dafür stellte die Sowjetunion diplomatische Beziehungen zur Bundesrepublik her. Andere Ostblockstaaten konnten das nicht. Daran hinderte sie die bald formulierte Hallstein-Doktrin, wonach diplomatische Beziehungen nur mit Staaten aufgenommen werden durften, die das Alleinvertretungsrecht der Bundesrepublik für das gesamte Deutschland anerkannten.

Das Vertrauen in die Regierung Adenauer wurde durch die seit 1958 schwelende Berlin-Krise auf die Probe gestellt, besonders nach dem von den Westmächten und der Bundesregierung unter Protest hingenommenen Bau der Berliner Mauer. So verlor die CDU/CSU bei den Bundestagswahlen im September 1961 die 1957 gewonnene absolute Mehrheit.

Adenauers Nachfolger Nachdem Adenauer mit dem deutsch-französischen Vertrag seine Verständigungspolitik Frankreich gegenüber im Januar 1963 abgeschlossen hatte, trat er im Oktober zurück, und Ludwig Erhard übernahm das Amt des Bundeskanzlers. Da dessen Regierung mit wachsenden wirtschaftlichen Schwierigkeiten nicht fertig werden konnte, kam es im Dezember 1966 zur Bildung einer großen Koalition zwischen CDU/CSU und SPD unter Führung des Bundeskanzlers Kurt Georg Kiesinger. Damit waren die Sozialdemokraten zum ersten Male in einer Bundesregierung vertreten. Ihr Parteichef, Willy Brandt, der beliebte und erfolgreiche ehemalige Regierende Bürgermeister Berlins, wurde Vizekanzler und Außenminister. Die große Koalition überwand die Wirtschaftskrise. Die Möglichkeit einer Übernahme der Regierung durch SPD und FDP begann sich im Mai 1969 abzuzeichnen, als Gustav Heinemann (SPD) zum Bundespräsidenten gewählt wurde. Er löste Heinrich Lübke (CDU) ab, der dieses Amt seit 1959 innehatte.

Ludwig Erhard, als Wirtschaftsminister Adenauers der Architekt des Wirtschaftswunders, wurde 1963 Bundeskanzler.

Die neue Ostpolitik Die erfolgreiche Außenpolitik Adenauers hatte den kalten Krieg zur Voraussetzung. Ihre Grundpfeiler waren die enge Anlehnung der Bundesrepublik an die USA und die Versöhnung mit Frankreich. Die Lage wurde schwieriger, als sich Frankreich unter de Gaulle von amerikanischer Bevormundung löste und die USA selbst nach Abflauen des kalten Krieges zur Verständigung mit der Sowjetunion zu kommen suchten. Schon unter der Regierung Kiesinger waren 1967 diplomatische Beziehungen mit Rumänien aufgenommen und 1968 zu Jugoslawien wiederhergestellt worden. Zu einer grundsätzlichen Umorientierung dem Osten gegenüber kam es jedoch erst, als es Willy Brandt nach den Wahlen im Oktober 1969 gelang, eine Koalitionsregierung mit der FDP zu bilden. Die Bindung an den Westen blieb; die Hallstein-Doktrin hingegen wurde aufgegeben. Bundeskanzler Brandt akzeptierte die Tatsache, daß auf deutschem Boden zwei Staaten existierten. Er traf im März 1970 in Erfurt und im Mai in Kassel mit dem DDR-Ministerratsvorsitzenden Willi Stoph zusammen, unterzeichnete im August 1970 den Moskauer Vertrag über Gewaltverzicht und territoriale Unantastbarkeit aller Staaten in Europa auf Grundlage der bestehenden Grenzen und im Dezember den Warschauer Vertrag, in dem die Oder-Neiße-Linie als polnische Westgrenze anerkannt und damit die Beziehungen zu Polen normalisiert wurden. Für seine Verständigung dem Osten gegenüber, bei der ihn Bundesaußenminister Walter Scheel (FDP) tatkräftig unterstützte, wurde Willy Brandt im Oktober 1971 der Friedensnobelpreis verliehen. Da durch Überläufer die Mehrheit der Regierungskoalition im Bundestag schwand, wurden Neuwahlen ausgeschrieben, aus denen die SPD im November 1972 als stärkste Partei hervorging und auch die FDP Gewinne zu buchen hatte. Nach dem Rücktritt Brandts (April 1974) wurde Helmut Schmidt Bundeskanzler. Walter Scheel löste im Juli Gustav Heinemann, der am 7. Juli 1976 starb, als Bundespräsident ab.

Im Juni 1976 besuchte erstmals Edward Gierek, Erster Sekretär der polnischen PVAP, die Bundesrepublik, und es wurden Abkommen über wirtschaftliche und kulturelle Zusammenarbeit abgeschlossen. Im Mai 1978 hielt sich dann Leonid Breschnew zu einem Staatsbesuch in der Bundesrepublik auf und unter-

Willy Brandt (links), der als Kanzler die neue Ostpolitik der Bundesrepublik einleitete, unterzeichnet den Moskauer Vertrag. Rechts von ihm der Ende 1980 verstorbene sowjetische Ministerpräsident Kossygin.

zeichnete am 6. Mai ein Wirtschaftsabkommen mit der Bundesrepublik, das auf 25 Jahre angelegt ist.

Die Ost- und Entspannungspolitik der sozial-liberalen Koalition wurde 1980 in ihrer Substanz gefährdet. Der Nachrüstungsbeschluß der NATO im Dezember 1979 zur Herstellung des militärischen Gleichgewichts mit dem Ostblock im Bereich der nuklearen Mittelstreckenwaffen in Europa, die Sanktionspolitik gegen die sowjetische Intervention in Afghanistan und die Rückwirkungen der Veränderungen im kommunistischen System Polens belasteten das Verhältnis zur Sowjetunion und der DDR erheblich.

Beziehungen zur DDR Nachdem im Viermächteabkommen (November 1971) der Status Berlins garantiert war, konnte ein Transitabkommen mit der DDR unterzeichnet werden, dem im Dezember 1972 der Grundvertrag über die Beziehungen zwischen der Bundesrepublik und der DDR folgte. Dieser Vertrag machte den Weg frei für die Aufnahme beider deutscher Staaten in die UNO im November 1973. Im Dezember folgte der Normalisierungsvertrag mit der Tschechoslowakei. Seit Mai 1974 bestehen Ständige Vertretungen beider deutscher Staaten in Bonn und Ost-Berlin. Die Absage des im August 1980 geplanten Besuchs von Bundeskanzler Schmidt in der DDR, die Erhöhung der Mindestumtauschsätze in ostdeutsche Währung bei Besuchen in Ost-Berlin und der DDR und die erneute Forderung nach Anerkennung einer DDR-Staatsangehörigkeit verschlechterten das deutsch-deutsche Verhältnis. Dessenungeachtet entwickelten sich aber die wirtschaftlichen Beziehungen der Bundesrepublik zur Sowjetunion, der DDR und Polen weiter.

Die Lage im Innern In den späten sechziger Jahren nahmen rechts- und linksextreme Aktivitäten zu. Zwischen 1966 und 1972 gelang es der rechtsextremen NPD, einige Sitze in den Länderparlamenten zu erobern, während es zur gleichen Zeit zu linksextremen Unruhen, besonders an den Universitäten, kam.

1977 spitzte sich die Situation zu. Am 7. April erschossen Terroristen Bundesanwalt Siegfried Buback auf offener Straße. Prozesse gegen Mitglieder verschiedener Terrororganisationen zogen weitere Attentate nach sich. Der Vorstandssprecher der Dresdner Bank, Jürgen Ponto, wurde am 30. Juli erschossen, am 5. September wurde Arbeitgeberpräsident Hanns Martin Schleyer entführt und am 18. Oktober ermordet aufgefunden. Eine am 13. Oktober auf Mallorca gekaperte Lufthansamaschine konnte am 18. Oktober auf dem Flughafen von Mogadischu, Somalia, von Einheiten der deutschen Grenzschutzgruppe GSG 9 befreit werden. Der Pilot war von den Entführern erschossen worden. Am gleichen Tag fand man die Terroristen Andreas Baader, Jan-Carl Raspe und Gudrun Ensslin, am 28. April zu lebenslanger Freiheitsstrafe verurteilt, in ihren Zellen tot auf. In- und ausländische Gerichtsmediziner bestätigten, daß sie Selbstmord begangen hatten. Im Februar 1978 wurde im Bundestag mit einer Stimme Mehrheit das Antiterrorgesetz angenommen.

Die außenpolitisch erfolgreiche sozial-liberale Koalition hatte es bei ihrem innenpolitischen Reformprogramm schwerer. Nur mit Mühe kamen beide Parteien bei der Mitbestimmungsfrage und der Steuerreform zu Kompromissen. Der Verwirklichung innerer Reformen steht vor allem auch die durch wachsende internationale Inflation und Verteuerung der Rohstoffe erschwerte wirtschaftliche Lage im Wege.

Im Januar 1976 erreichte die Arbeitslosenquote den Höchststand seit 1959. Bei den Bundestagswahlen am 3. Oktober 1976 gewann die SPD/FDP-Koalition knapp. Bei seiner konstituierenden Sitzung am 14./15. Dezember bestätigte der Bundestag ebenfalls mit knapper Stimmenmehrheit Helmut Schmidt als Bundeskanzler und wählte Karl Carstens (CDU) zu seinem neuen Präsidenten.

Am 7. August 1978 trat der baden-württembergische Ministerpräsident Hans Karl Filbinger zurück,

Der durch seine Gedichte, Dramen, Grafiken und besonders durch seine Romane im In- und Ausland geschätzte Günter Grass ist auch durch sein politisches Engagement hervorgetreten.

nachdem in einem Gerichtsurteil dem Schriftsteller Rolf Hochhuth nicht untersagt wurde, Filbinger einen »Marinerichter« zu nennen, »der nach Hitlers Tod einen deutschen Matrosen mit Nazigesetzen verfolgt hat«. Filbingers Nachfolger wurde Lothar Späth (CDU). Im November wurde der CSU-Vorsitzende Franz Josef Strauß zum bayerischen Ministerpräsidenten und im Juli 1979 von der CDU/CSU-Bundestagsfraktion zum Kanzlerkandidaten der Union gewählt. Nachfolger von Walter Scheel als Bundespräsident wurde am 23. Mai 1979 Karl Carstens. In den Bundestagswahlen vom 5. Oktober 1980 konnte die von Bundeskanzler Schmidt geführte SPD/FDP-Koalition ihre Mehrheit etwas ausbauen. Die dritte Regierung Schmidt-Genscher sieht sich größer werdenden wirtschaftlichen Schwierigkeiten gegenüber, die auf ein schwaches Wirtschaftswachstum im Innern und ein starkes Zahlungsbilanzdefizit zurückgehen.

Helmut Schmidt und Italiens Präsident Pertini anläßlich eines Besuches des Bundeskanzlers in Rom im Juli 1979.

Deutsche Demokratische Republik

Der zweite deutsche Staat auf dem Boden des alten Deutschen Reiches verdankt seine Entstehung der Sowjetunion, deren Besatzungszone das Territorium der DDR bildet. Es umschließt das mit der Bundesrepublik eng verbundene West-Berlin. Die strategisch wichtige Lage und die Wirtschaftskraft der DDR haben ihr trotz der Kleinheit des Staatsgebietes einen wichtigen Platz unter den Ostblockstaaten verschafft.

108 178 qkm (mit Ost-Berlin)
17 042 000 Einwohner (mit Ost-Berlin)
Hauptstadt: Ost-Berlin

Die Ostzone Obwohl die sowjetische Militäradministration in ihrer Zone schon früh Parteien und Gewerkschaften zuließ und Länderregierungen einrichtete, schränkte sie deren Betätigung stark ein und veranlaßte im April 1947 die Vereinigung der KPD, die bei der Bevölkerung nicht ankam, mit der SPD der Sowjetzone zur Sozialistischen Einheitspartei (SED) unter Führung des Altkommunisten Wilhelm Pieck und des Sozialdemokraten Otto Grotewohl. Die bürgerlichen Parteien blieben formell weiter bestehen, verloren aber durch Maßnahmen der Militäradministration und erzwungene Blockbildung mit der SED jeden politischen Einfluß.

Bertolt Brecht (1898 bis 1956), der dem Marxismus verpflichtete Dramatiker, gründete 1949 in Ost-Berlin die Theatergruppe Berliner Ensemble, *deren Aufführungen bald Weltruhm erlangten.*

Die DDR Nach Gründung der Bundesrepublik richtete die Sowjetunion in ihrer Besatzungszone im Oktober 1949 einen eigenen Staat, die Deutsche Demokratische Republik, ein. Der auf Grund von Einheitslisten gewählte Volkskongreß bestätigte am 7. Oktober 1949 die Verfassung. Pieck wurde Präsident, und Grotewohl bildete die erste Regierung. Die eigentliche Macht lag aber in den Händen des Generalsekretärs der SED, Walter Ulbricht (seit 1950). Seine Politik zielte darauf hin, Mitteldeutschland ideologisch und wirtschaftlich dem sowjetischen System anzugleichen. Demontagen, Reparationen, Verstaatlichung wichtiger Betriebe und weitgehende Enteignungen führten bald zu einer wirtschaftlichen Krisensituation, der die Regierung durch Verkündung eines neuen Kurses zu steuern suchte. Da jedoch die zehnprozentige Erhöhung der Arbeitsnormen nicht aufgehoben wurde, kam es am 17. Juni 1953 zu einem Arbeiteraufstand in Ost-Berlin, der auf andere Städte in der DDR übersprang und durch russische Panzer niedergeworfen wurde.

Wirtschaftlicher Aufstieg Nach dem Ende der Demontagen Mitte der fünfziger Jahre und der Unterbindung der Massenflucht durch den Bau der Berliner Mauer erlebte auch die Wirtschaft der DDR trotz des Rohstoffmangels, der unvermeidlichen Fehlplanungen staatlicher Organe und dem Fehlen privatwirtschaftlicher Initiative in den sechziger Jahren einen raschen

Die Berliner Mauer wurde zum Symbol für die Spaltung Deutschlands.

Aufstieg, der die DDR bald zur zweitgrößten Industriemacht im Ostblock macht. 1950 setzte die Zwangskollektivierung der Landwirtschaft ein.

Die Berliner Mauer Wegen des politischen Drucks auf allen Lebensgebieten verließen schon bis zum Herbst 1949 Hunderttausende die Sowjetzone. Obwohl schon 1952 entlang der Zonengrenze eine 5 km breite Sperrzone angelegt und damit die Verbindung zur Bundesrepublik weitgehend unterbunden wurde, flohen zwischen 1950 und 1961 über 2,6 Millionen, die nun auch durch die wirtschaftlich viel günstigere Lage in der Bundesrepublik angelockt wurden. Als Fluchtwege dienten die noch offenen Sektorenübergänge nach West-Berlin. Erst der Bau der Berliner Mauer (ab 13. August 1961) unterband den Flüchtlingsstrom, der der DDR ständig wertvolle Arbeitskräfte entzogen hatte.

Die bessere wirtschaftliche Lage änderte jedoch nichts an dem starken inneren und äußeren Sicherheitsbedürfnis der DDR. Das war auch der Grund, weshalb Ulbricht im August 1968 auf Intervention in der Tschechoslowakei drängte und an ihr mit vier weiteren Staaten des Warschauer Paktes teilnahm.

Folgen der Verständigung Der Alleinvertretungsanspruch der Bundesrepublik hatte lange die Anerkennung der DDR durch die Staaten außerhalb des Ostblocks verhindert. Das änderte sich mit der von den USA und der Sowjetunion betriebenen Verständigungspolitik und den gleichlaufenden Bemühungen der Bundesrepublik Ende der sechziger Jahre. Mehr und mehr blockfreie Staaten begannen die DDR anzuerkennen. Auf der anderen Seite fürchtete Ulbricht, durch die neue sowjetische Politik der Bundesrepublik gegenüber in die Isolation zu geraten und setzte ihr hinhaltenden Widerstand entgegen. Daraufhin wurde er im April 1971 durch Erich Honecker als Generalsekretär der SED ersetzt, unter dem dann der Grundvertrag mit der Bundesrepublik zustande kam.

Erich Honecker folgte 1971 Ulbricht als Generalsekretär der SED. Unter ihm wurde der Grundvertrag mit der Bundesrepublik geschlossen.

Seit November 1973 ist die DDR Mitglied der Vereinten Nationen. Nach dem Tode Walter Ulbrichts wurde im Oktober 1973 Willi Stoph Vorsitzender des Staatsrates (Staatsoberhaupt). Sein bisheriges Amt als Vorsitzender des Ministerrates (Ministerpräsident) übernahm Horst Sindermann.

Bei der konstituierenden Sitzung der Volkskammer am 29. Oktober 1977 kam es erneut zu Umbesetzungen. Zum neuen Vorsitzenden des Ministerrates wurde Willi Stoph, zum Vorsitzenden des Staatsrates Erich Honnecker gewählt, der gleichzeitig auch Vorsitzender des Nationalen Verteidigungsrates wurde.

Der Liedermacher Wolf Biermann, der auch in der Bundesrepublik Konzerte gab, wurde am 16. November ausgebürgert, der Regimekritiker Robert Havemann, der gegen die Ausbürgerung protestierte, wurde bis Mai 1979 unter Hausarrest gestellt. Der ARD-Korrespondent Lothar Loewe wurde im Dezember ausgewiesen, im Mai 1979 auch der ZDF-Korrespondent Peter van Layen.

Im Mai 1977 besuchte eine polnische Partei- und Regierungsdelegation die DDR und schloß einen neuen, 20 Jahre dauernden Vertrag über Freundschaft, Zusammenarbeit und gegenseitigen Beistand ab. Im Juli 1978 wurde Ewald Moldt zum Nachfolger des Ständigen Vertreters der DDR in Bonn, Michael Kohl, ernannt.

Im Zuge des sowjetischen Versuchs, die westeuropäischen Staaten von der amerikanischen Sanktionspolitik gegen die Intervention der Sowjetunion in Afghanistan zu trennen, versuchte die DDR-Führung in der ersten Hälfte 1980 zu demonstrieren, daß die Entspannungspolitik der siebziger Jahre in Europa und insbesondere im deutsch-deutschen Verhältnis fortgeführt werden könne. Die Krise in Polen, die mit der Zulassung der freien Gewerkschaft »Solidarität« an eine Grundlage des sowjetkommunistischen Systems rührt, veranlaßte die DDR im Herbst 1980 zu einem scharfen Kurswechsel. Sie kehrte zu einer Politik betonter Abgrenzung gegenüber der Bundesrepublik durch Drosselung des Besucherverkehrs mit finanziellen Mitteln zurück. Ende Oktober 1980 betrieb sie auch Abgrenzungspolitik gegenüber Polen, als sie den Reise- und Grenzverkehr zwischen beiden Staaten unterband.

Dominica

751 qkm
83 400 Einwohner
Hauptstadt: Roseau

Die Insel, am 3. November 1493 von Christoph Kolumbus entdeckt, wurde seit 1632 von französischen Kolonisten besiedelt. Von den Briten 1759 erobert, fiel sie später erneut in französische Hände, kam schließlich aber 1783 wieder an Großbritannien. 1967 erhielt sie Selbstverwaltung und wurde schließlich am 3. November 1978 in die Unabhängigkeit entlassen. Die sozialistische Labour Party blieb unter Patrick John an der Macht.

1979 kam es zu einer Regierungskrise: Staatspräsident Fred Degazon floh ins Ausland, Jenner Armour übernahm sein Amt, neuer Regierungschef wurde Oliver J. Seraphin. Diese schwere innenpolitische Krise fand im Februar 1980 durch die Ernennung von Aurelius Marie zum Staatspräsidenten und durch die ersten Parlamentswahlen seit der Unabhängigkeit am 21. Juli 1980 ihre Lösung. Gegen die von Korruption und Skandalen zerrüttete Dominica Labour Party gewann die oppositionelle Dominica Freedom Party 17 von 21 Parlamentssitzen. In Mary Eugenia Charles stellt Dominica seither die erste Regierungschefin in der Karibik.

Dominikanische Republik

48 442 qkm
5 120 000 Einwohner
Hauptstadt: Santo Domingo

Die Dominikanische Republik umfaßt die östlichen zwei Drittel der karibischen Insel Hispaniola. Den wichtigsten Wirtschaftszweig stellt die Landwirtschaft dar. Hauptexportartikel sind Zuckerrohr, Kaffee und Kakao. Die Bevölkerung setzt sich aus 60 Prozent Mulatten, 28 Prozent Weißen und 12 Prozent Schwarzen zusammen.

Christoph Kolumbus entdeckte Hispaniola 1492 und nahm es für Spanien in Besitz. 1697 kam der Westteil und 1795, nach dem Frieden von Basel, auch der Ostteil der Insel an Frankreich. Der französische Konvent hatte den afrikanischen Sklaven 1794 die Freiheit gegeben und 1797 einen ehemaligen Sklaven, Toussaint l'Ouverture, zum Oberbefehlshaber von Haiti ernannt. Er machte sich jedoch von Frankreich unabhängig und rief sich zum Präsidenten der gesamten Insel aus. Toussaint l'Ouverture wurde 1801 gefangengenommen. 1808 erhoben sich die spanischen Kreolen unter Sánchez Ramiréz und vertrieben die Franzosen aus dem Gebiet der heutigen Dominikanischen Republik. Das Gebiet wurde 1822 von Haiti erobert, erklärte aber 1844 seine endgültige Unabhängigkeit als Dominikanische Republik.

Rafael Trujillo Molina errichtete 1930 eine rücksichtslose Diktatur über die Dominikanische Republik. 1961 wurde er ermordet.

Die junge Republik litt unter ständigen Revolten, Machtwechseln und Angriffen von Haiti. Ihre Herrscher suchten Schutz, zuerst, indem sie sich Spanien anschlossen (1861–65), dann, indem sie die Annexion durch die USA vorschlugen. Das lehnten die Vereinigten Staaten ab. Doch kontrollierten sie zwischen 1905 und 1941 die Finanzen der Republik und hielten sie zwischen 1916 und 1924 militärisch besetzt.

Unter Rafael Trujillo Molina erlebte die Republik eine rücksichtslose Diktatur. Molina wurde 1961 ermordet, und es folgte eine Zeit politischer Wirren. Am 20. Dezember 1962 fanden die ersten freien Wahlen statt, aus denen Juan Bosch Gavino, ein zu Reformen neigender, linksdemokratischer Schriftsteller, als Präsident hervorging. Er wurde jedoch 1963 von Militärs

Kolumbus entdeckte 1492 die Insel Hispaniola. Die indianischen Ureinwohner wurden bald von den nachfolgenden Siedlern versklavt.

gestürzt. 1965 brachen Kämpfe zwischen seinen Anhängern und Gegnern aus. Die USA entsandten Truppen, um der gegen Bosch kämpfenden militärischen Junta zu helfen. Bei den 1966 abgehaltenen Wahlen ging ein gemäßigter Konservativer, Joaquin Balaguer – 1970 wiedergewählt –, als Sieger hervor. Bei den Präsidentschaftswahlen vom Mai 1977 erlangte der Kandidat der oppositionellen sozialdemokratischen Partei, Antonio Guzmán Fernández, mit knappem Vorsprung den Wahlsieg.

Dschibuti

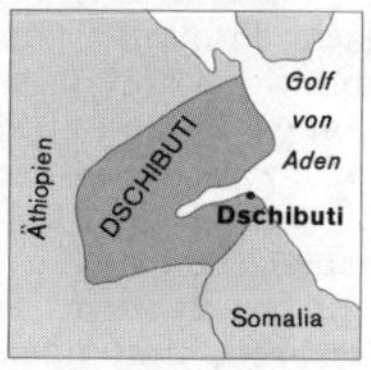

22 000 qkm
117 200 Einwohner
Hauptstadt: Dschibuti

1896 unter dem Namen Französisch-Somaliland bekannt geworden und aus der Zusammenlegung der französischen Kolonien Obok und Dschibuti entstanden, nahm das Land 1967 als französisches Überseeterritorium den Namen Afars und Issas an. Am 27. Juni 1977 erhielt das Land als Republik Dschibuti die Unabhängigkeit.

Hassan Gouled Aptidon wurde Staatspräsident und war zugleich für die Regierungsgeschäfte verantwortlich. Obwohl im Kabinett alle wichtigen ethnischen Gruppen des Landes vertreten waren, kam es zu Schwierigkeiten, die durch die schlechte wirtschaftliche Lage sowie durch Konflikte mit Somalia und Äthiopien noch verstärkt wurden. Im September 1978 löste Aptidon die Regierung auf und bildete ein neues Kabinett mit Barkat Hamadou als Ministerpräsident.

Ecuador

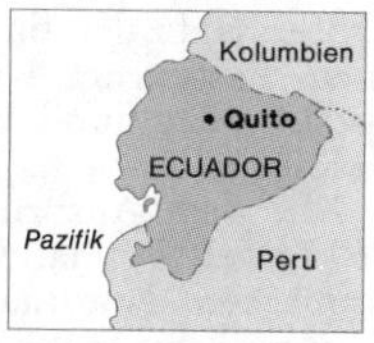

283 561 qkm
(mit Galapagosinseln)
7 856 000 Einwohner
Hauptstadt: Quito

Ecuador hat seinen Namen vom Äquator, der sich quer durch das Land zieht. Der verhältnismäßig kleine Staat wird von einer Adelsschicht und der römisch-katholischen Kirche – Ecuadors größtem Landbesitzer – beherrscht. Es gehört zu den ärmsten Ländern Lateinamerikas.

Die Herrschaft der Inka und der Spanier Die indianische Urbevölkerung Ecuadors hatte bereits eine hohe Kulturstufe erreicht, als sie gegen Ende des 15. Jahrhunderts von den Inka im Süden unterworfen wurde. Doch deren Herrschaft dauerte in Ecuador nur ein Jahrhundert, denn die spanischen Konquistadoren besiegten die Inka 1532. Ecuador wurde Spaniens riesigem südamerikanischem Reich eingegliedert. Die Indianer mußten als Sklaven auf den Tabak- und Zuckerrohrplantagen arbeiten.

Unabhängigkeit und Diktatur Die Bevölkerung rebellierte 1822 gegen Spanien und erkämpfte sich in der Schlacht am Pichincha die Unabhängigkeit. Das Gebiet schloß sich Simón Bolívars Großkolumbien an, doch als dieser Staat 1830 auseinanderbrach, wurde Ecuador unter General Juan José Flores unabhängige Republik.

Nach 1830 hatte das Land fast 30 Jahre lang unter Bürgerkriegen zu leiden. Zwei Parteien kämpften um die Macht: die Konservativen unter der Führung von Flores – bis er 1845 ins Exil ging – und die Liberalen. 1861 ergriff der Führer der Konservativen, Gabriel García Moreno, ein religiöser Fanatiker, die Macht. Seine diktatorische Herrschaft hielt sich bis zu seiner Ermordung im Jahre 1875.

Nach zwei weiteren Jahrzehnten der Unruhe brachte eine neue Revolution den Führer der Liberalen, Eloy Alfaro, 1895 an die Macht. Bis 1944 hatte eine Reihe liberaler Präsidenten das Amt inne, und danach bewirkten politische Rivalitäten und Interventionen der Armee häufige Regierungswechsel.

José María Velasco Ibarra, mehrmals zum Präsidenten gewählt, errichtete 1970 eine Diktatur, wurde aber 1972 durch einen Militärputsch gestürzt.

Ecuadors längste Periode politischer Stabilität war die Präsidentschaft von Galo Plaza Lasso von 1948 bis 1952. Auf Plaza, den ersten von Ecuadors Präsidenten, der seine Amtszeit überstehen konnte, folgte José María Velasco Ibarra. Er wurde 1956 durch den Konservativen C. P. Enríquez abgelöst.

Velasco kam 1960 wieder an die Macht. Ein Jahr später zwang ihn ein Putsch, ins Exil zu gehen. 1966 wählte eine verfassunggebende Versammlung Otto Arosemena Gómez als provisorischen Präsidenten, doch als er sich 1968 allgemeinen Wahlen stellte, wurde er von Velasco, der aus dem Exil zurückgekehrt war, geschlagen. 1970 errichtete Velasco eine Diktatur, aber 1972 konnte ihn eine Militärjunta unter General Rodríguez Lara stürzen. Er trat im Januar 1976 zurück, von Militärs und Politikern zu diesem Schritt gezwungen. Eine Militärjunta unter Vorsitz von Vizeadmiral Póvedo Burbano übernahm die Macht. Im Juni 1978 wurden Präsidentschaftswahlen abgehalten; dabei wurde eine Stichwahl nötig, aus der der Führer der gemäßigten Linken, Jaime Roldós, als Sieger hervorging. Das siebenjährige Militärregime hatte damit sein Ende gefunden.

Simón Bolívar (links) und José de San Martín kämpften gemeinsam für die Unabhängigkeit Ecuadors von Spanien.

Elfenbeinküste

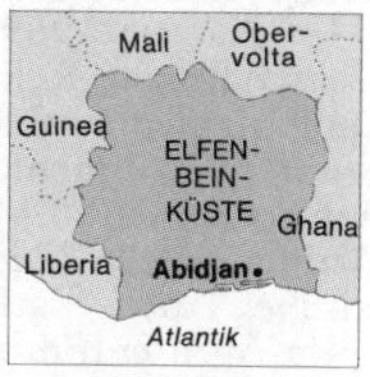

322 463 qkm
7 512 000 Einwohner
Hauptstadt: Abidjan

Diese ehemalige französische Kolonie ist, seit sie 1960 unter Felix Houphouet-Boigny die Unabhängigkeit erlangte, einer der wohlhabendsten afrikanischen Staaten geworden. Houphouet-Boigny, ein strenger Konservativer, ist wegen seiner Politik des Dialogs mit dem von Weißen beherrschten Südafrika der harten Kritik Schwarzafrikas ausgesetzt.

Seit 1687 wirkten französische Missionare an der Küste, und 1843 errichteten die Franzosen einen Marinestützpunkt in Grand-Bassam. Doch erst 1893 kam das Land unter französische Kolonialverwaltung und wurde 1895 Französisch-Westafrika eingegliedert. Bis 1915 kämpften die Bewohner der Elfenbeinküste gegen die Kolonialmacht. Im August 1960 erhielt das Land die Unabhängigkeit. Durch die Modernisierung des Hafens von Abidjan in den fünfziger Jahren dieses Jahrhunderts verbesserten sich die wirtschaftlichen Möglichkeiten des Landes, die auf der Landwirtschaft und dem Abbau von Bodenschätzen beruhen.

Unter Houphouet-Boigny behielt das Land enge Kontakte zu Frankreich und erlebte in den sechziger Jahren einen wirtschaftlichen Aufschwung, besonders in der Landwirtschaft. 1960 verlieh Houphouet-Boigny seiner Bereitschaft Ausdruck, einen Dialog mit Südafrika zu beginnen. Er meinte, daß Südafrikas Politik der Apartheid eher durch friedlichen Einfluß als durch Gewaltanwendung geändert werden könne.

1975 wurde Houphouet-Boigny erneut zum Präsidenten gewählt, und auch bei den Wahlen von 1980 wurde er in seinem Amt bestätigt.

Im Sommer 1980 leitete Houphouet-Boigny eine Erneuerung der politischen Führungsschicht durch freie Wahlen in der Staatspartei PDCI und zur Nationalversammlung ein. Im November 1980 stellten sich zum ersten Mal mehrere Kandidaten für einen Parlamentssitz, Bedingung für ihre Kandidatur war allerdings ihre Mitgliedschaft in der PDCI.

El Salvador

21 041 qkm
4 530 000 Einwohner
Hauptstadt: San Salvador

Das kleinste Land in Zentralamerika ist auch das am dichtesten besiedelte. Die Überbevölkerung ist das Hauptproblem El Salvadors und führte zu ständiger Auswanderung in die Nachbarstaaten. Rund 90 Prozent der Bevölkerung sind Mestizen, indianisch-europäische Mischlinge.

Ursprünglich besiedelten Nahua das Land, Indianer, die von Nordamerika her einwanderten und Mitbegründer der großen Kulturen Mesoamerikas waren. Das Gebiet von El Salvador nannten sie Cuscatlán, Land der Juwelen. Doch als der spanische Konquistador Pedro de Alvarado das Land 1525 eroberte, fand er kaum Juwelen und kostbare Metalle vor. Deshalb vernachlässigte Spanien diesen Teil seines Reiches zugunsten reicherer Territorien.

El Salvador warf die spanische Herrschaft 1821 ab und wurde Teil des kurzlebigen Mexikanischen Kaiserreiches. Als dieses Reich 1823 zusammenbrach, schloß sich El Salvador der Zentralamerikanischen Konföderation an und wurde 1839, als auch diese auseinanderfiel, schließlich unabhängig. Mitte des 19. Jahrhunderts kam das Land mit der Einführung des Kaffeeanbaus zu Wohlstand, und seine Bevölkerung begann rasch anzuwachsen. 1931 ergriff General Maximilian Hernández Martínez durch einen Staatsstreich die Macht und herrschte als Diktator bis zu seinem Sturz im Jahre 1944. Eine Reihe kurzlebiger militärischer Diktaturen blieben bis 1961 an der Macht, bis sich eine Regierung bildete, die aus drei Zivilisten und drei Militärs bestand. Ihr Führer, José Julio Rivera Carballo, wurde 1962 Präsident und blieb es bis 1967. Unter seiner Regierung führte man Land-, Steuer- und Sozialreformen durch. Nach den Wahlen von 1967 kam Sánchez Hernández an die Macht.

Honduras, das jahrelang den größten Teil der Auswanderer El Salvadors aufgenommen hatte, versuchte 1969 den Zustrom zu drosseln und wies Tausende von Einwanderern aus. Im Juli 1969 kam es zum Krieg zwischen beiden Ländern. Nach fünf Tagen heftiger Kämpfe führte die Organisation Amerikanischer Staaten einen Waffenstillstand herbei.

Im August 1969 führte Sánchez Hernández neue wirtschaftliche Reformen durch. Seine Partei gewann die Parlamentswahlen von 1970. Die Wahlen vom Februar 1972 brachten einen Kandidaten der Rechten, Arturo Armando Molina, an die Macht; auch bei den Wahlen von 1977 gewann der Kandidat der nationalistischen Partei, Carlos Humberto Romero.

Im April entführten Mitglieder einer linksextremen Volksbefreiungsfront Außenminister Mauricio Borgonovo und ermordeten ihn. Die unvermindert schlechte soziale Lage führte zu Unruhen und Rebellionen verschiedener links- und rechtsextremer Volksbefreiungsgruppen, die nicht nur gegen die Regierung, sondern auch gegeneinander kämpfen.

Der Bürgerkrieg zwischen der von Militärs und christdemokratischen Zivilisten gebildeten Junta und den Guerilleros der Nationalen Befreiungsfront Farabundo Marti (FMLN) sowie anderer Oppositionsgruppen verschärfte sich nach der Ermordung des Erzbischofs von San Salvador, Oscar Arnulfo Romero, seit Ende März 1980 weiter. Terror und Gegenterror zerrütten das Land.

Durch den Friedensvertrag mit Honduras vom 30. Oktober 1980, der den Krieg von 1969 endgültig bereinigt, konnte die regierende Junta einen wichtigen Erfolg erringen. Von der Öffnung der Grenze zu Honduras erwartet sie eine Verbesserung der wirtschaftlichen Lage, und die Besetzung der entmilitarisierten Grenzzone soll zur Säuberung der dort entstandenen »befreiten Gebiete« von Guerilleros führen.

Fidel Sánchez Hernández trat 1967 sein Amt als Präsident an und führte die Reformpolitik seines Vorgängers Carballo fort.

Fidschi-Inseln

Etwa 800 Inseln im Südpazifik, von denen allerdings nur 106 bewohnt sind, bilden die Fidschi-Inseln. Die Ureinwohner sind hauptsächlich melanesischen Ursprungs und machen nur rund 40 Prozent der Gesamtbevölkerung aus. Ihnen sind an Zahl die Inder überlegen, deren Vorfahren im 19. Jahrhundert auf die Inseln gebracht wurden, um als bezahlte Arbeitskräfte auf den Zuckerrohrplantagen zu arbeiten.

Der erste Europäer, der seinen Fuß auf die Fidschi-Inseln setzte, war 1643 der holländische Forscher Abel Tasman. 1774 folgte ihm der britische Weltumsegler James Cook. Im 19. Jahrhundert kamen europäische Händler auf der Suche nach Sandelholz zu den Inseln. Sie gründeten ihre erste Siedlung 1804 in Levuka.

Die Einheimischen, die jahrhundertelang isoliert gelebt hatten, wurden vom europäischen Einfluß stark betroffen. Viele starben an eingeschleppten Infektionskrankheiten. Nach wiederholten Bitten der Stammeshäuptlinge annektierte England 1874 die Inseln. Sie blieben bis 1970 unter englischer Herrschaft; dann wurden sie unter Premierminister Ratu Kamisese parlamentarische Monarchie; Staatsoberhaupt ist Königin Elisabeth II. Bei den Wahlen von 1977 ging Ratu Kamisese mit knapper Mehrheit erneut als Sieger hervor.

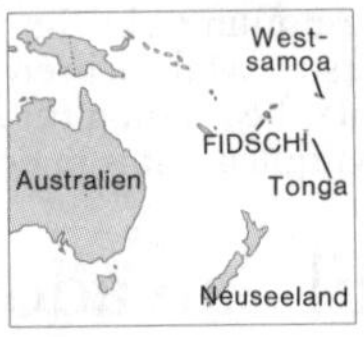

18 272 qkm
629 000 Einwohner
Hauptstadt: Suva

Finnland

Finnland hat zwei natürliche Aktivposten – Wasser und Nutzholz. Tausende von Seen liegen über das ganze Land verstreut. Viele der Seen sind durch Flüsse und Kanäle miteinander verbunden. Zwei Drittel der Fläche Finnlands sind mit Wäldern bedeckt, und die Nutzholzindustrie, die sich die Wasserwege zunutze macht, bildet die Hauptstütze der blühenden finnischen Wirtschaft. Jahrhunderte hindurch stand Finnland unter schwedischer, später unter russischer Herrschaft. 1919 gewann es seine völlige Unabhängigkeit.

337 032 qkm
4 800 000 Einwohner
Hauptstadt: Helsinki

Frühe Geschichte Seit Beginn der germanischen Völkerwanderung (um 300 n. Chr.) wanderten finnische Stämme in das heutige Finnland ein. Sie kamen zum Teil vom Baltikum, aber auch aus dem Osten. Die im Westen ansässigen Stämme standen schon früh unter schwedischem Einfluß.

1157 führte Erik IX. von Schweden einen Kreuzzug nach Finnland, um die Finnen zu christianisieren und ihr Land unter seine Kontrolle zu bekommen. König Johann III. von Schweden erhob Finnland 1581 zum Großfürstentum. Während des Nordischen Krieges (1700–21) hielt Rußland das finnische Gebiet sieben Jahre lang besetzt. Das südöstliche Karelien ging nach dem Frieden von Nystad an Rußland verloren, und nach einem weiteren Krieg (1741–43) mußte Schweden Teile im südlichen Finnland an Rußland abtreten.

Russische Herrschaft: 1809–1917 Im Jahre 1808 brach erneut Krieg zwischen Rußland und Schweden aus, und im Frieden von Fredrikshamn trat Schweden Finnland endgültig an die Russen ab. Finnland wurde Großfürstentum des Russischen Reiches, doch gewährte man ihm ein gewisses Maß an Selbstverwaltung.

Ende des 19. Jahrhunderts leitete Zar Alexander III. (1881–94) die Politik der Russifizierung ein, an der große Teile der finnischen Bevölkerung Anstoß nahmen. Es brachen Unruhen aus, die 1901 zur Suspendierung der finnischen Verfassung führten. Sie wurde jedoch 1905 wieder in Kraft gesetzt.

Mit dem Ausbruch der russischen Revolution von 1917 rief Finnland seine Unabhängigkeit aus. Die finnischen Nationalisten, angeführt von Marschall Mannerheim, vereitelten mit deutscher Unterstützung alle sowjetischen Versuche, das Land wieder zu erobern. Die Finnische Republik hat sich offiziell 1919 konstituiert.

Im Winterkrieg zwischen Rußland und Finnland (1939–40) führte Marschall Mannerheim (1867 bis 1951) die finnischen Truppen, die sich nach heldenhaftem Widerstand schließlich der Übermacht der feindlichen Streitkräfte ergeben mußten.

Der Winterkrieg: 1939–40 Eine Geheimklausel des deutsch-sowjetischen Nichtangriffspaktes von 1939 gab der Sowjetunion freie Hand in Finnland. Die Russen verlangten die Abtrennung einiger Inseln im Finnischen Meerbusen sowie die Erlaubnis zum Bau sowjetischer Stützpunkte auf finnischem Territorium. Die Finnen lehnten diese Forderungen ab, und im November 1939 erklärte die Sowjetunion den Krieg. Der heldenhafte Widerstand der finnischen Truppen unter Marschall Mannerheim trug ihnen weltweite Bewunderung ein. Die überwältigende Macht der sowjetischen Streitkräfte zwang Finnland im März 1940 zum Friedensschluß. Weite Teile seines Gebietes mußte es an Rußland abtreten.

Als Hitler in Rußland einfiel, verbündeten sich die Finnen mit Deutschland. Sie besetzten erneut die verlorenen Territorien, wurden jedoch 1944 durch eine russische Gegenoffensive zum Rückzug gezwungen und mußten Frieden schließen.

Nachkriegsfinnland Im endgültigen Friedensvertrag von 1947 mußte Finnland außer Westkarelien auch das Petsamogebiet an Rußland abtreten. Außerdem waren die Finnen gezwungen, den Militärstützpunkt Porkkala zu verpachten und enorme Reparationen zu zahlen. 1948 unterzeichnete Finnland einen Freundschafts- und Beistandspakt mit der Sowjetunion, der 1955 für 20 Jahre verlängert wurde. Zur gleichen Zeit gab die Sowjetunion ihren Stützpunkt auf Porkkala ab.

Die innenpolitische Lage Finnlands war nicht sehr stabil. Eine Vielzahl von Parteien war im Reichstag vertreten, und es kam zu häufigen Regierungswechseln. Die Wahlen vom Januar 1972 brachten einen Gewinn für die Sozialdemokraten und damit einen Sieg für ihren Präsidenten Rafael Paasio. Doch im September des gleichen Jahres bildete der Sozialdemokrat Kalevi Sorsa eine neue Regierung. Auch bei den Reichs-

Der Bahnhof in Helsinki, 1910–14 erbaut, ist das Hauptwerk des finnischen Architekten Eliel Saarinen.

tagswahlen im September 1975 gingen die Sozialdemokraten als Sieger hervor und bildeten in Koalition mit anderen Parteien eine »Volksfrontregierung« unter Martti Miettunen.

Die Regierung Miettunen trat ein Jahr später zurück, bildete aber – erneut unter Miettunen – aus Zentrum, Liberalen und der Schwedischen Volkspartei ein Minderheitskabinett. Auf Wunsch von Staatspräsident Kekkonen trat auch diese Regierung im Mai 1977 ebenfalls wieder zurück. Der Sozialdemokrat Kalevi Sorsa bildete unter Hinzuziehung der Kommunisten die neue Regierung.

Die wirtschaftliche Situation blieb jedoch unverändert schwierig, so daß sich im Februar 1978 auch die Regierung Sorsa zum Rücktritt gezwungen sah. Die Wahlen vom März 1979 brachten vor allem den Konservativen Stimmenzuwachs; dennoch wurde wieder eine Mitte-Links-Regierung unter dem Sozialdemokraten Mauno Koivisto gebildet.

Der größte Komponist Finnlands, Jean Sibelius (1865 bis 1957), ist berühmt für seine Orchesterwerke und Sinfonien.

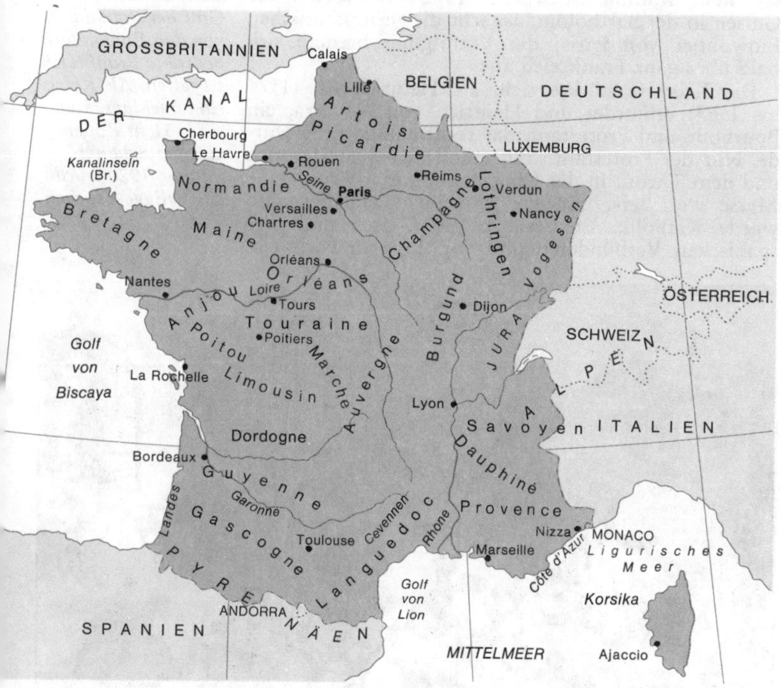

Frankreich

547026 qkm
53900000 Einwohner
Hauptstadt: Paris

Frankreichs Aufstieg zur Größe ist ein wichtiges Thema in der Geschichte des Abendlandes. Französische Sprache und Kultur haben ihre Spuren in der ganzen Welt hinterlassen. Im Frieden wie im Krieg hat das Land oft eine überragende Rolle in Europa gespielt.

Die französische Bevölkerung war oft in zwei Lager gespalten, die einen befürworteten eine starke zentrale Regierung, die anderen vertraten regionale Interessen. Die revolutionären Führer des Jahres 1789 unternahmen den entschlossenen Versuch, eine zentrale, uniforme Verwaltung zu schaffen, und legten damit die Grundlagen des modernen französischen Regierungssystems. Doch bis heute ist der Regionalismus eine potentiell zersplitternde Kraft in der französischen Politik geblieben – andererseits hat er Frankreich eine Vielfalt von Lebensformen und Gebräuchen geschenkt.

Der prähistorische Mensch Die ersten Spuren der Besiedlung Europas durch jetztzeitliche Menschen hat man in Südwestfrankreich gefunden. Dort ließen sich vor 35000 Jahren Menschen nieder, die von Jagd und Fischfang lebten. Etwa vor 6000 Jahren begannen sich Kulturen zu entwickeln, in denen Landwirtschaft betrieben und geschliffene und geschärfte Steinwerkzeuge gebraucht wurden. Sie errichteten Großsteinbauten, sogenannte Megalithbauten; diejenigen von ihnen, die man noch in der Bretagne findet, wurden zwischen 2500 und 1500 v. Chr. gebaut.

Seit etwa 700 v. Chr. gründete ein Zweig der Kelten, die Gallier, eine Anzahl von Staaten in Frankreich. Sie dehnten sich nach Süden aus, verdrängten die Iberer und Ligurer, die mediterrane Urbevölkerung, und erreichten schließlich die um 600 v. Chr. von den Griechen gegründete Kolonie Massilia (Marseille).

Römische Eroberung Nachdem die Römer schon im Jahre 181 v. Chr. in Südfrankreich die Provinz Gallia Narbonensis gegründet hatten, eroberte Julius Cäsar zwischen 58 und 51 v. Chr. den Hauptteil Galliens nördlich davon bis zum Rhein. Die Römer bauten Städte, Straßen, Amphitheater, Aquädukte und Tempel. Die lateinische Sprache ersetzte die keltische als Volkssprache. In der Mitte des 2. Jahrhunderts entstanden die ersten christlichen Gemeinden in Gallien, und im Laufe des 3. Jahrhunderts hatte sich das Christentum weit verbreitet.

Diese Elfenbeinschnitzerei aus dem 9. Jh. zeigt die Taufe Chlodwigs, des Königs der Franken, der 498 zum Christentum übertrat.

Invasion der Franken: um 400 Schon im 3. Jahrhundert machten die Alemannen und Franken Vorstöße in gallisches Gebiet. Die römischen Heere konnten ihnen auf die Dauer nicht wirksam entgegentreten, und ab 393 ließen sich Franken – von denen der Name Frankreich stammt – in Gallien nieder. Es entstand das Fränkische Reich, das sich vom Rhein bis zur Garonne und von den Alpen bis zur Nordsee erstreckte. Chlodwig, Gaukönig der Franken, trat 498 zum Christentum über und gründete die Dynastie der merowingischen Könige, die das Frankenreich fast 300 Jahre lang beherrschten. Doch nach seinem Tod im Jahre 511 teilten seine Söhne das Reich unter sich auf.

Karl der Große: 768–814 Während die merowingischen Könige ein geteiltes Land regierten, dehnten die Araber ihren Machtbereich bis Südfrankreich aus. 725 waren ihre Heere an der Rhone weit vorgedrungen, doch 732 besiegte sie Karl Martell bei Poitiers. Sein Sohn Pippin schickte den letzten Merowinger ins Kloster und machte sich zum König. Pippins Sohn, Karl der Große, dehnte sein Königreich weit über die Grenzen des heutigen Frankreichs aus, und am Weihnachtstag des Jahres 800 krönte ihn der Papst zum Römischen Kaiser. Durch Boten, die Karl überall in sein Reich schickte, suchte er seine Herrschaft zu festigen. Er förderte den Feudalismus und bewegte sich damit von der alten römischen Vorstellung der Zentralgewalt fort.

Nach dem Tode Karls des Großen (814) zerbrach das Fränkische Reich. Im Vertrag von Verdun (843) wurde das Westfränkische Reich – das heutige Frankreich – vom übrigen Reich Karls des Großen abgetrennt und von Karl dem Kahlen regiert.

Doch die Erinnerung an die Größe des Frankenreiches unter Karl dem Großen lebte weiter und mit ihr der Einfluß der christlichen Gelehrsamkeit, die er gefördert hatte. Als Hugo Capet 987 durch eine Versammlung von Adligen zum König von Frankreich gewählt wurde, erstreckte sich sein direkter Machtbereich nur auf Paris und Orléans und auf 15 von 75 Bistümern.

Das Frankreich der Kapetinger: 987–1328 Die kapetingischen Könige bauten ihr Königreich aus kleinen Anfängen auf. Viele der großen Feudalherrscher besaßen mehr Land als die Kapetinger, und der Königstitel bedeutete weder Macht noch Einkommen für seinen Besitzer.

Die Kapetinger hatten jedoch gute Verbindungen und gingen günstige Ehen ein. Als Nachfolger von Chlodwig und Karl dem Großen genossen sie ein

Ludwig IX. (1226 bis 1270) begibt sich auf einen Kreuzzug. Er starb während eines Kreuzzugs vor Tunis und wurde 1297 heiliggesprochen.

gewisses Ansehen, und sie besaßen die Unterstützung der Kirche. Durch die Anstrengungen mehrerer fähiger und geduldiger Herrscher erreichten die Kapetinger allmählich die Vorherrschaft.

Expansionspolitik König Philipp II. (1180–1223) konnte die Normandie und Grafschaften an der Loire, die in englischem Besitz waren, seinem Reich wieder einverleiben. Philipps Enkel, Ludwig IX. (1226–70), bestieg den Thron im Alter von 12 Jahren. 1259 leistete ihm Heinrich III. von England den Lehnseid für seine Besitzungen in Südwestfrankreich. Die Rolle, die er bei den Kreuzzügen spielte, trug ihm den Ruf großer Frömmigkeit ein. Er starb 1270 auf einem Kreuzzug und wurde 1297 heiliggesprochen. Ludwigs Nachfolger setzten seine Politik, Frankreichs Zentralregierung zu stärken und seine Grenzen auf Kosten seiner Nachbarn zu erweitern, fort.

Der Hundertjährige Krieg Die Linie der Kapetinger starb 1328 mit dem Tod Karls IV. aus, und Philipp von Valois (1328–50) gründete eine neue Dynastie. Von 1337–1453 fochten Frankreich und England den sogenannten Hundertjährigen Krieg miteinander aus. Eduard III., König von England, erhob Ansprüche auf den französischen Thron, da er ein Sohn einer Tochter Philipps IV. war, und griff Frankreich an. Die Franzosen wurden bei Crécy (1346), bei Poitiers (1356) und bei Azincourt (1415) vernichtend geschlagen. 1420 erkannte Karl VI. (1380–1422) den englischen König Heinrich V. als französischen Thronerben an. Doch Heinrich starb 1422. Angespornt von Johanna von Orléans (Jeanne d'Arc), sammelten sich die Franzosen bald wieder, und bis 1453 hatte England außer Calais sein ganzes französisches Territorium verloren.

Während des Krieges hatte sich die Macht nicht so sehr beim König als in den Händen der Feudalherren konzentriert. In den Kämpfen, die die Feudalherren miteinander austrugen, wurde das Land auseinandergerissen, und es gab viele Bauernaufstände oder *jacqueries*. Karl VII. (1422–61) und sein Nachfolger, Ludwig XI. (1461–83), waren entschlossen, das zu ändern. Sie gewannen die Kontrolle über Burgund, die Provence, Artois und die Picardie.

Frankreich während der Reformation Drei Dinge beherrschten die Geschichte Frankreichs im 16. Jahrhundert: die Anstrengung, die Einheit des Königreiches zu erhalten und zu stärken, die Notwendigkeit für die Monarchie, ihre Macht zu demonstrieren, und die geistigen Strömungen, die von der Reformation ausgingen. Karl VIII. (1483–98) führte eine Armee nach Italien, wo er Reichtum und Ruhm zu finden hoffte. Unter Franz I. (1515–47) weiteten sich die italienischen Kriege zu einem Kampf um die europäische Vormachtstellung gegen Karl V. aus, das Oberhaupt der Habsburger, der Spanien, das Heilige Römische Reich Deutscher Nation und einen großen Teil Italiens beherrschte.

Neue religiöse Ideen setzten sich in Frankreich durch, als Levèvre d'Estaples (Jakob Faber) seine französische Bibelübersetzung veröffentlichte. Johann Calvin war gezwungen, 1534 aus Paris zu fliehen, und Franz I. verfolgte die Protestanten immer wieder während der letzten zehn Jahre seiner Herrschaft. Trotz des Glanzes der Herrschaft von Franz hatte die Monarchie wenig Stabilität. Als die Preise stiegen und die königlichen Ausgaben zunahmen, verkaufte der König Ämter, um so sein Einkommen zu vermehren. Die Familien, welche die Ämter kauften, vergrößerten ihre Macht und beschnitten gleichzeitig die Autorität des Königs.

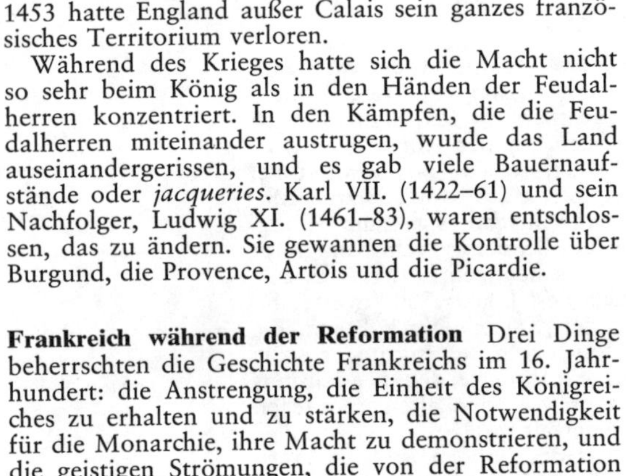

Detail aus dem für Jean I., Herzog von Berry (1340–1416), von den Brüdern von Limburg geschaffenen Stundenbuch Très riches Heures.

Jeanne d'Arc, ein französisches Bauernmädchen, glaubte sich von Gott berufen, das von den Engländern bedrohte Frankreich zu retten. Als Ketzerin angeklagt, kam sie 1431 in Rouen auf den Scheiterhaufen. 1920 wurde sie heiliggesprochen.

Bürgerkriege Heinrich II. (1547–59), der Sohn Franz' I., kam in einem Turnier ums Leben. Auf ihn folgte sein Sohn Franz II. (1559–60), der erst 15 Jahre alt und von so schlechter Gesundheit war, daß er ein Jahr nach seiner Thronbesteigung starb. 30 Jahre lang litt Frankreich unter Bürgerkriegen, in denen der französische Adel um die Macht kämpfte. Die beiden Hauptparteien wurden von den Guisen und den Bourbonen angeführt. Die Rivalität zwischen den beiden Familien verstärkte sich noch durch die religiöse Kluft, da die Bourbonen Protestanten, die Guisen aber Katholiken waren. 1572 ermordeten die Guisen in der Bartholomäusnacht die protestantischen Einwohner von Paris; die Verfolgung breitete sich bald über ganz Frankreich aus.

Die Krise verstärkte sich, als Heinrich III. (1574 bis 1589) ermordet und Heinrich von Navarra, ein Bourbone und Protestant, der rechtmäßige Erbe wurde. Nur der Protestantismus stand zwischen Heinrich und dem Thron. In der Überzeugung, daß »Paris eine Messe wert sei«, entsagte er seinem Glauben und wurde Katholik. Er besiegte die Guisen und ihre spanischen Verbündeten und zog 1594 in Paris ein.

In der Nacht zum 24. August 1572 ermordeten die Katholiken in Paris etwa 2000 Hugenotten. In der Provinz kamen in der Bartholomäusnacht rund weitere 20 000 Hugenotten um.

Doch im Edikt von Nantes (1598) gab er seinen protestantischen Untertanen Glaubensfreiheit. Durch Entschlossenheit im Krieg sowie durch Diplomatie und Bestechung konnte Heinrich die Franzosen einigen. Er umgab sich mit fähigen und ihm ergebenen Ministern, einschließlich des Herzogs von Sully, dessen Hauptziel die Stärkung der königlichen Herrschaft war.

Die Herrschaft der Kardinäle Die Ermordung Heinrichs IV. im Jahre 1610 schien eine weitere Periode der Rebellion einzuleiten, da sein Sohn Ludwig XIII. (1610–43) erst neun Jahre alt war und Maria von Medici, die unpopuläre italienische Königinmutter, Regentin wurde. 1614 legten die drei Stände der Nation – Adel, Klerus und Bürgertum – dem jungen König eine eindrucksvolle Liste von Beschwerden vor.

Daraufhin verwies Ludwig XIII. seine Mutter des Landes, doch bald waren sie wieder versöhnt, und 1624 führte Maria von Medici Kardinal Richelieu beim Staatsrat als leitenden Minister ein. Von da an war die Verbindung zwischen Ludwig XIII. und Richelieu, trotz aller Belastungen, stark genug, ehrgeizigen Adligen zu widerstehen. Ab 1635 griff er in den Dreißigjährigen Krieg ein. Als Ludwig XIII. 1643, kurz nach dem Tode Richelieus, starb, hinterließ er den Thron seinem erst vierjährigen Sohn. Die Regierungsgeschäfte wurden von Kardinal Ma-

Adel und Klerus erschrecken über den einfachen Mann, der sich seiner Fesseln entledigt – Karikatur aus der Zeit der Revolution.

zarin geführt, der die Politik Richelieus fortsetzte. Nach dem Westfälischen Frieden (1648) konnte Frankreich seine Ostgrenze bis an den Oberrhein vorschieben.

Ludwig XIV.: 1643–1715 Als Kardinal Mazarin 1661 starb, übernahm Ludwig XIV. selbst die Macht. Er entwickelte sich zum größten Monarchen Europas und wurde wegen des Prunks, mit dem er hofhielt, *Roi Soleil* (Sonnenkönig) genannt. Durch die langen Kriege, die er führte, und mit geschickter Diplomatie suchte er Frankreichs Reichtum und Territorium zu vermehren, wobei er seine Macht mit niemandem teilte. Sogar ein so wichtiger Minister wie Colbert, der sich bemühte, in Frankreichs Finanzen und Wirtschaft Ordnung zu bringen, hatte wenig Einfluß auf die Politik.

Auch Denker wie Pascal und Dramatiker wie Corneille, Molière und Racine trugen unter der Herrschaft Ludwigs XIV. zum Ruhm Frankreichs bei. Doch Ludwig machte auch Fehler. Die Aufhebung des Edikts von Nantes 1685 zwang viele Protestanten zur Flucht aus Frankreich. Die anderen Staaten Europas vereitelten Ludwigs Versuche, die Königreiche von Frankreich und Spanien zu vereinigen. Als Ludwig starb, hatten seine langen Kriege Not und Unzufriedenheit in seinem Land verbreitet.

Ludwig XIV. als »Sonnenkönig« kostümiert. Er bekam diesen Beinamen wegen des Glanzes, der an seinem Hof herrschte.

Verfall der Monarchie Im 18. Jahrhundert gewann das Königtum zwar wieder an Macht, doch nicht an Funktionsfähigkeit. Sowohl unter Ludwig XV. wie unter Ludwig XVI. gab es Versuche, Reformen einzuleiten, doch blieben alle diese Maßnahmen erfolglos. Um sie durchzusetzen, hätte man Frieden gebraucht, aber Frankreich focht zu viele Kriege aus – die ihm wenig einbrachten.

Die gewaltigen Ausgaben, die diese Kriege forderten, zwangen die Regierung, ihre Einnahmen zu erhöhen. Das konnte sie jedoch nur, indem sie dem Teil der Bevölkerung, der zuvor von der Besteuerung befreit war, Steuern auferlegte. Denker wie Voltaire reagierten auf diese Krise, indem sie die bestehende Gesellschaft und ihre Einrichtungen in Frage stellten und scharf kritisierten. Andere Philosophen – darunter Montesquieu und Rousseau – entwickelten neue Ideen über die Rechte und Pflichten des Menschen in der Gesellschaft.

Der Ausbruch der Revolution 1789 war die französische Regierung dem Bankrott nahe. Um diese Krise zu bewältigen, wurden zum erstenmal seit 1614 die Generalstände einberufen. Das unterstrich die Rolle des Dritten Standes, des Bürgertums. Es sah in dem Treffen eine Möglichkeit, seine Beschwerden vorzubringen und Reformen zu verlangen. Im Frühling und Sommer 1789 brachen in vielen Teilen Frankreichs Aufstände aus. In Paris konstituierte sich der Dritte Stand als gesetzgebende Nationalversammlung, und am 14. Juli 1789 wurde die Bastille erstürmt. In den Provinzstädten gab es Aufstände wegen der überhöhten Brotpreise, und auf dem Land erhoben sich die Bauern gegen die feudalen Privilegien der Großgrundbesitzer. Die Nationalversammlung schaffte viele Vorrechte des Adels ab, versuchte die Finanzen durch Nationalisierung und Verkauf des Kirchenbesitzes zu verbessern und nahm eine Verfassung an, die Frankreich in *départements* aufteilte. Doch die Macht blieb in den Händen der Reichen; führende Revolutionäre wie Mirabeau versuchten sie zwischen dem König und den reichen Bürgern aufzuteilen.

Wachstum des Republikanismus Die gemäßigten Mitglieder der Nationalversammlung wollten nach englischem Vorbild eine konstitutionelle Monarchie errichten. Die Katholiken widersetzten sich der Nationalisierung des Kirchenbesitzes, und viele Adelige wanderten aus. Schließlich versuchte sogar die königliche Familie vergeblich, aus Frankreich zu fliehen.

Nun übernahmen die radikalen Girondisten – sie hießen so, weil ihre Führer aus der Gironde kamen – die Macht. Sie glaubten, daß ein Kriegserfolg die Revolution festigen würde, und so erklärten sie im April 1792 Österreich den Krieg. Österreich hatte bereits mit Intervention gedroht, um die französische Königin Marie Antoinette, eine gebürtige Habsburgerin, zu schützen.

Zusammen mit den Preußen marschierten die Österreicher nach Frankreich ein, schoben zunächst die französischen Armeen beiseite, wurden aber bald zum Rückzug gezwungen. Angesichts der Gefahr vereinigten sich revolutionärer und patriotischer Eifer. Ludwig wurde verhaftet und die Monarchie abgeschafft.

Dieses Revolutionsplakat ruft zur Einheit bei der Verteidigung der revolutionären Ideale auf.

Die Schreckensherrschaft Nach einer Reihe von Erfolgen verschlechterte sich die militärische Situation bald wieder. Die Partei der Jakobiner – angeführt von Robespierre und Danton – bedrohte die Position der Girondisten. Im März 1793 bildeten die Jakobiner das Revolutionstribunal, das politische Gegner aburteilte, und im April den Wohlfahrtsausschuß, der die Exekutive an sich riß. Ludwig und Marie Antoinette wurden vor Gericht gestellt und hingerichtet. Viele Aristokraten, die im Land blieben, fielen während der sogenannten Schreckensherrschaft der Guillotine zum Opfer.

Ganz Frankreich wurde militarisiert. Man ergriff Maßnahmen, um die Preise zu kontrollieren und Spekulationen zu unterbinden. Das Regime versuchte die Nation durch die Verteilung von Land an die Bauern zu einen.

Das Direktorium und die Diktatur Als die militärische Krise sich abschwächte, versuchten die Gemäßigten die Reaktion auf die jakobinische Schreckensherrschaft zu ihren Gunsten auszunützen. Robespierre kam im Juli 1794 unter das Fallbeil, und 1795 bildeten fünf Konventsmitglieder ein Direktorium, das die Aufgabe hatte, den Kurs zwischen dem extremen Republikanismus und der monarchistischen Restauration zu steuern. Die Mitglieder des Direktoriums versuchten die Franzosen durch eine spektakuläre Außenpolitik abzulenken. Ein junger General aus Korsika, Napoleon Bonaparte, gewann Ruhm durch seine Feldzüge gegen Österreich in Italien (1796–97).

Konsularregierung und Kaiserreich Bonaparte stürzte das Direktorium 1799 und errichtete eine Konsularregierung, in der er sich selbst zum Ersten Konsul machte. 1802 wurde er aufgrund einer Volksabstimmung Erster Konsul auf Lebenszeit und nahm 1804 den Titel »Kaiser der Franzosen« an. Unter Napoleon wurde das Land nun völlig zentral verwaltet und das bürgerliche Recht im *Code Napoléon* niedergelegt, der auch die durch die Revolution herbeigeführten Veränderungen bestätigte.

Der Papst schaut zu, als sich Napoleon selbst zum Kaiser krönt.

Doch Napoleon konnte dem Land keinen Frieden bringen. Seine auf Eroberung ausgerichtete Außenpolitik und sein übersteigerter Drang nach Macht führten letztlich seinen Untergang herbei. Im Russischen Feldzug von 1812 ging die Große Armee zugrunde, und die Niederlage von 1814 zwang Napoleon zur Abdankung. 1815 kehrte er von der Insel Elba nach Frankreich zurück. Bei Waterloo wurden die Reste seiner Armeen vernichtet, und Napoleon mußte die Macht zum zweiten- und letztenmal aufgeben. Am 17. Oktober 1815 kam Napoleon auf St. Helena, dem Ort seiner Verbannung, an, wo er 1821 starb.

Von der Restauration zur Republik Nach 1815 kam der Bruder Ludwigs XVI., Ludwig XVIII., auf den Thron. Ludwig gab dem Land eine neue, liberale Verfassung, die Frankreich zur konstitutionellen Monarchie machte. Ludwigs Bruder, Karl X., bestieg 1824 den Thron mit dem Vorsatz, die königliche Macht wiederherzustellen. Die Liberalen erhoben sich

Während des Krieges von 1870/71 setzte man Ballons ein, um die Stellungen der deutschen Artillerie auszukundschaften und Post aus der belagerten Stadt Paris zu befördern.

gegen ihn in der Revolution von 1830. Karl dankte ab, und Louis Philippe von Orléans (1830–48), aus einem anderen Zweig der Bourbonen, kam auf den Thron. Doch es gelang ihm nie, die Unterstützung der gesamten Nation zu gewinnen. Die Industrialisierung schuf viele Probleme, mit denen seine Regierung nicht fertigwurde. Das Ergebnis war eine neue Revolution im Jahre 1848, bei der eine sozialistische Republik ausgerufen wurde.

Louis Napoléon, Napoleons Neffe, appellierte an die konservativen Gefühle der Bauern und des Bürgertums, und sie wählten ihn 1849 zum Präsidenten der Republik. Einige Zeit später, der Unterstützung der Armee sicher, veranstaltete er einen Umsturz, rief sich selbst zum Kaiser aus und herrschte als Napoleon III. von 1852 bis 1870.

Trotz seiner diktatorischen Herrschaft prahlte Napoleon III. damit, daß er durch sein System der Volksbefragung die Unterstützung des französischen Volkes habe. Er versuchte auch, die Franzosen mit seiner abenteuerlichen Außenpolitik zu beeindrucken. Durch den Krimkrieg (1853–56) verlor Rußland seine Vormachtstellung in Europa, und Frankreichs Position festigte sich. Im Krieg gegen Österreich in Italien gewann Napoleon 1859 Savoyen und Nizza. Doch die Handhabung seiner Außenpolitik führte schließlich Napoleons Niedergang herbei. Provoziert durch Bismarck, erklärte er 1870 Preußen, auf dessen Seite die deutschen Staaten standen, den Krieg. Frankreichs Niederlage beendete 1871 das Zweite Kaiserreich.

Die Dritte Republik Im September 1870 wurde in Paris die Dritte Republik ausgerufen. Die erste Aufgabe ihrer Führer bestand darin, mit den Deutschen Frieden zu schließen. Die Kapitulation führte zu einem Aufstand der Arbeiter von Paris, den französische Truppen rücksichtslos unterdrückten. Mehr als 20 000 Menschen verloren ihr Leben.

Frankreich behielt die zentralisierte Verwaltung, die durch die Revolution und Napoleon eingeführt worden war. Um Frankreichs Stellung als Großmacht wiederherzustellen, nahmen die verschiedenen republikanischen Regierungen am Wettlauf um die Kolonien teil. Ein Kolonialreich, so dachten sie, würde das Ansehen Frankreichs in der Welt stärken. Bereits im 16. und 17. Jahrhundert hatten sich die Franzosen an der Erschließung Afrikas und Nordamerikas beteiligt, doch erst im 19. Jahrhundert begannen sie mit ihrer ausgeprägten Kolonisierungstätigkeit. Die Unterwerfung Algeriens, erst 1847 gelungen, zog sich über 13 Jahre hin. Zwischen 1842 und 1887 kolonisierte Frankreich weite Teile Afrikas und errichtete Kolonien in Ozeanien und Südostasien.

Der Erste Weltkrieg: 1914–18 Auf der Suche nach Verbündeten gegen Deutschland, schloß sich Frankreich in den neunziger Jahren des 19. Jahrhunderts mit Rußland zusammen. Nach dem Ausbruch des Krieges im August 1914 besetzten deutsche Truppen in den ersten Kriegsmonaten etwa ein Zehntel des französischen Territoriums. Die schwersten Schlachten des Krieges wurden auf französischem Boden ausgefochten, etwa bei Verdun. Frankreichs Führer, vor allem Georges Clemenceau, waren entschlossen zu kämpfen, bis der Sieg schließlich errungen war. Doch als die Entente 1918 den Krieg gewann, hatte Frankreich 1 385 000 Gefallene zu beklagen, zehn Prozent seiner wehrtüchtigen männlichen Bevölkerung.

Nachkriegsfrankreich: 1919–39 Der Krieg hatte Frankreich ernsthaft geschwächt. Die Kosten für den Wiederaufbau mußten mit Hilfe von Anleihen finanziert werden, und Frankreich geriet in wirtschaftliche Schwierigkeiten. Es hatte den Krieg nur dank seiner Verbündeten (England, Rußland und USA) überstanden, und das bedeutete, daß es sich als Großmacht nicht mehr halten konnte – obwohl die Franzosen sich dessen nur langsam bewußt wurden.

Die Schwierigkeiten belasteten das politische System. Mehrere schwache Regierungen lösten einander ab. 1936 übernahm die Volksfront aus Sozialisten, Kommunisten und Radikalen die Macht. Doch auch sie erwies sich als kurzlebig und unzulänglich.

Der Zweite Weltkrieg: 1939–45 Nachdem England und Frankreich 1939 Deutschland den Krieg erklärt hatten, erlebte Frankreich erneut eine Katastrophe. Zwischen dem 10. Mai und dem 25. Juni 1940 schlugen die Deutschen die französische Armee vernichtend. In einem Waffenstillstand wurde Frankreich in eine besetzte und eine unbesetzte Zone aufgeteilt. In der unbesetzten Zone im Süden errichtete Marschall Pétain einen neuen autoritären französischen Staat. Regierungssitz war Vichy. Bald organisierten sich Widerstandsgruppen gegen die Deutschen. Sie traten mit General de Gaulle in Verbindung, der es abgelehnt hatte, die Bedingungen des Waffenstillstands zu akzeptieren, und ein Nationalkomitee der Freien Franzosen in London gründete. Nach der Landung der Alliierten in Europa 1944 und der Befreiung Frankreichs bildete de Gaulle eine provisorische Regierung.

De Gaulle während der Siegesparade in Paris 1944. Als Staatsmann lenkte er die Geschicke Frankreichs bis zu seinem Rücktritt im April 1969.

Die Vierte Republik Nach dem Krieg gab es einen Streit über die Verantwortung für Frankreichs Niederlage, über die Zusammenarbeit mit den Deutschen und über die revolutionären Forderungen einiger Gruppen der *Résistance*. General de Gaulle trat im Januar 1946 zurück. Im Dezember des gleichen Jahres erhielt die Vierte Republik durch die Annahme einer neuen Verfassung ihre staatsrechtliche Grundlage. Sie zeigte jedoch bald die gleichen politischen Schwächen wie ihre Vorgängerin. Die kommunistische Partei, die in der *Résistance* eine wichtige Rolle gespielt hatte, entwickelte sich zur stärksten Partei des Landes; trotzdem wurde ihr eine Beteiligung an der Macht systematisch verweigert. Niemand schien imstande, die Inflation zu stoppen, die viele soziale Probleme schuf.

Außerdem belasteten Schwierigkeiten mit den Kolonien die Vierte Republik. Von 1947 an kämpften die Franzosen um die Erhaltung ihres Kolonialreiches in Indochina. 1954 beendete Ministerpräsident Pierre Mendès-France den Krieg durch einen Rückzug nach der französischen Niederlage bei Dien Bien Phu. Im November desselben Jahres brach der Algerienaufstand aus.

Der französische Schriftsteller, Maler, Filmregisseur und Choreograph Jean Cocteau beeinflußte mehr als 40 Jahre lang das intellektuelle Leben Frankreichs.

De Gaulles Rückkehr zur Macht Im Mai 1958 kam es in Algerien zu einem Aufstand der französischen Siedler, die fürchteten, von der Regierung des Mutterlandes im Stich gelassen zu werden. Die französischen Militärs in Algerien verweigerten der Pariser Regierung den Gehorsam und unterstützten die Siedler. Die Gefahr eines bewaffneten Zusammenstoßes unter Franzosen schien unabwendbar. De Gaulle kam wieder nach Paris, und die Nationalversammlung stattete ihn mit Sondervollmachten aus. In der neuen Verfassung wurden die Machtbefugnisse der Nationalversammlung beschnitten, die des Präsidenten – de Gaulle – wesentlich gestärkt. 1962 revidierte er die Verfassung in dem Sinne, daß der Präsident durch direkte Wahlen gewählt werden sollte. Im selben Jahr erkannte Frankreich die Unabhängigkeit Algeriens an und begann, sich aus dem Land zurückzuziehen. Das erregte den Groll vieler Franzosen.

Zum erstenmal seit vielen Jahren führte Frankreich keinen Krieg. 1957 trat es dem Gemeinsamen Markt bei, und de Gaulle versuchte nun, Frankreich in dieser Organisation die Prädominanz zu verschaffen. Außerdem begann Frankreich mit der Entwicklung von Kernwaffen. Im Jahre 1969 wuchs die Bevölkerungszahl auf 50 Millionen an. Die von der Vierten Republik eingeführte Planung für Investitionen und wirtschaftliche Entwicklung begann 1958 Erfolg zu zeigen. Die industrielle Produktion konnte rasch und stetig gesteigert werden, und so begann eine Periode dynamischen Wohlstands, der alle Anzeichen eines Wirtschaftswunders trug.

Nach de Gaulle 1968 entfremdete der Konservatismus der gaullistischen Regierung viele junge Franzosen dem Regime. Studenten demonstrierten auf den Straßen zugunsten weitgehender Reformen des zentralisierten Bildungssystems, und auch die Arbeiter organisierten eine gewaltige Streikbewegung. Obwohl es General de Gaulle gelang, seine Autorität wiederherzustellen, war sein Prestige doch schwer erschüttert. Er entschloß sich, das traditionelle zentralistische System zu ändern. Ende Mai löste er die Nationalversammlung auf. Als im April 1969 bei einer Volksbefragung seine Reformvorschläge zurückgewiesen wurden, trat er sofort zurück.

Die gaullistische Partei blieb jedoch weiterhin an der Macht. 1969 wurde ein ehemaliger politischer Mitarbeiter General de Gaulles, Georges Pompidou, zum Präsidenten der Republik gewählt. Der industrielle Aufschwung hielt an, und Frankreich wurde zusehends in die Europäische Gemeinschaft integriert. 1973 zeigte das Ergebnis der allgemeinen Wahlen einen klaren Stimmenzuwachs für die Koalition zwischen Sozialisten und Kommunisten. Doch es gelang den Gaullisten, ihre Mehrheit zu behalten.

Am 2. April 1974 starb Pompidou. Der frühere Finanzminister und Führer der Unabhängigen Republikaner, Valéry Giscard d'Estaing, wurde am 19. Mai zum neuen Staatspräsidenten gewählt und ernannte Jacques Chirac zu seinem Ministerpräsidenten. Chirac trat im August 1976 zurück, nachdem er sich vergeblich bemüht hatte, von Giscard größere Vollmachten zu erhalten. Raymond Barre, der bisherige Wirtschafts- und Finanzminister, wurde zu seinem Nachfolger ernannt. Er legte den Barre-Plan zur Bekämpfung der wirtschaftlichen Schwierigkeiten vor, der zwar angenommen, aber von den linken Parteien heftig kritisiert wurde. Im Mai 1977 riefen die Gewerkschaften zu einem Generalstreik auf gegen das Sparprogramm der Regierung, doch es gelang der Regierung, ihr striktes Programm durchzuhalten.

Die innenpolitische Situation der Jahre seit 1977 war nicht nur durch parteipolitische Auseinandersetzungen gekennzeichnet, sondern auch durch Autonomiebestrebungen der Basken und Bretonen, der Flamen und Katalanen, vor allem aber der Korsen, die einen Großteil der Sprengstoffattentate (548 im Jahr 1977) auf ihre Verantwortung nahmen.

Bei den Wahlen vom März 1978 gewann die Mitte-Rechts-Koalition insgesamt 290 von 491 Sitzen; Giscard und Barre blieben im Amt. Auch 1979 und 1980 gelang es nicht, Inflation und Arbeitslosigkeit wirksam zu bekämpfen. In den Ost-West-Beziehungen war die französische Regierung bemüht, den Dialog mit der Sowjetunion nicht abreißen zu lassen, im Februar 1980 schloß Frankreich ein fünfjähriges Wirtschaftsabkommen mit der DDR. Trotz der heftigen Kritik, die Frankreich an der sowjetischen Invasion in Afghanistan übte, traf Giscard am 19. Mai 1980 in Polen mit dem sowjetischen Staats- und Parteichef Breschnew zusammen.

Vom 7. bis 11. Juli 1980 hielt sich Giscard zu einem ersten offiziellen Besuch in der Bundesrepublik auf.

Französische Hoheitsgebiete

Zum französischen Hoheitsgebiet gehören die Überseedepartements und die Überseegebiete. Seit 1946 sind Guadeloupe, 1493, und Martinique, 1502 von Kolumbus entdeckt, sowie Réunion, das seit 1652 von Franzosen besiedelt wurde, und Guayana, das von 1852 bis 1938 als Sträflingskolonie diente, Überseedepartements. Französisch-Polynesien erhielt 1958 den Status eines Überseegebiets im Rahmen der Französischen Gemeinschaft. Davon war Tahiti, die größte der Gesellschaftsinseln, seit 1880 Kolonie. Weitere Überseegebiete im Pazifik sind Neukaledonien, 1774 von James Cook entdeckt und 1853 von Frankreich in Besitz genommen, sowie Wallis und Futuna. Die Neuen Hebriden nehmen als Kondominium Großbritanniens und Frankreichs (seit 1906) eine besondere Stellung ein.

Von den Komoren wollte 1976, als die Unabhängigkeit der Inselgruppe ausgerufen wurde, nur Mayotte Überseedepartement bleiben. Die nordamerikanischen Inseln Saint Pierre und Miquelon sind seit 1635 französisch, waren aber 1942–45 von Kanada besetzt.

Ein Studentenplakat aus dem Jahr 1968 wirbt für die Solidarität zwischen Arbeitern und Studenten, doch zeigten die Arbeiter wenig Interesse an der Aktion.

Valery Giscard d'Estaing ist seit Mai 1974 französischer Staatspräsident.

Gabun

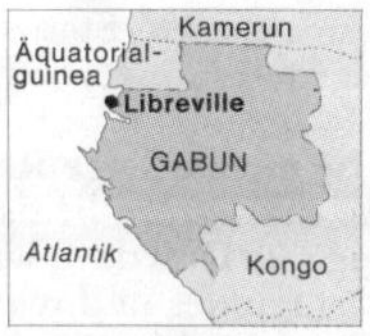

267 667 qkm
500 000 Einwohner
Hauptstadt:
Libreville

Die Einwohner Gabuns, einer afrikanischen Republik, die bis 1959 zu Französisch-Äquatorialafrika gehörte, haben ein Durchschnittseinkommen, das etwa doppelt so hoch liegt wie das der Bewohner anderer französischsprachiger Staaten in Afrika. Diesen verhältnismäßig hohen Lebensstandard verdanken die Gabuner hauptsächlich der Ausbeutung ihrer reichen Bodenschätze. Die Manganerzlager im Südosten des Landes gehören zu den ergiebigsten der Erde. Hier finden sich auch Uranerze, und im Osten liegen große Eisenerzlager. Seit 1965 werden auch Erdöl und Erdgas gefördert.

Kolonisierung Gabuns Das heutige Gabun war jahrhundertelang Durchzugsgebiet für bantu sprechende Völker, die vom Osten und Nordosten her einwanderten. Zu ihnen gehörten auch die Pangwe, die sich schließlich zwischen dem Sanaga und dem Ogowebecken niederließen. Sie tauschten Elfenbein gegen Gewehre und andere Güter mit den europäischen Händlern, die an der Küste Handelsniederlassungen gegründet hatten. Auch heute bilden die Pangwe noch die stärkste Bevölkerungsgruppe neben den Pygmäen und etwa 8000 Europäern.

Die Portugiesen erreichten um 1470 als erste die Küste Gabuns. Ihnen folgten die Engländer, Holländer, Franzosen und Spanier. Viele von ihnen betrieben Sklavenhandel. 1848 bauten die Franzosen einen Stützpunkt am Ogowe, an dem freigelassene Sklaven angesiedelt werden sollten. Hieraus entstand später die Stadt Libreville. Frankreich annektierte Gabun offiziell 1885 und gliederte es 1910 Französisch-Äquatorialafrika ein.

Albert Schweitzer (1875–1965) in dem von ihm erbauten Hospital in Lambarene. 1952 erhielt er den Friedensnobelpreis.

Das unabhängige Gabun Französisch-Äquatorialafrika wurde am 30. Juni 1959 offiziell aufgelöst, und am 17. August 1960 erhielt Gabun unter Präsident Léon M'Ba seine Unabhängigkeit. 1964 löste M'Ba vorzeitig das Parlament auf und schrieb Neuwahlen aus. Darauf folgte eine Revolte der 400 Mann starken Armee, die M'Ba absetzte. In Gabun stationierte französische Truppen griffen ein und verhalfen M'Ba erneut zur Macht.

Die konservative, profranzösische Politik der Regierung verschaffte dem Land viele ausländische Investitionen aus privaten Quellen, aber auch in Form von Wirtschaftshilfe durch Frankreich und die Weltbank. Die Wirtschaft Gabuns hat durch seine reichhaltigen Rohstoffquellen rasche Fortschritte gemacht. Im März 1967 wurde M'Ba nochmals gewählt, starb aber im November des gleichen Jahres. Der frühere Vizepräsident, Omar Bongo, übernahm das Amt des Präsidenten und wurde 1973 wiedergewählt.

Gambia

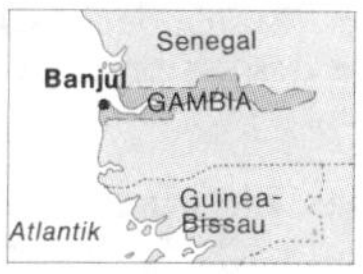

11 295 qkm
500 000 Einwohner
Hauptstadt:
Banjul

Der Staat Gambia zieht sich als schmaler Landstreifen den Gambia entlang, der einen der wichtigsten Wasserwege Westafrikas darstellt. Er ist der kleinste unabhängige Staat auf dem Kontinent, nur etwa 350 Kilometer lang, mit einer größten Breite von rund 45 Kilometern. Gambia ist ein armes Land und von einem einzigen Landwirtschaftsprodukt abhängig – von Erdnüssen. Seine Bevölkerung besteht hauptsächlich aus islamisierten Schwarzafrikanern, die zum Volk der Mandingo gehören. Sie bilden die größte sprachliche und kulturelle Gruppe neben den nichtnegriden Fulbe.

Gambia und die Europäer Gambia hat eine lange Geschichte enger Beziehungen zu den Europäern. Im Zuge ihrer Entdeckungsreisen landeten die Portugiesen Mitte des 15. Jahrhunderts als erste an Gambias Küste und beherrschten das Gebiet bis zum Ende des 16. Jahrhunderts. 1588 gründeten die Briten Handelsniederlassungen nahe der Mündung des Gambia. Nach dem Siebenjährigen Krieg übernahm England 1765 die Kontrolle über alle französischen Besitzungen in diesem Gebiet, dem man den Namen Senegambien gegeben hatte. Zwischen 1821 und 1843 und dann zwischen 1866 und 1888 wurde Gambia von Freetown in Sierra Leone aus regiert. Zwischen diesen Perioden war es separate Kronkolonie. Es bekam diesen Status 1888 zurück und erhielt einen eigenen Gouverneur.

Die unabhängige Republik Gambia wurde 1965 als eine der letzten britischen Kolonien in Afrika unabhängig. Sir Dawda Jawara war der erste Ministerpräsident des Landes und wurde 1972 und 1977 wiedergewählt. Gambias Miniaturgröße ist ein Hindernis für seine nationale Entwicklung, weshalb man Versuche unternahm, das Land in einer Föderation mit dem es umgebenden französisch sprechenden Senegal zusammenzuschließen. Die meisten Einwohner Gambias widersetzten sich bisher jedoch stets solchen Bemühungen. Gambia wurde im April 1970 nach einer Volksbefragung eine Republik im Rahmen des britischen Commonwealth. Bei den Parlamentswahlen von 1977 errang die Regierungspartei wiederum die Mehrheit der Sitze. Mit Hilfe senegalesischer Truppen konnte Präsident Sir Dawda Jawara Ende Oktober 1980 einen Putsch aus den Reihen der kleinen gambischen Field Forces im Keim ersticken.

Sir Dawda Jawara, 1970 zum ersten Präsidenten Gambias gewählt, mit seiner Frau während eines Staatsbesuches in der Bundesrepublik.

Ghana

Als die britische Kolonie Goldküste 1957 ihre Unabhängigkeit erlangte, gaben die neuen Herrscher ihrem Land den Namen Ghana, nach dem großen afrikanischen Reich Gana, das 1000 Jahre vorher im Westsudan in Blüte gestanden hatte. Ein direkter historischer Zusammenhang zwischen den Akan, der heutigen Bevölkerung Ghanas, und den Bewohnern des alten Reiches Gana ist bisher nicht nachgewiesen. Das moderne Ghana war der erste schwarzafrikanische Staat, der sich von der europäischen Kolonialherrschaft befreite. Unter seinem Führer, Kwame Nkrumah, wurde er der Schrittmacher für andere afrikanische Länder, die nach Unabhängigkeit strebten. Ghana verlor jedoch einen großen Teil seines Einflusses, als Nkrumah 1966 in einem Putsch gestürzt wurde und das Land am Rand des wirtschaftlichen Ruins stand.

238 537 qkm
10 300 000 Einwohner
Hauptstadt: Accra

Das frühe Ghana Die zu den Akan gehörenden Aschanti wanderten etwa seit dem 15. Jahrhundert von Norden her nach Ghana ein. Um 1600 bildeten sie ein Reich, doch als der eigentliche Gründer des Aschanti-Reiches wird Osai Tutu (1695–1731) angesehen. Er wählte Kumasi zu seiner Hauptstadt. Sein Priester, Okomfo Anokye, erlangte besondere Bedeutung, weil er das Staatsheiligtum der Aschanti, den Goldenen Stuhl, schuf.

Osai Tutu unterwarf die Nachbarstämme (Doma, Denkera, Akem), nahm aber deren Häuptlinge in seinen Staatsrat auf. Tutu Kwami (1800–24) gelang es, die Fante zu unterwerfen und so das Küstengebiet in den Besitz der Aschanti zu bringen. Dadurch kamen sie das erstemal in direkte Verbindung mit den Weißen.

Das Eindringen der Europäer: 1470–1874 Portugiesische Seefahrer erreichten die ghanesische Küste 1470. Sie tauschten Waren gegen Elfenbein und Gold ein; daher kommt der europäische Name Goldküste. Im 17. Jahrhundert gesellten sich zu den Portugiesen Holländer, Dänen, Engländer, Schweden und andere europäische Händler. Sie betrieben hauptsächlich Sklavenhandel, denn für die gewaltigen Plantagen in der Neuen Welt brauchte man billige Arbeitskräfte. Die Europäer errichteten befestigte Handelsniederlassungen an der Küste, wohin ihnen die Sklaven von einheimischen Händlern zugeführt wurden.

Nach dem Verbot des Sklavenhandels (1807) wandten sich die europäischen Staaten anderen Handelsarten zu. Im Laufe des Jahrhunderts entwickelte England eine Vormachtstellung an der Goldküste. 1874, nach einer langen Folge kleinerer Kriege, bei denen die Engländer manche Niederlage erlitten, marschierte eine britische Militäreinheit in das Land

Ein britischer Abgesandter verhandelt mit dem Asantehene während der Aschanti-Kriege. 1896 erklärten die Engländer die Goldküste zum Protektorat.

der Aschanti ein und zerstörte Kumasi. Es folgten weitere schwere Kämpfe, doch 1896 waren die Aschanti endgültig besiegt, und die Briten erklärten ihr Gebiet zum Protektorat.

Die britische Herrschaft: 1896–1947 Nach dem Ersten Weltkrieg wurde die westliche Region des benachbarten Togo – ehemals eine deutsche Kolonie – britisches Mandatsgebiet unter dem Völkerbund und von der Goldküste verwaltet. Auf wirtschaftlichem Gebiet machte die Goldküste rasche Fortschritte. Von Brasilien führte man die Kakaopflanze ein, und in den zwanziger Jahren produzierte das Land mehr als die Hälfte des Weltbedarfs an Kakao. Auch heute ist Ghana der größte Kakaoproduzent der Erde. Die Abhängigkeit von einem einzigen Exportprodukt hatte Nachteile, doch entwickelte sich ein gewisser Wohlstand. Neureiche und gebildete Afrikaner strebten danach, eine Stimme in der Verwaltung der Kolonie zu erhalten. 1947 bildete sich die Vereinigte Goldküsten-Konvention (UGCC), die auf die Unabhängigkeit der Kolonie hinarbeitete.

Nkrumah und die Unabhängigkeit: 1947–57 Das schrittweise Vorgehen der UGCC mißfiel dem jungen Politiker Kwame Nkrumah, der 1947 nach seinem Studium in England und Amerika zurückkehrte, um Generalsekretär der Konvention zu werden. 1948 gründete er die Convention People's Party (CPP), die sofortige Unabhängigkeit verlangte. Die Parlamentswahlen von 1951 endeten mit einem Triumph für die CPP. Nkrumah, der zu dieser Zeit inhaftiert war, wurde freigelassen, mit der Auflage, eine Regierung zu bilden. 1957 erlangte die Goldküste, die den Namen Ghana annahm, volle Unabhängigkeit.

Nkrumahs Ziel war die rasche wirtschaftliche Entwicklung Ghanas. Außerdem arbeitete er für die Unabhängigkeit aller afrikanischen Kolonien, die er in der Union Afrikanischer Staaten zusammenzufassen hoffte. 1958 schloß Nkrumah diesbezüglich mit Guinea einen Vertrag ab, dem Mali 1960 beitrat. Doch Nkrumahs grandiose Pläne bescherten dem Land große internationale Verschuldungen, und politisch entfremdete er sich seinen engsten Anhängern durch seine zunehmend diktatorische Herrschaft. Ende 1963 hatte er Ghana in einen Einparteienstaat verwandelt, in dem präventive Einkerkerung zur Unterdrückung der Opposition üblich war.

Ein Goldgewicht der Aschanti. Diese kleinen Bronzefiguren benutzte man als Gewichte, um Gold abzuwiegen.

Ghana nach Nkrumah Im Februar 1966 – Nkrumah befand sich gerade auf einem Staatsbesuch in Peking – ergriff die Armee unter General Ankrah in einem fast unblutigen Putsch die Macht. Nkrumah ging ins Exil nach Guinea, wo er 1972 starb. Nach den Wahlen von 1969 übergab der Nationale Befreiungsrat die Macht an eine bürgerliche Regierung unter Dr. Kofi A. Busia. Busia hatte während Nkrumahs Herrschaft im Exil gelebt.

Keine dieser Regierungen war jedoch imstande, die schwierigen ökonomischen Probleme Ghanas zu lösen. 1972, als Busia London besuchte, übernahm die Armee unter Oberst Kofi Akyeampong wieder die Macht.

Die wirtschaftliche Situation verschlechterte sich zusehends. Im Juli 1977 trat General Akyeampong von allen Ämtern zurück, Generalleutnant W. F. Akuffo trat seine Nachfolge an.

Anfang Juni 1979 unternahm der Luftwaffenleutnant Jerry Rawlings einen überraschenden Gewaltstreich gegen die Militärregierung. Führende Regierungsmitglieder und Militärs wurden verhaftet und öffentlich hingerichtet, darunter Staatschef Akuffo und die ehemaligen Staatschefs Akyeampong und Afrifa. Die angekündigten Wahlen wurden dessenungeachtet abgehalten, und Rawlings stellte die Übergabe der Macht an eine Zivilregierung zum 1. Oktober in Aussicht. Die Nationale Volkspartei (PNP) der Anhänger Kwame Nkrumahs erhielt 71 der insgesamt 140 Mandate. Aus den Präsidentschaftswahlen ging der PNP-Kandidat Hilla Limann als Sieger hervor. Ghana kehrte als Republik zu einer zivilen Regierung zurück.

Kwame Nkrumah (1909–72) wollte alle ehemaligen afrikanischen Kolonien in der Union Afrikanischer Staaten zusammenfassen. 1963 verwandelte er Ghana in einen Einparteienstaat, und 1966 stürzte ihn General Ankrah.

Grenada

Am 7. Februar 1974 erhielt die Antilleninsel Grenada unter Premierminister Eric Gairy die Unabhängigkeit.

Die Insel wurde 1498 von Kolumbus entdeckt, 1762 von Großbritannien besetzt und war seit 1783 britische Kolonie. Zwischen 1958 und 1962 gehörte Grenada zur Westindischen Föderation. Danach war es erneut britische Kolonie und gehörte seit 1967 mit weiteren Antilleninseln zu den Assoziierten Westindischen Staaten.

Bei den Wahlen vom Dezember 1976 gewann die Regierungspartei nur noch neun der 16 Sitze, Gairy blieb im Amt. Im März 1979 aber wurde er gestürzt. Der linkssozialistische Rechtsanwalt Maurice Bishop trat an die Spitze der »Revolutionsregierung«, die aus einem 14köpfigen sozialistischen Revolutionsrat besteht.

344 qkm
97 000 Einwohner
Hauptstadt:
Saint George's

Griechenland

131 944 qkm
9 000 000 Einwohner
Hauptstadt: Athen

Die Beschaffenheit des Landes hat bei der Prägung von Geschichte und Charakter des griechischen Volkes eine besonders wichtige Rolle gespielt. Hohe Berge, die einzelne Täler und Tiefebenen voneinander scheiden, und zerstreute Inseln schufen politische Zersplitterung, während der unfruchtbare Boden und der Mangel an Bodenschätzen einen Teil der Bevölkerung zur Auswanderung zwangen.

Die klassische griechische Kultur – sie wurde später Modell und Inspiration für die Kultur Europas – breitete sich weit über die Grenzen des heutigen Griechenlands aus. Es gab griechische Städte in Spanien und an den Küsten des Schwarzen Meeres. Doch diese Städte stellten niemals eine politische Einheit dar. Sie verband nur die gemeinsame Sprache und die gemeinsame Kultur. Alle Hellenen, wie die Griechen sich selber nannten, waren von ihrer Überlegenheit über alle Außenstehenden, die Barbaren, überzeugt, doch waren sie sich selten einig und führten ständig Krieg gegeneinander.

Griechenland bildete erst 1830 eine politische Einheit, als der Kern der modernen griechischen Nation – seine Grenzen vergrößerten sich in der Zwischenzeit durch verschiedene Grenzrevisionen – seine volle Souveränität als unabhängiges Königreich erhielt. Nach einem Putsch von 1967 entstand die sogenannte Obristenregierung, die über Griechenland das Kriegsrecht verhängte. König Konstantin II. zog sich in sein selbstgewähltes Exil nach Rom zurück. 1973 wurde offiziell die Republik ausgerufen.

Griechische Vase aus der Zeit um 1000 v. Chr. Diese frühe Epoche der griechischen Kunst, in der Linienornamentik vorherrschte, nennt man die protogeometrische Phase.

Kreta und Mykene 2600–1100 v. Chr. Um die Mitte des 3. vorchristlichen Jahrtausends entwickelte sich auf Kreta die nichtgriechische minoische Kultur. Zwischen 2000 und 1500 v. Chr. entstanden die berühmten Palastanlagen von Knossos, Phaistos und Mallia. Langsam bildete sich in Kreta das Zentrum eines maritimen Imperiums. Um 1525 v. Chr. ereignete sich ein katastrophaler Vulkanausbruch auf der etwa 120 km von Kreta entfernt liegenden Insel Thera, dem auch der Palast von Knossos und die Flotte der Minoer zum Opfer fielen.

Die Mykener, griechisch sprechende Einwanderer aus dem Norden, die sich seit 1900 v. Chr. auf der Peloponnes festgesetzt hatten und die in kulturelle Abhängigkeit von Kreta gerieten, konnten nun die minoische Vorherrschaft brechen. Um 1400 v. Chr. fand die minoische Kultur ihr Ende.

Jetzt begann das heroische Zeitalter der Griechen, das Homer in seinem epischen Gedicht, der Ilias, besang. Es war Mykene, von wo aus der legendäre Agamemnon die Griechen – Homer nannte sie Achäer – in den Trojanischen Krieg führte. Die Überreste der mykenischen Kunst und Architektur legen beredtes Zeugnis von der kriegerischen Gesellschaft seines Volkes ab, die sich scharf von der Eleganz und verfeinerten Kultur der Minoer abhob. Die mykenische Macht brach etwa um 1100 v. Chr. zusammen, und der größte Teil Griechenlands kam unter die Herrschaft einer neuen Welle griechisch sprechender Einwanderer, der Dorer.

Ein mykenischer Krieger, dargestellt auf einer Vase aus der Zeit um 1200 v. Chr.

Das Zeitalter der Kolonisation: 750–550 v. Chr. Das Einströmen der Völker aus dem Norden verschlimmerte das chronische Problem der Überbevölkerung und löste eine große Auswanderungswelle aus. Griechische Kolonisten gründeten unabhängige Stadtstaaten im ganzen Mittelmeerraum, überall dort, wo ein natürlicher Hafen zu finden war. Syrakus, Marseille, Neapel, Trapezunt, Warna, Nizza und andere berühmte Hafenstädte entstanden als griechische Siedlungen.

Diese neuen Staaten standen unter verschiedenen Regierungsformen. Einige fielen unter die Herrschaft selbsternannter Tyrannen. Andere Staaten wurden durch führende Familien oder Oligarchien beherrscht. Und schließlich gab es solche, die durch eine Demokratie regiert wurden, an der alle freien Männer beteiligt waren. In allen Stadtstaaten dieser drei verschiedenen Typen bestand beinahe die Hälfte der Bevölkerung aus Sklaven. Eine ununterbrochene Reihe politischer Konflikte hielt einen ständigen Gärungsprozeß von Putschen und Konterrevolutionen in Gang.

Unter Perikles (461 bis 429 v. Chr.) erlebte Athen seine Blütezeit. Der Parthenon wurde errichtet, Sophokles und Euripides schrieben ihre Tragödien.

Die persische Invasion: 490–479 v. Chr. Seit 600 v. Chr. begann sich das Persische Reich zu entwickeln. Bis 529 hatten die Perser ein Weltreich aufgebaut, dem Dareios I. 512 noch Thrakien und Makedonien einverleibte. Im Jahre 500 kam es zu einem Aufstand der ionischen Griechen Kleinasiens, den die Perser nach langen Kämpfen niederwerfen konnten. 494 zerstörten sie Milet. Nun schaltete sich Athen, das sich zu einem führenden demokratischen Stadtstaat entwickelt hatte, ein. In der Schlacht bei Marathon, 490, waren die Griechen siegreich, 480 erschien Xerxes I., der Nachfolger Dareios', selbst an der Spitze einer riesigen Armee. Ein kleiner Trupp aus dem dorischen Sparta, einem Stadtstaat, der für seine militärische Tüchtigkeit berühmt war, versuchte vergeblich, in einer heldenhaften Aktion die Perser im Paß der Thermopylen aufzuhalten. Die Hauptstreitmacht der Griechen gewann jedoch eine entscheidende Seeschlacht bei Salamis und dann eine Landschlacht bei Plataä. Daraufhin zogen sich die Eindringlinge zurück.

Demosthenes (384 bis 322 v. Chr.) gilt als der bedeutendste griechische Redner. Mit seinen »Philippischen Reden« versuchte er die Griechen zum Kampf gegen Philipp II. von Makedonien zu bewegen.

Die Peloponnesischen Kriege Die Eigenschaften, die die Athener in den Perserkriegen gezeigt hatten, sicherten ihnen die allgemein anerkannte Vorherrschaft in Griechenland. Ihre Kultur erreichte ihren Höhepunkt unter dem großen demokratischen Staatsmann Perikles (461–429 v. Chr.), der seine führende Stellung 30 Jahre lang behaupten konnte. Die Vorherrschaft Athens bewegte jedoch Korinth und eine Anzahl anderer Staaten, sich unter der Führung von Sparta im Peloponnesischen Krieg (431–404 v. Chr.) gegen Athen zu verbünden. Die Athener besaßen die

Zwei Kulturen sind in dieser aus dem 18. Jh. stammenden Ansicht der Akropolis vermischt. Das alte Griechenland ist durch die Ruine des Parthenons vertreten, der Islam durch die türkische Moschee.

Überlegenheit auf dem Wasser, doch die Spartaner waren zu Lande unbesiegbar, und so schien eine entscheidende Schlacht unmöglich. Es war ein Krieg der Überfälle und Blockaden. Die Einwohner Athens wurden schwer von der Pest heimgesucht, der auch Perikles 429 zum Opfer fiel. Die Nachfolger des Perikles setzten den Krieg fort, doch handelten sie weniger bedacht. 424 erlitten die Athener bei Delion eine Niederlage. Erst 421 kam es zu einem Friedensschluß, doch schon bald brachen neue Kämpfe aus. Der Spartanerkönig Agis besetzte 413 die Festung Dekeleia, doch konnten die Athener 416 bei Milet siegen. Nach der Vernichtung der attischen Flotte (404) war Athen gezwungen, unter Annahme harter Bedingungen, Frieden mit Sparta zu schließen.

Die makedonische Vorherrschaft Die kleinlichen Streitigkeiten unter den griechischen Stadtstaaten öffneten den Weg für die Eroberung durch Philipp von Makedonien (382–336 v. Chr.). Der athenische Staatsmann Demosthenes rief vergeblich nach einer vereinten Front gegen Philipps Aggressionen. Unter Ausnützung ihrer verbesserten Kampfformation, der makedonischen Phalanx, erfochten Philipps Lanzenträger 338 einen Sieg bei Chäronea, der ihn zum Herrscher über ganz Griechenland machte. Doch bald darauf wurde er ermordet, und sein Sohn Alexander verwirklichte seinen Traum von Eroberungen in Asien.

Mit der Militärmaschine, die Alexander von seinem Vater geerbt hatte, begann er die Eroberung des Persischen Reiches. In weniger als zehn Jahren marschierte er in einem triumphalen Zug durch den Osten – von Ägypten, wo er 332 die Stadt Alexandria gründete, bis an die Schwelle Indiens. Hand in Hand mit den Eroberungen ging die Ausbreitung der hellenistischen Kultur. Alexander starb im Alter von 32 Jahren. Seine Feldherren, die Diadochen, teilten die von ihm eroberten Gebiete unter sich auf.

Alexander der Große hatte, als er mit 32 Jahren starb, in weniger als zehn Jahren ein Weltreich erobert.

Rom und Byzanz: 168 v. Chr. – 1453 n. Chr. Nach ihrer Kapitulation vor Philipp war es das Schicksal der Griechen, mehr als 2000 Jahre lang unter fremder Herrschaft zu leben. Die makedonische Vorherrschaft wurde durch römische Legionen 168 v. Chr. bei Pydna gebrochen und Griechenland selbst 146 v. Chr. zur römischen Provinz erklärt. Die Römer bewunderten die Griechen wegen ihrer kulturellen Überlegenheit und versuchten nur zu häufig, sie sklavisch nachzuahmen. Gleichzeitig aber verachteten sie sie wegen ihrer Verweichlichung und Unmoral. Doch leisteten die Griechen einen enormen Beitrag zur römischen Zivilisation.

Nach dem Zusammenbruch des Römischen Reiches fiel Griechenland dem Byzantinischen Reich zu. Es war jetzt nur noch eine unbedeutende Provinz, doch griechisches Gedankengut und die griechische Sprache setzten sich im ganzen Reichsgebiet durch. 1204 eroberten die Venezianer, die am vierten Kreuzzug teilnahmen, Konstantinopel. Griechenland kam unter die Vorherrschaft der Venezianer und der Kreuzfahrer. Sie teilten das Gebiet in kleine Herrschaftsbereiche auf. Ein Teil der Inseln kam schon 1259 wieder in byzantinische Hand, der Norden und Nordwesten Griechenlands konnte erst 1261 zurückgewonnen werden.

Die türkische Herrschaft 1453 eroberten die Türken Konstantinopel und später auch Trapezunt und brachten so Griechenland in ihren Machtbereich, mit Ausnahme der noch in venezianischem Besitz befindlichen Gebiete. Das letzte venezianische Besitztum, Kreta, fiel erst 1645 in türkische Hand. Die Griechen behielten ihre Sprache und ihre orthodoxe Kirche und zahlten Steuern an die Vertreter des türkischen Sultans. Viele griechische Gelehrte flüchteten in den Westen, hauptsächlich nach Italien. Dort wurde griechische Kultur und Gelehrsamkeit als Teil der Renaissance wieder zum Leben erweckt. Das griechische Mutterland erlebte wenige geschichtliche Höhepunkte, abgesehen von den Versuchen der Venezianer, ihre Positionen zu behalten und auszubauen. Im Jahre 1687 besetzten sie sogar für kurze Zeit Athen.

Der Unabhängigkeitskrieg: 1821–29 Von 1814 an entwickelte sich eine wachsende nationalistische Bewegung gegen die Türkei, und 1821 brach ein bewaffneter Aufstand aus. Am 1. Januar 1822 verkündeten die Griechen ihre Unabhängigkeit. Die Ägypter unterstützten die Türken, die auf die Befreiungsbestrebungen der Griechen mit grausamen Unterdrückungsmaßnahmen antworteten.

Die türkischen Greueltaten erwarben den Aufständischen viele Sympathien unter den progriechischen Idealisten in England und anderen europäischen Ländern. Ohne die aktive Intervention Englands, Frankreichs und Rußlands wäre die griechische Unabhängigkeit auf unabsehbare Zeit vertagt worden. Ihre vereinigten Flotten zerstörten unter dem britischen Admiral Codrington am 20. Oktober 1827 die türkische und ägyptische Flotte bei Navarino. Nach ihrer Niederlage im türkisch-russischen Krieg (1828 bis 1829) mußten die Türken 1830 die griechische Unabhängigkeit anerkennen.

Veränderung der Grenzen: 1830–1923 Sogar nach der Unabhängigkeit blieben die Griechen ihrer uralten Neigung zu politischer Zersplitterung und Uneinigkeit treu. Der erste Präsident, Kapodistrias, versuchte, sich zum Diktator zu machen. Er fiel 1831 einem Attentat zum Opfer.

Die Großmächte beschlossen daraufhin, Griechenland in eine Monarchie zu verwandeln, und setzten 1833 Prinz Otto von Bayern auf den Thron. Doch als er versuchte, die Verfassung außer Kraft zu setzen, wurde er 1862 abgesetzt. Die Krone wurde dann dem dänischen Prinzen Wilhelm angetragen, der als Georg I. bis zu seiner Ermordung 1913 regierte.

Während dieser ganzen Zeit versuchten die Griechen ständig, ihre Grenzen zu erweitern, weil noch immer viele ihrer Landsleute Untertanen des Türkischen Reiches waren. Sie führten 1896–97 einen katastrophalen Krieg gegen die Türkei und 1913 einen, der von Erfolg gekrönt war. Nach diesem letzten Krieg entrissen die Griechen dem Sultan weitere Territorien, darunter auch die Insel Kreta.

Im Ersten Weltkrieg blieb Griechenland zunächst neutral, später schloß es sich den Alliierten gegen die Türkei an. Nach der Friedenskonferenz von Paris (1919) erhielt Griechenland Südalbanien und 1920 Smyrna und einige weitere kleine Gebiete. 1920 griffen die Griechen die Türkei an. Doch die griechischen Armeen wurden von den türkischen Streitkräften unter Kemal Pascha vernichtend geschlagen, und die Türken eroberten Smyrna zurück. Griechenland mußte 1922 um Frieden bitten. Mehr als eine Million Griechen aus Kleinasien wurden gewaltsam nach Griechenland umgesiedelt.

Diktatur und deutsche Besetzung: 1923–44 Die griechische Politik blieb unbeständig. 1924 wurde die Republik ausgerufen, doch 1935 sprach sich die überwiegende Mehrheit der Bevölkerung bei einer Volksabstimmung für die Monarchie aus. König Georg II. kehrte auf den Thron zurück. 1936 führte General Metaxas, der seit April dieses Jahres Ministerpräsident war, durch einen Staatsstreich die Diktatur ein.

1940 startete der italienische Diktator Mussolini einen Überraschungsangriff gegen Griechenland. Die Intervention Deutschlands, Italiens Verbündeten, bewahrte die italienischen Armeen vor weiteren Niederlagen. Die deutschen Truppen überrannten Griechenland und hielten es bis 1944 besetzt, als die britischen Streitkräfte das Land befreiten.

König Konstantin II. ging 1967 freiwillig nach Rom ins Exil, als ein von ihm versuchter Gegenputsch gescheitert war. Mitte 1973 erklärte G. Papadopoulos Griechenland zur Republik.

Die neueste Geschichte Die Befreiung brachte jedoch keinen Frieden. 1946 brach zwischen den kommunistischen Partisanen, die früher die Deutschen bekämpft hatten, und der monarchistischen Regierung, die gerade erst aus dem Exil zurückgekehrt war, ein Bürgerkrieg aus. Die Regierung errang erst 1950 den Sieg. Nach einer Verfassungsänderung wurde Grie-

Georgios Papadopoulos (rechts) herrschte von 1967 bis Ende 1973 als Diktator.

chenland 1952 konstitutionelle Monarchie. Als König Paul I. 1964 starb, übernahm sein Sohn als Konstantin II. den Thron. Er veranlaßte Ministerpräsident Georgios Papandreou zum Rücktritt, da dieser die Armee einer stärkeren zivilen Kontrolle unterstellen wollte.

1967 putschten die Militärs unter Oberst G. Papadopoulos und errichteten eine Diktatur. König Konstantin II. versuchte einen Gegenputsch, der jedoch mißlang. Der König ging nach Rom ins Exil. Die Militärjunta versprach die allmähliche Wiederherstellung der freien Institutionen. Am 1. Juni 1973 rief Papadopoulos die Republik aus, doch im November putschten die Offiziere. Phaidon Gizikis, Oberbefehlshaber der Truppen, wurde zum Präsidenten ernannt und bestimmte Adamandios Androutsopoulos zum neuen Staatschef. Als es nach dem Putsch auf Zypern im Juli 1974 zu bewaffneten Auseinandersetzungen zwischen Griechenland und der Türkei zu kommen drohte, beauftragte Gizikis den früheren Ministerpräsidenten Karamanlis mit der Bildung einer neuen, demokratischen Regierung.

Mit der im Juni 1975 angenommenen Verfassung wurde Griechenland parlamentarisch-demokratische Republik mit Präsident Konstantin Tsatsos als Präsident. Die in den folgenden Jahren anhaltenden Spannungen zwischen der Türkei und Griechenland konnten nicht beigelegt werden, doch fanden Verhandlungen statt, die auf eine friedliche Beilegung hinzielen.

Innenpolitische Spannungen führten im Oktober 1977 zur Auflösung des Parlaments, vorzeitige Neuwahlen wurden anberaumt, bei denen die regierende Partei Verluste erlitt, doch die Mehrheit behielt. Ende November bildete Karamanlis die neue Regierung. Nach zweijährigen Verhandlungen wurde im Dezember 1978 eine Einigung über den Beitritt Griechenlands zur EG getroffen, das seit dem 1. Januar 1981 Vollmitglied ist.

Am 5. Mai 1980 wählte das Parlament Konstantin Karamanlis zum Staatspräsidenten. Ministerpräsident wurde der bisherige Außenminister Georgios Rallis. Gegen den heftigen Widerstand der sozialistischen Opposition führte die Regierung Rallis im Oktober 1980 Griechenland wieder in die militärische Organisation NATO zurück.

Großbritannien und Nordirland

244 046 qkm
55 350 000 Einwohner
Hauptstadt: London

Erst im Jahre 1801 bildeten das Vereinigte Königreich von Großbritannien und Nordirland eine politische Einheit. England und Wales, 1536 vereinigt, wurden erst 1707 formell mit Schottland in einem Königreich zusammengefaßt. Im 19. Jahrhundert genoß das Land Macht, Prestige und Einfluß, denn es war Zentrum des größten Reiches, das die Welt je gekannt hatte. Die Briten wurden wegen ihrer sozialen Stabilität und der Stärke ihrer liberalen politischen Institutionen wie auch wegen ihres Wohlstandes von anderen Nationen bewundert oder beneidet.

Es war nicht immer leicht, Großbritanniens Einheit zu erhalten. In den vierziger Jahren des 18. Jahrhunderts schlug England eine schottische Rebellion mit Gewalt nieder. Nach dem Ersten Weltkrieg wurde abermals Gewalt angewendet, um die Kontrolle über Irland zu behalten. Doch der Versuch mißlang; Südirland erlangte 1922 seine Unabhängigkeit. Ende der sechziger Jahre brach in Nordirland zwischen Katholiken und Protestanten ein Bürgerkrieg aus, und 1973 war die britische Armee inmitten einer großangelegten Befriedungsaktion in dieser Provinz.

Kelten und Römer: 300 v. Chr. – 43 n. Chr. Die ersten Einwanderer kamen vor etwa 40 000 Jahren nach England. Seit dem 5. vorchristlichen Jahrhundert wanderten vom Festland her Kelten ein. Um 300 v. Chr. machten sich die keltischen Briten von der Nordküste Frankreichs auf und besiedelten die Insel. Sie unterhielten lebhafte Handelsbeziehungen zum Festland, doch den Mittelmeervölkern blieben sie bis zur Landung Cäsars 55 v. Chr. weitgehend unbekannt. Die Briten unterstützten die ebenfalls keltischen Gallier im Kampf gegen die Römer. Im Jahre 54 versuchte Cäsar nochmals, in Britannien einzufallen, doch er wurde zum Rückzug gezwungen. 43 n. Chr. veranlaßte der römische Kaiser Claudius einen neuen Feldzug gegen die Briten. Die angreifenden römischen Legionen bezwangen nach und nach die einheimischen Stammesfürsten. Im Norden konnten die Römer die Grenze bis nach Schottland, im Westen bis nach Wales und Cornwall vortreiben.

Ein Brite schuf diesen Kopf nach römischem Vorbild, doch zeigen sich an Haar, Ohren und Augen Einflüsse seiner eigenen Kultur.

Gegen Ende des 4. Jahrhunderts mußten die Römer ihre Legionen von Britannien abziehen. Pikten und Skoten strömten über den verlassenen Limes und plünderten die Gebiete im Süden. Etwas später entwickelte sich ein verbissener Dreieckskampf zwischen den romanisierten Briten im Süden, den von Schottland eindringenden Pikten und den aus Norddeutschland und Dänemark über die See einfallenden Angeln, Sachsen und Jüten.

Die angelsächsischen Königreiche: 5.–9. Jahrhundert
Seit Ende des 5. Jahrhunderts gründeten die angelsächsischen Eroberer in den mittleren und östlichen Gebieten Englands sieben Königreiche: Kent, Sussex, Essex, Wessex, Ostanglia, Mercia und Northumbria.

Nach und nach ließen sich die Angelsachsen zum Christentum bekehren. Das irische Christentum war bereits mehr als ein Jahrhundert alt, als der Mönch Augustin 597 nach England kam, um die Angelsachsen für die römische Kirche zu gewinnen.

Stonehenge, zwischen 1900 und 1300 v. Chr. errichtet, mag sowohl Tempel als auch Observatorium zur Beobachtung von Sonne und Mond gewesen sein.

Dieser Ausschnitt aus dem Teppich von Bayeux, dem ältesten erhaltenen Wandteppich des Mittelalters, zeigt eine Szene aus der Eroberung Englands durch Wilhelm (1066).

Dänische und normannische Eroberungen Alfred der Große (871–899) und seine Nachfolger verteidigten England im 9. und 10. Jahrhundert mit zeitweiligem Erfolg gegen dänische Eindringlinge. Doch 1016 gelang es Knut dem Großen, England zu unterwerfen. Da Eduard der Bekenner (1042–66) keinen Sohn hinterließ, wählte man Earl Harald zu seinem Nachfolger. Doch Wilhelm von der Normandie erhob Ansprüche auf den Thron und landete im September 1066 an der Südküste Englands. In der Schlacht von Hastings fiel Harald, und Wilhelm konnte die Krone an sich reißen.

Unter Wilhelm litten die Angelsachsen schwer unter der Fremdherrschaft. Die einheimischen Grundbesitzer mußten normannischen Baronen weichen, kirchliche und weltliche Ämter wurden ausschließlich von Normannen besetzt. 1086 befahl Wilhelm, ein Verzeichnis des gesamten Grundbesitzes und der darauf liegenden Lasten anzulegen (Domesday Book). Diese Aufzeichnungen ermöglichten die direkte Besteuerung durch den König, anstelle der Abgaben an die Feudalherren.

Wilhelms Sohn, Heinrich I. (1100–35), setzte die Versuche fort, Gesetzgebung und Verwaltung zu zentralisieren. Nach seinem Tod brach ein Bürgerkrieg aus, denn sein Neffe Stephan beanspruchte – und erhielt zeitweilig – die Krone, die Heinrichs Tochter Mathilde zugesprochen worden war. Mathildes Sohn, Heinrich II. (1154–89), stellte die Ordnung wieder her. Er sorgte auch dafür, daß die Adligen nicht willkürlich Recht sprachen, sondern daß man im ganzen Land die Gesetzgebung des Königs befolgte.

Könige und Geistlichkeit 1164 erließ Heinrich II. die Konstitution von Clarendon, die gewisse Rechte des Königs gegenüber dem Klerus wiederherstellte. Doch Thomas Becket, Erzbischof von Canterbury, erkannte die Konstitution nicht an. Königliche Ritter ermordeten 1170 den Erzbischof in der Kathedrale von Canterbury. Heinrichs Sohn und Nachfolger, Richard Löwenherz (1189–99), unternahm 1190 einen Kreuzzug ins Heilige Land. Seine Bischöfe kauften Regierungsämter von ihm und regierten das Land, das er vernachlässigte, zu eigenem Nutzen.

Richard Löwenherz (links) kämpft mit Saladin, dem Sultan von Ägypten und Syrien.

1199 kam Johann, Richards Bruder, auf den Thron. Johann geriet in Konflikt mit Papst Innozenz III., der den König 1209 bannte. Seit 1213 mußte Johann sein Land vom Papst zum Lehen nehmen. Die übermäßigen Steuerforderungen des Königs riefen im ganzen Land Unzufriedenheit hervor. 1215 erhoben sich die Barone gegen den König und zwangen ihn in Runnymede bei Windsor, die *Magna Charta* zu unterzeichnen, durch die die Freiheit der englischen Kirche und die Rechte der Barone gegen Übergriffe der Krone geschützt werden sollten.

Thomas Becket, seit 1162 Erzbischof von Canterbury, wurde 1170 von Rittern, die wahrscheinlich im Auftrag Heinrichs II. handelten, in der Kathedrale von Canterbury ermordet.

Der Kampf gegen die Franzosen: 1337–1453 Mit Heinrich II. war das Haus Anjou-Plantagenet an die Macht gekommen. Heinrich hatte durch seinen Vater Geoffrey von Anjou und durch seine Gattin Eleonore von Aquitanien Herrschaftsansprüche über den gesamten Westen Frankreichs. Er eroberte Irland und errichtete eine Lehnsherrschaft über Schottland und Wales. Nach seinem Tod gingen jedoch viele der französischen Besitzungen verloren, und die Franzosen wendeten das Blatt, indem sie 1216 die Auseinandersetzung zwischen Johann und seinem rebellierenden Adel als Vorwand für eine erfolglose Invasion Englands benützten.

Es entwickelten sich feindliche Gefühle zwischen Engländern und Franzosen, die sich schließlich zum Hundertjährigen Krieg – von Eduard III. (1327–77) begonnen – auswuchsen. Eduard nämlich erhob Ansprüche auf den französischen Thron, da seine Mutter Isabella die Tochter Philipps IV. von Frankreich war. 1339 brach der Krieg zwischen England und Frankreich aus. Trotz vereinzelter Siege verloren die Engländer bis zum Kriegsende 1453 alle Besitzungen auf dem Kontinent außer dem Hafen Calais.

Der Ritter, eine der Figuren aus Geoffrey Chaucers Canterbury Tales. *Chaucer (1340–1400) half mit, die englische Sprache bei Hofe durchzusetzen.*

Die Rivalität mit Frankreich stärkte das Selbstbewußtsein der Engländer. Im Laufe des 14. Jahrhunderts setzte sich die englische Sprache durch und verdrängte das Latein der Geistlichkeit und das Französisch des Hofes. Auch im Parlament gab es Veränderungen. Die Vertreter des niederen Adels und der Städte schlossen sich zum Unterhaus (House of Commons) zusammen, das von dem Oberhaus (House of Lords) getrennt war. Viele Feudalherren sahen sich gezwungen, die Pacht in Form von Geld und nicht von Feudalleistungen entgegenzunehmen, so daß es in England mehr Pachtbauern und Tagelöhner gab als Leibeigene. Bis zum Ende des 15. Jahrhunderts wurde die Hörigkeit in England abgeschafft.

Die unsichere innenpolitische Situation verschlechterte sich durch finanzielle Schwierigkeiten aufgrund der Niederlage gegen Frankreich. 1455 brachen Rivalitätskämpfe zwischen zwei adeligen Familien aus, die Anspruch auf den Thron erhoben. Die sogenannten Rosenkriege zwischen dem Haus York – es führte eine weiße Rose in seinem Wappen – und dem Haus Lancaster, das eine rote Rose im Wappen hatte, zogen sich mit Unterbrechungen über dreißig Jahre hin.

Stabilität während der Tudor-Zeit: 1485–1547 Zwischen 1399 und 1461 waren Könige aus dem Hause Lancaster auf dem Thron. Mit Eduard IV. kam das Haus York an die Macht. Heinrich Tudor, durch seine Mutter mit Lancaster verwandt, erhob Anspruch auf die Krone und konnte Richard III. (1483 bis 1485) in der Schlacht von Bosworth besiegen. Als König Heinrich VII. (1485–1509) heiratete er Elisabeth von York und vereinigte so die Macht beider Häuser.

Doch die Erinnerungen an den Bürgerkrieg waren immer noch lebendig. Heinrichs Sohn und Nachfolger, Heinrich VIII. (1509–47), fürchtete, daß ein weiblicher Nachfolger die Tudor-Dynastie schwächen könnte. Da seine erste Gattin, Katharina von Aragon, nicht fähig zu sein schien, ihm einen Sohn zu schenken, entschloß er sich, seine Ehe annullieren zu lassen. Doch der Papst verweigerte seine Zustimmung. Heinrich brach daraufhin mit Rom und gründete 1534 eine unabhängige Staatskirche, der er selbst als höchstes Oberhaupt vorstand. Zwischen 1536 und 1539 ließ Heinrich alle Klöster auflösen und ihre Ländereien und Besitztümer von der Krone beschlagnahmen. Später wurden große Teile dieser Ländereien an den Adel verkauft.

Jahre der Gefahr: 1547–58 Heinrich VIII. starb 1547. Nur seine dritte Gattin, Johanna Seymour, hatte ihm einen Sohn geboren. Eduard VI. folgte seinem Vater im Alter von neun Jahren auf den Thron. Die eigentliche Regierungsgewalt lag zunächst in den Händen des Herzogs von Somerset, 1549 übernahm sie der Herzog von Northumberland. Im gleichen Jahr wurde das *Common Prayer Book* eingeführt. Auf dieser Grundlage entwickelte sich die englische Hochkirche, die in der bischöflichen Verfassung katholisch, in der Lehre aber protestantisch war.

Als Eduard VI. im Alter von 16 Jahren starb, folgte ihm seine katholische Schwester Maria Tudor, Heinrichs VIII. Tochter mit Katharina von Aragon, auf den Thron. Sie heiratete Philipp II. von Spanien und unterstützte sein Land in dessen Auseinandersetzung mit Frankreich, wodurch 1558 Calais verlorenging. Maria versuchte England zum Katholizismus zurückzuführen. Etwa 300 Protestanten starben während ihrer Herrschaft auf dem Scheiterhaufen. Marias Ehe blieb kinderlos, und als sie 1558 starb, versuchte Frankreich, Maria Stuart, die Tochter Jakobs V. von Schottland, auf den Thron zu setzen. Maria war Königin von Schottland und durch Heirat Königin von Frankreich. Als ihr Gatte, Franz II., starb, kehrte sie

Maria I. (1553–58) wollte England zum Katholizismus zurückführen. Da während ihrer Regierungszeit mehr als 300 Protestanten auf dem Scheiterhaufen starben, erhielt sie den Beinamen »die Blutige«.

Begräbnisprozession Elisabeths I. Mit viel diplomatischem Geschick meisterte sie die konfliktgeladene innere Situation Englands, doch nach ihrem Tod (1603) kam es wieder zu Schwierigkeiten zwischen Krone und Parlament.

1561 nach Schottland zurück. Doch ihre protestantischen Untertanen waren der katholischen Regentin feindlich gesinnt. Schließlich suchte sie 1568 Asyl in England, wo sie jedoch verhaftet und 1587 hingerichtet wurde. Den englischen Thron hatte inzwischen Elisabeth I., Tochter Heinrichs VIII. und seiner zweiten Gattin Anna Boleyn, inne.

Das Zeitalter der Elisabeth: 1558–1603 Elisabeth I. schützte den englischen Thron erfolgreich sowohl gegen französische wie spanische Ansprüche. Nachdem sie ihrem Land eine starke Position verschafft hatte, riskierte sie 1587 einen erfolgreichen Krieg gegen Spanien; 1588 vernichteten die Engländer die spanische Armada, und der Aufstieg Englands als Seemacht begann. Auch kirchenpolitisch ging Elisabeth diplomatisch vor. Sie vermied den leidenschaftlichen Protestantismus Eduards VI. und auch den römischen Katholizismus, zu dem Maria das Land wieder zu bekehren versucht hatte. 1599 stellte sie durch die Uniformitätsakte die Staatskirche ihres Vaters wieder her.

Vor allem aber war das Elisabethanische Zeitalter durch die reiche Entfaltung des Geisteslebens und die Entwicklung des Handels und der Seefahrt gekennzeichnet. Die Werke Shakespeares und seiner Zeitgenossen, wie Christopher Marlowe und Ben Jonson, machten diese Zeit zur glänzendsten Epoche der englischen Literatur. Sir Walter Raleigh errichtete 1584 die erste englische Kolonie in Nordamerika, und mit der Gründung der East India Company im Jahre 1600 war der Grundstein für die Entwicklung Englands zur Kolonialmacht gelegt. Doch die Erschließung der Neuen Welt führte zu wirtschaftlichen Krisen in Europa. Die ungeheuren Mengen von Gold und Silber, die von den neuentdeckten Ländern Amerikas hereinströmten, verminderten den Wert des Geldes.

Parlament und König Jakob VI. von Schottland, Sohn Maria Stuarts, trat als Jakob I. 1603 Elisabeths Nachfolge an. Er herrschte bis 1625 als recht absolutistischer Monarch, weshalb er in Konflikt mit dem Parlament geriet. Den Puritanern verweigerte er die erbetenen Freiheiten. Viele wanderten daher nach Nordamerika aus. Auch sein Sohn, Karl I. (1625–49), versuchte als absolutistischer Herrscher zu regieren. 1628 unterzeichnete er zwar die *Petition of Rights*, in der festgelegt wurde, daß ohne Parlamentsbewilligung keine Steuerforderungen erhoben und keine Verhaftungen vorgenommen werden konnten, doch ein Jahr später löste er das Parlament auf und regierte 11 Jahre lang nur mit Hilfe seiner engsten Ratgeber.

Als Karl 1638 versuchte, seinen schottischen Untertanen die englischen kirchlichen Gebräuche aufzuzwingen, rebellierten die Schotten gegen ihn.

Der König sah sich gezwungen, das Parlament im April 1640 wieder einzuberufen, doch es forderte als Preis für seine Mithilfe im Kampf gegen die schottischen Eindringlinge die Wiederherstellung seiner Rechte. Bereits im Mai entließ Karl das Parlament wieder, mußte es jedoch im November erneut einberufen.

Als sich 1641 die Katholiken in Irland erhoben und Karl Truppen entsenden mußte, um die Rebellion niederzuwerfen, kam es zu einer Krise, da man sich nicht einigen konnte, ob die Truppen dem König oder dem Parlament unterstellt sein sollten. 1642 brach der Bürgerkrieg aus, in dem sich die königstreuen *Kavaliere* und die Anhänger des Parlaments, die *Rundköpfe*, gegenüberstanden.

Die aristokratischen Kavaliere *werden hier durch ihr wallendes Haar karikiert, die puritanischen* Rundköpfe *durch ihr kurzgeschorenes.*

Bürgerkrieg und Cromwell: 1642–58 Oliver Cromwell, Landedelmann und Parlamentsmitglied, zeigte sich als begabter militärischer Organisator auf der Seite des Parlaments. Nach einigen unentschiedenen Zusammenstößen schlugen seine gut ausgebildeten Soldaten die Royalisten 1644 bei Marston Moor und 1645 bei Naseby. Der König floh zu den Schotten, die ihn 1647 dem Parlament auslieferten. Es verurteilte Karl I. wegen Hochverrats zum Tode.

Zwischen 1649 und 1660 war England Republik. Zunächst übernahm ein 41köpfiger Staatsrat, dessen Haupt Oliver Cromwell war, die Regierung. 1653 löste Cromwell das Parlament auf und wurde Lord-Protektor von England, Schottland und Irland. Damit hatte er eine gleichsam monarchische Stellung, doch wies er die ihm angebotene Krone zurück.

Da Cromwells Herrschaft sich allein auf seine Persönlichkeit gestützt hatte, brach sie nach seinem Tod 1658 zusammen. Für knapp ein Jahr hatte Cromwells Sohn das Amt des Lord-Protektors inne. Ein neu einberufenes Parlament holte die Stuarts zurück auf den Thron.

Unter Oliver Cromwell, 1653 zum Lord-Protektor ernannt, war England für kurze Zeit Republik.

Wiederherstellung der Monarchie: 1660 Das Parlament berief 1660 den Sohn des enthaupteten Königs, Karl II., auf den Thron. Auf ihn folgte 1685 sein Bruder, Jakob II. Die Regierungszeiten von Karl II. und Jakob II. waren vom religiösen Haß und der Machtpolitik Westeuropas beherrscht. Jakob, der 1670 zum katholischen Glauben übertrat, versuchte die unumschränkte Königsgewalt wieder einzuführen. Das Parlament wandte sich an den Neffen und Schwiegersohn Jakobs, an den protestantischen Wilhelm von Oranien, um Hilfe. 1688 landete Wilhelm in England. Jakob blieb nur die Flucht in das katholische Frankreich. Das Parlament erhob Wilhelm III. und seine Gattin, Jakobs Tochter Maria, 1689 auf den Thron. Durch die Unterzeichnung der *Bill of Rights* wurden die Rechte des Parlaments gewahrt. Zwischen England und Holland bestand seit der Thronbesteigung Wilhelms Personalunion.

Whigs und Tories Um die Mitte des 17. Jahrhunderts entwickelten sich zwei deutlich voneinander getrennte Parteien. Die Tories, Gegner der Republik, die dann unter Jakob II. zur königstreuen Hofpartei wurden, und die Whigs, die auf der Seite Cromwells standen und unter Jakob darauf bedacht waren, die Macht des Königs einzuschränken. Freilich brachten die anglikanischen Tories dem calvinistischen Wilhelm wenig Sympathien entgegen. Während der Regierungszeit von Königin Anna (1702–14), Wilhelms Nachfolgerin, waren die Tories zufriedener, denn sie war eine Stuart und Anglikanerin, doch als sie kinderlos starb und der deutsche lutherische Kurfürst von Hannover, Georg I. (1714–27), auf den Thron kam, wurde die Loyalität der Tories stark strapaziert. Georg, der nur ein paar Worte Englisch sprach, verließ sich hauptsächlich auf seine Minister. Zu dieser Zeit hatten die Whigs die Mehrheit im Parlament. Sie unterstützten Robert Walpole, der als leitender Minister von 1721 bis 1742 an der Spitze der Regierung stand. Walpole betrieb eine erfolgreiche Friedenspolitik und konnte die Handelsbeziehungen Englands erweitern. Durch neue Steuer- und Zollgesetze besserte er auch die Staatsfinanzen auf. Auch unter Georgs Nachfolger, Georg II. (1727–60), blieb Walpole im Amt.

Der englische Schriftsteller Samuel Johnson (1709–84) war der führende Kritiker seiner Zeit.

Wachstum des Reiches im 17. und 18. Jahrhundert 1755 flammte ein Krieg gegen Frankreich wieder auf, der schon zwischen 1744 und 1747 über Handelsfragen entbrannt war. Unter der Führung von William Pitt dem Älteren setzte England seine See- und Landstreitkräfte in kombinierten Operationen ein, wie zum Beispiel bei der Erstürmung Quebecs (1759), und eroberte französische Gebiete in Südindien. Im Frieden von Paris (1763) gewann England Kanada und Senegambien. Schon im 17. Jahrhundert hatte man Handelsposten und Kolonien errichtet, doch nun beherrschte Großbritannien einen großen Teil Indiens und Nordamerikas und besaß Zuckerinseln in der Karibischen See und Sklavenstationen in Afrika.

Doch die Engländer hatten bisher weder die Mittel

Zeitgenössische Darstellung der Seeschlacht bei Trafalgar (1805). Admiral Nelson, der auf dem Flaggschiff fiel, errang einen Sieg über die zahlenmäßig überlegene französisch-spanische Flotte.

noch den Wunsch, ihre überseeischen Besitzungen zu regieren. Sie wollten sie nur für Handelszwecke ausbeuten. Dadurch kam es zum Freiheitskrieg der nordamerikanischen Kolonien, die 1776 ihre Unabhängigkeit ausriefen, die 1783 von England anerkannt werden mußte.

Die industrielle Revolution Im 18. Jahrhundert war die Industrialisierung Westeuropas in vollem Gange. Die Gründung der Bank von England machte die Kreditbeschaffung und -nutzung in Großbritannien leichter als in vielen kontinentalen Staaten. Auch gab es vergleichsweise nur wenige interne Zollbarrieren, und so hatten die Produzenten leichten Zugang zu den Verbrauchern. In dem wirtschaftlich aufgeschlossenen Klima der Zeit fanden sich bereitwillige Geldgeber für Erfinder wie James Watt und George Stephenson. Diese Vorteile verschafften England einen wesentlichen, wenn auch nur vorübergehenden Vorsprung vor den übrigen Industriestaaten.

Das Anwachsen der Parteien Unter Georg I. und Georg II. hatten die Whigs die politische Vormachtstellung eingenommen. Doch als Georg III. 1760 auf den Thron kam, fand ein dramatischer Wechsel statt. Georg III. glaubte, die Whigs hätten seinen Vater und seinen Großvater überlistet, viele ihrer rechtmäßigen königlichen Vorrechte aufzugeben. Entschlossen, diese wiederzugewinnen, versammelte Georg eine Partei der Freunde des Königs um sich, zuerst unter der Führung seines schottischen Günstlings, John Stuart of Bute. 1784 wurde William Pitt der Jüngere dessen Nachfolger. Pitt erneuerte die Partei der Tories, die nun wieder zu Ansehen kam und bis 1830 – mit kurzen Unterbrechungen – Träger der Regierung blieb.

Karikatur des Herzogs von Wellington, der zusammen mit Blücher und Gneisenau 1815 Napoleon bei Waterloo besiegte.

Kriege mit Frankreich: 1793–1815 Großbritanniens Erfolge in den Napoleonischen Kriegen trugen unter anderem auch zu seinem Nationalstolz bei. Zunächst allerdings nahmen die Kriege einen schlechten Verlauf. Allianzen anderer europäischer Staaten gegen Frankreich wurden trotz gewaltiger finanzieller Unterstützungen, die England seinen Alliierten zukommen ließ, zerschlagen.

Die britische Flotte gewann unter so erfolgreichen Admirälen wie Nelson und Collingwood Kontrolle über die Meere und gab der vereinigten französisch-spanischen Flotte bei Trafalgar (1805) den Todesstoß. 1808 errichtete eine kleine britische Armee einen kontinentalen Brückenkopf in Spanien. Napoleons Kontinentalsperre, mit der er ein Handelsembargo über Großbritannien verhängen wollte, schlug fehl; ebenso seine Invasion Rußlands. Die entscheidende Niederlage erlitt Napoleon 1815 durch Wellington bei Waterloo.

Radikalismus und Unterdrückung Diese Zeit hatte aber auch ihre Schattenseite. Die Armut nahm zu Beginn des 19. Jahrhunderts zu. Durch die Rationalisierung der Landwirtschaft und die Überführung von Gemeindeland in Privateigentum sahen sich Scharen landloser Proletarier gezwungen, in die Städte zu ziehen. Der Krieg belastete alle wirtschaftlichen Hilfsquellen des Landes, und die Preise gerieten ins Schwanken.

Die Furcht vor einer Revolution brachte William Pitt, Premierminister in den schwärzesten Tagen des Krieges, dazu, repressive Maßnahmen zu ergreifen. Radikale Führer wurden wegen Hochverrats abgeurteilt und Gewerkschaften verboten. 1815 wurden die Getreideschutzzölle eingeführt, um die Preise im Lande hochzuhalten und eine landwirtschaftliche Depression zu vermeiden.

Mit der Eröffnung der Eisenbahnlinie Stockton – Darlington (1825) begann ein neuer Abschnitt im Transportwesen.

Es entwickelte sich eine wachsende Unruhe, die schließlich zur Zerstörung von Maschinen und zu anderen Einzelaktionen führte. Am 16. August 1819 demonstrierten Arbeitermassen auf dem St.-Peters-Feld in Manchester für eine Parlamentsreform. Die Demonstranten wurden mit Polizeigewalt auseinandergetrieben, 12 Arbeiter kamen ums Leben.

Charles Dickens (1812–70) stellte in seinen Romanen die Ungerechtigkeit und Selbstzufriedenheit der Viktorianischen Gesellschaft dar.

Eine neue Gesellschaft Es entwickelte sich eine kapitalistische Wirtschaft, die auf ständig wachsende Produktion von Gütern und Dienstleistungen ausgerichtet war und daher differenziertere Regierungstechniken brauchte. Geschulte Professionelle übernahmen jetzt die Regierungsämter. Die Parlamentsreform von 1832 ließ den Geldadel gemeinsam mit dem Standesadel in der Politik wirken. Die Whigs nannten sich jetzt Liberale, die Tories bezeichneten sich als Konservative. Unter ihrem Führer William Gladstone, der zwischen 1868 und 1894 viermal Premierminister war, setzte die Liberale Partei die allgemeine Schulpflicht durch, reformierte das Heerwesen und hob die staatsrechtliche Vormachtstellung der anglikanischen Kirche in Irland auf. Die Konservativen unter Benjamin Disraeli, zwischen 1874 und 1880 Premierminister, strebten eine Vergrößerung ihres Weltreiches an. Königin Viktoria (1837–1901) nahm 1877 den Titel Kaiserin von Indien an, im gleichen Jahr annektierten die Engländer Transvaal. Disraelis Parlamentsreform von 1867 hatte die Wählerschaft fast verdoppelt. Gladstones Parlamentsreform von 1884 erweiterte die Zahl der Wahlberechtigten auf vier Millionen.

Während der Regierungszeit Königin Viktorias herrschten Wohlstand und Sicherheit. In dem Bewußtsein, daß Großbritannien über größere Produktionskräfte als jedes andere Land verfügte, gab es seine protektionistische Politik auf und wandte sich dem Freihandel zu. England konnte die Weltmärkte mit seinen Erzeugnissen überfluten. Selbst wenn einige Länder versucht hätten, sich dem Handelsangebot der Engländer zu entziehen, so blieben ihnen doch immer noch die Märkte innerhalb ihres stetig wachsenden Weltreichs.

Zwielicht unter Eduard VII. Doch während der Regierungszeit von Viktorias Nachfolger, Eduard VII. (1901–10), tauchten Zweifel auf. Die imperialistische Politik der Konservativen führte zu einem Streit mit den Buren in Südafrika, die im Burenkrieg (1899 bis 1902) besiegt werden konnten. Der Freihandel hielt jetzt, da andere Länder Englands industrielle Vormachtstellung herausforderten, das Reich nicht mehr zusammen. Die konservative Partei wurde durch eine zermürbende Debatte – eingeleitet durch Joseph Chamberlain – über die Notwendigkeit, zu einer Protektionspolitik zurückzukehren, zerrissen.

1905 gelangten die Liberalen wieder an die Regierung. Lloyd George erließ neue Steuergesetze, nach denen die wohlhabenden Schichten stark belastet, die Unbemittelten unterstützt wurden. Das Oberhaus lehnte das Budget ab und verlor daraufhin durch Parlamentsbeschluß 1911 sein Vetorecht.

Disraeli (oben) und Gladstone, führende Staatsmänner des 19. Jh., waren politische Feinde, doch kämpften beide für soziale und politische Reformen.

Krieg und Depression Unter Georg V. (1910–36) spitzten sich die Schwierigkeiten zu. Im Sommer 1914, als die industriellen Fragen in England noch ungelöst waren und Irland am Rande eines Bürgerkrieges stand, brach der Krieg mit Deutschland aus. Der deutsche Einmarsch in das neutrale Belgien veranlaßte England, in den Ersten Weltkrieg einzutreten. Zunächst herrschte Begeisterung, doch nach vier mörderischen Kriegsjahren war der Sieg von Bitterkeit und Desillusionen begleitet. Trotz des Sieges herrschte nach Kriegsende eine wirtschaftlich schwierige Lage.

1918 erhielten alle Männer über 21 und alle Frauen über 30, die Steuern zahlten, und Ehefrauen von Steuerzahlern das Wahlrecht. Durch diesen weiteren Ausbau des Wahlrechts fand die Labour Party Anschluß an die beiden älteren Parteien und bildete 1924 ihre erste Regierung.

Suffragetten, englische Frauenrechtlerinnen, bei einem Protestmarsch. 1928 erhielten schließlich alle Frauen über 21 das Wahlrecht.

Der Zweite Weltkrieg: 1939–45 Durch das Westminster-Statut von 1931 war ein Teil des Reiches das *British Commonwealth of Nations* geworden; seine größeren Dominions, wie Kanada, Australien und Südafrika, erhielten politische Unabhängigkeit. Noch immer verfügte das britische Weltreich über sehr große Gebiete, doch ein erheblicher Teil seiner ehemaligen Macht war für immer dahingeschwunden.

Nachdem England vergeblich eine Beschwichtigungspolitik dem nationalsozialistischen Deutschland gegenüber versucht hatte, trat es 1939 unter Winston Churchill wesentlich weniger zuversichtlich als 1914 in den Zweiten Weltkrieg ein. Nach Anfangserfolgen der Deutschen in Frankreich erwartete man eine deutsche Invasion in England. Die britische Luftwaffe wehrte die massiven deutschen Luftangriffe ab. Mit dem Eintritt Rußlands und der Vereinigten Staaten in den Krieg (1941) bekam Großbritannien neue und mächtige Verbündete, jedoch in Japan auch einen neuen Feind. Ende 1942 wendete sich das Blatt gegen Hitler; im folgenden Jahr kapitulierte Italien, und 1944 wurde Frankreich befreit. Deutschland kapitulierte schließlich im Mai 1945.

Winston Churchill, von 1940–45 Premierminister, leitete mit Roosevelt und in Zusammenwirken mit Stalin die militärische und politische Kriegführung der Alliierten.

Großbritannien nach dem Krieg Die Wahlen von 1945 brachten einen Sieg für die Labour Party unter Clement Attlee. Er verstaatlichte die Schlüsselindustrien und führte einen staatlichen, unentgeltlichen Gesundheitsdienst ein. 1951 kamen die Konservativen unter Winston Churchill wieder an die Macht. Sie machten die Verstaatlichungen im Wirtschaftsbereich zum Teil rückgängig, das staatliche Gesundheitswesen behielten sie jedoch bei.

Die Probleme, mit denen England in den sechziger und siebziger Jahren sowohl unter Konservativen- wie unter Labour-Regierungen konfrontiert war, spiegelten die alten, immer wiederkehrenden Motive der britischen Geschichte. Die Regierungen bekämpften die Inflation, während die verschiedenen Bevölkerungsgruppen einander beschuldigten, höhere Löhne oder höhere Preise zu fordern. Abermals wurde eine britische Armee in das von Auseinandersetzungen zerrissene Irland geschickt. 1973 trat England der Europäischen Gemeinschaft bei und wurde so wieder Teil eines Systems, das den Ärmelkanal überbrückt.

Ende Februar 1974 beraumte Edward Heath, Premierminister seit 1970, wegen auswegloser Auseinandersetzungen mit den Bergarbeitern vorzeitig Neuwahlen an. Neuer britischer Premierminister wurde der Labour-Führer Harold Wilson.

Die seit 1973 anhaltenden wirtschaftlichen Schwierigkeiten konnten auch in den folgenden Jahren nicht aus dem Weg geräumt werden. Überraschend erklärte am 16. März 1976 Harold Wilson, vor den wirtschaftlichen Problemen resignierend, seinen Rücktritt. Zu seinem Nachfolger wurde James Callaghan gewählt.

Mitte August 1977 erreichte die Arbeitslosenzahl den höchsten Stand seit Ende des Zweiten Weltkriegs. Gegen die Stimmen der Opposition wurde ein Regierungsprogramm zur Sanierung der Wirtschaft angenommen. Bei den Gemeindewahlen im Mai 1977 mußte die Labour Party große Verluste hinnehmen, und im März 1979 schließlich brachte ein Mißtrauensvotum der Konservativen gegen die Regierung diese mit einer Stimme Mehrheit zu Fall. Bei den folgenden Parlamentswahlen im Mai erlangten die Konservativen die absolute Mehrheit, und Königin Elisabeth beauftragte Margaret Thatcher mit der Kabinettsbildung. Sie war somit die erste Frau, die im modernen Europa Regierungschefin wurde. Doch auch ihre Maßnahmen halfen der britischen Wirtschaft nicht auf die Füße. Mitte 1979 lag die Inflationsrate höher als in jedem anderen Industrieland. Bis zum Januar 1980 hatte sich die Lage soweit zugespitzt, daß zum erstenmal seit 26 Jahren die Stahlarbeiter streikten. Man einigte sich auf einen Lohnkompromiß. Die weiterhin unbefriedigende Wirtschaftspolitik veranlaßte die Opposition am 30. Juli ein Mißtrauensvotum gegen die Regierung einzubringen, das aber abgelehnt wurde.

Margaret Thatcher wurde Anfang 1979 die erste europäische Regierungschefin.

Abhängige Gebiete:

In Europa hat Großbritannien drei abhängige Gebiete: die Inseln im Ärmelkanal vor der französischen Küste, die zur Zeit der normannischen Eroberungen (1066) zu England kamen, die Insel Man in der Irischen See und Gibraltar, das England nach dem Spanischen Erbfolgekrieg (1701–14) erhielt.

In Amerika sind einige Inselketten, meist unbewohnt und einst Piratennester, von England abhängige Gebiete. Zu ihnen gehören unter anderem die Falklandinseln im Südatlantik, die lange Zeit von Argentinien beansprucht wurden, und die Leewardinseln im Karibischen Meer.

Die bekanntesten abhängigen Gebiete Englands vor der Westküste Afrikas sind St. Helena und, 2400 Kilometer südwestlich davon, die abgelegene Insel Tristan da Cunha. Auf der Ostseite Afrikas liegen die Britischen Gebiete des Indischen Ozeans.

Das wichtigste von England abhängige Gebiet in Asien und im Pazifik ist Hongkong. 1842 mußten es die Chinesen an England abtreten, und seither entwickelte es sich zu einem großen Hafen und Handelszentrum.

Außerdem gehört zu den von England abhängigen Gebieten im Pazifik noch Pitcairn – eine bergige Insel, deren Bewohner zum größten Teil von den Meuterern des britischen Schiffes *Bounty* abstammen, die sich dort 1790 niederließen. Darüber hinaus besitzt Großbritannien weiter südlich über 500 Quadratkilometer antarktischen Territoriums.

Guatemala

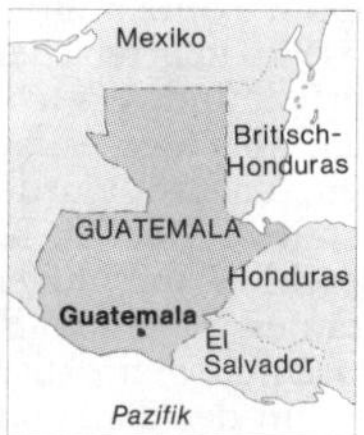

108889 qkm
6913000 Einwohner
Hauptstadt: Guatemala

Lange bevor die Europäer nach Guatemala kamen, war dieses Gebiet das Zentrum der Maya-Kultur, die über 1000 Jahre lang blühte. Doch die Maya wurden 1524 von Mexiko aus durch den Spanier Pedro de Alvarado unterworfen. Die Spanier kamen auf der Suche nach Gold, doch da sie keins fanden, bezogen sie Kakao, Zucker, Indigo und andere Erzeugnisse aus diesem Gebiet.

1821 befreite sich Guatemala von der spanischen Herrschaft und schloß sich dem kurzlebigen mexikanischen Kaiserreich und nach dessen Zusammenbruch 1823 der Zentralamerikanischen Konföderation an. 1839, als sich der Staatenbund auflöste, wurde Guatemala völlig unabhängig.

Rafael Carrera, ein konservativer Katholik, gründete die Republik Guatemala, die er als dessen Präsident bis zu seinem Tod im Jahre 1865 diktatorisch regierte. Mit Hilfe der Armee unterdrückte Carrera die Liberalen. 1871 setzten die Liberalen seinen Nachfolger, General Cerna, ab, und 1873 wurde der Liberale Justos Barrios Präsident. Als militanter Verfechter der zentralamerikanischen Einheit erklärte Barrios 1885 in dem Versuch, diese Einheit mit Gewalt herbeizuführen, Nicaragua, Costa Rica und El Salvador den Krieg. Er fiel in der Schlacht bei Chalchuapa (1885), und Guatemala schloß rasch Frieden.

Bis 1944 folgten Militärdiktaturen, dann brachte eine linksgerichtete Revolution Juan José Arévalo an die Macht. 1954 stürzte Carlos Castillo Armas mit amerikanischer Unterstützung die Linke, fiel jedoch 1957 einem Attentat zum Opfer. Schließlich übernahm 1963 wieder die Armee die Macht. Da bei den Wahlen von 1966 keiner der Kandidaten eine absolute Mehrheit erhielt, wählte der Kongreß den Kandidaten der Revolutionspartei, Mendez Montenegro, zum Präsidenten. Zwischen 1970 und 1974 wurde Guatemala von Präsident Carlos Osorio regiert, dem General Kjell Eugenio Laugerud García als Staatsoberhaupt und Regierungschef folgte. Die Präsidentschaftswahlen vom März 1978 brachten den gemäßigt-konservativen General Romero Lucas García an die Macht.

Seit Januar 1980 treibt Guatemala auf einen Bürgerkrieg zu. Die konservative Regierung bekämpfte den Terror des im Mai 1980 zustande gekommenen Zusammenschlusses linksgerichteter Untergrundorganisationen unter anderem auch mit dem Mittel des Gegenterrors der antikommunistischen Geheimarmee Ejército Secreto Anticomunista.

Die Maya dekorierten ihre Tempel mit Skulpturen wie etwa dieser Darstellung eines Idols mit Eulengesicht.

Guinea

245 857 qkm
4 900 000 Einwohner
Hauptstadt: Conakry

Die beiden wichtigsten Bevölkerungsgruppen Guineas sind die recht hellhäutigen Fulbe, die sich seit dem 12. und 13. Jahrhundert vom Senegal her ausbreiteten und im Futa Dschalon einen stark islamisch geprägten Staat gründeten, und die schon länger ansässigen negriden Mandingo. Der europäische Einfluß kam im 15. Jahrhundert mit den Portugiesen; in den folgenden Jahrhunderten trugen sie Konkurrenzkämpfe um den Handel in diesem Gebiet mit den Engländern und Franzosen aus.

Von 1870 bis 1898 beherrschte ein mächtiger einheimischer Potentat, der Mandingo Samory Touré, neben anderen Gebieten auch einen großen Teil des Binnenlandes von Guinea. Er geriet immer wieder in Konflikt mit den vordringenden Franzosen, die ihn 1898 schließlich besiegten und ins Exil schickten. 1898 wurde Guinea zur französischen Kolonie erklärt, doch die Einheimischen setzten ihren Widerstand fort. 1958 ließ General de Gaulle die afrikanischen Kolonien Frankreichs zwischen einer Selbstverwaltung im Rahmen der Französischen Gemeinschaft und vollständiger Unabhängigkeit unter Verzicht auf französische Wirtschaftshilfe wählen. Nur Guinea wählte die sofortige Unabhängigkeit. Die Franzosen zogen sich rasch zurück, und der linksgerichtete Präsident Sékou Touré, ein Nachkomme Samorys, wandte sich an die Sowjetunion und an China um Hilfe. Doch blieb Guinea politisch blockfrei und erhielt auch beachtliche Hilfe vom Westen.

Holzskulptur der Mandingo.

Eins der ersten Länder, die Guinea Hilfe anboten, war das gerade unabhängig gewordene Ghana unter Kwame Nkrumah. Als Nkrumah 1966 während eines Auslandsaufenthaltes gestürzt wurde, gewährte ihm Sékou Touré politisches Asyl.

1970 kehrten ehemals verbannte Einwohner Guineas zurück und versuchten, das Regime von Touré zu stürzen, aber der Aufstand konnte niedergeschlagen werden, ebenso wurde ein Putschversuch im Juli 1976 vereitelt. Der XI. Kongreß der Demokratischen Partei beschloß im November 1978 die Umwandlung des Staates in eine »Revolutionäre Volksrepublik«, die durch die marxistische Einheitspartei PDG vertreten ist und in der die Staatsgewalt in Händen des Volkes liegen soll. Staatspräsident Sékou Touré wurde als Generalsekretär der PDG bestätigt. Im August 1980 wies Sékou Touré Ansprüche von Guinea-Bissau auf einige Inseln und Territorialgewässer im Norden Guineas zurück, in deren Bereich nach Erdöl prospektiert wird.

Guinea-Bissau

13 948 qkm
566 000 Einwohner
Hauptstadt: Bissau

Der portugiesische Entdeckungsreisende Nuño Tristão kam 1446 als erster Europäer an die Guineaküste. Später wurde die Gegend um Bissau Zentrum des portugiesischen Sklavenhandels. Seit 1959 arbeiteten Guerillagruppen gegen die portugiesische Vorherrschaft.

Die Afrikanische Unabhängigkeitspartei (PAIGC) hatte 1973 drei Viertel der Kolonie unter Kontrolle und erklärte die einseitige Unabhängigkeit, doch erst nach dem Regierungswechsel in Portugal erhielt Guinea-Bissau im September 1974 die volle Unabhängigkeit.

Die Wahlen von 1977 bestätigten die Regierung der PAIGC, und Luiz de Almeida Cabral, Bruder des Freiheitskämpfers und Gründers der PAIGC Amilcar Cabral, blieb als Staatsoberhaupt im Amt. Der im Juli 1978 tödlich verunglückte Regierungschef Francisco Mendes wurde durch Constantino Texeiro ersetzt.

Vier Tage nach Annahme einer neuen Verfassung, die das Präsidialsystem vorsah, wurde Präsident Luiz de Almeida Cabral am 14. November 1980 unter Führung des Ministerpräsidenten João Bernardo Vieira gestürzt.

Der Putsch beseitigte die Vormachtstellung der von den Kapverdischen Inseln stammenden Mischlinge, zu denen auch Cabral gehört. Vieira zählt zu den wenigen in Guinea-Bissau geborenen Schwarzafrikanern, die an führender Stelle gegen die Vorherrschaft der Portugiesen kämpften.

Luiz de Almeida Cabral, seit 1974 Staatsoberhaupt, wurde 1980 gestürzt.

Guyana

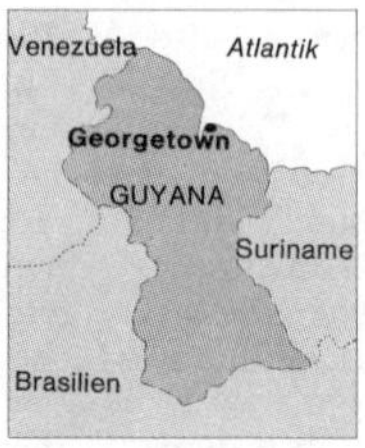

214 970 qkm
870 000 Einwohner
Hauptstadt: Georgetown

Schon Jahre bevor es seine Unabhängigkeit von England gewann, gab es politische Auseinandersetzungen zwischen den zwei größten Bevölkerungsgruppen Guyanas, den Negern und den Indern. Diese Feindschaft geht auf das 19. Jahrhundert zurück, als die Besitzer der Zuckerrohrplantagen Inder als Lohnarbeiter ins Land holten, um die befreiten Negersklaven zu ersetzen. Gegenwärtig machen die Inder rund 50, die Neger etwa 35 Prozent der Bevölkerung aus.

1499 entdeckte der Spanier Alonso de Ojeda die Küste Guyanas. Im Landesinnern vermutete man das sagenumwobene El Dorado, das vor allem englische Seefahrer anlockte. Die Holländer waren jedoch die ersten, die das Land kolonisierten. 1596 ließen sie sich am Essequibo nieder. In Rivalitätskämpfen zwischen den Kolonialmächten England, Frankreich und Holland wechselten die Gebiete häufig den Besitzer. Von den Westindischen Inseln wurden afrikanische Sklaven nach Guyana gebracht, die auf den Zuckerrohrplantagen arbeiten mußten. 1816, im Vertrag von London, legte man den Kolonialbesitz der drei streitenden Mächte endgültig fest. Guyana erhielt mit der Verfassung von 1892 beschränkte Selbstverwaltung, blieb aber britische Kolonie innerhalb des Commonwealth. Der Anbau von Zuckerrohr blieb die Hauptstütze der Wirtschaft des Landes, bis in den fünfziger Jahren Bauxit entdeckt wurde.

1961 gewährte Großbritannien der Kolonie interne Selbstverwaltung, der 1962 die Unabhängigkeit folgen sollte. Durch den Ausbruch gewalttätiger Zusammenstöße zwischen den beiden wichtigsten Parteien – zwischen dem durch die Neger unterstützten Nationalen Volkskongreß und der Fortschrittlichen Volkspartei unter ihrem marxistischen Anführer, Cheddi Jagan, die von den Indern unterstützt wurde, verzögerte sich die Unabhängigkeitserklärung bis zum Mai 1966. Bei den Wahlen von 1964 trug F. S. Burnham vom Nationalen Volkskongreß den Sieg davon. 1968 wurde er zum Premierminister gewählt. Seit Februar 1970 ist Guyana offiziell Republik unter Präsident Arthur Chung, der auch 1976 wieder gewählt wurde.

Unter einer neuen Verfassung, die das von Großbritannien übernommene parlamentarische System durch ein Präsidialsystem ersetzt, wurde am 6. Oktober 1980 der bisherige Ministerpräsident Forbes S. Burnham zum Präsidenten von Guyana proklamiert.

Haiti

27 750 qkm
4 900 000 Einwohner
Hauptstadt: Port-au-Prince

Angespornt durch die liberalen Ideen der Französischen Revolution, erhoben sich in den neunziger Jahren des 18. Jahrhunderts die afrikanischen Sklaven von Haiti gegen ihre französischen Herren und gründeten eine eigene Republik. Eine Zeitlang beherrschte Haiti die gesamte Insel Hispaniola, heute jedoch bedeckt es lediglich ihr westliches Drittel; den Rest der Insel nimmt die Dominikanische Republik ein.

Haiti ist die einzige Republik Lateinamerikas, in der Französisch Amtssprache ist, obwohl die meisten Einwohner Kreolisch – eine afrikanisch-französische Mischsprache – sprechen. Es ist der ärmste und rückständigste Staat in der westlichen Hemisphäre.

Die erste Siedlung in der Neuen Welt Die Insel Hispaniola, auf der Haiti liegt, wurde 1492 von Kolumbus entdeckt. Auf ihr gründeten die Spanier ihre erste Siedlung in der Neuen Welt. Sie rotteten bis 1533 die einheimischen Aruaken und Kariben aus und fingen bald an, als Ersatz Negersklaven aus Westafrika ins Land zu bringen.

Nach und nach kolonisierten die Spanier die östliche Seite von Hispaniola, die westliche entwickelte sich indes zu einem berüchtigten Piratennest. Im frühen 17. Jahrhundert versuchten sowohl die Engländer wie die Franzosen ihre eigenen Siedlungen im Westen anzulegen. Die Franzosen waren erfolgreich, und 1697, nach dem Vertrag von Rijswijk, erkannte Spanien die französische Souveränität über das Gebiet an, das dem heutigen Haiti entspricht.

Eine Mameloi – Priesterin des Wodu. Dieser magisch-religiöse Geheimkult zeigt deutlich afrikanische Einflüsse.

Die Negerrebellion: 1791 Während der Französischen Revolution erhoben sich die Neger und Mulatten von Haiti 1791 gegen die französischen Siedler. Die republikanische französische Regierung war zunächst über die Nachricht von der Rebellion erfreut, da viele Siedler Royalisten waren. Doch das Massenmassaker an der weißen Bevölkerung zwang sie, Truppen zu entsenden, die die Rebellion 1792 niederschlugen.

Der Führer der Neger war Toussaint l'Ouverture, ein freigelassener Sklave. Er kämpfte mit den Franzosen gegen die Engländer, die 1793 versuchten, die Insel zu überfallen. 1797 ernannten ihn die Franzosen zum Oberbefehlshaber von Haiti. Toussaint l'Ouverture sagte sich jedoch von den Franzosen los, besetzte den spanischen Teil der Insel und proklamierte 1801 die Unabhängigkeit. Als Präsident gab er der Insel eine eigene Verfassung.

Napoleon entsandte Truppen, um die Kolonie zurückzuerobern. L'Ouverture wurde durch Verrat gefangengenommen und starb im Gefängnis in Frankreich. Doch der Aufstand dauerte an. Der neue Negerführer Jean Jacques Dessalines konnte 1803 die Franzosen vertreiben. Er rief erneut die Unabhängigkeit von Haiti aus und nahm den Titel »Kaiser Jakob I.« an. Als autoritärer Machthaber herrschte er bis zu seiner Ermordung im Jahre 1806.

Toussaint l'Ouverture proklamierte 1801 die Unabhängigkeit Haitis und gab als Präsident dem Land eine eigene Verfassung.

Teilung, Wiedervereinigung und Teilung 1808 trennte sich das französische Haiti und erhielt unter Alexander Pétion eine gemäßigte Mulattenregierung im Süden. Im Norden errichtete H. Christophe ein tyrannisches Negerregime. Seit 1811 regierte er als Heinrich I. Nach Christophes Selbstmord (1820) wurden die beiden Staaten unter Pétions Nachfolger, Jean Pierre Boyer, wieder vereinigt, der 1822 Santo Domingo annektierte.

Nach dem Sturz von Boyer (1843) revoltierte Santo Domingo und bildete die selbständige Dominikanische Republik. In Haiti herrschten Meinungsverschiedenheiten und Chaos. Der Negerführer Soulouque nannte sich 1849 Kaiser Faustin I., wurde aber 1859 von den Mulatten abgesetzt. Sein Versuch, die Insel erneut zu einen, war gescheitert.

Im restlichen Teil des 19. Jahrhunderts kämpften Neger und Mulatten um die Macht in Haiti. Die Neger waren sehr stark von ihrer afrikanischen Tradition beeinflußt und gründeten den auf afrikanischen Riten basierenden Wodu-Geheimkult. Wodu-Anhänger glauben, daß ihre Priester und Priesterinnen die Geister der Toten mit magischen Mitteln dazu bewegen können, ihnen bedingungslos zu dienen. Die mittelständischen Mulatten klammerten sich dagegen an die französischen Traditionen. Eine Folge von Präsidenten aus diesen rivalisierenden Gruppen stürzte das Land in ein totales Chaos.

Diktatur 1915 herrschte völlige Anarchie auf Haiti. Amerikanische Truppen intervenierten und übernahmen die Kontrolle. Die USA versuchten, die Verwaltung des Landes zu reformieren, doch innerer Widerstand veranlaßte sie 1934 zum Rückzug. Haiti kam unter die Herrschaft von Diktatoren. Nach den Wahlen von 1957 trat Dr. François Duvalier – Papa Doc – sein Amt als Präsident an und wurde 1964 Präsident auf Lebenszeit. Die Armee brachte ihn an die Macht, doch bald wandte er sich gegen seine militärischen Anhänger. Die wachsende Unzufriedenheit mit seinem diktatorischen Regime veranlaßte ihn, einen Polizeistaat zu errichten. Nach Duvaliers Tod, im Jahre 1971, übernahm sein neunzehnjähriger Sohn, Jean-Claude Duvalier, die Macht.

Aus Anlaß des 20. Jahrestages der Regierung der Familie Duvalier wurden im September 1977 nach offiziellen Angaben 104 politische Häftlinge entlassen, doch im Februar 1979 wurden nach Aufdeckung einer Verschwörung zum Sturz der Regierung erneut zahlreiche Personen verhaftet.

François Duvalier, genannt Papa Doc, herrschte von 1957 bis 1971 als Diktator.

Honduras

112 088 qkm
3 200 000 Einwohner
Hauptstadt: Tegucigalpa

Teile des heutigen Honduras gehörten nach dem 8. Jahrhundert zum Gebiet der Maya-Kultur. Im 16. Jahrhundert erlitt diese Kultur einen Niedergang, und so fiel es den Spaniern nicht schwer, das Gebiet zu erobern. Bald stellte sich heraus, daß das Land reich an Gold und Silber war.

Honduras sagte sich 1821 von Spanien los und gliederte sich dem Kaiserreich Mexiko ein. Nach dessen Zusammenbruch schloß es sich 1823 der Zentralamerikanischen Föderation an und wurde erst 1839 vollkommen unabhängig. Während des 19. Jahrhunderts kam es innenpolitisch immer wieder zu Zusammenstößen zwischen den Liberalen und den Konservativen. Schwierigkeiten mit seinen Nachbarn Guatemala und Nicaragua bestimmten die Außenpolitik.

Wirtschaftlich und finanziell war Honduras von den Vereinigten Staaten abhängig. Um die inneren und äußeren Unruhen beizulegen, intervenierten amerikanische Truppen mehrmals zwischen 1912 und 1925. Die politische Unstabilität dauerte jedoch an. Die längste Periode einer stabilen Regierung erlebte das Land zwischen 1933 und 1948 unter der Diktatur des konservativen Generals Tiburcio Carías Andino.

1956 gab es eine unblutige Revolution. Danach wurde 1957 eine demokratische Verfassung ausgearbeitet und Ramón Villeda Morales, ein Liberaler, zum Präsidenten gewählt. 1963 stürzte ihn eine Militärjunta unter Osvaldo López Arellano, der 1965 formell zum Präsidenten ernannt wurde. 1971 folgte auf ihn Ramón Ernesto Cruz, doch im Dezember 1972 putschte López und ernannte sich selbst wieder zum Präsidenten.

Bananen sind das wichtigste Ausfuhrgut von Honduras, doch sind die meisten Bananenpflanzungen in amerikanischer Hand.

Die Beziehungen mit dem benachbarten El Salvador verschlechterten sich 1969, als Tausende von Einwanderern aus diesem Land aus Honduras ausgewiesen wurden. Es kam zu einem mehrtägigen Krieg zwischen beiden Ländern; der Konflikt wurde durch die Vermittlung der Organisation Amerikanischer Staaten beigelegt.

Ein Putsch im März 1975 brachte Oberst Juan Alberto Melgar Castro an die Macht. 1976 kam es an der Grenze zu El Salvador erneut zu Zwischenfällen. Im August 1978 wurde Präsident Melgar Castro durch einen Militärputsch gestürzt, eine Junta unter Führung von General Juán Paz García übernahm die Macht und stellte für 1980 Wahlen in Aussicht.

Im Zuge der Umwandlung des Militärregimes in eine demokratische Zivilregierung fanden im April 1980 freie Wahlen zu einer verfassunggebenden Versammlung statt. Allerdings wurden Christdemokraten und Kommunisten zur Wahl nicht zugelassen. Die bürgerliche Liberale Partei und die von der Armee gestützte Nationale Partei sind allein in der verfassunggebenden Versammlung vertreten. Diese wählte im Juli 1980 den bisherigen Präsidenten General Policarpo Juán Paz García als Interimspräsidenten bis zu den für 1981 vorgesehenen Präsidentschafts- und Parlamentswahlen.

Am 30. Oktober 1980 schloß Honduras mit El Salvador einen Friedensvertrag, der dem Krieg von 1969 auch formell ein Ende setzte.

Indien

3 268 090 qkm
660 000 000 Einwohner
Hauptstadt: Neu-Delhi

Die Republik Indien hat nach China die größte Bevölkerungszahl der Erde aufzuweisen. Jährlich wächst die Gesamtbevölkerung um etwa 13 Millionen. Indien ist auch das größte demokratisch regierte Land der Welt: Über 270 Millionen seiner Bürger haben sich an den Wahlen 1971 beteiligt. Man spricht 14 Hauptsprachen – darunter als wichtigste Hindi – und Hunderte von Dialekten in Indien. Fast 85 Prozent der Bevölkerung gehören der hinduistischen Religion an.

Als Großbritannien 1947 den Völkern seines indischen Reiches die Unabhängigkeit gewährte, übergab es die Macht an zwei Nachfolgestaaten: Indien und Pakistan. Die indische Gesellschaft stellt eine spannungsgeladene Mischung von Ost und West dar – die natürliche Konsequenz des Zusammentref-

fens einer 2000 Jahre alten, kaum veränderten Zivilisation mit den Ideen fremder Eroberer. Obwohl riesige neue Industrien entstehen, bewegt sich das Leben in vielen Teilen Indiens noch immer im gemächlichen Tempo eines Ochsenkarrens.

Frühe Reiche Um die Mitte des 2. Jahrtausends v. Chr. wanderten arische Eindringlinge von Nordwesten nach Indien ein. Mit ihren Streitwagen konnten sie mühelos weite Teile Nordindiens erobern. Die Sprache dieser Hirtenkrieger war das Sanskrit, in dem sie auch eine religiöse Literatur verfaßten.

Die Eindringlinge waren in drei soziale Klassen gegliedert – Krieger, Priester und Bauern. Die unterworfene Bevölkerung bildete die vierte Klasse. Aus dieser einfachen Einteilung entwickelte sich später Indiens kompliziertes Kastenwesen.

327 v. Chr. fiel Alexander der Große in Indien ein. Nach dem Abzug seiner Truppen gründete Tschandragupta (321–297 v. Chr.) das Maurja-Reich. Der bedeutendste Maurja-Herrscher war Aschoka (273 bis 232 v. Chr.). Er förderte die Ausbreitung des Buddhismus und brachte ganz Indien – mit Ausnahme der Südspitze – unter seine Herrschaft. Doch nach seinem Tod fiel das Reich auseinander.

Skythische Völker drangen jetzt nach Nordindien ein und gründeten das Kuschan-Reich, das Handelsbeziehungen zu Rom unterhielt und auf dem Höhepunkt seiner Macht Nordindien bis Benares beherrschte.

Im frühen 4. Jahrhundert n. Chr. brachte die Gupta-Dynastie Indien unter ihre Kontrolle und behielt ein Jahrhundert lang die Macht. Unter Harschawardhana von Kanaudsch (606–647) erlebten Hindumacht und -kultur eine neue Blüte. Nach seinem Tod bildeten sich viele kleine Dynastien in Nordindien, die sich gegenseitig bekämpften. Zur gleichen Zeit herrschte in Südindien die Tschalukya-Dynastie, die in ständigen Kämpfen mit den Pallavas und Tscholas lag. Langsam verfiel der gesamte Kontinent dem Chaos, und die moslemischen Eindringlinge aus Zentralasien konnten leicht das Land erobern.

Die moslemische Eroberung Obwohl die Araber schon 732 das Königreich Sind – am Unterlauf des Indus, im heutigen Pakistan gelegen – unterwarfen, begann die eigentliche islamische Eroberung erst 1001 unter Machmud von Ghasna, der seine Herrschaft aber nur über Teile Nordwestindiens ausdehnen konnte. 1192 eroberte Mohammed von Ghor die Stadt Delhi. Unter den nachfolgenden Herrschern breitete das Sultanat von Delhi seinen Machtbereich nach Süden aus. 1398 fiel der Mongolenherrscher Timur Leng im Norden ein, plünderte Delhi und brach die Macht des Sultanats. In ganz Indien entstanden jetzt kleinere islamische Staaten.

Das Reich der Moguln 1526 besiegte Babur, ein direkter Nachkomme Timur Lengs, viele kleinere Herrscher in Nordindien und gründete die Mogul-Dynastie. Baburs Enkel, Akbar (1556–1605), dehnte den Herrschaftsbereich über Hindustan, Kaschmir und die Indusländer aus. Unter Aurangseb (1685–1707) erlangte das Mogul-Reich, das sich zum Islam bekannte, seine größte Ausdehnung.

Unter dem Sultanat und der Mogul-Dynastie bekehrten sich viele Hindus zum Islam, da sie sich

Aschoka, der bedeutendste Herrscher der Maurja-Reiche, ließ überall in seinem Lande Stelen errichten, um seine Hingabe an den buddhistischen Glauben zu dokumentieren.

sonst rücksichtsloser Verfolgung ausgesetzt hätten. Kaiser Schahdschahan (1628–58) verlegte die Hauptstadt nach Delhi und ließ in der Nähe von Agra den Tadsch Mahal, eines der schönsten Mausoleen der Welt, errichten.

Die ersten Europäer 1498 landete eine Expedition unter Vasco da Gama an der Westküste, und Mitte des 16. Jahrhunderts hatten die Portugiesen festen Fuß gefaßt. Ihr wichtigster Stützpunkt war Goa, das sie 1510 eroberten.

Im Jahre 1600 gründeten Londoner Kaufleute die Ostindien-Kompanie, die in Surat, Madras, Bombay und Kalkutta Handelsposten errichtete. 1668 kamen auch die Franzosen nach Indien.

Zwischen 1746 und 1763 kämpften Franzosen und Engländer um die Vorherrschaft in Indien. Begünstigt durch eine Hindurebellion und Machtkämpfe unter den Provinzgouverneuren der Moguln, brach die Mogul-Macht zusammen. Franzosen und Engländer unterstützten die indischen Rivalen und tarnten damit nur ihren eigenen Ehrgeiz. Die direkten militärischen Auseinandersetzungen zwischen Engländern und Franzosen beschränkten sich auf den Süden und die Seezugänge Indiens.

Zunächst verliefen die Kämpfe mit wechselndem Erfolg. Doch 1775 besiegte Robert Clive den Nabob von Bengalen, der von einem kleinen Kontingent französischer Artillerie unterstützt wurde, und verschaffte so den Engländern die Kontrolle über Bengalen. Bis 1818 hatte sich die britische Herrschaft in Indien durchgesetzt, obwohl einige Provinzen einen großen Teil ihrer Autonomie unter ihren traditionellen Herrschern behielten.

Der indische Aufstand: 1857 Bis 1858 lag die Regierungsgewalt bei der Ostindischen Kompanie, die allerdings durch die *East India Bill* von 1784 in politischen und militärischen Angelegenheiten einem königlichen Aufsichtsrat unterstand. 1857 erhoben sich die einheimischen Soldaten der bengalischen Armee der Ostindischen Kompanie – die meisten von ihnen waren Hindus. Sie fürchteten, daß die britischen Offiziere ihre religiöse und kulturelle Tradition untergraben und sie zum Christentum bekehren wollten. Den Soldaten schlossen sich Abkömmlinge ehemaliger Fürsten, deren Staaten man annektiert, und Großgrundbesitzer, deren Besitz man konfisziert hatte, an. Alle sahen durch die sozialen und wirtschaftlichen Reformen der Engländer die Grundlagen der traditionellen indischen Gesellschaft bedroht.

Nach anfänglichen Erfolgen der Aufständischen konnten die Engländer den Aufstand nach 14 Monaten niederschlagen. Die Ostindische Kompanie wurde aufgelöst, und die britische Krone übernahm direkt die Regierung in Indien. Der Generalgouverneur erhielt den Titel Vizekönig. Die indischen Fürsten und Großgrundbesitzer konnten beschwichtigt werden, denn soziale Reformen, die den religiösen Glauben der Massen hätten verletzen können, wurden aufgegeben oder in abgemilderter Form durchgeführt.

Eisenbahnlinien durchziehen das Land Das britische Raj, wie man die englische Herrschaft nach dem Hinduwort für herrschen benannte, konzentrierte sich jetzt auf den materiellen Fortschritt Indiens. Der Eisenbahnbau wurde nach 1869 beschleunigt. Gegen Ende des Jahrhunderts durchzog ein 56 000 Kilometer langes Schienennetz das Land – das größte Eisenbahnsystem Asiens. Als Teil einer großangelegten Kampagne gegen Hungersnöte wurden auch neue Kanäle gebaut, besonders im Pandschab und in Sind. Mit der Krönung Königin Viktorias als Kaiserin von Indien (1877) erreichte der britische Imperialismus seinen Höhepunkt.

Der indische Nationalkongreß: 1885–1905 Die Frustration des indischen Mittelstandes führte 1885 zur Gründung des indischen Nationalkongresses durch In-

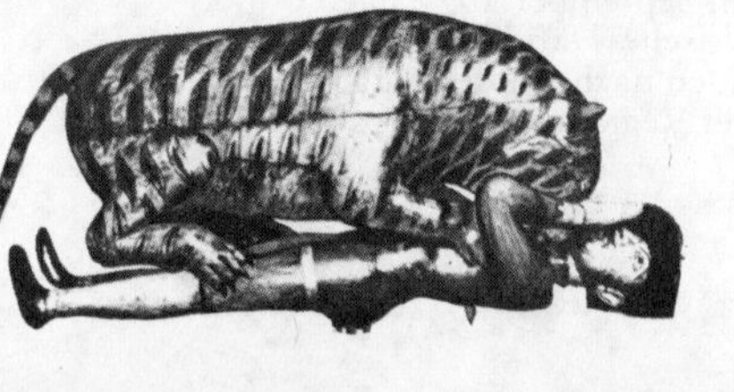

Akbar (1556–1605) ließ die Burg der Mogulkaiser in Agra in rotem Sandstein erneuern.

Kaiser Schahdschahan (1628–58) ließ in der Nähe von Agra den Tadsch Mahal, das Grabmal der Kaiserin Mumtas-Mahal, errichten.

Diese fast lebensgroße Darstellung eines Tigers, der einen Europäer zerfleischt, war einst das Spielzeug des großen Feindes der Engländer, Tipu Sahib, Sultan von Maisur.

der mit Universitätsbildung. Der Kongreß verfolgte ein gemäßigtes Ziel – eine größere Beteiligung an der Verwaltung des Landes. Einige kleine Konzessionen wurden gemacht, doch die Langsamkeit, mit der man sie gewährte, führte zu einer Spaltung im Kongreß selbst. Die Gemäßigten wollten ihre Ziele im Rahmen der Verfassung erreichen, doch die Extremisten glaubten, daß sie durch einen Appell an Indiens Vergangenheit revolutionäre Gefühle in den Massen wecken könnten.

Die Teilung der Provinz Bengalen 1905 durch den regierenden Vizekönig Lord Curzon führte zu Unruhen. Die Briten waren jetzt bereit, Zugeständnisse zu machen. 1909 erweiterte man den Gesetzgebenden Rat des Vizekönigs, der nun aus 25 gewählten indischen Mitgliedern bestand. Doch die Kluft zwischen Hindus und Moslems riß wieder auf, da man getrennte Wählerschaften für sie einführte.

Mahatma Gandhi übernahm nach dem Ersten Weltkrieg die Führung des Kongresses. Er forderte seine Anhänger auf, eine Reihe von *hartals* (Generalstreiks) durchzuführen, und diese führten bald zu Gewalttätigkeiten im Pandschab, besonders in Amritsar. Im April 1919 eröffneten britische Truppen ohne Warnung das Feuer auf eine Massenkundgebung in der Stadt: 379 Inder kamen ums Leben, und über 1200 wurden verwundet. Bis zu diesem Zeitpunkt hatte Gandhi noch geglaubt, daß es möglich sei, mit den Engländern zusammenzuarbeiten; nun erklärte er, Indien müsse die englische Herrschaft abschütteln.

Der Weg zur Freiheit: 1920–47 Unter der Führung Gandhis wurde der Kongreß eine Massenpartei, die sich auf die Hindumehrheit stützte. Gandhis Methode des passiven Widerstands und der Gewaltlosigkeit führte zu weiterem Blutvergießen, besonders zwischen Hindus und Moslems. Sein Mitarbeiter in der Führung des Kongresses war Pandit Dschawaharlal Nehru, ein westlich gebildeter Brahmane (Mitglied der höchsten Priesterkaste der Hindus), der dem Kongreß das Image einer in die Zukunft blickenden liberalen demokratischen Partei mit sozialistischen Neigungen gab.

Unter dem Druck des allgemeinen zivilen Ungehorsams gewährten die Engländer den einzelnen Provinzen Britisch-Indiens verantwortliche parlamentarische Regierungen. Doch im Oktober 1939 traten die Kongreßminister aus Protest zurück, da der Vizekönig einseitig Deutschland den Krieg erklärt hatte. Britische Gouverneure übernahmen in den entsprechenden Provinzen die Regierung; lediglich in den Provinzen mit Moslemmehrheit blieben die gewählten Minister im Amt. 1942 wurde die gesamte Kongreßführung verhaftet, und die Kampagne des zivilen Ungehorsams steigerte sich zu offener, bewaffneter Rebellion.

1945 leitete die britische Labour-Regierung Verhandlungen ein, mit dem Ziel, die Regierungsgewalt einem geeinten Indien zu übergeben. Die Verhandlungen blieben jedoch erfolglos, da die Moslem-Liga auf einer Teilung Indiens bestand. Gewalttätigkeit und Anarchie wuchsen. Im April 1947 beauftragte man den neuen Vizekönig, Lord Mountbatten, die Übergabe der Regierungsgewalt so schnell wie möglich zu vollziehen. Im August erhielten dann zwei Staaten, Indien und Pakistan, die Unabhängigkeit.

Die ersten Jahre der Unabhängigkeit Die Teilung löste sofort Blutvergießen aus. Allein im Pandschab kamen mindestens 600 000 Menschen ums Leben. Millionen von Hindus saßen in dem feindlichen moslemischen Pakistan in der Falle, und das gleiche widerfuhr den Moslems in Indien. Man nimmt an, daß etwa 14 Millionen Menschen von dem einen Teil des ehemaligen Indien in den anderen übersiedelten.

Die Flüchtlingsfrage vergiftete die Beziehungen zwischen den zwei neuen Staaten. Sie stritten auch über das ehemalige Fürstentum Kaschmir, das unter seinem Hindu-Herrscher ein Teil Indiens geworden war. Pakistan behauptete, daß Kaschmir von Rechts wegen ihm gehöre, da es eine moslemische Mehrheit aufweise. Der Streit führte 1965 zu einem offenen Krieg zwischen beiden Ländern, doch die Frage blieb ungelöst.

Mahatma Gandhi, der geistige Führer Indiens, zwang die Briten zu weitreichenden Reformen durch seine Politik des passiven Widerstandes.

Auch die Ermordung Mahatma Gandhis durch einen hinduistischen Extremisten im Januar 1948 erschütterte Indien schwer. In den ersten Wahlen, die 1951 mit allgemeinem Wahlrecht abgehalten wurden, erlangte der Kongreß eine überwältigende Mehrheit.

Das Zeitalter Nehrus: 1951–64 Der erste Ministerpräsident des unabhängigen Indien wurde 1947 Pandit Nehru, den Gandhi zu seinem politischen Nachfolger gemacht hatte. Nehru erklärte, sein Ziel sei die Modernisierung Indiens. Insbesondere wollte er das Kastensystem ändern. Er schaffte die ehemaligen Fürstentümer ab und integrierte sie in die indische Union. Neue Schwerindustrien wurden unter staatlicher Aufsicht gebaut und blieben Eigentum des Staates. Allerdings vernachlässigte man die Landwirtschaft, was Indien von Getreideimporten abhängig machte.

Pandit Nehru war von 1947–64 der erste Ministerpräsident des unabhängigen Indien.

Als Indien 1950 Republik wurde, bestand Nehru darauf, daß es Mitglied des britischen Commonwealth bleiben solle. Nehrus Politik der Blockfreiheit zwischen den Supermächten im Osten und Westen blieb so lange bestehen, wie sie Indien Vorteile brachte. Doch im Herbst 1962 führte die ständige Weigerung Indiens, mit China wegen der Nordostgrenze zu verhandeln, zu einem bewaffneten Zusammenstoß zwischen den beiden Ländern. Der erniedrigende Rückzug der indischen Streitkräfte vor den Chinesen stellte die ganze Politik der Blockfreiheit in Frage. 1963 schloß Indien mit den USA und Großbritannien ein Abkommen über gemeinsame Luftverteidigung, sollten die Chinesen einen neuen Angriff unternehmen.

Die Spaltung im Kongreß Nehru starb im Mai 1964, und Lal Bahadur Shastri trat seine Nachfolge an. Während seiner Amtszeit kam es erneut zu einem kurzen Krieg mit Pakistan im September 1965. Im Januar 1966 starb Shastri. Die sowjetische Vermittlung im Krieg zwischen Indien und Pakistan vergrößerte den Einfluß der UdSSR in Indien. 1971 unterzeichneten die beiden Länder einen formellen Bündnisvertrag.

Ein Plakat ruft zur Familienplanung auf. Die hohe Geburtenrate Indiens stellt eines der größten Hindernisse bei dem Versuch dar, den Lebensstandard der indischen Bevölkerung zu heben.

Auf Shastri folgte Nehrus Tochter, Indira Gandhi. Ihre Ernennung sollte das angeschlagene Ansehen des Kongresses wiederherstellen, doch bei den Wahlen von 1967 verzeichnete die Partei, die zwar ihre Mehrheit im Zentralparlament behalten konnte, schwere Verluste in den einzelnen Staaten. Ständige Spannungen zwischen Frau Gandhi und anderen führenden Persönlichkeiten ihrer Partei endeten 1969 in einer Spaltung.

Wegen der Schwierigkeiten, ohne eine angemessene parlamentarische Mehrheit zu regieren, schrieb Frau Gandhi 1971 allgemeine Wahlen aus. Ihr überwältigender Sieg gab dem Kongreß eine absolute Mehrheit im Zentralparlament und die Kontrolle über viele Staaten.

Krieg mit Pakistan Im Winter 1971 wurde Indien abermals in einen Krieg mit Pakistan verwickelt. Indische Truppen marschierten in Ostpakistan ein, um den unterdrückten Hindus zu helfen, von denen 5 bis 10 Millionen bereits nach Indien geflohen waren. Nachdem Indien den Widerstand der Pakistani gebrochen hatte, half es den Einwohnern von Ostpakistan, den neuen unabhängigen Staat Bangladesch zu errichten.

Frau Indira Gandhi, die Tochter Nehrus, war zwischen 1966 und 1977 Indiens Ministerpräsidentin. Im Januar 1980 kam sie erneut an die Macht.

Dieser kurze Krieg brachte Frau Gandhi schwerwiegende Probleme. Die indische Wirtschaft hatte bereits vor Ausbruch des Krieges unter dem Zustrom einer gewaltigen Anzahl von Flüchtlingen aus Ostpakistan gelitten, und die Kämpfe setzten sie weiteren Belastungen aus. 1973 befanden sich noch viele Flüchtlinge auf indischem Boden.

1976 wurden die diplomatischen Beziehungen zu Pakistan durch Botschafteraustausch wieder aufgenommen. Verschiedene Oppositionsparteien sahen sich im Herbst 1976 gezwungen, sich zusammenzuschließen, um gegen die diktatorischen Maßnahmen der regierenden Kongreßpartei vorzugehen. Im Januar 1977 wurden Neuwahlen angeordnet, die im März der

Kongreßpartei Indira Gandhis eine unerwartet hohe Niederlage brachten. Neuer Premierminister wurde Morardschi Desai. Sein Programm sah vor, daß die Familienplanung ohne Zwang ausgeübt und auf Aufklärungskampagnen beruhen sollte, die Alphabetisierung vorangetrieben und die Politik der Bündnislosigkeit weiterverfolgt würde. Neelam Sanjava Reddy wurde vom Parlament zum Staatspräsidenten ernannt.

Im Laufe des Jahres kam es zu innenpolitischen Spannungen zwischen der regierenden Janata (Dschanata) und der Kongreßpartei, die sich ihrerseits im Januar 1978 spaltete. Im Juli 1979 traten auch in der Janata Spaltungen auf, und am 15. Juli erklärte Premierminister Desai seinen Rücktritt. Der stellvertretende Premier- und Finanzminister Tscharan Singh wurde mit der Bildung einer neuen Regierung beauftragt, mußte aber bereits Mitte August wieder zurücktreten. Präsident Reddy löste das Parlament auf und setzte für Januar 1980 Neuwahlen an, bei denen die von Indira Gandhi geführte Kongreßpartei eine Zweidrittelmehrheit errang. Auch im Oberhaus und in fast allen Bundesstaaten verfügt die Kongreßpartei über eine sichere Mehrheit. Die seit 14. Januar 1980 amtierende Regierung Indira Gandhis vermeidet vorsichtig den Eindruck, zu den Praktiken des Notstandsregimes vor 1977 zurückkehren zu wollen. Außenpolitisch sucht sie die Beziehungen zur Sowjetunion zu vertiefen, obwohl sie deren Intervention in Afghanistan nicht billigt. Sie ist aber auch bereit, in Grenzverhandlungen mit China einzutreten und die Beziehungen zu Pakistan zu verbessern.

Indonesien

Die Republik Indonesien zieht sich in einem 4800 Kilometer langen Bogen den Äquator entlang. Sie schließt die Inseln Sumatra, Java, Bali, den größeren Teil Borneos (Kalimantan), Celebes, die Molukken, Westneuguinea und etwa 3000 weitere kleinere Inseln ein.

2 042 005 qkm
153 700 000 Einwohner
Hauptstadt: Djakarta

Indonesien ist von einer Vielfalt verschiedener Volksstämme bewohnt. Knapp 90 Prozent der Bevölkerung gehören dem Islam an, auf Bali leben hauptsächlich Hinduisten, und rund 5 Millionen Einwohner sind Anhänger von Naturreligionen.

Die Inseln sind reich und fruchtbar und seit frühesten Zeiten für ihre Gewürze berühmt, die anfänglich die Europäer in dieses Gebiet lockten. Java ist eins der am dichtesten besiedelten Gebiete der Erde. Auf ihr lebt mehr als die Hälfte der indonesischen Bevölkerung.

Borobudur, ein buddhistisches Heiligtum bei Djogjakarta in Mitteljava, wurde um 800 n. Chr. errichtet.

Die vorkoloniale Zeit Zwischen 2500 und 1000 v. Chr. besiedelten Einwanderer vom südostasiatischen Festland die Inseln. Um die Zeitenwende kamen Kaufleute und Priester aus Vorderindien. Sie verbreiteten den Buddhismus, und unter ihrem Einfluß entstanden auf Sumatra und Java verschiedene Reiche. Heute findet man in Java die Überbleibsel vieler hinduistischer und buddhistischer Bauten, von denen der eindrucksvollste der Tempel von Borobudur ist (um 800 n. Chr. erbaut). Vom 7. bis zum 14. Jahrhundert blühte das mächtige Sriwidschaja-Reich. Seine Kultur war buddhistisch; seine Hauptstadt lag in Südsumatra, und es hatte Teile der Malaiischen Halbinsel und die meisten anderen Inseln unter seiner Kontrolle. Das spätere Hindu-Reich Modjopahit umfaßte von 1222 bis 1525 den größten Teil des heutigen Indonesiens. Fast alle Inseln waren ihm tributpflichtig; 1377 eroberte es das Sriwidschaja-Reich.

Ein Gouverneur von Batavia (heute Djakarta) beobachtet mit seiner Frau Schiffe der Niederländischen Ostindischen Kompanie, die im Hafen vor Anker liegen.

Die Verbreitung des Islams Kaufleute aus Arabien verbreiteten seit dem 13. Jahrhundert den Islam in Nordsumatra. Bis zum Ende des 16. Jahrhunderts hatte er den Hinduismus und Buddhismus weitgehend verdrängt. Das Modjopahit-Reich brach in zahlreiche kleine, schwache moslemische Staaten auseinander, die dem Vordringen der Europäer während des 16. Jahrhunderts keinen Einhalt gebieten konnten.

Das Erscheinen der Holländer: 1595 Ostindien hatte jahrhundertelang Europa mit Gewürzen beliefert; die Molukken waren besonders als Gewürzinseln bekannt. Durch den Bau ozeantüchtiger Schiffe im 15. Jahrhundert konnten die Europäer über das Kap der Guten Hoffnung direkt mit Ostindien Handel treiben und die arabischen Händler ausschalten. Als erste gründeten die Portugiesen Handelsniederlassungen auf Sumatra, Timor und den Molukken. Ihnen folgten 1596 die Holländer, die sich in Westjava niederließen. 1602 errichteten sie die Niederländische Ostindische Kompanie. Durch Abschluß von Verträgen und durch Eroberungskriege erwarben die Holländer weitere Gebiete. Bis 1798 beherrschten sie den größten Teil des heutigen Indonesiens. Der Kampf gegen die Herrscher des Atjeh-Reiches auf Nordsumatra dauerte noch bis 1895.

Die holländische Expansion: 19. Jahrhundert Nachdem der Gewürzhandel im 18. Jahrhundert an Bedeutung verloren hatte, mußten die Holländer andere natürliche Hilfsquellen der Insel nutzen. Das brachte sie freilich in Konflikt mit den halb unabhängigen einheimischen Herrschern. 1830 wurden die javanischen Bauern gesetzlich verpflichtet, einen Teil ihres Landes mit leichtverkäuflichen Produkten wie Kaffee, Tabak und Baumwolle zu bebauen, die holländische Firmen in Europa mit Profit verkaufen konnten.

Wachstum des Nationalismus: 1900–42 Im 20. Jahrhundert entwickelte sich eine neue Form der Opposition, die zum Teil auf politische Ideen zurückging, die aus Europa zurückgekehrte Studenten ins Land brachten. Die Holländer machten wenig oder keine Anstalten, sich mit diesem aufkeimenden Nationalismus zu arrangieren. Zwei islamische nationalistische Gruppen, *Budi Otomo* und *Sarekat Islam*, entstanden im ersten Jahrzehnt des Jahrhunderts und standen nach 1919 in Opposition zu der neugebildeten indonesischen kommunistischen Partei.

Kommunistische Aufstände in Java 1926 wurden rasch niedergeschlagen. Von da an bis 1942 leiteten Nichtkommunisten die Unabhängigkeitsbewegung. 1927 gründete Achmed Sukarno die Indonesische Nationalpartei (PKI). Die holländische Politik verließ sich weiter auf Unterdrückungsmaßnahmen. Sukarno verbrachte die Zeit zwischen 1929 und 1942 mit Ausnahme von zwei Jahren im Gefängnis oder in der Verbannung.

Probleme der Unabhängigkeit: 1945–58 1941 erklärten die Niederlande Japan den Krieg. Bis März 1942 konnten die Japaner, die Sukarno unterstützte, Niederländisch-Indien besetzen. Nach Kriegsende riefen Sukarno und Mohammed Hatta am 17. August 1945 die Unabhängigkeit des Landes aus. Die zurückkehrenden Holländer mußten Niederländisch-Ostindien buchstäblich zurückerobern. 1949 gaben sie auf und gewährten den Inseln die Unabhängigkeit; Sukarno wurde Präsident der neuen Republik Indonesien.

Bei dem traditionellen javanischen Schattenspiel, Wajang-Purwo, verwendet man aus Leder geschnittene, bemalte und verzierte Schattenfiguren, die, von einer Lampe angestrahlt, hinter einem transparenten Schirm erscheinen.

Die politische und territoriale Einheit blieb immer noch ein Problem. Die gefährlichen Aufstände in Sumatra und Celebes gegen den javanischen Zentralismus 1956–58 wurden nur mit Schwierigkeiten unterdrückt. Noch schädlicher war der wirtschaftliche Abstieg, der durch eine überehrgeizige Außenpolitik entstand, die die Finanzierung großer Streitkräfte voraussetzte, und ein teures Bauprogramm der Regierung, das Sukarnos Ansprüche als Führer der neuen unabhängigen Länder Afrikas und Asiens unterstützen sollte. Das Land litt schwer an Inflation und einem Rückgang in der Nahrungsmittelproduktion; in Regierungskreisen nahm die Korruption überhand.

Die gelenkte Demokratie: 1959 Die parlamentarische Demokratie, 1945 eingeführt, wurde 1959 von Sukarno abgeschafft und durch ein autoritäres System, die sogenannte gelenkte Demokratie, ersetzt. Sie schuf ein neues Gleichgewicht der Kräfte zwischen der politisch bewußten Armee und der wiederauferstandenen kommunistischen Partei. 1963 kam Westneuguinea durch einen Vertrag zu Indonesien. Im gleichen Jahr wurde Sukarno Präsident auf Lebenszeit. 1965 hob ein mißlungener Staatsstreich eines Teils der kommunistisch ausgerichteten Armee das Gleichgewicht der Kräfte auf, denn er führte indirekt zum Sturz Sukarnos 1967.

Die Armee, die den kommunistischen Putsch niedergeschlagen hatte, wurde jetzt unter der Führung von General Ibrahim Suharto die beherrschende politische Macht in Indonesien. Man verbot die kommunistische Partei und knüpfte wieder wirtschaftliche Verbindungen mit dem Westen an. Suharto, 1967 zum Präsidenten gewählt, konnte auch in den Wahlen von 1973 einen überwältigenden Sieg für sich verbuchen.

Bei den Wahlen von 1977 erzielte die Opposition große Erfolge, konnte aber die Regierungspartei nicht ablösen. Im März 1978 wurde Suharto vom Volkskongreß auf weitere fünf Jahre gewählt.

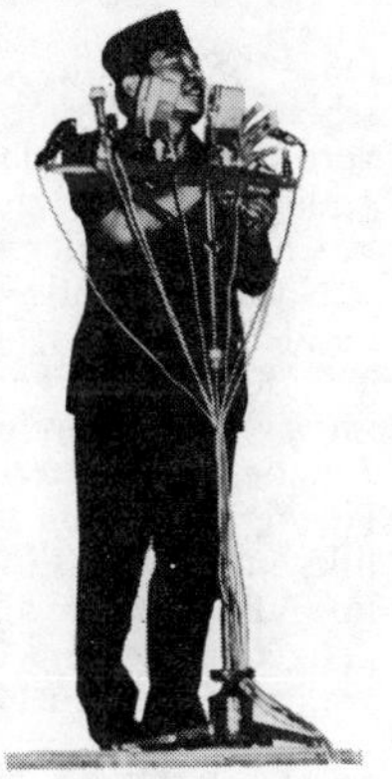

Achmed Sukarno, von 1949–67 Staatspräsident, übertrug zwei Jahre nach dem gescheiterten Putsch von 1965 General Suharto seine Vollmachten als Präsident.

Irak

438 466 qkm
10 400 000 Einwohner
Hauptstadt: Bagdad

Im heutigen Irak lag das Kernland der sumerischen Zivilisation, einer der ältesten Kulturen der Erde. Mesopotamien, zwischen Euphrat und Tigris gelegen, erlebte später den Aufstieg von Babylon und Assyrien. Jahrhunderte danach fiel das Land unter arabische Herrschaft und stieg erneut zu Größe auf, als Bagdad das Zentrum des islamischen Weltreichs bildete.

Zwei Faktoren prägten die Geschichte des modernen Irak – seine reichen Ölfelder und seine turbulente Politik. Sein Ölreichtum und seine strategische Schlüsselposition in Vorderasien machten es zur Quelle von Rivalitäten und Spannungen zwischen dem Westen und der UdSSR.

Morgendämmerung der Geschichte: 6000–1245 v. Chr. Sumer wird oft als erste Hochkultur bezeichnet. Etwa um 5500 v. Chr. gingen kleine Menschengruppen im Süden Mesopotamiens zu einem seßhaften Leben über und begannen Ackerbau und Viehzucht zu betreiben. Etwa seit 3200 v. Chr. gründete ein Volk unbekannter Herkunft Städte wie Ur, Kisch, Lagasch und Uruk. Etwa um 2300 v. Chr. besetzten semitische Stämme die Mitte und den Norden Mesopotamiens. Der semitische König Sargon von Akkad schuf ein Reich, das sich über ganz Mesopotamien erstreckte. Nach seinem Tod brach das Reich zusammen, erst um 1700 v. Chr. wurde Mesopotamien unter dem babylonischen König Hammurapi wiedervereinigt.

Statue des Gudea, Fürst von Lagasch, aus der Zeit um 2050 v. Chr.

Neue Mächte: 1245 v. Chr. – 1917 n. Chr. Unter Tukulti-Ninurta I. (1245–08 v. Chr.) entwickelte sich das Reich der Assyrer, dessen Zentrum am oberen Tigris lag. Die assyrische Macht erreichte ihren Höhepunkt unter Assurbanipal (669–627 v. Chr.). Gemeinsame Aktionen der Meder und Babylonier brachten es jedoch zu Fall. Unter seinem König Nebukadnezar II. (604–562 v. Chr.) wurde Babylon noch einmal Großmacht. Doch 539 v. Chr. unterlag es dem persischen König Kyros II., dann 331 v. Chr. Alexander dem Großen und schließlich 141 v. Chr. den Parthern, die das Land in den vielen Jahren ihrer Auseinandersetzungen mit den Römern in ein Schlachtfeld verwandelten.

637 n. Chr. fiel das Land unter arabisch-islamische Herrschaft. Zunächst war Damaskus und ab 762 Bagdad die Hauptstadt des islamischen Reiches. 1258 überrannten die Mongolen dieses glänzende Zentrum der Künste und der Gelehrsamkeit. Schließlich eroberten 1534 osmanische Türken das Land, das während der nächsten 400 Jahre unter ihrer Herrschaft blieb.

Die Kurden, mit der 1970 erlangten teilweisen Selbstverwaltung unzufrieden, begannen 1974 unter Führung des 70jährigen Mustafa Barsani, den Guerillakrieg wiederaufzunehmen.

Irakischer Nationalismus: 1917–1945 Nach dem Ausbruch des Ersten Weltkrieges überfiel Großbritannien die türkischen Besitzungen in Vorderasien und besetzte bis 1915 den südlichen Teil des Iraks. Nach dem Zusammenbruch des Osmanischen Reiches übernahmen die Engländer 1918 die Herrschaft im Irak. Britische Truppen unterdrückten 1920 einen nationalistischen Aufstand, und der Völkerbund machte den Irak zu einem Mandatsgebiet unter englischer Verwaltung. 1921 setzten die Briten den arabischen Fürsten Feisal als König ein, ohne das Mandat aufzuheben. Nachdem 1932 dem Land die Unabhängigkeit gewährt worden war, behielt es enge Verbindungen zu Großbritannien – eine Politik, die vielen irakischen Nationalisten mißfiel.

Ein führender arabischer Staat Der Irak gehörte zu den Staaten, die 1945 die Arabische Liga gründeten, und beteiligte sich 1948 an der erfolglosen militärischen Kampagne gegen Israel. Unter seinem prowestlichen Ministerpräsidenten Nuri al-Said führte der Irak, obwohl er immer noch gegen Israel eingestellt war, die traditionalistischen arabischen Staaten ab 1954 in ihrer Opposition gegen die sozialistische Politik Ägyptens an. 1955 schloß er sich mit Großbritannien, der Türkei, dem Iran und Pakistan in einem Verteidigungsbündnis, dem sogenannten Bagdad-Pakt, zusammen.

Nachdem Ägypten und Syrien 1958 die Vereinigte Arabische Republik gegründet hatten, bildeten der Irak und Jordanien ihre eigene Arabische Föderation. Später im selben Jahr veranstaltete General Abd el-Karim Kassem einen militärischen Staatsstreich in Bagdad. König Feisal II. und Nuri al-Said wurden ermordet, und der Irak trat aus dem Bagdad-Pakt aus.

Zur gleichen Zeit verfolgte Kassem in der Außenpolitik einen strikt neutralistischen Kurs und unterdrückte 1959 einen prokommunistischen Aufstand. Seine diplomatischen Bemühungen schufen Spannungen, da er sich mit Ägypten um die Führung in der arabischen Welt stritt. Die Schwierigkeiten wurden noch verstärkt, als 1961 im Nordosten ein blutiger Krieg mit den dort beheimateten Kurden, einer nichtarabischen Minderheit, ausbrach. Der proägyptisch eingestellte Abd as-Salam Aref stürzte Kassem und ließ ihn 1963 hinrichten.

General Kassem stürzte 1958 die irakische Monarchie und wurde Ministerpräsident der neuen Republik. 1963 ließ ihn Abd as-Salam Aref hinrichten.

Aref kam bei einem Flugzeugabsturz 1966 ums Leben; auf ihn folgte sein Bruder Abd ar-Rahman Aref, der 1968 gestürzt wurde. Die neue Regierung des Iraks unter General Achmed Hassan al-Bakr bekannte sich zur arabischen Einheit und zur Zerstörung Israels. 1970 erhielten die Kurden ihre Anerkennung als separate Nationalität im Irak und bekamen ein gewisses Maß an Selbstverwaltung, doch brachen im April 1974 erneut heftige Kämpfe aus. Der Einfluß der UdSSR nahm 1972 zu, nachdem der Irak mit ihr einen Freundschaftspakt für die Dauer von 15 Jahren geschlossen hatte. Die Lage der Kurden wurde ab Mitte der 70er Jahre immer unerträglicher, im Januar 1977 sollen nach Meldungen der UNO 300 000 Kurden zwangsweise umgesiedelt und weitere 30 000 in Lagerhaft genommen worden sein.

Im Juli 1979 trat der Staats-, Partei- und Regierungschef General Hassan al-Bakr zurück. Saddam Hussein wurde sein Nachfolger in allen Ämtern. Im Frühjahr 1980 verschlechterten sich die irakisch-iranischen Beziehungen dramatisch. Der Irak unterstützte die Autonomiebestrebungen der mehrheitlich von Arabern bewohnten iranischen Ölprovinz Khusestan, während der iranische Revolutionsführer Ayatollah Khomeini

Im September 1980 brach zwischen Iran und Irak ein Krieg aus. Hier iranische Soldaten, die einen irakischen Panzer erbeutet haben.

im April 1980 zum Sturz des sozialistischen Baath-Regimes im Irak aufrief.

Nachdem der Iran das Grenzabkommen von Algier 1975 gegenüber dem Irak nie voll eingehalten hatte, verlangte die irakische Regierung die Rückverlegung der Grenze von der Mitte des Schatt-el-Arab auf das Ostufer, wo sie vor 1975 verlaufen war. Sie forderte dazu den Abzug Irans von den drei 1971 annektierten arabischen Inseln in der Straße von Hormus. Am 17. September 1980 kündigte der Irak das Grenzabkommen von Algier und steigerte die zahlreichen Grenzzwischenfälle in einen offenen Krieg. Der Irak strebt neben der von ihm gewünschten Grenzziehung die Vormachtstellung im Persischen/Arabischen Golf und den Zusammenbruch des Revolutionsregimes unter Khomeini an.

Bis Ende November 1980 gelang es dem Irak, wichtige Teile der Ölprovinz Khusestan zu erobern, aber nicht den iranischen Widerstand zu brechen. Der Krieg führte zur gegenseitigen Zerstörung von Erdölförderstätten, Raffinerien und Öltransportanlagen sowie zum zeitweisen Zusammenbruch der Ölausfuhr beider Staaten.

Iran

1 650 000 qkm
38 200 000 Einwohner
Hauptstadt: Teheran

Der alte Iran war im 6. Jahrhundert v. Chr. das Zentrum des größten Reiches im Vorderen Orient. Zur Zeit seiner größten Ausdehnung erstreckte es sich vom Indus bis zum Ägäischen Meer, reichte im Süden bis nach Arabien und Ägypten und im Norden bis an den Kaukasus und den Oxus. Der Kern dieses Reiches war die Provinz Persis, daher der Name Persien, wie man den Iran auch nennt.

Seit den Tagen von Kyros dem Großen (559 bis 529 v. Chr.) konnte das Land, trotz der Eroberungszüge der Griechen, Araber, Türken und Mongolen und trotz des starken Drucks von seiten der europäischen Mächte in modernen Zeiten, seine grundlegende iranische oder persische Identität behalten.

Die Einnahmen aus der Ölproduktion – Öl wurde 1908 in großen Mengen gefunden – ermöglichten es den iranischen Herrschern, weitgehende soziale und wirtschaftliche Reformen durchzuführen.

Aufstieg zur Weltmacht Im Iran entdeckte man einige der ältesten vorgeschichtlichen Siedlungen. Bereits 4000 v. Chr. entwickelten sich dort Landwirtschaft und organisierte Dorfgemeinschaften. Die heutigen Iraner stammen hauptsächlich von arischen Völkern, den Medern und den Persern, ab, die sich in diesem Gebiet etwa seit 1000 v. Chr. ansiedelten. 559 v. Chr. rebellierte Kyros, der König der Perser, gegen seinen medischen Oberherrn und überrannte Assyrien, Kleinasien und Babylon. Bis 529 v. Chr. schweißte Kyros seine Eroberungen in ein achaimenidisches Reich zusammen, das unter Dareios I. den größten Teil der bekannten Welt umfaßte.

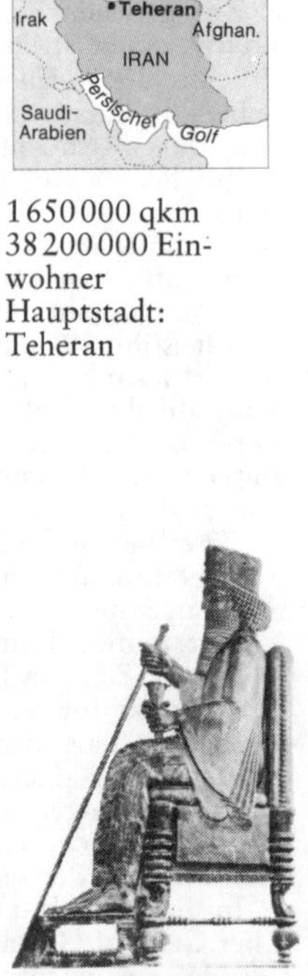

Unter Dareios I. (521–485 v. Chr.) erreichte das Persische Reich seine größte Ausdehnung.

Krieg mit Griechen und Römern Nur die Griechen widerstanden der Macht der Achaimenidenkönige. Unter Dareios erlitten die Perser 490 v. Chr. bei Marathon eine Niederlage, während sein Sohn, Xerxes I. (485–465 v. Chr.), durch die Griechen in der Seeschlacht bei Salamis und auf dem Land bei Platää vernichtend geschlagen wurde. Das durch diese Rückschläge geschwächte Reich brachte schließlich 334 v. Chr. Alexander der Große zu Fall.

Nach Alexanders Tod übernahm einer seiner Generäle, Seleukos, die Herrschaft über Persien und gründete die Seleukiden-Dynastie. Ihre Macht wurde im zweiten vorchristlichen Jahrhundert durch den Aufstieg der Parther in den Schatten gestellt. Die Parther ihrerseits lebten fast 300 Jahre lang in Konflikt mit Rom. Eine interne Revolte durch Ardaschir im Jahre 226 n. Chr. führte schließlich zum Niedergang der Parther. Unter den Sassaniden erreichte der Iran einen neuen Höhepunkt seiner Größe.

Ein in Bergkristall eingraviertes Bildnis des Sassanidenkönigs Chosrau I. (531–579).

Moslemische Eroberung 637 n. Chr. brachen moslemische Araber die Macht der Sassaniden. Fünf Jahrhunderte lang blieben sie die nominellen Herrscher des Irans, doch bis zum 9. und 10. Jahrhundert regierten lokale persische Oberhäupter in den Provinzen. Auch das türkische Volk der Seldschuken, das im 11. Jahrhundert die Macht an sich riß, benützte den persischen Beamtenapparat, um zu regieren.

Die Seldschuken waren nicht imstande, dem Andrang der mongolischen Horden von Dschingis Chan im 13. Jahrhundert zu widerstehen. Die Goldene Horde wurde ihrerseits von dem größten aller asiatischen Eroberer, von Timur Leng, unterworfen. Nach dem Tode Timurs (1405) regierten seine Nachkommen bis 1502, als eine einheimische iranische Dynastie die Macht übernahm.

Diese neue Safawiden-Dynastie erreichte ihren Höhepunkt unter Schah Abbas dem Großen (1587 bis 1629). Nach seinem Tod war der Iran bis zum Erscheinen von Nadir Schah (1736–47) in langsamem Verfall begriffen. Die größte Leistung Nadirs war sein Vorstoß nach Indien 1739.

Ministerpräsident Mossadegh verstaatlichte die Ölgesellschaften und brachte so das Land dem wirtschaftlichen Zusammenbruch nah.

Spielball der Großmächte Vom Anfang des 19. Jahrhunderts an schrumpften die Grenzen des Irans unter dem Druck der europäischen Mächte immer mehr zusammen. Unter Fath Ali Schah (1797–1834) verlor der Iran Armenien und den Norden Aserbaidschans an Rußland. Der russische Einfluß im Iran alarmierte Großbritannien, das befürchtete, er könne sich auch auf Indien ausbreiten. 1907 unterzeichneten Russen und Engländer einen Teilungsvertrag, der den Briten den Südosten und den Russen den Norden als Einflußbereich zuwies.

Revolution, Krisen und Reformen Zu Beginn des 20. Jahrhunderts vertiefte sich die Kluft zwischen den gebildeten Klassen und dem Schah zusehends. Sie kritisierten seine extravagante Lebensführung und seine Unfähigkeit, dem Druck Großbritanniens und Rußlands standzuhalten. Die internen Unruhen spitzten sich 1921 zu, als ein Armeeoffizier, Resa Khan, die Regierung stürzte. 1925 wurde er als Schah gekrönt. Resa war ein eifriger Reformator. Er schaffte viele überalterte Bräuche ab, förderte die Industrialisierung und ließ deutsche Techniker ins Land kommen. Doch 1941 führten die freundlichen Beziehungen, die der Schah mit Deutschland unterhielt, zur Besetzung des Irans durch Großbritannien und Rußland. Man zwang Resa zur Abdankung zugunsten seines Sohnes, Mohammed Resa Schah Pahlewi.

Mohammed Resa Schah Pahlewi folgte 1941 seinem abgesetzten Vater auf den Thron und leitete nach 1953 politische, wirtschaftliche und soziale Reformen ein. Anfang 1979 wurde er gestürzt und starb 1980 im Exil in Ägypten.

1945 drohte eine Krise, da Rußland es ablehnte, seine Truppen aus dem Nordwesten des Landes abzuziehen. Der Iran appellierte an die Vereinten Nationen, und Rußland zog seine Armeen schließlich doch ab. 1951 wurde das Land jedoch in eine erneute Krise gestürzt. Der Ministerpräsident Mohammed Mossadegh verstaatlichte die Anglo-Iranische Ölgesellschaft. England übte Vergeltung, indem es einen internationalen Boykott der iranischen Ölexporte organisierte. Das brachte das Land an den Rand des Zusammenbruchs. Nach einem Putsch und einem Gegenputsch im Jahre 1953 wurde Mossadegh gestürzt, und im folgenden Jahr schloß der Schah eine Vereinbarung mit den Ölgesellschaften ab.

Die weiße Revolution 1961 leitete der Schah ein kühnes Reformprogramm ein, das als die weiße Revolution bezeichnet und mit den wachsenden Öleinnahmen finanziert wurde. Es sah die Beendigung der Leibeigenschaft, die Auflösung großer Besitztümer, die Modernisierung der Streitkräfte, die Entwicklung des Bildungswesens und die Gleichberechtigung der Frau vor. Die Traditionalisten, vor allem die schiitische Geistlichkeit, stellten sich gegen die Pläne des Schahs, da sie meinten, daß einige der Ziele dem moslemischen Gesetz widersprächen. Auch bei den Liberalen stieß er auf Widerstand, denn sie bemängelten, daß die Reformen nicht in Einklang mit den demokratischen Prinzipien durchgeführt worden seien, vor allem aber, daß er oppositionelle Stimmen mit Gewalt zum Schweigen gebracht habe. Aus den Einnahmen der Ölwirtschaft konnte der wirtschaftliche Aufbau fortgesetzt werden. Abkommen über die friedliche Nutzung der Kernenergie sowie über den Bau von Kernkraftwerken wurden 1976 sowohl mit der Bundesrepublik als auch mit den USA abgeschlossen.

Im August 1977 wurde der bisherige Erdölminister Dschmaschid Amusegar zum neuen Regierungschef ernannt. Seit Anfang 1978 kam es zu blutigen Studentenunruhen, in einigen Städten mußte der Ausnahmezustand verhängt werden, und Amusegar sah sich zum Rücktritt gezwungen. Der Schah ernannte Scherif Emami zu seinem Nachfolger. Den schiitischen Religionsführern, die unter anderem hinter den Unruhen steckten, mußten Zugeständnisse gemacht werden. Doch auch die Ankündigung freier Wahlen, die Freilassung politischer Häftlinge und die Lockerung der Pressezensur brachten keine Beruhigung der Lage. Die höchsten Würdenträger des schiitischen Zweiges des Islams, die Ayatollahs, sowie die örtlichen geistlichen Führer, die Mullahs, erlangten immer größeren Einfluß, der schließlich in der Forderung des Volkes nach der Abdankung und dem Tod des Schahs gipfelte. Der seit Oktober 1978 im Pariser Exil lebende Ayatollah Khomeini war der eigentliche Kopf der Bewegung. Eine von ihm im November herausgegebene Erklärung forderte unter anderem die Abschaffung der Monarchie und Gründung einer Republik auf islamischer Grundlage.

Im Januar 1979 ernannte der Schah Schapur Bachtiar zum neuen Regierungschef, doch die in Aussicht gestellten Reformen wurden von den Ayatollahs abgelehnt. Am 16. Januar verließ der Schah mit seiner Familie den Iran.

Khomeini kehrte aus dem Exil zurück und bestimmte Mehdi Basargan zum Chef der provisorischen Revolutionsregierung; Bachtiar konnte ins Ausland flüchten. Überall eingerichtete Revolutionsgerichte verurteilten Hunderte von ehemaligen Schahanhängern zum Tode, und bald kam es zu Protestmärschen, vor allem linker Gruppen, die eine allzustarke Islamisierung des politischen und öffentlichen Lebens befürchteten. Am 31. März 1979 wurde mit großer Mehrheit ein Referendum angenommen, das die Schaffung einer Islamischen Republik vorsah, die dann nach den Wahlen vom August 1979 gebildet wurde.

Am 4. November überfielen iranische Studenten die amerikanische Botschaft und nahmen 60 Botschaftsangehörige als Geiseln, um von den USA die Auslieferung des dort Zuflucht genommenen Schahs zu erpressen.

Im Januar 1980 wurde Finanz- und Wirtschaftsminister Abol Hassan Bani-Sadr zum Staatspräsidenten gewählt, im März und Mai gewann die Islamische Republikanische Partei (IRP) des Ayatollah Beheshti die Parlamentswahlen. Gegen seinen Willen ernannte Bani-Sadr im August 1980 den Kandidaten der IRP, Ali Rajai, zum Ministerpräsidenten.

Die sowjetische Intervention in Afghanistan belastete das unter Khomeini von Anfang an schwierige Verhältnis zur Sowjetunion erheblich. Seit April 1980 kam es an der iranisch-irakischen Grenze zu zahlreichen Zwischenfällen, die im September 1980 in einen Angriffskrieg des Iraks gegen den Iran mündeten. Die irakische Hoffnung auf einen schnellen militärischen Zusammenbruch des durch die Revolution geschwächten Iran und auf den Sturz des Khomeini-Regimes erfüllte sich nicht, obwohl es dem Irak gelang, wichtige Teile der Ölprovinz Khusestan zu erobern. Durch den Zusammenbruch der Erdölproduktion und -ausfuhr geriet die iranische Wirtschaft aber an den Rand des Bankrotts.

Ayatollah Khomeini, der Führer der iranischen Revolution, kehrte Anfang 1979, nach dem Sturz des Schahs, aus seinem Exil in Paris in den Iran zurück.

Irland

Das Volk der Iren hatte eine turbulente und oft tragische Geschichte. Seit dem Mittelalter stand ihr Land unter britischer Herrschaft. Jahrzehntelang haben viele Iren gekämpft, um die britische Herrschaft abzuschütteln. Der Kampf erreichte 1922 seinen Höhepunkt, als die Insel geteilt wurde – der katholische Süden erhielt seine Unabhängigkeit, während der überwiegend protestantische Norden Teil des Vereinigten Königreiches von Großbritannien blieb. Diese Teilung ist noch heute eine Quelle mancher Bitterkeit, doch für die Mehrheit der Menschen in der Republik ist die Einheit Irlands zu einem friedlichen Ideal geworden.

Die kulturellen Leistungen Irlands sind berühmt. Keltische Kreuze und Ruinen alter Klöster sind Zeugen der glänzenden irischen Kultur der frühen christlichen Ära. In jüngerer Zeit hat das Land Schriftsteller wie Shaw, Wilde, Yeats, Joyce und Beckett hervorgebracht, deren Werke die Weltliteratur bereichert haben.

70 280 qkm
3 000 000 Einwohner
Hauptstadt: Dublin

Die ersten Iren Die ersten Siedler Irlands kamen etwa um 6000 v. Chr. vom europäischen Kontinent. Langsam entwickelte sich eine Gesellschaft, in der keltische Stämme, vor allem die Gälen, vorherrschten. Im Gegensatz zu Britannien geriet Irland nicht unter römischen Einfluß. Schon recht früh wurde das Land in fünf Provinzen, Ulster, Leinster, Munster, Connacht und Meath, aufgeteilt. Jedes dieser Teilreiche zerfiel wieder in kleinere Stammesstaaten. Bis 1022 n. Chr. hatte der König von Connacht die größte Macht als Hochkönig von Irland inne.

Bis zum 5. Jahrhundert waren die Iren Heiden. Um 400 kam der hl. Patrick, ein römischer Bürger aus Westbritannien, nach Irland, um das Christentum zu verbreiten. Es wurden viele Klöster gegründet, und irische Mönche und Missionare gingen im frühen Mittelalter nach Nordengland und bekehrten die dortige Bevölkerung.

Der hl. Patrick (um 385–461), Apostel und Schutzpatron Irlands.

Wikinger und Anglo-Normannen Im späten 8. Jahrhundert begannen die Wikinger, an der Ostküste Irlands Stützpunkte zu errichten. Die Iren reagierten nur langsam auf diese Drohung, doch 1002 vereinigten sie sich unter ihrem König Brian von Munster und besiegten die Wikinger 1014 bei Clontarf. Brian fiel in dieser Schlacht, und so war die Einheit nicht von langer Dauer. 1166 vertrieben die Iren König Dermot von Leinster, der in dem von Normannen beherrschten England Schutz suchte. Heinrich II. von England unternahm 1171 einen Feldzug nach Irland. Die meisten Kleinkönige setzten ihm wenig Widerstand entgegen. Englische Barone bekamen die eroberten Gebiete als Freilehen zugesprochen.

Doch der anglo-normannische Einfluß verringerte sich langsam, da die fremden Herren begannen, Irinnen zu heiraten und irischen Lebensstil anzunehmen. Gegen Ende des Mittelalters beherrschten die Engländer nur noch ein kleines Gebiet rund um Dublin.

Das prächtig ausgestattete Buch von Kells, *um 800 entstanden, stellt einen Höhepunkt irischer Buchmalerei dar.*

Unter britischer Herrschaft Die unmittelbare Herrschaft Englands über Irland begann mit den Tudors (1485–1603), die entschlossen waren, dort anstelle des römischen Katholizismus den Protestantismus einzuführen. Irisches Land wurde konfisziert und probritischen Sympathisanten oder eingeschleusten Protestanten gegeben. Heinrich VIII., der mit der Kirche in Rom gebrochen hatte, nahm 1542 den Titel König von Irland und Haupt der irischen Kirche an. Die Iren haßten die britische Herrschaft und erhoben sich mehrmals in verzweifelter Rebellion. 1688 unterstützten sie jedoch einen englischen König, den römisch-katholischen Jakob II., den Wilhelm von Oranien vom Thron vertrieben hatte. Aber Jakob und seine irischen Verbündeten wurden in der Schlacht am Boyne (1690) besiegt.

Obwohl Irland 1782 auf Betreiben des protestantischen Führers Henry Grattan ein unabhängiges Parlament gewährt wurde, blieb die Bevölkerung unzufrieden. 1798 erhoben sich Wolfe Tone und seine Vereinigten Iren gegen die britische Herrschaft. Das

Wilhelm von Oranien vertrieb den englischen König Jakob II. In der Schlacht am Boyne (1690) besiegte er Jakob und dessen irische Verbündete.

unmittelbare Ergebnis dieser brutal unterdrückten Rebellion war die Vereinigung Englands und Irlands 1801. Irland entsandte in das gemeinsame Parlament 100 Unterhausmitglieder und 32 Peers. Die irischen Katholiken bekamen erst 1829 ein Stimmrecht, nachdem man die Entrechtung der Katholiken aufgehoben hatte.

Im 18. und frühen 19. Jahrhundert wuchs Irlands Bevölkerung rasch an. In den vierziger Jahren des 19. Jahrhunderts betrug die Bevölkerungszahl etwa 8,5 Millionen. Rund vier Millionen Menschen ernährten sich hauptsächlich von Kartoffeln, die billig und leicht anzubauen waren. 1845 und 1846 wurden Irlands Kartoffelernten von Trockenfäule befallen, und die Bevölkerung des Landes sah einer Hungersnot entgegen. Die britische Regierung hob die Korngesetze auf, so daß ausländisches Getreide importiert werden konnte. Doch bis 1851 fielen eine Million Menschen der Hungersnot zum Opfer, 1 600 000 Iren wanderten in die Vereinigten Staaten von Amerika aus.

Forderung nach parlamentarischer Selbstregierung Nach der Hungersnot steigerte sich die Unzufriedenheit in Irland bis zum Siedepunkt. Der britische liberale Premierminister Gladstone erkannte schließlich die Notwendigkeit, in Irland Reformen durchzuführen. Durch ein Gesetz von 1870 beschränkte man die Befugnisse der Grundbesitzer. Aber die Reformen befriedigten die Iren nicht. Sie verlangten parlamentarische Selbstregierung und taten sich unter Charles Parnell zusammen, um dieses Ziel zu erreichen. Gladstones zwei Versuche, parlamentarische Selbstregierung zu gewähren, schlugen fehl. Als die *Home Rule* 1914 in Kraft treten sollte, lehnte sie das protestantische Ulster ab und machte sich unter der Führung von Edward Carson auf einen Bürgerkrieg gefaßt.

Obwohl die parlamentarische Selbstregierung durch den Ausbruch des Ersten Weltkrieges verzögert wurde, stand Irland 1914 hinter England. Doch als der Krieg sich hinzog, brach die alte Feindschaft wieder aus.

Der Freistaat und die Republik Bei den Wahlen von 1918 gewann die irische Partei »Sinn Féin« (Wir selbst) eine überwältigende Stimmenmehrheit. Daraufhin erklärten die Iren 1919 unter Eamon de Valera ihre Unabhängigkeit, die Großbritannien jedoch nicht anerkannte. Es kam zu blutigen Auseinandersetzungen, und 1920 erkannte England das neue Home-Rule-Gesetz an, trennte jedoch die sechs nördlichen, überwiegend protestantischen Grafschaften (Ulster) als Nordirland ab. Irland widersetzte sich dieser Teilung. Der britische Premierminister Lloyd George schloß 1921 einen Friedensvertrag mit de Valera, nach dem Irland der Stand eines Freistaates gewährt wurde.

1922 spaltete sich die Sinn-Féin-Partei in zwei feindliche Gruppen. Die Konservativen unter Michael Collins erkannten die von England auferlegten Bedingungen an, doch die Republikaner lehnten es ab, die Teilung Irlands zu akzeptieren. Ein blutiger Bürgerkrieg folgte, in dem Collins umkam. Eamon de Valera boykottierte den Dáil (das irische Parlament) bis 1927. In diesem Jahr kehrte er zurück und wurde 1932 zum Präsidenten gewählt. Unter de Valera brach der Irische Freistaat seine Verbindungen zu Großbritannien ab und benannte sich 1937 in Eire um.

Die Forderungen nach der Wiedervereinigung Irlands blieben bis in die fünfziger Jahre des 20. Jahrhunderts bestehen. Als 1969 in Nordirland Gewalttätigkeiten zwischen Katholiken und Protestanten ausbrachen, sah sich auch die Irische Republik tief in die Auseinandersetzungen verstrickt. Der Premierminister der Republik, Jack Lynch, forderte dringend zur Mäßigung auf und bezog Stellung gegen die Extremisten, die verlangten, er solle den Katholiken im Norden direkte Unterstützung zukommen lassen.

Doch als sich der Konflikt im Norden verschlimmerte, konnte Lynch seine gemäßigte Politik kaum noch aufrechterhalten. Nachdem im Januar 1971 bei den Schießereien am sogenannten Blutigen Sonntag in Londonderry 13 Menschen umgekommen waren, steckten nationalistische Extremisten die britische Botschaft in Dublin in Brand. Lynch begrüßte, daß die britische Regierung im März 1972 die unmittelbare Verantwortung für Nordirland übernahm, und ergriff zur gleichen Zeit mit der Zustimmung der Bevölkerung härtere Maßnahmen gegen die IRA (Irische Republikanische Armee), deren Führer er vor Sondergerichte stellte.

Der irische Dichter Samuel Beckett, 1906 in Dublin geboren, ist ein Hauptvertreter des absurden Theaters. 1969 erhielt er den Nobelpreis für Literatur.

Unter Eamon de Valera erklärten die Iren 1919 ihre Unabhängigkeit, die England jedoch zunächst nicht anerkannte.

Unter Lynch trat Irland 1972 auch der Europäischen Gemeinschaft bei. Bei den Wahlen von 1973 unterlag Lynch seinem Gegner Liam Cosgrave, der mit einer Koalition der Fine-Gael- und Labour-Partei regiert. Lynchs Niederlage ging jedoch nicht auf seine Politik gegenüber Großbritannien und dem Norden zurück, sondern auf seine Handhabung der Wirtschaft des Landes.

Im Juli 1976 kam bei einem vermutlich von IRA-Terroristen verübten Attentat der britische Botschafter ums Leben, am 1. September wurde der Ausnahmezustand verhängt.

Während die wirtschaftliche Entwicklung 1976 günstig verlief, blieb die Zahl der Arbeitslosen doch hoch. Im November trat Staatspräsident O'Dalaigh zurück, sein Nachfolger wurde Patrick Hillary. Die Wahlen vom Juni 1977 brachten einen überwältigenden Sieg für die Konservativen, wodurch Jack Lynch erneut an die Macht kam. Lynch erklärte, daß neben einem weiteren Ausbau der Wirtschaft vor allem die friedliche Wiedervereinigung mit Nordirland Ziel seiner Politik sei. Im Dezember 1979 trat Lynch zurück, und Charles J. Haughey wurde neuer Ministerpräsident.

Island

102 819 qkm
230 000 Einwohner
Hauptstadt: Reykjavík

Gletscher und Eisfelder überziehen weite Teile dieser Insel im Nordatlantik, auf der sich außerdem tätige Vulkane und heiße Quellen finden. Um die Mitte des 9. nachchristlichen Jahrhunderts kamen aus Norwegen und den norwegischen Niederlassungen auf den Britischen Inseln skandinavische Wikinger nach Island. Nach und nach verbreiteten sie sich über die ganze Insel. 930 riefen sie das Althing – das erste Parlament der Welt, das noch heute besteht – ins Leben. Nach dem Übertritt zum Christentum im Jahre 1000 entwickelte sich Island zu einem stabilen Staat. 1262 sprach sich das Althing für den Anschluß Islands an Norwegen aus, und mit der Vereinigung von Norwegen und Dänemark 1397 unter der dänischen Krone wurde es eine Besitzung Dänemarks.

Dank der Bemühungen des isländischen Patrioten Jón Sigurdsson gewährte Dänemark der Insel 1874 beschränkte Selbstverwaltung. 1918 wurde Island unabhängiges Königreich, blieb aber mit Dänemark in Personalunion verbunden. Das Althing brach diese Verbindung ab, als die Deutschen Dänemark 1940 überfielen. 1944 riefen die Isländer die Republik aus.

Eine rund 1000 Jahre alte Bronzefigur. Vermutlich stellt sie den altnordischen Gott Thor dar.

Islands Abhängigkeit von Fischereigewässern führte 1958 zu Auseinandersetzungen mit Großbritannien, denn die Republik hatte ihre Hoheitsgewässer von 3 auf 12 Seemeilen erweitert. 1961 akzeptierte Großbritannien die 12-Meilen-Grenze, doch der Streit brach 1972 erneut aus, als Island seine Fischereigrenze auf 50 Meilen ausdehnte. Einige Länder, darunter auch die Bundesrepublik und Großbritannien, forderten vom Internationalen Gerichtshof eine einstweilige Anordnung gegen diese Bestimmung – doch der Gerichtshof wird von Island als nicht zuständig angesehen. Im September 1976 wurde Staatspräsident Kristijan Eldjarn, seit 1968 im Amt, für eine weitere Amtsperiode bestätigt.

Die im Oktober 1975 in Kraft getretene Ausdehnung der Fischereizonen auf 200 Seemeilen führte erneut zu Konflikten mit Großbritannien. Verhandlungen verliefen ergebnislos. Im Februar 1976 brach Island die Beziehungen zu Großbritannien ab, im Juni wurde dann ein Interimsabkommen geschlossen. Wirtschaftliche Probleme brachten bei den Parlamentswahlen vom Juni 1978 einen Rückschlag für die Regierungsparteien, und Ministerpräsident Geir Hallgrimsson erklärte den Rücktritt der Regierung. Olafur Johannesson bildete mit einem Mitte-Links-Kabinett die neue Regierung.

Nach den Wahlen zum Althing vom Dezember 1979 bildete sich im Februar 1980 eine Koalition der Unabhängigkeitspartei, Fortschrittspartei und Volksallianz unter Ministerpräsident Gunnar Thoroddsen. Als erste Frau, die in Europa ins Amt des Staatspräsidenten gewählt wurde, amtiert seit 1. August 1980 Vigdis Finnbogadottir, die zuvor Intendantin des Stadttheaters Reykjavík war.

Israel

Als 1948 die Republik Israel entstand, verwirklichte sich ein uralter jüdischer Traum. Denn im Jahre 70 n. Chr. hatten die Römer Jerusalem zerstört und nach 135 viele Juden aus ihrer Heimat vertrieben. Seither mußten sie in der Diaspora, der Zerstreuung, leben. Doch gelang es einigen Gruppen, sich erfolgreich an das Leben in ihrer Wahlheimat anzupassen. Sie wurden führende Kaufleute oder Industrielle oder leisteten Hervorragendes in Philosophie, Wissenschaft und Kunst. Die weitaus größte Zahl der Juden freilich vegetierte in Gettos dahin; für sie waren Verfolgungen an der Tagesordnung.

Seit der Ausrufung seiner Unabhängigkeit lag Israel ständig in Konflikt mit seinen arabischen Nachbarn, die bestreiten, daß die Juden irgendwelche Ansprüche auf Palästina haben. Viermal steigerte sich die Auseinandersetzung zu einem Krieg, dreimal war Israel siegreich. Nach dem Sechstagekrieg von 1967 besetzten die Israelis den Gaza-Streifen, die Sinai-Halbinsel, die Altstadt von Jerusalem, Westjordanien und Gebiete in Syrien. Israel, das am höchsten entwickelte Land des Vorderen Orients, wendet einen erheblichen Teil seiner Steuereinnahmen für Rüstungsausgaben auf. Für 1972 wurden sie auf 40 Prozent des Staatshaushaltes geschätzt.

20 700 qkm
3 800 000 Einwohner
Hauptstadt: Jerusalem

Die Kinder Israel Die ersten Hebräer, die Kanaan (das heutige Israel) um 1800 v. Chr. erreichten, waren Nomaden. Wie es im Alten Testament heißt, kamen sie unter der Führung Abrahams aus dem nördlichen Mesopotamien. Später siedelten sie sich in Ägypten an, wo sie Opfer ständiger Unterdrückung waren, bis sie etwa um 1220 v. Chr. Moses aus der Knechtschaft führte.

Für ihren langen und mühseligen Weg zurück nach Kanaan brauchten die Hebräer 40 Jahre. Bei all ihren Leiden richtete sie der Glaube an den einen Gott, Jahwe, auf, der sein auserwähltes Volk zu dem Gelobten Land führen würde. Die Grundlagen dieses Glaubens sind in den Zehn Geboten niedergelegt, die Moses, wie die Bibel berichtet, von Gott auf dem Berg Sinai empfing.

Nach ihrer Rückkehr nach Kanaan behielten die Hebräer ihre alte Stammesstruktur bei. König Saul einte die Stämme um 1050 v. Chr., um den Angriffen der Philister, die von der Küste her vordrangen, begegnen zu können. Er schlug die Philister in mehreren Schlachten, und sein Nachfolger, David (1004 bis 965 v. Chr.), der sein Werk zu Ende führte, gründete das Königreich Israel mit der Hauptstadt Jerusalem.

Unter der Herrschaft von Davids Sohn Salomo (965–926 v. Chr.) erreichte die jüdische Macht ihren Höhepunkt. Doch nach Salomos Tod spaltete sich das Reich in zwei Staaten, Israel und Juda. Im Reich Juda mit der Hauptstadt Jerusalem regierte das Haus David. Da die beiden Königreiche ihre Kräfte in ständigen Streitigkeiten miteinander aufrieben, öffnete sie fremden Völkern den Weg für Invasionen und Eroberungen.

Unter Ramses II. wurden die Juden in Ägypten hart bedrückt. Moses führte sie um 1220 v. Chr. aus dieser Knechtschaft.

Die unter Bar Kochba, dem Führer des jüdischen Aufstandes von 135 gegen die Römer, geprägte Münze zeigt den Tempel von Jerusalem.

Eroberung und Zerstreuung 722 v. Chr. fiel Israel unter die Herrschaft des Assyrerkönigs Sargon II. Nach dem Fall Assyriens zerstörte Nebukadnezar II. von Babylon 586 v. Chr. Jerusalem und führte die Juden in Gefangenschaft. Die Babylonische Gefangenschaft dauerte 50 Jahre. Als die Perser unter Kyros dem Großen Babylon 539 v. Chr. zu Fall brachten, durften die Juden in ihre Heimat zurückkehren und den Tempel Salomos in Jerusalem wiederaufbauen, doch sie bekamen keine vollständige Unabhängigkeit.

Alexander der Große unterwarf das Persische Reich 332 v. Chr. Nach seinem Tod teilten die Diadochen

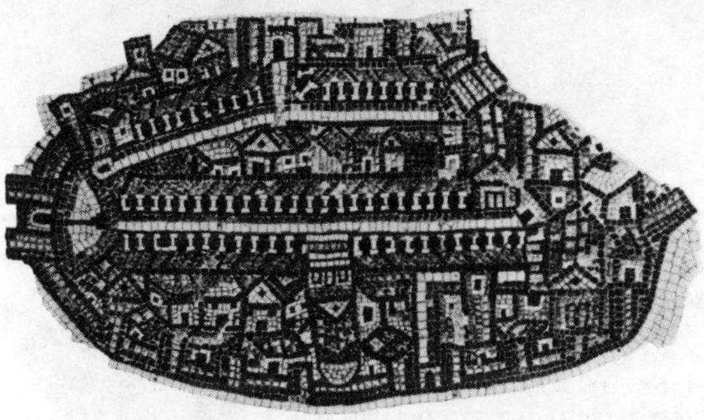

Jerusalem – aus einer Mosaikkarte des Heiligen Landes in einer im 6. Jh. erbauten Kirche in Jordanien.

die von Alexander eroberten Gebiete unter sich auf. Die Ptolemäer beherrschten Israel bis 200 v. Chr., dann vertrieb sie der Seleukide Antiochos III. Ein jüdischer Aufstand 167 v. Chr., angeführt von Judas Makkabäus, beendete die griechische Fremdherrschaft. Die Makkabäer-Dynastie hielt sich bis 63 v. Chr. an der Macht, dann wurde sie von den Römern gestürzt.

Rom regierte Israel durch eine Reihe von Marionettenkönigen. Unter einem dieser Könige, Herodes Antipas, begann Christus mit seinen Predigten. Die Juden konnten sich mit der römischen Herrschaft nicht abfinden, und im Jahre 66 n. Chr. brach ein Aufstand aus. Roms Reaktion war brutal. Kaiser Vespasian ließ Jerusalem im Jahre 70 zerstören.

Der jüdische Geist blieb jedoch ungebrochen. Die Juden erhoben sich zwischen 132 und 135 erneut. Diesmal reagierte Rom noch schärfer. Viele Juden wurden verschleppt und ihre Ländereien verwüstet. So begann die Zeit der großen Zerstreuung. Millionen von Juden siedelten sich später in christlichen Ländern Europas an.

Vielerorts erweckten die Juden den Groll der christlichen Bevölkerung, denn man machte sie für den Tod von Christus verantwortlich. Man sperrte sie in Gettos, und sie durften weder Land besitzen noch Handel treiben. Viele von ihnen konnten nur vom Geldverleih leben, ein Erwerbszweig, der sie den Christen noch mehr entfremdete, weil er denen im Mittelalter untersagt war.

Fast 1900 Jahre lang wurde Palästina, wie die Römer Israel genannt hatten, von Fremden regiert, die um die Vorherrschaft in diesem Land kämpften: Römer, Byzantiner, die Sassaniden von Persien, Araber, Kreuzritter und Türken, sie alle beherrschten das Land zeitweilig. Die wenigen dort verbliebenen Juden waren nur Untertanen.

Die Menora, ein siebenarmiger Leuchter, ist das heilige Symbol Israels. Die abgebildete Menora erscheint auf dem Titusbogen in Rom.

Die Geburt des Zionismus Im 19. Jahrhundert gab ein ungarischer Jude, Theodor Herzl, den Anstoß zur Gründung der zionistischen Bewegung, die für die Zurückgabe Palästinas an die Juden kämpfte. Diese Bewegung wuchs rasch an, und immer mehr europäische Juden begannen nach Palästina zu emigrieren.

Im Ersten Weltkrieg eroberten die Briten 1917/18 Palästina und stellten es unter Militärverwaltung. Der englische Außenminister Arthur Balfour sicherte 1917 den Zionisten die Errichtung einer nationalen Heimstätte für das jüdische Volk zu.

Doch dieses Versprechen widersprach einem ähnlichen, das man den Arabern gegeben hatte, die meinten, Palästina werde nach dem Krieg ein unabhängiger arabischer Staat. Nach Kriegsende regierten die Engländer Palästina als Mandatsgebiet des Völkerbundes.

Als unter dem nationalsozialistischen Regime in Deutschland die Juden durch die Rassengesetze vom gesellschaftlichen, wirtschaftlichen und kulturellen Leben ausgeschlossen wurden, verstärkte sich die jüdische Einwanderung in Palästina. Das alarmierte die Araber, die begannen, die jüdischen Gebiete anzugreifen.

Titelseite des 4. Buches Mose aus einer hebräischen Handschrift des 13. Jh.

Die Gründung des modernen Israel Nach dem Zweiten Weltkrieg entschloß sich England, monatlich nur 2000 jüdische Einwanderer ins Land zu lassen. In Palästina selbst entfesselten Gruppen palästinensischer Juden – insbesondere die Irgun Zvai Leumi und die Stern Gang – terroristische Kampagnen gegen die britischen Truppen.

1947 schlug die UNO die Teilung Palästinas in einen jüdischen und einen arabischen Staat vor. Jerusalem sollte in eine neutrale Zone verwandelt werden. Die Araber verwarfen den Plan, doch die Juden, die am 14. Mai 1948 den unabhängigen Staat Israel ausriefen, akzeptierten ihn. Chaim Weizmann wurde erster Präsident, David Ben Gurion erster Premierminister. Am 17. Mai griffen die arabischen

Theodor Herzl (1860–1904) aus Budapest gründete 1897 die zionistische Bewegung.

Nachbarn, Ägypten, Jordanien, Syrien, Irak und Libanon, den neuen Staat an. Israel schlug die arabischen Armeen und vergrößerte sein Territorium beinahe um die Hälfte. Ungefähr 700 000 arabische Flüchtlinge flohen aus den von Israelis besetzten Gebieten.

David Ben Gurion wurde 1948 erster Premierminister Israels.

Die Suez-Invasion und der Sechstagekrieg Trotz ihrer Niederlage im Jahre 1948 erklärten die Araber, daß sie niemals das Existenzrecht Israels anerkennen würden. 1956 sah sich Israel abermals von einer arabischen Militärallianz bedroht, deren Ziel die Zerstörung Israels war. Israelische Truppen marschierten am 29. Oktober in die Sinai-Halbinsel ein, und am 31. wurde ein anglo-französisches Expeditionskorps entsandt, um den Suezkanal zu sichern, den Ägypten gerade verstaatlicht hatte. Der Druck der Vereinten Nationen zwang Israel, den größten Teil seiner Eroberungen aufzugeben. Die Israelis verschafften sich jedoch durch den Hafen von Elath am Golf von Akaba einen Zugang zum Roten Meer.

1967 führte die ägyptische Blockade von Elath abermals zum Krieg. Israel griff am 5. Juni Ägypten, Syrien und Jordanien an. Sechs Tage später besetzten seine Streitkräfte den Gaza-Streifen, die Sinai-Halbinsel, Westjordanien, die Altstadt von Jerusalem und Gebiete in Syrien. Die geschlagene ägyptische Armee stand nun den siegreichen Israelis am Ostufer des Suezkanals gegenüber. Zwischen dem 7. und 10. Juni vereinbarten die Vereinten Nationen eine Waffenruhe. Im gleichen Monat faßte man beide Teile Jerusalems zu einer Verwaltungseinheit zusammen.

Vierter arabisch-israelischer Krieg Am 6. Oktober 1973 griffen die Araber die Israelis überraschend an zwei Fronten an. Die Ägypter hatten am Suezkanal und auf der Sinai-Halbinsel Anfangserfolge, doch in verlustreichen Materialschlachten konnte sich Israel langsam wieder aus seiner defensiven Stellung befreien. Durch Zusammenwirken der Supermächte führte der Sicherheitsrat am 24. Oktober einen Waffenstillstand herbei. Am 21. Dezember begann in Genf eine Friedenskonferenz. Die Generalstabschefs Ägyptens und Israels unterzeichneten am 18. Januar 1974 am Kilometer 101 der Straße zwischen Kairo und Suez ein Truppenentflechtungsabkommen, das mit Hilfe des amerikanischen Außenministers Henry Kissinger ausgehandelt worden war. Im April 1974 gab Ministerpräsidentin Golda Meir ihren Rücktritt bekannt. Die Knesseth wählte im Juni Jitzak Rabin zum neuen Regierungschef.

Der ungelöste Nahostkonflikt belastete auch in den 70er Jahren die innenpolitische Situation. Nur durch Finanzhilfen der USA waren die Finanzprobleme Mitte der 70er Jahre zu lösen, auch kam es zu dieser Zeit mehrfach zu arabischen Terroranschlägen, vor allem in den besetzten Gebieten (Westjordanland). 1976 forderte die UNO-Vollversammlung die Errichtung eines palästinensischen Staates in den besetzten arabischen Gebieten, was Israel ablehnte. Im Dezember 1976 wurde Rabin beschuldigt, ein illegales Bankkonto in den USA zu besitzen. Er trat zurück, und bei den Wahlen im Mai 1977 konnte Menachem Begin einen Sieg für sich verbuchen. Zusammen mit den Nationalreligiösen bildete er im Juni eine Koalitionsregierung, in der Moshe Dayan das Außenministerium übernahm. Im Oktober 1979 trat Dayan jedoch zurück.

Der Davidstern, das allgemeine Glaubenssymbol der Juden, erscheint auf der Flagge des Staates Israel.

Der durch den Besuch Sadats in Israel im November 1977 eingeleitete Dialog ebnete den Weg zur Unterzeichnung eines Friedensvertrages mit Ägypten. Zunächst aber führten die grundsätzlich unterschiedlichen Meinungen über die Palästinenserfrage und über

Golda Meir, Premierministerin Israels 1969–74, mit Verteidigungsminister Moshe Dayan. Frau Meir starb im Dezember 1978.

Der ägyptische Präsident Anwar as-Sadat, US-Präsident Carter und der israelische Präsident Menachem Begin bei der Unterzeichnung des israelisch-ägyptischen Friedensvertrages im März 1979.

die Gründungen israelischer Siedlungen in den besetzten Gebieten zu einem Stillstand der Verhandlungen.

Im April 1978 wurde Jitschak Navon zum neuen Staatspräsidenten gewählt. Israel und Ägypten nahmen erneut Verhandlungen auf, und im September kamen Sadat und Begin in den USA mit Präsident Carter zu einem Gipfeltreffen zusammen. Am 26. März 1979 wurde in Washington ein Friedensvertrag unterzeichnet. Israel begann mit dem Abzug von der Sinaihalbinsel, während Ägypten den Suezkanal für israelische Schiffe öffnete.

Israel setzte auch 1979 seine Siedlungspolitik im Westjordanland fort, ungeachtet der Proteste arabischer Staaten. Dies sowie die Verabschiedung des Gesetzes vom 30. Juli 1980, das Jerusalem einschließlich des arabischen Ostteils zur ungeteilten Hauptstadt Israels erklärt, führte zur ägyptischen Suspendierung der Autonomieverhandlungen, zur Verlegung der niederländischen und einiger lateinamerikanischer Botschaften nach Tel Aviv und zu erheblichen Differenzen mit den USA und den Staaten der Europäischen Gemeinschaft.

Die Umstellung auf die neue Währungseinheit Schekel konnte die anhaltend starke Inflation nicht bremsen. Auch wurde die Regierung Begin durch den Rücktritt des Verteidigungsministers Weizman stark geschwächt. Als wichtigstes Zukunftsprojekt stimmte die israelische Regierung im April 1980 im Grundsatz dem Bau eines Kanals vom Mittelmeer zum Toten Meer zu, der ein Viertel des israelischen Strombedarfs decken soll.

Italien

In Mittelitalien, an den Ufern des Tiber, wurde der Same für die imperiale Größe Roms gesät. Die Hügel der Toskana, nördlich von Rom, erlebten die Blüte mittelalterlicher Kultur, besonders in der Malerei Sienas und der Dichtung Dantes, und sahen das Aufblühen der italienischen Renaissance unter so vielseitig begabten Künstlern wie Leonardo da Vinci und Michelangelo. Aus dem noch weiter nordwärts gelegenen Königreich Piemont kamen die Männer, die in der zweiten Hälfte des 19. Jahrhunderts ein geeintes Italien schufen.

301 251 qkm
57 500 000 Einwohner
Hauptstadt: Rom

Der Versuch des Diktators Mussolini, die Italiener in den zwanziger und dreißiger Jahren wieder zu einem militaristischen Volk zu machen, war ein völliger Fehlschlag, der zur totalen Niederlage im Zweiten Weltkrieg führte. Nach dem Krieg machte sich die schöpferische Kraft Italiens jedoch schnell wieder geltend.

Die Gründung Roms Vor etwa 3000 Jahren besiedelten bronzezeitliche und später auch eisenzeitliche Stämme die damals dicht bewaldete, gebirgige italienische Halbinsel. Im 8. vorchristlichen Jahrhundert wanderten die Etrusker, ein Volk unbestimmten Ursprungs, von der Westküste nördlich Roms in das Landesinnere. Bis zum 6. Jahrhundert dehnten sie ihren Herrschaftsbereich bis zur Poebene im Norden aus. Zur gleichen Zeit gründeten die Griechen Kolonien in Sizilien und im Süden Italiens bis hinauf nach Neapel.

Etruskische Skulptur eines Bauern mit Pflug und Ochsengespann. Die Etrusker herrschten über Mittelitalien, bis sie von Rom unterworfen wurden.

Rom, von den einheimischen Latinern gegründet, war anfangs eine unbedeutende Siedlung auf einem niedrigen Hügel, von dem man auf einen Übergang über den Tiber schaute. Seine Könige waren Etrusker.

Die etruskische Fremdherrschaft in Rom dauerte von 600–510 v. Chr. Dann vertrieben die Römer den letzten ihrer etruskischen Könige. Anstelle der Monarchie gründeten sie eine Republik. Doch gab es häufig Konflikte zwischen den Klassen der Patrizier und der Plebejer. Trotzdem konnten die Römer nach und nach mit Hilfe ihrer tüchtigen Armeen die ganze Halbinsel unter ihre Macht bringen.

Romulus und Remus, die sagenhaften Gründer Roms, sollen von einer Wölfin gesäugt und aufgezogen worden sein.

Die Punischen Kriege: 264–146 v. Chr. Roms Expansion verwickelte es in einen Konflikt mit Karthago, einer im 9. vorchristlichen Jahrhundert von den Phönikern (Puniern) gegründeten Handelsniederlassung nordöstlich von Tunis.

Im Ersten Punischen Krieg (264–241 v. Chr.) gewannen die Römer Sizilien. In weiteren Kriegen gegen illyrische Seeräuber eroberten sie Gebiete auf der Balkanhalbinsel, und 222 unterwarfen sie die Kelten, die in der Poebene siedelten. Im Zweiten Punischen Krieg (218–202 v. Chr.) überquerte Hannibal mit seinen Elefanten die Pyrenäen und die Alpen und fiel in Italien ein. 203 v. Chr. wurde er jedoch zurückgerufen, um Karthago zu verteidigen. Im folgenden Jahr erlitten die Karthager eine vernichtende Niederlage bei Zama. Schließlich zerstörten die Römer Karthago nach Beendigung des Dritten Krieges (149–146 v. Chr.).

Von der Republik zum Weltreich Nachdem die Römer Italien und den Mittelmeerraum unter ihre Herrschaft gebracht hatten, dehnten sie ihren Machtbereich bis zum Ärmelkanal, zum Rhein und zur Donau hin aus. Im Osten und Süden gehörten Kleinasien, Syrien, Ägypten und Nordafrika zum Römischen Reich.

Ein Schiff lädt Getreide: Rom hing sehr von der Versorgung durch seine überseeischen Provinzen ab.

Mit den republikanischen Verwaltungsmethoden war ein so gewaltiges Reich nicht zu regieren. Verschiedene Feldherren, unter ihnen Pompejus und Julius Cäsar, kämpften um die Macht, ein Kampf, aus dem schließlich 31 v. Chr. Julius Cäsars Großneffe Octavian als Alleinherrscher hervorging. Der Senat verlieh ihm 27 v. Chr. den Beinamen Augustus. Er regierte bis 14 n. Chr. und schuf eine neue und wirksame Verwaltung.

Das Römische Kaiserreich: 31 v. Chr.–476 n. Chr. Als Mittelpunkt eines großen autoritär regierten Weltreiches genoß Italien nun fast vierhundert Jahre Frieden. Das Land hatte gute Straßen, Aquädukte und gerechte Gesetze. Diese Vorteile und materieller Wohlstand überwogen bei weitem die Nachteile gelegentlicher Skandale am Kaiserhof.

Kaiser Vespasian (69–79) brachte nach der Mißwirtschaft Neros die Staatsfinanzen wieder in Ordnung.

Das Römische Reich geriet allmählich in Abhängigkeit von seinen Provinzen, aus denen die Nahrungsmittel und die Truppen kamen, die es zur Verteidigung seiner langen Grenzen brauchte. Im 3. Jahrhundert schwächte eine langandauernde Wirtschaftskrise das Reich. Außerdem brachen etwa seit 250 die Goten vom Schwarzen Meer her ein, über den Rhein drängten Franken und Alemannen ins Reich, und im Osten bedrängten die Perser die Römer. Auch die innenpolitische Situation war unsicher; die von den Soldaten ausgerufenen Kaiser bekämpften sich gegenseitig.

410 nahmen die Westgoten Rom ein und plünderten es. Die Germanen überschritten den Rhein, Wandalen drangen 429 bis Nordafrika vor. 476 wurde der letzte nominelle römische Kaiser, ein Knabe namens Romulus Augustulus, von dem germanischen Heerführer Odoaker abgesetzt, der sich selbst zum König von Italien ausrief.

Nach der Teilung des Reiches herrschte Honorius (395–423) im Westen. Der schwache Kaiser konnte die Krise des Staates nicht meistern.

Barbaren und Byzantiner Tatsächlich gab es jedoch kein Königreich Italien, denn die Halbinsel nahm schnell den politisch zersplitterten Charakter an, den sie bis zur Mitte des 19. Jahrhunderts behalten sollte. Theoderich, König der Ostgoten, stürzte Odoaker 493. Zwischen 536 und 552 eroberte das Oströmische Reich Teile Italiens. Die Byzantiner hielten Sizilien, Rom, Ravenna und einige Küstenstriche besetzt, zwischen denen sich im Norden das Königreich der Langobarden mit seiner Hauptstadt Pavia und die unabhängigen langobardischen Herzogtümer Spoleto und Benevent erstreckten.

In Rom wandten sich die Bürger, die keinen Führer hatten, an ihren Bischof, Papst Gregor den Großen (590–604). So wurde das Papsttum im Laufe der Zeit auch eine politische Macht. Spätere Päpste riefen Pippin, den König der Franken, und seinen Nachfolger, Karl den Großen, gegen die Langobarden zu Hilfe. 774 eroberte Karl das langobardische Königreich. Das Herzogtum Spoleto wurde fränkische Mark, und der Herzog von Benevent erkannte die fränkische Oberhoheit an. Am Weihnachtstag des Jahres 800 krönte Papst Leo III. Karl den Großen zum Römischen Kaiser, als Nachfolger der Cäsaren.

Die Kämpfe dauern an Karl der Große kehrte in sein Reich zurück, und weder seine Beamten noch seine Nachkommen waren in der Lage, Italien, das in Zwiespalt und Unordnung geriet, unter Kontrolle zu halten. Vergeblich kämpften Kaiser Ludwig II. (855–875) und Papst Johann VIII. gegen die Sarazenen, die 827 Teile Siziliens erobert hatten und bis Rom vordrangen.

Ungefähr zur gleichen Zeit, als die Normannen England eroberten, setzte sich eine Gruppe ihrer Landsleute in Süditalien fest und entriß unter Roger I. den Sarazenen zwischen 1061 und 1091 Sizilien.

Papst Gregor der Große (590–604) wurde für die führerlosen Römer der »Konsul Gottes«.

Der Aufstieg der Stadtstaaten Die Einwohner Mittel- und Norditaliens mußten ihr Geschick in die eigenen Hände nehmen. Ihr offizieller Herrscher, der Römische Kaiser, lebte in Deutschland, und seine Vertreter waren machtlos. Jede Stadt baute ihre eigenen Befestigungen, stellte ihre eigene Bürgerwehr zusammen und wählte einen lokalen Führer als *Podestà*. Einige gründeten erbliche Herzogtümer.

Venedig, eine echte Republik, wählte seinen ersten Dogen bereits im Jahre 697, doch die erste Stadt, die als Stadtstaat bezeichnet werden konnte, war Mailand, in dem 1097 die ersten Konsuln gewählt wurden. Diese Stadtstaaten waren unabhängig, obwohl sie dem Kaiser Gefolgstreue schuldeten.

Papst gegen Kaiser Der Römische Kaiser wurde von deutschen Fürsten gewählt. Doch eine Reihe aufeinanderfolgender Päpste behauptete, daß die Autorität des Kaisers sich letzten Endes von der Römischen Kirche herleite. Der Anspruch war heftig umstritten, und die Auseinandersetzungen zwischen Papst und Kaiser flackerten jahrhundertelang immer wieder auf.

Friedrich I., Barbarossa (1152–90), zerstörte 1162 Mailand. Doch 1176 schlug das Heer der Mailänder Friedrich, und er mußte sich dem Papst unterwerfen. Im Frieden von Konstanz (1183) billigte er den Städten erhebliche Freiheit zu.

Barbarossas Enkel, Kaiser Friedrich II., war mehr als ein gelegentlicher Besucher Italiens. Im Alter von vier Jahren erbte er das Königreich Sizilien, wuchs in Palermo auf und wurde, obwohl schon 1196 zum König gewählt, beim Tod seines Vaters übergangen. Friedrich stand zunächst unter der Vormundschaft von Papst Innozenz III., der ihn 1211 zum Gegenkönig wählen ließ. Bis 1214 hatte Friedrich seine Position gefestigt, 1220 wurde er zum Kaiser gekrönt.

Die meiste Zeit seines Lebens verbrachte er in Süditalien. Dort baute er nicht nur einige bemerkenswerte Schlösser, die noch heute stehen, er tat auch viel für den wirtschaftlichen Wohlstand dieses Gebietes.

Das große Schisma Während des ganzen Mittelalters war Italien in viele einzelne kleine und große Staaten aufgespalten. Das Papsttum stellte die einzige einigende Kraft dar, doch der politische Einfluß der Päpste schwankte.

Nach der Wahl des Franzosen Klemens V. im Jahre 1305 verlegten eine Reihe aufeinanderfolgender französischer Päpste ihre Residenz fast 70 Jahre lang nach Avignon. Papst Gregor XI. versuchte nach Rom zurückzukehren, doch eine weitere Auseinandersetzung kurz nach seinem Tod (1378) führte zum Großen Schisma. Bis 1417 hatte die katholische Kirche zwei, zwischen 1409 und 1415 sogar drei rivalisierende Päpste in Avignon, Rom und Pisa; jeder von ihnen wurde von einem ausländischen Machtblock unterstützt. Erst durch das Konzil von Konstanz wurde die Teilung 1417 aufgehoben. Das Papsttum hatte seinen Sitz wieder in Rom, das sich erneut zum Zentrum des italienischen Lebens entwickelte.

Ludovico Sforza, Herzog von Mailand (1494–99), war ein freigebiger Förderer der Künste, etwa als Mäzen Leonardos.

Handelsstädte Im Laufe des 14. Jahrhunderts gewannen die Städte in Nord- und Mittelitalien stetig an Macht. Florenz, berühmt für seine Tuchindustrie, hatte auch im internationalen Bankwesen eine führende Stellung. In Mailand stellte man Seide, Wollstoffe und Rüstungen her. Es beherrschte die Alpenpässe, die zu den Märkten Nordwesteuropas führten. Venedig mit seinem Inselreich im östlichen Mittelmeer hatte die Kontrolle über den Seehandel zwischen Asien und Europa.

Diese drei Städte bauten auf der Grundlage ihrer wirtschaftlichen Stärke eine finanzielle und militärische Vormachtstellung aus. Sie stellten sogenannte *Condottieri* mit Söldnerheeren an und unterwarfen sich andere Städte. Florenz hatte die Vormacht in der Toskana, während Mailand und Venedig um die Vormachtstellung in der Poebene kämpften.

In manchen Städten warfen sich Condottieri oder Mitglieder der Aristokratie zu Herrschern auf und gründeten Dynastien. Die Visconti herrschten in Mailand; ihnen folgten die Sforza. Obwohl Florenz formell eine Republik blieb, wurde es über Generationen von der Bankiersfamilie der Medici, die Kunst und Kultur förderte, regiert. Nur in Venedig hielten sich die herrschenden Patrizierfamilien strikt an ihre legale Verfassung.

Florentiner Wollhändler. Unter den Medici erreichte Florenz den Gipfel seines Wohlstandes.

Kämpfe im Süden Neapel und Sizilien im Süden blieben feudal und rückständig. Da Königin Johanna II. (1414–35) keinen Thronerben hinterließ, folgten nach ihrem Tod blutige dynastische Kämpfe zwischen rivalisierenden Thronprätendenten. Schließlich konnte Alfons von Aragon 1442 Neapel erobern und sich so die Herrschaft sichern.

1454 wurde eine vorübergehende Stabilität erreicht durch eine Allianz zwischen den fünf größten Mächten Italiens – zwischen Alfons von Aragon, Papst Nikolaus V., Francesco Sforza von Mailand, dem Dogen Foscari von Venedig und Cosimo de' Medici von Florenz. Diese Allianz, die Italienische Liga, sollte das Gleichgewicht der Kräfte aufrechterhalten. Um diese Zeit stand auch die künstlerische und literarische Bewegung der italienischen Renaissance auf ihrem Höhepunkt und beeinflußte andere Länder.

Die Markuskirche in Venedig zeigt deutlich den Einfluß byzantinischer Baukunst, denn zwischen der Lagunenstadt und Konstantinopel bestanden enge Handelsbeziehungen.

Französische und spanische Eindringlinge Doch die italienischen Staaten konnten ihre Interessen nicht verschmelzen und keine nationale Einheit finden. Dies ließ sie zum Opfer des Ehrgeizes fremder Mächte werden. 1494 fiel Karl VIII. von Frankreich in Italien ein, um seinem Anspruch auf die Krone von Neapel Nachdruck zu verleihen, wurde aber im folgenden Jahr geschlagen. Bei einem erneuten Versuch, Neapel einzunehmen, erlitten die Franzosen 1503 wiederum eine Niederlage. 1510 schlossen der Papst, Spanien, England und Venedig die Heilige Liga gegen Frankreich, und 1513 zogen sich die Franzosen aus Italien zurück. Nach dem Tod F. Sforzas (1535) fiel Mailand an Spanien. Mit dem Frieden von Câteau-Cambrésis erhielt Spanien 1559 die Vorherrschaft in Italien.

In seinem Werk Der Fürst *vertritt Niccolò Machiavelli die Ansicht, der Herrscher müsse frei von moralischen Skrupeln nach der Staatsnotwendigkeit handeln.*

Drei Jahrhunderte der Knechtschaft: 1559–1871 Der Spanische und der Österreichische Erbfolgekrieg des 18. Jahrhunderts änderten nur die Fahnen, unter denen die Italiener zu leben hatten. 1796 eroberte Napoleon die österreichische Lombardei. Im Frieden von Campoformio erhielten die Österreicher Venedig. Der Süden war keine spanische Provinz mehr, sondern ein neapolitanisches Königreich, in dem eine Nebenlinie der spanischen Bourbonen regierte, während der Grenzstaat Piemont mit der Insel Sardinien unter dem Haus Savoyen vereinigt wurde.

Nachdem Napoleon den Titel »Kaiser der Franzosen« angenommen hatte, ließ er sich 1805 zum König von Italien krönen. Doch 1815, nach seinem Sturz, wurde Italien, das noch immer ohne Einheit war, seinen reaktionären Herrschern zurückgegeben.

Risorgimento Das napoleonische Zwischenspiel hatte den italienischen Patriotismus aus einem jahrhundertealten Schlaf geweckt. Das Risorgimento (Wiedererstehung), die Einigungsbestrebung der Italiener, wurde von drei sehr verschiedenen Männern geführt: von Giuseppe Mazzini, einem intellektuellen Idealisten, von Camillo Graf Benso di Cavour, einem außerordentlich praktisch veranlagten Politiker, und von G. Garibaldi, einem wagemutigen Soldaten.

Die Revolutionen von 1848 und 1849 konnten die Österreicher nicht aus Italien vertreiben. Mazzini und Garibaldi wandten sich nun an Cavour, der jetzt Ministerpräsident von Piemont war und der erkannte, daß die italienische Einheit ohne Intervention von außerhalb nicht erreicht werden konnte. Deshalb schloß er ein Bündnis mit Frankreich. 1859 schickte Napoleon III. seine Armee gegen die Österreicher in Italien. Nach ihren entscheidenden Niederlagen bei Magenta und Solferino waren die Österreicher einverstanden, sich aus der Lombardei zurückzuziehen. Inzwischen hatte Garibaldi mit tausend Freiwilligen Sizilien und Neapel erobert.

Fast ganz Italien, mit Ausnahme von Venedig und dem Kirchenstaat, war nun unter piemontesischer Herrschaft vereinigt. 1866 wurde auch Venedig italienisch. Der Deutsch-Französische Krieg von 1870/71

Joachim Murat wurde von seinem Schwager Napoleon zum König von Neapel ernannt, fiel von ihm 1814 ab und wurde, als er 1815 wieder zu ihm übertrat, gefangen und standrechtlich erschossen.

Der italienische Freiheitskämpfer Garibaldi als Löwe, der den Stiefel Italien hält.

zwang Napoleon, seine Truppen vom Kirchenstaat abzuziehen, den sie seit 1849 besetzt hielten, um den Papst zu schützen. Dadurch konnten die Italiener nun ihrerseits Rom besetzen und es 1871 zur Hauptstadt des geeinten Italiens machen.

Unsichere Einheit: 1871–1915 Die neue Nation, obwohl theoretisch geeint, war in der Praxis in sich zerstritten. Der Norden und Süden des Landes hatten seit den Tagen des Römischen Reiches nicht mehr unter derselben Regierung gestanden; zwischen ihnen klaffte in Mentalität, Bildungsstand und Lebensstandard eine Kluft.

Die vergangenen Jahrhunderte der Rivalität zwischen den benachbarten Gebieten machten sogar im entwickelten Norden die Zusammenarbeit schwierig. Die Bewohner fühlten sich in erster Linie als Florentiner oder Venezianer und erst in zweiter Linie als Italiener. Nach der Zeit des Risorgimento stand die nächste Generation der italienischen Politiker der erschreckenden Aufgabe gegenüber, das parlamentarische System des 19. Jahrhunderts in einem Land einzuführen, dessen Bevölkerung zum großen Teil aus Analphabeten bestand, das technologisch rückständig war und nur sehr wenig natürliche Hilfsquellen hatte.

Der Kirchenstaat verhinderte im 19. Jh. die Einigung Italiens, wie diese zeitgenössische Karikatur zeigt.

Italien im Ersten Weltkrieg 1882 schloß Italien mit dem Deutschen Reich und Österreich-Ungarn den Dreibund. Nach Ausbruch des Ersten Weltkrieges blieb Italien bis zum Mai 1915 neutral, dann trat es an der Seite Frankreichs, Rußlands und Englands in den Krieg ein.

Die Hauptkriegsanstrengungen Italiens konzentrierten sich bald auf die Verteidigung seiner gebirgigen nordöstlichen Grenze zu Österreich. Die italienischen Truppen waren schlecht ausgerüstet und erlitten 1917 bei Karfreit (Caporetto) eine katastrophale Niederlage. Doch sie erholten sich wieder, und ein Jahr später konnte Italien die Österreicher bei Vittorio Veneto endgültig schlagen.

Mussolini und der Faschismus: 1919–45 Die russische Revolution von 1917 fand auch während der chaotischen Monate nach dem Krieg in Italien Widerhall. Benito Mussolini, ein abtrünniger Sozialist, gründete eine antikommunistische Bewegung, die Faschistische Partei, die ihren Namen von dem alten römischen Emblem der *Fasces* herleitete – dem Rutenbündel mit dem Beil in der Mitte –, das die Amtsgewalt symbolisierte.

Der Dichter Gabriele D'Annunzio – hier das Titelblatt seines Werkes Notturno – *war ein glühender Patriot, der mit einer Freischar 1919 die Stadt Fiume (Rijeka) für Italien einnahm.*

Mit ihren schwarzen Hemden und ihrer Parole »Keine Diskussion, nur Gehorsam« kam die Faschistische Partei an die Macht. 1922 befahl Mussolini seinen Anhängern den Marsch auf Rom; der König, Viktor Emanuel III., kapitulierte vor dieser Machtdemonstration und beauftragte Mussolini, eine Regierung zu bilden.

Mussolini stützte seine Politik auf die Idee des korporativen Staates und errichtete nach und nach eine Diktatur. Er nahm den Titel *Il Duce* (Führer) an und unterdrückte das gesamte parlamentarische System, der König diente ihm als Galionsfigur. Der Duce hatte den Ehrgeiz, den Glanz des alten Roms wiederzubeleben und die Italiener wieder zu einem militaristischen Volk zu machen.

Italien im Zweiten Weltkrieg Obwohl Italien mit Deutschland verbündet war (Achse Berlin–Rom), blieb es 1939 zunächst neutral. Erst 1940, als Frankreichs Fall unmittelbar bevorstand, trat Mussolini in den Krieg ein. Er war sicher, daß Hitler gewinnen würde, und hatte Angst, daß der Krieg zu Ende gehen könnte, ohne daß Italien seinen Anteil an der Beute erhielt.

Mussolini (links) wird 1915 nach einer Demonstration verhaftet, in der er für den Eintritt Italiens in den Krieg sprach. Als Gründer und Führer der Faschisten kam er 1922 an die Macht.

Mussolinis Truppen fochten hauptsächlich in Nordafrika, wo sie, trotz der Rückenstärkung durch das deutsche Afrikakorps, 1942 ihre entscheidende Niederlage erlitten. Am 10. Juli 1943 besetzten die Alliierten Sizilien. Am 25. Juli trat Mussolini zurück. Viktor Emanuel ließ ihn verhaften und unter Marschall Badoglio eine neue italienische Regierung bilden, die einen Waffenstillstand mit den Alliierten aushandelte.

Der größte Teil des Landes war jedoch immer noch von starken deutschen Streitkräften besetzt. Deutsche Fallschirmjäger befreiten Mussolini, der als nationalsozialistischer Marionettenherrscher in Norditalien regierte. In der letzten Phase des Krieges im Mittelmeerraum rückten die Alliierten auf der Apennienen-Halbinsel vor, unterstützt von italienischen Partisanen. In dieser Zeit erlitt Italien schreckliche Verluste, sowohl an Menschenleben wie durch die Zerstörung von Städten und Dörfern. Mussolini wurde von Partisanen gefangengenommen und am 28. April 1945 bei Como erschossen.

Nachkriegsitalien 1945 kehrte Italien zu seinem parlamentarischen System zurück, und da man der Meinung war, daß der König zu eng mit den Faschisten zusammengearbeitet hatte, wurde nach einer Volksbefragung 1946 die Republik ausgerufen. Der Senat und die Abgeordnetenkammer wählten den Präsidenten. Die wahre Macht hatten der Ministerpräsident und sein Kabinett inne, die sich auf die Mehrheit in beiden Häusern des Parlaments stützten.

Die Christlichen Demokraten (Democrazia Cristiana) bildeten zwar die stärkste Partei, doch es gelang ihnen auch in späteren Wahlen nicht, die absolute Mehrheit zu gewinnen. Ihr Führer, de Gasperi, stand bis 1953 mehreren Koalitionsregierungen vor. Seine Nachfolger hatten Schwierigkeiten, die Macht für die Christlichen Demokraten zu erhalten und einen mittleren Kurs zwischen Reaktion und Revolution in Richtung auf soziale Gerechtigkeit anzusteuern.

In den letzten Jahren kam es unter einer Reihe von schwachen italienischen Regierungen zu großen Unruhen. Die offensichtliche Unfähigkeit des demokratischen Systems, Italiens drückendste Probleme zu lösen – die Armut im Süden, regionale Eifersüchteleien, Arbeitslosigkeit, die Mafia und ähnliche Formen der Korruption –, stärkte die Parteien der extremsten Rechten und Linken. Zwischen 1969 und 1972 wurde das dynamische wirtschaftliche Wachstum des Landes durch eine Reihe lähmender Streiks gehemmt. Straßenkrawalle brachen aus, an denen Arbeiter, Studenten und Beamte teilnahmen, die alle gegen den viel zu langsamen Fortschritt der sozialen Gesetzgebung protestierten.

Das elegante Pirelli-Gebäude in Mailand symbolisiert die Blüte der italienischen Wirtschaft nach dem Kriege.

Seit der Mitte der 70er Jahre war das politische Bild Italiens von Regierungskrisen, wirtschaftlichen Schwierigkeiten und Terroranschlägen links- und rechtsradikaler Gruppen geprägt. Anfang Januar 1976 erzwangen die Sozialisten den Rücktritt des Christdemokraten Aldo Moro. Die Wahlen im Juni brachten für keine Partei eine eindeutige Mehrheit, schließlich bildete Giulio Andreotti eine Minderheitsregierung, die allerdings auf schwachen Füßen stand. Zweimal, im Januar 1978 und im Januar 1979, erklärte Andreotti seinen Rücktritt. Im März 1978 gelang es ihm, erneut eine Regierung zu bilden, an der nun erstmals auch die Kommunisten ein Mitspracherecht hatten. Im Januar 1979 gelang ihm keine Regierungsbildung. Erst im August 1979 konnte Francesco Cossiga endlich ein Minderheitskabinett bilden.

Ein Jahr vor Beendigung seiner Amtszeit trat im Juni 1978 Staatspräsident Giovanni Leone, dem Korruption und Steuerhinterziehung vorgeworfen wurde, zurück, sein Nachfolger wurde der 81jährige Sozialist Sandro Pertini.

Nach der Entführung und Ermordung Aldo Moros durch die Roten Brigaden im März 1978 fand die Welle politischen Terrors in Italien einen weiteren Höhepunkt in dem blutigen Bombenanschlag auf den Bahn-

Ein Bombenanschlag auf den Bahnhof von Bologna im August 1979 forderte mehr als 80 Menschenleben. Eine rechtsradikale Gruppe erklärte sich für den Anschlag verantwortlich.

hof von Bologna vom 2. August 1980, für den sich eine rechtsradikale Gruppe verantwortlich erklärte.

Die Regierung Andreotti, die seit Mitte März 1980 als Mitte-Links-Koalition der Christdemokraten, Sozialisten und Republikaner erstmals über eine Mehrheit im Parlament verfügte, war bei der Bekämpfung des Terrorismus ebensowenig erfolgreich wie bei der Sanierung der Wirtschaft. Ihr Sturz Ende September 1980 über ein Programm scharfer Steuererhöhungen und Einsparungen führte Ende Oktober 1980 zum Eintritt der Sozialdemokraten in die Mitte-Links-Koalition unter Ministerpräsident Arnaldo Forlani. Forlani ist seit Februar 1980 Präsident der Democrazia Cristiana und lehnt eine Regierungsbeteiligung der italienischen Kommunisten entschieden ab.

Jamaika

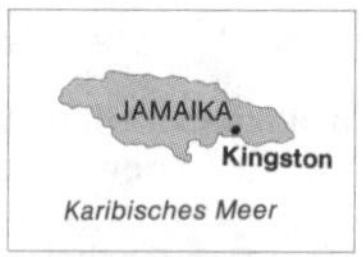

10 962 qkm
2 100 000 Einwohner
Hauptstadt: Kingston

Als Kolumbus 1494 Jamaika entdeckte, war die Insel von Aruaken bewohnt. Die Spanier legten Zuckerrohrplantagen an und benützten die Aruaken als Arbeitskräfte. Doch die Indianer mußten sich buchstäblich zu Tode arbeiten, und bald blieb nichts anderes übrig, als Negersklaven aus Westafrika einzuführen.

1655 besetzten britische Truppen Jamaika und vertrieben bis 1660 die Spanier. Englische Piraten benützten die Insel als Stützpunkt für ihre Überfälle auf spanische Schiffe und Siedlungen an der spanischen Nordküste Südamerikas. Offiziell verurteilte Großbritannien diese Überfälle, unternahm jedoch praktisch nichts, um sie zu unterbinden.

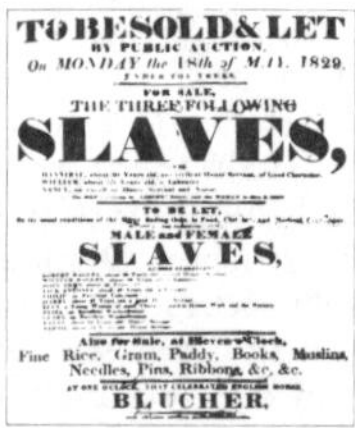

Ein Plakat kündigt eine Sklavenauktion an. Mitte des 18. Jh. gab es etwa 3 Millionen Sklaven auf Jamaika.

Sklaven und Zucker Den Höhepunkt ihres Wohlstandes erreichte die Insel Mitte des 18. Jahrhunderts, als sie zum größten Sklavenmarkt der westlichen Hemisphäre aufstieg. Die Geistlichkeit und die liberalen Politiker in Großbritannien verlangten jedoch die Abschaffung der Sklaverei, und 1838 erhielten die Sklaven die Freiheit. 1866 wurde Jamaika Kronkolonie, woraufhin fähige Gouverneure Reformen einleiteten. Die einseitige Abhängigkeit vom Zuckerrohranbau konnte durch großangelegten Anbau von Bananen gemildert werden.

Modernes Jamaika In den dreißiger Jahren des 20. Jahrhunderts litt das Land schwer unter der Weltwirtschaftskrise. Viele Schwarze wanderten nach England aus. 1953 erhielt Jamaika interne Selbstverwaltung. Nach einem kurzen Versuch, eine Föderation mit anderen britischen Besitzungen im Karibischen Meer zu bilden, wurde Jamaika 1962 unter Ministerpräsident Sir Alexander Bustamante unabhängig. Auf ihn folgte 1967 Hugh Shearer. Ihn löste nach den Wahlen von 1972 Michael Manley ab, der bei den Wahlen von 1976 erneut den Sieg davontrug. Auch 1980 konnte die Regierung Manley den wirtschaftlichen Niedergang nicht stoppen. Die oppositionelle Jamaican Labour Party unter dem früheren Entwicklungs- und Finanzminister Edward Seaga gewann infolge der wirtschaftlichen Unzufriedenheit der Bevölkerung in einem Erdrutschsieg bei den Parlamentswahlen vom 30. Oktober 1980 52 von 60 Sitzen. Die Regierung Seaga strebt die Wiedergesundung des Landes durch enge Beziehungen zu den USA an.

Ein Negersklave beim Zuckerrohrschneiden.

Japan

372 313 qkm
117 650 000 Einwohner
Hauptstadt: Tokio

Die Inseln, aus denen Japan besteht, beanspruchen nur ein kleines Gebiet am Rande Asiens. Und trotzdem ist das Land, das die Japaner Nippon nennen, der drittgrößte Industriestaat der Erde. Der erstaunliche Aufstieg Japans zu einer ökonomischen Supermacht vollzog sich erst in den letzten 100 Jahren. Bevor das moderne Japan auf der Weltbühne auftrat und einen der führenden Plätze für sich beanspruchte, betrachteten es die meisten Europäer als

das exotische, malerische Land der schneebedeckten Berge, der in Kimonos gekleideten Geishas und der traditionellen Teezeremonie.

Außerhalb des Landes wußte man nur wenig von den harten Traditionen der Samurai, einer Kriegerkaste, deren kompromißlose Loyalität der bestehenden Macht gegenüber von den japanischen Herrschern im späten 19. Jahrhundert voll mobilisiert wurde, als das Land sich anschickte, ein Programm der Modernisierung und der imperialen Eroberungen zu verwirklichen. Heute genießt das japanische Volk – 80 Prozent der Japaner leben in den Städten – einen ständig steigenden Lebensstandard, der durch eine Kombination von intensiven Anstrengungen und komplexer Technologie erreicht wurde.

Tonfigur eines Mädchens mit einem Becher. Mit solchen Tonfigürchen wurden Gräber geschmückt.

Mythologische und wahre Abstammung Nach der japanischen Mythologie stammen die ersten Japaner von Göttern ab, die auch die japanischen Inseln schufen. Die Sonnengöttin Amaterasu befahl ihrem Enkel, vom Himmel herabzusteigen und Japan zu regieren. Ihr Urenkel erkämpfte sich den Weg bis zum Zentrum des Landes – das Gebiet südlich des heutigen Kioto – und gründete 660 v. Chr. eine Hauptstadt und somit das Japanische Reich.

Tatsächlich aber waren Jäger, Fischer und Sammler, die unberührt von den Festlandskulturen lebten, die Ureinwohner Japans. Ihre Herkunft ist noch umstritten. Auch die heute noch auf der Insel Hokkaido als Jäger und Fischer und vereinzelt vom Hackbau lebenden Ainu sind von bisher unbekannter Herkunft. Rassisch werden sie den Europiden zugeordnet, im Gegensatz zur übrigen Bevölkerung Japans, die zu den Mongoliden gehört.

Eine Schinto-Göttin.

Koreanischer und chinesischer Einfluß Im 4. Jahrhundert n. Chr. eroberten die Japaner Gebiete im Südwesten Koreas, die sie ungefähr 200 Jahre lang hielten. Von Korea, in dem sich bis zum 5. Jahrhundert die chinesische Kultur weitgehend durchgesetzt hatte, gelangten chinesische Einflüsse auch nach Japan – wichtige Beispiele sind der Naßfeld-Reisanbau und die chinesische Schrift.

Viele Koreaner ließen sich in Japan nieder, darunter Handwerker, Schreiber und Weber, die den Japanern verschiedene künstlerische und praktische Techniken vermitteln konnten. Aufzeichnungen bezeugen, daß mehr als ein Drittel des japanischen Adels bis zum 9. Jahrhundert koreanischer oder chinesischer Abstammung war.

Die Einführung des Buddhismus: etwa 550 n. Chr. Von der Mitte des 6. Jahrhunderts an fand der Buddhismus, der ebenfalls über Korea aus China

Die Phönixhalle (11. Jh.) des Uji-Tempels beherbergt eine kunstvolle Holzstatue des Buddha.

kam und die Unterstützung der kaiserlichen Familie gewann, große Verbreitung in Japan. Der Buddhismus ergänzte die bestehende japanische Religion, den Schintoismus. Doch weder seine Theologie noch die Ethik des Konfuzianismus konnten den Schintoismus ersetzen. Der alte Glaube bestand neben dem neuen.

710 wurde nach dem Modell der zeitgenössischen chinesischen T'ang-Dynastie die neue Hauptstadt Nara gebaut – der Höhepunkt des frühen Buddhismus in Japan. Für die mit großer Sorgfalt gebauten Tempel und Klöster brachte man gewaltige finanzielle Mittel auf. Wunderbare Beispiele buddhistischer Architektur des 8. Jahrhunderts bestehen noch heute.

Der Verlust der kaiserlichen Macht: 794–1192 794 gründete man eine größere Hauptstadt, Heiankio (später Kioto), die ebenfalls nach chinesischem Muster gebaut wurde. Die Heian-Zeit dauerte von 794 bis 1192. Es war die Blütezeit der höfischen Kultur und der schönen Künste. Doch drängte der aufsteigende Hofadel die kaiserliche Macht immer mehr in den Hintergrund. Im Jahre 858 ging die wirkliche Macht vom Thron in die Hände der Fujiwara, einer Hofadelsfamilie, über, die nach Belieben Kaiser ein- und absetzte. Im 11. Jahrhundert verloren die Fujiwara ihre Macht, und die Geschlechter der Taira und Minamoto kämpften um die Vorherrschaft. In der Seeschlacht bei Damoura gingen 1185 die Minamoto als Sieger hervor.

Im Jahre 1192 wurde Yoritomo der erste Schogun (Reichsfeldherr) Japans.

Die Samurai-Herrschaft: 1192–1336 Yoritomo, das Haupt der Minamoto, ließ sich 1192 zum Schogun (Reichsfeldherrn) ernennen. Er verlegte die Residenz der Bakufu (Militärregierung) nach Kamakura, in die Nähe des heutigen Tokio. Von nun an beherrschte der Samurai, der Krieger, die japanische Gesellschaft, obwohl man die kaiserliche Familie und den Hofadel in Kioto mit Ehrerbietung behandelte.

Nach dem Tode Yoritomos (1199) ergriffen die Hojo als Regierungsverweser die Macht. 1274 und 1281 konnten die Hojo unter Tokimune erfolgreich die Invasionsversuche der Mongolen abwehren. Beide Male richteten schwere Stürme verheerende Verwüstungen bei der mongolischen Flotte an. Den großen Taifun von 1281 nannten die Japaner *Kamikaze* (Götterwind). Im Zweiten Weltkrieg bezeichnete man mit diesem Namen die Piloten, die sich mit ihren bombenbeladenen Flugzeugen auf feindliche Schiffe stürzten.

Samurai in einem Holzschnitt von Hokusai (1760–1849).

Die Ashikaga-Zeit: 1336–1573 Kaiser Godaigo (1319–38) konnte mit Unterstützung vieler wichtiger Kriegeradelsfamilien 1333 für kurze Zeit die Macht ergreifen. Doch einer seiner Feldherren, Ashikaga Takauji, wandte sich gegen ihn und brachte das Schogunat in den Besitz seiner Familie. Die Residenz verlegte er nach Kioto.

Während der Zeit des Ashikaga-Schogunats gelang es nicht, eine zentrale Regierungsgewalt auszuüben. Es kam zu Bürgerkriegen zwischen verschiedenen Kriegeradelsfamilien, die Feudalherren dehnten ihre Einflußgebiete aus, und der größte Teil der alten Adelsgeschlechter ging unter. Aus dem Volk stiegen neue Familien in den Schwertadel auf. Ungeachtet all dessen entwickelten sich Wissenschaft, Literatur und Kunst. Porzellanherstellung, Dramadichtung und die Teezeremonie blühten während dieser stürmischen, wirren Epoche.

Das Erscheinen der Portugiesen Als erste Europäer kamen 1543 portugiesische Händler nach Japan, die unter anderem Feuerwaffen mitbrachten. Ihnen folgten 1549 katholische Missionare. Oda Nobunaga, ein prominenter Feldherr und Staatsmann, der in drei Jahrzehnten halb Japan unter seine Macht brachte, zeigte sich den fremden Missionaren gegenüber sehr freundlich, denn das Christentum sollte ein Gegengewicht zu der allzu großen weltlichen Macht der buddhistischen Klöster bilden.

Nobunaga beendete 1573 das Ashikaga-Schogunat und schien nahe daran, konkurrenzloser Beherrscher Japans zu werden, als er 1582 ermordet wurde. Einem seiner Gefolgsmänner, Toyotomi Hideyoshi, gelang es 1582, das Reich zu einen. Zwischen 1592 und 1598 unternahm er einen Feldzug nach Korea – ein kostspieliges Abenteuer, das nach seinem Tod (1598) abgebrochen wurde.

Wie Japan die Europäer sah: japanisches Porträt eines holländischen Kaufmanns in Nagasaki.

Isolation unter der Tokugawa-Herrschaft Der fähigste General Toyotomi Hideyoshis, Tokugawa Ieyasu, riß 1600 in der Schlacht bei Sekigahara die Macht an sich. Nachdem er das Amt eines Schoguns übernommen hatte, machte er Edo (das moderne Tokio) zu seinem Hauptquartier. Da er von der spanischen Eroberung der Philippinen wußte und Angst hatte, ausländische Intrigen könnten seinen Kriegsadel gegen ihn aufbringen, betrachtete er die portugiesischen Missionare mit Mißtrauen. Sein Sohn, der zweite Tokugawa-Schogun, ging zur rücksichtslosen Ausrottung des Christentums über, während unter dem dritten Tokugawa-Schogun 1638 alle Portugiesen ausgewiesen und das Land für die Außenwelt geschlossen wurde. Den Japanern waren Reisen ins Ausland untersagt. Außer den Holländern durften nur Chinesen in Nagasaki Handel treiben.

Das Tokugawa-Schogunat tat sehr viel für die Erhaltung seiner Macht. Alle Feudalherren waren gezwungen, einen Teil jeden Jahres in der Festung von Edo zu verbringen. Die Bevölkerung zerfiel in vier Stände – Krieger, Bauern, Handwerker und Kaufleute. Dem ersten Stand gehörten außer den schwertertragenden Samurai auch die Priester, Gelehrten und Künstler an. Die Bauern mußten ihr Land pachten und hohe Abgaben zahlen.

Geisha – eine in Gesang, Instrumentenspiel, Tanz und Konversation ausgebildete Unterhalterin.

Während der 200jährigen Friedensperiode der Tokugawa-Zeit konnten sich Baukunst, Malerei und Plastik, Literatur und Gelehrsamkeit gut entwickeln. Doch die behördlichen Einengungen hatten auch negative Auswirkungen. In der Mitte des 18. Jahrhunderts kam es zu wirtschaftlichen und finanziellen Schwierigkeiten. Unter dem Einfluß der Gelehrten der Nationalen Schule wurde der Umsturz vorbereitet, der dem Feudalstaat Mitte des 19. Jahrhunderts ein Ende setzte.

Das Erscheinen der »Barbaren« Bis zu dieser Zeit konnten alle von Ausländern unternommenen Versuche, Japan für den Handel zu öffnen, entschlossen abgewehrt werden. 1853/54 zwang jedoch ein amerikanisches Geschwader unter Commodore Perry die Regierung in Edo, gewisse Häfen für den Auslandshandel freizugeben und einen Handelsvertrag zu unterzeichnen. Weitere Verträge mit Großbritannien, Rußland, Frankreich, Holland, Portugal und anderen europäischen Mächten folgten. Da keiner der Verträge mit Zustimmung des Kaisers geschlossen wurde, gab es im ganzen Land Unruhen.

Wiederherstellung der kaiserlichen Macht: 1868 Die Zugeständnisse, die das Tokugawa-Schogunat an die Ausländer machte, verringerten sein Ansehen, und Hand in Hand damit ging die Wiederbelebung des Interesses an der Monarchie in Kioto. 1868 stürzte eine Koalition der Feudalherren aus dem Südwesten Japans, die im Namen des Kaisers handelte, das Schogunat. Der erst 15jährige Kaiser Meiji (Mutsuhito) verlegte seine Hauptstadt nach Edo, das in Tokio umbenannt wurde.

Der erste amerikanische Konsul in Japan, Townsend Harris, wurde 1857 vom Schogun empfangen. Das Ergebnis des Treffens war ein Handelsvertrag.

Die große Welle, ein Farbholzschnitt von Hokusai, gehört zu seinen Ansichten des Berges Fuji.

Die neue Regierung begann eilig Reformprogramme durchzuführen, wobei fremde Nationen – in erster Linie Großbritannien, die Vereinigten Staaten, Deutschland und Frankreich – als Vorbild dienten. Freilich leisteten besonders die Samurai dem Fortschritt erbitterten Widerstand. Eine letzte Erhebung gegen die Reformer (1877) konnte nach sieben Monaten niedergeschlagen werden.

Nach der Umgestaltung von Justiz und Verwaltung nach europäischem Muster wurde am 11. Februar 1889 eine neue Verfassung angenommen, die Japan zur konstitutionellen Monarchie machte und einem Zweikammerparlament die gesetzgebende Gewalt übertrug.

Kaiser Meiji zu Beginn seiner erfolgreichen Herrschaft, in der Japan zur Weltmacht aufstieg.

Der japanische Sieg erstaunt die Welt Die Rivalität zwischen China und Japan in Korea führte 1894 zum Krieg mit China, in dem die Japaner einen überwältigenden Sieg errangen. Die Chinesen waren gezwungen, Formosa und die Pescadores sowie Port Arthur in der Südmandschurei an Japan abzutreten und die Unabhängigkeit Koreas anzuerkennen. Unter dem Druck von Rußland, Deutschland und Frankreich mußte Japan jedoch seine Ansprüche auf Port Arthur aufgeben, das 1898 russischer Stützpunkt wurde.

Als Großmacht anerkannt, schloß Japan 1902 ein Bündnis mit Großbritannien. 1904 ging der lang andauernde Streit mit Rußland über die Mandschurei in einen Krieg über. Die Kampfeigenschaften seiner Wehrpflichtigen, die von Samurai-Traditionen durchdrungen waren, verhalfen Japan zum Sieg – ein Ergebnis, das die Welt in Staunen versetzte.

Der Krieg zehrte jedoch an den finanziellen und menschlichen Reserven Japans, und Tokio wandte sich an den amerikanischen Präsidenten Theodore Roosevelt mit der Bitte, in St. Petersburg zu vermitteln. Nach dem Frieden von Portsmouth, September 1905, war Rußland gezwungen, Port Arthur und Südsachalin aufzugeben. Japan bekam auch die Kontrolle über Korea, das es 1910 formell annektierte.

Die japanische Industrie entwickelte sich rasch, und die Bevölkerung wuchs – von 35 Millionen im Jahre 1873 auf 46 Millionen 1910. Der Tod Kaiser Meijis 1912 kennzeichnete das Ende der fünfundvierzigjährigen Herrschaft, während der Japan sich zu einer führenden Weltmacht wandelte.

Unter der Regierung des Kaisers Taisho (Yoshihito) setzte sich die Industrialisierung Japans fort, zeitweise gebremst durch innere Unruhen und ein katastrophales Erdbeben.

Das Taisho-Japan: 1912–26 Unter Meijis Sohn, Kaiser Taisho (Yoshihito), blühten Industrie und Handel. Im Ersten Weltkrieg, in den Japan als Verbündeter Großbritanniens eintrat, konnten japanische Exporte den Bedarf der asiatischen und afrikanischen Märkte decken, den Großbritannien und Deutschland nicht zu decken vermochten. Doch nachdem der wirtschaftliche Boom der Kriegsjahre abgeflaut war und Japan an den Folgen des katastrophalen Erdbebens des Jahres 1923 im Bereich von Tokio und Yokohama zu leiden hatte, erfolgte ein Rückschlag.

Am Ende des Krieges bekam Japan die deutschen Inseln im Pazifik und einen Sitz im Rat des Völkerbundes. Japanische Truppen, die gegen die bolschewistische Revolution interveniert und Sibirien bis zum Baikalsee besetzt hatten, wurden 1920 abgezogen. Das anglo-japanische Bündnis wurde nach 1921 nicht mehr erneuert.

Die auf der Washingtoner Konferenz (1921/22) unterzeichneten Abrüstungsabmachungen schienen Japan Sicherheit zu geben. Auch der japanische Imperialismus schien angesichts der sozialen Unruhen und der Ausdehnung des Stimmrechts auf alle Männer über 21 im Schwinden begriffen zu sein.

Heimarbeit in Japan – ein Mädchen an einem Webstuhl für Seide.

Krise und Eroberung Kaiser Taisho starb 1926. Unter seinem Nachfolger Hirohito erlebte Japan eine finanzielle Krise, die auf das Versagen der Banken zurückging. Ihr folgten 1930 die verheerenden Auswirkungen der großen Weltwirtschaftskrise. Der amerikanische Markt für japanische Seide brach zusammen, was für die landwirtschaftlichen Gebiete Japans, in denen die Seidenproduktion eine lebenswichtige Rolle spielte, eine Katastrophe bedeutete.

Parallel zu der wirtschaftlichen Krise wuchsen auch die Spannungen zwischen Japan und China. Ein neuer nationalistischer Geist in China, der vom Erfolg der revolutionären Partei Tschiang Kai-scheks, der Kuomintang, beflügelt war, schien Japans politische und wirtschaftliche Position in der Mandschurei zu bedrohen. Im September 1931 griffen japanische Truppen ohne entsprechende Befehle aus Tokio die Chinesen an und nahmen Mukden und andere Städte in der Mandschurei. Die japanische Regierung war gezwungen, diese Handlungen hinzunehmen.

Die Verurteilung durch die Weltöffentlichkeit verschärfte nur die patriotischen Gefühle der Japaner. 1933 vollendete Japan die Besetzung der ganzen Mandschurei, trat aus dem Völkerbund aus und erkannte den sogenannten unabhängigen Staat Mandschukuo unter Pu-Yi, dem letzten Mandschu-Kaiser von China, an.

Kaiser Hirohito, der 1926 den Thron bestieg, sah eine der bewegtesten Zeiten der japanischen Geschichte.

Terror und Krieg: 1932–38 Seit den mittzwanziger Jahren brachte der fanatische Patriotismus, vor allem der jüngeren Offiziere, zunehmend Unruhe in das politische Leben. Eine Bewegung zur Wiederbelebung altjapanischer Ideale kam auf, man verherrlichte den gottähnlichen Kaiser und die kaiserliche Armee als sein einziges verläßliches Instrument. Extreme nationalistische Terroristen ermordeten 1932 den gemäßigten Premierminister Inukai und andere Männer des öffentlichen Lebens. Weitere Attentate ereigneten sich 1936, als ein Teil der Garnison von Tokio, angeführt von einer Gruppe junger Offiziere, einen Staatsstreich durchzuführen versuchte, mit dem Ziel, eine Militärherrschaft zu errichten.

Die erfolgreiche Niederschlagung dieses Aufstandes stärkte nur den politischen Einfluß der Armee, der allein maßgeblich wurde, nachdem ein Scharmützel in der Nähe von Peking 1937 zu einem Krieg mit China geführt hatte. Innerhalb von 18 Monaten eroberten die japanischen Streitkräfte das Jangtsetal bis nach Wuhan und besetzten Kanton und fast alle wichtigen Städte Chinas. Trotz der Errichtung einer projapanischen Marionettenregierung in Nord- und Zentralchina kapitulierten die Chinesen nicht.

Der Zweite Weltkrieg Das japanische Vorgehen in China fügte den britischen und amerikanischen Interessen dort schweren Schaden zu. In Japan selbst duldete man keine Kritik an diesem Vorgehen. Gemäßigte Staatsmänner und Intellektuelle verloren gegenüber prodeutschen Militaristen noch mehr an Boden, als Deutschland die Niederlande, Belgien, Luxemburg und Frankreich 1940 überrannte. Bald danach schloß Japan ein Militärbündnis mit Deutschland und Italien ab.

Unterzeichnung der Kapitulationsurkunde auf einem amerikanischen Schlachtschiff.

Der Druck, der von Deutschland auf die französische Vichy-Regierung ausgeübt wurde, sicherte Japan Stützpunkte, zuerst in Nordindochina – von diesen Stützpunkten aus konnte die Birma-Straße, auf der lebenswichtige Materiallieferungen nach China transportiert wurden, bedroht werden – und dann in der Gegend von Saigon. Washington reagierte darauf, indem es gegen Japan ein Handelsembargo verhängte; diesem Beispiel folgten Großbritannien und die Niederlande.

Japan sah sich jetzt großen wirtschaftlichen Schwierigkeiten gegenübergestellt, besonders da es vollkommen von importiertem Öl abhängig war. Japanisch-amerikanische Gespräche konnten die verfahrene Situation nicht mehr retten, und Japan schlug ohne Vorwarnung zu. Seine Flugzeuge bombardierten im Dezember 1941 Pearl Harbour, Hongkong und Singapur, und seine Truppen landeten auf Malaya.

Ein Kamikaze – ein japanischer Selbstmordpilot – hat sich auf einen amerikanischen Flugzeugträger gestürzt.

Innerhalb von 6 Monaten eroberten die Japaner ein gewaltiges Gebiet, von der indobirmanischen Grenze bis nach Neuguinea.

Das Kriegsglück begann sich im Juni 1942 zu wenden, als die Japaner in der See- und Luftschlacht bei den Midway-Inseln besiegt wurden. Damit gewannen die Amerikaner die Oberhand im Pazifik zurück. Ein Tiefpunkt für Japan kam 1944; Niederlage folgte auf Niederlage, und die Amerikaner kehrten unter MacArthur zu den Philippinen zurück. Am 6. und 9. August 1945 warfen die Amerikaner Atombomben auf Hiroschima und Nagasaki ab, am 8. erklärte auch die Sowjetunion Japan den Krieg. Zwei Tage später befahl Kaiser Hirohito persönlich die japanische Kapitulation, denn nur seine Stimme besaß genügend Autorität, um die japanischen Truppen von der Sinnlosigkeit weiteren Widerstandes zu überzeugen.

Fremde Besatzung: 1945–52 Die formelle Kapitulation fand im September 1945 auf einem amerikanischen Schlachtschiff in der Sagamibai von Tokio statt. Unter General MacArthur überwachten die Amerikaner die durchgreifenden politischen, wirtschaftlichen und sozialen Veränderungen in Japan. Die Bereitschaft der japanischen Regierung und des Volkes zur Zusammenarbeit mit den Amerikanern erleichterte den Prozeß wesentlich.

An die Stelle der Verfassung der Meiji-Zeit trat eine demokratische Verfassung, die zum großen Teil von MacArthurs Stab ausgearbeitet worden war. In einer Rundfunkansprache verneinte der Kaiser die altjapanische Auffassung von der Göttlichkeit seiner Person. Die neue Verfassung machte ihn zum Symbol der nationalen Einheit, während die Souveränität vom japanischen Volk abgeleitet wurde.

Eine von der Besatzungsmacht überwachte Säuberung hielt Hunderte von Politikern, Geschäftsleuten und Lehrenden wenigstens vorübergehend von der Beteiligung am öffentlichen Leben fern. Eine äußerst wichtige Maßnahme war die Bodenreform, die die Landwirtschaft wiederbelebte, die Pachtbauern in besitzende Bauern verwandelte und so eine stabile konservative Kraft schuf, die keine Sympathie für alle Abarten des politischen Extremismus hatte.

Bis 1950 war der wichtigste Teil der Reform vollendet, und es begann der Wiederaufbau. Dieser wurde durch den industriellen Aufschwung beschleunigt, der auf den Ausbruch des Koreakrieges (1950) folgte. Von dieser Zeit datieren auch die bescheidenen Anfänge des japanischen Wiederaufrüstungsprogramms der Nachkriegszeit.

Friede und Wohlstand Im April 1952 beendete die Ratifizierung des Friedensvertrages von San Francisco die Besatzungszeit. Aufgrund einer Abmachung waren die USA für den Schutz Japans verantwortlich. Unter dem amerikanischen Druck verzeichnete die Wiederaufrüstung stetige Fortschritte, was in offensichtlichem Widerspruch zu der neuen, pazifistischen Verfassung stand.

Den größten Teil seiner Energie widmete Japan dem Ausbau seiner Industrie und des Handels. In den sechziger Jahren lag der japanische Lebensstandard weit über dem der Vorkriegszeit. Die stetig wachsende beherrschende Rolle Japans im Welthandel machte seinen Konkurrenten Sorge, und die Beziehungen zu den USA wurden durch Präsident Nixons Politik der Einschränkung japanischer Importe erschüttert. Im Mai 1972 erreichte Ministerpräsident Eisaku Sato die Rückgabe von Okinawa, das seit 1945 unter amerikanischer Verwaltung gestanden hatte.

Japans neue Rolle Im Juli 1972 trat Sato zurück, und die regierende Liberal-Demokratische Partei wählte den 54 Jahre alten Kakuei Tanaka zu seinem Nachfolger. Unter der Führung Tanakas konnten die Liberalen Demokraten in den Parlamentswahlen vom Dezember 1972 ihre Machtstellung behaupten.

Als Ministerpräsident besuchte er 1972 China in einer Versöhnungsmission und beendete damit 35 Jahre der Feindschaft zwischen den beiden Nationen. Tanaka deutete auch der UdSSR gegenüber seine Bereitschaft an, einen Friedensvertrag zu unterzeichnen, doch verliefen die Verhandlungen bisher ergebnislos, da die UdSSR nicht bereit ist, die beiden südlichsten Kurileninseln an Japan zurückzugeben.

Im Dezember 1974 trat Tanaka zurück, da man ihn verdächtigte, er habe sich in seinem Amt bereichert. Sein Nachfolger wurde der liberal-demokratische Takeo Miki. Die Wahlen vom Dezember 1976 brachten der Liberal-Demokratischen Partei Verluste, und Takeo Miki trat als Partei- und Regierungschef zurück. Takeo Fukuda wurde zum neuen Vorsitzenden und Ende Dezember auch zum neuen Regierungschef gewählt. Die Zusammenarbeit mit der Chinesischen Volksrepublik wurde gefördert, und im August 1978 schloß Japan mit China einen Friedens- und Freundschaftsvertrag.

Schwierigkeiten innerhalb der Regierungspartei führten im November 1978 zum Rücktritt Fukudas, Masajoschi Ohira trat im Dezember seine Nachfolge an. Am 16. Mai 1980 wurde der Regierung Ohira im Unterhaus das Mißtrauen ausgesprochen. Ohira löste das Parlament auf und beraumte Neuwahlen zum 22. Juni 1980 an, vor deren Abhaltung er aber starb. Die Liberal-Demokratische Partei (LDP) errang wieder die absolute Mehrheit und wählte den bisherigen Post- und Verkehrsminister Zenko Suzuki zum neuen Ministerpräsidenten.

Jemen, Arabische Republik

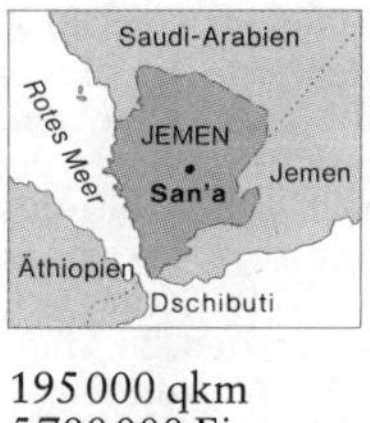

195 000 qkm
5 700 000 Einwohner
Hauptstadt: San'a

Im 1. vorchristlichen Jahrtausend lebten seßhafte Völker – Sabäer und Minäer – im heutigen Jemen. Die Sabäer gründeten um 1200 v. Chr. das biblische Königreich Saba, das zu Äthiopien (Kusch) Handelsbeziehungen unterhielt. Im 5. Jahrhundert v. Chr. kam es zu Kämpfen zwischen Sabäern und Minäern, die anderen Völkern, darunter den Himjariten, die Möglichkeit boten, sich im Jemen festzusetzen.

Bis zum 2. nachchristlichen Jahrhundert hatten die Himjariten die Oberhand errungen und behielten sie, bis 525 die Äthiopen einfielen und den Jemen zu einem Vasallenstaat von Aksum machten. Unter der äthiopischen Herrschaft wurde das Christentum im Jemen verbreitet. 572 eroberten die Perser das Land, und 630 nahmen moslemische Araber von ihm Besitz und bekehrten die Bevölkerung zum Islam.

Jahrhundertelang hielten die moslemischen Imams (Herrscher) den Jemen in totaler Abgeschiedenheit von der Außenwelt. 1517 eroberten die Osmanen das Land; es behielt aber weiterhin eine autonome Verwaltung unter dem Imam von San'a. 1839 kam der Süden mit der Eroberung Adens unter britischen Einfluß. Durch den Zusammenbruch des Osmanischen Reiches nach dem Ersten Weltkrieg wurde der Jemen unter Imam Jahja (1904–48) unabhängig, mit Ausnahme der unter britischer Verwaltung stehenden Gebiete. Erst nach dem Zweiten Weltkrieg leitete der Jemen eine mehr auf die Zukunft ausgerichtete Politik ein. Zwischen 1958 und 1961 war er föderatives Mitglied der Vereinigten Arabischen Republik.

Amir el-Hassan, der Befehlshaber der Royalisten im Bürgerkrieg, beobachtet die Front.

Bürgerkrieg: 1962–69 Die Veränderungen bewirkten interne Störungen. Nach dem Tod von Imam Saif al-Islam Ahmed kam es im September 1962 zu einem Aufstand nationalistischer Offiziere, und das Land wurde in Arabische Republik Jemen umbenannt. Ein Bürgerkrieg folgte. Die Ägypter entsandten Truppen, um den Revolutionären unter Abdulla al-Sallal zu helfen, während Saudi-Arabien den verbannten Imam Mohammed Badr unterstützte. Die Regierung al-Sallal wurde von fast allen Staaten anerkannt und der Jemen im Dezember 1962 in die Vereinten Nationen aufgenommen. Doch die Royalisten beherrschten noch weite Teile des Nordens und Ostens. Nach den Wahlen von 1965 kam der antiägyptische Flügel der Republikaner an die Macht, doch noch im gleichen Jahr wurde auf ägyptischen Druck hin wieder eine proägyptische Regierung eingesetzt. 1969 brach der royalistische Widerstand endgültig zusammen.

Ende der sechziger Jahre entwickelten sich Spannungen in den Beziehungen zwischen der Arabischen Republik Jemen und der Volksrepublik Jemen (Südjemen). 1973 verbesserte sich die Lage wieder, und die beiden Länder kamen überein, sich eines Tages zusammenzuschließen. Im Juli 1974 riß Oberst Ibrahim al-Hamedi die Macht an sich und übte als Vorsitzender eines 10köpfigen Kommandorates die Regierungsgewalt aus. Die innenpolitische Lage blieb instabil. Im Oktober 1977 fielen Oberst al-Hamedi und sein Bruder Attentaten zum Opfer. Oberstleutnant Hussein al-Ghashmi, der nun an die Staatsspitze trat, wurde im Juni 1978 bei einem Sprengstoffanschlag getötet. Im Juli wählte die verfassunggebende Versammlung Oberstleutnant Ali Abdullah Salih zum neuen Präsidenten.

Jemen, Demokratische Volksrepublik

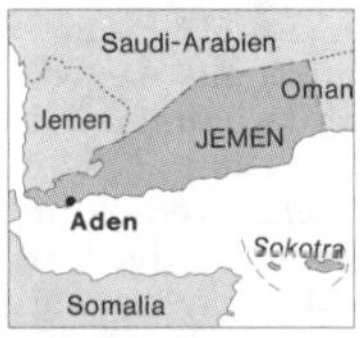

332 968 qkm
1 800 000 Einwohner
Hauptstadt: Aden

Über ein Jahrhundert lang war der Hafen von Aden der Stützpunkt, von dem aus Großbritannien den Persischen Golf und die Zugänge zur östlichen Ausfahrt aus dem Suezkanal kontrollierte. Seit dem 30. November 1968 sind Aden und sein Hinterland, erst als Südjemen und jetzt als Volksrepublik Jemen, unabhängig. Nach einer Periode der Spannungen zwischen der Volksrepublik Jemen und seinem westlichen Nachbarn, der Arabischen Republik Jemen, rückten beide Länder näher aneinander.

Vor und nach der Unabhängigkeit Die Geschichte Südjemens ist bis 1839 mit derjenigen Nordjemens identisch. In diesem Jahr landeten Briten im Hafen von Aden, den der Sultan von Lahidsch an England verkaufte. Seine eigentliche Bedeutung erlangte Aden nach der Eröffnung des Suezkanals 30 Jahre später. Um den Hafen gegen Angriffe vom Land her zu schützen, schloß Großbritannien Verträge mit den Sultanaten im Süden.

1959 gründeten die Engländer die Südarabische Föderation, der sich 1962 Aden und 17 Sultanate anschlossen. Nachdem ein UNO-Bericht veröffentlicht worden und 1963 eine Revolte der Nationalen Befreiungsfront (NLF) ausgebrochen war, kündigte Großbritannien an, die Föderation werde 1968 die Unabhängigkeit erlangen. Die Gewalttätigkeiten rissen jedoch nicht ab, und im Januar 1968 begann der britische Rückzug. Verbissene Kämpfe brachen zwischen zwei arabischen Organisationen aus – der NLF und der FLOSY (Front für die Befreiung des besetzten Südjemen) –, wobei die Engländer zwischen zwei Feuer gerieten. Die Kämpfe endeten mit dem Sieg der NLF, die, nachdem die letzten britischen Truppen im November abgezogen waren, die Regierung übernahm.

Die NLF-Führung griff zu drastischen Maßnahmen, um die Macht zu behalten. Das Regime bewegte sich immer weiter nach links. 1969 trat Präsident Qahten Mohammed ash-Shaabi zurück und wurde durch einen aus drei Männern bestehenden Präsidialrat ersetzt, der sich selbst zur marxistisch-leninistischen Regierung erklärt hatte.

1972 weiteten sich die immer gespannteren Beziehungen zu der benachbarten Arabischen Republik Jemen im Norden zu militärischen Zusammenstößen zwischen beiden Ländern aus. Gegen Jahresende wurde ein Frieden ausgehandelt und eine Vereinbarung unterzeichnet, die eine eventuelle Vereinigung beider Jemen vorsieht.

1977 vereinbarten Vertreter beider Länder die Bildung eines Gemeinsamen Rates, der auf Zusammenarbeit in wirtschaftlicher und kultureller Hinsicht hinarbeiten sollte. Die Verhandlungen stagnierten jedoch nach dem Attentat auf den Regierungschef der Arabischen Republik Jemen und den Wahlen in der Demokratischen Volksrepublik vom Dezember 1978, die Ali Nasser Mohammed als Regierungschef bestätigten.

Panzerpatrouille in Aden während des britischen Rückzugs (1968).

Im April 1980 wurde der Staatspräsident und Generalsekretär der regierenden Sozialistischen Partei Abdul Fattah Ismail al-Jaufi von Ministerpräsident Ali Nasser Mohammed aus seinen Ämtern gedrängt und auf den Posten des einflußlosen Präsidenten der Staatspartei abgeschoben. Ali Nasser Mohammed hielt an der engen Bindung zur Sowjetunion fest. Gleichzeitig versuchte er durch Reisen in die Arabische Republik Jemen, nach Saudi-Arabien und in die kleinen arabischen Golfstaaten, die Isolierung seines Landes in der arabischen Welt zu durchbrechen.

Jordanien

97 740 qkm
3 100 000 Einwohner
Hauptstadt: Amman

Das Königreich Jordanien liegt auf einem Gebiet, das reich an geschichtlichen Erinnerungen ist. Seit 1948 umschließen seine Grenzen einige der berühmtesten Stätten der biblischen Tradition, wie Bethlehem, Jericho, Jerusalem und den Jordan.

Seit 1948 hat Jordanien bei der Konfrontation zwischen der arabischen Welt und Israel ganz vorn gestanden. Im Sechstagekrieg (1967) verlor es das Westufer des Jordans an die siegreiche israelische Armee. Die Belastung, die sich aus der militärischen Niederlage und dem Massenzufluß palästinensischer Flüchtlinge nach Jordanien ergab, bedrohte die Stellung König Husains, der für seine Mäßigung in den arabischen Angelegenheiten bekannt ist.

Biblischer Ursprung und arabische Eroberung In biblischen Zeiten war das heutige Jordanien geteilt. Das Gebiet westlich des Jordans gehörte zu Palästina, während die östlichen Gebiete die Königreiche Ammon, Edom und Moab einschlossen. Das mächtige Nabatäische Reich, um 300 v. Chr. gegründet, mit der Hauptstadt Petra, bildete einen Teil des heutigen Jordaniens, doch die Eroberung durch Rom im Jahre 106 n. Chr. setzte der Macht der Nabatäer ein Ende.

Felsengrab in Petra, der Hauptstadt des Nabatäerreiches, die erst 1812 von dem Schweizer Forscher J. L. Burckhardt wiederentdeckt wurde.

Moslemische Araber eroberten das Land im 7. Jahrhundert, und nach kurzer Herrschaft der Kreuzritter wurde Jordanien Teil des Reiches der mameluckischen Beherrscher Ägyptens. Im 16. Jahrhundert besiegten osmanische Türken die Mamelucken. Ihre Herrschaft dauerte 400 Jahre, bis ihr Reich am Ende des Ersten Weltkrieges zusammenbrach.

Britisches Mandatsgebiet Während des Ersten Weltkrieges halfen arabische Partisanen unter Führung von Prinz Feisal den britischen Truppen, Palästina von türkischer Herrschaft zu befreien. Als Dank dafür versprach Großbritannien den Arabern die Errichtung eines unabhängigen Königreiches nach dem Krieg, gleichzeitig versprach es den Juden eine nationale Heimat in Palästina.

1920 betraute der Völkerbund Großbritannien mit dem Mandat über Palästina. Um das gegebene Versprechen zu erfüllen, schuf England 1923 aus einem Teil dieses Territoriums das Transjordanische Emirat und setzte Feisals Bruder, Abdallah ibn Husain, auf den Thron. Die Loyalität des Emirs im Zweiten Weltkrieg bewog Großbritannien dazu, ihn 1946 als König eines unabhängigen Transjordanien anzuerkennen.

Das unabhängige Jordanien Großbritannien sah sich nun mit den Konsequenzen konfrontiert, die sich aus den widersprüchlichen Versprechungen an Araber und Juden ergaben. Als Großbritannien 1948 sein Mandat über Palästina aufgegeben hatte, ergriff Transjordanien die Partei anderer Staaten der Arabischen Liga und griff das gerade unabhängig gewordene Israel an. Die Jordanier eroberten die Altstadt von Jerusalem, die zusammen mit Arabisch-Palästina dem Staat 1950 eingegliedert wurde. Die arabischen Armeen erlitten jedoch eine schwere Niederlage, und durch die Vermittlung der Vereinten Nationen wurden die Kämpfe 1949 beendet. Im April 1950 wurde Transjordanien in Jordanien umbenannt.

Abdallah ibn Husain (1882–1951), der seit 1921 Emir von Transjordanien und seit 1946 König war.

Abdallah fiel 1951 dem Attentat eines extremistischen arabischen Nationalisten zum Opfer, und sein Sohn Talal kam auf den Thron, wurde jedoch ein Jahr später vom Parlament abgesetzt. Talals acht-

Rauchwolken über Amman im September 1970 während der erbitterten Kämpfe zwischen Husains Truppen und den palästinensischen Partisanen.

zehnjähriger Sohn Husain II. trat seine Nachfolge an.

Der Kampf ums Überleben Nachdem Israel 1964 einen Teil des Jordans im Rahmen eines Bewässerungsprogramms abgeleitet hatte, forderten Ägypten und Syrien einen Generalangriff auf Israel und kritisierten die vorsichtigere Politik Husains. Am 30. Mai 1967 unterzeichnete Husain schließlich einen Militärpakt mit Ägypten. Am 5. Juni begannen die Israelis einen Blitzkrieg, und eine Woche später hatten sie das ganze westliche Jordanufer erobert.

Nun entwickelte sich eine ernsthafte Spannung zwischen der jordanischen Regierung und den palästinensischen Flüchtlingen, die mehr als die Hälfte der Gesamtbevölkerung Jordaniens ausmachten. Palästinensische Partisanen unternahmen von Jordanien aus terroristische Angriffe gegen Israel. Obwohl Husain einer unmittelbaren Auseinandersetzung mit den Partisanen entgehen wollte, schuf seine Annahme des arabisch-israelischen Waffenstillstandes im August 1970 eine unüberbrückbare Kluft zwischen seinem Regime und den Terroristen.

Schließlich sah sich Husain gezwungen, die Stützpunkte der Partisanen anzugreifen. Die Folge war ein blutiger Bürgerkrieg, der erst zu Ende ging, als die arabischen Führer einen Waffenstillstand arrangierten. Neue gewalttätige Auseinandersetzungen brachen im Januar 1971 aus.

Husain unternahm nun neue Anstrengungen, um zu einer Verständigung – besonders über die Zukunft des westlichen Jordanufers – mit Israel zu gelangen. Die Beziehungen zu anderen arabischen Staaten verschlechterten sich weiterhin. Im Januar 1971 fiel der jordanische Ministerpräsident Wasfi el Tal in Kairo einem Attentat von Palästinensern zum Opfer.

König Husains prowestliche und Israel gegenüber maßvolle Politik wird von vielen Arabern abgelehnt.

Dessenungeachtet legte Husain 1972 einen neuen Plan für die Verwaltung des Westufers vor. Dieser wurde von Israel zurückgewiesen und führte zum Abbruch der diplomatischen Beziehungen von Ägypten und Libyen zu Jordanien. Ende 1974 gab Husain dem Drängen anderer arabischer Staaten nach und verzichtete zugunsten der Palästinensischen Befreiungsfront (PLO) auf die Vertretung des Westjordanlandes.

Bis 1976 kam es zu einer gewissen Entspannung zwischen Jordanien und Libyen. Man kam überein, auf wirtschaftlich-technischem Gebiet enger zusammenzuarbeiten. Husain begrüßte die Friedensbemühungen des ägyptischen Staatspräsidenten Sadat, lehnte jedoch den Friedensvertrag zwischen Israel und Ägypten ab, da die Rechte des palästinensischen Volkes auf Freiheit und Selbstbestimmung nicht anerkannt seien. Im irakisch-iranischen Krieg stellte sich Husain im September 1980 an die Seite des Iraks. Der Irak kann über den jordanischen Hafen Akaba seinen Handel abwickeln und auch militärischen Nachschub erhalten.

Jugoslawien

Die Einwohner dieses zerklüfteten, gebirgigen Landes erhielten bald nach dem Ersten Weltkrieg ihre nationale Unabhängigkeit. Damals nämlich vereinigten sich Serbien, Montenegro, Kroatien, Slowenien, Bosnien und Herzegowina und Nordmakedonien zu dem neuen Königreich Jugoslawien. Nach dem Zweiten Weltkrieg wurde Jugoslawien Volksrepublik innerhalb des Sowjetblocks, beherrscht von dem Führer der Widerstandsbewegung der Kriegszeit, Marschall Tito. Tito schuf einen starken kommunistischen Staat, doch seine vom sowjetischen Muster abweichende ideologische Vorstellung führte zum Bruch mit Stalin.

255 804 qkm
21 600 000 Einwohner
Hauptstadt: Belgrad

Slawische Invasion: 7. Jahrhundert n. Chr. Das Gebiet des heutigen Jugoslawiens war einst Teil des Römischen Reiches. Nach dem Rückzug der Römer behielten seine Einwohner die römischen Traditionen bei und gerieten unter den Einfluß von Byzanz. Im 7. Jahrhundert wurden sie von slawischen Eindringlingen, die vom Osten her kamen, in die Berge getrieben.

Unter Stephan Duschan (1331–55) erlangte Serbien seine größte Ausdehnung. Nach seinem Tode zerfiel das Reich.

Aufstieg und Fall von Serbien: etwa 900–1459 Im 14. Jahrhundert wurde der slawische Staat Serbien, nachdem er Makedonien und Teile von Griechenland erobert hatte, die vorherrschende Macht auf dem Balkan. Sein bedeutendster Herrscher, Stephan Duschan, plante einen Angriff auf das Byzantinische Reich, starb aber auf seinem Marsch nach Konstantinopel im Jahre 1355. Später fiel Serbien unter dem Angriff der osmanischen Türken auseinander, die schließlich das Land 1459 eroberten.

Fremdherrschaft und Unabhängigkeit: nach 1459 Von der Mitte des 15. bis zur Mitte des 19. Jahrhunderts gehörte der größte Teil Jugoslawiens zum Osmanischen Reich. 1878 gab der Berliner Kongreß Serbien und Montenegro die Unabhängigkeit. Doch die Türkei behielt Makedonien, während Österreich-Ungarn, das bereits Slowenien und einen großen Teil Kroatiens beherrschte, 1908 Bosnien und Herzegowina annektierte. Als Ergebnis der Balkankriege (1912/13) vergrößerte Serbien jedoch sein Territorium um Nordmakedonien.

Die Gründung Jugoslawiens: 1918 Am 28. Juli 1914 ermordete Gavrilo Princip, Mitglied einer serbischen nationalistischen Geheimgesellschaft – der Schwarzen Hand –, den österreich-ungarischen Thronfolger Erzherzog Franz Ferdinand und seine Gemahlin in Sarajewo. Österreich-Ungarn erklärte Serbien den Krieg. Rußland, Deutschland und andere europäische Großmächte wurden hineingezogen, und der Erste Weltkrieg begann. Auf die Kapitulation Deutschlands, Österreichs und der Türkei folgte am 24. November 1918 die Proklamation eines jugoslawischen Staates unter König Peter I. von Serbien.

Gavrilo Princip wird abgeführt, nachdem er in Sarajewo den österreichischen Thronfolger Erzherzog Franz Ferdinand und seine Gemahlin ermordet hatte. Das Attentat löste den Ersten Weltkrieg aus.

Fehlende Einheit führt zur Diktatur Die neugeeinten Slawen zerstritten sich bald miteinander. Die Rivalität zwischen den Kroaten und den Serben, die um die politische Vorherrschaft kämpften, veranlaßte Alexander I., 1929 eine königliche Diktatur zu errichten. Alexander wurde 1934 ermordet. Für seinen minderjährigen Sohn Peter übernahm sein Vetter Paul die Regentschaft.

In den dreißiger Jahren geriet das uneinige Land immer mehr unter den Einfluß der Achsenmächte Deutschland und Italien. Schließlich trat Paul 1941 dem Achsenpakt bei. Ein Militärputsch stürzte zwei Tage später die Regierung. Peter II. wurde für volljährig erklärt und übernahm die Herrschaft. Anfang April 1941 drangen deutsche und italienische Truppen in Jugoslawien ein.

Prinz Paul, der Regent Jugoslawiens, als Gast Hitlers in Berlin.

Vom Widerstand zur Republik: 1941–45 Es entstand eine Widerstandsbewegung gegen die Deutschen. Doch viele Kroaten unterstützten die Besatzungsmacht, während einige Anhänger des royalistischen Generals Mihailović gegen Josip Titos kommunistische Partisanen kämpften. 1944 hatte Tito gegen Mihailović gesiegt, der später hingerichtet wurde. 1945 übernahm Tito die Führung des befreiten Landes und schaffte die Monarchie ab.

Jugoslawien seit 1945 Die sowjetischen Führer erwarteten, daß sich Titos Jugoslawien als ein folgsamer Marionettenstaat erweisen würde. 1948 lehnte Tito es ab, der stalinistischen Linie zu folgen, und Jugoslawien wurde aus dem Sowjetblock ausgeschlossen. Nach Stalins Tod (1953) stellte die neue sowjetische Führung wieder freundlichere Beziehungen zu Jugoslawien her.

1970 verkündete Tito seine Absicht, die Regierung zu liberalisieren, und 1971 gründete er eine aus 22 Mann bestehende kollektive Führung, die das Land nach seinem Tode regieren sollte. Doch diese Liberalisierung bewirkte, daß die Kroaten auf mehr Unabhängigkeit drängten; das führte schließlich zu Straßenschlachten und zum Rücktritt der kroatischen Parteiführung. Im September 1974 verhängten Gerichte gegen 32 Mitglieder einer »stalinistischen Verschwörergruppe« Haftstrafen bis zu 14 Jahren. Bei einem Flugzeugabsturz kam im Januar 1977 Ministerpräsident Bijedić ums Leben. Zu seinem Nachfolger wurde Veselin Djuranović gewählt. Im September unternahm Tito Reisen nach Peking und Moskau, im November 1979, obwohl gesundheitlich bereits stark angegriffen, reiste er nach Rumänien.

Am 4. Mai 1980 starb Tito. Seither wird das Land von einer kollektiven Führung im Bund der Kommunisten Jugoslawiens und im Staatspräsidium regiert.

Josip Broz nahm als Partisanenführer im Zweiten Weltkrieg den Namen Tito an. Nach 1945 verwandelte Tito Jugoslawien in einen kommunistischen Staat eigener Prägung. 1980 starb Tito nach langer Krankheit.

Kambodscha

Die Bevölkerung Kambodschas führt ihre Abstammung auf das Volk der Khmer zurück, deren Reich sich im Mittelalter von Kambodscha bis zum heutigen Thailand und Vietnam erstreckte. Von diesem Reich künden noch die großartigen Tempelruinen und Skulpturen von Angkor. Nach dem 15. Jahrhundert verfiel die Macht der Khmer jedoch, und sie verloren Gebiete an ihre zwei unmittelbaren Nachbarn, Thailand und Vietnam. Im 19. Jahrhundert wurde Kambodscha französisches Protektorat. Nach dem Zweiten Weltkrieg erlangte es die Unabhängigkeit. Nach einer Periode unsicherer Neutralität wurde Kambodscha in den Konflikt zwischen Nord- und Südvietnam hineingezogen und zu einem Schlachtfeld im Vietnamkrieg.

181 035 qkm
5 600 000 Einwohner
Hauptstadt: Phnom Penh

Die frühen Reiche Der früheste bekannte Staat in Kambodscha war Funan, ein Reich, das etwa von 200 n. Chr. an im Süden des heutigen Kambodscha und im Mekongdelta von Südvietnam blühte. Durch Handelsbeziehungen, die bis nach Indien und Rom reichten, erlangte Funan großen Reichtum. In der zweiten Hälfte des 6. Jahrhunderts konnten die Khmer, die seit dem 3. Jahrhundert bereits im Reich Funan lebten, die Herrschaft an sich reißen.

König Dschajawarman II. legte im 9. Jahrhundert die Grundlagen für den Staat, der sich später rund um die Stadt Angkor in Zentralkambodscha entwikkelte. In der Zeit vom 9. bis zum 13. Jahrhundert wurden besonders in Angkor eindrucksvolle Tempel errichtet. Angkor erreichte den Höhepunkt seines Reichtums und seiner Macht unter Dschajawarman VII. (1181 bis etwa 1219). Seine Eroberungen reichten bis zum Fluß Menam (im heutigen Thailand) im Westen und zum Champa-Reich (jetzt Zentralvietnam) im Osten.

Untergang des Khmer-Reiches: 1300–1800 Im 14. Jahrhundert begannen die Thai von Norden und Westen das Reich der Khmer zu bedrohen. Angkor selbst wurde 1431 von den Thai erobert. Mitte des 15. Jahrhunderts verließen die Khmer-Könige ihre Hauptstadt und zogen sich zum Mekong zurück.

Von der Mitte des 17. bis zur Mitte des 19. Jahrhunderts wurden die einst von den mächtigen Khmer-Königen regierten Gebiete nach und nach von Thailand und Vietnam geschluckt.

Die Posen der Gestalten auf dem Tempelfries von Angkor Wat (12. Jh.) ähneln denen, die Khmer-Tänzer heute einnehmen.

Obwohl Kambodscha in einen modernen Krieg verstrickt ist, hat das Land größtenteils seine traditionelle Lebensweise bewahrt. Hier transportieren Kräuterhändler ihre Ware auf Elefanten.

Die Ankunft der Franzosen: 1863 Kambodscha war ein Vasallenstaat Siams (Thailands), als die Franzosen König Norodom 1863 zwangen, sich durch einen Vertrag unter französische Schutzherrschaft zu stellen. Die Franzosen hatten bereits in anderen Gebieten Indochinas Fuß gefaßt, und 1887 schlossen sie ihre dortigen Protektorate zur Indochinesischen Union zusammen. Zwischen den Weltkriegen entwickelte sich eine nationalistische Bewegung gegen die französische Herrschaft in Kambodscha.

Unabhängigkeit und Einmischung Während des Zweiten Weltkrieges besetzte Japan den größten Teil von Kambodscha. Unter japanischem Druck rief Kambodscha 1944 seine Unabhängigkeit aus, doch im folgenden Jahr, als Japan besiegt wurde, kehrten die Franzosen zurück. 1949 handelte Kambodschas König, Sihanouk, ein gewisses Maß an Selbstverwaltung aus; volle Unabhängigkeit wurde Kambodscha auf der Genfer Konferenz von 1954 gewährt, die auf Frankreichs Niederlage im Indochinakrieg gegen die nationalistische Bewegung Viet Minh folgte.

Prinz Sihanouk regierte sein Land seit 1941 zuerst als König, seit 1955 als Ministerpräsident. Nach seinem Sturz (1970) bildete er in Peking eine Exilregierung.

1955 dankte Sihanouk als König ab, um sich der Politik zuzuwenden, und erhielt die effektive Macht als Führer der Sangkum- (Volkssozialistischen) Partei, die alle Wahlen gewann. Er betrieb eine neutrale Politik, doch nach dem Bruch mit den Vereinigten Staaten – er weigerte sich, weitere Hilfe der USA anzunehmen – wandte er sich mehr China und Nordvietnam zu. Im März 1970 wurde Sihanouk durch einen proamerikanischen Staatsstreich gestürzt.

Südvietnamesische Truppen drangen nach Kambodscha vor, und es folgten ernste Kämpfe zwischen süd- und nordvietnamesischen Truppen, die sich ebenfalls im Lande befanden. Später im Jahre 1970 wurde Kambodscha, während eine königliche Exilregierung um Sihanouk in Peking gebildet wurde, als Republik ausgerufen.

1972 vergrößerte Präsident Lon Nol unter einer neuen Verfassung seine Macht. Es herrschten weiterhin bewaffnete Konflikte in Kambodscha, und Sihanouk und seine nordvietnamesischen Verbündeten behielten die Kontrolle über den größten Teil des Landes außerhalb der Städte. Mehrmals unternahmen südvietnamesische Verbände Vorstöße gegen kommunistische Basen in Kambodscha, vor allem gegen die Roten Khmer, bis sich schließlich 1975 die bewaffneten Konflikte zum Bürgerkrieg auswuchsen. Im April 1975 unterlagen die Regierungsverbände den Roten Khmer, und im Januar 1976 trat die neue Verfassung des Demokratischen Kambodscha in Kraft. Pol Pot wurde zum Ministerpräsidenten gewählt. Die Stadtbevölkerung wurde zwangsweise aufs Land umgesiedelt, private Unternehmen wurden enteignet, die Schulen geschlossen. Insgesamt waren durch den Bürgerkrieg und die nachfolgenden Zwangsmaßnahmen über eine Million Menschen ums Leben gekommen.

Während es immer wieder zu bewaffneten Grenzkonflikten mit Vietnam kam, waren die Beziehungen zur Volksrepublik China und zur Demokratischen Volksrepublik Korea freundschaftlich. Im Dezember 1978 bildete sich eine Widerstandsbewegung gegen das Pol-Pot-Regime, dessen Guerillaaktionen von Vietnam unterstützt wurden, Peking unterstützte die Regierungstruppen.

Im Januar 1979 drangen vietnamesische Truppen nach Kambodscha vor und nahmen Phnom Penh ein, Pol Pot und seine Anhänger flohen, stellten aber bald ihrerseits ein Guerillaheer auf. Die neu errichtete Regierung unter Heng Samrin hielt sich mit vietnamesischer Unterstützung an der Macht. Im August 1979 wurde Pol Pot in Abwesenheit wegen Völkermordes zum Tode verurteilt, dennoch wurde sein Regime von den Vereinten Nationen als das rechtmäßige anerkannt. Vertreter internationaler Hilfsorganisationen erklärten im Juni 1980, daß die Regierung Samrin ihre Arbeit gezielt behindere.

Kamerun

475 442 qkm
8 200 000 Einwohner
Hauptstadt: Jaunde

Das heutige Kamerun – ein wirtschaftlich gut entwickeltes Land, das durch den Export von Kaffee und Kakao zu Wohlstand gekommen ist – entstand 1961, als der Südteil des ehemaligen britischen Mandatsgebietes mit dem Hauptteil, in dem Frankreich das Mandat ausgeübt hatte, wiedervereinigt wurde.

Der äußerste Nordzipfel des heutigen Kamerun gehörte im Mittelalter dem Reich Kanem-Bornu an. 1806 gerieten Teile des Landes in den Herrschaftsbereich Osman dan Fodios, der im heutigen Nordnigeria ein großes islamisches Reich errichtet hatte.

Portugiesische Forschungsreisende entdeckten die Küste Kameruns im 15. Jahrhundert, gründeten aber keine dauerhaften Siedlungen. Zwischen dem 16. und dem 19. Jahrhundert war die Kamerunküste eine Versorgungsquelle für Länder, die transatlantischen Sklavenhandel trieben. Mitte des 19. Jahrhunderts wetteiferten Großbritannien und Deutschland um den Handel in diesem Gebiet, und 1884 schloß Gustav Nachtigal mit den Duala-Fürsten einen Vertrag, der Kamerun zum deutschen Schutzgebiet machte. Deutsche Forscher drangen ins Landesinnere vor; man baute Eisenbahnlinien und legte Plantagen an. Im Ersten Weltkrieg besetzten England und Frankreich die Kolonie, und 1918 wurde sie durch ein Mandat des Völkerbundes unter beiden aufgeteilt.

Britische Truppen aus Nigeria besetzten 1916 die deutsche Kolonie Kamerun. Das Land wurde nach dem Kriege als Mandat zwischen Frankreich und England geteilt.

Nach dem Zweiten Weltkrieg nahm im französischen Kamerun die politische Agitation zu und bewirkte schließlich, daß Frankreich und die Vereinten Nationen dem Land 1960 die Unabhängigkeit gewährten. Im folgenden Jahr – nach einer Volksbefragung, die in dem britischen Kamerun-Streifen durchgeführt wurde – optierte der nördliche Teil dafür, sich Nigeria anzuschließen, während sich der Süden dafür aussprach, mit dem ehemalig französischen Territorium einen Staat zu bilden. Ahmadou Ahidjo, der Führer des französischen Teils, wurde der erste Präsident des neuen Staates und bei allen Wahlen einschließlich 1980 in seinem Amt bestätigt. 1977 wurde vor der Küste Kameruns Öl entdeckt, doch bisher fehlen die Mittel für die Ausbeutung.

Kanada

9 976 139 qkm
23 830 000 Einwohner
Hauptstadt: Ottawa

Kanada ist nach der Sowjetunion das zweitgrößte Land der Erde und eine der jüngsten unter den bedeutenden Mächten. Seine Einwohner feierten erst 1967 den hundertsten Jahrestag ihres Bundesstaates. Die Erschließung des gewaltigen kanadischen Hinterlandes ist dem Mut von Forschungsreisenden zu verdanken, die vor so furchteinflößenden Hindernissen wie den Rocky Mountains nicht zurückschreckten. Noch heute werden bei Erdbildmessungen bisher unverzeichnete Gebiete von Kanadas arktischer Wildnis kartographisch erfaßt.

Kanada teilt sich mit den Vereinigten Staaten in eine unverteidigte Grenze von fast 6000 Kilometer Länge. Beinahe zwei Drittel seines gesamten Außenhandels wickelt es mit den USA ab. Beide Länder haben einen recht ähnlichen Lebensstil, dennoch erhält sich Kanada eine ausgeprägte, sich stets weiterentwickelnde Individualität, wobei es die Traditionen und Erfahrungen seiner britischen und französischen Bevölkerungsgruppen miteinander verbindet.

Die Geschichte des Landes ist überwiegend friedlich gewesen – ein stetiger Prozeß der Entdeckungen, territorialer Expansion und des wirtschaftlichen Wachstums. Trotzdem sind die gewaltigen Rohstoffquellen des Landes – einschließlich Nutzholz, Erdöl, Erdgas und Uran – noch relativ wenig erschlossen.

In den letzten Jahren wurden Kanadas Stabilität und Fortschritt durch die Wiederbelebung des alten Antagonismus zwischen den englisch und den französisch sprechenden Kanadiern überschattet. Auch der englisch sprechende Teil Kanadas ist in seiner Loyalität gespalten – auf der einen Seite sind die britischen Traditionen und auf der anderen die engen wirtschaftlichen und sozialen Bindungen des Landes an die Vereinigten Staaten.

Amulett der Eskimos aus Walroßzahn. Solche Figürchen dienen ihnen als Schutz vor den gefährlichen Geistern, von denen sich die Eskimos umgeben glauben.

Die ersten Kanadier Die ersten Einwanderer Kanadas überquerten wahrscheinlich vor 20 000–30 000 Jahren die damals bestehende Landbrücke zwischen Nordasien und Alaska. Von ihnen stammen die Eskimos und die indianischen Stämme ab, die sich über ganz Nord-, Mittel- und Südamerika verbreiteten. Im Gebiet des heutigen Kanada ließen sich die beiden großen Gruppen der Athapasken und der Algonkin nieder. Heute leben auf kanadischem Gebiet noch etwa 200 000 Indianer und 13 000 Eskimos.

Im 11. Jahrhundert segelten die Wikinger unter der Führung von Leif Eriksson über den Nordatlantik und sind wahrscheinlich an der kanadischen Küste gelandet. 1497, fast 400 Jahre später, fuhr John Cabot von Bristol gen Westen und entdeckte eine Insel, die er Neufundland nannte. Ihm folgte 1534 der französische Forschungsreisende Jacques Cartier, der zwei Reisen hintereinander machte, bei denen er den St.-Lorenz-Strom bis zu der Stelle, wo heute Montreal liegt, erforschte.

Samuel de Champlain, Forscher, Händler und Kolonialpionier, war der eigentliche Gründer Neufrankreichs, des französischen Kanadas, obwohl er in Paris wenig Unterstützung fand.

Neufrankreich Beinahe ein Jahrhundert verging, bevor die Franzosen den Reichtum Kanadas erkannten. 1602 gewährte Heinrich IV. einer Gruppe von Kaufleuten in Rouen ein Handelsmonopol für kanadische Pelze. Ihr Mittelsmann in Kanada, Samuel de Champlain, gründete 1608 das Fort Quebec, das zum Zentrum der französischen Macht in Kanada werden sollte.

Champlain erforschte das St.-Lorenz-Tal und entdeckte die Großen Seen. In erbitterten Kämpfen mit den einheimischen Irokesen gewannen die Franzosen langsam die Oberhand. Der Pelzhandel gedieh, und 1674 erklärte Ludwig XIV. die Kolonie offiziell zur französischen Provinz.

Englisch-Französischer Krieg: 1756–63 Zur selben Zeit drangen die Engländer und Holländer von Süden her vor. Die von den Engländern kontrollierte Hudson's Bay Company (gegründet 1670) errichtete Außenposten an der Küste der Bai, die der Forscher Henry Hudson 1610 entdeckt hatte. Die Engländer stießen bald mit den französischen Pelzhändlern zu-

Ansicht von Quebec im Jahre 1758, als die Stadt Mittelpunkt der französischen Besitzungen in Nordamerika war. Ein Jahr darauf nahm General Wolfe Quebec ein. Kanada wurde britisch.

sammen, die tief in die westliche Wildnis eindrangen und Verbindungswege zur Hudsonbai und zum Mississippi erschlossen. Die englischen und französischen Pelzhändler brannten einander die Forts nieder. Beide Seiten benutzten Indianer als Verbündete in ihren Kämpfen. Koloniale Armeen stießen im Osten zusammen, während die britische Flotte Ausfälle an der Küste machte.

Der entscheidende Zusammenstoß zwischen Engländern und Franzosen ereignete sich während des Siebenjährigen Krieges (1756–63). Der französische General Montcalm schlug die britischen Angriffe bis 1759 zurück. Dann eroberten die Briten unter General James Wolfe Quebec. Wolfe und der französische Befehlshaber fielen in diesem Kampf. 1760 mußte Montreal kapitulieren, und 1763 wurde Kanada nach dem Frieden von Paris britische Kolonie.

Kanadischer Waldläufer mit Muskete, warmer Winterkleidung und Schneeschuhen.

Das britische Nordamerika In der Provinz Quebec erhoben sich 1763 die Ottawa unter ihrem Häuptling Pontiac gegen ihre neuen Herrscher, konnten jedoch im folgenden Jahr geschlagen werden. Auch mit den Franzosen, die Befürchtungen wegen des Machtwechsels hegten, hatten die Engländer große Probleme. Durch die Quebec-Akte von 1774 wurde den Katholiken Religionsfreiheit zugesichert, und das französische Zivilrecht behielt seine Gültigkeit neben dem englischen Strafrecht.

Als 1775 der amerikanische Unabhängigkeitskrieg ausbrach, blieben die kanadischen Kolonien der britischen Krone gegenüber loyal. Nach Ende des Krieges wurde im Vertrag von Versailles 1783 die Unabhängigkeit der 13 Vereinigten Staaten anerkannt. Daraufhin wanderten etwa 40 000 der britischen Herrschaft treugebliebene Amerikaner nach Kanada aus. Diese sogenannten Loyalisten ließen sich in verschiedenen Teilen Neuschottlands nieder. Viele siedelten sich auch am oberen St.-Lorenz-Strom oder am Ontariosee an. Die Kanada-Akte von 1791 teilte die Provinz Quebec in zwei Teile, in Unter- und Oberkanada. Diese Teilung trug der Tatsache Rechnung, daß Unterkanada (heute Quebec) hauptsächlich von Franzosen bewohnt war, während in Oberkanada (heute Ontario) die Engländer vorherrschten.

Wappen der Hudson's Bay Company, die seit 1670 den Pelzreichtum Kanadas für England nutzbar machte.

Der Krieg von 1812 29 Jahre nachdem die amerikanischen Kolonien die Unabhängigkeit von England gewonnen hatten, brach 1812 erneut Krieg zwischen den beiden Mächten aus. Obwohl zahlenmäßig weit unterlegen, wehrten die britischen und kanadischen Truppen die amerikanischen Angriffe ab. Ein kanadisches Kontingent eroberte Detroit. Die Amerikaner brannten daraufhin York (heute Toronto) nieder, die Engländer antworteten mit der Zerstörung Washingtons. Der Frieden von 1814 änderte nichts an den Besitzverhältnissen.

Unruhen und Wechsel Kanadas Handelsbeziehungen weiteten sich immer mehr aus. Seine Industrie wuchs. Im Osten umging der 1829 eröffnete Welland-Kanal die mächtigen Niagarafälle und schleuste so die Erzeugnisse Oberkanadas zu dem aufblühenden Montreal.

Doch soziale Unruhen warfen einen Schatten über diesen Wohlstand. Oberkanada wurde von einer kleinen Gruppe privilegierter Familien kontrolliert, und auch im französischen Unterkanada lag die Macht in den Händen einer kleinen Gruppe. 1837 führten Protestbewegungen in Oberkanada zu Unruhen und dann zu einer schlecht organisierten Rebellion, die von den Briten blutig niedergeschlagen wurde.

Das löste Entrüstung aus, die 1838 die Briten veranlaßte, eine offizielle Untersuchung unter Lord Durham durchzuführen. Auf Grund seines Berichtes wurde die Macht der privilegierten Gruppen eingeschränkt, und 1840 erfolgte die Vereinigung der beiden Provinzen Kanadas. Da die Verhältnisse jedoch weiterhin unbefriedigend waren, kam es erneut zu Unruhen.

Gründung des Dominion of Canada 1867 vereinigte sich Kanada mit Neuschottland und Neubraunschweig und bildete einen neuen Bundesstaat, das

Die Hudson's Bay Company spielte eine große Rolle bei der Erschließung West- und Nordwestkanadas. Auf dieser Zeichnung von 1824 sieht man den Gouverneur der Niederlassung am Red River in einem Kanu der Gesellschaft reisen.

Dominion of Canada, das aus den vier Provinzen Ontario, Quebec, Neubraunschweig und Neuschottland bestand. Im Herbst 1867 trat in Ottawa das erste Bundesparlament zusammen. In der Außen- und Verteidigungspolitik hatte Großbritannien Mitspracherecht.

Der erste Premierminister des kanadischen Bundesstaates, John A. Macdonald, widmete sich Kanadas kontinentaler Expansion. 1869 trat die Hudson's Bay Company ihre Gebiete ab, die sich als Manitoba, Saskatchewan und Alberta dem Bundesstaat anschlossen. Die pazifische Provinz Britisch-Kolumbien kam 1871 hinzu. Freilich konnte man sie erst für den Bund gewinnen, nachdem man ihr den Bau einer transkontinentalen Eisenbahn versprochen hatte. Doch 1873 stürzte Macdonalds Regierung nach einem Skandal, bei dem ans Tageslicht kam, daß Eisenbahngelder für Macdonalds Wiederwahl verwendet worden waren.

Unter dem neuen Premierminister, Alexander Mackenzie, kam es zu einer Wirtschaftsflaute, und im Osten flammten die alten rassischen und religiösen Konflikte wieder auf. Im Westen suchten Einheiten der berittenen Polizei unter Indianern, Métis – indianisch-französischen Mischlingen – und Siedlern den Frieden zu erhalten.

Die Royal Canadian Mounted Police *wurde 1873 gegründet, um Recht und Gesetz im Westen Kanadas Geltung zu verschaffen. Durch ihre Entschlossenheit, jeden Gesetzesbrecher zu fassen, erwarb sich diese berittene Polizeieinheit einen schon legendären Ruf.*

Aufstand der Métis In den achtziger Jahren war die pazifische Eisenbahnlinie weit genug ausgebaut, um die ständig wachsende Zahl der Siedler nach Westen transportieren zu können. 1885 rebellierten die Métis unter der Führung von Louis Riel gegen den ständigen Zustrom angelsächsischer Siedler in die Gebiete, die sie als ihr traditionelles Territorium betrachteten. Viele Indianer des Tafellandes schlossen sich den Métis an. Eine Streitmacht von 8000 Mann warf die Rebellion innerhalb weniger Wochen nieder, Louis Riel wurde gehängt. Die Métis gingen nach Norden, während die Indianer gezwungen waren, sich in Reservate zurückzuziehen.

Wirtschaftlicher Aufschwung Die Provinzen des Westens und der atlantischen Küste mißbilligten die dominierende Rolle, die Ontario und Quebec bei der Handhabung nationaler Angelegenheiten spielten. Die franko-englische Feindschaft blieb bestehen. 1896 kamen die Liberalen mit Wilfrid Laurier an die Macht. Durch eine umsichtige Politik konnte er die wirtschaftliche Lage Kanadas erheblich verbessern. Immer mehr Einwanderer strömten nach dem Westen, um das leere Tafelland in Weizenfelder zu verwandeln. Andere suchten fieberhaft nach Gold, denn 1896 hatte man in Klondike große Goldfunde gemacht. Um die Jahrhundertwende machte der starke Verkehr zwischen Ost und West den Bau zweier weiterer transkontinentaler Eisenbahnlinien notwendig. Beide Unternehmen endeten jedoch im Bankrott.

Die erste Ausgabe der Klondike News *bringt triumphierend die Höhe der Goldproduktion für das laufende Jahr.*

Öffnung zur Welt Kanada erstrebte nunmehr Unabhängigkeit in seiner Außenpolitik, doch unterzeichnete es 1914 eine Solidaritätserklärung mit England. Im Ersten Weltkrieg unterstützten über 600 000 Kanadier das Mutterland. Trotz dieser Demonstration der Einheit traten in den Jahren nach dem Krieg neue Spannungen auf. Die probritischen Gefühle verärgerten die Frankokanadier. Steigende Preise und Spekulationen im Osten veranlaßten die Bauern im Westen, Interessenverbände zu bilden und gerechte Behandlung zu fordern. Eine ansteigende Streikwelle bezeugte den Aufstieg einer militanten Klasse von Industriearbeitern.

1921 wurde der Führer der Liberalen, William Lyon Mackenzie King, Premierminister. Seine Umsicht entschärfte die wachsende Unruhe etwas. Das üppige wirtschaftliche Wachstum der USA kam ihm dabei zu Hilfe, doch die Weltwirtschaftskrise der dreißiger Jahre brachte Kanada Massenarbeitslosigkeit und Armut. Diese Krise kostete Mackenzie King die Wahl von 1932. 1935 wurde er wieder gewählt, aber seine Machtbasis war viel schmaler geworden.

Die wirtschaftliche Flaute führte zur Bildung neuer Parteien. So entstand in Alberta die »Partei für sozialen Kredit«, und in Quebec, wo sich die Frankokanadier von der englisch sprechenden Bevölkerung benachteiligt fühlten, gründete Maurice Duplessis die Union Nationale. Trotz dieser inneren Schwierigkeiten behielt Kanada seine Bindungen zu England und trat 1939 auf seine Seite, indem es Deutschland den Krieg erklärte.

Zwischen den beiden Weltkriegen beherrschte W. L. Mackenzie King die politische Szene in Kanada.

Die Entwicklung der Nachkriegszeit Mackenzie King trat 1948 zurück. Sein Nachfolger, Louis Saint Laurent, setzte den vorsichtigen Kurs seiner liberalen Regierung fort. 82 Jahre nach der Gründung des Bundesstaates schloß sich ihm 1949 auch Neufundland an.

Kanada war Gründungsmitglied der Vereinten Nationen und der NATO. Kanadier kämpften in Korea. 1954 beteiligte sich Kanada zusammen mit Indien und Polen an der internationalen Kontrollkommission in Indochina, und 1956 spielte es eine führende Rolle in der Beilegung der Suez-Krise. Im Innern hielt das autokratische Regime von Maurice Duplessis in Quebec die nationalistische Bewegung dieser Provinz unter strenger Kontrolle. Doch erhoben sich immer mehr Stimmen gegen die zu starke amerikanische Einflußnahme auf den kanadischen Handel und die Industrie, die man als Bedrohung der kanadischen Unabhängigkeit ansah.

Der Ernst, mit dem Pierre Trudeau – Premierminister zwischen 1968 und 1979 und erneut seit 1980 – die Probleme Kanadas anpackt, sticht sehr von seinem Playboy-Image ab. Nach den Wahlen von 1972 blieb er im Amt, obwohl seine Partei die absolute Mehrheit verloren hatte.

1957 erlangte die Konservative Partei unter John Diefenbaker die Macht. Trotz einiger kurzer wirtschaftlicher Flauten ging die Expansion weiter. Nach dem Tode von Duplessis im Jahre 1959 explodierten die nationalistischen Gefühle in Quebec. Militante Forderungen nach der Übergabe der Kontrolle über Quebec an Frankokanadier verstärkten sich nach 1963, als die Liberalen unter der Führung von Lester Pearson die Macht erlangten.

1968 trat Pearson zurück, und Pierre Trudeau wurde als Führer der Liberalen Premierminister. Obwohl er nach außen hin ein populäres Image als intellektueller Playboy aufbaute, brachte Trudeau doch einen neuen, vitaleren Zug in die Regierung und unterstrich Kanadas wachsendes Gefühl politischer Reife. Unter seinen vielen reformerischen Aktionen führte Trudeau auch eine Reihe von Konferenzen der Provinzregierungen durch, die eine Verfassungsrevision vorbereiten sollten. Doch die alten Rivalitäten zwischen Kanadas verschiedenen Volksgruppen vereitelten seine Pläne.

Unter Trudeau erreichten die Loslösungsbestrebungen der Provinz Quebec ihren Höhepunkt. Ende 1970 entführten Extremisten der *Front de Libération du Québec* den Politiker Pierre Laporte und einen britischen Diplomaten, James Cross. Laporte wurde ermordet, Cross freigelassen. Bei den Wahlen in Quebec im November 1976 errang die separatistische Partei der Frankokanadier unter Führung von René Lévesque die absolute Mehrheit; Lévesque bildete die neue Provinzregierung.

Durch die enge wirtschaftlich-finanzielle Verflechtung mit den USA verlief die wirtschaftliche Entwicklung Kanadas in den 70er Jahren parallel zur amerikanischen. Die Wahlen vom Mai 1979 ergaben einen Sieg der Konservativen unter Joe Clark. In vorgezogenen Neuwahlen errang die Liberale Partei unter Trudeau am 18. Februar 1980 wieder die absolute Mehrheit im Parlament.

Mit 59,5 Prozent der abgegebenen Stimmen wies im Mai 1980 die Wählerschaft der Provinz Quebec den Versuch der Regierung Lévesque zurück, sich ein Mandat zu Verhandlungen über die Loslösung der Provinz aus dem kanadischen Staatsverband übertragen zu lassen.

Kap Verde

1557 qkm
320 700 Einwohner
Hauptstadt: Praia

1460 entdeckte der portugiesische Seefahrer Diego Gomes die Inseln, die bald wichtiger Stützpunkt für Schiffe wurden, die von Afrika aus, voll beladen mit Sklaven, nach Brasilien segelten. Nach mehr als 500 Jahren portugiesischer Herrschaft erhielten die Inseln am 5. Juli 1975 die Unabhängigkeit. Aristides Pereira wurde der erste Präsident.

Die kapverdische Nationalversammlung verabschiedete im September 1980 die erste Verfassung des Landes. In ihr ist die Rolle der PAIGC als Staatspartei festgeschrieben. Die Verfassung sah die allmähliche Vereinigung von Kapverde mit Guinea-Bissau vor. Durch den Sturz der Regierung Luiz Cabral in Guinea-Bissau im November 1980 wurde die Vereinigung beider Staaten aber in Frage gestellt.

Katar

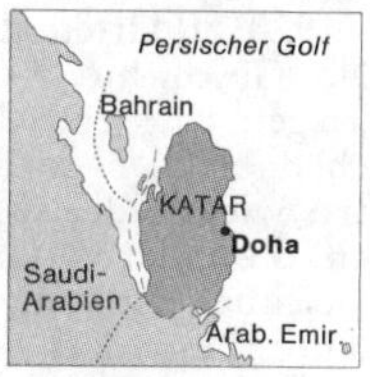

11 000 qkm
170 000 Einwohner
Hauptstadt: Doha

Katar ist eines der fortschrittlichsten unter den ölreichen Ländern am Persischen Golf. Einen großen Teil seines Einkommens, das es aus der Ölgewinnung bezieht, verwendet Katar für den Aufbau eines eindrucksvollen Wohlfahrtssystems, einschließlich eines kostenlosen Schul- und Gesundheitswesens. Das war in erster Linie das Werk von Scheich Khalifa, der zehn Jahre lang den Posten des Ministerpräsidenten unter seinem Vetter, Scheich Ahmed, bekleidete und den er 1972 stürzte.

Laut Vertrag ist England seit 1916 für Katars Verteidigung und Außenpolitik verantwortlich. In den dreißiger Jahren entdeckte man große Ölvorkommen in Katar. Als England 1968 erklärte, es wolle sich 1971 vom Persischen Golf zurückziehen, leitete Katar Verhandlungen mit anderen englischen Protektoraten am Persischen Golf ein, in dem Versuch, eine unabhängige Föderation zu schaffen. Wie Bahrain schloß sich Katar jedoch nicht der geschaffenen Föderation, den Arabischen Emiraten, an, sondern entschied sich für die Unabhängigkeit.

Staatsoberhaupt des Scheichtums war bis 1972 Emir Ahmed bin Ali al-Thani, dann übernahm nach einem unblutigen Staatsstreich sein Cousin Emir Chalifa bin Hamad al-Thani die Macht.

Kenia

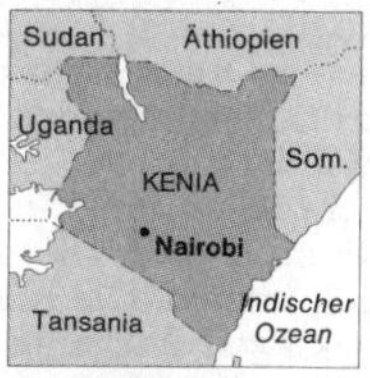

582 644 qkm
15 600 000 Einwohner
Hauptstadt: Nairobi

Kenia erlebte in den fünfziger Jahren einen der schärfsten Konflikte der modernen Kolonialzeit – die Mau-Mau-Befreiungsbewegung. 1963 erlangte das Land die Unabhängigkeit und entwickelte sich bald zu einem der stabilsten neuen Staaten Afrikas. Präsident Jomo Kenyatta, einst als Führer der Befreiungsbewegung von den Briten inhaftiert, wurde später von vielen Siedlern und Politikern, die ehemals seine entschlossenen Gegner waren, als weiser Staatsmann respektiert.

Die Bevölkerung Kenias ist bunt gemischt. Etwa 95 Prozent der Gesamtbevölkerung sind Schwarzafrikaner verschiedenster Volks- und Sprachzugehörigkeit. Die restlichen fünf Prozent sind asiatischer, europäischer oder arabischer Herkunft.

Kenia vor der Ankunft der Europäer Ostafrika ist die Heimat einiger der frühesten bekannten Vorfahren des Menschen. In Fort Ternan am Viktoriasee fand L. S. B. Leakey Oberkieferknochen und Zähne eines Vorfahren des Jetztzeitmenschen, die etwa zwei Millionen Jahre alt sind. Vor rund 1000 Jahren kamen bantu sprechende Einwanderer – Ahnen der Kikuju und anderer heutiger Stämme – vom Süden her den Küstenstreifen hinauf nach Kenia. 500 Jahre später wanderten andere Völker, einschließlich der nomadischen Masai, vom Norden her nach Kenia ein. Einige Zeit später kamen die Luo nach Westkenia, und in den letzten 100 Jahren sind in zunehmender Zahl Galla und Somal eingewandert.

Die Tapferkeit der nomadisierenden Masai ist sprichwörtlich. So galt es als Mutprobe, wenn ein junger Krieger, nur mit Schild und Speer bewaffnet, einen Löwen tötete.

Seit dem Mittelalter tauchten an der Küste Kenias Händler aus Europa, Asien und Arabien auf, die Sklavenhandel trieben und Elfenbein gegen ihre Waren eintauschten. Die Araber siedelten sich im Küstengebiet an; 1837 unterwarf der Sultan von Sansibar die Mazrui-Dynastie von Mombasa und brachte so die ganze Küste des heutigen Kenia unter seine Kontrolle. Die heutige Küstenbevölkerung, die Suaheli, ist stark arabisch beeinflußt. Ihre Sprache wurde zur Verkehrssprache in ganz Ostafrika.

Britische Herrschaft: 1895–1963 Schon 1887 hatten die Briten einen Handelsstützpunkt in Kenia angelegt. 1895 errichteten sie ein Protektorat über das Gebiet und bauten eine Eisenbahnlinie, mit dem Ziel, das benachbarte Protektorat Uganda mit der Küstenstadt Mombasa zu verbinden. Bis 1914 siedelten sich einige tausend britische Farmer in dem fruchtbaren südwestlichen Gebiet, dem sogenannten weißen Hochland, an. Sie bauten unter anderem Kaffee an und beschäftigten billige afrikanische Arbeitskräfte auf dem Land, das früher Kikuju und Masai für sich genutzt hatten. Für den Bau der Eisenbahnlinie hatte man Inder ins Land geholt, die später dablieben und deren Nachkommen heute eine wichtige Rolle im Handel spielen.

1920 erklärten die Briten Kenia zur Kronkolonie. Die Geschichte Kenias zwischen den beiden Weltkriegen war von drei Faktoren bestimmt. Die britischen Siedler forderten Selbstverwaltung von der Art, wie sie die weißen Rhodesier 1923 erreicht hatten, die Inder verlangten nach politischer und sozialer Gleichberechtigung mit den Europäern, und die Afrikaner, besonders die Kikuju, wollten Schutz vor der Ausbeutung ihres Landes und ihrer Arbeitskraft durch die Siedler. 1922 rief die Inhaftierung von Harry Thuku, dem Anführer der *Young Kikuyu Association*, Unruhen hervor; Jomo Kenyatta, der Sekretär der *Kikuyu Central Association,* kämpfte seit 1928 für politische und wirtschaftliche Reformen.

Die Mau-Mau-Bewegung: 1952–59 Nach dem Zweiten Weltkrieg kamen viele ehemalige Soldaten aus England als Siedler nach Kenia. Das und die verstärkte Aktivität der Regierung in den afrikanischen Gebieten vermehrte die Unzufriedenheit unter den Kikuju, die eine militante Geheimgesellschaft, von den Engländern Mau-Mau genannt, gründeten. Rituelle Eide verpflichteten die Mitglieder, mit Terrormaßnahmen die Weißen zu vertreiben und die Anhängerschaft unter den Kikuju zu sichern. Sporadische Gewaltakte gegen die Siedler gingen 1952 nach der Ausrufung des Notstandes in offene Revolte über.

Kenyatta, der 1946 nach fünfzehnjährigem Studium in Moskau und London nach Kenia zurückgekehrt war, um die *Kenya African Union* (Nachfolger der Kikuyu Central Association) zu führen, wurde als angeblicher Organisator des Aufstandes verhaftet und verurteilt. Der Kern der Mau-Mau-Kämpfer zog sich in die Wälder zurück. 1956 war der Rebellion das Rückgrat gebrochen. 63 Europäer und 101 auf britischer Seite kämpfende Afrikaner – vor allem Masai – waren umgekommen. Die Kikuju hatten dagegen 11503 Tote zu beklagen. Mehr als 25000 Mau-Mau-Mitglieder wurden in Konzentrationslagern einer jahrelangen, stufenweisen Umerziehung unterworfen, wobei nochmals viele umkamen.

Das unabhängige Kenia Die Machtübertragung zog sich jedoch in die Länge, da die Kikuju die Zusammenarbeit mit den Briten so lange ablehnten, wie Kenyatta noch im Gefängnis saß. Als die politische Tätigkeit wiederaufgenommen wurde, entstanden zwei rivalisierende Parteien: die *Kenia African National Union* (KANU), deren Anhänger die Kikuju und Luo waren, und die *Kenia African Democratic Union* (KADU), hinter der die kleineren Stämme standen, die die Vorherrschaft der Kikuju und Luo mißbilligten. 1961 wurde Kenyatta freigelassen und zum Präsidenten der KANU gewählt. Mit der Unabhängigkeit erhielt das Land 1963 eine Kompromißverfassung, die ein gewisses Maß an regionaler Selbstverwaltung vorsah. Doch die KANU, die die Wahlen von 1963 gewann, war entschlossen, diesen Regionalismus zu beseitigen. Man änderte die Verfassung, die KANU schluckte die KADU; Kenyatta wurde Präsident des neuen Einparteienstaats.

Kenia hat wenig Bodenschätze. Der größte Teil seiner Bevölkerung ist immer noch in der Landwirtschaft tätig. Doch die verhältnismäßig stabile politische Lage, die Kenyatta schuf, ermutigte ausländische Unternehmen zu Investitionen. Der Tourismus, der sich auf die schönen Naturschutzgebiete des Landes stützt, hat inzwischen den Kaffee als Haupteinnahmequelle für Devisen überholt. 1968 intensivierte die Regierung ihre Politik der Übertragung von Land und Geschäften an die Afrikaner. Die Hauptleidtragenden waren die Asiaten, denn diejenigen von ihnen, die die britische Staatsbürgerschaft behalten hatten, wurden von der Regierung angewiesen, ihre Läden und Geschäfte zu schließen.

Der Tod Präsident Kenyattas am 22. August 1978 brachte Probleme mit sich, da Kenyatta bisher durch seine Autorität ethnische Rivalitäten einzudämmen verstand. Der zum Nachfolger Kenyattas ernannte Vizepräsident Daniel Arap Moi wurde durch die Wahlen im Oktober 1978 in seinem Amt bestätigt. Im März 1980 räumte die Regierung den USA Rechte zur Benutzung militärischer Anlagen in Kenia ein.

Jomo Kenyatta, einst als angeblicher Mau-Mau-Führer inhaftiert, wurde Kenias erster Präsident. Er starb 1978.

Langstreckenläufer wie Kip Keino verschafften Kenia in der Welt des Sportes hohe Achtung.

Kiribati

332 qkm
62500 Einwohner
Hauptstadt:
Bairiki

Unter dem Namen Gilbertinseln waren die 33 Inseln, die heute zu Kiribati gehören, britische Kolonie. Von spanischen Seefahrern zwischen 1500 und 1600 entdeckt, wurden sie seit 1837 von Europäern besiedelt. 1892 errichteten die Briten das Protektorat über die Gilbert- und die benachbarten Elliceinseln (heute Tuwalu) und erklärten sie 1916 zur Kolonie.

Am 12. Juli 1979 entließ Großbritannien Kiribati in die Unabhängigkeit, Jeremiah Tabai wurde zum ersten Präsidenten gewählt.

Kolumbien

1138914 qkm
29400000 Einwohner
Hauptstadt:
Bogotá

Die Entwicklung Kolumbiens ist durch einige der erbittertsten Kämpfe auf dem südamerikanischen Kontinent gekennzeichnet. In den Jahren zwischen 1833 und 1903 erschütterten mehrere Bürgerkriege das Land. In der ersten Hälfte dieses Jahrhunderts fielen Tausende dem Kampf zwischen den politischen Parteien zum Opfer.

Kolumbien ist ein Land mit schneebedeckten Berggipfeln, gewaltigen Tiefländern und feucht-heißem Dschungel. In einigen Gebieten entlang seiner Grenze mit Venezuela leben noch Nachfahren der indianischen Ureinwohner. Die übrige Bevölkerung besteht zu knapp 70 Prozent aus Mestizen und zu etwa 20 Prozent aus Weißen.

Der Florentiner Amerigo Vespucci entdeckte das Land 1499. Ihm folgten Forschungsreisende, die wertvolle Goldlager fanden. 1525 gründeten sie Santa Marta, 1533 Cartagena. Das 1538 gegründete Bogotá entwickelte sich zu einem lebhaften Kulturzentrum.

Neugranada wird unabhängig: 1819 Die Spanier nannten das Gebiet um Bogotá Neugranada. Es schloß Teile des heutigen Panama, Venezuela und Ecuador ein sowie den größten Teil Kolumbiens. 1819 gewann Neugranada die Unabhängigkeit von Spanien. Simón Bolívar, der die Patrioten bei ihrem entscheidenden Sieg in der Schlacht von Boyacá anführte, wurde der erste Präsident der neuen Republik. Venezuela und Ecuador erhielten später ihre Unabhängigkeit als selbständige Staaten.

Bis zum Ende des 19. Jahrhunderts entwickelten sich zwei gleich starke politische Parteien – die Konservativen, die eine starke Zentralregierung und enge Bindungen an die römisch-katholische Kirche wünschten, und die Liberalen, die eine geringere Regierungskontrolle und eine Trennung zwischen Staat und Kirche befürworteten.

Es kam zu politischen Auseinandersetzungen und Unruhe im Volk. Ein Bürgerkrieg löste den anderen ab. Partisanen- und Banditengruppen gediehen, und die Wirtschaft war ruiniert. 1903 verlor Kolumbien Panama, das sich zur unabhängigen Republik ausrief.

Blick auf den Hafen von Cartagena im 17. Jh. Diese nach Santa Marta älteste Stadt Kolumbiens wurde 1533 gegründet.

Wirtschaftliche Hauptstütze: Kaffee Durch den zunehmenden Weltbedarf an Kaffee konnte Kolumbien in den 30 Jahren bis 1948 einen gewissen wirtschaftlichen Fortschritt verzeichnen. Die kaffeeaufbereitenden Industrien wurden erweitert und Stahl- und Textilfabriken gegründet. Doch die Ermordung des liberalen Führers Jorge Eliezer Gaitán im Jahre 1948 stürzte das Land wieder ins Chaos. Unruhen und Verbrechen beantwortete man mit Gewaltmaßnahmen wie etwa unter Rojas Pinilla. 1958 konnte durch die Wahl des gemäßigten liberalen Führers Alberto Lleras Camargo wieder eine gewisse Ordnung hergestellt werden. Damals einigten sich Konservative und Liberale auf eine 12jährige Koalition. Ende der sechziger Jahre entstand jedoch eine neue politische Bewegung, unterstützt von dem ehemaligen Oberbefehlshaber der Streitkräfte, Gustavo Rojas Pinilla. Rojas wurde in den Präsidentschaftswahlen von 1970 von dem Konservativen Misael Pastrana Borrero geschlagen. Bei den Wahlen von 1974 trug der Kandidat der Liberalen, Exaußenminister Alfonso Lopez Michelsen, den Sieg davon. Die Wahlen vom Juni 1978 brachten erneut einen knappen Sieg für die Liberalen, Julio Cesar Turbay Ayala wurde neues Staatsoberhaupt. Die seit Jahren tätigen Guerillagruppen verstärkten ihre Aktivitäten in den letzten Jahren.

Unter Rojas Pinilla, der 1953 die Macht ergriff, herrschte in Kolumbien bis zu seinem Sturz (1957) Korruption und Gewalt.

Komoren

Die Komoren, zwischen der Ostküste Afrikas und Madagaskar gelegen, waren um 800 n. Chr. Teil des Ostafrikanischen Reiches des Sultans von Oman. Auf portugiesischen Seekarten waren sie seit 1527 eingezeichnet. 1843 machte Frankreich die Insel Mayotte zur Kolonie, doch bei einer Volksbefragung vor der Unabhängigkeitserklärung der Komoren entschied sich diese Insel, unter französischer Oberhoheit zu bleiben.

1947 hatte Frankreich den Inseln den Status eines Überseeterritoriums mit Selbstverwaltung eingeräumt. Ahmed Abdallah wurde der erste Präsident der seit dem 6. Juli 1975 unabhängigen Komoren, jedoch knapp einen Monat später von Ali Soilih gestürzt, der einen maoistisch orientierten Staat aufbauen wollte. Durch einen Militärputsch wurde Soilih seinerseits 1978 abgesetzt, Abdallah ergriff erneut die Macht.

1 797 qkm
365 600 Einwohner
Hauptstadt: Moroni

Kongo, Demokratische Republik siehe Zaïre

Kongo, Volksrepublik

Diese Republik auf dem Nordufer des Kongo erlangte 1960 die Unabhängigkeit von Frankreich – im selben Jahr, in dem auch ihr südlicher Nachbar Zaïre (ehemals Demokratische Republik Kongo und davor Belgisch-Kongo) die Unabhängigkeit erhielt. Zwischen den beiden Staaten hat es häufig Spannungen gegeben.

Im 16. Jahrhundert kamen die ersten Europäer – Portugiesen und später Franzosen – in die Gebiete am Kongo. Bis zum 17. Jahrhundert errangen die Franzosen die Vorherrschaft und gründeten Außenposten für den Handel mit Sklaven und Elfenbein. In den siebziger Jahren des 19. Jahrhunderts drangen französische Forscher in das Landesinnere vor, und die Kongo-Konferenz in Berlin erkannte 1885 die französischen Ansprüche auf das Gebiet an.

Zunächst hieß das Land Französisch-Kongo, später nannte man es Mittelkongo. 1910 wurde es zusammen mit anderen Territorien zu Französisch-Äquatorialafrika vereinigt, bekam jedoch 1956 lokale Autonomie.

1958 sprach sich die Kolonie dafür aus, als Kongo-Republik mit Selbstverwaltung in der Französischen Gemeinschaft zu bleiben. 1960 erhielt die Republik völlige Unabhängigkeit.

Ihr erster Präsident, Fulbert Youlou, wurde 1963 durch einen Volksaufstand gestürzt. Alphonse Massemba-Débat, sein Nachfolger, löste 1968 die Nationalversammlung auf. Daraufhin ergriff die Armee die Macht, und Massemba-Débat war gezwungen, in einer neuen Regierung mit den Armeeführern zusammenzuarbeiten. Einen Monat später trat er zurück, und die Armee regierte das Land, bis 1970 eine neue Verfassung in Kraft trat. Der offizielle Name des Landes wurde in Volksrepublik Kongo umgewandelt und die Kongolesische Arbeiterpartei geschaffen, deren Präsident automatisch auch der Präsident des Landes sein mußte. Auf dem ersten Parteikongreß wählte man den Anführer des Armeeputsches von 1968, Major Marien Ngouabi, zum Präsidenten. Im Dezember 1975 löste Ngouabi die Regierung auf, trat selbst an die Spitze eines »Revolutionären Generalstabes« und ernannte Louis Sylvain Goma zum Regierungschef.

Im März 1977 fiel Ngouabi einem Attentat zum Opfer, und der nun geschaffene Militärrat wählte im April Oberst Joachim Yhombi-Opango zum Staatschef. Er löste das Parlament auf und errichtete eine neue Regierung auf der Basis des Marxismus-Leninismus. Im Februar 1979 trat Yhombi-Opango zurück, Denis Sassou-Nguessou übernahm die Ämter des Staatspräsidenten und Parteivorsitzenden.

342 000 qkm
1 500 000 Einwohner
Hauptstadt: Brazzaville

Pierre Graf Savorgnan de Brazza gründete 1880 Brazzaville und sicherte das Land nördlich vom unteren Kongo für Frankreich.

Korea

Beinahe 300 Jahre lang war die Geschichte des koreanischen Volkes eng mit der des chinesischen verwoben. Auch ein anderer Nachbar Koreas, Japan, hatte Einfluß auf die Gestaltung seines Schicksals. Nachdem Japan Korea 1910 annektiert hatte, half es ihm, sich die Grundlagen für eine moderne industrielle Wirtschaft zu schaffen. Nach der japanischen Niederlage 1945 wurde Korea entlang des 38. Breitengrades geteilt: Der kommunistisch regierte Norden hielt sich an China und Rußland, während der Süden unter amerikanischen Einfluß geriet. 1950 griff der Norden in dem mißglückten Versuch, Korea wiederzuvereinigen, den Süden an.

Frühe Geschichte Koreas nachweisbare Geschichte beginnt etwa um 1100 v. Chr., als die Chinesen bei Pjöngjang eine Kolonie gründeten. Der chinesische Einfluß blieb bis 313 n. Chr. wirksam, als drei kriegführende einheimische Königreiche – Silla, Koguryo und Paektsche – zur Macht aufstiegen. Im 7. Jahrhundert besiegte das südöstliche Königreich Silla seine Rivalen. 935 überwältigte ein Rebellengeneral, Wang Kon, Silla und gründete sein eigenes Königreich Koryo, von dem sich der Name Korea ableitet. Im 13. Jahrhundert eroberten die Mongolen das Land. 1356 wurden sie von koreanischen Truppen unter General Yi Songgye besiegt, der 1392 eine eigene Dynastie gründete.

Wohlstand, Invasion und Isolierung: 1392–1910 Zwei Jahrhunderte lang entfaltete sich Korea wirtschaftlich und kulturell, trotz interner politischer Zwistigkeiten und japanischer Piraterie. Schließlich fiel 1637 Korea in die Hand der chinesischen Mandschu-Dynastie. Unter ihrem Einfluß wurde das Land von der nichtchinesischen Welt isoliert und als das Eremitenreich bekannt. Das dauerte bis 1876, als die Japaner Korea zwangen, seine Häfen dem Außenhandel zu öffnen. 1894 brach zwischen China und Japan ein Krieg wegen Korea aus. Die meisten Kämpfe fanden auf koreanischem Boden statt. Nach der chinesischen Niederlage, 1895, versuchte Rußland, sich koreanisches Gebiet anzueignen. Japan wehrte diese Bedrohung 1905 ab und annektierte 1910 Korea formell.

Der Kampf um die Unabhängigkeit Die Koreaner akzeptierten die japanische Herrschaft nie, obwohl sie dem Land durch die Industrialisierung bleibende Vorteile brachte. 1919 bildete Syngman Rhee in Schanghai eine Exilregierung. 1925 wurde die kommunistische Partei Koreas gegründet, und kommunistische Partisanen griffen die Japaner von ihren Stützpunkten auf den nordkoreanischen Hügeln aus immer wieder an. Am Ende des Zweiten Weltkrieges zogen russische Truppen in Korea ein, und amerikanische Streitkräfte übernahmen die Kontrolle über den Süden; Korea wurde entlang des 38. Breitengrades geteilt.

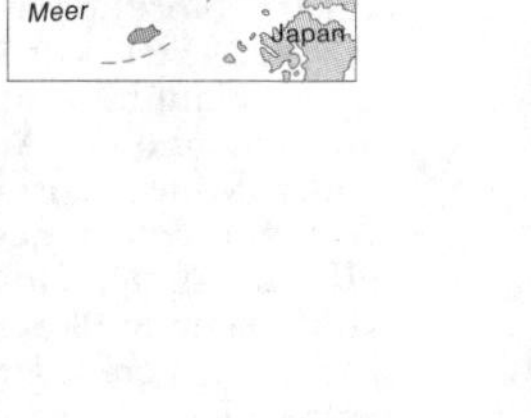

Unter der Yi-Dynastie erlebte Korea eine Zeit wirtschaftlicher und kultureller Blüte. Der chinesische Einfluß blieb stark, wie dieses Bild zweier Tänzer zeigt.

Demokratische Volksrepublik Korea

120538 qkm
18700000 Einwohner
Hauptstadt: Pjöngjang

Die Demokratische Volksrepublik Korea nimmt die koreanische Halbinsel nördlich der Linie ein, die 1945 etwa entlang des 38. Breitengrades gezogen wurde. Wie die Republik Korea im Süden, so nimmt das Regime Nordkoreas für sich in Anspruch, die einzige legitime Regierung Koreas zu sein.

Die sowjetische Besatzungsmacht stärkte den lokalen Kommunisten den Rücken, deren Führer inzwischen aus dem Exil in China und Rußland zurückgekehrt waren. Der wichtigste unter ihnen war Kim Il-sung, der 1948 Ministerpräsident der Demokratischen Volksrepublik wurde, nachdem alle Versuche, das Land mit dem Süden wiederzuvereinen, fehlgeschlagen waren.

Das Plakat fordert Chinesen auf, sich freiwillig an die koreanische Front zu melden.

Krieg mit dem Süden: 1950–53 Im Juni 1950 griffen die Nordkoreaner den Süden an, weil sie Korea mit Gewalt wiedervereinen wollten. Die Südkoreaner wandten sich an die Vereinten Nationen um Hilfe, die ihnen auch sofort gewährt wurde. Ende des Jahres griffen die UN-Streitkräfte Nordkorea an und näherten sich der mandschurischen Grenze Chinas.

Die Chinesen schickten daraufhin 200000 Freiwillige den Nordkoreanern zu Hilfe. Sie trieben die UN-Streitkräfte zurück in den Süden, wurden jedoch wieder zum 38. Breitengrad gedrängt. Der Krieg entwickelte sich schließlich zu einem Patt. Im Juni 1953 unterzeichneten beide Länder in Panmunjon einen Waffenstillstand.

Interne Entwicklungen Unter Führung von Kim Il Sung erzielte Nordkorea beachtliche wirtschaftliche Fortschritte. 1961 wurde ein Siebenjahresplan eingeleitet, dessen Hauptakzent auf der Entwicklung der Schwerindustrie und der Ausbeutung von Nordkoreas bedeutenden Mineralvorkommen lag. Das Land blieb jedoch weiterhin von chinesischer und russischer Wirtschaftshilfe abhängig. Obwohl Nordkorea immer noch sowohl gegen Südkorea wie auch gegen dessen Verbündeten, die Vereinigten Staaten, feindlich eingestellt ist, verkündeten Nord- und Südkorea in einer gemeinsamen Erklärung im Juli 1972, sie seien übereingekommen, Schritte zu einer eventuellen Wiedervereinigung der Länder einzuleiten. Ein im Januar 1977 von der südkoreanischen Regierung vorgeschlagener Nichtangriffspakt wurde abgelehnt, obgleich die Gespräche über eine mögliche Wiedervereinigung auch in den 70er Jahren weitergeführt wurden. Den im Juli 1979 von US-Präsident Carter gemachten Vorschlag, in einem Dreiergespräch die Wege für die Wiedervereinigung zu ebnen, lehnte Nordkorea ab.

Der VI. Parteitag der nordkoreanischen Partei der Arbeit bestätigte Mitte Oktober 1980 die Aufnahme von Kim Jong Il in das fünfköpfige Parteipräsidium. Er ist der »einzige und designierte Nachfolger« seines Vaters Kim Il Sung im Amt des Parteiführers und Staatspräsidenten.

Republik Korea

98484 qkm
39700000 Einwohner
Hauptstadt: Seoul

Nachdem zwei Konferenzen, in denen Möglichkeiten der Wiedervereinigung des kommunistischen Nordens mit dem amerikanisch beeinflußten Süden geprüft werden sollten, ergebnislos verlaufen waren, erhielt Südkorea 1948 als Republik Korea unter Präsident Syngman Rhee seine Unabhängigkeit.

Entschlossen, Korea unter kommunistischer Herrschaft zu vereinigen, marschierten nordkoreanische Truppen im Juni 1950 in Südkorea ein. Die Vereinten Nationen kamen Südkorea zu Hilfe, und 15 Mitgliedstaaten entsandten Truppen in das Land. Die Volksrepublik China trat im November 1950 auf der Seite Nordkoreas in den Konflikt ein. Schließlich wurde im Juli 1953 ein Waffenstillstand vereinbart, das Land blieb entlang des 38. Breitengrades geteilt.

Diese Aufnahme wurde von Pressefotografen während des Koreakrieges gemacht.

Neueste Entwicklung Präsident Syngman Rhee amtierte während der ganzen fünfziger Jahre, doch 1960 zwang ihn die Beschuldigung, die Präsidentschaftswahlen manipuliert zu haben, zum Rücktritt. Man schrieb neue Wahlen aus, bei denen die Demokratische Partei den Sieg davontrug. 1961 wurde die demokratische Regierung durch einen Militärputsch unter General Park Chung Hee gestürzt, der für 1967 wieder eine Zivilregierung versprach. Diese Erklärung führte zu einer Welle heftiger Proteste. Deshalb schrieb Park bereits 1963 Präsidentschaftswahlen aus, bei denen er als Zivilist kandidierte. In diesem Jahr und nach den Wahlen von 1967 und 1971 behielt er die Präsidentschaft, trotz fortgesetzter Beschuldigungen, die Wahlen manipuliert zu haben.

Im Dezember 1975 bildete Präsident Park eine neue Regierung mit Tschoi Kyu Ha als Ministerpräsident. Park selbst wurde 1978 für eine weitere sechsjährige Amtsperiode als Präsident bestätigt. US-Präsident Carter, der sich im März 1979 in Seoul aufhielt, setzte sich für die Wiederaufnahme des Dialogs zwischen beiden Koreas ein und betonte die Beistandspflicht der USA im Falle eines nordkoreanischen Angriffs.

Die Ermordung des Präsidenten Park Chung Hee Ende Oktober 1979 führte zu einem Machtkampf in der Armee, bei dem der gemäßigte Flügel Mitte Dezember 1979 unterlag. Der von ihm ins Amt gebrachte Präsident Choi Kyu Ha mußte deshalb die angekündigte Demokratisierung abbremsen. In Seoul und anderen Zentren brachen daraufhin Anfang Mai 1980 Unruhen aus, die in der südlichen Provinzhauptstadt Kwangju zum Aufstand gegen die Militärdiktatur führten. Nach dessen Niederschlagung mußte im August 1980 Präsident Choi Kyu Ha dem starken Mann in der Armee, Chon Do Hwan, weichen. Präsident Chon Do Hwan legte dem Volk am 22. Oktober 1980 eine neue Verfassung zur Abstimmung vor, nach der die Parteien aufgelöst werden und ein Einkammerparlament eingerichtet werden soll.

Kuba

114524 qkm
10032000 Einwohner
Hauptstadt: La Habana

Christoph Kolumbus entdeckte Kuba, die größte Insel im Karibischen Meer, 1492 auf seiner ersten Reise in die Neue Welt. Zu Beginn des 16. Jahrhunderts kam die Insel unter spanische Herrschaft und blieb bis 1898 Teil des spanischen Kolonialreiches.

Das moderne Kuba entstand aus dem Kampf um die Unabhängigkeit von Spanien und dann aus den Bemühungen, diese Unabhängigkeit gegen die wirtschaftliche und politische Vorherrschaft der USA zu verteidigen. Fidel Castros Revolution von 1959 veränderte nicht nur die kubanische Gesellschaft, sie machte Kuba auch zum Verbündeten der Sowjetunion. Dieses Bündnis stellte für die Vereinigten Staaten eine Bedrohung dar, die im Oktober 1962 die Welt an den Rand eines Krieges brachte.

Die Kolonialherrschaft: 1500–1800 Kuba war zunächst spanischer Stützpunkt für die Erforschung und Eroberung des Festlandes von Amerika. Im 17. und 18. Jahrhundert liefen die Silberflotten auf der Rückreise nach Spanien als letzten Hafen Habana an, weshalb er oft von englischen und französischen Freibeutern angegriffen wurde. 1762 eroberten die Engländer Habana, doch im Frieden von Paris (1763) tauschten sie Kuba gegen Florida ein.

Durch seine Zuckerrohrplantagen, auf denen aus Westafrika importierte Sklaven arbeiteten, erlangte Kuba Ende des 18. Jahrhunderts großen Wohlstand. Die direkten Abkömmlinge der Sklaven und die Mulatten – negrid-europide Mischlinge – machen ungefähr 30 Prozent der heutigen Bevölkerung der Insel aus.

Die Unabhängigkeit: 1901 Anfang des 19. Jahrhunderts begann das spanische Reich in Amerika zu zerbröckeln. Kuba wurde sehr spät unabhängig, da seine reichen Sklavenbesitzer die spanische Herrschaft zwar abschütteln wollten, jedoch auf die spanischen Truppen wegen einer möglichen Sklavenrevolte nicht verzichten konnten.

Christoph Kolumbus, der auf seiner ersten Reise Kuba 1492 entdeckte, wird von Einheimischen freundlich empfangen.

Die Kubaner hofften auf amerikanische Hilfe in ihrem Freiheitskampf, doch als diese Hilfe ausblieb, rebellierten sie selbst 1868 und 1895 gegen Spanien. 1898 erklärten die USA Spanien den Krieg und entsandten ein Expeditionskorps nach Kuba. Die Kubaner riefen 1898 ihre Unabhängigkeit aus und nahmen 1901 eine republikanische Verfassung an. Tomás Estrada Palma wurde 1902 Präsident.

Abhängigkeit von den USA Von Anfang an mußte die kubanische Republik versuchen, sich eine stabile Regierung zu schaffen, um der Einflußnahme durch die USA entgehen zu können. Ein Artikel der kubanischen Verfassung, das Platt Amendment, räumte den USA das Recht ein, im Falle innerer Unruhen in die kubanischen Angelegenheiten eingreifen zu dürfen. Amerikanische Geschäftsleute investierten viel Kapital in die kubanische Zuckerindustrie, wodurch Kuba stark an die amerikanische Wirtschaft gebunden wurde. Vielen Kubanern mißfiel das, und sie prägten das Schlagwort vom Yankee-Imperialismus. Bald wurde die Politik des Landes korrupt und chaotisch. Die demokratische Regierungsform fiel in Mißkredit. Diese Zustände begünstigten den Aufstieg starker Männer, wie etwa Gerardo Machados, der zwischen 1925 und 1933 als Diktator regierte.

Radikalismus und der Aufstieg Castros Die radikale, linksgerichtete Politik auf Kuba geht auf die Revolution von 1933 zurück, die Machado stürzte. Machthaber wurde nun General Batista y Zaldívar, der bei den Wahlen von 1940 als Sieger hervorging, aber 1944 R. Grau San Martin unterlag. Batista kam 1952 durch einen Staatsstreich erneut an die Macht und wurde durch die Wahlen von 1954 in seinem Amt bestätigt.

Fidel Castro, ein sozialistischer Studentenführer, prangerte Batista als Tyrannen an und führte seit 1956 zusammen mit dem Argentinier Ernesto »Che« Guevara einen hartnäckigen Guerillakrieg gegen ihn. Obwohl 1957 ein Versuch des Revolutionären Studentischen Direktorats, den Präsidentenpalast zu erobern, und ein Generalstreik im Jahre 1958 scheiterten, bekamen Castros Partisanen Hilfe von antidiktatorischen Bewegungen in den Städten.

Castro lehnte ein Bündnis mit anderen Oppositionsparteien ab und verließ sich auf die Unterstützung der Volksmassen, mit deren Hilfe er sein Programm der sozialen Reformen – Verstaatlichung der Zuckerrohrplantagen und Rückkehr zur demokratischen Regierung – verwirklichen wollte. Die Armee versagte Batista die Gefolgschaft, er floh außer Landes, und im Januar 1959 hielt Castro seinen triumphalen Einzug in Habana.

Nach einer kurzen Zeit der Zusammenarbeit mit den demokratischen Parteien übernahm Castro im Februar 1959 die Regierung selbst und brachte die Opposition in der Presse und in den Gewerkschaften zum Schweigen. Viele seiner früheren Sympathisanten gingen ins Exil in der Überzeugung, Castro hätte sie verraten, indem auch er sich zum Diktator aufschwang.

Zwei Bodenreformen wurden 1959 durchgeführt, außerdem erfolgten eine Armeereform und eine Reorganisation des Schulwesens. Am 2. Dezember 1961 bekannte sich Castro öffentlich zum Kommunismus.

Kubas Wirtschaft hing stets stark von der Zuckererzeugung ab. Castro bemüht sich, die Zuckerproduktion noch zu erhöhen.

Der Bruch mit den USA Castro war entschlossen, die Abhängigkeit Kubas von den USA zu beenden. Der größte Teil der amerikanischen Besitzungen wurde verstaatlicht, und die USA brachen als Vergeltung die diplomatischen Beziehungen zu Kuba ab. Dieser Schritt machte Castro jedoch von der Sowjetunion abhängig, die von Kuba immer mehr Zucker im Austausch gegen russisches Öl und industrielle Ausrüstung bezog. Die Unterzeichnung eines Handelsabkommens mit der UdSSR (1960) führte zu einem Boykott kubanischer Waren von seiten der USA und vieler ihrer Verbündeten in Zentral- und Südamerika.

Das Regime des Generals Batista (Mitte) wurde 1958/59 von Fidel Castros Partisanen hinweggefegt.

Die Kubakrise: 1962 Eine internationale Krise entwickelte sich, als die USA entdeckten, daß die Sowjetunion Raketenstützpunkte auf Kuba installiert hatte. In einer dramatischen persönlichen Konfrontation zwischen Präsident Kennedy und dem sowjetischen Ministerpräsidenten Chruschtschow konnte die Krise ohne Hinzuziehung Castros beigelegt werden. Das vergiftete Castros Beziehungen zur Sowjetunion, von der Kuba immer noch wirtschaftlich abhängig war.

Ohne die Sowjetunion öffentlich zu kritisieren, unterstrich Castro die Einzigartigkeit seiner revolutionären Technik, bei der gewalttätige Partisanenaktionen eine wesentliche Rolle spielten. Die Russen glaubten jedoch, daß die Kommunisten in einigen südamerikanischen Ländern legal die Macht übernehmen könnten, indem sie mit anderen linksgerichteten Parteien Koalitionen eingingen. Der Tod »Che« Guevaras im Oktober 1967 in Bolivien und die wirtschaftliche Schwäche Kubas haben Castros Ansehen zwar zeitweise gemindert, seine Position aber nicht nennenswert geschwächt. Auch in den 70er Jahren besserte sich die wirtschaftliche Lage nicht. Seit 1977 trat eine Entspannung in den Beziehungen zu den USA ein. Seit 1978 befinden sich kubanische Soldaten in Afrika zur Unterstützung verschiedener Befreiungsbewegungen.

Fidel Castros Machtergreifung durch Guerillakrieg wirkte als »kubanisches Beispiel« in anderen Ländern.

Auf eine wachsende Unruhe infolge der sich verschlechternden Wirtschaftslage reagierte Fidel Castro im Januar 1980 mit der Verstärkung seiner Kontrolle über die Regierung und zwei Monate später mit der ersten Lohnerhöhung nach 15 Jahren. Im Frühsommer 1980 entledigte sich Kuba der Unzufriedenen – und auch Kriminellen –, als es rund 118 000 Kubanern die Flucht in die USA ermöglichte. Erst Ende September 1980 stellte Kuba auf amerikanischen Druck hin diese Aktion ein.

Kuwait

20 150 qkm
1 314 000 Einwohner
Hauptstadt: Kuwait

Man nimmt an, daß knapp ein Viertel der Ölreserven der Erde unter den Sanddünen von Kuwait liegt, einem der kleinsten und doch wohlhabendsten Länder des Vorderen Orients. Der winzige Wüstenstaat ist der drittgrößte Ölproduzent in Vorderasien.

Portugiesische Seeleute und Händler errichteten als erste Europäer im 15. Jahrhundert einen Außenposten in Kuwait. Die frühesten Siedler dieses Gebietes waren jedoch nomadische Araber, die dort etwa 300 Jahre später ankamen. Sie gründeten die Stadt Kuwait, die sich zu einem blühenden Handelszentrum am Persischen Golf entwickelte.

Seit 1829 unterstand Kuwait der Oberhoheit des Osmanischen Reiches. 1899 machte Großbritannien, um die Bedrohung durch die osmanischen Türken abzuwehren, Kuwait zu einem Protektorat. Die Türken erkannten 1913 seine Autonomie an. 1961 erhielt das Land völlige Unabhängigkeit und wurde Mitglied der Arabischen Liga.

Mit der Entdeckung von Öl 1938 durch eine angloamerikanische Gesellschaft und seiner Ausbeutung nach 1946 erlangte das Scheichtum großen Wohlstand. Als der Irak Ansprüche auf Kuwait erhob, entsandten Großbritannien und die Arabische Liga Truppen zu seinem Schutz. 1963 erkannte auch der Irak die Unabhängigkeit Kuwaits an. Staatsoberhaupt war von 1965 bis 1977 Abdullah as-Salim as-Sabah. Nach dessen Tod im Dezember 1977 übernahm der bisherige Kronprinz und Regierungschef Scheich Dschabar al-Ahmad al-Dschabar as-Sabah das Amt des Staatsoberhauptes und ernannte Scheich Saad al-Abdallah as-Salim as-Sabah zum neuen Kronprinzen und Ministerpräsidenten. Im Nahostkonflikt nahm die Regierung eine vermittelnde Stellung ein, doch wurde der Friedensvertrag zwischen Israel und Ägypten auch von Kuwait abgelehnt. Es brach die diplomatischen Beziehungen zu Ägypten ab.

Im Sommer 1980 steigerte der irakisch-iranische Gegensatz die innenpolitische Unruhe in Kuwait. Das Land unterstützte im Golfkrieg politisch den Irak, suchte sich aber trotz iranischer Übergriffe auf sein Gebiet aus den militärischen Auseinandersetzungen herauszuhalten.

Laos

236 800 qkm
3 600 000 Einwohner
Hauptstadt: Vientiane

Das Schicksal dieses Binnenstaates war lange Zeit mit dem seiner mächtigeren Nachbarn Kambodscha, Thailand, Birma und neuerdings Vietnam verbunden. 1972 reihte ein Bericht der Vereinten Nationen Laos unter die 20 ärmsten Länder der Erde ein. Der größte Teil seiner Bevölkerung ist für seinen Lebensunterhalt vom Reisanbau abhängig. Die Straßen sind schlecht, und es gibt keine Eisenbahnlinien; die Hauptverkehrsader ist der Mekong.

Frühe Geschichte Laos wurde wahrscheinlich im 12. Jahrhundert von Tai-Stämmen, besonders von Lao, aus Südchina besiedelt. Eine Zeitlang stand das Gebiet unter kambodschanischer Oberherrschaft. Der früheste bedeutende laotische Staat war das 1353 gegründete Reich Lantschang, das sich 1707 nach inneren Machtkämpfen in die Reiche Luang Prabang und Viengtschang teilte. Die beiden Reiche befehdeten sich und konnten den Angriffen des Königreiches Siam (Thailand) nicht standhalten. Vom Ende des 18. Jahrhunderts an stand Laos unter siamesischer Herrschaft.

Die französische Herrschaft 1893 wurde Laos Teil von Französisch-Indochina, obwohl die Monarchie in Luang Prabang weiter bestehenblieb.

Die Japaner besetzten Laos während des Zweiten Weltkrieges, doch 1946 kehrten die Franzosen zurück. 1949 erhielt Laos innerhalb der Französischen Union Selbstverwaltung und 1953 völlige Unabhängigkeit. Im gleichen Jahr überfiel der Pathet Lao, eine linksgerichtete nationalistische Bewegung, die in Nordvietnam von Prinz Suvanna Vong mit der Unterstützung der nordvietnamesischen Kommunisten (Vietminh) gegründet worden war, Nordlaos und errichtete eine Exilregierung. Der darauf folgende Bürgerkrieg wurde 1954 durch das Genfer Indochina-Abkommen beendet.

Unabhängigkeit und Bürgerkrieg Eine Koalitionsregierung, die von Prinz Suvanna Vong und dem neutralistischen Prinzen Suvanna Phuma gebildet worden war, löste sich 1959 auf, und neue Kämpfe zwischen dem Pathet Lao und den Regierungstruppen flammten auf. Der Dreiecksmachtkampf zwischen Suvanna Phuma, Suvanna Vongs Pathet Lao und einer rechtsgerichteten Partei unter Prinz Boun Oum entwickelte sich zum Bürgerkrieg, in den die West- und Ostmächte durch Waffenlieferungen eingriffen. Während des Bürgerkrieges erlangte der Pathet Lao die Kontrolle über die Hälfte des Landes. 1962 beschloß die Genfer Laos-Konferenz die Neutralisierung von Laos, und die drei Fraktionen bildeten eine Koalitionsregierung.

1963 zog sich der Pathet Lao von der Regierung zurück, und für den Rest dieses Jahrzehnts kämpften Regierungstruppen mit der Unterstützung der USA gegen ihn und die Nordvietnamesen. Die vietnamesischen Kommunisten benützten den Ho-Tschi-Minh-Pfad, der durch laotisches Gebiet verläuft, und eroberten 1970 die laotische Provinz Xieng Khouang. Unterdessen flog die US-Luftwaffe mit der Genehmigung der Regierung in Vientiane häufige Luftangriffe gegen die kommunistischen Streitkräfte in Laos, und amerikanische Berater organisierten einen antikommunistischen Widerstand in einigen Gebieten des Landes. 1973 unterzeichneten beide Seiten ein Waffenstillstandsabkommen.

Mit dem Vormarsch der Kommunisten in Südvietnam im Frühjahr 1975 erstarkte auch die Kraft der Pathet Lao, die strategisch wichtige Punkte in Laos besetzten. König Sri Savang Vatthanna dankte ab, wurde aber als Berater in die neue Regierung aufgenommen, als im Dezember 1975 die Demokratische Volksrepublik Laos proklamiert wurde. Prinz Suvanna Vong wurde der erste Präsident der neuen Republik, Regierungschef wurde Kaysone Phomvihan. Im März 1977 ließ die Regierung den ehemaligen König in ein Umerziehungslager bringen. Vietnam, mit dem Ende 1977 ein Kooperations- und Freundschaftsabkommen geschlossen wurde, hat großen Einfluß auf die Entwicklung in Laos.

Der im 16. Jh. erbaute Tempel That Luang in Vientiane besitzt als größte Reliquie eine angebliche Rippe Buddhas.

Fischfang mit Netzen am Mekong, der Hauptverkehrsader von Laos.

Lesotho

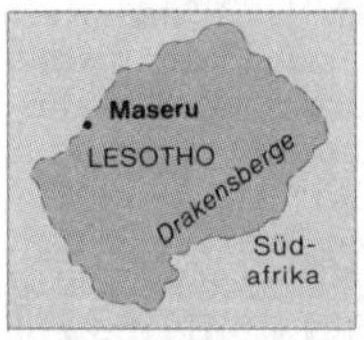

30 355 qkm
1 300 000 Einwohner
Hauptstadt: Maseru

Als die Zulufürsten Tschaka und Umziligaze in den zwanziger und dreißiger Jahren des 19. Jahrhunderts ihre Eroberungszüge unternahmen, bot der Sothohäuptling Moschesch den Flüchtlingen in seiner Feste Thaba Bosiu bei Maseru Schutz. Moschesch schloß die Flüchtlinge, die verschiedenen Stämmen angehörten, zum Volk der Sotho zusammen. Da die Sotho wiederholt in Kämpfe mit den Buren gerieten, stellten sie sich schließlich unter britischen Schutz. Ihr Gebiet wurde 1868 das britische Protektorat Basutoland.

1966 erlangte das Land als Lesotho unter Ministerpräsident Leabua Jonathan die Unabhängigkeit. In den ersten Jahren seines Bestehens mußte der neue Staat eine konstitutionelle Krise durchmachen, denn König Moschesch II. versuchte seine Macht zu vergrößern. Daraufhin setzte Jonathan 1970 die Verfassung außer Kraft, und der König floh ins Ausland, durfte jedoch später zurückkehren. Zunächst stand Lesotho in freundlicher Beziehung zu Südafrika, von dem es wirtschaftlich abhängig blieb. Doch 1972 verschlechterten sich diese Beziehungen, da Jonathan die südafrikanische Apartheid-Politik angriff. Nach einer Regierungsumbildung 1975 wurden auch Oppositionspolitiker in die Regierung aufgenommen.

Libanon

10 400 qkm
2 627 000 Einwohner
Hauptstadt: Beirut

Die Republik Libanon stellt unter den arabischen Ländern eine Besonderheit dar, denn der Teilung der Bevölkerung in christliche und moslemische Glaubensangehörige wird in der Verfassung des Landes Rechnung getragen. Der Präsident muß immer ein Christ, der Ministerpräsident ein Moslem sein. Der Libanon ist seit alters ein bedeutendes Handelszentrum. Das Land hat die niedrigste Analphabetenquote in der arabischen Welt.

Frühe Geschichte Die östliche Küste des Mittelmeers, an der Libanon liegt, war einst die Heimat der Phöniker. Assyrer, Perser und Griechen kämpften nacheinander um dieses reiche Gebiet. 64 v. Chr. kam das Land unter römische Herrschaft. Das Christentum breitete sich früh aus. Seine Anhänger gehören größtenteils zur Maronitischen Kirche. Als sich im 7. Jahrhundert der Islam ausbreitete, blieb der Libanon überwiegend christlich.

Im 16. Jahrhundert kam der Vordere Orient unter die Herrschaft der osmanischen Türken, doch behielten die einheimischen herrschenden Häuser des Libanon beträchtliche Freiheit. Das empfindliche christlich-moslemische Gleichgewicht wurde Mitte des 19. Jahrhunderts gestört, als die Angehörigen einer moslemischen Sekte, die Drusen, blutige Massaker unter den christlichen Maroniten veranstalteten. Die Maroniten baten um Hilfe, Großbritannien und Frankreich zwangen die Türken, eine christenfreundliche Regierung einzusetzen.

Der moderne Libanon 1920 übertrug der Völkerbund das Mandat über den Libanon an Frankreich. Zu Beginn des Zweiten Weltkrieges regierte die französische Vichy-Regierung das Land. Nach der französischen Kapitulation besetzten alliierte Streit-

Eine Kreuzritterburg aus dem 13. Jh. in Saida, der alten phönikischen Handelsstadt Sidon.

kräfte 1941 den Libanon. 1945 erhielt das Land seine Unabhängigkeit.

1958 brach aufgrund der moslemischen Opposition gegen die prowestliche Politik des Landes eine Revolte aus. Präsident Camille Schamun rief amerikanische Truppen ins Land, und langsam beruhigte sich die Lage. 1968 und 1969 stürzten Massendemonstrationen zugunsten des Partisanenkrieges gegen Israel drei Regierungen. Obwohl das Land 1969 arabischen Partisanen gestattet hatte, von seinem Territorium aus gegen Israel vorzugehen, führten die israelischen Gegenmaßnahmen 1970 dazu, daß man versuchte, die terroristische Aktivität zu unterbinden.

1975 brach ein Bürgerkrieg zwischen rechtsgerichteten Christen, linksgerichteten Moslems und palästinensischen Guerilleros aus. Alle drei Gruppen waren in sich stark gespalten. Im April 1976 griffen syrische Truppen auf der Seite der Rechten ein und brachten im November Beirut – das fast völlig zerstört war – unter ihre Kontrolle. Nach 19 Monaten war der Bürgerkrieg beendet. Er hatte rund 60000 Menschenleben gefordert.

Im Dezember 1976 bildete der moslemische Ministerpräsident Selim el-Hoss die neue Regierung, der vor allem parteilose Minister aller Konfessionen angehörten.

Als Mitte März 1978 palästinensische Al-Fatah-Anhänger in Israel 37 Israelis ermordeten, schickte Israel Truppen in den Südlibanon. Wenige Tage später forderte der UN-Sicherheitsrat den sofortigen Rückzug der Truppen und entsandte eine UN-Streitmacht zur Friedenssicherung. Im April 1979 proklamierten christliche Milizen unter Major Haddad den südlichen Libanon zum Freien Libanon. Sie erhielten von den Israelis Unterstützung.

Liberia

111369 qkm
1800000 Einwohner
Hauptstadt: Monrovia

Afrikas älteste Republik entstand 1822. Die *American Colonization Society*, die 1816 ins Leben gerufen wurde, um freigelassene Sklaven wieder in Afrika anzusiedeln, gründete 1822 ihre erste Niederlassung in Liberia, in der Nähe des heutigen Monrovia. Andere Siedlungen freigelassener amerikanischer Sklaven folgten, und 1841 wurde der erste Negergouverneur ernannt. Liberia erhielt 1847 die Unabhängigkeit. Seine Verfassung war nach amerikanischem Muster ausgearbeitet.

Amerikanische Wirtschaftshilfe sicherte das Gedeihen der Republik. Vor allem legte man gewaltige Kautschukplantagen an. Die Jahre zwischen den Kriegen waren eine unglückliche Zeit für Liberia, dessen Wirtschaft von einem einzigen Produkt und von amerikanischem Privatkapital abhängig war. Erst in den fünfziger Jahren verringerte sich Liberias Abhängigkeit vom Kautschuk, als man die Ausbeutung seiner gewaltigen Eisenerzvorkommen in Angriff nahm.

Die politische Macht lag völlig in den Händen der Ameriko-Liberianer, die nur 5 Prozent der Gesamtbevölkerung ausmachen. Die übrige Bevölkerung setzt sich aus 16 großen ethnischen Gruppen zusammen, darunter Kpelle und Bassa. Trotz der Bemühungen von William Tubman, Präsident von 1943 bis zu seinem Tode 1971, der Mehrheit der Bevölkerung größere Beteiligung am politischen Leben zu sichern, stand die liberianische Demokratie weitgehend auf dem Papier. Wahlberechtigt waren nur Schwarze mit Eigentum, für Weiße war Grundbesitz verboten. Auf Tubman folgte 1971 William Tolbert als Präsident, der 1976 wiedergewählt wurde. Wirtschaftliche und soziale Probleme, vor allem die zunehmende Jugendarbeitslosigkeit, führten im April 1979 zu Unruhen in Monrovia, bei denen mehr als 70 Menschen ums Leben kamen.

Am 12. April 1980 wurde Präsident Tolbert durch einen Militärputsch unter Führung des Hauptfeldwebels Samuel K. Doe gestürzt und ermordet. Außerdem wurde fast die gesamte Regierung anschließend hingerichtet. Damit zerbrach in Liberia die Herrschaft der Ameriko-Liberianer und ihrer True Whig Party. Seither regiert in Monrovia unter der Führung von Präsident Doe ein aus Militärs bestehender People's Redemption Council (Volkserlösungsrat). Die früheren Oppositionsparteien People's Progressive Party (PPP) und Movement of Justice in Africa (MOJA) wurden an der neuen Regierung beteiligt. Liberia will unter Doe die Benachteiligung der Afro-Liberianer beseitigen und eine betont blockfreie Außenpolitik führen.

Wegen niedriger Steuern und fehlender Kontrolle durch die Regierung fährt ein Siebtel der Handelsschiffahrt der Erde unter der Flagge Liberias.

Libyen

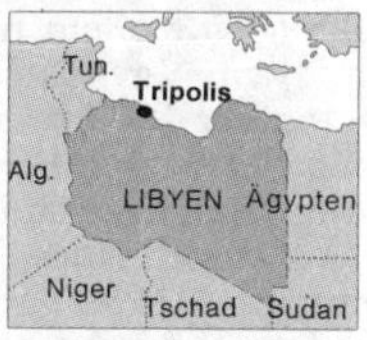

1759540 qkm
2900000 Einwohner
Hauptstadt: Tripolis

Als Provinz des Römischen Reiches exportierte Libyen Obst und Getreide aus den fruchtbaren bewässerten Küstengebieten des Mittelmeers nach Italien. Heute, nachdem es 1500 Jahre unbedeutend und in Armut verbrachte, ist Libyen wieder reich – durch das Öl, das tief im Hinterland in der Sahara entdeckt wurde. Das Durchschnittseinkommen der Libyer entspricht dem der Italiener, die in der Kolonialära einst ihre Herrscher waren. Libyen ist ein dünnbesiedeltes Land, das in drei Hauptgebiete aufgeteilt ist: Tripolitanien, die Cyrenaica und Fessan. Der größte Teil des Landes ist Wüste.

Die frühen Ansiedler In alten Zeiten kolonisierten die Griechen die Cyrenaica und die Phöniker Teile von Tripolitanien. Später kamen die Küstenstriche beider Gebiete unter römische Herrschaft. Libyen blieb ein Außenposten des Oströmischen Reiches bis zur arabischen Invasion im 7. Jahrhundert n. Chr.

Die eigentliche Besiedlung durch die Araber fand erst im 11. Jahrhundert statt, doch gab es praktisch keine organisierte Verwaltung, und außerhalb der Küstenstädte waren die Berber und Beduinen weitgehend unabhängig.

Die osmanische Herrschaft: 1551–1911 Im 16. Jahrhundert fiel Libyen an das Osmanische Reich. Doch waren die Türken nie in der Lage, ihre Kontrolle über die Senussi auszudehnen, einen moslemischen Orden, der 1843 in der Cyrenaica an die Macht kam und durch seine Verbindungen zum Karawanenhandel reich wurde. Die Türken waren gezwungen, die Macht der Senussi hinzunehmen.

Die italienische Herrschaft: 1911–43 Nach dem Krieg von 1911/12 zwischen der Türkei und Italien annektierte Italien Tripolitanien und die Cyrenaica, doch wie die osmanischen Türken hatte es große Schwierigkeiten, die Senussi zu unterwerfen. Erst 1931, nach der Gefangennahme und Hinrichtung deren Befehlshabers, Sidi Omar el-Mukhtar, konnten die Italiener ganz Libyen besetzen und 1934 die Cyrenaica, Tripolitanien und Fessan zur Kolonie Libyen vereinigen.

Während des Krieges war Libyen Kriegsschauplatz. Die Briten versuchten, deutsche und italienische Armeen davon abzuhalten, weiter nach Ägypten vorzurücken und den Suezkanal zu erobern. Schließlich besetzte die britische 8. Armee das Land.

Oberst Gaddafi zusammen mit Ägyptens Staatschef Sadat, 1972. Inzwischen ist das Einvernehmen der beiden empfindlich gestört.

Das Königreich Libyen: 1951–69 Nach dem Krieg stand Libyen unter anglo-französischer Verwaltung (die Franzosen hatten Fessan im Süden erobert). 1949 erhielt Libyen auf Beschluß der Vereinten Nationen seine Unabhängigkeit und wurde 1951 unter Idris I., dem Führer der Senussi, Königreich. Als Dank für ihre Hilfe durften Großbritannien und die USA Militärstützpunkte auf libyschem Boden unterhalten. Die Entdeckung von Öl im Jahre 1959 und seine großangelegte Gewinnung machten Libyen von westlichen Finanzhilfen weniger abhängig.

Die Libysche Arabische Republik 1969 stürzte eine Gruppe junger Armeeoffiziere unter der Führung von

Während der italienischen Kolonialzeit inspiziert Mussolini eine neue Straße bei Tobruk.

Oberst Moamar el Gaddafi das Regime von König Idris und rief die Republik aus. Innerhalb weniger Monate schloß Gaddafi britische und amerikanische Stützpunkte und leitete zähe Verhandlungen mit den Ölgesellschaften ein, bei denen es um höhere Gewinnanteile und größere Kontrolle über die Geschäftspolitik ging. Die Verhandlungen führten im April 1971 zu einer Übereinkunft, die Libyens Öleinkommen um ungefähr 50 Prozent erhöhte. Gaddafi benützte Libyens Ölreichtum als mächtige Waffe in der internationalen Politik und versuchte engere politische und militärische Verbindungen zwischen Libyen und den Nachbarstaaten anzuknüpfen, mit Ägypten kam es allerdings zu Konflikten, vor allem nach dem Bürgerkrieg im Libanon und dem ägyptisch-israelischen Friedensvertrag. Im Dezember 1977 berief Gaddafi in Tripolis eine Konferenz der arabischen Staaten ein, die sich als Ablehnungsfront bezeichnete.

Aufgrund eines Vorschlags von Gaddafi Anfang September 1980 gaben Libyen und Syrien am 10. September 1980 ihren Beschluß bekannt, sich in einem Einheitsstaat zusammenzuschließen.

Liechtenstein

Hoch in den Alpen zwischen Österreich und der Schweiz liegt das winzige, wohlhabende Fürstentum Liechtenstein. Sein Wohlstand stützt sich hauptsächlich auf den Tourismus. Viele internationale Unternehmen haben, wegen der niedrigen Steuersätze, ihre Hauptniederlassungen in Liechtenstein.

Ursprünglich bestand das Gebiet Liechtenstein aus den reichsunmittelbaren Herrschaften Schellenberg und Vaduz. Johann Adam von Liechtenstein kaufte Schellenberg 1699 und Vaduz 1712; Kaiser Karl VI. vereinigte die beiden 1719 zu einem Fürstentum. Bis 1806 blieb der Staat Teil des Heiligen Römischen Reiches, gehörte dann bis 1814 dem Rheinbund an und war 1815–66 Mitglied des Deutschen Bundes. Als dieser zerbrach, knüpfte das Land enge Beziehungen zu Österreich an, die bis 1918 dauerten. Seit 1923 hat Liechtenstein eine Zollunion mit der Schweiz, die auch für die Verteidigung und Außenpolitik verantwortlich ist.

Im August 1976 unterzeichnete Fürst Franz Joseph II., der zwei Jahre später sein 40. Regierungsjubiläum feierte, eine Verordnung, die es den Gemeinden überläßt, den Frauen das Wahlrecht einzuräumen. Lediglich die Gemeinde Vaduz entschloß sich dazu, so daß die Landtagswahlen vom Februar 1978 unter Ausschluß der Frauen abgehalten wurden.

157 qkm
23500 Einwohner
Hauptort: Vaduz

Luxemburg

Die Geschichte Luxemburgs geht auf das 10. Jahrhundert zurück. 963 erwarb Graf Sigfrid von Ardenne das Schloß Luxemburg, und das Gebiet wurde Fürstentum des Heiligen Römischen Reiches. Sein regierender Graf, Heinrich VII., wurde 1308 zum Kaiser des Heiligen Römischen Reiches gewählt. Zwei Jahre später trat er die Grafschaft an seinen Sohn ab, der 1311 durch Heirat die Krone Böhmens an Luxemburg brachte. 1354 zum Herzogtum erhoben, kam das Land 1441 durch Kauf an Burgund, von dem es die Habsburger erbten. Als nach der Abdankung von Karl V. 1555 die habsburgischen Besitzungen aufgeteilt wurden, übernahmen die spanischen Habsburger Luxemburg. 1684–94 stand es unter französischer Herrschaft und gehörte 1697–1794 wieder zu Österreich.

Napoleon annektierte Luxemburg, doch 1815 übergab der Wiener Kongreß es dem Königreich der Niederlande. In den dreißiger Jahren des 19. Jahrhunderts fiel Belgien von den Niederlanden ab und erhielt auch den wallonischen Teil Luxemburgs; der Rest wurde 1867 zu einem unabhängigen neutralen Staat erklärt. Die niederländischen Herrscher behielten den Titel Großherzog von Luxemburg bis 1890 bei, als Wilhelmine den niederländischen Thron bestieg. Dann ging der Titel auf das deutsche Haus Nassau über, da die Gesetze des Herzogtums die weibliche Erbfolge nicht zuließen. Diese Gesetze wurden 1912 abgeändert. Großherzogin Charlotte dankte 1964 ab; Nachfolger wurde ihr Sohn Großherzog Jean, der 1977 erstmals zu einem Staatsbesuch in die Bundesrepublik kam. Bei den Parlamentswahlen vom Juni 1979 gewannen die Christlich-Sozialen Sitze hinzu, Pierre Werner wurde neuer Regierungschef.

2586 qkm
362000 Einwohner
Hauptstadt: Luxemburg

Madagaskar

Die Insel Madagaskar, die mit einigen kleinen benachbarten Inseln die Madegassische Republik bildet, wurde zunächst von Indonesiern besiedelt, die in großen Auslegerbooten dorthin kamen. Spätere Siedler aus Afrika und Arabien mischten sich mit den Ureinwohnern. Als erste Europäer erschienen Ende des 15. Jahrhunderts portugiesische Händler auf der Insel. Im 17. und 18. Jahrhundert war Madagaskar ein Piratennest. Einheimische madegassische Häuptlinge schufen mächtige Staaten, darunter das Königreich Merina. 1896 wurde Madagaskar französische Kolonie und erlangte 1960 seine Unabhängigkeit.

Das Land verfügt über große Graphitvorkommen. Angebaut werden Reis, Kaffee, Vanillepflanzen und Gewürznelken. Seit der Unabhängigkeit sorgte Präsident Philibert Tsiranana – bis zu der linksgerichteten Rebellion im April 1971 – für eine stabile Regierung. Nach Massendemonstrationen übergab er im Mai 1972 die Macht an die Armee unter General Ramanantsoa und trat im Oktober formell zurück. Im Juni 1975 wurde Didier Ratsiraka, seit 1972 Außenminister, zum Präsidenten der 19köpfigen Militärjunta gewählt.

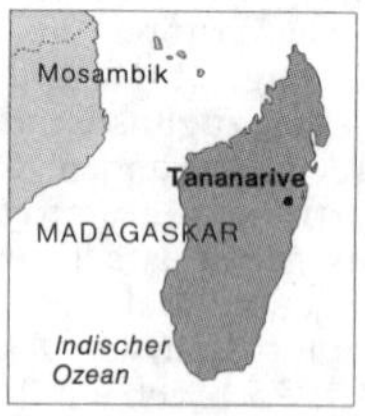

587041 qkm
9100000 Einwohner
Hauptstadt: Tananarive

Malawi

Dieser schwarzafrikanische Staat war früher die britische Kolonie Njassaland. Mehr als die Hälfte der Arbeitskräfte des Landes arbeiten im Ausland, hauptsächlich in Südafrika und Rhodesien. In den späten sechziger Jahren stellte sein Staatsoberhaupt, Hastings Banda, freundliche Beziehungen zu diesen Ländern sowie zu dem portugiesischen Moçambique her. Seine Politik gegenüber diesen von Weißen beherrschten Ländern verteidigt Banda als realistisch, doch wird sie in Schwarzafrika scharf kritisiert.

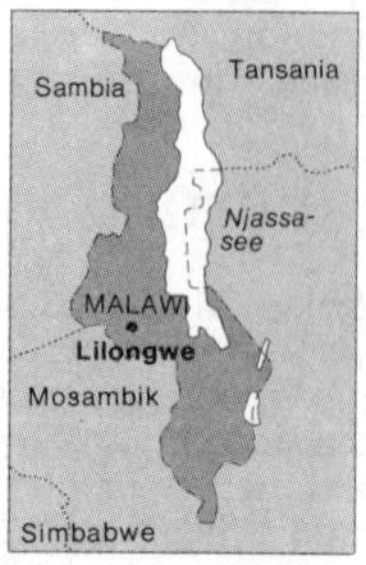

118484 qkm
5900000 Einwohner
Hauptstadt: Lilongwe

Die vorkoloniale Ära Im 18. Jahrhundert kamen von Nordosten Eindringlinge über den Njassasee, unterwarfen die ansässige Urbevölkerung und gründeten nordwestlich des Sees das Nkamanga-Reich. Um 1825 drangen aus dem Süden Ngoni in das Land ein und konnten bis 1845 das Nkamanga-Reich vernichten. Doch nach rund dreißigjähriger Ngoni-Herrschaft erhoben sich die einheimischen Tonga, denen sich andere Stämme anschlossen, gegen die neuen Herren, deren Macht bald gebrochen werden konnte. Schon im 17. Jahrhundert trieben portugiesische Händler mit den verschiedenen Staaten im heutigen Malawi Tauschhandel.

Die britische Herrschaft Der schottische Forscher und Missionar David Livingstone entdeckte 1856 den Njassasee. Nach 1875 ließen sich schottische Missionare und Händler in diesem Gebiet nieder. 1891 schufen die Briten das *British Central Africa Protectorate*, das 1907 den Namen Njassaland erhielt.

1953 wurde Njassaland mit Nord- und Südrhodesien in der Zentralafrikanischen Föderation vereinigt. Die Afrikaner widersetzten sich der Vormachtstellung der Weißen. 1959 übernahm Hastings Kamuzu Banda die Führung der Kongreßpartei, doch wurde der Ausnahmezustand verhängt und Banda verhaftet. Die na-

Dr. Hastings Banda (links) besucht eine Farm in Malawi.

tionalistische Bewegung wuchs. Banda, 1960 wieder entlassen, gründete die *Malawi Congress Party*, die 1961 einen großen Wahlsieg errang. Großbritannien löste die Föderation 1963 auf, und ein Jahr später erhielt Njassaland die Unabhängigkeit.

Unabhängigkeit Dr. Banda wurde Staatsoberhaupt und Regierungschef des jungen Staates. Trotz interner Unruhen konnte er seine autokratische Herrschaft stärken und einen Einparteienstaat ausrufen. 1970 ließ er sich zum Präsidenten auf Lebenszeit einsetzen und machte deutlich, daß er keine Opposition wünsche. Durch die enge wirtschaftliche Kooperation mit Südafrika verläuft die wirtschaftliche Entwicklung zufriedenstellend.

Malaysia

329749 qkm
13400000 Einwohner
Hauptstadt: Kuala Lumpur

Fast die Hälfte des Naturkautschuks der Erde wird in Malaysia gewonnen. Die Kautschukplantagen legten die Briten im 19. Jahrhundert an. Mit dem Wachstum der Kautschuk- und Zinnindustrie kamen viele chinesische Einwanderer ins Land; ihre Nachkommen machen einen großen Teil der Bevölkerung Malaysias aus. 1969 brachen Unruhen zwischen ihnen und der malaiischen Bevölkerung aus.

Frühe Geschichte Malaysia ist ein vielrassiger Staat. Neben der Vielzahl malaiischer Völker leben auf der Malaiischen Halbinsel pygmide Semang und die Dayak auf Borneo. Spätestens im 4. vorchristlichen Jahrhundert machten sich indische Einflüsse auf Malaya geltend. Indische Händler und Mönche brachten zwei neue Religionen, den Buddhismus und den Hinduismus, mit.

Das buddhistische Reich Srividjaya, dessen Zentrum in Südsumatra lag, eroberte einen großen Teil von Westmalaya. Das Reich bestand zwischen dem 8. und dem 13. Jahrhundert. Das 15. Jahrhundert erlebte den Aufstieg des Hafens Malakka, den Malaien aus Sumatra gegründet hatten und dessen Herrscher 1414 zum Islam übertrat.

Henry Wickham mit einem der Kautschukbäume, die in Malaya aus Samen gezogen wurden, die er Jahrzehnte früher von Brasilien nach England geschmuggelt hatte.

Die europäische Herrschaft 1511 fiel Malakka an die Portugiesen, die es als Stützpunkt für ihren Gewürzhandel mit den Molukken und dem Fernen Osten benützten. 1641 nahmen ihnen die Holländer Malakka weg. Nach den Napoleonischen Kriegen verloren es die Niederlande ihrerseits 1824 an die Briten. Die drei britischen Stützpunkte Singapur – 1819 von Stamford Raffles gegründet –, Penang und Malakka wurden 1867 zu der Kronkolonie Straits Settlements vereinigt.

Anfänglich beschränkte sich das britische Interesse an der Malaiischen Halbinsel auf den Handel. Bis 1914 hatten die Engländer ihre Herrschaft auf die ganze Halbinsel ausgedehnt.

Der Nordwesten Borneos, Sarawak, kam 1841 unter britische Herrschaft, als der Sultan von Brunei einen jungen englischen Offizier, James Brooke, mit dieser Provinz belehnte. Über 100 Jahre lang regierten die Brookes als »Weiße Radschas« über Sarawak. Sie gewannen Territorium auf Kosten von Brunei und unterbanden die Piraterie. 1945 übergaben die Brookes ihr Herrschaftsgebiet der britischen Krone.

1878 überließ der Sultan von Sulu seine Rechte über Nordwestborneo (Sabah) der *British North Borneo Company*, die das Gebiet 1881 besetzte. Seit 1888 stand Nordborneo unter britischer Schutzherrschaft. Das Gebiet blieb rückständig, bis es 1945 britische Kolonie wurde.

Kommunismus und Notstand: 1948–57 Malaya und die Gebiete Nordborneos wurden während des Zweiten Weltkrieges von den Japanern erobert, doch konnten die Briten 1945 ihre Herrschaft wiederherstellen. Von Chinesen angeführte malaiische Partisanen wandten sich nach der japanischen Niederlage gegen die britischen Truppen und Plantagenbesitzer. Es wurde der Notstand verhängt, und bis 1957 konnte die Partisanentätigkeit weitgehend unterbunden werden.

Aufruf der britischen Behörden Malayas in chinesischer Sprache, in dem den Rebellen während des Notstandes von 1948–60 freies Geleit und Geld geboten wurden, wenn sie die Waffen niederlegten.

Unabhängigkeit und Föderation In der Zwischenzeit trieben die Engländer die konstitutionelle Entwicklung voran. 1948 wurde Malaya in einer losen Föderation zusammengefaßt, in der die einzelnen Sultanate erhebliche Machtbefugnisse behielten. Singapur blieb ausgeschlossen, da die Malaien befürchteten, daß seine chinesische Bevölkerung in der Föderation das Übergewicht gewinnen würde; wie die Borneogebiete blieb es zunächst britische Kronkolonie. 1957 erhielt der Malaiische Bund die Unabhängigkeit.

Singapur, Sarawak und Sabah wurden 1963 mit Malaya in der neuen Föderation Malaysia vereinigt. Die Spannungen zwischen den Chinesen von Singapur und den Malaien führten 1965 zum Austritt Singapurs. Der indonesische Präsident Sukarno bezeichnete Malaysia als eine neokolonialistische Schöpfung, und britische Truppen wurden herbeigerufen, um die Gebiete Borneos 1964/65 vor indonesischen Partisanen zu schützen.

Malaysia hat eine positive Handelsbilanz. Außer Kautschuk und Zinn wird seit 1952 auch Bauxit gefördert. 1970 trat Premierminister Abdul Rahman zurück, und Abdul Razak übernahm das Amt. Er starb im Januar 1976, und sein bisheriger Stellvertreter, sein Schwager Dato Hdschi Hussein Onn, wurde sein Nachfolger. 1979 weigerte sich Malaysia, weitere Vietnamflüchtlinge aufzunehmen, vor allem da der schon mehr als ein Drittel der Bevölkerung ausmachende Anteil an Chinesen – die meisten Flüchtlinge sind chinesenstämmige Vietnamesen – nicht noch vergrößert werden sollte.

Malediven

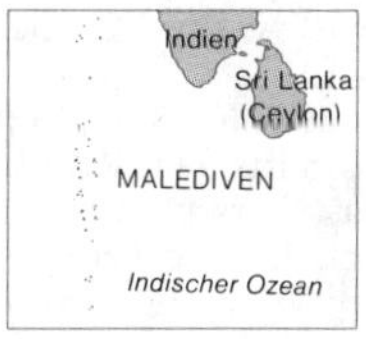

298 qkm
114000 Einwohner
Hauptstadt: Malé

Hirse und Kokosnüsse sind die Haupterzeugnisse der Malediven, einer Gruppe von 12 Koralleninseln südwestlich von Ceylon. 1014 eroberten die südindischen Tscholas die Inseln. Die Bevölkerung ist fast ausschließlich moslemisch. Ihre Bekehrung geht auf das 12. Jahrhundert zurück, denn um diese Zeit wurden die Inseln häufig von arabischen Händlern besucht.

Im 17. Jahrhundert kamen die Malediven unter ceylonesischen Schutz. Ceylon selbst stand unter holländischer Herrschaft, und als Großbritannien Ceylon 1796 von den Holländern übernahm, blieben die Malediven unter ceylonesischem Protektorat. Ceylon wurde 1948 unabhängig, doch den Malediven gaben die Briten erst 1965 die Freiheit. 1968 entschied sich die Bevölkerung für die Einführung der Republik unter Präsident Ibrahim Nasir. 1978 trat Nasir wegen Krankheit zurück, sein Nachfolger wurde Maumoon Abdul Gayoom.

Mali

1240000 qkm
5900000 Einwohner
Hauptstadt: Bamako

Der Name dieser westafrikanischen Republik leitet sich von dem alten Reich Mali ab, das die Malinke um 800 gründeten. Sundjata Keita, der bedeutendste König von Mali, unterwarf 1235 das Reich Gana, das westlich von Mali seinen Ursprung hatte. Mali erreichte den Höhepunkt seiner Macht unter Mansa Musa (1312–35). Im 15. Jahrhundert entfaltete sich östlich von Mali ein anderes Reich, Songhai. Unter den Angriffen Songhais schrumpfte Mali langsam zu einem Kleinstaat. Die Songhai wurden nun die beherrschende Macht im westlichen Sudan, doch 1593 fielen Marokkaner in Songhai ein, und das Reich ging unter.

Mali, das wie Senegal, Mauretanien, Niger und Tschad zu den Ländern der Sahelzone gehört, wird immer wieder von verheerenden Dürrekatastrophen heimgesucht.

Im 18. und 19. Jahrhundert entwickelten sich entlang des oberen Niger mächtige moslemische Königreiche. Timbuktu wurde zum Zentrum der moslemischen Gelehrsamkeit und Kultur. Als die Franzosen 1894 dort erschienen, stand es unter der Herrschaft der Tuareg.

Die Franzosen regierten das Gebiet bis 1960 als Französisch-Sudan. Schon 1959 hatten Mali und Senegal eine Föderation gebildet, doch zog sich Senegal zurück, als Mali 1960 die Unabhängigkeit erhielt. Ministerpräsident Modibo Keita proklamierte die Republik Mali und übernahm das Amt des Staatspräsidenten. Zwischen 1961 und 1963 waren Ghana, Guinea und Mali zur Union Afrikanischer Staaten zusammengeschlossen. Unter Keita war die Innenpolitik Malis sozialistisch ausgerichtet, das Land suchte Wirtschaftshilfe bei kommunistischen Staaten. 1968 trat Keita nach einem Militärputsch zurück, und sein Nachfolger, Oberst Moussa Traoré, leitete eine konservative Politik ein. 1974 errichtete er eine Militärregierung, nahm aber nach einer Regierungsumbildung im Jahr 1978 neun Zivilisten in sein Kabinett auf.

Malta

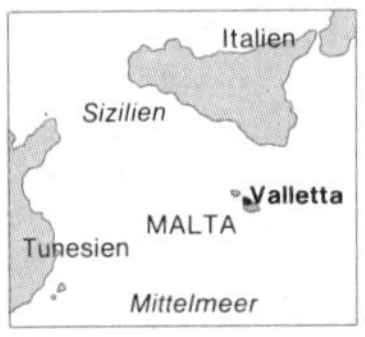

316 qkm
334 000 Einwohner
Hauptstadt: Valletta

Seit uralten Zeiten hat Malta mit seiner strategisch günstigen Lage, die die Seerouten des Mittelmeers beherrscht, fremde Mächte angezogen. Die Phöniker kolonisierten die Insel im 8. vorchristlichen Jahrhundert. Später wurde sie von Griechen, Karthagern, Römern, Byzantinern und Arabern regiert. Die Normannen eroberten Malta 1090, und 1530 gab Kaiser Karl V. die Insel dem Johanniter-, später Malteserorden, zu Lehen. Die Malteser wehrten die türkischen Angriffe ab, unterlagen jedoch 1798 Napoleon. Mit britischer Hilfe vertrieben sie 1800 die Franzosen, und die Insel blieb unter britischer Herrschaft, bis ihr 1964 die Unabhängigkeit gewährt wurde.

1971 lehnte Ministerpräsident Dom Mintoff es ab, Großbritanniens Pachtvertrag über die verbliebenen Stützpunkte zu erneuern, wenn es nicht mehr Geld zahle. Schließlich, 1972, akzeptierte Mintoff ein neues, siebenjähriges Verteidigungsabkommen. Am 3. März 1979 verließen die letzten britischen Truppen das Land.

Im August 1980 geriet Malta in einen schweren diplomatischen Konflikt mit Libyen um die Abgrenzung der Wirtschaftszonen im Mittelmeer. Malta beansprucht eine Teilung nach dem Mittellinienprinzip. Die militärische Bedrohung einer in Maltas Auftrag arbeitenden Bohrinsel durch ein libysches Kriegsschiff veranlaßte Ministerpräsident Mintoff zur Ausweisung libyscher Militärberater und zum Abschluß eines Abkommens mit Italien im September 1980, das eine italienische Garantie für die Neutralität Maltas sowie Wirtschaftshilfe für den Inselstaat vorsieht.

Marokko

445 500 qkm
19 300 000 Einwohner
Hauptstadt: Rabat

Die französische Herrschaft in Marokko (1912–55) verwandelte dieses rückständige Land in einen führenden nordafrikanischen Staat. Selbständige Berber bewohnten das Land, das schon um 1100 v. Chr. unter phönikischen Einfluß kam. Später wurde es Teil des Karthagischen Reiches, das sich bis zur Eroberung durch die Römer 146 v. Chr. halten konnte.

Nach dem Untergang des Römischen Reiches im 5. Jahrhundert eroberten die Berber ihr Gebiet im heutigen Marokko zurück. 200 Jahre später wurden die Berber von den Arabern besiegt, die ein mächtiges Reich errichteten. Dieses wiederum brach im 13. Jahrhundert zusammen. Im 15. Jahrhundert eigneten sich Spanien und Portugal alle Häfen Marokkos an – Ceuta und Melilla befinden sich noch heute in spanischem Besitz. Die Portugiesen wurden jedoch in der Schlacht von Alcazarquivir (1578) besiegt, und Marokkos Unabhängigkeit war gerettet.

Hassan II. kam 1961 auf den Thron, den er 1972 beinahe verlor, als rebellierende Luftwaffenoffiziere versuchten, sein Flugzeug abzuschießen.

Von der Mitte des 19. Jahrhunderts an entstanden zwischen Frankreich, Spanien, Großbritannien, Italien und Deutschland Rivalitäten um den Einfluß in Marokko. 1912, nach dem Vertrag von Fès, geriet der nördliche Teil Marokkos unter spanische Herrschaft, während der Rest des Landes französisches Protektorat wurde. Die Stadt Tanger entwickelte sich zu einem internationalen Hafen. Abd el-Krim Khattabi leitete den marokkanischen Widerstand gegen die europäische Intervention und organisierte 1921 einen Aufstand, doch 1926 konnten Spanier und Franzosen seine Armeen schlagen. Abd el-Krim wurde deportiert; die Partisanenbewegung im Atlasgebirge dauerte bis 1944 an.

Nach dem Zweiten Weltkrieg wuchs die marokkanische Unzufriedenheit mit der französischen Herrschaft. Sultan Mohammed V. verlangte die Unabhängigkeit. 1953 setzten ihn die Franzosen ab und bestimmten Mohammed VI. ben Arafa zu seinem Nachfolger. Zwei Jahre später gab Frankreich dem marokkanischen Druck nach und setzte Mohammed V. wieder auf den Thron. Unter ihm wurde Marokko 1957 unabhängiges Königreich. 1961 folgte auf ihn sein Sohn Hassan II. Vier Jahre später setzte Hassan die Verfassung außer Kraft. 1970 stellte eine neue Verfassung die parlamentarische Demokratie wieder her, Hassan behielt jedoch beachtliche Macht. Die Unzufriedenheit mit der Monarchie führte 1971 und 1972 zu mißlungenen Umsturzversuchen.

Nachdem 1976 das Gebiet der Spanischen Sahara (heute Westsahara) zur unabhängigen Demokratischen Arabischen Republik Sahara erklärt worden war, besetzten marokkanische Truppen den größten Teil des Landes und brachten sich in den Besitz der reichen Phosphatlager. Es kam daraufhin zu Grenzzwischenfällen mit Algerien, das die Besetzung ablehnte sowie mit Guerillakämpfern der POLISARIO genannten Volksbefreiungsbewegung. Die Kampfhandlungen dauerten auch 1980 an.

Ministerpräsident Ahmed Osman trat im März 1979 zurück, sein Nachfolger wurde Maati Buabid.

Mauretanien

1 030 700 qkm
1 600 000 Einwohner
Hauptstadt: Nuakchott

Der größte Teil Mauretaniens liegt in der Sahara. Es ist eines der ärmsten Länder Afrikas, aber die wirtschaftlichen Aussichten des Landes haben sich durch den Abbau von Eisen- und Kupfererz, mit dem in den sechziger Jahren begonnen wurde, verbessert.

Mauretanien war das Ausgangsgebiet der Berber, die um 1050 das Almoraviden-Reich gründeten. Unter Yusuf Ibn Tachfin eroberten sie den Westen Nordafrikas und Südspanien. Zwei Jahrhunderte später wurde das Reich von den Arabern überrannt. In mehreren Feldzügen zwischen 1902 und 1910 unterwarfen dann französische Truppen das Land. 1960 erlangte Mauretanien seine Unabhängigkeit. In den sechziger Jahren lag es im Streit mit Marokko, das Ansprüche auf Teile des mauretanischen Territoriums erhob, besonders auf seine nördlichen Gebiete mit den außerordentlich reichen Eisenerzvorkommen. 1969 kamen beide Länder überein, diese Schätze zu teilen. Unter der Führung von Präsident Mokhtar Ould Daddah behielt Mauretanien seine politische Stabilität, trotz des Aufruhrs von 1966 durch die schwarzafrikanische Minderheit. Zu diesem Aufruhr war es gekommen, weil die Regierung die Entscheidung getroffen hatte, das Arabische zur zweiten offiziellen Sprache nach dem Französischen zu machen. Zusammen mit Marokko besetzte Mauretanien 1976 das Gebiet des ehemaligen Spanisch-Sahara (heute Westsahara). Es kam immer wieder zu Kampfhandlungen mit den POLISARIO-Guerillas, die für die Unabhängigkeit des Saharagebietes kämpften.

Durch einen unblutigen Militärputsch im Juli 1978 wurde Präsident Daddah von Oberstleutnant Mustafa Uld Mohammed Salek abgesetzt, der ein Jahr später seinerseits zurücktrat. Oberstleutnant Mahmud Uld Achmed Luly übernahm sein Amt. Im August 1978 wurde ein Friedensvertrag mit der POLISARIO unterzeichnet.

Seit dem 4. Januar 1980 sind die Ämter des Vorsitzenden des Comité Militaire de Salut National (CMSN), des Staatschefs und des Ministerpräsidenten in der Hand von Oberstleutnant Khouna Ould Haidallah vereinigt.

Mauritius

Die Insel Mauritius liegt im Indischen Ozean, mehr als 800 Kilometer östlich von Madagaskar. Sie wurde im 10. Jahrhundert von Arabern und im 15. Jahrhundert von Malaien besucht. 1507 kamen die Portugiesen, doch die ersten Siedler waren 1598 die Holländer. Sie nannten die Insel Mauritius zu Ehren ihres Herrschers Prinz Moritz von Nassau.

1710 gaben die Holländer eine Siedlung, die sie 1638 gegründet hatten, wieder auf, da sie sich als wenig einträglich erwies. 1715 begannen die Franzosen die Insel zu kolonisieren, doch sie wurde 1810 von den Engländern übernommen und 1814 formell an England abgetreten. 1968 erlangte Mauritius seine Unabhängigkeit, und Seewoosagur Ramgoolam, ein Inder, wurde Ministerpräsident. Seitdem herrschen auf der Insel ständig politische Zwistigkeiten.

Wirtschaftlich ist das Land fast ausschließlich auf den Zuckerrohranbau angewiesen. Der Zuckerexport beträgt mehr als 90 Prozent der Gesamtausfuhr. Exportiert werden außerdem Tee, Kaffee und Tabak. Auch der Tourismus gewinnt immer mehr an Bedeutung. Die kreolische Bevölkerung von Mauritius – afrikanisch-europäische Mischlinge – spricht einen französischen Dialekt und ist zum größten Teil römisch-katholisch. Zahlenmäßig sind ihnen die hinduistischen Inder überlegen. Sie sind Nachkommen der im 19. Jahrhundert ins Land gebrachten indischen Plantagenarbeiter. Das Verhältnis ist etwa zwei zu eins. Im Juli 1980 verlangte Ministerpräsident Rangoolam, Großbritannien solle die 1965 von Mauritius verkaufte Insel Diego Garcia zurückgeben. Auf Diego Garcia haben die USA einen für ihre Präsenz im Indischen Ozean wichtigen militärischen Stützpunkt angelegt.

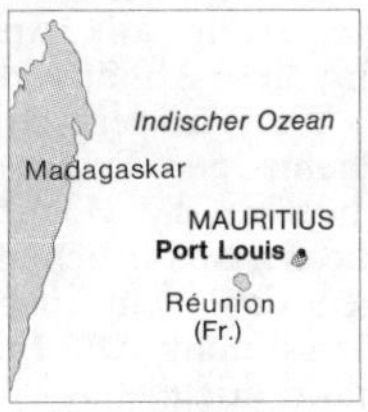

2045 qkm
900 000 Einwohner
Hauptstadt:
Port Louis

Die flugunfähige Dronte wurde im 17. Jh. ausgerottet.

Mexiko

Obwohl Mexiko Mitte des 19. Jahrhunderts einen großen Teil seines Gebietes an die Vereinigten Staaten abtreten mußte, ist es neben Brasilien und Argentinien noch immer das drittgrößte Land Lateinamerikas. Seine günstige Bodenbeschaffenheit und seine unterschiedlichen Klimazonen ermöglichen eine vielfältige Landwirtschaft. Außerdem verfügt Mexiko über reiche Bodenschätze. Deshalb ist es nicht wie viele andere lateinamerikanische Länder von einem einzigen Exportprodukt abhängig. Immerhin teilt das Land mit anderen Staaten Lateinamerikas das Problem der Bevölkerungsexplosion. Man schätzt, daß die Zahl der Bevölkerung bis zum Jahr 1980 auf 72 Millionen steigen wird.

Nach der Eroberung Mexikos durch die Spanier (1521) bildete sich eine streng gegliederte Gesellschaft. Die zahlenmäßig kleine Gruppe der gebürtigen Spanier hatte die Staatsämter inne, die Kreolen – in Mexiko geborene Weiße – besaßen Land und Silberminen, weshalb sie über einen nicht geringen Reichtum verfügten, die Indianer und Mestizen schließlich waren arme Bauern und Tagelöhner. Im Laufe der Jahre wurden viele Versuche einer radikalen Reform der mexikanischen Gesellschaft unternommen, doch der soziale Fortschritt des Landes, der zwar eindrucksvoll war, hat trotzdem noch keine wirkliche Brücke über die Kluft zwischen reich und arm geschlagen.

1 972 546 qkm
70 700 000 Einwohner
Hauptstadt:
Mexiko-Stadt

300 Jahre spanischer Herrschaft Mehr als 1500 Jahre vor der Ankunft der spanischen Konquistadoren im frühen 16. Jahrhundert entwickelten sich in Mexiko hochorganisierte indianische Reiche. Die Maya errichteten zwischen 200 und 900 n. Chr. große Städte im Tiefland und zogen sich dann auf die Halbinsel Yucatan zurück. Die Azteken, die schon um 1200 von Norden her nach Mexiko einwanderten, erreichten im 15. Jahrhundert ihre kulturelle Blüte. Die militärische Schwäche der indianischen Völker machte es möglich, daß eine Handvoll Spanier ihre Reiche in den Jahren nach 1521 zerstören konnte. Von den Europäern eingeschleppte Krankheiten rafften einen großen Teil der indianischen Bevölkerung dahin. Außerdem beuteten die Eroberer die Indianer als Arbeitskräfte in den Silberminen und in der Landwirtschaft aus. Mexikos Bedeutung für Spanien und Europa lag in seinen Silberminen. Im Laufe des 18. Jahrhunderts entwickelte sich Mexiko zum größten Silberproduzenten der Erde. Spaniens wirtschaftliches Monopol und der Ausschluß der Kreolen von jeglicher politischer Macht schufen starke Ressentiments. Gegen Ende des 18. Jahrhunderts wuchs die Forderung nach Unabhängigkeit.

Steinerne Maske aus Teotihuacan, dem Mittelpunkt einer altamerikanischen Kultur im Hochland von Mexiko vor 1500 Jahren.

Das zeitgenössische indianische Bild zeigt eine Schlacht zwischen berittenen spanischen Konquistadoren und Azteken bei der Eroberung Mexikos durch Cortez im Jahre 1521.

Die Unabhängigkeit: 1823 Die Spanier unterwarfen ihre lukrative mexikanische Kolonie einer strengen Kontrolle. Unter der Führung des Priesters Hidalgo y Costilla kam es 1810 zu einem Aufstand der Indianer und Mestizen. Die Revolte schlug fehl, doch unterstützt von den Kreolen, kämpften die Aufständischen weiter gegen die Spanier. 1821 riefen die Kreolen unter ihrem Führer Augustin de Itúrbide die Monarchie aus. General Antonio Lopez de Santa Ana stürzte Itúrbide, der kurze Zeit als Kaiser Augustin I. geherrscht hatte, und 1823 wurde Mexiko Republik.

Eine mexikanische Bäuerin diktiert einem Schreiber einen Brief. Solche Szenen sieht man noch heute, trotz des Kampfes der Regierung gegen das Analphabetentum.

In den ersten fünfzig Jahren der Unabhängigkeit kam es zu heftigen Streitigkeiten zwischen den Liberalen und den Konservativen, zwischen Anhängern und Gegnern der Kirche sowie zwischen denen, die ein zentralistisches, und denjenigen, die ein föderatives Regierungssystem anstrebten. Schließlich konnte General Santa Ana 1833 die Macht an sich reißen. Bis 1847 und dann noch einmal von 1853 bis 1855 war er Präsident. Während der zwanziger Jahre des 19. Jahrhunderts kamen viele nordamerikanische Siedler nach Texas. Sie revoltierten bald gegen die mexikanische Kontrolle und erklärten sich 1836 für unabhängig. Die Aufnahme von Texas in die USA (1845) löste den Mexikanischen Krieg aus. Er kostete Mexiko einen großen Teil seiner Gebiete. Im Frieden von Guadalupe Hidalgo (1848) mußte es das heutige Kalifornien, Arizona und Neumexiko, Texas und Teile von Utah und Colorado abtreten.

1855 wurde Santa Ana gestürzt und eine neue Regierung unter einem liberalen Politiker, Benito Juárez, einem Zapoteken, gebildet. Das Eigentum der Kirche wurde konfisziert und 1857 eine liberale Verfassung angenommen. Im folgenden Jahr führte der Konflikt zwischen den Liberalen und den Konservativen zum Bürgerkrieg. Die Konservativen erlitten eine Niederlage, doch kam ihnen Frankreich zu Hilfe und setzte Maximilian von Österreich als Kaiser ein. 1867 wurden er und seine Anhänger geschlagen, Maximilian und seine Generäle Miramón und Mejia wurden erschossen.

Diktatur des Porfirio Diaz: 1876–1910 1876 ergriff General Porfirio Diaz durch einen Staatsstreich die Macht. Während seiner paternalistischen Diktatur, die aus einer Mischung von Militärmacht und Abmachungen mit den lokalen Führern bestand, brachte er wieder Ordnung ins Land. Er förderte ausländische Investitionen. Bis 1910 beherrschten amerikanische und britische Investitionen in Eisenbahnen, Minen und gemeinnützigen Versorgungsbetrieben die mexikanische Wirtschaft. In den neunziger Jahren des 19. Jahrhunderts verschluckten die großen Güter der Grundbesitzer mehr und mehr indianisches Land. Trotz des schnellen wirtschaftlichen Wachstums begannen viele Mexikaner sich gegen Diaz' verfassungswidrige Herrschaft und sein übermäßiges Vertrauen zu ausländischen Kapitalgebern aufzulehnen. Die Indianer

Porfirio Diaz, der starke Mann Mexikos von 1876 bis zur Revolution von 1910, brachte seinem Land Wohlstand, von dem nur wenige profitierten.

Die Erschießung Kaiser Maximilians, den Napoleon III. auf den Thron gebracht hatte. Das berühmte Bild stammt von Edouard Manet.

gerieten in immer größere Abhängigkeit von den Großgrundbesitzern, an die sie durch ihre Schulden gebunden waren. Streiks unter den Minen- und Eisenbahnarbeitern unterdrückte man brutal.

Die Revolution: 1910–1917 Die Revolution von 1910, die Diaz stürzte, wurde von dem liberalen Landbesitzer Francisco Madero angeführt, der fest an die politische Demokratie als Lösung der sozialen Probleme glaubte. Er geriet jedoch bald in Konflikt mit dem Bauernrevolutionär Emiliano Zapata, der eine sofortige Verteilung des Bodens unter die Bauern verlangte. Madero wurde durch den rechtsstehenden General Victoriano Huerta abgesetzt und 1913 ermordet. Es folgte eine Periode blutiger Konflikte, erst zwischen Huerta und den revolutionären Führern Zapata, Pancho Villa und Venustiano Carranza, dann, als Huerta 1914 zurücktrat, zwischen den Revolutionären selbst.

1917 führte der Sieger Carranza eine Verfassung ein, die die Ziele der Revolution formulierte. Diese Verfassung sah die Trennung zwischen Staat und Kirche vor; alle Bodenschätze wurden zum nationalen Eigentum erklärt, und den Indianern sollte Land zurückgegeben werden.

Der Revolutionär Emiliano Zapata gewann die unterdrückten indianischen Bauern Mexikos für seine Sache, indem er ihnen Land und Freiheit versprach. Zapata wurde 1919 von einem Rivalen ermordet.

Die Zeit zwischen den Kriegen: 1920–1940 Zwei Probleme beherrschten das revolutionäre Mexiko – die Schaffung einer stabilen Regierung und die Verteilung der großen Landgüter unter die Indianer. Unter Präsident Calles (1924–28) trat die Landreform hinter der Aufgabe politischer Konsolidierung zurück, die einen scharfen Angriff gegen die Kirche einschloß. Ausländische Priester wurden des Landes verwiesen, die Klosterschulen geschlossen, und als der Klerus zurückschlug und in einen Streik trat, wurden die Kirchen von Bürgerkomitees übernommen. Der liberale Präsident Lázaro Cárdenas (1934–40) zentralisierte die politische Macht in einer regierenden Partei, die noch jetzt herrschende Partido Revolucionario Institucional (PRI). 1938 enteignete Cárdenas die ausländischen Erdölgesellschaften, woraufhin Großbritannien die diplomatischen Beziehungen abbrach und es auch mit den Vereinigten Staaten zu Spannungen kam. Die USA erkannten die Enteignung an, verlangten jedoch eine Entschädigung. Eine ähnliche Abmachung traf man mit Großbritannien.

Das moderne Mexiko Nach 1940 begann für Mexiko eine Zeit großer politischer Stabilität und wirtschaftlichen Wachstums. In den letzten Jahren hat die regierende Partei, die PRI – trotz heftiger studentischer Unruhen –, ihre Stellung gehalten. Das industrielle Wachstum des Landes übertraf das aller anderen lateinamerikanischen Länder. Die industrielle Entwicklung hat zwar viele Arbeiter in die Städte gezogen, war aber bisher noch nicht imstande, die überschüssige Landbevölkerung zu absorbieren. Als Folge davon lebt die Hälfte der Mexikaner in großer Armut. Mexiko ist lange von den Vereinigten Staaten als seinem wichtigsten Handelspartner und seinem bedeutendsten ausländischen Kapitalgeber abhängig gewesen. Das gefiel vielen Mexikanern nicht. Luis Echeverria Alvarez, 1970 zum Präsidenten gewählt, deutete an, daß seine Regierung alle Anstrengungen unternehmen werde, um diese Abhängigkeit zu verringern.

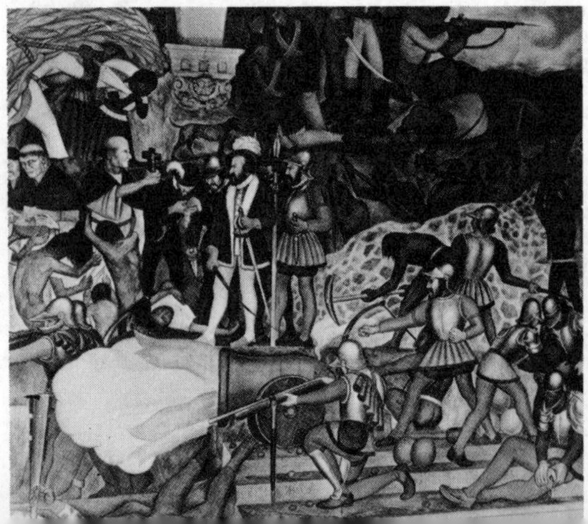

Szenen aus Mexikos stürmischer und oft blutiger Geschichte sind die Themen des großen mexikanischen Malers Diego Rivera, wie dieser Ausschnitt aus einem Wandbild im Nationalpalast in der Stadt Mexiko zeigt.

Die Universitätsbibliothek von Mexiko-Stadt.

Die Präsidentschaftswahlen von 1976 brachten den ehemaligen Finanzminister José Lopez Portillo y Pacheco an die Macht. Seit Mitte der 70er Jahre wuchsen die wirtschaftlichen Probleme Mexikos, vor allem wegen der nicht mehr in den Griff zu bekommenden Landflucht. Die Städte verslumten, die Arbeitslosenquote stieg.

In dem Abkommen von San José vom 4. August 1980, das Präsident Lopez Portillo und der venezolanische Staatschef Luis Herrera Campins unterzeichneten, verpflichteten sich beide Staaten, die Erdölbedürfnisse von neun mittelamerikanischen Ländern zu befriedigen und dabei den Käufern 30 Prozent des OPEC-Preises zu kreditieren. Mexiko setzte so die Ölwaffe ein, um den dominierenden wirtschaftlichen Einfluß der USA in Mittelamerika zurückzudrängen.

Monaco

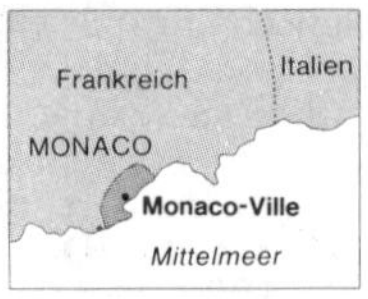

1,5 qkm
23 000 Einwohner
Hauptstadt: Monaco-Ville

Mitglieder des Hauses Grimaldi haben seit 1454 die Herrschaft über das Fürstentum Monaco inne. Seit der Eröffnung der Spielbank in Monte Carlo 1856 spielt Monaco eine wichtige Rolle als führendes Fremdenverkehrszentrum im Mittelmeerraum. Nur 2500 der Einwohner Monacos sind Monegassen und besitzen die monegassische Staatsbürgerschaft. Alle anderen Einwohner sind Ausländer, in erster Linie Franzosen.

In dem Gebiet des heutigen Monaco gründeten die Phöniker bereits eine Siedlung, die später von den Römern übernommen wurde. 1215 bauten dort die Genueser ein Schloß, und 1454 ging die Herrschaft endgültig in die Hände der genuesischen Familie Grimaldi über. Zwischen dem 16. und 17. Jahrhundert stand das Land abwechselnd unter spanischer und französischer Schutzherrschaft. 1815 erhielt Sardinien das Protektorat über Monaco. Carlo III. (1856–1889) trat 1861 Mentone und Roccabona an Frankreich ab, Monaco erhielt seine völlige Unabhängigkeit, doch nach dem Abkommen von 1918 wird es wieder französisches Protektorat, sollte die männliche Grimaldi-Linie aussterben. 1949 wurde Fürst Rainier III., ein Mitglied des Hauses Grimaldi, Staatsoberhaupt.

Monaco ist mit Frankreich durch eine Zollunion verbunden. Die Steuerflucht der Franzosen nach Monaco Anfang der sechziger Jahre beschwor einen Streit mit Frankreich herauf. Er wurde 1963 durch eine Abmachung beigelegt, derzufolge alle Franzosen, die weniger als fünf Jahre in Monaco lebten, französischer Besteuerung unterliegen. Außerdem besteuert die Regierung ausländische Unternehmen mit Sitz in Monaco.

Hochzeit des Fürsten Rainier III. mit der amerikanischen Filmschauspielerin Grace Kelly. Mit der Geburt eines Sohnes war die Erbfolge des Hauses Grimaldi gesichert.

Mongolische Volksrepublik

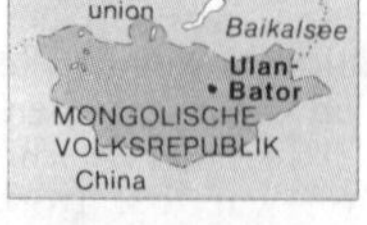

1 565 000 qkm
1 600 000 Einwohner
Hauptstadt: Ulan-Bator

Im frühen 13. Jahrhundert stürmten Dschingis Chans mongolische Reiter westwärts durch Asien und gründeten ein großes Imperium. Nach dem Zerfall dieses Reiches kam der nördliche Teil der Mongolei unter russische Herrschaft. Die Südmongolei fiel 1628 unter der Mandschu-Dynastie an China. Das Gebiet des gegenwärtigen Staates – damals die Äußere Mongolei genannt – blieb unabhängig. Im 18. Jahrhundert wurde es jedoch von China erobert.

Mit dem Ausbruch der chinesischen Revolution von 1911 sagte sich die Äußere Mongolei von China los und kam unter das Protektorat des zaristischen Rußlands. 1921 erklärte die Äußere Mongolei ihre Unabhängigkeit, und 1924 erfolgte die Proklamation der Mongolischen Volksrepublik, deren Unabhängigkeit China und die UdSSR 1945/46 anerkannten. Es besteht eine starke politische und wirtschaftliche Anlehnung an die Sowjetunion.

Mosambik

783 030 qkm
10 244 000 Einwohner
Hauptstadt: Maputo

Im 16. Jahrhundert legten die Portugiesen an der Küste Mosambiks ihre ersten Handelsplätze an und entwickelten im 17. Jahrhundert den Sklavenhandel, der um 1850 seinen Höhepunkt erreichte. Portugiesische Grundbesitzer herrschten wie einheimische Feudalherren, und erst gegen Ende des 19. Jahrhunderts konnte die portugiesische Regierung sich gegen sie durchsetzen.

1951 wurde die Kolonie in eine Überseeprovinz umgewandelt. 1962 bildete sich im benachbarten Tansania die Befreiungsbewegung FRELIMO, die 1964 einen Guerillakrieg gegen die Portugiesen begann. Nach dem Sturz der portugiesischen Regierung im Mutterland, 1974, entließ Portugal auch Mosambik in die Unabhängigkeit.

Am 25. Juni 1975 übernahm die FRELIMO unter Samora Machel die Macht und erklärte Mosambik zu einem marxistischen Staat. Die Industrie wurde verstaatlicht, die Landwirtschaft kollektiviert, die meisten der 50 000 im Land verbliebenen portugiesischen Großgrundbesitzer flohen ins Mutterland. Besonders mit den Staaten des Ostblocks, mit Kuba und China, pflegt Mosambik enge Kontakte. Bei den Wahlen vom Dezember 1977 wurde Machel in seinem Amt als Präsident und Regierungschef bestätigt.

Im Juni 1980 führte das Land eine eigene nationale Währung ein, den Metical, der die noch aus der Kolonialzeit stammende Währung ablöste.

Nauru

21 qkm
7000 Einwohner

Der Inselstaat Nauru, inmitten des Stillen Ozeans gelegen, ist die kleinste Republik der Erde. Aufgrund seiner reichen Phosphatlager, die zwei Drittel seines Gebietes bedecken, genießt die Bevölkerung einen sehr hohen Lebensstandard. Die Phosphatlager, auf 60 Millionen Tonnen geschätzt, werden von britischen Firmen abgebaut. Sie zahlen dafür Gebühren an die Grundbesitzer Naurus sowie an einen Gemeinschaftsfonds, um für die Bewohner der Insel für die Zeit vorzusorgen, wenn die Lager erschöpft sein werden, was für Ende des Jahrhunderts erwartet wird.

1798 entdeckte der britische Kapitän John Fearn die Insel. 1888 wurde Nauru von den Deutschen annektiert und 1914 von Australien besetzt. Nach dem Ersten Weltkrieg machte es der Völkerbund zum Mandatsgebiet von Großbritannien, Neuseeland und Australien. Seit 1947 als Treuhandgebiet der UNO unter australischer Verwaltung, erhielt Nauru 1968 die Unabhängigkeit. 1978 kam es zu innenpolitischen Konflikten über die Frage der Versorgung der naurischen Bürger, nachdem die Phosphatvorkommen erschöpft sind. Präsident Doniyogo trat im April 1978 zurück, bereits einen Monat später gab sein Nachfolger Narris das Präsidentenamt an Hammer DeRoburt ab.

Nepal

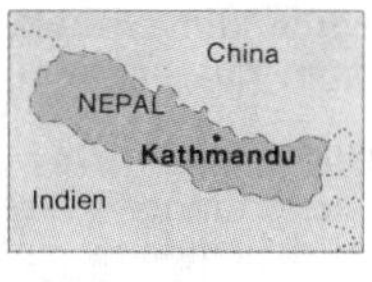

141 797 qkm
13 200 000 Einwohner
Hauptstadt: Kathmandu

Das Königreich Nepal ist die Heimat zahlreicher Stämme, die, meist völlig getrennt voneinander, in den hochgelegenen Bergtälern zu Füßen des Himalaja leben. Das Hauptvolk Nepals sind die buddhistischen Newar. Sie hatten eine große kulturelle Blüte erreicht, als sie 1769 von den kriegerischen Gurkha unterworfen wurden.

1846 machte der Gurkha-König das Amt des Ministerpräsidenten in der Familie Rana erblich. Schon bald verwandelten die aristokratischen Ranas die Mitglieder der herrschenden Sahi-Dynastie in reine Galionsfiguren. 1951 setzte König Tribhuvana Bir Bikram die Ranas ab und ernannte ein ihm verantwortliches Kabinett. Unter seinem Nachfolger, König Mahendra, erhielt das Land 1959 seine erste demokratische Verfassung. Doch 1960 entließ er das Parlament, verbot die politischen Parteien und regierte erneut absolut.

Mit der Inthronisierung König Birendras (1972) nahm das Land eine neue Verfassung an, die es zur konstitutionellen Monarchie machte. Eine 1975 gebilligte Verfassungsänderung stärkte die Position des Monarchen weiter.

Paradierende Gurkha-Soldaten in Nepal. Die für ihre Tapferkeit bekannten Gurkha stellten früher der britisch-indischen Armee wertvolle Truppen.

Im April 1980 kündigte König Birendra Unterhauswahlen an und erließ eine Amnestie für alle exilierten und inhaftierten Politiker. Als nächsten Schritt auf dem Weg zur Demokratisierung entschieden sich die Nepalesen in einem Referendum am 2. Mai 1980 gegen die Wiedereinführung des Parteiensystems und für das vom König begünstigte Panchayat (Dorfrat)-System.

Neuseeland

268 676 qkm
3 200 000 Einwohner
Hauptstadt: Wellington

Zwei große Inseln im südwestlichen Stillen Ozean bilden zusammen mit den Stewart- und Chatham-Inseln Neuseeland. Auf der Nordinsel gibt es tätige Vulkane und heiße Quellen, während einige Bergspitzen der Südinsel Gletscher tragen. Der weitaus größte Teil der Bevölkerung Neuseelands ist europäischer Abstammung. Die Maori, die vor etwa 600 Jahren aus Polynesien kamen, machen nur knapp ein Zehntel der Bevölkerung aus. Die beiden Gruppen leben heute harmonisch miteinander.

Die ersten Einwohner Spätestens um die Mitte des 14. Jahrhunderts besiedelten polynesische Einwanderer die Nordküsten Neuseelands. Sie waren die Vorfahren der heutigen Maori, doch nicht die ersten Einwanderer aus Polynesien. Schon um 900 n. Chr. müssen von dort die sogenannten Moa-Jäger gekommen sein. Man nannte sie so, weil sie den Moa – einen flugunfähigen Straußenvogel – jagten, der heute ausgestorben ist.

Die europäischen Forscher Als erster Europäer erreichte 1642 der holländische Forscher Abel Tasman Neuseeland. 1769 wurden die Inseln von James Cook wiederentdeckt, der sie für Großbritannien in Besitz nahm. Bald folgten europäische Kaufleute und Walfänger. Zunächst waren den Maori die Neuankömmlinge willkommen, und sie traten in regen Tauschhandel mit ihnen. Nach 1814 kamen Missionare nach Neuseeland und mit ihnen weiße Siedler.

Der holländische Seefahrer Abel Tasman entdeckte die entlegenen Inseln im Jahre 1642.

Annexion durch Großbritannien: 1840 In den dreißiger Jahren des 19. Jahrhunderts forderten britische Humanisten, Neuseeland sollte annektiert werden, um die Maori vor der Ausbeutung durch europäische Händler zu retten. Auf einem Treffen der Maorihäuptlinge auf der Nordinsel 1840 unterzeichnete der britische Abgesandte William Hobson den Vertrag von Waitangi, demzufolge die Maori Königin Viktoria als ihr Oberhaupt anerkannten. Als Gegenleistung versprach man ihnen englischen Schutz und daß sie ihr Land behalten würden.

Doch viele Siedler brachen die Bestimmungen des Vertrages, indem sie sich Maori-Land aneigneten. Schließlich kam es zu kriegerischen Auseinandersetzungen mit den Maori, die sich mit Unterbrechungen über Jahrzehnte hinzogen.

Die Maori-Kriege bremsten die wirtschaftliche Entwicklung der Nordinsel, auf der die meisten Maori lebten. Auf der Südinsel brachte die Schaf- und Viehzucht, die die ersten britischen Siedler eingeführt hatten, stetiges wirtschaftliches Wachstum. Auch die Entdeckung von Gold auf der Südinsel machte die Kolonie reicher. Die Erfindung von Schiffen mit Tiefkühlraum eröffnete neue Märkte für Neuseeland – Butter, Fleisch und Käse konnten jetzt nach Großbritannien exportiert werden. Dieser Handel wurde der Stützpfeiler der neuseeländischen Wirtschaft.

1853 erhielt das Land eine parlamentarische Verfassung. Eine Depression zu Beginn der neunziger Jahre des 19. Jahrhunderts führte zum Aufstieg der Liberalen Partei unter John Ballance (1890–93) und Richard Seddon (1893–1906). Die Regierung Seddon führte eine Reihe wichtiger sozialer Reformen durch. 1907 wurde Neuseeland britisches Dominion.

Darstellung einer Waljagd in der Nähe von Neuseeland (19. Jh.). Walfänger gehörten zu den ersten Europäern, die von Neuseeland angezogen wurden.

Der Erste Weltkrieg und die Zeit danach Während des Ersten Weltkrieges entsandte Neuseeland mehr als 100 000 Mann in den aktiven Kriegsdienst auf seiten Großbritanniens. 1919 wurde es Mitglied des Völkerbunds und erhielt von ihm das Mandat über Westsamoa. Als Rohstofflieferant hatte Neuseeland schwer unter der Weltwirtschaftskrise der zwanziger Jahre zu leiden. Die 1916 gegründete Labour-Partei gewann jetzt die Unterstützung aller Bevölkerungsklassen. 1935 bildete sie unter Michael Savage ihre erste Regierung.

Die pazifische Macht Zwischen den Kriegen blieben die starken Bindungen an Großbritannien bestehen, und Neuseeland lehnte es ab, das Westminster-Statut von 1931, das den alten weißen Dominions die Unabhängigkeit gewährte, zu ratifizieren (1947 tat es das dann doch). 1939 entsandte Neuseeland erneut Truppen, die an der Seite Englands kämpften. Nach dem Krieg begann Neuseeland engere Beziehungen zu Australien, den Vereinigten Staaten und den Nationen Asiens und des pazifischen Raumes anzuknüpfen. Die Wahlen von 1960 brachten einen Sieg für die konservative National-Partei, die zwölf Jahre an der Macht blieb. 1972 kam die Labour-Partei erneut ans Ruder, 1975 aber errang die National-Partei wieder die Stimmenmehrheit, die sie auch bei den Wahlen von 1978 halten konnte. Premierminister Robert D. Muldoon blieb im Amt.

Der Führer der Nationalen Partei, Sir Keith Holyoake (oben), der seit 1960 Premierminister war, wurde 1972 von Norman Kirk abgelöst, der der Arbeiterpartei angehört.

Nicaragua

Nicaragua ist die größte der zentralamerikanischen Republiken, aber auch die am dünnsten besiedelte. Das Land ist arm und rückständig und war während des größten Teils seiner Geschichte entweder von wechselnden Diktatoren beherrscht oder von Bürgerkriegen zerrissen.

130 000 qkm
2 500 000 Einwohner
Hauptstadt: Managua

Spanische Herrschaft und Bürgerkrieg Kolumbus nahm das Gebiet 1502 für Spanien in Besitz, und 1524 gründete Hernandez de Córdova die Siedlungen Granada und Léon. Zusammen mit den anderen zentralamerikanischen Kolonien Spaniens erlangte Nicaragua 1821 die Unabhängigkeit. Es folgte ein Jahrhundert der Bürgerkriege und fremder Interventionen. Die Regierung der Vereinigten Staaten wollte in Nicaragua einen Kanal bauen, der den Pazifischen Ozean mit dem Karibischen Meer verbinden sollte. Doch der Widerstand Nicaraguas führte letztlich dazu, daß sie sich für Panama entschieden. Zwischen 1910 und 1936 intervenierten die Vereinigten Staaten wiederholt zum Schutz proamerikanischer Regierungen in Nicaragua.

Die Herrschaft der Somoza-Familie 1936 übernahm Anastasio Somoza mit Unterstützung der Armee die Macht und herrschte mit einer kurzen Unterbrechung bis zu seiner Ermordung 1956 als Diktator. Auf ihn folgte sein Sohn Luis Somoza. Bei den Wahlen von 1963 errang der Liberale René Schick den Sieg. Schick starb noch während seiner Amtszeit (1966), und die Somozas kamen mit General Anastasio Somoza erneut an die Macht. Da die Übernahme einer neuen Amtsperiode für Somoza verfassungsmäßig nicht möglich war, übernahm eine dreiköpfige Junta 1972 die Regierung. Ende 1972 wurde der größte Teil der Hauptstadt Managua durch ein heftiges Erdbeben zerstört.

Zwischen 1936 und 1979 wurde Nicaragua von Mitgliedern der Familie Somoza regiert.

Sturz der Somozas Bereits 1962 hatte sich eine Guerilla-Organisation gebildet, die Sandinisten, deren erklärtes Ziel der Sturz der Somozas war, doch Somozas Nationalgarde konnte die Aktionen lange unter Kontrolle halten. Schließlich verhalf der Widerstand der Bevölkerung gegen das Somoza-Regime den Sandinisten nach einem Bürgerkrieg im Juli 1979 zum Erfolg. Rund 30 000 Todesopfer hatte der Kampf gefordert. Somoza floh zunächst in die Vereinigten Staaten, eine fünfköpfige sandinistische Militärjunta übernahm die Regierungsgeschäfte.

Der Sturz des Somoza-Regimes vollendete sich im September 1980 mit der Ermordung des vertriebenen Diktators Anastasio Somoza in seinem Exil in Paraguay. Die Politik der Sandinistischen Befreiungsfront (FSLN), in der regierenden Junta und dem neu geschaffenen gesetzgebenden Staatsrat, für sich eine dominierende Mehrheit durchzusetzen, führte 1980 zum Zerfall der Anti-Somoza-Koalition. Die Führer der bürgerlichen Gruppen traten im April 1980 aus der Junta und im November 1980 aus dem Staatsrat aus. Gegen sie gerichtete Morde und Verhaftungen vertieften die Kluft. Die FSLN nahm Parteibeziehungen zu den kubanischen Kommunisten und zu der KPdSU auf. Unter sandinistischer Führung verstärkte Nicaragua seine politische und wirtschaftliche Zusammenarbeit mit Kuba und den osteuropäischen kommunistischen Staaten.

Mitglieder der sandinistischen Befreiungsfront.

Niederlande

40 844 qkm
14 100 000 Einwohner
Hauptstadt: Amsterdam,
Regierungssitz: Den Haag

Jahrhundertelang haben die Holländer, getrieben von dem Problem ihrer stetig wachsenden Bevölkerung, daran gearbeitet, gewaltige Landstriche der See zu entreißen.

Die Geschichte der Niederlande als geeintem Staat begann im 16. Jahrhundert, als ihre Bevölkerung das Joch des katholischen Spaniens abwarf. Im folgenden Jahrhundert erlebten die Holländer die großartigste Phase in ihrer Geschichte. Holländische Seeleute und Forscher umsegelten den Erdball und legten die Grundlagen für ein großes Handelsimperium, das bis zum 20. Jahrhundert überdauern sollte.

Die frühen Einwohner Die Ahnen der modernen Niederländer waren zwei germanische Stämme, die im Rheindelta ansässigen Bataver und die Friesen, deren Kernland in der heutigen niederländischen Provinz Friesland lag. Seit Ende des 1. vorchristlichen Jahrhunderts waren die Bataver römische Untertanen, und gegen 15 n. Chr. kamen auch die Friesen unter römische Oberhoheit.

Im Laufe der Völkerwanderung fiel das Gebiet der heutigen Niederlande an die Franken und gehörte später zu dem Reich Karls des Großen (768–814). Karl der Große hatte enge Bindungen an dieses Gebiet und hielt manchmal in Nimwegen Hof. Als das Fränkische Reich bald nach seinem Tod zusammenbrach, fiel ein großer Teil der Niederlande an das Herzogtum Niederlothringen und damit endgültig 925 an das Reich. Es spaltete sich bald in kleinere Feudalstaaten auf.

Einer der mächtigsten dieser Feudalstaaten war die Grafschaft Holland, die den größten Teil der heutigen Niederlande einschloß. Die Stellung der Grafen wurde bald durch die zunehmende Macht der Städte in Frage gestellt – Städte wie Haarlem, deren Kaufleute mit wachsendem Wohlstand ihre Unabhängigkeit geltend machten und die Vormachtstellung ihrer traditionellen Herren nur auf dem Papier anerkannten.

Burgund und Spanien: 1384–1568 1384 leitete Herzog Philipp der Kühne von Burgund den Prozeß ein, durch den die ganzen Niederlande allmählich unter die Herrschaft Burgunds kamen. Die Expansion dieses Herzogtums ging durch Kauf, Heirat und Gewaltanwendung vor sich. Der Hof von Burgund war ein Zentrum der Kultur, und seine Herrscher träumten davon, ein großes Königreich zwischen Frankreich und dem Deutschen Reich zu schaffen.

Nach der Einführung der Tulpenzucht im 17. Jh. in Holland begannen bald wilde Spekulationsgeschäfte mit Tulpenzwiebeln.

Dieser Traum endete 1477, als Karl der Kühne, der letzte Herzog von Burgund, in der Schlacht bei Nancy ums Leben kam. Da seine Tochter Maria mit Maximilian I. von Österreich vermählt war, fielen die Niederlande, die zu dieser Zeit auch das heutige Belgien einschlossen, an das Haus Habsburg.

Im frühen 16. Jahrhundert wurde der junge Karl V. Erbe sämtlicher habsburgischer Besitzungen. Diese schlossen Österreich und Spanien sowie die Niederlande ein, die mit der Wahl Karls zum Kaiser des Heiligen Römischen Reiches im Jahre 1519 Teil eines gewaltigen europäischen Reiches wurden. Solange Karl regierte, waren die Holländer vor den Wirkungen ihrer Verbindung mit Spanien geschützt, denn er war in den Niederlanden geboren und aufgewachsen und brachte stets Verständnis und Sympathie für sein Heimatland auf. Doch 1556, zermürbt durch die gewaltige Verantwortung, die er zu tragen hatte, übergab er die Herrschaft über die Niederlande und Spanien seinem Sohn Philipp.

Die Niederlande waren ein fruchtbarer Boden für die Verbreitung der Reformation, vor allem des Luthertums und des Calvinismus. Philipp, ein fanatischer Katholik, versuchte den Protestantismus zu zerschlagen, was die Niederländer bewegte, sich 1568 gegen ihn zu erheben. Die Rebellion weitete sich bald zum Krieg aus.

Erasmus von Rotterdam (1466–1536) bereitete die Reformation durch seine Angriffe auf die Mißstände in der Kirche vor.

Der Kampf um die Freiheit Die holländische Seite führte seit 1572 ein ehemaliger Gefolgsmann Philipps an, Wilhelm der Schweiger, Fürst von Oranien. 1579 bildeten die sieben nördlichen Provinzen, Geldern, Holland, Seeland, Utrecht, Friesland, Overijsel und Groningen, eine Union. Zwei Jahre später riefen sie ihre Unabhängigkeit als Republik der Vereinigten Niederlande aus.

Der Kampf zwischen beiden Seiten zog sich über Jahrzehnte hin. Die Spanier, in den ersten Jahren des Krieges von Herzog Alba geführt, konnten sich im Süden (der etwa dem heutigen Belgien entsprach) behaupten und griffen den Norden immer wieder an. 1584 fiel Wilhelm der Schweiger in Delft einem Attentat zum Opfer, doch sein Sohn Moritz führte den Kampf fort. 1609 wurde ein Waffenstillstand mit Spanien geschlossen, doch erst 1648 im Westfälischen Frieden erkannte Spanien formell die Unabhängigkeit der Niederlande an. Die südlichen Provinzen blieben bis 1714 bei Spanien.

Selbstporträt Rembrandts (1606–69).

Das goldene Zeitalter: etwa 1600–1713 Das 17. Jahrhundert war ein ruhmreiches Zeitalter für die junge Republik, die von einem Übermaß an Vitalität und Einfallsreichtum auf allen Gebieten erfüllt war. Es war das Zeitalter von Rembrandt, Vermeer van Delft, de Hooch, Hobbema und vielen anderen Malern. In Wissenschaft, Wirtschaft, Architektur, Gartenbau, Schiffahrt und in zahlreichen anderen Bereichen leisteten die Holländer der europäischen Zivilisation Beiträge von ungeheurer Bedeutung.

In der Schlacht im Medway (1667) schlug der holländische Admiral Michiel de Ruyter die englische Flotte entscheidend.

In dieser Zeit beherrschten die Niederländer den Ostseehandel und hatten die größte Handelsflotte der Welt. 1609 wurde in Amsterdam eine Börse errichtet. In Ostindien, Süd- und Nordamerika gründeten die Niederländer koloniale Stützpunkte.

Die 1602 ins Leben gerufene Niederländisch-Ostindische Kompanie baute im Osten ein überseeisches Imperium auf, das sich bis zum Zweiten Weltkrieg hielt. 1626 gründeten Holländer Neu-Amsterdam, das spätere New York. In Südafrika wurde am Kap der Guten Hoffnung 1652 die erste holländische Siedlung angelegt.

Wilhelm der Schweiger führte die Niederländer in ihrem Freiheitskampf gegen die Spanier. 1584 wurde er von einem spanischen Agenten erschossen.

1652 trugen die Niederlande auch den ersten Seekrieg mit England aus. Zwei weitere Seekriege – im ersten verloren die Holländer Neu-Amsterdam – wurden zwischen 1664 und 1674 ausgefochten, als Karl II. von England sich die antiholländische Politik seines französischen Vetters, Ludwigs XIV., zu eigen machte. Doch die *Glorious Revolution* von 1688 brachte Wilhelm III. von Oranien, den Statthalter der Niederlande, auf den englischen Thron, den er mit seiner Frau Maria, der Tochter des im Exil lebenden Jakob II., teilte. Nun kämpften britische und holländische Armeen Seite an Seite gegen die Franzosen. Diese Zusammenarbeit endete 1713 mit dem Frieden von Utrecht.

Vom Anfang des 18. Jahrhunderts an begann der Verfall der niederländischen Macht. Französische Truppen unter General Charles Pichegru eroberten die Niederlande 1794/95 und errichteten nach französischem Muster die Batavische Republik.

Napoleon und die Niederlande: 1795–1815 Der Erbstatthalter der Niederlande, Wilhelm V. von Oranien, floh nach England, als die Armeen des revolutionären Frankreichs das Land überrannten. 1806 machte Napoleon die Batavische Republik zum Königreich von Holland und gab den Thron seinem Bruder, Ludwig Bonaparte, der ihn 1810 räumte, als das Land dem Französischen Kaiserreich eingegliedert wurde.

Nach Napoleons Sturz (1815) wurden die südlichen Provinzen mit dem Norden zum Königreich der Niederlande unter dem Hause Oranien vereinigt, um als Pufferstaat gegen Frankreich zu dienen. Doch diese Union dauerte nur bis 1830, als die südlichen Provinzen rebellierten und – als Königreich Belgien – ihre Unabhängigkeit erlangten.

Statthalter Wilhelm III. von Oranien wird durch die Glorreiche Revolution von 1688 auch König von England.

Neutralität: 1830–1940 In den nächsten hundert Jahren genossen die Holländer ein friedliches Leben. 1848 gewährte Wilhelm II. eine neue Verfassung, die dem Parlament erweiterte Befugnisse einräumte. 1840 hatte König Wilhelm I. zugunsten seines Sohnes abgedankt, wodurch er einen Präzedenzfall schuf, nach dem man sich 1948 richtete, als die betagte Königin Wilhelmina den Thron ihrer Tochter Juliana überließ. Der neutrale Status der Niederlande ließ die Großmächte 1945 Den Haag als Sitz des Internationalen Gerichtshofes wählen.

Der Zweite Weltkrieg Die holländische Neutralität, die im Ersten Weltkrieg respektiert worden war, fiel Hitlers Ehrgeiz, Europa zu unterwerfen, schon früh zum Opfer. Am 10. Mai 1940 begann der deutsche Blitzkrieg, und trotz des heldenhaften Widerstandes der Holländer waren die Niederlande schon nach fünf Tagen zur Kapitulation gezwungen. Eine ihrer größten Städte, Rotterdam, wurde völlig zerbombt und andere schwer beschädigt. Die königliche Familie und das Kabinett flohen nach London, wo sie – dank der überseeischen holländischen Besitzungen – beträchtliche Streitkräfte sammeln konnten, um der Sache der Alliierten zu helfen.

Königin Wilhelmina, die schon mit zehn Jahren ihrem Vater auf den Thron folgte, bei ihrer Volljährigkeitserklärung acht Jahre später (1898). 50 Jahre danach entsagte sie dem Thron zugunsten ihrer Tochter Juliana.

Japans Eintritt in den Krieg im Dezember 1941 kam als zweiter schwerer Schlag, denn es gelang den Japanern bis zum März 1942, Niederländisch-Indien zu besetzen. Im Mutterland hatte die Bevölkerung, die zuerst von den Nationalsozialisten hofiert worden war, schwer zu leiden und entwickelte eine entschlossene Widerstandsbewegung. Die Befreiung des Landes begann im September 1944. Mit verbissener Zähigkeit wurden Schlachten wie die bei Arnheim zwischen den vorrückenden Alliierten und den deutschen Armeen ausgetragen. Die Deutschen standen noch auf holländischem Boden, als Deutschland im Mai 1945 kapitulierte.

Neueste Geschichte Durch den Krieg waren die Industrien des Landes zerstört, und die Versuche, Indonesien von den indonesischen Nationalisten zurückzuerobern, verliefen ergebnislos. Die Niederlande hatten ein tropisches Imperium verloren, das reich an Rohstoffen war. Obwohl sich die niederländische Wirtschaft zunächst verhältnismäßig rasch erholte, setzte nach 1970 ein wirtschaftlicher Abstieg ein. Die Niederlande waren 1952 Gründungsmitglied der Montanunion und 1957 des Gemeinsamen Marktes.

Die im November 1975 in Kraft getretene Unabhängigkeit Surinames beschränkte die niederländischen Besitzungen gänzlich auf die Niederländischen Antilleninseln. Die sofort einsetzende Einwanderung von Surinamesen nach den Niederlanden belastete die Wirtschaft.

1976 wurden Vorwürfe gegen Prinz Bernhard erhoben, in einen Bestechungsskandal verwickelt zu sein. Er trat daraufhin von allen seinen öffentlichen Ämtern zurück. Am 30. Mai 1980 dankte Königin Juliana zugunsten von Kronprinzessin Beatrix ab. Mit Königin Beatrix steht zum drittenmal in ununterbrochener Reihenfolge eine Frau an der Spitze der niederländischen Monarchie.

Autonome Teile des Königreichs der Niederlande

Die drei im Karibischen Meer gelegenen Inseln Aruba, Bonaire und Curaçao bilden zusammen mit den zu den Leewardinseln gehörenden Inseln Sint Eustatius, Saba und dem Südteil von Saint-Martin die Niederländischen Antillen. Curaçao, die bedeutendste der »Inseln unter dem Winde«, wurde 1527 von den Spaniern eingenommen und 1634 von den Niederländern erobert. 1798 und 1807–14 besetzten die Briten die Insel. Die Bevölkerung spricht Papiamento, eine niederländisch-spanisch-portugiesische Mischsprache.

Niger

Große Gebiete der gewaltigen Landmasse Nigers sind von Nomaden, wie etwa den Tuareg, bewohnt. Halb- und Vollwüste nehmen rund zwei Drittel des Landes ein. Der weitaus größte Teil der Bevölkerung, Haussa, Djerma und Fulbe, lebt im Süden Nigers. In den späten sechziger Jahren entdeckte man im Aïr-Gebirgsland reiche Uranvorkommen. Sie lassen Niger auf eine bessere Zukunft hoffen.

1267000 qkm
5100000 Einwohner
Hauptstadt: Niamey

Frühe Geschichte Im 12. Jahrhundert wanderten Angehörige des Haussavolkes von Azben in den Westen des heutigen Niger und gründeten das Reich Gobir. Sie waren von den aus dem Norden vordringenden Tuareg verdrängt worden. Zwischen 1512 und 1590 stand Gobir unter der Herrschaft des mächtigen moslemischen Reiches Songhai. Im 17. und 18. Jahrhundert hatte Gobir immer wieder unter den Angriffen der Tuareg zu leiden, konnte seine Stellung jedoch behaupten. Den Fulbe allerdings, die zunächst als moslemische Wanderhirten in das Land eindrangen, vermochte das Reich auf die Dauer nicht standzuhalten. Etwa seit 1800 stand Gobir mit anderen Haussastaaten unter der Herrschaft der Fulbe.

Fortschritt und Unabhängigkeit 1890 besetzten die Franzosen Niger, doch erst 1906 legte man die Grenzen endgültig fest. 1922 wurde Niger französische Kolonie und damit Teil von Französisch-Westafrika.

1957 erhielt Niger begrenzte Autonomie und 1960 die volle Unabhängigkeit. Hamani Diori wurde der erste Präsident des neuen Staates. Seit 1968 ist er Sprecher der 18 mit der EWG assoziierten afrikanischen Staaten.

Mitte April 1974 putschten die Militärs unter Oberstleutnant Seyni Kountie, der das Parlament auflöste, die Verfassung außer Kraft setzte, alle politischen Vereinigungen verbot und eine Amnestie für alle politischen Häftlinge verkündete.

Ein Versuch, Kountie zu stürzen, scheiterte 1976. Anhaltende Dürreperioden brachten wirtschaftliche Probleme. Mit Libyen einigte man sich 1978 auf eine engere Zusammenarbeit.

Nigeria

Nigeria ist das volk- und sprachenreichste Land Afrikas. Die drei größten Völker sind die Haussa im Norden, die Yoruba im Westen und die Ibo im Osten, mit jeweils rund 5 Millionen Menschen. Viele Ibo und Yoruba sind Christen, während die meisten Haussa und auch die Kanuri und Fulbe Moslems sind.

Schon vor der Unabhängigkeit bildeten die drei Regionen Nord, West und Ost eine Föderation, doch kam es nach der Unabhängigkeit 1960 zu häufigen Spannungen. Als der Osten 1967 versuchte, sich aus der Föderation zu lösen, entstand daraus ein blutiger Bürgerkrieg, bei dem der Ibostaat Biafra eine Niederlage erlitt und Nigeria als Föderation überlebte.

923768 qkm
71174000 Einwohner
Hauptstadt: Lagos

Der moslemische Norden Im 13. Jahrhundert breitete sich das schon im 8. Jahrhundert gegründete Reich Kanem-Bornu bis nach Nordostnigeria aus. Die dort ansässigen Kanuri kämpften erbittert gegen die Kanem. Im 16. Jahrhundert vergrößerte sich das Reich noch weiter nach Westen, und 1580 konnte der König von Kanem-Bornu den Haussastaat Kano erobern. Zwischen Kanem und dem mächtigen Reich Songhai lagen sieben Haussastaaten, die sich bis zum 15. Jahrhundert zu blühenden Handelszentren entwickelt hatten. Schon seit dem 14. Jahrhundert drangen aus dem Westen Wanderhirten in die Haussaländer ein, die Fulbe. Mit der Zeit gewannen sie politischen Einfluß. Um 1804 hatte Osman dan Fodio ein Heer zusammengestellt und begann die Haussa zu unterwerfen. Sokoto, im Norden Nigerias, wurde die Hauptstadt des neuen Fulbereiches.

Dieser Terrakottakopf der Nok-Kultur wurde in Zentralnigeria gefunden. Er dürfte an die 2000 Jahre alt sein.

Die großen Städte der Yoruba Die Yoruba wanderten vermutlich von Osten im 1. Jahrtausend n. Chr. in das heutige Westnigeria ein. Dort gründeten sie mehrere Staaten mit Städten, die 50 000–100 000 Einwohner hatten. In der Stadt Ife befand sich das religiöse Zentrum der Yoruba, und der Oni von Ife wurde von allen Yoruba-Königen als geistliches Oberhaupt angesehen. Bis 1840 war Oyo, nordwestlich von Ife, Hauptstadt des Yoruba-Reiches. Auch das im 12. Jahrhundert von den Edo gegründete Reich Benin erkannte den Oni von Ife an. Benin und Ife wurden vor allem durch ihre Bronzegüsse und Elfenbeinschnitzereien berühmt.

Die Europäer und der Sklavenhandel Im späten 15. Jahrhundert ließen sich Portugiesen, denen bald Holländer, Franzosen und Engländer folgten, an der Küste Nigerias als Sklavenhändler nieder. 1807 verboten die Engländer den Sklavenhandel und zwangen so die afrikanischen und europäischen Händler, sich anderen Geschäften zuzuwenden, besonders dem Handel mit Palmöl. Durch diesen Handel kamen die Ibo zu Wohlstand und gründeten an der Südostküste kleine Stadtkönigtümer.

Die Höhe der Bronzeskulptur in Benin zeigt dieser Kopf einer Königinmutter.

Ausbreitung der britischen Herrschaft 1861 annektierten die Briten Lagos, und in den achtziger und neunziger Jahren eroberten sie auch die meisten anderen, später zur Kolonie Nigeria gehörenden Gebiete. 1886 gründete Sir George Goldie die *Royal Niger Company,* um das Binnenland zu erforschen und mit seinen Bewohnern Handel zu treiben. Als sich diese Gesellschaft nach Norden ausdehnte, stieß sie mit dem Reich des Sultans von Sokoto zusammen. Truppen der *Royal Niger Company* unter Hauptmann Frederick Lugard schlossen Verträge mit dem Sultan ab, und 1899 übernahm die britische Regierung die Verwaltung von Nordnigeria. Lugard wurde Gouverneur des neuen Protektorats. 1914 schlossen

Hartnäckig, aber am Ende erfolglos verteidigten die Ibo ihren von Nigeria abgespaltenen Staat Biafra (1967–70).

die Engländer das 1906 errichtete *Protectorate of Southern Nigeria* mit dem Norden zusammen. Lugard, jetzt Generalgouverneur des gesamten Gebietes, ließ die einheimischen Herrschaftssysteme bestehen und stellte ihnen britische Berater zur Seite.

Regionale Unterschiede Obwohl die drei Hauptgebiete Nigerias formell vereint waren, blieben sie sehr verschieden voneinander. Der moslemische Norden bewahrte sein Feudalsystem, im Westen hatten die Yoruba ihre Staaten, und die Ibo aus dem Osten verließen in größerer Zahl ihre überbevölkerte Heimat, um in Regierung und Handel im Norden und Westen tätig zu sein – wo man sie oft ungern sah.

Frederick Lugard, der Nordnigeria für Großbritannien gewonnen hatte, wurde 1914 Generalgouverneur ganz Nigerias.

Die Unabhängigkeit Der besonders von den Ibo vertretene nigerianische Nationalismus wuchs nach dem Ersten Weltkrieg. 1944 gründete Nnamdi Azikiwe die erste große politische Partei Nigerias. Nach jahrelangen Verhandlungen erhielt Nigeria 1960 unter Tafawa Balewa seine Unabhängigkeit. Die Verfassung des neuen Staates war föderativ und räumte jedem der drei Regionen des Landes ein großes Maß an Selbstverwaltung ein, doch blieben die Spannungen bestehen. 1963 wurde Nigeria unter Präsident Azikiwe Republik. Das Pulverfaß explodierte im Januar 1966, als eine Gruppe junger Ibo-Armeeoffiziere unter General Aguiyi-Ironsi die zentrale Regierung stürzte. Ironsi wurde seinerseits von Offizieren aus dem Norden gestürzt und ermordet. Der neue Führer, General Yakubu Gowon, ein Christ aus dem Norden, konnte das Massaker unter den Ibo im Norden nicht verhindern: Man schätzt, daß 10 000 bis 30 000 Menschen getötet wurden und eine weitere Million in die Ost-Region floh.

Der Biafra-Krieg Gowons Plan, die drei Regionen durch zwölf Bundesländer zu ersetzen, von denen keines stark genug wäre, die Föderation zu beherrschen, stieß auf den Widerstand des Militärgouverneurs der ölreichen Ost-Region, Oberst Ojukwu, einem Ibo. Ende Mai 1967 rief Ojukwu die Ost-Region als unabhängige Republik Biafra aus. Es folgte ein blutiger Bürgerkrieg. Nach anfänglichen Erfolgen Biafras verstärkte Gowon sein Heer um fast das Zehnfache. Der Widerstand der Ibo, der in der letzten Phase des Krieges durch ihre Furcht gestärkt wurde, daß die Kapitulation ihre Ausrottung als Volk bedeuten würde, dauerte bis Januar 1970. Ojukwu floh in die Republik Elfenbeinküste.

Nach Biafras Zusammenbruch beteiligten sich viele Staaten an der Bekämpfung der Hungersnot. Es ist nicht bekannt, wie viele Menschen im Krieg gefallen sind, doch dürfte sich ihre Zahl auf rund eine Million belaufen. Nach dem Krieg wurde die Aufteilung in zwölf Bundesstaaten vorgenommen, denen Biafra, in drei Staaten aufgeteilt, eingegliedert ist. Der wirtschaftliche und politische Wiederaufbau nahm unter Gowon seinen Fortgang – unterstützt durch einen Boom in der Ölproduktion, der Nigeria zum zehntstärksten Ölproduzenten der Erde machte.

General Gowon regierte Nigeria von 1966 bis zu seinem Sturz, 1975.

1975 putschte Brigadegeneral Murtala Ramat Mohammed, ein Haussa, gegen Gowon, der sich auf einer Auslandsreise befand. Er entließ zahlreiche Offiziere, ergriff Maßnahmen gegen die Korruption und leitete eine Neugliederung der Bundesstaaten ein. Obwohl ein Putschversuch im Februar 1976 scheiterte, kam Mohammed ums Leben. Sein Nachfolger als Staatspräsident wurde General Olesegun Obasanjo, ein Yoruba, der die Politik seines Vorgängers fortsetzte. England verweigerte die Auslieferung des in London im Exil lebenden Yakubu Gowon, der als Drahtzieher des Putsches angesehen wurde.

Seit August 1977 wurden konsequent Maßnahmen zur Wiederherstellung einer demokratischen Regierungsform ergriffen. Bei den Präsidentschaftswahlen von 1979 ging die gemäßigte, ethnisch neutrale National Party of Nigeria (NPN) als Sieger hervor, deren Führer, Alhadschi Schehu Schagari, zum Staatsoberhaupt gewählt wurde.

Der Tinubu-Platz im Zentrum der nigerianischen Hauptstadt Lagos im Juni 1980.

Norwegen

324 219 qkm
4 100 000 Einwohner
Hauptstadt: Oslo

Vor rund 1000 Jahren brachen norwegische Wikinger über die Meere auf, um neues Land, Gold und Abenteuer zu suchen. Ihre außerordentliche Begabung für Schiffahrt und Schiffbau sowie ihre Verwegenheit, aber auch ihre Grausamkeit wurden in ganz Europa legendär. Die Handelsflotte des modernen Norwegen – eine der größten der Welt – ist für die heutigen Norweger von gleicher Bedeutung, wie es die Wikingerschiffe für ihre Vorfahren waren.

Die Wikinger in Norwegen Neben den Fischern und Jägern entwickelte sich in Süd- und Westnorwegen schon in vorgeschichtlicher Zeit eine Bauernkultur, die zu einem Kulturkreis gehörte, aus dem die Germanen hervorgingen. Diese bildeten in frühgeschichtlicher Zeit kleine Königreiche. Aus Norwegen, Schweden und Dänemark brachen zwischen dem 8. und 11. Jahrhundert die Wikinger auf, unternehmungslustige und kühne Seefahrer, die in ihren langen Schiffen bis tief nach Rußland und sogar bis Nordamerika vordrangen. Ihre Raubfahrten zu den Küstengebieten Irlands, Frankreichs und der Nordseeländer versetzten die Bewohner dieser Gebiete lange Zeit in Schrecken.

Um 872 gelang es dem Herrscher von Ostnorwegen, Harald Schönhaar, die anderen Königreiche zu unterwerfen und Norwegen zu einen. Unter Olaf Tryggvason (995–1000) setzte die gewaltsame Christianisierung Norwegens ein, das unter Olaf dem Heiligen (1016–1028) endgültig christlich wurde. Bald nach seinem Tod kam es zum Bürgerkrieg. Mehrere Prätendenten stritten um den Thron, und der Klerus schaltete sich in die Kämpfe ein. Schließlich setzte sich König Sverrir durch und begründete das norwegische Erbkönigtum. Er und seine Nachfolger, Håkon IV. (1217–63) und Magnus VI. (1263–80), der Gesetzesverbesserer genannt, brachten Ordnung in das Land.

Beherrschung durch Dänemark und Schweden Mit dem Tode Håkons V. im Jahre 1319 starb die männliche Linie des norwegischen Herrscherhauses aus, und Norwegen wurde durch Heirat mit Schweden vereinigt. Die große Pest der Jahre 1349/50 vernichtete fast die Hälfte der norwegischen Bevölkerung. Außerdem hatte die Hanse die Handelsvormacht im Norden, wodurch die Wirtschaft Norwegens geschwächt wurde.

1397 kamen Norwegen und Schweden unter dänische Herrschaft. Obwohl Schweden sich seit der Mitte des 15. Jahrhunderts aus der Union löste, blieb Norwegen mehr als 400 Jahre mit Dänemark vereinigt. Es hatte keine politischen Befugnisse, doch eine eigene Gesetzgebung.

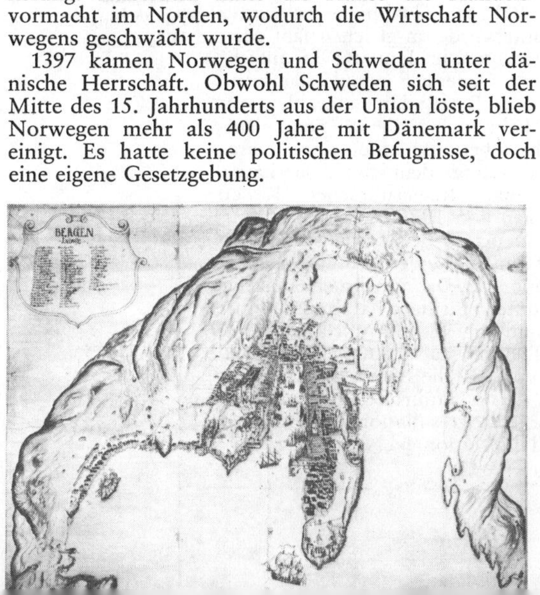

Perspektivischer Plan der Stadt Bergen (1740), das lange Zeit unter dem Einfluß der Hanse stand und an Bedeutung erst im 19. Jh. von Oslo überflügelt wurde.

Svolvær auf den Lofoten bietet das Bild einer typischen norwegischen Fischerstadt.

In den Napoleonischen Kriegen fügten das dänische Bündnis mit Napoleon und die nachfolgende Kriegserklärung an England dem norwegischen Handel, der hauptsächlich mit Großbritannien abgewickelt wurde, Schaden zu. Nach der Beendigung dieser Kriege versuchte Norwegen die Unabhängigkeit zu erlangen, doch im Frieden von Kiel (1814) kam es zu Schweden.

Unabhängiges Norwegen Schweden versprach Norwegen ein großes Maß an Autonomie und gewährte dem Land ein eigenes Parlament. Gegen Ende des 19. Jahrhunderts führten jedoch die schwedische politische Vorherrschaft und der Zusammenstoß unterschiedlicher wirtschaftlicher Interessen zur Wiederbelebung der Feindschaft zwischen den beiden Nationen. 1905 verkündete das norwegische Parlament das Ende der Union, und Prinz Karl von Dänemark wurde zum König gewählt. Er nahm den Namen Håkon VII. an.

Norwegen blieb im Ersten Weltkrieg neutral und versuchte seine Neutralität auch im Zweiten Weltkrieg zu bewahren. Im April 1940 überfielen jedoch deutsche Truppen das Land und bildeten unter Vidkun Quisling eine Marionettenregierung. Viele Norweger kämpften im Untergrund, und die Handelsflotte des Landes schloß sich den Alliierten an. Die Deutschen hielten Norwegen bis zum Ende des Krieges 1945 besetzt.

Nach dem Krieg beschleunigte die amerikanische Hilfe den wirtschaftlichen Wiederaufbau des Landes. Die Arbeiterpartei Norwegens, die von 1945 bis 1965 ununterbrochen an der Macht blieb, führte viele fortschrittliche soziale Gesetze ein. 1972, nachdem die Regierung beschlossen hatte, dem Gemeinsamen Markt beizutreten, sprach sich bei einer Volksabstimmung die Mehrheit gegen den Beitritt aus.

Ein Antrag der Linkssozialisten, die Monarchie abzuschaffen, wurde 1976 mit überwältigender Stimmenmehrheit abgelehnt. Die Parlamentswahlen von 1977 bestätigten den Vorsitzenden der Arbeiterpartei, Odvar Nordli, in seinem Amt als Regierungschef.

Korkfigur eines norwegischen Seemannes aus dem frühen 18. Jh.

Der norwegische Dramatiker Henrik Ibsen (1828–1906) stellt in seinen naturalistischen Dramen die Lebenslügen der Gesellschaft bloß.

Obervolta

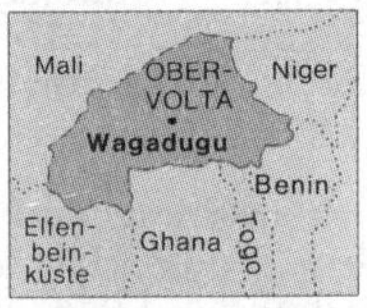

274 200 qkm
6 700 000 Einwohner
Hauptstadt: Ouagadougou (Wagadugu)

Die Hochebenen des heutigen Obervolta wurden jahrhundertelang von den Mossi beherrscht, die auch heute noch die wichtigste Bevölkerungsgruppe des Landes darstellen. Etwa im 11. Jahrhundert gründeten die Mossi die beiden Staaten Wagadugu und Yatenga. Gegen alle Angriffe der großen Reiche Mali und Songhai konnten sich die Mossi verteidigen, und auch der Islam fand erst im 18. Jahrhundert Eingang bei ihnen. 1891 erkannten die Mossi-Herrscher die französische Schutzherrschaft an, und 1896 wurde das Land von Frankreich annektiert.

Obervolta erhielt 1960 seine Unabhängigkeit unter Präsident Yameogo und wurde im gleichen Jahr Mitglied der Vereinten Nationen. Im Januar 1966 putschten Armeeoffiziere, und General Sangoulé Lamizana übernahm die Regierung. Die Parlamentswahlen von 1970 sollten die Rückkehr einer zivilen Regierung einleiten. Seit 1971 steht Obervolta unter einer militärisch-zivilen Doppelregierung, denn Staatsoberhaupt ist General Lamizana, Regierungschef Kango Ouedraogo. Die Wahlen von 1978 bestätigten Lamizana in seinem Amt. Neuer Regierungschef einer Koalitionsregierung, der nur noch zwei Militärs angehörten, wurde Joseph Conombo. Das zunehmend inaktive Mehrparteienregime unter Präsident Lamizana konnte im Oktober und November 1980 nur noch mit Mühe einem Streik der Lehrer standhalten. Schließlich putschte im November 1980 die Armee unter Oberst Saye Zerbo. Das von Zerbo geführte Comité Militaire de Redressement pour le Progrès National hob die Verfassung von 1977 und die Nationalversammlung auf.

Oman

212 457 qkm
880 000 Einwohner
Hauptstadt: Maskat

Das Sultanat von Oman – bis 1970 Maskat und Oman – nimmt den südöstlichen Zipfel der arabischen Halbinsel ein. Händler aus Innerarabien bekehrten die Bevölkerung Omans im 7. Jahrhundert zum Islam. Als erste Europäer kamen die Portugiesen, die das Land im 16. Jahrhundert eroberten und es als Handelsstützpunkt benützten. Mitte des 17. Jahrhunderts wurden sie vertrieben, und 1741 kam die heutige Dynastie an die Macht.

Seit 1891, als der herrschende Sultan eine Abmachung mit Großbritannien unterzeichnete, geriet Oman unter starken britischen Einfluß. Großbritannien intervenierte mehrmals, um Revolten niederzuschlagen. Eine große Umwälzung fand 1959 statt, als der Imam von Oman, das religiöse Oberhaupt des Landes, versuchte, ein unabhängiges Fürstentum zu errichten. Er mußte nach Saudi-Arabien ins Exil gehen.

Said Kabus kam 1970 als Sultan an die Macht, nachdem es ihm gelungen war, seinen Vater es-Said ben Taimur, der das Land seit 1932 regiert hatte, abzusetzen. Der neue Sultan nannte das Land Oman und gab Pläne für wirtschaftliche und soziale Reformen bekannt. Im Gebiet von Dhofar wirkten Guerillagruppen der »Volksfront« für die Befreiung Omans. Sie konnten zeitweilig zurückgedrängt werden, doch flammte der Kleinkrieg immer wieder auf, bis die Regierung 1975 erklärte, die Guerilleros seien endgültig besiegt. Seit 1979 kam es vereinzelt wieder zu Aktionen der Guerilleros.

Im Juni 1980 räumte Oman den USA Rechte zur Benutzung seiner militärischen Anlagen ein.

Österreich

83 850 qkm
7 500 000 Einwohner
Hauptstadt: Wien

Die Republik Österreich wurde 1918 aus den Ruinen des gewaltigen Reiches an der Donau gebildet, das sich das Haus Habsburg in über 600jähriger Herrschaft geschaffen hatte. Die Hauptstadt Wien spiegelt in der Pracht ihrer Paläste, Kirchen und Museen immer noch die Vergangenheit des Landes als eine der großen Mächte Europas wider.

Österreich verdankte seinen Einfluß nicht nur seiner imperialen Macht, sondern auch seinen geistigen und kulturellen Leistungen. Namen wie Mozart, Schubert, Schönberg, aber auch Freud und Hofmannsthal weisen auf den Anteil hin, den Kunst und Wissenschaft Österreich verdanken.

Die Zeit vor den Habsburgern Um 750 v. Chr. entwickelte sich im Gebiet des heutigen Österreich die eisenzeitliche Hallstattkultur. Seit 200 v. Chr. stießen von Nordosten her Kelten in die Ostalpen vor, die überwiegend von Norikern bewohnt waren. 15 v. Chr. eroberten die Römer das Land der Noriker und bezeichneten es als Provinz Noricum. Die Provinz umfaßte etwa das Gebiet des heutigen Österreich. Als die römische Macht zerfiel, drangen germanische Völker im 5. und 6. Jahrhundert in das Gebiet ein. Um 570 setzten sich in Niederösterreich aus dem Osten kommende Awaren fest.

Die frühen Bewohner Österreichs hatten schon um 700 v. Chr. große künstlerische Fähigkeiten entwickelt, wie diese Bronzestatuette zeigt.

Karl der Große vernichtete ihr Reich (791–803) und errichtete zwischen Enns und Leitha die Awarische Mark. Nach seinem Tod ging die Mark an die Madjaren verloren, die sie beherrschten, bis sie von Otto dem Großen 955 zurückerobert wurde. 976 verlieh Otto II. das Gebiet, nun Ostmark genannt, Leopold I. von Babenberg. Die Herrschaft der Babenberger dauerte bis 1246.

Kärnten, das im 8. Jahrhundert unter die Abhängigkeit bayrischer Herzöge geriet, trennte Otto II. 976 als selbständiges Herzogtum von Bayern ab. Auch die Steiermark war seit 1180 selbständiges Herzogtum. 1251 bemächtigte sich der Böhmenkönig Ottokar II. der Herrschaft in Österreich, erwarb 1260 die Steiermark und erbte 1269 Kärnten und Krain.

Die ersten Habsburger Rudolf von Habsburg, deutscher König, besiegte 1278 Ottokar II. bei Dürnkrut. Bis zur Mitte des 15. Jahrhunderts konnten die Habsburger durch Eroberung, Erbe, Heirat und Kauf alle Länder des deutschen Südostens – mit Ausnahme des Herzogtums Bayern und der geistlichen Fürstentümer – ihrem Herrschaftsbereich eingliedern. Durch die Heirat Maximilians I. mit Maria von Burgund kamen 1477 auch die Niederlande an das Haus Habsburg. Maximilians Sohn, Philipp der Schöne, erwarb durch Heirat mit Johanna der Wahnsinnigen Spanien mit seinen neuen Kolonien. 1519 fiel das gesamte Erbe an Karl V.

In den Verträgen von Worms und Brüssel (1521/22) überließ Karl die Regierung der österreichischen Erblande seinem Bruder Ferdinand. Wiederum durch Heirat erwarb Ferdinand nach dem Tod Ludwigs II. die Kronen von Böhmen und Ungarn, doch fiel Ungarn zunächst unter türkische Herrschaft.

Die türkische Bedrohung: 1529–1683 Zum erstenmal belagerten die Türken Wien 1529. Die Gefahr, die sie für Mitteleuropa darstellten, konnte erst 1683 gebannt werden, als der polnische König, Johann Sobieski, die zweite große Belagerung Wiens aufhob, indem er Kaiser Leopold I. zu Hilfe kam. Die erneute Sorge wegen der türkischen Bedrohung bewegte die Habsburger dazu, ihre im Dreißigjährigen Krieg (1618–48) unternommenen Versuche, ganz Deutschland zu beherrschen, aufzugeben. Obwohl sie weiterhin zu römischen Kaisern gewählt wurden, beschränkte sich ihre Macht weitgehend auf ihre Erblande. Durch den Sieg im Türkenkrieg kam Ungarn fest in habsburgische Hand.

Der österreichische Erbfolgekrieg: 1740–48 Karl VI. (1711–40) hatte keinen männlichen Erben, und nach dem Gesetz des Reiches konnte seine Tochter, Maria Theresia, das Erbe der habsburgischen Besitzungen nicht antreten. Entschlossen, ihr die Nachfolge zu ermöglichen, erließ Karl die Pragmatische Sanktion, in der er ihre Rechte festlegte, und bewog alle europäischen Mächte, sie zu unterzeichnen. Doch nach Karls Tod mußte Maria Theresia ihre Rechte gegen die Ansprüche Preußens, Bayerns, Frankreichs, Sachsens und Spaniens verteidigen. Erst nach hartnäckigem Widerstand, im Bündnis mit Großbritannien und den Niederlanden, gelang es ihr, die Anerkennung ihres Erbanspruchs durchzusetzen. Sie verlor allerdings Schlesien an Preußen. Ihr Gemahl, Franz von Lothringen, wurde 1745 als Franz I. zum römisch-deutschen Kaiser gewählt. Maria Theresia war eine fähige Herrscherin, die mit der Hilfe ihres Staatskanzlers Kaunitz im österreichischen Teil ihres Reiches viele Verwaltungsreformen durchführte. Um sich die Unterstützung des ungarischen Adels im Krieg zu sichern, mußte sie jedoch versprechen, die Reformen nicht auf Ungarn auszudehnen.

Maximilian I. (1493 bis 1519) heiratete Maria von Burgund, wodurch 1477 die Niederlande an Habsburg kamen.

Maria Theresia (1740–80) konnte aufgrund der von Karl erlassenen Pragmatischen Sanktion die Nachfolge ihres Vaters antreten, mußte ihre Rechte aber dennoch gegen fremde Ansprüche verteidigen.

Die Schlacht bei Austerlitz (1805). In der Dreikaiserschlacht besiegte Napoleon Franz II. von Österreich und Alexander I. von Rußland.

Vom Oktober 1814 bis zum Juni 1815 tagte unter dem Vorsitz Metternichs der Wiener Kongreß. Nach dem Sturz Napoleons entschied man hier über die Neuordnung Europas.

Aufgeklärter Absolutismus Als Maria Theresia 1780 starb, bestieg ihr Sohn Joseph II., der bereits seit 1756 Mitregent war, den Thron. Wie seine Mutter war er ein Anhänger des aufgeklärten Absolutismus, doch sein ungeduldiges Temperament ließ ihn überstürzt Reformen durchführen, weshalb sich die Bevölkerung Ungarns und der österreichischen Niederlande gegen ihn erhob. Unmittelbar vor seinem Tode (1790) war er gezwungen, die meisten seiner Maßnahmen zurückzuziehen, doch blieb die Aufhebung der Leibeigenschaft bestehen.

Krieg mit Napoleon Wie das übrige Europa war Österreich von der Französischen Revolution stark berührt, besonders da die französische Königin Marie Antoinette, die Schwester Josephs II., hingerichtet wurde. 1792 brach zwischen den beiden Ländern Krieg aus. In den darauffolgenden langen Kriegsjahren verloren die Habsburger die österreichischen Niederlande und die Lombardei. Zweimal besetzten Napoleons Armeen Wien und brachten den habsburgischen Streitkräften bei Austerlitz (1805) und Wagram (1809) vernichtende Niederlagen bei. Im Frieden von Preßburg (1805) mußte Österreich unter anderem Tirol, Dalmatien und Venetien abtreten. Franz II. legte 1806 die römisch-deutsche Kaiserwürde nieder, nachdem er allerdings 1804 schon den Titel eines Kaisers von Österreich angenommen hatte.

Ende 1809 war das Habsburgische Reich geschwächt und gedemütigt. Sein Wiedererstarken in den Jahren bis 1915 war größtenteils auf die geschickte Diplomatie des Fürsten Metternich zurückzuführen.

Metternich, seit 1809 Außenminister, später Staatskanzler, arbeitete für die Erhaltung des Gleichgewichts der europäischen Mächte. 1848 entlassen, floh er nach England.

Metternichs Europa: 1815–48 Als Außenminister (seit 1809) und Staatskanzler (seit 1821) schuf Metternich ein System, das in die Beziehungen der europäischen Mächte ein beträchtliches Maß an Stabilität brachte. Er hatte großen Einfluß auf die Bildung der Heiligen Allianz zwischen Österreich, Preußen und Rußland, in der sich die Monarchen zu gegenseitiger Hilfe verpflichteten und erklärten, daß sie den Frieden aufrechterhalten wollten. Metternich verfolgte eine streng konservative Politik, bei der alle liberalen oder demokratischen Bewegungen, die die Prinzipien der absoluten Monarchie bedrohten, unterdrückt wurden.

Die Revolution von 1848 Das politische System Europas, das Metternich schuf, war nach außen hin stabil, doch in den vierziger Jahren des 19. Jahrhunderts wurde es durch die sich entwickelnden Kräfte des Nationalismus, des Liberalismus und des Sozialismus bedroht. Im März 1848 brach in Wien ein Aufstand aus, Metternich floh nach England.

Gefahr drohte den Habsburgern hauptsächlich von den nichtdeutschen Völkern des Kaiserreiches. Am erfolgreichsten von ihnen waren die Ungarn, die sich unter Lajos Kossuth von Österreich lossagten, doch mit Hilfe russischer Truppen 1849 wieder unterworfen wurden. Kaiser Ferdinand I. dankte 1849 zugunsten seines Neffen Franz Joseph ab, dem es gelang, die kaiserliche Macht wiederherzustellen.

Während der 67jährigen Regierungszeit Kaiser Franz Josephs erlebte Österreich einen langsamen Niedergang seiner Macht.

Der Abstieg Österreichs: 1849–67 In den ersten Jahren der Regierung von Franz Joseph erlebte Österreich einen dramatischen Abstieg seiner Macht. Ein Krieg gegen Napoleon III. brachte den Österreichern 1859 eine katastrophale militärische Niederlage in Italien. 1866 wurde Österreich abermals besiegt, diesmal von Preußen. Ihre entscheidende Niederlage erlitten die mit anderen deutschen Staaten verbündeten Österreicher bei Königgrätz. Die Preußen standen unter der Führung General Moltkes. Österreich mußte nun der Auflösung des Deutschen Bundes und der Gründung des Norddeutschen Bundes zustimmen.

Die Gründung der Doppelmonarchie: 1867 Diese Niederlagen unterhöhlten die Macht des Reiches so erheblich, daß Franz Joseph nicht mehr in der Lage war, sich den Forderungen seiner ungarischen Untertanen nach vollständiger Autonomie in ihrem Teil des Reiches zu widersetzen. Durch den Ausgleich von 1867 wurde Österreich zu Österreich-Ungarn und mußte die Macht der kaiserlichen Regierung in Wien mit einer Regierung in Budapest teilen. Kaiser Franz Joseph wurde 1867 in Budapest als König von Ungarn gekrönt. Jeder der beiden Staaten war nun als konstitutionelle Monarchie organisiert.

Die Krise des Kaiserreiches: 1867–1914 In den siebziger Jahren des 19. Jahrhunderts verbündete sich Österreich, das mit einer Reihe von Krisen in den Balkanländern konfrontiert war, im Dreikaiserbund mit dem Deutschen Reich und Rußland. Um die Jahrhundertwende wurde jedoch die Unvereinbarkeit der österreichischen und russischen Interessen auf dem Balkan ganz offensichtlich. Die russische Aufhetzung des slawischen Nationalismus gegen das Osmanische Reich stellte auch für Österreich eine Bedrohung dar. In der Zwischenzeit verschärfte sich der Konflikt zwischen den mannigfaltigen Nationalitäten der österreichisch-ungarischen Doppelmonarchie zusehends.

In Wien selbst wurde die Unbeliebtheit der Juden – viele spielten eine wichtige Rolle im wirtschaftlichen und sozialen Leben – durch den Bürgermeister der Stadt, Karl Lueger, ausgenützt. Seine antisemitische Propaganda sollte den jungen Österreicher Adolf Hitler tief beeinflussen.

Der Weltkrieg führt zum Zusammenbruch: 1914–18 Die wachsende Spannung auf dem Balkan spitzte sich im Sommer 1914 zu, als der Thronfolger, Erzherzog Franz Ferdinand, von einem fanatischen serbischen Nationalisten, Gavrilo Princip, in Sarajewo ermordet wurde. Der darauf folgende Konflikt zwischen Österreich-Ungarn und Serbien – dem die Österreicher die Vorbereitung des Verbrechens vorwarfen – führte zum Ersten Weltkrieg, der mit dem Sturz der Habsburger und der Zerstückelung ihres Reiches endete. Österreich – das auf seine deutschsprachigen Gebiete reduziert war – wurde 1918 Republik.

Uneinigkeit in der Republik: 1918–34 Die junge Republik war unfähig, sich selbst wirtschaftlich zu erhalten, und von feindlichen Nachbarn umgeben – mit Ausnahme von Deutschland, mit dem sie sich nach den Bestimmungen der siegreichen Alliierten nicht vereinigen durfte. Die ersten Wahlen (1919) brachten einen Sieg für die Sozialdemokraten. Doch der starre Konservatismus der zumeist römisch-katholischen Landbevölkerung führte bald zu einer bitteren Feindschaft zwischen dem roten Wien und den schwarzen ländlichen Gebieten. In den späten zwanziger Jahren drohte ein Bürgerkrieg. 1932 wurde Engelbert Dollfuß zum Bundeskanzler und Außenminister gewählt. Durch eine Parlaments- und Verfassungsreform sicherte Dollfuß der Regierung größere Handlungsfreiheit. 1934 schlug er den Februaraufstand der Sozialdemokraten nieder.

Dollfuß unterdrückte die Sozialisten bald und errichtete eine Diktatur. Sein Triumph war jedoch von kurzer Dauer. Im Juli 1934 fiel er einem Attentat nationalsozialistischer Extremisten zum Opfer. Der Anschluß Österreichs an das Dritte Reich schien unvermeidlich, doch der italienische Diktator Mussolini, der zu dieser Zeit mit Hitler um den Einfluß in Mitteleuropa wetteiferte, mobilisierte als Warnung an Deutschland seine Truppen.

Im Karl-Marx-Hof in Wien hatte sich eines der Widerstandszentren gegen Dollfuß gebildet.

Anschluß und Krieg: 1938–45 Es war Hitler, der nun Reichskanzler in Berlin war, 1934 nicht gelungen, Österreich in sein Drittes Reich einzubringen. Nachdem er sich mit Mussolini, Österreichs ehemaligem Beschützer, verständigt hatte, sah er 1938 eine neue Gelegenheit dazu. Zu diesem Zeitpunkt waren mehrere Nationalsozialisten Mitglieder der österreichischen Regierung, die Hitler halfen, den Widerstand zu brechen. Im März 1938 wurde Österreich Teil des Deutschen Reiches.

Kurt Waldheim, früherer Außenminister, wurde im Dezember 1972 zum Generalsekretär der Vereinten Nationen gewählt. Er bemüht sich, die UNO als ausgleichenden Faktor wieder stärker in die Weltpolitik einzuschalten.

Die Besetzung Österreichs: 1945–55 Die Alliierten betrachteten Österreich eher als ein Opfer Hitlers denn als willigen Verbündeten des Dritten Reiches. 1945 besetzten westliche Streitkräfte und die Rote Armee Österreich, und die Österreicher durften ihre eigene Regierungsform wählen.

Der erste Präsident der neuen Republik war Karl Renner, einer der sozialdemokratischen Führer von 1918. Im Unterschied zur ersten Republik förderte die zweite politische und religiöse Toleranz. 1955 erklärte sich die UdSSR bereit, ihre Truppen aus Österreich abzuziehen und die Neutralität des Landes anzuerkennen; ein Staatsvertrag wurde unterzeichnet und die Besetzung des Landes beendet.

Zwischen Ost und West: seit 1955 Im Staatsvertrag von 1955 verpflichtete sich Österreich zu strikter Neutralität. Diese Politik der Neutralität und Blockfreiheit verfolgte Österreich, indem es im kalten Krieg zwischen Ost und West zu vermitteln suchte. Wien wurde der Sitz der Internationalen Atomenergiebehörde, und hier fanden auch die ersten SALT-Gespräche statt (Gespräche über Beschränkung der strategischen Rüstung). In den späten fünfziger Jahren trat Österreich der Europäischen Freihandelsgemeinschaft (EFTA) bei und spielte eine aktive Rolle bei den Beratungen des Europarates in Straßburg. Unter Bruno Kreisky, 1969 zum Bundeskanzler gewählt und 1975 und 1979 in seinem Amt bestätigt, setzte Österreich seine Politik der Vermittlung zwischen Ost und West fort.

Bruno Kreisky, 1969 zum Bundeskanzler gewählt, 1975 und 1979 in seinem Amt bestätigt, setzt sich für eine Politik der Vermittlung zwischen Ost und West ein.

Im November 1978 verabschiedete der Nationalrat ein Gesetz, das die Nutzung der Kernenergie für die Energieversorgung in Österreich verbietet. Die wirtschaftliche Entwicklung ging Ende der 70er Jahre nur sehr schleppend voran.

Im Mai 1980 wurde Rudolf Kirchschläger als Bundespräsident für eine zweite Amtszeit wiedergewählt.

Pakistan

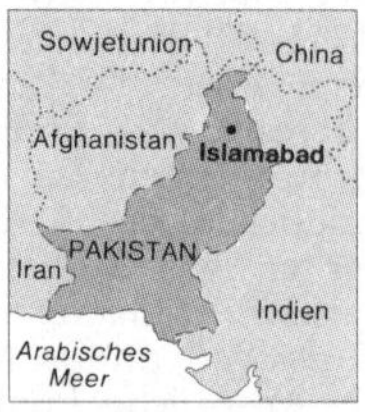

803 940 qkm
81 000 000 Einwohner
Hauptstadt: Islamabad

Als England sich 1947 aus Britisch-Indien zurückzog, wurde das Land in zwei Staaten geteilt, in Pakistan und Indien. Pakistan selbst zerfiel in einen östlichen und einen westlichen Teil, die durch über anderthalbtausend Kilometer indischen Territoriums voneinander getrennt waren. Der neue Staat bestand in dieser Form jedoch nur 25 Jahre lang. Der östliche Teil fiel 1971 ab und bildete 1972 die unabhängige Republik Bangladesch.

Die Bewegung für einen eigenen islamischen Staat in Indien geht auf die dreißiger Jahre des 20. Jahrhunderts zurück, als der Dichter Mohammed Iqbal vorschlug, für die Moslems Indiens im Nordwesten ein Heimatland zu schaffen. In alten Zeiten war dieses Gebiet ein natürlicher Korridor für Eindringlinge aus Zentralasien. Auch die ersten moslemischen Eroberer kamen von Nordwesten. Ihre Nachfolger, die Moguln, beherrschten schließlich ganz Indien bis zum Beginn der britischen Eroberung im 18. Jahrhundert.

Eroberung durch die Moslem Das indische Königreich Sind, auf dessen Gebiet im 3. und 2. Jahrtausend v. Chr. das Zentrum der Induskultur lag, fiel 712 n. Chr. unter islamische Herrschaft. Doch erst nach dem Einfall der Türken im 11. und 12. Jahrhundert konnte sich der Islam in Nordindien festsetzen. Die Macht des moslemischen Sultanats, mit Delhi als Zentrum, breitete sich bald über ganz Nordindien aus, und bis 1320 hatte sie den tiefsten Süden erreicht. 1398 plünderte jedoch der mongolische Eroberer Timur Leng Delhi, und das Sultanat brach in mehrere kleine Königreiche auseinander.

1526 erschien ein neuer moslemischer Eroberer in Indien. Babur, ein Nachkomme Timur Lengs und Dschingis Chans, besiegte den regierenden Sultan, setzte sich selbst auf den Thron und begründete so das Reich der Großmoguln.

Der Mogulherrscher Aurangseb (1658–1707) bereitete durch seine Hinduverfolgungen den Niedergang des Reiches vor. Im Süden wuchs die Macht der hinduistischen Marathen. Im 18. Jahrhundert erlangten sie die Vorherrschaft in Indien, doch 1818 wurden sie von den Engländern unterworfen. Nach 1840 weiteten die Briten ihre Herrschaft auch über das heutige Pakistan aus. Die britische Kulturpolitik ließ die Einheimischen um den Bestand ihrer Religionen und Traditionen fürchten. 1857 kam es zu einem Aufstand, den die Briten blutig unterdrückten.

Unter Aurangseb (1658–1707) erreichte das Mogulreich seine größte Ausdehnung.

Separatismusbestrebungen Durch das Scheitern der indischen Rebellion verschlechterte sich die Lage der indischen Moslems wesentlich. Obwohl die Hindus den Aufstand angezettelt hatten, glaubten die Briten, es sei ein Versuch der Moslems gewesen, das Mogulreich wiederherzustellen, und verfügten, daß in Zukunft keinem Moslem mehr eine verantwortungsvolle Stellung anvertraut werden solle.

1885 hatten die Inder die Gründung des Indischen Nationalkongresses durchgesetzt, doch die Moslems fürchteten, daß ihre Belange von dem Kongreß nur unzureichend wahrgenommen würden, und verlangten Garantien in Form separater moslemischer Wahlbezirke. Die Engländer akzeptierten diese Forderungen, und 1906 wurde in Dakka die Moslemliga gegründet.

Schon 1930 hatte Mohammed Iqbal vorgeschlagen, die Moslems territorial von den Hindus zu trennen. 1933 prägte Chaudhuri Rahmat Ali für den moslemischen Staat den Namen Pakistan, was Land der Reinen bedeutet.

Die Entstehung Pakistans Seit 1916 war Mohammed Ali Dschinnah Präsident der Moslemliga. 1935, nach der Ankündigung, daß in allen Provinzen Britisch-Indiens Parlamente eingesetzt werden sollten, führte er die Moslemliga in ihrem Wahlkampf an. Die Stimmengewinne der Liga waren nicht sonderlich eindrucksvoll, und die siegreiche Kongreßpartei lehnte Dschinnahs Angebot der Zusammenarbeit ab. Daraufhin proklamierte Dschinnah als Ziel der Liga die Schaffung Pakistans.

Während der Verhandlungen mit den Briten über die Machtübergabe in Indien beharrte Dschinnah auf seinem Standpunkt. Im Juni 1947 stimmte die britische Regierung seinen Forderungen zu und übergab die Macht zwei neuen Staaten – Indien und Pakistan. Pakistan selbst war in zwei Teile gespalten, der eine lag im äußersten Westen, der andere im Osten Nordindiens. Durch die Teilung gelang es freilich nicht, alle Moslems in den neuen Staat einzubeziehen. Millionen von Hindus wie Moslems befanden sich im falschen Staat. Bis 1950 flüchteten mindestens 8 Millionen Moslems aus Indien nach Pakistan.

Seit der Teilung stritten sich die beiden Länder über das Schicksal Kaschmirs. Seine Bevölkerung war vorwiegend moslemisch, doch sein hinduistischer Herrscher wollte sich Indien anschließen. Ende 1947 fielen pakistanische Truppen in Kaschmir ein. Daraufhin erklärte Maharadscha Hari Singh den Beitritt zur Republik Indien und bat es um militärische Hilfe. 1949 kam es zu einem Waffenstillstand. Im Herbst 1965 versuchte Pakistan das Kaschmir-Problem nochmals mit Gewalt zu lösen. Doch die indischen Truppen konnten den Angriff abwehren. Im Abkommen von Taschkent verpflichteten sich beide Seiten, zur Waffenstillstandslinie von 1949 zurückzukehren; die Teilung Kaschmirs in eine indische und eine pakistanische Einflußsphäre blieb bestehen.

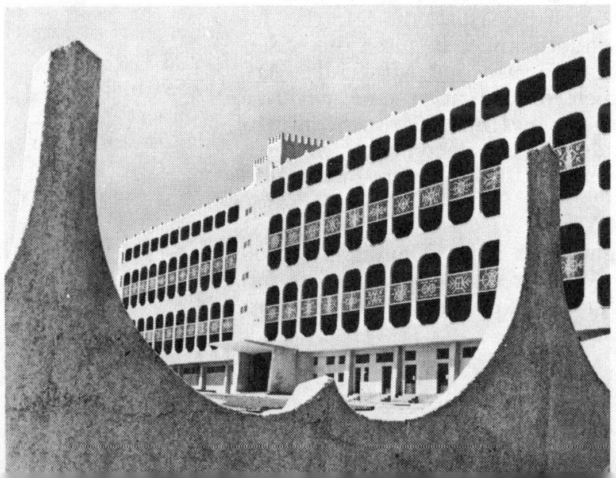

Moderne Unterkünfte für Parlamentsabgeordnete in der neuen Hauptstadt Islamabad.

Krieger der Orakzai, eines Pathanstammes an der Nordwestgrenze.

Interne Politik: 1947–58 Bis zu seinem Tode im September 1948 war Dschinnah Generalgouverneur von Pakistan. Von Anfang an herrschten innenpolitische Spannungen zwischen den beiden Landesteilen. Ostpakistan fühlte sich von der zentralen Regierung im westlichen Teil des Landes diskriminiert.

Im September 1954 rief die Regierung den Notstand aus und löste die Nationalversammlung auf. Nach zweijährigen Beratungen wurde eine neue Verfassung angenommen und Pakistan zur islamischen Republik proklamiert. General Iskender Mirza wurde ihr erster Präsident.

Der konstitutionelle Wechsel bewirkte jedoch keine Änderung in Pakistans politischem und wirtschaftlichem Leben. Im Oktober 1958 schaffte Mirza die politischen Parteien ab, rief das Kriegsrecht aus und übertrug General Ayub Khan die vollziehende Gewalt. Drei Wochen später trat Mirza zurück, Ayub Khan ernannte sich zum Präsidenten. Durch die Wahlen von 1960 ließ er sich in seinem Amt bestätigen.

Mohammed Ali Dschinnah, durch dessen Bemühungen es 1947 zur Gründung Pakistans kam, starb ein Jahr danach als Generalgouverneur.

Der Abfall Ostpakistans Streiks, Aufstände, Attentate und Forderungen nach demokratischen Wahlen führten 1969 zum Fall Ayub Khans. Sein Nachfolger wurde General Yahya Khan. Yahya kündigte an, daß 1970 allgemeine Wahlen abgehalten würden und bis Januar 1971 eine neue Verfassung in Kraft treten solle.

In Ostpakistan führten die Wahlen zu einem überwältigenden Sieg Scheich Mujibur Rahmans und seiner Awami-Liga. Mujibur Rahman forderte weitgehende Autonomie für Ostpakistan. Westpakistanische Politiker wie Zulfikar Ali Bhutto drängten Yahya, auf Mujibur Rahmans Forderungen nicht einzugehen.

Nachdem Gespräche zwischen Yahya und Mujibur Rahman zu keinem Ergebnis führten, wurden Einheiten der überwiegend westpakistanischen Armee nach dem Osten geschickt und das Kriegsrecht ausgerufen. Die Krise verschlimmerte sich im Sommer 1971, und Ostpakistan rief sich als unabhängige Republik Bangladesch aus. Die westpakistanischen Truppen ergriffen immer radikalere Maßnahmen, um die separatistische Bewegung zu zerschlagen. Indien, das nicht mehr in der Lage war, die 5–10 Millionen pakistanischer Flüchtlinge, die dort Asyl gefunden hatten, zu ernähren, schaltete sich schließlich ein, und nach zwei Wochen erbitterter Kämpfe zwangen indische Truppen die pakistanische Armee im Osten zur Kapitulation. Im Dezember 1971 trat Yahya Khan zurück, und der ehemalige Außenminister Ali Bhutto übernahm das Amt des Präsidenten.

Der neue Präsident sah sich erschreckenden Problemen gegenübergestellt, denn die Wirtschaft Westpakistans war schwer erschüttert. Als England Bangladesch anerkannte, trat Bhutto mit seinem Land aus dem Commonwealth aus.

Bhuttos Bemühungen, sein Land zusammenzuhalten, wurden weiterhin bedroht, als sich auch in den Provinzen Westpakistans separatistische Bewegungen entwickelten. In der Provinz Sind brach 1972 ein blutiger Sprachenstreit aus, als Sindhi zur Amtssprache gemacht werden sollte und sich dadurch die urdu sprechende Bevölkerung bedroht sah.

Durch einen Staatsstreich kam 1977 Generalstabschef Zia ul-Haq an die Macht. Bhutto wurde verhaftet und nach fünf Monaten des Mordes an dem Vater eines politischen Gegners für schuldig befunden und zum Tode verurteilt.

Nach Ablauf der fünfjährigen Amtszeit von Präsident Fazal Elahi Chaudry nahm Zia ul-Haq das Amt für sich in Anspruch und errichtete 1978 eine Militärdiktatur. Die Beziehungen zu Afghanistan verschlechterten sich 1979, als Zia ul-Haq afghanische Flüchtlinge aufnahm und es zuließ, daß afghanische Guerilleros von Pakistan aus gegen das kommunistische Regime Afghanistans Aktionen unternahmen.

Mit General Ayub Khan übernahm das Militär die politische Macht. Er wurde 1969 gestürzt.

Nach dreijährigen Vorbereitungsarbeiten, wobei Malaria und Gelbfieber eingedämmt wurden, begannen 1906 die Amerikaner mit dem Bau des Panamakanals. 1914 konnte er eröffnet werden.

Panama

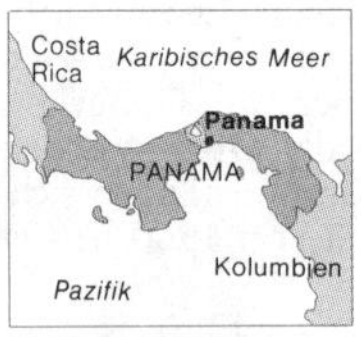

77083 qkm
1925000 Einwohner
Hauptstadt: Panama

Der erste Europäer, der 1502 die Küste Panamas erblickte, war Rodrigo de Bastidas. Ein Jahr später erklärte Christoph Kolumbus das Gebiet zu spanischem Besitz. 1513 unternahm der Konquistador Vasco Núñez de Balboa seine historische Reise über den Isthmus und sah als erster Weißer den Pazifischen Ozean. 1821 erhielt Panama seine Unabhängigkeit von Spanien und schloß sich der 1819 gegründeten Republik Großkolumbien an. 1903 erlangte es mit Hilfe der Amerikaner seine völlige Unabhängigkeit.

1879 unternahm Ferdinand de Lesseps, der Erbauer des Suezkanals, den ersten Versuch, einen Kanal durch die Landenge zu bauen. Der Versuch scheiterte, und die Regierung der Vereinigten Staaten nahm sich dann des Projekts an. 1903 trat Panama gegen eine Summe von zehn Millionen Dollar die etwa 16 Kilometer breite Kanalzone an die Vereinigten Staaten ab. 1906 begannen die Amerikaner mit den Bauarbeiten für den Kanal, der 1914 eröffnet werden konnte.

Das politische Leben Panamas war häufig sehr turbulent. José Remón Cantero, seit 1952 Präsident, wurde 1955 ermordet. 1964 kam es zu schweren antiamerikanischen Unruhen, und die Regierung Panamas brach daraufhin die diplomatischen Beziehungen zu den USA ab. Im Oktober 1968 setzte General Omar Torrijos nach einem Militärputsch Präsident Arnolfo Arias ab. José Pinilla wurde der neue Präsident, aber die eigentliche Macht hatte Torrijos inne, der 1969 alle politischen Parteien abschaffte und Pinilla durch Demetrio Lakas Bahas ersetzte. Im August 1972 wurden 505 *Corregidores* gewählt, die eine neue Verfassung ausarbeiteten. Die Versammlung bestätigte Lakas und Torrijos in ihren Ämtern. Unter der Regierung Torrijos wurden Reformen in Landwirtschaft und Bildungswesen durchgeführt. Außerdem verlangte das neue Regime von den USA die Rückgabe der Kanalzone und die Kontrolle über den Kanal. 1977 kam man in den Verhandlungen über den Panamakanal zu einer Einigung. Bis zum Jahr 2000 werden die USA den Kanal und die Kanalzone an Panama zurückgeben, die USA behalten jedoch das Vorrecht der Verteidigung.

Im Oktober 1978 wurde der bisherige Erziehungsminister Aristides Royo auf Vorschlag von Torrijos zum neuen Staatspräsidenten gewählt. Im Oktober 1979 gaben die USA formell die Kanalzone an Panama zurück.

Papua-Neuguinea

461691 qkm
3068000 Einwohner
Hauptstadt: Port Moresby

Als erste Europäer kamen 1526 die Portugiesen nach Neuguinea. 1884 machten die Briten den Südosten Neuguineas zu ihrem Protektorat, während Deutschland den Nordosten und die vorgelagerten Inseln beanspruchte. 1906 wurde der Südosten australisches Territorium, nach dem Ersten Weltkrieg fiel auch der ehemals deutsche Teil an Australien. Während des Zweiten Weltkriegs nahm Japan den Norden Neuguineas ein, den Australien und die Vereinigten Staaten von Amerika 1944 zurückgewannen.

1949 vereinigte Australien den Nord- und Südosten als administrative Einheit zu Papua-Neuguinea. Nachdem Australien im Dezember 1973 zunächst die völlige Selbstverwaltung gewährt hatte, entließ es Papua-Neuguinea im September 1975 in die Unabhängigkeit. Michael Somare wurde der erste Präsident. Bei den Wahlen von 1977 gewann die Koalitionsregierung von Präsident Somare wiederum die meisten Sitze. Im März 1980 wurde die Regierung durch ein konstruktives Mißtrauensvotum gestürzt. Neuer Premierminister wurde Sir Julius Chan.

Paraguay

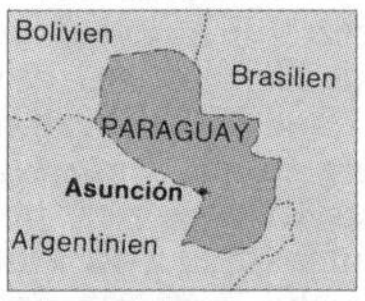

406752 qkm
2900000 Einwohner
Hauptstadt: Asunción

Zwei verheerende Kriege, der Dreiländerkrieg gegen Argentinien, Brasilien und Uruguay Mitte des 19. Jahrhunderts und ein Krieg gegen Bolivien in den dreißiger Jahren dieses Jahrhunderts, haben dazu geführt, daß Paraguay zu den ärmsten und rückständigsten Ländern Lateinamerikas zählt. Als die Spanier Anfang des 16. Jahrhunderts ins Land kamen, rotteten sie die einheimischen Indianer nicht aus, sondern vermischten sich mit ihnen. Heute sind 95 Prozent der Bevölkerung Mestizen, die als Umgangssprache Guarani benutzen.

Frühe Geschichte 1524 erschienen spanische Konquistadoren in dem Land, das keinen Zugang zum Meer hat. Sie vermischten sich mit den einheimischen Guarani und gründeten 1537 Asunción, die heutige Hauptstadt. Auf Veranlassung der spanischen Behörden begannen die Jesuiten 1610 die Guarani zu christianisieren. Bald bildete sich am Mittellauf des Paraná und des Uruguay ein Jesuitenstaat, der dem spanischen Gouverneur von Paraguay unterstand. Im Gebiet des heutigen Paraguay unterhielten die Jesuiten sogenannte Guarani-Reduktionen. 1759, nach der Vertreibung der Jesuiten, lösten sich die Reduktionen auf. Nach 1810 begann die Herrschaft der Spanier in ganz Lateinamerika zu zerbröckeln, und 1811 erhielt auch Paraguay seine Unabhängigkeit.

Herrschaft der Diktatoren José Gasparo Francia warf sich 1814 zum Diktator auf. Er begegnete keinem Widerspruch und herrschte bis 1840. Dann trat Carlos López an seine Stelle, der 1845–52 gegen Brasilien und Uruguay Krieg führte. 1862 folgte Francisco Solano López seinem Vater. Er verwickelte sein Land 1865 in einen Krieg mit Brasilien, Argentinien und Uruguay, da er, wie sein Vater, einen Zugang zum Meer erkämpfen wollte. Nach Ende des Krieges (1870) war Paraguay zerstört. 80 Prozent der Bevölkerung waren dem Krieg und Seuchen zum Opfer gefallen, und es entstanden schwere wirtschaftliche Probleme. 1932 führte der Streit über den Besitz des Chaco-Gebietes zu einem dreijährigen Krieg mit Bolivien. Aus diesem Krieg ging Paraguay siegreich hervor und bekam einen großen Teil des Chaco Boreal zugesprochen.

Francisco Solano López (1827–70) stürzte sein Land in einen verlustreichen Krieg, in dem er selbst umkam.

Eine Reihe kurzfristiger Regierungen wurde durch Higinio Morínigo beendet, der sich 1940 zum Diktator proklamierte. Unter seiner Herrschaft begann sich Paraguay vom Chaco-Krieg zu erholen, doch er wurde 1948 abgesetzt. Nach einer neuen Periode der Instabilität ergriff General Alfredo Stroessner 1954 die Macht und wurde bisher zweimal wiedergewählt. Sein Regime ist für rücksichtslose Unterdrückungsmaßnahmen bekannt, doch führte Stroessner auch umfangreiche Reformen durch. Eine Verfassungsänderung ermöglichte Stroessner bei den Wahlen von 1978 eine erneute Kandidatur; wieder ging er als Sieger hervor.

Peru

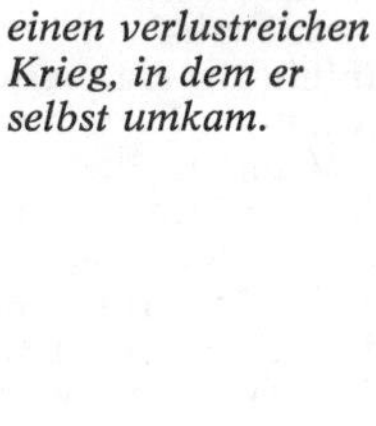

1285216 qkm
17590000 Einwohner
Hauptstadt: Lima

Die Kunde von Gold- und Silbervorkommen zog im 16. Jahrhundert spanische Eroberer nach Peru. Dort stießen sie auf das Reich der Inka, das sie rücksichtslos ausplünderten. Unermeßliche Bodenschätze machten Peru zu einem Zentrum des spanischen Imperiums in Amerika, als letztes südamerikanisches Land konnte es seine Unabhängigkeit erringen.

Knapp die Hälfte der Einwohner Perus sind Indianer, von denen die meisten Ketschua, die Sprache der Inka, sprechen. Jahrhundertelang arbeiteten die Indianer als Sklaven der Europäer in den Minen der Anden. Der Bergbau spielt immer noch eine wichtige Rolle in Perus Wirtschaft, und unter den hochragenden Spitzen der Anden liegen gewaltige Mengen wertvoller Metalle, einschließlich Kupfer, Silber und Eisenerz.

Aufstieg und Niedergang der Inka Ungefähr 20000 Jahre nachdem sich die ersten nomadischen indianischen Siedler in der Gegend des heutigen Peru

Die gewaltigen Ruinen der Festung Sacsayhuamán oberhalb von Cuzco erinnern noch heute an die Größe des Inkareiches.

niedergelassen hatten, gründeten die Inka um 1200 n. Chr. ein Königreich mit der Hauptstadt Cuzco. Auf seinem Höhepunkt hatte das Reich 12 Millionen Untertanen. Seine Religion gründete sich auf den Sonnenkult. Der oberste Inkaherrscher, Sapa Inka, wurde als Sohn des Sonnengottes Inti verehrt, doch hatte er keine unumschränkte Macht.

Der erste Weiße, der in Peru landete, war der spanische Konquistador Francisco Pizarro, der 1531 insgesamt 183 Soldaten von Panama aus nach Süden führte. Pizarro nahm den Inka-König Atahualpa gefangen und ließ ihn 1533 hinrichten. Außerdem rottete er die gesamte Führung des Reiches, etwa 4000 Menschen, aus. Nachdem die Inka ihrer Führer beraubt waren, konnte er sie leicht unterwerfen und ihre Hauptstadt Cuzco erstürmen.

Francisco Pizarro (1478–1541) eroberte das Inkareich mit einer Streitmacht, die am Anfang aus nur 183 Soldaten bestand.

Peru stellte bald das wichtigste spanische Territorium in der Neuen Welt dar. Lima, die heutige Hauptstadt, wurde 1535 als Sitz der Regierung für die spanischen Besitzungen in Südamerika gegründet. Die Nachkommen der Inka mußten als Sklaven in den Gold- und Silberminen der Anden arbeiten.

Das republikanische Peru Das Land war die letzte spanische Kolonie in Südamerika, die ihre Unabhängigkeit errang; es wurde ab 1821 von dem argentinischen General José de San Martin und vor allem durch die Feldzüge von Simón Bolívar befreit. 1864 ergriff Spanien, das Perus Unabhängigkeit nicht anerkannte, Besitz von den Chinca-Inseln und erklärte Peru den Krieg. Chile, Ecuador und Bolivien traten auf die Seite Perus. 1871 kam es durch Vermittlung der USA zum Waffenstillstand.

Grenzstreitigkeiten zwischen Chile und Bolivien in der salpeterreichen Atacamawüste führten 1879 zum Salpeterkrieg, in dem sich Peru mit Bolivien verbündete. 1881 besetzten die Chilenen Lima. Im Frieden von Ancón (1883) mußte Peru seine nitratreichen Provinzen Tacna, Arica und Tarapaca für 10 Jahre an Chile abtreten.

Wiederaufbau und Prosperität Als Ergebnis dieser Kriege waren Perus Finanzen ruiniert. Doch bald begann der Wiederaufbau, erst unter Andres Caceres, der 1886 zum Präsidenten gewählt wurde, dann unter Augusto B. Leguia, Präsident von 1908 bis 1912. Er ergriff 1919 wieder die Macht und herrschte als Diktator bis 1930. In den nächsten Jahrzehnten gab es wenig wirtschaftlichen Fortschritt und politische Stabilität. Eine wachsende ökonomische Krise führte 1968 schließlich zu einem Militärputsch der linksgerichteten Generäle, der General Velasco Alvarado an die Macht brachte. Obwohl ein Reformprogramm ausgearbeitet wurde, mußte die Regierung Streiks und Aufruhr von anders orientierten linken Gruppen bekämpfen. 1972 wurden einige Firmen verstaatlicht, darunter die amerikanische »International Petroleum Company«. Im gleichen Jahr knüpfte man diplomatische Beziehungen zu Peking an und nahm die Beziehungen zu Kuba wieder auf. Anfang 1975 ernannte Velasco General Francisco Morales Bermúdez zum Ministerpräsidenten. Sieben Monate später stürzte Morales in einem unblutigen Putsch Velasco und ernannte sich selbst zum Präsidenten. Es begann eine Ära der weniger extrem linksgerichteten Politik.

General Velasco Alvarado, dessen linksgerichtetes Regime zwischen 1968 und 1975 die Macht in Peru innehatte.

Im Mai 1980 fanden die ersten Präsidentschaftswahlen seit 1963 statt. Sie besiegelten Perus Abkehr von dem seit 1968 herrschenden und ökonomisch wie politisch gescheiterten Militärregime. Gewählt wurde der 1968 gestürzte Präsident Belaunde Terry, der die Verstaatlichung der Wirtschaft weitgehend rückgängig machen und eine wirtschaftliche Wiederannäherung an die USA betreiben will.

Philippinen

300 000 qkm
45 500 000 Einwohner
Hauptstadt: Manila

Vier Jahrhunderte Fremdherrschaft – erst durch Spanien, dann durch die USA – überlagerte die moslemische Kultur der Philippinen mit westlichen Einflüssen. Spanien brachte den Philippinen seine Hauptreligion, den römischen Katholizismus. Amerikanischer Einfluß zeigt sich in den geschäftigen Wolkenkratzerstädten wie Manila und im Gebrauch des Englischen als Amtssprache.

1946 wurden die Philippinen zur Republik erklärt. Sie besteht aus mehr als 7000 Inseln, von denen viele winzig klein und unbewohnt sind. Etwa die Hälfte des Landes ist mit dichtem Wald bedeckt. Holz ist ein wesentliches Exportgut.

Die Filipinos Die Ureinwohner der Philippinen sind die von den Spaniern Negritos genannten pygmiden, feldbeuterischen Aeta. Etwa ab 3000 v. Chr. gesellten sich ackerbautreibende malaiische Gruppen zu den Aeta und vermischten sich mit ihnen. Heute leben auf den Philippinen mehr als 50 Volksstämme, deren Angehörige als Filipinos bezeichnet werden.

Im Zuge der islamischen Expansion wurden die Bewohner des Sulu-Archipels und Mindanaos nach 1480 zum moslemischen Glauben bekehrt. Mehr als 100 Jahre lang behauptete sich der moslemische Einfluß ungestört, bis im 16. Jahrhundert die ersten Europäer erschienen.

Die Fremdherrschaft 1521 landete Ferdinand Magellan während seines Versuchs, die Welt zu umsegeln, auf den Philippinen und nahm sie für Spanien in Besitz. Doch erst einem anderen Entdecker, Miguel López de Legazpi, gelang es 1565, die Philippinen für seinen Herrscher, Philipp II., zu erobern.

Ferdinand Magellan, der als erster Europäer auf den Philippinen landete, wurde in einem Gefecht von dem Häuptling Lapulupa getötet.

De Legazpis Hauptanliegen war die Verbreitung des christlichen Glaubens. Innerhalb von zwanzig Jahren hatte er einen großen Teil der bewohnten Inseln, außer den moslemischen Gebieten von Mindanao, Sulu, Palawan und den Moroinseln, unter spanische Kontrolle gebracht.

Die spanische Herrschaft dauerte bis Ende des 19. Jahrhunderts, als sie von einer wachsenden nationalistischen Bewegung, inspiriert von dem philippinischen Schriftsteller und Patrioten José Rizal, in Frage gestellt wurde. Eine erfolglose Revolution gegen Spanien brach 1896 aus. Rizal wurde hingerichtet, doch Emilio Aguinaldo setzte den Aufstand fort.

Aufständische Partisanen kämpften bis 1898 gegen die reguläre spanische Armee. In diesem Jahr brach ein Krieg zwischen den Vereinigten Staaten und Spanien aus, dessen unmittelbare Ursache die amerikanische Entrüstung über die tyrannische spanische Herrschaft auf Kuba war. In der Manila-Bai vernichtete Admiral Dewey eine spanische Flotte, und amerikanische Truppen landeten auf den Philippinen. Schon nach wenigen Monaten kapitulierte Spanien und trat gemäß den Bedingungen des Friedensvertrages die Philippinen für 20 Millionen Dollar an die Vereinigten Staaten ab.

Miguel López de Legazpi eroberte 1565 die Philippinen für Philipp II., nach dem die Inseln genannt sind.

Die Filipinos hatten erwartet, daß die USA ihnen die Unabhängigkeit geben würden, sahen die Aussicht auf Selbstverwaltung nun jedoch in weite Ferne gerückt. Bald brachen bewaffnete Auseinandersetzungen aus. Es dauerte zwei Jahre, bis der Widerstand der Filipinos endgültig gebrochen war. 1935 gewährten die USA den Inseln jedoch interne Selbstverwaltung und versprachen ihnen die vollständige Unabhängigkeit innerhalb von zehn Jahren.

Ausbruch des Taal-Vulkans, eines der vielen tätigen Vulkane des tropischen Inselreiches, das oft von Erdbeben erschüttert wird.

Die japanische Invasion Im Dezember 1941 griff Japan die Philippinen überraschend an. Innerhalb von vier Wochen besetzten japanische Truppen Manila, wo sie eine Marionettenregierung errichteten. Nach blutigen Schlachten bei Bataan und Corregidor wurden die amerikanischen und philippinischen Streitkräfte im Mai 1942 zur Kapitulation gezwungen. Im Oktober 1944 kehrten die amerikanischen Truppen unter General MacArthur in das Land zurück und vollendeten seine Befreiung im Juli 1945.

Die unabhängige Republik Im Juli 1946 erlangte das Land die Unabhängigkeit. Doch erst unter Präsident Ramon Magsaysay (1953–57) war die Republik in der Lage, das verwüstete Land wiederaufzubauen. Seit 1948 kam es immer wieder zu Aufständen, die von kommunistischen Partisanen, den *Hukbalahups* (Volksbefreiungsarmee), kurz *Huks* genannt, organisiert wurden. Das Land verzeichnete einen langsamen, doch stetigen Fortschritt in seiner wirtschaftlichen Entwicklung, wobei große amerikanische Investitionen eine nicht geringe Rolle spielten.

Unter Präsident Fernando Marcos, der 1969 zum zweitenmal gewählt wurde, wuchs die Unzufriedenheit erneut. Die Studenten verbündeten sich mit den Arbeitern und organisierten regierungsfeindliche Massendemonstrationen, die gegen die politische Korruption, die Armut und den fortbestehenden amerikanischen Einfluß gerichtet waren. In der Provinz flakkerte die kommunistische Aktivität wieder auf. Die Naturkatastrophen vom Sommer 1972 verstärkten die soziale Unzufriedenheit. Auf Manila tobten Stürme, die Insel Luzon war wochenlang überflutet. Es gab Hunderte von Toten und eine Million Obdachlose.

Unter Berufung darauf, daß die kommunistische Unterwanderung eine Bedrohung für die Philippinen sei, verhängte Marcos 1972 den Ausnahmezustand und ließ oppositionelle Politiker und Journalisten verhaften. Eine neue Verfassung ermöglichte es Marcos 1973, das Amt des Regierungschefs und das des Staatsoberhauptes einzunehmen. Seit 1976 ist Marcos Präsident auf Lebenszeit.

Ramon Magsaysay war von 1953 bis 1957 Präsident der Philippinen.

Polen

Unter der großen Jagiellonen-Dynastie (1386–1572) bildete Polen den Kern eines Reiches, das sich quer über Europa von der Ostsee bis zum Schwarzen Meer erstreckte. Zwischen 1795 und 1918 war es Opfer einer Reihe von Teilungen, die seine mächtigen und habsüchtigen Nachbarn durchführten. Nach dem Ersten Weltkrieg erlangten die Polen ihre Unabhängigkeit wieder, verloren sie jedoch bereits erneut in der ersten Generation. Trotz dieses politisch wechselvollen Schicksals behielten die Polen immer ihren ausgeprägten Patriotismus. Ein bedeutender Faktor bei der Erhaltung der polnischen Einheit war die Stärke der römisch-katholischen Kirche. Sogar im heutigen kommunistischen Polen behauptet sich die Religion mit großer Festigkeit.

312 520 qkm
34 807 000 Einwohner
Hauptstadt: Warschau

Die Entstehung der Nation Die polnische Nation bildete sich im 10. Jahrhundert aus einer Gruppe slawischer Stämme. Sie bewohnten die Tiefebene, durch die sich die Weichsel nordwärts zur Ostsee schlängelt. Beherrschender Stamm waren die Poleni, die der neuen Nation ihren Namen und den ersten Herrscher gaben – Mieszko I. (962–992), Gründer der Piasten-Dynastie.

Unter Mieszko wurden die Polen ab 966 zum Christentum bekehrt. Da Mieszko die Eroberung durch germanische Stämme fürchtete, unterstellte er sich der Oberherrschaft des Kaisers des Heiligen Römischen Reiches Deutscher Nation. Mieszkos Sohn, Boleslaw I. (992–1025), führte im Westen Kriege gegen den römischen Kaiser Heinrich II. Im Osten dehnte er seine Grenzen bis nach Kiew aus.

Ein Jahrhundert nach Boleslaws Tod brach der mächtige Staat, den er geschaffen hatte, auseinander. Boleslaw III. (1102–38) teilte bei seinem Tod seinen ganzen Besitz unter seine Söhne auf. In viele kleine Fürstentümer aufgesplittert, war Polen nicht in der Lage, der Herausforderung neuer und mächtiger Feinde zu widerstehen. Im Jahre 1241 erlebte das Land einen Mongoleneinfall, während im Norden für die Polen eine neue Drohung erwuchs – der Deutsche Orden, der seinen Stützpunkt in Preußen hatte. Doch 1410 war die Macht des Deutschen Ordens gebrochen.

Polens Wiedergeburt Herzog Wladislaw Lokietek (1320–33) einigte das zersplitterte Königreich erneut. Der Staat begann sich nun innerlich zu festigen und an Bedeutung zu gewinnen. Wladislaws Sohn, Kasimir der Große (1333–70), setzte das Werk seines Vaters fort. Unter Kasimirs langer Regierung erlebte Polen 37 Jahre des Friedens und des Wohlstandes. Er gründete 1364 die Universität von Krakau, gewährte den eingewanderten Juden mehr Freiheit und verbesserte die Lage der Bauern.

Die Politik Kasimirs des Großen (1333 bis 1370)verschaffte Polen eine lange Zeit des Friedens und des Wohlstandes.

Nach Kasimirs Tod ging die Macht auf seinen Neffen, Ludwig I. von Ungarn, über. Ludwig starb 1382, und seine Tochter Jadwiga heiratete Wladislaw Jagiello, den Großfürsten von Litauen. Die Dynastie der Jagiellonen, die sie gründeten, herrschte in den folgenden 200 Jahren über Polen.

Die Jagiellonen-Dynastie Unter den Jagiellonen wurde Polen-Litauen einer der mächtigsten Staaten Europas. Um die Mitte des 16. Jahrhunderts erstreckte sich das polnische Territorium von der Ostsee bis zum Schwarzen Meer. Krakau, die Hauptstadt der Jagiellonen, war ein blühendes Wirtschaftszentrum, das eine Schlüsselposition auf der Handelsroute nach Moskowien und Asien einnahm. In diesem goldenen Zeitalter blühten auch die Künste und die Gelehrsamkeit.

Das jagiellonische Polen hatte zwei Schwächen. Zwar konnten die Jagiellonen den Adel unter Kontrolle halten, aber es gelang ihnen nicht, ihn seiner Macht zu berauben. Hinzu kam, daß sie über einen multinationalen Staat herrschten, in dem Preußen, Litauer, Ukrainer und Russen lebten und in dem die Polen nur eine Minderheit bildeten.

Sigismund August (1548–72) förderte die Einheit unter seinen Völkern, indem er eine starke zentrale Verwaltung errichtete. Doch 1572 starb er, ohne einen Erben zu hinterlassen, und der polnische Adel machte von seinem traditionellen Recht Gebrauch, einen neuen Herrscher zu wählen. Von da an war kein polnischer Herrscher mehr in der Lage, das Reich zu konsolidieren.

Die Herrschaft der gewählten Könige Da die polnischen Adelsfamilien aufeinander zu eifersüchtig waren, um aus ihren eigenen Reihen den König zu wählen, wurde es üblich, ausländische Fürsten als Herrscher nach Polen zu rufen. Als erster wurde ein Franzose zum König gewählt, Heinrich von Valois. Auf ihn folgte ein Ungar, Stephan Báthory, und dann drei Herrscher aus der schwedischen Wasa-Dynastie.

Viele dieser ausländischen Herrscher verwickelten das Land in Kriege, um ihre eigenen Ambitionen zu befriedigen. 1610 besetzten polnische Truppen unter dem schwedischen König Sigismund sogar Moskau. Mitte des 17. Jahrhunderts war das Land durch Kriege und Streitigkeiten unter dem Adel erschöpft.

Mächtige Feinde – Rußland im Osten und Schweden im Norden – bedrohten das polnische Territorium. Nach und nach verlor Polen viele seiner Besitzungen und wurde zum Schlachtfeld für fremde Armeen.

Mit seinem Sieg über die Türken am Kahlenberg (1683) entsetzte der mit dem Kaiser verbündete König Johann Sobieski die Stadt Wien.

Die Teilung Polens Nachdem Rußland Schweden in einem Krieg um die Vorherrschaft auf der Ostsee besiegt hatte, wurde es im 18. Jahrhundert Polens Hauptfeind. Doch Rußland war nicht die einzige Macht, die Polens Schwäche ausnutzen wollte. Friedrich der Große und Maria Theresia hatten auch Absichten auf das polnische Territorium. 1772 beraubten die drei Mächte Polen um ein Viertel seiner Gebiete.

Die zerstrittenen Polen begruben nun ihre inneren Streitigkeiten, jedoch zu spät. Preußen und Rußland hatten 1793 das Land nochmals unter sich geteilt. Tadeusz Kościuszko, der für die amerikanischen Kolonisten im Unabhängigkeitskrieg gekämpft hatte, führte seine Landsleute gegen Russen und Preußen an. Bei Warschau wurde er geschlagen und gefangengenommen. Zwei Jahre später legte der letzte König von Polen, Stanislaw Poniatowski, seine Krone nieder. Sein Land verschwand von der Karte Europas, nun völlig zwischen Rußland, Preußen und Österreich aufgeteilt.

Polen in Knechtschaft Während der Napoleonischen Kriege sah es für ein paar Jahre so aus, als würde Polen einen Teil seiner Unabhängigkeit wiedererlangen. Als Napoleon 1812 Rußland überfiel, hofierte er die Polen, gründete das Großherzogtum Warschau, und polnische Kavallerie kämpfte in seinen Armeen. Doch 1815 wurde Polen auf dem Wiener Kongreß erneut zwischen Rußland, Preußen und Österreich aufgeteilt. Der russische Teil, das sogenannte Kongreßpolen, bekam eine eigene Verfassung, besaß jedoch keine wirkliche Unabhängigkeit.

Ende 1830 vertrieb eine militärische Revolte in Warschau den Großfürsten, der als russischer Vizekönig eingesetzt war. Die Unterdrückungsmaßnahmen, die die Russen ergriffen, um die Revolte zu zerschlagen, und die Repressalien danach erschütterten das Gewissen des westlichen Europas. Kongreßpolen wurde völlig von Rußland absorbiert, und diejenigen, die die polnischen Patrioten hätten anführen können – Priester, Aristokraten und Intellektuelle –, wurden von der allmächtigen Geheimpolizei auf Schritt und Tritt überwacht.

Auch Preußen ergriff Maßnahmen gegen den polnischen Patriotismus, indem es den Gebrauch der polnischen Sprache einzuschränken suchte und Tausende von Deutschen dazu bewog, sich in polnischen Gebieten niederzulassen. Österreich, das Galizien bekommen hatte, zeigte dagegen mehr Rücksicht.

Der Ausbruch des Ersten Weltkrieges brachte für die Polen einen Hoffnungsschimmer, da die schlecht ausgerüsteten Armeen des Zaren unfähig waren, ihr polnisches Gebiet zu halten. Fast genau ein Jahr nach Ausbruch des Krieges marschierten die Deutschen in Warschau ein. Um die Polen zur Zusammenarbeit zu gewinnen, versprachen sie Polen die Unabhängigkeit. Doch die Polen reagierten mit geringem Enthusiasmus auf die deutschen Versprechungen. Eine Wiedervereinigung mit ihren unterdrückten Landsleuten in Preußen hielten sie für wenig wahrscheinlich.

Größere Hoffnungen knüpften die Polen an die Alliierten, besonders an die Vereinigten Staaten. Ihre Hoffnungen gingen in Erfüllung, als Präsident Wilson die Alliierten verpflichtete, ein vereinigtes, unabhängiges und autonomes Polen zu schaffen. Im November 1918, als Deutschland kapitulierte, verkündeten die Polen eine unabhängige Republik.

Frédéric Chopin, der große polnische Klaviervirtuose und Komponist, war auch ein Patriot. In seiner Revolutionsetüde *drückt er das Verlangen der Polen nach Unabhängigkeit aus.*

Auferstandenes Polen: 1918–23 Der neue Staat hatte viele Probleme zu bewältigen, besonders Grenzfragen. Die westlichen Grenzen des Landes wurden im Vertrag von Versailles festgelegt. Im Osten jedoch, wo das neue russische kommunistische Regime um seine Existenz kämpfte, wurden die Grenzen nicht auf dem Papier, sondern auf den Schlachtfeldern festgelegt. Der militärische Führer der Polen hieß Josef Pilsudski. 1920 führte er seine Armeen tief in die Ukraine und eroberte Kiew. Obwohl seine Armeen von den Russen zurückgetrieben wurden, schlug er die Rote Armee entscheidend vor den Toren Warschaus.

Polen mußte sich wegen seiner Grenzen auch mit Litauen auseinandersetzen, und in Oberschlesien wurde eine Volksbefragung durchgeführt, um die Grenzen mit Deutschland festzulegen. Erst 1923 war die letzte Grenze gezogen. Der einzige Zugang des neuen Polens zum Meer war der sogenannte Polnische Korridor. Er schnitt durch deutsches Gebiet, teilte Ostpreußen vom übrigen Deutschland ab. Das sollte sich später katastrophal für Polen auswirken.

Marschall Pilsudski warf sich 1926 durch einen Staatsstreich zum eigentlichen Herrn Polens auf.

Pilsudskis Polen Unerfahren, wie die befreiten Polen in der Selbstverwaltung waren, fiel es ihnen schwer, ein starkes demokratisches System aufzubauen. Außerdem gab es erhebliche wirtschaftliche Probleme. Marschall Pilsudski ergriff 1926 durch einen Militärputsch die Macht, gab sie 1928 auf, ergriff sie 1930 wieder und blieb Herrscher über Polen bis zu seinem Tode im Jahre 1935.

Pilsudski hatte sich mit Frankreich verbündet; Polen war Teil einer Allianz, die man gegründet hatte, um die Wiedererstarkung Deutschlands zu verhindern. Aber als Hitler 1933 an die Macht kam, suchten die polnischen Führer eine Annäherung an die Nationalsozialisten, mit deren Ideologie sie in manchem sympathisierten. Erst nach dem deutschen Einmarsch in Prag Anfang 1939 erkannte die polnische Regierung die Gefahr und ließ sich von England und Frankreich für den Fall eines deutschen Angriffs Garantien geben.

Überfall und Teilung: 1939 Am 1. September 1939 begann Hitler den Blitzkrieg gegen Polen, der den Zweiten Weltkrieg auslöste. Als Vorwand dienten ihm der Polnische Korridor und der deutsche Anspruch auf Danzig, das unter dem Völkerbundmandat stand. Die angreifenden Deutschen waren sowohl zahlen- wie waffenmäßig den Polen, die sich noch immer auf Pferdetransport verlassen mußten, weit überlegen. Die Polen warfen ihre Kavallerie gegen die deutschen Panzer, doch die deutsche Übermacht war zu groß.

17 Tage später wurde Polen von einem neuen Schlag getroffen. Kurz vor Ausbruch des Zweiten Weltkrieges hatten Hitler und Stalin einen Nichtangriffspakt unterzeichnet. Seine Geheimklauseln teilten Polen unter den beiden Mächten auf. Als die Rote Armee über Polens Ostgrenze marschierte, um ihren Teil des Gebiets zu besetzen, wurde ihr kaum Widerstand geleistet. Am 17. September floh die polnische Regierung nach Rumänien.

Leibesvisitation eines Juden durch deutsche Soldaten außerhalb des Warschauer Gettos. Der Aufstand der Warschauer Juden wurde im Mai 1943 erbarmungslos niedergeschlagen.

Terrorherrschaft: 1939–45 Mehr als fünf Jahre lang litten die Polen unter der Unmenschlichkeit der nationalsozialistischen Herrschaft. Die Deutschen beuteten das Land gnadenlos aus und versuchten den Polen ihre neue Ordnung aufzuzwingen, die auf dem Konzept einer arischen Herrenrasse basierte. Unzählige Polen wurden als Zwangsarbeiter in deutsche Fabriken und auf Bauernhöfe geschickt. Widerstand beantwortete man mit Völkermord. Man schätzt, daß 6 Millionen Polen umgebracht wurden, darunter 3 Millionen Juden. Die Juden ergaben sich nicht ohne Widerstand. Im April und Mai 1943 brach im Warschauer Getto ein Aufstand aus. Dieser heldenhafte Kampf endete mit dem Massaker aller übriggebliebenen Einwohner. Im August 1944, als die Russen die dezimierten deutschen Armeen nach Warschau zurücktrieben, besetzte die polnische Widerstandsbewegung die halb zerstörte Hauptstadt und hielt sie zwei Monate gegen die Deutschen. Während der polnische Aufstand niedergewalzt wurde, blieben die sowjetischen Truppen untätig außerhalb der Stadt stehen.

Kämpfer im Exil Unterdessen setzte die polnische Regierung den Krieg im Exil fort. Rydz-Smigly war zurückgetreten. Seinen Platz hatte General Sikorski eingenommen, der 1943 bei einem Flugzeugabsturz ums Leben kam. Von ihrem Londoner Stützpunkt aus organisierte die polnische Exilregierung See-, Land- und Luftstreitkräfte, die bei vielen der wichtigen Schlachten des Krieges eine entscheidende Rolle spielten – am berühmtesten die Niederlage, die sie zusammen mit Engländern und Amerikanern den Deutschen bei Monte Cassino in Italien beibrachten. Doch im Juli 1944 wurde die Exilregierung mit einem Rivalen konfrontiert, denn es etablierte sich in Lublin eine von den Sowjets unterstützte Gegenregierung.

Edward Gierek löste Władysław Gomułka als Erster Sekretär des ZK ab, nachdem im Dezember 1970 schwere Arbeiterunruhen in den Küstenstädten ausgebrochen waren. 1980 mußte er seinerseits zurücktreten.

Das kommunistische Polen Die Rote Armee besetzte Polen im Januar 1945, und als die siegreichen Alliierten 1945 ihre Einflußsphären verteilten, sorgten die sowjetischen Führer dafür, daß Polen zu ihrem Bereich gehörte. Sogenannte freie Wahlen wurden 1947 abgehalten; freilich war es den Tausenden von Exilpolen, die aus dem Westen zurückkehrten, bald klar, daß sie in einem vom Kreml beherrschten Polen nicht sehr willkommen waren. Viele von ihnen ließen sich daraufhin in Großbritannien und den USA nieder.

Seit Mitte der 70er Jahre entwickelte sich eine gewisse Unzufriedenheit in der Bevölkerung, die vor allem durch wachsende Versorgungsengpässe ausgelöst wurde. Im November 1977 besuchte Bundeskanzler Helmut Schmidt Polen, wobei vor allem über Entspannungs- und Wirtschaftsfragen gesprochen wurde. Nach Ankündigungen von Fleischpreiserhöhungen kam es im Juli und August 1980 zu Streiks, die in Danzig am 16. August 1980 zur Bildung eines überbetrieblichen Streikkomitees führten. Einem Forderungskatalog von 21 Punkten, in dem auch die Zulassung freier Gewerkschaften verlangt wurde, stimmte der Stellvertretende Ministerpräsident Jagielski in Verhandlungen mit dem Streikkomitee am 31. August 1980 schließlich zu. Die Streikwelle, welche die verzweifelte wirtschaftliche Lage des Landes offenkundig machte und verschärfte, führte am 6. September 1980 zum Sturz des Partei- und Staatschefs Gierek. Stanisław Kania übernahm seine Ämter. Er zeigte sich bestrebt, die Vereinbarungen mit den Streikenden einzuhalten, geriet aber seit September 1980 unter immer stärkeren Druck der Sowjetunion, vom Sozialismus sowjetischer Prägung nicht abzuweichen. Die Bildung der unabhängigen Gewerkschaft »Solidarität« unter der Leitung des Danziger Streikführers Lech Wałęsa war für die sowjetische Führung ein Schritt in die falsche Richtung.

Lech Wałęsa (links) gründete Mitte 1980 die unabhängige Gewerkschaft »Solidarität«.

Portugal

Vom größten Teil Europas abgeschnitten, haben die Portugiesen sich jahrhundertelang nach Übersee orientiert. Im 15. Jahrhundert begannen portugiesische Seeleute und Soldaten ein Reich aufzubauen und ergriffen von Ländern Besitz, die so weit auseinander liegen wie Brasilien und Indien.

92082 qkm
9980000 Einwohner
Hauptstadt: Lissabon

Portugals Entschlossenheit, eine Kolonialmacht zu bleiben, war das Erbe der Herrschaft von Antonio Salazar, der von 1932 bis 1968 Portugal regierte. Salazar erklärte, daß Portugals überseeische Besitzungen keine Kolonien, sondern Teile des Mutterlandes seien. Erst nach dem Militärputsch unter General Spinola im April 1974 war Portugal bereit, eine Entkolonialisierungspolitik einzuleiten. Die meisten der bis dahin noch bestehenden überseeischen Territorien Portugals lagen in Afrika, Guinea-Bissau – früher Portugiesisch-Guinea – erhielt im September 1974 seine Unabhängigkeit; 1975 folgten dann Angola und Mosambik.

Frühe Geschichte Der südliche Teil der Pyrenäenhalbinsel wurde im 6. Jahrhundert v. Chr. von den Karthagern erobert. Die Karthager wiederum wurden 206 v. Chr. von den Römern besiegt, die die Halbinsel später in drei Provinzen aufteilten. Die westlichste, Lusitanien, entsprach etwa dem heutigen Portugal.

Im 5. Jahrhundert brach das Weströmische Reich zusammen. Die Pyrenäenhalbinsel wurde von den Westgoten überrannt, die sich zwischen 507 und 711 dort festsetzten. Danach fiel das Land den maurischen Eroberern in die Hände.

Heinrich der Seefahrer (1394–1460) schuf die Voraussetzungen für die große Zeit der portugiesischen Entdeckungsfahrten, die Portugal zu einem Weltreich verhalfen.

Portugal erringt seine Unabhängigkeit: 1143 Seit dem 11. Jahrhundert zerfiel der Herrschaftsbereich der Mauren. Alfons VI. von Kastilien und Léon und andere christliche spanische Herrscher eroberten mit der Hilfe von Freiwilligen aus anderen Teilen der christlichen Welt das Land zurück. Einer der Freiwilligen, Heinrich von Burgund, leistete dem König so große Dienste, daß dieser ihn 1097 mit der Hand seiner illegitimen Tochter Theresia und der Grafschaft von Portugal – dem Gebiet zwischen Minho und Tejo – belohnte. Es folgten jedoch Jahre der Auseinandersetzungen zwischen Heinrich und dem König. Schließlich schüttelte Heinrichs Sohn, Alfons I., der Eroberer, das kastilische Joch ab und wurde 1143 König des unabhängigen Portugals. Er weitete sein Gebiet nach Süden bis zum Tejo aus und machte Lissabon zu seiner Hauptstadt.

Die Hauptaufgabe der ersten portugiesischen Könige war, ihre nördlichen Grenzen gegen ihre christlichen Nachbarn zu verteidigen und gleichzeitig ihre südlichen Grenzen immer tiefer in maurisches Gebiet auszudehnen. Sancho II. drang in Algarve ein; sein Bruder Alfons III. (1245–79) eroberte dieses Gebiet endgültig und legte die Grenzen Portugals so fest, wie sie noch heute sind.

Dionysius (1279–1325) förderte großzügig Literatur und Gelehrsamkeit, erweiterte die Handelsbeziehungen zum Ausland und schloß einen Handelsvertrag mit England ab. Der Bau einer Flotte bildete die Grundlage für Portugals zukünftige Größe.

Freundschaft mit England Unter den Nachfolgern des Dionysius dauerte die Freundschaft mit England an. 1381 schickte Richard II. von England eine große Streitmacht nach Lissabon, um Ferdinand I. von Portugal zu unterstützen, der Anspruch auf den Thron von Kastilien erhob. Ferdinand jedoch ließ seine englischen Verbündeten im Stich und schloß einen Separatfrieden. Die Engländer rächten sich, indem sie die Gegend um Lissabon verwüsteten. Die Tradition der anglo-portugiesischen Freundschaft wurde dadurch aber nicht für lange unterbrochen. Der Vertrag von Windsor im Mai 1386 war der Beginn einer formellen Allianz zwischen Portugal und England. Er verpflichtete die beiden Mächte zur Verteidigung der Interessen und Territorien des Vertragspartners, »wo sie auch immer liegen mögen«. Dieser Vertrag wurde 1387 durch die Heirat von König Johann I. von Portugal mit Philippa von Lancaster, der Tochter des englischen Adligen John of Gaunt, untermauert.

Das Zeitalter der Entdeckungen Aus dieser Ehe ging ein Sohn hervor, Prinz Heinrich der Seefahrer, der die glänzendste Ära der Geschichte Portugals einleitete. Heinrich selbst ist niemals weiter gesegelt als bis zur Straße von Gibraltar. Doch nahm er erfahrene Navigatoren und begabte Theoretiker in seine Dienste, ganz gleich, ob es sich um Christen, Juden oder Araber handelte.

Die Portugiesen eroberten 1415 Ceuta am marokkanischen Ufer der Straße von Gibraltar, doch erst nach 1440 begannen sie die wahre Eroberung der Meere. Von Wissensdurst und Gewinnsucht getrieben, entdeckten Heinrichs Kapitäne in der ersten Hälfte des 15. Jahrhunderts Madeira und die Azoren, Senegal und die Kapverdischen Inseln. 1440 wurden die ersten afrikanischen Sklaven nach Lissabon gebracht.

Luis de Camões, Soldat und Dichter, besang in dem Epos Os Lusíades *die Heldentaten der portugiesischen Entdecker. Die* Lusiaden *erschienen 1572.*

Aufbau eines Imperiums Nach Heinrichs Tod setzten die Portugiesen ihre Entdeckungsfahrten fort. Bartholomäus Diaz umschiffte 1488 die Südspitze Afrikas, Vasco da Gama erreichte 1498 Indien. Afonso d'Albuquerque nahm 1510 Goa, dann Malabar, Ceylon und Malakka. Als Vizekönig Portugiesisch-Ostindiens zeigte er sich als fähiger Herrscher. Weitere Territorien wurden in Afrika und Südamerika gewonnen, darunter als wichtigstes Brasilien.

Während dieses goldenen Zeitalters war Manuel I. (1495–1521) König von Portugal. Doch der Abstieg des Landes begann, als Manuel die Juden aus Portugal vertrieb, denn von ihnen hing ein großer Teil der wirtschaftlichen Blüte Portugals ab.

Verlorene und wiedergewonnene Unabhängigkeit Manuels Sohn Johann III. geriet zusehends unter den Einfluß seiner religiösen Berater. 1536 öffnete er der Inquisition die Tore, die die Ketzer des Landes entlarven und verfolgen sollte. Der Inquisition folgten vier Jahre später die Jesuiten. Als Johann starb und den Thron seinem drei Jahre alten Enkel Sebastian hinterließ, wurde das Land von den Jesuiten regiert. Bei Sebastians Volljährigkeit änderte sich nichts. Er unternahm einen unbesonnenen Kreuzzug nach Marokko, der mit seinem Tod und der Vernichtung seiner Armee durch die Mauren bei Alkasar 1578 sein Ende fand. Der einzige legitime Thronfolger war Sebastians ältlicher Großonkel, Prinz Heinrich, der jedoch 18 Monate nach der Thronbesteigung starb.

Es gab mehrere Thronprätendenten, doch nach einem Jahr der Auseinandersetzungen wurde Philipp II. von Spanien, der Neffe Johanns III., durch Waffengewalt und die Unterstützung der Jesuiten König. Spanien zog Portugal in seine Kriege hinein, und so verlor es überseeische Territorien an die Engländer und Holländer.

1640 stellte ein unblutiger Aufstand die portugiesische Unabhängigkeit wieder her, und der portugiesische Herzog von Bragança wurde als Johann IV. auf den Thron gesetzt. Aber Spanien gab Portugal nicht ohne Kampf frei. 28 Jahre lang gab es immer wieder Kriege zwischen den beiden Ländern, bis Spanien 1668 formell Portugals Unabhängigkeit anerkannte.

Johann IV. bestieg 1640 den portugiesischen Thron, nachdem ein Aufstand der spanischen Herrschaft ein Ende gemacht hatte.

Goldminen und Portwein Obwohl der Glanz des portugiesischen Imperiums stark verblaßt war, gewann eine Besitzung – Brasilien – jetzt entscheidende Bedeutung. 1695 wurden dort Gold- und 1730 Diamantenfelder entdeckt. Das sicherte dem Hause Bragança große Staatseinkünfte.

Die wirtschaftliche Entwicklung nahm einen Aufschwung, als 1703 ein Handelsvertrag mit England unterzeichnet wurde. Danach war England verpflichtet, Portwein und Madeira zu besonders vorteilhaften Bedingungen von Portugal zu beziehen, während Portugal britische Wolle und Wollartikel kaufen sollte.

Über 20 Jahre lang war Pombal faktisch Diktator Portugals. Sein Reformprogramm ging mit seiner Entlassung unter.

Der Aufstieg des Marquis von Pombal Mit Hilfe der regelmäßig eintreffenden Schiffsladungen des brasilianischen Goldes genossen die Könige des Hauses Bragança bis zur Mitte des 18. Jahrhunderts die Macht absoluter Monarchen. Ein weitsichtiger Staatsmann, der Marquis von Pombal, sah jedoch, welche Gefahr darin lag, die Staatseinkünfte fast ausschließlich aus Gebieten jenseits des Atlantiks zu beziehen. Von 1755 bis zum Tode Josephs I. im Jahre 1777 war Pombal der eigentliche Herrscher Portugals. Nach dem verheerenden Erdbeben von Lissabon (1755) ließ er die Stadt wieder aufbauen. Pombals schneller Aufstieg brachte ihm viele Feinde, besonders unter den Jesuiten und der portugiesischen Aristokratie.

Reformen und Reaktionen Der Wiederaufbau Lissabons ist das einzige noch heute Sichtbare von dem Werk Pombals. Der Rest – Reformen der Streitkräfte, im Finanz- und Bildungswesen, Aufbau einer leistungsfähigen Administration und die Förderung der neuen Industrien – wurde zunichte gemacht, als die Nachfolgerin Josefs I., die geistesgestörte Maria I., Pombal entließ.

Als die Napoleonischen Kriege ausbrachen, zwang die Abhängigkeit vom Meer Portugal auf die Seite

Lissabon wurde fast völlig durch das große Erdbeben von 1755 zerstört. Der Wiederaufbau der Stadt war vor allem das Verdienst des Marquis von Pombal, des allmächtigen Ministers Josephs I.

Portugiesische Winzer feiern das Ende der Weinlese. Wein gehört zu den Hauptausfuhrgütern des Landes.

Englands. Frankreich und Spanien vereinbarten schließlich eine Teilung Portugals, und im November 1807 besetzte der französische General Junot Lissabon. Der portugiesische Hof floh nach Brasilien, und Junot erklärte, das Haus von Bragança habe sein Anrecht auf den Thron verwirkt. Großbritannien entsandte Streitkräfte nach Portugal, und portugiesische Regimenter kämpften in der Armee des Herzogs von Wellington, bis die französischen Truppen 1811 endlich vertrieben werden konnten.

Verbindung mit Brasilien Nach Napoleons Verbannung nach Helena 1815 beeilten sich die königlichen Flüchtlinge nicht mit der Heimkehr aus Brasilien. Sie fürchteten den wachsenden Liberalismus in Portugal, wo die Unzufriedenheit und die Kritik am abwesenden Königshaus und der englische Einfluß zunahmen. 1820 brach eine Revolution aus, und im folgenden Jahr eilte Johann VI., der seinen Sohn Pedro als Herrscher über Brasilien zurückließ, nach Hause. 1822 akzeptierte er die neue, liberale Verfassung, die von den Cortes verlangt wurde.

Im gleichen Jahr brach auch in Brasilien eine Revolution aus. Die portugiesische Garnison in Rio de Janeiro wurde überwältigt und Pedro I. als konstitutioneller Kaiser von Brasilien ausgerufen. Pedro verzichtete zugunsten seiner Tochter Maria auf den portugiesischen Thron und bestimmte seinen Bruder Miguel zum Regenten. Als dieser Maria stürzte, setzte ihn Pedro ab. Nach Pedros Tod im Jahre 1834 kam Maria erneut auf den Thron.

Von der Monarchie zur Republik Portugal wurde von der allgemeinen radikalen Gärung erfaßt, die Europa im 19. Jahrhundert erschütterte. Maria herrschte bis 1853, ihr folgten vier andere Monarchen aus dem Hause Bragança – Peter V., Ludwig I., Karl I. und Manuel II. Streiks, Bauernaufstände und Armeerevolten leiteten das 20. Jahrhundert ein. Republikanische Stimmungen gewannen die Oberhand, Karl I. und Kronprinz Ludwig fielen 1908 einem anarchistischen Attentat zum Opfer, während man Manuel II. 1910 zwang, abzudanken und das Land zu verlassen. Unter Teófilo Braga wurde in Portugal die Republik ausgerufen.

Karl I. war nicht in der Lage, die republikanische Bewegung in Portugal aufzuhalten. Er fiel 1908, zusammen mit dem Thronfolger, einem anarchistischen Attentat zum Opfer.

Das republikanische Portugal Der Sturz der Monarchie brachte nicht das, was die Idealisten, die die Revolution von 1910 anführten, erhofft hatten. Die portugiesische Politik blieb stürmisch. Es gab häufige Regierungswechsel, Zeiten einer getarnten Diktatur, den Versuch einer royalistischen Konterrevolution und einen genauso erfolglosen roten Aufstand sowie mehrere Putsche. 1916 kämpfte Portugal auf der Seite der Alliierten, hauptsächlich in Ostafrika, aber auch an der Westfront. Während des Krieges und in den ersten Nachkriegsjahren wurde das Land immer wieder durch politische Unbeständigkeit erschüttert.

Nach einem weiteren Jahrzehnt des Chaos und drohenden Bankrotts wünschte man sich einen starken Führer, ganz gleich, wie seine Politik aussehen mochte. 1926 ergriff General Carmona die Macht. Zwei Jahre später ernannte er Dr. Salazar, Volkswirtschaftsprofessor an der Universität von Coimbra, zu seinem Finanzminister. Salazar glich den Staatshaushalt aus und wurde 1932 Ministerpräsident.

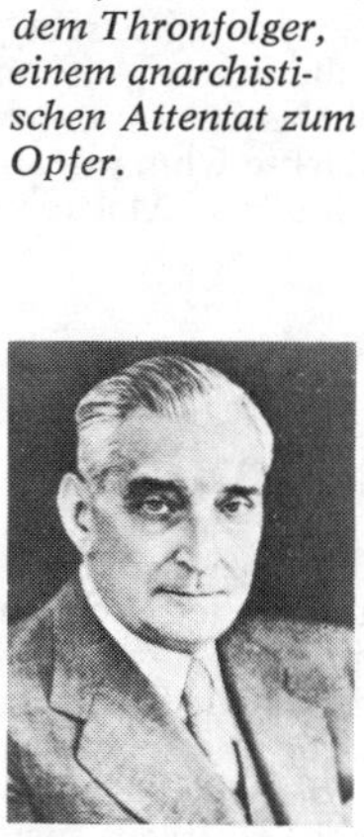

Dr. Salazars autokratische Herrschaft (1932–68) brachte dem Lande Stabilität, aber wenig Fortschritt.

Salazars Portugal Salazars Rezept für die portugiesische Stabilität – der *Estado Novo* (der Neue Staat) – wurde 1933 nach einer Volksbefragung angenommen. Trotz seines faschistischen Beigeschmacks – Salazar führte wie Mussolini ein Korporativsystem ein, das sich aus Vertretern des Handels und verschiedener Berufe zusammensetzte – vermied der *Estado Novo* die primitiven Brutalitäten Hitlers und Mussolinis. Überdies gab Salazar Portugal eine dringend benötigte Periode der Stabilität.

Im Zweiten Weltkrieg verhielt sich Portugal neutral und schloß sich danach den westlichen Allianzen, wie etwa der NATO, an. In der Nachkriegsära waren die Hauptanstrengungen Portugals darauf gerichtet, die Reste seines Kolonialimperiums zu erhalten, doch Goa ging 1961 an Indien verloren.

Salazar erlitt 1968 einen Schlaganfall, lebte jedoch bis 1970, ohne zu ahnen, daß er durch seinen Außenminister Marcello Caetano ersetzt worden war.

Im April 1974 putschte das Militär unter General Spinola, der Mitte Mai zum Staatspräsidenten ernannt wurde. Nach einer Regierungskrise im Juli übernahm Oberst Vasco Gonçalves das Amt des Ministerpräsidenten. Als Gonçalves begann, die Kommunisten zu unterstützen, zogen sich die Sozialisten und Gemäßigten aus seinem Kabinett zurück. Präsident Gomes entließ ihn daraufhin und setzte José Pinheiro de Azevedo zu seinem Nachfolger ein.

Nach den Wahlen von 1976, bei denen die Sozialisten das beste Ergebnis erzielten, wurde António Ramalho Eanes neuer Staatspräsident. Er ernannte den Sozialisten Mario Soares zu seinem Regierungschef. Wirtschaftliche Schwierigkeiten und innenpolitische Probleme führten zu Regierungskrisen. Schließlich verfügte Eanes im Juli 1978 die Entlassung der Regierung, ein Fachkabinett führte die Geschäfte, bis Carlos Mota Pinto im November als neuer Kabinettschef vereidigt wurde. Im Juli 1979 erklärte Pinto seinen Rücktritt, eine Übergangsregierung stand unter der Leitung der bisherigen UNESCO-Botschafterin Maria de Lurdes Pintassilgo.

Bei den Parlamentswahlen vom Dezember 1979 siegte die Demokratische Allianz des sozialdemokratischen Parteiführers Sa Carneiro. Die Regierung Sa Carneiro betrieb eine Wendung Portugals zur liberalen Marktwirtschaft und verstärkte die Mitarbeit in der NATO. Sie stieß dabei nicht nur auf den Widerstand der sozialistischen und kommunistischen Opposition, sondern auch des Staatspräsidenten Eanes und des Revolutionsrats. Sa Carneiro suchte deshalb eine neue Bestätigung durch die Wähler. Die Parlamentswahl vom Oktober 1980 brachte der Demokratischen Allianz eine sichere absolute Mehrheit.

Wenige Tage vor der Präsidentenwahl am 6. Dezember 1980 kam Sa Carneiro bei einem Flugzeugabsturz ums Leben. Sieger der dennoch abgehaltenen Wahl wurde António Ramalho Eanes.

Portugiesische Überseegebiete

Von dem einst riesigen Kolonialreich blieb nach 1975 nur noch Macau übrig, an der chinesischen Südküste im Südwesten der Mündungsbucht des Perlflusses gelegen. Mitte des 16. Jahrhunderts hatten die Portugiesen hier eine Niederlassung gegründet. Seit 1951 war Macao portugiesische Überseeprovinz und erhielt 1976 volle innere Autonomie. Als Portugal 1975 seine verbliebenen Kolonien in die Unabhängigkeit entließ, machte China deutlich, daß es keine Veränderung des Status von Macao wünsche.

Rhodesien siehe Simbabwe

Rumänien

Die Sozialistische Republik Rumänien ist Mitglied des Sowjetblocks, hat sich jedoch den Ruf erworben, entgegen sowjetischen Wünschen ihren eigenen Weg zu gehen, indem sie diplomatische und handelspolitische Beziehungen zum Westen sucht. In seiner Trotzpolitik der Sowjetunion gegenüber ging Rumänien so weit, den sowjetischen Einmarsch in die Tschechoslowakei 1968 scharf zu verurteilen. Rumäniens Geschichte ist durch seine geographische Lage als Durchgangsland geprägt. Immer wieder zogen Völker von Osten und Westen durch das Land, doch führen die Rumänen ihre Abstammung direkt auf die Römer zurück, die ihr Land rund 150 Jahre lang kolonisierten.

237500 qkm
21600000 Einwohner
Hauptstadt: Bukarest

Frühe Geschichte bis zur Unabhängigkeit Im Gebiet des heutigen Rumänien blühte eine bronzezeitliche Kultur, die skythische Eindringlinge aus Südrußland um 800 v. Chr. zerstörten. Die Skythen ihrerseits wurden von Dakern überrannt, die im dritten Jahrhundert v. Chr. nach Rumänien einwanderten und ein Königtum errichteten. Die Römer eroberten im Jahre 106 n. Chr. unter Kaiser Trajan die Walachei, Siebenbürgen und die südliche Moldau und siedelten Kolonisten in den Gebieten an. Nachdem die Römer sich zwischen 258 und 275 zurückgezogen hatten, fielen nacheinander verschiedene Völker aus dem Osten ein. Die romanisierte Bevölkerung konnte einen Teil der römischen Kultur beibehalten, und viele der Eroberer übernahmen römisches Kulturgut.

Unter Ferdinand I. – hier mit seiner Gemahlin Maria – trat Rumänien an der Seite der Alliierten in den Ersten Weltkrieg ein.

Im 14. Jahrhundert bildeten sich zwei christliche Fürstentümer unter Bogdan (1359–65) in der Moldau und unter Basarab (1310–52) in der Walachei. Obwohl beide nominell unabhängig waren, stand die Moldau im ersten Drittel des 15. Jahrhunderts unter polnischem Einfluß. Die Walachei war seit 1391, seit 1513 auch die Moldau, den Osmanen tributpflichtig. Durch die russisch-türkischen Kriege machte sich seit 1739 russischer Einfluß in Rumänien bemerkbar. 1775 kam die Bukowina an Österreich, 1812 Bessarabien an Rußland.

Kampf um die Unabhängigkeit: 1856–78 Jahrhunderte fremder Herrschaft gingen zu Ende, als durch den Frieden von Paris (1856), der den Krimkrieg beendete, die führenden europäischen Mächte den Rumänen das Recht garantierten, ihre eigenen Herrscher zu wählen. 1859 wurden die Moldau und die Walachei unter dem zu Reformen neigenden Bojaren Alexander Cuza vereinigt und 1862 der einheitliche Staat Rumänien proklamiert. Auf dem Berliner Kongreß von 1878 erkannte auch die Türkei die vollkommene Unabhängigkeit Rumäniens an. Prinz Karl von Hohenzollern-Sigmaringen wurde 1866 als Carol I. zum Fürsten von Rumänien gewählt und regierte bis 1914, seit 1881 als König.

Krieg und Faschismus: 1916–38 Rumänien trat 1916 auf der Seite der Alliierten in den Ersten Weltkrieg ein, wurde jedoch bald besiegt. 1918 schaltete es sich erneut in den Krieg ein und erhielt 1918 Bessarabien von Rußland und Siebenbürgen von Ungarn. Nach dem Krieg versuchte die rumänische Regierung Landreformen und soziale Reformen durchzuführen, doch diese Versuche wurden von der Aristokratie zunichte gemacht. Dieser Mißerfolg, verbunden mit der Weltwirtschaftskrise der dreißiger Jahre, führte zur Bildung der *Eisernen Garde* unter Cornelius Codreanu, die jedoch wegen verschiedener Terrorakte im November 1933 verboten wurde.

Carol II. (1930–40) regierte seit 1938 bis zu seinem Rücktritt sein Land als Diktator.

Krieg an der Seite Deutschlands: 1941–44 Rumäniens König Carol II. (1930–40) versuchte sein Land im Zweiten Weltkrieg neutral zu halten, doch sein Prestige erlitt einen schweren Schlag, als Ungarn und Bulgarien mit deutscher Unterstützung ihre territorialen Forderungen an Rumänien erfolgreich durchsetzen und Rußland die Provinz Bessarabien und die Nordbukowina 1940 an sich reißen konnte.

Im September 1940 ernannte Carol II. Ion Antonescu zum Staatsführer. Zwei Tage später zwang Antonescu den König zur Abdankung. Im darauffolgenden Jahr beteiligte sich Rumänien an dem deutschen Angriff auf Rußland. Anfänglich hatten die rumänischen Truppen Erfolge zu verzeichnen, doch nach dem Zusammenbruch der Ostfront 1944 entließ König Michael, Carols Nachfolger, Antonescu und erklärte Deutschland den Krieg. Antonescu wurde verhaftet und als Kriegsverbrecher erschossen. Russische Truppen besetzten das Land.

Trotzhaltung gegenüber der UdSSR Nach 1945 geriet Rumänien unter strenge kommunistische Kontrolle. 1947 war Michael gezwungen, abzudanken, und die Rumänen riefen die Volksrepublik aus. Doch blieb das Land ein willfähriger sowjetischer Satellit bis 1962, als die Rumänen es ablehnten, ihr Industrialisierungsprogramm aufzugeben. Sie bauten ihre Industrie weiter auf, obwohl ihnen im Rahmen der sozialistischen Arbeitseinteilung die Rolle eines landwirtschaftlichen Erzeugers und Rohstofflieferanten für den Ostblock zugedacht war. 1971 sprach sich Präsident Ceauşescu gegen jegliche Einmischung in die inneren Angelegenheiten der nationalen kommunistischen Parteien aus. Er hatte bereits die russische Intervention in der Tschechoslowakei verurteilt und lehnte es ab, sich an den sowjetischen Angriffen gegen China zu beteiligen. Trotz des sowjetisch-chinesischen Streites behielt er freundliche Beziehungen zu China bei. Ohne Rücksprache mit Moskau nahm Rumänien 1967 diplomatische Beziehungen zur Bundesrepublik auf. Die Sowjetunion entfesselte eine Pressekampagne gegen Präsident Ceauşescu wegen der vermittelnden Rolle, die er beim Besuch Präsident Nixons in China spielte.

Trotz ihrer Unabhängigkeit von der Sowjetunion betreibt die rumänische Führung im Innern des Landes immer noch eine harte kommunistische Politik, die sie als Sozialismus mit nationalem Gesicht bezeichnet. Im März 1974 trat Ministerpräsident Maurer – seit 1961 im Amt – zugunsten von Manea Manescu zurück. Er wurde seinerseits im März 1979 von Ilie Verdet abgelöst. Beim Besuch des chinesischen Partei- und Regierungschefs Hua Kuo-feng (Guofeng) im August 1978 betonte Rumänien erneut seine Unabhängigkeit von der Sowjetunion.

»Miß Pogany«, ein Werk des rumänischen Bildhauers Brancusi, eines Wegbereiters der modernen Kunst.

Rwanda

Rwanda, ein armes, unterentwickeltes Land, war früher Teil von Ruanda-Urundi, einem Treuhandgebiet der Vereinten Nationen, das von Belgien verwaltet wurde. Es trennte sich von Urundi (jetzt Burundi), als es 1962 die Unabhängigkeit erhielt. Präsident wurde der Hutu Gregoire Kayibanda.

26 338 qkm
4 500 000 Einwohner
Hauptstadt: Kigali

Rwandas Geschichte ist wie die von Burundi die Geschichte des bitteren Konfliktes zwischen den Tussi, hochgewachsenen Rinderhirten, und den ackerbautreibenden Hutu, die vier Fünftel der Bevölkerung ausmachen. 400 Jahre lang wurden die Hutu von der Tussi-Minderheit, die im 16. Jahrhundert in das Land kam, beherrscht und unterdrückt. 1959 brach ein blutiger Bürgerkrieg aus. Tausende von Tussi flohen in die Nachbarländer. Die siegreichen Hutu wurden mit belgischer Unterstützung Rwandas neue Herrscher, als das Land 1962 seine Unabhängigkeit erlangte. 1965 versuchten ausgewanderte Tussi wieder nach Rwanda einzudringen und die Regierung zu stürzen. Das löste blutige Verfolgungen der im Lande gebliebenen Tussi aus. In einem unblutigen Putsch stürzte im Juli 1973 Juvenal Habyalimana Präsident Kayibanda. Ende 1976 schloß sich Rwanda mit Burundi und Zaïre zu einer Wirtschaftsgemeinschaft, der Gemeinschaft der Länder der Großen Seen, zusammen. Im Dezember 1978 wurde General Habyalimana erneut für fünf Jahre gewählt. Durch eine Verfassungsänderung ist der Präsident nicht absetzbar und kann immer wieder gewählt werden.

Salomonen

Der erste Europäer, der 1568 auf die Inselgruppe der Salomonen, sechs größere und mehrere kleinere Inseln, stieß, war der Spanier Alvaro de Mendaña. 1893 errichtete Großbritannien ein Protektorat über die Hauptinseln, das bis 1900 noch über weitere Inseln ausgeweitet wurde. Im Zweiten Weltkrieg waren die Inseln Schauplatz heftiger Kämpfe zwischen Japan und den USA.

28 446 qkm
212 000 Einwohner
Hauptstadt: Honiara

Seit 1953 bereitete Großbritannien die Salomonen auf die Unabhängigkeit vor, die schließlich am 7. Juli 1978 gewährt wurde. Peter Kenilorea wurde der erste Ministerpräsident der wirtschaftlich noch immer stark von Großbritannien abhängigen Salomonen.

Sambia

Der Sambesi ist der Grenzfluß zwischen der Republik Sambia – früher das britische Protektorat Nordrhodesien – und seinem südlichen Nachbarn Rhodesien. Sambias gewaltige Kupfervorkommen machen es zu einem der reichsten Länder Afrikas. Seit der einseitigen Unabhängigkeitserklärung Rhodesiens im Jahre 1965 wuchs die Spannung zwischen den beiden Ländern. Sambia verurteilte Rhodesiens Politik gegenüber seiner schwarzen Bevölkerung, während Rhodesien Sambia vorwarf, es gestatte afrikanischen Partisanen, über seine Grenzen nach Rhodesien einzudringen.

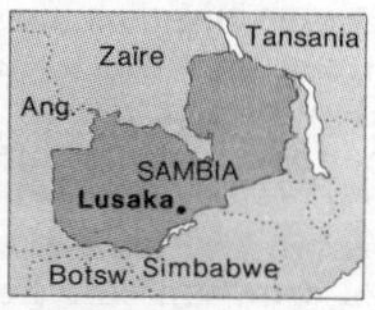

752 614 qkm
5 800 000 Einwohner
Hauptstadt: Lusaka

Die Zeit vor den Europäern Etwa um 1650 wanderten die Lui, ein hamitisches Mischvolk, in den Nordwesten des heutigen Sambia ein, unterwarfen die ansässige Bevölkerung und gründeten das Lozi-Reich. Als es im 19. Jahrhundert durch die Kriegszüge der Zulu in ganz Südafrika zu Umwälzungen kam, geriet das Lozi-Reich 1840 unter die Herrschaft der Kololo, die unter ihrem Führer Sebitwane einbrachen. Der Nordosten Sambias gehörte zum Reich des Mwata Kasembe, das sich um 1870 vom Luba-Lunda-Reich getrennt hatte.

Britische Herrschaft Nach 1890 besetzte die *British South Africa Company* das Land, das 1911, als die Gebiete nördlich und südlich des Sambesi separat verwaltet wurden, den Namen Nordrhodesien erhielt (nach dem Gründer der Kompanie, Cecil Rhodes). Als die Hoheitsrechte der *South Africa Company* 1923 verfallen waren, entschloß sich Südrhodesien (das heutige Rhodesien), Kolonie mit Selbstverwaltung zu werden; Nordrhodesien kam im folgenden Jahr unter direkte britische Kolonialverwaltung.

Zwischen den Weltkriegen wuchs der Wohlstand Nordrhodesiens, da es über reiche Kupfervorkommen verfügt. 1953 wurden Nord- und Südrhodesien zusammen mit Njassaland (heute Malawi) in der Zentralafrikanischen Föderation vereinigt. Von Anfang an standen die nordrhodesischen Nationalisten unter Kenneth Kaunda dem Zusammenschluß ablehnend gegenüber. Sie sahen in ihm nur ein Mittel, die Bodenschätze des Landes auszubeuten und die Weißen an der Macht zu halten. 1963 wurde der Bund aufgelöst, und Nordrhodesien erhielt im folgenden Jahr die Unabhängigkeit unter dem Namen Sambia. Kaunda wurde Präsident des jungen Staates.

Der schottische Missionar und Entdeckungsreisende David Livingstone entdeckte 1855 die Viktoriafälle und bereiste mehrmals das heutige Sambia.

Nach der Unabhängigkeit Wegen seiner geographischen Lage ist Sambia auf gute Beziehungen zu seinen Nachbarstaaten angewiesen, denn die Verbindungswege zum Meer laufen entweder durch Angola oder durch Mosambik oder über Simbabwe, das ehemalige Rhodesien. Außerdem ist Sambia in seiner Energieversorgung von der Unterstützung durch seine Nachbarn abhängig.

Anfang 1973 schloß Rhodesien seine Grenze nach Sambia, weil afrikanische Partisanen, die in Rhodesien operierten, in Sambia ihre Stützpunkte hätten. In der Zwischenzeit wird mit chinesischer finanzieller und technischer Unterstützung eine neue Eisenbahnlinie von Sambia zum Hafen von Daressalam in Tansania gebaut.

Politische Spannungen zwischen den Bemba und anderen Völkern Sambias führten 1971 zur Gründung einer neuen Oppositionspartei, der UPP, durch Simon Kapwepwe. 1972 verbot Kaunda die UPP und ließ die meisten ihrer Führer verhaften. Kapwepwe wurde 1973 freigelassen, doch leitete Kaunda die Umwandlung Sambias in einen Einparteienstaat ein. 1976 konnte nach fünfjähriger Bauzeit die TANZAM – eine knapp 2000 km lange Bahnstrecke, die Sambia mit dem Hafen von Daressalam in Tansania verbindet – eingeweiht werden.

Die Wahlen von 1978 bestätigten Kaunda in seinem Amt als Präsident.

Kenneth Kaunda führte sein Land in die Unabhängigkeit. Er bekennt sich zu einem »afrikanischen Humanismus«.

San Marino

Dieser Binnenstaat liegt auf einem Kamm der Apenninen mit Blick auf die Adria. Er ist die kleinste Republik Europas und eine der ältesten der Welt. San Marino behielt jahrhundertelang seine Unabhängigkeit, weil es zu klein war, um von irgend jemandem als Bedrohung empfunden zu werden, und zu arm, um eine Eroberung wert zu sein.

Nach der Legende wurden die ersten Einwohner San Marinos von einem christlichen Steinmetzen namens Marinus in das Land geführt, der im 4. Jahrhundert aus seiner dalmatischen Heimat vor religiösen Verfolgern floh. Marinus gab dem Staat, der im 13. Jahrhundert seine Unabhängigkeit erhielt, den Namen.

1862 gründeten San Marino und Italien eine Zollunion und unterzeichneten einen Freundschaftspakt, der seitdem in Kraft geblieben ist. Die Republik stellt italienische Polizisten und Richter in ihre Dienste. San Marino blieb im Zweiten Weltkrieg neutral bis zum September 1944. Vorher war es vorübergehend von deutschen Truppen besetzt. Die Wahlen von 1969 bestätigten die Koalitionsregierung von Christlichen Demokraten und Sozialdemokraten.

61 qkm
20 000 Einwohner
Hauptstadt:
San Marino

São Tomé und Príncipe

Die beiden damals unbewohnten Inseln São Tomé und Príncipe wurden 1470/71 von portugiesischen Seefahrern entdeckt. Zunächst schickten die Portugiesen Sträflinge auf die Inseln, später legten sie hier Zuckerrohrplantagen an, auf denen vor allem afrikanische Sklaven arbeiteten.

1951 wurden die Inseln portugiesische Überseeprovinzen, und am 12. Juli 1975 erhielten sie die volle Unabhängigkeit. Erster Präsident des Einparteienstaates wurde Manuel Pinto da Costa.

964 qkm
85 300 Einwohner
Hauptstadt:
São Tomé

Saudi-Arabien

Im 18. Jahrhundert gründeten Mohammed Ibn Saud und sein Sohn Abd al-Asis I. im Innern der arabischen Halbinsel einen Staat, der sich rund 100 Jahre lang hielt. Nach dem Ersten Weltkrieg gelang es Abd al-Asis III. Ibn Saud, wieder einen neuen Staat aufzubauen, der sich seit 1932 Königreich Saudi-Arabien nennt. 1930 entdeckte man in den unfruchtbaren Wüsten Saudi-Arabiens gewaltige Ölfelder. Sie machen das Land zu einem der reichsten Länder im Vorderen Orient.

2 150 000 qkm
8 200 000 Einwohner
Hauptstadt:
Er-Riad

Die Begründung des Islams: etwa 600 n. Chr. Arabien erlangte erst durch das Auftreten Mohammeds, um 570 in Mekka geboren, weltgeschichtliche Bedeutung. Nachdem er die nomadisierenden Araber, die Beduinen, zum Islam bekehrt hatte, gründete er eine moslemische Konföderation, mit Medina als Hauptstadt. Bereits um die Mitte des 8. Jahrhunderts erstreckte sich das islamische Reich von den Grenzen Indiens bis nach Spanien. Doch dieses Reich hatte eine unsichere Grundlage. Rivalität unter seinen Herrschern und die Bildung vieler Sekten im Islam selbst führten zu seinem Abstieg. Bis zur Mitte des 13. Jahrhunderts hatte sich Arabien in viele kleine Scheichtümer aufgesplittert.

Die Gründung von Saudi-Arabien Bis zum 16. Jahrhundert kam der größte Teil Arabiens unter türkische Herrschaft. Diese dauerte bis 1902, als Abd al-Asis III. Ibn Saud begann, in einem langen Kampf die Halbinsel von den Türken zu befreien. Nachdem die Türkei 1914 auf seiten der Mittelmächte in den Ersten Weltkrieg eingetreten war, lieferte Großbritannien den Arabern Waffen und gewährte ihnen Unterstützung. Nach dem Krieg bekämpfte Ibn Saud seine Rivalen, um Arabien unter seiner Herrschaft zu einen. 1921 erkannte Großbritannien Ibn Saud als unabhängigen Sultan an, dessen Herrschaftsbereich 1932 den Namen Vereinigtes Königreich von Saudi-Arabien erhielt.

Die Entdeckung von Öl: 1930 Durch die Ausbeutung der gewaltigen Ölfelder, die 1930 entdeckt wurden, erlangte das Land einen gewissen Wohlstand, obwohl die Einnahmen der feudalen Struktur des Landes wegen direkt dem König zuflossen. Unter Ibn Saud und seinen Nachfolgern Saud und Feisal blieb Saudi-Arabien eine konservative Macht, die gegen den arabischen Sozialismus, wie er in Ägypten praktiziert wurde, eingestellt war.

König Feisal bestieg 1964 den Thron, nachdem er seinen Bruder Saud abgesetzt hatte. 1975 fiel er einem Attentat zum Opfer.

Auf Saud folgte 1964 sein Bruder Feisal. Feisal begann die Bevölkerung des Landes an dem neuen Reichtum zu beteiligen und baute Schulen und Krankenhäuser. Seine Einstellung zu Israel war feindseliger als die seines Bruders. Nach dem arabisch-israelischen Krieg von 1967 gewährte Feisal einigen arabischen Staaten, die unter dem Krieg gelitten hatten, wirtschaftliche Hilfe.

Im März 1975 fiel König Feisal einem Attentat zum Opfer, sein Halbbruder Chalid ibn Abdul Asis wurde sein Nachfolger. Im Nahostkonflikt versuchte Saudi-Arabien zwischen Ägypten und den anderen arabischen Staaten zu vermitteln, schloß sich aber der Ablehnungsfront an, nachdem Israel und Ägypten den Friedensvertrag unterzeichnet hatten. Im April 1979 brach es die diplomatischen Beziehungen zu Ägypten ab.

Auf seine Schwächung durch die Besetzung der Großen Moschee in Mekka Ende 1979 reagierte das saudische Königshaus mit verstärkter Kontrolle des Regierungsapparats und der Streitkräfte. Außenpolitisch näherte sich Saudi-Arabien wegen des israelischen Jerusalem-Gesetzes den radikalen arabischen Staaten, insbesondere dem Irak. Die sowjetische Intervention in Afghanistan und der irakisch-iranische Krieg ließen das Land noch mehr die Zusammenarbeit mit den USA suchen, die verstärkt Militärhilfe leisten. Saudi-Arabien gleicht durch Erhöhung seiner Erdölproduktion die Lieferausfälle aus Irak und Iran teilweise aus.

Schweden

Neutralität ist die wesentliche Grundlage der Beziehungen Schwedens zur Welt. Das Land hat sich seit 1814 aus Kriegen herausgehalten, und während dieser langen Friedenszeit konnten sich die Schweden den höchsten Lebensstandard in Europa schaffen. Bedeutende Eisenerzvorkommen und andere Bodenschätze sowie der Holzreichtum bilden unter anderem die Grundlage der Industrie.

Das schwedische Wirtschaftssystem stellt eine Mischung aus staatlichen und privaten Unternehmen dar. Das Land hat ein fortschrittliches Wohlfahrtssystem, das jedoch in den letzten Jahren von vielen Schweden kritisiert wurde, da es das Leben viel zu eintönig und voraussagbar macht. Durch steigende Arbeitslosigkeit und zunehmende Geldentwertung wuchsen auch in Schweden in den letzten Jahren die wirtschaftlichen Schwierigkeiten.

449 964 qkm
8 200 000 Einwohner
Hauptstadt:
Stockholm

Die Gründung Schwedens In Skandinavien lebten seit Ausgang der Altsteinzeit Jäger und Fischer, zu denen vielleicht auch die Vorfahren der heutigen Lappen gehörten. In Südschweden drang um 2700 v. Chr. der Ackerbau ein, und um 1500 v. Chr. entwickelte sich die nordische Bronzekultur, deren Träger anscheinend die Vorfahren der Germanen waren. Das Land hat seinen Namen von den Svear, die um 600 n. Chr. die Gauten unterwarfen und um Uppsala ein Reich gründeten. Die Christianisierung der Schweden begann schon um 830, wurde im 12. Jahrhundert unter Erich IX. sehr gefördert, war aber erst 1248 völlig abgeschlossen.

Die früheren schwedischen Herrscher wurden durch die Fehden mit dem mächtigen Adel und dem Kaufmannsstand des Landes geschwächt, die eine Handelsallianz mit der Hanse eingingen. Da die Macht zwischen diesen Fraktionen geteilt war, fiel Schweden leicht dem dänischen Ehrgeiz zum Opfer. 1388 wählte der schwedische Adel Margarete von Dänemark zur Königin, und 1397 vereinigte ein Vertrag Schweden, Norwegen und Dänemark unter Erich dem Pommern, dem Großneffen Margaretes, der 1396 zum schwedischen König gewählt wurde.

Aufstand und Unabhängigkeit Schweden gewann wenig von der Union mit Dänemark, und viele Schweden waren gegen sie. 1434 erhoben sich die schwedischen Bauern und erwirkten 1439 die Absetzung Erichs. Zwar regierten weiterhin Unionskönige, doch als Christian II. 1520 versuchte, den schwedischen Widerstand gegen die Union zu brechen, erhoben sich die Schweden erneut unter Gustav Erikson Wasa. Wasa wurde 1523 als Gustav I. zum König gewählt und gründete eine Dynastie, die Schweden bis zum Jahre 1654 regieren und in einen modernen Staat verwandeln sollte. Unter Gustav Wasa wurde dem Land eine schlagkräftige Zentralregierung aufgezwungen. Er begünstigte die Reformation und begründete die lutherische Staatskirche, er schränkte auch die Macht des Adels ein und beendete Schwedens wirtschaftliche Abhängigkeit von der Hanse.

Unter dem 1523 zum König gewählten Gustav Wasa begann Schweden seinen Aufstieg zur stärksten Ostseemacht.

Der Kampf um die Ostsee In den nächsten 200 Jahren trug Schweden Kriege mit Dänemark, Polen und Rußland aus, um Gebiete im Osten zu gewinnen und sich als beherrschende Macht auf der Ostsee zu etablieren. Zu Anfang waren die Schweden erfolgreich. Unter Gustav II. Adolf (1611–32), dem größten Heerführer seiner Zeit, gewann Schweden neues Territorium rund um die Ostsee. Seine kleine, aber disziplinierte Armee focht auf protestantischer Seite im Dreißigjährigen Krieg (1618–48), und Gustav Adolf wurde durch seine Taten in ganz Europa berühmt. Seine Nachfolgerin, Königin Christine, setzte seine Politik fort und verbündete sich mit Frankreich. 1654 dankte Christine zugunsten ihres Vetters Karl X. Gustav ab und trat zum katholischen Glauben über.

Karl XI. (1660–97) benützte das gestiegene Prestige der Monarchie, um den Adel zu unterwerfen, und errichtete eine absolute Herrschaft. Karl XII. (1697 bis 1718) erschöpfte jedoch die Hilfsquellen des Landes in dem großen Nordischen Krieg (1700–21). Er überfiel 1708 Rußland; die schwedische Armee wurde jedoch im darauffolgenden Jahr durch Peter den Großen bei Poltawa vollständig vernichtet. Die Vorherrschaft auf der Ostsee ging auf Rußland über, als Schweden 1721 gezwungen wurde, alle seine baltischen Eroberungen aufzugeben.

Die Niederlage durch Rußland beendete Schwedens Rolle als europäische Großmacht, und die Stände beraubten die Monarchie ihrer absolutistischen Macht. Während dieser Zeit (1719–72) kontrollierte der vierständische Reichstag den regierenden Reichsrat. Seit etwa 1740 bekämpften sich im Reichstag die rivalisierenden, vom Adel geführten Parteien der Hüte (profranzösisch) und der Mützen (prorussisch). 1741–43 wurde Schweden erneut in einen unglücklichen Krieg gegen Rußland und in den Siebenjährigen Krieg (1756–63) gegen Preußen verwickelt. Gustav III. konnte 1772 die Ständeherrschaft beseitigen. Durch eine neue Verfassung stellte er die unumschränkte Königsmacht wieder her. 1792 fiel er einem Attentat zum Opfer.

Gustav III. (1771 bis 1790) wurde von Adligen ermordet, als er versuchte die absolute Königsherrschaft wieder einzuführen.

Die Gründung der neuen Dynastie Anfang des 19. Jahrhunderts kämpfte Schweden erfolglos gegen Napoleon. Hinzu kam, daß es 1809 Finnland an Rußland abtreten mußte. Jean Baptiste Bernadotte, französischer Marschall unter Napoleon, beeindruckte die Schweden, obwohl er gegen sie gekämpft hatte, derart, daß er 1810 unter dem Namen Karl Johann zum Thronerben ernannt und von dem kinderlosen Karl XIII. adoptiert wurde. Zur gleichen Zeit beschloß der schwedische *Riksdag* (Parlament) eine neue demokratische Verfassung, die bis 1973 in Kraft war. Dänemark trat 1814 im Frieden von Kiel Norwegen an Schweden ab. Da sich die Norweger der Union widersetzten, marschierten schwedische Truppen unter Kronprinz Karl Johann ein und erzwangen die Anerkennung Karls XIII. als norwegischen König. Bis 1905 blieben die beiden Länder vereinigt. 1818, nach dem Tod Karls XIII., wurde Karl Johann gekrönt.

Das moderne Schweden In der zweiten Hälfte des 19. Jahrhunderts machte die industrielle Entwicklung Schwedens rasche Fortschritte. 1909 wurde das allgemeine Wahlrecht eingeführt. Schweden zeigte sich als ein Pionier auf dem Gebiet der sozialen Gesetzgebung; es war das erste Land Europas, das einen Wohlfahrtsstaat gründete. In beiden Weltkriegen konnte das Land seine Neutralitätspolitik aufrechterhalten. Zwischen 1939 und 1945 war Schweden beinahe vollständig vom Westen abgeschnitten. Da Dänemark und Norwegen von den Deutschen besetzt waren, sahen die Schweden sich gezwungen, weiterhin Eisenerz nach Deutschland zu exportieren.

1946 wurde der Sozialdemokrat Tage Erlander zum Ministerpräsidenten gewählt. Durch die Neutralitätspolitik Schwedens begünstigt, konnte sich die Wirtschaft gut entwickeln. Führende Schweden wirkten mit Erfolg auf der internationalen Bühne. Die wichtigsten unter ihnen waren Graf Folke Bernadotte, der im Auftrag der Vereinten Nationen 1948 in Palästina zwischen Arabern und Israelis vermitteln sollte – er wurde von jüdischen Extremisten 1948 ermordet –, und Dag Hammarskjöld, von 1953 bis 1961 Generalsekretär der Vereinten Nationen. Während seiner Vermittlertätigkeit in der Kongokrise kam er bei einem bisher nicht geklärten Flugzeugabsturz in Afrika ums Leben (1961).

August Strindberg (1849–1912), Schwedens größter Dramatiker, dringt in Stücken wie Der Vater *in die Abgründe der Seele ein.*

Tage Erlander trat 1969 zurück, und der Sozialdemokrat Olof Palme wurde Ministerpräsident. 1971 stagnierte die Industrieproduktion. Streitkräfte und Beamte streikten, während die Rezession den wirtschaftlichen Fortschritt des Landes bremste. 1972 unterzeichnete Schweden Freihandelsverträge mit der Europäischen Gemeinschaft.

Die Wahlen von 1976 brachten den Parteien der Mitte Stimmengewinne, Thorbjörn Fälldin, Führer der Zentrumspartei, bildete eine nichtsozialistische Regierung. Im Oktober 1978 trat er wegen Auseinandersetzungen in Fragen der Kernenergie zurück, nach den Wahlen vom September 1979 wurde er erneut Ministerpräsident.

Bei einer Volksabstimmung im März 1980 über die künftige Nutzung der Kernenergie entschieden sich 58 Prozent der Abstimmenden für die Vollendung des Reaktorprogramms mit zwölf Kernkraftwerken, die aber in 25 Jahren wieder abgebaut werden sollen.

Schweiz

41 288 qkm
6 300 000 Einwohner
Hauptstadt: Bern

Bekannt ist die Schweiz auch heute noch vor allem ihrer landschaftlichen Reize wegen. Der Tourismus hat denn auch lange Zeit eine entscheidende Rolle in der Wirtschaft dieses Landes gespielt und trug, zusammen mit der Uhren- und der Maschinenindustrie sowie dem Handel, zum hohen Lebensstandard der Bevölkerung bei. Neutralitätspolitik und politische Stabilität begünstigten die Entwicklung eines internationalen Bankwesens – die Schweizer Währung, oft verächtlich als *Schwyzer Fränkli* abgetan, zählt zu den härtesten Währungen der Welt.

Die Schweiz hat ihre staatliche Einheit gefunden, obwohl zwischen den einzelnen Regionen zuzeiten erhebliche kulturelle, politische und konfessionelle Differenzen bestanden und obwohl die Schweizer über keine gemeinsame Sprache verfügen. Französisch, Italienisch, Rätoromanisch und Deutsch sind Amtssprachen mit gleichem Status.

Frühe Geschichte Früheste Spuren menschlicher Existenz auf dem Territorium der Schweiz reichen in die Altsteinzeit zurück. In der Mittelsteinzeit lassen sich

Wilhelm Tell, Held der schweizerischen Befreiungssage, soll von dem habsburgischen Landvogt Geßler gezwungen worden sein, einen Apfel vom Haupt seines Sohnes zu schießen.

erste Siedlungszentren feststellen, zu Beginn des 4. Jahrtausends v. Chr. wanderten Träger einer bäuerlichen Kultur in die Schweiz ein. Im 3. Jahrhundert v. Chr. wurden süddeutsche keltische Stämme, darunter die Helvetier, in die Schweiz abgedrängt; ihren Weiterzug hielt Cäsar in der Schlacht bei Bibracte (58 v. Chr.) auf; die helvetische Schweiz kam unter römische Herrschaft. Der allmähliche Zerfall des Römischen Reiches zu Beginn des 5. Jahrhunderts erleichterte die Besiedlung des Landes durch germanische Stämme: Burgunder im Westen, Alemannen im Bereich östlich der Aare; von der Elbe wanderten die Langobarden in die Poebene und ins Tessin.

Zwischen 534 und 746 geriet das Gebiet der heutigen Schweiz allmählich unter fränkische Herrschaft. Nachdem das Reich Karls des Großen 880 endgültig zerfallen war, kam die Westschweiz zum Hochburgundischen Reich, das übrige Gebiet unterstand einer Reihe von Herzögen (Zähringer, Lenzburger, Herzöge von Schwaben und von Burgund).

Anfänge der Eidgenossenschaft Nach 1177 bauten sich die Grafen von Habsburg in der Zentral- und Ostschweiz, zu ungefähr gleicher Zeit die Grafen von Savoyen in der Westschweiz, eigene Territorialherrschaften auf. Bald folgte jedoch ein allmählicher Abbau der monarchistischen Machtgebilde, wobei die Initiative hauptsächlich von zwei Städten, Zürich und Bern, ausging. Ergänzend und begleitend kam die Unabhängigkeitsbewegung der Waldstätte Uri, Schwyz und Unterwalden hinzu. Der *Ewige Bund* von 1291 war jedoch alles andere als eine Staatengründung; die Ablösung von Habsburg vollzog sich nur langsam. 1332 schlossen sich dem Bund Luzern, 1351 Zürich, 1352 Glarus und Zug und 1353 Bern an, doch erst am 11. Juni 1474 wurde die Alte Eidgenossenschaft von den Habsburgern in dem *Ewige Richtung* genannten Vertrag praktisch anerkannt und erreichte 1499 im Basler Frieden die faktische Unabhängigkeit vom Deutschen Reich.

Glaubensspaltung Die – ohnehin nie sonderlich starke – Einheit der Eidgenossenschaft wurde alsbald durch die Auseinandersetzung zwischen Protestanten und Katholiken gefährdet, außerdem wurden mit der Schlacht von Marignano (1515), in der Franz I. von Frankreich die für Mailand kämpfenden Schweizer Söldner schlug, die Grenzen der militärischen Stärke und die Problematik des Söldnerwesens sichtbar. Marignano und die inneren Schwierigkeiten führten schließlich zur Neutralität, über der Frage des Solddienstes kam es zur Glaubensspaltung. Ohne den Solddienst waren die wirtschaftlich schwächeren Glieder der Eidgenossenschaft nur begrenzt lebensfähig. Nicht zuletzt auch darum blieben die fünf alten Orte Uri, Schwyz, Unterwalden, Zug, Luzern – zusammen mit den Städten Freiburg und Solothurn – dem alten Glauben treu. In den militärischen Auseinandersetzungen zwischen Katholiken und Protestanten, in denen es um die Frage der Durchsetzung der Religionsfreiheit in den Untertanengebieten ging (Erster Kappelerkrieg 1529, Zweiter Kappelerkrieg 1531, Erster Villmergerkrieg 1656), blieben die Katholiken Sieger; erst die zweite Schlacht bei Villmergen (1712) brachte die konfessionelle Gleichberechtigung.

Neutralität Mit wachsender Bedeutung geriet die Eidgenossenschaft zunehmend ins Spannungsfeld der europäischen Politik. Konfessionelle und politische Parteinahme für oder gegen Frankreich und Spanien führten zu einer wechselvollen Soldvertragspolitik einzelner Orte mit dieser oder jener Macht. Daraus entwickelte sich allmählich der Instinkt für eine Neutralitätspolitik, die im wesentlichen darin bestand, beide kriegführenden Parteien mit Söldnern zu versehen und im weiteren fremden Truppen den Durchmarsch durch das Gebiet der Eidgenossenschaft zu untersagen. Hier liegen Ansätze zum Grundsatz der bewaffneten Neutralität. Im Westfälischen Frieden (1648) erreichte die Eidgenossenschaft auch rechtlich die Loslösung vom Deutschen Reich.

Beeinflußt von Erasmus und Luther, trat Ulrich Zwingli (1484–1531) in Zürich für die Reformation ein, die sich bis 1532 durchsetzen konnte.

Der Schweizer Graphiker Urs Graf ist bekannt für seine Holzschnitte und Federzeichnungen, die fast immer das Landsknechtsleben zum Thema haben. Der Kriegsknecht, *eine Federzeichnung, entstand 1514.*

Das obrigkeitliche Kirchenregiment, Straffung der Verwaltung, Ausbildung von Territorialherrschaften, die Organisation des Solddienstes und der Hausindustrie (Verlagssystem) führten im 16. und 17. Jahrhundert zu einer zunehmenden Aristokratisierung. In Bern, Luzern, Solothurn und Freiburg konzentrierte sich die politische Macht bei den Patriziern, in Zürich, Basel, Schaffhausen und St. Gallen bei den Zünften. Es ergaben sich Spannungen zwischen den ländlichen Untertanen und der städtischen Obrigkeit. Sie entluden sich in einzelnen Unruhen und erleichterten den 1798 durch den französischen Einfall in die Schweiz ausgelösten Umsturz.

Auf dem Weg zum Bundesstaat Als besetztes Land erhielt die Schweiz eine zentralistische Verfassung nach französischem Vorbild, die 1803 durch die von Napoleon ausgearbeitete Mediations-Verfassung abgelöst wurde. Mit der Niederlage Napoleons änderte sich die Lage erneut. Der Wiener Kongreß (1814/15) gab der Schweiz die Garantie der Unverletzlichkeit und Neutralität, die Schweiz selbst schloß sich im Bundesvertrag von 1815 zu einem losen Bund von 22 Kantonen zusammen, die mehrheitlich eine Tendenz zur Wiederherstellung der alten aristokratischen, vorrevolutionären Rechte zeigten. Dagegen erzwangen 1830 Volksbewegungen in 12 Kantonen liberale Verfassungen. Das wiederum führte in den folgenden Jahren zu ständigen Auseinandersetzungen zwischen Liberalen und Konservativen, wobei die Fronten und die Parteinahmen der Kantone mehrmals wechselten. 1845 schlossen sich die Kantone Luzern, Uri, Schwyz, Unterwalden, Zug, Freiburg und Wallis zur Wahrung ihrer Hoheitsrechte, die sie durch die zentralistisch gesinnten Liberalen bedroht sahen, zum *Sonderbund* zusammen. Im Sonderbundskrieg (1847) siegten die eidgenössischen Truppen über die konservativen Kantone.

Im Bundesvertrag von 1848, der Bundesverfassung, schlossen sich die 22 Kantone zu einem Bundesstaat zusammen, der nun nach außen eine Einheit bildete, im Innern jedoch die Vielfalt von 22 eigenen Staaten mit eigener Verfassung und Regierung bewahrte. Die heute geltende Bundesverfassung stammt aus dem Jahr 1874 und ging aus einer Totalrevision der Verfassung von 1848 hervor. Am 1. Januar 1979 wurde der Kanton Jura gebildet und als 23. Kanton in die Eidgenossenschaft aufgenommen.

Der Völkerbund, zur Sicherung des Weltfriedens 1919 gegründete Staatenvereinigung, hatte seinen Sitz in Genf. Nach der Gründung der Vereinten Nationen wurde er 1946 offiziell aufgelöst.

Die Schweiz heute Das im 17. und 18. Jahrhundert bereits stark entwickelte Verlagsgewerbe bildete die Basis für die frühe und breite Industrialisierung der Schweiz im 19. Jahrhundert, die Wesentliches zum Wohlstand der Schweiz beigetragen hat. Tourismus, Handel, Bankwesen und weitere Dienstleistungen kamen hinzu. Die Politik, sich weitgehend aus internationalen Konflikten herauszuhalten, war der wirtschaftlichen Entwicklung gleichfalls förderlich. Unter dem Eindruck der Weltwirtschaftskrise kam es in der Maschinenindustrie zwischen Arbeitgebern und Arbeitnehmern zum sogenannten *Friedensabkommen,* gemäß dem Arbeitskonflikte im gegenseitigen Einvernehmen gelöst werden sollen. Die Schweiz erlebte dadurch lange Zeit keine Streiks. Die Forderung nach weitergehender Mitbestimmung in der Wirtschaft brachte in das bisher meist konfliktlose Wirtschaftsgeschehen wieder etwas Unruhe, während der Ausbau zum Sozialstaat mit Alters- und Hinterlassenenfürsorge kaum auf Schwierigkeiten stieß.

Im Ersten Weltkrieg blieb die Schweiz neutral, im Zweiten Weltkrieg konnte sie sich ihre Neutralität trotz erheblicher Schwierigkeiten gleichfalls bewahren. Die Neutralität hindert die Schweiz im übrigen nicht, Mitglied zahlreicher internationaler Organisationen (mit Ausnahme der UN) zu sein, und außenpolitisch hat es die Schweiz immer wieder als ihre Aufgabe angesehen, als Vermittler bei Konflikten ihre »guten Dienste« anzubieten. Die Schweiz ist unter anderem Sitz des Internationalen Arbeitsamtes, des Weltpostvereins, der Weltgesundheitsorganisation und des Internationalen Komitees vom Roten Kreuz (IKRK), das 1864 auf Anregung des Schweizer Bankiers Henri Dunant gegründet wurde.

Henri Dunant gründete 1864 das Rote Kreuz und bekam 1901 den Friedensnobelpreis verliehen.

Senegal

Im Gebiet des heutigen Senegal gründete Frankreich in den fünfziger Jahren des 17. Jahrhunderts seine erste afrikanische Kolonie, Fort St. Louis. Ebenfalls in Senegal haben die Franzosen Anfang des 20. Jahrhunderts zuerst ihre Politik der *assimilation* eingeleitet, die darauf abzielte, die koloniale Gesellschaft der französischen weitgehend anzugleichen.

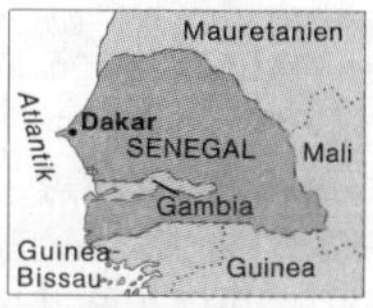

196192 qkm
5600000 Einwohner
Hauptstadt: Dakar

Wachstum und Unabhängigkeit Um 800 n. Chr. gründeten die Tekrur im Gebiet des heutigen Senegal ein Reich, das bis ins 18. Jahrhundert bestand, aber abwechselnd unter die Herrschaft von Tekrur, Fulbe und Wolof fiel. Seit 1520 hatten die Fulbe endgültig die Macht inne. Portugiesische Forschungsreisende erreichten die Küste Senegals Mitte des 15. Jahrhunderts und begannen, mit den Einheimischen Handel zu treiben. 1659 gründeten die Franzosen die Siedlung Saint-Louis, die als Zentrum des Sklavenhandels berüchtigt wurde. Doch die Eroberung des Landesinneren begann erst, nachdem Napoleon III. den tatkräftigen General Faidherbe 1854 zum Gouverneur ernannt hatte. 1895 wurde Senegal Teil von Französisch-Westafrika; die Stadt Dakar, 1857 gegründet, erlangte als Verwaltungszentrum der acht Territorien dieses Gebiets Bedeutung.

Senegals Wirtschaft beruht auf dem Anbau von Erdnüssen, deren Anteil am Export (mit Erdnußöl) 80% beträgt.

Unabhängiges Senegal 1958 wurde Senegal eine autonome Republik innerhalb der Französischen Gemeinschaft und schloß sich 1959 mit Französisch-Sudan zur Mali-Föderation zusammen. Diese löste sich im folgenden Jahr auf, und Senegal erhielt seine Unabhängigkeit als Republik. Der Dichter Léopold Sédar Senghor wurde der erste Präsident des Landes. Unter seiner Führung entwickelte sich Senegal zu einem recht stabilen und gemäßigten Staat. 1976 wurden neben der Einheitspartei zwei weitere Parteien zugelassen, nach einer Verfassungsänderung 1979 kam eine vierte, konservative Partei hinzu. 1978 wurde Präsident Senghor erneut in seinem Amt bestätigt.

Ende November 1980 kündigte er an, er werde zum Jahreswechsel vom Amt des Staatspräsidenten zurücktreten. Entsprechend der Verfassungsänderung von 1976 wird für den Rest der Amtszeit der gegenwärtige Ministerpräsident Abdou Diouf sein Nachfolger.

Seschellen

Zum Inselstaat der Seschellen gehören 86 Inseln, die vor allem für Touristen ein interessanter Anziehungspunkt sind. Um 1100 sollen die Araber die Inseln besucht haben, doch blieben sie unbewohnt, bis um 1770 französische Siedler kamen und afrikanische Sklaven einführten. 1810 eroberten die Briten die Inselgruppe und verwalteten sie bis 1903 als Teil der Kolonie Mauritius. Danach wurden die Seschellen eigenständige Kronkolonie.

443 qkm
66000 Einwohner
Hauptstadt: Victoria

Am 29. Juni 1976 gewährte Großbritannien den Seschellen die Unabhängigkeit, J. R. Mancham wurde der erste Präsident. Nach dem Sturz Manchams im Juni 1977 übernahm eine sozialistische Regierung unter Albert René die Macht.

Sierra Leone

Unter dem Einfluß der Antisklavereibewegung gründeten die Briten 1787 Freetown, wo sie befreite Negersklaven aus den überseeischen Gebieten ansiedelten. Die Nachkommen dieser ehemaligen Sklaven, Kreolen genannt, machen zwar nur 2 Prozent der Bevölkerung des Landes aus, doch kommt ihnen große Bedeutung in der Politik zu.

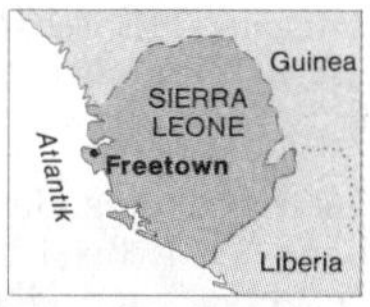

71740 qkm
3050000 Einwohner
Hauptstadt: Freetown

Portugiesische Forschungsreisende entdeckten das Land 1462. Die Briten errichteten nach 1651 Faktoreien in dem Gebiet und übernahmen Freetown 1806 als Flottenstützpunkt. Langsam weiteten sie ihre Herrschaft auf das Innere des Landes aus, das sie bis 1896 vollkommen unter ihre Kontrolle brachten. 1958 erhielt Sierra Leone innere Autonomie und 1961 die Unabhängigkeit, erkannte aber Königin Elisabeth II. weiterhin als Staatsoberhaupt an.

1967 putschten Armeeoffiziere nach umstrittenen Wahlen, bei denen Siaka Stevens knapp den ehemaligen Ministerpräsidenten Sir Albert Margai besiegte, und errichteten eine Militärregierung. Sierra Leone kehrte 1968 unter Premierminister Stevens zur verfassungsmäßigen Regierung zurück. 1971 erklärte Stevens Sierra Leone zur Republik und übernahm die Präsidentschaft. 1976 wurde er wiedergewählt. Durch die Verabschiedung einer neuen Verfassung wurde Sierra Leone 1978 Einparteienstaat.

Simbabwe

Bis 1000 n. Chr. hatten bantu sprechende Völker in diesem Gebiet größere Ansiedlungen errichtet und in Bergwerken Gold, Zinn, Kupfer und Eisen abgebaut. Das Reich Monomotapa bestand schon seit etwa drei Jahrhunderten, als die Portugiesen Ende des 15. Jahrhunderts ins Land kamen. Der Machtbereich seiner Herrscher dehnte sich zeitweise bis zum Kap aus.

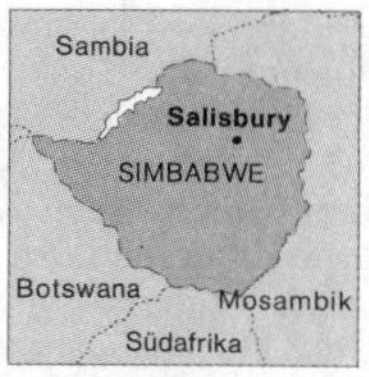

389303 qkm
7670000 Einwohner
Hauptstadt: Salisbury

Um 1700 drangen die Schona in das Gebiet ein und machten Zimbabwe, das ehemalige Zentrum von Monomotapa, zur Hauptstadt ihres Rozwi-Reiches. Die eindrucksvollen Ruinen von Zimbabwe stammen hauptsächlich aus dieser Zeit. In den vierziger Jahren des 19. Jahrhunderts ließen sich die zu den Zulu gehörenden Matabele unter Umziligaze zwischen Limpopo und Sambesi nieder.

Monomotapa und Zimbabwe Bis 1000 n. Chr. hatten bantu sprechende Völker in diesem Gebiet größere Ansiedlungen errichtet und in Bergwerken Gold, Zinn, Kupfer und Eisen abgebaut. Das Reich Monomotapa bestand schon seit etwa drei Jahrhunderten, als die Portugiesen Ende des 15. Jahrhunderts ins Land kamen. Der Machtbereich seiner Herrscher dehnte sich zeitweise bis zum Kap aus.

Um 1700 drangen die Schona in das Gebiet ein und machten Zimbabwe, das ehemalige Zentrum von Monomotapa, zur Hauptstadt ihres Rozwi-Reiches. Die eindrucksvollen Ruinen von Zimbabwe stammen hauptsächlich aus dieser Zeit. In den vierziger Jahren des 19. Jahrhunderts ließen sich die zu den Zulu gehörenden Matabele unter Umziligaze zwischen Limpopo und Sambesi nieder.

Ende letzten Jahrhunderts kämpfte der Matabeleherrscher Lobengula vergeblich gegen die britischen Kolonisten.

Rhodes und die British South Africa Company 1888 schloß Cecil Rhodes mit dem Matabeleherrscher Lobengula einen Vertrag, wonach England die alleinigen Schürfrechte in diesem Gebiet hatte. 1890 entsandte Rhodes einen Erkundungstrupp von 200 Kolonisten und 500 Polizisten, die angeblich auf der Suche nach Mineralien waren, in Wirklichkeit aber das Land der Matabele kolonisieren sollten. Es kam zu heftigen Kämpfen zwischen den Kolonisten und den Matabele, die 1893 besiegt wurden. Im Jahre 1896 erhoben sich die Matabele und die Schona nochmals gegen die Weißen und wurden wiederum geschlagen. 1901 erklärte Großbritannien das Land der Matabele und Schona zum Protektorat Südrhodesien.

Die Verfassung von 1923 Die Briten dehnten ihren Herrschaftsbereich weiter nach Norden aus. 1911 wurden die Gebiete nördlich des Sambesi und Barotseland unter dem Namen Nordrhodesien zusammengefaßt und unter britische Verwaltung gestellt. 1923, als Südrhodesien noch britische Kolonie war, bekam es Selbstverwaltung nach einer Volksabstimmung, bei der nur Europäer wahlberechtigt waren. Das ehemalige Nordrhodesien ist heute der unabhängige Staat Sambia. Nach dem Zweiten Weltkrieg zogen Südrhodesiens blühende Landwirtschaft, die sich auf Tabak, Mais und Viehwirtschaft stützte, sowie seine wachsenden Industrien viele weitere Einwanderer aus Großbritannien ins Land.

Der Zentralafrikanische Bund: 1953–63 Zusammen mit Nordrhodesien und Njassaland schloß sich Südrhodesien zur Zentralafrikanischen Föderation zusammen, die 1953 von England gegründet wurde. Afrikanische Nationalisten, unter ihnen Joshua Nkomo, sahen in dem Bund unter seinem exzentrischen Ministerpräsidenten Sir Roy Welensky allerdings nur einen Kunstgriff, um die Weißen an der Macht zu halten. 1963 gaben die Engländer dem Druck der Afrikaner nach und lösten den Bund auf. Südrhodesien wurde wieder britische Kolonie, wobei die Vorsilbe »Süd« wegfiel.

Nach der einseitigen Unabhängigkeitserklärung Die rechtsradikale rhodesische Frontregierung verlangte Unabhängigkeit unter einer Verfassung, die die reale politische Macht in den Händen der weißen Siedler, die nur rund fünf Prozent der Bevölkerung ausmachen, lassen würde. Als England es ablehnte, die Unabhängigkeit unter diesen Bedingungen zu gewähren, nahmen die Rhodesier die Angelegenheit selbst in die Hand; am 11. November 1965 rebellierte die Regierung von Ian Smith gegen England, indem sie einseitig die Unabhängigkeit des Landes erklärte.

Die Vereinten Nationen verfügten wirtschaftliche Sanktionen gegen Rhodesien, konnten das illegale Regime aber nicht zu Fall bringen. Verhandlungen zwischen England und der Smith-Regierung 1966 und 1968 blieben erfolglos, und 1970 erklärte Rhodesien sich selbst zur Republik. Im darauffolgenden Jahr ergriff England neue Initiativen, und die Abmachungen mit dem Smith-Regime wurden der afrikanischen Bevölkerung 1972 von einer britischen Untersuchungskommission unter Lord Pearce vorgelegt. Das Ergebnis war vier zu eins gegen die Annahme der Bedingungen; die Abmachung trat nicht in Kraft.

Rhodesien ist von der Außenwelt weitgehend isoliert geblieben. Seine Existenz als unabhängiger Staat wurde offiziell von anderen Staaten nicht anerkannt. Im Lande selbst bewegte sich das Smith-Regime in Richtung der Apartheid Südafrikas.

Ian Smith, der Premierminister Rhodesiens, unter dem das Land 1965 einseitig seine Unabhängigkeit von England erklärte.

Das unabhängige Simbabwe Es bildeten sich miteinander rivalisierende Befreiungsorganisationen, die das Ziel verfolgten, einen schwarzafrikanischen Staat Simbabwe zu schaffen.

Seit 1974 sah sich die Regierung Smith gezwungen, mit diesen schwarzafrikanischen Organisationen, die einen harten Guerillakrieg gegen das weiße Regime führten, zu verhandeln. Nachdem die Verhandlungen aber immer wieder ergebnislos verliefen, verschärften sich die Guerillaaktionen. Da die Befreiungsorganisationen ihre Basislager in Sambia und Mosambik hatten, drangen rhodesische Truppen im Kampf gegen die Guerilleros auch in die Nachbarländer ein.

1978 setzten Bischof Abel Muzorewa, Führer der ANC, und Ndabaninghi Sithole von der ZANU die sogenannte »Innere Lösung« durch, die eine schwarzafrikanische Mehrheitsherrschaft und Sonderrechte für die Weißen vorsah. Das Regime Smith stimmte der Lösung zu, die Patriotische Front (PF) unter Robert Mugabe und Joshua Nkomo lehnte sie ab. Es wurde eine gemischtrassige Übergangsregierung gebildet, und 1979 übernahm Abel Muzorewa die Führung der schwarzen Mehrheitsregierung.

Von September bis Dezember 1979 tagte die Londoner Rhodesienkonferenz, die eine neue Verfassung ausarbeitete, für einen Waffenstillstand zwischen den Guerillakämpfern der Patriotischen Front und den Truppen Rhodesiens sorgte und allgemeine Wahlen ausschrieb.

Bei den Wahlen im Februar 1980 errang die Patriotische Front Robert Mugabes die absolute Mehrheit. Seither führt Robert Mugabe als erster Ministerpräsident des unabhängigen Simbabwe die Regierung. Erster Präsident wurde Canaan Banana. Mugabe verfolgt eine gegenüber den weißen Rhodesiern gemäßigte Politik, um einen Exodus der dringend in der Wirtschaft des Landes benötigten Weißen zu vermeiden.

Robert Mugabe, der erste Ministerpräsident des unabhängigen Simbabwe.

Die Beteiligung an den Wahlen vom April 1979 war unerwartet hoch. Manche Wähler nahmen tagelange Märsche auf sich, um zu den Wahlurnen zu gelangen.

Singapur

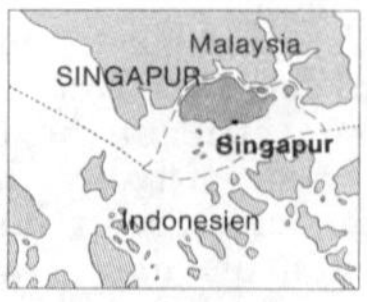

581 qkm
2 200 000 Einwohner
Hauptstadt: Singapur

Der Sage nach soll der südindische Tschola-Herrscher Rajendra I. die Stadt Singapur 1068 n. Chr. gegründet haben. Tatsächlich aber wurde sie wohl erst 1275 errichtet. Später siedelten sich hier japanische, siamesische und chinesische Händler an. Sie gründeten einen Handelsstaat, der Anfang des 14. Jahrhunderts kurz aufblühte. 1511 wurde die Stadt von den Portugiesen erobert.

1819 besetzte Sir Stamford Raffles, der zu dieser Zeit als Vertreter der Ostindischen Kompanie Gouverneur von Sumatra war, die verlassene Stadt. Zwischen 1867 und 1941 bildete Singapur einen Teil der britischen Kronkolonie Straits Settlements. 1942 eroberten die Japaner Singapur, doch konnten die Briten es 1945 wieder besetzen. Nach der Auflösung der Straits Settlements erhielt Singapur 1946 den Status einer Kronkolonie mit Selbstverwaltung.

1963 erlangte Singapur die Unabhängigkeit und vereinigte sich mit Malaya, Sarawak und Sabah zum Malaiischen Bund. Doch es kam zu Spannungen zwischen den Chinesen in der Regierung Singapurs und den malaiischen Führern des Bundes. Der Ministerpräsident von Singapur, Lee Kuan Yew, führte es 1965 aus dem Bund heraus in die völlige Unabhängigkeit.

1971 behauptete Lee, daß die Kommunisten die Reibereien zwischen den Chinesen und den Malaien des Landes schürten. Er schränkte die Pressefreiheit ein, und einige Journalisten wurden verhaftet. Im folgenden Jahr eroberte Lees Partei bei allgemeinen Wahlen alle Sitze im Parlament und konnte sie auch bei den Wahlen von 1976 halten.

Lee Kuan Yew, der Ministerpräsident des Inselstaates, kümmert sich vor allem um den wirtschaftlichen Fortschritt des Landes.

Somalia

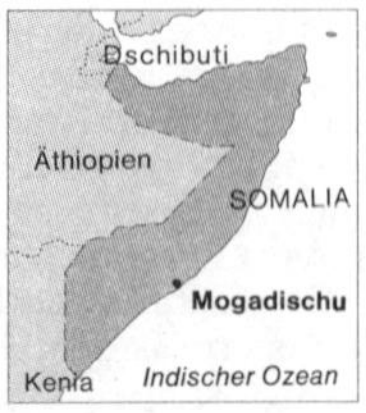

637 661 qkm
3 530 000 Einwohner
Hauptstadt: Mogadischu

Somalia, eine Union der beiden ehemaligen Kolonien Britisch- und Italienisch-Somaliland, ist einer der wenigen afrikanischen Staaten, dessen Bevölkerung eine gemeinsame Abstammung, Sprache und Kultur aufzuweisen hat. Die Somal sind Moslems und genießen den Ruf, ein stolzes, kriegerisches Volk zu sein. Ein großer Teil des Landes ist unfruchtbar, und die meisten Somal sind Voll- oder Halbnomaden.

Frühe Geschichte An der Küste der Somalihalbinsel lag vermutlich das Land Punt, aus dem die Ägypter schon um 2500 v. Chr. Weihrauch und Edelhölzer einführten. Seit dem 9. nachchristlichen Jahrhundert standen die Küsten unter arabischem Einfluß. Die Araber gründeten mehrere Fürstentümer und bekehrten die Somal zum Islam. Die Nordostküste stand zwischen 1698 und 1874 unter der Herrschaft des Sultans von Maskat und Oman, die Ostküste war 1866–89 im Besitz des Sultans von Sansibar, und die Nordküste war von 1874–84 in ägyptischer Hand.

Das europäische Zeitalter Die Franzosen schlossen 1896 ihre Besitzungen um Dschibuti zur Kolonie Französisch-Somaliland zusammen. Das Gebiet zwischen Zeila und Berbera, Britisch-Somaliland, unterstand seit 1898 direkt der britischen Krone, und Italienisch-Somaliland, das die ganze am Indischen Ozean gelegene Seite der Somali-Halbinsel einnahm, wurde 1905 der italienischen Regierung unterstellt. Der Somal-Führer Mohammed Abdulla Hassan kämpfte zwischen 1899 und 1920 verbissen gegen die britische Herrschaft. Während des Zweiten Weltkriegs konnten die Italiener den britischen Teil vorübergehend besetzen (1940).

Die Unabhängigkeit Italien verlor Italienisch-Somaliland 1941. Bis 1950, als Italien das Gebiet als Mandatsgebiet der UNO zurückerhielt, stand es unter britischer Militärverwaltung. 1960 gewährten Großbritannien und Italien ihren Gebieten die Unabhängigkeit, die zusammen die Republik Somalia bildeten. Die Bewegung Großsomalia, die alle Somal außerhalb der Landesgrenzen vereinigen wollte, führte zu Spannungen mit den Franzosen in Französisch-Somaliland sowie mit Äthiopien und Kenia, dessen nördliche Gebiete hauptsächlich von Somal bewohnt sind. Nach sieben Jahren eines kriegsähnlichen Zustandes söhnte sich Ministerpräsident Egal mit seinen Nachbarn aus. 1969 brachte ein Militärputsch General Muhammad Siad Barre an die Macht. Ein erneuter Putschversuch im Mai 1971 konnte vereitelt werden.

1976 proklamierte Barre, der erneut zum Staatspräsidenten gewählt wurde, Somalia zum Sozialistischen Einparteienstaat. Seit Mitte 1977 stießen somalische Guerilleros nach Äthiopien, in den Ogaden, vor, der überwiegend von Somali bewohnt ist. Anfang März 1978 zogen sich die Somalier aus Ogaden zurück, Tausende von Flüchtlingen folgten nach.

1980 lebte der Guerillakrieg der Somali wieder auf. Er führte zu militärischen Zusammenstößen regulärer Truppen an der somalisch-äthiopischen Grenze. In Somalia leben inzwischen eine Million Flüchtlinge somalischer Volkszugehörigkeit, die von Äthiopien aus ihrem angestammten Siedlungsraum Ogaden vertrieben wurden. Im August 1980 räumte Somalia den USA gegen amerikanische Militärhilfe das Recht zur Benutzung militärischer Anlagen in Mogadischu und Berbera ein.

Sowjetunion

22 402 000 qkm
264 000 000 Einwohner
Hauptstadt: Moskau

Die Union der Sozialistischen Sowjetrepubliken ist das größte Land der Welt und bedeckt fast ein Sechstel der Landoberfläche der Erde. Außer den Vereinigten Staaten besitzt heute kein anderes Land eine vergleichbare ökonomische und militärische Stärke.

Rußlands totalitäres Regierungssystem wurde nach der bolschewistischen Revolution von 1917 errichtet. Die Sowjetunion sieht sich als Arbeiter- und Bauernstaat, der auf der Diktatur des Proletariats basiert; tatsächlich aber entwickelte sich eine Diktatur der Funktionäre. Die sowjetische Führung hat auch das Schicksal von etwa 100 Millionen Menschen in den Satellitenstaaten von Ost- und Mitteleuropa in der Hand, die im Zuge der sowjetischen Expansion während und nach dem Zweiten Weltkrieg unter ihre Gewalt kamen.

Rücksichtslose Expansion ist ein Leitmotiv der russischen Geschichte. Ihren Hauptanstoß erhielt sie durch den Ehrgeiz autokratischer Herrscher wie Peter des Großen und Katharina der Großen. Mit der Expansion kam die Tyrannei. Da Peter an der Wende des 17./18. Jahrhunderts darauf versessen war, den Westen einzuholen, legte er seinen Untertanen Lasten auf, die den brutalen Unterdrückungsmaßnahmen unter Stalin im 20. Jahrhundert kaum nachstanden.

Wegen seiner langen Grenzen war Rußland immer wieder Invasionen aus allen Richtungen ausgesetzt. Die Herrscher des Landes begegneten dieser Gefahr, indem sie die ganze Gesellschaft militarisierten und

Skythische Krieger als Verzierung eines Kamms. Die iranischen Skythen drangen um 700 v. Chr. in die südrussischen Steppen ein.

alle Macht in ihrer eigenen Hand konzentrierten. Die Revolution von 1917 änderte Rußland zwar, doch das starre System, das die kommunistische Elite entwickelt hat, um die Sowjetunion zu regieren, ähnelt in seinem Kern sehr der zaristischen Autokratie, die das russische Imperium schuf.

Die frühesten Einwohner Bereits in der frühen Altsteinzeit waren Gebiete in Kaukasien besiedelt. Um 80 000 v. Chr. durchstreiften Neandertaler die Landschaften zwischen der Schwarzmeerküste und der Kama. Etwa um 35 000 v. Chr. folgte ihnen der Jetztzeitmensch, aber die völlige Besiedlung Rußlands war ein langsamer Prozeß, der sich über Tausende von Jahren hinzog. Vorherrschend unter den vielen Stämmen, die im Laufe der Zeit nach Rußland einwanderten, waren die Skythen, ein nomadisches, kriegerisches Reitervolk, das etwa 700 v. Chr. auftauchte. Im 3. vorchristlichen Jahrhundert drangen von der Wolga aus Sarmaten in das Siedlungsgebiet der Skythen ein.

Seit dem 6. Jahrhundert n. Chr. wanderten aus den Gebieten zwischen Dnjepr und Weichsel slawische Stämme nach Osten zum mittleren Flußgebiet des Dnjepr und der Düna und bis zum Ilmensee. Von Schweden aus drangen um 800 Waräger nach Rußland ein und gründeten um Nowgorod einen Herrschaftsbereich, von dem aus sie nach Kiew zogen, wo sie sich 860 festsetzten.

Diese Abbildung aus einer mittelalterlichen Chronik zeigt christliche Krieger Kiews, die sich gegen heidnische Eindringlinge zur Wehr setzen.

Der erste russische Staat: etwa 900–1100 Der erste russische Staat, das Kiewer Reich, war ein loser Verband ostslawischer Stämme unter der Oberhoheit skandinavischer Fürsten, die im Laufe der Zeit die slawische Sprache annahmen. Zu Beginn des 10. Jahr-

hunderts hatte der Staat kulturelle und wirtschaftliche Beziehungen zu Byzanz entwickelt, und 988 nahm sein Herrscher Wladimir I. (978–1015) das Christentum an.

Seit 1061 war das Kiewer Reich immer wieder den Angriffen der Kumanen ausgesetzt, die die Steppe beherrschten und die Handelsbeziehungen zwischen Kiew und Byzanz unterbanden. Jaroslaw der Weise (1036–54) erließ eine Thronfolgeordnung, um nach seinem Tod die Teilung des Reiches zu verhindern. 1100 wurde die Ordnung geändert und dem einzelnen Fürsten ihre Gebiete als erblicher Besitz zuerkannt. Das Kiewer Reich zerfiel in einen losen Fürstenbund.

Großfürst Alexander Newski, 1236–63 Fürst in Nowgorod, seit 1252 auch Großfürst von Wladimir, verteidigte die russischen Grenzen gegen Schweden und den Deutschen Orden. 1547 wurde er heiliggesprochen.

Die Teilfürstentümer: 1169–1240 Der Fürst von Wladimir-Susdal, Andre Bogoljubski, eroberte 1169 Kiew, residierte jedoch nicht dort. Nowgorod entwickelte sich zu einem wichtigen Handelszentrum. Seine Beziehungen reichten von gotländischen bis zu deutschen Kaufleuten. Die politische Macht lag hier weitgehend in Händen der Handelsaristokratie, und es gab eine Verfassung mit demokratischen Zügen. Dagegen überwog in den südwestlichen Fürstentümern das aristokratische, im Fürstentum Wladimir-Susdal das monarchische Element. Das politisch derart zerteilte Reich war 1237 dem Ansturm der Mongolen nicht gewachsen.

Die mongolische Invasion: 1237–1240 Der Mongolenchan Batu, ein Enkel Dschingis Chans, eroberte zwischen 1237 und 1240 die russischen Fürstentümer. Die mongolische Eroberung führte zur Errichtung der »Goldenen Horde«, eines islamischen Staates, in dem sich das mongolisch-türkische Volk der Tataren bildete. Die Goldene Horde veränderte die politische Ordnung Rußlands nicht, die Fürsten behielten ihre Fürstentümer, mußten jedoch Tribut zahlen. Die Mongolenchane tolerierten auch die russische Kirche und förderten ihre Einheit.

Der Aufstieg Moskaus: 1300–1500 Unter den Fürsten der verschiedenen russischen Territorien entwickelten sich Rivalitäten. Die Kirche unterstützte die Fürsten von Moskau, die schließlich um 1300 den Sieg davontrugen. Moskaus Fürsten bauten ihre Macht auf der Grundlage der byzantinischen Autokratie auf, die sie mit den rücksichtslosen Methoden der tatarischen Regierung verbanden. Unter der Moskauer Herrschaft wurden die demokratischen Einrichtungen Nowgorods unterdrückt.

Gegen Ende des 15. Jahrhunderts fühlte sich der Großfürst von Moskau, Iwan III., der Große (1462–1505), stark genug, um dem Chan der Goldenen Horde, die bereits in kleinere Einheiten zerbrochen war, weitere Tributzahlungen zu verweigern. 1480 machte er der Mongolenherrschaft ein Ende. Iwan III. sah sich selbst als Erbe der byzantinischen Tradition und bekräftigte diesen Glauben, indem er die Nichte des letzten byzantinischen Kaisers heiratete. Er unterwarf mehrere Fürstentümer, und 1478 gliederte er Nowgorod und 1485 Twer seinem Reich ein.

Moskau, 1147 erstmals erwähnt, war bis zur Zeit Peters des Großen Hauptstadt. Er verlegte die Residenz dann nach St. Petersburg. Seit 1918 ist Moskau Hauptstadt der Sowjetunion.

Iwan der Schreckliche: 1533–84 Der Enkel Iwans III. – Iwan IV., der Schreckliche – glaubte auch daran, daß Moskau zu Größerem bestimmt sei. Iwans Hunger nach Macht und Landbesitz war unstillbar und führte ihn zu Exzessen der Grausamkeit. Als erster Herrscher von Moskau nahm er 1547 den Zarentitel an. 1552 eroberte er das Chanat Kasan, 1556 Astrachan und begann 1582 mit der Unterwerfung Sibiriens.

Iwan IV., der Schreckliche, nahm 1547 als erster den Zarentitel an.

Iwan stärkte die Zentralregierung des Moskauer Staates. Beratende Körperschaft des Zaren war der Dienstadel, nachdem die Befugnisse des Hochadels drastisch verringert worden waren. Zwischen 1565 und 1572 errichtete Iwan IV. einen Sonderverwaltungsbezirk, die Opritschnina, aus der er den alten Adel aussiedelte. Den Landbesitz verlieh er an seine Dienstadeligen. Sie durften die Dienste der Bauern, die darauf lebten, in Anspruch nehmen. Im 16. und 17. Jahrhundert verschlechterte sich die Lage der Bauern noch, da ihre wenigen Freiheiten weiter eingeschränkt wurden. Die Leibeigenschaft wurde in Rußland durch ein Gesetz von 1649 endgültig eingeführt; zu einem Zeitpunkt, wo sie im größten Teil Westeuropas praktisch abgeschafft war.

Zeit der Wirren: 1603–13 1598 bestieg ein enger Vertrauter Iwans IV., Boris Godunow, den Thron. Nach dem Tod Iwans hatte er für dessen Sohn Feodor zunächst die Regentschaft geführt. 1605 starb Godunow, und verschiedene Thronprätendenten kämpften mit ausländischer Unterstützung um die Macht. Polnische Truppen besetzten 1605 Moskau, und 1611 nahmen schwedische Armeen Nowgorod ein. 1612 konnte Moskau zurückgewonnen werden. Im Frieden von Stolbowo (1617) fielen Ingermanland und Ostkarelien an Schweden, Rußland erhielt Nowgorod zurück.

Boris Godunow bestieg 1598 den Thron. Man verdächtigte ihn, an der Ermordung Dimitris, Iwans IV. Sohn, beteiligt gewesen zu sein.

Die Zeit Peters des Großen: 1682–1725 Die moderne russische Geschichte beginnt mit der Herrschaft Peters I., des Großen. 1682 zum Zaren ausgerufen, mußte er sich seine Stellung von seiner Halbschwester Sofja erst erzwingen. 1689 konnte er als Siebzehnjähriger den Thron besteigen. 1698 ging er nach Holland und England, um sich zum Schiffsbauingenieur ausbilden zu lassen. Wegen eines Aufstandes mußte er nach Rußland zurückkehren. Sofort leitete er drastische Reformen ein, die mit der traditionellen Lebensform brachen. Europäische Kleidung und Barttracht wurden eingeführt und neue Behörden geschaffen. Ausländer wurden ins Land gerufen, die beim Aufbau der Ostseeflotte ebenso beratende Funktion hatten wie beim Bau der neuen Hauptstadt St. Petersburg (heute Leningrad).

Zar Peter der Große setzte sich für die Einführung europäischer Kleidung und Barttracht ein. Eigenhändig stutzte er einigen seiner Untertanen die Bärte.

Peters wichtigste Erfolge lagen auf militärischem Gebiet. Er errang entscheidende Siege über Schweden, 1709 schlug er Karl XII. bei Poltawa, und durch den Frieden von Mystad (1721) erlangte Rußland an Stelle Schwedens die Vorherrschaft im Ostseeraum. Schon 1696 hatte er in einem Krieg mit den Türken die Festung Asow an der Mündung des Dons erobert, und 1722/23 erwarb er Provinzen am Kaspischen Meer in einem Feldzug gegen Persien. 1721 nahm Peter den Kaisertitel an, doch wurde er von den meisten europäischen Monarchen zu seinen Lebzeiten nicht anerkannt.

Verwestlichung und Expansion Nach der Ermordung Peters III., eines Enkels Peters des Großen, bestieg dessen Witwe Katharina II., die Große (1762–96), den Thron. Sie setzte Peters des Großen Werk der Modernisierung fort, und mit der entschlossenen Übernahme westlicher Methoden wurden Fortschritte in der Provinzverwaltung und dem Bildungswesen erzielt.

Die russische Armee, die Peter der Große geschaffen hatte, war eine der mächtigsten in Europa geworden. Unter Katharina erwarb Rußland durch Annexion und Eroberung neue Territorien. Durch die drei Teilungen Polens zwischen 1772 und 1795 kamen Millionen von Ukrainern, Weißrussen, Litauern

Auf dieser zeitgenössischen Karikatur macht der Teufel Katharina II. (1762 bis 1796) mit Warschau und Konstantinopel verlockende Angebote.

Alexander I. zeigte sich zunächst als liberaler Reformer, doch machte der Krieg mit Napoleon seine Pläne zunichte.

und Polen unter russische Herrschaft. Die Annexion von Kurland mit seiner gemischten lettischen und deutschen Bevölkerung erweiterte Rußlands Ostseeküste. Im Süden breitete Rußland sich bis zum Ufer des Schwarzen Meeres aus und nahm der Türkei die Krimhalbinsel weg. Unter Alexander I. (1801–25) gewann Rußland Finnland und Bessarabien.

Während des 18. Jahrhunderts drangen die sozialen und politischen Ideen der europäischen Aufklärung auch bis nach Rußland vor. Anfänglich wurden diese Ideen von Katharina der Großen selbst gefördert; 1773 lud sie den französischen Philosophen Diderot an ihren Hof. Doch die Einflüsse der Französischen Revolution bekämpfte sie mit Schärfe.

Pugatschows Rebellion: 1773–75 Unter Katharina machte die Industrie Fortschritte, besonders im Ural. Das Land wurde ein wichtiger Eisenerzproduzent. Doch die Landwirtschaft stagnierte, und die Armut und Not der Leibeigenen verschlimmerte sich. 1773 entfesselte der Kosak Jemeljan Pugatschow im Ural und im Wolgagebiet einen großen Aufstand. Er fand Anhänger unter den Kosaken, meist Bauern, die sich dem wirtschaftlichen Druck auf den Adelsgütern entzogen hatten und sich in Reiterheeren unter gewählten Führern organisierten. Zu den Rebellen gehörten auch die moslemischen Baschkiren, entlaufene russische Leibeigene und Bergwerksarbeiter. Pugatschow, der sich für den (ermordeten) Peter III. ausgab, eroberte Kasan und bedrohte Moskau. 1774 wurde er von Regierungstruppen geschlagen, von seinen Anhängern ausgeliefert und hingerichtet.

Die Reformpläne: 1801–12 Katharinas Enkel, Alexander I., plante eine Reform des Imperiums. Er wollte zwar einen zentralisierten Staat behalten, aber gleichzeitig sicherstellen, daß dieser Staat gut funktionierte und daß er als absoluter Herrscher ein Wohltäter des Volkes sein würde. Seine Pläne, die den Umbau der gesamten Gesetzgebung, Verwaltung und Rechtsprechung vorsahen, wurden durch den Krieg mit Frankreich zunichte gemacht.

Der Einmarsch Napoleons: 1812 Napoleon wollte versuchen, seinen letzten großen Rivalen auf dem europäischen Kontinent auszuschalten, und führte seine Armee von einer halben Million Mann nach Rußland. Die Schlacht von Borodino brachte beiden Seiten schwere Verluste. Die Russen zogen sich zurück, und die Franzosen besetzten Moskau. Alexander machte kein Friedensangebot. Und da Napoleon fürchtete, daß der Proviant seiner Armee nicht über den russischen Winter ausreichen würde, beschloß er, sich nach Polen zurückzuziehen.

Doch das Land war von den Bauern verlassen, die vor ihrem Rückzug ihre Ernten vernichtet und ihr Vieh getötet hatten. Krankheit und Hunger, die schnellen Angriffe der Kosaken und Partisanen und vor allem die außerordentliche Kälte des russischen Winters reduzierten die französische Armee zu einer kleinen Kampfgruppe von nur 30 000 Mann.

Triumphe des Konservatismus: 1815 Rußlands Siege über Napoleon – der Auftakt zu seinem endgültigen Sturz 1815 – stärkten die radikal konservativen Kräfte, die die Meinung vertraten, daß ein Regime, das den großen Napoleon so glanzvoll geschlagen hatte, eindeutig das beste sein müsse. Eine Flut patriotischer Schriften verherrlichte Rußlands Vergangenheit und rechtfertigte die bestehenden Bedingungen, einschließlich der Leibeigenschaft. Alexanders Reformträume wurden nun völlig aufgegeben.

Einige Russen mit liberalen Ansichten strebten leidenschaftlich eine Änderung des Regimes an, doch sie konnten es weder stürzen noch sich seines Machtapparates bemächtigen, und sie konnten auch ihre Ideen den Leibeigenen nicht vermitteln, die am ehesten davon profitiert hätten. Eine Gruppe junger Aristokraten und Gardeoffiziere versuchte im Dezember 1825, als Alexander I. starb und Unsicherheit über seine Nachfolge herrschte, eine Revolution anzuzetteln. Sie wurde schnell niedergeschlagen. Die Teilnehmer des sogenannten Dekabristenaufstandes wurden die ersten Märtyrer für die Sache der russischen Revolution.

Einen Tag nach Napoleons Einmarsch in Moskau brach ein verheerender Brand aus, der fünf Tage, vom 15. bis 20. September 1812, wütete. Vermutlich ließ der Gouverneur Rostoptschin das Feuer legen.

Diese Karikatur aus dem 19. Jh. zeigt Großgrundbesitzer, die beim Kartenspiel Leibeigene als Einsatz benutzen.

Das Anwachsen der Bürokratie: 1825–55 Nikolaus I. (1825–55), Alexanders Nachfolger, war Herr über eine eindrucksvolle Schar von Polizisten und Beamten. Sie waren stark genug, die kleine, aber ständig wachsende Zahl der liberal denkenden Russen zum Schweigen zu bringen.

Unter Nikolaus wurde die Autokratie ohne die geringste Konzession an die gegenwärtige liberale Strömung aufrechterhalten. Der Zar fühlte sich verpflichtet, die Monarchie sogar außerhalb von Rußlands Grenzen zu verteidigen. 1849 warf er auf Bitten der österreichischen Habsburger den ungarischen Aufstand nieder.

Der Krimkrieg: 1853–56 1854 wurde Nikolaus in einen Krieg auf der Krim verwickelt, der in erster Linie durch die Entschlossenheit der Engländer und Franzosen entstanden war, russische Ansprüche auf türkisches Territorium zu unterbinden. Die russischen Soldaten kämpften hart, besonders bei der Belagerung von Sewastopol; dennoch endete der Krieg mit Rußlands Niederlage. Er enthüllte die Unfähigkeit des russischen Oberkommandos, die Schwäche seines Versorgungs- und Kommunikationssystems und die Unfähigkeit der Wirtschaft, einen großen Krieg zu tragen.

Nikolaus I. warf 1825 den Dekabristenaufstand nieder. Siegreich gegen Persien und die Türkei, verlor er den Krimkrieg.

1881 fiel Alexander II. einem Attentat einer revolutionären Gruppe, die sich Volksfreunde nannte, zum Opfer.

Alexander II. – »Der Befreier«: 1855–81 Der Nachfolger von Nikolaus I., Alexander II., bestieg 1855 den Thron. Wie Alexander I. war er entschlossen, Rußland zu reformieren, zu modernisieren und zu stärken. Alexander und einige aufgeklärte Beamte und Landbesitzer, die ihn berieten, glaubten, daß Reformen das Werk eines wohlwollenden Herrschers sein sollten, der zwar durch eine starke Bürokratie wirkte, jedoch die öffentliche Meinung und Privatinitiative ignorierte. Trotz dieser reformerischen Ansichten waren sie doch dem großen Strom der russischen politischen Tradition treu.

Durch das Gesetz über die Aufhebung der Leibeigenschaft erhielten 1861 47 Millionen Bauern die

Zaristische Truppen eröffneten am 22. Januar 1905 das Feuer auf Demonstranten, die mit einer Petition zum Winterpalais in St. Petersburg marschierten. Dieser Vorfall löste die Revolution von 1905 aus.

Freiheit und bekamen die Möglichkeit, Land zu kaufen. Doch die käuflichen Ländereien waren zu klein und zu teuer. In der Praxis übernahmen jetzt Regierungsbeamte die Kontrolle, die einst die Landbesitzer über die Bauern ausgeübt hatten. Die befreiten russischen Bauern waren noch weit davon entfernt, als freie und gleiche Bürger anerkannt zu werden.

1864 wurde eine Justizreform durchgeführt und außerdem die Semstwo-Organisation geschaffen, nach der die verschiedenen Provinzen Selbstverwaltung erhielten. Der Zar lehnte es jedoch ab, irgendein zentrales Parlament zuzulassen.

Der Dichter Leo Tolstoi (1828–1910) trat für die Begnadigung der Mörder Alexanders II. ein. Zu seinen bedeutendsten Werken zählen Krieg und Frieden *und* Anna Karenina.

Die Ermordung Alexanders II.: 1881 Alexander hatte wertvolle Reformen durchgeführt, doch die politischen Extremisten waren damit nicht zufrieden. Die gebildeten jungen Russen waren entsetzt über die Kluft zwischen ihrer eigenen europäisierten Kultur und der Armut und Ignoranz der Bauern, zwischen dem materiellen Fortschritt des Westens und der Rückständigkeit Rußlands und zwischen der vergleichsweise aufgeklärten Verwaltung der europäischen Länder und der Korruption, Brutalität und Unberechenbarkeit der russischen Regierung. Sie sahen keine andere Abhilfe als die Revolution. Kleine Verschwörergruppen bildeten sich, und es wurden zuweilen erfolgreiche Versuche unternommen, die Arbeiter in den wachsenden Industriestädten zu organisieren. 1881 ermordete eine revolutionäre Gruppe, die Narodniki (Volksfreunde), den Zaren. Sein Nachfolger, der reaktionäre Alexander III. (1881–94), war ein stockkonservativer Autokrat. Alle Reformpläne wurden aufgeschoben, und es gab keine politischen Zugeständnisse mehr.

Darunter litt besonders das Bildungswesen. Obwohl Rußland es sich jetzt hätte leisten können, für ein gutes Volksschulsystem zu zahlen, wurde doch sehr wenig Geld dafür ausgegeben. Es entsprach nicht der Politik der Regierung, Kinder aus den niederen sozialen Schichten zu höherer Bildung aufsteigen zu lassen. So blieben die gefährliche kulturelle Kluft zwischen der Elite und den Volksmassen und die sozialen Ungerechtigkeiten bestehen.

Karl Marx (1818–83) gilt als Schöpfer des wissenschaftlichen Sozialismus. Seine in dem dreibändigen Werk Das Kapital *niedergelegten Ideen inspirierten die Bolschewisten bei der Revolution von 1917.*

Die industrielle Revolution in Rußland Unter der despotischen Herrschaft Alexanders III. und der seines Nachfolgers, Nikolaus' II. (1894–1917), ging Rußland durch die entscheidenden Anfangsphasen einer industriellen Revolution. Der Staatsmann, der für diesen Fortschritt am meisten verantwortlich zeichnete, war Graf Sergei Witte, Finanzminister von 1892 bis 1903. Mit Hilfe großer ausländischer Investitionen, besonders von Frankreich, machten Bergbau und metallverarbeitende Industrien schnelle Fortschritte, außerdem förderte Witte den Bau der 1891 begonnenen Transsibirischen Eisenbahn. Den Preis für die industrielle Expansion mußten hauptsächlich die Bauern bezahlen, deren Steuern nicht für die Verbesserung der Landwirtschaft, sondern für Industrie und Armee ausgegeben wurden. Die Vernachlässigung der Landwirtschaft durch die Regierung und das Problem der Überbevölkerung waren die Hauptgründe für die wachsende Armut der Bauernschaft.

Nationale Unterdrückung: um 1890 Mehr als die Hälfte der russischen Untertanen waren Nichtrussen. Zwischen 1885 und 1893 verfolgte man die Politik der Russifizierung dieses Bevölkerungsteils. Es genügte nun nicht mehr, daß alle Untertanen dem Zaren gehorchten, es wurde ihnen befohlen, sich selbst als Teil der russischen Nation zu betrachten, die russische Sprache zu sprechen und die orthodoxe Religion anzunehmen. Mit dieser Politik machte sich die Regierung Völker zu Feinden, die bis dahin dem Regime loyal gesonnen waren, zum Beispiel die Finnen, Armenier und Ukrainer.

Die Juden hatten unter besonderen Formen der Unterdrückung zu leiden. Sie mußten Angriffe auf ihr Leben und ihr Eigentum über sich ergehen lassen, und diese Ausschreitungen von Banden armer Städter wurden von der Polizei nicht nur geduldet, sondern manchmal sogar von ihr inszeniert.

Graf Sergei Witte war von 1892–1903 russischer Finanzminister. Während dieser Zeit verzeichnete Rußland einen nicht geringen wirtschaftlichen Fortschritt.

Der russisch-japanische Krieg: 1904–05 Die Politik der territorialen und wirtschaftlichen Expansion im Fernen Osten brachte Rußland in einen Konflikt mit Japan. Zur Überraschung der ganzen Welt besiegte das kleine Japan die russische Armee in der Mandschurei und vernichtete im Mai 1905 die Flotte des Zaren in der Straße von Tsushima. Diese Demütigung brachte in Rußland die politische Unzufriedenheit zum Siedepunkt.

Die Revolution von 1905 Während Rußland immer noch versuchte, der Niederlage durch Japan zu entgehen, wurde es im Innern durch eine Revolution erschüttert. Auslöser waren die Ereignisse des blutigen Sonntags, des 22. Januar 1905. Demonstranten, die mit einer Petition zum Winterpalais des Zaren in St. Petersburg marschierten, wurden von Armeetruppen rücksichtslos beschossen.

Ende des Monats streikte beinahe eine halbe Million Arbeiter; in einigen Städten gab es Straßenkämpfe, die Bauern erhoben sich gegen die Großgrundbesitzer, und die Arbeiter der St. Petersburger Rüstungsfabriken errichteten den ersten Arbeiterrat, den Sowjet. Armee-Einheiten revoltierten, auf der *Potemkin*, einem Panzerkreuzer der Schwarzmeerflotte, gab es eine Meuterei. Im Oktober brachte ein Generalstreik der Eisenbahner das Regime an den Rand des Zusammenbruchs, und Zar Nikolaus II. war gezwungen, dem Land eine Verfassung zu geben.

Das parlamentarische Experiment: 1905–07 Die Verfassung sah eine *Duma* (Parlament) vor, doch obwohl sie im Rahmen eines liberalen Stimmrechts gewählt wurde, hatte sie wenig wirkliche Macht. Die ersten beiden Dumas schlugen umfassende Reformen vor, die der Zar jedoch verwarf; seine einzige Antwort war die Auflösung der Duma. 1907 schränkte Ministerpräsident Peter Stolypin durch ein Dekret das Stimmrecht ein. Die darauffolgenden Dumas hatten konservative Mehrheiten, doch sogar sie fühlten sich durch das autoritäre Benehmen der Minister und Beamten abgestoßen. Nach 1907 machte die zaristische Regierung unter Stolypin den Versuch, Rußland zu reformieren, besonders im Bildungswesen und in der Landwirtschaft. Nach der Ermordung Stolypins im Jahre 1911 kehrte das zaristische Regime jedoch zu seiner früheren reaktionären Politik zurück.

Rußland im Ersten Weltkrieg: 1914–17 Rußland trat 1914 in den Ersten Weltkrieg ein. Seine Armeen erlitten schwere Verluste und erschreckende Niederlagen. Die Mehrheit der Abgeordneten in der Duma stand der Regierung feindselig gegenüber, weil sogar die besten konservativen Minister durch weniger fähige Politiker ersetzt wurden. Allgemein hieß es, dies geschehe auf den unheilvollen Einfluß eines sibirischen Mönches namens Rasputin hin. Tatsächlich be-

Russische Soldaten ergeben sich 1914 deutschen Truppen.

trachtete Zarin Alexandra Rasputin als gottgesandten Wundertäter, und als solcher konnte er den Zarenhof bis zu seiner Ermordung 1916 beherrschen.

Bis zu seiner Ermordung (1916) konnte der sibirische Mönch Rasputin auf den Zarenhof unheilvollen Einfluß ausüben.

Die Februarrevolution: 1917 1917 nahmen die Streiks und Demonstrationen gegen die Regierung überhand, und die Arbeiter in der Hauptstadt gingen auf die Straßen. Armee-Einheiten schlossen sich den Demonstranten an. Am 12. März bildete sich unter Fürst G. E. Lwow eine provisorische Regierung, und am 15. März trat Nikolaus II. auf Drängen der Generalität zurück. Zusammen mit seiner Familie wurde er gefangengenommen und im Juli 1918 von den Bolschewisten ermordet.

Diese Ereignisse fanden im März statt, sind jedoch als Februarrevolution bekannt wegen einer Differenz von dreizehn Tagen zwischen den Kalendern, die damals in Rußland und im übrigen Europa in Gebrauch waren. Sie leiteten die große russische Revolution ein, die mehr als drei Jahre dauerte. Die Revolution verlief in drei Stadien: der Versuch der Gemäßigten, die Macht zu halten, die bolschewistische Oktoberrevolution und die lange Periode des Bürgerkrieges, die darauf folgte.

Im März 1917 trat Nikolaus II. zurück. Er wurde zusammen mit seiner Familie gefangengesetzt und 1918 von den Bolschewisten ermordet.

Die Gemäßigten verlieren die Macht In den ersten acht Monaten nach der Februarrevolution kämpften die gemäßigten sozialistischen Politiker der Duma, angeführt von dem Rechtsanwalt Alexander Kerenski, um die Erhaltung ihrer Macht. Ihr Mißerfolg gründete sich auf den schnellen Zusammenbruch des Regierungsapparats, auf die Aufrufe an die Massen durch die extreme Linke und auf die Feindschaft der Konservativen und der Armeeoffiziere. Das Schicksal der Gemäßigten wurde schließlich durch ihre Unfähigkeit, die Deutschen zu schlagen oder Rußland aus dem Krieg herauszuführen, besiegelt. Die Moral in der Armee brach zusammen, und die Extremisten gewannen an Einfluß unter den Soldaten.

Die Oktoberrevolution: 1917 Am 7. November ergriffen die Bolschewiki, eine extreme linke sozialistische Gruppe, die Macht. Ihr Anführer war Wladimir Iljitsch Lenin, ein großer Theoretiker und Praktiker der Revolution, der sein politisches Programm schon in der sibirischen Verbannung 1896–99, auf Marx und Engels aufbauend, entwickelt hatte. Die bolschewistische Revolution, die Oktoberrevolution, war fast unblutig. Der Sturm auf das Winterpalais, den Sitz der gemäßigten sozialistischen Regierung unter Kerenski, traf praktisch auf keinen Widerstand. Die bolschewistische militärische Aktion wurde von Leo Trotzki, einem ehemaligen Gegner Lenins, der jetzt sein engster Mitarbeiter geworden war, geplant und durchgeführt.

Wladimir Iljitsch Lenin, Führer der Bolschewiki, hatte bereits in der sibirischen Verbannung (1896–99) sein politisches Programm entwickelt.

Die Bolschewiki errichteten bald ein Monopol der politischen Macht. Im März 1918 schlossen sie mit Deutschland, Österreich-Ungarn, der Türkei und Bulgarien den Frieden von Brest-Litowsk. Rußland erkannte die Abtrennung Polens, Finnlands, der Ukraine, Litauens, Lettlands, Estlands, Georgiens und Armeniens vom russischen Staatsgebiet an.

Karikatur Leo Trotzkis. 1918–25 Volkskommissar für Krieg und Marine, schuf er die »Rote Armee«. Nach Lenins Tod überwarf er sich mit Stalin und ging 1929 nach Mexiko ins Exil.

Der Bürgerkrieg: 1918–21 Im Sommer 1918 brach zwischen »Roten« (Bolschewiki) und »Weißen« (alle nichtbolschewistischen Kräfte) der Bürgerkrieg aus. Die bolschewistischen Truppen, angeführt von Trotzki, hatten gegen Demokraten, militärische Diktatoren und nationalistische Bewegungen unter den nichtrussischen Völkern zu kämpfen. Im Februar 1918 verlegte die bolschewistische Regierung ihren Sitz nach Moskau. Seit Beginn des Jahres 1919 erhielten die Weißen große Vorräte an Kriegsmaterial und auch militärische Berater von den alliierten Westmächten. Nach wechselvollen Kämpfen, die große Verluste, Zerstörung und Hungersnot brachten, trugen die Bolschewiki schließlich den Sieg davon. 1921 umschloß Sowjetrußland etwa das Gebiet des alten russischen Imperiums, mit Ausnahme Finnlands, Polens und der baltischen Staaten.

Die Errichtung der UdSSR: 1920–22 Nach der Revolution errichteten die neuen Herrscher Rußlands ein starres Regierungssystem, das mit geringen Veränderungen bis zum heutigen Tag überlebte. Das Regime stützte sich angeblich auf die Sowjets (Arbeiterräte). Doch in der Praxis lag die Macht zuerst in den Händen des Zentralkomitees der kommunistischen Partei, dann konzentrierte sie sich in den Händen des Politbüros, das über alle wichtigen politischen Fragen entschied, und in denen des Sekretariats, das für die Ernennungen innerhalb der Partei verantwortlich war. Ende 1922 wurde die Russische Sozialistische Föderative Sowjetrepublik (RSFSR) mit Transkaukasien, der Ukraine und Weißrußland zur Union der Sozialistischen Sowjetrepubliken (UdSSR) zusammengeschlossen.

Dieses Plakat der zwanziger Jahre zeigt den russischen Arbeiter als Bauern, der einen mit Geldsäcken und Kronen bestreuten Boden umpflügt.

Das kommunistische Programm sah die totale Nationalisierung aller Produktionsmittel Rußlands vor. Doch die Verluste und Zerstörungen der Kriegsjahre zwangen Lenin, die Neue Ökonomische Politik (NEP) einzuführen, die während einer Übergangszeit noch privatwirtschaftliche Initiativen zuließ.

Stalin gewinnt den Kampf um die Macht: 1924–29 Im Jahre 1922 erlitt Lenin einen Schlaganfall, und nach seinem Tode 1924 begann der Kampf um seine Nachfolge. Josef Stalin hatte 1922 das neugeschaffene Amt des Generalsekretärs der Partei übernommen und brachte bald das Politbüro, das Zentralkomitee und den Parteitag unter seinen Einfluß. Bis 1929 konnte Stalin seine Gegner, Trotzki, Sinowjew und Kamenew, ausschalten. Trotzki, 1929 des Landes verwiesen, ging nach Mexiko, wo er 1940 einem Attentat – angeblich eines stalinistischen Agenten – zum

Opfer fiel. 1929 errichtete Stalin eine persönliche Diktatur, die er unangefochten ausüben konnte.

Verstärkte Industrialisierung Nachdem Stalin sich einmal fest etabliert hatte, änderte er seine gemäßigte Wirtschaftspolitik. Er war überzeugt, daß Rußland in großer Gefahr schwebe, solange es keine starke Industriemacht sei, und er war entschlossen, das um jeden Preis zu erreichen. Das Ergebnis war eine Zwangskollektivierung der Landwirtschaft und eine forcierte Industrialisierung in den ersten zwei Fünfjahresplänen (1928–37). Die unter Lenin von den Bauern als Eigentum erworbenen Ländereien wurden vom Staat eingezogen und für die Gründung von Kolchosen verwendet.

Die Zwangskollektivierung verursachte gewaltige Umwälzungen, führte zu Hungersnöten und zerstörte mehr als die Hälfte von Rußlands Viehbestand. Von den Bauern, die diesen Prozeß überlebten, wurden viele Millionen in den neuen Industrie- und Bergbauzentren zusammengepfercht.

Das Leid der Massen erzeugte Unzufriedenheit, die sich politisch in Angriffen gegen das Regime, besonders unter den nichtrussischen Völkern, ausdrückte. Als Antwort darauf gab Stalin der Geheimpolizei fast unbegrenzte Macht und führte die Russifizierung nicht weniger rücksichtslos durch, als die Zaren es getan hatten.

Säuberung der Partei: 1936–39 Mitte der dreißiger Jahre begann Stalin seine wirklichen oder vermeintlichen Feinde innerhalb der kommunistischen Partei zu beseitigen. In der Großen Tschistka der Jahre 1936–39 vernichtete Stalin die Spitzen der Partei, der zentralen Ministerien, der Industrie und der Armee. Die Säuberungen begannen als Angriff auf die überlebenden Anhänger von Stalins ehemaligen Rivalen, doch die Zahl der Verhaftungen steigerte sich ins Uferlose, als die Geheimpolizisten bei der Entlarvung der Volksfeinde miteinander wetteiferten. Jede Gesellschaftsschicht war betroffen. Besonders sensationell waren die Schauprozesse gegen führende Persönlichkeiten und die Hinrichtung der Armeekommandeure im Jahre 1937. 1939 stellte Stalin die Säuberungen ein.

Josef Stalin, eigentlich Jossif Wissarionowitsch Dschugaschwili. Im Hintergrund dieses Plakates wird auf den industriellen Fortschritt hingewiesen, den Stalin mit terroristischen Mitteln vorantrieb.

Der Zweite Weltkrieg: 1941–45 Die Russen fürchteten einen Angriff der vereinigten kapitalistischen Welt, sollten Sieger und die Besiegten von 1918 sich versöhnen. Daher unterstützten sie in den zwanziger Jahren Deutschland gegen den übrigen Westen und zwischen 1935 und 1939 den Westen gegen Deutschland. Von 1939 bis 1941 unterstützten sie wiederum Deutschland, wurden jedoch 1941 selbst von den Deutschen angegriffen.

Der Einmarsch Hitlers war die erste große Prüfung der Stärke Sowjetrußlands. Zuerst erzielten die Deutschen große Erfolge, doch mit der heldenhaften russischen Verteidigung von Stalingrad (heute Wolgograd) im Winter 1942–43 wendete sich das Blatt. 1945 hatten die siegreichen sowjetischen Armeen mehr als die Hälfte Europas besetzt.

Stalins Persönlichkeitskult: 1945–53 So wie die Niederlage Napoleons 1815 den zaristischen Konservatismus gestärkt hatte, so erhöhte der Sieg von 1945 das Prestige Stalins und seines Regimes. In den folgenden Jahren herrschte in Rußland eine totalitäre Autokratie; Stalin wurde in einem Persönlichkeitskult

Der Filmregisseur Sergei Eisenstein (1898–1948) erwarb sich durch seine Filme Weltruhm. Hier ein Szenenbild aus Alexander Newski.

Jährlich wird am 1. Mai auf dem Roten Platz in Moskau zur Erinnerung an die Revolution von 1917 eine Militärparade abgehalten.

verherrlicht, der ihm einen gottähnlichen Status verlieh. Die Partei, die Armee, die Bürokratie, die Geheimpolizei waren nur Werkzeuge in seiner Hand; er konnte jeden in seinem Sinne beeinflussen.

Die Allianz zwischen der Sowjetunion, England und den Vereinigten Staaten brach nach Kriegsende auseinander. Da beide Seiten einen direkten militärischen Zusammenstoß vermeiden wollten, entwickelte sich der kalte Krieg. Seit 1945 begann auch der langsame Ausbau des Systems der sowjetischen Satellitenstaaten. Im Juni 1948 verhängte die sowjetische Besatzungsmacht eine Blockade über West-Berlin, um die ganze Stadt unter ihre Kontrolle zu bekommen. Doch die Westmächte leisteten Widerstand und versorgten Berlin über eine Luftbrücke. Im Mai 1949 hob die Sowjetunion die Blockade auf.

Tauwetter nach Stalin Als Stalin im März 1953 starb, errichteten seine Nachfolger, die einander mißtrauten, eine kollektive Führung. Der gefürchtete und gehaßte Chef der Geheimpolizei, Lawrenti Berija, Stalins engster Vertrauter, wurde verhaftet und hingerichtet. Nach seinem Tod schränkte man die Vollmachten der Geheimpolizei ein; viele politische Gefangene erhielten die Freiheit, und das russische Volk bekam mehr und bessere Konsumgüter.

1958 stand wieder ein einzelner Mann, Nikita Chruschtschow, an der Spitze der Sowjetunion. Er vermied die Exzesse des stalinistischen Persönlichkeitskultes. In seiner historischen Rede auf dem 20. Parteitag der KPdSU (1956) kritisierte er diesen Kult, den Polizeiterror und die Schauprozesse und leitete die Entstalinisierung ein.

Nikita Chruschtschow trat für eine friedliche Koexistenz von Ost und West ein.

Chruschtschow machte sich in der Parteiführung jedoch manche Feinde; im besonderen nahm er die Armeeführer gegen sich ein, indem er das Verteidigungsbudget reduzierte, um mehr Geld für Konsumgüter zu haben. 1964 wurde er nach einer Abstimmung im Zentralkomitee abgesetzt. Seine Nachfolge traten Leonid Breschnew als Generalsekretär der Partei und Alexej Kossygin als Ministerpräsident an. Die neue Führung setzte Chruschtschows Politik der friedlichen Koexistenz mit dem Westen fort, stärkte jedoch gleichzeitig die Streitkräfte des Landes.

Rebellierende Satellitenstaaten Nach Stalins Tod lockerte die Sowjetunion ihre Kontrolle über die Satellitenstaaten in Osteuropa etwas. Das führte zu Ausbrüchen nationaler Gefühle, die in der ungarischen Revolution vom Oktober 1956 gipfelten. Die sowjetischen Herrscher unterdrückten die Revolte durch den Einmarsch ihrer Armeen. 1968 ereignete sich eine neue Krise in der Tschechoslowakei, als der tschechoslowakische Führer Alexander Dubček eine Reform des politischen Systems durchzuführen versuchte. Auch sie wurde von russischen Armeen unterdrückt, die in das Land einfielen. Dubček wurde durch eine folgsame prosowjetische Führung ersetzt.

Die Kubakrise: 1962 Während die sowjetische Führung halb Europa im Würgegriff hielt, tat sie ihr Bestes, in Asien, Afrika und Lateinamerika antiwestliche Gefühle für sich auszunützen. Auf dem Höhepunkt der Auseinandersetzung zwischen Kuba und den Vereinigten Staaten lieferte die Sowjetunion 1962 Raketen nach Kuba und errichtete einen Stützpunkt. Präsident J. F. Kennedy verlangte den Rücktransport der Raketen, und es bestand die Gefahr eines nuklearen Zusammenstoßes der Weltmächte. Daraufhin erklärte sich Chruschtschow zum Abbau der Abschußrampen und Rücktransport der Raketen bereit. Im Januar 1963 wurde der Konflikt offiziell beigelegt.

Der Streit mit dem kommunistischen China Im Fernen Osten sah es zunächst so aus, als würde der Sieg der chinesischen Kommunisten im Bürgerkrieg 1949 die sowjetische Macht in der Welt stärken. Doch während der sechziger Jahre entwickelte sich zwischen China und der Sowjetunion Feindschaft. 1969 kam es wiederholt zu bewaffneten Zusammenstößen an der mandschurischen Grenze. Die Chinesen beschuldigten die Russen, die wahren Prinzipien des Marxismus-Leninismus verraten zu haben; die Russen antworteten mit der Beschuldigung, China habe die schlimmsten Züge des Stalinismus nachgeahmt.

Aufstieg zu einer Supermacht Seit Beginn der siebziger Jahre ist die Sowjetunion eine Supermacht, mit einem vollständigen Arsenal nuklearer Waffen und interkontinentaler Raketengeschosse. Doch sie hat zwei starke Rivalen – die Vereinigten Staaten und China, eine potentielle dritte Macht. Der Fortschritt der sowjetischen Nachkriegstechnologie offenbarte sich bereits 1957 durch den Start des ersten künstlichen Raumsatelliten der Welt – Sputnik I – und des ersten bemannten Raumschiffes 1961.

Gegen Ende der sechziger Jahre zeigten die Sowjetunion und die Vereinigten Staaten eine wachsende Bereitschaft zur Zusammenarbeit in Raumforschung und Handel und unterzeichneten 1968 zusammen mit Großbritannien einen Kernwaffensperrvertrag. Doch während die Sowjetunion in den internationalen Angelegenheiten eine flexiblere Politik betrieb, versuchte sie ihre absolute Kontrolle über das Leben des russischen Volkes zu erhalten. Anfang der siebziger Jahre wurde eine Kampagne gestartet, mit dem Ziel, die Kritiker des Regimes unter den Schriftstellern, Wissenschaftlern und Intellektuellen zu unterdrücken. Nationale Minderheiten, die ihre Rechte durchzusetzen versuchten, besonders die Juden, wurden Schikanen und sogar direkter Verfolgung ausgesetzt. 1979 erhielten etwa 50 000 Juden die Erlaubnis, das Land zu verlassen.

Ohne Angabe von Gründen wurde Nikolaj Podgorny Mitte 1977 seines Amtes enthoben und aus dem ZK der KPdSU ausgeschlossen. Breschnew wurde an seiner Stelle zusätzlich Vorsitzender des Präsidiums des Obersten Sowjets. Im März 1979 wurden Breschnew und Kossygin vom Obersten Sowjet erneut für fünf Jahre in ihren Ämtern bestätigt.

Der Schriftsteller Alexander Solschenizyn, scharfer Kritiker aller politischen Zwangssysteme, wurde im Februar 1974 aus der Sowjetunion ausgewiesen.

Die Moskauer Führungsspitze im Juli 1980 nach einem Besuch von Helmut Schmidt. Von links Andrej Gromyko, Alexej Kossygin und Leonid Breschnew.

Ihre Intervention in Afghanistan seit Dezember 1979 brachte die Sowjetunion nicht nur in harten Gegensatz zu den USA, sondern sie verschlechterte auch ihr Verhältnis zu den westeuropäischen Ländern und traf auf die Ablehnung der meisten islamischen und blockfreien Staaten. Sie mußte 1980 amerikanische Wirtschaftssanktionen und den Boykott der Olympischen Sommerspiele in Moskau durch wichtige Staaten hinnehmen. In Afghanistan unterhielt die Sowjetunion im November 1980 ungefähr 100 000 Mann, die zwar Städte und Verkehrswege kontrollierten, den Widerstand auf dem Land aber nicht brechen konnten. Seit August 1980 führten die Ereignisse in Polen, die von der sowjetischen Führung als eine Bedrohung für ihr Modell des Kommunismus betrachtet werden, zu einem weiteren Rückschlag in ihrer Entspannungspolitik. Im Oktober 1980 trat der langjährige Ministerpräsident Alexej N. Kossygin aus gesundheitlichen Gründen von seinen Staatsämtern und aus dem Politbüro zurück und starb im Dezember. Zum Nachfolger wurde der Wirtschaftsfachmann Nikolai A. Tichonow ernannt.

Der erste Mensch im Weltraum war 1961 der russische Kosmonaut Juri Gagarin.

Spanien

504 782 qkm
37 050 000 Einwohner
Hauptstadt: Madrid

Im Jahr 1492 gelang es den Spaniern, das letzte maurische Bollwerk, Granada, zurückzuerobern und damit der moslemischen Herrschaft, die sieben Jahrhunderte gedauert hatte, ein Ende zu setzen. Im gleichen Jahr entdeckte Christoph Kolumbus die Neue Welt und nahm sie für die spanische Krone in Besitz. Spanien wurde bald das mächtigste Land Europas und beherrschte in Amerika ein gewaltiges Kolonialreich.

Spaniens imperiale Größe dauerte nur ein Jahrhundert lang. Die habsburgischen Könige des Landes verschleuderten die Reichtümer Spanisch-Amerikas in dem erfolglosen Versuch, die Vorherrschaft in Europa zu erlangen. Es folgte ein schneller und katastrophaler Abstieg des Landes. Angesichts dieses Niedergangs zogen sich die spanischen Herrscher auf einen orthodoxen Standpunkt in Politik und Religion zurück, der von denjenigen heftig bekämpft wurde, die in liberalen Reformen Spaniens einzige Hoffnung zur Wiedererlangung seiner einstigen Größe sahen. Dieser Konflikt beherrscht die moderne Geschichte Spaniens. Er äußerte sich in dem Kampf zwischen dem Liberalismus und dem katholischen Konservatismus im 19. Jahrhundert und im Bürgerkrieg von 1936–39.

Frühe Einwohner Bereits in der Altsteinzeit waren Teile Spaniens besiedelt. In Altamira, einer Höhle in der Provinz Santander, entdeckte man 1879 altsteinzeitliche Felsbilder, die Malereien in französischen Höhlen ähnlich sind. Später wanderten Iberer nach Spanien ein, die sich im 6. vorchristlichen Jahrhundert mit keltischen Stämmen aus dem Norden vermischten und die sogenannte keltiberische Kultur schufen.

Um 1100 v. Chr. errichteten die Phöniker an der Südwestküste Handelskolonien. Seit dem siebten vorchristlichen Jahrhundert kamen Griechen und bauten Stützpunkte, doch im sechsten Jahrhundert wurden sie von den Karthagern verdrängt, die bis zur Mitte des vierten Jahrhunderts ihren Machtbereich auf das Gebiet zwischen Cádiz und Cartagena ausdehnen konnten. Die Eindringlinge waren vor allem an den reichen Bodenschätzen des Landes, an Zinn, Eisen und Kupfer, interessiert.

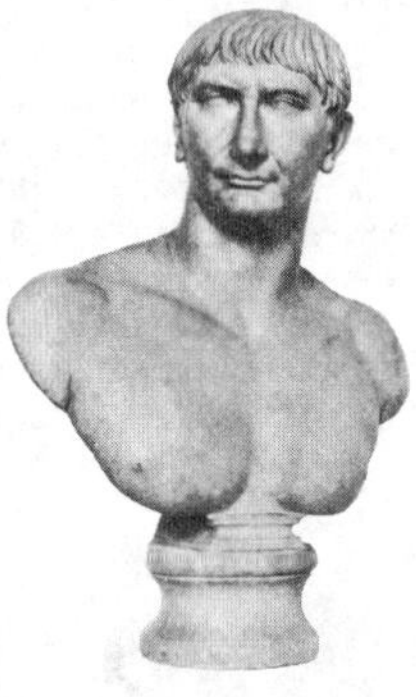

Im Jahre 98 wurde Trajan, der aus Spanien stammte, als erster Provinzialrömer Kaiser.

Römer und Westgoten: 202 v. Chr.–711 n. Chr. Nachdem die Römer im Zweiten Punischen Krieg (218–201 v. Chr.) die Karthager, deren Einflußbereich sich inzwischen bis zum Ebro erstreckte, von der Halbinsel vertrieben hatten, machten sie sich daran, die iberischen Stämme zu unterwerfen. Die Iberer verteidigten sich erbittert, und die Kämpfe dauerten bis zur Zeit des Kaisers Augustus an. Die Römer legten ein weitverzweigtes Straßennetz an, und viele Italiker ließen sich in den spanischen Provinzen nieder. 74 n. Chr. verlieh Kaiser Vespasian den spanischen Städten das latinische Bürgerrecht. Römische Dichter wie Seneca, Lukan und Martial und auch römische Kaiser wie Trajan und Hadrian waren in Spanien geboren. Seit dem 2. Jahrhundert verbreitete sich das Christentum auf der Iberischen Halbinsel. Im 3. Jahrhundert fielen die Franken in Spanien ein. Ihnen folgten Alanen, Sueben und Wandalen. Um 415 brachen die Westgoten unter König Athaulf in Südfrankreich und Spanien ein. Seine Nachfolger unterwarfen die vorher eingewanderten Völker. König Eurich (466–484) war Herr über den größten Teil der Halbinsel. Alarich II. unterlag dem Frankenkönig Chlodwig 507, und nun beschränkte sich das Westgotenreich auf das Gebiet südlich der Pyrenäen. 587 trat Rekkared I. zum Katholizismus über. Streitigkeiten über die Führungsansprüche unter den Westgoten eröffneten den Weg zur Eroberung des Landes durch die Araber im frühen 8. Jahrhundert.

Noch immer zeigt der Aquädukt von Segovia, welchen Aufschwung die römische Herrschaft für Spanien brachte.

Die Mauren in Spanien Die Ausbreitung des Islams hatte einen tiefen Einfluß auf die spanische Geschichte. 711 überquerten arabisch-berberische Armeen die Straße von Gibraltar von Afrika her. Innerhalb von vier Jahren eroberten die Eindringlinge die ganze Halbinsel, mit Ausnahme des bergigen Asturien im Norden, wo einige christliche Königreiche überlebten. Während der nächsten sechs Jahrhunderte blieb Spanien zwischen Christen und Mauren – wie die moslemischen Eroberer genannt wurden – geteilt.

Zentrum der maurischen Macht war die Stadt Córdoba in dem fruchtbaren Gebiet von al-Andalus (dem heutigen Andalusien). Der Höhepunkt dieser Macht wurde unter dem Kalifen Abd ar-Rahman III. (912–961) erreicht. Die islamische Kultur in Spanien – symbolisiert durch die große Moschee, die immer noch in Córdoba steht – war anfänglich eindeutig der Macht der kleinen christlichen Königreiche im Norden – Asturien, León, Kastilien, Navarra und Aragonien – überlegen.

Die christliche Wiedereroberung Im 11. Jahrhundert zerfiel das Kalifat von Córdoba und kam unter die Macht der Almoraviden und Almohaden. 1236 fiel Córdoba an Kastilien. Langsam wurden die Mauren von den christlichen Heeren nach Süden gedrängt, bis am Ende des 13. Jahrhunderts nur noch Granada unter maurischer Herrschaft stand. Die Wiedereroberung war jedoch kein stetiger Prozeß; sie wurde von langen Perioden des Friedens mit den Mauren sowie von Kriegen zwischen den christlichen Königreichen selbst unterbrochen. Legendärer Held dieser ersten Phase der Wiedereroberung war Rodrigo Diaz de Vivar – von den Mauren *El Cid* genannt –, der 1094 in Valencia eine selbständige Herrschaft errichtete. Alfons I. von Aragonien (1104–34) eroberte 1118 Saragossa. Alfons VII. von Kastilien errang schließlich die Oberhoheit über alle christlichen Reiche in Spanien, doch durch Erbteilung zerfiel das Reich bald wieder.

Ferdinand und Isabella 1479 wurden durch die Heirat von Ferdinand von Aragon mit Isabella von Kastilien zwei der mächtigsten Königreiche Spaniens vereint. Mit der Eroberung des Königreiches Granada (1492) war die Herrschaft der Mauren in Spanien endgültig beendet. Im gleichen Jahr entdeckte der Italiener Christoph Kolumbus, der unter spanischer Flagge segelte, die Neue Welt. Damit war die Grundlage für das spanische Kolonialreich geschaffen.

Eine zeitgenössische Darstellung der Reise des Kolumbus in die Neue Welt, wo spanische Entdecker und Eroberer bald ein Weltreich gründen sollten.

Das Erscheinen der Habsburger: 1516 Die Jahre unter der Dynastie der Habsburger brachten Spanien den Aufstieg zur Großmacht und den Niedergang. Johanna, die Tochter Ferdinands und Isabellas, heiratete 1496 den Sohn des Habsburgers Maximilian I., Philipp den Schönen. 1516 bestieg ihr Sohn Karl I. den Thron. Karl wurde 1519 als Karl V. zum deutschen Kaiser gewählt. Er war in den Niederlanden geboren, kam nach Spanien als Ausländer, und seine politischen Interessen als Kaiser des Heiligen Römischen Reiches lagen hauptsächlich in Deutschland und Italien. Die reichen Gewinne an Silber und Gold, die aus den spanischen Eroberungen in Mexiko und Peru stammten, verwendete Karl, um seine Kriege, seine europäischen Ambitionen und die Unterdrükkung der Reformation in seinen deutschen Besitzungen zu finanzieren. Gegen Ende der Regierungszeit Karls war die Finanzlage des Landes geschwächt, und die Reichtümer Amerikas flossen in die Hände seiner zahlreichen europäischen Gläubiger.

Philipp II.: 1555–98 Unter Karls Sohn Philipp II. entwickelte sich Spanien zur größten Macht Europas. Mit der Annexion von Portugal (1580) kam die gesamte Iberische Halbinsel unter spanische Herrschaft. Doch die Überbeanspruchung der spanischen Hilfsquellen wurde fortgesetzt. Gold und Silber aus der Neuen Welt brachten die Inflation, die die Grundlagen der Wirtschaft erschütterte. Philipp betrachtete Spanien als den einzigen Verteidiger des Katholizismus in Europa. Er kämpfte gegen die protestantischen Niederlande und England und unterstützte den katholischen Adel in Frankreich in seinem Kampf um die Beherrschung des Throns. 1581, nach Jahren erbitterter Kämpfe, befreiten sich die nördlichen Provinzen der Niederlande von der spanischen Herrschaft und gründeten die Republik der Vereinigten Niederlande. Das, zusammen mit der Niederlage der spanischen Armada durch die Engländer im Jahre 1588, kennzeichnete den beginnenden Abstieg Spaniens.

Don Quijote und sein Diener Sancho Pansa sind die beiden Hauptfiguren in Cervantes' unsterblichem Roman, in dem er den von Ehre und Ritterlichkeit besessenen Spaniern einen satirischen Spiegel vorhält.

Spanien im 17. Jahrhundert Unter den schwachen Nachfolgern Philipps zerfiel Spanien immer mehr. Langandauernde Kriege gegen Frankreich, das nun zur führenden Nation in Europa aufstieg, führten das Land an den Rand der Erschöpfung. Die starre Zentralisierungspolitik Gaspar de Guzmán de Olivares' – zwischen 1621 und 1643 leitender Minister Philipps IV. – führte zum Verlust Portugals und zu einem Aufstand in Katalonien.

Bis 1700 hatten sich die Leitlinien des traditionellen Spanien herausgebildet: kompromißloser orthodoxer Katholizismus, die Vision eines Weltreiches, ohne die Mittel zu deren Verwirklichung, und ein unbeugsamer Stolz auf aristokratische Werte. Die spanische Literatur des goldenen Zeitalters (etwa 1530–1680) spiegelt diesen Standpunkt wider – insbesondere in dem Roman von Cervantes, *Don Quijote*, dessen Held erfolglos unerreichbare Ideale anstrebt, und in zahlreichen Dramen von Calderón, in denen die Ehre als wichtigster aller aristokratischer Werte dargestellt wird.

Die Bourbonenherrschaft: 1700–1808 Karl II., der letzte der spanischen Habsburger, starb 1700, ohne einen Erben zu hinterlassen. Der Thron wurde von zwei Rivalen beansprucht – von dem französischen Bourbonenprinzen Philipp von Anjou, dem Enkel Ludwigs XIV., und dem österreichischen Habsburger Erzherzog Karl. Der österreichische Thronprätendent wurde von England, Österreich und den Niederlanden unterstützt, die den französischen Ehrgeiz fürchteten. Nach dem Spanischen Erbfolgekrieg (1701–13) wurde Philipp als König von Spanien anerkannt. Doch 1713, nach dem Utrechter Frieden, verlor Spanien den größten Teil seiner europäischen Besitzungen einschließlich der südlichen Niederlande und seiner Territorien in Italien an Österreich. Gibraltar kam an Großbritannien. Trotzdem erlebte Spanien

Eine Szene aus Die Schrecken des Krieges, *einer Serie von Radierungen, in denen Francisco de Goya die Greuel der Besetzung Spaniens durch die Truppen Napoleons geißelte.*

im 18. Jahrhundert eine bemerkenswerte Erholung. Unter den Bourbonen wurde die Verwaltung des Landes einer fähigen Bürokratie übertragen, die von französischen Beratern Hilfe erhielt. Die Minister Karls III. (1759–88) standen unter dem Einfluß der europäischen Aufklärung und förderten den industriellen Aufbau, bauten Straßen und verbesserten die Verwaltung des spanischen Reiches in Amerika. Doch Kirche und Adel bekämpften diese Reformen erbittert.

Der Unabhängigkeitskrieg: 1808–14 Napoleon marschierte 1808 in Spanien ein und machte seinen Bruder Joseph Bonaparte zum König des Landes. Ferdinand VII., der Bourbonenkönig, wurde als Gefangener in Frankreich gehalten. Die Unzufriedenheit mit der französischen Herrschaft steigerte sich bald zu einem Aufstand; lokale Komitees, *Juntas* genannt, organisierten den Widerstand. Die Spanier schlossen ein Bündnis mit Großbritannien und errichteten im Namen von Ferdinand VII. die *Cortes* (Parlament).

Unter dem Kommando von Sir Arthur Wellesley (später Herzog von Wellington) vertrieben die britischen und die spanischen Streitkräfte mit der Unterstützung spanischer Partisanenverbände Joseph und die Franzosen aus Spanien.

Liberale gegen Konservative: 1814–74 Nach seiner Rückkehr auf den spanischen Thron (1814) lehnte es Ferdinand ab, die 1812 geschaffene liberale Verfassung zu akzeptieren, und herrschte als absoluter Monarch. Die Opposition gegen sein Regime kam aus den Reihen der Liberalen, deren Stärke in den Städten und in der Armee lag. 1820 rebellierten sie und stellten die Verfassung von 1812 wieder her. Ferdinands despotische Herrschaft entfremdete auch Spaniens Kolonien in Amerika, die allmählich von Spanien abfielen und selbständig wurden.

Nach Ferdinands Tod im Jahre 1833 wünschten die Liberalen die Nachfolge seiner dreijährigen Tochter

Mit seinem Versuch, den Thron zu besteigen, stürzte Don Carlos, Bruder des verstorbenen Königs Ferdinand VII., das spanische Volk in einen Bürgerkrieg (1833–39).

Isabella II., während die Konservativen für Ferdinands Bruder, Don Carlos, einen gläubigen Katholiken mit reaktionären Ansichten, eintraten. Die Anhänger Don Carlos' nannten sich Karlisten.

1833 brach ein Bürgerkrieg zwischen Karlisten und Liberalen aus. Im Vertrag von Vergara verständigten sich 1839 die Generäle beider Seiten; Don Carlos floh nach Frankreich. Maria Christina, die bisher die Regentschaft für die minderjährige Isabella geführt hatte, gab 1841 die Macht an General Baldomero Espartero, der 1843 jedoch gestürzt wurde. Daraufhin erklärte die Cortes Isabella für mündig. Während der Regierungszeit Isabellas kam es immer wieder zu Unruhen. 1868 führte eine Militärrevolution zum Sturz Isabellas. Die Königin ging nach Frankreich ins Exil.

Nach erneuten Unruhen erklärten die Cortes 1873 Spanien zur Republik. Ein Jahr später brach diese jedoch zusammen, und eine neue Revolution brachte Isabellas Sohn Alfons XII. auf den Thron. Die Labilität und die Unordnung der Ersten Republik diskreditierte die demokratischen Institutionen in den Augen einer ganzen Generation.

Die letzten Bourbonen: 1874–1931 Unter Alfons XII. (1874–85) und seinen Nachfolgern lösten sich rund 50 Jahre lang Liberale und Konservative als regierende Parteien ab. Während dieser Zeit begann die Industrialisierung, das Bankwesen wurde ausgebaut, und die Wirtschaft erhielt Aufschwung.

Die Versuche der spanischen Regierung, den nationalistischen Aufstand auf Kuba zu unterdrücken, führten 1898 zu einem Krieg mit den Vereinigten Staaten, die die kubanischen Nationalisten unterstützten. Nach nur wenigen Monaten wurde Spanien gezwungen, Frieden zu schließen und beinahe den gesamten Rest seines übriggebliebenen Reiches – Kuba, Puerto Rico und die Philippinen – aufzugeben. Die Niederlage rief scharfe Kritik hervor. Die ersten zwei Jahrzehnte des 20. Jahrhunderts waren in Spanien unter Alfons XIII. (1902–31) Jahre heftiger Unruhen. Die Anstrengungen des Krieges, der in Marokko gegen die Rif-Kabylen geführt wurde, um die spanische Herrschaft zu erhalten, führten zu Unzufriedenheit in der Armee, während zu Hause Kata-

Picasso Guernica. 1937

Picassos Bild Guernica *ist ein leidenschaftlicher Protest gegen die Zerstörung der baskischen Stadt durch deutsche Flugzeuge.*

lonien, ein Gebiet mit eigener besonderer Kultur und nun blühender industrieller Wirtschaft, ein gewisses Maß an Selbstverwaltung forderte. Nach dem Ersten Weltkrieg, in dem Spanien neutral blieb, führte dieser Druck zu Gewalttätigkeiten. 1923 ereignete sich in Barcelona ein Militärputsch, und mit Zustimmung des Königs errichtete Miguel Primo de Rivera eine Militärdiktatur. Doch auch diese Regierung erlitt in Marokko Niederlagen. Da sich auch Frankreich in Marokko bedroht sah, verbündete es sich 1925 mit Spanien. Gemeinsam erreichten beide Mächte 1926 die Verbannung des Kabylenführers Abd el-Krim.

Im Juli 1925 wurde Rivera Ministerpräsident, wodurch die Diktatur formell beendet war. 1928 kam es zu Studentenunruhen gegen das Regime, und die Universitäten von Madrid und Barcelona mußten vorübergehend geschlossen werden. Rivera trat 1930 zurück, und ein Jahr später dankte auch sein Nachfolger ab.

Die Zweite Republik: 1931–36 Bei den Gemeindewahlen von 1931, den ersten freien Wahlen seit acht

Jahren, siegten die Republikaner. Alfons verließ Spanien, und in Madrid wurde die Republik ausgerufen. Zamora y Torres bildete zunächst eine provisorische Regierung und wurde dann im Dezember 1931 zum Präsidenten gewählt. Gleichzeitig verkündete Katalonien seine Autonomie. 1936 übernahm die »Volksfront«, die aus Republikanern, Sozialisten und Kommunisten bestand, die Regierung. Zur gleichen Zeit arbeiteten jedoch die unzufriedenen Generäle an Plänen für einen militärischen Staatsstreich. Einige Monate später bereitete General Francisco Franco – von der Volksfront-Regierung 1936 auf einen militärischen Posten auf den Kanarischen Inseln verbannt – dort und in Nordafrika eine Erhebung gegen die Regierung vor. Am 17. Juli 1936 brach der spanische Bürgerkrieg aus.

Francisco Franco löste 1936 den blutigen spanischen Bürgerkrieg aus und wurde nach seinem Sieg 1939 Staatschef Spaniens. Er starb 1975.

Der spanische Bürgerkrieg: 1936–39 Spanien zerfiel sofort in zwei bewaffnete Lager – in die Anhänger der Armee, die Nationalisten, und die Anhänger der Regierung, die Republikaner. General Franco entwickelte sich bald zu einem unumstrittenen Führer der Nationalisten und wurde am 1. Oktober 1936 zum Chef der nationalspanischen Regierung und des spanischen Staates ausgerufen.

In den ersten Tagen des Krieges versuchten die Nationalisten, die gehofft hatten, ihren Aufstand zu einem schnellen und erfolgreichen Abschluß zu bringen, Madrid und Barcelona zu erobern, was ihnen jedoch mißlang. Doch konnten sie bald große Teile Spaniens unter ihre Gewalt bringen. 1937 überrannten sie aber die nördlichen Industriegebiete und zerteilten das republikanische Territorium. Ende März 1939 betraten nationalistische Truppen Madrid, womit der Bürgerkrieg, in dem etwa 750 000 Menschen ihr Leben verloren hatten, beendet war.

Die Nationalisten verdankten ihren Erfolg ihrer größeren politischen Einigkeit und ihrer besseren militärischen Ausbildung. Sie wurden von Deutschland und Italien auch viel besser mit Waffen und Personal unterstützt als die Republikaner von der Sowjetunion. Linksgerichtete Freiwillige fochten auf der Seite der Republikaner in den sogenannten Internationalen Brigaden, die von der kommunistischen Weltbewegung organisiert wurden. Viele dieser Freiwilligen kamen aus Ländern, die offiziell die Politik der Nichteinmischung in den Bürgerkrieg verfolgten.

Der weltberühmte spanische Cellist Pablo Casals ging aus Protest gegen die Diktatur Francos freiwillig ins Exil.

Francos frühe Jahre: 1939–53 Der neue spanische Staat unter Franco war strikt autoritär. Er stützte sich auf die Falange – bis 1976 die einzige zugelassene Partei Spaniens –, die Armee und die katholische Kirche. Die meisten Spanier söhnten sich mit dem Regime aus und zogen das Leben unter strengster Kontrolle dem Bürgerkrieg vor.

Im Zweiten Weltkrieg blieb Spanien, trotz seiner Verbindungen mit Deutschland und Italien, neutral. Doch es unterstützte Deutschland mit einer Freiwilligenarmee im Rußlandfeldzug, mußte sie auf alliierten Druck hin im Oktober 1943 aber wieder auflösen. Erst 1955 wurde Spanien in die Vereinten Nationen aufgenommen.

Wohlstand und Kritik Die ersten Jahre des Franco-Regimes waren Jahre wirtschaftlicher Schwierigkeiten, doch in den sechziger Jahren beschleunigte sich die wirtschaftliche Entwicklung des Landes. Der Tourismus wurde zur wichtigsten Einnahmequelle.

Francos Macht stützte sich immer noch hauptsächlich auf die Armee. Seit Beginn der sechziger Jahre bemühte sich Franco, durch Reformen eine gewisse Liberalisierung zu bewirken, auf der anderen Seite festigte er jedoch die bisherige Staatsform. Kritik an Francos Politik übten vor allen Dingen die Arbeiter, die mit den von der Regierung kontrollierten Gewerkschaften unzufrieden waren, junge Priester mit sozialem Bewußtsein, Studenten und extremistische baskische Nationalisten. Streikbewegungen in Katalonien, dem Baskenland und Asturien hemmten die wirtschaftliche Entwicklung immer wieder. Die meisten Spanier akzeptierten jedoch das Regime.

Das wichtigste Ziel der spanischen Außenpolitik war Ende der fünfziger Jahre die Wiedereingliederung Gibraltars, das seit 1704 von Großbritannien regiert wird. Bei einer Volksabstimmung im Jahre 1967 sprach sich jedoch der überwiegende Teil der Bevölkerung Gibraltars dafür aus, bei Großbritannien zu bleiben.

Am 20. November 1975 starb General Franco, zwei Tage später wurde Prinz Juan Carlos als Juan Carlos I. zum König gekrönt. Mitte 1976 wurde Adolfo Suárez Gonzales zum Regierungschef ernannt, stieß aber bei der Opposition auf Ablehnung. Im Januar 1976 zog sich Spanien aus seiner letzten Kolonie, aus der ehemaligen Spanischen Sahara, heute Westsahara, zurück.

Mitte 1977 wurden Wahlen abgehalten, die Adolfo Suárez durch einen Sieg seiner Partei in seinem Amt bestätigten. Seit 1978 nahmen die Terroraktionen vor allem der linksgerichteten baskischen ETA zu, die eine Autonomie des Baskenlandes anstrebt.

Sri Lanka

65 610 qkm
13 850 000 Einwohner
Hauptstadt: Colombo

Die Insel Ceylon, an der Südspitze des indischen Subkontinents gelegen und jetzt offiziell Sri Lanka genannt, stand lange unter dem Einfluß seines gigantischen Nachbarn. Die Bevölkerung Ceylons stammt in erster Linie von indischen Eindringlingen ab, seine wichtigsten Religionen sind der Buddhismus und der Hinduismus, beide von Indien her nach dem Süden getragen.

Eroberer aus Indien Die Ureinwohner Ceylons sind die Wedda, von denen heute noch rund 2000 im Landesinnern leben. Im 6. vorchristlichen Jahrhundert fielen die Singhalesen aus Nordwest- und Nordostindien in Ceylon ein und unterwarfen es. Sie brachten den Reisanbau mit und entwickelten Bewässerungsanlagen mit Kanalsystemen. Bis ins 10. nachchristliche Jahrhundert stand die Kultur der Singhalesen in Blüte. Ihre Hauptstadt Anuradhapura war eines der wichtigsten buddhistischen Zentren der fernöstlichen Welt.

1017 eroberten die südindischen Tscholas die Hauptstadt, konnten aber wieder vertrieben werden. Im Norden der Insel herrschten seit 1250 die ebenfalls aus Indien eingewanderten hinduistischen Tamilen.

Die europäische Herrschaft: 1507–1948 Schon seit dem 8. Jahrhundert kamen arabische Händler nach Ceylon, die vor allem an den Gewürzen der Insel interessiert waren. Die Nachfahren der Araber – Mohren genannt – leben immer noch auf der Insel.

Die großen Profite, die beim Gewürzhandel zu erzielen waren, zogen auch die Europäer an. Als erste kamen 1507 die Portugiesen, die mit den singhalesischen Königen Verträge abschlossen und bis 1580 weite Gebiete beherrschten.

Zwischen 1636 und 1658 vertrieben die Holländer die Portugiesen, doch 1796 traten sie Ceylon an England ab. 1798 wurde die Insel britische Kronkolonie. Die Briten führten Kaffee-, Tee- und Kautschukpflanzen ein und legten Plantagen an. 1948 erlangte Ceylon die vollständige Unabhängigkeit, beschloß jedoch, Mitglied des Commonwealth zu bleiben.

Das unabhängige Ceylon 1956 erlitt die Vereinigte Nationalpartei (UNP), die seit der Unabhängigkeit die Macht innehatte, eine Wahlniederlage, und der Führer der Vereinigten Volksfront von Sri Lanka (SLEP), Solomon Bandaranaike, wurde Ministerpräsident. Danach schlug die Regierung einen immer sozialistischeren Kurs ein.

1958 erschütterten blutige Zusammenstöße zwischen den Singhalesen und der Tamil-Minorität, die 22 Prozent der Bevölkerung ausmacht, die Insel. Die Tamilen verlangten die Anerkennung ihrer Sprache als zweite offizielle Sprache und Autonomie innerhalb des Bundesstaates. 1959 wurde der Ministerpräsident von einem buddhistischen Mönch ermordet. Seine Witwe, Sirimawo Bandaranaike, trat 1960 seine Nachfolge an.

Im Jahre 1960 wurde Sirimawo Bandaranaike als erste Frau der Welt Ministerpräsident ihres Landes.

Unter Frau Bandaranaike lehnte sich Ceylon enger an die Sowjetunion und das kommunistische China an, und die Verstaatlichung einiger westlicher Geschäftsunternehmen bewirkte Spannungen in den Beziehungen zu den Vereinigten Staaten und Großbri-

Eine Tempeltänzerin. Die zwei Religionen Sri Lankas – Buddhismus und Hinduismus – kamen beide aus Indien.

tannien. Der prowestliche Senanayake kam 1965 an die Macht, doch 1970 wurde Frau Bandaranaike abermals Ministerpräsidentin und bildete eine linksgerichtete Koalitionsregierung. Im folgenden Jahr versuchte eine extreme linksgerichtete Gruppe – die Volksbefreiungsfront –, die hauptsächlich aus jungen Studenten bestand, bewegt von der Wirtschaftskrise und akuter Arbeitslosigkeit, die Macht zu ergreifen. Doch die Regierung verhängte den Notstand, und der Aufstand wurde von der Armee unterdrückt. 1972 erhielt die Insel nach der sozialistischen Verfassung die Bezeichnung Republik Sri Lanka.

Bei den Wahlen von 1977 errang die gemäßigt konservative, bisher oppositionelle Vereinigte National-Partei einen überwältigenden Sieg, Junius Richard Jayewardena bildete die neue Regierung.

St. Lucia

Die Ureinwohner St. Lucias waren Aruaken, die bereits vor Ankunft der Europäer von den Kariben vertrieben wurden. Als erste unternahmen britische Siedler 1605 den Versuch, die Insel zu besiedeln, doch die Kariben konnten sich erfolgreich gegen sie zur Wehr setzen. Während der folgenden 150 Jahre war die Insel zwischen Briten und Franzosen umkämpft, 1814 fiel sie endgültig an Großbritannien.

1967 gewährte Großbritannien der Insel Selbstverwaltung, am 22. Februar 1979 erhielt sie die volle Unabhängigkeit. St. Lucia ist zum größten Teil von Nachfahren afrikanischer Sklaven bewohnt. Die linksgerichtete Labour Party unter Allan Lousy konnte bei den Wahlen vom Juli 1979 die meisten Sitze erringen.

616 qkm
116 000 Einwohner
Hauptstadt:
Castries

St. Vincent

Die Ureinwohner der Insel, Aruaken, wurden noch vor Ankunft der Europäer von den Kariben vertrieben. Im Januar 1498 landete Christoph Kolumbus auf der Insel, doch die Kariben behielten sie bis in das 18. Jahrhundert hinein unter ihrer Kontrolle. Zwischen Briten und Franzosen ständig umstritten, fiel die Insel 1783 schließlich an Großbritannien.

Im Oktober 1979 wurde St. Vincent unter Ministerpräsident Robert Milton Cato in die Unabhängigkeit entlassen.

388 qkm
114 000 Einwohner
Hauptstadt:
Kingstown

1 133 218 qkm
24 448 169 Einwohner
Hauptstadt:
Pretoria
Parlamentssitz:
Kapstadt

Südafrika

Die Republik Südafrika ist das technisch und wirtschaftlich entwickeltste und wohlhabendste Land Afrikas. Ihren Reichtum hat die Republik vor allem dem Bergbau zu verdanken: Südafrika ist der größte Gold-, Platin- und Diamantenproduzent der Erde.

Über zwei Drittel der Gesamtbevölkerung, nämlich rund 15 Millionen, sind schwarze Afrikaner verschiedener Stämme und Sprachen. Fast vier Millionen Südafrikaner sind europäischer Abstammung. Die zwei Millionen Farbigen – Menschen gemischter rassischer Herkunft – leben zumeist in der westlichen Kapprovinz, während der größte Teil der rund 600 000 Asiaten des Landes in Natal zu Hause ist.

Die lebendigen Felsmalereien, die im südlichen Afrika entdeckt wurden, gehören zu den schönsten Beispielen vorgeschichtlicher Kunst.

Die weißen Südafrikaner beherrschen die Wirtschaft und wählen allein das Parlament der Republik. Drei Fünftel von ihnen sprechen Afrikaans; sie sind Nachkommen von Holländern, Deutschen und französischen Hugenotten, die sich seit dem 17. Jahrhundert in der Kapprovinz niederließen. Die übrigen Weißen sprechen Englisch und sind meist britischer Herkunft. Die schwarzen Afrikaner stellen das Gros der Arbeitskräfte. Ihr Lebensstandard ist viel niedriger als der der Weißen. Sie haben nur in ihren sogenannten Heimatländern – ehemaligen, zum Teil vergrößerten Eingeborenenreservaten – ein gewisses Maß an Selbstverwaltung. Die südafrikanische Politik der *Apartheid* hat zum Ziel, die rassischen Gruppen des Landes in allen Lebensbereichen zu trennen. Ihre Verwirklichung, die hauptsächlich auf Kosten der Nichtweißen geht, stößt auf weltweite Ablehnung.

Als die Holländer sich 1652 am Kap festsetzten, trafen sie auf viehzüchtende Nomaden, die relativ hellhäutigen Hottentotten.

Hottentotten und Bantu In Südafrika fand man fossile Knochen der frühesten Vorfahren des Menschen, die etwa 2 Millionen Jahre alt sind. Als die ersten Europäer in der Tafelbucht landeten, trafen sie auf zwei miteinander verwandte Menschentypen: die Buschmänner und die Hottentotten. Beide lebten noch in der Jungsteinzeit. Die Buschmänner streiften in den weiten Gebieten als Jäger und Sammler umher; die Hottentotten waren Schaf-, Rinder- und Ziegenhirten. Erst viel später, als die europäischen Siedler sich im Innern ausbreiteten, trafen sie auf negride, bantu sprechende Stämme, deren Vorfahren vom Norden ins Land gekommen waren.

Europäische Besiedlung Als erster Europäer betrat Bartholomäus Diaz Südafrika; er war 1488 in Mosselbaai gelandet. Auf ihn folgten andere portugiesische Entdecker. Nachdem Holländer und Engländer auf ihren Fahrten nach Indien ziemlich regelmäßig in der Tafelbucht Station gemacht hatten, um Wasser an Bord zu nehmen, legte 1652 Jan van Riebeck im Auftrage der Holländisch-Ostindischen Kompanie eine Verpflegungsstation an.

Die Tafelbucht mit Kapstadt und dem Tafelberg im 19. Jh., als Kapstadt der wichtigste Versorgungshafen auf dem Wege nach Indien und Australien war.

1657 siedelten sich die ersten Bauern an, ehemalige Soldaten und Angestellte der Kompanie. Ihre Zahl vergrößerte sich nach und nach, vor allem seit sich gegen Ende des 17. Jahrhunderts eine Reihe Hugenottenfamilien niedergelassen hatten.

Im Laufe der Zeit wurden aus vielen der Bauern (Buren) Viehzüchter, die auf der Suche nach Weidegründen tiefer ins Land vorstießen. Dabei trafen sie im letzten Drittel des 18. Jahrhunderts auf die ebenfalls viehzüchtenden Xhosa, mit denen es bald zu den ersten Streitigkeiten über Land und Vieh kam. Die Siedler hatten sich stets über das Handelsmonopol der Kompanie beklagt und fanden jetzt wenig Schutz beim Gouverneur in Kapstadt. Doch die holländische Herrschaft ging ihrem Ende entgegen. 1795 besetzten die Briten das Kapland zum ersten Male und kehrten 1806 nach kurzer Herrschaft der Batavischen Republik (seit 1803) endgültig zurück.

Während die Briten sich in der neugewonnenen Kolonie einzurichten suchten, war im Innern Südafrikas ein vom europäischen Einfluß kaum berührter Machtkampf im Gange. In dem fruchtbaren Land nördlich des Tugela schuf sich der Zuluherrscher Tschaka (gest. 1828) ein schlagkräftiges Heer, mit dem er ganze Stämme unterjochte, vernichtete oder vertrieb.

Der Große Treck Nach den Napoleonischen Kriegen behielten die Briten das Kapland wegen seiner strategisch wichtigen Lage auf dem Wege nach Indien. Rund 5000 britische Siedler trafen 1820 in der neuen Kolonie ein. Die Buren kamen schlecht mit der britischen Verwaltung aus. Viele von ihnen konnten sich nicht mit der Aufhebung der Sklaverei (1834) und der Einmischung in ihre traditionelle Lebensweise abfinden, und gegen 1837 packten etwa 4000 Buren ihre Habe auf Ochsenwagen und zogen über den Oranjefluß nach Norden und Nordosten.

Der königliche Kral des Zuluhäuptlings Cetshwayo (um 1836–84). Die Macht der Zulu wurde 1879 von den Briten gebrochen.

Der *Große Treck,* wie dieser Auszug genannt wird, war ein Wendepunkt in der Geschichte Südafrikas. Unter Führung von Louis Trigardt, Andries Potgieter, Gerrit Maritz, Piet Uys und Piet Retief ließen sich die *Voortrecker* in dem weiten, zum Teil menschenleeren Gebiet zwischen Oranje und Limpopo nieder. Die Buren waren robuste Individualisten, die ihr Leben ohne Einmischung der Regierung in Kapstadt führen wollten. Die Hauptgruppe der Voortrecker zog nach Natal, wo 1838 eine Vorhut unter Retief von den Kriegern des Zuluhäuptlings Dingane ermordet wurde. Beinahe ein Jahr später besiegten 470 Buren eine 12 000 Mann starke Zuluarmee am Blood River. Ungefähr 3000 Zulus kamen dabei um.

Doch Großbritannien wollte nicht zusehen, daß eine andere weiße Macht sich an der Küste festsetzte, und annektierte 1843 Natal. Die Unabhängigkeit der Burenrepubliken im Innern erkannte es jedoch nach einer Weile an: 1852 den Transvaal (Südafrikanische Republik) und 1854 den Oranjefreistaat, der sechs Jahre vorher annektiert worden war.

Die britische Expansion 1868 stellte sich Basutoland (jetzt Lesotho) unter britischen Schutz, und in den siebziger und achtziger Jahren des 19. Jahrhunderts annektierte die Regierung der Kapprovinz die von Xhosa bewohnten Gebiete der Transkei zwischen der Kapprovinz und Natal.

In den siebziger Jahren des 19. Jahrhunderts versuchten die Briten, eine Föderation aus verschiedenen Teilen Südafrikas zu bilden. Das war ein unseliger Plan, der 1877 zur Annexion des Transvaals gegen den Wunsch seiner weißen Bevölkerung und 1879 zum Krieg mit den Zulu führte. Am Ende besiegten die Briten die Zulu, jedoch erst nachdem ihre Armee bei Isandlhwana ihre schwerste Niederlage seit dem Krimkrieg hinnehmen mußte. 1881 schlugen die Buren die englischen Streitkräfte am Majuba Hill und gewannen damit ihre Unabhängigkeit zurück.

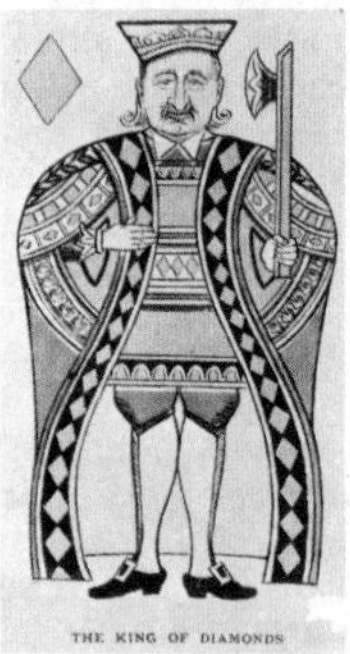

Karikatur des Politikers und Diamantenmillionärs Cecil Rhodes, der ein britisches Afrikareich vom Kap bis Kairo anstrebte.

Diamanten und Gold Am Ende scheiterten die Kämpfe der Buren um ihre Unabhängigkeit am Mineralreichtum des Landes. Nach der Entdeckung von Diamanten bei Kimberley (1868) wurde das Gebiet zur Kapprovinz geschlagen. Die Entdeckung von Goldvorkommen am Witwatersrand brachte Tausende von Einwanderern, viele von ihnen aus Großbritannien, in den Transvaal. Dadurch verschlechterten sich die Beziehungen zwischen Buren und Briten. Die Industriewirtschaft, die sich am Witwatersrand und vor allem in dem schnell aufblühenden Johannesburg entwickelte, war ein Fremdkörper im Lande der traditionalistischen puritanischen Buren. Als es zum Konflikt kam, fanden sich auf beiden Seiten entschlossene Führer in dem Präsidenten der Südafrikanischen Republik, Paul Krüger, und dem englischen Finanzmann und Imperialisten Cecil Rhodes. 1896 fiel ein Mitarbeiter von Rhodes, Dr. Jameson, mit Polizeikräften der *British South Africa Company* in den Transvaal ein, um einen geplanten Aufstand der britischen Bevölkerung von Johannesburg zu unterstützen. Doch Jameson wurde geschlagen.

Ein Bure als Soldat. Im Guerillakrieg fügten die Buren den Briten empfindliche Verluste zu.

Der Burenkrieg: 1899–1902 So hatte Krüger die erste Runde gewonnen. Doch der britische Hohe Kommissar, Alfred Milner, war zur entscheidenden Kraftprobe entschlossen. Unmittelbarer Anlaß des nun folgenden Krieges war Krügers Weigerung, den Ausländern am Witwatersrand volle politische Rechte zu gewähren. Der Krieg brach im Oktober 1899 aus. Am Anfang errangen die Buren eindrucksvolle Erfolge, doch später behielten die Briten die Oberhand. Die Burenverbände führten einen Partisanenkrieg gegen die Briten, bis sie einsahen, daß ihr Kampf hoffnungslos war, und im Mai 1902 den Frieden von Vereeniging schlossen. Die beiden Burenrepubliken wurden britische Kolonien. 1910 bildeten alle vier Kolonien – die Kapkolonie, Natal, Transvaal und der Oranjefreistaat – die Union von Südafrika.

Das Zeitalter der Generäle Seit dem Friedensschluß arbeiteten viele Buren, die eine bedeutende Rolle in dem Kampf gegen die Briten gespielt hatten, mit der englischsprachigen Bevölkerung für ein geeintes, doch von Weißen beherrschtes Südafrika. Wie seine zwei Nachfolger, war schon der erste Ministerpräsident der Union, Louis Botha, ein Burengeneral.

Doch nicht alle Buren fanden sich mit der engen Bindung der Union an England ab. 1912 verließ General Hertzog die Regierung und gründete die Nationale Partei, die mit ihrem Kampfruf »Südafrika zuerst« stetig an Stärke zunahm. In den zwanziger Jahren fand ein Machtkampf zwischen den gemäßigten, von General Smuts angeführten Buren und den mehr extremen Nationalisten unter General Hertzog statt. Smuts behielt die Macht zwischen 1919 und 1924, dann trat Hertzog an seine Stelle. Hertzog und seine nationalistischen Anhänger lehnten es ab, Kompromisse mit der wachsenden Macht des schwarzafrikanischen Nationalismus zu schließen, der durch den 1912 gegründeten *African National Congress (ANC)* vertreten war. Die Grundlage der Regierungspolitik blieb die Rassentrennung.

General Smuts, Ministerpräsident Südafrikas im Zweiten Weltkrieg, verschaffte seinem Land durch seine staatsmännische Begabung großes Prestige.

Südafrika wurde von der Weltwirtschaftskrise der dreißiger Jahre schwer getroffen. 1932 gab es den Goldstandard auf, und im folgenden Jahr bildeten Hertzog und Smuts zusammen eine Koalitionsregierung. Ihre Anhänger hatten den Namen *United Party* angenommen. Dr. Daniel Malan trennte sich von ihr und gründete 1934 eine neue Nationale Partei. Das Bündnis Smuts–Hertzog überlebte den Ausbruch des Zweiten Weltkrieges 1939 nicht. Hertzog war gegen die Beteiligung Südafrikas am Kriege, wurde jedoch im Parlament überstimmt und als Ministerpräsident durch Smuts ersetzt, der Deutschland den Krieg erklärte. Südafrikanische Streitkräfte fochten an vielen Fronten genauso wie im Ersten Weltkrieg. Nach dem Krieg verlor Smuts allmählich die Unterstützung der Wähler, und 1948 kam die Nationale Partei unter Dr. Malan an die Macht.

Die nationalistische Herrschaft 1954 trat Johannes Strijdom die Nachfolge Malans an, dem 1958 Hendrik Verwoerd folgte. Verwoerd regierte das Land bis zu seiner Ermordung 1966; dann übernahm B. J. Vorster das Amt des Ministerpräsidenten.

Die Nationalisten führten die Apartheid-Politik konsequent durch. Es wurden nach und nach Heimatländer für die einzelnen Bantustämme geschaffen. Etwa 13 Prozent des Landes sind für diese Gebiete

Am Jahrestag der Unruhen von Soweto kam es Mitte 1980 erneut zu Demonstrationen und starkem Polizeieinsatz.

reserviert, doch mehr als die Hälfte der afrikanischen Bevölkerung lebt außerhalb von ihnen, hauptsächlich in den Städten, wie Johannesburg, wo sie die dringend benötigten Arbeitskräfte stellt. Die Bewegungen der Afrikaner werden durch das Paßsystem strikt kontrolliert. Die Heimatländer sollen interne Selbstverwaltung haben, unterstehen aber in allen übrigen Angelegenheiten der weißen Regierung in Pretoria.

1960 erreichten die ausländischen Proteste gegen die *Apartheid* einen Höhepunkt, als die südafrikanische Polizei auf Afrikaner, die gegen die Paßgesetze demonstrierten, in Sharpeville das Feuer eröffnete und 69 von ihnen tötete. Im folgenden Jahr wurde Südafrika Republik und beschloß, aus dem Commonwealth auszutreten – angesichts der erbitterten Kritik der meisten seiner Mitglieder an der Apartheid. Als man 1976 Afrikaans gleichberechtigt neben Englisch an den Bantu-Schulen einführen wollte, kam es in Soweto, einem Vorort von Johannesburg, am 16. und 17. Juni zu schweren Unruhen, die bald auch auf andere Städte übergriffen. Rund 300 Menschen, vor allem Schwarze, kamen ums Leben.

Seit 1978 wurde die Apartheid gemildert, doch ihr grundsätzliches Weiterbestehen führte bei den immer stärker politisch engagierten Schwarzen zu immer erneut aufflackernden Unruhen. Im September 1978 trat Vorster als Regierungschef zurück und wurde vom Parlament zum Staatspräsidenten gewählt, neuer Regierungschef wurde Pieter Willem Botha. Im Juni 1979 legte Vorster auch sein neues Amt nieder, sein Nachfolger als Staatspräsident wurde Marais Viljoen.

Südwestafrika/Namibia

824116 qkm
1046000 Einwohner
Hauptstadt: Windhoek

Das ehemalige deutsche Schutzgebiet wurde 1915 von den Südafrikanern besetzt und ihnen 1920 als Mandat zugesprochen. Seit 1945 lehnt es Südafrika ab, das Mandatsgebiet der UNO, die es Namibia nennt, zu unterstellen. Seither ist es zum Streitobjekt zwischen beiden geworden. Südafrika verwaltet das Land als fünfte Provinz und hat offiziell seit 1966 auch hier seine Apartheidpolitik durchgeführt. In Südwestafrika leben rund 90000 Weiße. Die übrige Bevölkerung besteht zum überwiegenden Teil aus schwarzen Afrikanern. Schwarze Nationalisten gründeten 1966 eine Befreiungsorganisation, SWAPO, die von der UNO als Vertreter des Landes anerkannt wurde. Bisher verliefen alle Gespräche zwischen Südafrika und der UNO über die Unabhängigkeit des Landes ergebnislos.

Sudan

2505813 qkm
17300000 Einwohner
Hauptstadt: Khartum

Abgesehen von dem fruchtbaren Niltal, besteht dieses gewaltige Land – das größte in Afrika – aus dünnbesiedeltem Buschland und Wüste. In der nördlichen Landeshälfte leben vor allem Sudanaraber, im südlichen Teil vorwiegend Angehörige schwarzafrikanischer Völker wie Nuba, Dinka, Schilluk und Zande. Der weitaus größte Teil der Bevölkerung gehört dem Islam an, die Schwarzafrikaner sind Christen oder Anhänger von Naturreligionen. Nach der Unabhängigkeit im Jahre 1956 führte dieser Gegensatz zu bewaffneten Auseinandersetzungen.

Frühe Geschichte Vor etwa 3000 Jahren errichtete Ägypten Außenposten im Sudan, aus denen um 1000 v. Chr. das Königreich Napata erwuchs. Um 350 n. Chr. unterwarf König Ezana von Aksum das Reich Napata, dessen königliche Familie in Darfur ein neues Reich gründete. Im 6. Jahrhundert kamen christliche Missionare aus Ägypten in das Gebiet und bildeten neue Staaten, darunter Aloa. Ende des 13. Jahrhunderts übernahmen nomadische Araber aus dem Norden das christliche Nubien und führten den Islam ein. Weiter südlich unterwarfen die negriden Fung 1504 Aloa, das den Mittelsudan beherrscht hatte.

General Charles Gordon, der zehn Monate lang Khartum gegen den Mahdi und seine Anhänger behauptete, wurde 1884 getötet, als das Entsatzheer nur zwei Tagesmärsche von der Stadt entfernt war.

Ägyptische und britische Herrschaft 1820 eroberten Truppen des osmanischen Vizekönigs von Ägypten, Mehmed Ali, das Fung-Reich. Während die Briten 1882 Ägypten besetzten, erhob sich im Sudan der Mahdiaufstand. Der Führer der Aufständischen, Mohammed Ahmed, bezeichnete sich als der vom Propheten verheißene Erlöser. 1883 errang er die Herrschaft über Kordofan, die der britische Gouverneur von Khartum, Charles Gordon, anerkannte. Die Mahdianhänger nahmen 1885 Khartum ein und ermordeten General Gordon. Schließlich drangen 1898 anglo-ägyptische Streitkräfte unter Sir Herbert Kitchener im Sudan ein. Der Staat der Mahdisten zerfiel 1899 nach der entscheidenden Schlacht bei Omdurman. Der Sudan wurde nun anglo-ägyptisches Kondominium. Nach dem Abzug der letzten britischen Truppen proklamierte der Sudan 1956 seine Unabhängigkeit.

Nach der Unabhängigkeit Sofort brachen im Süden bewaffnete Unruhen gegen die islamisch-arabische Vorherrschaft aus. Erst durch einen Militärputsch, der 1969 General Numeiri an die Macht brachte, besserte sich die Lage. Anfang 1972 unterzeichnete Numeiri ein Friedensabkommen mit den Aufständischen des Südens und sicherte den Südprovinzen Autonomie zu.

1977 wurde Numeiri für eine weitere sechsjährige Amtszeit gewählt, er war der einzige Kandidat. Bemüht, im Nahostkonflikt zu vermitteln, knüpfte Numeiri enge Beziehungen zu Ägypten. Der Flüchtlingsstrom aus Eritrea belastete Ende der 70er Jahre die sudanische Wirtschaft.

Suriname

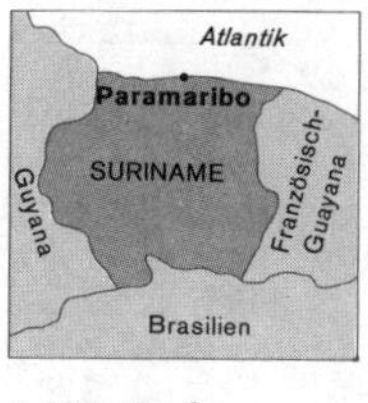

163265 qkm
478800 Einwohner
Hauptstadt: Paramaribo

1651 errichtete der Brite Lord Willoughby die erste europäische Siedlung auf dem Gebiet des heutigen Suriname. Bald folgten vor allem portugiesische Juden aus Brasilien seinem Beispiel. Nachdem die Briten New York von den Niederländern erworben hatten, erhielten die Niederländer 1667 als Entschädigung Suriname von den Briten.

Bis zur Abschaffung der Sklaverei, 1863, wurden rund 300000 afrikanische Sklaven nach Suriname verfrachtet, danach holten die Niederländer Lohnarbeitskräfte aus Indien und Indonesien ins Land. Im Dezember 1975 erhielt es unter Premierminister Henck Arron die volle Unabhängigkeit. Da viele Surinamesen innere Unruhen befürchteten, wanderten sie in die Niederlande aus, eine Tendenz, die wegen der schwierigen wirtschaftlichen Lage auch in den Jahren nach der Unabhängigkeit anhielt.

Zwei Putsche der Unteroffiziere der kleinen Armee Surinames im Februar und August 1980 beseitigten das parlamentarisch-demokratische System. Ihnen fiel zunächst die Regierung Henck Arron zum Opfer, dann der Nationale Militärrat, den die Führer des Februar-Putsches gebildet hatten. Seit dem August-Putsch ist Feldwebel D. Boutersee der starke Mann in Suriname. Er löste das Parlament auf, verbot die politische Tätigkeit der Parteien und setzte den Präsidenten Ferrier ab. Boutersee hält sich hinter dem neuen Präsidenten und Ministerpräsidenten Chin A Sen im Hintergrund.

Swasiland

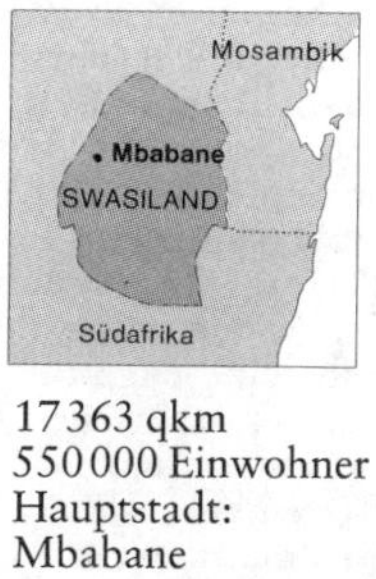

17363 qkm
550000 Einwohner
Hauptstadt: Mbabane

Das kleine afrikanische Königreich Swasiland (Ngwana) war lange Zeit eng an seinen mächtigen Nachbarn, die Republik Südafrika, gebunden. Südafrikanische Bergbau- und Geschäftsinteressen sind in der Wirtschaft des Landes immer noch vorherrschend.

Ursprünglich von sotho sprechenden Stämmen besiedelt, wurde Swasiland Anfang des 19. Jahrhunderts von ngoni sprechenden Völkern aus dem Süden überrannt. Ihr Häuptling, Sobhusa I., gründete, nachdem er die Sotho besiegt hatte, ein Königreich nach dem Modell desjenigen der Zulu. 1907 stellten die Briten Swasiland unter ihre Protektoratsverwaltung. Zusammen mit Botswana (damals Betschuanaland) und Lesotho (Basutoland) blieb es unter der Kontrolle des britischen Hochkommissars in der Südafrikanischen Union, als diese 1910 Selbstverwaltung erhielt. 1965 gewährte Großbritannien dem Land Selbstregierung. Sobhusa II., seit 1899 Oberhäuptling, führte Swasiland 1968 in die Unabhängigkeit. Selbstregierung. Sobhusa II., seit 1899 Oberhäuptling, führte Swasiland 1968 in die Unabhängigkeit. 1977 hob Sobhusa die Verfassung auf, traditionelle Stammesausschüsse sollten in Zusammenarbeit mit dem König die Regierungsgeschäfte leiten.

Syrien

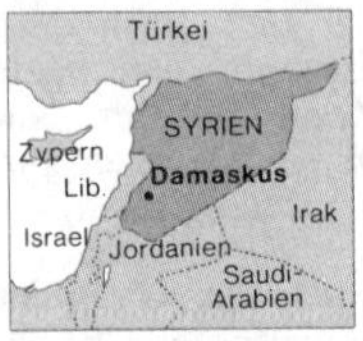

185 180 qkm
8 500 000 Einwohner
Hauptstadt: Damaskus

Alexander der Große übernahm 333 v. Chr. das Gebiet des heutigen Syrien von den Persern. 64 v. Chr. machte Pompejus Syrien zur römischen Provinz, die seit 395 n. Chr. zum Byzantinischen Reich gehörte. Die byzantinische Herrschaft dauerte bis zum 7. Jahrhundert, als das Gebiet von den Omajjaden erobert wurde. 750 stürzten die Abbasiden die Omajjaden. Zwischen 1099 und 1291 gründeten die Kreuzfahrer Staaten im Küstenstreifen. 1252 fiel Syrien den ägyptischen Mamelucken zu und wurde 1516 Teil des Osmanischen Reiches.

Versprechungen und Aufstände Syrien blieb bis zum Ende des Ersten Weltkrieges Teil des Osmanischen Reiches. 1916 erhoben sich die Araber, unterstützt von den Briten, gegen die Türken. Doch in dem geheimen Sykes-Picot-Abkommen hatten Großbritannien und Frankreich im gleichen Jahr schon ihre Interessensphären im östlichen Mittelmeerraum abgegrenzt. Syrien fiel an Frankreich. Feisal I. ibn Husain berief sich auf das von Großbritannien zugesicherte Selbstbestimmungsrecht der Araber und ließ sich 1920 zum König von Syrien wählen. 4 Monate später vertrieben ihn die Franzosen, und der Völkerbund sprach Syrien Frankreich als Mandatsgebiet zu.

1925 kam es zu einem Aufstand, den die Franzosen blutig niederschlugen. 1936 versprach man Syrien die Unabhängigkeit, doch die französische Abgeordnetenkammer in Paris ratifizierte den entsprechenden Vertrag nicht. Als Frankreich 1940 Deutschland unterlag, blieb die Garnison der Vichy-Regierung treu, und das Land wurde 1941 von Briten und freien Franzosen besetzt. 1944 erhielt Syrien die Unabhängigkeit.

Soldat des syrischen Grenzschutzes. Syrien wendet einen großen Teil seines Staatshaushaltes für seine Armee auf.

Die Unabhängigkeit und die Zeit danach Von 1946 an litt das Land unter einer Reihe militärischer und politischer Staatsstreiche. Zwischen 1958 und 1961 war es Teil der Vereinigten Arabischen Republik. Zusammen mit seinen arabischen Nachbarstaaten bekämpfte Syrien Israel.

Syriens Politik hat sich seit 1963 auf die Ideologie der Baath-Partei gestützt, die für eine sozialistische Revolution in der ganzen arabischen Welt eintritt. Das Baath-Regime ist ein radikaler Gegner Israels und unterstützt die palästinensischen Freischärler. Durch einen Staatsstreich des rechten Flügels der Baath-Partei kam 1969 Hafis al-Assad an die Macht. 1971 wurde er zum Präsidenten gewählt, 1978 in seinem Amt bestätigt.

Syrische Truppen griffen 1976 in den libanesischen Bürgerkrieg ein. Nachdem sie Beirut unter ihre Kontrolle gebracht hatten, war der Bürgerkrieg nach 19 Monaten beendet. Durch den Eingriff verstärkten sich die Spannungen zwischen Ägypten und Syrien.

Das selbst ebenfalls durch Unruhen geschwächte Baath-Regime unter Hafis al-Assad suchte 1980 eine außenpolitische Absicherung. Diesem Ziel diente der im September 1980 verkündete Zusammenschluß mit Libyen zu einem Einheitsstaat und der Abschluß eines Vertrags über Freundschaft und Zusammenarbeit mit der Sowjetunion am 8. Oktober 1980. Der Vertrag sieht eine enge militärische Zusammenarbeit vor. Im irakisch-iranischen Krieg unterstützt Syrien den Iran. Gegen den Partner des Iraks Jordanien nahm es Ende November 1980 vorübergehend eine militärische Drohhaltung ein.

Taiwan

35 981 qkm
17 424 000 Einwohner
Hauptstadt: Taipeh

Die Insel Taiwan bot dem nationalistischen Regime von Tschiang Kai-schek eine Zuflucht, als es von den Kommunisten unter Mao Tse-tung 1949 vom chinesischen Festland vertrieben wurde. Die ersten Chinesen emigrierten bereits zur Zeit der T'ang-Dynastie (618–906) nach Taiwan. Die Portugiesen waren die ersten Europäer, die Taiwan erreichten. Sie nannten die Insel Formosa (die Schöne). Die Mandschu eroberten die Insel 1683 und machten sie zu einer chinesischen Provinz. Nach dem chinesisch-japanischen Krieg von 1895 wurde Taiwan an Japan abgetreten, das die Wirtschaft der Insel modernisierte.

Japan gab Taiwan 1945 an China zurück. Vier Jahre später flüchtete die von den chinesischen Kommunisten unter Mao Tse-tung geschlagene nationalistische Regierung Tschiang Kai-scheks und etwa zwei Millionen ihrer Anhänger nach Taiwan. Die Unterstützung der Vereinigten Staaten gestattete Taiwan, seinen Großmachtstatus in der UNO zu behalten, wo es als legale Regierung Chinas auftrat. Mit der Zeit wurde es eins der reichsten Länder Asiens. 1971 jedoch, als die USA sich für die UN-Mitgliedschaft des kommunistischen Chinas aussprachen, wurde Taiwan durch Rotchina ersetzt.

1972 übergab Tschiang Kai-schek die Regierungsgewalt an seinen Sohn Tschiang Tsching-kuo, der 1978 durch Wahlen im Präsidentenamt bestätigt wurde. Tschiang Kai-schek starb 1975, sein Sohn wurde danach auch sein Nachfolger in der führenden Partei, der Kuomintang. Anfang 1979 brachen die USA die diplomatischen Beziehungen zu Taiwan ab, um entsprechende Beziehungen zu Peking aufnehmen zu können. Vorstöße Pekings, Gespräche über eine eventuelle Wiedervereinigung einzuleiten, wurden von Taiwan scharf zurückgewiesen.

Tansania

945 087 qkm
16 300 000 Einwohner
Hauptstadt: Daressalam

Die Vereinigte Republik Tansania wurde 1964 aus dem Zusammenschluß des großen ostafrikanischen Festlandstaates Tanganjika und der kleinen Inselrepublik Sansibar geboren, die rund 50 Kilometer vor der Ostküste Tanganjikas liegt. Sansibar behielt jedoch auch nach dem Zusammenschluß innere Autonomie. Das festländische Tansania erwarb unter der fähigen Führung von Julius Nyerere den Ruf, ein stabiles und fortschrittliches Land zu sein.

Frühe Einwohner Vor fast 2 Millionen Jahren war die Oldowayschlucht in Nordtansania die Heimat des *Homo habilis,* eines der frühesten bekannten menschenähnlichen Geschöpfe. Schon vor 500 000 Jahren gab es verschiedene steinzeitliche Kulturen im heutigen Tansania. Sie erhielten sich bis zum 3. Jahrhundert n. Chr., als Bantuvölker eindrangen und die Kenntnis der Eisenverarbeitung mitbrachten. Seit dem 14. Jahrhundert kamen aus dem Norden hamitische Hirtenvölker, die sich mit den Bantu vermischten. Das Küstengebiet, einschließlich der fruchtbaren Inseln Sansibar und Pemba, wurde im 8. Jahrhundert von Südarabien und vom Persischen Golf aus kolonisiert. So entwickelte sich im Laufe der Zeit eine bantu-arabische Mischkultur und eine Mischsprache – Suaheli, das heute Amtssprache in Tansania ist.

Araber und Europäer Das Gebiet um die Stadt Kilwa, an der Küste südlich Daressalams, stand zwischen 1500 und 1650 unter portugiesischer Herrschaft, doch die moslemischen Araber aus Oman konnten die Portugiesen mit der Zeit vertreiben. Um 1840 erhob der Sultan von Maskat Sansibar zu seiner Residenz und kontrollierte den Handel mit Elfenbein und Sklaven aus dem Landesinneren.

Deutsch-Ostafrika Der Sultan von Sansibar förderte deutsche Kaufleute, die seit der Mitte des 19. Jahrhunderts in seinem Hoheitsgebiet Faktoreien gründeten. 1885 zwang ein deutsches Geschwader den Sultan zu Anerkennung der Schutzherrschaft. Ab 1891 übernahm das Deutsche Reich die Verwaltung

Deutsch-Ostafrikas. Sansibar und Pemba wurden britisches Protektorat. 1905/06 rebellierten viele Stämme im Süden Deutsch-Ostafrikas, doch der Aufstand wurde blutig niedergeschlagen. Im Ersten Weltkrieg verteidigte die deutsche Schutztruppe Deutsch-Ostafrika. Nach der deutschen Niederlage kam das Gebiet unter dem Namen Tanganjika als Völkerbundsmandat und ab 1945 als UNO-Treuhandgebiet an Großbritannien.

Der einstige Lehrer Julius Nyerere wurde 1962 der erste Präsident Tanganjikas, heute Tansania.

Die Unabhängigkeit Obwohl Tanganjika zu den ärmsten der ostafrikanischen Gebiete Großbritanniens zählte, erlangte es als erstes 1961 die Unabhängigkeit. Bei den Präsidentschaftswahlen von 1962 erzielte Julius Nyerere die absolute Mehrheit. Im folgenden Jahr erhielt auch Sansibar die Unabhängigkeit und vereinigte sich 1964 mit Tanganjika zur Vereinigten Republik Tansania, doch behielt Sansibar unter seinem Präsidenten Scheich Abeid Karume innere Autonomie. Unter Nyerere wurde Tansania ein Einparteienstaat, in dem Karume das Amt des ersten Vizepräsidenten übernahm.

Vizepräsident Karume fiel 1972 einem Attentat zum Opfer, sein Nachfolger wurde Mwinyi Jumbe. Die Beziehungen zwischen Tansania und seinem Nachbarn Uganda verschlechterten sich 1972 drastisch, als Emigranten aus Uganda, die in Tansania lebten, vergeblich versuchten, nach Uganda zurückzukehren. Tansania wurde beschuldigt, die Invasion unterstützt zu haben. Die Luftwaffe von Uganda griff als Vergeltung Bukoba an. Tansania zog daraufhin Streitkräfte an der Grenze zusammen. Nach einigen Wochen akzeptierten beide Seiten den von der Republik Somalia vermittelten Friedensplan, doch blieb das Verhältnis der Nachbarländer weiterhin spannungsreich. Als Ende 1978 ugandische Truppen das Kageragebiet an der Grenze besetzten, brach ein Krieg aus. Tansanische Verbände rückten in Uganda ein, besetzten die Hauptstadt Kampala und konnten schließlich im April 1979 Idi Amin, den Präsidenten Ugandas, absetzen. Im Juli 1979 begann Tansania seine Truppen aus Uganda abzuziehen. Präsident Nyerere wurde im Oktober 1980 für weitere fünf Jahre in seinem Amt bestätigt.

Thailand

514 000 qkm
47 400 000 Einwohner
Hauptstadt: Bangkok

Das Königreich Thailand – bis 1939 Siam – war das einzige Land Südostasiens, das der Eroberung durch die europäischen Mächte im 19. Jahrhundert entging. Das war zum Teil auf die Stabilität der thailändischen Gesellschaft zurückzuführen, die durch die Modernisierungspolitik populärer Monarchen gestärkt wurde. Heute produziert Thailand jährlich 13 Millionen Tonnen Reis, weshalb es auch als Reisschüssel Asiens bezeichnet wird.

Frühe Geschichte Im 13. Jahrhundert zogen die ersten thailändischen Einwanderer von ihren Niederlassungen in Südchina in das heutige Thailand ein und unterwarfen die Khmer. Die Thai errichteten das Reich Sukhothai, das sich bald zu einem wichtigen Kultur- und Wirtschaftszentrum entwickelte. Der Fürst von Ajuthia (1350–69) eroberte Sukhothai und gründete ein Reich, das sich über die Malaiische Halbinsel bis Malakka erstreckte. 1767 brachten die Birmanen Ajuthia unter ihre Herrschaft. Doch gelang es den Thai bald, die Birmanen wieder zu vertreiben. Nach einer Armeerevolte wurde der Feldherr Phraya Tschakri als Rama I. König von Siam. Er begründete die neue Hauptstadt Bangkok und die noch heute herrschende Tschakridynastie. Schon zu Beginn des 16. Jahrhunderts kam es zu ersten Kontakten mit Europäern. Rama II. (1809–24) vertiefte die Beziehungen zu Portugal und Großbritannien.

Die europäische Herausforderung Rama IV. unterzeichnete 1855 einen Freundschaftsvertrag mit Großbritannien und weitere Verträge mit Frankreich, anderen europäischen Mächten und den Vereinigten Staaten. Außerdem leitete er ein Reformprogramm ein, wozu er europäische Berater ins Land holte. 1864 stellte sich Kambodscha entgegen Siams Willen unter französisches Protektorat, und 1893 mußte Siam auch Laos an Frankreich und 1909 die nördlichen Malaienstaaten an England abtreten. Die anglo-französische Rivalität rettete den Rest des Landes vor einem Angriff, und Siam, unterstützt durch seine innere Stabilität, konnte seine Unabhängigkeit bewahren. Chulalongkorn Rama V. (1868–1910) modernisierte Siams politische und soziale Einrichtungen und reformierte die Verwaltung.

Chulalongkorn Rama V. (1868 bis 1910) führte politische und soziale Reformen durch und machte seinem Land europäische Errungenschaften zunutze.

Revolution: 1932 Im Jahre 1932 ergriff eine Gruppe junger Armeeoffiziere und Beamte die Macht und zwang den König, eine Verfassung anzunehmen, nach der das Land konstitutionelle Monarchie wurde. 1938 übernahm Marschall Pibul Songgram die Leitung der Regierung, und 1939 änderte Siam seine amtliche Bezeichnung in Thailand. Während des Zweiten Weltkrieges arbeitete Pibul Songgram mit den Japanern zusammen, doch 1944 wurde er durch den Widerstandskämpfer Pridi entmachtet.

Zivilisten und Generäle Pridis Versuche, eine parlamentarische Demokratie einzuführen, schlugen fehl, und 1947 ergriff Pibul Songgram wieder die Macht und errichtete unter Beibehaltung der Monarchie eine Militärdiktatur. 1955 liberalisierte er sein Regierungssystem und ließ die verbotenen Parteien wieder zu. Außenpolitisch lehnte er sich an die Vereinigten Staaten an. Nach dem Tod Marschall Thanarats, der 1957 Pibul gestürzt hatte, übernahm Marschall Thanom Kittikachorn die Regierung. 1968 wurde eine neue Verfassung angenommen, die Thanom Kittikachorn 1971 außer Kraft setzte. Die wirkliche Macht in Thailand liegt in den Händen der Armee, die eng mit König Bhumibol Aduljadeh (1950 gekrönt) zusammenarbeitet.

Der Buddhismus spielt im Leben der modernen Thailänder eine wichtige Rolle. Hier ein Detail eines buddhistischen Tempels in Bangkok.

1974 führte Thailand wieder eine demokratische Verfassung ein, doch 1976 übernahm erneut eine Militärjunta die Macht, die 1977 nach einem unblutigen Putsch unter Admiral Sa-Ngat Tschaloryu ein Revolutionsrat mit Tschaloryu als Vorsitzendem an sich riß. Nach den kommunistischen Machtübernahmen in den benachbarten Ländern Laos und Kambodscha kamen Hunderttausende von Flüchtlingen nach Thailand. Für Thailand entwickelten sich daraus große politische und wirtschaftliche Schwierigkeiten. Auch die Regierung Kriangsak scheiterte Ende Februar 1980 an wirtschaftlichen Problemen. Seit dem 3. März 1980 ist General Prem Tinsulanonda neuer Ministerpräsident.

Togo

56 000 qkm
2 005 000 Einwohner
Hauptstadt: Lome

Bis 1914 bildete das Gebiet dieser kleinen westafrikanischen Republik den östlichen Teil der deutschen Kolonie Togo. Obwohl seit 1960 die reichen Phosphatvorkommen des Landes abgebaut werden, ist Togo einer der ärmsten Staaten Westafrikas.

Vor der Kolonialzeit war Togo in eine Anzahl kleiner Stammesgebiete zersplittert, die der Gnade ihrer mächtigen Nachbarn, der Aschanti und der Dahome, ausgeliefert waren. Deutsche Missionare arbeiteten schon in den vierziger Jahren des 19. Jahrhunderts bei den Ewe im Süden. 1884 wurde Togo deutsche Kolonie und unterstand ab 1899 einem deutschen Gouverneur. 1914, nach Ausbruch des Ersten Weltkrieges, besetzten britische und französische Streitkräfte das Land.

1922 teilte der Völkerbund Togo unter England und Frankreich als Mandatsgebiet auf. Im östlichen, französischen Teil Togos liegen die Eisenbahnlinien und der Hafen von Lome. Dieses Gebiet wurde 1960 als Republik Togo unabhängig.

Die Ewe setzten sich erfolglos für die Wiedervereinigung der beiden Togos ein – das britische Togo war Ghana eingegliedert worden –, denn die Grenze verlief mitten durch ihr angestammtes Wohngebiet. Togos erster Präsident, Sylvanus Olympio, fiel 1963 einem Attentat zum Opfer. Sein Nachfolger, Nicolas Grunitzky, wurde 1967 bei einem Militärputsch unter der Führung von General Etienne Eyadema abgesetzt. Wirtschaftlich behielt Togo starke Bindungen zu Frankreich. Am 30. Dezember 1979 wurde eine neue Verfassung verabschiedet, und es fanden Präsidentschafts- und Parlamentswahlen statt, bei denen Eyadema wiedergewählt wurde.

Tonga

Etwa 200 Koralleninseln – von denen nur 36 bewohnt sind – bilden das Königreich Tonga im südöstlichen Pazifik. Die Tonganer sind Nachkommen polynesischer Seefahrer, die vor rund tausend Jahren auf ihren Seereisen, wahrscheinlich von Samoa aus, auf die Inseln kamen. Die herrschende Dynastie von Tonga wurde etwa um 950 n. Chr. gegründet. 1616 entdeckten die Holländer die Inseln, doch wurden sie erst 1642 von Abel Tasman erforscht. Kapitän James Cook war der erste Brite, der Tonga 1773 aufsuchte; er gab den Inseln den Namen Freundschaftsinseln. In den zwanziger Jahren des vorigen Jahrhunderts begannen Methodistenmissionare die Bevölkerung zu christianisieren. Seit 1799 immer wieder ausbrechende innere Wirren wurden 1845 beendet, als König Taufaahau als George Tupou I. (1845–93) die Tonganer vereinte und das Reich Tonga errichtete. 1900 wurde Tonga britisches Protektorat. Seit 1965 beherrscht König Taufa-ahau Tupou IV. das 1970 im Rahmen des Commonwealth unabhängig gewordene Tonga.

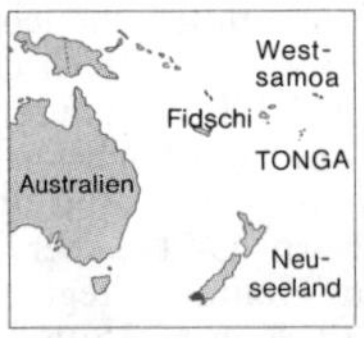

699 qkm
90 000 Einwohner
Hauptstadt:
Nukualofa

Trinidad und Tobago

Öl und Asphalt bilden die Grundlage von Trinidads und Tobagos heutigem Reichtum – obwohl die Wirtschaft der Inseln, wie die der übrigen ehemaligen britischen karibischen Besitzungen, ursprünglich auf den Zuckerrohranbau gegründet war.

Kolumbus landete 1498 auf den beiden Inseln. Die Spanier legten Kakao- und Zuckerrohrplantagen an, auf denen aus Afrika importierte Sklaven arbeiteten. 1797 eroberte eine britische Expedition Trinidad, das 1802 zur Kronkolonie erklärt wurde.

Nach der Sklavenbefreiung (1833) holte man über 150 000 Inder als bezahlte Arbeitskräfte ins Land. Tobago – britisch seit 1814 – wurde 1889 mit Trinidad vereinigt. Die Inseln erhielten 1962 unter der Führung von Dr. Eric Williams die Unabhängigkeit. 1970 stand das Land nach einer mißlungenen Black-Power-Rebellion gegen die Regierung von Williams eine Zeitlang unter Kriegsrecht.

1976 wurden Trinidad und Tobago Republik innerhalb des Britischen Commonwealth, Staatsoberhaupt wurde Sir Ellis Clark, Regierungschef und Außenminister wurde Eric Williams. 1978 billigte das Parlament die volle innere Selbstverwaltung von Tobago.

5128 qkm
1 040 000 Einwohner
Hauptstadt:
Port of Spain

Tschad

Dieser afrikanische Binnenstaat war einst Teil des großen Reiches Kanem-Bornu, das die Kanembu im 8. Jahrhundert gründeten. Im 11. Jahrhundert breitete sich der Islam in Kanem aus. Die Gründerdynastie der Saif ist rund ein Jahrtausend, bis etwa 1800, an der Macht geblieben.

In den neunziger Jahren des 19. Jahrhunderts erschienen die Franzosen im heutigen Tschad und unterwarfen das Gebiet bis 1905. Ein Jahr später wurde Tschad mit Ubangi (heute die Zentralafrikanische Republik) vereinigt, 1910 Französisch-Äquatorialafrika eingegliedert, 1920 wieder von Ubangi getrennt und unter eigene Verwaltung gestellt. 1958 bekam es im Rahmen der Französischen Gemeinschaft Selbstverwaltung; 1960 erlangte es unter François Ngarta Tombalbaye die Unabhängigkeit.

Die unabhängige Republik Tschad sah sich Problemen gegenüber, die aus ethnischen, religiösen und politischen Gegensätzen erwuchsen. Etwa ein Drittel der Bevölkerung sind moslemische Araber, die negride Bevölkerung ist christlich oder gehört Naturreligionen an. 1965 brachen Kämpfe zwischen den moslemischen Partisanen im Norden des Tschad und der Zentralregierung aus. Französische Truppen schalteten sich bald auf der Seite der Regierung ein, wurden aber 1972 wieder abgezogen.

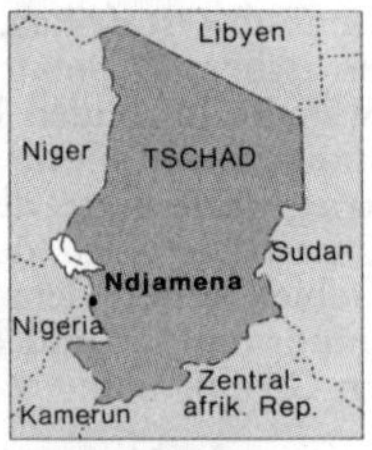

1 284 000 qkm
3 900 000 Einwohner
Hauptstadt:
Ndjamena
(Fort Lamy)

Auf diesem Druck aus dem 19. Jh. jagen zwei Afrikaner Großwild am Ufer des Tschadsees.

1973 ließ Tombalbaye den Oberbefehlshaber der Truppen, General Félix Malloum, unter der Anklage, er habe einen Putsch geplant, verhaften. 1975 griff die Armee den Präsidentenpalast an, befreite Malloum und rief ihn zum Präsidenten aus. Tombalbaye war bei dem Putsch getötet worden. 1978 einigte man sich mit dem arabischen Rebellenführer Hissèn Habré auf einen Waffenstillstand, die Militärjunta wurde aufgelöst, Malloum wurde Präsident, Habré Ministerpräsident, doch im Februar 1979 brachen erneut Kämpfe zwischen den Truppen der beiden Politiker aus. Nachdem mit Hilfe Nigerias erneut ein Waffenstillstandsabkommen getroffen worden war, floh Malloum nach Nigeria ins Exil. Mehrere Übergangsregierungen scheiterten, bis im August 1979 der moslemische Tubbu-Führer Gukuni Uedad das Präsidentenamt übernahm. Die blutigen Unruhen hielten an. Im Spätherbst 1980 griff Libyen auf der Seite Uedads in den Bürgerkrieg ein, doch der staatliche Zerfall des Tschad schritt weiter fort.

Tschechoslowakei

Der Name der Tschechoslowakei spiegelt die Tatsache wider, daß die Bevölkerung des Landes in der Hauptsache aus zwei Volksgruppen besteht – aus Tschechen und Slowaken. In ihren heutigen Grenzen besteht die Tschechoslowakei erst seit der Zeit nach dem Ersten Weltkrieg. Die Tschechen führen ihre Geschichte jedoch auf den Glanz des Königreichs Böhmen zurück.

Während seiner ganzen modernen Geschichte war das Land von mächtigen Nachbarn umgeben. Von 1526 bis 1918 stand Böhmen unter habsburgischer Herrschaft und war so mit Österreich und Ungarn vereinigt. In den dreißiger Jahren des 20. Jahrhunderts wurde die Tschechoslowakei von Deutschland bedroht und schließlich überrannt, und seit 1945 ist sie ein Satellit der Sowjetunion. Auf lange Sicht gesehen, führten alle ihre Versuche, völlige Unabhängigkeit zu erlangen, in eine Katastrophe.

127 870 qkm
14 900 000 Einwohner
Hauptstadt: Prag

Frühe Eroberer Böhmen verdankt seinen Namen den keltischen Boiern, die bis etwa 60 v. Chr. in dem Gebiet lebten. Zwischen 200 v. Chr. und 600 n. Chr. siedelten germanische Stämme in Teilen der heutigen Tschechoslowakei. Gegen Ende des 6. Jahrhunderts wanderten slawische Stämme von Osten her nach Böhmen ein. Die böhmischen Slawen gehörten wahrscheinlich zum Reich des Franken Samo. Nach dem Sieg Karls des Großen über die Awaren (805) mußten sie dem Frankenreich Tribut zahlen.

Im 9. Jahrhundert unterstand Böhmen der Herrschaft der mährischen Slawen. Als die Madjaren um 900 das Mährische Reich zerstörten, kamen die meisten Einwohner der Slowakei unter madjarische Herrschaft, die bis 1918 dauern sollte.

Unter österreichischer Herrschaft Unter dem Geschlecht der Przemysliden machten sich die Tschechen im 9. und 10. Jahrhundert andere slawische Stämme in Böhmen zu Untertanen. Dank der Herrschaft mehrerer fähiger Monarchen, einschließlich Karls IV. (1333–78), der auch Kaiser des Heiligen Römischen Reiches war, konnte sich Böhmen rasch und gut entwickeln. Der König von Böhmen stand an Macht und Rang den übrigen Reichsfürsten voran. Die Randgebiete wurden von deutschen Bauern besiedelt.

Der tschechische Reformator Jan Hus wurde 1415 auf dem Konzil von Konstanz als Ketzer verurteilt und verbrannt.

Der Kirchenreformer Jan Hus, seit 1409 erster Rektor der Universität Prag, trat für die kirchlich-nationale Verselbständigung der Tschechen ein. Lange vor Luther proklamierte er die Idee einer nationalen Kirche für Böhmen, die von dem Diktat des Papstes in Rom frei sein sollte. Hus wurde auf Geheiß des Konzils von Konstanz 1415 als Ketzer auf dem Scheiterhaufen verbrannt. Doch seine Lehren belebten weiterhin den böhmischen Patriotismus. 1526, als Ferdinand von Österreich den böhmischen Thron bestieg, fiel Böhmen unter die Herrschaft der Habsburger. 1618 sagte sich der protestantische böhmische Adel, der sich auf Jan Hus berief, von den katholischen Habsburgern los. Nach dem »Prager Fenstersturz«, bei dem zwei kaiserliche Statthalter von den Aufständischen aus einem Fenster der Prager Burg gestürzt wurden, wählte der böhmische Adel den protestantischen Kurfürsten Friedrich V. von der Pfalz zum König. Die tschechische Unabhängigkeit dauerte nicht lange. 1620 gelang es Kaiser Ferdinand II. in der Schlacht am Weißen Berg, Friedrich V. zu schlagen. Böhmen nahm nun im habsburgischen Reich nur noch einen untergeordneten Platz ein.

Fast drei Jahrhunderte lang blieb Böhmen unter habsburgischer Herrschaft. 1848 organisierten Prager Intellektuelle als ersten Vorboten der tschechischen Revolte einen Kongreß, auf dem die Umwandlung des österreichischen Kaiserstaates in einen Bund von gleichberechtigten Völkern gefordert wurde. Die Revolutionäre waren jedoch uneinig; ein Aufstand tschechischer Radikaler in Prag wurde rasch von österreichischen Truppen niedergeschlagen.

Die Unabhängigkeit: 1918 Die Unabhängigkeit kam erst mit dem endgültigen Zusammenbruch des habsburgischen Reiches 1918. Unter der Führung von Tomáš Masaryk als Präsident und Eduard Benesch als Außenminister entwickelte sich die Tschechoslowakei zu einem liberalen, demokratischen Staat, der mehr Toleranz und größeren wirtschaftlichen Wohlstand aufzuweisen hatte als viele seiner Nachbarn. Knapp die Hälfte der Bevölkerung waren Tschechen, die andere Hälfte setzte sich aus Slowaken, Deutschen, Madjaren, Ukrainern und Polen zusammen. Die Spannungen zwischen diesen verschiedenen Volksgruppen wurden durch die Depression der dreißiger Jahre verstärkt, die auch die Lage der Bauern in den weniger reichen Gebieten des Landes verschlimmerte.

Die bei Brünn in Mähren gefundene vorgeschichtliche Skulptur wurde vor 15 000 bis 30 000 Jahren angefertigt.

Wenzel IV herrschte in Böhmen von 1378 bis 1419. Als Deutscher König wurde er 1400 abgesetzt, weil er die Angelegenheiten des Reiches vernachlässigte.

Der tschechische Komponist Anton Dvořák benutzte in vielen seiner Werke böhmische Volksweisen.

Das Münchner Abkommen Die rund 3 Millionen Deutschen, die in den Sudetenländern lebten, bildeten die aktivste völkische Minderheit. Die Sudetendeutsche Partei, 1933 von Konrad Henlein gegründet und seit 1935 von Deutschland unterstützt, forderte zunächst Autonomie für die Deutschen in der Tschechoslowakei, später dann den Anschluß der deutschen Siedlungsgebiete an das Reich. 1935 schlossen die Tschechen einen Beistandspakt mit der Sowjetunion, um das Bündnis, das sie bereits mit Frankreich hatten, zu verstärken.

1938 drohte Hitler mit Krieg, wenn man den Sudetendeutschen weiterhin das Selbstbestimmungsrecht verweigere. Frankreich und Großbritannien leisteten den Tschechen keine Hilfe, und nach dem Münchner Abkommen vom September 1938 sah sich die Tschechoslowakei gezwungen, das Sudetenland, das alle tschechischen Grenzbefestigungen enthielt, an Deutschland abzutreten. Gleichzeitig erhielt die Slowakei eine autonome Regierung. Doch schon bald machte die schlechte Wirtschaftslage der Slowakei eine Anlehnung an Prag nötig. Im März 1939 erklärte die Slowakei auf deutschen Druck hin ihre Unabhängigkeit, und deutsche Truppen marschierten in Böhmen und Mähren ein.

Von der Befreiung zum Kommunismus: 1945–48 Nach dem Ausbruch des Zweiten Weltkrieges richtete Eduard Benesch in London eine Exilregierung ein, die Großbritannien und die USA 1941 anerkannten. Benesch unterhielt auch gute Beziehungen zur Sowjetunion, mit der er 1943 einen Freundschaftspakt unterzeichnete. 1945 befreiten sowjetische Truppen das Land. Staatspräsident des in den Grenzen von 1937 wiedererrichteten Staates wurde Benesch, den die Wahlen von 1946 in seinem Amt bestätigten. Die Verfassung von 1948 machte die Tschechoslowakei zur volksdemokratischen Republik mit Klement Gottwald als Staatspräsident. Bei den Wahlen hatten die Kommunisten, die von der Sowjetunion unterstützt wurden – sie drohte, die Rote Armee in die Tschechoslowakei zu entsenden –, praktisch keine Konkurrenz.

Das neue kommunistische Regime war eines der härtesten im Sowjetblock. Eine Reihe von Säuberungen und Schauprozessen gipfelten 1952 in dem Prozeß und der Hinrichtung des Generalsekretärs der Kommunistischen Partei, Rudolf Slansky. 1953 starb Gottwald, und Antonín Zápotocký übernahm das Präsidentenamt. Er wurde 1957 von Antonín Novotný abgelöst. Keiner dieser Führer wich, nachdem Nikita Chruschtschow 1956 die Stalinische Herrschaft angegriffen hatte, von der stalinistischen Linie ab.

Die sowjetische Invasion: 1968 Die stalinistische Führung fand 1968 ein Ende, als Alexander Dubček nach dem Rücktritt Novotnýs das Amt des Parteichefs übernahm. Er leitete ein ehrgeiziges Programm des »Sozialismus mit menschlichem Antlitz« ein, das das Regime liberalisieren und dem tschechoslowakischen Volk mehr ökonomische und politische Freiheiten geben sollte. Es kam zu schweren Spannungen zwischen der Sowjetunion und der Tschechoslowakei, die schließlich im August 1968 von Truppen des Warschauer Pakts besetzt wurde. Dubček mußte im April 1969 zurücktreten, und Gustav Husák nahm sein Amt ein.

Das Reformprogramm mußte aufgegeben werden, und die Dubček-Anhänger wurden aus der Partei ausgeschlossen. In einer Regierungskampagne, die auf Unterdrückung der Opposition gerichtet war, verloren Tausende – unter ihnen Lehrer, Wissenschaftler und Schriftsteller – ihre Stellung. Auch 1972 wurden noch zahlreiche politische Prozesse geführt und harte Urteile gefällt. Am 1. Januar 1977 veröffentlichte eine Bürgerrechtsgruppe die sogenannte Charta 77, die dazu aufruft, die in der Verfassung gewährten Rechte zu achten. Die von der Regierung als gesetzwidrig bezeichnete Charta führte zu Verhaftungen von Bürgerrechtlern.

Tomáš Masaryk, der Gründer der modernen Tschechoslowakei, begann seine Laufbahn als Soziologe. Er war 1918–35 Staatspräsident.

Eduard Benesch spricht über den Rundfunk zu seinem Volk. Er trat 1938 nach dem Münchner Abkommen als Staatspräsident seines Landes zurück.

Alexander Dubček gewann das Vertrauen der Massen durch sein Reformprogramm. Nach der Invasion der Staaten des Warschauer Paktes mußte er 1969 zurücktreten.

Tunesien

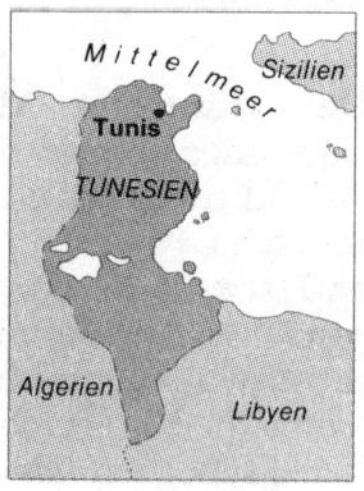

163 610 qkm
6 300 000 Einwohner
Hauptstadt: Tunis

Zusammen mit den benachbarten arabischen Staaten Algerien und Marokko bildet Tunesien das Gebiet, das als Maghreb (arabisch »Westen«) bezeichnet wird. In den letzten Jahren gab es immer wieder Versuche, die Länder des Maghreb zu einen. Zuletzt verhandelten Tunesien und Libyen im Januar 1974 über die Gründung eines gemeinsamen Staates, dem sich eventuell auch Algerien, Mauretanien und Marokko anschließen sollten. Nachdem Tunesien 1956 die Unabhängigkeit erlangt hatte, gedieh es unter der Herrschaft von Habib Bourguiba und wurde einer der stabilsten Staaten der arabischen Welt. Jahrhundertelang war die Landwirtschaft die Hauptquelle seines Reichtums, doch gegenwärtig erlangen die Industrie und der Tourismus eine immer größere Bedeutung. In den Gebirgsketten des Inneren liegen große Phosphatvorkommen.

Vor dem Islam Die Ureinwohner Tunesiens sind hellhäutige Berber. Um 1100 v. Chr. erschienen Phöniker an der tunesischen Küste und errichteten die Stadt Karthago, die sich bis zum fünften vorchristlichen Jahrhundert zur Hauptstadt eines blühenden Seereiches entwickelte. 146 v. Chr., nach Beendigung des 3. Punischen Krieges, zerstörten die Römer Karthago völlig, und das Land der Karthager wurde die römische Provinz Africa. Im 5. Jahrhundert n. Chr. zerfiel die Macht Roms, und 439 setzten sich Wandalen in Tunesien fest, doch 533 konnten ihnen die Byzantiner das Gebiet entreißen.

Unter der Herrschaft des Islams Zwischen 675 und 698 überrannten moslemische Araber das Land, konnten schließlich die Byzantiner und Berber besiegen und gründeten die neue Hauptstadt Kairuan. Unter der arabischen Herrschaft erhielten Tunesien und Teile des späteren Algerien den Namen Ifrikija (Afrika). Viele der früher christianisierten Berber bekehrten sich zum Islam, und eine brillante moslemische Kultur unter einheimischen Berberdynastien blühte auf. Im 11. Jahrhundert verwüsteten arabische Hilal-Nomaden das Land, doch vom 12. bis 16. Jahrhundert stand das Land wieder unter der Regierung von Berberdynastien. Unter der Dynastie der Almohaden (1147–1269) wurden weite Teile Spaniens erobert, doch bis 1492 konnten die Spanier die Eindringlinge zurückschlagen. 1574 kam Tunesien unter türkische Herrschaft. Als Teil des Osmanischen Reiches wurde es von Paschas und Beis verwaltet. 1871 gewährten die Türken Tunesien innere Autonomie.

Die europäische Intervention 1881 besetzten die Franzosen Tunesien und stellten es unter ihren Schutz. Von 1907 an bildete sich eine nationalistische Opposition. Die 1920 gegründete Destour-Partei forderte das Selbstbestimmungsrecht der Tunesier. 1934 gründete der junge Rechtsanwalt Habib Bourguiba die Neo-Destour-Partei und forderte die volle Unabhängigkeit. Nach dem Krieg versuchten die Franzosen die Nationalisten mit Gewalt zu unterwerfen, doch 1956 gaben sie den tunesischen Forderungen nach, und Tunesien wurde Republik.

Unter Habib Bourguiba erlangte Tunesien 1965 seine Unabhängigkeit.

Unabhängiges Tunesien 1958 zogen die Franzosen ihre Truppen aus Tunesien ab, behielten jedoch den Marinestützpunkt Biserta bei. Da die Franzosen Bourguibas Aufforderung, den Stützpunkt zu räumen, nicht nachkamen, brachen 1961 Kämpfe aus. Im Oktober 1963 war die Räumung abgeschlossen. In den 70er Jahren erreichte Tunesien unter Präsident Bourguiba, der 1974 zum Präsidenten auf Lebenszeit gewählt wurde, einen gewissen Wohlstand. 1978 wurde erstmals seit 1956 wieder eine Partei gegründet, die »Bewegung der sozialistischen Demokraten«, die allerdings bisher nicht zugelassen wurde.

Nachdem Ministerpräsident Nouira durch Krankheit ausgeschieden war, wurde im April 1980 Mohamed Mzali sein Nachfolger. Seit einem von Libyen gesteuerten Überfall auf die Bergbaustadt Gafsa, Ende Januar 1980, fühlt sich Tunesien durch diesen Nachbarstaat bedroht.

Türkei

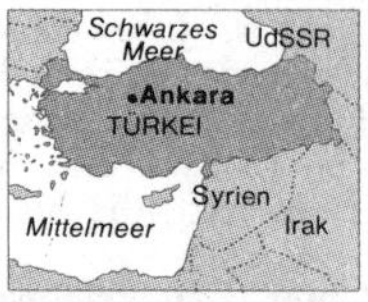

780 576 qkm
44 600 000 Einwohner
Hauptstadt: Ankara

Als Mitte des 15. Jahrhunderts die osmanischen Türken Konstantinopel (das heutige Istanbul) eroberten und auf den Ruinen von Byzanz das große Osmanische Reich errichteten, begann die eigentliche Geschichte der Türkei. Nach dem Ersten Weltkrieg erhob sich aus dem zusammengebrochenen Osmanischen Reich ein neuer türkischer Staat. Sein Führer, Kemal Atatürk, riß die türkische Gesellschaft aus ihren jahrhundertealten Gewohnheiten und führte wichtige Reformen durch. Er schaffte geschätzte türkische Traditionen ab und hob die Bestätigung des Islams als Staatsreligion auf.

Frühe Geschichte In der türkischen Provinz Konya in Anatolien gab es bereits um 6000 v. Chr. eine stadtartige Großsiedlung, Çatal Hüyük. Um 2000 v. Chr. wanderten indogermanische Stämme, darunter die Hethiter, nach Anatolien ein. Seit 1800 v. Chr. bildeten die Hethiter die politische Führungsschicht. Unter Suppiluliuma II. ging das inzwischen zur Großmacht aufgestiegene Reich unter den Angriffen der Seevölker 1220 v. Chr. zugrunde.

Seit etwa 900 v. Chr. siedelten Griechen an der Westküste Kleinasiens. Zwei indogermanische Stämme, die Phryger und die Lyder, gründeten nach dem Fall der Hethiter zwei neue Reiche. Das phrygische Reich erreichte im 8. und 7. Jahrhundert v. Chr. seine

Zwischen 1609 und 1614 ließ Sultan Ahmed I. diese nach ihm benannte Moschee in Konstantinopel errichten.

Blüte. Lydien gewann nach 680 v. Chr. größere Bedeutung. In dieser Zeit prägten die Lyder die ersten bekannten Münzen. Seit 546 v. Chr. standen beide Reiche unter persischer, später unter makedonischer Herrschaft. 188 v. Chr. wurden sie Teil des Königreiches Pergamon und 133 v. Chr. römische Provinz.

Das Byzantinische Reich 330 n. Chr. verlegte der zum Christentum bekehrte Kaiser Konstantin die Hauptstadt des Reiches von Rom in die griechische Stadt Byzanz, die er ausbaute und Konstantinopel nannte. Das Byzantinische Reich überdauerte das Weströmische Reich und blieb bis 1453 bestehen. Den Höhepunkt seiner Macht und seine größte Ausdehnung erreichte es zu Beginn des 11. Jahrhunderts. Doch schon bald danach begann der Verfall des Reiches.

Nach der Niederlage gegen die Seldschuken (1071) wurde Kleinasien türkisch. 1243 unterlagen die Seldschuken den Mongolen, doch aus den Resten der Seldschukenstaaten ging das Haus der Osmanen hervor, die sich langsam immer weiter in Kleinasien und auf der Balkanhalbinsel ausbreiteten. 1453 schließlich gelang es Mehmed II., Konstantinopel zu erobern.

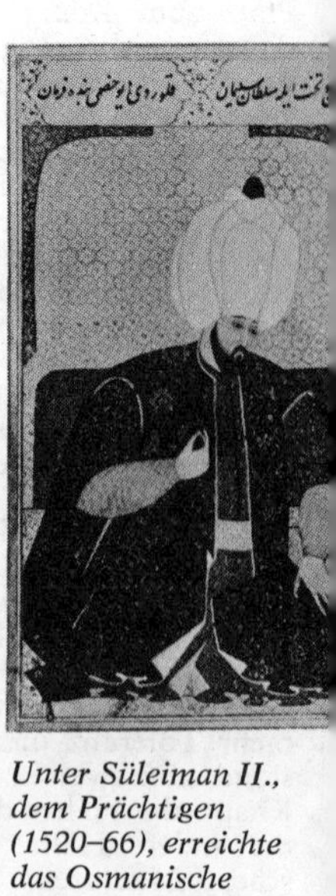

Unter Süleiman II., dem Prächtigen (1520–66), erreichte das Osmanische Reich den Höhepunkt seiner Macht.

Expansion und Verfall Nach dem Fall Konstantinopels weiteten die Osmanen ihr Gebiet immer weiter aus. Den Höhepunkt der Expansion erreichten sie unter Süleiman II. (1520–66). Die Türken beherrschten Kleinasien, weite Teile der arabischen Halbinsel, Ägypten, Nordafrika und die Balkanhalbinsel. 1529 belagerten Süleimans Truppen Wien, doch bis 1543 konnten nur Ungarn und Siebenbürgen als Provinzen gewonnen werden.

Jahrhundertelang kam es immer wieder zu Kriegen zwischen den Osmanen und einigen christlichen Staaten Europas, besonders Ungarn, Österreich, Venedig, Polen und Rußland. Nach anfänglichen Erfolgen der Türken im 16. und 17. Jahrhundert brachte der große Türkenkrieg (1688–99) die entscheidende Wende. Im 18. und beginnenden 19. Jahrhundert verloren die Türken in sieben weiteren Kriegen große Teile ihres Gebietes, und 1830 mußten sie die Unabhängigkeit Griechenlands anerkennen.

Zu den äußeren Mißerfolgen kam auch ein innerer Zerfall. Örtliche Machthaber in Anatolien (Beis) machten sich weitgehend selbständig, die Korruption nahm überhand, und die Bevölkerung zeigte wenig Interesse an den politischen Zielen der Pforte. Dagegen erlebte die Türkei um 1730 einen kulturellen Aufschwung.

Der Krimkrieg: 1853–56 1853 verlangte Zar Nikolaus I., die Türkei solle die russische Schutzherrschaft über die orthodoxen Christen im Osmanischen Reich anerkennen. England und Frankreich unterstützten die Türkei, die das russische Ansinnen ablehnte. 1853 besetzten russische Truppen türkisches Gebiet am Schwarzen Meer, und der Sultan erklärte den Krieg. 1854 griffen Frankreich und Großbritannien in die Kämpfe ein. Nach verlustreichen Schlachten gab sich Rußland 1855 geschlagen, und im Frieden von Paris (1856) verzichtete Rußland auf das Protektorat und trat einige Gebiete an die Pforte ab.

Reformen und Revolution Als die Türken 1875/76 Aufstände in der Herzegowina, in Bosnien und Bulgarien brutal unterdrückten, war Europa entsetzt. Rußland griff 1877 ein. Der Berliner Kongreß von 1878 bereinigte die Angelegenheit: Bulgarien wurde autonomes tributpflichtiges Fürstentum, Österreich-Ungarn übernahm die Verwaltung Bosniens und Herzegowinas, während Serbien, Montenegro und Rumänien ihre volle Unabhängigkeit erhielten. Um 1876 bildete sich die nationaltürkische Reformpartei der Jungtürken, die sich gegen die autoritäre Herrschaft des Sultans und gegen fremde politische Einflüsse wendete. Die Reformer, angeführt von Midhat Pascha, zwangen den Sultan Abd ul-Hamid II., 1876

Aufstände wurden von den Türken meist blutig unterdrückt, wie hier in Armenien 1896.

eine demokratische Verfassung einzuführen. Doch Abd ul-Hamid stellte bald die despotische Herrschaft wieder her. 1908 revoltierte die Armee, und der Sultan mußte die Verfassung von 1876 wieder einführen. Sein Versuch, eine Konterrevolution zu organisieren, schlug fehl; er dankte ab, und die Jungtürken übernahmen die Macht.

Das neue Regime wurde sofort von den Balkanmächten bedroht, die die Türkei in zwei Kriegen, 1912 und 1913, besiegten. Um der Gefahr einer völligen Auflösung zu entgehen, wandte sich die Türkei an Deutschland um Hilfe. Unter deutscher Leitung erfolgte eine Heeresreform; 1914 schloß die Türkei ein Geheimbündnis mit Deutschland gegen Rußland.

Sultan Abd ul-Hamid, 1908 zur Zeit seines Rücktritts.

Der Erste Weltkrieg: 1914–18 Im November 1914 trat die Türkei auf der Seite der Mittelmächte in den Ersten Weltkrieg ein. Siegreich auf der Halbinsel Gallipoli (1915), mußten die Türken in Armenien und am Suezkanal Niederlagen hinnehmen. 1918 kapitulierten die Türken. 1920 sah sich der letzte Sultan, Mehmed VI., gezwungen, dem Frieden von Sèvres zuzustimmen. Die Türkei verlor alle ihre Gebiete außer dem Kernland Anatolien.

Die Herrschaft Kemal Atatürks 1920 eröffnete Mustafa Kemal, der aus der Jungtürkischen Partei hervorging, die Nationalversammlung in Ankara. Im April erklärte die Nationalversammlung den Sultan und seine Regierung für abgesetzt und verkündete eine provisorische Verfassung und eine neue Regierung mit Kemal als Präsidenten. Doch erst im November 1922 dankte Mehmed VI. ab. Damit endete das Osmanische Reich. Im Oktober 1923 wurde die Türkei zur Republik erklärt und Kemal zum ersten Präsidenten gewählt. Nach Siegen über die in Anatolien eingedrungenen Griechen erhielt die Türkei im Vertrag von Lausanne (1923) das abgetretene Ostthrakien und Smyrna zurück. Mit diktatorischen Vollmachten ausgerüstet, leitete Kemal Reformen ein, die die Türkei nach westlichem Vorbild verändern sollten. Schleier und Fez wurden abgeschafft, die Rechtsprechung nach europäischem Muster umgestaltet, statt der arabischen die lateinische Schrift eingeführt, und die Frauen erhielten das Wahlrecht. 1934 legte sich Kemal den Namen Atatürk (Vater der Türken) zu. Die Hauptstadt wurde 1923 von Konstantinopel nach Ankara verlegt.

Mustafa Kemal, der sich 1934 den Namen Atatürk – Vater der Türken – zulegte, wurde 1923 zum ersten Präsidenten der neu gegründeten Republik gewählt.

Nach dem Tode Atatürks (1938) übernahm Ismet Inönü das Amt des Staatspräsidenten. Die Türkei blieb im Zweiten Weltkrieg bis zum März 1945 neutral; dann erklärte sie Deutschland den Krieg und trat den Vereinten Nationen als Gründungsmitglied bei. Die Vereinigten Staaten und Großbritannien lieferten der Türkei Waffen und leisteten ihr finanzielle Hilfe. 1952 trat sie der NATO bei.

Die Türkei heute 1950 gewann die 1946 gegründete Demokratische Partei unter Adnan Menderes in freien Wahlen die Macht. Während der zehn Jahre seiner Regierung herrschten Korruption und Unterdrückung. 1960 wurde er durch einen unblutigen Staatsstreich unter General Gürsel gestürzt, vor Gericht gestellt und hingerichtet. Gürsel, bei den Parlamentswahlen von 1961 zum Staatspräsidenten gewählt, berief Inönü zum Ministerpräsidenten. Innenpolitische Schwierigkeiten zwangen Inönü 1965 zum Rücktritt.

1971 stürzte die Armee abermals die Regierung. Im folgenden Jahr kehrte das Land mit Billigung der Armee wieder zur bürgerlichen Regierung zurück, doch der linksgerichtete Terrorismus führte zur Ausrufung des Notstandes, der oft mit äußerster Härte angewandt wurde.

In den letzten Jahren beherrschte vor allem die Zypernfrage die türkische Außenpolitik. Entschlossen, die türkische Minderheit auf der Insel zu schützen, geriet die Türkei im Juli 1974, nach dem gegen Erzbischof Makarios gerichteten Putsch auf Zypern, an den Rand eines Krieges mit Griechenland. Die krisenhafte innenpolitische Situation, die wirtschaftlichen Schwierigkeiten und die Fortdauer des Konfliktes mit Griechenland und Zypern führten gegen Ende der 70er Jahre zu immer größeren Schwierigkeiten. Nachdem die Armeeführung bei Jahresbeginn 1980 vergeblich wirksame Maßnahmen der Regierung Demirel gegen den Terrorismus gefordert hatte, putschte sie am 12. September 1980 unter Generalstabschef Kenan Evren. Präsident Evren löste Regierung und Parlament auf und kündigte an, daß nach Fertigstellung einer neuen Verfassung das Land wieder zu einer zivilen Regierung zurückkehren werde. Die von Evren eingesetzte Regierung Ülüsü führt das wirtschaftliche Stabilisierungsprogramm Demirels weiter.

Tuwalu

Tuwalu, einer der kleinsten Staaten der Erde, umfaßt neun Inseln, die unter dem Namen Elliceinseln seit 1892 unter britischem Protektorat standen. In frühgeschichtlicher Zeit von Polynesiern aus Samoa besiedelt, wurden die Inseln 1568 von dem spanischen Seefahrer Alvaro de Mendeña entdeckt.

1916 faßte Großbritannien die Gilbertinseln, heute das unabhängige Kiribati, mit den Elliceinseln zu einer Kolonie zusammen. Während des Zweiten Weltkriegs waren die Inseln von japanischen Truppen besetzt. 1974 entschied sich die Inselgruppe für die Loslösung von den Gilbertinseln und erhielt am 1. Oktober 1978 die Unabhängigkeit unter Premierminister Toalipi Lauti.

26 qkm
7000 Einwohner
Hauptstadt:
Fongafale

Idi Amin (Mitte) stürzte 1971 Milton Obote (links mit Stock) und errichtete eine unerbittliche, terroristische Militärdiktatur.

Uganda

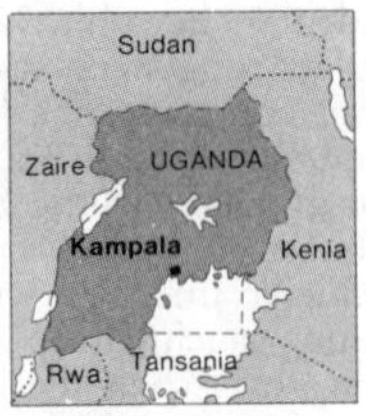

236 037 qkm
10 100 000 Einwohner
Hauptstadt: Kampala

Um 1500 überlagerten nordostafrikanische Hirtenstämme, die Nyoro, die ansässige Bevölkerung östlich des Albertsees und gründeten das Reich Bunyoro. Im 17. Jahrhundert unterwarfen die Könige von Buganda Bunyoro. Unter König Mutesa I. (1856–84) erreichte das Land wirtschaftliche Blüte durch Handel mit den Arabern, gleichzeitig gewann der Islam Einfluß. Seit 1877 kamen auch christliche Missionare ins Land. Die Bevölkerung war bald in zwei religiöse Gruppen gespalten, und die daraus entstehenden Unruhen veranlaßten König Mangwa, 1890 mit dem Deutschen Carl Peters einen Schutzvertrag zu unterzeichnen. Der Helgoland-Sansibar-Vertrag sprach das Gebiet später im gleichen Jahr Großbritannien als Protektorat zu. 1894 wurde das britische Protektorat rechtskräftig.

Im März 1962 erhielt Uganda interne Selbstverwaltung und im Oktober die völlige Unabhängigkeit. Ein Jahr später erklärte sich Uganda unter Ministerpräsident Milton Obote zur Republik. 1971 wurde Präsident Obote in Abwesenheit durch einen Militärputsch unter Idi Amin abgesetzt. Amin, ein gläubiger Moslem, erklärte 1972, daß er im Traum den Befehl erhalten habe, alle Asiaten mit britischen Pässen des Landes zu verweisen.

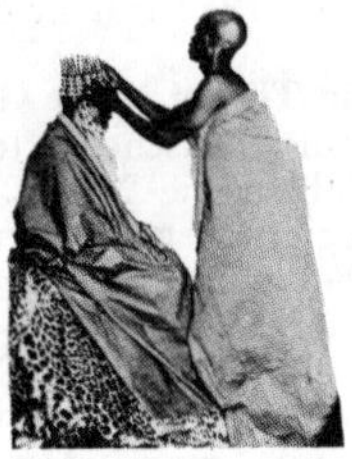

Die Traditionen der bereits im 17. Jh. unterworfenen Bunyoro sind noch wach. Jährlich feiern sie den Jahrestag der Thronbesteigung ihres Königs.

Indische Kaufleute und Handwerker lebten seit mehreren Generationen im Lande. Die meisten Handelsunternehmen und ein großer Teil der Industrie waren in asiatischen Händen; die Asiaten bildeten das Rückgrat der Wirtschaft Ugandas. Bis 1973 verließen 40 000 von ihnen das Land. Die Afrikanisierungspolitik Amins wurde von den afrikanischen Staaten mit großer asiatischer Bevölkerung aufmerksam verfolgt. Im September 1972 gab es verschiedene Zwischenfälle im Grenzgebiet gegen Tansania mit Aufständischen, die Anhänger Obotes sein sollen. Tansania wies die Beschuldigung, die Aufständischen unterstützt zu haben, zurück.

Das Terrorregime Idi Amins hatte nach Angaben von Amnesty International bis 1976 mehr als 300 000 Todesopfer gefordert. Großbritannien brach 1976 die diplomatischen Beziehungen zu Uganda ab. Als ugandische Truppen im November 1978 in Tansania einfielen, benutzten die Tansanier die Gelegenheit, ihrerseits nach Uganda einzudringen, Amin zu stürzen und dem Terrorregime im April 1979 ein Ende zu setzen. Die desolate wirtschaftliche Situation und anhaltende innenpolitische Schwierigkeiten ließen das Land jedoch nicht zur Ruhe kommen. Die provisorische Regierung unter Yusufu Kironde Lule wurde im Juni 1979 durch Godfrey L. Binaisa abgelöst. Im Mai 1980 setzte die Militärkommission der UNLF Präsident Binaisa ab. Seither übt die Militärkommission unter Führung des früheren Innenministers Paul Muwanga die oberste Gewalt aus. Ende Mai 1980 kehrte der 1971 von Idi Amin gestürzte Milton Obote aus dem tansanischen Exil nach Uganda zurück.

Ungarn

93 030 qkm
10 700 000 Einwohner
Hauptstadt: Budapest

Vor dem Ersten Weltkrieg bildete Ungarn zusammen mit Österreich das gewaltige österreichisch-ungarische Reich, das einen großen Teil Mitteleuropas einnahm. Der landbesitzende madjarische Adel, der die nichtungarische Bevölkerung des Landes ebenso fest in der Hand hatte wie die eigenen Bauern, machte Ungarn zu einem der reaktionärsten Staaten Europas. Heute ist Ungarn auf einen kleinen Teil seines ehemaligen Staatsgebietes zusammengeschrumpft. Seine kommunistischen Führer errichteten eine ebenso strenge Herrschaft wie ehemals die madjarischen Aristokraten.

Obwohl Ungarn oft unter fremder Herrschaft stand, behielt seine Bevölkerung stets ihren leidenschaftlichen Nationalstolz. 1956 erhob sie sich gegen das kommunistische System, das man ihr nach dem Zweiten Weltkrieg aufgezwungen hatte. Die Sowjets unterdrückten den Aufstand mit Waffengewalt, doch nach der Revolte verfolgten die ungarischen kommunistischen Führer eine vorsichtige Reformpolitik, besonders auf wirtschaftlichem Gebiet.

Frühe Einwanderer Im 4. Jahrhundert v. Chr. wanderten Kelten in das Gebiet des heutigen Ungarn ein. Die Römer errichteten im Jahre 10 n. Chr. zwischen Ostalpen, Save und Donau die Provinz Pannonia, und so kam der Westen des heutigen Ungarn fast vier Jahrhunderte unter römische Herrschaft. Um 400 n. Chr. überrannten Hunnen und Gepiden das Land von Osten her. Die Gepiden setzten sich fest und gründeten östlich der Theiß ein Reich, das 567 von den Langobarden zerschlagen wurde. Als die Langobarden nach Italien abwanderten, besetzten Awaren das Gebiet. Während ihrer Herrschaft (568–791) besiedelten Slawen das Land.

Während der Revolution von 1848 treiben berittene Truppen mit gezogenem Säbel einen Volksauflauf vor der Budapester Oper auseinander.

Die madjarische Eroberung: etwa um 900 Um 900 wanderten aus der Uralgegend die Madjaren unter Führung Arpads in das Karpatenbecken ein. Sie unterwarfen die Stämme der ungarischen Ebene und errichteten ein Königreich. Ihren Einfällen in die westlichen Nachbarländer bereitete Otto der Große durch die Schlacht auf dem Lechfeld (955) ein Ende.

Unter Stephan I., dem Heiligen (997–1038), wurden die Madjaren christianisiert. Von Papst Silvester II. erhielt Stephan die Königskrone. Er zentralisierte die Regierung des Landes, und unter seiner Herrschaft und der seiner Nachfolger entwickelte sich Ungarn zu einem mächtigen Staat. Die königliche Macht dehnte sich über Dalmatien, Kroatien und Galizien aus. Mit dem Tod Andreas' III. im Jahre 1301 starben die Arpaden aus.

Arpad, der legendäre Führer der Madjaren, führte sein Volk im 9. Jh. in die ungarische Tiefebene und gründete ein Reich.

In den nächsten zwei Jahrhunderten herrschten Könige aus verschiedenen Häusern (Anjou, Luxemburg, Habsburg, Jagiellonen). Matthias I. Corvinus konnte 1463 die Türken besiegen. Unter seinen schwachen Nachfolgern kam Ungarn jedoch in türkische Hand. 1526 fiel Ludwig II., der letzte König des unabhängigen Ungarn, in der Schlacht von Mohács, und die Türken verwüsteten den größten Teil des Landes.

Türken und Habsburger Die Türken beherrschten nun den Hauptteil Ungarns, während der Westen an die Habsburger kam. Erst nach dem großen Türkenkrieg wurde Ungarn 1699 wieder von den Türken befreit und mit den übrigen Ländern Habsburgs vereinigt. Leopold I. von Österreich verwaltete Ungarn absolutistisch. Daraus entwickelte sich eine allgemeine Unzufriedenheit, die zwischen 1703 und 1711 zur Freiheitsbewegung Franz Rákóczis führte. Schließlich erreichten beide Seiten im Frieden von Sathmar eine Übereinkunft. Ungarn versprach, den Habsburgern gegenüber Loyalität zu wahren, umgekehrt erkannten die Habsburger das Recht der ungarischen Landbesitzer auf Selbstverwaltung an.

Unabhängigkeitsbestrebungen In den vierziger Jahren des 19. Jahrhunderts forderte der ungarische nationalistische Führer Lajos Kossuth die völlige Unabhängigkeit für Ungarn. Um dieses Ziel zu erreichen, führte er 1848 eine Revolte an. Rußland entsandte jedoch eine Armee, die Österreich bei der

Niederwerfung der Revolte half. Kossuth floh in die Türkei. Der österreichische Generalgouverneur Julius Freiherr von Haynau herrschte 1849/50 mit blutiger Strenge in Ungarn. Nach der Aufhebung des Besatzungsregimes führte der österreichische Innenminister Alexander Freiherr von Bach eine absolutistisch-zentralistische Regierung. Die Madjaren reagierten darauf mit passivem Widerstand.

Nach der Niederlage Österreichs gegen Preußen (1866) sah sich Kaiser Franz Joseph gezwungen, den Ungarn weitgehende Zugeständnisse zu machen. Der Ausgleich von 1867 legte die Grundlagen für die österreichisch-ungarische Doppelmonarchie.

Der Aufstieg der Madjaren: 1867–1918 Die Madjaren waren darauf bedacht, alle Veränderungen im Reich zu verhindern. Ungarische Politiker, wie etwa Julius Andrássy, 1867–71 Ministerpräsident, und Albert Apponyi, 1906–10 Kultusminister, versuchten konsequent, andere Nationalitäten des Reiches zu unterdrücken. Zu dieser Zeit lebten in Ungarn viele nichtmadjarische Völker, wie Deutsche, Rumänen, Slowaken, Kroaten und Serben, hauptsächlich in Kroatien, Slawonien und Siebenbürgen.

Der ungarische Freiheitsheld Lajos Kossuth leitete 1848/49 den Kampf gegen Habsburg. Er mußte schließlich russischen Truppen weichen.

Das unabhängige Ungarn: 1918–45 Nach dem Zusammenbruch der habsburgischen Monarchie gegen Ende des Ersten Weltkrieges wurde unter der Führung des Grafen Michael Károlyi die Republik ausgerufen, doch er trat bald zurück. 1919 bildeten die Kommunisten unter Bela Kun vorübergehend eine Räterepublik. Nach deren Zusammenbruch floh Kun nach Österreich.

1920 trat die Nationalversammlung zusammen und wählte Admiral Horthy zum Reichsverweser. Im gleichen Jahr wurde mit den Alliierten der Friede von Trianon unterzeichnet. Ungarn war gezwungen, Siebenbürgen an Rumänien, Kroatien-Slawonien an Jugoslawien, die Slowakei an die Tschechoslowakei und schließlich das Burgenland an Österreich abzutreten.

Zwischen den Kriegen war es Ziel der ungarischen Außenpolitik, die verlorenen Territorien zurückzugewinnen. Der rechtsgerichtete Ministerpräsident Bethlen (1921–31) suchte Anschluß an Italien und Österreich. Unter seinen Nachfolgern kamen die rechtsradikalen Strömungen noch deutlicher zum Ausdruck. Ministerpräsident Gömbös (1931–36) vertiefte die Beziehungen zu Deutschland. 1941 brach Ministerpräsident Bárdossy die diplomatischen Beziehungen zur Sowjetunion ab; Ungarn trat auf seiten der Achsenmächte in den Krieg ein.

Unter Nikolaus von Horthy, der von 1920–44 Reichsverweser Ungarns war, trat das Land an der Seite Hitlers in den Krieg ein.

Die kommunistische Machtübernahme: 1947 Als sich das nationalsozialistische Deutschland der Niederlage näherte, besetzten sowjetische Truppen im Winter 1944/45 Ungarn. Das ungarische Volk war jedoch scharf antikommunistisch eingestellt, und in den Wahlen vom November 1945 konnten nur wenige kommunistische Kandidaten einen Erfolg verbuchen. 1947 jedoch, nachdem es ihnen gelungen war, Schlüsselpositionen in der Regierung zu erlangen, übernahmen die Kommunisten mit Hilfe der Russen die Macht. Viele nichtkommunistische Führer wurden verhaftet, und es gab eine Reihe von Hinrichtungen.

Eine neue Verfassung nach sowjetischem Vorbild machte Ungarn 1949 zur Volksrepublik. Unter dem stalinistischen Ministerpräsidenten Matjas Rákosi (1952–53) erfolgte die völlige Umwandlung Ungarns in einen diktatorisch-kommunistischen Staat. Rákosi ließ eine Reihe von Schauprozessen und Säuberungen abhalten, denen sein kommunistischer Hauptrivale Laszlo Rajk zum Opfer fiel.

Ein Plakat aus dem Jahre 1945 preist die Kommunistische Partei Ungarns als »Grundlage des Wiederaufbaus«.

Aufstand und Unterdrückung Nach Stalins Tod (1953) hielt Rákosi als Generalsekretär der Kommunistischen Partei immer noch die Macht in Händen, wurde jedoch als Ministerpräsident bald von Imre Nagy abgelöst, der eine liberalere Politik einleitete. Viele politische Häftlinge erhielten die Freiheit. Im Juli 1956 wurde Rákosi unter dem Druck des Volkes seines Postens enthoben, und im Oktober brach in Budapest ein antikommunistischer Aufstand aus.

Unter dem Eindruck der Massendemonstrationen versprach die Regierung unter dem 1956 erneut gewählten Nagy, eine neutrale Außenpolitik zu verfolgen und ein demokratisches Mehrparteiensystem einzuführen. Als Antwort darauf überfielen sowjetische Truppen Ungarn und errichteten eine prosowjetische Regierung unter Janos Kádár. Der Volksaufstand weitete sich zum Bürgerkrieg aus. Nagy erklärte Ungarn für neutral und wandte sich an die freie Welt mit der Bitte um Intervention. Sowjetische Truppen unterdrückten jedoch nach blutigen Straßenkämpfen in Budapest den Aufstand; viele Ungarn haben heute noch den Mut der Menschen in Erinnerung, die versucht haben, die Panzer mit bloßen Händen zu bekämpfen. Tausende von Flüchtlingen flohen über die österreichische Grenze. Nagy wurde verhaftet, nach Rumänien verschleppt und 1958 in einem Geheimprozeß zum Tode verurteilt und hingerichtet.

Vorsichtige Reformen Nach der Katastrophe von 1956 setzte zunächst eine Verhaftungswelle unter den Revolutionären ein. Dank sowjetischer Hilfe konnte sich Ungarn wirtschaftlich rasch erholen. Nach 1961 setzten gewisse Liberalisierungsmaßnahmen ein, und wirtschaftliche Gründe veranlaßten Ungarn 1964, seine Beziehungen zu den westlichen Ländern zu verbessern. 1965 trat Kádár als Ministerpräsident zurück, blieb jedoch Erster Sekretär des ZK der Ungarischen Sozialistischen Arbeiterpartei; Ministerpräsident war von 1967 bis 1975 Jenö Fock, der dann von György Lázár abgelöst wurde.

Uruguay

Anfang des 20. Jahrhunderts erholte sich Uruguay, die kleinste Republik in Südamerika, von einer langen Periode sozialer Unruhen und wurde zu einem Modell politischer und wirtschaftlicher Stabilität. In den fünfziger Jahren erschütterte Uruguay jedoch eine akute Inflation. Man ergriff Maßnahmen, um dieser Inflation Herr zu werden, doch entwickelten sich dadurch große soziale Unruhen. In den sechziger Jahren bildete sich eine gegen die Regierung gerichtete Partisanengruppe, die *Tupamaros*.

177 508 qkm
2 800 000 Einwohner
Hauptstadt: Montevideo

Kolonisierung: 1515–1828 1515 entdeckte Juan Diaz de Solís die La-Plata-Mündung. Die Besiedlung des heutigen Uruguay durch Portugiesen und Spanier begann jedoch erst im 17. Jahrhundert. Die einheimischen Charrúa-Indianer wurden von ihnen entweder ermordet oder assimiliert. 1777 fiel das Gebiet an Spanien, und 1817 annektierten es die Brasilianer gewaltsam. Seit 1825 fanden Aufstände gegen die brasilianische Herrschaft statt, und 1828 rief Uruguay seine Unabhängigkeit aus.

Bürgerkrieg und internationale Kriege: 1839–1903 Seit 1839 litt Uruguay unter einem immer wieder aufflammenden Bürgerkrieg zwischen den liberalen *Colorados* (Roten) und den konservativen *Blancos* (Weißen). 1865–70 schloß sich Uruguay mit Brasilien und Argentinien im Krieg gegen Paraguay zusammen. Eine Wende in der innenpolitisch unstabilen Situation trat 1903 ein, als José Battle y Ordóñez die Präsidentschaft übernahm.

Fortschritt und Inflation Die fortschrittlichen Ideen des neuen Präsidenten verwandelten Uruguay in den ersten Wohlfahrtsstaat Südamerikas. Die durch die Depression der dreißiger Jahre ausgelöste Wirtschaftskrise brachte jedoch erneut politische Unstabilität. Gabriel Terra, 1931 zum Präsidenten gewählt, regierte von 1933 bis 1938 als Diktator. Zwischen 1952 und 1966 regierte ein Nationalrat – nach Schweizer Vorbild – das Land. Unter Präsident Gestido kehrte Uruguay zum präsidialen System zurück. Wegen der unstabilen Wirtschaftslage kam es unter seinem Nachfolger Jorge Pachecho Areco, 1968 zum Präsidenten gewählt, zu Unruhen.

Tod eines Tupamaros. Die Tupamaros tragen die Guerillataktik gegen die öffentliche Gewalt in die Städte.

Die Partisanenopposition Gegen die Regierung trat eine rücksichtslose Partisanengruppe auf, die *Tupamaros,* die ihren Namen von Tupac Amaru, einem indianischen Rebellen des 18. Jahrhunderts, ableiteten. Im Januar 1971 entführten sie den britischen Botschafter,

Geoffrey Jackson, und hielten ihn acht Monate lang als Geisel fest. Mit Hilfe der Notstandsgesetzgebung, die 1972 von Präsident Bordaberry eingeführt wurde, konnte die Armee gegen die Tupamaros erfolgreich vorgehen. Die Inflation ging jedoch ungehemmt weiter. 1973 begannen die Streitkräfte einen stetig wachsenden Einfluß auf die Regierung auszuüben, 1976 stürzten sie den Präsidenten und setzten als höchstes Staatsorgan einen Rat der Nation ein, der Aparicio Mendez zum neuen Staatspräsidenten wählte.

In einem Referendum verwarf die uruguayische Wählerschaft Ende November 1980 die von der Militärjunta unter dem Präsidenten vorgelegte neue Verfassung.

Vanuatu

14763 qkm
101600 Einwohner
Hauptstadt: Vila

Die zwei Inselketten im Südpazifik wurden 1606 von den Portugiesen entdeckt und 1774 von James Cook erforscht. Seit 1906 waren sie unter dem Namen Neue Hebriden ein britisch-französisches Kondominium. Am 30. Juli 1980 wurde es als Republik Vanuatu unabhängig.

Nachdem im September 1979 die Verfassung für den neuen Staat gebilligt worden war, fanden im November 1979 Wahlen zum Parlament statt, in denen die VAP (Unser-Land-Partei) unter Walter Hadye Lini mit 26 Sitzen vor der NHFP (Föderative Partei der Neuen Hebriden) mit 13 Sitzen die Mehrheit gewann. Im Mai 1980 versuchte eine Sezessionsbewegung auf der Insel Esperitu Santo für diese eine separate Unabhängigkeit zu erreichen. Die Bewegung wurde am 24. Juli 1980 niedergeschlagen. Erster Präsident von Vanuatu wurde der von der VAP vorgeschlagene George Kalkoa.

Vatikanstadt

0,4 qkm
1000 Einwohner

Innerhalb von Rom am Westufer des Tiber gelegen, ist die Vatikanstadt mit der Peterskirche das Zentrum der römisch-katholischen Kirche und die offizielle Residenz des Papstes. Er ist der kleinste Staat Europas und, was seinen Schutz betrifft, auf Italien angewiesen. Und doch ist sein Einfluß gewaltig, er reicht um den ganzen Erdball und erstreckt sich auf rund 613 Millionen Anhänger des römisch-katholischen Glaubens, für die der Papst in moralisch-ethischen Angelegenheiten und in Glaubensfragen maßgebend ist.

Im Herzen der Vatikanstadt liegt die Peterskirche, die größte Kirche der Christenheit, davor der von Bernini gestaltete Petersplatz.

Das Territorium des Vatikans ist alles, was vom Kirchenstaat, der einst einen großen Teil Mittelitaliens einschloß, übriggeblieben ist. Die päpstlichen Gebiete wurden im Laufe der Einigung Italiens im 19. Jahrhundert stark reduziert. Als der erste König des geeinten Italiens, Viktor Emanuel, 1870 Rom eroberte, lehnten es die Päpste ab, den Verlust der weltlichen Macht hinzunehmen, blieben im Vatikanpalast (päpstliche Residenz seit dem 14. Jahrhundert) und bezeichneten sich als Gefangene. Doch 1929 handelte der italienische Diktator Mussolini die Lateranverträge aus, die die Unabhängigkeit des Vatikans anerkannten. Nach dem Tod von Papst Paul VI., am 6. August 1978, wurde der Patriarch von Venedig, Albino Luciani als Papst Johannes Paul I. zu seinem Nachfolger gewählt. Er starb wenige Wochen später, und zum erstenmal seit 1523 wurde ein Nichtitaliener, der Erzbischof von Krakau, Karol Wojtyła, als Johannes Paul II. zum Papst gewählt.

Venezuela

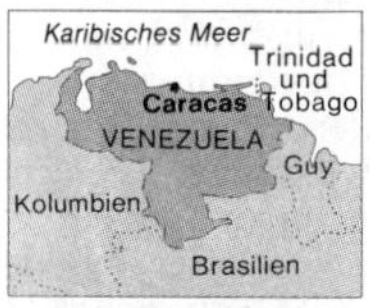

912050 qkm
14500000 Einwohner
Hauptstadt: Caracas

Seine Ölvorkommen machen Venezuela zu einem der reichsten Länder Lateinamerikas. Experten haben jedoch ausgerechnet, daß die Ölvorräte bis zum Ende der achtziger Jahre erschöpft sein werden, und Venezuela begann deshalb, neue Industrien zu entwickeln.

Die spanische Herrschaft Christoph Kolumbus entdeckte 1498 die Orinocomündung und Alonzo de Hojeda ein Jahr später die Bucht von Maracaibo. Er gab dem Land den Namen Venezuela (Klein Venedig) wegen der dort von den indianischen Ureinwohnern errichteten Pfahlbauten. Bis zum 19. Jahrhundert stand Venezuela unter spanischer Verwaltung. 1810 organisierte der in Venezuela geborene Revolutionär Simón Bolívar einen bewaffneten Aufstand gegen die Spanier. 1811 erklärte Venezuela seine Unabhängigkeit und war von 1819 an unter Bolívar mit Neugranada zur Republik Kolumbien vereinigt. Unter General Páez machte sich das Land 1830 selbständig. Páez war zwischen 1831 und 1835 und nochmals von 1839–43 Präsident.

Despotismus und Anarchie Venezuela hatte in dem Kampf um die Unabhängigkeit mehr zu leiden als alle anderen südamerikanischen Länder. Seine Wirtschaft war stark in Mitleidenschaft gezogen und beinah ein Viertel seiner Bevölkerung umgekommen. Während des ganzen 19. Jahrhunderts wechselten Militärdiktaturen und zivile Regierungen, und es kam häufig zu blutigen Zusammenstößen. 1908 ergriff Juan Vicente Gómez die Macht. Venezuela erlebte nun durch die Erschließung seiner 1917 entdeckten Ölfelder einen wirtschaftlichen Aufschwung. Durch die Vernachlässigung der Landwirtschaft blieb das Land jedoch weiterhin auf die Einfuhr von Lebensmitteln angewiesen. Mit Hilfe der hohen Einkünfte aus dem Rohölexport konnten 1930 die Staatsschulden getilgt werden.

Der Diktator Juan Vicente Gómez gewann an Popularität, weil er sich gegen die ausländischen Ölgesellschaften wandte.

Nach dem Tod von Gómez im Jahre 1935 behielten die Armeeführer die Macht. Eine 1936 neu erlassene Verfassung enthielt deutlich sozialistische Züge, die Wahlen von 1937 brachten einen Sieg für die äußerste Linke. Nach neuen Umstürzen ergriff 1948 eine Militärjunta die Regierungsgewalt.

Zweifelhafte Demokratie Durch einen Staatsstreich kam 1952 Oberst Marcos Pérez Jiménez an die Macht. Seit 1953 regierte er autoritär. Als er 1958 seine verfassungswidrige Wiederwahl durchsetzen wollte, wurde er gestürzt, und erneut übernahm eine Militärjunta die Macht. Aus den Wahlen vom Dezember 1958 ging Romulo Betancourt als Präsident hervor. 1961 erließ er eine neue Verfassung, die verschiedene Grundrechte außer Kraft setzte und außerdem der Regierung Vollmacht gab, jede Störung der öffentlichen Ordnung, besonders durch linksradikale Kräfte, zu verhindern.

1969 wurde Rafael Caldera Rodriguez der erste oppositionelle Kandidat, der die Macht auf demokratischem Wege erlangte. Er versuchte die Linke zu beschwichtigen und die Macht der kommunistischen Partisanen zu beschneiden. Die Präsidentschaftswahlen vom Dezember 1973 gewann Carlos Andrés Pérez. Bei den Wahlen von 1979 konnte die Christlich-Soziale Partei die meisten Stimmen für sich verbuchen, Luis Herrera Campins wurde der neue Präsident.

Das Gebiet der 13 Kolonien, die sich 1776 von Großbritannien lossagten und die Vereinigten Staaten gründeten, ist dunkler eingefärbt. Bei den übrigen Staaten findet sich das Jahr ihrer Aufnahme in die USA.

Vereinigte Staaten von Amerika

9363353 qkm
218837000 Einwohner
Hauptstadt: Washington

Vor zwei Jahrhunderten waren die Vereinigten Staaten eine kleine Republik an der atlantischen Küste Nordamerikas. Heute erstrecken sie sich über fast 5000 Kilometer vom Atlantik zum Pazifik; ein Bundesstaat, Alaska, grenzt an das Nördliche Eismeer, und ein anderer, Hawaii, liegt inmitten des Pazifiks. Die Vereinigten Staaten sind der reichste und einer der beiden mächtigsten Staaten der Erde. Ihr spektakulärer Aufstieg wurde durch die Energie, den Mut und den Ehrgeiz ihrer verschiedenen Volksgruppen möglich gemacht.

Die Vorfahren der heutigen Amerikaner suchten religiöse und politische Freiheit und wirtschaftliche Möglichkeiten, die ihnen in ihrer Heimat versagt blieben. Im 18. Jahrhundert rebellierten die ursprünglichen 13 Kolonien Amerikas gegen die britische Herrschaft, und im 19. und frühen 20. Jahrhundert öffnete die junge Republik Auswanderern aus Europa ihre Türen. Auch asiatische Einwanderer waren zunächst willkommen. Gegen Ende des 19. Jahrhunderts wurde ihnen die Einwanderung allerdings verboten. Insgesamt kamen etwa 42 Millionen Einwanderer in die Neue Welt.

Die offene demokratische Gesellschaft der Vereinigten Staaten hat viele Reformer und Kritiker hervorgebracht. Heute weisen die Kritiker auf die Schandflecken Amerikas hin – Rassendiskriminierung, Slums, Arbeitslosigkeit, Verbrechen, Korruption und Umweltverschmutzung. Ein Problem freilich schien Anfang 1973 gelöst: die Beteiligung der USA am Vietnamkrieg. Denn nach jahrelangen Verhandlungen wurde in Paris ein Waffenstillstandsabkommen unterzeichnet, und die USA zogen sich aus Vietnam zurück.

Ein nordamerikanischer Indianer schnitzte diesen Hirschkopf im 15. Jh. Wahrscheinlich wurde er benutzt, um magisch Jagderfolg herbeizuführen.

Die Ureinwohner Amerikas Wahrscheinlich drangen vor 30 000 Jahren – während der Wisconsin-Eiszeit – Sammler und Jäger über die damals trockenliegende Beringstraße aus Nordostasien nach Nordamerika ein. Diese mongoliden Einwanderer waren die Vorfahren der nord- und südamerikanischen Indianer. Im Laufe der Zeit entwickelten die Indianer Nordamerikas verschiedene Kulturen. Im Südosten bildeten sich einfache Feldbauerkulturen, während im Südwesten eine seßhafte Bevölkerung lebte, die Ackerbau betrieb und zu den Hochkultur-Indianern zählt (Pueblo). Die Prärie-Indianer (Mandan, Sioux) entwickelten seit 1630, als sie von den Spaniern Pferde erhielten, ihre typische Jägerkultur, während die Sammlerstämme Kaliforniens und des Großen Beckens wegen der reichen Nahrungsmittelvorräte weitgehend seßhaft waren. Die kulturellen und sprachlichen Unterschiede zwischen den einzelnen indianischen Stämmen waren zu groß, als daß diese den eindringenden Europäern als geschlossene Einheit hätten entgegentreten können. So war es für die Weißen leicht, sie zu besiegen.

Ein typisches Indianerdorf in Virginia, wie es der englische Künstler John White im 16. Jh. sah.

Die Entdeckung durch die Europäer Die ersten Europäer, die Nordamerika erreichten, waren Normannen. Sie kamen im Jahr 1000 von Grönland aus unter Leif Erikson. Die Wiederentdeckung des Kontinents begann 1492 mit der Reise des Christoph Kolumbus, der eine Welle der Entdeckungen folgte. Die gewaltigen Goldmengen, die man in Mexiko und Peru gefunden hatte, bewegten einige Spanier dazu, sich von den Westindischen Inseln weiter nordwärts zu wagen.

1513 erreichte Don Juan Ponce de León Florida; 1539 entdeckte Hernando de Soto den Mississippi. 1540–42 drang Vázquez de Coronado von Mexiko aus durch die östlichen Prärien zum Arkansas vor.

Die Spanier gründeten 1565 eine Niederlassung in Florida, die sie St. Augustine nannten. Sie ist die älteste weiße Siedlung, die in den heutigen Vereinigten Staaten immer noch existiert. Zu jener Zeit erstreckte sich das spanische Reich in der Neuen Welt von Argentinien bis nach Kalifornien, doch nur etwa 150 000 Spanier lebten zerstreut über dieses ganze gewaltige Gebiet.

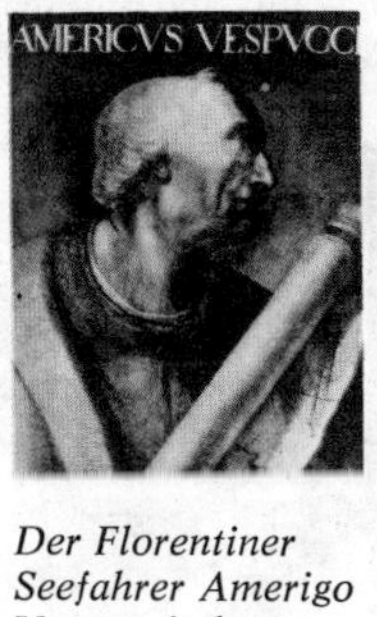

Der Florentiner Seefahrer Amerigo Vespucci, dessen Name der von Kolumbus entdeckten Neuen Welt gegeben wurde.

Die Rivalen Spaniens 1494 teilte Papst Alexander VI. die Welt außerhalb Europas zwischen Portugal und Spanien auf. Amerika wurde den spanischen Königen zugeteilt, mit Ausnahme von Brasilien, das Portugal gehörte. Im Auftrag Heinrichs VII. von England suchte John Cabot den Seeweg nach Asien und erreichte 1497 Labrador. Auch Frankreich lehnte es ab, die Verfügung des Papstes anzuerkennen. 1524 erforschte Giovanni da Verrazano, ein Florentiner, der in französischen Diensten stand, die atlantische Küste. 1535 drang Jacques Cartier in das St.-Lorenz-Tal vor. 1584 landete Sir Walter Raleigh bei Kap Hatteras, nahm den Küstenstrich zwischen dem 45. und dem 35. Breitengrad in Besitz und nannte das Gebiet Virginia. 1624 wurde es britische Kronkolonie.

Die in Amerika heimischen Truthähne wurden um 1520 von den Spaniern in Europa eingeführt.

Die Kolonisten in Virginia kamen durch ihre Tabakpflanzungen zu Wohlstand. Diese amerikanischen Aristokraten bauten sich große Herrenhäuser.

1620 entschloß sich eine Gruppe englischer Puritaner, die Pilgerväter, nach Amerika auszuwandern, um den Verfolgungen durch die Regierung Jakobs I. zu entgehen. Im November landete ihr Schiff, die *Mayflower,* am Cape Cod. Sie gründeten Plymouth, 1623 folgten dann New Hampshire, 1630 Massachusetts, 1635 Connecticut und 1636 Rhode Island. Hinzu kamen die Eigentümerkolonien Maryland, Carolina, Pennsylvania und Georgia. 1664 erwarben die Briten New York und New Jersey von den Niederländern, und so erstreckten sich bis 1733 eine Reihe ansehnlicher englischer Niederlassungen entlang der atlantischen Küste von New Hampshire bis nach Georgia.

Die Tabakkönige: 17. und 18. Jahrhundert In den südlichen Kolonien überwog der Plantagenbesitz mit Monokulturen, vor allem baute man Tabak, Reis und Indigo, später auch Baumwolle an. Für die Plantagen brauchte man Arbeitskräfte. 1619 führte man die ersten Negersklaven ein, doch erst seit etwa 1700 wurden sie in großer Zahl in die südlichen Kolonien geschickt.

Tabak, den man damals als Heilpflanze ansah, wurde zuerst Mitte des 16. Jh. in Europa eingeführt.

In Virginia, Maryland und Nordcarolina entwikkelte sich aus einigen wenigen Familien, die viel Land besaßen und die Regierung der Kolonien beherrschten, eine weiße aristokratische Schicht. Eine ähnliche Aristokratie bildete sich in Südcarolina. Hier lagen entlang den Flußmündungen große Plantagen, auf denen Sklaven arbeiteten, und diese Gebiete bildeten später den legendären »Alten Süden«. Doch es gab noch einen anderen Süden – das waldige Land, das sich von Maryland durch das große Tal von Virginia bis zu den Hügeln Carolinas und den Pinienwäldern Georgias hinzog. Dieses Gebiet war von Menschen verschiedenster Nationalität besiedelt, die von Pennsylvania nach Süden wanderten. Dort waren die Güter meist kleiner, und es gab weniger Sklaven.

Viele Nonkonformisten wanderten aus Großbritannien nach Amerika aus, weil ihnen dort Religionsfreiheit gewährt wurde.

Neuengland und die nördlichen Kolonien Der wenig ertragreiche Boden von Massachusetts eignete sich nicht für eine großangelegte Landwirtschaft. Hier bewirtschafteten einzelne Familien kleinere Farmen. In Rhode Island, Pennsylvania und Maryland herrschte weitgehend religiöse Freiheit, während die puritanische Kirche in Massachusetts Andersgläubige ablehnte.

Zwischen Neuengland und dem Süden lagen die nördlichen Kolonien – New York, New Jersey, Pennsylvania und Delaware. Die ersten beiden waren das ehemalige »Neuniederland«, wie die Holländer ihre Kolonie genannt hatten. Die Insel Manhattan, auf der ihre Hauptstadt Neuamsterdam lag, hatten sie 1626 für Waren im Wert von etwa 24 Dollar den Indianern abgekauft. Als die Engländer Neuniederland eroberten, benannten sie die Stadt und die Provinz nach dem Herzog von York (später Jakob II.). Der Quäker William Penn verwandelte seine Kolonie Pennsylvania, die er von Karl II. 1682 als Schenkung erhalten hatte, in einen Zufluchtsort für Nonkonformisten. Diese vier Kolonien waren reich, zogen viele Einwanderer an und produzierten Fleisch und Korn für sich selbst und für die Westindischen Inseln.

Die Anerkennung, die der Wissenschaftler, Schriftsteller und Politiker Benjamin Franklin im Ausland erhielt, kam auch der jungen amerikanischen Nation zugute. Sein Name stand bald stellvertretend für die amerikanischen Ideale – Selbstvertrauen und gesunder Menschenverstand.

Erste Spannungen Auch die Franzosen hatten Siedlungen in Nordamerika. Doch mit dem Vertrag von Paris (1763), der den britischen Sieg im Siebenjährigen Krieg besiegelte, verlor Frankreich Kanada. Dieser Sieg enthüllte jedoch auch bald die wachsenden Spannungen zwischen der britischen Regierung und den Kolonisten. Schon vor 1763 hatten sich in den Kolonien gesetzgebende Versammlungen gebildet.

Die britische Regierung betrachtete die Kolonien nur als Rohstofflieferanten und verbot den Kolonisten den Handel mit anderen Ländern oder belegte ihn mit hohen Zöllen. Da sich durch den Vertrag von Paris die britischen Gebiete in Nordamerika mehr als verdoppelt hatten, fürchteten britische Politiker Schwierigkeiten mit ihren neuen katholischen französischen Untertanen. Sie wollten ein neues Verteidigungssystem aufbauen und hielten es für gerecht und wichtig, daß die Kolonisten helfen sollten, es zu bezahlen.

»Keine Besteuerung ohne Vertretung« Versuche, Geld einzutreiben und die königliche Verwaltung zu straffen, vergrößerten die Kluft zwischen Großbritannien und den Kolonien. 1764 legte ein Zuckergesetz hohe Zölle auf importierte ausländische Melasse und andere Güter, und 1765 beschloß das britische Parlament, eine Stempelabgabe für alle Urkunden und Druckschriften einzuführen. Das damit eingetriebene Geld sollte zur »Verteidigung, zum Schutz und zur Sicherung« der Kolonien verwendet werden. Das Gesetz verärgerte jedoch die mächtigsten und einflußreichsten Gruppen unter den Kolonisten: Kaufleute, Rechtsanwälte, Geistliche und Journalisten.

Die Kolonisten argumentierten, daß sie keine Sitze im britischen Parlament hätten, und beriefen sich mit ihrer Parole »Keine Besteuerung ohne Vertretung« auf die Prinzipien des englischen Widerstandes gegen Karl I., der 1629–40 ohne Parlament regiert hatte. Die führenden Persönlichkeiten von Massachusetts beriefen im Oktober 1765 in New York eine Versammlung der Vertreter aller Kolonien ein, und man beschloß, das Gesetz mit einem Handelsboykott englischer Waren zu beantworten.

Die Verbitterung der Kolonisten über die 1765 eingeführte Stempelsteuer zeigt diese bissige Nachahmung einer Steuermarke.

Die britische Regierung gab dem Druck nach und hob das Gesetz 1766 auf. Das Parlament und die Minister behaupteten jedoch weiterhin, daß sie das Recht hätten, die Kolonien zu besteuern, und lehnten es ab, die Ansprüche der kolonialen Versammlungen anzuerkennen. 1767 erhob der Schatzkanzler Charles Townshend Einfuhrzölle auf Tee, Blei und Glas. Abermals folgte ein organisierter Protest, und abermals gab die britische Regierung nach. 1770 wurden alle Gesetze aufgehoben – die Teesteuer ausgenommen.

Die »Boston Tea Party«: 1773 Um der finanziell in schweren Nöten steckenden Ostindischen Kompanie zu helfen, vergab die britische Regierung unter Lord North an sie ein Monopol für den Teeverkauf in Amerika. Zu diesem Zeitpunkt sahen die aufgebrachten Amerikaner in der Teesteuer das Symbol aller Übel. Die Krise spitzte sich zu, als drei Schiffe der Ostindischen Kompanie mit Tee im Hafen von Boston einliefen. Der Gouverneur von Massachusetts, Thomas Hutchinson, bestand gegen alle Ratschläge darauf, daß der Tee gelöscht werden sollte. Am 16. Dezember 1773 bestieg eine Gruppe Bostoner Patrioten, die nur notdürftig als Indianer verkleidet waren, die Schiffe und warf die ganze Ladung über Bord.

Am 16. Dezember 1773 enterten nur dürftig als Indianer verkleidete Kolonisten englische Teeschiffe im Hafen von Boston und warfen die Ladungen ins Meer.

Die britische Regierung war nun entschlossen, sich fest zu zeigen. Im Frühjahr 1774 verabschiedete sie die Bostoner Hafenakte, nach der jeder Handelsverkehr mit Boston verboten sein sollte, bis der Tee bezahlt war. Die Verfassung von Massachusetts wurde außer Kraft gesetzt, und die britischen Truppen wurden auf 17 000 Mann verstärkt.

In Amerika empfand man diese Entschlossenheit als Tyrannei. Anfang September 1774 versammelte sich in Philadelphia ein Kontinentalkongreß von 55 Delegierten aus 12 der 13 Kolonien. Die Delegierten wandten sich vergeblich an Georg III. mit dem Aufruf, die Bostoner Hafenakte aufzuheben. Die Zwischenfälle häuften sich, und schließlich, am 19. April 1775, brach in der Nähe von Boston ein offener Kampf zwischen britischen Truppen und kolonialer Miliz aus. Im Juni 1775 beschloß ein neu zusammengetretener Kontinentalkongreß die Aufstellung einer Kontinentalarmee. George Washington, Landbesitzer aus Virginia und verdienter Veteran der Kriege gegen die Franzosen und Indianer, wurde mit dem Oberbefehl betraut. Anfang 1776 war ein offener Krieg in vollem Gange.

Der Unabhängigkeitskrieg: 1775–81 Als keinerlei Hoffnung mehr auf Versöhnung bestand, rang sich die Mehrheit der Delegierten des Kontinentalkongresses dazu durch, ihre Stimme für eine formelle Trennung von Großbritannien abzugeben. Am 4. Juli 1776 erklärten die 13 Kolonien ihre Unabhängigkeit.

Sofort brachen schwere Kämpfe aus. Eine britische Streitmacht unter General William Howe nahm New York und trieb dann Washingtons Streitkräfte zurück durch New Jersey. Im Frühling 1777 sah es so aus, als könne ein entscheidender Schlag die ganze Rebellion beenden. Doch als die Briten einen dementsprechenden Versuch unternahmen, erlitten sie einen schweren Rückschlag. General John Burgoyne wurde mit seiner Armee bei Saratoga umzingelt und im Oktober 1777 zur Kapitulation gezwungen. Aufgrund dieses Sieges – und der geschickten Diplomatie Benjamin Franklins in Paris – erkannte Frankreich im Februar 1778 die Unabhängigkeit der Kolonien an und sandte Truppen, eine Flotte, Ausrüstung und Geld zu ihrer Unterstützung.

Die 1792 geprägte Medaille zeigt, wie Washington mit einem Indianer verhandelt. Washington setzte sich für eine gerechte Behandlung der Indianer durch seine Landsleute ein.

Das Bündnis, dem 1779 auch Spanien beitrat, hob die Moral der hart bedrängten Amerikaner. Washingtons Armee hatte 1777–78 in Valley Forge in Pennsylvania unter härtesten Bedingungen überwintert. Doch Loyalität und Hoffnung ließen die auf fast 8000 Mann geschrumpfte Armee im Feld ausharren. 1780 leiteten die britischen Streitkräfte unter Lord Cornwallis einen Feldzug im Süden ein. Sie marschierten zur Küste von Yorktown, um Nachschub zu erhalten, dieser wurde jedoch von einer französischen Flotte abgeschnitten. Im Oktober 1781 wurde Cornwallis zur Kapitulation gezwungen. Da Großbritannien 1781 auch Holland, das einen umfangreichen Handel mit Amerika trieb, den Krieg erklärt hatte, stimmte das Unterhaus für Frieden mit den Kolonien. Am 3. September 1783 erkannte Großbritannien die Unabhängigkeit der Vereinigten Staaten von Amerika an.

Der Politiker Thomas Jefferson (1743–1826) wirkte auch als Architekt, wie der Entwurf seines Hauses auf seinem Gut Monticello zeigt. Sein von der Antike geprägter Geschmack beeinflußte den Stil der Repräsentativbauten in Washington.

Die Verfassung von 1789 Die Kolonien, nunmehr Staaten, waren immer noch weit davon entfernt, vollständig geeint zu sein. Die Regierung, die 1781 unter dem Staatenbundgesetz gebildet wurde, hatte wenig Macht, da jeder Staat fast völlige Souveränität in allen äußeren und inneren Angelegenheiten behielt und die Zentralregierung keine Steuern erheben konnte. 1787 versammelten sich in Philadelphia Abgeordnete aller Staaten zu einem Verfassungskonvent unter Vorsitz von George Washington. Nach Debatten, die einen ganzen Sommer lang dauerten, beschlossen die Delegierten, eine Verfassung anzunehmen.

Die Verfassung überträgt dem Präsidenten und dem Kongreß die ausführende und die gesetzgebende Gewalt. Der Präsident wird auf vier Jahre durch indirekte Wahlen von Wahlmännern aus allen Staaten gewählt. Er leitet die Regierung nach den Kongreßbeschlüssen, gegen die er ein aufschiebendes Vetorecht hat, bis der Kongreß mit Zweidrittelmehrheit entscheidet. Der Kongreß besteht aus Senat (Oberhaus) und Repräsentantenhaus (Unterhaus). Er beschließt über Krieg und Frieden, Verträge mit fremden Mächten, Heer und Flotte, Steuern und Zölle. Im Senat hat jeder Staat, ohne Rücksicht auf seine Größe, zwei Vertreter. Die Zahl der Delegierten im Repräsentantenhaus richtet sich dagegen nach der Bevölkerungszahl des jeweilig vertretenen Staates. So wurde ein Kompromiß zwischen den Ansprüchen der großen und der kleinen Staaten erreicht. Ihre inneren Angelegenheiten regelten die Einzelstaaten selbständig. George Washington wurde im April 1789 zum ersten Präsidenten der Vereinigten Staaten gewählt.

John Adams, der die Unabhängigkeitserklärung mitformuliert hatte, wurde 1797 nach Washington 2. Präsident der USA.

Das Wachstum der Parteien Innerhalb von fünf Jahren bildeten sich zwei Parteien heraus. Die eine, unter der Führung von Thomas Jefferson, war die Vorgängerin der modernen Demokratischen Partei. In ihren frühen Jahren spiegelte sie hauptsächlich den Standpunkt der Farmer und der Verfechter der Rechte der einzelnen Staaten wider. Die Föderalistische Partei unter Führung Alexander Hamiltons forderte eine starke Zentralregierung und eine Förderung der Vertreter von Industrie, Finanzen und Handel. Einige ihrer Grundideen übernahm später die Whig-Partei und schließlich die Republikanische Partei.

Die Monroedoktrin: 1823 Zwanzig Jahre lang versuchte sich die junge Republik aus der Weltpolitik herauszuhalten. 1812 brach jedoch ein Krieg zwischen Großbritannien und den Vereinigten Staaten aus. Anlaß waren die französische Kontinentalsperre und die britische Gegenblockade, die den Handel der Vereinigten Staaten sehr schädigten. Außerdem wollten die USA Kanada und das spanische Florida erwerben. Für eine kurze Zeit drangen die Amerikaner in Kanada ein; 1814 eroberten die Engländer die 1793 gegründete Stadt Washington und brannten sie nieder, doch der Krieg endete unentschieden.

Präsident James Monroe (1817–25) verkündete die Monroedoktrin, nach der die USA die Einmischung fremder Mächte auf dem amerikanischen Kontinent nicht dulden werden.

Kurze Zeit danach fanden sich Großbritannien und die USA auf der gleichen Seite in einer weltpolitischen Auseinandersetzung. Zwischen 1815 und 1823 verlor Spanien durch nationalistische Revolutionen den größten Teil seiner Kolonien in der Neuen Welt. Es wollte sie mit Frankreichs Hilfe zurückerobern. Großbritannien schlug ein gemeinsames anglo-amerikanisches Unternehmen vor, um das zu verhindern. Präsident James Monroe entschloß sich jedoch, einseitig zu handeln. 1823 erklärte er, daß die USA in Zukunft keine Einmischung europäischer Staaten in die Angelegenheiten selbständiger amerikanischer Staaten und umgekehrt zulassen werden. Die Monroedoktrin, wie man diese Erklärung später nannte, bezog sich nicht nur auf Rußland, Spanien, Frankreich und andere Mächte, sondern auch auf Großbritannien selbst.

Frühe Expansion Bald nach ihrer Gründung begann die neue Nation sich nach Westen und Süden im Gebiet zwischen den Appalachen und dem Mississippi auszudehnen. Bis 1821 hatte sich die Zahl der Bundesstaaten auf 26 erhöht.

In den Staaten des alten Nordwestens (Ohio, Indiana, Illinois und später Michigan und Wisconsin) war die Sklaverei durch ein Gesetz von 1787 von vornherein verboten. In diesem Gebiet siedelten bevorzugt Kleinbauern. In den Staaten des alten Südwestens dagegen lagen die riesigen Baumwollplantagen, auf denen Negersklaven arbeiteten. So zeigte sich bereits in den zwanziger Jahren des 19. Jahrhunderts die Trennungsgrenze zwischen Norden und Süden.

Die Sklaverei bedroht die Einheit 1790 betrug die Zahl der Negersklaven knapp 700 000. 1860 waren es 4 Millionen. Nach 1804 gab es nördlich von Maryland keine Sklaverei mehr, und 1808 wurde die weitere Einführung von Sklaven verboten. Außerdem entwickelte sich eine humanitäre Bewegung, die für die allgemeine Abschaffung der Sklaverei eintrat. Die stark emotionell gefärbte Meinungsverschiedenheit

Sklaven bei der Feldarbeit in den Südstaaten. Die Sklavenfrage hatte die USA bis 1860 tief gespalten.

Siedler wie diese zogen mit ihren Planwagen Tausende von Meilen nach Westen, um sich dort niederzulassen.

führte zu schweren Spannungen zwischen den Sklavenstaaten und den Staaten ohne Sklaverei.

Um eine ungleiche Verteilung der Delegierten im Senat zu vermeiden, nahm man abwechselnd sklavenhaltende und sklavenfreie Staaten in die Union auf. 1818 standen 10 Sklavenstaaten 11 freien Staaten gegenüber. Als nun auch die Sklavenstaaten Alabama und Missouri um Aufnahme baten, drohte die Union auseinanderzubrechen. Doch konnte das Gleichgewicht aufrechterhalten werden, als 1820 Maine, das sich von Massachusetts gelöst hatte, als freier Staat der Union beitrat.

Der mexikanische Krieg von 1845–48 schuf neue Spannungen. Er brach aus, als die USA 1845 Texas annektierten, eine von Amerikanern besiedelte Provinz Mexikos, die sich neun Jahre zuvor von Mexiko losgesagt hatte. 1847 besetzten Truppen der Vereinigten Staaten die Hauptstadt Mexikos, und im folgenden Jahr wurde Frieden geschlossen. Mexiko war gezwungen, Kalifornien und Neu-Mexiko (die beiden Provinzen schlossen den größten Teil des heutigen Südwestens ein) für 12 Millionen Dollar an die Vereinigten Staaten zu verkaufen. Die Südstaatler meinten jedoch, sie hätten in diesem Krieg nicht gekämpft, damit die eroberten Gebiete den sklavenfreien Staaten zugeschlagen würden, und es wurden Stimmen laut, die eine Loslösung von der Union forderten.

Der Streit um die Sklavenfrage führte zu einer Spaltung der herrschenden Partei der Demokraten. Anhänger der ebenfalls verhängnisvoll gespaltenen Whig-Partei gründeten zusammen mit enttäuschten Demokraten 1854 die Republikanische Partei, die sich für die Abschaffung der Sklaverei (Abolition) einsetzte. 1857 entschied der Oberste Gerichtshof, daß der Kongreß kein Recht habe, in irgendeinem Gebiet der USA die Sklaverei abzuschaffen, was den Zorn der Abolitionisten erregte.

In dieser turbulenten Atmosphäre fanden die Wahlen von 1860 statt, aus denen der Republikaner Abraham Lincoln als Sieger hervorging. Daraufhin erklärten 11 der Südstaaten ihren Austritt aus der Union und gründeten unter Jefferson Davis die konföderierten Staaten. Im April 1861 nahmen die Konföderierten das Bundesfort im Hafen von Charleston ein, woraufhin der Sezessionskrieg ausbrach.

Der Sezessionskrieg: 1861–65 In den ersten zwei Jahren des Krieges errangen die Konföderierten einige Siege. 1862 führte General George McClellan eine gewaltige Armee der Nordstaaten gegen Richmond, die Hauptstadt der Konföderierten. Er wurde jedoch bald gezwungen, sich wieder zurückzuziehen.

1863 marschierte die Armee des Südstaatengenerals Robert E. Lee in Pennsylvania ein, wurde aber nach der Schlacht von Gettysburg zum Rückzug gezwungen – eine Niederlage, die als Wendepunkt des Krieges betrachtet wird. Die Konföderierten hatten ihre Hilfsquellen überbeansprucht, und die gewaltige industrielle Stärke sowie die Menschenreserven des Nordens kamen jetzt voll ins Spiel. Die Konföderierten hatten wenig Waffenfabriken und konnten, da die Nordstaaten ihre Häfen blockierten, keine Munition importieren.

In der Zwischenzeit eroberten die Armeen des Nordens unter General Ulysses S. Grant im Juli 1863 im Westen Vicksburg, was ihnen die absolute Kontrolle über den Mississippi gab. Im Herbst desselben Jahres vertrieben sie die konföderierte Armee aus Tennessee. Während Grant Richmond belagerte, siegte General William T. Sherman auf seinem Marsch zum Meer durch Georgia und trennte das Gebiet der Konföderierten in zwei Hälften. Der Bürgerkrieg nahm ein Ende, als General Lee sich im April 1865 mit seiner Armee in Appomatox Courthouse in Virginia ergab.

Ulysses S. Grant, seit 1864 Oberbefehlshaber der Unionstruppen, zwang durch seine rücksichtslose Kriegführung den Süden zur Kapitulation.

Abraham Lincoln mit seinem vierten Sohn Thomas. Beide kamen auf tragische Weise ums Leben. Der Vater fiel einem Attentat zum Opfer; der Sohn starb mit 18 an Typhus.

Das Nachspiel des Krieges Obwohl der Norden den Krieg nur begonnen hatte, um die Union wiederherzustellen, war das Ergebnis seines Sieges das Ende der Sklaverei in den Vereinigten Staaten. Der Preis dafür war jedoch die generationenlange wirtschaftliche Zerrüttung des Südens. Genau zum Zeitpunkt des Sieges verübte der Schauspieler John Wilkes Booth ein Attentat auf Lincoln.

Nach Lincolns Tod fiel die politische Macht in die Hände der Radikalen, einer republikanischen Fraktion. Sie bestraften Sklavenbesitzer, die sich der Rebellion schuldig gemacht hatten, und wollten den Süden nach dem Vorbild des Nordens umgestalten. Die Radikalen errichteten eine Militärverwaltung in den Südstaaten und zwangen sie, neue Verfassungen anzunehmen, die auch den befreiten Negern das Wahlrecht zugestanden. Obwohl sich die Militärherrschaft verschiedener Machtmißbräuche schuldig machte, leitete sie doch auch wichtige soziale Maßnahmen ein, wie den Bau von Schulen. Allmählich verloren die Nordstaatler das Interesse am Süden, und die weißen demokratischen Südstaatler erlangten die Kontrolle wieder. 1877 zog der Norden seine letzten Truppen ab.

Die Südstaatler waren jedoch entschlossen, die Vorherrschaft der Weißen wiederherzustellen. Durch verschiedene Verfügungen machten sie Bürger- und Wahlrechte rückgängig, die den Schwarzen durch Abänderungsgesetze zur Verfassung (Amendments) zugestanden worden waren, und zwangen ihnen die Rassentrennung auf. Die sogenannten *Black Codes* schränkten die Rechtsfähigkeit der Neger radikal ein, und viele blieben bis in die fünfziger Jahre unseres Jahrhunderts in Kraft.

Robert E. Lee übernahm im Sezessionskrieg den Oberbefehl über die Truppen der Konföderierten. Er war der bedeutendste Feldherr des Krieges. Seine Leistungen wurden auch in den Nordstaaten bewundert.

Die Eisenbahn dringt nach Westen vor. Opfer dieses Fortschrittes waren die Bisonherden und die von ihnen lebenden Indianer.

Wachstum und Wechsel: um 1870 Der Norden verdankte seinen Sieg im Bürgerkrieg hauptsächlich seiner schnellen industriellen Entwicklung in der Mitte des 19. Jahrhunderts. Der industrielle Fortschritt spiegelte sich in Technik und Landwirtschaft wider. 1869 wurde die erste Transkontinentalbahn eröffnet, und bald war der Kontinent mit einem Netz von Eisenbahnlinien überspannt. Opfer dieses Fortschritts waren in erster Linie die Indianer. Indem man die Bisonherden ausrottete, entzog man ihnen die Lebensgrundlage. Die Indianer setzten sich heftig zur Wehr, doch wurden sie erbarmungslos niedergemetzelt. Die Bauern strömten nach Westen und verwandelten das Land mit Hilfe moderner Ackerbaugeräte in die Getreidekammer der Welt. Vieh, Schweine, Mais und Weizen wurden im Überfluß produziert. Man holzte die Wälder ab, um Nutzholz zu gewinnen und Platz für Farmen und Städte zu schaffen, gewann Gold,

Silber, Eisen, Kupfer und andere für die Industrie unentbehrliche Metalle und zapfte unterirdische Öllager an.

Die ständig wachsende Bevölkerung förderte den Industrialisierungsprozeß. Zwischen 1860 und 1910 verdreifachte sich die Bevölkerungszahl und stieg auf fast 92 Millionen. Zu diesem Bevölkerungszuwachs trug die wachsende Einwanderungswelle aus vielen Ländern Europas erheblich bei. Die meisten Neuankömmlinge ließen sich in den Städten nieder, und so verwandelte sich die überwiegend landwirtschaftliche Gesellschaft langsam in eine städtische.

Geronimo, Häuptling der Chiricahua (um 1829–1909), führte die Apachen in dem langen und am Ende hoffnungslosen Kampf gegen den weißen Mann.

Krieg mit Spanien Während die Vereinigten Staaten sich zur Industrienation entwickelten, wuchs auch die imperialistische Stimmung. Die europäischen Mächte hatten oder erwarben Kolonien in Asien und Afrika. Sie waren bestrebt, die Heiden zu zivilisieren, und der darwinistische Gedanke, daß die Fortschrittlichsten und Fähigsten über die anderen herrschen müßten, um den Fortschritt zu sichern, war weit verbreitet. Dies vor Augen, erwuchs der amerikanische Wunsch, Kuba von der, wie man meinte, spanischen Tyrannei zu befreien. Die Tagespresse bauschte diese Gefühle auf. Bald wurde die Forderung nach einem Krieg gegen Spanien laut. 1898 erklärten die USA den Krieg und trugen rasch den Sieg davon. Später beharrten die Vereinigten Staaten auf ihrem Recht, sich in die kubanischen Angelegenheiten einzumischen und in Kuba einen Marinestützpunkt zu errichten. Durch den Zusammenbruch des spanischen Reiches gewannen die USA auch ihre ersten Kolonien – Puerto Rico, Guam und die Philippinen. 1897 annektierten die Vereinigten Staaten die Hawaii-Inseln. Damit gewannen die USA die allgemeine Anerkennung als Großmacht.

Theodore Roosevelt, ein Vertreter amerikanischer Großmachtpolitik, verschaffte sich durch seine Unternehmungen im kubanischen Feldzug militärischen Ruhm.

Die Präsidentschaft Theodore Roosevelts: 1901–09 Der junge Theodore Roosevelt war ein Vertreter der amerikanischen Großmachtpolitik. Im spanisch-amerikanischen Krieg hatte er sich Ruhm erworben und wurde 1900 unter Präsident William McKinley zum Vizepräsidenten gewählt. Als McKinley 1901 einem Attentat zum Opfer fiel, trat Roosevelt seine Nachfolge an. Er baute die Flotte aus und machte die USA zu einer führenden Seemacht. Er unterstützte den Aufstand in Kolumbien, der es den Vereinigten Staaten ermöglichte, den Panamakanal zu bauen.

Da sich die wirtschaftliche Macht in großkapitalistischen Gesellschaften, in Trusts und Großbanken, zusammenballte, entstand die Befürchtung, daß die von der Verfassung garantierten Freiheiten des einzelnen eingeschränkt werden könnten. Roosevelt folgte deshalb den Richtlinien einer Bewegung, die bestrebt war, die Macht der Trusts zu verringern. Doch weder er noch seine Nachfolger konnten die Tendenz zur Konzentration des Eigentums auf industrielle Betriebe entscheidend bremsen.

Nachdem deutsche U-Boote 1915 das britische Passagierschiff Lusitania *versenkt hatten – wobei 1198 Menschen, darunter 128 Amerikaner, umgekommen waren –, wandte sich die Öffentlichkeit in den USA gegen Deutschland. Zur Kriegserklärung kam es jedoch erst 1917.*

Woodrow Wilson: 1913–21 Aufgrund einer Spaltung in der Republikanischen Partei ging aus den Wahlen von 1913 der Demokrat Woodrow Wilson als Sieger hervor. Wilson setzte den Kampf gegen die Trusts fort, verringerte die Zölle, unterstützte die Bauern und Arbeiter mit Staatskrediten und förderte die Neugestaltung des Bank- und Kreditwesens. Um den Lauf der Geschäftsabwicklung zu bremsen, verringerte Wilson die Möglichkeiten der Privatbanken, die Zinsraten zu bestimmen. Der Ausbruch des Ersten Weltkrieges zwang ihn jedoch, sich zunehmend den außenpolitischen Angelegenheiten zuzuwenden, trotz der amerikanischen Tradition des Isolationismus, der von Europa abgewandten Außenpolitik.

Bis 1917 blieben die Vereinigten Staaten neutral. Doch viele Kräfte zogen die USA auf die Seite Großbritanniens und Frankreichs. Die alliierten Regierungen borgten große Summen von den USA; amerikanische Fabriken lieferten Waffen und anderes Kriegsmaterial; die journalistische und politische Elite des Landes war im allgemeinen probritisch eingestellt. Die Erklärung des uneingeschränkten U-Boot-Krieges durch Deutschland im Jahre 1917 brachte das Faß zum Überlaufen. Im April erklärte Wilson Deutschland den Krieg, und 1918 kämpften zwei Millionen US-Soldaten in Frankreich.

Nun versuchte Wilson in die Gestaltung des Friedens Idealismus hineinzutragen. Er schlug ein Vierzehn-Punkte-Programm für den Friedensvertrag vor, das unter anderem die Gründung eines Völkerbundes vorsah. Am 16. Januar 1920 nahm der Völkerbund, dem 32 Länder angehörten, seine Tätigkeit auf. 1921 wurde der Republikaner Warren G. Harding, ein Gegner der Reformbewegungen und der Politik Wilsons, mit überwältigender Mehrheit zum Präsidenten gewählt.

Aufschwung und Wirtschaftskrise Die Reaktion gegen den Ersten Weltkrieg führte in den zwanziger Jahren zu einer teilweisen Rückkehr zum Isolationismus. Unter den republikanischen Präsidenten, Warren G. Harding und Calvin Coolidge, gab es einen starken Wirtschaftsaufschwung. Doch die 1919 eingeführte allgemeine Prohibition – das Verbot der Herstellung, des Transports und Verkaufs alkoholischer Getränke – förderte das Gangstertum und die Mißachtung der Gesetze, so daß sie 1933 wieder abgeschafft wurde. Mit wachsendem Wohlstand stieg die Nachfrage nach Gebrauchs- und Luxusgütern. Mangelhafte Bankgesetze erleichterten die ungehemmte Spekulation an der Börse. Ausgeschlossen von dem Wirtschaftsaufschwung blieben die Landwirtschaft und einzelne Industriezweige. Die Kohle- und Textilindustrie litten unter mangelnder Nachfrage, veralteter Maschinerie und Arbeitslosigkeit. Da die USA auf ihre Waren hohe Zölle erhoben, schränkten die Einfuhrländer ihre Einkäufe von US-Gütern ein. Alle diese Faktoren spielten eine Rolle, als im Oktober 1929 die Börse zusammenbrach. Da es keine Kredite mehr gab, mußten die Fabriken schließen, ihre Produktion einschränken, Gehälter und Löhne kürzen oder die Arbeiter entlassen. Millionen verloren ihre gesamten Ersparnisse, und Grundstücke wurden wertlos.

Arbeitslose stellen sich für einen Becher Suppe an. Ende 1932 gab es in den USA 15 Millionen Arbeitslose.

Der »New Deal« Im Jahre 1932 waren rund 15 Millionen Amerikaner arbeitslos. Der demokratische Kandidat Franklin D. Roosevelt übernahm die Macht und leitete eine neue Politik ein, den *New Deal.* Durch ihn stellte Roosevelt wieder gesunde Grundlagen für das Bank- und Börsenwesen her. Die bessergestellten Wirtschaftszweige sollten die schwächeren unterstützen. Außerdem wurde im Tennesseestromgebiet ein umfassendes Entwicklungsprojekt gestartet. Durch 21 neu errichtete Staudämme konnte für einen Teil des ländlichen Südens billige Elektroenergie geschaffen werden. Um mit den vielfältigen Problemen einer Industriegesellschaft fertig zu werden, verabschiedete der Kongreß ein gewaltiges Programm dringend benötigter Reformen.

Es gab eine harte Debatte über die Wirksamkeit solcher Maßnahmen zum Wiederaufbau. Doch sie blieb ohne Ergebnis, da die Kriegsdrohung in Europa während der späten dreißiger Jahre die industrielle Produktion durch wachsende Rüstungsaufträge, insbesondere von Großbritannien, ankurbelte.

Franklin D. Roosevelt unterzeichnet die National Recovery Bill *(Nationales Wiederaufbaugesetz), eine der radikalen Maßnahmen des* New Deal, *um die Wirtschaftskrise zu überwinden.*

Die erste Supermacht Roosevelt hat seine Abneigung gegen den Nationalsozialismus und den Faschismus nie verborgen. In den dreißiger Jahren hemmten jedoch starke isolationistische Strömungen seine Anstrengungen, der Aggression zu widerstehen. Nach der Niederlage Frankreichs wandelte sich die öffentliche Meinung allerdings, und nun konnten die USA

Wahlplakette von 1952. Dwight D. Eisenhower schlug den Demokraten Adlai Stevenson mit überwältigender Mehrheit.

das belagerte Großbritannien durch den Verkauf »überschüssiger« Rüstungsgüter unterstützen. Im Januar 1941 leitete Roosevelt, der gerade zum drittenmal gewählt worden war – bisher ein einmaliger Fall in der amerikanischen Geschichte –, das Leih- und Pachtgesetz ein, durch das Kriegsmaterial Großbritannien direkt, ohne Kostendeckung, zugeleitet werden konnte. Nach der deutschen Invasion Rußlands im Juni 1941 bekam auch die Sowjetunion Lieferungen aufgrund des Leih- und Pachtgesetzes.

Die Aufmerksamkeit der Amerikaner richtete sich hauptsächlich auf den Pazifik. Die Japaner, die seit 1937 in einen Krieg mit China verwickelt waren, besetzten 1941 Französisch-Indochina. Die Vereinigten Staaten verhängten eine Wirtschaftsblockade gegen Japan und verlangten als Preis für die Aufhebung der Blockade den Rückzug Japans. Während die Verhandlungen noch im Gange waren, griffen die Japaner am 7. Dezember 1941 überraschend Pearl Harbor an. Am folgenden Tag erklärte der Kongreß Japan den Krieg, dessen Verbündete, Deutschland und Italien, wiederum den USA den Krieg erklärten.

Bald wurden die USA der wichtigste Waffenlieferant für die Alliierten. Der amerikanische General Dwight D. Eisenhower leitete die Invasion vom Juni 1944 und nahm am 8. Mai 1945 die deutsche Kapitulation entgegen. Der Krieg gegen Japan wurde hauptsächlich von Amerika allein ausgetragen. Er endete mit dem Abwurf von Atombomben auf Hiroschima und Nagasaki im August 1945. Die USA, nun führende Weltmacht, waren entschlossen, nicht wie 1918 in die Isolation zurückzukehren. Bei der Bildung der Vereinten Nationen spielten sie 1945 als Gründungsmitglied eine wichtige Rolle.

Der kalte Krieg Mit amerikanischer Unterstützung konnte sich das verwüstete Europa von den Nachwirkungen des Krieges erholen. 1947 wurde der Marshallplan aufgestellt, der den wirtschaftlichen Wiederaufbau in West- und Südeuropa beschleunigen sollte. Im selben Jahr verkündete Präsident Harry S. Truman die Trumandoktrin. Sie verpflichtete die USA, kommunistischen Expansionen entgegenzutreten. Die Zusammenarbeit zwischen der Sowjetunion und den USA während des Krieges schlug nun in einen Rüstungswettlauf und einen kalten Krieg um. Die USA spielten 1949 eine führende Rolle bei der Gründung der NATO (North Atlantic Treaty Organization) – ein Bündnis nichtkommunistischer Staaten Europas, das darauf gerichtet war, der sowjetischen Aggressivität Einhalt zu gebieten.

Die USA verpflichteten sich auch dazu, die kommunistische Expansion in Asien einzudämmen, was sich freilich als schwierig erwies. Obwohl die Amerikaner die nationalistische chinesische Regierung Tschiang Kai-scheks unterstützten, wurde sie im Bürgerkrieg 1949 von den kommunistischen Armeen Mao Tse-tungs geschlagen und gezwungen, sich auf Formosa ins Exil zurückzuziehen. Im folgenden Jahr griff das kommunistische Nordkorea das von den USA unterstützte Südkorea an. Mit UN-Vollmachten ausgerüstet, schickten die USA Truppen, um die Vereinigung Koreas unter kommunistischer Herrschaft zu vereiteln. Der darauf folgende dreijährige Krieg endete in einem Patt; Korea blieb entlang des 38. Breitengrades geteilt. Die Verwicklung Amerikas in die Politik Asiens offenbarte sich auf tragische Weise in Vietnam, das 1954 nach dem Abzug der Franzosen aus Indochina provisorisch geteilt wurde. Die Amerikaner schickten zunächst Militärberater, später auch Waffen und Truppen in das antikommunistische Südvietnam, um ihm im Kampf gegen die Vietcong zu helfen, die von den Kommunisten gesteuert und von Nordvietnam unterstützt wurden. Bis 1968 war das amerikanische Truppenkontingent in Südvietnam auf mehr als eine halbe Million Mann angewachsen.

Die Eisenhower-Ära In den frühen fünfziger Jahren war die amerikanische Innenpolitik von den Ängsten und der Frustration des kalten Krieges bestimmt. Zwischen 1952 und 1954 spielte Senator Joseph McCarthy eine wichtige Rolle in einer regelrechten Hexenjagd, bei der viele prominente Bürger, oft in unverantwortlicher Weise, als Kommunisten oder kommunistenfreundliche Mitläufer angegriffen wurden. Mehr als 5000 Bundesbeamte mußten den Dienst quittieren. Dwight D. Eisenhower, 1952 und 1956 zum Präsidenten gewählt, verfolgte eine gemäßigte, liberale Innenpolitik, mit der er sich gegen McCarthy durchsetzen konnte. Die fünfziger Jahre stellten ein Jahrzehnt des Wohlstandes dar. Es gab revolutionäre Fortschritte in der Technik, und die Rüstungsausgaben sowie der Wettlauf mit der UdSSR um den Weltraum trugen weitgehend zum Tempo dieses Aufschwungs bei. Wie die Prosperität der zwanziger, so hatte auch die der fünfziger Jahre ihre versteckten Nachteile. Große Bevölkerungsgruppen blieben vom Wohlstand ausgeschlossen. Viele Amerikaner waren der Meinung, daß viel zu große Mittel für Rüstung und kostspielige Konsumgüter aufgewendet würden und nicht genug für Bildung und Städtesanierung übrigbleibe, daß Raubbau mit den Bodenschätzen getrieben und der Umweltschutz vernachlässigt würde.

Richard Nixon als Vizepräsident unter Eisenhower. In den Präsidentschaftswahlen von 1960 unterlag Nixon dem Demokraten John F. Kennedy. Acht Jahre später wurde er gewählt.

Eine farbige Schülerin in Little Rock (Arkansas) wird von einem Soldaten geschützt. 1957 wurden Bundestruppen nach Little Rock geschickt, um die Aufhebung der Rassentrennung in öffentlichen Schulen durchzusetzen.

Amerika heute Als 1960 der Demokrat John F. Kennedy zum Präsidenten gewählt wurde, erfaßten neue Strömungen die USA. In seiner Antrittsrede legte Kennedy sein neues Konzept *(New Frontiers)* dar. Technik und Bildung sollten gefördert und der Kampf gegen die Armut und für die Bürgerrechte der Farbigen sollte aufgenommen werden. Außerdem strebte Kennedy durch Abrüstung einen Ausgleich mit der Sowjetunion an, geriet aber mit Nikita Chruschtschow in Konflikt, als die Russen Raketenbasen auf Kuba installierten. Kennedy verhängte eine Blokkade über die Insel, gewann den Nervenkrieg, und die Raketen wurden abgezogen.

Im November 1963 fiel Kennedy einem Attentat zum Opfer. Andere prominente Männer, die unter den Kugeln von Attentätern fielen, waren der Bürgerrechtskämpfer Martin Luther King (1968 in Memphis) und Robert Kennedy (1968 in Los Angeles). John Kennedys Nachfolger, Lyndon Johnson, versuchte dessen Innenpolitik fortzuführen, doch erwies sich die Ausweitung des Vietnamkrieges dabei als großes Hindernis. Die Nation war in zwei Lager gespalten – Gegner und Befürworter des Krieges. Gleichzeitig schlug die Bürgerrechtsbewegung der Neger vom passiven Widerstand in militante Aktionen um. In den Sommern von 1964 bis 1968 gab es schwere Straßenkämpfe in den schwarzen Gettos von Los Angeles, Detroit, Newark und anderen bedeutenden Städten. 1968 beschloß Johnson, nicht für eine Wiederwahl zu kandidieren. Der Republikaner Richard Nixon konnte den Demokraten Hubert Humphrey schlagen. 1972 wurde Nixon wiedergewählt.

Nixon sah sich schweren Problemen gegenüber. Die Überbevölkerung der Städte begünstigte Kriminalität und Gewalttätigkeit; Arbeitslosigkeit, Umweltverschmutzung und Rauschgiftmißbrauch nahmen erheblich zu – Probleme, von denen sowohl die schwarze als auch die weiße Bevölkerung betroffen war.

In der Außenpolitik waren Nixons Hauptanstrengungen darauf gerichtet, den Krieg in Vietnam zu beenden und eine Verständigung mit der Sowjetunion und der Volksrepublik China zu erreichen. Bei diesen beiden Zielen war ihm Erfolg beschieden. 1971 wurde China in die Vereinten Nationen aufgenommen, und Nixon besuchte China persönlich im Februar 1972. Im Januar 1973 konnte in Paris ein Waffenstillstandsabkommen mit Vietnam geschlossen werden, und die USA zogen ihre Truppen ab.

Die Watergate-Affäre stürzte die USA 1973 jedoch in eine schwere innenpolitische Krise. Man beschuldigte engste Mitarbeiter Nixons, an einem Komplott beteiligt zu sein, durch das Amtsvergehen von Nixonanhängern während des Wahlkampfes 1972 vertuscht werden sollten, Nixon selbst der Mitwisserschaft. Gegen frühere Mitarbeiter Nixons wurden Verfahren eingeleitet. Am 27. Juli 1974 stimmte der Rechtsausschuß für ein Amtsenthebungsverfahren gegen den Präsidenten. Am 9. August trat Nixon zurück. Gerald Ford, der seit dem Rücktritt Spiro Agnews das Amt des Vizepräsidenten innehatte, wurde als 38. Präsident vereidigt. Wirtschaftliche Schwierigkeiten, die vor allem 1975 die USA belasteten, konnten im folgenden Jahr weitgehend überwunden werden.

Im Jahre 1969 betraten die Amerikaner Edwin Aldrin (oben) und Neil Armstrong als erste Menschen den Mond.

Ho Tschi Minh kämpfte zeit seines Lebens für ein unabhängiges kommunistisches Vietnam. Von 1954 bis zu seinem Tode (1969) war er Präsident Nordvietnams.

Die Wahlen vom November 1976 brachten wieder einen Sieg für einen demokratischen Kandidaten, den ehemaligen Gouverneur von Georgia, James (Jimmy) Earl Carter. Seine Bemühungen gingen dahin, für eine Beseitigung aller Nuklearwaffen einzutreten, internationale Differenzen beizulegen, was er bei seinem Einsatz zum Zustandekommen des Friedensvertrages zwischen Israel und Ägypten bewies, und innerhalb der USA Energiesparmaßnahmen durchzusetzen.

Die sowjetische Intervention in Afghanistan Ende 1979 und die Krise im Persischen/Arabischen Golf bildeten die außenpolitischen Hauptprobleme für die Carter-Administration im Wahljahr 1980. Außer mit wirtschaftlichen Sanktionen, der Nichtratifizierung des amerikanisch-sowjetischen Rüstungskontrollvertrags SALT II und dem Boykott der Olympischen Sommerspiele 1980 in Moskau reagierten die USA mit dem Aufmarsch eines Flotten- und Eingreifverbandes vor der Straße von Hormus und dem Aufbau militärischer Nutzungsmöglichkeiten in Kenia, Somalia und Oman. Weder durch einen militärischen Befreiungsversuch noch durch Verhandlungen konnte die Carter-Administration bis Ende 1980 eine Freilassung der als Geiseln im Iran festgehaltenen amerikanischen Diplomaten erreichen.

Der neu gewählte Präsident Ronald Reagan nimmt am 4. November 1980 die Glückwünsche seines Vorgängers Carter entgegen.

In den Präsidentschaftswahlen vom 4. November 1980 siegte der republikanische Herausforderer Ronald Reagan, ein früherer Filmschauspieler und Gouverneur von Kalifornien, mit großem Vorsprung vor Jimmy Carter. Reagan vertrat ein konservatives Wirtschaftsprogramm von Steuerreduzierungen und Senkung der Staatsausgaben und ein Programm der Wiedergewinnung außenpolitischer und militärischer Stärke. Reagan kann mit einem mehrheitlich republikanischen Senat regieren.

Vietnam

332559 qkm
51423000 Einwohner
Hauptstadt: Hanoi

Durch eine 1954 getroffene Waffenstillstandsvereinbarung wurde Vietnam entlang des 17. Breitengrades geteilt. Die Teilung war nichts Neues für dieses Land, das nur einmal in seiner Geschichte geeint und unabhängig war – von 1802 bis zur Eroberung durch die Franzosen im späten 19. Jahrhundert.

Das kommunistische Regime Nordvietnams machte die Wiedervereinigung der beiden Landesteile unter kommunistischem Vorzeichen zu seinem wichtigsten Ziel. Deshalb unterstützte es den Aufstand gegen die Regierung Südvietnams in den sechziger Jahren und spielte schließlich eine entscheidende Rolle im Vietnamkrieg, der sich bald zum größten Krieg seit dem Zweiten Weltkrieg ausweitete.

Frühe Geschichte Flüchtlinge aus China gründeten um 300 v. Chr. in Südchina und Tongking das Reich Nam Viet. Gegen Ende des 3. vorchristlichen Jahrhunderts fiel das Reich an China, doch im Jahre 968 n. Chr. konnten die Annamiten die Chinesen vertreiben. An der Ostküste Hinterindiens hatten die Tscham, indonesische Einwanderer, bereits im 2. Jahrhundert das Reich Tschampa gegründet. Seit dem 10. Jahrhundert wurde ihr Reich von den Annamiten hart bedrängt und schließlich 1471 bis auf einen kleinen Teil im Süden von ihnen erobert.

Zwistigkeiten unter den Annamiten führten jedoch bald zu einer Teilung des Reiches. Im Norden herrschte die Dynastie der Trinh, während der Süden unter der Herrschaft der Nguyen stand. 1802 gelang es Kaiser Gia-Long, Annam und Tongking wieder zu einen – das Reich erhielt den Namen Vietnam. Hauptstadt des neuen Staates war Huë.

Ein vietnamesischer Mandarin im 19. Jh. An Amt und Gewand erkennt man den starken chinesischen Einfluß.

Französische Herrschaft Bereits gegen Ende des 16. Jahrhunderts hatten die Portugiesen Handelsbeziehungen mit Annam und Tongking aufgenommen. Bald folgten portugiesische Missionare. Auch die Franzosen hatten schon während der Zeit Gia-Longs Handelsbeziehungen angeknüpft und Stützpunkte in Indochina errichtet. Doch nach dem Tod des Kaisers brach der neue Herrscher, Minh-Mang, die Verbindungen ab. Er und seine Nachfolger waren strenggläubige Konfuzianer und leiteten eine christenfeindliche Politik ein. Die Franzosen wollten die verfolgten Missionare beschützen, und 1858 eroberten französische und britische Truppen Kanton. 1883 errichteten die Franzosen die Schutzherrschaft über Annam und Tongking, das 1885 endgültig von China abgetreten wurde. 1887 unterstellten die Franzosen Tongking, Kotschinchina, Kambodscha und Annam als Französisch-Indochina einem Generalgouverneur.

Der Kampf um die Unabhängigkeit Von Anfang an widersetzten sich die Vietnamesen der französischen Herrschaft. Im September 1941 besetzten japanische Truppen Tongking, und 1945 ernannten die Japaner Bao Dai, den Kaiser von Annam, zum Staatsoberhaupt. Doch die Vietminh – Anhänger einer 1941 unter Ho Tschi Minh gegründeten kommunistischen Freiheitsbewegung – stürzten den Kaiser und bildeten eine provisorische Regierung. 1946 unterzeichnete Ho Tschi Minh einen Vertrag mit Frankreich, nach dem Vietnam als unabhängiger Staat der Indochinesischen Föderation angehören sollte.

Krieg mit Frankreich: 1946–54 Im Dezember 1946 brachen erneut Feindseligkeiten zwischen den Vietminh und französischen Truppen aus. Durch ein Abkommen mit Bao Dai wollte Frankreich versuchen, die noch nicht von den Vietminh beherrschten Gebiete im Süden an sich zu binden. 1949 erklärten sie Vietnam zu einem unabhängigen assoziierten Staat im Rahmen der Französischen Union. Staatsoberhaupt von Südvietnam (mit der Hauptstadt Saigon) wurde Bao Dai. Gleichzeitig erkannte die UdSSR die Gegenregierung Ho Tschi Minhs in Nordvietnam an. Nach schweren Kämpfen zwischen Franzosen und Vietminh fiel im Mai 1954 die Festung Dien Bien Phu in die Hände der Vietminh. Die Genfer Konferenz (1954) beendete die französische Herrschaft in Indochina, Vietnam wurde entlang des 17. Breitengrades geteilt.

Nordvietnam Der Demokratischen Republik Vietnam fielen nach der Teilung die Hauptindustriegebiete und die Bergwerke zu. 1955 wurde die kommunistische Arbeiterpartei durch die »Vaterländische Front« ersetzt. Ho Tschi Minh führte eine Bodenreform durch, die jedoch zu Unruhen und Aufständen führte. Etwa 850000 katholische Vietnamesen flüchteten nach Südvietnam. Seit Beginn der sechziger Jahre schickten die Nordvietnamesen Waffen und Truppen in den Süden, um den kommunistischen Partisanen – den Vietcong – zu helfen. Die Führer Nordvietnams hofften, auf diesem Wege die südvietnamesische Regierung stürzen zu können.

Bis 1965 waren die Nordvietnamesen in einen regelrechten Krieg mit den Streitkräften der Vereinigten Staaten verwickelt, die zur Unterstützung Südvietnams entsandt worden waren. Ho Tschi

Minh starb 1969, und Ton Duc Thang trat seine Nachfolge an. Obwohl bereits 1968 in Paris Friedensverhandlungen eröffnet wurden, dauerten die Kämpfe an. Erst im Januar 1973 konnten Friedensbedingungen vereinbart werden. Die Amerikaner zogen ihre Truppen zurück, doch brachte das Pariser Friedensabkommen nur eine offizielle Beendigung der Feindseligkeiten.

Südvietnamesische Kinder fliehen vor explodierenden Napalmbomben, die südvietnamesische Flugzeuge versehentlich geworfen hatten.

Südvietnam Südvietnam hatte das Genfer Abkommen nicht unterzeichnet. Nach 1954 geriet das Land in immer größere Abhängigkeit von den Vereinigten Staaten, besonders seit in den frühen sechziger Jahren die kommunistischen Vietcong-Partisanen im Land aktiv wurden.

Ngo Dinh Diem, seit Oktober 1955 Staatspräsident, mißbrauchte seine Staatsgewalt, was schließlich im Mai 1963 zum Aufstand der Buddhisten führte. Die Buddhisten wurden von katholischen Anhängern des Präsidenten verfolgt. Im November 1963 stürzte eine Militärjunta unter Duong Van Minh das Regime Ngo. Nach erneuten Militärrevolten wurde schließlich 1965 Nguyen Van Thieu Staatspräsident. Im gleichen Jahr entbrannte durch den Tongking-Zwischenfall der eigentliche Vietnamkrieg.

General Nguyen Van Thieu, seit 1967 Staatspräsident Südvietnams, will dem Land die Unabhängigkeit sichern.

Die USA setzten Truppen in Südvietnam ein, und bis 1968 waren mehr als eine halbe Million US-Soldaten in Vietnam stationiert. Erst im Januar 1973 konnte in Paris ein Waffenstillstandsabkommen vereinbart werden. Zum Jahrestag des Pariser Vietnam-Abkommens gab das Oberkommando der südvietnamesischen Streitkräfte 1974 bekannt, daß weitere 126 000 Vietnamesen beider Lager getötet oder verwundet worden seien.

Wiedervereinigung Im März 1975 griff Nordvietnam den Süden erneut an, die Verteidigung brach rasch zusammen, bereits Ende April ergab sich der Süden bedingungslos. Am 2. Juli 1976 proklamierte die Nationalversammlung die Wiedervereinigung Vietnams als Sozialistische Republik Vietnam. Ton Duc Thang wurde zum Staatspräsidenten gewählt, der bisherige nordvietnamesische Regierungschef Pham Van Dong blieb im Amt. Im September 1977 wurde Vietnam als 148. Mitglied in die UNO aufgenommen.

Mit seinen Nachbarländern schloß Vietnam Freundschaftsverträge oder normalisierte die Beziehungen, mit Kambodscha allerdings kam es 1978 zu bewaffneten Konflikten, als vietnamesische Truppen die Erhebung kambodschanischer Bevölkerungsteile gegen das Pol-Pot-Regime unterstützten. Auch die Beziehungen zu China verschlechterten sich, als in Vietnam ansässige Chinesen Verfolgungen ausgesetzt wurden, die zur Massenflucht führten. Nach dem Einmarsch Vietnams in Kambodscha marschierten chinesische Truppen in Vietnam ein, und es entwickelte sich im Februar 1979 ein vier Wochen dauernder, verlustreicher Krieg.

Westsamoa

Eine Inselkette im Pazifik auf halbem Wege zwischen Honolulu und Sydney bildet den Staat Westsamoa. Bereits um die Zeitenwende waren die Samoa-Inseln von Polynesiern, die auf Auslegerbooten von Westen kamen, besiedelt.

Obwohl die Holländer 1722 die Samoa-Inseln entdeckt hatten, waren sie 1830, als europäische Missionare dort landeten, von den Europäern noch weitgehend unerforscht. 1839 schlossen die Amerikaner ein Handelsabkommen mit den Einheimischen, und 11 Jahre später errichteten deutsche Kaufleute eine Handelsniederlassung. Britische, amerikanische und deutsche Interessenkonflikte führten 1889 zur Samoa-Konferenz in Berlin, wo gemeinsame Handels- und Schutzrechte ausgehandelt wurden. Ein Jahr später trat Großbritannien seine Rechte an die Vereinigten Staaten ab. 1914 wurde das deutsche Schutzgebiet von Neuseeland besetzt und kam 1945 als Treuhandgebiet unter neuseeländische Verwaltung. 1962 erhielt es als Westsamoa seine Unabhängigkeit.

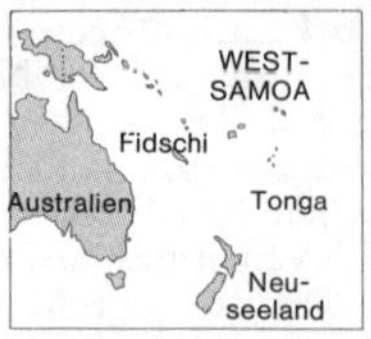

2 842 qkm
156 500 Einwohner
Hauptstadt: Apia

Zaïre

In diesem afrikanischen Land, einst Belgisch-Kongo, brach sofort nach der Unabhängigkeit 1960 politisches Chaos aus. Bis 1971 erlangte das Land unter seinem Führer Joseph Mobutu jedoch ein recht großes Maß an Stabilität. Im selben Jahr benannte Mobutu die Demokratische Republik Kongo in Zaïre um.

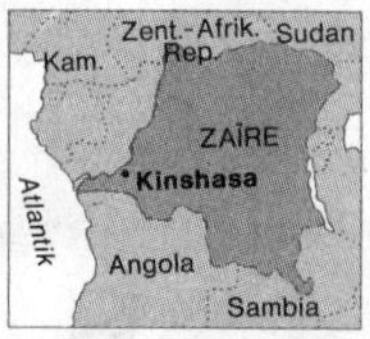

2 345 409 qkm
27 700 000 Einwohner
Hauptstadt: Kinshasa

Das Luba-Reich Um 1500 gründeten die Luba im heutigen Katanga einen mächtigen Staat. Mitte des 19. Jahrhunderts drangen die Nyamwezi unter Msiri ein und unterwarfen die Luba. 1870 gründete Msiri einen neuen Staat, doch bald stieß er mit den vordringenden Europäern zusammen, und 1891 wurde er von belgischen Offizieren getötet.

Der Kongo unter belgischer Herrschaft Der belgische König Leopold II. gründete 1879 eine Gesellschaft, die die Rohstoffquellen des gewaltigen Kongo-Flußbeckens ausbeuten sollte. 1885 sicherte die Berliner Konferenz der Gesellschaft die Souveränität über den Kongostaat, der damit faktisch ein privates Reich von Leopold II. war. 1908 wurde Leopold gezwungen, das Territorium an Belgien abzutreten.

Die belgische Herrschaft über den Kongo dauerte 52 Jahre. Er wurde paternalistisch verwaltet; die katholische Kirche und die großen Unternehmen beherrschten das gesamte öffentliche Leben. Als die belgische Regierung 1960 der Kolonie die Unabhängigkeit gewährte, gab es nur sehr wenige Kongolesen, die genügend ausgebildet und erfahren waren, um den neuen afrikanischen Staat zu regieren.

Zaïre seit der Unabhängigkeit Erster Staatspräsident der Demokratischen Republik Kongo wurde Joseph Kasawubu, Patrice Lumumba wurde Ministerpräsident. Sechs Tage nach der Unabhängigkeitserklärung rebellierte die kongolesische Armee, und die reiche Bergbauprovinz Katanga erklärte sich unter Moise Tschombé für unabhängig. Lumumba rief daraufhin UN-Truppen ins Land. Im September lieferten Kasawubu und Generalstabschef Mobutu Lumumba nach Katanga aus, wo er ermordet wurde.

1963 erzwang die UNO die Wiedereingliederung Katangas, und Kasawubu ernannte 1964 Tschombé zum Ministerpräsidenten, entließ ihn aber im Oktober 1965 wieder. Im November putschte Mobutu und riß die Staatsgewalt an sich. Inzwischen konnte die Regierung Mobutu die politische Situation festigen und die Finanzlage verbessern. 1967 wurden die letzten weißen Söldner mit Waffengewalt vertrieben. 1972 leitete man eine sogenannte Authentizitätskampagne ein, die auf die Stärkung des nationalen Bewußtseins abzielte. Im März 1977 stießen von Angola aus Verbände nach Schaba, der ehemaligen Provinz Katanga, vor. Es soll sich um ehemalige Katangagendarmen gehandelt haben, die einst die separatistische Bewegung Katangas

Präsident Mobutu mit dem belgischen König Baudouin, dessen Land einst über den Kongo herrschte.

unterstützt hatten. Im Mai gelang es der zaïrischen Armee mit Unterstützung marokkanischer Truppenverbände, der Invasoren Herr zu werden. Im Mai des folgenden Jahres fielen sie wieder ein, konnten diesmal aber mit Hilfe belgischer und französischer Unterstützung überwältigt werden. Bei den Kämpfen kamen rund 1000 Menschen ums Leben, darunter etwa 150 Weiße. Der durch die Invasion entstandene Zwist zwischen Angola und Zaïre wurde Mitte 1978 beigelegt, die Länder nahmen wieder diplomatische Beziehungen zueinander auf.

Zentralafrikanische Republik

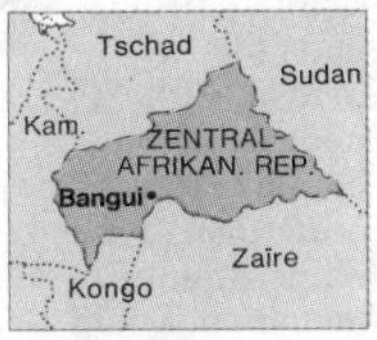

622 984 qkm
1 900 000 Einwohner
Hauptstadt: Bangui

Aufgrund ihrer Abgelegenheit war die Zentralafrikanische Republik eines der letzten Gebiete in Afrika, das von den Europäern erschlossen wurde. Erst im späten 19. Jahrhundert kamen die Franzosen in das Land und vereinigten es 1906 mit Tschad zur Kolonie von Ubangi-Tschad. Es wurde dann 1910 Teil Französisch-Äquatorialafrikas. Wegen der Strenge der französischen Herrschaft gab es immer wieder Aufstände.

Als Teil ihres Plans, ihren afrikanischen Kolonien die Unabhängigkeit zu geben, gewährten die Franzosen dem Land 1958 interne Selbstverwaltung. 1960 erhielt die Zentralafrikanische Republik unter David Dacko die Unabhängigkeit.

1966 wurde Dacko von General Jean Bedel Bokassa gestürzt, der bald eine bedrückende Diktatur errichtete. 1972 ernannte die Einheitspartei Bokassa zum Präsidenten auf Lebenszeit, und im Dezember 1976 ließ sich Bokassa zum Kaiser krönen. Er benannte das Land in Zentralafrikanisches Kaiserreich um. Die Gesamtkosten der Krönung wurden auf 30 Millionen Dollar geschätzt; die wirtschaftliche Lage dieses zu den 25 ärmsten Ländern der Erde zählenden Landes war desolat. Im September 1979 gelang es David Dacko mit französischer Hilfe dem Terrorregime Bokassas ein Ende zu setzen.

Zypern

9 251 qkm
666 000 Einwohner
Hauptstadt: Nikosia

Die Insel Zypern war bereits um 5000 v. Chr. bewohnt. Sie verfügte über die wichtigsten Kupfervorkommen der Antike und stand seit etwa 2000 v. Chr. in Handelsbeziehungen mit Ägypten, später auch mit Palästina, Syrien und Kreta. Die Griechen kolonisierten die Insel seit etwa 1200 v. Chr., und seit 800 v. Chr. ließen sich dort Phöniker nieder. Später stand Zypern nacheinander unter assyrischer, ägyptischer, persischer, griechischer, ptolemäischer, römischer und byzantinischer Herrschaft.

Im frühen Mittelalter wurde die Insel dem Byzantinischen Reich durch den Kreuzritter Richard I. von England entrissen, der sie 1192 Guidó de Lusignan zu Lehen gab. Lusignans Nachfahren regierten dort bis 1489, als Zypern von Venedig annektiert wurde, das damals die führende Macht des Mittelmeeres war.

Wurzeln des modernen Streites Die Türken eroberten Zypern 1571 und siedelten später türkisch sprechende, moslemische Anatolier auf ihr an, die sich zu einer separaten Volksgruppe entwickelten. Durch einen 1878 geschlossenen Vertrag (Berliner Kongreß) kam Zypern unter britische Verwaltung. 1914 annektierten die Briten die Insel und erklärten sie 1925 zur Kronkolonie. Nach schweren Unruhen entwickelte sich 1931 in der griechischen Volksgruppe eine Bewegung, deren Ziel die Vereinigung mit Griechenland war (Enosis). 1955 bildete sich unter General Georgios Grivas eine Widerstandsbewegung (EOKA), die mit terroristischen Mitteln für die Enosis-Bewegung kämpfte.

Nach der Unabhängigkeit Im Londoner Dreimächtevertrag wurde 1959 festgelegt, daß Zypern bei seiner Unabhängigkeit einen griechischen Präsidenten und einen türkischen Vizepräsidenten haben solle. Die Verfassung von 1960 verbot ausdrücklich den Zusammenschluß mit Griechenland. Im August 1960 erhielt Zypern die Unabhängigkeit, Präsident wurde Erzbischof Makarios. 1963 brach ein Bürgerkrieg aus, da die griechischen Parlamentsmitglieder ihren türkischen Kollegen das Mitspracherecht verweigerten. UN-Friedenstruppen wurden nach Zypern entsandt, doch die Spannungen nahmen 1967 wieder zu. Die Türkei drohte, die Insel zu besetzen, um die türkische Minderheit zu schützen. Die griechischen Zyprioten machen etwa 80 Prozent, die türkischen nur rund 18 Prozent der Gesamtbevölkerung aus.

Im Juli 1974 putschten Offiziere der zyprischen Nationalgarde gegen Makarios; die Türkei entsandte Truppen auf die Insel. Trotz eines zustande gekommenen Waffenstillstandes hielten die Kämpfe an. Ende 1974 kehrte Makarios aus seinem Exil zurück und nahm seinen Posten als Oberhaupt der griechisch-zypriotischen Regierung wieder ein. Im Februar 1975 erklärte sich der türkisch-zypriotische Norden für autonom, Rauf Denktasch wurde Präsident. Makarios, der einen föderalistischen Staat mit zwei Regierungen abgelehnt hatte, starb im August 1977. Sein Nachfolger als Präsident wurde Spyros Kyprianou, den die Türken jedoch nicht anerkannten. Nachdem die Türken einen Großteil ihrer Truppen von der Insel abgezogen hatten, gelang es im Mai 1979 dem UNO-Generalsekretär Kurt Waldheim, Griechen und Türken an den Verhandlungstisch über die Zypernfrage zu holen.

Erzbischof Makarios, den die Briten 1956 deportiert hatten, kehrte 1959 zurück und erlangte für Zypern 1960 die Unabhängigkeit. Im Juli 1974 wurde er gestürzt.

REGISTER

Die Umlaute ä, ö und ü sind wie a, o und u behandelt, während ae, oe und ue unter a-e, o-e und u-e eingeordnet sind. Fettgedruckte Seitenzahlen verweisen auf Kapitel oder Abschnitte, die dem entsprechenden Thema gewidmet sind, oder auf Länderartikel. Schrägstehende Seitenzahlen beziehen sich auf Abbildungen. Oft wird auf den gleichen Seiten das Thema auch im Text behandelt.

A

D

E

F

G

H

I

L

M

N

O

P

Q

R

S

T

U

V

W

X

BILDNACHWEIS

Die folgenden Quellenangaben weisen häufig auch auf die historische Stätte, das Museum oder die Galerie hin, wo das abgebildete Werk zu sehen ist. Die Namen der Photographen stehen in Klammern. Alle Angaben sind nach Kapitel und Seitenzahl (in Fettdruck) geordnet, wobei die Bilder jeder Seite meist in der Reihenfolge von oben links nach unten rechts aufgeführt sind.

TEIL 1: VOR ALLER GESCHICHTE

Die Welt vor dem Menschen 8 Entstehung der Vulkaninsel Surtsey, 1967 (Hjalmar R. Bardarson)
Altsteinzeit 14 Rudolfsee, Kenia (Douglas Botting) 22 Venus von Willendorf, Naturhistorisches Museum, Wien (Holle Verlag); weibliches Idol aus Unterwisternitz, Mährisches Museum, Brünn (Holle Verlag); Venus von Laussel, Musée d'Aquitaine, Bordeaux 23 Verwundeter Wisent, Höhle von Lascaux (Peter Bellew); gravierter Kieselstein von La Colombière, mit Genehmigung von Professor Movius, Peabody Museum, Harvard University; Mädchen von Brassempouy, Musée des Antiquités Nationales, Paris 24 Zauberer, Höhle Les Trois Frères, Ariège, nach Henri Breuil 25 Rind, Höhle von Lascaux (Colorphoto Hinz, Basel); Mammut von Bruniquel, British Museum; gravierte Rentiere aus Lortet, Musée des Antiquités Nationales, Paris; Lochstab mit Vogel aus Le Mas d'Azil, Musée des Antiquités Nationales, Paris (Holle Verlag); graviertes Wildpferd, Höhle von Lascaux (Archives Photographiques) 27 Sandsteinköpfe von Lepenski Vir (Dr. Dragoslav Srejović)

Jungsteinzeit 28 Turm von Jericho (Georg Gerster von Magnum) 30 Gemalte Totenmaske aus Çatal Hüyük (Mrs. M. A. Mellaart) 31 Perlenkette aus Çatal Hüyük (Mrs. M. A. Mellaart); Gipsrelief zweier Leoparden aus Çatal Hüyük (Mrs. M. A. Mellaart); Rekonstruktion eines Kultraums des Stiergottes, Zeichnung von Grace Huxtable, mit Erlaubnis von Prof. James Mellaart 33 Tonfigur von Cernavoda (Archäologisches Institut, Bukarest); Tongefäße, Nationalmuseum, Kopenhagen; Hausmodell von Střelice, Mährisches Museum, Brünn (Thames und Hudson); Figurengefäß aus Vidra, Nationales Altertumsmuseum, Bukarest (Holle Verlag) 34 Galeriegrab von West Kennet (Michael Holford) 35 Tempel von Minajdra, Malta (C. M. Dixon); Grabkammer bei Kilclooney, County Donegal, Irland (The Green Studio, Dublin)

Metallzeit 37 Sonnenwagen von Trundholm, Nationalmuseum, Kopenhagen (Lennart Larsen) 38 Bronzeschwerter und Prunkaxt, Nationalmuseum, Kopenhagen 39 Sardischer Häuptling, Nationalmuseum, Kopenhagen: goldener Halsschmuck von County Clare, National Museum, Dublin; Goldohrringe aus England, Ashmolean Museum, Oxford; Bernsteinbecher von Hove (E. Meacher); Sonnenscheibe von Moordorf, Niedersachsen (Holle Verlag); Goldbecher von Rillaton (Edwin Smith) 40 Avebury (Penny Tweedie) 41 Stonehenge (Picturepoint) 42 Rasiermesser aus Bronze, Nationalmuseum, Kopenhagen; Akrobatin, Nationalmuseum, Kopenhagen; Lure von Maltbaed, Nationalmuseum, Kopenhagen 43 Bronzewagen, Landesmuseum Joanneum, Graz (Ernst Matthäus Furbock) 44 Maiden Castle (Penny Tweedie) 45 Männerkopf aus Mšecke-Žehrovice, Nationalmuseum, Prag (Holle Verlag); Spiegel von Desborough, British Museum; Bootsmodell, National Museum of Ireland; Torques, National Museum of Ireland; Weinkrug aus Lothringen, British Museum 46 Moorleiche von Tollund, Nationalmuseum, Kopenhagen 47 Reliefs am Kessel von Gundestrup, Nationalmuseum, Kopenhagen

TEIL 2: DIE HOCHKULTUREN

Mesopotamien 51 Beterstatuetten, Irak-Museum, Bagdad (Georg Gerster von Rapho) 52–53 Mosaikstandarte von Ur, British Museum 53 Gilgameschrelief aus Chorsabad, Louvre (Hirmer Fotoarchiv, München) 54 Vergoldeter Widder aus Ur, British Museum; Goldhelm aus Ur, Irak-Museum, Bagdad (Hirmer Fotoarchiv, München); Spielbrett aus Ur, British Museum 55 Stierkopf von einer Leier aus Ur. University Museum, Philadelphia (Frank Scherschell, Life © 1972, Time Inc.); Schädel aus Ur, Irak-Museum, Bagdad (Hirmer Fotoarchiv, München); Halsband aus Ur, Irak-Museum, Bagdad (Hirmer Fotoarchiv, München) 56 Kopf des Hammurapi, Louvre (Holle Verlag, Baden-Baden); Relief von der Gesetzesstele des Hammurapi, Louvre (Cliché des Musées Nationaux) 56–57 Assurnasirpal auf der Löwenjagd, British Museum 57 Fresko aus Til Barsip, Museum, Aleppo (Hirmer Fotoarchiv, München) 58 Relief mit Bogenschützen aus Nimrud, British Museum 59 Ischtartor, Pergamonmuseum, Berlin (Erich Lessing von Magnum)

Ägypten 60 Sphinx und Cheopspyramide, Gise (Michael Holford) 62 Schminkplatte des Narmer, Ägyptisches Museum, Kairo (Jean Vertut) 63 König Mykerinus, Ägyptisches Museum, Kairo (Roger Wood) 64 Holzmodell, British Museum (Michael Holford); Wandbild aus dem Grab des Menna, Theben (Michael Holford) 65 Modell einer Viehzählung, Grab des Meketre, Ägyptisches Museum, Kairo (Erich Lessing von Magnum); Schreiber, Louvre (Cliché des Musées Nationaux) 66 Holztafel mit Re-Harachte, Louvre (Giraudon); Schöpfungsgeschichte, Papyrus, Ägyptisches Museum, Kairo (John G. Ross) 67 Amun-Tempel, Karnak (William MacQuitty) 68 Nofretete, Staatliche Museen, Berlin (Hirmer Fotoarchiv, München); Echnaton, Ägyptisches Museum, Kairo (John G. Ross) 69 Ramses II., Ägyptisches Museum, Kairo (Dingwall Photo von der John Hillelson Collection); Klageweiber, Grab des Ramose, Theben (Hassia, Paris); Totenbuch, British Museum; Modell eines Totenschiffs aus Theben, British Museum (Michael Holford) 70 Goldmaske des Tutanchamun, Ägyptisches Museum, Kairo (William MacQuitty) 71 Tutanchamun mit Harpune, Ägyptisches Museum, Kairo (Roger Wood); Bild auf einer Truhe, Ägyptisches Museum, Kairo (F. L. Kenett © George Rainbird Ltd, 1963); Pokal, Ägyptisches Museum, Kairo (F. L. Kenett © George Rainbird Ltd, 1963); Detail von einem Goldthron, Ägyptisches Museum, Kairo (Roger Wood); Brustschmuck, Ägyptisches Museum, Kairo (F. L. Kenett © George Rainbird Ltd, 1963)

Persien 73 Ziegelfries aus Susa, Louvre (William MacQuitty) 74 Marmorkopf, Louvre (Erich Lessing von Magnum) 74–75 Silberteller. Museum, Teheran (William MacQuitty) 75 Tonbecher, Museum, Teheran (William MacQuitty); goldenes Trinkhorn, Museum, Teheran (William MacQuitty); Wagenmodell, British Museum 76 Königsmoschee in Isfahan (William MacQuitty) 77 Ardabil-Teppich (Detail), Victoria and Albert Museum (Crown Copyright) 78 Seite aus dem Bestiarium des Ibn Bakhtishu, 1295, mit Erlaubnis der Pierpont Morgan Library, New York 79 Doppelseite aus dem *Schah-Name* des Firdausi (William MacQuitty); Ledereinband mit Goldprägung, Gulistan-Bibliothek, Teheran (William MacQuitty); Schlachtenszene aus dem *Schah-Name* des Firdausi (William MacQuitty); Humay vor dem Schloß Humayun, aus dem *Khamsa* des Khwaju Kirmani, 1936, British Museum (William MacQuitty)

Phöniker und Hebräer 80 Dschebel Musa, Sinai (Erich Lessing von Magnum) 81 Semitische Nomaden, Wandbild aus einem Grab in Beni Hassan (Erich Lessing von Magnum) 82 Löwe zwischen Lilien, phönikische Elfenbeinarbeit aus Nimrud, British Museum (Eileen Tweedy, Photo Thames und Hudson); Löwe greift einen Neger an, phönikische Elfenbeinarbeit aus Nimrud, British Museum (Michael Holford) 83 Kanaanäer auf glasiertem Ziegel, mit Erlaubnis des Oriental Institute, University of Chicago; Phöniker verfrachten Libanonzedern, Relief vom Palast Sargons II., Louvre (Erich Lessing von Magnum) 84 Frau am Fenster, phönikische Elfenbeinarbeit aus Nimrud, British Museum (Michael Holford); Baal, Louvre (Holle Verlag); Fußbodenmosaik mit Tabernakel aus der Synagoge bei Tiberias (Erich Lessing von Magnum) 85 Deportation der Einwohner von Lakisch, Relief aus Nineve, Louvre (Erich Lessing von Magnum) 86 Bronzedose und Silbermünzen, Israel Museum, Jerusalem (Erich Lessing von Magnum); Fußbodenmosaik aus Tabgha, Galiläa (René Burri von Magnum) 87 Kreuzigung auf Elfenbeinbüchse, British Museum

Kreta und Mykene 88 Goldene Totenmaske, Nationalmuseum, Athen (Erich Lessing von Magnum) 90 Goldanhänger aus Mallia, Museum, Heraklion, Kreta (D. Harissiadis von Rainbird); Vase mit Krake, Museum, Heraklion, Kreta (Hamlyn) 90–91 Wandbild mit Stierspiel, Heraklion, Museum, Kreta (D. Harissiadis von Rainbird) 91 Göttin aus Fayence, Museum, Heraklion, Kreta (D. Harissiadis von Rainbird); 92–93 Löwentor in Mykene (Alex Liberman von Peter Schub) 93 Bronzedolch, Nationalmuseum, Athen (Emile Sarafis)

Griechenland 94 Bronzekopf der Athene, Nationalmuseum, Athen (Roloff Beny) 96 Lakonische Schale, Bibliothèque Nationale (Hirmer Fotoarchiv, München); Attische Schale mit Schiffen, British Museum 97 Bronzestatue des Zeus oder des Poseidon, Nationalmuseum, Athen (R. Descharnes); Theseus tötet den Minotauros, Vasenbild, British Museum (Hamlyn); Achill verbindet Patroklos, Vasenbild, Staatsbibliothek, Berlin; Urteil des Paris auf einer Pyxis, Metropolitan Museum of Art, Rogers Fund, 1907 98 Mänade auf attischer Schale, Staatl. Antikensammlungen, München (Colorphoto Hinz, Basel) 99 Amphitheater von Epidauros (R. Descharnes); Kühlgefäß mit Alkaios und Sappho, Staatl. Antikensammlungen, München (Caecilia Moessner); Tragische Maske aus Bronze, Nationalmuseum, Athen (D. Harissiadis) 100 Spartaner, Wadsworth Atheneum, Hartford, Connecticut, J. P. Morgan Collection; Spartanisches Mädchen, British Museum (John Webb) 100–101 Wettlauf auf panathenäischer Preisamphore, Metropolitan Museum of Art, Rogers Fund, 1912 101 Teller aus Rhodos mit Hektor und Menelaos, British Museum; Diskuswerfer von einer Amphore, Museo Nazionale, Neapel (Emmett Bright); Panathenäische Amphore mit Athene, Metropolitan Museum of Art, Fletcher Fund, 1956 102 Schalenbild mit Hetäre, Louvre (Rapho); Vasenbild von einer Kylix, mit Genehmigung des Museum of Fine Arts, Boston, H. L. Pierce Fund 103 Onyxgemme mit Alexander dem Großen und Roxane, Kunsthistorisches Museum, Wien 104–105 Erechtheion, Athen (Ray Manley von Shostal Associates)

Etrusker 106 Chimäre, Museo Archeologico, Florenz (Alinari) 107 Zwei Ringer, Grabbild in Tarquinia (Scala) 108 Etruskischer Krieger, Museo Civico, Perugia (Dimitri Kessel, Life © 1972, Time Inc.); Goldtafel, Museo di Villa Giulia, Rom (Emmett Bright) 109 Ruhendes Paar, Museo di Villa Giulia, Rom (Emmett Bright); Kanope, Museo Archeologico, Florenz (Scala); Hausmodell, Museo di Villa Giulia, Rom (Scala); Bronzeleber, Museo Civico, Piacenza (Scala)

Rom 110 Rekonstruktion des Forums nach Alan Sorrell in *Imperial Rome* (Lutterworth Press) 111 Prätorianer, Louvre 113 Legionäre auf einer Brücke, Mark-Aurels-Säule, Rom (Josephine Powell); Standarte der Prätorianer, Museo della Civilità Romana, Rom (Hachette-Lubtchansky); Kriegsschiff (Alinari) 114 Bronzestatuetten von Gladiatoren, Bibliothèque Nationale (Hélène Adant von Arthaud) 115 Amphitheater, Nîmes (YAN); Jagdmosaik, Musée Archéologique d'Hippone, Algerien (Pierre Belzeaux von Rapho) 116 Vergil liest aus der *Aeneis,* Bardo Museum, Tunis (Roger Wood); Augustusgemme, British Museum (C. M. Dixon) 117 Lar in Bronze, Bibliothèque Nationale; Viktoria aus Leptis Magna, Archäologisches Museum, Tripolis (Roger Wood); Fresko mit Diana aus Stabiae, Museo Nazionale, Neapel (Josephine Powell) **118** Pont du Gard bei Nîmes (Mike Newton) **119** Pompejaner (Josephine Powell); Wandbild aus der Villa von Boscoreale, Metropolitan Museum of Art, Rogers Fund, 1903; Dame mit Kithara, Wandbild aus Boscoreale, Metropolitan Museum of Art, Rogers Fund, 1903

Byzanz **120** Christos Pantokrator, Daphni (C. M. Dixon) **122** Plan von Konstantinopel von Matrakçi Nasuh, Universitätsbibliothek, Istanbul (Sonia Halliday) **123** Reliquiar, Kathedrale von Monopoli (Mercurio); Reliquiar, Domschatz, Limburg an der Lahn (Hirmer Fotoarchiv, München); Kreuzreliquiar, Victoria and Albert Museum (Hirmer Fotoarchiv, München); hl. Simon Stylites, Miniatur aus dem Menologion des Kaisers Basileios II., Biblioteca Vaticana (Emmett Bright) **124** Kaiserin Theodora, Mosaik in San Vitale, Ravenna (Scala) **125** Kaiser Justinian mit Gefolge, Mosaik in San Vitale, Ravenna (Scala) **126** Griechisches Feuer, Codex Stylitzes, Biblioteca Nacional, Madrid **127** Mehmed II. von Sinan Bey, Topkapi Museum, Istanbul (Sonia Halliday); Belagerung Konstantinopels aus *Voyage d'Outremer* von Bertrandon de la Brocquière, Bibliothèque Nationale

Rußland **128** Großfürst Wladimir, Staatliches Hist. Museum, Moskau (Novosti) **129** Verklärungskirche in Kischi (Arnaud de Rosnay von Peter Schub) **130** Kupferstich aus dem Reisebericht des Adam Olearius, Ausgabe von 1719 (British Museum); Ikone des hl. Georg (Novosti) **131** Schlacht zwischen Nowgorodern und Susdalern, Tretjakow-Galerie, Moskau (Novosti); Kopf eines Erzengels, Russisches Museum, Leningrad (UNESCO, Paris ©); Boris und Gleb, 1340 (Novosti) **132** Gottesmutter von Wladimir, Tretjakow-Galerie, Moskau (Novosti) **133** Peter der Große von Carlo Rastrelli, Russisches Museum, Leningrad (Novosti); Goldgefäß, Kreml (Novosti) **134** Bauer mit Balalaika von Fabergé, mit Erlaubnis von Messrs. Wartski (John Webb); Osterei von Fabergé, mit Erlaubnis von Messrs. Wartski (John Webb) **135** Peterhof (Jerry Cooke); Russische Gesandtschaft, Holzschnitt von Michael Peterle, 1576, Victoria and Albert Museum (Michael Holford) **136** Nijinski, Karsawina und Anna Pawlowa (Radio Times Hilton Picture Library); Kostümentwurf für *Le Buffon Russe* von Leo Bakst, Victoria and Albert Museum © by S.P.A.D.E.M. Paris 1972 (Michael Holford) **137** Schatullendeckel aus Palech (Novosti)

Völkerwanderung und Wikingerfahrten **138** Detail von einem Kupferhelm, Museo Nazionale del Bargello, Florenz (Ann Munchow) **139** Bronzeschmuck von einem langobardischen Schild, Historisches Museum, Bern **140** Fundstücke von Sutton Hoo, British Museum **140 bis 141** Relief aus Walroßzahn, British Museum **142** Beda Venerabilis, Handschrift in der Abtei Engelberg, Schweiz (Snark International) **143** Brosche von Tara, National Museum of Ireland, Dublin (Holle Verlag); Alfreds Juwel, Ashmolean Museum, Oxford; Kelch von Ardagh, National Museum of Ireland, Dublin (Holle Verlag); Adlerfibel, Walters Art Gallery, Baltimore; Votivkrone, Museo Arqueologico Nacional, Madrid **144** Kreuz von Monasterboice (Edwin Smith) **145** Initiale aus dem Evangeliar von Lindisfarne, British Museum; Markuslöwe aus dem Echternacher Evangeliar, Bibliothèque Nationale; Evangelist Johannes aus dem *Buch von Kells*, mit Erlaubnis des Trinity College, Dublin (The Green Studio, Dublin) **146** Reliefstein, Statens Historiska Museum, Stockholm **147** Fundstücke aus dem Schiffsgrab von Oseberg, Universitetets Oldsaksamling, Oslo

Islam **149** Mohammed versetzt den schwarzen Stein aus *Jami at-Tawarikh* von Rashid ad-Din, Edinburgh University Library (BPC Picture Library) **150** Standartenträger des Kalifen aus *Maqamat* von al-Hariri, Bagdad, 1237, Bibliothèque Nationale **151** Steinigung Mohammeds, aus einer türkischen Handschrift, Spencer Collection, New York Public Library, Astor, Lennox and Tilden Foundations; Eröffnungssure aus einer Koran-Handschrift (15. bis 16. Jh.), British Museum; Koranseite (9. Jh.), Metropolitan Museum of Art, Rogers Fund, 1937 **152** Händler und Kamele aus *Maqamat* von al-Hariri, Bagdad, 1237, Bibliothèque Nationale; Lampe, Victoria and Albert Museum (Emmett Bright) **153** Musiker, Detail von einem Krug, Blacas Collection, mit Erlaubnis des British Museum (Michael Holford); Heilpflanzenanbau aus dem Buch der Gegengifte, Bibliothèque Nationale; Detail aus einer astrologischen Abhandlung des Abu Maasher, Bibliothèque Nationale (BPC Picture Library) **154** Fenster in der Alhambra, Granada (Emmett Bright); Seidenstoff aus Saint Sernin, Toulouse, Musée de Cluny, Paris **155** Löwenhof, Alhambra, Granada (Emmett Bright) **156** Illustration aus Süleiman des Prächtigen *Buch der Eroberung*, Topkapi Museum, Istanbul (Sonia Halliday); **157** Süleimanmoschee, Istanbul (Emmett Bright)

Indien **159** Kandarja-Mahadeva-Tempel, Khadschuraho (Roloff Beny) **160** Priesterbüste aus Mohendscho-Daro, National Museum of Pakistan, Karatschi (Josephine Powell); Spielzeugkarren (Larry Burrows, Life © 1972 Time Inc.) **161** Buddha, Archaeology Museum, Sarnath (Copyright Bury Peerless) **162** Wandmalerei, Adschata-Höhlen (Colorphoto Hinz, Basel) **163** Angkor Wat, Kambodscha (Rapho); Schattenspielfigur aus Java, British Museum; Awalokiteschwara aus Angkor Thom (Douglas Dickens) **164** Brahma kniet vor Krischna, National Museum, New Delhi (Raghubur Singh von Magnum); Parwati, Victoria and Albert Museum (C. M. Dixon); Wischnu, National Museum, New Delhi (Colorphoto Hinz, Basel); **165** Tanzender Schiwa, Victoria and Albert Museum (C. M. Dixon); Skulpturen des Tempels von Sriringam (Roloff Beny) **166** Radha und Krischna, Victoria and Albert Museum (C. M. Dixon) **167** Tadsch Mahal, Agra (William MacQuitty)

China **169** Jadeschirm, K'ang Hsi, 1622—1722, Seattle Art Museum, Eugene Fuller Memorial Collection **170** Kaiser Wu-ti (Snark); Pagode, Han-Zeit, Nelson Gallery, Atkins Museum, Kansas City, Missouri **171** Totengewand aus Mancheng, Hopei (Marc Riboud von Magnum); Bronze mit Sakjamuni und Prabhutaratna, Musée Guimet, Paris (Michael Holford) **172** Hoffest, Nationales Palastmuseum, Taipeh, Taiwan **173** Bild und Gedicht von Hsu Wei, mit Erlaubnis der Smithsonian Institution, Freer Gallery of Art, Washington, D. C.; Kalligraph, Museum of Fine Arts, Boston; Porzellanpinsel, Percival David Foundation of Chinese Art, London; Fu Hsi, Nationales Palastmuseum, Taipeh, Taiwan; Keramik der T'ang-Zeit, British Museum **174** Seladon-Schale, Gift of Russell Tyson, mit Erlaubnis des Art Institute of Chicago; Mei-ping-Vase, British Museum; Steingutgefäß, Munsterberg Collection, New Paltz, New York (Raphael Warshaw) **175** Pferdeknecht mit Pferd von Tschao Yung, mit Erlaubnis der Smithsonian Institution, Freer Gallery of Art, Washington, D. C. **176** Bildausschnitt aus *Straßenszenen in Friedenszeiten*, Kate S. Buckingham Fund, mit Erlaubnis des Art Institute of Chicago **177** Kurtisane, mit Erlaubnis der Smithsonian Institution, Freer Gallery of Art, Washington, D. C.; Westsee bei Hangtschou, mit Erlaubnis der Smithsonian Institution, Freer Gallery of Art, Washington, D. C.; Kubilai Chan, Nationales Palastmuseum, Taipeh, Taiwan **178** Familienbild der Ming-Zeit, Metropolitan Museum of Art, Anonymous Gift, 1942 **179** Drachenvase, Musée Guimet (Cliché des Musées Nationaux); Teller, Ashmolean Museum, Oxford; Kaiser Kuang Wu, National Gallery of Canada, Ottawa

Japan **180** Tod des Buddha, Malerei auf Seide, Kongobuji, Koyasan (Bradley Smith) **182** Illustration zum *Genji-Monogatari*, Goto-Kunstmuseum, Tokio (Sakamoto) **183** Shukongojin, bemalte Terrakotta aus Nara (Sakamoto); Exil des Michizane, Kitano Temmangu, Kioto (Bradley Smith) **184** Shiraishi Rokuro führt seine Soldaten in die Schlacht, Sammlung des Kaiserlichen Haushalts, Kioto (Bradley Smith) **185** Detail aus einem Farbholzschnitt von Go-un Sadahide, 1853, Victoria and Albert Museum; Akita-Rüstung, Victoria and Albert Museum (Michael Holford); Schwertfeger, Okura Shukokan Museum, Tokio (Bradley Smith) **186** Teezeremonie von Koryusai, Nationalmuseum, Tokio; Blumenarrangement, Bildrolle, British Museum (Michael Holford); Schinto-Teeschale, mit Erlaubnis des Fogg Art Museum, Harvard University, Gift of the Peabody Museum, Harvard University **187** Saijohi-Garten, Kioto (Brian Brake von Rapho); No-Maske (Bradley Smith); Schauspielerporträt, Farbholzschnitt von Toshusai Sharaku, Museum of Fine Arts, Boston (Bradley Smith)

Maya und Azteken **188** Wahrsagerpyramide von Uxmal (Robert Freson von Peter Schub) **190** Jadekopf, Fragment aus Tenango del Valle, Mexiko, Archäologisches Nationalmuseum, Mexico City (Lee Boltin); Olmekische Jadefigur, British Museum; Kopf mit Helm, Park des Museums in La Venta, Tabasco (Constantino Reyes-Valerio von Hamlyn) **191** Seite aus dem Codex Dresdensis aus Humboldts *Nouvelle Espagne Atlas*, Paris, 1810, Sächsische Landesbibliothek (Thames and Hudson) **192** Sitzfigur, American Museum of Natural History, New York **193** Opfernde Frau, British Museum; Chama-Vase, University Museum, Philadelphia **194** Federschild, Museum für Völkerkunde, Wien; inkrustierter Schädel, British Museum; Brustschmuck, British Museum **195** Brustschmuck aus Monte Alban, Archäologisches Museum, Oaxaca (Constantino Reyes-Valerio von Hamlyn) **196** Xolotl, Landesmuseum, Stuttgart (Holle Verlag, Baden-Baden) **197** Chichen Itza (Alex Oliver); Xipe Totec, Völkerkundemuseum, Basel; Opferszene aus dem Codex Magliabechiano, Biblioteca Nazionale, Florenz; Opfermesser, British Museum

Inka **198** Alpaka und Lama, American Museum of Natural History, New York **199** Machu Picchu (Georg Gerster von Magnum) **200** Krieger der Mochica, British Museum (Hamlyn) **201** Tongefäß mit Mensch und Jaguar und Gefäß aus Nazca, University Museum of Archaeology and Ethnography, Cambridge; Chimu-Schüssel, Völkerkundemuseum, München (Michael Holford); Tuch aus Paracas (Michael Holford) **202** Goldgefäß und Totenmaske, Sammlung Señor Mujica Gallo, Lima (Michael Holford); Wasserträger (J. C. Spahni); Goldhand (Lee Boltin) **203** Prunkmesser, Archäologisches Nationalmuseum, Lima (Lee Boltin)

Afrika **204** Bronzerelief aus Benin, British Museum (Michael Holford) **206** St.-Georgs-Kirche, Lalibela, Äthiopien (Georg Gerster von Rapho); Elefanten und Rinder, Kopien von Felsbildern aus dem Tassili, Collection Henri Lhote, Musée de l'Homme, Paris (Erich Lessing) **207** Einzug Christi in Jerusalem (Georg Gerster von Rapho) **208** Moschee in Djenne (Werner Forman) **209** Kaufmann auf einem Kamel aus dem *Maqamat* des al-Hariri, Bagdad, 1237, Bibliothèque Nationale **210** Elfenbeinmaske und Leopard aus Benin, British Museum **211** Bronzekopf aus Ife, British Museum

Kultur des Abendlandes **212** Altarbild mit Kreuzigung, Dorchester Abbey, Oxfordshire (Michael Holford)

Mittelalter **214** Fresko des Dominikanerordens, Santa Maria Novella, Florenz (Scala) **215** Rekonstruktion der Abtei Cluny, nach einer Zeichnung in *Cluny les Eglises et la Maison du Chef d'Ordre* von R. J. Connant (Medieval Academy of America) **216** Kopfreliquiar Karls des Großen, Domschatz, Aachen (R. W. Schlegelmilch von Thames and Hudson) **217** Bäume des Guten und des Bösen aus dem *Liber Floridus*, Centrale Bibliotheek, Gent (A. Dierick); Aufzeichnung der Regel aus dem *Leben des hl. Benedikt*, Biblioteca Apostolica Vaticana; Zisterzienser bei der Ernte aus den *Moralia zu Hiob* des hl. Gregor, Bibliothèque de Dijon; Kellermeister aus einem Gesundheitsbuch des Aldebrandius von Siena, Trustees of the British Museum **218** Szene aus dem Wandteppich von Bayeux, Musée de la Tapisserie, Bayeux (Michael Holford) **219** September, aus den *Très Riches Heures du Duc de Berry* von Paul von Limburg, Musée Condé, Chantilly (Giraudon) **220** Bankett aus der *Chronique d'Angleterre*, British Museum; Ritter auf einem Turnier, British Museum; Ritter aus der *Adresse der Stadt Prato an Robert von Anjou*, British Museum **221** Richard Löwenherz aus *Passages Faiz Oultre Mer*, 1490, Bibliothèque Nationale **222** Karlsfenster, Kathedrale von Chartres (Telarci-Giraudon) **223** Traum der Heiligen Drei Könige von Gislebertus (Lauros-Giraudon von Mansell); La Madeleine, Vezelay, mit Erlaubnis des Burkhard-Verlags Ernst Heyer, Essen; Gewölbe von Notre Dame, Chartres (Robert Freson von Peter Schub) **224** Dame mit dem Einhorn, Wandteppich, Musée de Cluny, Paris (Giraudon); Grabmal der Eleanore von Aquitanien, Abtei Fontevrault (H. Pierrehumbert von *Selection du Reader's Digest*, Paris) **224–225** Gute Regierung von Ambrogio Lorenzetti, Palazzo Publico, Siena (Scala) **225** Der hl. Franziskus vertreibt Dämonen aus Arezzo, S. Francesco, Assisi (Alinari) **226** Zwei Abbildungen aus dem *Livre des Proprietez des Choses*, British Museum **227** Parlament Eduards I. aus der Wriothesley Royal Library, Windsor Castle, mit gnädiger Erlaubnis Ihrer Majestät der Königin

Renaissance und Reformation **228** Bogenfeld, Palazzo Pitti von Giuseto Utens, Museo Mediceo, Florenz (Scala) **229** Hl. Drei Könige, Ausschnitt aus dem Fresko von Benozzo Gozzoli, Palazzo Medici-Ricardi, Florenz (Scala) **230** Kuppel des Doms von Florenz von Brunelleschi (Scala) **231** Morzocco, Kopie nach Donatello, Piazza della Signoria, Florenz (Scala); Isabella d'Este von Leonardo da Vinci und Schülern, Louvre (Giraudon); Cesare Borgia, Palazzo Venezia, Rom (Scala); Hinrichtung Savonarolas, Museo di San Marco, Florenz (Scala); Giuliano de Medici von Botticelli, Accademia Carrara, Bergamo (Scala); Doge Loredano von Giovanni Bellini, mit Erlaubnis der National Gallery, London; Francesco Sforza von Bonifacio Bembo, Brera, Mailand (Scala); Zeichnung von Leonardo da Vinci, Trustees of the British Museum **232** Madonna des Kanzlers Rolin von Jan van Eyck, Louvre (Musées Nationaux); Schule von Athen von Raffael, Stanzen des Vatikan (Scala); Gattamelata von Donatello, Padua (Alinari von Hamlyn) **233** Pietà Rondanini von Michelangelo, Castello Sforzesco, Mailand (Scala); Geldwechsler und seine Frau von Quentin Massys, Louvre (Musées Nationaux) **234** Kunstgalerie, Flämisch, mit Erlaubnis der Trustees, The National Gallery, London **235** Shakespeares Werke, Folio-Ausgabe von 1623, British Museum; Armada-Porträt der Königin Elisabeth I. von George Gower, Woburn Abbey Collection, mit freundlicher Erlaubnis des Herzogs von Bedford **236** Erasmus von Hans Holbein d. J., Louvre (Musées Nationaux) **237** Martin Luther von Lucas Cranach d. Ä., Kunstmuseum, Basel (Colorphoto Hinz, Basel); Gottesdienst in der reformierten Kirche von Lyon, 1564, Bibliothèque Publique et Universitaire, Genf (Jean Arlaud); Titelseite von Thomas Cranmers *Book of Common Prayer* (Thames and Hudson)

Absolutismus und Aufklärung **238** Detail, *Le Roi Visitant le Manufacture des Gobelins*, Wandteppich, entworfen von Charles le Brun, Musée de Versailles (Musées Nationaux) **239** St. Paul's Cathedral, Entwurf von Sir Christopher Wren, All Souls College, Oxford **240** Ludwig XIV. von Pierre Mignard, Galleria Sabauda, Turin (Scala) **241** Versailles von Pierre Patal, 1668, Musée de Versailles (Musées Nationaux); Ludwig XV. als Kind, Musée Carnavalet, Paris (Giraudon); Marquise de Pompadour von François Boucher, mit Erlaubnis der Trustees of the Wallace Collection, London (John R. Freeman); *Lecture chez Mme Geoffrin* von Charles Lemonnier, Musée des Beaux Arts, Rouen (Giraudon) **242** Santa Maria della Salute von Antonio Canaletto, Staatliche Museen Preußischer Kulturbesitz, Gemäldegalerie, Berlin **243** Harlekin, Porzellanfigur von Kändler, Germanisches Nationalmuseum, Nürnberg; Gilles von Antoine Watteau, Louvre (Telarci-Giraudon); Mozart spielt auf der Teegesellschaft der Prinzessin Conti von Michel Barthelemy Ollivier, Louvre (Scala); Messie-Violine, Ashmolean Museum, Oxford; Oboe von Johann Floth, Dresden, Yale University Collection of Musical Instruments; Teatro Regio in Turin von